CÓDIGO DAS SOCIEDADES COMERCIAIS EM COMENTÁRIO

CÓDIGO DAS SOCIEDADES COMERCIAIS EM COMENTÁRIO

VOLUME I (Artigos 1º a 84º)

Alexandre Mota Pinto | Alexandre Soveral Martins | Ana Maria Gomes Rodrigues | Carolina Cunha | Elda Marques | Gabriela Figueiredo Dias | Hugo Duarte Fonseca | João Paulo Remédio Marques | Jorge M. Coutinho de Abreu | Margarida Costa Andrade | Maria Elisabete Ramos | Nuno Barbosa | Orlando Vogler Guiné | Paulo de Tarso Domingues | Ricardo Costa | Rui Pereira Dias | Susana Aires de Sousa

Jorge M. Coutinho de Abreu (Coord.)

ALMEDINA

CÓDIGO DAS SOCIEDADES COMERCIAIS EM COMENTÁRIO
COORDENADOR
Jorge M. Coutinho de Abreu
EDITOR
EDIÇÕES ALMEDINA, S.A.
Av. Fernão de Magalhães, nº 584. 5º Andar
3000-174 Coimbra
Tel.: 239 851 904 · Fax: 239 851 901
www.almedina.net · editora@almedina.net
DESIGN
FBA.
PRÉ-IMPRESSÃO, IMPRESSÃO E ACABAMENTO
G.C. – GRÁFICA DE COIMBRA, LDA.
Palheira Assafarge, 3001-153 Coimbra
producao@graficadecoimbra.pt
Outubro, 2010
DEPÓSITO LEGAL
318663/10

Apesar do cuidado e rigor colocados na elaboração da presente obra, devem os diplomas legais dela constantes ser sempre objecto de confirmação com as publicações oficiais.
Toda a reprodução desta obra, por fotocópia ou outro qualquer processo, sem prévia autorização escrita do Editor, é ilícita e passível de procedimento judicial contra o infractor.

 GRUPOALMEDINA

BIBLIOTECA NACIONAL DE PORTUGAL – CATALOGAÇÃO NA PUBLICAÇÃO

CÓDIGO DAS SOCIEDADES COMERCIAIS EM COMENTÁRIO
coord. Jorge M. Coutinho de Abreu. – v. – (Códigos do IDET)
1º v.: Artigos 1º a 84º. – p.
ISBN 978-972-40-4373-9

I – ABREU, Jorge Manuel Coutinho de, 1955-
II – PORTUGAL. Leis, decretos, etc.

CDU 347

OS COMENTARISTAS

ALEXANDRE MOTA PINTO
Assistente Convidado da Faculdade de Direito da Universidade de Coimbra

ALEXANDRE SOVERAL MARTINS
Professor Auxiliar da Faculdade de Direito da Universidade de Coimbra

ANA MARIA GOMES RODRIGUES
Professora Auxiliar da Faculdade de Economia da Universidade de Coimbra

CAROLINA CUNHA
Professora Auxiliar da Faculdade de Direito da Universidade de Coimbra

ELDA MARQUES
Assistente da Faculdade de Economia da Universidade do Porto

GABRIELA FIGUEIREDO DIAS
Assistente da Faculdade de Direito da Universidade de Coimbra

HUGO DUARTE FONSECA
Assistente da Faculdade de Direito da Universidade de Coimbra

JOÃO PAULO REMÉDIO MARQUES
Professor Auxiliar da Faculdade de Direito da Universidade de Coimbra

JORGE M. COUTINHO DE ABREU
Professor Catedrático da Faculdade de Direito da Universidade de Coimbra

MARGARIDA COSTA ANDRADE
Assistente da Faculdade de Direito da Universidade de Coimbra

MARIA ELISABETE RAMOS
Professora Auxiliar da Faculdade de Economia da Universidade de Coimbra

NUNO BARBOSA
Mestre em Direito, Advogado

ORLANDO VOGLER GUINÉ
Mestre em Direito, Advogado

PAULO DE TARSO DOMINGUES
Professor Auxiliar da Faculdade de Direito da Universidade do Porto

RICARDO COSTA
Assistente Convidado da Faculdade de Direito da Universidade de Coimbra

RUI PEREIRA DIAS
Assistente da Faculdade de Direito da Universidade de Coimbra

SUSANA AIRES DE SOUSA
Assistente da Faculdade de Direito da Universidade de Coimbra

NOTA DE APRESENTAÇÃO

Eis o primeiro de sete volumes do Código das Sociedades Comerciais em Comentário.

Comentário que queremos claro, conciso e suficientemente rico para avivar diálogos doutrinais e, principalmente, facilitar aplicação (mais) esclarecida e segura do Código.

A concisão pretendida passa também pela bibliografia convocada: portuguesa, quase sempre. Apesar de sermos um país juridicamente "importador", possuímos já doutrina societária extensa, de qualidade e não provinciana que dispensa exercícios dispersivos de mera erudição forasteiramente nutridos. Mas não se olvidam aqui ou ali referências, directas ou indirectas, a ideias e experiências estrangeiras pioneiras ou marcantes. Uma nota mais sobre a bibliografia. Em regra, o comentário de cada artigo é antecedido de duas listas bibliográficas: (a) citada e (b) outra. Esta última é reservada, no essencial, para obras monográficas acerca de matérias do comentário (apesar de não citadas), não portanto para obras de carácter mais ou menos geral em que tal matéria (também) apareça.

Todos os comentaristas estão ou estiveram ligados à Faculdade de Direito da Universidade de Coimbra: aí leccionam ou fizeram a licenciatura e/ou o mestrado. Enquanto coordenador do Comentário, estou contente e grato. Contente por constituirmos um grupo numeroso e qualificado; agradecido pelo empenho e entusiasmo com que esta empresa foi abraçada.

O trabalho de coordenação exigiu pouco: convites aos autores, distribuição de artigos para comentário, promoção de algumas regras de procedimento. O merecimento de cada comentário é devido ao(s) respectivo(s) autor(es); o mérito do Comentário será creditado a todos.

O Código das Sociedades Comerciais em Comentário aparece em uma (nova) série do IDET – Instituto de Direito das Empresas e do Trabalho. Embora jovem, o IDET é já assinalável como centro difusor e promotor de estudos jurídico--societários (entre outros). A ideia do Comentário foi acalentada nele, inclusive em várias assembleias gerais anuais. A maioria dos comentaristas está associada e/ou colabora com ele. E pudemos contar com apoio administrativo e bibliográfico por ele proporcionado.

Coimbra, Setembro de 2010
Jorge M. Coutinho de Abreu

SIGLAS E ABREVIATURAS

A./AA.	Autor/Autores
AAFDL	Associação Académica da Faculdade de Direito de Lisboa
AAVV.	Autores Vários
Ac.	Acórdão
ACE	Agrupamento complementar de empresas
ADCSL	Annuario di diritto comparato e di studi legislativi
AEIE	Agrupamento europeu de interesse económico
AktG	Aktiengesetz
AnnDrComm.	Annales du Droit Commercial
al./als.	alínea/alíneas
anot.	anotação
AntLSC	Anteprojecto de Lei das Sociedades Comerciais
AntLSQ	Anteprojecto de Lei da Sociedade por Quotas de Responsabilidade Limitada
Art./Arts.	Artigo/Artigos
BADF	Bases para a Apresentação de Demonstrações Financeiras
BFD	Boletim da Faculdade de Direito (Coimbra)
BGB	Bürgerlicher Gesetzbuch
BLR	Bond Law Review
BMJ	Boletim do Ministério da Justiça
BOA	Boletim da Ordem dos Advogados
c/ colab.	com a colaboração
CadOD	Cadernos O Direito
cap.	capítulo
CCiv.	Código Civil
CCom.	Código Comercial
CCoop.	Código Cooperativo
CDE	Cahiers de Droit Européen
CDP	Cadernos de Direito Privado
CEE	Comunidade Económica Europeia
CEF/DGCI	Centro de Estudos Fiscais da Direcção-Geral das Contribuições e Impostos
Cfr.	Confira
CI	Contratto e Impresa
CIRC	Código do Imposto sobre o Rendimento das Pessoas Colectivas
CIRE	Código da Insolvência e da Recuperação de Empresas
CIRS	Código do Imposto sobre o Rendimento das Pessoas Singulares
cit.	citado(a)
CJ	Colectânea de Jurisprudência

CJ-ASTJ	Colectânea de Jurisprudência-Acórdãos do Supremo Tribunal de Justiça
CLC	Certificação Legal de Contas
CMVM	Comissão do Mercado de Valores Mobiliários
CNCAP	Comissão de Normalização Contabilística da Administração Pública
CNot.	Código do Notariado
CNSA	Conselho Nacional de Supervisão de Auditoria
coord.	coordenação
CP	Código Penal
CPC	Código de Processo Civil
CPEREF	Código dos Processos Especiais de Recuperação da Empresa e de Falência
CPI	Código da Propriedade Industrial
CRCom.	Código do Registo Comercial
CRP	Constituição da República Portuguesa
CSC	Código das Sociedades Comerciais
CT	Código do Trabalho
CVM	Código dos Valores Mobiliários
DF	Demonstrações Financeiras
DGRN	Direcção-Geral dos Registos e do Notariado
diss.	dissertação
DJ	Direito e Justiça
DL	Decreto-Lei
DR	Diário da República
DSR	Direito das Sociedades em Revista
EC	Estrutura Conceptual
EBOR	European Business Organization Law Review
ed.	edição
e.g.	*exempli gratia* (p. ex.)
EIRL	Estabelecimento individual de responsabilidade limitada
EP	Empresa pública
EPE	Entidade pública empresarial
EROC	Estatuto dos Revisores Oficiais de Contas
esp.	especial
FDUC	Faculdade de Direito da Universidade de Coimbra
FDUL	Faculdade de Direito da Universidade de Lisboa
GiurCom	Giurisprudenza Commerciale
GmbHG	Gesetz betreffend die Gesellschaften mit beschränkter Haftung
GmbHR	GmbHRundschau
IDET	Instituto de Direito das Empresas e do Trabalho
i.e.	*id est*
IFRS	International Financial Reporting Standards
IPGC	Instituto Português de *Corporate Governance*

JBE	Journal of Business Ethics
JOCE	Jornal Oficial das Comunidades Europeias
L	Lei
LAS	Lei da Actividade Seguradora
LAV	Lei de Arbitragem Voluntária
LDC	Lei de Defesa da Concorrência
LeySA	Ley de Sociedades Anónimas
LGT	Lei Geral Tributária
LOFTJ	Lei de Organização e Funcionamento dos Tribunais Judiciais
LSQ	Lei das Sociedades por Quotas
NCRF	Normas Contabilísticas e de Relato Financeiro
NCRF-PE	Norma Contabilística e de Relato Financeiro para Pequenas Entidades
NIC/NIRF	Normas Internacionais de Contabilidade/Normas Internacionais de Relato Financeiro
nt./nts.	nota/notas
Ob.	Obra
OD	O Direito
OROC	Ordem dos Revisores Oficiais de Contas
p.	página(s)
P. ex.	Por exemplo
PF	Prim@ Facie, Revista da Pós-Graduação em Ciências Jurídicas, Universidade Federal da Paraíba
PGR	Procuradoria Geral da República
POC	Plano Oficial de Contabilidade
POCP	Plano Oficial de Contabilidade Pública
RB	Revista da Banca
RC	Tribunal da Relação de Coimbra
RCEJ	Revista do Centro de Estudos Judiciários
RCEmp.Jur.	Revista de Ciências Empresariais e Jurídicas
RCP	Regulamento das Custas Processuais
RDE	Revista de Direito e Economia
RDES	Revista de Direito e de Estudos Sociais
RdS	Revista de Derecho de Sociedades
RDS	Revista de Direito das Sociedades
RE	Tribunal da Relação de Évora
reimp.	reimpressão
RFDUL	Revista da Faculdade de Direito da Universidade de Lisboa
RFDUP	Revista da Faculdade de Direito da Universidade do Porto
RGICSF	Regime Geral das Instituições de Crédito e Sociedades Financeiras
RGIT	Regime Geral das Infracções Tributárias
RivDCom	Rivista del Diritto Commerciale
Riv.Dir.Civ.	Rivista di Diritto Civile

RJCS	Regime jurídico do contrato de seguro
RJDEAD	Regime jurídico dos documentos electrónicos e da assinatura digital
RJPADL	Regime jurídico dos procedimentos administrativos de dissolução e de liquidação de entidades comerciais
RJSEL	Regime jurídico do sector empresarial local
RL	Tribunal da Relação de Lisboa
RLJ	Revista de Legislação e de Jurisprudência
RMBCA	Revised Model Business Corporation Act
RN	Revista do Notariado
RNPC	Registo Nacional de Pessoas Colectivas
ROA	Revista da Ordem dos Advogados
ROC	Revisor Oficial de Contas
RP	Tribunal da Relação do Porto
RRNPC	Regime do Registo Nacional de Pessoas Colectivas
RS	Rivista delle Società
RSEE	Regime do Sector Empresarial do Estado
s.	seguinte(s)
SA	Sociedade(s) anónima(s)
SAD	Sociedade(s) anónima(s) desportiva(s)
SC	Sociedade(s) em comandita
SENC	Sociedade(s) em nome colectivo
SGPS	Sociedade(s) gestora(s) de participações sociais
SI	Scientia Iuridica – Revista de direito comparado português e brasileiro
SNC	Sistema de Normalização Contabilística
SPE	Societas Privata Europeae
SQ	Sociedade(s) por quotas
SQU	Sociedade por quotas unipessoal
SROC	Sociedade(s) de Revisores Oficiais de Contas
STJ	Supremo Tribunal de Justiça
t.	tomo
tb.	também
TFUE	Tratado sobre o Funcionamento da União Europeia
TI	Temas de Integração
TJCE	Tribunal de Justiça das Comunidades Europeias
V.	Veja
v.g.	*verbi gratia* (p. ex.)
vol.	volume
ZGR	Zeitschrift für Unternehmens-und Gesellschaftsrecht
ZHR	Zeitschrift für das gesamte Handelsrecht und Wirtschaftsrecht
ZIP	Zeitschrift für Wirtschaftsrecht

DECRETO-LEI Nº 262/86, DE 2 DE SETEMBRO*

1. O Código das Sociedades Comerciais vem corresponder, em espaço fundamental, à necessidade premente de reforma da legislação comercial portuguesa. Na verdade, mantém-se em vigor o sábio mas ultrapassado Código Comercial de 1888, complementado por numerosos diplomas parcelares. A evolução sofrida pela economia nacional e internacional em cerca de um século exige manifestamente a sua actualização.

2. No início da elaboração do Código Civil vigente, o Decreto-Lei nº 33 908, de 4 de Setembro de 1944, figurou a possibilidade de nele se englobar o direito comercial. Mas logo se optou por manter a distinção formal entre os dois ramos do direito privado.

Concluído o Código Civil de 1966, foi nomeada uma comissão, presidida por Adriano Vaz Serra, para rever apenas a legislação sobre sociedades comerciais. Vários anteprojectos elaborados por esta comissão, que funcionou até 25 de Abril de 1974, foram publicados. Outros chegaram a ser utilizados para diplomas parcelares sobre matérias mais carecidas de regulamentação legal, como a fiscalização, a fusão e a cisão de sociedades, ou institutos vizinhos destas, como os agrupamentos complementares de empresas e, em 1981, o contrato de consórcio e a associação em participação.

Depois de Abril de 1974, oscilou-se durante algum tempo entre a reforma imediata e geral do direito das sociedades e uma reforma parcelar e sucessiva, para cujo começo foi quase sempre apontada a disciplina das sociedades por quotas.

Foi decisivo e altamente meritório o esforço de Raúl Ventura para completar e refundir num projecto único e sistematizado as várias contribuições anteriores de notáveis comercialistas, entre os quais é justo destacar António Ferrer Correia.

A necessidade urgente de adaptar a legislação portuguesa às directivas da CEE, a que Portugal aceitou ficar vinculado, tornou inadiável a publicação do Código, estando adiantada a preparação de um novo Código de Registo Comercial.

3. Corresponde o Código das Sociedades Comerciais ao objectivo fundamental de actualização do regime dos principais agentes económicos de direito privado – as sociedades comerciais.

---

* A redacção do Preâmbulo foi rectificada por Declaração publicada no DR, I Série (Suplemento), de 29 de Novembro de 1986, e pelo DL 280/87, de 8 de Julho, que também rectificou a redacção do nº 1 do art. 3º do presente decreto-lei.

O Código Comercial de 1888, elaborado em plena revolução industrial, assentava numa concepção individualista e liberal.

O Código agora aprovado não pode deixar de reflectir a rica e variada experiência de quase um século, caracterizada por uma profunda revolução tecnológica e informática. Reconhecendo-se o contributo insubstituível da iniciativa económica privada para o progresso, num contexto de concorrência no mercado, tem de se atender às exigências irrecusáveis da justiça social.

Por isso, vem o Código regular mais pormenorizadamente situações até agora não previstas na lei, pondo termo a inúmeras dúvidas e controvérsias. Define claramente os direitos e deveres dos sócios, dos administradores e dos membros dos órgãos de fiscalização e reforça significativamente a protecção dos sócios minoritários e dos credores sociais, entre os quais se incluem nomeadamente os trabalhadores. Tal protecção não pode prescindir de certas formalidades, que se tentou, em todo o caso, reduzir ao mínimo indispensável, para não embaraçar o necessário dinamismo empresarial. A mais frequente utilização de instrumentos informáticos facilitará certamente a sua prossecução.

Respeitando naturalmente a nossa tradição jurídica, tal como se colhe da doutrina e da jurisprudência pátrias, procurou-se aproveitar os ensinamentos dos direitos estrangeiros com os quais temos maiores afinidades. A frequência das relações societárias entre portugueses e estrangeiros, sobretudo europeus, impõe, aliás, uma harmonização progressiva dos regimes jurídicos.

Nesta linha de orientação, o Código não só executa as directivas comunitárias em vigor, quando imperativas, e escolhe as soluções consideradas mais convenientes, quando há lugar para isso, como alarga algumas regras comunitárias, estabelecidas para certos tipos de sociedades, a outros tipos ou mesmo a todas as sociedades comerciais, e atende, na medida do possível, aos trabalhos preparatórios de novas directivas, embora a aprovação destas possa a final tornar imprescindíveis futuras modificações, como nos demais Estados membros.

4. Seguindo a orientação tradicional e partindo do esquema do artigo 980º do Código Civil, aplica-se o novo Código primeiramente às sociedades comerciais, ou seja, às sociedades com objecto e tipo comerciai, que o artigo 13º do Código Comercial, que sobrevigora, considera uma espécie de comerciantes.

Está-se em crer que uma imediata alteração deste conceito de sociedade comercial suscitaria implicações profundas não só em matéria tributária como (e sobretudo) na delimitação do direito comercial frente ao direito civil; uma eventual reponderação desta perspectiva poderá ser feita aquando da reforma do próprio Código Comercial, que, em fase preparatória, já teve início.

Mantém-se, de igual modo, o princípio da aplicação do regime das sociedades comerciais às sociedades civis de tipo comercial. Estas sociedades continuam, pois, a não ser consideradas comerciantes para os efeitos do artigo 13º do Código Comercial. Como referiu José Tavares não se lhes aplicam as normas da legislação mercantil «que regulam as sociedades comerciais na qualidade de comerciantes mas somente aquelas que as regulam como sociedades» (*Sociedades e Empresas Comerciais*, 2.ª ed., p. 247).

Na primeira vertente não se desconhece a eventual procedibilidade da orientação que aponta para o critério da *forma* para definir o carácter comercial da sociedade; isto, pelo menos, no que respeita às sociedades anónimas e às sociedades por quotas. Tal critério seria abonado num plano comparatístico pela lei francesa das sociedades comerciais (Lei de 24 de Julho de 1966), bem como pelo sistema alemão (este no sentido de o fazer valer para as sociedades anónimas e para as sociedades por quotas). Realmente, com ele se arredariam as dificuldades que frequentemente despontam da qualificação do objecto de uma sociedade como civil ou comercial; o que aconteceria é que, pela simples opção pela forma comercial, a sociedade ficaria automaticamente submetida à disciplina do tipo adoptado.

Tem-se, no entanto, como mais prudente, pelo menos desde já, a solução agora perfilhada; atentas as actuais estruturas de resposta normativa evitar-se-á, com ela, o que poderia ser como que um «salto no desconhecido».

5. Acolhe o Código um vasto leque de significativas inovações, quer na parte geral, relativa a todos os tipos de sociedades, quer nos títulos consagrados a cada um deles.

6. Na parte geral, inclui-se um preceito sobre o direito subsidiário que dá novo relevo aos princípios gerais do próprio Código e aos princípios informadores do tipo adoptado (artigo 2º),bem como uma norma de conflitos que adopta como elemento de conexão a sede principal e efectiva da administração (artigo 3º), de harmonia com o Código Civil (artigo 33º).

7. Para a aquisição da personalidade jurídica das sociedades passa a ser decisivo o registo comercial (artigo 5º), não bastando a escritura pública, como até agora. Mas admite-se o registo prévio e provisório do contrato de sociedade (artigo 18º, nºˢ 1 a 3), o que facilitará certamente a constituição desta. Mantém-se a necessidade de publicação do contrato no *Diário da República*, que passará, todavia, a ser promovida pelo conservador do registo comercial, suprimindo-se a exigência de publicação em jornal local.

Permite-se a participação dos cônjuges em sociedades comerciais, desde que só um deles assuma responsabilidade ilimitada (artigo 8º), modificanclo-se assim o regime do artigo 1714º do Código Civil.

Impede-se a limitação da capacidade da sociedade através de cláusulas do contrato, seguindo a orientação da 1ª Directiva Comunitária.

Admite-se, ainda que em termos limitados, e regulamenta-se não só a sobrevivência como a constituição de sociedades unipessoais (artigos 7º, nº 2, 142º, nº 1, alínea a), 143º e 482º).

Consagra-se o importante princípio da inderrogabilidade, por deliberação ordinária dos sócios, dos preceitos, mesmo só dispositivos, da lei que não admitam expressamente tal derrogabilidade – embora possam ser derrogados pelo contrato ou deliberação modificativa deste (artigo 9º, nº 3).

Regulam-se expressamente os acordos parassociais (artigo 17º), pondo termo a um aceso debate doutrinário sobre os sindicatos de voto.

Regulamenta o Código pormenorizadamente a obrigação de entrada dos sócios e a conservação do capital (artigos 25º a 35º), de acordo com a 2ª Directiva Comunitária, disciplinando rigorosamente a fiscalização da realização das entradas (artigo 28º), a aquisição de bens aos accionistas (artigo 29º), a distribuição dos bens aos sócios (artigos 32º e 33º) e a perda de metade do capital (artigo 35º).

O discutido e complexo problema das sociedades irregulares é objecto dos artigos 36º a 52º, que, respeitando a 1ª Directiva Comunitária, resolvem a generalidade das duvidas que têm preocupado a doutrina e a jurisprudência.

8. Generaliza-se a todos os tipos de sociedades a possibilidade de as deliberações dos sócios serem tomadas por escrito e não apenas em assembleia geral, e incluem-se, na parte geral, diversos preceitos que, em conjunto com os previstos para cada tipo de sociedades, esclarecem numerosas dúvidas suscitadas pela lei vigente. Por exemplo, admite-se a nulidade de deliberações em certos casos taxativamente enumerados (artigo 56º), embora mantendo a regra da anulabilidade das deliberações viciadas (artigo 58º).

9. Incluem-se diversas disposições importantes sobre a apreciação anual da situação da sociedade (artigos 65º a 70º), que têm de conjugar-se com disposições relativas às sociedades por quotas (artigos 263º e 264º) e anónimas (artigos 445º a 450º), relegando, todavia, para diploma especial a regulamentação da contabilidade, sem deixar de atender à 4ª Directiva Comunitária, na parte aplicável.

10. As disposições sobre responsabilidade civil (artigos 71º a 84º) retomam os artigos 17º a 35º do Decreto-Lei nº 49 381, de 15 de Novembro de 1969, alargando-os aos outros tipos de sociedades. Inovador é o preceituado quanto à

responsabilidade pela constituição da sociedade (artigo 71º), quanto à responsabilidade solidária de sócios (artigo 83º) e quanto à responsabilidade do sócio único (artigo 84º).

11. Os preceitos sobre alterações do contrato em geral (artigos 85º e 86º) e, especialmente, sobre o aumento e redução do capital (artigos 87º a 96º), visam claramente reforçar a protecção dos sócios e dos credores sociais. É de ressaltar, a este propósito, que se transpuseram para o Código preceitos da 2ª Directiva Comunitária sobre o aumento e redução do capital das sociedades anónimas, estendendo-os em boa parte às sociedades por quotas e criou-se um direito legal de preferência na subscrição de quotas e acções (artigos 266º e 452º a 454º).

12. A disciplina da fusão e da cisão de sociedades retoma o disposto no Decreto-Lei nº 598/73, de 8 de Novembro, com algumas adaptações exigidas pelas 3ª e 8ª Directivas da CEE.

13. A transformação de sociedades, cuja essência e contornos foram penosamente determinados pela doutrina e jurisprudência portuguesas, recebe pela primeira vez tratamento legislativo desenvolvido (artigos 130º a 140º), orientado para a defesa dos sócios minoritários e dos credores sociais.

14. Regula-se a dissolução segundo as linhas tradicionais, acolhendo-se quanto a sociedades unipessoais a posição de Ferrer Correia e tendo presente o disposto na 2ª Directiva da CEE.

15. A liquidação continua a ser regulada nos moldes tradicionais, estabelecendo-se, todavia, um prazo máximo de cinco anos para a liquidação extrajudicial (artigo 150º) e regras relativas ao passivo e activo supervenientes (artigos 163º e 164º).

16. Em matéria de publicidade, incluem-se no Código alguns princípios. A matéria será naturalmente objecto de regulamentação desenvolvida no Código do Registo Comercial, que deverá acolher os princípios da 1ª Directiva da CEE.

17. Prevê-se ainda na parte geral a intervenção fiscalizadora do Ministério Público (artigos 172º e 173º) e a prescrição, em regra de cinco anos, de direitos relativos à sociedade, fundadores, sócios, membros da administração e do órgão de fiscalização e liquidatários (artigo 174º).

18. O regime adoptado no título II, quanto às sociedades em nome colectivo, não se afasta grandemente do consagrado no Código Comercial, tendo em conta as alterações nele introduzidas pelo Decreto-Lei nº 363/77, de 2 de Setembro. Houve, no entanto, que o integrar harmoniosamente no conjunto do Código.

Como alteração digna de registo é de apontar que, ocorrendo o falecimento de um sócio e sendo incapaz o sucessor, deve ser deliberada a transformação da sociedade, de modo que o incapaz se torne sócio de responsabilidade limitada. Não sendo tomada esta deliberação, devem os restantes sócios optar entre a dissolução da sociedade e a liquidação da quota do sócio falecido. Se nenhuma das referidas deliberações for tomada no prazo previsto na lei, deve o representante do incapaz requerer judicialmente a exoneração do seu representado ou, se esta não for legalmente possível, a dissolução da sociedade (artigo 184º, nos 4 a 6).

19. No título III, respeitante às sociedades por quotas, aproveitam-se, tanto quanto possível, os ensinamentos da jurisprudência e doutrina nacionais, elaborados e afeiçoados na vigência da Lei de 11 de Abril de 1901, mas sem esquecer o contributo valioso da recente reforma da lei alemã das sociedades de responsabilidade limitada, tipo social que na Alemanha nasceu e mais se desenvolveu. A par da necessária e justificada protecção dos credores e dos sócios minoritários, imprime-se à disciplina legal das sociedades por quotas uma grande maleabilidade, característica essa que é certamente o mais importante factor de difusão deste tipo de sociedades.

20. O capital social mínimo é fixado em 400 000$ (artigo 201º), quantia essa que, sendo embora igual a oito vezes o mínimo actual, está longe de corresponder, em termos reais, aos 5 000$ exigidos na versão original da Lei de 11 de Abril de 1901. Prevê-se um prazo de três anos para que as sociedades constituídas antes da entrada em vigor deste diploma elevem o seu capital até àquele montante e permite-se que, para esse fim, procedam à reavaliação de bens do activo (artigo 512º). Correlativamente, o montante nominal mínimo da quota passou para 20 000$ (artigo 219º).

21. Regula-se com bastante pormenor o direito dos sócios à informação, procurando garantir-lhes a possibilidade de um efectivo conhecimento sobre o modo como são conduzidos os negócios sociais e sobre o estado da sociedade (artigos 214º a 216º).

Reserva-se para distribuição aos sócios metade do lucro anual, sem prejuízo de estipulação contratual diversa (artigo 217º).

Estão previstas e regulamentadas a exoneração e a exclusão de sócios (artigos 240º a 242º).

22. É regulamentado o contrato de suprimento, em termos de conceder maiores garantias aos credores não sócios e de, por conseguinte, incentivar os sócios a proverem a sociedade com os capitais próprios exigidos pelos sãos princípios económico-financeiros de gestão (artigos 243º a 245º).

23. Quanto à vinculação da sociedade pelos gerentes, adopta-se uma alteração importante ao regime vigente, que decorre da 1ª Directiva da CEE. Os actos pra-

ticados pelos gerentes em nome da sociedade e dentro dos poderes que a lei lhes confere vinculam-na para com terceiros, não obstante as limitações constantes do contrato social ou resultantes de deliberações dos sócios. A sociedade pode opor a terceiros limitações de poderes resultantes do objecto social se provar que o terceiro tinha conhecimento de que o acto praticado não respeitava essa cláusula e se, entretanto, ela não tiver assumido o acto, por deliberação expressa ou tácita dos sócios, mas tal conhecimento não pode ser provado apenas pela publicidade dada ao contrato de sociedade (artigo 260º). Obviamente, o gerente que desrespeitar limitações resultantes do contrato ou de deliberações dos sócios é responsável para com a sociedade pelos danos causados (artigo 72º).

24. De acordo com o preceituado na 4ª Directiva da CEE, prevê-se a revisão de contas por um revisor oficial de contas nos casos em que a dimensão da empresa, verificada por certos índices, o justifica (artigo 262º).

25. O regime das sociedades anónimas consta no título IV, que é, naturalmente, o mais longo, pois a este tipo se acolhem preferencialmente as grandes empresas, nelas confluindo os mais variados interesses: dos accionistas, dos aforradores, dos credores e do próprio Estado. Era decerto este o capítulo do anterior direito das sociedades mais envelhecido, mais carecido de reforma, apesar dos vários diplomas avulsos que foram sendo publicados e em parte o remodelaram. Basta dizer que até à data não estava legalmente fixado o capital mínimo para a constituição de uma sociedade anónima.

Por outro lado, eram muitas e importantes as matérias que, neste domínio, não tinham sido objecto de estudos preliminares nem de tratamento teórico ou prático. Houve, por isso, que recorrer aqui ao exemplo das legislações europeias, as mais importantes das quais são recentes ou estão em fase avançada de revisão, todas se pautando por princípios no essencial coincidentes, em grande parte devido ao esforço de harmonização legislativa que está a ser levado a cabo no espaço comunitário.

Não é, por isso, de admirar que, para além de se resolverem dificuldades e colmatarem lacunas do direito vigente, surjam aqui bastantes novidades de regulamentação.

26. Assim, o número mínimo de accionistas baixa de dez para cinco (artigo 273º).

A firma das sociedades anónimas passa a ter apenas o aditamento «S.A.», em vez de «S.A.R.L.», (artigo 275º), independentemente de alteração estatutária (artigo 511º).

Fixa-se em 5 000 000$ o capital mínimo da sociedade anónima (artigo 276º), em consonância com o preceituado na 2ª Directiva comunitária.

27. Aos accionistas fica assegurado um mais amplo direito à informação, tanto nas assembleias gerais como fora destas, facultando-lhes, deste modo, meios eficazes para se interessarem pela vida da sociedade (artigos 288º a 293º).

28. Regulamenta-se a oferta pública de aquisição de acções, que passa a ser procedimento obrigatório, verificadas certas circunstâncias, assim como se proíbem as operações de iniciados no mesmo contexto, visando defender os pequenos accionistas contra a exploração de informações privilegiadas (artigos 306º a 315º).

Também em consonância com a 2ª Directiva da CEE é limitada a possibilidade de a sociedade adquirir acções próprias, de modo a melhor garantir os direitos dos credores (artigos 316º a 325º).

Prevê-se a hipótese de serem estipuladas no contrato de sociedade restrições à transmissão de acções, ficando a sociedade, em tal caso, obrigada a fazê-las adquirir por outra pessoa, se negar o consentimento contratualmente exigido (artigos 328º e 329º).

Quanto ao regime de registo e de depósito das acções (artigos 330º a 340º), encara-se a possibilidade de tal regime resultar de diploma legal especial ou da vontade dos titulares e enumeram-se as regras fundamentais para ambos os casos, mantendo-se, entretanto, em vigor o Decreto-Lei nº 408/82, de 29 de Setembro.

Regulam-se as acções preferenciais sem voto (artigos 341º a 344º), as acções preferenciais remíveis (artigo 345º) e a amortização de acções (artigos 346º e 347º).

29. Para melhor defesa dos direitos dos obrigacionistas, prevê-se a criação de assembleias de obrigacionistas (artigo 355º) e a figura do representante comum (artigos 357º e 358º).

30. No tocante à administração e fiscalização, podem os accionistas escolher entre duas estruturas diversas (artigo 278º). A primeira compõe-se de conselho de administração e conselho fiscal, à maneira tradicional (artigos 390º a 423º). A segunda, inspirada no modelo alemão, já adoptado na lei francesa das sociedades comerciais de 1966, assenta na repartição daquelas funções entre três órgãos, direcção, conselho geral e revisor oficial de contas, sendo da competência do conselho geral, entre outros actos, a nomeação e destituição dos directores e a aprovação das contas, depois de examinadas pelo revisor oficial de contas (artigos 424º a 446º).

Seja qual for a estrutura adoptada, a lei prevê a possibilidade de eleição de representantes das minorias para o conselho de administração ou o conselho geral, consoante os casos, sendo o regime obrigatório nas sociedades com subscrição pública e facultativo nas restantes (artigos 392º e 435º, nº 3).

Além disso, estabelece-se um regime de vinculação da sociedade anónima pelos actos do seu órgão de administração semelhante ao acima referido quanto à sociedade por quotas (artigos 409º e 431º, nº 3).

Com vista à prevenção de operações especulativas sobre acções da sociedade, obrigam-se os membros dos respectivos órgãos de administração e fiscalização, bem como certas outras pessoas, a comunicar à sociedade todos os actos de aquisição, alienação ou oneraçao de acções, devendo essas operações ser publicadas em anexo ao relatório anual (artigos 447º e 448º).

Por outro lado, proíbe-se que essas pessoas efectuem operaçoes sobre acções, tirando partido das informações obtidas no exercício das suas funções a que não tenha sido dada publicidade (artigo 449º).

31. Consagra-se o direito de preferência dos accionistas nos aumentos de capital (artigos 458º a 460º), em conformidade com a orientação preconizada na já referida 2ª Directiva.

32. No título V, respeitante às sociedades em comandita, mantém-se a distinção tradicional entre comanditas simples e comanditas por acções, introduzindo-se algumas novidades em ordem a tornar mais aliciante este tipo de sociedade, instrumento singularmente adequado à associação do capital com o trabalho.

33. Dada a importância de que revestem as associações entre empresas em forma de sociedade, regulam-se no título VI as sociedades coligadas, as quais são divididas em sociedades de simples participação, sociedades em relação de participações reciprocas, sociedades em relação de domínio e sociedades em relação de grupo. Trata-se de realidades que o direito não pode ignorar, como, de resto, o mostram as legislações e projectos estrangeiros mais recentes, com particular relevo a lei alemã das sociedades por acções. É a primeira vez que esta matéria é regulamentada em Portugal.

Salienta-se neste capítulo, a possibilidade oferecida a uma sociedade com sede em Portugal de constituir uma sociedade anónima de cujas acções seja ela desde o início a única titular (artigo 488º).

34. O título VIII contém diversas disposições finais e transitórias com algum relevo.

35. Relegam-se para diploma especial as disposições penais e contra-ordenacionais.

Assim:

O Governo decreta nos termos da alínea *a*) do nº 1 do artigo 201º da Constituição, o seguinte:

ARTIGO 1º
Aprovação do Código das Sociedades Comerciais

É aprovado o Código das Sociedades Comerciais, que faz parte do presente decreto-lei.

ARTIGO 2º
Começo de vigência

1. O Código das Sociedades Comerciais entra em vigor em 1 de Novembro de 1986, sem prejuízo do disposto no número seguinte.

2. A data da entrada em vigor do artigo 35º será fixada em diploma legal.

ARTIGO 3º
Revogação do direito anterior

1. É revogada toda a legislação relativa às matérias reguladas no Código das Sociedades Comerciais, designadamente:
   a) Os artigos 21º a 23º e 104º a 206º do Código Comercial;
   b) A Lei de 11 de Abril de 1901; '
   c) O Decreto nº 1645, de 15 de Junho de 1915;
   d) O Decreto-Lei nº 49 381, de 15 de Novembro de 1969;
   e) O Decreto-Lei nº 1/71, de 6 de Janeiro;
   f) O Decreto-Lei nº 397/71, de 22 de Setembro;
   g) O Decreto-Lei nº 154/72, de 10 de Maio;
   h) O Decreto-Lei nº 598/73, de 8 de Novembro;
   i) O Decreto-Lei nº 389/77, de 15 de Setembro.

2. As disposições do Código das Sociedades Comerciais não revogam os preceitos de lei que consagram regimes especiais para certas sociedades.

ARTIGO 4º
Remissões para disposições revogadas

Quando disposições legais ou contratuais remeterem para preceitos legais revogados por esta lei, entende-se que a remissão valerá para as correspondentes disposições do Código das Sociedades Comerciais, salvo se a interpretação daquelas impuser solução diferente.

ARTIGO 5º *
Diploma especial

* Revogado pelo DL 486/99, de 13 de Novembro.

Visto e aprovado em Conselho de Ministros de 12 de Junho de 1986 – *Aníbal António Cavaco Silva* — *Miguel José Ribeiro Cadilhe* – *Mário Ferreira Bastos Raposo* – *Fernando Augusto dos Santos Martins.*

Promulgado em 24 de Julho de 1986.

Publique-se.

O Presidente da República, Mário Soares.

Referendado em 30 de Julho de 1986.

O Primeiro-Ministro, *Aníbal António Cavaco Silva.*

LISTA DE DIPLOMAS QUE ALTERARAM O CSC

1. O Decreto-Lei 262/86, de 2 de Setembro, que aprovou o CSC, foi rectificado pela Declaração publicada no DR, I Série (Suplemento), de 29 de Novembro de 1986, e pelo Decreto-Lei 280/87, de 8 de Julho;
2. Decreto-Lei 184/87, de 21 de Abril, rectificado pela Declaração publicada no DR, I Série (Suplemento), de 31 de Julho de 1987;
3. Decreto-Lei 280/87, de 8 de Julho, rectificado pela Declaração publicada no DR, I Série (Suplemento), de 31 de Agosto de 1987;
4. Decreto-Lei 229-B/88, de 4 de Julho;
5. Portaria 80-A/89, de 2 de Fevereiro;
6. Decreto-Lei 418/89, de 30 de Novembro;
7. Decreto-Lei 142-A/91, de 10 de Abril;
8. Decreto-Lei 238/91, de 2 de Julho, rectificado pela Declaração de Rectificação 236-A/91, publicada no DR, I Série (Suplemento), de 31 de Outubro de 1991, e pela Declaração de Rectificação 24/92, publicada no DR, I Série, de 31 de Março de 1992;
9. Portaria 228/92, de 25 de Julho;
10. Decreto-Lei 225/92, de 21 de Outubro;
11. Decreto-Lei 20/93, de 26 de Janeiro;
12. Decreto-Lei 261/95, de 3 de Outubro;
13. Decreto-Lei 328/95, de 9 de Dezembro;
14. Decreto-Lei 257/96, de 31 de Dezembro, rectificado pela Declaração de Rectificação 5-A/97, publicada no DR, Série I-A (2º Suplemento), de 28 de Fevereiro;
15. Portaria 95/97, de 12 de Fevereiro;
16. Decreto-Lei 343/98, de 6 de Novembro, rectificado pela Declaração de Rectificação 3-D/99, publicada no DR, Série I-A, de 30 de Janeiro de 1999;
17. Decreto-Lei 486/99, de 13 de Novembro;
18. Decreto-Lei 36/2000, de 14 de Março;
19. Decreto-Lei 237/2001, de 30 de Agosto;
20. Decreto-Lei 162/2002, de 11 de Julho;
21. Decreto-Lei 107/2003, de 4 de Junho;
22. Decreto-Lei 88/2004, de 20 de Abril;
23. Decreto-Lei 19/2005, de 18 de Janeiro, rectificado pela Declaração de Rectificação 7/2005, de 18 de Fevereiro;
24. Decreto-Lei 35/2005, de 17 de Fevereiro;
25. Decreto-Lei 111/2005, de 8 de Julho;

26. Decreto-Lei 52/2006, de 15 de Março;
27. Decreto-Lei 76-A/2006, de 29 de Março, rectificado pela Declaração de Rectificação 28-A/2006, de 26 de Maio;
28. Decreto-Lei 8/2007, de 17 de Janeiro;
29. Decreto-Lei 357-A/2007, de 31 de Outubro, rectificado pela Declaração de Rectificação 117-A/2007, publicada no DR 1.ª série, de 28 de Dezembro;
30. Decreto-Lei 247-B/2008, de 30 de Dezembro;
31. Lei 19/2009, de 12 de Maio;
32. Decreto-Lei 185/2009, de 12 de Agosto;
33. Decreto-Lei 49/2010, de 19 de Maio.

TÍTULO I
PARTE GERAL
CAPÍTULO I
ÂMBITO DE APLICAÇÃO

ARTIGO 1º
Âmbito geral de aplicação

1. A presente lei aplica-se às sociedades comerciais.
2. São sociedades comerciais aquelas que tenham por objecto a prática de actos de comércio e adoptem o tipo de sociedade em nome colectivo, de sociedade por quotas, de sociedade anónima, de sociedade em comandita simples ou de sociedade em comandita por acções.
3. As sociedades que tenham por objecto a prática de actos de comércio devem adoptar um dos tipos referidos no número anterior.
4. As sociedades que tenham exclusivamente por objecto a prática de actos não comerciais podem adoptar um dos tipos referidos no nº 2, sendo-lhes, nesse caso, aplicável a presente lei.

Índice
1. Destinatários do CSC
2. Sociedades comerciais
   2.1. Noção geral de sociedade
   2.1.1. Sujeito ou agrupamento de sujeitos (sócio(s))
   2.1.2. Substrato patrimonial
   2.1.3. Objecto da sociedade
   2.1.4. Fim ou escopo da sociedade

2.1.5. Sujeição a perdas
2.1.6. Síntese
2.2. Notas específicas da noção de sociedade comercial
3. Sociedades sem objecto mercantil mas de tipo comercial
4. Figuras afins das sociedades
   4.1. Cooperativa
   4.2. Agrupamento complementar de empresas (ACE) e agrupamento europeu de interesse económico (AEIE)
   4.3. Consórcio
   4.4. Associação em participação

Bibliografia
a) Citada:

ABREU, J. M. COUTINHO DE – *Definição de empresa pública*, Coimbra, 1990, *Da empresarialidade (As empresas no direito)*, Almedina, Coimbra, 1996 (reimpr. 1999), *Curso de direito comercial*, vol. II – *Das sociedades*, 3ª ed., Almedina, Coimbra, 2009, *Curso de direito comercial*, vol. I – *Introdução, actos de comércio, comerciantes, empresas, sinais distintivos*, 7ª ed., Almedina, Coimbra, 2009ª; ANDRADE, MANUEL DE – *Teoria geral da relação jurídica*, vol. I – *Sujeitos e objecto*, 3ª reimpr. (da ed. de 1960), Almedina, Coimbra, 1972; ANTUNES, JOSÉ ENGRÁCIA – *Direito das sociedades*, ed. do A., 2010; ASCENSÃO, J. OLIVEIRA – *Direito comercial*, vol. IV – *Sociedades comerciais*, Lisboa, 1993, *Direito comercial*, vol. I – *Institutos gerais*, Lisboa, 1998/99; CORDEIRO, A. MENEZES – *Manual de direito das sociedades*, I, 2ª ed., Almedina, Coimbra, 2007, *Código das Sociedades Comerciais anotado* (coord. de A. Menezes Cordeiro), Almedina, Coimbra, 2009; CORREIA, A. FERRER – *Lições de direito comercial*, vol. II (c/ colab. de V. Lobo Xavier, M. Henrique Mesquita, J. M. Sampaio Cabral e António A. Caeiro), ed. copiogr., Coimbra, 1968; CORREIA, L. BRITO – *Direito comercial*, 2º vol., AAFDL, Lisboa, 1989; CORREIA, M. PUPO – *Direito comercial – Direito da empresa*, 11ª ed. (c/colab. de A. J. Tomás/O. Castelo Paulo), Ediforum, Lisboa, 2009; COSTA, RICARDO – "Sociedades: de *dentro para fora* do Código Civil", em FDUC, *Comemorações dos 35 anos do Código Civil e dos 25 anos da reforma de 1977*, Coimbra Editora, Coimbra, p. 305-343; DUARTE, R. PINTO – *Escritos sobre direito das sociedades*, Coimbra Editora, Coimbra, 2008; FERNANDES, L. CARVALHO – *Teoria geral do direito civil*, I, 4ª ed., Universidade Católica Editora, Lisboa, 2007; FURTADO, J. PINTO – *Curso de direito das sociedades*, 5ª ed., Almedina, Coimbra, 2004, *Comentário ao Código das Sociedades Comerciais (Artigos 1º a 19)*, Almedina, Coimbra, 2009; GONÇALVES, L. COUTO – "Sociedades profissionais", SI, 1990, p. 157-185, 1991, p. 153-175; LEAL, PAULO – "Sociedades de profissionais liberais", RDES, 1990,

p. 71-113; LIMA, PIRES DE/VARELA, ANTUNES – *Código Civil anotado*, vol. II, 4ª ed., Coimbra Editora, Coimbra, 1997; LUÍS, ALBERTO – "Natureza jurídica das cooperativas em Portugal", ROA, 1996, p. 155-179; MATOS, ALBINO – *Constituição de sociedades*, 5ª ed., Almedina, Coimbra, 2001; MEIRA, DEOLINDA – "A natureza jurídica da cooperativa. Comentário ao Acórdão do Supremo Tribunal de Justiça de 5 de Fevereiro de 2002 (Garcia Marques)", RCEJ, 2006, p. 147-180; NAMORADO, RUI – *Introdução ao direito cooperativo*, Almedina, Coimbra, 2000; PITA, MANUEL A. – "Contrato de consórcio", RDES, 1988, p. 189-235; RIBEIRO, J. A. PINTO/ DUARTE, R. PINTO – *Dos agrupamentos complementares de empresas*, Centro de Estudos Fiscais, Lisboa, 1980; VASCONCELOS, P. A. SOUSA – *O contrato de consórcio no âmbito dos contratos de cooperação entre empresas*, Coimbra Editora, Coimbra, 1999; VASCONCELOS, P. PAIS DE – *A participação social nas sociedades comerciais*, 2ª ed., Almedina, Coimbra, 2006; VENTURA, RAÚL – "Associação em participação (Anteprojecto)", BMJ 189 (1969), p. 15-136, e BMJ 190 (1969), p. 5-106, "Primeiras notas sobre o contrato de consórcio", ROA, 1981, p. 609-690; XAVIER, V. G. LOBO – *Sociedades comerciais (Lições aos alunos de Direito Comercial do 4º ano jurídico)*, ed. copiogr., Coimbra, 1987.

b) Outra:
ALVES, J. FERREIRA – *O cooperativismo e os princípios cooperativos na Constituição Portuguesa*, Coimbra Editora, Coimbra, 1980; BRANCO, M. CASTELO – " Algumas notas sobre as cooperativas e o lucro" RDES, 1989, p.299-326; CHORÃO, L. BIGOTTE – "A propósito das *societates* e do consórcio", em *Estudos em homenagem ao Prof. Doutor Raúl Ventura*, vol. I, FDUL/ Coimbra Editora, Lisboa, 2003, p. 603-636; COELHO, M. ÂNGELA – "Algumas notas sobre o agrupamento europeu de interesse económico (AEIE)", RDE, 1984/85, p. 389-400; CORREIA, J. M. SÉRVULO – "O sector cooperativo português – Ensaio de uma análise de conjunto", BMJ 196 (1970), p. 31-147; CUNHA, CAROLINA, "Profissões liberais e restrições da concorrência", em *Estudos de Regulação Pública*, vol. I, org. Vital Moreira, Coimbra Editora, 2004, p. 445, s.; FONSECA, H. DUARTE – *Sobre a interpretação do contrato de sociedade nas sociedades por quotas*, Coimbra Editora, Coimbra, 2008; LEITE, L. FERREIRA – *Novos agrupamentos de empresas*, Athena Editora, Porto, 1982; MARTINS, A. SOVERAL – "Acórdão do Tribunal da Relação de Guimarães de 12 de Outubro de 2008 – Anotação", em Cooperativismo e Economia Social nº 31 (2008-2009), p. 267-272; MENDES, A. RIBEIRO/VELOZO, J. ANTÓNIO – "Consórcios internacionais", SI, 1982, p. 138-218; SANTOS, F. CASSIANO DOS – *Estrutura associativa e participação societária capitalística*, Coimbra Editora, Coimbra, 2006; SERRA, CATARINA – *Direito Comercial – Noções fundamentais*, Coimbra Editora, Coimbra, 2009; TAVARES, M. ATHAYDE DE – "O agrupamento europeu de interesse económico", RB nº 8, 1988, p. 151-168; VALLES, EDGAR – *Consórcio, ACE e outras figuras*, Almedina, Coimbra, 2007; VENTURA, RAÚL – *Apontamentos sobre sociedades civis*, Almedina, Coimbra, 2006.

1. Destinatários do CSC

O Código, sendo das "sociedades comerciais", é aplicável, naturalmente, às sociedades comerciais (nº 1 do art. 1º). Mas é também aplicável a sociedades não comerciais: sociedades sem objecto comercial mas com forma ou tipo comercial (nº 4).

Sociedades, umas e outras (comerciais e não comerciais), de direito português. Porém, o Código pode ainda ser aplicado (mais ou menos amplamente) a sociedades de direito estrangeiro (v. os arts. 3º e 4º e respectivos comentários).

2. Sociedades comerciais

O nº 2 do art. 1º diz quando é *comercial* uma sociedade, não diz o que é uma *sociedade*. Pressupõe portanto uma noção genérica de sociedade, compreensiva de sociedades comerciais e não comerciais.

2.1. Noção geral de sociedade

Como alcançar esta noção? Considerando só, ou sobretudo, o art. 980º do CCiv.[1]? Não considerando relevantemente[2], ou considerando menos aquele preceito[3]?

Parece preferível *partir* do art. 980º do CCiv. – até por ser norma de direito subsidiário (art. 2º do CSC). Mas *não poderemos ficar por aí*; há que convocar outros dados normativos[4].

2.1.1. Sujeito ou agrupamento de sujeitos (sócio(s))

A sociedade começa por ser uma entidade composta, em regra, por dois ou mais sujeitos (normalmente pessoas, singulares ou colectivas). Tal regra está prevista não apenas no CCiv. (art. 980º) mas também no CSC (art. 7º).

Há, todavia, excepções. Indiferente às razões da lexicografia, o direito vem admitindo (por cá e em outros países) não só *sociedades supervenientemente unipessoais* (sociedades reduzidas a um único sócio, embora hajam sido constituídas por dois ou mais) – fenómeno já antigo –, mas também *sociedades originariamente unipessoais* (sociedades constituídas por um só sujeito) – fenómeno bem mais recente.

---

[1] LOBO XAVIER (1987), p. 5, s., PINTO FURTADO (2009), p. 49, s., PUPO CORREIA (2009) p. 116, MENEZES CORDEIRO (2009), P. 60.
[2] PAIS DE VASCONCELOS (2006), p. 15, s..
[3] PINTO DUARTE (2008), p. 26, s..
[4] COUTINHO DE ABREU (2009), p. 5, s..

A unipessoalidade superveniente (em regra transitória) é admitida quer pelo CCiv. (art. 1007º, d)), quer pelo CSC (arts. 142º, 1, a), 270º-A, 2, 464º, 3).

A *unipessoalidade originária não está prevista no CCiv.*, mas *prevê-a o CSC* para as sociedades por quotas e anónimas – o art. 270º-A, 1 (introduzido pelo DL 257 / 96, de 31 de Dezembro) permite que uma pessoa singular ou colectiva constitua uma "sociedade unipessoal por quotas", o art. 488º, 1, permite que uma sociedade por quotas, anónima ou em comandita por acções (cfr. art. 481º, 1) constitua "uma sociedade anónima de cujas acções ela seja inicialmente a única titular".

Por outra via, o Estado tem também a possibilidade (muitas vezes concretizada) de, através de lei ou *decreto-lei*, criar *sociedades unipessoais de capitais públicos* (derrogando, portanto, o regime estabelecido no CCiv. e no CSC – aprovados por decretos-lei).

2.1.2. Substrato patrimonial

Qualquer sociedade exige um património próprio.

Esse património é *inicialmente* constituído ao menos pelos direitos correspondentes às obrigações de entrada – todo o sócio é obrigado a entrar com bens para a sociedade (cfr. CCiv., arts. 980º, 983º, 1, CSC, art. 20º, a)). Ainda quando as obrigações de entrada não sejam realizadas ou cumpridas no momento inicial da sociedade, já existe património social, já existem os direitos correspondentes a essas obrigações. Quando a sociedade nasça com entradas coevamente efectuadas, o património social é composto (exclusiva ou parcialmente) por esses bens (ou, dizendo de outra maneira, pelos direitos relativos a esses bens).

Depois, à medida que vai correndo a vida da sociedade, o património social vai-se alterando com a entrada e saída de outros direitos ou bens e de obrigações pecuniariamente avaliáveis.

2.1.3. Objecto da sociedade

O sujeito-sócio ou o agrupamento de sujeitos-sócios utilizam, total ou parcialmente, a base ou substrato patrimonial para o exercício de certa actividade económica. Nisto consiste o objecto da sociedade. Dizendo com maior precisão, *o objecto social é a actividade económica* que o sócio ou os sócios se propõem exercer mediante a sociedade (ou propõem que a sociedade exerça – art. 11º, 2).

Não é exactamente isto que o art. 980º do CCiv. diz. Vejamos então.

a) *"Certa actividade económica"*

Não é fácil precisar o que é "actividade económica". Tanto na economia como no direito aparece o económico entendido de vários modos[5].

Se se fala do económico, ter-se-á de falar do não-económico. Podemos na verdade distinguir na vida social o domínio da economia e os domínios não económicos – da cultura, da política, da religião, etc. Diremos então que o domínio ou campo da economia é preenchido pela *produção* (nos sectores primário, secundário e terciário) *de bens materiais e imateriais ou serviços que exige ou implica o uso e a troca de bens*. Os domínios ou campos não económicos não são – globalmente considerados – preenchidos da mesma maneira; não obstante, também estes campos apresentam *aspectos* ou dimensões económicos: quando a prestação dos respectivos serviços acarrete o uso e a troca de bens (materiais ou imateriais).

É recorrente na doutrina a ideia de que as actividades culturais, desportivas, recreativas, políticas, religiosas, etc., por não pertencerem ao círculo das actividades económicas, não podem ser objecto das sociedades, podendo sê-lo das associações. Mas ainda agora vimos que no círculo do não-económico se podem verificar aspectos económicos. Por conseguinte, estas dimensões económicas de actividades (globalmente consideradas) não económicas podem ser exploradas mediante sociedades (*v. g.*, as actividades teatrais ou musicais podem ser objecto de sociedades).

Diz-se também que a actividade económica societária "significa que dela deve resultar um lucro patrimonial"[6]. É verdade que a actividade-objecto das sociedades possibilitará em regra lucros. Não significa isto, porém, que toda a actividade não lucrativa tenha de ser, do ponto de vista jurídico, não-económica. Nem está excluído, por outro lado, que o objecto das associações possa ser económico e até lucrativo – só que, no caso das associações de regime geral, o lucro não é repartível pelos associados (art. 157º do CCiv.).

Não é difícil verificar que a nota "actividade económica" é caracterizadora não só da sociedade civil (art. 980º do CCiv.), mas também da *sociedade comercial*: os actos de comércio objecto social (art. 1º, 2, do CSC) hão-de ter natureza económica.

"A*ctividade* económica" supõe série ou sucessão de actos. As sociedades, quer civis (art. 980º do CCiv.) quer comerciais (arts. 1º, 2, 3, 11º, 2, 3, 6, do CSC), exercem ou propõem-se exercer actividades. Por conseguinte, não são sociedades

---

[5] COUTINHO DE ABREU (1990), p. 106-120.
[6] PIRES DE LIMA / ANTUNES VARELA (1997), p. 286.

as chamadas sociedades ocasionais, os grupos de sujeitos constituídos para a realização de um único acto *simples* (*v. g.*, para a compra de um bilhete de lotaria nacional, para concurso a uma extracção do totoloto ou do euromilhões)[7]. Aliás, as "sociedades" *ocasionais* não colocam os problemas que o direito societário considera e regula: os relativos à criação e administração de um fundo comum, os relativos à organização jurídica do ente societário.

Acrescente-se ainda que também não é de sociedade – por falta de exercício de "actividade *económica*" – o contrato pelo qual várias pessoas se comprometem a jogar em conjunto semanalmente no totoloto, totobola, etc.; é antes um contrato de associação atípico[8].

A actividade económica deve ser *"certa"* ou determinada – é o que diz o art. 980º do CCiv. e resulta do art. 11º, 2, do CSC. Contudo, esta (sub)nota não é essencial para o conceito de sociedade. Da falta de especificação do objecto social no acto constituinte ou no estatuto derivam por certo consequências, mas não passam pela não qualificação da entidade como sociedade.

b) *"Que não seja de mera fruição"; sociedades de "simples administração de bens"*

Segundo o art. 980º do CCiv., a actividade económica-objecto das sociedades não pode ser de "mera fruição". Quer dizer, as sociedades (civis) não podem ter por objecto actividades de simples desfrute, de mera percepção dos "frutos" (naturais ou civis) de bens postos em comum, nem o mero gozo das "simples vantagens" proporcionadas por tais bens[9]. Valerá isto também para as sociedades comerciais?

Imagine-se que *A* morre e *B* e *C*, seus filhos, herdam uma quinta e uma padaria (que aos mesmos ficam a pertencer em compropriedade). i) *B* e *C* acordam em arrendar a quinta e locar a padaria. Nestes casos propõem-se *B* e *C* exercer actividade de mera fruição, de aproveitamento dos frutos civis das empresas comuns; não constituem qualquer sociedade (civil ou comercial). ii) *B* e *C* acordam em explorar eles próprios cada uma das empresas. Significa isto que constituem duas sociedades, uma civil (agrícola), outra comercial – cada um deles se obriga a contribuir com as respectivas quotas nas comunhões para o exercício em comum de determinadas actividades económicas que não são de mera fruição, a fim de repartirem os lucros resultantes dessas actividades.

---

[7] No mesmo sentido, BRITO CORREIA (1989), p. 18-19, OLIVEIRA ASCENSÃO (1993), p. 15; diversamente, PINTO FURTADO (2009), p. 60, s..
[8] Ac. da RL de 18/5/2000, CJ, 2000, III, p. 91.
[9] LOBO XAVIER (1987), p. 16. Para a noção de frutos e de simples vantagens, MANUEL DE ANDRADE (1972), p. 268, s..

Esta conclusão não é infirmada ainda quando *B* e *C* não tenham consciência de que os seus acordos significam a constituição de sociedades, ou não queiram mesmo "transformar" a situação de compropriedade em situação societária, ou não tenham formalizado devidamente tais acordos (cfr. arts. 981º e 1408º,3, do CCiv., e art. 7º, 1, do CSC). Estando presentes as notas caracterizadoras da (do contrato de) sociedade, sociedade temos.

A distinção entre *compropriedade* e *sociedade* importa consideráveis diferenças de regime. Por exemplo: em regra, todo o comproprietário tem direito de exigir a divisão da coisa comum (art. 1412º do CCiv.), não competindo aos sócios direito semelhante; em regra, qualquer comproprietário tem o direito de servir-se da coisa comum (art. 1406º do CCiv.), o que, também em regra, se não verifica nas sociedades; a coisa em compropriedade não é um património autónomo, separado do património dos comproprietários (as quotas destes na coisa comum respondem por quaisquer dívidas dos mesmos), ao contrário do que se verifica nas sociedades, inclusive nas sociedades civis simples (arts. 997º, 999º e 1000º do CCiv.) e nas sociedades comerciais antes de cumprida a forma legal (art. 36º, 2, do CSC).

Se ficássemos por aqui, diríamos que não pode haver sociedade para o exercício de actividade (exclusivamente) de mera fruição. Mas há que trazer para a luz do direito societário uma figura que tem estado no (na penumbra do) direito fiscal: a *"sociedade de simples administração de bens"*.

Esta sociedade, com alguma tradição entre nós[10], é agora definida no art. 6º, 4, b), do CIRC: "a sociedade que limita a sua actividade à administração de bens ou valores mantidos como reserva ou para fruição ou à compra de prédios para a habitação dos seus sócios [sociedade de simples administração de bens propriamente dita], bem como aquela que conjuntamente exerça outras actividades e cujos proveitos relativos a esses bens, valores ou prédios atinjam, na média dos últimos três anos, mais de 50% da média, durante o mesmo período, da totalidade dos seus proveitos".

Ora, já se vê que algumas destas sociedades podem ter como objecto exclusivo actividades de *mera fruição* – *v. g.*, sociedade constituída por familiares que entram com quatro prédios urbanos a fim de ela os administrar-conservar e arrendar – ou de *mero gozo de simples vantagens* proporcionadas pelos bens sociais – *v. g.*, sociedade constituída para comprar prédios destinados à habitação dos

---

[10] V., designadamente, o art. 94º, § 2º, do Código do Imposto Complementar, aprovado pelo DL 45 399, de 30/11/1963 (entretanto revogado).

seus sócios. As sociedades destes exemplos *não* são qualificáveis como *civis* (a isto se opõe o art. 980º do CCiv.); mas também *não* são qualificáveis como *comerciais* (não têm por objecto a prática de actos de comércio). Porém, são "sociedades": assim as qualifica legislação nacional. Quer isto dizer que a construção de um conceito geral de sociedade tem de contar com elas.

Adiante-se ainda que as sociedades de simples administração de bens que não tenham por objecto a prática de actos de comércio (como as dos exemplos há pouco dados) podem adoptar tipos comerciais (art. 1º, 4, do CSC)[11].

Por fim, para evitar equívocos: não são de "mera fruição", nem de "simples" administração de bens variadas *sociedades comerciais* dedicadas à "administração" ou "gestão", etc. de bens. É ver, por exemplo, o art. 11º, 6, do CSC, o DL 495/88, de 30 de Dezembro (SGPS), o DL 135/91, de 4 de Abril (sociedades de gestão e investimento imobiliário), o DL 163/94, de 4 de Junho (sociedades gestoras de patrimónios), o DL 72/95, de 15 de Abril (sociedades de locação financeira), o DL 60/2002, de 20 de Março (fundos de investimento imobiliário e respectivas sociedades gestoras).[12]

c) *"Exercício em comum"*

Diz também o art. 980º do CCiv. que a actividade económico-societária há-de ser exercida "em comum" pelos sócios.

Claro que não é assim nas sociedades unipessoais.

Mesmo para as sociedades pluripessoais, a expressão não será a mais adequada. Está bem, pode dizer-se que os sócios – embora por via da sociedade – exercem em comum uma actividade. Será, no entanto, mais correcto dizer ser a própria sociedade que exerce a actividade; tenha ou não personalidade jurídica, a sociedade é entidade ou sujeito distinto dos sócios.

Ainda assim, acrescentaremos que o "exercício em comum" não significa que os sócios (exceptuados os de indústria) hão-de intervir directamente na actividade social. Significa apenas que os sócios poderão participar – em medida muito diferenciada às vezes – na condução (directa, ou indirecta – nomeadamente através da designação dos titulares do órgão de administração) ou, ao menos, no controlo dessa actividade (direitos de informação, de impugnação de deliberações sociais, de acção de responsabilidade contra administradores, etc.).

---

[11] No mesmo sentido, PINTO DUARTE (2008), p. 31-32.
[12] Com desenvolvimentos, PINTO FURTADO (2009), p. 78, s..

2.1.4. Fim ou escopo da sociedade

De acordo com o art. 980º do CCiv., o fim ou escopo da sociedade é *a obtenção, através do exercício da actividade-objecto social, de lucros e a sua repartição pelos sócios*. O fim social não se basta, assim, com a persecução de lucros, exige ainda a intenção de os dividir pelos sócios; para utilizar expressões habituais nos autores italianos, não é suficiente o "lucro objectivo", é também necessário o "lucro subjectivo".

Apesar de o signo "lucro" ser polissémico no direito[13], e de havermos de contar no direito societário com diversas modalidades ou espécies de lucro, poderemos acordar (tendo em vista aquela norma do CCiv.) nesta genérica noção do mesmo: *é um ganho traduzível num incremento do património da sociedade*. Tal ganho, por ser um valor patrimonial distribuível, há-de formar-se no património social (daí será depois transferido para o património dos sócios). Contrapõe-se por conseguinte o lucro às *vantagens económicas produzíveis directamente no património dos sujeitos agrupados* em entidades associativas (*lato sensu*) e às *economias* (eliminação ou redução de despesas) que os associados visam obter participando em actividades daquele género[14].

Este fim lucrativo vale também para as *sociedades comerciais* (basicamente) disciplinadas pelo CSC? Sim. Nada no Código aponta em sentido diferente. Pelo contrário, normas várias confortam aquela resposta. É ver, por exemplo, além do art. 2º, os arts. 6º, 1, 2 e 3 (capacidade jurídica da sociedade delimitada pelo fim lucrativo), 10º, 5, a) (da denominação das sociedades não podem fazer parte expressões que possam induzir em erro quanto à caracterização jurídica da sociedade, designadamente expressões correntemente usadas na designação de pessoas colectivas sem finalidade lucrativa), 21º, 1, a) (todo o sócio tem direito a quinhoar nos lucros), 22º (participação nos lucros), 31º (deliberação de distribuição de lucros), 217º e 294º (direito aos lucros de exercício nas sociedades por quotas e anónimas, respectivamente). As sociedades comerciais propõem-se obter lucros; estes lucros são lucros "das sociedades", formam-se nelas, são incremento dos seus patrimónios, destinando-se a ser depois "divididos", "distribuídos" ou "repartidos" pelos sócios[15] – ou, mais precisamente, para não descurar as sociedades unipessoais, "atribuídos" ao(s) sócio(s).

---

[13] COUTINHO DE ABREU (1996), p. 178, s..
[14] Apresentando idêntica noção de lucro social, v. por todos FERRER CORREIA (1968), p. 9, e LOBO XAVIER (1987), p. 23-24. Diferentemente, defendendo uma noção ampla de lucro social (que inclui as economias ou poupanças de despesas), PINTO FURTADO (2009), p. 90, s..
[15] No mesmo sentido, LOBO XAVIER (1987), p. 30, s., OLIVEIRA ASCENSÃO (1993), p. 31-32.

Sendo o escopo ou intuito lucrativo (entendido nos termos expostos) o fim das sociedades (reguladas basicamente no CCiv. ou no CSC), distinguem-se elas claramente tanto das *associações* (contrapostas às sociedades pluripessoais) como das *fundações* (contrapostas às sociedades unipessoais[16]) de regime geral (arts. 157º, s., 195º, s., do CCiv.). As associações e as fundações podem não exercer actividades económicas. Mas também podem exercê-las – podendo mesmo explorar empresas[17]. Destas actividades podem resultar lucros (objectivos), não podem é ser distribuídos pelos associados ou atribuídos ao fundador (falha o lucro subjectivo).

Contudo, é o escopo lucrativo (não equivalente, note-se, à maximização do lucro), entre nós, *elemento indefectível* da noção geral de sociedade?

Tendo em atenção dados normativos para lá do CCiv. e do CSC, impor-se-á a conclusão de que tal finalidade é tão-só regra, com excepções[18]. Com efeito, algumas "sociedades de simples administração de bens" (*supra*, 2.1.3., b)) não têm fim lucrativo. De outro lado, vários decretos-lei constituintes de sociedades de capitais públicos têm estabelecido de modo explícito ou implícito a exclusão do intuito lucrativo.

Para casos destes pode falar-se de "neutralidade" da "forma" sociedade (a sociedade como instrumento para fins lucrativos e fins não lucrativos). Mas não se generalize...

2.1.5. Sujeição a perdas

Em vez de lucrarem, o sócio ou os sócios podem perder; podem não recuperar (total ou parcialmente), quando saiam da sociedade ou esta se extinga, o valor das entradas e de outras prestações feitas à mesma. Nenhum sócio pode ser isentado deste risco.

A sujeição a perdas não consta do art. 980º do CCiv.. Não obstante, a noção genérica de sociedade deve integrar este elemento, que se extrai facilmente tanto do art. 994º do CCiv. como do art. 22º, 3, do CSC (proibição do pacto leonino)[19].

---

[16] Não quer isto significar que as sociedades unipessoais se distingam das fundações (ainda quando instituídas por um só sujeito) apenas pelo fim. Além e antes do mais, estas sociedades são entidades de substrato (também) pessoal, não são, como as fundações, entidades de substrato institucional ou patrimonial.

[17] Cfr. COUTINHO DE ABREU (1996), p. 163-164.

[18] Com desenvolvimentos, COUTINHO DE ABREU (1996), p. 154, s. e (2009), p. 17, s..

[19] V. tb. LOBO XAVIER (1987), p. 26-27.

2.1.6. Síntese

A noção genérica de sociedade (abrangente das diversas espécies societárias) pode agora ser apresentada: *sociedade é a entidade que, composta por um ou mais sujeitos (sócio(s)), tem um património autónomo para o exercício de actividade económica, a fim de (em regra) obter lucros e atribuí-los ao(s) sócio(s) – ficando este(s), todavia, sujeito(s) a perdas.*

2.2. Notas específicas da noção de sociedade comercial

Segundo o nº 2 do art. 1º do CSC, é comercial a sociedade que respeite dois requisitos: tenha por objecto a prática de actos de comércio (*objecto comercial*); adopte um dos tipos aí previstos – em nome colectivo, por quotas, anónima, em comandita simples, em comandita por acções (*tipo ou forma comercial*).

O CSC manteve-se assim fiel à tradição nacional (art. 104º do CCom.), não perfilhando (ao invés de várias leis estrangeiras) a comercialidade societária meramente *formal*, a qualificação como comercial de toda e qualquer sociedade que, independentemente do objecto, adopte um dos tipos previstos na lei como mercantis. No entanto, na linha tradicional também (art. 106º do CCom.), o nº 4 do art. 1º permite que as sociedades com objecto não mercantil adoptem tipos comerciais; quando isto suceda, é-lhes aplicável o (comercial) CSC.

O *objecto* da sociedade é *comercial* quando ela se propõe praticar (em exclusivo ou não) actos de comércio (art. 1º, 2) ou, noutra formulação (cfr. art. 980º do CCiv. e art. 11º, 2, do CSC), exercer "actividade" traduzível em série de actos comerciais. Naturalmente, actos de comércio objectivos: actos previstos em lei comercial ou actos análogos[20].

Os *tipos societários* são modelos diferenciados de regulação de relações (entre sócios, entre sócio(s) e sociedade, entre uns e outra com terceiros) não determinados conceitual-abstractamente, mas antes por conjuntos abertos de notas características (imprescindíveis umas, outras não). Os *tipos legais comerciais* estão previstos no nº 2 do art. 1º e as respectivas notas caracterizadoras encontram-se ao longo do código[21].

As sociedades com objecto comercial constituídas nos termos do CSC devem adoptar – e só podem adoptar – *um dos tipos previstos* (art. 1º, 2 e 3). Vigora o princípio da *taxatividade* ou do *numerus clausus* dos tipos legais de sociedades comerciais; o Código permite apenas sociedades de certos tipos. Não devem, pois, as

---

[20] COUTINHO DE ABREU (2009²), p. 49-81.
[21] Para uma caracterização geral dos tipos legais mercantis, COUTINHO DE ABREU (2009), p. 53-66.

sociedades comerciais ser *atípicas*. Isto é, sem qualquer tipo mercantil, ou com disciplina estatutária incompatível com qualquer tipo legal ou com o tipo legal assinalado nos estatutos sociais (*v.g.*, cláusulas que contrariem características imprescindíveis do tipo em causa, conjugando notas essenciais distintivas de dois ou mais tipos).

A taxatividade dos tipos legais societários impõe uma *limitação à liberdade negocial:* o sujeito ou os sujeitos que queiram constituir uma sociedade comercial têm de optar por um dos tipos previstos na lei. E nalguns casos é-lhes mesmo imposto certo ou certos tipos: as sociedades unipessoais devem ser por quotas ou anónimas (arts. 270º-A, 488º); as sociedades com certo objecto só podem ser por quotas ou anónimas ; outras sociedades com determinado objecto apenas podem ser anónimas[22].

Ainda assim, têm os sujeitos *considerável liberdade de conformação do regime* das sociedades de cada um dos tipos: nos espaços não ocupados por lei e nos espaços ocupados por lei dispositiva há lugar para *cláusulas atípicas* (cláusulas que, respeitando o núcleo essencial do tipo, se desviam num ou noutro aspecto das típicas características do tipo). Por exemplo, é possível estipular no estatuto de uma sociedade por quotas que determinado sócio responderá até certo montante perante credores sociais (art. 198º) ou que tal sociedade terá um "conselho consultivo" cuja competência não colida com a de qualquer órgão necessário. Mas já não será lícito estipular que os sócios de determinada sociedade por quotas responderão ilimitadamente pelas perdas sociais, ou que tal sociedade terá (em vez de gerência) um "conselho de administração" (com regras de organização, funcionamento e competência idênticas às previstas na lei para as sociedades anónimas), ou que as participações de certa sociedade por quotas serão "acções" tituladas. As cláusulas atípicas que contrariem notas essenciais do tipo escolhido são nulas (podendo tal nulidade parcial determinar a invalidade de todo o negócio), a menos que se conclua que essas e outras cláusulas configuram uma sociedade de tipo diverso do nomeado pelos sócios.

Justifica-se a taxatividade dos tipos legais de sociedades por *razões de segurança jurídica:* os credores sociais, o público em geral e até os sócios (sobretudo das sociedades de massas), mesmo desconhecendo os estatutos sociais, podem confiar que as sociedades de certo tipo não podem deixar de obedecer a deter-

---

[22] Para um elenco de sociedades por quotas e anónimas de regime especial (em função do respectivo objecto social), PINTO FURTADO (2009), p. 136, s..

minado quadro regulativo; nas suas relações (actuais ou potenciais) com as sociedades, tais sujeitos sabem com que podem contar.

Parece decorrer do nº 2 do art. 1º do CSC que os dois assinalados requisitos (objecto comercial, forma comercial) são, ambos, essenciais para qualificar de comercial uma sociedade. Não obstante, deve entender-se que *só o primeiro requisito (o do objecto) é essencial*. Uma sociedade que tem por objecto a prática de actos de comércio, ainda quando não adopte um dos referidos tipos, é sociedade comercial – apesar de irregularmente constituída quando falte essa adopção. Uma sociedade com objecto mercantil *deve* adoptar, e *só pode* adoptar, um dos tipos de sociedades comerciais (nº 3 do art. 1º). Não o adoptando, não poderá dizer-se que tem forma civil ou que é sociedade civil. Se é verdade que as sociedades com objecto não comercial podem adoptar formas comerciais (nº 4 do art. 1º), já as sociedades com objecto mercantil – comerciais – não têm nem podem ter forma civil. A falta de adopção de um tipo societário mercantil por sociedade tendo por objecto a prática de actos de comércio acarreta com certeza consequências, variáveis de caso para caso, mas consequências determinadas pela lei societária aplicável às sociedades comerciais (arts. 9º, 1, b), c), 36º, 2 e s.)[23].

3. Sociedades sem objecto mercantil mas de tipo comercial

Não têm objecto comercial as "sociedades civis" (*v.g.*, as sociedades agrícolas, as sociedades de artesãos para o exercício de actividades artesanais, as sociedades de profissionais liberais para o exercício das respectivas actividades) e as (ou algumas) "sociedades de simples administração de bens" propriamente ditas.

Estas sociedades – não comerciais (cfr. nº 2 do art. 1º) – "podem adoptar um dos tipos" comerciais (nº 4 do art. 1º).

Mas esta possibilidade é, para as sociedades civis, regra com excepções. Por um lado, algumas sociedades *não podem adoptar* nenhum dos tipos de sociedades comerciais – é o caso das sociedades de advogados (DL 229/2004, de 10 de Dezembro, arts. 1º, 2, 2º, 10º, 1, 2). Por outro lado, outras sociedades civis *apenas podem adoptar certo ou certos tipos* – é o caso das "sociedades de agricultura de grupo", "agrupamentos de produção agrícola", "agrupamentos complementares da exploração agrícola" e "empresas familiares agrícolas reconhecidas", tudo sociedades agrícolas (especiais) que têm de ter o tipo de sociedade

---

[23] Diferentemente, defendendo ser civil a sociedade com objecto comercial mas que não adoptou forma comercial, OLIVEIRA ASCENSÃO (1993), p. 20, s., MENEZES CORDEIRO (2009), p. 61.

por quotas (DL 336/89, de 4 de Outubro, alterado pelos DL 339/90, de 30 de Outubro e 382/93, de 18 de Novembro, arts. 1º, 12º, 13º, 12º-A). Por outro lado ainda, determinadas sociedades civis, podendo embora perfilhar qualquer tipo comercial, *não podem deixar de adoptar um desses tipos* – é o caso das sociedades de administradores da insolvência (DL 54/2004, de 18 de Março, art. 3º).

As sociedades civis que mais e maiores problemas têm suscitado são as *sociedades de profissionais liberais* (para o exercício das respectivas actividades profissional-liberais).

Defendem alguns autores que as sociedades de profissionais liberais só podem ser sociedades civis sem forma comercial, ou sociedades (civis) em nome colectivo, não podendo, portanto, adoptar outros tipos societário-mercantis. Só naquelas sociedades, argumenta-se, são admitidas entradas ou contribuições de indústria – e os sócios das sociedades de profissionais hão-de ser "sócios de indústria", hão-de exercer no quadro societário as suas actividades profissional-liberais[24].

Exceptuados os casos em que a lei estabeleça diferentemente (como no citado DL 229/2004, para as sociedades de advogados), a tese que devemos defender é outra: a da possibilidade de adopção de qualquer tipo societário comercial. Primeiro, porque as sociedades de tipo comercial em que as entradas de indústria não são permitidas (sociedades por quotas, anónimas e, quanto aos sócios comanditários, em comandita – arts. 202º, 1, 277º, 1, 468º do CSC) dispõem de meios para assegurar a colaboração profissional dos sócios, sendo de destacar as "obrigações de prestações acessórias" (arts. 209º, 287º, 478º). Segundo, porque a própria lei já admitiu sociedades de profissionais sem forma comercial e sem qualquer sócio de indústria[25], e vem admitindo que sociedades de profissionais optem por qualquer tipo societário[26],[27].

Podem ser *sócios* de uma sociedade cujo objecto seja o exercício de determinada actividade profissional-liberal sujeitos não habilitados para esse exercício, *sujeitos não-profissionais liberais dessa especialidade?* Em princípio não. Designadamente quando em causa estiver profissão regulamentável e controlada por associação pública ("ordem", "câmara", etc.). Em casos destes, as actividades

---

[24] PINTO FURTADO (2009), p. 53, s., COUTO GONÇALVES (1990), p. 165, (1991), p.168, s...
[25] Cfr. COUTINHO DE ABREU (1996), p. 108-109.
[26] Muito claro a este respeito é o nº 2 do art. 94º do DL 487/99, de 16 de Novembro, diploma regulamentador dos revisores oficiais de contas.
[27] Defendendo também que as sociedades de profissionais liberais podem adoptar tipos sociais mercantis, PAULO LEAL (1990), p. 97-98, 112-113, ALBINO MATOS (2001), p. 68, nt. 119.

liberais só podem ser exercidas por quem tenha título profissional bastante. Assim sendo, é de entender que as sociedades que tenham por objecto uma dessas actividades somente podem ter sócios possuidores do respectivo título profissional[28]. De acordo com este princípio está o diploma regulador das sociedades de advogados (DL 229/2004, arts. 1º, 2, 5º, 1). Mas desviou-se dele o diploma regulador das sociedades de revisores oficiais de contas (nos arts. 96º e 97º, o DL 487/99 admite, embora em estreitos limites, sócios não revisores oficiais).

São lícitas as sociedades *pluriprofissionais,* onde colaboram profissionais liberais de distintas categorias? Há que distinguir. Imagine-se que dois advogados, dois economistas e dois engenheiros pretendem constituir uma sociedade para prestar serviços a empresas. Se o grupo desses serviços se decompõe em sub-grupos, cada um integrando actos próprios de cada categoria dos profissionais interessados (a pretendida sociedade propõe-se prestar, de modo relativamente autonomizado, serviços de procuradoria e consultoria jurídicas, serviços de economia e de engenharia), não é lícita a constituição da sociedade – teríamos exercício "em comum" de actividades que competem exclusivamente a profissionais de determinada categoria. Se o grupo daqueles serviços não é decomponível nos termos referidos, apresentando-se antes como conjunto de prestações complexas, cada uma das quais, exigindo embora o concurso dos diversos profissionais, não pode dizer-se específica do advogado, do engenheiro ou do economista (pense-se, *v. g.*, em estudos sobre a organização e reestruturação de empresas), então já é lícita a constituição da sociedade[29].

As sociedades de profissionais liberais que possam adoptar tipos comerciais podem ser sociedades *unipessoais por quotas* (art. 270º-A do CSC)? Salvo quando outra coisa resulte da lei [30], não vejo como não admitir tal possibilidade[31].[32]

---

[28] V. no mesmo sentido COUTO GONÇALVES (1991), p. 168, PAULO LEAL (1990), p. 108-109.
[29] Em sentido convergente, COUTO GONÇALVES (1990), p. 169, PAULO LEAL (1990), p. 110-111. Pelo menos em alguns casos do tipo hipotizado nem sequer repugna qualificar de mercantil o objecto social.
[30] Como resulta, p. ex., do DL 487/99, sobretudo do art. 119º, 3 e 4, para as sociedades de revisores oficiais de contas.
[31] Mas v. RICARDO COSTA (2006), p. 334, s..
[32] Para repensar a disciplina das sociedades de profissionais liberais, com apontamentos de direitos estrangeiros, COUTINHO DE ABREU (2009), p. 47, s., RICARDO COSTA (2006), p. 314, s..

4. Figuras afins das sociedades
4.1. Cooperativa

Entre nós, a disciplina básica das cooperativas começou por estar em lei de 2 de Julho de 1867. Passou a constar, a partir de 1888, do Código Comercial (daquele ano, recorde-se), que tinha no título II do livro II um capítulo V intitulado "Disposições especiais às sociedades cooperativas". Tal disciplina perdurou até à entrada em vigor do primeiro Código Cooperativo, aprovado pelo DL 454 / 80, de 9 de Outubro. Este Código foi substituído pelo Código Cooperativo actual, aprovado pela L 51 / 96, de 7 de Setembro (mas não são muito significativas as alterações)[33].

Nos termos do n.º 1 do art. 2.º do CCoop., "as cooperativas são pessoas colectivas autónomas, de livre constituição, de capital e composição variáveis, que, através da cooperação e entreajuda dos seus membros, com obediência aos princípios cooperativos, visam, sem fins lucrativos, a satisfação das necessidades e aspirações económicas, sociais ou culturais daqueles".

Os "princípios cooperativos" estão formulados no art. 3.º tal como os formulou a Aliança Cooperativa Internacional, por último, no congresso de Manchester comemorativo do centenário desta organização (1995). São eles: *adesão voluntária e livre*[34]; *gestão democrática pelos membros* (ressaltando a regra "um membro, um voto" nas cooperativas de primeiro grau); *participação económica dos membros* (sendo de destacar a eventual e limitada remuneração dos títulos de capital e a distribuição dos excedentes pelos cooperadores na proporção das suas transacções com a cooperativa); *autonomia e independência* (as cooperativas hão-de ser controladas pelos seus membros, não por entidades externas); *educação, formação e informação* (dos membros mas não só); *intercooperação* (das cooperativas entre si); *interesse pela comunidade*.

"É permitido às cooperativas associarem-se com outras pessoas colectivas de natureza cooperativa ou não cooperativa, desde que daí não resulte perda da sua autonomia". Mas "não podem adoptar a forma cooperativa as pessoas colectivas resultantes da associação de cooperativas com pessoas colectivas de fins lucrativos" (art. 8.º, 1 e 3).

São *órgãos* das cooperativas a assembleia geral (órgão supremo, sendo as suas deliberações vinculativas para os restantes órgãos e para os cooperadores), a

---

[33] Sobre a evolução da legislação cooperativa em Portugal, RUI NAMORADO (2000), p. 35, s..
[34] Sobre a problemática suscitada pelo tradicionalmente designado princípio da porta aberta, COUTINHO DE ABREU (1996), p. 167-170.

direcção (que administra e representa a cooperativa) e o conselho fiscal (órgão de controlo ou fiscalização); todos estes órgãos são *compostos exclusivamente por cooperadores* (arts. 39º, ss.).

Os *excedentes anuais líquidos* – exceptuados os provenientes de operações realizadas com terceiros (não-cooperadores) –, depois do eventual pagamento de juros pelos títulos de capital e da afectação às diversas reservas (são obrigatórias a reserva legal e a reserva para educação e formação cooperativas – insusceptíveis de qualquer tipo de repartição entre os cooperadores), *podem "retornar" aos cooperadores* (arts. 69º, ss.).

Note-se ainda, neste pequeno percurso pelo CCoop., que "é nula a *transformação* de uma cooperativa em qualquer tipo de sociedade comercial, sendo também feridos de nulidade os actos que procurem contrariar ou iludir esta proibição legal" (art. 80º)[35].

Por mais de um século foram as cooperativas legalmente qualificadas de sociedades (embora especiais)[36]. Deixou de ser assim com o CCoop. de 1980 e o de 1996 (e legislação complementar). Não diz expressamente o Código que as cooperativas não são sociedades. Mas aponta claramente para aí. E como *não-sociedades* devem na verdade ser consideradas.

A noção estabelecida no acima transcrito nº 1 do art. 2º diz a propósito o suficiente.

– As cooperativas são "pessoas colectivas autónomas" – não se diz que são sociedades ou associações, etc.

– De "capital e composição variáveis", assim se permitindo a fácil e rápida entrada e saída de cooperadores e as correspondentes mutações do capital (bem diverso é o regime societário quanto à entrada e saída de sócios na generalidade das sociedades e quanto às alterações do capital).

– O fim das cooperativas tanto pode ser a satisfação das necessidades económicas como das necessidades "sociais" ou culturais (ou de todas em conjunto) dos cooperadores.

– E "sem fins lucrativos" (fundamentalmente diferente é a realidade societária).

---

[35] O Código anterior nada dizia sobre o ponto. Mas já então se devia defender a ilicitude da transformação de cooperativas em sociedades – v. COUTINHO DE ABREU (1996), p. 184-186.
[36] Nem sempre, porém, com a concordância da doutrina. ALBERTO LUÍS (1966), p. 172-173, preferia qualificá-las como associações.

Tratei já desenvolvidamente da questão do escopo não lucrativo das cooperativas[37]. Relembro algumas conclusões. Os excedentes anuais resultantes de operações da cooperativa com os cooperadores não são verdadeiros lucros (objectivos), significando antes, no essencial, um valor "provisoriamente" pago a mais pelos cooperadores à cooperativa ou pago a menos pela cooperativa aos cooperadores. Os mesmos excedentes, quando distribuídos ou "retornados" aos cooperadores ("na proporção das suas transacções com a cooperativa": art. 3º, 3º princípio), não são verdadeiros lucros (subjectivos), significando antes uma economia ou poupança (cooperativas de consumo), ou o equivalente do valor do trabalho prestado pelos cooperadores (cooperativas de produção), ou um complemento das vantagens económicas já obtidas aquando da realização das operações. Os excedentes gerados em operações da cooperativa com terceiros são lucros (objectivos); mas porque não são distribuíveis pelos cooperadores, ainda aqui se não deve falar de escopo lucrativo (não há lucro subjectivo).

Afirmar que as cooperativas (que funcionem de acordo com a lei) não têm fins lucrativos não é conceitualismo; é respeitar o rigor dos conceitos (cfr. tb. *supra*, nº 2.1.4.). Tal como os diplomas disciplinadores dos ACE e dos AEIE (*infra*, nº 4.2.), também o CCoop. não padece, nesse ponto, de falta de rigor.

Por outro lado, aquela afirmação não é falha de consequências. Releva, por exemplo, em matéria de capacidade jurídica das cooperativas; para iluminar disposições do CCoop. como as dos arts. 3º (3º princípio) e 73º, 1 (distribuição de excedentes – excluídos os provenientes de operações com terceiros – na proporção das transacções dos cooperadores com a cooperativa), 69º, 4 (possibilidade de reconstituição da reserva legal com prestações dos cooperadores, na proporção das operações realizadas por cada um deles com a cooperativa), 70º (reserva obrigatória para educação e formação cooperativas), 72º (insusceptibilidade de repartição das reservas obrigatórias e das resultantes de excedentes gerados em operações com terceiros), 80º (nulidade da transformação de cooperativa em sociedade); para iluminar a proibição da distribuição dos excedentes anuais nas cooperativas de solidariedade social e nas de habitação (art. 7º do DL 7/98, de 15 de Janeiro, e art. 15º do DL 502/99, de 19 de Novembro, respectivamente); para declarar nula a deliberação da direcção que permita o anatocismo (cfr. o art. 560º do CCiv.)[38].

---

[37] COUTINHO DE ABREU (1996), p. 170-183, (2009ª), p. 282-286.
[38] Ac. do STJ de 5/5/94, BMJ 437 (1994), p. 503.

– A organização e o funcionamento das cooperativas obedecem aos "princípios cooperativos", que se afastam em muitos pontos da disciplina das sociedades.[39]

É curioso notar que alguns autores defensores da natureza societária das cooperativas imputam às leis ou autores que assim não entendem "preconceito político", "motivações ideológicas", "convicção ideológica"[40]. Porém: o direito está fora das instâncias político-ideológicas?; poderá a argumentação jurídica que se (auto-)proclama "científica" ou "técnica" e imune ao político-ideológico ser rigorosa ou neutral?; o movimento cooperativo não despontou *também* por razões político-ideológicas, sem cobertura legal específica e fora dos esquemas societários então existentes?...

As cooperativas, não sendo embora sociedades, são afins destas. Também por isso lhes é aplicável subsidiariamente o CSC (art. 9º do CCoop.). Por exemplo, em matéria de invalidades das deliberações da assembleia geral (o art. 50º do CCoop não é bastante). Ora, tendo isto em vista, bem como o previsto no art. 89º da LOFTJ de 1999 (L 3/99, de 13 de Janeiro) e no art. 121º da LOFTJ de 2008 (L 52/2008, de 28 de Agosto) – ambos os arts. referem acções judiciais respeitantes não somente a sociedades[41] –, não custa admitir que compete aos "tribunais de comércio" (lei de 1999) ou aos "juízos de comércio" (lei de 2008) preparar e julgar as acções de suspensão e de anulação de deliberações dos órgãos das cooperativas (cfr. a al. d) do nº 1 dos citados arts. 89º e 121º)[42]. [43]

---

[39] Entendendo também que as cooperativas não são sociedades, LOBO XAVIER (1987), p. 24-25, 38-40, BRITO CORREIA (1989), p. 62, s., OLIVEIRA ASCENSÃO (1993), p. 31, RUI NAMORADO (2000), p. 241, s., CARVALHO FERNANDES (2007), p. 478, s.. Na jurisprudência, entre outros, Acs. do STJ de 26/9/95, BMJ 449 (1995), p. 299, de 28/3/96, CJ-ASTJ, 1996, I, p. 165, de 5/12/02, CJ-ASTJ, 2002, III, p. 156, Ac. da RP de 16/10/08 (processo 0832127), em www.dgsi.pt.
Em sentido oposto, PINTO FURTADO (2009), p. 96 s., MENEZES CORDEIRO (2007), p.368, s., PUPO CORREIA (2009), p. 140-141, DEOLINDA MEIRA (2006), p. 148, s..
[40] Respectivamente, PINTO FURTADO (2009), p. 107, PUPO CORREIA (2009), p. 141, MENEZES CORDEIRO (2007), p. 368. Olhando para nomes citados na nota anterior...sorrio.
[41] V. especialmente a al. g) do nº 1 do art. 89º e a al. h) do nº do art. 121º, que remetem para o art. 9º do CRCom..
[42] Diferentemente, Ac. da RP de 24/5/01, CJ, 2001, III, p. 204, Acs. do STJ de 5/2/02, CJ-ASTJ, 2002, I, p. 68, e de 5/12/02, CJ-ASTJ, 2002, III, p. 156.
[43] O Regulamento (CE) 1435/2003, de 22 de Julho, é relativo ao "estatuto da sociedade cooperativa europeia" – as cooperativas são aí (tal como em vários Estados-membros) designadas "sociedades". Mas, além de isso não afectar a qualificação jurídica das cooperativas nacionais, as "sociedades" são entendidas no TFUE muito latamente: art. 54º, 2º parágrafo.

4.2. Agrupamento complementar de empresas (ACE) e agrupamento europeu de interesse económico (AEIE)

O legislador português desenhou a figura dos *agrupamentos complementares de empresas* (ACE – L 4 / 73, de 4 de Junho, e DL 430 / 73, de 25 de Agosto) tendo à vista o modelo francês dos *groupements d'intérêt économique* (Ord. 67821, de 23 de Setembro de 1967).

"As pessoas singulares ou colectivas e as sociedades podem agrupar-se, sem prejuízo da sua personalidade jurídica, a fim de melhorar as condições de exercício ou de resultado das suas actividades económicas. / As entidades assim constituídas são designadas por agrupamentos complementares de empresas" (L 4 / 73, base I).

Nos termos da lei, parece que os membros do ACE devem ser empresas em sentido subjectivo a que correspondam empresas em sentido objectivo; os agrupados devem ser sujeitos que explorem (ou se proponham explorar) empresas. É o que resulta da designação "agrupamento complementar de empresas", dos nºs 2 e 3 da base II da lei ("empresas agrupadas") e do art. 11º, 2, do DL 430 / 73 ("A transmissão, entre vivos ou por morte, da parte de cada agrupado só pode verificar-se juntamente com a transmissão do respectivo estabelecimento ou empresa"). Não obstante, será razoável interpretar (extensivamente) "empresa" de modo a abarcar sujeitos empresários e não-empresários, sujeitos que exercem actividades económicas através de empresas em sentido (objectivo e) próprio ou sem elas; por exemplo, artesãos não empresários devem poder participar em ACE[44].

A actividadeobjecto do ACE há-de ser não só *diversa* mas também *auxiliar ou complementar* das actividades exercidas pelos agrupados (cfr. base I, 1, da L 4 / 73, arts. 9º e 13º, a), do DL 430 / 73).

Tal actividade é dirigida a melhorar as condições de exercício ou de resultado das actividades dos membros, *não podendo o ACE ter por fim principal a realização e partilha de lucros* (base II, 1, da L, arts. 15º, 16º, 1, b), do DL); um escopo acessório de realização de lucros – derivados de operações do ACE com terceiros – e sua partilha pelos membros será lícito somente quando autorizado expressamente no contrato constitutivo do agrupamento (art. 1º do DL; v. tb. arts. 15º e 16º, 1, b)). Assim, por exemplo, duas empresas de produção de têxteis constituem um ACE para comprarem em conjunto matérias-primas a transformar

---

[44] Conforta esta interpretação o facto de os AEIE poderem ter membros não empresários e, em certas circunstâncias, poderem transformar-se em ACE (v. *infra*).

nos respectivos estabelecimentos fabris, ou para venderem em conjunto os produtos finais, ou para prospectar mercados, ou publicitar os seus produtos. Em qualquer caso, não visa o ACE lucrar à custa dos seus próprios membros; visa é proporcionar matérias-primas mais baratas (tendencialmente a preço de custo), ou possibilitar que os membros vendam mais e / ou mais caro. O ACE é instrumento para os agrupados, no essencial, realizarem economias ou conseguirem vantagens económicas directamente produzíveis no património de cada um deles.

Os ACE adquirem *personalidade jurídica* com a inscrição do contrato de constituição no registo comercial (base IV da L).

Têm um *órgão* deliberativo-interno (tendo cada agrupado um voto, em regra – art. 7º do DL) e um órgão de administração (art. 6º do DL), podem ter, e em certos casos têm de ter, um órgão de fiscalização (base V da L, art. 8º, 2, do DL).

Os agrupados respondem em regra *solidariamente* (embora subsidiariamente) pelas dívidas do ACE (base II, 2 e 3, da L).

O direito *subsidiariamente aplicável* é o das sociedades em nome colectivo (art. 20º do DL).[45]

Deve entender-se que os ACE *não são sociedades*. Ao contrário destas, são entidades essencialmente, repita-se, sem fins lucrativos. A própria lei supõe essa natureza não societária. Designadamente no art. 4º do DL 430 / 73 ("para fins de registo, o agrupamento é *equiparado* às sociedades comerciais"; mesmo para estes efeitos, portanto, não há identidade) e no art. 21º do mesmo diploma (sociedades e associações constituídas antes do DL para objectivos análogos aos dos ACE podem transformar-se nestes; os ACE não podem transformar-se em sociedades). São pois os ACE, tal como as cooperativas, entidades de tipo associativo que se situam entre as associações de regime geral e (mais proximamente) as sociedades.[46]

Os *agrupamentos europeus de interesse económico* (AEIE), basicamente regulados no Regulamento (CEE) 2137 / 85 do Conselho, de 25 de Julho de 1985, representam em boa medida a europeização dos G. I. E. franceses (e são, portanto, parentes dos nossos ACE).

Os traços caracterizadores há pouco apontados revelam-se semelhantemente nos AEIE.

---

[45] Para uma análise mais desenvolvida da legislação dos ACE, PINTO RIBEIRO / PINTO DUARTE (1980).
[46] Defendem também que os ACE não são sociedades LOBO XAVIER (1987), p. 24-25, 40, s., BRITO CORREIA (1989), p. 66, s., OLIVEIRA ASCENSÃO (1993), p. 31. Qualificando estes agrupamentos como sociedades, PINTO FURTADO (2009), p. 112, s., PUPO CORREIA (2009), p. 144, MENEZES CORDEIRO (2007), p. 365.

"O objectivo do agrupamento é facilitar ou desenvolver a actividade económica dos seus membros, melhorar ou aumentar os resultados desta actividade; não é seu objectivo realizar lucros para si próprio". (Nem sequer se admite acessoriamente fim lucrativo). Acrescenta o 2º parágrafo do nº 1 do art. 3º do Regulamento: "A sua actividade deve estar ligada à actividade económica dos seus membros e apenas pode constituir um complemento a esta última".

Os membros do agrupamento – que não têm de ser empresários – podem ser de muito variada natureza (art. 4º, 1). Mas – e aqui está um traço distintivo essencial do agrupamento *europeu* – o AEIE háde ser composto por pelo menos dois sujeitos que tenham a administração central ou exerçam a actividade principal em Estados-membros *diferentes* (art. 4º, 2). A sede de um AEIE háde também localizar-se na Comunidade (arts. 12º, 13º).

Órgãos necessários do agrupamento são o colégio dos membros e a gerência (com um ou mais gerentes) – art. 16º, 1. Em regra, cada membro dispõe de um voto (art. 17º, 1).

Pelas dívidas do agrupamento respondem ilimitada e solidariamente (embora subsidiariamente) os seus membros (art. 24º).

Um AEIE com sede estatutária em Portugal adquire personalidade jurídica com o registo do contrato constitutivo (DL 148 / 90, de 9 de Maio, art. 1º); pode transformar-se em ACE quando deixe de satisfazer certas condições previstas no Regulamento 2137 (designadamente no citado art. 4º, 2) – art. 11º, 2, do DL; aplicam-se-lhe subsidiariamente as normas legais aplicáveis aos ACE (art. 12º do DL).

Por razões idênticas ou similares às aduzidas para negar natureza societária aos ACE, também os AEIE *não são qualificáveis como sociedades* – aponta, aliás, no mesmo sentido o quinto "considerando" do Regulamento[47].

4.3. Consórcio

O consórcio, da família dos *contractual joint ventures,* originariamente delimitados na jurisprudência norte-americana do séc. XIX, é definível, de acordo com os arts. 1º e 2º do DL 231 / 81, de 28 de Julho, como o contrato pelo qual duas ou mais entidades (singulares ou colectivas) que exerçam actividades económicas se obrigam a, de forma concertada, realizar certas actividades ou efectuar determinadas contribuições a fim de possibilitar a realização de actos materiais ou

---

[47] Com opinião convergente, ENGRÁCIA ANTUNES (2010), p. 111, nt. 231. Contra: PINTO FURTADO (2009), p. 116, PUPO CORREIA (2009), p. 145, MENEZES CORDEIRO (2007), p. 365.

jurídicos preparatórios de uma actividade, a execução de certo empreendimento, o fornecimento a terceiros de bens iguais ou complementares produzidos por cada um dos consorciados, a pesquisa ou exploração de recursos naturais, ou a produção de bens que possam ser repartidos em espécie entre os consorciados. Assim, por exemplo, é de consórcio o contrato pelo qual duas sociedades de construção civil se obrigam, para a abertura de uma estrada, a realizar, de forma concertada (harmonizada ou complementar) trabalhos de terraplenagem, uma, e trabalhos de alcatroamento, a outra.

O consórcio diz-se *"interno"* quando as actividades ou os bens são fornecidos a um dos consorciados pelo(s) outro(s) e só aquele estabelece relações com terceiros, ou quando as actividades ou os bens são fornecidos a terceiros por cada um dos consorciados sem expressa invocação dessa qualidade (art. 5º, 1). E diz-se *"externo"* quando as actividades ou os bens são directamente fornecidos a terceiros por cada um dos membros do consórcio e com expressa invocação dessa qualidade (art. 5º, 2).

O contrato de *consórcio externo* pode prever a criação de um "conselho de orientação e fiscalização" composto por todos os consorciados (art. 7º) e deve prever e designar de entre os consorciados um "chefe do consórcio", a quem compete exercer funções internas (organização e promoção da cooperação entre as partes do consórcio) e externas (de representação, mediante procuração) – arts. 12º-14º. Podem as partes do consórcio "fazer-se designar, juntando todos os seus nomes, firmas ou denominações sociais, com o aditamento 'Consórcio de ...' ou '... em consórcio' (...)" – art. 15º, 1.

Nos consórcios *externos* (bem como nos *internos da segunda sub-modalidade* – cfr. art. 5º, 1, b)), cada um dos consorciados percebe em princípio directamente os valores que lhe forem devidos pelos terceiros (para os quais se executou empreendimento ou a quem foram fornecidos bens), ou adquire directamente os produtos resultantes das actividades previstas nas als. d) e e) do art. 2º (arts. 16º e 17º). Nos consórcios *internos da primeira sub-modalidade* (só um dos consorciados estabelece relações com terceiros) pode ser convencionada a participação dos consorciados que não operam com terceiros nos lucros e/ou perdas derivados da actividade do consorciado que estabelece as relações com os terceiros (art. 18º).

É *proibida a constituição de "fundos comuns"* em qualquer consórcio; nos externos, as importâncias entregues ao respectivo chefe pelos outros membros ou por ele retidas com autorização deles consideram-se fornecidas nos termos e para os efeitos do art. 1167º, a) do CCiv. (: "o mandante é obrigado a fornecer ao mandatário os meios necessários à execução do mandato, se outra coisa não foi convencionada") – art. 20º.

O consórcio *não é espécie do contrato de sociedade;* do contrato de consórcio não nasce uma entidade (societária ou de outro tipo). Na verdade, não há no consórcio fundo patrimonial comum que suporte actividade comum; não há exercício em comum de uma actividade económica, havendo sim actividades ou contribuições individuais (de cada consorciado), embora realizadas de forma concertada; não havendo actividade exercida em comum, impossível é um lucro correspondente e comum – podem é os consorciados, individualmente, obter lucros das respectivas actividades individualmente exercidas no quadro do consórcio (e, na hipótese prevista no art. 18º, participar nos lucros por um deles obtidos)[48].

4.4. Associação em participação

Regulada durante quase cem anos no CCom. (arts. 224º-229º) sob a designação "conta em participação", a associação em participação é hoje disciplinada no cap. II do DL 231/81, de 28 de Julho (arts. 21º 31º).

É um contrato pelo qual um ou mais sujeitos se associam a uma actividade económica exercida por outro sujeito (associante), ficando o(s) primeiro(s) a participar nos lucros ou nos lucros e perdas que desse exercício resultarem para o segundo (cfr. arts. 21º, 1, 22º, 1).

O associado deve prestar ou obrigar-se a prestar uma *contribuição de natureza patrimonial* (dinheiro, transmissão da propriedade, uso ou fruição de bens, transmissão de créditos, assunção de dívidas do associante, prestação de serviços, etc.[49]); quando a contribuição "consista na constituição de um direito ou na sua transmissão, deve ingressar no património do associante" (art. 24º, 1). Todavia, pode a contribuição do associado ser *dispensada* no contrato quando ele participe nas perdas (art. 24º, 2).

O associado fica sempre com o *direito de participar nos lucros* derivados da actividade económica do associante; se outra coisa não resultar do contrato, par-

---

[48] No mesmo sentido, RAÚL VENTURA (1981), p. 641, s.. Também não qualificam o consórcio como sociedade BRITO CORREIA (1989), p. 20, s., MANUEL PITA (1988), p. 201, s., SOUSA VASCONCELOS (1999), p. 66, s.. Em termos dubitativos, PINTO FURTADO (2009), p. 69, reporta a natureza jurídica do consórcio à figura da sociedade. MENEZES CORDEIRO (2007): o consórcio é "figura autónoma que corresponde a um contrato de sociedade especial".

[49] RAÚL VENTURA (1969), p. 123, s..

ticipará ele também nas perdas, em regra até ao limite da sua contribuição (v. arts. 21º, 2, 23º, 2, 25º).

A *actividade económica* em causa *é do associante*, é ele que a exerce autonomamente, é ele que se relaciona e responsabiliza com e perante terceiros. Apesar de algumas *limitações*. Assim, não pode o associante, "sem consentimento do associado, fazer cessar ou suspender o funcionamento da empresa, substituir o objecto desta ou alterar a forma jurídica da sua exploração"; deve o associante "prestar ao associado as informações justificadas pela natureza e pelo objecto do contrato"; pode o contrato estipular que, sob pena de responsabilidade civil, "determinados actos de gestão não devam ser praticados pelo associante sem prévia audiência ou consentimento do associado" (art. 26º, 1, b), d), 2, 3). Por outro lado, deve o associante *prestar contas* ao associado (art. 31º)[50].

A associação em participação tem, no rectângulo luso e fora dele, antecedentes muito velhos. Entroncando (tal como a sociedade em comandita) na *commenda*, foi na época medieval e pós-medieval geralmente considerada sociedade – sociedade "secreta", "anónima", "silenciosa" ou oculta (*compagnia secreta, société anonyme, stille Gesellschaft*), dado não se revelar ao público, revelando-se tão-só o sócio "ostensivo" e ficando na sombra o sócio "oculto". Alguns códigos comerciais oitocentistas continuaram a referir-se-lhe como sociedade – *sociedad accidental* (código espanhol de 1829), sociedade "momentanea e anonyma" (código português de 1833, parte I, livro II, título XII, secção V – epigrafada "Da associação em conta de participação"), "sociedade em conta de participação, acidental, momentânea ou anónima" (código brasileiro de 1850, art. 325º), *stille Gesellschaft* (HGB alemão de 1897, §§ 230, ss.).

Actualmente, as *sociétés en participation*, apesar de não terem personalidade jurídica nem estarem submetidas a obrigações de publicidade, continuam a ser qualificadas pela larga maioria da doutrina francesa como sociedades; é pacífica na Alemanha a qualificação como sociedade da *stille Gesellschaft* (sociedade considerada "interna", por não aparecer como tal no tráfico jurídico). Não assim em outros países. Por exemplo, na Itália não é sociedade a *associazione in partecipazione*; em Espanha, a jurisprudência e a doutrina maioritária negam natureza societária às *cuentas en participación*.[51]

---

[50] Mas estas contas não são elaboradas nem aprovadas pelo associado. Apenas quando o associante as não apresente ou o associado se não conforme com as apresentadas, poderá ser utilizado o processo especial de prestação de contas regulado nos arts. 1014º, s. do CPC (art. 31º, 4).

[51] Para indicações bibliográficas, COUTINHO DE ABREU (2009), p. 39, nts. 82-86.

Entre nós, na vigência dos arts. 224º-229º do CCom., a doutrina e a jurisprudência estavam muito divididas quanto à qualificação das contas em participação como sociedades[52]. Hoje (como ontem – as associações em participação mantêm fisionomia similar à das contas em participação) *deve negar-se carácter societário às associações em participação*. São contratos que não originam novas entidades; a actividade económica a que os sujeitos se "associam" não é exercida em comum, é exercida essencialmente pelos "associantes"; as contribuições dos "associados" integram-se normalmente no património dos "associantes", não há património comum nem autónomo.[53]

---

[52] V. numerosas referências em RAÚL VENTURA (1969), p. 79, s..
[53] A grande maioria dos autores que mais recentemente se têm ocupado do assunto chega a idêntica conclusão – PINTO FURTADO (2004), p. 87, s., BRITO CORREIA (1989), p. 20-21, PUPO CORREIA (2009), p. 194, OLIVEIRA ASCENSÃO (1998/99), p. 460, ENGRÁCIA ANTUNES (2010), p. 124-125 (diferentemente, MENEZES CORDEIRO (2007), p. 362-363). E bem assim a jurisprudência – v., p. ex., o Ac. do STJ de 25/3/10 (www.dgsi.pt – processo 682/05.7TBOHP.C1.S1).

ARTIGO 2º
Direito subsidiário

Os casos que a presente lei não preveja são regulados segundo a norma desta lei aplicável aos casos análogos e, na sua falta, segundo as normas do Código Civil sobre o contrato de sociedade no que não seja contrário nem aos princípios gerais da presente lei nem aos princípios informadores do tipo adoptado.

Índice

1. Origens e *lugares paralelos*
2. Sentido metodológico
3. Âmbito do recurso ao Direito Civil enquanto *direito subsidiário*
4. Exemplificação de problemas
    4.1. O "*direito de preferência*" previsto no art. 328º, 2, *b*), do CSC
    4.2. A interpretação do contrato de sociedade
    4.2.1. Definição do problema
    4.2.2. Soluções

Bibliografia

a) Citada:

ABREU, J.M. COUTINHO DE – *Curso de direito comercial*, vol. II – *Das sociedades*, 3ª ed., Almedina, Coimbra, 2009ª, *Curso de direito comercial*, vol. I – *Introdução, actos de comércio, comerciantes, empresas, sinais distintivos*, 7ª ed., Almedina, Coimbra, 2009ᵇ; ALMEIDA, A. PEREIRA DE, *Sociedades comerciais e valores mobiliários*, 5ª ed., Coimbra Editora, Coimbra, 2008; ANDRADE, MANUEL D. DE – *Teoria Geral da Relação Jurídica*, vol. II – *Facto Jurídico, em especial Negócio Jurídico*, 3ª reimp., Almedina, Coimbra, 1972; ANGELICI, CARLO – "Appunti sull'interpretazione degli statuti di società per azioni", RDC, 1993, p. 797-819; ASCENSÃO, J. DE OLIVEIRA – *Direito Comercial*, vol. IV – *Sociedades Comerciais. Parte Geral*, AAFDL, Lisboa, 2000; CAEIRO, ANTÓNIO – "Destituição do gerente designado no pacto social", em *Temas de Direito das Sociedades*, Almedina, Coimbra, 1984ª, p. 363-405, "A exclusão estatutária do direito de voto nas sociedades por quotas", em *Temas de Direito das Sociedades*, Almedina, Coimbra, 1984ᵇ, p 9-64; COING, HELMUT – "Zur Auslegung der Verträge von Personengesellschaften", ZGR, 1978, p. 659-677; CORDEIRO, A. MENEZES – *Manual de direito das sociedades*, I, 2ª ed., Almedina, Coimbra, 2007, *Código das Sociedades Comerciais anotado* (coord. de A. Menezes Cordeiro), Almedina, Coimbra, 2009; CORREIA, A. FERRER – *Lições de direito comercial*, vol. II (c/ colab. de V. Lobo Xavier, M.

Henrique Mesquita, J. M. Sampaio Cabral e António A. Caeiro), ed. copiogr., Coimbra, 1968, "Lei das sociedades comerciais (Anteprojecto)", BMJ 185 (1969), p. 25-81; CORREIA, A. FERRER/ CAEIRO, ANTÓNIO – "Alteração da cláusula de preferência na transmissão de acções", RDE, 1975, p. 97-126; CORREIA, L. BRITO – *Direito comercial*, 2º vol., AAFDL, Lisboa, 1989; COSTA, M. J. ALMEIDA/ MESQUITA, M. HENRIQUE – "Natureza imperativa do art. 184º do Código Comercial. Elementos atendíveis na interpretação de cláusulas estatutárias", RDES, 1970, p. 1-59; DUARTE, R. PINTO – *Escritos sobre Direito das Sociedades*, Coimbra Editora, Coimbra, 2008; EMMERICH, VOLKER – *Scholz Kommentar zum GmbHG*, Band I, 9. Auf., Otto Schmidt, Köln, 2000; FONSECA, H. DUARTE – *Sobre a interpretação do contrato de sociedade nas sociedades por quotas*, Coimbra Editora, Coimbra, 2008; FURTADO, J. PINTO – *Curso de Direito das Sociedades*, 5ª ed., Almedina, Coimbra, 2004; GRUNEWALD, BARBARA – "Die Auslegung von Gesellschaftsverträgen und Satzungen", ZGR, 1995, p. 68-92; HÜFFER, UWE – *Aktiengesetz*, C. H. Beck, München, 2004; IBBA, CARLO – "L'interpretazione degli statuti societari fra criteri oggettivi e criteri soggettivi", RDCiv., 1995, p. 525-538; KRAFT, ALFONS – *Kölner Kommentar zum Aktiengesetz*, Band I, 2. Auf., Carl Heymanns, 1988; MAIA, PEDRO – "Tipos de sociedades comerciais", em *Estudos de direito das sociedades*, 9ª ed., Almedina, Coimbra, 2008, p. 7-39; MARTINS, A. DE SOVERAL – *Cláusulas do contrato de sociedade que limitam a transmissibilidade das acções. Sobre os arts. 328º e 329º do CSC*, Almedina, Coimbra, 2006; MENDES, EVARISTO F. – *A transmissibilidade das acções*, vol. II, ed. copiogr., Lisboa, 1989; MESQUITA, M. HENRIQUE – *Obrigações reais e ónus reais*, Almedina, Coimbra, 1990; MONTEIRO, A. PINTO – "Negócio jurídico e contrato de sociedade", RLJ, 2006, p. 90-103 (tb. publicado em *Nos 20 anos do Código das Sociedades Comerciais. Homenagem aos Profs. Doutores A. Ferrer Correia, Orlando de Carvalho e Vasco Lobo Xavier*, vol. I – *Congresso Empresas e Sociedades*, Coimbra Editora, Coimbra, 2007, p. 91-114); NEVES, A. CASTANHEIRA – *Metodologia jurídica. Problemas fundamentais*, Coimbra Editora, Coimbra, 1993; PINTO, C. A. MOTA – *Teoria Geral do Direito Civil*, 4ª ed. (por António Pinto Monteiro e Paulo Mota Pinto), Coimbra Editora, Coimbra, 2005; RAMOS, M. ELISABETE – "Constituição de sociedades", em *Estudos de direito das sociedades*, 9ª ed., Almedina, Coimbra, 2008, p. 41-97; SANTOS, F. CASSIANO DOS – *Estrutura associativa e participação societária capitalística*, Coimbra Editora, Coimbra, 2006, *Direito comercial português*, vol. I – *Dos actos de comércio às empresas: o regime dos contratos e mecanismos comerciais no direito português*, Coimbra Editora, Coimbra, 2007; SERENS, M. NOGUEIRA – *Notas sobre a sociedade anónima*, 2.ª ed., Coimbra Editora, Coimbra, 1997; SERRA, A. VAZ – RLJ, 1970-1971, p. 522-525, RLJ, 1979-1980, p. 21-27; TEICHMANN, ARNDT – *Gestaltungsfreiheit in Gesellschaftsverträgen*, C. H. Beck, München, 1970; ULMER, PETER – *Hachenburg GmbHG GrossKommentar*, Band I, 8. Auf., Walter de Gruyter, Berlin – New York, 1992; WIEDEMANN, H. – *Gesellschaftsrecht*, Band I – Grundlagen, C. H. Beck, München, 1980; XAVIER,

V. G. LOBO – *Anulação de deliberação social e deliberações conexas*, Atlântida Editora, Coimbra, 1976, *Sociedades comerciais (Lições aos alunos de Direito Comercial do 4º ano jurídico)*, ed. copiogr., Coimbra, 1987.

b) Outra:
COSTA, RICARDO – "Sociedades: de *dentro para fora* do Código Civil", em FDUC, *Comemorações dos 35 anos do Código Civil e dos 25 anos da reforma de 1977*, Coimbra Editora, Coimbra, p. 305-343; SANTOS, F. CASSIANO DOS – "Transmissão e cessação de contratos comerciais: direito comercial e direito civil nas relações comerciais", em *Nos 20 anos do Código das Sociedades Comerciais. Homenagem aos Profs. Doutores A. Ferrer Correia, Orlando de Carvalho e Vasco Lobo Xavier*, vol. I – *Congresso Empresas e Sociedades*, Coimbra Editora, Coimbra, 2007, p. 283-303; SPADA, PAOLO – *La tipicità delle società*, CEDAM, Padova, 1974.

1. Origens e *lugares paralelos*

A origem do art. 2º radica no *anteprojecto* de Ferrer Correia[1], pois pode afirmar-se que o *projecto definitivo*[2] do Código lhe deu, neste aspecto, sequência.

A articulação entre fontes normativas, por via do estabelecimento de relações de *subsidiariedade*, bem como o recurso à *analogia*, são frequentes no direito português (v., exemplificativamente, o art. 3º do CCom. e o nº 1 do art. 10º do CCiv.) e nas codificações estrangeiras, mesmo as mais recentes (v., *v.g.*, o art. 4º do Código Comercial de Macau). Inequivocamente, o CSC não se afastou dessa tradição no que toca aos princípios metódicos que consagrou em matéria de *integração de lacunas*.

O *Código Veiga Beirão*, antes aplicável às sociedades comerciais, já determinava (art. 3º) que "*se as questões sobre direitos e obrigações comerciais não puderem ser resolvidas, nem pelo texto da lei comercial, nem pelo seu espírito, nem pelos casos análogos nela prevenidos, serão decididas pelo direito civil*".

Constata-se, pois, que o art. 2º do CSC não rompeu com o *prius* metódico que o art. 3º do Código de 1888 já atribuíra à analogia enquanto critério primacial de *integração de lacunas*, pese embora se observe também, atenta a redacção de ambos os preceitos, que a remissão ora operada pelo art. 2º se restringe às "*normas do CCiv. sobre o contrato de sociedade*" (no que não seja contrário nem aos

---

1 Cfr. FERRER CORREIA (1969), p. 38, s..
2 Cfr. BMJ 327 (1983), p. 56, s..

princípios gerais do CSC nem aos princípios informadores do tipo societário adoptado).

2. Sentido metodológico

De acordo com o disposto no art. 2º do Código, dever-se-á recorrer às "normas do Código Civil", a fim de disciplinar as sociedades mercantis, se a questão em jogo for insusceptível de ser regulada por alguma norma do CSC aplicável a caso análogo. Acresce que a mobilização da norma civilística poderá apenas suceder na condição de esta não ofender os "princípios gerais" do Código ou os "princípios informadores" do tipo que a sociedade adoptou.

Fixando no *elemento analógico* o *prius* em sede de *integração*, o preceito revela, assim, uma importante tomada de posição no tocante ao ponderoso problema das *relações entre o Direito Comercial* (direito *especial* das relações jurídico-mercantis) *e o Direito Civil* (direito privado *comum*)[3], problema relativamente ao qual queda vedado o recurso *imediato* ou *acrítico* à legislação civil.

Tanto é dizer que deve ver-se no que prescreve o art. 2º não apenas uma directriz metódica relativa à regulação das sociedades comerciais, mas também a cristalização de um princípio mais lato, segundo o qual a disciplina das relações jurídicas de natureza comercial deve nutrir-se, em primeira linha, de critérios normativos (*maxime*, normas legais) que prevalentemente atendam à especificidade dos *interesses* de índole mercantil[4].

De um ponto de vista metodológico genérico, a norma contida no art. 2º do CSC afigura-se perfeitamente congruente.

Com efeito, a metodologia jurídica mais esclarecida faz depender a convocação de qualquer norma (enquanto *critério*) da existência de suficiente semelhança – ou analogia – entre o concreto problema colocado pelo caso e o problema pressuposto pela norma[5]. Ora, a probabilidade mais forte (daí não resultando uma inevitabilidade) é a de que a questão que envolva uma sociedade comercial encerre um problema jurídico que revele semelhança ou analogia acrescidas com o problema pressuposto por uma norma que especialmente

---

[3] MOTA PINTO (2005), p. 47, LOBO XAVIER (1987), p. 13, s., COUTINHO DE ABREU (2009b), p. 33.
[4] CASSIANO DOS SANTOS (2007), p. 125, s..
[5] CASTANHEIRA NEVES (1993), p. 174, s.: "a norma é aplicável, como critério de juízo, desde que haja analogia entre os problemas, *i. e.*, desde que o problema para que a norma quer oferecer uma solução jurídica se possa considerar da mesma índole do caso concreto, e ainda que os âmbitos de relevância não coincidam ou sejam diferentes".

regula as sociedades mercantis, e não as sociedades civis (ou as relações civis em geral).

Neste quadro, será, portanto, de admitir, *v.g.*, a aplicação analógica a uma *sociedade anónima* de normas do CSC que disciplinem, *em especial*, as *sociedades por quotas*, desde que a analogia radique no *caso concreto*[6] (pense-se, a título de exemplo, na possível aplicabilidade das normas do CSC que regem, no tocante às sociedades por quotas, em matéria de *suprimentos* – arts. 243º s. –, quando em causa estiver uma sociedade anónima[7]). A isto não obsta, como a melhor doutrina já esclareceu[8], a proibição genérica de aplicação analógica de normas *excepcionais*, vertida no art. 11º do CCiv.

3. Âmbito do recurso ao Direito Civil enquanto *direito subsidiário*

A codificação civil, à qual expressamente se refere o art. 2º, só relevará, de acordo com o estatuído por esta norma, na hipótese de uma qualquer disposição do CSC, dada a carência de analogia, não assimilar o problema que, em concreto, se coloca em torno de uma sociedade comercial. Só então (e limitadamente, isto é, no que não seja contrário aos princípios gerais do CSC nem aos princípios estruturantes do tipo societário adoptado), caberá ao intérprete buscar no Direito Civil o critério normativo que a questão que tem entre mãos, envolvendo uma sociedade comercial, reclama.

Discutível, em face da actual redacção do art. 2º, é se, nestas situações, poderá o intérprete valer-se somente das "normas do CCiv. sobre o contrato de sociedade" (arts. 980º a 1021º), ou, mais amplamente, do *regime geral dos contratos* e do *negócio jurídico*, também eles colhidos, fundamentalmente, do CCiv. A dúvida justifica-se mercê da expressa remissão, operada pelo art. 2º do CSC, para "as normas do CCiv. sobre o contrato de sociedade", em contraste com a referência genérica do art. 3º do CCom. (antes também aplicável às sociedades mercantis) ao "direito civil" *tout court*.

Deve entender-se, todavia, que o disposto no art. 2º autoriza, no que respeita *"aos aspectos não contemplados no CSC"*, que possa recorrer-se *"aos preceitos da lei civil sobre o contrato e o negócio jurídico"*[9] (arts. 405º s. e 217º s., respectivamente), ainda que a aplicação destas normas careça, frequentemente, de *adaptações*, as

---

[6] CASSIANO DOS SANTOS (2006), p. 215, nt. 384.
[7] COUTINHO DE ABREU (2009ª), p. 344, s., PINTO DUARTE (2008), p. 247, s. (com alusão às várias tomadas de posição na doutrina portuguesa).
[8] CASTANHEIRA NEVES (1993), p. 274, s..
[9] PINTO MONTEIRO (2006), p. 93.

quais se justificam pela singular natureza do contrato de sociedade como *contrato de fim comum ou de organização*[10] e pela emergência de uma nova *entidade*[11] (a sociedade comercial), que entabulará relações com terceiros e novos sócios, ao sabor da satisfação de interesses especificamente mercantis.

Esta aplicabilidade do *regime geral dos contratos* e do *negócio jurídico* às sociedades comerciais (aplicabilidade essa que se revela útil, amiúde, do ponto de vista prático-normativo) funda-se na forçosa articulação que cumpre estabelecer entre as normas do CCiv. que regulam, *em especial*, o contrato de sociedade, e as que, *em geral*, disciplinam, no mesmo Código, os contratos e o negócio jurídico.

Vale isto por dizer que a *remissão* do art. 2.º do CSC deve ser interpretada como sendo suficientemente abrangente a ponto de respeitar a *sistematização* adoptada pelo legislador civil[12], o qual regula o contrato de sociedade como um *contrato em especial* e como *modalidade* do negócio jurídico.

O acerto deste passo metódico (e a consequente opção por uma *interpretação não restritiva* da remissão contida no art. 2º do CSC) é, aliás, indiciado pelo facto de o Código, em várias das suas disposições, ordenar *expressamente* a aplicação de normas que disciplinam a generalidade dos *negócios jurídicos*[13] (quanto a remissões *expressas*, v., *v. g.*, os arts. 41º, 1, 43º, 1, 45º, 1, e 46º do CSC). E não deve, de resto, olvidar-se – quando se pondera, em sede de sociedades comerciais, a aplicabilidade de normas do CCiv. que não respeitem, em especial, tão-só ao contrato de sociedade (arts. 980º a 1021º) – que o *contrato*, sendo embora o mecanismo preferencial de constituição das sociedades mercantis, é unicamente o "*acto-regra*"[14] dessa constituição (v. o art. 7º do CSC e respectivo comentário).

Finalmente, cabe ainda questionar se o *reenvio* para o Direito Civil efectuado pelo art. 2º do CSC, acatados os condicionalismos já antes expostos, poderá permitir a mobilização de normas definidoras do regime dos *contratos em geral* que estejam previstas em diploma legal avulso, e não no CCiv. Tudo aponta

---

[10] HUGO FONSECA (2008), p. 21, s. (com múltiplas indicações). É comum distinguir os *contratos comutativos* (compra e venda, troca, etc.) dos *contratos de fim comum, associativos* ou de *organização* (nos quais se insere, paradigmaticamente, o contrato de sociedade) – cfr., entre nós, *v.g.*, FERRER CORREIA (1968), p. 51, s., COUTINHO DE ABREU (2009ª), p. 94, BRITO CORREIA (1989), p. 120, s., MENEZES CORDEIRO (2007), p. 442, PEREIRA DE ALMEIDA (2008), p. 29. Distinguindo entre contratos *plurilaterais* e contratos *comutativos*, PINTO FURTADO (2004), p. 73, s..

[11] *Entidade* estruturada "orgânico-funcionalmente" – COUTINHO DE ABREU (2009ª), p. 94, s..

[12] Assim, PINTO MONTEIRO (2006), p. 93.

[13] V. tb. PINTO MONTEIRO (2006), p. 93.

[14] COUTINHO DE ABREU (2009ª), p. 4, nt. 6, p. 94, s..

para que a resposta deva ser afirmativa, tal como a doutrina vem salientando[15]. Isto, claro está, desde que respeitadas as especificidades decorrentes da natureza *organizativa* (e de *fim comum*) do contrato de sociedade, bem como o tipo de efeitos que a autonomia da *sociedade-entidade*[16] sempre acaba produzindo.

Assim, não deve escapar ao horizonte do intérprete, *v. g.*, o *regime das cláusulas contratuais gerais* (v. o DL 446/85, de 25 de Outubro, com as alterações trazidas pelos DL 220/95, de 31 de Agosto, e 249/99, de 7 de Julho), se o problema com que este se vê confrontado incide no *modo de formação do contrato de sociedade*[17]. O problema ganhou, aliás, particular interesse, desde que os sócios se limitam a aderir, com frequência, a "estatutos-tipo", sem previamente negociarem os seus termos (recorde-se o regime especial de constituição imediata de sociedades, vulgarmente conhecido por *"empresa na hora"*, bem como o regime especial de constituição *on-line* de sociedades[18]: v., respectivamente, os arts. 3º, 1, *a*), 6º, 1, e 8º, 1, *d*), do DL 111/2005, de 8 de Julho, assim como os arts. 6º, 1, *c*), e 11º, 2, do DL 125/2006, de 29 de Junho, e o art. 3º, 1, *f*), da Portaria nº 657-C/2006, de 29 de Junho).

4. Exemplificação de problemas

Seria decerto impensável pretender elencar, de modo exaustivo, os problemas que se colocam em sede de *integração* do CSC. Só o concreto da prática, interpelando quer a doutrina, quer a jurisprudência, poderá, certamente, ir revelando *lacunas* de regulamentação do Código e iluminar dificuldades interpretativas a respeito dos seus preceitos (quando estes, no que ora nos interessa, tornem equacionável a hipótese de um reenvio para o Direito Civil, ou, antes de mais, suscitem a possibilidade de o seu âmbito de aplicação ser alargado para lá do *tipo social* para o qual foram, em primeira linha, pensados) – pressuposta vai aqui, interessa notá-lo, a incindível *unidade metodológica* entre *interpretação* e *integração* da lei[19].

Aludindo aos problemas de *integração* do CSC (que a "densidade regulativa" do Código não elimina[20]), interessa, pois, dar somente nota exemplificativa de um ou outro caso, de modo a ilustrar as dificuldades com que se depara o intérprete (isto sem prejuízo de já acima nos termos referido a um punhado destes

---

[15] PINTO MONTEIRO (2006), p. 95.
[16] COUTINHO DE ABREU (2009ª), p. 4.
[17] Neste sentido, PINTO MONTEIRO (2006), p. 95, s., MENEZES CORDEIRO (2007), p. 426.
[18] ELISABETE RAMOS (2008), p. 77, s..
[19] CASTANHEIRA NEVES (1993), p. 125, s..
[20] Cfr., porém, MENEZES CORDEIRO (2009), p. 62.

casos: recorde-se, desde logo, o que dissemos, no final do n.º 3, a propósito do *regime das cláusulas contratuais gerais*).

No que tange a possibilidade de normas pertinentes a determinado tipo societário serem aplicadas no domínio de um outro tipo, bastar-nos-emos com o exemplo já fornecido quanto a *suprimentos* (v. *supra* o n.º 2, *in fine*), sempre afirmando, em moldes de directriz metódica, que "não há, em abstracto, obstáculo à aplicação analógica", *caso a caso*, "de normas de um tipo a outro", desde que "a norma em causa não corresponda ao reduto de identificação do tipo decorrente da tutela do tráfico" (pois, nessa situação, deixa a norma de ser "extrapolável")[21]. Isto mesmo – note-se – resulta precisamente do mandamento primacial contido no art. 2.º do CSC: "os casos que a presente lei não preveja são regulados segundo a norma desta lei aplicável aos casos análogos" (e, tão-só faltando tal norma, caberá recorrer ao *Direito Civil*).

Deixando, assim, à margem as hipóteses de *aplicação analógica de normas de um tipo a outro*, restam os casos em que o problema de *integração* do CSC é gerado, do ponto de vista *prático*, ou pela circunstância de normas suas se referirem expressamente a institutos que o Direito Civil também disciplina (situações em que cumprirá definir o âmbito do *reenvio* efectuado para o ordenamento civilístico), ou pelo facto de, pura e simplesmente, não se encontrar no CSC – já esgotados os limites da *analogia* – alguma norma que forneça critério para a solução da questão *sub judice* (situações nas quais caberá aquilatar se é mister recorrer a normas do direito civil ou, ao invés, à própria actividade *jurídico-constitutiva* do intérprete – quanto a esta última, v. o art. 10.º, 3, do CCiv.).

Os exemplos que seguem (muitos outros haveria) pretendem ilustrar os dois tipos de problemas de *integração* referidos.

4.I. O "*direito de preferência*" previsto no art. 328.º, 2, *b*), do CSC

O art. 328.º, 2, *b*), do CSC determina que os accionistas podem estabelecer no contrato de sociedade, enquanto *limite à transmissibilidade das acções* (nominativas – v. o art. 299.º, 2, *b*))[22], "um *direito de preferência* dos outros accionistas e as condições do respectivo exercício" (itálico nosso).

Não nos propomos analisar aqui, evidentemente, o preceito (para tanto, v. o art. 328.º e respectivo comentário). Todavia, como facilmente se constata, ele desperta dificuldades interpretativas que se prendem com a questão da *integra-*

---

[21] CASSIANO DOS SANTOS (2006), p. 215, nt. 384.
[22] Cfr., porém, em sentido crítico, MENEZES CORDEIRO (2009), p. 822.

ção (de normas) do CSC, razão pela qual merecerá que nele nos detenhamos brevemente.

Muito simplesmente, poder-se-á questionar se o *"direito de preferência"* a que faz menção a disposição legal em apreço coincide, em pleno, com o instituto que o CCiv. também acolhe (arts. 414º s. – só faz sentido ponderar o paralelismo relativamente às prelações *convencionais*[23]), ou se, pelo contrário (e ao invés de um puro *reenvio* para o desenho civilístico da figura), cumprirá identificar aqui um instituto autónomo, com específica configuração e regime.

O problema – esclareça-se – não é despiciendo, na medida em que a viabilidade de este *"direito de preferência"* abranger *alienações gratuitas* (*v.g.*, doações) de acções resulta prejudicada, *grosso modo*, pela resposta que lhe for dada.

Na verdade, quem entenda que a alusão a *"direito de preferência"*, no art. 328º, 2, *b)*, do CSC, redunda em mera remissão (ou puro reenvio) para o Direito Civil (devendo, portanto, o preceito ser *integrado* nessa conformidade), dificilmente poderá sustentar que uma *doação* de acções nominativas (mesmo numa *pequena sociedade anónima*, com *caracteres personalistas*[24]) pertence ao leque de negócios sujeitos à preferência dos demais accionistas, porquanto se reconhece, no ordenamento civilístico, que o direito de preferência não deve operar quando em causa está um negócio de troca ou uma liberalidade[25].

Vale por dizer: no caso de se admitir que é o regime gizado pelo legislador civil aquele que (em exclusivo) deve servir para a *integração* do art. 328º, 2, *b)*, do CSC, será praticamente forçoso que se considere excluída a hipótese do exercício da preferência aí prevista relativamente a uma doação de acções[26].

Não existe, porém, unanimidade em torno destas conclusões[27], o que evidencia o problema de *integração da lei* que quisemos colocar sob enfoque.

---

[23] SOVERAL MARTINS (2006), p. 523, s..
[24] COUTINHO DE ABREU (2009ª), p. 70, NOGUEIRA SERENS (1997), p. 6 (aludindo, a propósito da valorização do *intuitus personae* na sociedade anónima, a uma "matização personalística do cunho capitalístico").
[25] HENRIQUE MESQUITA (1990), p. 202, s., nt. 123.
[26] Cfr. SOVERAL MARTINS (2006), p. 361, s. (com vários argumentos, de entre eles o de que "a lei, ao considerar lícitas as cláusulas de preferência, não se quis afastar do regime geral dos direitos de preferência"), e COUTINHO DE ABREU (2009ª), p. 382 (sustentando que o direito de preferência em questão deve ser entendido no "sentido próprio", atendendo à expressão utilizada na alínea *b)* do nº 2 do art. 328º, bem como à possibilidade de o contrato de sociedade limitar transmissões gratuitas de acções nos termos das alíneas *a)* e *c)* do nº 2 do mesmo artigo).
[27] Sustentando a possibilidade de as cláusulas estatutárias de preferência abrangerem as transmissões gratuitas de acções, FERRER CORREIA/ ANTÓNIO CAEIRO (1975), p. 121. Já na vigência do CSC, EVARISTO MENDES (1989), p. 262, s..

4.2. A interpretação do contrato de sociedade
4.2.1. Definição do problema

Terminaremos analisando, agora mais detidamente, um daqueles casos em que – já depois de esgotados os limites da *analogia* (v. o art. 2º) – não é possível descortinar no CSC alguma norma que forneça solução para o problema com que se depara o intérprete.

Em tais situações (sempre respeitando o disposto no art. 2º do Código), será imprescindível determinar se os critérios oferecidos pelo Direito Civil são passíveis de mobilização, dadas as especificidades do fenómeno societário que é objecto de regulamentação por parte do CSC.

Ora, é justamente um destes casos que se observa no debatidíssimo problema da interpretação dos *actos constituintes*[28] das sociedades comerciais (e o mesmo poderia, aliás, dizer-se relativamente à integração deles).

O tema – interessa realçá-lo – imbrica-se intimamente com a questão da *integração* do CSC, uma vez que este não disciplina, em especial, a *interpretação do contrato de sociedade*[29].

Discute-se, assim, no essencial, o seguinte: deverão os estatutos das sociedades mercantis ser interpretados ao sabor dos critérios hermenêuticos prescritos pelo CCiv. para a generalidade dos negócios jurídicos (v. os arts. 236º e 238º), ou as especificidades detectáveis no contrato societário justificarão a aplicação de regras interpretativas *especiais* (díspares das que o CCiv. acolhe), de cariz acrescidamente "objectivo"?

Da opção tomada dependerá, fundamentalmente, a possibilidade de o sentido fixado às cláusulas do contrato de sociedade ser construído tão-só com base no que consta no texto do contrato social, ou, ao invés, com apoio no mais amplo conjunto de *subsídios* (ou *materiais*)[30] interpretativamente relevantes.

O que fica fora de dúvidas é que esta escolha poderá implicar consequências práticas da maior relevância. Pense-se, *v.g.*, na necessidade de determinar o significado da cláusula estatutária que designa certos sócios de uma sociedade

---

[28] COUTINHO DE ABREU (2009ª), p. 94, prefere falar em *acto constituinte* e não em *acto constitutivo* da sociedade comercial (embora seja tradicional, entre nós, a utilização da última expressão).
[29] O CSC elege o *contrato* de sociedade como paradigma, pelo que é sobretudo quanto a este ("acto--regra") que interessa a discussão em torno da interpretação dos actos constituintes de sociedades comerciais.
[30] O CCiv. não se pronuncia sobre o problema de saber quais as *circunstâncias* (elementos, subsídios ou materiais) *atendíveis para a interpretação*. A doutrina reconhece, contudo, ser extraordinariamente amplo o conjunto de subsídios de que pode valer-se o intérprete – MANUEL DE ANDRADE (1972), p. 313, nt. 1, MOTA PINTO (2005), p. 446, s..

por quotas como gerentes: poder-se-á colocar a questão de saber se tal cláusula procede à mera *nomeação de gerentes*, ou se esta atribui um verdadeiro *direito especial à gerência* (v. os arts. 24º e 257º, 3, do CSC) aos sócios designados[31], o que apenas mediante a interpretação da cláusula logrará determinação (sendo que o *resultado* desta interpretação dependerá, obviamente, do leque de subsídios – maior ou menor – de que o intérprete se possa ter socorrido)[32].

4.2.2. Soluções

Começaram a dogmática e a jurisprudência, um pouco por toda a parte, por defender a aplicação dos *critérios de interpretação da generalidade dos negócios jurídicos (formais)* no esclarecimento do sentido de cláusulas contidas em contratos de sociedade[33].

Não tardou, porém, a que se impusesse orientação distinta, oriunda sobretudo da Alemanha e da Itália, de acordo com a qual seria o *texto do documento estatutário* o único elemento atendível em sede interpretativa. A nova tendência – rapidamente convertida em doutrina (esmagadoramente) *dominante* – foi crismada de *teoria da "interpretação objectiva"*: muito simplesmente, haveria que "eliminar do elenco dos materiais utilizáveis na actividade interpretativa dos estatutos das *sociedades por acções* todos e quaisquer elementos estranhos aos próprios estatutos"[34].

Tratava-se, enfim, de um método hermenêutico essencialmente fundado na *tutela dos interesses de credores sociais e futuros sócios*, surgido nas vestes de assumido *desvio* às normas que legalmente comandavam a interpretação do negócio jurídico: urgia limitar a interpretação das cláusulas estatutárias ao texto do estatuto *em si e por si*, porquanto o programa estatutário é susceptível de relevar para um *número inabarcável de casos* e um *círculo indeterminável de sujeitos*.

---

[31] Sobre o problema da distinção e suas implicações, v., *v.g.*, ANTÓNIO CAEIRO (1984ª), p. 397, s., COUTINHO DE ABREU (2009ª), p. 211, s..

[32] Para a apreciação de um caso em que o intérprete tem precisamente por missão determinar se a cláusula do contrato social que nomeia todos os sócios como gerentes atribui a tais sócios um *direito especial* à gerência, v. o recente Ac. do STJ de 17/4/08 (Processo 08B864), em www.dgsi.pt.. Evidenciando o complexo problema que este tipo de casos coloca ao intérprete que queira munir-se de cânones diversos (os da hermenêutica negocial e o da "interpretação objectiva") para a interpretação do mesmo contrato de sociedade, HUGO FONSECA (2008), p. 201, nt. 362.

[33] Foi assim, *v.g.*, na Alemanha, onde o *Reichsgericht* começou por se basear na aplicação dos §§ 133 e 157 do *BGB* – cfr. WIEDEMANN (1980), p. 167. Em Portugal, os tribunais começaram também por aplicar as regras legalmente prescritas para a interpretação dos negócios jurídicos formais – cfr. ANTÓNIO CAEIRO (1984ª), p. 394, s., e LOBO XAVIER (1976), p. 564, s., nt. 31.

[34] ANTÓNIO CAEIRO (1984ª), p. 387.

Foi justamente às concepções características desta "interpretação objectiva" dos estatutos – inicialmente sufragadas, em exclusivo, para as sociedades anónimas, mas depois estendidas aos demais tipos societários – que aderiram, em Portugal, Almeida Costa, Henrique Mesquita[35] e, numa etapa embrionária do seu pensamento sobre o tema, Vaz Serra[36]. Todavia, se o diálogo já havia sido estabelecido com as ideias que no estrangeiro iam vingando, não surpreendeu que a doutrina portuguesa se mantivesse permeável ao que sobretudo na Alemanha ia sendo dito. E daí que, a passos largos, se tivesse caminhado para uma progressiva *erosão* nas convicções acerca dos méritos da "interpretação objectiva".

A *reacção* de Teichmann[37] e as conclusões do *Comentário de Hachenburg*[38] – fortemente inspiradoras do pensamento de António Caeiro e Vasco Lobo Xavier, e, depois, também aceites por Vaz Serra[39] – começaram por reabrir o debate no tocante à interpretação dos estatutos de sociedades por quotas. Afinal, não caberia interpretar "objectivamente" as disposições constantes de contratos de sociedade (devendo antes lançar-se mão dos cânones interpretativos dos negócios jurídicos formais – arts. 236º e 238º do CCiv.), senão aquelas que contendessem com os *interesses de terceiros* (*maxime*, credores sociais), ou *possuíssem natureza "corporativa"*. No caso das sociedades por quotas com *estrutura personalista* deveria mesmo, na opinião daquela que era agora a maioria dos autores, adoptar-se em pleno a metódica interpretativa mobilizável no esclarecimento do significado da generalidade dos negócios jurídicos solenes[40], exceptuando-se apenas as disposições estatutárias que (directamente) afectassem as expectativas de sujeitos estranhos ao grémio social[41].

---

[35] ALMEIDA COSTA/ HENRIQUE MESQUITA (1970), p. 50, s..

[36] VAZ SERRA (1970-1971), p. 522, s..

[37] TEICHMANN (1970), p. 127, s..

[38] HACHENBURG/ ULMER, *Kommentar zum GmbH-Gesetz*, 7.ª ed., 1975 – *apud* ANTÓNIO CAEIRO (1984ª), p. 389, nt. 57. A 8ª ed. da mesma obra seguiu rumos parcialmente distintos, pois aceitou a aplicação de *iguais* critérios na interpretação dos estatutos de sociedades por quotas *personalistas* e *capitalistas* – cfr. ULMER (1992), p. 183 e 186.

[39] VAZ SERRA (1979-1980), p. 24, s..

[40] Sendo, por conseguinte, "lícito recorrer a quaisquer elementos interpretativos, contemporâneos do negócio, anteriores ou mesmo posteriores à sua conclusão, para se determinar o sentido e alcance das cláusulas estatutárias" – ANTÓNIO CAEIRO (1984ª), p. 393. Isto, claro está, na medida em que o nº 1 do art. 238º do CCiv. o permite, muito embora o sentido determinado com recurso a tais elementos tenha sempre que possuir um mínimo de correspondência no texto do *documento-estatuto*, ainda que imperfeitamente expresso.

[41] É esta a doutrina invocada pelo citado Ac. do STJ de 17/4/08.

Ora, tal significou, em suma, um progressivo *retorno* (muito embora ainda cauteloso)[42] àquela que houvera sido a *intuição primitiva da doutrina*: a de que eram os cânones da interpretação negocial os que mais se adequavam à interpretação estatutária, não obstante as especificidades em jogo[43]. E facto é que este *retorno*, mesmo em Portugal (sobretudo graças à doutrina de Vasco Lobo Xavier), se fez também sentir na expressão de múltiplas reservas quanto à viabilidade de uma "interpretação objectiva" das cláusulas contidas em contratos constitutivos de *sociedades anónimas*[44].

Concluindo[45]: parece de aceitar que a *interpretação dos estatutos de sociedades por quotas* (quer estas possuam estrutura *personalística*, ou mesmo *capitalística*)[46] poderá valer-se do mais amplo leque de subsídios ou materiais[47]. Tanto é dizer que as *práticas da vida social* (isto é: os actos praticados pelos órgãos sociais na execução do conteúdo das cláusulas estatutárias), as *negociações preliminares* (que antecederam a celebração do contrato social definitivo) e mesmo a *vontade comum* dos sócios constituem dados de que pode servir-se o intérprete das disposições estatutárias.

Não deverá ignorar-se, porém, que importantes sectores da doutrina – sustentando a imperiosidade do emprego de um *método (mais) "objectivo"*[48] – advogam actualmente a utilização dos critérios prescritos pelo CCiv. (v. o art. 9º) para a *interpretação da lei* no esclarecimento do significado de *algumas*[49] (ou da

---

[42] *Cauteloso* porque muitas vezes traduzido na aplicação cumulativa ou alternada de distintos critérios interpretativos (os critérios da "interpretação objectiva" e os critérios da hermenêutica negocial prescritos pelo CCiv.) *ao mesmo estatuto societário*, consoante a natureza das cláusulas interpretandas, ou consoante a estrutura (personalística ou capitalística) da sociedade cujo acto constituinte se interpreta – cfr., *v.g.*, COUTINHO DE ABREU (2009ª), p. 145.

[43] Neste sentido (e recentemente), PINTO MONTEIRO (2006), p. 96, s., SOVERAL MARTINS (2006), p. 306, nt. 10, e HUGO FONSECA (2008), p. 281, s..

[44] Cfr. LOBO XAVIER (1976), p. 566, nt. 31.

[45] Cfr. HUGO FONSECA (2008), p. 278, s..

[46] Sobre a distinção, em geral, entre estrutura capitalística e personalística, v. ANTÓNIO CAEIRO (1984ᵇ), p. 18, s., COUTINHO DE ABREU (2009ª), p. 67, s., OLIVEIRA ASCENSÃO (2000), p. 49, s., BRITO CORREIA (1989), p. 94, s., PEDRO MAIA (2008), p. 35, s., HUGO FONSECA (2008), p. 203, s., nt. 366.

[47] E isto independentemente do *género* de cláusula interpretanda e quer a sociedade por quotas cujo acto constitutivo se interpreta tenha estrutura *personalística* ou *capitalística* – neste sentido, HUGO FONSECA (2008), p. 199, s. (criticando a "interpretação objectiva" dos estatutos de sociedades por quotas, sobretudo quando se sustente a aplicabilidade simultânea de cânones distintos na interpretação do mesmo contrato de sociedade).

[48] Assim, COUTINHO DE ABREU (2009ª), p. 144.

[49] Cfr. COUTINHO DE ABREU (2009ª), p. 144, s..

generalidade[50] das) cláusulas estatutárias, mesmo quando é negocial a natureza do acto constitutivo que se interpreta[51].

Já no que respeita à *interpretação dos estatutos de sociedades anónimas*, não se afigura seguro que deva ser tão amplo o repúdio em relação à mobilização de critérios "objectivos" de interpretação (dissonantes daqueles que é mister empregar na hermenêutica dos negócios jurídicos em geral). Certo é que a "interpretação objectiva" – a ser aquela que deva aqui convocar-se – não coincidirá com uma interpretação (meramente) *literal* (ou exegética) do texto estatutário.

Com efeito, mesmo os defensores da "interpretação objectiva" dos estatutos de sociedades anónimas não deixam hoje de frisar a necessidade de que seja empreendida uma interpretação *teleológica* e *sistemática* do estatuto, que tenha em conta o seu "contexto" e a sua "unidade de sentido"[52]. Realce-se, aliás, que são múltiplos os arautos de uma metódica interpretativa divergente daquela que é mobilizável na hermenêutica negocial (e, nessa medida, ainda "objectiva") que acabam aceitando a necessidade de as *práticas da vida social* serem tidas em apreço na tarefa que conduz à definição do sentido das cláusulas estatutárias[53]. E não faltam também exemplos – sobretudo oriundos da mais actual doutrina germânica[54] – de novos modelos metódicos (já não "objecti-

---

[50] MENEZES CORDEIRO (2007), p. 451 (sustentando a necessidade de "interpretação objectiva" da generalidade das cláusulas do contrato de sociedade, quer o intérprete se confronte com uma *sociedade de pessoas* ou uma *sociedade de capitais*).
[51] Quando o acto constitutivo da sociedade é, *v.g.*, um decreto-lei, parece estar para além de dúvida que são os critérios de *interpretação da lei* (prescritos pelo CCiv.) aqueles que deverão ser mobilizados pelo intérprete.
[52] Os modelos da "interpretação objectiva" não são adversos a uma interpretação *sistemática* e *teleológica* dos estatutos – cfr., *v.g.*, COING (1978), p. 659, s., 670 e 676 (reconhecendo relevo crucial à *interpretação teleológica*), KRAFT (1988), p. 310 (valorizando o *contexto sistemático* que envolve as disposições estatutárias interpretandas), ULMER (1992), p. 185 (a "interpretação objectiva" orienta-se pelo *contexto sistemático* do estatuto), HÜFFER (2004), p. 136. Para um exemplo de mobilização, na jurisprudência, de *argumentos teleológico-sistemáticos* no quadro da "interpretação objectiva" de uma cláusula estatutária, v., entre nós, o Ac. do STJ de 14/3/91, BMJ 405 (1991), esp. p. 502, s., já que a "vontade" dos sócios que outorgaram na escritura de constituição da sociedade é inferida *lógico-sistematicamente*.
[53] V., *v.g.*, ANGELICI (1993), p. 817, s. (considerando que as exigências de *objectividade interpretativa* sentidas no campo estatutário não impedem que as *práticas adoptadas pelos órgãos* da sociedade anónima sejam consideradas pelo intérprete). A atendibilidade aos chamados *materiais* "pós-estatutários" resulta, aliás, imposta pelo facto de os estatutos terem precisamente como função *organizar uma actividade futura* – assim, IBBA (1995), p. 533.
[54] V., sobretudo, GRUNEWALD (1995), p. 68, s., e especialmente p. 91, s. (quanto à utilidade interpretativa assumida pela *prática concertada de determinada disposição estatutária*), bem como EMMERICH (2000), p. 223 (sustentando a aplicabilidade do mesmo método na interpretação dos estatutos de qualquer tipo de sociedade).

vos") segundo os quais a interpretação dos estatutos de sociedades anónimas se deve valer do apelo aos mais variados elementos ou subsídios (mesmo que *exteriores* ao documento estatutário), tornando-se, por isso, em tudo próxima dos resultados alcançados pelo método observado na hermenêutica da generalidade dos negócios jurídicos[55].

---

[55] Para maior pormenorização, v. HUGO FONSECA (2008), p. 126, s..

ARTIGO 3º *
Lei pessoal

1. As sociedades comerciais têm como lei pessoal a lei do Estado onde se encontre situada a sede principal e efectiva da sua administração. A sociedade que tenha em Portugal a sede estatutária não pode, contudo, opor a terceiros a sua sujeição a lei diferente da lei portuguesa.
2. A sociedade que transfira a sua sede efectiva para Portugal mantém a personalidade jurídica, se a lei pela qual se regia nisso convier, mas deve conformar com a lei portuguesa o respectivo contrato social.
3. Para efeitos do disposto no número anterior, deve um representante da sociedade promover o registo do contrato pelo qual a sociedade passa a reger-se.
4. A sociedade que tenha sede efectiva em Portugal pode transferi-la para outro país, mantendo a sua personalidade jurídica, se a lei desse país nisso convier.
5. A deliberação de transferência da sede prevista no número anterior deve obedecer aos requisitos para as alterações do contrato de sociedade, não podendo em caso algum ser tomada por menos de 75% dos votos correspondentes ao capital social. Os sócios que não tenham votado a favor da deliberação podem exonerar-se da sociedade, devendo notificá-la da sua decisão no prazo de 60 dias após a publicação da referida deliberação.

* Redacção introduzida pelo DL 76-A/2006, de 29 de Março.

Índice

1. Introdução
2. Lei aplicável ao estatuto societário *em geral* (nº 1)
3. Lei aplicável ao estatuto pessoal de sociedades *beneficiárias do direito de estabelecimento na União Europeia*
4. Âmbito de aplicação da lei pessoal. Limites à sua aplicação
5. Transferência internacional de sede social (n.os 2 a 5)
    5.1. Consequências do acórdão *Cartesio* do TJUE para a *emigração* (intra-comunitária) de sociedades de direito português
6. Fusões internacionais: remissão

Bibliografia

a) Citada:

ABREU, J. M. COUTINHO DE – *Curso de direito comercial*, vol. II – *Das sociedades*, 3ª ed., Almedina, Coimbra, 2009, p. 106-108; BASTOS, NUNO MANUEL CASTELLO-BRANCO – "Das obrigações nas regras de conflitos do Código Civil", in *Comemorações dos 35 Anos do Código Civil e dos 25 Anos da Reforma de 1977 – Volume II – A Parte Geral do Código e a Teoria Geral do Direito Civil*, Coimbra Editora, Coimbra, 2006, p. 651-685; BRITO, MARIA

HELENA – "A representação em Direito Internacional Privado. Análise da Convenção de Haia de 1978 sobre a lei aplicável aos contratos de intermediação e à representação", in Lima Pinheiro (coord.), *Estudos de Direito Comercial Internacional*, vol. I, Almedina, Coimbra, 2004, p. 143-194; COLLAÇO, ISABEL MAGALHÃES – *Direito Internacional Privado. Pessoas Colectivas*, Lisboa, AAFDL, 1971 (apontamentos coligidos por J. B. Macedo, polic.); CORDEIRO, ANTÓNIO MENEZES – *Direito Europeu das Sociedades*, Almedina, Coimbra, 2005; CORREIA, ANTÓNIO DE ARRUDA FERRER – "O direito internacional privado português e o princípio da igualdade", in *Temas de Direito Comercial e Direito Internacional Privado*, Almedina, Coimbra, 1989, *Lições de Direito Internacional Privado*, I, Almedina, Coimbra, 2002 (reimpr.); COSTA, MANUEL AUGUSTO G. FERNANDES – *Da nacionalidade das sociedades comerciais*, in BFD, 1984, vol. XXVII, Suplemento, p. 1-223; DIAS, RUI M. PEREIRA – *Responsabilidade por Exercício de Influência sobre a Administração de Sociedades Anónimas – Uma Análise de Direito Material e Direito de Conflitos*, Almedina, Coimbra, 2007, "As Sociedades no Comércio Internacional (Problemas Escolhidos de Processo Civil Europeu, Conflitos de Leis e Arbitragem Internacional)", in IDET, Miscelâneas, nº 5, Almedina, Coimbra, 2008, p. 41-108, "Cartesio e a Liberdade de Estabelecimento das Sociedades", *DSR* nº 3, Março 2010, p. 215-236; MACHADO, JOÃO BAPTISTA – *Lições de Direito Internacional Privado*, 3ª ed., Almedina, Coimbra, 1995 (reimpr., 2002); PINHEIRO, LUÍS DE LIMA – "O direito aplicável às sociedades – contributo para o direito internacional privado das sociedades", ROA, 1998, II, p. 673-777 (= in *Estudos de Direito Internacional Privado – Direito de Conflitos, Competência Internacional e Reconhecimento de Decisões Estrangeiras*, Almedina, Coimbra, 2006, p. 11-104), "O direito de conflitos e as liberdades comunitárias de estabelecimento e de prestação de serviços", in Jorge Miranda, Luís de Lima Pinheiro, Dário Moura Vicente (coord.), *Estudos em Memória do Professor Doutor António Marques dos Santos – Volume I*, Almedina, Coimbra, 2005, p. 273-303 (= in *Estudos de Direito Internacional Privado – Direito de Conflitos, Competência Internacional e Reconhecimento de Decisões Estrangeiras*, Almedina, Coimbra, 2006, p. 357-387), *Direito Internacional Privado — Volume I – Introdução e Direito de Conflitos – Parte Geral*, 2ª ed., Almedina, Coimbra, 2008, *Direito Internacional Privado – Volume II – Direito de Conflitos – Parte Especial*, 3ª ed., Almedina, Coimbra, 2009; PINTO, ALEXANDRE MOTA – "Apontamentos Sobre a Liberdade de Estabelecimento das Sociedades", in *Temas de Integração*, nº 17 (1º Semestre de 2004), p. 59-120, nº 18 (2º Semestre de 2004), p. 141-156; RAMOS, RUI MANUEL GENS DE MOURA – "Aspectos Recentes do Direito Internacional Privado Português", in *Das relações privadas internacionais – Estudos de Direito Internacional Privado*, Coimbra Editora, Coimbra, 1995, p. 85-123, "O Tribunal de Justiça das Comunidades Europeias e a teoria geral do direito internacional privado. Desenvolvimentos recentes", in Rui Manuel de Moura Ramos et al. (org.), *Estudos em Homenagem à Professora Doutora Isabel de Magalhães*

Collaço, vol. II, Almedina, Coimbra, 2002, p. 431-467 (2002), "Sociedades estrangeiras e processo de privatizações – sobre uma evolução recente do direito dos estrangeiros em Portugal", in *Estudos de Direito Internacional Privado e de Direito Processual Civil Internacional*, Coimbra Editora, Coimbra, 2002 (2002a), p. 75-100; SANTOS, ANTÓNIO MARQUES DOS – "Algumas reflexões sobre a nacionalidade das sociedades em direito internacional privado e em direito internacional público", in *Estudos em Homenagem ao Prof. António de Arruda Ferrer Correia*, BFD, 1985 (n° especial), p. 279-510, *Direito Internacional Privado – Sumários*, AAFDL, Lisboa, 1987; SOARES, MARIA ÂNGELA COELHO BENTO – "A liberdade de estabelecimento das sociedades na União Europeia", in *Temas de Integração*, n°s 15 e 16, 2003, p. 283-321, "O acórdão Inspire Art Ltd.: novo incentivo à mobilidade das sociedades na União Europeia", in *Temas de Integração*, n° 17, 2004, p. 123-159, "A Transferência Internacional da Sede Social no Âmbito Comunitário", in J. M. Coutinho de Abreu et. al., *Temas Societários*, IDET, Colóquios, n° 2, Almedina, Coimbra, 2006, p. 45-78; VASCONCELOS, PEDRO PAIS DE – "Estatuto pessoal das sociedades comerciais", in *Estruturas jurídicas da empresa*, AAFDL, Lisboa, 1989, p. 37-55; VENTURA, RAÚL – "A sede da sociedade, no direito interno e no direito internacional português", in SI, 1977, t. XXVI, p. 344-361, 462-509; VICENTE, DÁRIO MOURA – "Lei pessoal das pessoas singulares", in *Direito Internacional Privado – Ensaios – Vol. I*, Almedina, Coimbra, 2002, "Liberdade de estabelecimento, lei pessoal e reconhecimento das sociedades comerciais", in *Direito Internacional Privado – Ensaios – II*, Almedina, Coimbra, 2005, p. 91-115, "Liberdades Económicas e Direito Internacional Privado", in *Direito Internacional Privado – Ensaios*, III, Almedina, Coimbra, 2010.

b) Outra:
ASCENSÃO, JOSÉ DE OLIVEIRA – *Direito Comercial – Volume IV – Sociedades Comerciais – Parte Geral*, Lisboa, 2000, p. 54-57; CORDEIRO, ANTÓNIO MENEZES – *Manual de Direito das Sociedades – I – Das Sociedades em Geral*, 2ª ed., Almedina, Coimbra, 2007, 185 s.; PINHEIRO, LUÍS DE LIMA – *Código das Sociedades Comerciais anotado* (coord. de A. Menezes Cordeiro), Almedina, Coimbra, 2009, Art. 3º, p. 63-81.

1. Introdução[1]

É necessário que as sociedades, dotadas de uma organização de maior ou menor complexidade e centros em torno dos quais se desenvolvem relações jurídicas

---

[1] Seguimos de perto, nesta anotação, o que pode encontrar-se, acrescido de outras referências a lei e doutrina estrangeiras, em RUI M. PEREIRA DIAS (2007) e (2008), p. 209 s. e 60 s., respectivamente.

de diversa índole, possam encontrar uma dada lei que regule os seus aspectos fundamentais, desde o seu surgimento até à sua extinção. Desenvolveu-se a partir desta ideia o conceito de *estatuto pessoal*, denominação congregadora das diversas "matérias jurídico-societárias" que hão-de assim cair sob a alçada da *lei pessoal* da sociedade.

Às sociedades é também reconhecida uma *nacionalidade*, à semelhança das pessoas singulares (ainda que num sentido *metafórico* ou *translato*, como dizia Ferrer Correia), mas esta é algo de diferente da *lei pessoal* e irrelevante para a interpretação deste artigo[2]. A sua atribuição gera efeitos próprios, ao nível do direito dos estrangeiros, da aplicabilidade de tratados internacionais e de protecção diplomática[3]. Também ao nível do reconhecimento de sentenças estrangeiras, no regime do nosso CPC, pode relevar a nacionalidade de uma sociedade: "*Se a sentença tiver sido proferida contra pessoa singular ou colectiva de nacionalidade portuguesa, a impugnação* [do pedido de revisão e confirmação da sentença estrangeira] *pode ainda fundar-se em que o resultado da acção lhe teria sido mais favorável se o tribunal estrangeiro tivesse aplicado o direito material português, quando por este devesse ser resolvida a questão segundo as normas de conflitos da lei portuguesa*" – é o teor do art. 1100º, 2, do CPC. Parece-nos, contudo, que tal preceito será em certos casos incompatível com o princípio da não discriminação em razão da nacionalidade (art. 18º TFUE, ex-artigo 12º TCE), na hipótese de o requerente, contraparte do nacional português, ser nacional de um outro Estado-Membro da União Europeia[4].

---

[2] V. por todos FERRER CORREIA (2002), p. 81 s. Refira-se apenas, brevemente, que este Autor aceita como critério geral vigente na determinação da nacionalidade portuguesa de uma sociedade comercial o da *sede efectiva*. Diferentemente, LIMA PINHEIRO (2009), p. 165, considera que o critério da sede da administração não é seguido no ordenamento jurídico português como critério *geral* de determinação das pessoas colectivas portuguesas; mas vale como "critério *residual* de 'nacionalidade', a que o intérprete deve recorrer quando, na falta de indicação legislativa do critério relevante, seja inconclusiva a interpretação da norma em causa" (a que segundo o Autor se deve recorrer, na ausência do referido critério geral). Por outro lado, note-se também que, em matéria de privatizações, o legislador português se referiu em diversos casos, nos diplomas legais respectivos, a "entidades estrangeiras", sendo que nesses casos procurou, não estabelecer um determinado vínculo entre essas entidades e outros ordenamentos jurídicos (o que lhe estaria vedado: uma nacionalidade *estrangeira* é sempre aferida de acordo com as regras materiais – de "direito da nacionalidade" – da ordem jurídica *estrangeira* em causa), mas sim apenas esclarecer que as sociedades que preencham determinados requisitos *não são portuguesas*: cfr. MOURA RAMOS (2002ª), *maxime* p. 83-84.

[3] Cfr. MARQUES DOS SANTOS (1985), p. 374.

[4] Supõe-se, naturalmente, para que a hipótese visada possa colocar-se, a inaplicabilidade das regras do Regulamento Bruxelas I ((CE) nº 44/2001, do Conselho, de 22 de Dezembro de 2000) sobre o reconhecimento de sentenças (v. os seus arts. 32º s.).

Baptista Machado sintetizava, nas suas Lições, os diversos interesses em presença, que haveriam de ser acautelados na determinação de uma lei pessoal: o interesse na unidade e estabilidade do estatuto pessoal da pessoa colectiva; o interesse da própria pessoa colectiva; e o interesse do comércio jurídico (segurança do tráfico, protecção de terceiros)[5].

Historicamente, pode encontrar-se registo da defesa de diverso critérios como definidores da lei aplicável à sociedade: nacionalidade, controlo ou domínio, centro de exploração, etc. Mas o debate anda hoje essencialmente em torno de dois: o da *sede real* ou *efectiva*, por um lado, e o da *constituição* ou *incorporação*, a que se podem somar ainda certas variantes, como a *sede estatutária* ou o *registo*.

Para uma breve descrição dos praticamente mais relevantes, vejamos: segundo o critério da *sede efectiva* da administração, a sociedade é regida pela lei do Estado onde se encontra situada a sede da sua administração. Nesta acepção, para Ferrer Correia, sede seria o "lugar onde os órgãos de direcção superior e de controle da pessoa colectiva existem e funcionam"[6]. *Sede estatutária* é, como a expressão claramente indica, a que for fixada em cláusula dos *estatutos* da sociedade. Já segundo o critério da *constituição* ou *incorporação*, a sociedade é regida pela ordem jurídica segundo a qual se cumpriram as formalidades de constituição da mesma, *i.e.*, uma pessoa colectiva rege-se pela lei de um país se for constituída, criada, *incorporada* ao abrigo da lei desse país.

Quanto às vantagens e desvantagens da *sede* e da *constituição*, por um lado, pesaria em favor da *sede real* a *efectividade* que a sua ligação a uma ordem jurídica representa, com *suficiente estabilidade* e *cognoscibilidade*, e em respeito pela autonomia da própria pessoa colectiva, que pode a todo o tempo determinar uma mudança. Não obstante, é gerador de *incerteza jurídica*, sempre que a algum interessado não seja possível aceder à informação sobre o lugar onde as actividades sociais são conduzidas[7]. De outro lado, em favor da *constituição* estaria a *plena garantia da estabilidade* do vínculo jurídico estabelecido com um Estado, e assim da regulamentação das matérias que mais directamente relevam para a sociedade, dando assim relevo à *autonomia privada* no momento da constituição.

---

[5] BAPTISTA MACHADO (1995), p. 344. V. tb. FERNANDES COSTA (1984), p. 120-125.
[6] Mas veja-se a nt. seguinte.
[7] O problema agudiza-se no âmbito dos grupos de sociedades, propondo LIMA PINHEIRO (2009), p. 117, que nesse quadro se tome por *sede* o lugar onde as decisões fundamentais da direcção são convertidas em actos de administração corrente – noção próxima da que nos fornece a jurisprudência alemã. V. tb. MOURA VICENTE (2005), p. 97.

Subsiste aí, contudo, a crítica da possibilidade, que o critério (sem correcções) admite, da *falta de efectividade* ou conexão relevante com o ordenamento jurídico que a rege[8].

2. Lei aplicável ao estatuto societário *em geral* (nº 1)

Em relação às sociedades, é no art. 3º, 1, que encontramos o preceito fundamental para a determinação da sua *lei pessoal*: "*As sociedades comerciais têm como lei pessoal a lei do Estado onde se encontre situada a sede principal e efectiva da sua administração. A sociedade que tenha em Portugal a sede estatutária não pode, contudo, opor a terceiros a sua sujeição a lei diferente da lei portuguesa*". Vemos assim que é inicialmente consagrado o critério da *sede real*, reafirmando-se a regra do art. 33º, 1, CCiv., válida para as pessoas colectivas em geral[9]. Acrescenta, porém, uma segunda frase através da qual se reduz o alcance do critério da sede real ou efectiva, na mesma medida em que se consagra o critério da sede estatutária *nas relações externas* (com *terceiros*) – não já nas *relações internas*, i.e., as relações dos sócios, enquanto tais, entre si e/ou com a sociedade. Daí resulta a *inoponibilidade a terceiros* da lei da sede social *efectiva* situada *no estrangeiro* quando a sede (*estatutária*) tiver sido estabelecida *em Portugal*[10]. Não obstante, há quem compreenda a regra como inscrevendo uma conexão optativa para terceiros[11], ou, numa outra leitura, defenda que o direito português é o aplicável (a título de lei da sede estatutária) nas relações com terceiros, a menos que estes possam contar com a aplicação do direito da sede da administração[12].

São de duas ordens as ideias fundamentais que estão na base da consagração da sede estatutária neste âmbito, conforme as expõe Moura Ramos[13]. Por um lado, a tutela da aparência: o facto de, nos termos dos seus estatutos,

---

[8] V. BAPTISTA MACHADO (1995), p. 344-346; FERRER CORREIA (2002), p. 85-86; LIMA PINHEIRO (1998), p. 673 s.; LIMA PINHEIRO (2009), p. 123; MARIA ÂNGELA BENTO SOARES (2006), p. 55-57; ALEXANDRE MOTA PINTO (2004), p. 141 s..

[9] O art. 33º, 1, CCiv. dispõe: "*A pessoa colectiva tem como lei pessoal a lei do Estado onde se encontra situada a sede principal e efectiva da sua administração*".

[10] É este o alcance da lei, segundo MOURA RAMOS (1995), p. 110; tb. MARIA ÂNGELA BENTO SOARES (2006), p. 57.

[11] Assim MARQUES DOS SANTOS (1987), p. 66-67, 127-129, 253, aqui vendo uma influência, ainda que não declarada pelo legislador português, da lei francesa: vejam-se mais referências em RUI M. PEREIRA DIAS (2007), p. 217-218, nt. 595.

[12] ASSIM LIMA PINHEIRO (2009), p. 136. O exemplo, dado pelo Autor, de situação em que tal se verifica, é o de "quando a sociedade tem a sede da administração num Estado que adopta a teoria da sede e, aí, contrata com terceiros que têm conhecimento desta sede".

[13] MOURA RAMOS (1995), p. 109-110.

a sociedade ter a sua sede num país poderá fundar nos terceiros que com ela se relacionam a convicção de que ela tem também aí o seu centro de decisão e de que é regulada pela lei desse país. Sem esta regra, a presunção poderia revelar-se errada e os terceiros que contratam com a sociedade ficariam desprotegidos. Por outro lado, a protecção da aparência não é integral, antes somente se a sede estatutária tiver sido fixada em território português. Com este requisito, a norma configura-se como não bilateralizável (o princípio da inoponibilidade só joga quando a sede estatutária se localiza em Portugal, e não em qualquer outro país[14]), que opera, consequentemente, uma extensão do domínio de aplicação da lei portuguesa (à sede efectiva em Portugal junta-se a sede estatutária neste País como conexão suficiente, nas relações com terceiros, o que aconselha a que as sociedades nessas circunstâncias afiram a validade dos seus actos *também* perante a lei portuguesa, para que assegurem a sua oponibilidade a terceiros), com expressão numa autêntica norma de direito internacional privado material (reguladora de uma determinada situação privada internacional, não pela via das regras de conflitos, mas por meio de disposições materiais especiais).

Da fundamentação da referência legal à sede estatutária resulta a sua atendibilidade apenas nas relações com "puros" *terceiros*, e *não* também com os próprios *sócios*, quando estes se relacionam com a sociedade enquanto terceiros (p. ex. como fornecedores), porquanto não existe qualquer *aparência* a tutelar[15]. Assim se vê reduzido o potencial domínio de chamamento da lei da sede estatutária a um círculo ligeiramente mais restrito que o das chamadas *relações externas*[16].

Por fim, no caso de a lei do Estado onde se situa a sede principal e efectiva não se considerar competente (p. ex. porque adopta o critério da constituição, e esta não foi levada a cabo segundo o direito desse Estado), o conflito de sistemas há-de resolver-se de acordo com as regras gerais sobre o reenvio (arts. 16º

---

[14] É a opinião de MOURA RAMOS (1995), p. 110, e tb. de MARQUES DOS SANTOS (1987), p. 128, 252-253. Apontando que a norma "não foi (como podia ter sido) bilateralizada", FERRER CORREIA (1989), p. 449, nt. 78. Contra a insusceptibilidade de bilateralização, LIMA PINHEIRO (2009), p. 137-138.

[15] Cabem, por maioria de razão, aos *sócios* as considerações de MENEZES CORDEIRO (2005), p. 16-17, sobre a "boa-fé" dos *terceiros* para efeitos de aplicação do art. 3º, 1, 2ª parte. O resultado – a maximização da aplicação da lei da sede real – é positivo, na medida em que a acrescida uniformidade do critério favorece a segurança jurídica e a boa administração da justiça, não se gerando desarmonias materiais (só aceitáveis quando existam, como vimos, razões para tutelar a aparência).

[16] Para uma possível especialidade de regime em relação a certos pequenos accionistas, v. RUI M. PEREIRA DIAS (2007), p. 219-220, nt. 602.

s. CCiv.), excluindo-se os desvios constantes dos arts. 17º, 2 (e, consequentemente, 3), e 18º, 2, ambos do CCiv., em virtude da sua própria razão de ser[17] – que, não obstante alguma discussão doutrinária[18], gira certamente em torno das pessoas singulares e não já das pessoas colectivas.

3. Lei aplicável ao estatuto pessoal de sociedades *beneficiárias do direito de estabelecimento na União Europeia*

Não obstante o que resulta do art. 3º, 1, também as normas de direito da União Europeia relevam na configuração do regime jurídico a que se encontram sujeitas as sociedades que beneficiem das liberdades fundamentais previstas nos Tratados. Com efeito, o *direito de estabelecimento* é uma das liberdades fundamentais previstas no Tratado sobre o Funcionamento da União Europeia, com *efeito directo*, pelo que os preceitos dos seus arts. 49º a 54º (ex-arts. 43º a 48º TCE)[19] afastam quaisquer regras dos direitos nacionais que com eles colidam[20]. Ele surge numa relação de especialidade com o princípio da não discriminação em razão da nacionalidade, consagrado no art. 18º TFUE (ex-art. 12º TCE)[21].

É sobretudo por meio da jurisprudência do TJUE, em sede de reenvio prejudicial, que na última década vêm sendo dadas respostas ao problema da com-

---

[17] Assim já PAES DE VASCONCELOS (1989), p. 34-35. RAÚL VENTURA (1977), p. 469-470, não via o reenvio como obstáculo à aplicação da teoria da sede.
[18] V. sobretudo BAPTISTA MACHADO (1995), p. 199-200, 204-211; FERRER CORREIA (2002), p. 309-312; LIMA PINHEIRO (2008), p. 480 s.
[19] O teor destes artigos é o seguinte:
art. 49º TFUE – "No âmbito das disposições seguintes, são proibidas as restrições à liberdade de estabelecimento dos nacionais de um Estado-Membro no território de outro Estado-Membro. Esta proibição abrangerá igualmente as restrições à constituição de agências, sucursais ou filiais pelos nacionais de um Estado-Membro estabelecidos no território de outro Estado-Membro.
A liberdade de estabelecimento compreende tanto o acesso às actividades não assalariadas e o seu exercício, como a constituição e a gestão de empresas e designadamente de sociedades, na acepção do segundo parágrafo do artigo 54º, nas condições definidas na legislação do país de estabelecimento para os seus próprios nacionais, sem prejuízo do disposto no capítulo relativo aos capitais";
art. 54º TFUE – "As sociedades constituídas em conformidade com a legislação de um Estado-Membro e que tenham a sua sede social, administração central ou estabelecimento principal na União são, para efeitos do disposto no presente capítulo, equiparadas às pessoas singulares, nacionais dos Estados-Membros.
Por «sociedades» entendem-se as sociedades de direito civil ou comercial, incluindo as sociedades cooperativas, e as outras pessoas colectivas de direito público ou privado, com excepção das que não prossigam fins lucrativos".
[20] Cfr. desde logo *v.g.* os acs. *Reyners* (CJ 1974, p. 631 s.) e *Daily Mail* (CJ 1988, p. 5483 s.) do TJCE; v. ALEXANDRE MOTA PINTO (2004), p. 85-89.
[21] Assim o ac. *Royal Bank of Scotland* do TJCE (de 29.04.1999, no processo nº C-311/97), nº 20; v. ALEXANDRE MOTA PINTO (2004), p. 93. Falando em "concretizações, no domínio do direito de estabelecimento, do princípio da não-discriminação em razão da nacionalidade", LIMA PINHEIRO (2005), p. 279.

patibilização do direito de estabelecimento com as regras sobre o estatuto pessoal das sociedades que daquele direito beneficiem.

Os marcos mais importantes dessa jurisprudência são, em contraponto ao acórdão *Daily Mail*, de 27.09.1988 (processo nº 81/87), os acórdãos *Centros*, de 09.03.1999 (processo nº C-212/97); *Überseering*, de 05.11.2002 (processo nº C-167/01); e *Inspire Art*, de 30.09.2003 (processo nº C-208/00).

Estas decisões, seu contexto e implicações mereceram a análise detalhada de muitos autores, nacionais[22] e estrangeiros. Traçemos por isso apenas um quadro muito sintético do que delas resultou:

(a) É expressamente admitido o princípio do reconhecimento mútuo de sociedades regularmente constituídas à luz da legislação de um qualquer Estado-Membro, independentemente de nele se situar a respectiva sede real ou o exercício da sua actividade, conforme resulta do ac. *Centros*;

(b) Não se reverteu a jurisprudência *Daily Mail*, no sentido de que um Estado Membro tem a possibilidade de criar restrições à *emigração societária* – i.e., à deslocação da sede de uma sociedade para fora do seu território, condicionando a manutenção da sua personalidade jurídica ao preenchimento de certos requisitos por ele impostos; mas

(c) São negadas as restrições à *imigração societária* – i.e., perante o mesmo problema da transferência internacional de sede real, mas quando visto da perspectiva do Estado de acolhimento, este não pode impor restrições que condicionem o estabelecimento da sociedade no seu território, tendo mesmo que tratá-la como sociedade de direito do Estado de constituição. Isto vale no que diz respeito à sua capacidade jurídica (ac. *Überseering*), mas também, pelo menos, quanto ao capital social mínimo e à responsabilidade dos administradores (ac. *Inspire Art*).

(d) Os Estados-membros poderão, não obstante, lançar mão de *medidas restritivas* desta liberdade fundamental de estabelecimento, desde que preenchidas *quatro condições*, que, em face da natureza excepcional dessas medidas, devem ser interpretadas de forma restritiva: (*i*) serem aplicadas de modo não discriminatório, (*ii*) justificarem-se por razões de interesse geral, (*iii*) serem adequadas para garantir a realização do objectivo que prosseguem e (*iv*) não ultrapassarem o que é necessário para o atingir.

---

[22] De entre estes, v. MOURA RAMOS (2002), p. 65 s.; MARIA ÂNGELA BENTO SOARES (2003), p. 283 s.; MARIA ÂNGELA BENTO SOARES (2004), p. 123 s.; LIMA PINHEIRO (2005), p. 273 s.; MOURA VICENTE (2005), p. 91 s.; ALEXANDRE MOTA PINTO (2004), p. 59 s..

Em consequência do que se resumiu em (c), e apesar de o enfoque desta jurisprudência ter por base a perspectiva do *reconhecimento mútuo*, defendeu-se já que estaria em vigor entre nós o *critério da constituição*, no que diz respeito às sociedades beneficiárias do direito de estabelecimento comunitário[23]. A certo ponto, a doutrina europeia focou a sua atenção no caso *Cartesio*[24], submetido ao TJUE em sede de reenvio prejudicial, sobretudo após as avisadas conclusões do então Advogado-Geral Poiares Maduro[25]. No entanto, da decisão do TJUE resultou a reafirmação da *tese da criação nacional* das sociedades[26]. Para o Tribunal, no *"estado actual do direito comunitário"*, conforme o mesmo o interpreta, qualquer entrave à mobilidade da sociedade para o exterior, que resulte de normas societárias internas, poder ser arvorado em *pressuposto* ou *pré-condição* do *reconhecimento do direito de estabelecimento*. Podemos dizer, em suma, que, para o TJUE, os Estados-membros mantêm, em primeira linha, a competência para fixarem o critério decisivo em termos de determinação da lei aplicável às sociedades, podendo por essa via influenciar a mobilidade das mesmas. No entanto,

---

[23] Expressamente, no ac. *Inspire Art*, o TJUE não se refere que não às normas sobre o capital social mínimo e a responsabilidade dos administradores; mas seria provável uma evolução no sentido de submeter à *lei da constituição* todas as restantes matérias de estatuto pessoal da sociedade. É o que antevia MARIA ÂNGELA BENTO SOARES (2004), p. 144, e o que muita doutrina dava por assente, p. ex., na Alemanha. Escrevia entre nós LIMA PINHEIRO (2005), p. 286, a propósito da jurisprudência *Inspire Art*: "Este somar de limites à actuação de regras sobre a determinação do estatuto pessoal das sociedades comunitárias que se desviem da teoria da constituição, *se não significa ainda a consagração geral desta teoria*, vem colocar em dúvida a coerência dos sistemas que se baseiam na teoria da sede" (sublinhado nosso). Ulteriormente, COUTINHO DE ABREU (2009), p. 107-108; para mais referências, cfr. RUI M. PEREIRA DIAS (2008), p. 77, nt. 68.

[24] Ac. TJUE, 16.12.2008, proc. nº C-210/06. V. RUI M. PEREIRA DIAS (2010), p. 215 s.; LIMA PINHEIRO (2009), p. 148; MOURA VICENTE (2010).

[25] Em *Cartesio*, uma sociedade, de tipo equivalente a uma sociedade em comandita de direito português, constituída e com sede na Hungria, pretende transferir a sua sede social para Itália, mantendo-se porém registada na Hungria. As entidades húngaras negaram esse requerimento, por considerarem que a lei húngara não permite que uma sociedade mantenha o seu estatuto de sociedade de direito húngaro quando transfere a sua sede para um outro Estado Membro: para validamente o fazer, teria que ser dissolvida e, extinta na Hungria, constituir-se de novo em Itália. Nas suas Conclusões, apresentadas em 22 de Maio de 2008, o Advogado-Geral considerou uma tal legislação nacional incompatível com o direito de estabelecimento consagrado nos arts. 43º e 48º TCE. POIARES MADURO referiu-se àquilo a que chamou um "refinamento" da abordagem do problema pelo Tribunal de Justiça, após o acórdão *Daily Mail*, sobretudo por meio da jurisprudência *Centros*, *Überseering* e *Inspire Art*: se naquele se entendia que a sociedade é uma *criação da lei nacional*, não conferindo o TCE o direito de ela transferir a sua sede para o território de outro Estado, já nestes últimos se insiste em que as regras nacionais de direito das sociedades não estão excluídas do crivo de conformidade com a liberdade de estabelecimento comunitária – sendo que, como muitos foram denunciando e aí se reconhece, estas duas ideias não são facilmente conciliáveis.

[26] V., criticamente, RUI M. PEREIRA DIAS (2010), p. 221 s..

as normas nacionais de direito internacional privado sofrem limitações impostas pelo exercício do direito de estabelecimento[27].

4. Âmbito de aplicação da lei pessoal. Limites à sua aplicação

O CSC não toma posição expressa acerca da delimitação das matérias a que se aplica a lei pessoal. Tal circunstância poderá dever-se ao facto de se tratar de uma regra vista como especial em face do art. 33º CCiv., onde se determina a lei aplicável às pessoas colectivas em geral, e de este, no seu nº 2, elencar um conjunto de matérias em que a mesma lei será competente, pelo que se tornaria despiciendo repetir semelhante enumeração no CSC.

Dispõe o art. 33º, 2, CCiv.: "À lei pessoal compete especialmente regular: a capacidade da pessoa colectiva; a constituição, funcionamento e competência dos seus órgãos; os modos de aquisição e perda da qualidade de associado e os correspondentes direitos e deveres; a responsabilidade da pessoa colectiva, bem como a dos respectivos órgãos e membros, perante terceiros; a transformação, dissolução e extinção da pessoa colectiva". A este elenco legal, que não é taxativo, acrescentar-se-á ainda a matéria da representação *orgânica* ou *estatutária* da pessoa colectiva, isto é, por intermédio dos seus órgãos: embora não enumerada no art. 33º, 2, CCiv., é objecto de uma regra de conflitos autónoma, a do art. 38º CCiv., que expressamente submete a regulamentação desta matéria à *lei pessoal* da pessoa colectiva. Mas, diferentemente, a representação de uma sociedade comercial por mandatários ou procuradores nomeados para a prática de determinados actos ou categorias de actos (cfr., no CSC português, o art. 252º, 6, para as sociedades por quotas, e o art. 391º, 7, para as anónimas) é regulada pela lei competente em matéria de *representação voluntária* (cfr. art. 39º CCiv., e, principalmente, a Convenção da Haia de 1978 sobre a lei aplicável aos contratos de mediação e à representação[28]).

De resto, pode entender-se consagrada uma competência-regra da lei determinada nos termos do art. 3º, 1, para regular as questões pertinentes "à constituição ou nascimento, à vida, e à extinção da pessoa colectiva"[29], ou os seus "aspectos essenciais". Contudo, no que se refere ao "nascimento", isto é, a constituição da sociedade, sobretudo porque é requerida a intervenção de órgãos

---

[27] V. LIMA PINHEIRO (2009), p. 149-150.
[28] Em vigor em Portugal desde 01.05.1992: cfr. Aviso nº 239/97, de 29 de Julho. Sobre esta matéria em especial, cfr. BAPTISTA MACHADO (1995), p. 356-357; MARIA HELENA BRITO (2004), p. 143-194; LIMA PINHEIRO (2009), p. 240-245.
[29] BAPTISTA MACHADO (1995), p. 344.

de autoridade pública, far-se-á de acordo com os critérios da lei da sua constituição (na prática coincidente, tanto quanto se conhece, com a lei do *lugar* dessa constituição). O que permite explicar por que o art. 33º, nº 2, do CC, não inclui esta matéria no âmbito do estatuto pessoal regido pela lei pessoal das pessoas colectivas[30].

Por outro lado, quanto aos limites à aplicação da lei pessoal, reúne consenso a possibilidade de exclusão da questão dos poderes de representação da sociedade pelos seus órgãos, quando tal seja exigido por uma adequada tutela daqueles que contratam com a sociedade, à semelhança do que sucede a propósito da capacidade das pessoas singulares. Com efeito, a chamada *excepção de interesse nacional*, prevista no artigo 28º CCiv., determina a não aplicação do ordenamento jurídico inicialmente competente (o da lei pessoal do incapaz) em favor da aplicação do ordenamento jurídico português, por razões de tutela da aparência, da boa fé da contraparte e do comércio jurídico local[31]. Ora, a doutrina portuguesa pronuncia-se pela sua aplicação analógica às pessoas colectivas. Na verdade, os terceiros que contratam no comércio jurídico local carecem de protecção, quer se trate de pessoas singulares estrangeiras ou de pessoas colectivas de estatuto pessoal estrangeiro; e não parece judicioso exigir-se a terceiros que determinem a lei estrangeira aplicável à pessoa colectiva, que indaguem do seu conteúdo e que examinem o acto constituinte do ente societário[32]. A esse entendimento não tem obstado o facto de ser de diferente natureza a incapacidade, por um lado, da pessoa singular, que releva para a *facti-species* em causa – a *de exercício* – e, por outro lado, a da pessoa colectiva, que é antes *de gozo* de direitos que extravasem a especialidade do seu fim[33]. Com o mesmo fito, certa doutrina nacional e estrangeira baseia-se numa aplicação analógica do artigo 11º da Convenção de Roma[34] ou do art. 13º do Regulamento Roma I para obter o mesmo resultado[35].

---

[30] Cfr. LIMA PINHEIRO (2009), p. 129, considerando vigente no direito português uma norma de conflitos implícita que reconhece o direito do *lugar da constituição* como competente em matéria da constituição da pessoa colectiva (p. 91-93). Quando essa intervenção não exista, o Autor refere-se ao "Direito regulador do acordo constitutivo ou do contrato de sociedade".

[31] BAPTISTA MACHADO (1995), p. 342-343.

[32] Assim LIMA PINHEIRO (1998), p. 718-720; LIMA PINHEIRO (2009), p. 152.

[33] MAGALHÃES COLLAÇO (1971), p. 42.

[34] Para uma análise contrapontística dos arts. 28º CCiv. e 11º da Convenção de Roma, veja-se MOURA VICENTE (2002), p. 71-75.

[35] Cfr. LIMA PINHEIRO (2009), cit., p. 152 (referindo-se também, "subsidiariamente", ao art. 28º CCiv.). Privilegiando a aplicação ao caso do art. 28º CCiv., e em desfavor da aplicabilidade do art. 11º da Convenção de Roma, cfr. CASTELLO-BRANCO BASTOS (2006), p. 664-665.

Tal significa, em suma, que a contraparte que ignorava a incapacidade ou a falta de poder em causa[36] (derivada, nomeadamente, de limitações dos poderes de representação dos órgãos da sociedade, estabelecidos pela sua lei pessoal) "não pode ser prejudicada com a nulidade, anulabilidade ou ineficácia do negócio, se o mesmo negócio, celebrado por uma pessoa colectiva de estatuto português e de tipo idêntico, fosse válido"[37]. A tutela da aparência justifica-se especialmente quando as restrições aos poderes de representação têm fonte meramente estatutária. No seio da União Europeia, porém, esse concreto problema está resolvido pela raiz, porquanto as limitações estatutárias, mesmo que publicadas, são inoponíveis a terceiros, nos termos do art. 9º, nº 2, da Primeira Directiva em matéria de direito das sociedades[38].

De resto, a aplicação da lei portuguesa a uma sociedade de estatuto pessoal português está limitada às questões resolvidas pelas normas jurídicas que, pelo conteúdo e função que desempenham no nosso ordenamento, são chamadas a regular o caso por via da regra de conflitos do art. 3º, 1. É o que resulta dos ensinamentos da teoria geral do direito internacional privado, com consagração expressa no art. 15º CCiv.[39]. Significa isto, por exemplo, que num contrato de compra e venda de acções representativas do capital social de uma sociedade X de estatuto pessoal português, em que é vendedora a sociedade A, regida pela lei inglesa, e compradora a sociedade B, de lei pessoal espanhola, as consequências do não pagamento do preço por B a A na data acordada (p. ex., admissibilidade da invocação da excepção de não cumprimento, constituição em mora e suas consequências, montante dos juros devidos desde essa data, apreciação da perda do interesse do credor, etc.) não são reguladas pela *lex societatis* portuguesa, mas sim pela *lei aplicável às obrigações contratuais* [cfr. art. 10º, 1, b) e c), da Convenção de Roma / art. 12º, 1, b) e c), do Regulamento Roma I], determinada por livre escolha das partes (art. 3º da Convenção de Roma / Regulamento Roma I) ou, na sua ausência, pelo critério da *conexão mais estreita* conforme consagrado no art. 4º de cada um desses diplomas. Já, por exemplo, a negação a B, pela administração de X, do exercício de direitos sociais por motivo de não ter sido obtido o consentimento da sociedade

---

[36] Que não "por imprudência da sua parte" (cfr. art. 11º da Convenção de Roma) ou "por negligência" (art. 13º do Regulamento Roma I) , mais exigentes, neste aspecto, que o art. 28º CCiv. – assim MOURA VICENTE (2002), p. 72.
[37] BAPTISTA MACHADO (1995), p. 351.
[38] Cfr. MENEZES CORDEIRO (2005), p. 127-180 (sobre este aspecto, v. especialmente p. 175-176).
[39] Sobre o problema da qualificação, v. por todos FERRER CORREIA (2002), p. 199 s..

para a transmissão de acções, conforme estatutariamente exigido, é questão a ser resolvida pelas regras pertinentes do CSC português (cfr. o seu art. 328º), por estas dizerem respeito, como é evidente, ao estatuto pessoal da sociedade.

Particularmente interessante, nesta perspectiva dos conflitos de leis, é também a análise dos *acordos parassociais*, onde a directiva fundamental, ainda que nem sempre de fácil concretização, será a de procurar separar os seus aspectos que têm verdadeiro carácter societário (e como tal submetidos à lei pessoal da sociedade cuja vida "para-regulam"), daqueloutros em que estão em causa vinculações puramente obrigacionais sem efeitos societários (reguladas pela lei aplicável às obrigações contratuais, e por isso sujeitas à lei livremente escolhida pelas partes; contudo, na falta de escolha, ela coincidirá muito provavelmente com a lei pessoal, com a qual apresentará normalmente a conexão mais estreita)[40].

5. Transferência internacional de sede social (nᵒˢ 2 a 5)

Relativamente à transferência internacional da sede social das sociedades comerciais, encontramos no CSC um regime especial nos n.ᵒˢ 2 a 5 do art. 3º.

Em suma, pode dizer-se que aí se distinguem duas situações diversas, embora submetidas a princípios comuns na regulamentação do principal problema que se coloca, *i.e.*, a *manutenção da personalidade jurídica da sociedade*:

a) nᵒˢ 2 e 3: a transferência da sede, para Portugal, de uma sociedade que inicialmente a tinha estabelecido no estrangeiro. Neste caso, para se manter a personalidade da sociedade, exige-se que a anterior lei pessoal esteja de acordo quanto a esse efeito e que o pacto social seja conformado com a lei portuguesa, promovendo-se o registo do mesmo[41].

b) nᵒˢ 4 e 5: quanto à transferência para o estrangeiro da sede de uma sociedade que a tinha anteriormente situada em Portugal. Para que se mantenha a personalidade da sociedade, exige-se que a nova lei pessoal esteja de acordo quanto a esse efeito e que sejam respeitados os requisitos da legislação portuguesa para a alteração do contrato de sociedade. É ainda necessário que a deliberação seja tomada por 75% ou mais dos votos correspondentes ao capital

---

[40] V., mais desenvolvidamente, RUI M. PEREIRA DIAS (2007), p. 183 s..
[41] No sentido de que estas regras poderão não se apresentar inteiramente compatíveis com o direito comunitário, na interpretação feita pelo Tribunal de Justiça dos arts. 43º e 48º TCE no ac. *Überseering*, v. MARIA ÂNGELA BENTO SOARES (2003), p. 319-321; mas repare-se ainda no que dizemos já de seguida em texto, 5.1..

social, consagrando-se um direito de exoneração para os sócios discordantes[42]. Para as sociedades por quotas, cfr. ainda o art. 240º, 1, a).

5.1. Consequências do acórdão *Cartesio* do TJUE para a *emigração* (intra-comunitária) de sociedades de direito português

No acórdão *Cartesio*, do TJUE, estabelece-se uma distinção consoante se trate de *emigração* que cause ou não uma *alteração do direito nacional aplicável*. Ou seja, a mobilidade das sociedades oriundas de países que adoptam a teoria da sede *na sua formulação mais rígida* (i.e., que inviabilizam em todo o caso uma transferência efectiva de sede para o estrangeiro) não vê aqui nenhuma expansão. Mas... que dizer da situação das sociedades *portuguesas*? Apesar de a decisão propriamente dita não trazer inovações a este nível, se conferirmos valor ao *obiter dictum* do Tribunal de Justiça no nº 112[43] do acórdão, poderemos extrair uma conclusão relevante.[44]

É que, nos termos do art. 3º, 4 e 5, as sociedades de direito português que transfiram para o estrangeiro a sua *sede real* mantêm a sua personalidade jurídica, «*se a lei desse país nisso convier*». Ou seja, através de uma regra de direito internacional privado material[45], determina-se que a lei portuguesa não coloca, da sua parte, obstáculos à *emigração* da sociedade, conquanto a lei do *país de imigração* esteja de acordo com a mesma. Ou seja, do lado de Portugal, *não há* qualquer limitação à *emigração*; e, da parte de todos os Estados-membros, quando são Estados *de acolhimento* da sociedade, *não pode haver* restrições à *imigração* para as suas ordens jurídicas, em resultado da jurisprudência *Centros--Überseering-Inspire Art*.

Significa isto que, em suma, a tomar-se por válido o que consta do nº 112 do ac. *Cartesio*, pode dizer-se que as sociedades com sede real em Portugal (e que por isso gozam de estatuto pessoal português) vêem ser plenamente protegida pela liberdade de estabelecimento das sociedades, consagrada no Tratado, a sua *mobilidade para qualquer outro Estado-membro*, que não poderá impor restrições injustificadas ao seu acolhimento. Portanto, se a decisão propriamente dita no

---

[42] Para mais desenvolvimentos, v. MARIA ÂNGELA BENTO SOARES (2006), p. 45 s.. Cfr. tb. COUTINHO DE ABREU (2009), p. 107, nt. 36.
[43] De onde resulta, em suma, que para o TJUE a adesão à *tese da criação nacional* das sociedades não pode «*justificar que o Estado-Membro de constituição, ao impor a dissolução e a liquidação dessa sociedade, a impeça de se transformar numa sociedade de direito nacional do outro Estado-Membro, desde que este o permita*».
[44] Recuperamos a ideia que expusemos em RUI M. PEREIRA DIAS (2010), p. 235-236.
[45] Cfr. MOURA RAMOS (1995), p. 112 s.

acórdão *Cartesio* não adianta nada às sociedades com sede em Estado-membro que adopte uma concepção rígida da teoria da sede real, já o *obiter dictum* nele inserido tem o sentido de garantir a sociedades com sede em ordens jurídicas como a portuguesa a sua mobilidade para o espaço europeu.

6. Fusões internacionais: remissão

No que diz respeito à fusão de sociedades, não existiam, até 2009, normas específicas para as sociedades comerciais de direito português – para além do que, em geral, decorria da aplicação do art. 33º, 4, CCiv. Este, ao prever que a *"fusão de entidades com lei pessoal diferente é apreciada em face de ambas as leis pessoais"*, estabelece uma conexão múltipla cumulativa que obriga a que sejam satisfeitos os requisitos estabelecidos em cada uma das leis envolvidas – o que, embora dificulte a produção deste efeito jurídico, tem em mira a segurança e certeza jurídica ao evitar o surgimento de situações jurídicas claudicantes. Sendo muitas vezes difícil a compatibilização dos preceitos materiais das várias leis pessoais envolvidas, que colocam na prática entraves às fusões internacionais, foi aprovada, com vista a facilitá-las no espaço europeu integrado, a Directiva 2005/56/CE do Parlamento Europeu e do Conselho, de 26 de Outubro de 2005, relativa às fusões transfronteiriças das sociedades de responsabilidade limitada. Teve-se em vista, por um lado, garantir o afastamento de restrições injustificadas à liberdade de estabelecimento e de circulação de capitais, e, por outro lado, salvaguardar interesses de sócios, credores e trabalhadores. Após a respectiva transposição para o direito português, por meio da Lei nº 19/2009, de 12 de Maio, encontramos hoje toda uma secção de regras especiais dedicadas às *"fusões transfronteiriças"*: os arts. 117º-A a 117º-L do CSC. Remetemos, pois, para o que oportunamente sobre eles se dirá.

ARTIGO 4º *
Sociedades com actividade em Portugal

1. *A sociedade que não tenha a sede efectiva em Portugal, mas deseje exercer aqui a sua actividade por mais de um ano, deve instituir uma representação permanente e cumprir o disposto na lei portuguesa sobre registo comercial.*

2. *A sociedade que não cumpra o disposto no número anterior fica, apesar disso, obrigada pelos actos praticados em seu nome em Portugal e com ela respondem solidariamente as pessoas que os tenham praticado, bem como os gerentes ou administradores da sociedade.*

3. *Não obstante o disposto no número anterior, o tribunal pode, a requerimento de qualquer interessado ou do Ministério Público, ordenar que a sociedade que não dê cumprimento ao disposto no nº 1 cesse a sua actividade no País e decretar a liquidação do património situado em Portugal.*

4. *O disposto nos números anteriores não se aplica às sociedades que exerçam actividade em Portugal ao abrigo da liberdade de prestação de serviços conforme previsto na Directiva nº 2006/123/CE, do Parlamento Europeu e do Conselho, de 12 de Dezembro.*

* O nº 4 foi aditado pelo DL 49/2010, de 19 de Maio.

Índice

1. Introdução
2. Actuação em Portugal de sociedades *estrangeiras* (nºˢ 1, 2 e 3)
3. Actuação em Portugal de sociedades *estrangeiras* mas *beneficiárias das liberdades fundamentais do direito da União Europeia* (nº 4)

Bibliografia

a) Citada:

BARROCAS, MANUEL PEREIRA – *Manual de Arbitragem*, Almedina, Coimbra, 2010; CAEIRO, ANTÓNIO – "Algumas notas sobre o artigo 4º do Código das Sociedades Comerciais", in RDE, Ano XIII, 1987, p. 333-341; CORREIA, ANTÓNIO DE ARRUDA FERRER – *Lições de Direito Internacional Privado*, I, Almedina, Coimbra, 2002 (reimpr.); PINHEIRO, LUÍS DE LIMA – *Direito Internacional Privado – Volume II – Direito de Conflitos – Parte Especial*, 3ª. ed., Almedina, Coimbra, 2009; RAMOS, RUI MANUEL GENS DE MOURA – "O artigo 4º do Código das Sociedades Comerciais revisitado", in RDE, Ano XIII, 1987, p. 343-359.

b) Outra:

CAEIRO, ANTÓNIO – "Resposta à apostilha do Dr. Rui Moura Ramos", in RDE, Ano XIII, 1987, p. 361-363; RAMOS, RUI MANUEL MOURA – "Resposta à apostilha do Dr. António Caeiro", in RDE, Ano XIII, 1987, p. 365-370.

1. Introdução

O art. 4º regula as condições que uma sociedade comercial *estrangeira* deve preencher para exercer no nosso país a sua actividade por um período superior a um ano. Cria-se uma regulamentação especial para as sociedades *de nacionalidade* estrangeira, não *de lei pessoal estrangeira*: trata-se portanto de uma norma de *direito dos estrangeiros*[1]. Na inexistência de uma norma legal que determine com carácter geral o critério para a atribuição de *nacionalidade* de uma sociedade, continua a valer o critério doutrinário de que é *estrangeira* uma sociedade que *não tenha em Portugal a sua sede social efectiva*[2] – critério esse replicado, para todos os efeitos, neste art. 4º, 1. Porém, na realidade, o critério de determinação da nacionalidade pode ser outro, *especialmente* fixado para um certo contexto, como sucede frequentemente em acordos bilaterais de promoção e protecção recíprocas de investimentos celebrados por Portugal[3]. Aí se encontra frequentemente um critério muito semelhante ao que o Tratado sobre o Funcionamento da União Europeia prevê para a atribuição do *direito de estabelecimento*, ou seja (e após a devida adaptação): ter-se a sociedade constituído de acordo com o direito português; e, suplementarmente, situar-se em Portugal a administração central (*i.e.*, a sede real); *ou* a sede social (estatutária); *ou* o estabelecimento principal (cfr. art. 54º TJUE).

A compatibilidade do art. 4º com o direito da União Europeia, quando aplicada a sociedades beneficiárias das liberdades fundamentais, foi já posta em causa. Hoje, após a recente alteração legislativa introduzida pelo DL nº 49/2010, em que se acrescentou o nº 4, o eventual conflito parece sanado (v. *infra*, 3).

2. Actuação em Portugal de sociedades *estrangeiras* (nºˢ 1, 2 e 3)

No nº 1 do artigo 4º, prescreve-se que a sociedade estrangeira terá que instituir

---

[1] Assim, MOURA RAMOS (1987), p. 344-348; ANTÓNIO CAEIRO (1987), p. 333. Contra, LIMA PINHEIRO (2009), p. 155, nt. 282 e texto correspondente.
[2] V. por todos FERRER CORREIA (2002), p. 83 s..
[3] Para uma lista recente dos acordos desta espécie que vinculam o Estado português, v. PEREIRA BARROCAS (2010), p. 855 s..

uma representação permanente e cumprir o disposto na lei portuguesa sobre registo comercial. Veja-se, a este propósito, o disposto nos artigos 10º, c) e d), e 40º, 2, CRCom.[4].

No nº 2, estabelece-se a sanção decorrente do incumprimento do nº 1: a sociedade estrangeira responde pelos actos praticados em seu nome em Portugal, e as pessoas que os tenham praticado, bem como os gerentes e administradores, respondem solidariamente com a sociedade.

Por estas vias – obrigação de instituição de representação permanente e estabelecimento de um especial regime de responsabilidade – visa-se, essencialmente, a *tutela dos interesses dos terceiros* que contratem com a sociedade.

No nº 3 estabelece-se, ainda, uma especial cominação para a sociedade estrangeira que, cumulativamente, (*i*) exerça a sua actividade em Portugal por mais de um ano e (*ii*) não cumpra as obrigações que lhe são impostas: com efeito, pode ser requerida a *cessação da sua actividade em Portugal* e a *liquidação do seu património* aqui situado.

Assume *legitimidade* para requerer a aplicação destas sanções, indubitavelmente, o Ministério Público, referindo-se ainda a lei a *"qualquer interessado"*. Considera-se duvidoso, porém, que deva ser reconhecido a *"quaisquer interessados"*, mesmo credores da sociedade, um interesse que vá para além do da *execução do património* da sociedade estrangeira em Portugal, na medida do que for necessário para a realização dos seus créditos; além de que a possibilidade de promover a liquidação do património vem insuficientemente regulada[5].

3. Actuação em Portugal de sociedades *estrangeiras* mas *beneficiárias das liberdades fundamentais do direito da União Europeia* (nº 4)

Para além do que resultou da análise efectuada ao art. 3º, verificamos que o direito da União Europeia pode ter ainda implicações importantes ao nível da interpretação e aplicação de várias normas do CSC, entre as quais este art. 4º.

---

[4] Art. 10º, c) e d), CRCom.: *"Estão ainda sujeitos a registo: (...) c) A criação, a alteração e o encerramento de representações permanentes de sociedades, cooperativas, agrupamentos complementares de empresas e agrupamentos europeus de interesse económico com sede em Portugal ou no estrangeiro, bem como a designação, poderes e cessação de funções dos respectivos representantes; d) A prestação de contas das sociedades com sede no estrangeiro e representação permanente em Portugal"*.
Art. 40º, 2, CRCom.: *"O registo das representações permanentes de sociedades com sede principal e efectiva no estrangeiro é feito em face de documento comprovativo da deliberação social que a estabeleça, do texto completo e actualizado do contrato de sociedade e de documento que prove a existência jurídica deste"*.
[5] Problemas identificados e analisados por MOURA RAMOS (1987), p. 353-359.

Como tivemos já oportunidade de afirmar, após uma análise mais detalhada de alguns pontos de interligação entre o direito societário português e o direito da União Europeia, pareceu-nos que, das disposições de direito da União Europeia que instituem o *direito de estabelecimento* das sociedades, resultava que limitações previstas na nossa legislação especial para a actuação de sociedades estrangeiras em Portugal, como a constante do art. 4º, não são aplicáveis a sociedades *estrangeiras* que *beneficiem desse direito*[6]. Apesar de, aparentemente, o aludido art. 4º, antes da sua revisão em 2010, não impedir ou limitar o direito de estabelecimento em Portugal, a verdade é que a obrigação de instituição de uma representação permanente, a determinação de um especial regime de responsabilidade e, sobretudo, a sanção que impende sobre a sociedade estrangeira incumpridora, que pode ser objecto de um requerimento de cessação da sua actividade em Portugal e de liquidação do seu património aqui situado, constituem medidas nacionais restritivas da liberdade de estabelecimento, para as quais não se vislumbra justificação bastante no plano do direito comunitário. Uma perspectiva diferente do problema convoca aqui uma outra liberdade fundamental: a de *prestação de serviços*[7]. Pois bem: verifica-se com agrado que o legislador português fez eco desta preocupação ao acrescentar, em 2010, o nº 4 do art. 4º. Deste modo, não restam hoje dúvidas de que, às sociedades que exerçam actividade em Portugal e o façam ao abrigo *da liberdade de prestação de serviços* de que sejam titulares – dir-se-ia melhor, porventura, ao abrigo *das liberdades fundamentais de direito da União Europeia* de que beneficiam, mas o efeito útil parece poder considerar-se semelhante – a essas sociedades, dizíamos, não se aplicam as regras dos nºs 1 a 3 deste art. 4º.

---

[6] RUI M. PEREIRA DIAS (2007), p. 222-223; RUI M. PEREIRA DIAS (2008), p. 79-81.
[7] Assim LIMA PINHEIRO (2009), p. 156-157, com dúvidas, porém, acerca da existência de uma verdadeira incompatibilidade.

ARTIGO 4º-A *
Forma escrita

A exigência ou a previsão de forma escrita, de documento escrito ou de documento assinado, feita no presente Código em relação a qualquer acto jurídico, considera-se cumprida ou verificada ainda que o suporte em papel ou a assinatura sejam substituídos por outro suporte ou por outro meio de identificação que assegurem níveis pelo menos equivalentes de inteligibilidade, de durabilidade e de autenticidade.

* O presente artigo foi introduzido pelo DL 76-A/2006, de 29 de Março.

Índice
1. Âmbito de aplicação
2. O carácter "aberto" da alternativa
3. Documentos electrónicos e assinatura electrónica

Bibliografia
a) Citada:

ABREU, COUTINHO, *Governação das sociedades* comerciais, 2ª ed., Almedina, Coimbra, 2010; CORDEIRO, A. MENEZES – *Código das Sociedades Comerciais anotado* (coord. de A. Menezes Cordeiro), Almedina, Coimbra, 2009; CORREIA, PUPO, *Direito comercial. Direito da empresa*, 11ª ed., Ediforum, Lisboa, 2009; DOMINGUES, PAULO DE TARSO, "Os meios telemáticos no funcionamento dos órgãos sociais. Uma primeira aproximação ao regime do CSC", Almedina/IDET, Coimbra, 2007, p. 87-118; FURTADO, J. PINTO – *Comentário ao Código das Sociedades Comerciais (Artigos 1º a 19)*, Almedina, Coimbra, 2009; TRIUNFANTE, ARMANDO – *Código das Sociedades Comerciais Anotado*, Coimbra Editora, Coimbra, 2007.

b) Outra:

MONTEIRO, SINDE – "Direito privado europeu – assinatura electrónica e certificação (a Directiva 1999/93/CE e o Decreto-Lei nº 290-D/99, de 2 de Agosto)", RLJ, 133º, 2001, p. 261-272; PEREIRA, ALEXANDRE DIAS – *Comércio electrónico na sociedade de informação: da segurança técnica à confiança jurídica*, Almedina, Coimbra, 1999, "Princípios do comércio electrónico», *Miscelâneas nº 3*, IDET/Almedina, Coimbra, 2004, p. 75-112.

1. Âmbito de aplicação

O art. 4º-A constitui uma abertura à inovação tecnológica. Em vários preceitos do CSC surge a exigência de forma escrita, de documento escrito ou de documento assinado. Com esta nova norma é considerada satisfeita aquela exigência ainda quando o suporte utilizado é diferente do papel e, se o documento deve ser assinado, também a assinatura manuscrita pode ser substituída por outro meio de identificação. Necessário é, porém, que o suporte utilizado e o meio de identificação "assegurem níveis pelo menos equivalentes de inteligibilidade, de durabilidade e de autenticidade"[1].

A substituição admitida não é imposta: é uma mera faculdade. De qualquer modo, parece resultar do art. 4º-A que a lei consagra um princípio da neutralidade do suporte utilizado, desde que o mesmo cumpra os requisitos enunciados.

Como lembrava Armando Triunfante[2], o art. 4º-A tinha sido antecedido de uma norma semelhante que consta do art. 4º do CVM. Este último tem a seguinte redacção: "A exigência ou a previsão de forma escrita, de documento escrito ou de redução a escrito, feita no presente Código em relação a qualquer acto jurídico praticado no âmbito da autonomia negocial ou do procedimento administrativo, considera-se cumprida ou verificada ainda que o suporte em papel ou a assinatura sejam substituídos por outro suporte ou por outro meio de identificação que assegurem níveis equivalentes de inteligibilidade, de durabilidade e de autenticidade".

O art. 4º-A aplica-se em regra a qualquer caso previsto no CSC em que se exija forma escrita, documento escrito ou documento assinado. Assim, por exemplo, é aqui abrangida a comunicação por escrito da transmissão de parte do sócio de sociedade em nome colectivo (art. 182º, 4), a exigência de forma escrita para o pedido de consentimento para a cessão de quotas (art. 230º, 1) e para a declaração à sociedade contendo a intenção do sócio de se exonerar (art. 240º, 3), a convocação para as reuniões dos órgãos de administração ou de fiscalização das sociedades anónimas (arts. 410º, 3, e 445º, 2)[3], etc., etc..

Em várias normas do CSC é feita já expressa referência ao recurso a meios electrónicos. Assim, por exemplo: quanto à convocatória de assembleias gerais de sociedades anónimas, dispõe hoje o art. 377º, 3, que, sendo nominativas todas as acções da sociedade, o contrato de sociedade "pode substituir as publicações por cartas registadas ou, em relação aos accionistas que comuniquem previamente o seu consentimento, por correio electrónico com recibo

---

[1] Alertando, ainda assim, para os riscos inerentes à perda de informação, MENEZES CORDEIRO (2009), p. 82.
[2] ARMANDO TRIUNFANTE (2007), p. 10.
[3] Cfr. COUTINHO DE ABREU (2010), p. 21, nota (40bis), com expressa referência ao art. 4º-A.

de leitura"; o art. 377º, 6, *b*), admite as assembleias efectuadas "através de meios telemáticos" quando o contrato de sociedade não disponha em contrário; no art. 377º, 5, *f*), encontramos a expressa previsão do voto por correspondência electrónica[4].

Pinto Furtado[5] parece defender que o art. 4º-A não é aplicável ao relatório exigido pelo nº 5 do art. 460º: "relatório escrito" que o órgão de administração deve submeter à assembleia quando proponha a limitação ou supressão do direito de preferência em aumento de capital. Mas não vemos qualquer razão válida para sustentar essa posição. Não basta dizer que "não faz sentido que se remetam todos os *accionistas* presentes para um computador afim [sic] de o receberem através dele". Os dados constantes de um qualquer suporte informático podem ser projectados na sala onde decorra a assembleia. Cada accionista pode ter à sua disposição um computador que lhe permita aceder ao relatório e até copiá-lo. E o relatório tem de ser submetido à assembleia, mas não tem de ser entregue aos accionistas só na assembleia. Por outro lado, o art. 4º-A preocupa-se com os suportes e os meios de identificação, e não com a visualização da informação.

2. O carácter "aberto" da alternativa

O art. 4º-A não identifica os suportes que constituem alternativa ao papel nem os meios de identificação que podem ser utilizados em lugar da assinatura. A referência a suportes ou meios que "assegurem níveis pelo menos equivalentes de inteligibilidade, de durabilidade e de autenticidade" permite que os desenvolvimentos tecnológicos não conduzam necessariamente a alterações da lei, mas também gera alguma incerteza. Desde logo, não se pode confundir o suporte com a informação suportada. Assim, se for utilizado um suporte informático, este último não se confunde com a informação constante do suporte. A evolução técnica, porém, fará certamente surgir novos suportes que possam ser utilizados em substituição do suporte em papel.

---

[4] Sobre estes exemplos, COUTINHO DE ABREU (2010), p. 20 e ss.; para estes e outros exemplos, cfr. tb. TARSO DOMINGUES (2007), p. 87-118.
[5] PINTO FURTADO (2009), p. 169.

3. Documentos electrónicos e assinatura electrónica

O regime jurídico (validade, eficácia, valor probatório) dos documentos electrónicos e da assinatura digital (RJDEAD) consta do DL 290-D/99, de 2 de Agosto[6]. Segundo o art. 3º, 1, do RJDEAD, o requisito legal da forma escrita fica satisfeito quando o documento electrónico "seja susceptível de representação como declaração escrita"[7]. Contudo, para que esse documento electrónico tenha a força probatória de documento particular assinado (força probatória plena "quanto às declarações atribuídas ao seu autor": art. 376º do CCiv.), é necessário que "lhe seja aposta uma assinatura electrónica qualificada certificada por uma entidade certificadora credenciada": art. 3º, 2, do RJDEAD[8].

O documento electrónico não é um suporte. E o suporte informático não é o documento. Documento electrónico, nos termos do art. 2º, *a*), do RJDEAD, é "o documento elaborado mediante processamento electrónico de dados". Esse documento não se confunde com o seu próprio suporte informático mas este será necessário para que possa haver uma reprodução ou representação (cfr. o art. 362º do CCiv.)[9].

No que diz respeito à contratação electrónica, deve ser tido em conta o DL nº 7/2004, de 7 de Janeiro. O regime contido nesse diploma não se aplica, porém e entre outras, à "actividade notarial ou equiparadas, enquanto caracterizadas pela fé pública ou por outras manifestações de poderes públicos» (art. 2º, 1, *f*) do DL nº 7/2004). Acresce que nem todos os negócios são abrangidos pelo princípio da admissibilidade da celebração de contratos por via electrónica. O art. 25º, 2, *b*), exclui, por exemplo, os negócios jurídicos que "exijam a intervenção de [...] outros entes que exerçam poderes públicos, nomeadamente quando aquela intervenção condicione a produção de efeitos em relação a terceiros e ainda os negócios legalmente sujeitos a reconhecimento ou autenticação notariais". No âmbito da contratação electrónica, também se estabelece que as "declarações emitidas por via electrónica satisfazem a exigência legal de forma escrita quando contidas em suporte que

---

[6] Com a redacção dada pelos DLs 62/2003, de 3 de Abril, 165/2004, de 7 de Junho, 116-A/2006, de 16 de Junho, e 88/2009, de 9 de Abril.
[7] A lei dá a entender que basta a susceptibilidade de representação como declaração escrita, pelo que parece não ser necessário que já exista essa representação.
[8] Sobre os termos da equiparação da comunicação de documento electrónico à remessa por via postal registada e por via postal registada com aviso de recepção, cfr. especialmente o art. 6º, 3, do RJDEAD.
[9] PUPO CORREIA (2009), p. 573, defende mesmo que no art. 2º, a) , do RJDEAD existe «uma remissão implícita para a definição constante do art. 362º do Cód. Civil».

ofereça as mesmas garantias de fidedignidade, inteligibilidade e conservação" (art. 26º, 1). Para além disso, o "documento electrónico vale como documento assinado quando satisfizer os requisitos da legislação sobre assinatura electrónica e certificação" (art. 26º, 2).

CAPÍTULO II
PERSONALIDADE E CAPACIDADE

ARTIGO 5º
Personalidade

As sociedades gozam de personalidade jurídica e existem como tais a partir da data do registo definitivo do contrato pelo qual se constituem, sem prejuízo do disposto quanto à constituição de sociedades por fusão, cisão ou transformação de outras.

Índice
1. Momento da aquisição da personalidade jurídica
2. Consequências da personalidade jurídica
3. Desconsideração da personalidade jurídica (e da subjectividade jurídica)
3.1. Quadro geral
3.2. Casos de imputação
3.3. Casos de responsabilidade
3.4. Notas finais

Bibliografia
a) Citada:

ABREU, J. M. COUTINHO DE – *Do abuso de direito – Ensaio de um critério em direito civil e nas deliberações sociais*, Almedina, Coimbra, 1983 (reimpr. 1999, 2006), *Da empresarialidade (As empresas no direito)*, Almedina, Coimbra, 1996 (reimpr. 1999), *Curso de direito comercial*, vol. II – *Das sociedades*, 3ª ed., Almedina, Coimbra, 2009, *Curso de direito comercial*, vol. I – *Introdução, actos de comércio, comerciantes, empresas, sinais distintivos*, 7ª ed., Almedina, Coimbra, 2009ª, "Diálogos com a jurisprudência, II – Responsabilidade dos administradores para com credores sociais e desconsideração da personalidade jurídica", DSR 3, 2010, p. 49-64; ANTUNES, JOSÉ ENGRÁCIA – *Direito das sociedades*, ed. do A., 2010; ASCENSÃO, J. OLIVEIRA – *Direito comercial*, vol. IV – *Sociedades comerciais*, Lisboa, 1993; COING, HELMUT – em J. VON STAUDINGERS *Kommentar zum Bürgerlichen Gesetzbuch*, J. Schweitzer, Berlin, 1980; CORDEIRO, A. MENEZES – *Código das Sociedades Comerciais anotado* (coord. de A. Menezes Cordeiro), Almedina, Coimbra, 2009; CORREIA, M. PUPO – *Direito comercial – Direito da empresa*, 11ª ed. (c/colab. de A. J. Tomás/O. Castelo Paulo), Ediforum, Lisboa, 2009; DOMINGUES, P. DE TARSO – *Variações sobre o capital social*, Almedina, Coimbra, 2009; DUARTE, R. PINTO – "A subcapitalização das sociedades no direito comercial", *Fisco* nº 76/77 (1996), p. 55-64; FURTADO, J. PINTO – *Comentário ao Código das Sociedades Comerciais*

(Artigos 1º a 19), Almedina, Coimbra, 2009; GALGANO, FRANCESCO – *Le istituzioni dell'economia capitalistica – Società per azioni, Stato e classi sociali*, 2ª ed., Zanichelli, Bologna, 1980; MARTINS, J. P. FAZENDA – *Os efeitos do registo e das publicações obrigatórias na constituição das sociedades comerciais*, Lex, Lisboa, 1994; PINTO, A. MOTA – *Do contrato de suprimento – O financiamento da sociedade entre capital próprio e capital alheio*, Almedina, Coimbra, 2002; RIBEIRO, M. FÁTIMA – *A tutela dos credores da sociedade por quotas e a "desconsideração da personalidade jurídica"*, Almedina, Coimbra, 2009; VASCONCELOS, P. PAIS DE – *A participação social nas sociedades comerciais*, 2ª ed., Almedina, Coimbra, 2006.

b) Outra:
ANTUNES, A. FILIPA MORAIS – "O abuso da personalidade jurídica colectiva no direito das sociedades comerciais", em AAVV., *Novas tendências da responsabilidade civil*, Almedina, Coimbra, 2007; CORDEIRO A. MENEZES – *O levantamento da personalidade colectiva no direito civil e comercial*, Almedina, Coimbra, 2000; CORDEIRO, PEDRO – *A desconsideração da personalidade jurídica das sociedades comerciais*, AAFDL, Lisboa, 1989; COSTA, RICARDO – "Desconsiderar ou não desconsiderar: eis a questão", BOA nº 30 (2004), p. 10-14; DUARTE, DIOGO PEREIRA – *Aspectos do levantamento da personalidade colectiva nas sociedades em relação de domínio*, Almedina, Coimbra, 2007; MARTINS, A. SOVERAL – "Da personalidade e capacidade jurídicas das sociedades comerciais", em AAVV. (coord. de Coutinho de Abreu), *Estudos de direito das sociedades*, 9ª ed., Almedina, Coimbra, 2008.

1. Momento da aquisição da personalidade jurídica

As sociedades comerciais, bem como as sociedades sem objecto mercantil mas com forma comercial (art. 1º, 4), adquirem personalidade jurídica (ou colectiva) com o registo definitivo dos respectivos actos constituintes (que não sejam actos legislativos).

O art. 5º menciona somente o registo definitivo "do *contrato*" constituinte. Mas também os *negócios jurídicos unilaterais* pelos quais são constituídas sociedades estão sujeitos a registo, sendo igualmente a partir da data deste que elas gozam de personalidade jurídica (cfr. o art. 3º, 1, a), do CRCom. e os arts. 270º-G e 488º, 2, do CSC). Vale o mesmo para as sociedades constituídas pela via do "*saneamento por transmissão*" (CIRE, arts. 199º e 217º, 3, a)). Já *não*, porém, para as sociedades criadas por *acto legislativo* (decreto-lei, designadamente)[1].

---

[1] Sobre os processos (e actos) de constituição das sociedades, COUTINHO DE ABREU (2009), p. 85, s., 94, s..

Estas, embora sujeitas também a registo, têm personalidade jurídica a partir da data da entrada em vigor do diploma criador (publicado no DR)[2].

O art. 5º salvaguarda na parte final o "disposto quanto à constituição de sociedades por *fusão*, *cisão* ou *transformação* de outras".

Deve contudo entender-se que as (novas) sociedades resultantes de fusão ou de cisão também adquirem personalidade com o registo respectivo (cfr. arts. 112º, 120º).

O mesmo se deve entender quanto às sociedades civis de tipo comercial resultantes da transformação de sociedades civis simples (cfr. art. 130º, 2, 6).

Por sua vez, na transformação "formal" de sociedades comerciais (ou civis de tipo comercial) a personalidade mantém-se apesar da mudança do tipo (cfr. art. 130º, 3). E na transformação "extintiva" também não haverá solução de continuidade quanto à personalidade – com o registo apenas ganhará eficácia perante terceiros a mudança do tipo (cfr. art. 130º, 3, 5).

2. Consequências da personalidade jurídica

É corrente dizer-se que as sociedades, enquanto pessoas jurídicas – tal como outras pessoas colectivas –, têm certos "atributos" ou implicam determinadas "consequências".

Adianta-se então que elas têm nome (firma ou denominação), sede, autonomia patrimonial (os elementos patrimoniais activos das sociedades respondem apenas pelas dívidas delas, apenas eles respondendo em certos casos – autonomia patrimonial perfeita –, ou respondendo também o património dos respectivos sócios em outros casos – autonomia patrimonial imperfeita), órgãos, capacidade de gozo e de exercício de direitos; são as sociedades-pessoas as titulares dos correspondentes patrimónios sociais, não os sócios, titulares, isso sim, de "participações sociais", geneticamente ligadas a "entradas" em sociedade que se resolvem em transmissões e aquisições...

Acrescenta-se às vezes, com apoio, aliás, na letra do art. 5º (as sociedades gozam de personalidade jurídica e *existem como tais* a partir da data do registo), que as sociedades só existem verdadeiramente a partir do momento em que adquirem personalidade[3].

---

[2] COUTINHO DE ABREU (2009), p. 133-134, nt. 95.
[3] Exemplo impressivo: "só ao adquirir a personalidade é que a sociedade comercial o é, só então existe, como sociedade e como comerciante, de pleno direito" – PUPO CORREIA (2009), p. 196.

E uma vez ou outra ainda se acentua assim: "A personalidade colectiva é um instituto da maior importância: esteve subjacente, pelas possibilidades organizadoras e congregadoras de pessoas e de capitais, a toda a revolução industrial e à civilização tecnológica planetária hoje existente"[4]; ou: "Invenção do espírito jurídico, sem a qual o sistema económico contemporâneo seria provavelmente inconcebível ou bem diferente, a personalidade jurídica societária (...)"[5].

Ora bem, sendo as sociedades-pessoas jurídicas *sujeitos de direito, centros autónomos de imputação de efeitos jurídicos*, é natural que tenham os ditos "atributos" e "consequências". Mas também as *sociedades não personalizadas* (antes do registo) os têm ou podem ter.

– Têm *firma* (art. 9º, 1, c)) – os estatutos sociais e as menções que, segundo o art. 9º, neles devem constar precedem evidentemente o registo.

– Têm *sede* (art. 9º, 1, e)).

– Têm *autonomia patrimonial*, embora imperfeita (art. 36º, 2, remetendo para os arts. 997º, 999º e 1000º do CCiv.)[6].

– Têm *órgãos* (cfr. arts. 36º, 2 – remetendo para os arts. 985º, s. do CCiv. – e 37º, 1, 38º-40º).

– Têm *capacidade* de gozo e de exercício de direitos. A capacidade para adquirir direitos e assumir obrigações é às vezes reconhecida *em termos gerais*: arts. 36º, 2, 38º-40º, 174º, 1, e). Outras vezes é reconhecida *em termos mais específicos*: CPC, arts. 5º, 1, 6º, d), 9º, 22º (*personalidade e capacidade judiciárias*); LGT, arts. 15º, 16º, 2, 3, 18º, 3, e CIRC, art. 2º, 1, b), 2 (*personalidade e capacidade tributárias*); CIRE, art. 2º, 1, e) (tal como as sociedades-pessoas colectivas – previstas no art. 2º, 1, a) –, as sociedades sem personalidade são *sujeitos passivos da declaração de insolvência*); art. 7º do DL 433/82, de 27 de Outubro, arts. 2º, 3, e 3º do DL 28/84, de 20 de Janeiro, art. 401º, 1 e 2, do CVM (*responsabilidade contra-ordenacional* e/ou *criminal* de sociedades sem personalidade jurídica por infracções contra a economia, contra a saúde pública, ou relativas a instrumentos financeiros, etc.).

– Portanto, a sociedade (de tipo) comercial antes do registo é já *titular do respectivo património social* (constituído pelas entradas dos sócios e pelos direitos e obrigações resultantes da actividade social) – mais do que (co-)titularidade em "comunhão" ou "mão comum" dos sócios, teremos uma nova unidade (também) subjectiva.

---

[4] MENEZES CORDEIRO (2009), p. 84.
[5] ENGRÁCIA ANTUNES (2010), p. 219.
[6] Cfr. COUTINHO DE ABREU (2009), nºs 2.3. e 2.5. do cap. III.

As sociedades existem, pois, antes do registo, e como tal podem actuar. A partir da data do registo definitivo passam a gozar de personalidade jurídica e "existem como tais", isto é, *como pessoas jurídicas ou colectivas.* Aliás, o próprio art. 5º não deixa de referir-se ao "registo definitivo do *contrato pelo qual se constituem*" as sociedades...[7]

E, antes do registo, as sociedades possuem já *subjectividade jurídica.* Infirmando doutrina tradicional, os sujeitos de direitos e deveres ou de relações jurídicas não têm de ser pessoas, *não há identidade entre sujeitos de direito e pessoas* (singulares e colectivas).

Em suma, a personalidade colectiva, enquanto conceito expressivo de autónoma subjectividade, *não deve ser absolutizada.* Também por isso, e tendo presente o estatuído no art. 5º, não faz grande sentido afirmar que antes do registo as sociedades têm já personalidade jurídica[8], ou personalidade "rudimentar"[9].

Pese embora a relativização do conceito de personalidade jurídica, ele não deixa de desempenhar *papel normativo.* Dado o seu conteúdo significativo mínimo (autónoma subjectividade jurídica – separação da esfera jurídica da pessoa colectiva relativamente à de outros sujeitos, membros ou não dela), há-de poder auxiliar em tarefas de interpretação, integração e aplicação do direito. E o signo "pessoa colectiva" é seguramente útil "instrumento semântico"-normativo: a sua presença nos enunciados legislativos, jurisprudenciais e doutrinais dispensa a fastidiosa enumeração das múltiplas espécies de pessoas colectivas. Depois, a personalidade consolida ou torna (mais) perfeita a subjectividade das entidades colectivas.

Contudo, *é fraca a função normativa* do conceito de pessoa colectiva. Ilustremos com a autonomia patrimonial perfeita das sociedades por quotas e anónimas (que significa também a "responsabilidade limitada" dos sócios, *rectius* a sua não responsabilidade pelas dívidas sociais). É certo que ela só se afirma depois da aquisição da personalidade. Mas isso é determinado pela lei, não é dedutível do conceito de personalidade jurídica. Poderia a lei atribuir personalidade às sociedades em momento anterior ao registo[10], ou em momento posterior a ele, e consagrar a autonomia patrimonial perfeita somente a par-

---

[7] Cfr. COUTINHO DE ABREU (2009), p. 93. Acrescente-se ainda que, antes do registo, as sociedades comerciais são já comerciantes – *Idem* (2009ª), p. 149, s..
[8] OLIVEIRA ASCENSÃO (1993), p. 170, s., FAZENDA MARTINS (1994), p. 14, s..
[9] MENEZES CORDEIRO (2009), p. 85, PINTO FURTADO (2009), p. 224.
[10] Antes do CSC, o momento decisivo era em geral o da formalização do contrato (cfr. também o nº 7 do preâmbulo do DL que aprovou o CSC).

tir da data do registo. Não se olvide, por outro lado, que o Código atribui igualmente personalidade jurídica às sociedades em nome colectivo e em comandita – mas sem autonomia patrimonial perfeita: os sócios das sociedades em nome colectivo e os comanditados respondem por dívidas sociais. Imagine-se agora que o CSC não continha qualquer preceito como o do art. 5º. O que é que mudava?...

O conceito de pessoa jurídica desempenha também uma *função ideológica*, raramente posta em evidência. Ilustremo-la ainda com o benefício da responsabilidade limitada dos sócios. Este benefício é anterior à introdução do conceito de pessoa colectiva. Não é, pois, o (posterior) reconhecimento legislativo da sociedade anónima como pessoa jurídica o fundamento da limitação da responsabilidade dos sócios. A personalidade é "só uma justificação teórica, e uma justificação dada *a posteriori*". Mas uma justificação não casual: é consequência da necessidade de a classe empresarial dominante ver consagrada como "natural" a limitação da responsabilidade. Graças ao conceito de pessoa jurídica, a responsabilidade limitada pode passar a ver-se já não como "privilégio", já não como "excepção ao princípio geral da ilimitada responsabilidade patrimonial do devedor. Transforma-se, ela própria, em aplicação do princípio geral: torna-se possível argumentar que, numa sociedade por acções, o sócio não responde pelas obrigações sociais com o património próprio pela 'natural' razão de que se trata de obrigações de outrem, ou seja, pela mesma natural razão pela qual o senhor A não responde pelas obrigações do senhor B"[11].

Posto isto, já se vê que a personalidade jurídica societária não foi (nem é) decisiva para o desenvolvimento e consolidação do sistema capitalista. A expressão "pessoa jurídica" generalizou-se na linguagem doutrinária (primeiro) e legislativa (depois) somente no século XIX[12]. A sociedade por acções, "le merveilleux instrument du capitalisme" (como Georges Ripert gostava de dizer) é muito anterior ...[13]

---

[11] GALGANO (1980), p. 84 (deste A. são as frases transcritas).
[12] Cfr. COING (1980), p. 319, e GALGANO (1980), p. 83. Por exemplo, o *Code de Commerce* de 1807 e os portugueses CCom. de 1833 e lei de 22 de Junho de 1867 sobre sociedades anónimas não faziam qualquer menção expressa à personalidade jurídica das sociedades.
[13] Para um apontamento de história, COUTINHO DE ABREU (2009), p. 77, s..

3. Desconsideração da personalidade jurídica (e da subjectividade jurídica)
3.1. Quadro geral

Reveladora também de uma perspectivação não absolutizadora da personalidade jurídica é a figura que se vem designando "desconsideração da personalidade colectiva".

As sociedades-pessoas jurídicas são, dissemo-lo já, autónomos sujeitos de direito; estão "separadas" dos seus membros (sócios) – outros autónomos sujeitos de direito. Todavia, a sociedade não vive por si e para si, antes existe por e para o(s) sócio(s); destes é ela instrumento (há pois estreita ligação entre uma e outros). Por outro lado, o património da sociedade não está ao serviço de interesses da pessoa jurídica "em si", mas sim do(s) sócio(s). Ora, é esta *substancialista* consideração da personalidade colectiva que abre vias para a "desconsideração" da mesma num ou noutro caso; é o tomar em conta do substrato pessoal e/ou patrimonial da sociedade que induz, por vezes, a "levantar o véu" da personalidade, a derrogar o chamado "princípio da separação" (*Trennungsprinzip*).

Temos definido a desconsideração da personalidade jurídica das sociedades como a *derrogação ou não observância da autonomia jurídico-subjectiva e/ou patrimonial das sociedades em face dos respectivos sócios.*

E temos acrescentado que tal desconsideração legitimar-se-á por recurso a operadores jurídicos como, nomeadamente (e consoante os casos), a interpretação teleológica de disposições legais e negociais e o abuso do direito – apoiados por uma concepção substancialista da personalidade colectiva (não absolutizadora do «princípio da separação» entre sociedade e sócios)[14]. É, assim, uma construção metódica constituída por *dois pilares* principais (o *abuso do direito* e a *interpretação teleológica*), mais ou menos tradicionais, e *uma base* (menos tradicional e enraizada) que os apoia e potencia – a *concepção substancialista, não formalista nem absolutizadora da personalidade colectiva* (não há fronteira intransponível entre sociedade e sócios).

Para concretizar de modo sistemático o método da desconsideração da personalidade jurídica, convém distinguir dois «grupos de casos»: o grupo de casos de imputação (*Zurechnungsdurchgriff*) – *determinados conhecimentos, qualidades ou comportamentos de sócios são referidos ou imputados à sociedade e vice-versa* – e o grupo dos casos de responsabilidade (*Haftungsdurchgriff*) – *a regra da responsabilidade*

---

[14] Cfr. COUTINHO DE ABREU (1996), p. 205, 209-210, e (2009), p. 176-177.

limitada (ou da não responsabilidade por dívidas sociais) *que beneficia certos sócios* (de sociedades por quotas e anónimas, nomeadamente) *é quebrada*.[15]

Se, além da *perspectiva substancialista* da personalidade colectiva, o operador *interpretação teleológica* domina no grupo de casos de imputação, já no grupo de casos de responsabilidade é dominante o *abuso do direito*: os sócios perdem o benefício da «responsabilidade limitada», respondendo perante os credores sociais, quando utilizem o «instituto» sociedade-pessoa colectiva (em princípio com autonomia patrimonial perfeita) *não (ou não tanto) para satisfazer interesses de que ele é instrumento, mas para desrespeitar interesses dos credores da sociedade*; ou, em formulação mais próxima do art. 334º do CCiv., quando excedam os limites impostos pelo fim social ou económico do direito de constituir e fazer funcionar (ou não) sociedade.

3.2. Casos de imputação

a) Uma pessoa que, por efeito de um trespasse, fica *obrigada* (explícita ou implicitamente) *a não concorrer* durante certo tempo com o trespassário viola tal obrigação quando constitui uma sociedade unipessoal com objecto idêntico ou similar ao do estabelecimento alienado, ou quando entra em sociedade concorrente do trespassário, nela passando a exercer funções de administração ou ficando a deter posição maioritária (afastada a máscara pessoal-societária, vê-se o sócio a concorrer com o trespassário).

b) A *venda da totalidade ou maioria das participações sociais* feita por um sócio ou grupo de sócios a um ou mais sujeitos (coligados) não se identifica com (não é a mesma coisa que) a venda da empresa social. Todavia, *para certos efeitos, aquela venda é equiparável a esta*, devendo aplicar-se o regime da venda das empresas em sentido objectivo à venda da totalidade ou da maioria das participações sociais. É assim, designadamente, para efeitos de aplicação da disciplina da *venda de bens onerados e de coisas defeituosas* (arts. 905º, s. e 913º, s. do CCiv.) e para efeitos da aplicação do regime da *obrigação implícita de não concorrência*[16]. Ora, esta solução é dogmaticamente enquadrável também na figura da desconsideração da personalidade colectiva – a interpretação teleológica do contrato de compra e venda de participações sociais, apoiada por um entendimento substancialista da personalidade jurídica, permite atribuir ao sócio ou sócios vendedores

---

[15] Sobre a evolução das concepções relativas à desconsideração da personalidade colectiva e a compreensão dos grupos de casos (lá fora e por cá), v. por todos COUTINHO DE ABREU (1996), p. 206, s., e (2009), p. 178, s. e, mais desenvolvidamente, FÁTIMA RIBEIRO (2009), p. 76, s..

[16] Desenvolvidamente, COUTINHO DE ABREU (1996), p. 342, s..

a venda de um bem (a empresa social) que somente à sociedade competiria efectuar.[17]

c) O art. 877º do CCiv. proíbe, sob pena de anulabilidade, a *venda a filhos ou netos* sem o consentimento dos outros filhos ou netos. Pois bem, é anulável a venda de um estabelecimento feita pelos pais a uma sociedade constituída por um ou mais filhos sem que os restantes filhos consintam nessa venda (levantado o véu da personalidade societária, vêem-se os filhos a adquirir, indirectamente embora, dos pais)[18].

d) A *nulidade ou anulação* de certos negócios jurídicos são *inoponíveis a terceiros de boa fé* (art. 291º do CCiv.); as *excepções extra-cartulares são inoponíveis aos portadores mediatos e de boa fé* das letras de câmbio (art. 17º da LULL). Ora, dada a ligação íntima entre sociedade e sócio-único, não pode este, quando adquira daquela, invocar legitimamente as referidas inoponibilidades com base na boa fé.

e) Em certas situações de *conflito de interesses*, estão os *sócios impedidos de exercer o direito de voto* (CSC, arts. 251º, 384º, 6). Sendo determinado sujeito e a sociedade que ele domina sócios de outra sociedade, o impedimento de voto que recaia sobre o primeiro estender-se-á à segunda e vice-versa.

3.3. Casos de responsabilidade

a) *Descapitalização provocada (por sócios)*. Imagine-se uma sociedade de «responsabilidade limitada» que tem *problemas de liquidez* (ou tê-los-á previsivelmente a curto prazo); os sócios (também administradores ou não, ou sendo alguns administradores e outros não) *deslocam a produção* (ou boa parte dela) *para sociedade nova* (com objecto idêntico ou similar) por eles constituída (intentando um «começar de novo» com mais saber e sem grilhetas, a velha sociedade «já não dá nada») *ou para sociedade já existente e de que eles são sócios*; a primeira sociedade *cessa a actividade* ou *diminui-a grandemente* e a breve trecho fica exangue, impossibilitada de cumprir obrigações para com terceiros[19].

Deve neste caso ser afirmada a *desconsideração da personalidade jurídica* da primeira sociedade, ser derrogada ou não observada a regra da autonomia do

---

[17] Em boa medida neste sentido, v. o Ac. da RP de 17/2/2000, CJ, 2000, I, p. 220.
[18] V. o Ac. da RP de 13/5/93, CJ, 1993, III, p. 199.
[19] Em casos deste tipo são frequentes as transmissões gratuitas de bens das «velhas» sociedades para as «novas»; o que dá responsabilidade dos administradores (também) para com os credores sociais (art. 78º, 1) – tenha ou não havido prévia deliberação dos sócios (deliberação nula: arts. 56º, 1, d), e 6º, 1). Mas isso não é essencial para a caracterização da «descapitalização provocada». A talhe de foice (e contra equívocos de vária doutrina e jurisprudência): pela via da desconsideração da personalidade jurídica são responsabilizados sócios (enquanto tais), não administradores (sócios ou não).

património social (único a responder perante os credores da pessoa colectiva) em face dos (separados) patrimónios dos sócios, e fazer responder estes (subsidiariamente) perante os credores sociais.

Verificou-se *abuso da personalidade colectiva*. Para limitar a aversão ao risco e promover investimentos, a ordem jurídica atribui o benefício da «responsabilidade limitada» aos sujeitos que queiram exercer actividade económica por intermédio de sociedade. Mas não lhes permite a utilização da sociedade como instrumento de inflicção de danos aos credores. Estando uma sociedade em crise (actual ou iminente), os sócios não têm o dever de a recapitalizar. Podem, por exemplo, dissolvê-la; e podem os administradores ter mesmo o dever de requerer a declaração de insolvência. Mas não é permitido aos sócios agravar ou espoletar a crise descapitalizando a sociedade, liquidando-a «a frio» ou inanindo-a em detrimento dos credores sociais. Menos ainda quando eles continuam a mesma actividade em outra sociedade; quando, em vez de (re)investirem na sociedade em crise, investem noutra e descapitalizam (mais) a primeira, desacautelando direitos e interesses dos credores desta.

Havendo abuso do direito (abuso institucional), há *ilícito*. Se houver também (como na hipótese apresentada) *culpa* dos sócios (dolo ou negligência), *dano* para os credores e *nexo de causalidade* entre ele e o comportamento ilícito e culposo, temos os pressupostos para responsabilizar os sócios para com os credores sociais – apesar de ser a sociedade a devedora e pese embora o «princípio da separação» (derrogado).[20] [21]

Os casos aqui designados de descapitalização provocada são afins dos casos chamados na Alemanha (na jurisprudência e na doutrina) de *Existenzvernichtung* [aniquilamento da existência (de sociedade)][22].

A responsabilidade dos sócios por *Existenzvernichtung* tem sido variamente caracterizada na jurisprudência do BGH (Tribunal Federal) – e mais ainda na doutrina. Entre Setembro de 2001 (ac. «Bremer Vulkan», de 17/9/2001) e Julho de 2007 (ac. «Trihotel», de 16/7/2007), foi considerada, com apoio de grande parte da doutrina, *Durchgriffshaftung* (responsabilidade externa dos sócios

---

[20] Sobre a responsabilidade civil por comportamento abusivo (com os demais pressupostos), bastará ver COUTINHO DE ABREU (1983), p. 76-77 e bibliografia aí indicada.
[21] Para análise de casos jurisprudenciais integráveis na descapitalização provocada, v. COUTINHO DE ABREU (2010), p. 49, s..
[22] Mas alguns destes casos não cabem na nossa descapitalização provocada (designadamente por serem abrangidos pelo art. 6º do CSC). Para indicações bibliográficas (alemãs) acerca do que de seguida se diz em texto, COUTINHO DE ABREU (2010), p. 58-59.

– perante os credores sociais); depois (a partir do ac. «Trihotel»), passou a ser vista, com apoio também de grande parte da doutrina, como responsabilidade (interna) dos sócios perante a sociedade com base no § 826 do BGB (dano causado dolosamente de modo contrário aos bons costumes).

A doutrina portuguesa costuma importar da Alemanha (muitas vezes acriticamente) soluções jurídicas. Não se recomenda a importação do «produto Trihotel». Que, aliás, também não convence vários autores germânicos. Critica-se, por exemplo, a estreiteza do dolo (ainda que tão-só eventual) exigido pelo § 826 do BGB; releva-se que os sócios visam às vezes prejudicar principalmente os credores sociais, não a sociedade (e reflexamente os credores), justificando-se por isso uma responsabilidade externa (directa para com os credores). Não obstante, haverá entre nós a tentação de invocar o *abuso do direito por violação dos bons costumes* (art. 334º do CCiv.). O que, apesar da indeterminação dos «bons costumes», não teria o inconveniente de se exigir dolo. Mas, repito, prefiro (no quadro do art. 334º) a ideia do *abuso institucional* (com apoio na parte final daquela norma) – *associada à derrogação da autonomia patrimonial da sociedade devedora* (ao património social junta-se o património dos sócios para satisfação dos credores da sociedade).

Antes do ac. «Trihotel», vários autores fundavam a responsabilidade dos sócios – perante a sociedade (responsabilidade interna) – por «aniquilamento da existência» no desrespeito do dever de lealdade dos sócios para com a sociedade; depois daquele acórdão, continuam alguns invocando (também) tal dever para o efeito.

E, na verdade, nos casos de «descapitalização provocada» é *violado o dever de lealdade* – o dever que impõe que cada sócio não actue de modo incompatível com o interesse social ou com interesses de outros sócios relacionados com a sociedade[23]. Consequentemente, os sócios desleais podem ter de responder perante a sociedade (responsabilidade interna).

Ainda assim, penso ser nestes casos preferível responsabilizar os sócios perante os credores sociais pela via da desconsideração da personalidade colectiva. Utilizando esta de forma abusiva, os sócios (quase sempre dolosamente) causam danos mais relevantemente aos credores sociais. Devem estes, pois, ter a possibilidade de accionar directamente aqueles.

---

[23] Sobre o dever de lealdade dos sócios, v. por todos COUTINHO DE ABREU (2009), p. 287, s., PAIS DE VASCONCELOS (2006), p. 312, s., e FÁTIMA RIBEIRO (2009), p. 543, s..

Depois, seria muitas vezes inverosímil que a sociedade (pelos administradores respectivos) ou qualquer sócio intentasse acção de responsabilidade contra os sócios desleais a favor da sociedade.

Admitamos, contudo, a possibilidade de os credores sociais, ante a inércia da sociedade e dos sócios, exercerem em acção sub-rogatória contra os sócios o direito de indemnização daquela (v. art. 606º do CCiv.)[24]. Os credores fariam entrar bens na sociedade – que os sócios não querem ou não podem reactivar – para depois aí os agredirem. Mas não será isto escusadamente complexo e custoso?...

b) *Mistura de patrimónios. A* e *B*, casados, únicos sócios de uma sociedade por quotas, comportam-se habitualmente como se o património social fosse património comum do casal: frequentemente, *circulam bens de um para outro* (sobretudo do primeiro para o segundo), *sem registos* contabilísticos ou com registos *insuficientes*, tornando-se inviável distinguir com rigor os patrimónios dos sócios e da sociedade e controlar a observância das regras relativas à conservação do capital social.

Caindo a sociedade em situação de insolvência, não poderão os sócios opor aos credores sociais a responsabilidade limitada (perante a sociedade) e irresponsabilidade pelas dívidas societárias. Porque desrespeitaram o «princípio da separação», não há que observar a autonomia patrimonial da sociedade; responderão perante os credores.[25]

c) *Subcapitalização material manifesta*. Diz-se em estado de subcapitalização *material* a sociedade que não dispõe de capitais próprios (fundamentalmente constituídos pelos bens correspondentes ao capital social e às reservas) suficientes para o exercício da respectiva actividade[26], e esta insuficiência nem sequer é suprida por empréstimos dos sócios. A subcapitalização material é *manifesta ou qualificada* quando evidente, facilmente reconhecível pelos sócios. Pode ser *originária* – a desproporção anormal entre o capital social e as exigências da actividade que os sócios se propõem desenvolver por meio da sociedade é evidente logo quando esta nasce –, ou *superveniente* – a falta de capitais próprios manifesta-se em momento posterior, decorrente, por exemplo, de perdas graves ou de ampliação da actividade social.

---

[24] V., em geral, FÁTIMA RIBEIRO (2009), p. 622, s..
[25] Para indicações bibliográficas estrangeiras sobre casos deste tipo, bem como sobre os expostos *infra* (sob c)), COUTINHO DE ABREU (2010), p. 61-62.
[26] Tendo em conta a natureza e dimensão da actividade, bem como os riscos associados – obrigações contratuais inevitáveis, obrigações extracontratuais eventuais.

Podem os sócios, com certeza, actuar por intermédio de sociedade que lhes proporciona um risco limitado (o risco de perder o valor das entradas, mas não o risco de responder pelas dívidas sociais), transferindo boa parte do risco negocial para terceiros. Porém, a limitação desse risco não deve ir ao ponto de a actividade social poder gerar benefícios só ou sobretudo para os sócios e gerar prejuízos principalmente para os credores sociais; a partilha dos riscos societários tem a sua medida, não podem os sócios alijar desproporcionadamente os seus em detrimento de terceiros.

Assim, deve admitir-se que os sócios *abusam da personalidade colectiva* de sociedade quando a introduzem no comércio jurídico, ou a mantêm nele, apesar de sofrer de manifesta subcapitalização material. Se a sociedade, *porque subcapitalizada*, cai em situação de *insolvência*, pela via da desconsideração da personalidade jurídica serão os sócios chamados a responder (subsidiária mas) ilimitadamente perante os credores sociais. *Todos os sócios, em princípio*, se a subcapitalização for *originária* ou inicial (sendo esta manifesta, a culpa – um dos pressupostos da responsabilidade – atingirá todos os sócios fundadores); ou o sócio ou os sócios *controladores* (com poder de voto para poder deliberar aumento do capital ou a dissolução da sociedade), se a subcapitalização for *superveniente*.[27]

Mas nem todos aceitam aquela via. Pois se a lei exige aos sócios, para beneficiarem da responsabilidade limitada, que dotem a sociedade simplesmente com o capital mínimo, sem exigir adequação do capital relativamente ao objecto social, como responsabilizar os sócios perante os credores sociais?...[28] Todavia, a questão *não é de legalidade estrita*. A observância da exigência legal do capital social mínimo (muito baixo para muitíssimos casos) não impede o *abuso* da personalidade colectiva. Em prejuízo dos credores, não da própria socie-

---

[27] Admitindo também, entre nós, a desconsideração da personalidade jurídica em casos de subcapitalização material qualificada, TARSO DOMINGUES (2009), p. 389 s..

[28] Por cá, neste sentido, MOTA PINTO (2002), p. 127-128 (nas p. 128, s., o A. aponta para a responsabilidade de sócios para com a sociedade por violação culposa de dever geral de financiamento ordenado da sociedade; conclui na p. 131: «Eis, pois, a solução que me parece justa e, dogmaticamente, adequada para os casos mais graves de subcapitalização material: a responsabilidade contratual do sócio pelo não financiamento da sociedade. Uma solução que, embora acolha a novidade do *Durchgriff*, o consegue ajustar na procura dos resultados mais adequados ao caso.»), FÁTIMA RIBEIRO (2009), p. 234, s., 640 [na p. 212, nt. 205, a A. considera que a admissão legal de sociedades sem capital mínimo (ou quase) – fenómeno que vai alastrando por vários países – inviabiliza a responsabilidade por subcapitalização. Mas talvez se deva apontar em sentido oposto – v. p. ex. TARSO DOMINGUES (2009), p. 171.]; também PINTO DUARTE (1996), p. 63, considerava não ser fácil nem muito prudente sustentar a desconsideração da personalidade jurídica.

dade (ou da comunidade dos sócios). Pelo que a possível responsabilidade dos sócios é para com os credores, não para com a sociedade (é responsabilidade *externa*).

Acrescente-se, contudo, que não devem beneficiar da referida responsabilidade os credores voluntários (ou contratuais) «fortes» (designadamente, grandes fornecedores ou financiadores) que conheciam a situação de subcapitalização e/ou assumiram, com escopo especulativo, os riscos (quando podiam não contratar, ou exigir garantias de um ou mais sócios)[29].

3.4. Notas finais

Como resulta da própria designação, a problemática da desconsideração é habitualmente referida à personalidade jurídica. Todavia, vimos que sociedades sem personalidade têm também subjectividade jurídica. Pois bem, todos ou quase todos os exemplos de desconsideração da personalidade apontados podem igualmente ser referidos a sociedades não personalizadas. Há lugar também, portanto, para a "*desconsideração da subjectividade jurídica*".

Apesar das críticas de que vem sendo alvo (défices "dogmáticos", de nitidez, certeza e segurança, etc.), a figura da desconsideração da personalidade colectiva (e da subjectividade jurídica) revela-se *muito capaz de contrariar algumas disfunções das sociedades perpetradas por sócios*.

---

[29] Não assim, portanto, para os credores involuntários, nem para os «fracos» (com pequeno poder negocial, sem possibilidade de exigirem garantias suplementares).

ARTIGO 6º
Capacidade

1. A capacidade da sociedade compreende os direitos e as obrigações necessários ou convenientes à prossecução do seu fim, exceptuados aqueles que lhe sejam vedados por lei ou sejam inseparáveis da personalidade singular.
2. As liberalidades que possam ser consideradas usuais, segundo as circunstâncias da época e as condições da própria sociedade, não são havidas como contrárias ao fim desta.
3. Considera-se contrária ao fim da sociedade a prestação de garantias reais ou pessoais a dívidas de outras entidades, salvo se existir justificado interesse próprio da sociedade garante ou se se tratar de sociedade em relação de domínio ou de grupo.
4. As cláusulas contratuais e as deliberações sociais que fixem à sociedade determinado objecto ou proíbam a prática de certos actos não limitam a capacidade da sociedade, mas constituem os órgãos da sociedade no dever de não excederem esse objecto ou de não praticarem esses actos.
5. A sociedade responde civilmente pelos actos ou omissões de quem legalmente a represente, nos termos em que os comitentes respondem pelos actos ou omissões dos comissários.

Índice

1. A capacidade da sociedade comercial é limitada pelo seu fim (lucrativo)
2. As liberalidades realizadas pela sociedade
3. Prestação de garantias a dívidas de outras entidades
4. Cláusulas contratuais e deliberações sociais que fixem à sociedade determinado objecto ou proíbam a prática de certos actos
5. A responsabilidade da sociedade por actos ou omissões de quem legalmente a represente

Bibliografia:

a) Citada:

ABREU, COUTINHO DE – *Curso de direito comercial*, II, 3ª ed., Almedina, Coimbra, 2009; ALBUQUERQUE, PEDRO DE – "A vinculação das sociedades comerciais por garantia de dívidas de terceiros", ROA, 1995, III, p. 689-711, "Da prestação de garantias por sociedades comerciais a dívidas de outras entidades", ROA, 1997, I, p. 69-147; ALMEIDA, PEREIRA DE, *Sociedades Comerciais e valores mobiliários*, Coimbra Editora, Coimbra, 2008; ANDRADE, MANUEL DE – *Teoria geral da relação jurídica*, I, Almedina, Coimbra, 1983 (reimp.); ANTUNES, JOSÉ ENGRÁCIA – *Direito das sociedades*, ed. do A., 2010; ASCENSÃO, OLIVEIRA – *Direito Comercial*, IV, *Sociedades comerciais*, Lisboa, 2000; CASTRO, OSÓRIO DE – "Da prestação de garantias por sociedades a dívidas de outras entidades", ROA, 1996, II, p. 565-593, "De novo sobre a prestação de garantias das sociedades a outras entidades", ROA, 1998, II, p. 823-858; CORDEIRO, MENEZES – *Código das Sociedades Comerciais Anotado*, (coord. de A. Menezes Cordeiro), Almedina, Coimbra, 2009; COSTA, RICARDO – *A sociedade por quotas unipessoal no direito português. Contributo para o estudo do seu regime jurídico*, Almedina, Coimbra, 2002; DOMINGUES, PAULO DE TARSO – "A vinculação das sociedades por quotas no Código das Sociedades Comerciais", RFDUP, I, 2004, p. 277-307; FERNANDES, CARVALHO/CUNHA, PAULO OLAVO – "Assunção de dívida alheia. Capacidade de gozo das sociedades anónimas. Qualificação de negócio jurídico", ROA, 57º, 1997, p. 693-719; FURTADO, PINTO – *Comentário ao Código das Sociedades Comerciais. Artigos 1º a 19º. Âmbito de aplicação. Personalidade e capacidade. Celebração do contrato e registo*, Almedina, Coimbra, 2009; GUGLIELMUCCI, LINO, "Il potere di rappresentanza degli amministratori nelle società per azioni 'a statuto europeo'", ADCSL, 1963, p. 169-172; LABAREDA, JOÃO – "Nota sobre a prestação de garantias por sociedades comerciais a dívidas a outras entidades", *Direito societário português – Algumas questões*, Quid Iuris, Lisboa, 1998, p. 167-195; LIMA, PIRES DE/VARELA, ANTUNES – *Código Civil anotado*, II, Coimbra Editora, Coimbra; 1986; MARTINS, ALEXANDRE SOVERAL – *Os poderes de representação dos administradores de sociedades anónimas*, Coimbra Editora, Coimbra, 1998, "Código das Sociedades Comerciais – Alterações introduzidas pelo Decreto-Lei nº 257/96, de 31 de Dezembro", RUM, 1998ª, p. 305-318; MESQUITA, HENRIQUE –"Parecer", ROA, 1997, p. 721-737; OMMESLAGHE, VAN – "La premiére Directive du Conseil du 9 mars 1968 en matiére de sociétés", CDE, 1969, 1, p. 495-563, 619-665; PINTO, CARLOS MOTA – *Teoria geral do direito civil*, 4ª ed., Coimbra Editora, Coimbra, 2005; SANTOS, CASSIANO DOS – *Estrutura associativa e participação societária capitalística*, Coimbra Editora, Coimbra, 2006; SERRA, CATARINA – *Direito Comercial. Noções fundamentais*, Coimbra Editora, Coimbra, 2009; VENTURA, RAÚL – "Objecto da sociedade e actos ultra vires", ROA, 1980, I, p. 5-59; XAVIER, V. G. LOBO – *Sociedades comerciais. Lições aos alunos de Direito Comercial do 4º ano jurídico*, João Abrantes, Coimbra, 1987.

b) Outra:
CORDEIRO, MENEZES – *Manual de direito das sociedades*, I, 2ª ed., Almedina, Coimbra, 2007; CORREIA, BRITO – "Vinculação da sociedade", *Novas perspectivas do direito comercial*, Almedina, Coimbra, 1988, p. 337-354, "Parecer – Sobre a capacidade de gozo das sociedades anónimas e os poderes dos seus administradores", ROA, 57º, 1997, p. 739-776; GUEDES, AGOSTINHO – "A limitação dos poderes dos administradores das sociedades anónimas operada pelo objecto social no novo Código das Sociedades Comerciais", RDE, 1987, p. 127-159; PEREIRA, GONÇALVES – "Objecto social e vinculação da sociedade", RN, 1987/1, p. 67-105; PINHEIRO, JÚLIO ELVAS – «O justificado interesse próprio do garante: sobre o art. 6º, nº 3, do Código das Sociedades Comerciais», RFDUL, p. 485-506; SANTO, JOÃO

ESPÍRITO, *Sociedades por quotas e anónimas. Vinculação: objecto social e representação plural*, Almedina, Coimbra, 2000.

1. A capacidade da sociedade comercial é limitada pelo seu fim (lucrativo)

A capacidade da sociedade comercial "compreende os direitos e as obrigações necessários ou convenientes à prossecução do seu fim". O art. 6º, 1, estabelece, pois, os limites da *capacidade de gozo* da sociedade comercial, entendida aquela como "aptidão para ser titular de um círculo, com mais ou menos restrições, de relações jurídicas"[1].

O *fim* da sociedade comercial é, em regra, o *lucro*[2], pois, como afirmava Lobo Xavier[3], o legislador pressupõe, no CSC, um conceito genérico de sociedade[4], que resulta, pelo menos em parte, do art. 980º do CCiv.. Lendo este último preceito, verificamos que na sociedade o fim é o da obtenção de um lucro para repartir entre os sócios ("Contrato de sociedade [...] a fim de repartirem os lucros resultantes dessa actividade") ou, tratando-se de uma sociedade unipessoal, para atribuir ao sócio[5].

Naturalmente que, se a capacidade das sociedades comerciais abrange não apenas os direitos e obrigações *necessários* à prossecução do respectivo fim lucrativo, mas também os que para isso se revelem *convenientes*, a capacidade da sociedade surge consideravelmente alargada. Isso não significa que o limite não exista. Ele está, inclusivamente, subjacente à redacção dada aos números seguintes do art. 6º.

Caso se conclua que um acto praticado em nome da sociedade na realidade não é nem necessário, nem conveniente à prossecução do fim lucrativo da sociedade, há que verificar qual a sanção que sobre ele deve recair.

O limite da capacidade, como é evidente, está na lei[6]. Se, em concreto, é possível concluir que um acto não é necessário nem conveniente à prossecução do

---

[1] MOTA PINTO (2005), p. 194.
[2] Com opinião diferente, OLIVEIRA ASCENSÃO (2000), p. 8-9, PINTO FURTADO (2009), p. 235. O que se diz em texto não significa que se ignore que a lei pode prever coisa diferente em certos casos. Isso não invalida a regra. Para mais desenvolvimentos, designadamente sobre a noção de sociedade, cfr. a anotação ao art. 1º.
[3] LOBO XAVIER (1987), p. 5.
[4] Para uma "reinterpretação da norma qualificadora do art. 980º do CCiv., também no que concerne ao fim lucrativo", CASSIANO DOS SANTOS (2006), p. 252 e ss..
[5] COUTINHO DE ABREU (2009), p. 15, nt. 31.
[6] Com diferentes conclusões, OLIVEIRA ASCENSÃO (2000), p. 50, PEDRO DE ALBUQUERQUE (1997), p. 104.

fim lucrativo, o mesmo deve ser considerado *nulo*, nos termos do disposto no art. 294º do CCiv., por violação de um preceito de carácter imperativo[7].

A imperatividade do art. 6º, 1, resulta de o seu regime proteger inequivocamente interesses de terceiros. A atribuição de personalidade jurídica às sociedades comerciais e o regime que daí decorre trazem consequências para a posição dos terceiros, em particular dos credores (dos credores dos sócios e dos credores da sociedade). A adopção de um certo tipo de sociedade comercial também não é inócua. Mesmo que o tipo escolhido seja o da sociedade em nome colectivo, isso significa que a responsabilidade dos sócios é ainda assim subsidiária em relação à da sociedade. E pode igualmente ser convocado um interesse público na boa administração da sociedade. Os interesses referidos são protegidos com a limitação da capacidade de gozo da sociedade através do fim lucrativo.

Estão exceptuados da capacidade de gozo da sociedade comercial aqueles direitos e obrigações que lhe sejam vedados por lei ou sejam inseparáveis da personalidade singular. A capacidade da sociedade não abrange assim o direito de uso e habitação, a capacidade testamentária activa, a capacidade para adquirir ou transmitir bens por sucessão legítima ou legitimária e "certas relações familiares"[8].

A invocação da nulidade do acto contrário ao fim da sociedade não está dependente da boa ou da má fé do terceiro. Essa conclusão é a única possível tendo em conta o que justifica a própria sanção da nulidade. Como é violada norma imperativa, não seria razoável deixar a possibilidade de invocar esse vício na dependência da prova relativa àquela boa ou má fé. Seria o mesmo que estar a dar um prémio a quem ignora a lei.

O regime previsto nos arts. 260º, 2, e 409º, 2, não pode ser aqui convocado[9]. Nestes últimos preceitos, o que está em causa é a relação entre os actos praticados e o objecto social. Ora, o objecto social consta do contrato de sociedade.

---

[7] Nesse sentido, HENRIQUE MESQUITA (1997), p. 721 e s., JOÃO LABAREDA (1998), p. 191, SOVERAL MARTINS (1998), p. 283, nota 524, TARSO DOMINGUES (2004), p. 285, COUTINHO DE ABREU (2009), p. 187, ENGRÁCIA ANTUNES (2010), p. 237. Também concordam com a sanção da nulidade CASSIANO DOS SANTOS (2006), p. 287, PEREIRA DE ALMEIDA (2008), p. 42 s., PINTO FURTADO (2009), p. 261. MENEZES CORDEIRO (2009), p. 91, distingue consoante a falta de capacidade resulta da natureza das coisas ou de violação da lei: no primeiro caso, a nulidade decorreria da impossibilidade jurídica (280º, 1, CCiv.); no segundo, do disposto nos arts. 280º, 1, e 294º, ambos do CCiv.; com discurso concordante, CATARINA SERRA (2009), p. 197.
[8] Sobre isto, quanto ao art. 160º, 2, do CCiv., MOTA PINTO (2005), p. 318 e s.
[9] Com opinião diferente, cfr. MENEZES CORDEIRO (2009), p. 91.

A redacção da cláusula respectiva pode ser confusa e susceptível de muitas e diferentes interpretações, sendo razoável proteger, nesses casos, o terceiro que não sabia (e podia ignorar) que o acto não respeitava o objecto social.

Nem se diga que a interpretação defendida contraria as soluções que foram consagradas na Primeira Directiva sobre Direito das Sociedades para as sociedades por quotas, anónimas e em comandita por acções[10]. O próprio art. 9º, 1, da Directiva mencionada admitia que a sociedade poderia não ficar vinculada se os actos dos "órgãos" da sociedade excedessem "os poderes que a lei atribui ou permite atribuir a esses órgãos". Ou seja: a própria Directiva comunitária admitia que a lei nacional limitasse os poderes dos referidos órgãos. Não é um escândalo que tal aconteça, pois a Directiva em causa constituiu, nessa medida, o denominador comum possível.

Aliás, se entendermos, como parece melhor, que a capacidade de gozo das sociedades comerciais é limitada pelo respectivo fim, não se afigura sequer possível dizer que a lei atribui poderes aos órgãos das sociedades comerciais para a prática de actos que não respeitam o fim social[11]. Mais até: julgamos que a Primeira Directiva nem sequer estava directamente preocupada com os limites legais impostos por cada Estado à capacidade de gozo das sociedades por ela visadas[12]. Mas se os terceiros estão obrigados a conhecer os limites que a lei estabelece para os poderes dos órgãos das sociedades em causa, por maioria de razão estarão obrigados a conhecer os limites que a lei estabelece para a própria capacidade da sociedade[13].

Não se deve confundir o que a legislação de cada Estado prevê como limite à capacidade de gozo das sociedades e o relevo que aquela legislação confere à cláusula relativa ao objecto social. Quanto a este último aspecto, e como veremos noutra altura, a Primeira Directiva procurou alcançar alguma harmonização.

---

10 Directiva 68/151/CEE do Conselho, de 9 de Março de 1968, sucessivamente alterada e entretanto substituída pela Directiva 2009/101/CE do Parlamento Europeu e do Conselho, de 16 de Setembro de 2009. Sobre a Primeira Directiva e sua transposição em Portugal, SOVERAL MARTINS (1997), p. 61 s., p. 83 s..

11 Afirmando que "qualquer limitação à capacidade da sociedade repercute-se inevitavelmente sobre o poder dos administradores", LINO GUGLIELMUCCI (1963), p. 172; em sentido próximo, quanto à prestação de garantias, JOÃO LABAREDA (1998), p. 192.

12 Como não estava preocupada com a determinação dos órgãos que vinculam a sociedade, com a respectiva competência originária ou com o relevo interno da cláusula relativa ao objecto social.

13 Defendendo, relativamente aos terceiros, que "deles podemos esperar que conheçam a lei da sociedade" ("on peut attendre d'eux qu'ils connaissent la loi de la société"), VAN OMMESLAGHE (1969), p. 629.

2. As liberalidades realizadas pela sociedade

Tendo em conta que o fim da sociedade é o lucro, a realização de uma liberalidade pela sociedade poderia ser encarada como sendo sempre contrária ao referido fim ou, pelo menos, como algo dificilmente compatível com o mesmo.

No entanto, muitas vezes essas mesmas liberalidades poderão surgir como algo eventualmente interessante para a própria sociedade, atendendo à imagem que assim pode conseguir alcançar junto de terceiros. Mas também seria perigoso considerar que a decisão da sociedade sobre a prática dos actos em causa poderia ser tomada com total liberdade.

Para de alguma forma tentar clarificar o regime aplicável e encontrar limites, o art. 6º, 2, estabelece que "as liberalidades que possam ser consideradas usuais, segundo as circunstâncias da época e as condições da própria sociedade, não são havidas como contrárias ao fim desta". A liberalidade, recorde-se, "implica, em regra, a ideia de *generosidade* ou *espontaneidade*, oposta à de *necessidade* ou de *dever*", mas é compatível com um fim ou motivo *interesseiro*[14].

Assim, no que diz respeito às liberalidades, a lei estabelece duas condições, cumulativamente: devem ser consideradas usuais segundo as circunstâncias da época e devem ser consideradas usuais segundo as condições da própria sociedade.

Em muitos casos, será fácil concluir que uma liberalidade é (ou não) usual. Será por vezes possível fazer prova quanto à prática corrente das sociedades de certo ramo ou de certa localidade, designadamente em matéria de responsabilidade social. No que diz respeito às condições da sociedade, os elementos económicos e financeiros que sejam trazidos ao processo também terão importância.

Se a liberalidade não consegue ultrapassar o duplo controlo previsto no nº 2, interessa saber se ela é necessariamente contrária ao fim da sociedade[15]. O preceito não começa da mesma forma que se inicia o nº 3 ("Considera-se contrária ao fim [...]"). O que surge dito no nº 2, isso sim, é que a liberalidade

---

[14] Cfr. PIRES DE LIMA/ANTUNES VARELA (1986), p. 260. No caso de gratificações ao pessoal e de brindes a clientes, MANUEL DE ANDRADE (1983), p. 124 e s., questionava mesmo se estaríamos perante verdadeiras liberalidades. Já não parece de seguir a tese de OSÓRIO DE CASTRO (1996), p. 579, ao afirmar que as liberalidades de que trata o nº 2 "não são contrárias ao fim da sociedade porque falta nelas o espírito de liberalidade".

[15] Defendendo que "o espírito do nº 3" lhe parece "perfeitamente generalizável a todo e qualquer negócio gratuito", OSÓRIO DE CASTRO (1996), p. 580. Mas a prestação gratuita de garantias não significa necessariamente que a sociedade tenha de pagar o que quer que seja.

que passar nos dois controlos não é havida como contrária ao fim da sociedade. Já não surge escrito que, se não passar nesses mesmos controlos, é havida como contrária ao fim da sociedade.

Um primeiro sentido que se pode avançar para o art. 6º, 2, seria este: a liberalidade não usual será necessariamente nula. A liberalidade será havida como contrária ao fim da sociedade se não se fizer prova das circunstâncias que a tornam usual. Segundo esta interpretação, a liberalidade não usual também não pode ser necessária ou conveniente para a prossecução do fim da sociedade.

Porém, é nesta última afirmação que encontramos a fragilidade da leitura apresentada. É fácil de ver que uma liberalidade não usual (por exemplo, por causa do seu valor) pode ainda ser necessária ou conveniente à prossecução do fim da sociedade. E, se assim for, ainda será válida[16].

3. Prestação de garantias a dívidas de outras entidades

Em regra, se a sociedade comercial presta garantias reais ou pessoais a dívidas de outras entidades, está a praticar actos contrários ao fim da sociedade. E, por isso, tais actos serão *nulos*. Essa é a leitura que se retira do art. 6º, 3[17]. O preceito tem em vista, por exemplo, no que diz respeito a garantias reais, a consignação de rendimentos, o penhor, a hipoteca e, quanto a garantias pessoais, a fiança[18].

Não nos parece que a leitura proposta seja demasiado pesada para os terceiros. Se a sociedade surge a prestar garantias a dívidas de outra entidade, não se justifica proteger a todo o custo os credores desse devedor, que não procuraram saber o que estava subjacente à prestação da garantia, ao mesmo tempo que se menosprezam os *credores da sociedade garante*[19].

Contudo, e com Osório de Castro[20], julgamos acertado dizer que a nulidade só deve ter lugar por força do disposto no nº 3 quando a prestação de garantias

---

[16] Com esta interpretação, COUTINHO DE ABREU (2009), p. 195, para quem "as liberalidades-não doações [...] podem não ser nulas, podem entrar no círculo da capacidade das sociedades mesmo quando não sejam 'consideradas usuais' ".

[17] Com diferente leitura, cfr. PEDRO DE ALBUQUERQUE (1995), p. 705 s..

[18] Não concordamos com PINTO FURTADO (2009), p. 251, na parte em que este autor defende que a assunção de dívida de outra sociedade também fica sujeita ao nº 3 do art. 6º, "por indeclinável argumento *a fortiori*". É que na assunção de dívida, como o autor reconhece, a sociedade assume a dívida como própria. E isso é mais grave, julgamos nós, do que apenas garantir o pagamento. Daí que a assunção gratuita de dívida deva ser analisada, isso sim, à luz do preceituado no nº 2. Distinguindo assunção e garantia, HENRIQUE MESQUITA (1997), p. 733-734.

[19] Salientando a importância dos interesses dos credores da sociedade garante, JOÃO LABAREDA (1998), p. 171.

[20] OSÓRIO DE CASTRO (1996), p. 580.

pela sociedade tem lugar a título *gratuito*. Quando a prestação da garantia seja remunerada (pelo devedor, pelo credor ou por outrem), já não existirá um acto contrário ao fim lucrativo da sociedade (o que não significa que seja sempre legalmente permitida).

A prestação de garantias a dívidas de outras entidades não será também contrária ao fim da sociedade se existir *justificado interesse próprio* da sociedade garante na prestação dessa garantia ou se existir uma *relação de domínio ou de grupo* entre a sociedade garante e a sociedade cuja dívida é garantida. Mas só verificadas as circunstâncias descritas é que a contrariedade ao fim não será afirmada[21].

A primeira excepção (justificado interesse próprio da sociedade garante) remete para a existência de uma relação entre a prestação da garantia e o interesse da sociedade (leia-se, o interesse social). Não basta, porém, que seja alegada a existência dessa relação. A exigência de que o interesse próprio da sociedade seja justificado torna claro que a sociedade tem que concretizar as vantagens que retirará por prestar a garantia. Só assim estará a *justificar*.

Se é invocado um justificado interesse próprio da sociedade garante na prestação da garantia, quem tem o *ónus de alegar e provar* que aquele interesse existe é aquele que tem interesse em afirmar a validade da garantia[22]. Para que a garantia deva ser considerada nula, basta que não se prove que existe esse justificado interesse próprio da sociedade garante. Não é, por isso, necessário que o terceiro soubesse ou não pudesse ignorar que esse justificado interesse próprio não existia. Esta conclusão parece inequívoca atendendo ao que se lê no art. 6º,

---

[21] Embora a prestação da garantia possa ser inválida por outras razões, como é óbvio. Veja-se, por exemplo, que no art. 4º, 1, *b*) do RGICSF está previsto que os bancos podem efectuar "operações de crédito, incluindo concessão de garantias [...]", acrescentando o nº 2 do art. 8º que "só as instituições de crédito e as sociedades financeiras podem exercer, a título profissional, as actividades referidas nas alíneas *b*) [...] do nº 1 do artigo 4º [...]". Chamando a atenção ainda para as prestações de garantias previstas nos arts. 322º e 397º do CSC, JOÃO LABAREDA (1998), p. 188-189.

[22] Assim também, JOÃO LABAREDA (1998), p. 190, OSÓRIO DE CASTRO (1996), p. 566, OSÓRIO DE CASTRO (1998), p. 845-847, PEREIRA DE ALMEIDA (2008), p. 44, COUTINHO DE ABREU (2009), p. 198-199. Na jurisprudência, cfr., p. ex., Ac. RP de 20/05/1999, CJ, 1999, III, p. 189, Ac. RL de 27/01/2000, CJ, 2000, I, p. 100, Ac. RC de 17/10/2000, CJ, 2000, IV, p. 37. Contra, CARVALHO FERNANDES/ OLAVO CUNHA (1997), p. 718, PEDRO DE ALBUQUERQUE (1997), p. 74 s., MENEZES CORDEIRO (2009), p. 92. Na jurisprudência, cfr., p. ex., Ac. STJ de 22/04/1997, CJ/STJ, 1997, II, p. 60 (mas quanto a uma assunção de dívida não gratuita), Ac. STJ de 21/09/2000, CJ/STJ, 2000, III, p. 36. Defendendo que a prova da existência do justificado interesse próprio não pode ter lugar nos casos das garantias tratadas nos arts. 322º e 397º, 1, PEREIRA DE ALMEIDA (2008), p. 43.

3: aí se estabelece, logo à partida, que "Considera-se contrária ao fim da sociedade a prestação de garantias [...]".

É certo que, muitas vezes, a própria sociedade declara, ao prestar a garantia, que existe um justificado interesse próprio. Só por si, isso não significa que a invocação posterior, pela sociedade, da inexistência desse mesmo interesse constitua um abuso de direito. Em muitos casos, nenhuma expectativa de terceiros existe que deva ser tutelada. Os terceiros estão obrigados a conhecer a lei e os limites que esta fixa para a capacidade das sociedades comerciais[23]. Os terceiros estão obrigados a saber que as sociedades comerciais existem para buscar o lucro, pois dessa forma aumenta a possibilidade de crescimento do seu património e, assim também, a possibilidade de os seus credores serem pagos na altura devida. E se a sociedade que presta a garantia a dívida de outrem alega que tem justificado interesse próprio, o terceiro ou controla se isso é verdade, ou arrisca e sujeita-se às consequências, ou recusa a garantia[24].

A segunda excepção é apreciada de acordo com os critérios que o próprio CSC estabelece para a identificação de relações de domínio ou de grupo. Tais critérios surgem apresentados no Título VI ("Sociedades Coligadas"), que apenas se aplica a relações entre sociedades por quotas, anónimas e em comandita por acções. Daí decorre que, para que se possa invocar a segunda excepção contida no art. 6º, 3, a sociedade garante e a sociedade cuja dívida é garantida devem ser sociedades que adoptaram um desses tipos.

As sociedades em relação de domínio ou de grupo são sociedades coligadas. Mas nem todas as sociedades coligadas são sociedades em relação de domínio ou de grupo. E por isso não pode ser feita valer a segunda excepção acolhida no nº 3 se a sociedade garante e a sociedade devedora apenas têm entre si uma relação de *simples participação* ou uma relação de *participações recíprocas*, nos termos configurados nos arts. 483º e 485º.

A relação de domínio existe, como se conclui a partir do art. 486º, quando uma das sociedades pode exercer sobre a outra uma influência dominante. Essa influência dominante pode ser exercida directa ou indirectamente ("por sociedades ou pessoas que preencham os requisitos indicados no artigo 483º, nº 2"). A sociedade que pode exercer aquela influência é a dominante, e aquela que pode ser influenciada é a dependente.

---

[23] Com opinião diferente, PINTO FURTADO (2009), p. 252, a propósito do Ac. RP de 13/04/1999, CJ, 1999, II, p. 193 s..
[24] Com outra leitura, PEDRO DE ALBUQUERQUE (1997), p. 133. No sentido da insuficiência da afirmação, pelos órgãos da sociedade, de que existe interesse próprio desta, JOÃO LABAREDA (1998), p. 187.

Existirá um grupo de sociedades quando se constitui uma situação de *domínio total inicial ou superveniente* (cfr. arts. 488º e 489º), quando é celebrado um *contrato de grupo paritário* (cfr. art. 492º) ou um *contrato de subordinação* (cfr. art. 493º)[25]. A relação de domínio total inicial regulada no art. 488º visa os casos em que a sociedade totalmente dominada é anónima[26].

Importa porém saber se a sociedade garante pode ser a dominante ou a dependente, a totalmente dominante ou a totalmente dependente, a directora ou a subordinada. Isto apesar de a letra do nº 3 não estabelecer essas distinções. É fácil de ver, no entanto, de que lado estará normalmente o poder e a tendência para o seu abuso, com prejuízo para a outra parte na relação[27].

Se a garantia é prestada pela sociedade dominante, totalmente dominante ou directora quanto a uma dívida da dependente, totalmente dependente ou subordinada, não haverá à partida risco de abuso da sua posição por parte destas últimas.

Mas se a garantia é prestada em sentido inverso, os perigos são evidentes. Quanto a este aspecto, a doutrina nacional mostra-se dividida[28]. Pela nossa parte, julgamos necessário analisar separadamente os casos em que existe *domínio total ou subordinação*, por um lado, e, por outro, aqueles em que há apenas uma reiação de *domínio*.

Começando pelos primeiros (domínio total ou subordinação), consideramos que, atendendo ao teor da letra da lei, a prestação de garantias pela sociedade totalmente dominada ou subordinada a dívidas da totalmente dominante ou directora poderá considerar-se abrangida pela parte final do nº 3, uma vez que *a lei teve presente a tutela conferida pelo regime dos grupos*: os sócios minoritários

---

[25] Para as sociedades abrangidas no grupo, tem especial interesse o disposto no art. 493º, 2. Sobre a interpretação do mesmo, cfr. JOÃO LABAREDA (1998), p. 181-183.

[26] Sobre a eventual aplicação deste regime à criação, por uma sociedade por quotas, anónima ou em comandita por acções, de uma sociedade por quotas unipessoal, cfr. SOVERAL MARTINS (1998ª), RICARDO COSTA (2002), p. 511 s., COUTINHO DE ABREU (2009), p. 98, nt. 24.

[27] Quanto ao contrato de grupo paritário, as sociedades que o celebram aceitam "submeter-se a uma direcção unitária e comum" (art. 492º, 1, CSC). Por outro lado, se existir um órgão comum de direcção ou coordenação, "todas as sociedades devem participar nele igualmente". Em princípio, não deverão colocar-se problemas semelhantes aos tratados no texto. Como o nome do contrato indica, as sociedades estarão em posição de paridade. Por isso, cada uma terá capacidade para garantir dívidas das outras.

[28] Considerando que a parte final do nº 3 se aplica independentemente da posição da sociedade na coligação, PEDRO DE ALBUQUERQUE (1997), p. 136-143, JOÃO LABAREDA (1998), p. 178-186. Com outra leitura, OSÓRIO DE CASTRO (1996), p. 580, nt. 28, COUTINHO DE ABREU (2009), p. 199-204, CATARINA SERRA (2009), p. 196.

têm várias possibilidades de saída (cfr. o art. 490º, 5, e o art. 497º); o art. 500º contém uma garantia de lucros a favor dos sócios livres da sociedade subordinada; o art. 501º prevê a responsabilidade para com os credores da sociedade subordinada; a sociedade subordinada tem o direito à compensação de perdas, nos termos do art. 502º; no art. 504º, 2, está inclusivamente prevista a possibilidade de responsabilizar os membros do órgão de administração da sociedade directora (quanto à sociedade totalmente dominada, lembre-se a remissão contida no disposto no art. 491º). Estará assim pressuposto que *a sociedade totalmente dependente ou subordinada ainda terá a ganhar com a prestação da garantia.* Desde logo porque a sociedade directora, ou, sendo o caso, a sociedade totalmente dominante, poderá ficar em melhores condições para dar cumprimento ao disposto nos preceitos acima referidos (ou pelo menos em alguns deles). Terá, assim, havido intenção de remeter as situações indesejáveis que resultem da parte final do art. 6º, 3, para o plano da responsabilidade ou para o do direito de regresso[29], não para o da capacidade.

Quanto aos casos em que existe apenas uma relação de domínio, as coisas são diferentes. O regime legal previsto no CSC para tais relações é escasso e não permite dizer o que se afirma para as relações de grupo[30]. Nas relações de domínio, não é possível sustentar que no art. 6º, 3, estaria pressuposto que as situações indesejáveis seriam resolvidas através dos mesmos meios de que dispõe a sociedade subordinada ou totalmente dependente. Desde logo, no que diz respeito às relações de domínio não existe uma remissão para os arts. 501º a 504º. Por isso, terá mais sentido defender aqui uma restrição teleológica da parte final do nº 3[31], não a aplicando aos casos em que a garantia é prestada pela sociedade dependente relativamente a uma dívida da dominante.

Não se provando que existe justificado interesse próprio da sociedade garante na prestação dessa garantia ou que existe uma relação de domínio ou de grupo entre a sociedade garante e a sociedade cuja dívida é garantida, a garantia gratuitamente prestada será *nula* ainda que o terceiro estivesse de boa fé na altura em que aquela foi prestada[32].

---

[29] Cfr., sobre esse direito de regresso, JOÃO LABAREDA (1998), p. 179, para a relação de domínio.
[30] Salientando com clareza esse aspecto, COUTINHO DE ABREU (2009), p. 200-201.
[31] Falando da necessidade de interpretar "restritivo-teleologicamente" a parte final do art. 6º, 3, também para as garantias prestadas por sociedades totalmente dependentes ou subordinadas a dívidas das totalmente dominantes ou directoras, COUTINHO DE ABREU (2009), p. 203.
[32] Em sentido diferente, PEDRO DE ALBUQUERQUE (1995), p. 711.

4. Cláusulas contratuais e deliberações sociais que fixem à sociedade determinado objecto ou proíbam a prática de certos actos

O art. 6º, 4, esclarece que a capacidade de gozo da sociedade não fica limitada (i) por cláusulas contratuais que fixam à sociedade determinado objecto, (ii) por cláusulas contratuais que proíbam a prática de certos actos, (iii) por deliberações sociais que fixam à sociedade determinado objecto ou (iv) por deliberações sociais que proíbam a prática de certos actos.

O objecto e o fim surgem, por isso, claramente contrapostos neste art. 6º, não podendo ser aceite a confusão entre ambos[33]. Aliás, essa mesma distinção já podia ser extraída do próprio art. 980º do CCiv..

No que diz respeito às cláusulas contratuais e às deliberações sociais que fixam o objecto social, o regime que resulta da norma em análise teve em conta o teor do art. 9º, 1, da Primeira Directiva. O ponto de partida que se identifica no texto comunitário é o de considerar que a sociedade fica vinculada pelos actos dos seus órgãos alheios ao objecto social. A legislação de cada Estado-Membro pode prever que "a sociedade não fica vinculada, quando aqueles actos ultrapassem os limites do objecto social, se ela provar que o terceiro sabia, ou não o podia ignorar, tendo em conta as circunstâncias, que o acto ultrapassava esse objecto; a simples publicação dos estatutos não constitui, para este efeito, prova bastante"[34].

Se, como resulta da Primeira Directiva, a sociedade deve ficar em regra vinculada pelos actos alheios ao objecto social, então é porque está implícito que o objecto social não limita a capacidade de gozo daquela[35]. Mesmo que a lei nacional preveja a possibilidade de a sociedade não ficar vinculada se provar que o terceiro sabia, ou não podia ignorar, que o acto ultrapassava o objecto social, ainda assim o objecto social não limitará a capacidade de gozo da sociedade: não teria sentido que a capacidade de gozo da sociedade ficasse dependente da prova efectuada pela sociedade quanto ao que o terceiro sabia ou não podia ignorar.

A Primeira Directiva, porém, só tinha em vista as sociedades por quotas, anónimas e em comandita por acções. O legislador nacional entendeu por bem,

---

[33] Contudo, a distinção entre objecto e fim nem sempre é nítida nos textos dos autores. Devido ao teor do art. 173º, § 2, do CCom., os dois conceitos eram muitas vezes confundidos: cfr., sobre os termos dessa confusão, SOVERAL MARTINS (1998), p. 281 s., nt. 524. Perante o CSC, afirmando que no art. 6º o fim é o objecto, PINTO FURTADO (2009), p. 247.
[34] Vejam-se ainda as anotações aos arts. 260º, 2, e 409º, 2.
[35] Com diferente opinião, cfr. PINTO FURTADO (2009), p. 245.

e com razão, aplicar uma mesma solução para todos os tipos de sociedades comerciais no que diz respeito à relação entre o objecto social e a capacidade de gozo. Assim se resolveu um problema de difícil solução antes da entrada em vigor do CSC[36].

O que está em causa, na nossa perspectiva, é libertar o terceiro da necessidade de proceder à interpretação de cláusulas do contrato de sociedade ou de deliberações que nem sempre serão de fácil leitura. Tanto mais que as Directivas são dirigidas a Estados com línguas e tradições jurídicas diferentes, com as inerentes dificuldades na compreensão do texto clausulado.

A isto há que acrescentar um outro aspecto que julgamos merecedor de reflexão: é que grande parte dos actos praticados em nome das sociedades comerciais tanto pode servir o objecto social, como constituir antes uma violação do mesmo. A compra de resmas de papel por uma sociedade cujo objecto é o transporte de mercadorias pode servir para imprimir prospectos publicitários ou para que a sociedade passe a dedicar-se à revenda de material de escritório. Mas o terceiro, na maior parte dos casos, não tem possibilidade de verificar essas relações no momento da prática do acto.

Foi atendendo a estes aspectos que a Primeira Directiva, para o seu âmbito de aplicação, afastou a possibilidade (pelo menos em regra) de a sociedade não ficar vinculada por actos que não respeitam o objecto social. O que não significa que o objecto social não se revista de importância para os terceiros[37]. É que os credores terão muitas vezes interesse em saber que deram crédito a uma sociedade que se dedica a uma actividade pouco ousada e não está a arriscar o património noutra menos ortodoxa.

Dir-se-á, lendo o art. 6º, 4, que parece estranha a alusão a deliberações sociais que fixem à sociedade determinado objecto. Isto porque o objecto social resulta de cláusula do contrato de sociedade. Mas, para além de sempre poder surgir uma deliberação de alteração do contrato de sociedade, a verdade também é que no art. 11º, 3, se prevê a competência dos sócios para "deliberar sobre as actividades compreendidas no objecto contratual que a sociedade efectivamente exercerá, bem como sobre a suspensão ou cessação de uma actividade que venha sendo exercida". E essas ainda serão deliberações que fixam à sociedade determinado objecto.

---

[36] Cfr. RAÚL VENTURA (1980), p. 40 s..
[37] Com outra opinião, OSÓRIO DE CASTRO (1996), p. 581.

Acrescenta o art. 6º, 4, que as cláusulas e deliberações ali referidas constituem os órgãos da sociedade no dever de não excederem aquele objecto ou de não praticarem aqueles actos. Assim, mesmo que as cláusulas contratuais ou as deliberações não tenham relevo externo (e veremos posteriormente quando é que o têm ou não), serão em regra tidas em conta nas relações entre os órgãos da sociedade e a própria sociedade. A violação do dever legal em causa poderá, inclusivamente, conduzir à responsabilização dos membros do órgão.

Este último aspecto referido mostra que o objecto social, embora não limite a capacidade das sociedades comerciais, não deixa de ter importância. Essa importância é revelada por vários outros aspectos do regime: cfr., p. ex., os arts. 11º, 192º, 2 e 3, 260º, 2, 409º, 2.

No que diz respeito às deliberações sociais que proíbam a prática de certos actos, as mesmas obrigam a ter em conta o que ficou estabelecido no art. 373º, 3, quanto às matérias de gestão: sobre estas, "os accionistas só podem deliberar a pedido do órgão de administração"[38].

5. A responsabilidade da sociedade por actos ou omissões de quem legalmente a represente

O art. 6º, 5, obriga a uma reflexão introdutória. As sociedades comerciais são representadas organicamente pelos membros dos órgãos de representação. Quando esses membros actuam nessa qualidade e vinculam a sociedade, é a própria sociedade que actua. Os actos ou omissões não são actos ou omissões dos representantes da sociedade, mas sim desta. Nesses casos, a sociedade responde civilmente por acto seu[39]. Não tem lugar a aplicação do nº 5.

Contudo, se os membros dos órgãos de representação de sociedades comerciais actuam com excesso ou com abuso de poderes de representação e a sociedade não fica vinculada, julgamos que o art. 6º, 5, ainda se poderá aplicar. Aí, os actos e omissões já não podem ser vistos como actos ou omissões da sociedade, mas ainda assim a sociedade poderá ter que responder pelos danos causados.

As sociedades comerciais podem actuar através de representantes voluntários (mandatários, procuradores). Também esses podem representar legalmente a sociedade. Parece forçado dizer que quem legalmente representa a sociedade é

---

[38] Chamando a atenção para o aspecto referido no texto, JOÃO LABAREDA (1998), p. 193, nt. 28.
[39] Pensamos ser essa, também, a leitura que faz MENEZES CORDEIRO (2009), p. 93; no mesmo sentido cfr. PINTO FURTADO (2009), p. 260 (lembrando o que escreveram MARCELLO CAETANO e OLIVEIRA ASCENSÃO quanto ao art. 165º do CCiv.).

apenas quem tem a qualidade de representante por força da lei. Quanto a esses representantes voluntários, o art. 6º, 5, justifica-se plenamente[40].

Acrescente-se ainda que a remissão feita para o regime da responsabilidade do comitente por actos ou omissões dos comissários só valerá quanto à responsabilidade de que trata o art. 500º do CCiv.. Relativamente à responsabilidade contratual, vale o disposto no art. 800º do CCiv..

---

[40] Com essa leitura, PINTO FURTADO (2009), p. 260, ENGRÁCIA ANTUNES (2010), p. 248.

CAPÍTULO III
CONTRATO DE SOCIEDADE
SECÇÃO I
CELEBRAÇÃO E REGISTO

ARTIGO 7º
Forma e partes do contrato

1. O contrato de sociedade deve ser reduzido a escrito e as assinaturas dos seus subscritores devem ser reconhecidas presencialmente, salvo se forma mais solene for exigida para a transmissão dos bens com que os sócios entram para a sociedade, devendo, neste caso, o contrato revestir essa forma, sem prejuízo do disposto em lei especial.

2. O número mínimo de partes de um contrato de sociedade é de dois, excepto quando a lei exija número superior ou permita que a sociedade seja constituída por uma só pessoa.

3. Para os efeitos do número anterior, contam como uma só parte as pessoas cuja participação social for adquirida em regime de contitularidade.

4. A constituição de sociedade por fusão, cisão ou transformação de outras sociedades rege-se pelas respectivas disposições desta lei.

* A redacção do nº 1 foi alterada pelo DL 76-A/2006, de 29 de Março, e pelo art. 29º do DL 247-B/2008, de 30 de Dezembro.

Índice

1. Caracterização da sociedade enquanto acto
2. O acto constituinte inicial
    2.1. Natureza contratual, em regra, do acto inicial de constituição
    2.2. Actos não contratuais de constituição de sociedades
3. Sujeitos do contrato de sociedade
    3.1. Pessoas singulares
    3.2. Pessoas colectivas
4. Número de partes
    4.1. Regra e excepções
    4.2. Contitularidade
5. Forma do contrato de sociedade

Bibliografia

a) Citada:

ABREU, J. M. COUTINHO DE – *Curso de direito comercial*, vol. II – *Das sociedades*, 3ª ed., Almedina, Coimbra, 2009, *Curso de direito comercial*, vol. I – *Introdução, actos de comércio, comerciantes, empresas, sinais distintivos*, Almedina, Coimbra, 2009ª; ALMEIDA, ANTÓNIO PEREIRA – *Sociedades comerciais e valores mobiliários*, 5ª ed., Coimbra Editora, Coimbra, 2008; ASCENSÃO, JOSÉ DE OLIVEIRA – *Direito comercial*, vol. IV – *Sociedades comerciais. Parte Geral*, Lisboa, 2000; CORDEIRO, A. MENEZES – *Manual de direito das sociedades*, I – *Das sociedades em geral*, 2ª ed., Almedina, Coimbra, 2007; CORREIA, A. FERRER – *Lições de direito comercial*, vol. II – *Sociedades comerciais. Doutrina geral* (c/ colab. de V. Lobo Xavier, M. Henrique Mesquita, J. M. Sampaio Cabral e António A. Caeiro), ed. copiogr., Coimbra, 1968; CORREIA, F. MENDES – "O Decreto-Lei nº 247-B/2008, de 30 de Dezembro: Cartão de Empresa, Cartão de Pessoa Colectiva e outras novidades", RDS, 2009, p. 287-290; CORREIA, L. BRITO – *Direito comercial*, 2º vol. — *Sociedades comerciais*, AAFDL, Lisboa, 1989; COSTA, RICARDO – "Unipessoalidade societária" em IDET, *Miscelâneas*, nº 1, Almedina, Coimbra, 2003, p. 41-144 , "Sociedades: de *dentro para fora* do Código Civil", em FDUC, *Comemorações dos 35 anos do Código Civil e dos 25 anos da reforma de 1977*, vol. II – *A Parte Geral do Código Civil e a Teoria Geral do Direito Civil*, Coimbra Editora, Coimbra, 2006, p. 305-347; CUNHA, CAROLINA / COSTA, RICARDO – *A simplificação formal do trespasse de estabelecimento comercial e o novo regime do arrendamento urbano*, Almedina, Coimbra, 2006; CUNHA, P. OLAVO – *Direito das sociedades comerciais*, 4ª ed., Almedina, Coimbra, 2010; DUARTE, R. PINTO – *Escritos sobre direito das sociedades*, Coimbra Editora, Coimbra, 2008, "A Societas Privata Europaea: uma revolução viável", DSR, 2009, p. 49-76; FERREIRINHA, F. NETO / SILVA, Z. NETO LINO DA, *Manual de direito notarial – teoria e prática*, ed. dos AA., 2003; FONSECA, H. M. R. DUARTE – *Sobre a interpretação do contrato de sociedade nas sociedades por quotas*, Coimbra Editora, Coimbra, 2008; FURTADO, J. H. PINTO, *Curso de direito das sociedades*, 5ª ed. (c/ colab. de Nelson Rocha), Coimbra, Almedina, 2004, *Comentário ao Código das Sociedades Comerciais. Artigos 1º a 19º – Âmbito de aplicação, personalidade e capacidade, celebração do contrato e registo*, Almedina, Coimbra, 2009; GONÇALVES, PEDRO – *Regime jurídico das empresas municipais*, Almedina, Coimbra, 2007; LEITÃO, A. MENEZES/BRITO, J. ALVES – "Artigo 7º", em *Código das Sociedades Comerciais anotado* (coord. de A. Menezes Cordeiro), Almedina, Coimbra, 2009, p. 94-97; MAIA, PEDRO – "Tipos de sociedades comerciais", em AAVV. (coord. de Coutinho de Abreu), *Estudos de direito das sociedades*, 9ª ed., Almedina, Coimbra, 2008, p. 7-39; MATOS, ALBINO – *Constituição de sociedades. Teoria e prática, formulário*, 5ª ed., Almedina, Coimbra, 2001; MONTEIRO, A. PINTO – "Negócio jurídico e contrato de sociedade", RLJ, 2006, p. 90-103; OTERO, PAULO – "Da criação de sociedades comerciais por Decreto-Lei", em AAVV., *Estudos em Homenagem ao Prof. Doutor Raúl Ventura*, vol. II, Faculdade de Direito de Lisboa, Lisboa, 2003, p. 103-138; RAMOS, M. ELISABETE – "Constituição de sociedades", em AAVV. (coord. de Coutinho de Abreu), *Estudos de direito das sociedades*, 9ª ed., Almedina, Coimbra, 2008, p. 41-97; SANTOS, F. CASSIANO DOS – *Estrutura associativa e participação societária capitalística. Contrato de sociedade, estrutura societária e participação do sócio nas sociedades capitalísticas*, Coimbra Editora, Coimbra, 2006, *O direito comercial português*, vol. I – *Dos actos de comércio às empresas: o regime dos contratos e mecanismos comerciais no direito português*, Coimbra Editora, Coimbra, 2007; SOARES, M. ÂNGELA COELHO BENTO – "A limitação de responsabilidade do comerciante individual: o EIRL e a sociedade por quotas unipessoal em confronto", em AAVV., *Colóquio Os quinze anos de vigência do Código das Sociedades Comerciais*, Fundação Bissaya Barreto / Instituto Superior Bissaya Barreto, Coimbra, 2003, p. 29-43, "A sociedade anónima europeia: sociedade de direito comunitário?", em AAVV., *Nos 20 anos do Código das Sociedades Comerciais. Homenagem aos Profs. Doutores A. Ferrer Correia, Orlando de Carvalho e Vasco Lobo Xavier*, vol. I – *Congresso Empresas e Sociedades*, Coimbra Editora, Coimbra, 2007, p. 707-783; VASCONCELOS, JOANA – *A cisão de sociedades*, Universidade Católica, Lisboa, 2001; VASCONCELOS, P. PAIS DE – *A participação social nas sociedades comerciais*, 2.ª ed., Almedina, Coimbra, 2006; XAVIER, V. G. LOBO – *Sociedades comerciais*, Lições aos Alunos de Direito Comercial do 4º ano jurídico, ed. copiogr., Coimbra, 1987.

b) Outra:
ABREU, J. M. COUTINHO DE – "Sobre as novas empresas públicas", em AAVV., *Volume Comemorativo do 75º Tomo do Boletim da Faculdade de Direito*, Coimbra, 2002, p. 555-575; ALMEIDA, C. FERREIRA DE – "O registo comercial na reforma do direito das sociedades de 2006", em AAVV., *Jornadas em Homenagem ao Professor Doutor Raúl Ventura. A reforma do Código das Sociedades Comerciais*, Almedina, Coimbra, 2007, pp. 279-288; LEITÃO, J. MANUEL SALES GUEDES – "A falada desburocratização do notariado e a função do notário no processo de constituição de sociedades", em AAVV., *Colóquio Os quinze anos de vigência do Código das Sociedades Comerciais*, Fundação Bissaya Barreto / Instituto Superior Bissaya Barreto, Coimbra, 2003, p. 211-230; MATOS, ALBINO – "Sociedades, documento autêntico ou particular?", AAVV., em IDET, *Reformas do Código das Sociedades*, Almedina, Coimbra, 2007, p. 121-137.

1. Caracterização da sociedade enquanto acto

O CSC não define nem caracteriza sociedade. Para efeitos da clarificação do sentido do art. 7º, inserido sistematicamente no Capítulo III dedicado ao "contrato de sociedade", o que releva é pôr em evidência o(s) acto(s) pelo(s) qual/quais a sociedade é criada. Numa palavra, interessa o perfil da "*sociedade-acto*"[1].

A terminologia do CSC privilegia o signo "contrato", mas não surge em momento algum a caracterização do contrato de sociedade. Perante este silên-

---

[1] COUTINHO DE ABREU (2009), p. 4. PINTO DUARTE (2008), p. 10, fala em "sociedade-contrato".

cio, um dos caminhos que tem sido trilhado pela doutrina é o de convocar o art. 980º do CCiv. Desta norma podem ser retirados os seguintes elementos caracterizadores do *contrato de sociedade*: *a)* intervenção de duas ou mais pessoas como partes do negócio; *b)* que se obrigam a contribuir com bens ou serviços; *c)* com o propósito de exercerem em conjunto uma certa actividade que não seja de mera fruição; *d)* e de obterem lucro destinado a ser distribuído pelos sócios; *e)* estando sujeitas a perdas[2].

Mas há quem recuse completamente o préstimo do art. 980º do CCiv. para a definição das sociedades reguladas pelo CSC[3]. Em abono desta orientação, diz-se: *a)* são de variada natureza (negocial e não negocial) os actos constituintes de sociedades comerciais; *b)* a lei admite a constituição de sociedades por negócio jurídico unilateral; *c)* em várias sociedades surge esbatido ou é mesmo "inexistente"[4] o exercício em comum da actividade da sociedade; *d)* certas sociedades assumem um escopo não lucrativo ("sociedades instrumentais" ou "veículos especiais")[5].

Parece não haver dúvidas de que as sociedades reguladas pelo CSC não se acomodam completamente na noção do art. 980º do CCiv[6]. E não se acomodam porque: *a)* o CSC admite, em várias circunstâncias, a unipessoalidade originária (afastando-se da matriz contratual própria do art. 980º do CCiv.); *b)* sendo a sociedade unipessoal, falha o "exercício em comum" previsto no art. 980º do CCiv.; *c)* a lei admite sociedades que têm como objecto a mera fruição de bens (art. 6º, 4, do CIRC); *d)* o Estado pode criar sociedades através de acto legislativo (expressão da iniciativa pública e não da iniciativa privada de que a sociedade do art. 980º CCiv. é um instrumento); *c)* em determinados nichos, poderão ser criadas, por lei ou decreto-lei, sociedades sem escopo lucrativo[7]. A compreensão da sociedade como acto há-de ponderar vários dados do sistema jurídico, mas não deve ignorar o contributo do art. 980º do CCiv. A sociedade como *acto jurídico* apresenta as seguintes notas características[8]: uma ou várias pessoas que se obriga(m) a contribuir com bens ou serviços para o exercício

---

[2] Para esta caracterização, v. por todos LOBO XAVIER (1987), p. 6, s..
[3] Neste sentido, v. PAIS DE VASCONCELOS (2006), p. 15, s.; PINTO DUARTE (2008), 26, s..
[4] Cfr. PAIS DE VASCONCELOS (2006), p. 29.
[5] Cfr. PAIS DE VASCONCELOS (2006), p. 27, s..
[6] Sobre a aplicação do art. 980º do CCiv. às sociedades do CSC, v. CASSIANO DOS SANTOS (2006), p. 245, s..
[7] Cfr. COUTINHO DE ABREU (2009), p. 19, s.. PAIS DE VASCONCELOS (2006), p. 27, inclui as sociedades gestoras de participações sociais no rol das sociedades que não visam a obtenção de lucros.
[8] Acompanhamos de perto a caracterização que COUTINHO DE ABREU (2009), p. 21, apresenta para a sociedade entidade.

de uma determinada actividade económica, com vista, em regra, à obtenção de lucros, e sujeitando-se às perdas[9].

2. O acto constituinte inicial
2.1. Natureza contratual, em regra, do acto inicial de constituição

Além de tradicional, o contrato de sociedade é, ainda, o "acto-regra"[10] de constituição das sociedades comerciais e civis em forma comercial[11]. Especialmente para as iniciativas empresariais de maior dimensão, o contrato de sociedade apresenta a vantagem de permitir que um agrupamento de pessoas, integrando várias contribuições, *crie uma nova entidade* que vai desenvolver a actividade económica escolhida pelos sócios[12].

Actualmente, é menos intenso o debate sobre a natureza do acto jurídico-privado plurissubjectivo de constituição da sociedade. Regista-se um certo consenso no sentido de que o contrato de sociedade é um *contrato de fim comum e de organização*[13]. De *fim comum* porque visa a obtenção de lucros distribuíveis pelos sócios; de *organização* porque o contrato de sociedade faz nascer uma entidade estruturada orgânico-funcionalmente[14].

Os sócios dispõem de algum poder de conformação em matéria de organização e de funcionamento da sociedade criada (*v.g.*, do acto constituinte da sociedade anónima deve constar o modelo de administração e de fiscalização escolhido pelos sócios). Não deve, contudo, ser sobrevalorizada a força disciplinadora do acto constituinte quanto aos aspectos organizatórios e de funcionamento da sociedade. Actualmente, a distinção entre *acto constitutivo* e *estatu-*

---

[9] Cfr. LOBO XAVIER (1987), p. 25, s.; COUTINHO DE ABREU (2009), p. 21.
[10] Cfr. COUTINHO DE ABREU (2009), p. 4; HUGO FONSECA (2008), p. 15.
[11] Os processos especiais de constituição de sociedades por quotas e anónimas (DL 111/2005, de 8 de Julho, DL 125/2006, de 29 de Junho, que criam, respectivamente, as chamadas "empresa na hora" e "empresa on-line") não trazem, quanto à natureza dos actos constitutivos destes tipos societários, quaisquer particularidades.
[12] Sobre a sociedade como criação da autonomia privada, v. CASSIANO DOS SANTOS (2006), p. 79, s..
[13] Neste sentido, na doutrina portuguesa, v. FERRER CORREIA (1968), p. 51, s.; COUTINHO DE ABREU, (2009), p. 94, s.; PINTO MONTEIRO (2007), p. 98; HUGO FONSECA (2008), p. 22, s.; PINTO FURTADO (2009), p. 281. Divergentemente, OLIVEIRA ASCENSÃO (2000), p. 238, considera o acto constitutivo como acto unilateral a que pode acrescer um contrato.
[14] Cfr. COUTINHO DE ABREU (2009), p. 94. Sobre a aplicação das normas gerais dos contratos como direito subsidiário das normas legais sobre sociedades, v. FERRER CORREIA (1968), p. 39; BRITO CORREIA (1989), p. 111; HUGO FONSECA (2008), p. 16. Sobre as adaptações do regime geral do negócio jurídico às especificidades do contrato de sociedade, v. PINTO MONTEIRO (2006), p. 95, s.

tos não tem relevância jurídica[15]. Acresce que a organização e funcionamento internos da sociedade são em larga medida independentes do acto de constituição porque são regidos directamente pela legislação societária. Verifica-se, pois, um certo "desprendimento"[16] da sociedade relativamente ao acto que lhe deu vida.

2.2. Actos não contratuais de constituição de sociedades

O contrato *não é o único acto constituinte* de sociedades comerciais e civis em forma comercial[17]. Para confirmar esta não exclusividade pode ser invocada a remissão do art. 7º, 4, para as normas relativas à fusão, cisão e transformação. Quanto à constituição de sociedades, estes processos envolvem actos constituintes de *natureza contratual* e *situações de índole não contratual*. Assumem natureza contratual: *a)* a constituição de nova sociedade por fusão, porquanto radica no contrato entre as duas sociedades que se fundem[18]; *b)* o acto de cisão (-constituição) no caso de cisão-fusão[19]. São de natureza *não contratual: a)* o negócio unilateral de cisão simples e de cisão-dissolução; *b)* o acto constituinte de sociedade resultante de transformação extintiva[20].

De natureza não contratual é também a constituição de sociedade unipessoal por negócio jurídico unilateral (arts. 270º-A, s.; 488º)[21]. Discute-se qual a natureza do(s) acto(s) constituinte(s) da sociedade anónima com apelo a subscrição pública (arts. 279º, s.). Menezes Cordeiro defende que "não há, propriamente, um contrato", mas sim negócio unilateral, "ainda que de estrutura

---

[15] Condenando a não utilização da palavra estatutos no CSC, v. OLIVEIRA ASCENSÃO (2000), p. 244, s.; PEREIRA DE ALMEIDA (2008), p. 29. COUTINHO DE ABREU (2009), p. 104, lembra que na vigência do CCom. já eram usados como sinónimos os nomes "contrato social", "pacto social" e "estatutos". No sentido da sinonimia, v. tb. OLAVO CUNHA (2010), p. 125. Com as alterações introduzidas pelo DL 76-A/2006, o CSC passou a utilizar sinonimamente aqueles vocábulos – v., por exemplo, arts. 288º, 4, 289º, 4. PINTO DUARTE (2008), p. 17, s., considera conceitualmente mais adequado marcar a distinção entre contrato e estatuto.

[16] Cfr. COUTINHO DE ABREU (2009), p. 4. Sobre este aspecto, v. tb. RICARDO COSTA (2006), p. 329.

[17] Segundo PINTO DUARTE (2008), p. 15, s., contrato de sociedade "designa o negócio institutivo da sociedade-organização, quer este seja um verdadeiro contrato, quer tenha um único autor".

[18] Neste sentido, v. BRITO CORREIA (1989), p. 112; COUTINHO DE ABREU (2009) p. 95. MENEZES CORDEIRO (2007), p. 442, considera que "na hipótese de fusão, não há propriamente um "contrato" entre as administrações preexistentes".

[19] JOANA VASCONCELOS (2001), p. 261, fala, a este propósito, de negócio bilateral.

[20] COUTINHO DE ABREU (2009), p. 96. V. tb. RICARDO COSTA (2006), p. 322, s..

[21] Sobre esta unipessoalidade originária, v. RICARDO COSTA (2003), p. 80, s.. Para a distinção entre sociedades unipessoais por quotas e EIRL, v. M. ÂNGELA SOARES (2003), p. 29, s..

deliberativa"[22]. Coutinho de Abreu considera que há dois actos constituintes interdependentes: o contrato de sociedade formado progressivamente pelas declarações do(s) promotor(es)-subscritor(es) e dos subscritores e a deliberação da assembleia constitutiva[23].

De índole *não negocial* é a constituição de sociedade por acto legislativo (*v. g.* decreto-lei constituinte de sociedade anónima de capitais públicos)[24]. Quanto às sociedades resultantes de saneamento por transmissão, o acto constituinte está na decisão judicial homologatória do plano de insolvência (arts. 199º e 217º, 3, a), do CIRE)[25].

3. Sujeitos do contrato de sociedade
3.1. Pessoas singulares

Podem participar *autonomamente* na constituição de sociedades pessoas singulares dotadas de capacidade de exercício. Os incapazes poderão tornar-se sócios, desde que devidamente representados (menores não emancipados e interditos) ou assistidos (inabilitados)[26].

Se devidamente representado pelos pais, o menor poderá, em princípio, ser sócio de sociedades por quotas ou anónimas sem necessidade de autorização do Ministério Público (art. 1889º, 1, d), do CCiv.). Determinam os arts. 1889º, 1, d), do CCiv. e 2º, 1, b), do DL 272/2001, de 13 de Outubro, que é necessária a autorização do Ministério Público para o menor "entrar em sociedade em nome colectivo ou em comandita simples ou por acções". Quando representado por tutor, a entrada em sociedade é regulada pelos arts. 1938º, 1, a), b), d), do CCiv. e 2º, 1, b), do DL 272/2001.

Quanto aos inabilitados, é preciso considerar que o âmbito da inabilitação é fixado na sentença (art. 153º do CCiv.). Para que o inabilitado possa validamente entrar em sociedade, é necessária a autorização do curador-assistente,

---

[22] MENEZES CORDEIRO (2007), p. 443. De modo próximo, v. ADELAIDE LEITÃO / ALVES DE BRITO (2009), p. 736.
[23] COUTINHO DE ABREU (2009), p. 95
[24] No sentido de que os actos legislativos de criação de sociedades comerciais revestem natureza negocial, v. BRITO CORREIA (1989), p. 9. Contrapondo as sociedades de base voluntária às que são constituídas *ope legis*, v. LOBO XAVIER (1987), p. 8. Sobre o processo de criação de sociedades por acto legislativo, v. COUTINHO DE ABREU (2009), p. 90; PAULO OTERO (2003), p. 103, s..
[25] COUTINHO DE ABREU (2009), p. 96.
[26] V. desenvolvidamente COUTINHO DE ABREU (2009), p. 96, s..

quando a entrada implique ou possa vir a implicar disposição de bens do inabilitado (arts. 153º do CCiv. e art. 2º, 1, a), do DL 272/2001)[27].

Sobre a participação de cônjuges em sociedades, v. a anotação ao art. 8º.

3.2. Pessoas colectivas

De significativa relevância prática é a participação de pessoas colectivas na constituição de sociedades. Sociedades comerciais e civis em forma comercial podem participar na constituição de outras sociedades, como resulta claramente, por exemplo, dos arts. 6º, 1, 11º, 4, 5 e 6, 270º-A do CSC.

Também as cooperativas (arts. 8º, 1, 3, 9º do CCoop.) e os agrupamentos europeus de interesse económico (art. 3º, 2, b), 2ª parte, do Regulamento 2137/85) podem participar na constituição de sociedades. Quanto às associações e fundações, há que respeitar a regra geral sobre capacidade prevista no art. 160º, 1, do CCiv.. Não havendo uma lei que especificamente o proíba, é lícita a participação de associações ou fundações na constituição de sociedades[28], sempre que tal se mostre necessário ou conveniente à prossecução dos fins da associação ou da fundação[29].

As entidades públicas estaduais têm o direito de participar na constituição de sociedade, na medida em que as respectivas atribuições e competências lho permitam. No sector empresarial do Estado, tal possibilidade resulta dos arts. 1º, 2, 2º, 1, 3º, 1, 6º, 10º, 2 e 3, do RSEE e, especificamente para as entidades públicas empresariais, dos arts. 25º, 2, 27º, 2, do RSEE. No entanto, o art. 37º do RSEE exige autorização do Ministro das Finanças para a participação do Estado ou de outras entidades públicas estaduais na aquisição de partes de capital ou na constituição de sociedades[30].

As regiões autónomas (v. os arts. 227º, 1, h) da CRP, os arts. 273º, 2, 545º do CSC, os arts. 5º e 6º do RSEE), os municípios e as associações de municípios podem participar em actos constituintes de sociedade[31] (v. arts. 3º, 4º, 8º do RJSEL).

---

[27] Neste sentido, v. COUTINHO DE ABREU (2009), 97. MENEZES CORDEIRO (2007), p. 433, sustenta que, "quanto ao inabilitado, tudo depende da competente sentença".
[28] Neste sentido v. ALBINO MATOS (2001), p. 47.
[29] Sobre a aplicação por analogia dos nºs 4 e 5 do art. 11º do CSC, v. PINTO FURTADO (2004), p. 192; COUTINHO DE ABREU (2009), p. 100.
[30] A Lei Quadro dos Institutos Públicos é mais restritiva – v. o art. 13º, 1, da L 3/2004, de 15 de Janeiro.
[31] Sobre a decisão municipal de criação de empresas ou de aquisição de participações maioritárias em empresas, v. PEDRO GONÇALVES (2007), p. 109, s..

Verifica-se que determinadas sociedades só podem ser constituídas por pessoas colectivas. Intervêm exclusivamente sociedades na fusão (97º, 1), na cisão (art. 118º, 1), na transformação (art. 130º) e na constituição de sociedade anónima unipessoal (art. 488º). A sociedade anónima europeia só pode ser constituída por *entidades jurídicas societárias* ou por outras entidades jurídicas de direito público ou privado, no caso de constituição de SE-filial comum[32]. O Regulamento (CE) 2157/2001, do Conselho, de 8 de Outubro, adoptou o princípio do *numerus clausus* de modalidades de constituição de sociedades anónimas europeias[33], apenas permitindo as seguintes formas de constituição: *a)* por fusão; *b)* por constituição de uma *holding*; *c)* por constituição de uma filial; *d)* por transformação de uma sociedade anónima constituída segundo o direito de um Estado-Membro; *e)* por criação de uma ou mais filiais sob a forma de sociedade anónima europeia, criadas por uma sociedade anónima europeia[34].

4. Número de partes
4.1. Regra e excepções

O art. 7º, 2, estatui que o número mínimo de partes no contrato de sociedade é de dois. Escassa valia tem a regra contida neste preceito, porque, por um lado, ela já resulta do art. 980º do CCiv. e, por outro, "a pretensa regra do mínimo de dois revela-se excepção com respeito à maior parte dos tipos societários"[35]. O número mínimo de partes do acto constituinte de sociedade está intimamente conexionado com a caracterização dos diversos tipos societários admitidos na lei[36]. A regra do art. 7º, 2, aplica-se às sociedades em nome colectivo e às sociedades em comandita simples (neste caso, conforme o art. 465º, uma das partes deve assumir a qualidade de sócio comanditado e a outra a de sócio comanditário).

Em todos os outros tipos societários, vigoram normas que afastam a regra do art. 7º, 2. A sociedade por quotas pode ser constituída por um sujeito (será,

---

[32] MARIA ÂNGELA SOARES (2007), p. 753.
[33] MARIA ÂNGELA SOARES (2007), p. 731.
[34] Desenvolvidamente sobre cada um dos modos de constituição de sociedade anónima europeia, v. MARIA ÂNGELA SOARES (2007), p. 731, s. Da Proposta de Regulamento do Conselho relativo aos estatutos das Sociedade Privada Europeia, COM (2008) 396 final, de 25/6/2008, resulta que esta pode ser unipessoal (art. 3º, 1, e), e art. 27º, 5) e que os sócios podem ser pessoas singulares ou pessoas colectivas (art. 3º, 1, e)). Sobre o processo de constituição da SPE, v. desenvolvidamente, PINTO DUARTE (2009), p. 56, s.
[35] Cfr. COUTINHO DE ABREU (2009), p. 65.
[36] Sobre esta ligação, v. PEDRO MAIA (2008), p. 34; COUTINHO DE ABREU (2009), p. 65, s.

neste caso, uma sociedade por quotas unipessoal, conforme o art. 270º-A, 1). A regra quanto à sociedade anónima é a de que o número mínimo de sócios é de cinco (art. 273º, 1). A sociedade anónima pode, no caso previsto no art. 488º, 1, ser constituída por um único sócio (que será uma sociedade por quotas, anónima e em comandita por acções). A sociedade anónima pode ser constituída por *dois sócios* – neste caso, um dos sócios há-de ser o Estado, empresa pública ou outra entidade a ele equiparada para o efeito, que ficará a deter a maioria das acções. Já a sociedade em comandita por acções é constituída por seis sócios – pelo menos, cinco sócios comanditários (479º) e um comanditado (art. 465º, 1). Derrogando o CSC, o Estado, através de lei ou de decreto-lei, pode constituir uma sociedade anónima unipessoal[37].

O CSC não prevê número máximo de sócios em nenhum tipo societário[38].

Exceptuados os casos em que é lícita a constituição de sociedades unipessoais[39], quando o número de sócios fundadores for inferior a dois, o contrato de sociedade é *nulo*[40], nos termos dos arts. 41º, 1, 42º, 1, a), e 43º, 1 e 2[41]. As consequências jurídicas da invalidade do acto constituinte estão previstas no art. 52º. Sobre as relações entre sócios e terceiros em sociedades cujo contrato não foi formalizado, v. o art. 36º, 2.

4.2. Contitularidade

Pode acontecer que sejam várias as pessoas a serem investidas formalmente como titulares da participação social[42]. Esta contitularidade societária pode ser *originária* ou *derivada*[43]. Na primeira situação, a participação social surge, no momento da constituição da sociedade, ou em aumento de capital social, como pertencente a dois ou mais titulares; na segunda, uma participação social que começou por ter um único titular passou, em razão de várias circunstâncias, a ter vários[44].

---

[37] Sobre esta possibilidade, v. COUTINHO DE ABREU (2009), p. 89.
[38] Cfr. COUTINHO DE ABREU (2009), p. 66.
[39] Nos termos do DL 212/94, de 10 de Agosto, é permitida a constituição e manutenção de sociedades por quotas e anónimas unipessoais para operar na Zona Franca da Madeira.
[40] Neste sentido, v. COUTINHO DE ABREU (2009), p. 147.
[41] Para mais desenvolvimentos, v. MARIA ELISABETE RAMOS (2008), p. 88, s.; COUTINHO DE ABREU (2009), p. 146, s.
[42] Cfr. PAIS DE VASCONCELOS (2006), p. 375.
[43] Para esta caracterização, v. COUTINHO DE ABREU (2009), p. 350.
[44] Cfr. COUTINHO DE ABREU (2009), p. 350.

O art. 7º, 3, preceitua que contam como uma só parte as pessoas cuja participação tiver sido adquirida em contitularidade. Consideremos o seguinte exemplo: no momento da constituição de sociedade anónima, três pessoas adquirem individualmente uma participação social e um casal de cônjuges adquire em conjunto uma outra participação social. Nos termos do art. 7º, 3, a participação dos cônjuges fica sujeita ao regime da contitularidade societária e, por conseguinte, os contitulares contam como *uma parte*. Nesta hipótese não se encontra cumprido o número mínimo de sócios da sociedade anónima (art. 273º, 1)[45].

5. Forma do contrato de sociedade

A actual redacção do art. 7º, 1, estatui que "o contrato de sociedade deve ser reduzido a escrito e as assinaturas dos seus subscritores devem ser reconhecidas presencialmente". Com esta solução, introduzida pelo DL 76-A/2006, o contrato de sociedade passou a poder ser titulado por *documento particular* (art. 363º, 2, do CCiv.), potenciando, assim, a celeridade e a poupança de custos do processo de constituição[46]. A escritura pública não é, em regra, obrigatória, mas continua a ser uma alternativa disponível para quem queira constituir uma sociedade. Perante o art. 7º, 1, é *facultativa* a escritura pública ou outra forma mais solene do que o documento particular com as assinaturas reconhecidas presencialmente.

Resulta do art. 7º, 1, que o *contrato de sociedade está sujeito a forma legal – documento escrito com as assinaturas reconhecidas presencialmente*. Para o obrigatório reconhecimento presencial das assinaturas são competentes: *a)* os notários (arts. 375º do CCiv. e 153º do CNot.; *b)* as câmaras de comércio e de indústria, os conservadores, os oficiais de registo, os advogados e os solicitadores, conforme resulta do art. 38º do DL 76-A/2006, complementado pela Portaria 657-B/2006, de 29 de Junho.

São ressalvadas no art. 7º, 1, as situações em que "forma mais solene for exigida para a transmissão dos bens com que os sócios entram para a sociedade, devendo, neste caso, o contrato revestir essa forma". Esta hipótese está a considerar, designadamente, os casos em que é legalmente exigida *escritura pública*

---

[45] Identificando partes no contrato com sócios, NETO FERREIRINHA / ZULMIRA SILVA (2003), p. 357.
[46] Para uma apreciação crítica desta solução, v. ALBINO MATOS (2007), p. 132, s..

ou *documento autenticado*[47] para a transmissão de bens com que os sócios entram para a sociedade. O art. 7º, 1, dispensa "forma mais solene" para a constituição de sociedades em que todos os sócios entram com dinheiro.

Onde se podem suscitar dúvidas é no caso de haver uma entrada com um estabelecimento de que faz parte um prédio. Parte da doutrina portuguesa já se pronunciou no sentido da suficiência do *documento escrito* para o trespasse (ainda que este envolva a transmissão de direitos reais sobre o imóvel)[48]. Em matéria de forma do acto constituinte da sociedade, este entendimento torna dispensável "forma mais solene" para a constituição de sociedade em que o trespasse envolve a transmissão de direitos reais sobre o imóvel para a sociedade trespassária[49].

Mais recentemente, o art. 29º do DL 247-B/2008, de 30 de Dezembro, acrescentou ao art. 7º, 1, "sem prejuízo do disposto em lei especial". Este segmento normativo parece ter tido em vista o "regime especial de constituição *online* de sociedades, aprovado pelo DL 125/2006, sucessivamente alterado, nos termos do qual a assinatura dos sócios é autenticada electronicamente"[50]. Este acrescento revela-se *inútil*[51]. Na verdade, já resulta do art. 7º, 2, do CCiv. que a lei geral não revoga a lei especial.

Por força do art. 270º-G, as regras sobre a forma do contrato de sociedade também se aplicam ao negócio jurídico unilateral pelo qual se constitui a sociedade unipessoal.

---

[47] Documento autenticado parece revestir forma mais solene do que o documento escrito com as assinaturas reconhecidas presencialmente. Ambos são documentos particulares (arts. 363º 1, 2, do CCiv., 153º do CNot.), mas os documentos autenticados são mais solenes na medida em que as partes confirmaram o seu conteúdo perante o notário (e outras entidades, conforme o art. o art. 38º do DL 76-A/2006), nos termos dos arts. 150º, 151º do CNot. Já nos documentos particulares com a assinatura reconhecida, o documento é assinado na presença do notário (ou de outras entidades legalmente competentes), conforme o art. 153º do CNot., Ou seja, o notário confirma a identidade de quem, perante ele, assina o documento (arts. 153º e 155º do CNot.), mas não confirma que as partes leram o documento ou estão inteiradas do seu conteúdo.

[48] Cfr. CAROLINA CUNHA / RICARDO COSTA (2006), p. 24, s., 38, s.; COUTINHO DE ABREU (2009ª), p. 297, nt. 227. Contra CASSIANO DOS SANTOS (2007), p. 322, s..

[49] No processo especial "empresa na hora", constituída por documento particular, são admitidas, desde 31 de Dezembro de 2008, entradas em espécie, não havendo distinção, em termos de forma do acto constitutivo, quanto à natureza do bem que compõe a entrada em espécie do sócio. Cfr. DL 11/2005, de 8 de Julho, com as alterações introduzidas pelo DL 247-B/2008, de 30 de Dezembro.

[50] Cfr. FRANCISCO CORREIA (2009), p. 289.

[51] Neste sentido, v. ADELAIDE LEITÃO/ALVES DE BRITO (2009), p. 96; PINTO FURTADO (2009), p. 264.

ARTIGO 8º
Participação dos cônjuges em sociedades

1. É permitida a constituição de sociedades entre cônjuges, bem como a participação destes em sociedades, desde que só um deles assuma responsabilidade ilimitada.

2. Quando uma participação social for, por força do regime matrimonial de bens, comum aos dois cônjuges, será considerado como sócio, nas relações com a sociedade, aquele que tenha celebrado o contrato de sociedade ou, no caso de aquisição posterior ao contrato, aquele por quem a participação tenha vindo ao casal.

3. O disposto no número anterior não impede o exercício dos poderes de administração atribuídos pela lei ao cônjuge do sócio que se encontra impossibilitado, por qualquer causa, de a exercer nem prejudica os direitos que, no caso de morte daquele que figurar como sócio, o cônjuge tenha à participação.

* Este artigo mantém a sua redacção original, dada pelo DL nº 262/86, de 2 de Setembro.

Índice

1. Nótula histórica. A participação dos cônjuges em sociedades.
2. O confronto do artigo 8º do CSC com o artigo 1714º do CC.
3. A entrada em vigor do artigo 8º do CSC e a questão da validade das sociedades constituídas entre marido e mulher no domínio do CC de 1966.
   3.1. A tese da natureza interpretativa do artigo 8º do CSC.
   3.2. Posição adoptada.
4. A livre participação de um só dos cônjuges em sociedades, antes do início da vigência do CSC.
5. A constituição de sociedades entre cônjuges, o princípio da imutabilidade dos regimes de bens e a fraude a terceiros.
6. A participação social enquanto bem comum; os poderes dos cônjuges, o regime das ilegitimidades conjugais e os poderes do cônjuge meeiro.
   6.1. Quem é sócio, se a participação advier apenas a um deles (antes ou na constância do casamento).
   6.2. Os poderes do cônjuge *do* sócio.
   6.3. Os poderes do cônjuge sócio e a administração dos bens (comuns).
   6.4. A indivisão dos bens comuns e os poderes dos ex-cônjuges (do sócio e do ex-cônjuge).
7. A cessação das relações patrimoniais entre os ex-cônjuges e o destino das participações sociais.
8. A impossibilidade e a morte do sócio casado; os poderes do representante comum.

Bibliografia

a) Citada:

ABREU, JORGE MANUEL Coutinho De, *Curso de Direito Comercial*, vol. II, *Das Sociedades Comerciais*, Coimbra, Almedina, 3ª edição, Coimbra, Almedina, 2009; ASCENSÃO, JOSÉ DE OLIVEIRA, *Direito Comercial*, vol. IV, *Das Sociedades Comerciais*, Lisboa, Associação Académica da Faculdade de Direito da Universidade de Lisboa, 1993, *Direito Comercial - Sociedades Comerciais*, Lisboa, Associação Académica da Faculdade de Direito da Universidade de Lisboa, 2000; BELEZA, MARIA LEONOR, "Os efeitos do casamento", in: *Reforma do Código Civil*, Lisboa, Ordem dos Advogados, 1981, p. 93 ss.; CAEIRO, ANTÓNIO, *Sobre a participação dos cônjuges em sociedades por quotas*, Coimbra, 1986 (separata do número especial do Boletim da Faculdade de Direito de Coimbra – «Estudos em homenagem ao Prof. Doutor António de Arruda Ferrer Correia», 1984, "A destituição judicial de administrador ou gerente – Adenda", in: *Temas de Direito das Sociedades*, Coimbra, Almedina, 1984a; CARDOSO, AUGUSTO LOPES, *Administração de Bens do Casal*, Coimbra, Almedina, 1973; CARLOS, ADELINO DA PALMA, "Parecer", in: *CJ* (1983), Tomo 1, p. 7 ss.; COELHO, FRANCISCO MANUEL PEREIRA/OLIVEIRA, GUILHERME FALCÃO DE, *Curso de Direito da Família*, vol. I, *Introdução. Direito Matrimonial*, 4ª edição, Coimbra, Coimbra Editora, 2008; CORDEIRO, ANTÓNIO MENEZES, *Manual de Direito das Sociedades*, vol. II, *Das Sociedades em Especial*, Coimbra, Almedina, 2006, *Código das Sociedades Comerciais Anotado* (coord.), Almedina, Coimbra, 2009; CORREIA, ANTÓNIO DE ARRUDA FERRER, "Sociedade por quotas, cessão de quotas e meeiro de sócio (parecer)", in: *CJ* (1989), Tomo IV, pp. 31-36; DUARTE, JOSÉ MIGUEL, "A comunhão dos cônjuges em participação social", in: *ROA* (2003), pp. 487-502; FURTADO, PINTO, *Comentário ao Código das Sociedades Comerciais*, Coimbra, Almedina, 2009; GONÇALVES, LUÍZ DA CUNHA, *Comentário ao Código Comercial*, vol. 1º, Lisboa, Empresa Editora J. B., 1914, *Tratado de Direito Civil em comentário ao Código Civil Português*, Coimbra, vol. VI, Coimbra, Coimbra Editora, 1932, *Tratado de Direito Civil em comentário ao Código Civil Português*, vol. VII, Coimbra, Coimbra Editora, 1933; LABAREDA, JOÃO, "Da alienação e oneração de participações sociais por sócio casado", in: *Direito Societário Português – Algumas Questões*, Lisboa, Quid Iuris, 1998, pp. 197-229; LIMA, PIRES DE/VARELA, ANTUNES, *Código Civil Anotado*, vol. IV, 1992; VARELA, JOÃO DE MATOS ANTUNES, *Direito da Família*, 5ª edição, Lisboa, Livraria Petrony, 1999; MACHADO, ANTÓNIO BAPTISTA, *Sobre a Aplicação no Tempo do Novo Código Civil*, Coimbra, 1968, *Introdução ao Direito e ao Discurso Legitimador*, 4ª reimpressão (a edição é de 1982), Coimbra, Almedina, 1990; MENDES, CASTRO/SOUSA, MIGUEL TEIXEIRA DE, *Direito da Família*, Lisboa, Associação Académica da Faculdade de Direito da Universidade de Lisboa, 1990; PAIVA, MIGUEL RAMOS ADRIANO, *A Comunhão de Adquiridos*, Coimbra, Coimbra Editora, 2008; MARTINS, ALEXANDRE SOVERAL/RAMOS, MARIA ELISABETE, "As participações sociais", in: ABREU,

COUTINHO DE (coord.), *Estudos de Direito das Sociedades*, 9ª edição, Coimbra, Almedina, 2008, pp. 131-171; SANTO, JOÃO ESPÍRITO, "Sociedades e cônjuges", in: *Estudos em Memória do Prof. Doutor CASTRO MENDES*, Lisboa, 1995; VASCONCELOS, PEDRO PAIS DE, *A Participação Social nas Sociedades Comerciais*, Coimbra, Almedina, 2005; VENTURA, RAÚL, *Comentário ao Código das Sociedades Comerciais*, vol. I, Coimbra, Almedina, 1987, "As sociedades de pessoas do Código das Sociedades Comerciais", in: *Boletim da Faculdade de Direito de Coimbra, Estudos em Homenagem ao Prof. Doutor ANTÓNIO DE ARRUDA FERRER CORREIA*, Coimbra, 1988, "Sociedades por quotas – Cessão de quotas a meeiro de sócio (parecer), in: *CJ* (1989), Tomo 4, p. 37-45; XAVIER, RITA LOBO, "Sociedades entre cônjuges (anotação ao acórdão do STJ, de 7/05/1990)", in: *RDES* (1990), *Reflexões sobre a posição do cônjuge meeiro em sociedades por quotas*, separata do vol. XXXVIII do Suplemento ao Boletim da Faculdade de Direito da Universidade de Coimbra, Coimbra, 1993, *Limites à Autonomia Privada na Disciplina das Relações Patrimoniais entre os Cônjuges*, Almedina, Coimbra, 2000, "Das relações entre o Direito Comum e o Direito matrimonial – a propósito de atribuições patrimoniais entre cônjuges", in: *Comemorações dos 35 Anos do Código Civil e dos 25 Anos da Reforma de 1977*, vol. I, *Direito da Família e das Sucessões*, Coimbra, Coimbra Editora, 2004, pp. 487-500, "Participação social em sociedades por quotas integrada na comunhão conjugal e tutela dos direitos do cônjuge e do ex-cônjuge do «sócio»", in: *Nos 20 Anos das Sociedades Comerciais, homenagem aos Profs. Doutores A. FERRER CORREIA, ORLANDO DE CARVALHO e VASCO LOBO XAVIER*, vol. III, *Vária*, Coimbra, Coimbra Editora, 2007, p. 993-1022.

b) Outra:

CAEIRO, ANTÓNIO AGOSTINHO, "A destituição judicial de administrador ou gerente", in: *RDES*, ano 15º (1968), p. 417 ss.; CARNEIRO, F. G. SÁ, "Subsídios para a interpretação do art. 1714º do Código Civil", in: *Revista dos Tribunais*, ano 86º (1968), p. 291, p. 345, p. 397, p. 435; DE PAGE, PHILIPPE, "Constitution", in: *Les contrats entre époux* (dir. por JEAN-LOUIS JEGHERS), Bruxelles, Bruylant, 1995, pp. 181-201; DE PAGE PHILIPPE/CARTUYVELS, BENOÎT, "La cessions de parts entre époux", *loc. cit.*, pp. 207-232; DUARTE, JORGE MIGUEL, "A comunhão dos cônjuges em participação social", in: *ROA*, ano 65º, II (2005), p. 487 ss.; HERRERO GARCIA, MARIA JOSÉ, *Contratos onerosos entre cônjuges*, Salamanca, Departament de Derecho Civil, 1976; JULIEN, PIERRE, *Les contratas entre époux*, Paris, L.G.D.J., 1962; SOUSA, JORGE MANUEL LOPES DE, "Sociedades por quotas entre cônjuges", in: *Revista do Ministério Público*, nº 48, p. 75 ss.; WOUTERS, CHARLES, "La société agricole", in: *Les contrats entre époux, ob. cit.*, pp. 233-250;

1. Nótula histórica. A participação dos cônjuges em sociedades

O art. 1714º, 2 e 3 do actual CCiv. de 1966 veio, expressamente, proibir que os cônjuges, *independentemente do regime em que se encontravam casados*, constituíssem qualquer sociedade entre si, excepto se estivessem separados judicialmente de pessoas e bens.

Na verdade, antes da vigência do CCiv. de 1966, com a consolidação do capitalismo moderno, a doutrina mostrava-se predominantemente avessa à *constituição* de sociedades entre cônjuges[1], visto que, pelo menos em Portugal, ela poderia subverter o regime (supletivo) de bens do casamento, segundo os *costumes do Reino*, ou seja, até 1966, o *regime da comunhão geral*. Vale dizer, esta constituição poderia – já na vigência do CCiv. de 1867 –, consoante a concreta modelação das transferências de bens para o património da sociedade constante do *contrato de sociedade*, servir para, ainda que indirecta ou lateralmente, modificar o regime de bens fixado supletivamente na lei (o da comunhão geral) ou o que fosse fixada por via de convenção antenupcial.

O CCiv. de 1966 veio tentar pôr fim a este risco, proibindo a *constituição* de sociedades entre cônjuges, sob pena de *nulidade* do *contrato de sociedade*. Todavia, o nº 3 do preceito admitia a *participação* dos cônjuges "na mesma sociedade de capitais", juntamente com outros contraentes – a questão estava em saber se essa participação poderia ter como partes no contrato quaisquer outros titulares de *partes sociais*, apenas *accionistas* (sociedades comerciais anónimas e em *comandita por acções*) ou também *sócios* (sociedades por quotas).

Lembre-se que o tipo *sociedades por quotas* era (e é) aquele esmagadoramente utilizado para dar forma legal às pequenas e médias empresas. Que o mesmo é dizer que, no essencial, se mostrava então controverso saber se os cônjuges podiam, a par de outras pessoas singulares ou colectivas, participar na constituição de *sociedades por quotas* ou em *comandita simples*, já que, quanto às *sociedades em nome colectivo*[2] e quanto às *sociedades anónimas*, era então claro que as primeiras eram "sociedades de pessoas" e as segundas eram "sociedades de capitais".

Embora Antunes Varela[3] recusasse entrever, no artigo 1714º, 3, do CC, a possibilidade de constituição de *sociedades por quotas* (e, provavelmente, em *comandita simples*) – posto que são essencialmente *sociedades de pessoas*, e não *sociedades de capitais*, ali onde se abre um campo propício ou colhe a tentação de os sócios

---

[1] Cfr. CUNHA GONÇALVES, (1914), p. 60; CUNHA GONÇALVES (1935), pp. 212-213.
[2] Ac. do STJ, de 3/02/1981, in: *BMJ*, nº 304 (1981), p. 426.
[3] ANTUNES VARELA (1999), p. 436.

gerentes poderem lesar os interesses do outro ou os outros –, a maioria da doutrina inclinava-se para *a validade das sociedades, por quotas ou em comandita simples, em que os cônjuges participassem, a par de outros sócios*. Todavia, fazia-se depender essa validade da *análise casuística* do clausulado do contrato de sociedade, a fim de ser apurado se se estava, verdadeiramente, perante uma *sociedade de capitais*[4]. Mantinha-se, porém, para este entendimento, a *invalidade das sociedades por quotas constituídas entre marido e mulher*[5]. É claro que se punha a questão sobre o sentido e alcance do nº 3 do art. 174º do CCiv., no segmento onde se preceituava a licitude da "participação dos dois cônjuges na mesma sociedade": para uns "participar" significava fazer parte integrante, sendo irrelevante que se curasse de uma sociedade apenas formada pelos dois cônjuges ou de uma sociedade em que figurassem os dois cônjuges juntamente com outros sócios[6]; para outros, far-se-ia mister distinguir a situação em que os cônjuges constituem, os dois, a sociedade daquela em que eles participam numa sociedade com outro(s) sócio(s): para estes últimos[7], o legislador teria usado o vocábulo "participação" num sentido restrito, já que pressupunha a presença de outro(s) sócio(s), para além dos cônjuges, posição que parece mais acertada, atenta a utilização diferenciada, pelo art. 8º, 1, do CSC, dos vocábulos "participação" e "constituição" relativamente à fórmula anterior do nº 3 do art. 1714º ("participação").

Sejamos, então, claros: o que o legislador do CCiv. de 1966 quis foi impedir, por um lado, que a estabilização das diferentes massas patrimoniais (bens próprios de um dos cônjuges, bens próprios do outro e bens comuns, nos regimes de comunhão) resultantes da celebração do casamento fosse afectada com a constituição de sociedades de que somente ambos fossem sócios, por via do necessário cumprimento das *obrigações de entrada* no património do novo ente societário[8] e, por outro lado, que, por via do concreto clausulado do contrato de sociedade, um dos cônjuges pudesse, enquanto gerente ou administrador, alienar, onerar ou locar bens, outrora bens levados para o casamento ou adqui-

---

[4] Far-se-ia, então, mister apurar, por exemplo, a intensidade das faculdades de fiscalização da actividade dos gerentes, da possibilidade ou da dificuldade de livre destituição destes, ou da intensidade dos deveres de informação desses gerentes perante os outros sócios.
[5] Isto embora ANTÓNIO CAEIRO (1984), pp. 352-353, tenha defendido a validade da participação de ambos os cônjuges em qualquer sociedade por quotas.
[6] ANTÓNIO CAEIRO (1984a), p. 27.
[7] RITA LOBO XAVIER (1990), pp. 258-261.
[8] Acompanhada da eventual alteração do valor de mercado dos bens que os cônjuges levam para a sociedade ou de cláusulas de repartição de lucros ou sobre quotas de liquidação que não correspondessem ao valor das entradas.

ridos na sua constância, os quais passariam para a esfera jurídica e patrimonial da nova sociedade, independentemente do consentimento ou do suprimento judicial desse consentimento.

Por fim, o labéu da censura de tais contratos também assentava na ideia segundo a qual a constituição de sociedades entre cônjuges – *maxime*, sociedades de responsabilidade limitada – alterava o regime jurídico da *responsabilidade por dívidas* (art. 1690º e ss.) e faria perigar as legítimas expectativas na satisfação dos direitos de crédito adquiridos por terceiros sobre a pessoa de um dos cônjuges (ou de ambos) antes do registo da constituição do novo ente social[9].

Por exemplo, em função do tipo de sociedade adoptado, as *dívidas contraídas por um dos cônjuges no exercício da gerência societária* eram dívidas da própria sociedade, pese embora pudéssemos estar, na realidade dos factos, perante uma *dívida da responsabilidade de ambos os cônjuges* se, designadamente, ela resultasse da aquisição de bens ou serviços *no exercício do comércio* (art. 1691º, 1, alínea *d*), do CCiv.), caso essa actividade económica fosse exercida, por um dos cônjuges, em moldes não societários.

2. O confronto do artigo 8º do CSC com o artigo 1714º do CCiv.

O artigo 8º, nº 1, admite, agora e expressamente, a constituição de sociedades entre cônjuges, desde que só um deles assuma responsabilidade ilimitada. Este nº 1 do artigo 8º do CSC não revogou todo o artigo 1714º do CCiv.; este último permanece em vigor para afirmar a nulidade dos *contratos de compra e venda entre cônjuges*.

O regime legal é, ao que cremos incongruente, na parte em que apenas permite que só um deles assuma responsabilidade ilimitada, e não os dois. A intenção subjacente ao novo regime parece ter sido um equívoco: evitar a responsabilidade pessoal dos cônjuges pelas dívidas da mesma sociedade, a qual seria, nesta perspectiva, susceptível de violar o *princípio da imutabilidade dos regimes de bens*[10]. Esta intenção é incongruente com o regime da responsabilidade por dívidas contraídas no exercício do comércio (art. 1691º, 1, do CCiv.), aqui onde o *cônjuge comerciante* e o outro cônjuge podem, no limite, suportar a penhora de todos os bens (próprios e comuns) do casal solidária e ilimitadamente. Além de que, a partir da Reforma do CCiv. de 1977, a mulher passou a poder exercer o comércio (ou qualquer outra profissão) sem a necessidade de obter o con-

---

[9] Salientando ainda este risco, face ao regime actual, PEREIRA COELHO / GUILHERM DE OLIVEIRA, (2008), p. 451.
[10] Sobre a intenção do legislador, cfr. ANTÓNIO CAEIRO (1984a), p. 22.

sentimento do marido, ficando ambos livres de ser titulares e de gerir, cada um deles, um (ou mais) estabelecimento(s), enquanto empresários-comerciantes em nome individual. Não se vê como pode aquela restrição do nº 2 do art. 8º – em matéria de responsabilização por dívidas – tutelar o princípio da imutabilidade dos regimes de bens. A ofensa desse princípio pode surpreender-se, isso sim, com muito maior propriedade, no momento da *constituição* ou da *dissolução* da sociedade (cfr., *infra*, nº 5).

Passou, não obstante, a ser permitida apenas a constituição de sociedades ou a participação em sociedades em que apenas um ou nenhum dos cônjuges assuma responsabilidade ilimitada. Parece-nos que este nº 1 do artigo 8º do CSC não se aplica às *sociedades civis sob forma civil*, pelo que se mantém a proibição prescrita no art. 1714º, 2 e 3, do CCiv., em homenagem à *protecção dos interesses da família*[11].

O nº 1 do art. 8º do CSC passou, não apenas a admitir a *constituição* de sociedades comerciais (ou civis sob forma comercial) entre cônjuges, bem com a permitir a *participação* destes cônjuges em sociedades, *juntamente com outros sócios*, contanto que só um deles assuma responsabilidade ilimitada por dívidas da sociedade. *A fortiori*, passou a ser admitida a *constituição* de sociedades entre cônjuges ou a *participação* dos cônjuges em sociedades, mesmo quando os dois assumem *responsabilidade limitada*, como é, aliás, uma nota típica das sociedades por quotas.

3. A entrada em vigor do artigo 8º do CSC e a questão da validade das sociedades constituídas entre marido e mulher no domínio do CCiv. de 1966

Ocorre, porém, o problema de saber qual o destino das sociedades (*maxime, sociedades por quotas*) *constituídas* exclusivamente entre marido e mulher, na vigência do CCiv. de 1966, antes, pois, da entrada em vigor do CSC.

Terá o artigo 8º,1, do CSC, *natureza interpretativa* do regime pretérito, no sentido em que são válidas as sociedades por quotas constituídas (e registadas) somente entre os cônjuges ou que ficaram reduzidas a dois únicos sócios, marido e mulher, antes da vigência do CSC? Se assim for, esta norma do CSC *sana a invalidade* resultante da infracção do mencionado art. 1714º, 2, do CCiv..

De facto, a *natureza interpretativa* (*scilicet*, interpretação autêntica) da norma do artigo 8º,1 do CSC, impõe a sua aplicação a *actos jurídico-negociais passados*, exactamente aos *contratos de sociedade entre cônjuges* ou aqueles em que os cônjuges *participaram*, juntamente com outros sócios, tendo ficado, depois, reduzida à pessoa dos dois cônjuges. Se assim for, esta norma do CSC aplica-se *retroac-*

---

[11] Já, neste sentido, PEREIRA COELHO/GUILHERME DE OLIVEIRA (2008), p. 456-457.

tivamente às sociedades comerciais por quotas e às sociedades em comandita simples, anteriormente constituídas.

3.1. A tese da natureza interpretativa do artigo 8º do CSC

É verdade que a jurisprudência tem-se inclinado para a atribuição de *natureza interpretativa* ao n.º 1 do art. 8º do CSC[12], a ponto de o STJ ter proferido um Acórdão Uniformizador, em sede de *revista ampliada* – já desprovido do valor de *Assento* –, precisamente o Ac. 12/96, de 1/10/1996[13], cujo relator foi o conselheiro HERCULANO LIMA, segundo o qual: "As sociedades por quotas que, depois da entrada em vigor do Código Civil de 1966 e mesmo depois das alterações nele introduzidas pelo DL 496/77, de 25 de Novembro, e antes da vigência do Código das Sociedades Comerciais, aprovado pelo DL 262/86, de 2 de Setembro, ficaram reduzidas a dois únicos sócios, marido e mulher, não separados judicialmente de pessoas e bens, não são, em consequência dessa redução, nulas".

Este aresto – atente-se – desfruta apenas de *força persuasiva*, não sendo indiferente o número de votos de vencido contra a tese que colheu vencimento: 12 juízes não concordaram, inteiramente, com o teor do texto do acórdão, contra 13 juízes que votaram o acolhimento desta tese[14].

Aliás, já antes deste acórdão uniformizador surpreendem-se várias decisões tiradas a partir da entrada em vigor do CSC, que fulminam com a *nulidade* as sociedades *comerciais* por quotas constituídas exclusivamente entre cônjuges, por considerarem que a norma do art. 8º, 1, do CSC é *inovadora*[15].

---

[12] Entre outros, ac. RP, de 18/11/1986, in: *CJ* (1986), Tomo 5, p. 158 ss.; ac. RP, de 26/05/1988, in: *CJ* (1988), Tomo 3, p. 228; ac. do STJ, de 17/01/1990, in: *BMJ*, nº 393 (1990), p. 612; ac. RP de 24/04/1990, proc. n.º 0223708 (com um voto de vencido), in http://www.dgsi.pt; ac. do STJ, de 3/07/1990 (SIMÕES VENTURA), in: *BMJ*, nº 399 (1990), p. 519; ac. RP, de 15/02/1993, proc. n.º 9220677, in http://www.dgsi.pt; ac. do STJ, de 23/09/1999, in: *BMJ*, nº 489 (1999), p. 370; ac. RP, de 11/05/2000, proc. n.º 0030108, in http://www.dgsi.pt; ac. do STJ, de 9/10/2003, proc. nº 03B2781,in http://www.dgsi.pt;

[13] In: *Diário da República*, I Série-A, nº 269, de 20 de Novembro de 1996 = *BMJ*, nº 460, p. 125.

[14] Esta conclusão resulta da Declaração de Rectificação 1797, in: *Diário da República*, nº 7, Série I-A, de 9/01/1997. Os 12 Conselheiros que discordaram do teor da solução vencedora subscreveram o voto de vencido de um deles: o Conselheiro MÁRIO CANCELA.

[15] Por exemplo, o ac. RP, de 25/11/1986, in: *CJ* (1986), Tomo 5, p. 226; *idem*, de 19/01/1988, in: *CJ* (1988), Tomo 1, p. 190 = http://www.dgsi.pt (proc. n.º 0022251); ac. do STJ, de 27/10/1988, in: *BMJ*, nº 380 (1988), p. 373; ac. do STJ, de 10/10/1989, proc. n.º 77383, in: *Actualidade Jurídica*, ano I, nº 2 (Novembro de 1989), p. 10; ac. do STJ, de 10/10/1988, proc. n.º 077383, in http://www.dgsi.pt; ac. do STJ, de 22/05/1990, in: *BMJ*, nº 397 (1990), p. 500; ac. do STJ, de 21/05/1991, in: *BMJ*, nº 407 (1991), p. 564 = http://www.dgsi.pt (proc. n.º 080328); ac. RL, de 4/12/1990, proc. n.º 0032221, in http://www.dgsi.pt; ac. RC, de 16/06/1992, in: *CJ* (1992), Tomo 3, p. 227; ac. RP, de 5/06/1995 (, proc. n.º 9450928, in http://www.dgsi.pt; ac. do STJ, de 28/05/1996, proc. n.º 96B007, in http://www.dgsi.pt.

3.2. A posição adoptada

Salvo no que respeita à participação dos cônjuges com outrem em sociedade (atenta a similitude entre o regime do artigo 1714º do CCiv. e o regime novo), temos – à semelhança da maioria da doutrina – as maiores dúvidas em admitir que o nº 1 deste art. 8º goza de *natureza interpretativa*, sendo de aplicação imediata às situações jurídicas preexistentes na data da entrada em vigor do CSC[16].

Na verdade, o nº 1 do artigo 8º do CSC, ao ter revogado os nºˢ 2 e 3 do CCiv., é *inovador* ao estabelecer a permissão de constituição de sociedades comerciais (ou sociedades civis sob forma comercial) exclusivamente entre cônjuges com o limite respeitante à agressão do património dos sócios por dívidas da responsabilidade da sociedade. O CCiv. proibia terminantemente esta solução. Por isso, não estamos em presença de uma norma interpretativa (art. 13º do CCiv.). O próprio legislador do CSC, no seu preâmbulo, veio confessar a modificação do regime jurídico do art. 1714º do CCiv., daí resultando que o regime e a solução fixados ao abrigo do então disposto no CCiv. eram diferentes. Ora, curando-se de uma *solução inovadora*, parece clara a proibição da aplicação retroactiva do disposto no art. 8º, 1, do CSC às sociedades por quotas constituídas exclusivamente por marido e mulher.

Quando o legislador nada diz em especial sobre a lei aplicável a situações jurídicas em que se suscita um problema de conflitos de leis no tempo – o que se verificou com o diploma que aprovou o CSC, já que este apenas estabeleceu que se modificava o regime do art. 1714º do CCiv. –, é aplicável o *princípio da não retroactividade da lei*, ao abrigo do disposto na 1ª parte do nº 2 do art. 12º do CCiv.. De acordo com este preceito, as normas da lei nova que dispõem sobre os *requisitos de validade de factos* ou de *efeitos de factos* somente se aplicam aos factos novos, que o mesmo é dizer que apenas se aplicam aos contratos de sociedade celebrados entre marido e mulher após o início de vigência do CSC.

Com efeito, as leis que disciplinam o *processo de formação dos negócios jurídicos* não podem atingir as situações jurídicas já anteriormente constituídas ao abrigo da lei antiga, sob pena de retroactividade; a lei nova é inaplicável às condições de validade do acto ou do negócio jurídico por cuja celebração passou a

---

[16] No mesmo sentido, PEREIRA COELHO/GUILHERME DE OLIVEIRA (2008), p. 455; PIRES DE LIMA/ANTUNES VARELA (1992), p. 403; OLIVEIRA ASCENSÃO, (2000), pp. 271-274; PINTO FURTADO, (2009), pp. 310-315; RITA LOBO XAVIER (1990), p. 276; RITA LOBO XAVIER (2000), p. 246; RAÚL VENTURA (1989), p. 37. Contra, ANTÓNIO CAEIRO (1988), pp. 33-38; MENEZES CORDEIRO (2009), Artigo 8º, anotação à margem nº 10 ("Não são, assim, nulas as sociedades por quotas e por acções que sejam só constituídas por cônjuges, devendo esta regra ser aplicada retroactivamente").

existir uma *situação jurídica contratual*; é, pelo contrário, o disposto na lei antiga o que decidirá sobre a validade ou a regularidade da formação da situação jurídica contratual. Se ao tempo da constituição da sociedade por quotas formada exclusivamente pelos dois cônjuges – *scilicet*, o facto constitutivo da situação jurídica vigente na data da entrada em vigor da lei nova – existia um impedimento a essa válida constituição, daqui decorre que a lei nova, que veio suprimir esse impedimento, ao permitir a constituição de sociedade comerciais de cônjuges, não tem o condão de sanar a invalidade da situação jurídica contratual constituída à sombra da lei antiga, exactamente o art. 1714º, 2, do CCiv. de 1966[17]. Se o fizer, haverá *retroactividade*, a qual é, nestas hipóteses, claramente proscrita pela 1ª parte do nº 2 do art. 12º do CCiv..

E não se diga que a 1ª Directiva Comunitária sobre sociedades comerciais, de 9 de Março de 1968, afasta a possibilidade de culminar tais contratos com a nulidade, com base na ideia de que a enumeração das causas de nulidade de uma sociedade estão previstas no seu art. 11º, 2, e dessa lista não consta a nulidade de uma sociedade constituída exclusivamente entre os cônjuges. Isto porque a aplicação desta Directiva Comunitária ao ordenamento português também não pode ser provida de efeitos retroactivos, passando apenas a vincular a República Portuguesa a partir de 1 de Janeiro de 1985, obedecendo, logicamente, ao comando do art. 12º, 1, do CCiv..

Além de que a alínea *e)* do nº 2 do art. 11º desta Directiva autoriza a declaração da invalidade do contrato, *após o seu registo*, se todos os fundadores forem "incapazes", o que parece abranger – atenta a ausência de uma *noção autónoma*, no direito comunitário, do conceito *incapacidade para contratar* no âmbito do direito privado – as ilegitimidades substantivas[18].

4. A livre participação de um só dos cônjuges em sociedades antes do início da vigência do CSC

Independentemente ou apesar desta alteração legislativa ocorrida em 1986, nem antes desta data, nem depois dela, jamais se proibiu a *participação* de um só dos cônjuges em qualquer sociedade (comercial ou civil, ainda que sob forma comercial), mesmo que esse cônjuge assumisse uma responsabilidade ilimitada por dívidas da sociedade: a liberdade de *participação* de *apenas um* dos cônjuges em sociedades é implicitamente autorizada, tanto pela norma do nº 2 do art. 1714º, quanto, após 1986, pela norma do nº 1 do art. 8º do CSC. Esta última ape-

---

[17] BAPTISTA MACHADO (1968), p. 71.
[18] Tb. PINTO FURTADO (2009), pp. 316-317.

nas prevê a restrição de só um deles, *no limite*, poder ser sócio de responsabilidade ilimitada, quando ambos participam em sociedade comercial.

5. A constituição de sociedades entre cônjuges, o princípio da imutabilidade dos regimes de bens e a fraude a terceiros

O regime do n.º 1 do art. 8º do CSC parece ter querido esconjurar os perigos que ameaçam a regra (ainda estranhamente vigente no direito patrimonial da família português) da *imutabilidade do regime de bens* na constância do casamento e o regime da *responsabilidade por dívidas* contraídas pelos cônjuges, face à protecção dos interesses de terceiros.

Como se sabe, a justificação para a proibição do n.º 2 do art. 1714º do CCiv. encontrava-se na circunstância de, mediante a constituição destas sociedades, poderem ser confundidos bens próprios ou comuns dos cônjuges com o património da sociedade e de poderem ser modificadas as regras respeitantes à administração e à disposição desses bens. Não vislumbramos, todavia, de que forma a solução consagrada neste n.º 1 permite ultrapassar tais perigos: o facto de ser agora proibida a constituição de sociedades entre cônjuges em que ambos assumem a *responsabilidade ilimitada* não afasta, minimamente, esses riscos[19]. Aliás, tais riscos existem para além, especificamente, das regras vigentes no Direito Patrimonial da Família, visto que traduzem uma manipulação ou utilização *abusivas* do contrato de sociedade.

De facto, não obstante a permissão da constituição de sociedades entre cônjuges, "desde que só um deles assuma responsabilidade ilimitada", continua a ser possível requerer a *nulidade do contrato*, ao abrigo do disposto no art. 52º, 3, do CSC, desde que seja demonstrado intuito simulatório ou a intenção de, com dolo, impedir a satisfação de direito do credor. Pense-se, por exemplo, nos casos – constituindo, muito deles, violação do princípio da *imutabilidade dos regimes de bens* e das regras legais *imperativas* (alínea *c*), do n.º 1 do art. 1699º do CCiv.) sobre a *administração dos bens dos cônjuges* e o regime da responsabilidade por dívidas – em que:

– O cumprimento da *obrigação de entrada* é feito com bens próprios cujo valor seja subavaliado;

– Os bens entrados para o novo ente societário *diminuem o património de um ou de ambos os cônjuges*, pondo em risco as *garantias dos seus credores*, ainda que a

---

[19] Tb. PEREIRA COELHO/GUILHERME DE OLIVEIRA (2008), pp. 449-450; ANTUNES VARELA (1999), pp. 437-439.

determinação da responsabilidade pelas dívidas coincida temporalmente com o facto que lhes deu origem (art. 1690º, 2, CCiv.);

– Ao arrepio das regras sobre a revogabilidade do mandato para administrar bens próprios do outro cônjuge (art. 1678º, 2, alínea *g*), do CCiv.), um dos cônjuges fica com *direitos especiais de gerência* numa sociedade por quotas participada por ambos, em igual medida, pese embora a obrigação de entrada tenha sido também cumprida com bens próprios do outro;

– É estabelecida uma cláusula no contrato de sociedade, segundo a qual, a repartição dos lucros ou da quota de liquidação não correspondem, na prática, à proporção das entradas dos cônjuges no património da sociedade[20];

Noutros casos, a constituição de sociedades *entre cônjuges* ou *participação destes em sociedades* pode visar outros propósitos, por vezes ilícitos, designadamente:

– Realização de uma *partilha em vida* (ainda que parcial) dos bens e favor de descendentes ou outros interessados, à revelia das regras sobre a partilha em vida (art. 2029º do CCiv.), dos *pactos sucessórios* (art. 1700º, *ex vi* do art. 2028º, 2, ambos do CCiv.), de certas *obrigações sucessórias* (*v.g.*, obrigação de colação) ou tornando inúteis outras regras de recomposição das massas patrimoniais por ocasião do fenómeno sucessório (*maxime*, a redução de liberalidades inoficiosas);

– Realização de doações que defraudam o Fisco ou que constituem negócios jurídicos situadas na "zona cinzenta" dos negócios que visam atingir estratégias de "planeamento fiscal" (*v.g.*, participação dos cônjuges em sociedade anónima com acções ao portador);

– Realização de despesas contabilizáveis como custos, em sede de *Imposto sobre o Rendimento das Pessoas Colectivas* (IRC), que não seriam elegíveis como tal em sede de *Imposto sobre o Rendimento das Pessoas Singulares* (IRS).

Vale isto por dizer que, pese embora seja, actualmente, autorizada a constituição de sociedades comerciais (ou civis sob forma comercial) entre cônjuges, ou com a participação de cônjuges não separados de pessoas e bens[21], desde só um deles assuma responsabilidade ilimitada (ou nenhum deles o faça), fica sempre salva a possibilidade de ser decretada a sua invalidade, se quando, à luz da estrutura e organização constantes do pacto social, colocam em causa o actuar, *em concreto*, da *regra da imutabilidade das convenções antenupciais* ou consti-

---

[20] RITA LOBO XAVIER (2000), pp. 259-260.
[21] Não faz, hoje, sentido associar esta permissão ao facto de esses cônjuges não se encontrarem separados *judicialmente* de pessoas e bens, pois que a separação de pessoas e bens por mútuo consentimento pode ser lograda extrajudicialmente, junto das Conservatórias.

tuem, conquanto nos termos gerais, um meio de fraudar os credores de *ambos os cônjuges ou de um deles*.

6. A participação social enquanto bem comum, os poderes dos cônjuges, o regime das ilegitimidades conjugais e os poderes do cônjuge meeiro

A norma do nº 2 deste preceito dispõe sobre a *forma de administração da participação social*. A sua intenção parece ser a de impedir que o *cônjuge do sócio* possa, *sic et simpliciter*, exercer os *direitos pessoais* do outro cônjuge (*scilicet*, do *cônjuge sócio*) inerentes à participação na sociedade (*v.g.*, direito de voto, direito aos lucros, direito à informação).

O nº 2 do preceito em anotação unicamente atinge as situações de *comunicabilidade da vertente patrimonial* da participação social, em que apenas um dos cônjuges teve intervenção no acto jurídico através do qual a participação se tornou um bem (*scilicet*, um *direito*) integrado na *massa dos bens comuns*[22]. Pelo

---

[22] Ocorrem situações em que a participação social, não obstante tenha sido adquirida, onerosamente na constância do casamento, desfruta da natureza de bem próprio do cônjuge que outorgou o contrato de sociedade. Será, por exemplo, a hipótese do art. 1723º, alínea c), do CCiv., quando os valores utilizados na aquisição da participação social (*v.g.*, dinheiro que constituiu a obrigação de entrada na sociedade) provieram do património próprio de um deles (*v.g.*, porque um dos seus ascendentes lhe doara o dinheiro ou a obrigação de entrada foi efectuada com dinheiro ou valores de que já era titular antes do casamento). Todavia, cremos que a observância dos requisitos legais previstos na referida alínea apenas deve ser exigida quando estiver presente uma ideia de protecção de terceiros (*maxime*, credores de um ou de ambos cônjuges, pois esse é a razão que o legislador erigiu como justificadora de tal condicionalismo formal). Apesar de não ter sido feita a menção da proveniência do dinheiro ou valores, que servem para cumprir a obrigação de entrada, no acto de constituição da sociedade, nem ocorrer a intervenção de ambos os cônjuges, pensamos que estas exigências formais não fazem sentido no quadro dos litígios situados nas *relações internas* entre os cônjuges ou ex-cônjuges, onde não haja de proteger interesses patrimoniais de terceiros. Sucede que os cônjuges bem sabem quais os bens com que cada um entra para a comunhão e quais os que pertencem exclusivamente a um deles, pelo que não existe qualquer legítimo interesse destes cônjuges a tutelar através da declaração de exclusividade de um bem que ambos já sabem pertencer à esfera jurídico-patrimonial de um deles. Se, pelo contrário, estiverem em causa *interesses de terceiros* (*maxime*, credores), a expressa declaração da proveniência dos bens ou dos valores (e a intervenção de ambos os cônjuges) impõe-se em defesa do legítimo interesse do credor e com base na confiança que a esse credor é conferida pela massa dos bens comuns na satisfação do seu crédito, ainda que pela via da acção executiva. Cfr., já neste sentido, já CUNHA GONÇALVES (1932), p. 520 (face ao texto do então art. 1131º do CCiv. de 1867); PEREIRA COELHO/GUILHERME DE OLIVEIRA (2008), p. 520-524; CASTRO MENDES/TEIXEIRA DE SOUSA (1990), p. 170; entre outros, no mesmo sentido, ac. do STJ, de 14/12/1996, in: *BMJ*, nº 452 (1996), p. 437 ss.; ac. do STJ, de 24/09/1996, in: *BMJ*, nº 459 (1996), p. 535 ss; ac. RL, de 1/02/1974, in: *BMJ*, nº 234 (1974), p. 336; ac. RP, de 15/01/1993, in: *CJ* (1993), Tomo 5, p. 212; ac. STJ, de 15/05/2001, in: *CJ-ASTJ* (2001), Tomo 2, p. 75; ac. do STJ, de 2/05/2002, proc. nº 01B4085, in http://www.dgsi.pt; ac. RL, de 10/10/2002, proc. nº 0011528, in http://www.dgsi.pt; ac. RP, de 18/11/2004, proc. nº 0435600, in http://www.dgsi.pt; ac. RP, de 28/04/2005, proc. nº 0531227, in http://www.dgsi.pt.; ac. RP, de 28/04/2005, proc. nº 0531227,

contrário, se ambos intervieram nesse acto, a *legitimidade* para o exercício dos direitos sociais não é abrangida pelo nº 2 do art. 8º[23]: ela está submetida, isso sim, às regras do CSC para cada tipo de sociedade, em particular, ao disposto no artigo 222º e ss., no que respeita às *sociedades por quotas*, e no artigo 303º, para as *sociedades anónimas*, aplicando-se os arts. 223º e 224º, *ex vi* do nº 4 do artigo 303º do mesmo Código.

Por outro lado, se a participação social não entrar para a massa dos bens comuns, por não se verificarem os pressupostos que, por força do regime de bens (supletivo ou convencionado), prevêem essa entrada, é cristalino que esse cônjuge é, não apenas *o sócio* como, nas *relações externas* à sociedade, desfruta de poderes que vão além da mera administração (art. 1682º, 2, do CCiv.), abrangendo poderes de disposição da própria quota, já que tais situações não se subsumem ao sector normativo das *ilegitimidades conjugais* previstas nos arts. 1682º, 2, e 1682º-A do CCiv..

6.1. Quem é sócio, se a participação advier apenas a um deles (antes ou na constância do casamento)

Este nº 2 também não altera as *regras de administração de bens* previstas no CCiv. (arts. 1678º ss.). O *cônjuge sócio* ou o *cônjuge accionista* não se torna no administrador dos bens comuns, por *via indirecta* ou *ínvia*: cura-se de *poderes de administração apenas no contexto da sociedade e das suas vicissitudes*. E trata-se de poderes de administração que, na perspectiva do regime do direito da família, devem

---

in http://www.dgsi.pt; ac. RC, de 9/11/22005, proc. nº 2663/05, in http://www.dgsi.pt; ac. do STJ, de 24/10/2006, in: *CJ-ASTJ* (2006), Tomo 3 (2006), p. 92; ac. RG, de 25/02/2008, proc. nº 41/08-2, in http://www.dgsi.pt; ac. do STJ, de 1/07/2010, proc. nº 478/08.4TVLSB.L1.S1, in http://www.dgsi.pt.; ac. RL de 19/11/1009, proc. nº 478/08.4TVLSB.L1-2, in http://www.dgsi.pt; ac. RP, de 30/03/2009, proc. nº 883/02.0TBVNG, in http://www.dgsi.pt; ac. RP, de 29/10/2009, proc. nº 1047/06.9TVPRT.P1, in http://www.dgsi.pt; RITA LOBO XAVIER (2004), p. 494, nt. 15, defende que a exigência da observância das formalidades previstas para a sub-rogação dos bens próprios nos regimes de comunhão (indicação da proveniência dos valores empregues com intervenção de ambos os cônjuges) "só terá sentido quando se pretender que o bem é próprio de um dos cônjuges, para fazer prevalecer como prestação mais valiosa a parte que corresponde aos valores próprios empregues na aquisição"; contra a doutrina exposta nesta nota, ac. do STJ, de 15/10/1998, proc. nº 98B530, in http://www.dgsi.pt; ac. RL, de 7/10/1993, proc. nº 0011528; ac. RL, de 21/10/2008, proc. nº 5146/2007-8, in http://www.dgsi.pt.

Noutros casos, ainda, *se a participação social era bem próprio de um dos cônjuges*, a *dissolução e liquidação da sociedade na constância do casamento* implica que os bens adquiridos, por esse cônjuge sócio, na sequência da partilha imediata dos haveres sociais (art. 147º, 1, *ex vi* do art. 156º, ambos do CSC) ou da liquidação por transmissão global (art. 148º, 1, do CSC), fazem parte dos seus bens próprios, nos termos do art. 1722º, 2, alínea *a*), do CCiv..

[23] PAIS DE VASCONCELOS (2005), pp. 353-354.

caber *exclusivamente* ao *cônjuge sócio* ou *accionista*, que não, cumulativamente, ao *cônjuge desse sócio ou accionista*.

Parece-nos que *o sócio* é, nestas eventualidades, somente *um dos cônjuges* ("será considerado como sócio, nas relações com a sociedade ...", diz-nos o nº 2 em anotação), cuja participação social e o respectivo *feixe de posições jurídicas activas e passivas* impõe que seja o *administrador exclusivo*, no que à *vertente patrimonial desse bem comum* diz respeito[24]-[25]. Não cremos que esta norma traduza apenas uma "regra particular de designação" para o exercício dos direitos sociais, no sentido de poder afirmar-se que o cônjuge que não interveio no acto de aquisição da quota assume, igualmente, a qualidade de sócio[26]. Não nos parece que assuma tal qualidade.

A *participação social* de um dos cônjuges – advinda na constância do casamento no regime de comunhão de adquiridos[27] ou antes ou na constância do casa-

---

[24] O mesmo acontece com outros *direitos subjectivos* providos de uma *vertente patrimonial* e outra de natureza *não patrimonial*, como acontece com os *direitos de autor*. Na verdade, o *direito moral de autor* – provido de um *feixe de faculdades jurídicas estritamente pessoais* (maxime, o direito ao inédito, o direito de retirada, o direito à paternidade da obra, o direito à integridade da obra e o direito a introduzir modificações) – é um *bem próprio* do cônjuge criador da obra, ao qual a lei atribui a *administração exclusiva*, mesmo no regime de comunhão de adquiridos (art. 1733º, 1, alínea c), aplicável por *analogia* à comunhão de adquiridos, por argumento a *maiori ad minus*), pese embora os *direitos patrimoniais de autor* sejam *bens comuns* (e possam, por isso, ser penhorados *ao mesmo tempo* dos bens próprios por *dívidas da exclusiva responsabilidade* do cônjuge autor: art. 1696º, 2, alínea b), do CCiv.). Nos *direitos de propriedade industrial* (*v.g.*, direitos de patente, modelos de utilidade, topografias de produtos semicondutores, desenhos ou modelos, direito de marca), a vertente *não patrimonial* das faculdades jurídicas contidas no respectivo *licere* é praticamente evanescente, limitando-se à faculdade jurídica de *menção do nome* do inventor nos pedidos de protecção e nos fascículos que titulam os direitos assim constituídos (arts. 60º, 123º e 158º, todos do CPI, aprovado pelo DL 36/2003, de 5 de Março, na última redacção dada pelo DL 143/2008, de 25 de Julho).

[25] Tb. PINTO FURTADO (2009), p. 345-348; entre outros, cfr. o ac. do STJ, de 29/06/2004, proc. nº 04A2062, in http://www.dgsi.pt; ac. RL, de 20/03/1997, in: *CJ* (1997), Tomo 2, p. 86; ac. RL, de 26/04/1990, in: *CJ* (1990), Tomo 2, p. 166; ac. do STJ, de 30/10/2001, in: *CJ-ASTJ*, (2001), Tomo 3, p. 98; ac. RP, de 7/12/2005, proc. nº 0535980, in http://www.dgsi.pt.

[26] Assim, porém, OLIVEIRA ASCENSÃO (1993), pp. 360-361. Já o Prof. ANTUNES VARELA (1999), p. 441 defende que, "nas relações com a sociedade, só é verdadeiramente sócio o cônjuge que levou a participação ao casal, não passando o outro, nesse aspecto fundamental da vida da participação social, de uma espécie de *associado à quota*".

[27] Repare-se que, se uma quota societária adveio na constância do casamento através de *aumento do capital* por *incorporação de reservas* e/ou de *entradas em dinheiro* (se este dinheiro for comum e a entrada for menos valiosa do que a resultante da incorporação de reservas: art. 1726º do CCiv.), relativamente a sociedade de que o cônjuge *já era sócio antes da celebração do casamento*, a *vertente patrimonial* desta participação social continua a manter a natureza de *bem próprio*, em virtude da natureza do bem próprio de que esse cônjuge já era titular, por força do disposto no artigo 1722º, 2, do CCiv., cuja enumeração é meramente exemplificativa – tb., neste sentido, ADRIANO PAIVA (2008), pp. 214-215; ac.

mento no regime de comunhão geral –, não obstante seja uma *posição jurídica*[28] *contratual* complexa, por isso mesmo que é provida de um feixe de obrigações e de direitos, constitui, no plano civilístico, um *bem* (não corpóreo) *sujeito ao regime jurídico* dos *bens móveis* (arts. 204º e 205º do CCiv.[29]).

A *vertente patrimonial* – que tenha advindo, por regra, *onerosamente* na constância do casamento em regime de *comunhão de adquiridos* ou antes do casamento celebrado em regime de *comunhão geral* –, como dizíamos, esta *vertente patrimonial* inerente à posição jurídica ou ao estado de sócio é, nos regime de comunhão e nas situações há pouco referidas, um *bem comum administrado exclusivamente pelo cônjuge* que outorgou o contrato de sociedade[30] ou aquele a quem tenha advindo tal posição na constância do casamento (*bem comum administrado em exclusivo pelo cônjuge que é considerado o sócio*, para efeitos de exercício, perante a sociedade e os restantes sócios, se os houver, dos *direitos*[31] e *deveres*[32] societários ou associativos), sem prejuízo de alguns (nem todos) destes direitos ou deveres poderem ser exercidos ou cumpridos através de *representação voluntária*[33]. Mas

---

RP, de 24/05/2010, proc. nº 1851/07.0TJVNF.P1, in http://www.dgsi.pt. Isto sem prejuízo, obviamente, da eventual *compensação* que seja devida ao património comum, em resultado de alguma das entradas em dinheiro ter sido efectuada com valores comuns (p. ex., produto do trabalho dos cônjuges)

[28] A lei refere-se, por vezes, a esta situação jurídica qualificando-a como *posição* (art. 1013º, 1 do CCiv.; arts. 227º, 3, 497º, ambos do CSC), como *qualidade* (nas associações: art. 180º do CCiv.). A doutrina qualifica-a, maioritariamente, "conjunto unitário de direitos e obrigações actuais e potenciais do sócio (enquanto tal)", ou como *posição* - cfr. SOVERAL MARTINS/ELISABETE RAMOS (2008), pp. 131-132, nt 1.

[29] Pese embora seja um bem insusceptível de *usucapião* – tb., assim, Ac. STJ, de 10-09-1992, proc. nº 082124, in: http://www.dgsi.pt. No caso apreciado nesta decisão do Supremo os herdeiros do sócio falecido comportaram-se como sócios durante mais de 20 anos, sem que a sociedade tivesse procedido à amortização da quota. Todavia, a participação social goza de tutela possessória e pode, inclusivamente, ser defendida através de *embargos de terceiro* contra actos de penhora ou apreensão (PALMA CARLOS, 1983, p. 7 ss.).

[30] RITA LOBO XAVIER, (1993), p. 74.

[31] Direito de *quinhoar nos lucros* (art. 21º, 1, alínea a), do CSC); de *participar e votar nas deliberações da sociedade* (art. 21º, 1, alínea b), *idem*); direito de obter informações sobre a vida da sociedade, nos termos da lei ou do contrato (arts. 21º, 1, alínea c), 181º, 214º a 216º e 288º a 293º, *ibidem*); direito a ser *designado para ocupar um cargo de titular de órgão de administração* ou de *fiscalização* da sociedade (art. 21º, 1, alínea d), *ibidem*); ser, ainda, beneficiário de todos ou de alguns dos direitos especiais previstos no art. 24º do referido Código.

[32] Realização da obrigação de entrada; imputação de *responsabilidade subsidiária* perante as dívidas de *sociedade em nome colectivo* (art. 175º, 1 do CSC); *não exercício de actividades concorrentes* ou não pertencer ou participar, de novo, de outras sociedades, relativamente à *sociedade em nome colectivo* de que seja sócio (art. 180º, *idem*); imputação da *responsabilidade solidária* por todas as *entradas* convencionadas (art. 187º, *ibidem*); realização de *prestações acessórias* (art. 209º e 287º, *ibidem*).

[33] Por exemplo, não são susceptíveis de exercício através de representante os direitos previstos nos arts. 249º, 1 e 252º, 5, do CSC.

os *bens da sociedade* não são obviamente bens próprios ou comuns dos sócios, atenta a *separação patrimonial* entre a sociedade e os sócios resultante da personificação da primeira[34].

6.2. Os poderes do cônjuge *do* sócio

Como referimos, o *cônjuge do sócio* ou do *accionista*, pelo simples facto de o regime de bens lhe reconhecer a comunhão em bens adquiridos onerosamente pelo seu cônjuge (regra nos regimes de comunhão de adquiridos) ou levados por este para o casamento (regra nos regimes de comunhão geral), *não adquire a qualidade de sócio*, já que essa qualidade de sócio é sempre *indissociável da pessoa* do titular da respectiva participação social, sendo esta incomunicável, enquanto permanecer encabeçada na pessoa de um deles[35]. A pessoa do cônjuge é estranha à sociedade de que o outro é sócio; o *cônjuge do sócio* deve ser qualificado, para a maioria dos efeitos, como um *estranho* ou *terceiro* relativamente à sociedade[36].

6.3. Os poderes do cônjuge sócio e a administração dos bens (comuns)

Mas da *administração exclusiva* da vertente patrimonial deste *bem comum* – aí onde o *estatuto* ou a *qualidade* de sócio não é comunicável – não resulta que o *cônjuge sócio* ou o *cônjuge accionista* possa exercer os seus direitos sociais em regime de completa *autonomia* e *imunidade* relativamente à *interferência* do outro cônjuge. E não se diga que deve ser aplicado, *por analogia*, o disposto no artigo 1682º, 2 do

---

[34] Daí que, entre outras consequências, é inviável o pedido de *arrolamento* (art. 427. do CPC) de *bens da sociedade* de que ambos os cônjuges sejam sócios, nas primícias ou na pendência de acção de divórcio – já, assim, ac. RP, de 15-04-1997, proc. nº 9720306, in http://www.dgsi.pt.

[35] Assim, tb., PINTO FURTADO (2009), p. 338, entre muitos, recentemente, ac. RL, de 10-04-2008, proc. nº 313/2006-2, in: http://www.dgsi.pt.; já, assim, ac. RL, de 26-04-1990, in: *CJ* (1990), Tomo 2, p. 166; ac. RP, de 13-03-2000, *CJ*, (2000), Tomo 2, p. 198. Contra, RAÚL VENTURA, (1989), p. 43; JOÃO ESPÍRITO SANTO (1995), p. 405; OLIVEIRA ASCENSÃO (2000), p. 281, para quem ambos os *cônjuges contratantes da sociedade* ou *adquirentes da participação* são também *sócios* e se encontram, assim, numa situação de *contitularidade* de participação (nas sociedades por quotas), posto que a expressão "será considerado como sócio aquele por quem a participação tenha vindo ao casal", somente vale "nas relações com a sociedade", que não nas relações entre os cônjuges e entre estes e outros terceiros.

[36] Por isso que, entre outros aspectos, não se faz mister *notificar* o *cônjuge do sócio* da exclusão do seu cônjuge de uma sociedade (*v.g.*, por falta de cumprimento da obrigação de entrada), mesmo que, na data da exclusão desse sócio, ainda não esteja dissolvido o seu casamento por divórcio. Mas, nas *relações entre os cônjuges*, a perda dessa participação social pode ser levada em conta no cálculo da meação do cônjuge que tenha sido excluído da sociedade (artigo 1682º, 4 do CCiv.), na medida em que possa ser qualificada como uma *alienação gratuita* de um *valor patrimonial que era comum*, cuja alienação foi feita exclusivamente à custa do cônjuge alienante – em sentido próximo, cfr. o ac. RC, de 20/10/2009, proc. nº 68/04.0TMCBR-B.C1).

CCiv., concluindo-se que o cônjuge sócio tem legitimidade para alienar ou onerar as participações sociais que são bens comuns, de que tenha a administração, independentemente do consentimento do outro cônjuge[37], visto que estas situações não seriam atingidas pelo sector normativo do nº 3 do artigo 1682º do CCiv..

Objecta-se a esta solução afirmando que o facto de, nos termos do artigo 205º/1 do CCiv., as *participações sociais* serem equiparadas aos *bens móveis* (cuja administração pertence *exclusivamente* a um dos cônjuges – precisamente o cônjuge sócio ou accionista) não significa que procedam as razões subjacentes à solução do artigo 1682º, 2 do CCiv.. Não significa que devamos aplicar, *sic et simpliciter*, o regime jurídico dos *bens móveis*, especialmente em matéria de *ilegitimidades conjugais*[38].

Embora possa entender-se que o artigo 1678º, 2 do CCiv., logra comportar mais este outro exemplo de bens comuns cuja administração cabe, *em exclusivo*, a um dos cônjuges, a verdade é que as situações do nº 3 do artigo 1682º visam apenas defender o cônjuge não administrador contra actos de alienação ou onerações respeitantes a *coisas corpóreas* – aquelas cuja *afectação empírica* é mais ostensiva na pessoa dos cônjuges. O facto de nesse nº 3 não se acharem mencionadas as *participações sociais* (cuja alienação ou oneração careceria de consentimento do cônjuge não administrador de tais bens comuns) não impede que esse consentimento deva ser exigido (ou objecto de suprimento), ao abrigo da norma geral do nº 3 do artigo 1678º do CCiv., se e quando essa alienação ou oneração forem qualificadas como *actos de administração extraordinária*.

É que há situações em que o exercício de direitos sociais – direitos sociais, estes, integrados no *estatuto pessoal incomunicável*, pois são inerentes à qualidade de sócio desse cônjuge – pode implicar a prática de actos de *administração extraordinária* (art. 1678º, 3 do CCiv.), pondo em risco sério o próprio "casco" ou "bojo" do *bem comum* a que respeita esse exercício. É, por exemplo, o que sucede com a *deliberação de dissolução* de uma sociedade por quotas[39]: não se trata de um acto destinado à *frutificação normal* desse bem comum (*rectius*, da sua ver-

---

[37] Defendendo, porém, que o cônjuge desfruta de legitimidade para onerar ou alienar tais participações sociais, vindas à comunhão conjugal por seu acto exclusivo, cfr. JOÃO LABAREDA, (1998), p. 221, p. 227; no mesmo sentido, ac. RP, de 7/12/2005, proc. nº JTRP00038586, in http://www.dgsi.pt.

[38] Veja-se o caso das *empresas* (em sentido objectivo, a que o legislador chama estabelecimento *comercial*): embora *não* sejam bens imóveis, são equiparadas aos bens *imóveis* para cuja válida alienação, oneração ou locação é necessário o consentimento do outro cônjuge casado num dos regimes de comunhão (artigo 1682º-A, 1, alínea *b*), do CCiv.).

[39] Assim também, ac. do STJ, de 19-06-2008, proc. nº 08B871, in: http://ww.dgsi.pt.: neste caso, o voto do cônjuge sócio reflectia-se na própria deliberação, pois que esse voto representava a maioria do capital

tente patrimonial), nem, muito menos, à sua *conservação* ... mas o oposto, ainda que o património comum seja integrado, posteriormente, com a quantia proveniente da liquidação do activo da sociedade dissolvida. Podem surpreender-se outros *actos de administração extraordinária* de um bem – a participação social –, cuja vertente patrimonial ingressa na massa dos bens comuns nos regimes de comunhão e cuja prática também carece do consentimento do outro cônjuge ou da dispensa do seu consentimento (art. 1684º, 3 do CCiv.): a *transmissão*, a *oneração*[40] ou a *amortização* de quota de sociedade por quotas sem o consentimento do outro cônjuge.

Questiona-se, ainda, se o cônjuge considerado como *sócio* apenas está livre de exercitar os direitos *enquanto sócio*, ou seja se este cônjuge está salvo de exercer as faculdades jurídicas inerentes a essa *qualidade de natureza associativo-institucional* susceptível de influenciar ou determinar as *relações de poder* dentro da sociedade e dos respectivos órgãos (*v.g.*, deliberações sociais), ou se desfruta, de igual sorte, do poder de praticar *actos de disposição* nas situações de crise matrimonial, tanto (1) *em véspera* ou na *antecâmara* de *divórcio* ou de *separação de pessoas e bens* sem o consentimento do outro cônjuge, (2) na pendência, ou (3) no período que medeia o seu trânsito em julgado e a partilha dos bens comuns.

Seja como for, a *vertente patrimonial* inerente à qualidade de sócio é que é, como vimos, comunicável, integrando a massa dos *bens comuns* nos regimes de comunhão; a *vertente associativo-institucional*, não. O cônjuge é o sócio ou accionista; o seu cônjuge não o é.

6.4. A indivisão dos bens comuns e os poderes dos ex-cônjuges (do sócio e do ex-cônjuge)

Todavia, as situações da vida não são assim tão lineares, não se compadecendo com esta "geometria invariável".

O problema é bem mais agudo nas *situações subsequentes à dissolução do casamento por divórcio até à data da partilha*, uma vez que a participação social *outrora comum* deverá ser objecto de *partilha* e *adjudicação*, em regra, a um dos ex-cônjuges. Questiona-se se a *indivisão dos bens* subsequente à dissolução do casamento do cônjuge sócio ou accionista envolve uma modificação reflectida nas regras respeitantes à administração e ao controlo do *exercício dos poderes associativos* (*v.g.*,

---

social, de modo que, sem ele, a deliberação nunca teria sido tomada. Se o voto é um *acto anulável* (art. 1687º, 1 do CCiv.), reflexa e consequentemente, a própria deliberação social também o será.

[40] Assim, ac. do STJ, de 29-06-2006, proc. nº 06B1447, in http://www.dgsi.pt

reacção contra deliberações sociais anuláveis, deliberações que possam diminuir o valor da quota, oneração ou a cessão da própria quota).

Pode, por exemplo, questionar-se se o *ex-cônjuge sócio*, após o trânsito em julgado da decisão que decretou o divórcio sem o consentimento do outro, e antes da partilha, está livre de ceder a sua participação social, podendo o outro ex-cônjuge ser considerado *terceiro* relativamente à sociedade e aos outros sócios[41]; ou se, após o divórcio, o ex-cônjuge tem, ou não, direito a metade do valor do património que era comum, a fim de ser fixado o momento temporal do cálculo do valor da participação social, a despeito de o outro ex-cônjuge (sócio juntamente com um descendente do 1º casamento) ter promovido o aumento do capital com a entrada de um novo sócio (p. ex., um outro descendente do 1º casamento)[42].

Há quem defenda a submissão deste problema às regras do artigo 222º e ss. do CSC, no que tange à *administração da participação comum após a dissolução do casamento*[43], o que produz importantes consequências, visto que o *representante comum* desfruta apenas de *poderes gerais de administração*: desde logo, ao se aplicar o regime da *contitularidade* da participação social, o representante estará impedido de praticar actos que impliquem a *extinção*, a *alienação* ou a *oneração* da participação social, o aumento de obrigações e a renúncia ou a redução dos direitos de sócio ou accionista. Isto só não seria assim quando a lei, o tribunal ou o outro ex-cônjuge lhe tivesse atribuído poderes de disposição (arts. 223º, 5 e 224º, 1, in *fine*, do CSC).

Embora apenas um dos cônjuges possa ser considerado o *sócio* ou *accionista*, há quem julgue que a extinção do casamento não poderá impedir a partilha da quota ou da acção. Não lhe aproveita, segundo esta doutrina, apenas o direito a metade do valor da participação social, mas também a adjudicação da quota *em espécie*[44]. O que significa que o *ex-cônjuge não sócio* tem o direito de reagir contra todos os actos praticados pelo outro ex-cônjuge (sócio) impeditivos do direito de reclamar a adjudicação (dos títulos representativos) da participação social enquanto bem integrado na massa indivisa dos bens outrora considerados comuns na constância do casamento (*v.g.*, oneração da quota, diminuição do valor da participação através de actos de aumento do capital por

---

[41] No sentido afirmativo, ac. RL, de 26-04-1990, in: *CJ* (1990), tomo II, p. 166; ac. RP, de 25-09-1990, *CJ* (1990), Tomo IV, p. 220 ss.; contra, RITA LOBO XAVIER (2007), pp. 1007-1009.
[42] Problema abordado pelo STJ, em ac. de 29-06-2004, in: *CJ - ACSTJ* (2004), Tomo 2, p. 116 ss.
[43] RITA LOBO XAVIER (2007), pp. 1009-1010.
[44] RITA LOBO XAVIER (2007), p. 1021.

entrada de novos sócios ou accionistas, amortização de quota, fusão ou cisão da sociedade[45]).

O que não pode – parece-nos – é pretender-se que, ao arrimo do legítimo interesse do *ex-cônjuge meeiro* em prevenir ou reagir contra a prática de actos intencionais de desvalorização ou de extinção da quota, este ex-cônjuge possa ser havido como *contitular* da participação social[46]. Quem assim entende – quem aceita essa contitularidade da participação social após a dissolução do casamento por divórcio –, sustenta que os contitulares (os ex-cônjuges) devem exercer os direitos inerentes à participação através de um *representante comum*; que, estando a correr processo de inventário para partilha das meações, a administração da participação social caberá ao "cabeça de casal", que será o cônjuge mais velho (art. 1402º do CPC); e que, ainda quando o ex-cônjuge considerado como sócio, nos termos do nº 2 do artigo 8º do CSC, continue a exercer os respectivos direitos, fá-lo-á apenas como *representante comum*, ao abrigo do regime da contitularidade da participação social[47].

O divórcio (ou a separação de pessoas e bens) e a subsequente *indivisão de bens até à partilha* não envolvem, ao que cremos, uma modificação no que tange à titularidade da participação social, nem a alteração quanto ao conteúdo (e aos limites) dos poderes de exercitar os direitos e deveres inerentes a essa posição jurídica perante a sociedade e os outros sócios; ocorre apenas uma alteração quanto à possibilidade de requerer a partilha da participação social ou de dispor da sua quota ideal no património (tendencialmente) autónomo formado pelos bens que *eram* comuns. A quota ou participação social, que era bem comum até à dissolução do casamento, não passa a ser fruída em regime de contitularidade ao qual possam ser aplicadas, sem mais, as regras da *compropriedade*[48]. Esta situação de indivisão do património conjugal, em que a participação social se integra, pelo menos, até à partilha, não pode ser vista como

---

[45] JOÃO LABAREDA, (1998), p. 26.
[46] Neste sentido, PINTO FURTADO (2009), p. 345-346.
[47] Assim, RITA LOBO XAVIER (2007), p. 1009. A jurisprudência do STJ tem, por vezes, também entendido que, na constância do casamento, o cônjuge daquele que contratou a sociedade ou o cônjuge daquele que adquiriu pessoalmente a participação social é sócio *fora das relações com a sociedade* – ac. do STJ, de 30/10/2001, in *CJ-ACSTJ* (2001), Tomo 3, p. 100; ac. do STJ, de 29/06/2006, proc. nº 06B1447, in http://www.dgsi.pt.
[48] Assim, em geral, quanto à qualificação dos bens comuns, ac. STJ, de 18/11/2008, proc. nº 08A2620, in http://www.dgsi.pt.

uma vulgar *compropriedade*[49] entendida como participação na propriedade de bens certos e determinados: ao invés, essa contitularidade dos bens (que eram comuns até à cessação das relações patrimoniais entre os cônjuges) não significa um direito a uma parte ideal de cada um dos bens que compõem essa massa indivisa (aí onde se pode integrar uma participação social no seu aspecto patrimonial), mas, sim, o direito a uma parte ideal dos próprios bens em indivisão.

Na verdade, o ex-cônjuge não celebrou o contrato de sociedade e não foi por ele que a participação social adveio ao casal, circunstância que impede, segundo cremos, a sua qualificação como *contitular* da participação social no que respeita ao exercício dos direitos e deveres. O *ex-cônjuge meeiro* não é o sócio; *sócio é*, como vimos, o outro ex-cônjuge que celebrou o contrato de sociedade ou por quem a participação social adveio posteriormente ao casal. Além de que o ex-cônjuge sócio, *a fortiori*, também não pode ser o representante comum. O ex-cônjuge do sócio é, sim, contitular da *vertente patrimonial da participação social* até, pelo menos, à partilha dos bens comuns onde essa participação social se integrava.

7. A cessação das relações patrimoniais entre os ex-cônjuges e o destino das participações sociais

Após a cessação das relações patrimoniais entre os cônjuges, a quota comum deve, obviamente ser objecto de partilha, quando os ex-cônjuges, ou um deles, assim o entenderem. Isto se o divórcio (por mútuo consentimento) não for seguido, *uno actu*, de partilha dos bens comuns, na Conservatória. Essa participação social pode ser, *na sequência desta partilha*, adjudicada a um dos cônjuges ou a ambos: nesta última hipótese, a quota continua a pertencer aos dois, porém, agora, em regime de *contitularidade*[50].

A separação de meações – aí onde se surpreende a *vertente patrimonial* da participação social que era bem comum[51] – respeita ao *valor patrimonial da quota*. A adjudicação da participação social "em espécie" ou "em substância" (que não apenas o direito a metade do valor da participação social) somente pode

---

[49] Tb., ac. STJ, de 11/10/2005, proc. nº 05B2720, in http://www.dgsi.pt, segundo o qual "dissolvido o casamento, celebrado segundo algum regime de comunhão de bens, por divórcio, passa o respectivo património de mão comum, até à respectiva partilha, à situação de indivisão que não se confunde com a figura da compropriedade".

[50] COUTINHO DE ABREU, (2009), pp. 356-358.

[51] Mesmo que o ex-cônjuge divorciado ou o cônjuge separado de pessoas e bens decida *dispor da sua meação* em favor de terceiro, o qual irá, posteriormente, ser o interessado directo na divisão das meações e na sua concretização em bens ou direitos concretos.

ser lograda com o *acordo dos ex-cônjuges* (ou dos cônjuges separados de pessoas e bens), mediante:
- Uma *transmissão de parte* (art. 182º do CSC, nas SENC);
- Uma *divisão de parte* (art. 184º, 3, *idem*, nas SENC);
- Uma *transmissão de quota* (art. 228º, 2, *idem*, nas SQ);
- Uma *divisão de quota* (art. 221º, *ibidem*, nas SQ) ou,
- Uma *transmissão de acções* para o meeiro, que estavam em nome do que era o sócio (arts. 328º, 329º e 469º, *ibidem*, e arts. 80º, 1, 101º, 1 e 102º, 1, do CVM, nas SA)[52].

Na falta de acordo entre os partilhantes, o ex-cônjuge do sócio ou cônjuge separado de pessoas e bens (o qual, lembre-se, não contratou com a sociedade, nem foi através dele que a participação social adveio ao casal) apenas pode ser inteirado do *valor patrimonial* da participação social correspondente à sua meação.

8. A impossibilidade e a morte do sócio casado; os poderes do representante comum

A 1ª parte do nº 3 do artigo em anotação trata, em primeiro lugar, da *impossibilidade* do sócio cônjuge; já a 2ª parte do preceito ocupa-se da situação e dos *direitos do cônjuge do sócio* (viúvo(a)) por morte do *cônjuge sócio*.

Assim, quando à 1ª parte do preceito, a impossibilidade aí mencionada há-de referir-se a qualquer tipo de *impossibilidade*, tanto *jurídica* (incapacidade de exercício de direitos, falta de disponibilidade), quanto *fáctica* (*v.g.*, doença, ausência, impedimento, etc.)[53]. Se o *cônjuge sócio* for *interdito*, parece-nos que, *se o outro cônjuge for nomeado tutor*, este não fica com os poderes limitados que aproveitam ao vulgar *tutor*, devendo, pelo contrário, entender-se que ele exerce os poderes típicos do cônjuge administrador atribuídos pela lei civil, *no que respeita ao exercício dos direitos sociais*.

---

[52] Assim, tb., PINTO FURTADO (2009), p. 350, Autor que coloca, ainda, a hipótese de esse desiderato poder ser alcançado através de uma cessão de metade da participação social, constituindo-se com essa cessão uma contitularidade de participação análoga à resultante da transmissão *mortis causa*. Todavia, nega esta possibilidade, pois entende que a participação social é um "todo unitário" e só como tal, como todo, pode ser cedida.

[53] Além disso, o cônjuge do sócio impossibilitado – achando-se este último investido na administração ordinária da quota bem comum – está, em princípio, livre de intervir noutros casos, quando se faça necessário para a adequada tutela da sua posição jurídica. Assim, RITA LOBO XAVIER (1993), p. 83, pp. 117-118; RITA LOBO XAVIER (2007) p. 999, designadamente, como veremos adiante, para prevenir ou reagir contra a prática de *actos de disposição da quota bem comum* (*v.g.*, voto favorável na dissolução da sociedade ou na amortização da participação social).

No caso de *ausência do cônjuge sócio*, a existência de procuração a favor de terceiro para a administração dos bens e para o exercício dos direitos sociais – isto para efeitos do sentido e alcance da expressão "procurador bastante", do artigo 92º, 5, do CCiv. – só é bastante para afastar a substituição pelo *cônjuge do sócio ausente* quando conferir poderes tão amplos como os que o cônjuge impedido já dispunha[54].

O *cônjuge do sócio impossibilitado* deverá, deste modo, cumprir os deveres e exercer os direitos inerentes à *qualidade de sócio*, em nome e por conta do *cônjuge sócio*, mas apenas dentro dos limites assinalados aos poderes de administração dos bens do casal. Vale dizer: esse *cônjuge do sócio impossibilitado* de exercer ou sujeitar-se aos poderes e deveres inerentes ao *estatuto de sócio* somente dispõe de *legitimidade* para a prática de *actos de administração ordinária*, relativamente aos direitos e deveres sociais inerentes à participação na sociedade.

Esse cônjuge do sócio não deve poder administrar, sem limites, os direitos e deveres sociais, já que a norma da alínea *e)* do nº1 do artigo 1678º do CCiv. está pensada para os bens móveis que tenham natureza corpórea ou uma ligação ou afectação empírica com esse cônjuge. Assim se compreende que os poderes do *cônjuge do sócio* enquanto administrador, quanto ao exercício dos poderes e deveres inerentes à posição jurídica de sócio, abrangem apenas os poderes de *disposição de bens móveis da sociedade*, e não o poder de ceder ou onerar a participação social, não obstante, enquanto posição jurídica, se trate de um bem subsumível ao regime dos móveis.

De igual sorte, o *cônjuge do sócio impossibi*litado não pode praticar "actos sociais de disposição", em termos de exercício do direito de voto que afecte directamente a própria participação (quota, acção) ou alguns dos direitos que lhe são inerentes, tais como, por exemplo, o voto favorável à dissolução da sociedade, à amortização da participação, ao aumento de capital com a entrada de novos sócios, se a essa entrada corresponder uma diminuição do valor da participação do sócio impossibilitado. As coisas já se passarão de modo diferente se o cônjuge sócio conferir *mandato* ao outro cônjuge para a prática de actos que não sejam *apenas* de administração ordinária (art. 1159º/2 do CCiv.), nos termos em que o poderia fazer a qualquer outra pessoa.

A 2ª parte da norma do nº 3 do art. 8º reflecte as *regras gerais do fenómeno sucessório*, quanto à *devolução* de posições jurídicas, sua *aceitação, indivisão* e *partilha*.

---

[54] Tb., assim, nos termos gerais das regras sobre administração dos bens dos cônjuges, LEONOR BELEZA, (1981), pp. 127-128.

Os contitulares dessa participação indivisa – ou seja os herdeiros chamados, aceitantes e titulares da designação sucessória prevalente – devem designar um *representante comum* para exercer os direitos inerentes à participação.

Não existindo, à face do contrato de sociedade, impossibilidade ou limitações à transmissão da quota ou participação social (p. ex., art. 225º do CSC), os contitulares exercem em conjunto todos os direitos que pertencem ao titular singular da participação social. E dentro da participação social em compropriedade, as deliberações efectuam-se à luz da regra da maioria (art. 1407º do CCiv.), exigindo-se que essa maioria represente a maioria do valor total das participações sociais. Mas há que distinguir, *no plano da comunhão indivisa*, as deliberações dos contitulares e o plano da transmissão dessas deliberações para a sociedade, acto que é realizado pelo representante comum: no primeiro caso, as deliberações respeitantes à participação indivisa têm eficácia apenas nas relações internas dos contitulares, vinculando-os; no segundo caso, ocorre um *vínculo de representação* no relacionamento da participação indivisa com a sociedade: o representante comum é mandatário da participação indivisa e no caso de divergência entre a deliberação tomada pelos contitulares e a actuação do representante comum perante a sociedade, a actuação deste é que se projecta na sociedade, já que a deliberação dos contitulares não desfruta, por si só, de eficácia perante a sociedade[55]. Note-se, porém, que as deliberações dos contitulares sobre o exercício dos seus direitos podem ser tomadas, como vimos, por maioria, salvo nos casos da parte final do nº 1 do art. 224º do CSC, ou seja, excepto se tiverem por objecto a extinção, alienação ou oneração da quota, aumento de obrigações, renúncia ou redução dos direitos dos sócios, eventualidades em que é exigido o consentimento de todos os contitulares. O representante comum destes contitulares, na sua actuação junto da sociedade, posiciona-se na situação de mandatário, cujos poderes e deveres se acham previstos no art. 223º, 5 e 6, do CSC: neste particular, avulta a proibição de esse representante comum praticar actos que importem a *extinção, a alienação ou a oneração da participação social*. Daqui decorre que o representante comum não pode, por exemplo, participar na deliberação sobre a dissolução da sociedade, posto que com essa sua actuação pode vir a colocar em causa a extinção da própria participação social e, outrossim, não pode acordar com a sociedade a amortização dessa participação social: *os efeitos* dessa actuação do represen-

---

[55] RAÚL VENTURA (1987), pp. 523-524

tante podem importar na extinção *diferida* ou *mediata* da participação social[56]. Para que o representante comum possa praticar actos que levem à extinção, alienação ou oneração da participação social, aumento de obrigações e renúncia ou redução dos direitos dos sócios faz-se mister estar munido de *poderes especiais* de disposição comunicáveis obrigatoriamente à sociedade, sob pena de *anulabilidade* da deliberação social (art. 58º, 1, alínea *a*), do CSC), por violação do *estatuto* de representante comum.

Se algum (ou alguns) destes contitulares quiserem reagir contra deliberações sociais anuláveis, eles terão que requerer a *intervenção principal* dos restantes contitulares (art. 325º do CPC)[57], ao propor a acção de anulação da deliberação, pois que o exercício do direito de voto deverá articular-se directamente com o direito de participar no processo formativo destas deliberações[58].

Por outro lado, havendo contitularidade resultante de devolução sucessória, também haverá uma pluralidade de interesses da qual resulta, não raro, desacordo entre esses contitulares. Assim, do ponto de vista processual, embora se deva exigir a presença de todos os contitulares da participação indivisa, o *litisconsórcio necessário* pode ser um *litisconsórcio sucessivo*; não tem que ser um *litisconsórcio inicial*, já que não é razoável obrigar alguns dos contitulares a associarem-se aos outros na propositura de acções, nem, tão pouco, é justo privar o *direito de acção* aos contitulares da participação social que não obtenham o concurso dos restantes na instauração, como autores, de acções para o exercício de direitos inerentes à participação social indivisa.

---

[56] RAÚL VENTURA (1987), p. 518; ac. RL, de 7/10/2008, proc. nº 5727/2008-2, in http://www.dgsi.pt.
[57] RITA LOBO XAVIER, (2007), pp. 1119-1120.
[58] PAIS DE VASCONCELOS (2005), p. 155. Se esse contitular for o cabeça-de-casal, parece que devemos reconhecer-lhe o poder de pedir a *suspensão da deliberação*, caso não tenha sido atribuído a outro contitular o poder de representação no exercício dos direitos sociais – já, neste sentido, MENEZES CORDEIRO (2006), p. 330.

ARTIGO 9º
Elementos do contrato

1. Do contrato de qualquer tipo de sociedade devem constar:
a) Os nomes ou firmas de todos os sócios fundadores e os outros dados de identificação destes;
b) O tipo de sociedade;
c) A firma da sociedade;
d) O objecto da sociedade;
e) A sede da sociedade;
f) O capital social, salvo nas sociedades em nome colectivo em que todos os sócios contribuam apenas com a sua indústria;
g) A quota de capital e a natureza da entrada de cada sócio, bem como os pagamentos efectuados por conta de cada quota;
h) Consistindo a entrada em bens diferentes de dinheiro, a descrição destes e a especificação dos respectivos valores;
i) Quando o exercício anual for diferente do ano civil, a data do respectivo encerramento, a qual deve coincidir com o último dia do mês de calendário, sem prejuízo do previsto no artigo 7º do Código do Imposto sobre o Rendimento das Pessoas Colectivas.
2. São ineficazes as estipulações do contrato de sociedade relativas a entradas em espécie que não satisfaçam os requisitos exigidos nas alíneas g) e h) do nº 1.
3. Os preceitos dispositivos desta lei só podem ser derrogados pelo contrato de sociedade, a não ser que este expressamente admita a derrogação por deliberação dos sócios.

* A redacção do nº 3 foi rectificada pelo DL 280/87, de 8 de Julho. A alínea i) do nº 1 foi introduzida pelo art. 1º do DL 328/95, de 9 de Dezembro.

Índice

1. Menções obrigatórias do acto constituinte de qualquer tipo societário
    1.1. Identidade dos sócios
    1.2. Tipo de sociedade
    1.3. Firma da sociedade
    1.4. Objecto social
    1.5. Sede da sociedade
    1.6. Capital social
    1.7. Participação social
    1.8. Cláusulas relativas às entradas dos sócios
    1.9. Encerramento do exercício anual
    1.10. Outras menções

2. Falta de menções obrigatórias (remissão)
3.Ineficácia de estipulações relativas a entradas em espécie
4. Menções facultativas e estipulações estatutárias derrogatórias de normas dispositivas do CSC

Bibliografia
a) Citada:
ABREU, J. M. COUTINHO DE – *Curso de direito comercial*, vol. II – *Das sociedades*, 3ª ed., Almedina, Coimbra, 2009, *Curso de direito comercial*, vol. I – *Introdução, actos de comércio, comerciantes, empresas, sinais distintivos*, Almedina, Coimbra, 2009a; CAEIRO, ANTÓNIO A. – "As modificações ao Código das Sociedades Comerciais", em AAVV., *Ab Vno ad Omnes. 75 anos da Coimbra Editora 1920-1995*, Coimbra Editora, Coimbra, 1998, p. 369-400; CÂMARA, PAULO – "O Decreto-Lei nº 64/2009: diminuição extraordinária do valor nominal das acções", RDS, 2009, p. 327-338; CORDEIRO, A. MENEZES – *Manual de direito das sociedades*, I – *Das sociedades em geral*, 2ª ed., Almedina, Coimbra, 2007; CORREIA, A. FERRER / XAVIER, V. LOBO / COELHO, M. ÂNGELA /CAEIRO, ANTÓNIO A. – "Sociedades por quotas de responsabilidade limitada. Anteprojecto de lei – 2ª redacção e exposição de motivos", RDE, 1977, p. 153-224; CORREIA, L. BRITO – *Direito comercial*, 2º vol. – *Sociedades comerciais*, AAFDL, Lisboa, 1989; CUNHA, P. OLAVO – *Direito das sociedades comerciais*, 4ª ed., Almedina, Coimbra, 2010; DOMINGUES, PAULO DE TARSO – "Capital e património sociais, lucros e reservas", em AAVV. (coord. de Coutinho de Abreu), *Estudos de direito das sociedades*, 9ª ed., Almedina, Coimbra, 2008, p. 173-233, *Variações sobre o capital social*, Almedina, Coimbra, 2009, "O capital social como entrave ao financiamento das sociedades. Os novos conceitos e regime de capital social introduzidos pelo DL 64/2009 são solução?", DSR, 2009ª, p. 175-200 "As acções sem valor nominal", DSR, 2010 (no prelo); FERREIRINHA, FERNANDO NETO / SILVA, Z. NETO LINO DA – *Manual de direito notarial. Teoria e prática*, ed. dos AA., 2003; FURTADO, J. H. PINTO – *Curso de direito das sociedades*, 5ª ed., (c/ colab. de Nelson Rocha), Almedina, Coimbra, 2004, *Comentário ao Código das Sociedades Comerciais. Artigos 1º a 19º – Âmbito de aplicação, personalidade e capacidade, celebração do contrato e registo*, Almedina, Coimbra, 2009; LEITÃO, A. MENEZES/BRITO, J. ALVES – "Artigo 9º", em *Código das Sociedades Comerciais anotado* (coord. de A. Menezes Cordeiro), Almedina, Coimbra, 2009, p. 100-104; LEITÃO, J. MANUEL SALES GUEDES, "A falada desburocratização do notariado e a função do notário no processo de constituição de sociedades", em AAVV., *Colóquio Os quinze anos de vigência do Código das Sociedades Comerciais*, Fundação Bissaya Barreto / Instituto Superior Bissaya Barreto, Coimbra, 2003, p. 211-230; MACHADO, JÓNATAS E. M. / COSTA, P. NOGUEIRA DA, *Curso de direito tributário*, Coimbra Editora, Coimbra, 2009;

MAIA, PEDRO – "Tipos de sociedades comerciais", em AAVV. (coord. de Coutinho de Abreu), *Estudos de direito das sociedades*, 9ª ed., Almedina, Coimbra, 2008, p. 7-39; MATOS, ALBINO – *Constituição de sociedades. Teoria e prática, formulário*, 5ª ed., Almedina, Coimbra, 2001; MARTINS, ALEXANDRE DE SOVERAL – *Os poderes de representação dos administradores de sociedades anónimas*, Coimbra Editora, Coimbra, 1998, "«Empresas na Hora»", em IDET, *Temas societários*, Almedina, 2006, p. 79-105; PINA, C. COSTA – *Instituições e mercados financeiros*, Almedina, Coimbra, 2005; RAMOS, M. ELISABETE – "Constituição de sociedades", em AAVV. (coord. de Coutinho de Abreu), *Estudos de direito das sociedades*, 9ª ed., Almedina, Coimbra, 2008, p. 41-97; SANTOS, F. CASSIANO DOS – *Estrutura associativa e participação societária capitalística. Contrato de sociedade, estrutura societária e participação do sócio nas sociedades capitalísticas*, Coimbra Editora, Coimbra, 2006, *A sociedade unipessoal por quotas. Comentários e anotações aos artigos 270º-A a 270º-G do Código das Sociedades Comerciais*, Coimbra Editora, Coimbra, 2009; SILVA, J. CALVÃO DA – *Direito bancário*, Almedina, Coimbra, 2001; SOARES, M. ÂNGELA COELHO BENTO – "O acórdão Inspire Art Ltd: o novo incentivo jurisprudencial à mobilidade das sociedades na União Europeia", TI, 2004, p. 123-159, "A transferência internacional da sede social no âmbito comunitário", em IDET, *Temas societários*, Almedina, Coimbra, 2006, p. 45-73; VASCONCELOS, P. PAIS DE – *A participação social nas sociedades comerciais*, 2ª ed., Almedina, Coimbra, 2006; VENTURA, RAÚL – *Fusão, cisão, transformação de sociedades*, Almedina, Coimbra, 1990, *Sociedades por quotas*, vol. III, Almedina, Coimbra, 1991.

b) Outra:
DUARTE, R. PINTO – *Escritos sobre direito das sociedades*, Coimbra Editora, Coimbra, 2008; SERENS, M. NOGUEIRA – "O direito da firma das sociedades comerciais", em AAVV., *Colóquio Os quinze anos de vigência do Código das Sociedades Comerciais*, Fundação Bissaya Barreto / Instituto Superior Bissaya Barreto, Coimbra, 2003, p. 193-209; SILVA, J. CALVÃO DA, "Nulidade da promessa de sociedade comercial por falta de elementos essenciais exigidos pelo art. 9º do CSC", em *Estudos jurídicos [Pareceres]*, Almedina, Coimbra, 2001, p. 253-266; VENTURA, RAÚL, *Adaptação do direito português à 2ª Directiva do Conselho da Comunidade Económica Europeia sobre direito das sociedades*, separata de *Documentação e Direito Comparado*, nº 2, Lisboa, 1981.

1. Menções obrigatórias do acto constituinte de qualquer tipo societário

O art. 9º, 1, refere os elementos gerais ou as "menções obrigatórias gerais"[1] que devem constar do acto constituinte de qualquer tipo societário. Na epígrafe do

---
[1] COUTINHO DE ABREU (2009), p. 103.

art. 9º e nos seus três números surge repetidamente a referência ao contrato de sociedade. Deste elemento literal não pode ser retirado que o âmbito normativo do art. 9º se cinge ao conteúdo do contrato enquanto acto constituinte da sociedade. Uma vez que o contrato de sociedade não é o único acto constituinte das sociedades, deve entender-se que o art. 9º vale, no essencial, para os restantes actos constituintes de sociedades[2].

1.1. Identidade dos sócios

Do contrato de qualquer tipo de sociedade devem constar os nomes ou firmas de todos os sócios fundadores e os outros dados de identificação destes[3] (art. 9º, 1, a)). Nos termos do art. 46º, 1, c), do CNot., as pessoas singulares são identificadas pela indicação do nome completo, estado (sendo a pessoa casada deve ser indicado o nome completo do cônjuge, bem como o regime matrimonial de bens), naturalidade e residência habitual. Sendo sócias as sociedades comerciais (e civis sob a forma comercial), a identificação faz-se nos "termos da lei comercial" (art. 46º, 1, c), do CNot.) ou seja, deve respeitar o disposto no art. 171º, 1, 2, do CSC. Outras pessoas colectivas sócias são identificadas pelas respectivas denominações, sedes e números de identificação de pessoa colectiva, conforme resulta do art. 46º, 1, c), do CNot.)[4].

1.2. Tipo de sociedade

Nos termos do art. 9º, 1, b), o tipo societário deve constar do acto constituinte da sociedade. Efectivamente, as sociedades que tenham por objecto a prática de actos de comércio devem adoptar um dos tipos previstos na lei (art. 1º, 3). Em geral, os sócios podem escolher o tipo social; para o exercício de determinadas actividades a lei impõe a adopção de determinado tipo societário (v.g., actividade seguradora). No processo de constituição da sociedade, a escolha do tipo societário é relevante para: *a)* a composição da firma (arts. 177º, 200º, 275º, 467º); *b)* o número mínimo de sócios (arts. 7º, 1, 273º, 479º)[5]; *c)* as entradas não admitidas (arts. 202º, 1, 277º, 1, 468º; *d)* o diferimento das entradas em dinheiro (202º, 2; 277º, 2); *e)* a avaliação das entradas em espécie (arts. 28º, 179º); *f)* a estrutura

---

[2] Neste sentido, v. GUEDES LEITÃO (2003), p. 226; COUTINHO DE ABREU (2009), p. 103. Sobre as adaptações impostas pela unipessoalidade, v. CASSIANO DOS SANTOS (2009), p. 65, s..
[3] Sobre as adaptações que esta norma deve sofrer em caso de fusão por constituição de nova sociedade, v. RAÚL VENTURA (1990), p. 163.
[4] Para um exemplo de documento de constituição de sociedade, v. OLAVO CUNHA (2010), p. 206, s..
[5] V. anotação ao art. 7º.

organizatória[6]; *g*) o capital social mínimo (arts. 201º, 276º, 3). Para além destes aspectos, o tipo societário é relevante em matéria de responsabilidade pelas dívidas da sociedade e transmissão de participações sociais[7].

1.3. Firma da sociedade

A sociedade comercial (e civil sob a forma comercial) deve adoptar uma firma. O art. 10º apresenta os requisitos da firma da sociedade[8]. Os arts. 177º, 200º, 270º-B, 275º e 467º do CSC regulam a composição da firma específica de cada um dos tipos societários. O RNPC tem a competência para, através do *certificado de admissibilidade da firma*, comprovar que uma determinada e concreta firma é susceptível de ser usada para identificar a sociedade (arts. 1º, 45º, 1, do RRNPC). O acto constituinte da sociedade deve necessariamente fazer referência à emissão do *certificado de admissibilidade da firma* adoptada, através do seu número e data de emissão (art. 54º, 1, do RRNPC). Os regimes especiais de constituição de sociedades por quotas e anónimas (regime de constituição imediata e regime de constituição *on line*), com o objectivo de garantir a celeridade do processo, permitem a dispensa deste certificado. Aos interessados é permitido que, em vez do certificado da admissibilidade da firma, componham a firma a partir de uma "bolsa de firmas" criada pelo RNPC: trata-se, na verdade, de *uma lista de expressões de fantasia previamente criada e reservada a favor do Estado* (art. 15º do DL 111/2005, de 8 de Julho). À expressão de fantasia colhida na "bolsa de firmas" é necessariamente acrescentado o aditivo identificativo da sociedade por quotas e anónima e, se essa for a escolha dos interessados, expressões alusivas ao objecto social (art. 10º, 1, do DL 111/2005, de 8 de Julho)[9].

1.4. Objecto social

Deve(m) ser indicada(s) a(s) actividade(s) económica(s) que vai (vão) ser exercida(s) pela sociedade (art. 11º, 2)[10]. No acto constituinte, deve ser especificada a caracterização da actividade económica que constitui o objecto da socie-

---

[6] V. desenvolvidamente PEDRO MAIA (2008), p. 16, s.; COUTINHO DE ABREU (2009), p. 57, s..
[7] V. desenvolvidamente PEDRO MAIA (2008), p. 12, s.; COUTINHO DE ABREU (2009), p. 53, s..
[8] Sobre os requisitos da firma da sociedade, v. por todos COUTINHO DE ABREU (2009ª). Para mais desenvolvimentos, v. anotação ao art. 10º.
[9] Sobre as dúvidas que este regime suscita, v. SOVERAL MARTINS (2006), p. 96, s..
[10] MENEZES CORDEIRO (2007), p. 252, distingue, quanto ao objecto da sociedade, entre actividades principais, actividades secundárias e actividades acessórias.

dade[11]. Não são lícitas menções genéricas e vagas. A indicação pormenorizada das actividades serve os interesses dos sócios, dos administradores e de terceiros. Aos sócios interessa saber em que actividade ou actividades arriscam capital ou trabalho[12]; ao órgão social de administração e de representação compete, como determina o art. 6º, 4, o "dever de não exceder esse objecto". Acresce que algumas causas de dissolução ligam-se ao objecto (arts. 141º, 1, c), d), 142º, 1, b), c), d)). É o objecto comercial que obriga à adopção de um dos tipos societários (art. 1º, 3). Determinados objectos obrigam a que a sociedade adopte um determinado tipo societário (v., por exemplo, actividade seguradora).

1.5. Sede da sociedade

A sede referida no art. 9º, 1, e), é a *sede estatutária*, ou seja o "local concretamente definido onde a sociedade se considera situada para a generalidade dos efeitos jurídicos em que a localização seja relevante"[13]. Por conseguinte, é necessário que no acto constitutivo sejam mencionados, consoante os casos, o nome do lugar, rua, número de polícia, número de andar, freguesia, concelho[14]. A sede estatutária é relevante para determinados efeitos: no âmbito do direito à informação, os sócios podem consultar na sede da sociedade determinados documentos (arts. 181º, 1, 214º, 1, 263º, 1, 288º, 1, 289º, 1, 2); as assembleias realizam-se, em regra, na sede da sociedade (arts. 377º, 6, a), e arts. 189º, 1, 248º, 1, 474º, 478º); é, às vezes, pela sede estatutária que se determina a competência territorial dos tribunais quanto a questões respeitantes a sociedades (arts. 65º, 1, a), 2, 65º-A, b), c), do CPC).

Diferente da sede estatutária é a "sede principal e efectiva" da administração da sociedade (art. 3º, 1), ou seja, a administração da sociedade, "o local onde se encontra o centro de decisão da empresa societária"[15]. Esta sede é relevante

---

[11] COUTINHO DE ABREU (2009), p. 105, convoca, a este propósito, o art. 11º, 2. O art. 279º, 5, é claro quanto à necessidade de especificar as matérias que constituem o objecto da sociedade. Sobre a natureza e funções da cláusula que define o objecto, v. SOVERAL MARTINS (1998), p. 288, s.; CASSIANO DOS SANTOS (2006), p. 136, s.

[12] Cfr. COUTINHO DE ABREU (2009), p. 105.

[13] COUTINHO DE ABREU (2009), p. 106.

[14] NETO FERREIRINHA / ZULMIRA SILVA (2003), p. 367. OLAVO CUNHA (2010), p. 134, considera inadmissível a localização de sedes sociais em apartados ou em meras caixas postais.

[15] Neste sentido, v. ÂNGELA SOARES (2006), p. 53.

para a determinação do *estatuto pessoal* da sociedades[16]. Lei (ou estatuto) que será relevante para regular as matérias elencadas no art. 33º, 2, do CCiv.[17].

A sede da sociedade distingue-se das *formas locais de representação*: sucursais, agências, delegações e outras (art. 13º)[18]. A sucursal (agência ou delegação), sendo uma parte da empresa[19], permite que a sociedade exerça "localmente" a sua actividade[20]. No universo da regulação financeira, é vincada a distinção entre sucursal[21] e *escritório de representação*. Enquanto a sucursal pode efectuar as operações em geral permitidas aos bancos[22], ao escritório de representação apenas é permitido zelar pelos interesses da instituição em Portugal e informar sobre a realização de operações em que ela se proponha participar (art. 63º, 1, do RGICSF)[23].

1.6. Capital social

Determina o art. 9º, 1, f), que do acto constituinte da sociedade conste o *capital social*[24]. O capital social nominal é a "cifra representativa da soma dos valores nominais das participações sociais fundadas em entradas em dinheiro e/ou espécie"[25]. Nos termos do art.14º, tal cifra tem necessariamente de ser expressa em moeda com curso legal em Portugal. O actual regime das sociedades com

---

[16] Sobre a compreensão do art. 3º à luz do "direito de estabelecimento" (arts. 49º e s. do TFUE), v. COUTINHO DE ABREU (2009), p. 107, s..

[17] Neste sentido, ÂNGELA SOARES (2004), p. 123, s., que considera que a matéria da constituição da sociedade, embora não conste do elenco do art. 33º, 2, do CCiv., está sujeita à lei pessoal.

[18] O DL 73/2008, de 16 de Abril, criou o regime especial de criação imediata de representações permanentes em Portugal de entidades estrangeiras.

[19] Cfr, para esta caracterização, COUTINHO DE ABREU (2009ª), p. 242, s.. Para outra caracterização das figuras mencionadas no art. 13º, 1, v. MENEZES CORDEIRO (2007), p. 462.

[20] Ponderando as vantagens e desvantagens de uma sociedade estrangeira abrir uma sucursal em Portugal, v. OLAVO CUNHA (2010), p. 137, s..

[21] Para a definição legal de sucursal e de agência, v. o art. 13º, 5º, 6º do RGICSF.

[22] V. o art. 52º do RGICSF.

[23] Sobre a distinção entre sucursal e escritórios de representação, v. CALVÃO DA SILVA (2001), p. 234, s.; COSTA PINA (2005), p. 261, s..

[24] V. desenvolvidamente TARSO DOMINGUES (2009), p. 47, s..

[25] COUTINHO DE ABREU, (2009), p. 66. Em sentido semelhante v. TARSO DOMINGUES (2009), p. 48. Este é o sentido clássico de capital social. No âmbito do art. 3º do DL 64/2009 (dedicado às sociedades anónimas e apenas aplicável às operações realizadas até 31 de Dezembro de 2009), passou a existir um novo (e paralelo) conceito de capital social que corresponde à "cifra que resulta da soma de duas componentes: uma representativa do valor nominal das acções e a outra representativa do diferencial resultante da diminuição do valor nominal das acções", cfr. TARSO DOMINGUES (2009ª), p. 196. Sobre as variadas dúvidas que os regimes instituídos pelo DL 64/2009 suscitam, v. *últ. ob. cit.*, p. 175, s.; PAULO CÂMARA (2009), p. 327, s..

acções sem valor nominal (art. 276º, 1)[26] implica "a existência de um capital social fixo"[27] que deve estar indicado no acto constituinte.

Diferente do capital social nominal é o designado "capital social real", constituído pela "quantidade ou montante de bens de que a sociedade não pode dispor em favor dos sócios, uma vez que se destinam a cobrir o valor do capital social nominal inscrito no lado direito do balanço"[28]. Não existirá a menção ao capital social nos actos constituintes de sociedades em nome colectivo cujos sócios entrem somente com a sua indústria ou trabalho. Tal hipótese está contemplada na parte final do art. 9º, 1, f)[29].

A estipulação estatutária sobre o capital deve respeitar as normas sobre o capital social mínimo: 5000 euros para as sociedades por quotas (art. 201º); 50 000 euros para as sociedades anónimas[30] e em comandita por acções (arts. 276º, 3, e 478º)[31]. Diferente do capital social nominal é o *capital social realizado* (distinção que encontra expressão no art. 171º, 2). Refere-se este último à soma das entradas em espécie e de parte das entradas em dinheiro já entregues à sociedade.

O relevo do capital resulta das funções que ele exerce na vida e desenvolvimento da sociedade. No plano interno, pontuam as funções de organização e de produção; no plano externo são de salientar as funções de avaliação económica da sociedade e de garantia[32].

1.7. Participação social

O acto constitutivo da sociedade deve indicar "a quota de capital" de cada sócio (art. 9º, 1, g)). Esta referência à "quota de capital" feita no art. 9º, 1, g), suscita algumas dúvidas porque a "quota" refere-se à participação social dos sócios das sociedades por quotas. No entanto, no contexto do art. 9º, nº 1, g), "quota de

---

[26] O DL 49/2010, de 19 de Maio, eliminou a obrigatoriedade do valor nominal das acções. Sobre este regime v. TARSO DOMINGUES (2010).

[27] V. TARSO DOMINGUES (2009), p. 182, que salienta as imposições da Segunda Directiva. OLAVO CUNHA (2010), p. 357, sublinha que "o conceito de capital social continua a ser um referencial societário incontornável".

[28] TARSO DOMINGUES (2009), p. 54.

[29] A questão está hoje resolvida legislativamente. V. neste sentido, PINTO FURTADO (2004), 105; PAIS VASCONCELOS (2006), p. 263.

[30] Sobre a dispensa, no âmbito do art. 2º do DL 64/2009, da observância do capital social mínimo, v. TARSO DOMINGUES (2009ª), p. 191.

[31] Para a defesa *iure condendo* da abolição do capital social mínimo, v. TARSO DOMINGUES (2009), p. 158, s..

[32] Sobre estas funções, v. TARSO DOMINGUES (2008), p. 196, s. Com terminologia diferente (função directa e função indirecta), v. PINTO FURTADO (2009), p. 426.

capital" tem o sentido de referenciar a participação social correspondente a entrada em dinheiro/espécie[33].

O valor das partes sociais fundadas em indústria é mencionado no contrato de sociedade (art. 178º, 1), mas "não se reflecte nas partes de capital (fundadas tão-só em entradas em dinheiro e/ou espécie) nem no capital social (arts. 9º, 1, f), 178º, 1)"[34].

Havendo participações sociais com valor nominal (partes sociais[35], quotas e acções[36]), ele deve ser indicado no acto constituinte da sociedade (art. 9º, 1, g)[37]. O relevo do *valor nominal* advém, entre outros, dos seguintes factores: *a)* o valor nominal da parte, da quota ou das acções atribuídas a um sócio no contrato de sociedade não pode exceder o valor da entrada (art. 25º, 1); *b)* a lei prescreve valores nominais mínimos para as quotas e acções (arts. 219º, 3, 276º, 2); *c)* o montante das entradas em dinheiro cujo pagamento é susceptível de ser diferido para momento posterior à celebração do contrato é calculado a partir do valor nominal da participação social (arts. 202º, 2, 277º, 2); *d)* é a partir da soma do valor nominal das participações fundadas em dinheiro e espécie que se apura se o capital social mínimo se encontra ou não formado; *e)* o valor nominal da participação social é relevante para o exercício de certos direitos sociais (*v.g.* arts. 22º, 1, 77º, 1).

Do acto constituinte de sociedade anónima com *acções sem valor nominal*, deve constar o "número de acções" (art. 272º, 1, a).

1.8. Cláusulas relativas às entradas dos sócios

Do acto constituinte também deve constar a "natureza da entrada de cada sócio" (art. 9º, 1, g)). Deve ser indicado o *tipo de entrada* com que cada sócio contribui para a sociedade: *dinheiro*, *bens diferentes de dinheiro* (espécie) ou *indústria*[38]. Esta menção assume relevo porque: *a)* as entradas em indústria estão proibidas nas sociedades

---

[33] Cfr. COUTINHO DE ABREU (2009), p. 110. Sobre os ajustamentos que o art. 9º, nº 1, g), deve sofrer quando referido às sociedades anónimas constituídas com apelo a subscrição pública, v. *últ. ob. cit.*, p. 111.
[34] Cfr. COUTINHO DE ABREU (2009), p. 276.
[35] OLAVO CUNHA (2010), p. 142; ADELAIDE LEITÃO / ALVES BRITO (2009), p. 102, afirmam que as partes "não têm valor nominal". O art. 25º, 1, fala expressamente em "valor nominal da parte".
[36] Nos termos do art. 276º, 2, "na mesma sociedade não podem coexistir acções com valor nominal e acções sem valor nominal".
[37] Neste sentido, v. COUTINHO DE ABREU (2009), p. 110.
[38] Neste sentido, BRITO CORREIA (1989), p. 147; COUTINHO DE ABREU (2009), p. 110. ADELAIDE LEITÃO / ALVES BRITO (2009), p. 101, parecem defender que a "natureza da entrada" se refere às quotas, acções e partes sociais.

por quotas, anónimas e para os sócios comanditários (arts. 202º, 1, 277º, 1, 468º); b) o diferimento só é admitido para as entradas em dinheiro (arts. 202º, 2, 277º, 2, 478º); c) as entradas com bens diferentes de dinheiro devem, em regra, ser avaliadas por um revisor oficial de contas que estabelece o respectivo valor (art. 28º)[39].

A menção aos "pagamentos efectuados por conta de cada quota" (art. 9º, 1, g)) deve ser entendida no contexto da possibilidade de diferimento do pagamento de parte da *entrada em dinheiro* (arts. 203º, 277º, 2)[40]. Nesta hipótese, o acto constituinte deve indicar a parte da entrada em dinheiro realizada no momento da celebração. A sociedade será, por conseguinte, *credora* da diferença entre o valor da participação social e o pagamento feito no momento da constituição da sociedade.

Nos termos do art. 9º, 1, h), havendo sócios que entrem com *bens diferentes de dinheiro* (entradas em espécie), devem constar dos estatutos não só a *descrição* como a *especificação dos respectivos valores*. Em regra, a especificação do valor não se pode basear em declarações dos sócios. Determina o art. 28º do CSC que as entradas em bens diferentes de dinheiro – vale por dizer, as entradas em espécie – devem ser objecto de um relatório elaborado por um revisor oficial de contas. Excepcionalmente, para as sociedades em nome colectivo e para os sócios de comanditados das sociedades em comandita, é permitido que a avaliação das entradas em espécie possa ser substituída pela expressa assunção pelos sócios, no contrato de sociedade, de responsabilidade solidária, mas não subsidiária, pelo valor atribuído aos bens (arts. 179º, 474º). Quanto às entradas em indústria, admissíveis para os sócios das sociedades em nome colectivo e para os sócios comanditados, deve ser indicado no contrato de sociedade o valor atribuído à indústria com que os sócios contribuem. A indicação do valor da indústria vai servir para o efeito da repartição de lucros e de perdas, conforme resulta do art. 176º, 1, b). O valor atribuído às entradas em indústria é fixado por avaliação dos sócios; o art. 28º não se aplica a este tipo de entradas[41]. A razão desta disciplina menos rigorosa justifica-se pela circunstância de os

---

[39] V., no entanto, o art. 179º.
[40] Nas sociedades resultantes de saneamento por transmissão, as entradas em dinheiro devem ser realizadas integralmente antes da homologação da decisão judicial (art. 201º, 2, do CIRE). Nos regimes especiais de constituição de sociedades anónimas e por quotas, as entradas em dinheiro podem ser realizadas em momento posterior à celebração acto constituinte (art. 7º, 2, do DL 111/2005 e art. 6º, 1, e), do DL 125/2006). Sobre a não conformidade, no que diz respeito às sociedades anónimas, deste regime com o art. 9º, 1, da 2ª Directiva, v. SOVERAL MARTINS (2006), p. 100, s.; COUTINHO DE ABREU (2009), p. 280, nt. 171.
[41] Neste sentido, v. COUTINHO DE ABREU, (2009), p. 276.

sócios responderem ilimitadamente pelas obrigações sociais e pelo facto de as entradas em indústria não serem computadas no capital social (art. 178º, 1).

A inclusão no acto constituinte das menções previstas nas alíneas g) e h) permite que os interessados tenham "um conhecimento o mais completo possível do estado patrimonial com que a sociedade nasce"[42].

1.9. Encerramento do exercício anual

Em princípio, o exercício social coincide com o ano civil, decorrendo entre 1 de Janeiro de um determinado ano até 31 de Dezembro desse mesmo ano. Determina o art. 8º, 1, do CIRC[43] que o imposto sobre o rendimento de pessoas colectivas é, em regra, "devido por cada exercício económico, que coincide com o ano civil, sem prejuízo das excepções previstas neste artigo". Seguindo-se este regime-regra, não será necessário que do acto constituinte da sociedade conste a data do encerramento do exercício anual. Com a redacção introduzida pelo art. 1º do DL 328/95, de 9 de Dezembro[44], foi acrescentada a alínea i) ao art. 9º e o CSC passou a permitir que o exercício social das sociedades não coincida com o ano civil[45]. Deste modo, sendo o exercício societário diferente do ano civil, deverá aquele "coincidir com o último dia do mês de calendário", isto é, deverá habitualmente ter início no dia 1 de um determinado mês e concluir-se no último dia do décimo segundo mês subsequente, devendo o mês constar do contrato de sociedade[46]. Várias razões são apontadas para justificar esta opção: o pico da actividade da sociedade situa-se no fim do ano civil; a sociedade portuguesa é participada por sociedades estrangeiras que adoptam exercícios sociais não coincidentes com o ano civil[47]. Para a regra específica que regula o primeiro exercício anual diferente do ano civil, v. o art. 65º-A[48].

---

[42] Cfr. FERRER CORREIA / LOBO XAVIER / ÂNGELA COELHO / ANTÓNIO CAEIRO (1977), p. 165.
[43] Embora os arts. 9º, 1, i), e 65º - A do CSC apresentem, ainda, a remissão expressa para o art. 7º do CIRC, a verdade é que actualmente o período de tributação é regulado no art. 8º do CIRC na redacção dada pelo DL 211/2005, de 7 de Dezembro. Antes deste DL, a matéria era regulada pelo art. 7º do CIRC. Sobre a regra da anualidade e respectivas excepções consagradas no art. 8º do CIRC, v. JÓNATAS MACHADO / NOGUEIRA DA COSTA (2009), p. 202, s..
[44] Mas já antes o direito tributário contemplava tal possibilidade, como assinala OLAVO CUNHA (2010), p. 143.
[45] Sobre os casos em que é necessária a autorização do Ministro das Finanças, v. JÓNATAS MACHADO / NOGUEIRA DA COSTA (2009), p. 203.
[46] Para exemplos de cláusulas estatutárias, v. OLAVO CUNHA (2010), p. 144.
[47] Para estas razões, v. OLAVO CUNHA (2010), p. 143.
[48] Sobre o primeiro exercício social, quanto este corresponde ao regime-regra, v. OLAVO CUNHA (2010), p. 145.

1.10. Outras menções

Nos termos do art. 16º, 1, devem constar do acto constituinte da sociedade as *vantagens especiais* concedidas a sócios com conexão com a constituição da sociedade, bem como o *montante global* por esta devido a sócios ou terceiros a título de *indemnização* ou de *retribuição* de serviços prestados durante essa fase[49]. A falta de cumprimento deste preceito determina a ineficácia perante a sociedade. Também os direitos especiais dos sócios dependem de expressa previsão no contrato de sociedade (art. 24º).

2. Falta de menções obrigatórias (remissão)

A falta de determinadas menções obrigatórias pode determinar a *nulidade* do acto constituinte da sociedade. Ver as anotações aos arts. 41º e s.. O art. 9º, 2, regula a consequência da inobservância dos requisitos das alíneas g) e h), do nº 1.

3. Ineficácia de estipulações relativas a entradas em espécie

O art. 9º, 2, sanciona com *ineficácia* as estipulações do contrato de sociedade relativas a *entradas em espécie* que não satisfaçam os requisitos previstos nas alíneas g) e h). É interessante observar que o preceito refere textualmente *entradas em espécie* e não entradas com bens diferentes de dinheiro, como surge na alínea h), do nº 1 do art. 9º. Por conseguinte, o âmbito material do nº 2 do art. 9º cinge-se às *entradas diferentes de dinheiro e de indústria*.

Este aspecto é importante porque, no que toca a alínea h), nem todos os requisitos que aí surgem mencionados se aplicam às entradas diferentes de dinheiro e de indústria. Efectivamente, o requisito relativo à menção dos "pagamentos efectuados por conta de cada quota" refere-se exclusivamente às entradas em dinheiro e *não se aplica às entradas em espécie*. Restam, então, no elenco da alínea g), as menções relativas à "quota de capital" da participação social fundada em entrada em espécie e à "natureza da entrada" com que o sócio contribui para a sociedade.

Não sendo observados, para as entradas em espécie, os requisitos previstos nas alíneas g) e h), a estipulação estatutária *é ineficaz* perante a sociedade. Esta ineficácia produz "a desoneração do sócio"[50] quanto à obrigação de contribuir

---

[49] ELISABETE RAMOS (2008), p. 57.
[50] FERRER CORREIA/LOBO XAVIER/ÂNGELA COELHO/ANTÓNIO CAEIRO (1977), p. 166.

para a sociedade com aquele determinado bem em espécie[51]. Determina o art. 25º, 4, que nos casos em que for ineficaz a estipulação relativa a uma entrada em espécie, nos termos previstos no artigo 9º, 2, *deve o sócio realizar em dinheiro a sua participação*[52], sem prejuízo da eventual dissolução da sociedade, por deliberação dos sócios por se verificar a hipótese prevista no artigo 142º, 1, b) – a actividade que constitui o objecto contratual torna-se de facto impossível[53].

4. Menções facultativas e estipulações estatutárias derrogatórias de normas dispositivas do CSC

O acto constituinte pode incorporar outras menções que são relevantes para a organização e funcionamento da sociedade. Por vezes, a lei permite que o estatuto adopte determinada disciplina. Como exemplo desta possibilidade, considere-se o art. 27º, 3, que permite que o contrato de sociedade preveja penalidades para a falta de cumprimento das obrigações de entrada[54].

Noutros casos, as normas do CSC permitem expressamente que o contrato disponha de modo diverso. Serão os casos, por exemplo, do art. 15º, relativamente à duração de sociedade, que permite que o contrato, mediante a fixação da duração da sociedade, afaste a regra da duração indeterminada, ou do art. 22º que permite, quanto à distribuição de lucros e repartição de perdas, que o contrato afaste o critério da proporção dos valores das respectivas participações no capital social.

Nos termos do art. 9º, 3, as normas dispositivas ou supletivas do CSC aplicam-se às sociedades, excepto quando: *a)* normas estatutárias, derrogando a norma legal, estipulem de modo diverso[55]; *b)* deliberações sociais operem tal derrogação. Neste último caso, a validade da deliberação depende de expressa autorização estatutária. Parece não haver razões para sustentar que o teor lite-

---

[51] FERRER CORREIA/LOBO XAVIER/ÂNGELA COELHO/ANTÓNIO CAEIRO (1977), p. 166, admitiam que a ineficácia originasse a invalidade do contrato de sociedade nos termos gerais, quando a entrada em causa fosse considerada essencial à realização do escopo da sociedade.
[52] Esta solução constava do art. 13º, nº 3, do Anteprojecto de Sociedade por Quotas de Responsabilidade Limitada. Cfr. FERRER CORREIA/LOBO XAVIER/ÂNGELA COELHO/ANTÓNIO CAEIRO (1977), p. 164.
[53] TARSO DOMINGUES, (2009), p. 237, defende que se o sócio não realizar a sua entrada em dinheiro, ficará sujeito ao regime do sócio remisso.
[54] Para mais exemplos de "normas legais habilitantes, mas não dispositivas ou supletivas", v. COUTINHO DE ABREU (2009), p. 115.
[55] ANTÓNIO CAEIRO (1998), p. 372; OLAVO CUNHA (2010), p. 168, sustentam a validade de uma cláusula que, de modo genérico, permita que deliberações de sócios derroguem normas do CSC.

ral do art. 9º, 3, apresenta uma gralha não corrigida[56]. E, portanto, a autorização que, no art. 9º, 3, se pede para que a deliberação social derrogue validamente uma norma legal dispositiva ou supletiva é a do "contrato de sociedade" e não a da lei[57].

Admitindo que o contrato de sociedade não afasta as normas dispositivas nem contém uma permissão de derrogação desses preceitos por deliberação dos sócios, prevalecerão as normas do CSC[58]. A forma de inverter esta situação será alterar o contrato de sociedade, de modo a integrar cláusulas derrogatórias ou cláusula que possibilite a derrogação de normas dispositivas por deliberação dos sócios[59].

---

[56] No sentido de que o art. 9º, nº 3, apresenta uma gralha, v. RAÚL VENTURA (1991), p. 107; PINTO FURTADO (1993), p. 375, nt. 367. Mais recentemente PINTO FURTADO (2009), p. 363, considera esta uma "questão de *lana-caprina*". No sentido de que não há fundamento para sustentar a existência de gralha, v. ANTÓNIO CAEIRO (1998), p. 372, s. (que critica a orientação adoptada), ALBINO MATOS (2001), p. 25, s.; COUTINHO DE ABREU (2009), p. 116, nt. 49 (que considera, porventura, mais razoável a versão originária do preceito); ADELAIDE LEITÃO / ALVES DE BRITO (2009), p. 103.
[57] Como assinala COUTINHO DE ABREU, (2009), p. 116, há casos em que a própria lei permite que a norma seja derrogada por deliberação dos sócios (*v.g.*, arts. 151º, 1, 191º, 2, 217º, 1, 249º, 1). OLAVO CUNHA (2010), p. 168, invoca o argumento "por maioria de razão" para sustentar que também a lei pode permitir que deliberações dos sócios derroguem normas do CSC.
[58] Tb. neste sentido, v. GUEDES LEITÃO (2003), p. 228.
[59] Em sentido semelhante, v. GUEDES LEITÃO (2003), p. 229.

ARTIGO 10º
Requisitos da firma

1. Os elementos característicos das firmas das sociedades não podem sugerir actividade diferente da que constitui o objecto social.

2. Quando a firma da sociedade for constituída exclusivamente por nomes ou firmas de todos, algum ou alguns sócios deve ser completamente distinta das que já se acharem registadas.

3. A firma da sociedade constituída por denominação particular ou por denominação e nome ou firma de sócio não pode ser idêntica à firma registada de outra sociedade, ou por tal forma semelhante que possa induzir em erro.

4. Não são admitidas denominações constituídas exclusivamente por vocábulos de uso corrente, que permitam identificar ou se relacionem com actividade, técnica ou produto, bem como topónimos e qualquer indicação de proveniência geográfica.

5. Da denominação das sociedades não podem fazer parte:

a) Expressões que possam induzir em erro quanto à caracterização jurídica da sociedade, designadamente expressões correntemente usadas na designação de organismos públicos ou de pessoas colectivas sem finalidade lucrativa;

b) Expressões proibidas por lei ou ofensivas da moral ou dos bons costumes.

* Os nºs 1 e 2 têm a redacção do DL nº 257/96, de 31 de Dezembro. A redacção dos nºs 3, 4 e 5 do presente artigo foi dada pelo art. 17º do DL nº 111/2005, de 8 de Julho. Em particular, a alínea *b)* do nº 5 corresponde à anterior redacção da alínea *c)* dada pelo DL nº 257/96, de 31 de Dezembro. A redacção actual corresponde à forma republicada do CSC, de harmonia com o disposto no art. 62º do DL nº 76-A/2006, de 29 de Março.

Índice:

1. Noção e função da firma e denominação
2. Natureza do direito emergente da firma e denominação
3. Obrigação de adoptar e usar firma e denominação
   4. A escolha e a composição da firma e denominação
   4.1. Nas sociedades por quotas
   4.2. Nas sociedades anónimas
   4.3. Nas sociedades em comandita e em nome colectivo
   4.4. Outras sociedades e entes não societários
5. Princípios
   5.1. Princípio da licitude
   5.2. Princípio da verdade
   5.3. Princípio da unidade

5.4. Princípio da capacidade distintiva
5.5. Princípio da novidade
5.6. O princípio da exclusividade
6. O regime jurídico e a protecção internacional da firma ou denominação
7. A transmissão e a cedência do gozo da firma ou denominação
8. A tutela da firma relativamente a sinais confundíveis
9. Resolução de litígios e questões processuais
   9.1. Problemas de competência jurisdicional
   9.2. As invalidades do direito sobre a firma ou denominação já constituída; em particular, a caducidade do direito de reagir contra firma ou denominação confundível
   9.3. Recursos: controlo sobre a matéria de facto e de direito
10. Âmbito territorial da firma
11. A alteração da firma ou denominação
12. A extinção do direito relativo à firma ou denominação

Bibliografia:

a) Citada:

ALMEIDA, ALBERTO FRANCISCO RIBEIRO DE, "O princípio da especialidade na firma – anotação ao Acórdão de 25/3/2009 do Supremo Tribunal de Justiça", in: *Lusíada, Direito* n°s 1 e 2 (2010), Universidade Lusíada Editora, Lisboa, pp. 493-532; ABREU, JORGE MANUEL COUTINHO DE, *Curso de Direito Comercial*, vol. I, *Introdução. Actos de comércio. Comerciantes. Empresas. Sinais Distintivos*, 7ª edição, Coimbra, Almedina, 2009, pp. 155-180; ABRIANI, NICCOLÓ/COTTINO, GASTONE/RICOLFI, MARCO, *Trattato di Diritto Commerciale* (diretto da GASTONE COTTINO), vol. II, *Diritto Industriale*, Padova, Cedam, 2001; ALMEIDA, FERREIRA DE, "As denominações sociais particulares das sociedades comerciais e a repartição do comércio", in: *RDES* (1977), p. 270 ss.; APARICIO GONZÁLEZ, MARIA LUISA, *Código de Comercio y Leyes Complementarias*, 33ª edição, Thompson Reuters, Civitas, 2009; ASCENSÃO, JOSÉ DE OLIVEIRA, *Direito Comercial*, vol. II, *Direito Industrial*, Associação Académica da Faculdade de Direito da Universidade de Lisboa, Lisboa, 1988 = reimpressão, em 1994, "A aplicação do art. 8º da Convenção da União de Paris nos países que sujeitam a registo o nome comercial", in: *ROA*, ano 56 (1996), II, p. 443 ss., *Direito Comercial*, vol. 1º, *Institutos Gerais*, Associação Académica da Faculdade de Direito da Universidade de Lisboa, Lisboa, 1998, "Firma-nome – confusão (parecer), in: *CJ* (1988), Tomo 4, pp. 28-37, "A segunda versão do projecto de Código da Propriedade Industrial", in: *RFDUL*, vol. XXXIII (1992), p. 37 ss., "Parecer sobre a «Proposta de alteração do Código da Propriedade Industrial», in: *RFDUL* (2000), p. 327 ss., *Direito Civil – Teoria Geral*, vol. I., *Introdução. As Pessoas. Os Bens*, 2ª edição, Coimbra, Coimbra Editora, 2000,

"A Reforma do Código da Propriedade Industrial", in *Direito Industrial*, vol. I, Coimbra, Almedina, 2001, p. 481 ss.; AURELIANO, NUNO, "Logótipo – Um Novo Sinal Distintivo do Comércio (Parte II), in: *Direito Industrial*, vol. V (2008), pp. 88-151; AUTERI, PAOLO, "Ditta", in: *Enciclopedia Giuridica Treccani*, vol. XI, Roma, 1989, *Direito Comercial*, vol. 1º, *Institutos Gerais*, Lisboa, 1998/1999; AZÉMA, JACQUES/GALLOUX, JEAN-CHRISTOPHE, *Droit de la propriété industrielle*, Paris, Dalloz, 2006 (continução das edições originariamente da autoria de ALBERT CHAVANNE e JEAN-JACQUES BURST); CARVALHO, ORLANDO DE, *Direito das Coisas (Das Coisas em Geral)*, Coimbra, Centelha, 1977; CASANOVA, MARIO, *Impresa e azienda*, Trattato di diritto civile, diretto da VASSALI, F., Torino, Utet, 1974; CHAVANNE, ALBERT/BURST, JEAN-JACQUES, *Droit de la propriété industrielle*, Dalloz, Paris, 5ª edição, 1998; COELHO, FRANCISCO MANUEL PEREIRA, *O Enriquecimento e o Dano*, reimpressão, Almedina, Coimbra, 1999 (a edição é de 1970); COELHO, JOSÉ GABRIEL PINTO, *Lições de Direito Comercial*, vol. I, Lisboa, C. E. Martins Souto Editora, 1942, "O nome comercial na Convenção da União de Paris (1893) e no Código da propriedade Industrial", in: *RLJ*, ano 97º (1964-1965), p. 65 ss, "As firmas e o Decreto nº 19.638", 1943; CORDEIRO, ANTÓNIO MENEZES, *Tratado de Direito Civil Português*, I, Parte Geral, Tomo III, *Pessoas*, Coimbra, Almedina, 2004, *Manual de Direito Comercial*, Coimbra, Almedina, 2007, *Manual de Direito das Sociedades*, I, *Das Sociedades em Geral*, 2ª edição, Coimbra, Almedina, 2007ª, *Código das Sociedades Comerciais*, Almedina, Coimbra, 2009 (coord. de MENEZES CORDEIRO); CORREIA, ANTÓNIO DE ARRUDA FERRER, *Lições de Direito Comercial* (com a colaboração de M. H. HENRIQUE MESQUITA/ANTÓNIO CAEIRO), policopiado Coimbra, 1973; CORREIA, LUÍS BRITO, *Direito Comercial*, 1º Volume, Lisboa, Associação Académica da Faculdade de Direito da Universidade de Lisboa, Lisboa, 1988; CORSI, FRANCESCO, *Lezioni di diritto dell'impresa*, Milano, Giuffrè, 1999; FERNANDES, LUÍS ALBERTO DE CARVALHO, *Teoria Geral do Direito Civil*, vol. I, 2ª edição, Lisboa, Lex, 1995, "A nova disciplina das invalidades dos direitos industriais", in: *Direito Industrial*, vol. IV (2005), p. 73 ss.; FERRARI, FRANCESCA, "Notte a prima letture sulle norme processuali contenute nel Codice della Proprietà Industriale", in: *Rivista di diritto industriale*, nºs 4/5 (2005), p. 339 ss.; FURTADO, JORGE HENRIQUE PINTO, *Comentário ao Código das Sociedades Comerciais, Manual de Direito Comercial*, Coimbra, Almedina, 2007, Coimbra, Almedina, 2009; DI CATALDO, VINCENZO, *I segni distintivi*, Milano, Giuffrè, 1993; GERALDES, ANTÓNIO ABRANTES (coord.), *Sociedades Comerciais. Jurisprudência 1997-2008*, Coimbra, Colectânea de Jurisprudência Edições, 2009; GERVAIS, DANIEL, *The TRIPS Agreement – Drafting History and Analysis*, 3ª edição, London, Sweet & Maxwell, 2008; GALLOUX, JEAN-CHRISTOPHE, *Droit de la Propriété Industrielle*, Paris, Dalloz, 2000; GONÇALVES, LUÍS MANUEL, *Manual de Direito Industrial – Patentes. Desenhos ou Modelos. Concorrência Desleal*, 2ª edição, Coimbra, Almedina, 2008; GÖTTING, HÖRST-PETER, *Gewerblicher Rechtsschutz. Patent-, Gebrauchsmuster- und

Markenrecht. Ein Studienbuch, 8ª edição, München, C. H. Beck, 2007; GRECO, PAOLO, *Corso di diritto commerciale e industriali. I diritti su beni immateriali*, Torino, Giappichelli, 1948; LEITÃO, LUÍS MENEZES, *O Enriquecimento sem Causa no Direito Civil*, Cadernos de Ciência e Técnica Fiscal, Centro de Estudos Fiscais, Lisboa, 1996; MARQUES, JOÃO PAULO REMÉDIO, *Biotecnologia(s) e Propriedade Intelectual*, vol. II, *Obtenções Vegetais, Conhecimentos Tradicionais, Sinais Distintivos, Bioinformática e Bases de Dados, Direito da Concorrência*, Coimbra, Almedina, 2007; "O conteúdo dos pedidos de patente: a descrição do invento e a importância das reivindicações – Algumas notas", in: *O Direito*, ano139º (2007), pp. 769-839 (2007a); *Acção Declarativa à Luz do Código Revisto*, 2ª edição, Coimbra, Coimbra Editora, 2009; MARTINS, ALEXANDRE SOVERAL, "Da personalidade e capacidade jurídicas das sociedades comerciais", in: ABREU, COUTINHO DE (coord.), *Estudos de Direito das Sociedades*, 9ª edição, Almedina, Coimbra, 2009, pp. 99-130; MENDES, OEHEN, *Da Protecção do Nome comercial no Estrangeiro e em Portugal*, Coimbra, Almedina, 1982; OLAVO, CARLOS, *Propriedade Industrial*, vol. I, *Sinais Distintivos*, 2ª edição, Coimbra, Almedina, 2005; OLAVO, FERNANDO, *Direito Comercial*, vol. I, 2ª edição, Lisboa, 1974; "O nome comercial e o artigo 8º da Convenção da União de Paris", in: *CJ* (1984), p. 21 ss.; PINTO, CARLOS A. DA MOTA, *Teoria Geral do Direito Civil*, 4ª edição, por A. PINTO MONTEIRO/PAULO MOTA PINTO, Coimbra, Coimbra, Editora, 2005; POLLAUD-DULIAN, FRÉDÉRIC, *Droit de la Propriété Industrielle*, Paris, Montchrestien, 1999; RICOLFI, MARCO, *I segni distintivi. Diritto interno e comunitário*, Torino, Giappichelli, 1999; SANTOS, FILIPE CASSIANO, *Direito Comercial Português*, vol. I, *Dos actos de comércio às empresas: o regime dos contratos e mecanismos comerciais no Direito Português*, Coimbra, Coimbra Editora, 2007; SCUFI, M., "Diritto processuale dei brevetti e dei marchi", Milano, Giuffré, 2001, p. 46 ss.; SERENS, MANUEL NOGUEIRA, "Firma e língua portuguesa (Parecer)", in: *RN* (1994), p. 142 ss.; "O direito da firma das sociedades comerciais", in: *Colóquio «Os Quinze Anos de Vigência do Código das Sociedades Comerciais»*, Fundação Bissaya Barreto, Coimbra, 2003, p. 202 ss.; "Firma e Língua Portuguesa (parecer)", in: *RN*, 1994, p. 142 ss.; SOUSA, MIGUEL TEIXEIRA DE, *Estudos Sobre o Novo Processo Civil*, 2ª edição, Lisboa, Lex, 1997; SOUSA, RABINDRANATH CAPELO DE, *O Direito Geral de Personalidade*, Coimbra, Coimbra Editora, 1995; VANZETTI, ADRIANO/DI CATALDO, VINCENZO, *Manuale di Diritto Industriale*, 4ª edição, Milano, Giuffré, 2003; VARELA, JOÃO DE MATOS ANTUNES, "Os juízos de valor da lei substantiva, o apuramento dos factos na acção e o recurso de revista", in: *CJ* (1995), Tomo 4, p. 11 ss.; VICENTE, DÁRIO MOURA, *A Tutela Internacional da Propriedade Intelectual*, Coimbra, Almedina, 2008.

b) Outra:
ALMEIDA, EMÍDIO FERREIRA DE, "As denominações particulares das sociedades comerciais e a repartição do comércio", in: *RDES*, Tomo 24 (1977), pp. 269-278; CORREIA,

MIGUEL PUPO, *Direito Comercial – Direito da Empresa* (com a colaboração de ANTÓNIO JOSÉ TOMÁS/OCTÁVIO CASTELO PAULO), 10ª edição, Lisboa, Ediforum, 2007, pp. 85-92; CUNHA, PAULO OLAVO, *Direito das Sociedades Comerciais*, 3ª edição, Coimbra, Almedina, 2007, pp. 111-115; GOMES, MANUEL JANUÁRIO, "A projecção da actividade económica da empresa na composição da firma – Considerações gerais", in: *Scientia Iuridica*, 30 (1981), pp. 365-380; LIMA, E. A. PIRES DE, *A firma no direito commercial portuguez*, Porto, Imprensa Portugueza, 1897; MACIOCE, FRANCESCO, *Profili del diritto al nome civile e commerciale*, Padova, Cedam, 1984; MATOS, ALBINO DE, *Constituição de Sociedades*, 5ª edição, Coimbra, Almedina, 2001, pp. 49-58;

1. Noção e função da firma e denominação

A *firma* é um sinal distintivo que tende a individualizar e identificar os *comerciantes*. A *denominação* tende a individualizar e identificar os *não comerciantes*. Todavia, esta diferença tem-se esbatido[1], visto que tanto **(1)** a firma passou a designar *não comerciantes*[2], quanto **(2)** o legislador utiliza, por vezes, invariavelmente a palavra "denominação, a fim de designar entidades colectivas que podem ser comerciantes[3].

---

[1] O artigo 19º do CCom distinguia a firma em *sentido objectivo* (o nome comercial do comerciante que o designava no exercício do seu comércio, o qual constituía a sua firma, e com o qual *ele assinava* todos os documentos relacionados com o seu exercício profissional), ou seja a sua *assinatura* (a *firma-assinatura*). A LSQ permitiu que estas sociedades adoptassem firmas (contanto que fosse escolhida uma designação equivalente ao nome de algum ou alguns dos seus sócios) ou denominações particulares (estas últimas podiam ser compostas por meras expressões de fantasia ou exprimir a actividade da sociedade). O Decreto 19.638, de 21 de Abril de 1931 permitiu que as sociedades anónimas pudessem compor a firma com o nome dos seus sócios ou de ex-sócios. Só nos oitenta do século passado se tentou reservar a utilização da firma para os *comerciantes e nome individual* ou para as *sociedades comerciais*, passando a denominação a ser utilizada para identificar as restantes pessoas colectivas que não fossem comerciantes.
[2] Por exemplo, as *sociedades civis sob tipo comercial* (art. 37º do regime RRNPC, aprovado pelo DL 129/98, de 13 de Maio); os *empresários individuais não comerciantes* (art. 39º do referido regime jurídico); os ACE *com objecto não mercantil* (art. 3º do DL 430/73, de 25 de Agosto, e Base III, nº 1, da L 4/73, de 4 de Junho); o EIRL (art. 40º do citado RRNPC, pese embora este EIRL não desfrute de *personalidade jurídica*, sendo apenas um *património autónomo*).
[3] Veja-se, *inter alia*, o art. 24º, 2, do RSEE, aprovado pelo DL 558/99, de 17 de Dezembro; o art. 36º do RJSEL, aprovado pela L 53-F/2006, de 29 de Dezembro; art. 12º, 1, alínea *c)*, 113º, alínea *a)*, e 14º, todos do actual CCoop, aprovado pela L 51/96, de 7 de Setembro; o art. 5º, alínea *a)*, do Regulamento (CEE), 2137/85, do Conselho, de 25 de Julho, sobre os *Agrupamentos Europeus de Interesse Económico*. Cfr. COUTINHO DE ABREU (2009), pp. 154-155.

Pode, deste modo, dizer-se que a firma é um *sinal distintivo das empresas-sujeito* (mercantis e não mercantis)[4]. Não obstante a tendência de *despersonalização* da firma, a sua função é a de *identificar e distinguir um sujeito no tráfego jurídico-económico, através da utilização de um sinal nominativo*. Distingue-se do *logótipo*, nos termos que vimos, *supra* em nota, bem como se aparta da *marca*, pois que esta visa designar e identificar produtos ou serviços. Mais do que identificar *o sujeito*, cremos que a firma ou denominação *identificam o centro personificado de imputação de uma determinada actividade económica*, normalmente exercida em moldes empresariais. Isto porque a composição da firma das SQ, das SA, dos ACE, das EPE e dos AEIE pode ser efectuada por uma denominação particular ou de fantasia, embora seguida do aditamento "S.A.", "Lda.", "A.C.E.", A.E.I.E.", "E.E.M" (entidade empresaria municipal), "E.E.I.M." (entidade municipal inter-municipal), etc. Somente as *firmas-nome*, compostas pelo nome completo ou abreviado ou a firma de todos ou de alguns dos sócios, é que cumprem estritamente essa alegada função de *identificação da pessoa* do comerciante-empresário.

A firma garante, deste modo – no que à sua capacidade distintiva diz respeito (cfr., *infra*, sobre o princípio da *capacidade distintiva*) – perante terceiros que a pessoa colectiva sob cuja égide é criada e registada apresenta, ao longo do tempo, *elementos de continuidade*, pessoais ou reais.

O artigo em anotação reporta-se, à *firma das sociedades comerciais*. Outras normas constantes do CSC regem, em especial, a formação e a composição da firma das sociedades comerciais, consoante o concreto *tipo* de sociedade comercial. Outrossim, existem *regimes especiais* de composição e utilização da firma de certas sociedades, designadamente, as *Sociedades Gestoras de Participações Sociais* (art. 2º, 4, do DL 495/88, de 30 de Dezembro), as *Sociedades de Capital de Risco* (art. 18º do DL 433/91, de 7 de Novembro), as *Sociedades de Gestão de Investimento Imobiliário* (art. 4º do DL 135/91, de 4 de Abril), as *Sociedades Administradoras de Compra*

---

[4] Como é sabido, o novo (e confuso) regime do *logótipo* passou a servir para designar a *empresa em sentido objectivo*, ou seja, o estabelecimento, embora haja *zonas de sobreposição* (p. ex., o art. 304º-I, 3, alínea *a*), do CPI), já que o logótipo também pode ser vir para identificar o *sujeito* (tenha, ou não, estabelecimento) – chamando a atenção para esta bifuncionalidade do *logótipo*, cfr. COUTINHO DE ABREU (2009), p. 355. Isto para além de *a mesma entidade* (identificada por uma *firma* ou *denominação*) poder ser individualizada através de *diferentes logótipos* (art. 304º-C, 2, do referido Código): à *unicidade da firma* contrapôs-se a *pluralidade de logótipos*. De facto, este, o novo regime do *logótipo* destina-se a distinguir *entidades* que prestam serviços ou comercializam produtos, podendo ser utilizado, nomeadamente, em estabelecimentos, anúncios, impressos ou correspondência (art. 304º-A, 2, do actual CPI, na redacção do DL 143/2008, de 25 de Julho, e da L 52/2008, de 28 de Agosto). Regime, este, que também serviu para abolir dois outros sinais distintivos de empresas (em sentido objectivo), há muito consolidados na ordem jurídica portuguesa: o *nome do estabelecimento* e a *insígnia do estabelecimento*.

em Grupo (art. 6º/3 do DL 237/91, de 3 de Julho), as *Sociedades Anónimas Desportivas* (art. 6º do DL 67/97, de 3 de Abril), as *Sociedades de Garantia Mútua* (art. 4º do DL 211/98, de 16 de Julho) e as *Instituições de Crédito e Sociedades Financeiras* (art. 11º do DL 298/92, de 31 de Dezembro).

2. Natureza do direito emergente da firma e denominação

Embora para alguns, a firma traduza uma modalidade do direito ao nome enquanto *direito de personalidade* com um forte conteúdo patrimonial[5], outros autores vêem-na como *quid* passível de ser objecto de *direitos reais*, designadamente de um *direito de propriedade* sobre um *bem* (uma *coisa*) *imaterial*[6], susceptível de ser objecto de direitos, pois desfruta de suficiente autonomia e individualidade para tal, podendo ser transmitida com a transmissão (definitiva) ou a cedência temporária do gozo do estabelecimento. Será assim, neste último sentido, um *direito de propriedade industrial* enquanto postula uma situação jurídica subjectiva, de natureza absoluta (dentro do *círculo de exclusivismo* que lhe é reconhecido), pese embora o seu regime não esteja previsto no CPI – à semelhança do que se verifica com outros *direitos de propriedade industrial* (*v.g.*, direitos de obtentor, nacional e comunitário, de variedade vegetal, marca comunitária, regime dos conhecimentos tradicionais das populações locais respeitantes à utilização de material vegetal autóctone)[7].

Parece-nos, no entanto, que, sem retirar este sinal distintivo do subsistema da propriedade industrial, a firma ou denominação reveste, não tanto uma natureza *natureza mista*[8], mas *bifronte* ou *dualista*, a um tempo reflexo da *persona-*

---

[5] PINTO COELHO (1942), p. 240 ss.; MENEZES CORDEIRO (2007), p. 296.
[6] COUTINHO DE ABREU (2009), p. 180-181. Embora a jurisprudência francesa e alguma doutrina adiram, maioritariamente, à tese do direito de propriedade – p. ex., CHAVANNE/BURST (1998), p. 819; POLLAUD-DULIAN (1999) p. 477 –, a verdade é que a sua tutela não pode ser efectuada, neste ordenamento jurídico, através da *action en contrafaçon*, mas apenas por via da *concurrence déloyale*. Cfr. GALLOUX (2000), p. 477.
[7] Entre nós, o regime da firma ou denominação comunga de um conjunto de características susceptíveis de qualificar o seu *licere* como parte integrante do *subsistema da propriedade* intelectual (*maxime*, da industrial): a) o seu objecto é imaterial; b) a sua constituição ou reconhecimento está dependente da verificação de certas exigências de novidade (ou originalidade); c) o seu titular desfruta de um direito de exclusivo; d) representa valores e interesses patrimoniais; e) a sua violação constitui um acto ilícito, independentemente da intenção ou da violação de deveres de cuidado, bem como independentemente da verificação dos requisitos do ilícito da concorrência desleal; f) desfruta de uma eficácia circunscrita ao território do Estado cuja Administração a constituiu e levou ao registo; g) resulta da lei e não de contrato ou de negócio jurídico unilateral; h) *last but not the least*, as faculdades jurídicas emergentes da constituição da firma ou denominação são *oponíveis a terceiros* (não são direitos relativos) dentro de um determinado "círculo de confundibilidade".
[8] FERRER CORREIA (1973), p. 295; OLIVEIRA ASCENSÃO (1999), pp. 324-325; BRITO CORREIA (1988), p. 242.

lidade (humana ou de entes colectivos) e das *faculdades pessoais* que dela brotam, à semelhança das *faculdades pessoais* ínsitas, com maior ou menor intensidade, nos demais *direitos de propriedade industrial* e no *direito de autor* e *direitos conexos* – embora o direito sobre a firma ou denominação não seja vitalício e, diferentemente do nome das pessoas humanas, é susceptível de transmissão – e, por outro lado, reflexo de um aspecto patrimonial e de certos *interesses patrimoniais*, porventura mais relevantes, ligados à *actividade económica* e às organizações de factores de produção (*empresas*). Enquanto *direito de exclusivo* inserido no subsistema da propriedade industrial, o direito relativo à firma ou denominação está, decerto, ligado a determinados *aspectos pessoais*. Todavia, isto não impede que possamos considerar *em separado* o aspecto mais importante deste exclusivo: o *aspecto patrimonial*. O *aspecto pessoal* só tem verdadeiramente *relevância autónoma*, dentro deste subsistema da propriedade intelectual, no que tange às *criações industriais*[9] (tuteláveis por direito de patente, modelo de utilidade, desenho ou modelo, topografia de produto semicondutor, direito de obtentor de variedade vegetal), e não no que respeita aos *sinais distintivos* das empresas e dos empresários (comerciantes ou não comerciantes)[10].

---

[9] Analogamente, COUTO GONÇALVES (2008), p 46.

[10] É, no entanto, importante saber, em casos de *homonímia*, ou nas situações em que se *deixa de ser associado ou sócio pessoa cujo nome figure na firma ou denominação de uma pessoa colectiva*, qual o âmbito de eficácia do negócio jurídico (bilateral ou unilateral), pelo qual uma pessoa humana autoriza (ou convenciona com) um empresário a incluir o nome (anagráfico) ou o apelido na firma na firma que pretende registar. Pergunta-se se o titular do nome colidente (ou os seus herdeiros), ou que tenha autorizado a manutenção do seu nome ou apelido na firma da pessoa colectiva (art. 32º, 5, do RRNPC) pode denunciar *ad nutum* ou resolver o acordo negocial concluído com o interessado em incluí-lo na sua firma, a fim de ser evitada o recurso às providências judiciais previstas no art. 72º, 2, do CCiv. ou, eventualmente, a mobilização do art. 317º do CPI. A resposta deve ser diferenciada. A questão releva, pois, da *utilização secundária* do *nome* ou *apelido* para além das fronteiras da tradicional *tutela civilista* que sobre eles incide. Importa adequar e coordenar adentro do espírito do sistema, as regras relativas ao nome que se abrigam no CCiv. (arts. 72º e 73º) e as *disposições especiais* do direito dos sinais distintivos (*in casu*, as firmas), que permitem a inclusão, nesses sinais, de nomes individuais. Em primeiro lugar, deve ser rejeitada a admissibilidade de actos dispositivos dos direitos de personalidade – onde se inclui o direito à identidade pessoal – de carácter *geral*, *perpétuo* ou *definitivo*. Todavia, a referida compatibilidade pode fazer-se no sentido em que o negócio jurídico que habilita a *utilização secundária* do nome não quadra directamente com os *interesses patrimoniais*, por cujo respeito aquela tutela consagrada no direito civil foi erigida (art. 26º, 1, da CRP). Por isso que a autorização em causa não provoca a transferência, ainda que parcial, das faculdades e poderes ínsitas no direito ao nome civil. Assim, a *utilização secundária* do nome (ou apelido) em sede de sinais distintivos não se subsume a uma qualquer *factis specie* translativa, nem tão pouco altera o *estado civil* do autorizante. Vale dizer: essa *utilização secundária* é perfeitamente anódina

A firma ou denominação liga-se à *empresa* ou ao *estabelecimento* do seu titular, *sujeito e centro de imputação de direitos e deveres*, e é quase dele incidível, tendo

ao modo de ser para com os outros, a que a lei atribui (civil) atribui específicos direitos e deveres. Em segundo lugar, a função do consentimento do titular do nome é tornar, *a priori*, lícita uma conduta de um terceiro, que, não fora declaração autorizativa, provocaria a violação do *direito de personalidade* daquele outro. Daí que o negócio que enforma o dito consentimento atribui somente à contraparte (ou ao autorizado) o direito de fazer uma coisa ou actividade que é por lei absolutamente proibida, no sentido em que o consentimento remove essa proibição. Não se trata, pois, de um negócio (que inclui ou tem por objecto o consentimento) pelo qual o titular do nome (ou apelido) permite a alguém o exercício de um direito ou de uma *competência preexistentes*. Sendo assim, o referido consentimento não atribui, necessariamente, ao seu beneficiário uma *posição de exclusivismo*, oponível a qualquer terceiro, pois que ao titular do nome não fica, de resto, vedada a possibilidade de autorizar, sucessivamente, a inclusão do seu nome noutros sinais distintivos. O problema coloca-se noutro plano: precisamente em sede de direitos privativos sobre os sinais distintivos. Com efeito, uma pessoa colectiva autorizada a incluir, *v.g.*, na sua firma um nome de um antigo sócio ou associado desfruta de um direito próprio, adquirido originariamente (e não derivadamente), ou seja, é titular do direito de propriedade sobre o sinal distintivo formado desta maneira: e, consequentemente, é titular activa de um *direito de exclusivo*, oponível a terceiros em certo círculo de proibição, não por causa do negócio autorizativo, mas sim devido ao normal funcionamento dos mecanismos de protecção do(s) direito(s) de propriedade sobre o(s) sinais(ais) distintivo(s). Por conseguinte, se se tratar de um negócio jurídico bilateral, o problema atrás colocado pode merecer expressa consagração das partes no sentido da livre denúncia do pactuado ou da sua caducidade, impondo-se, pois, um novo acordo na hipótese de o sinal ser transmitido. No silêncio das partes, pode dizer-se que, por via de regra, a eficácia do negócio – e, por isso, a operatividade da *autorização* que lhe é implícita – há-de conter-se nos limites temporais e teleológicos e segundo as formas e modalidades que presidem ao acto autorizativo. Concretamente – e não obstante a autorização lícita do titular para a imitação de um direito de personalidade seja *revogável*, ficando o titular obrigado a *indemnizar o dano causado* às legítimas expectativas da contraparte (art. 81º, 2, do CCiv.) –, parece legítimo defender que a denúncia *ad nutum* do negócio por parte do titular do nome frustra, em regra, o escopo por cujo respeito é usado e/ou registado um sinal distintivo que inclua o nome de terceiro: o sinal distintivo destina-se a ser usado com *tendencial estabilidade*, em *homenagem à prossecução dos interesses da organização* – no mesmo sentido, entre nós, FERRER CORREIA (1973), p. 295; CAPELO DE SOUSA (1995), p. 255, nt. 588. Tão pouco um justo equilíbrio dos interesses poderia ser logrado se a licitude da inclusão do nome de um sujeito na firma (ou outro sinal) usado e/ou registado por outro, ficasse dependente do exercício de um poder discricionário do titular do nome. Mais não seja devido aos, não raros, vultuosos investimentos e recursos a disponibilizar por aquele que intenta identificar-se (a si e à sua organização). Por outro lado, as *normas especiais* sobre sinais distintivos (em particular, a autorização do associado, sócio ou herdeiros daquele que tiver falecido, para efeitos de o nome deste poder continuar a ser incluído na firma ou denominação) parecem pressupor uma *tendencial estabilidade* daquela autorização. O que não quer significar que as coisas sejam sempre assim – mesmo no silêncio das partes. É que pode suceder que o negócio, em cujo conteúdo prestacional se situa a referida autorização para ser incluído o nome ou apelido na firma (ou noutro sinal distintivo) não se reveja numa isolada ou episódica relação contratual, mas se insira instrumentalmente num mais amplo e complexo *tecido contratual*, tendo em vista o aproveitamento económico (publicitário ou comercial) de um valor ou força atractiva criado por uma pessoa cuja notoriedade atribui ao respectivo nome um papel de relevo. Nesta específica hipótese, a interpretação da vontade normativa das partes leva-nos, normalmente, à conclusão que elas, na ausência de expressa convenção, terão tido o propósito de condicionar a eficácia da declaração autorizativa à completa realização daquele escopo contratual mais vasto. Porém, isto não exclui que se configure uma *justa causa* de resolução do negócio, sempre que não deva ser *razoavelmente exigível* ao titular do nome (ou aos herdeiros), devido a circunstâncias *objectivas* (*v.g.*, venda do estabelecimento do empresário autorizado, processo de recuperação de empresa, cessação de relações contratuais paralelas, que visavam o aproveitamento económico do nome ou do apelido) ou *subjectivas* (*v.g.*, transmissão da firma juntamente com o estabelecimento e a marca efectuada pelo autorizado a favor de terceiros relativamente a produtos cujo nível qualitativo se tenha deteriorado ou se aplique em *áreas ultramerceológicas* susceptíveis de lesar os interesses morais e patrimoniais do titular do nome ou apelido, ou dos seus herdeiros) a continuação da relação contratual. Ou seja: é de aceitar a resolução do acordo se e quando o sacrifício do titular do nome ou do apelido (ou dos seus herdeiros) é *desproporcionado*. Quando exista *justa causa* de revogação (do negócio unilateral) ou de resolução (do negócio bilateral) em que se contém a autorização de inclusão do nome individual ou do apelido na firma ou em outro sinal distintivo, o titular do nome não se poderá opor à circulação do sinal assim formado (*in casu*, da firma com a transmissão do estabelecimento, se tal for expressamente convencionado), pois que a tutela do nome civil opera em plano distinto do das regras sobre a protecção e circulação dos sinais distintivos de comércio. Ora, mesmo que a eficácia daquela autorização deva cessar, por acto de vontade do titular do nome, essa cessação só é atinente à licitude da continuação do uso do sinal, mas já não no que toca o plano da validade dos direitos reais (sobre bens imateriais) sobre o sinal assim formado. Ou seja, a revogação, a resolução ou denúncia do negócio autorizativo não é, *por si só*, causa de anulação ou de imediata caducidade do registo. Daí que a cessação da eficácia daquela autorização só se analisa no estrito plano das relações entre o titular do nome e o titular da firma que incorpora esse nome (ou apelido), não influenciando, deste jeito, *directa* e *imediatamente*, o normal desenvolvimento da função distintiva do sinal. Pode é suceder que o titular do nome, desencadeando uma acção relativa à defesa dele (no seguimento daquela revogação, resolução ou denúncia), dado o uso ilícito do nome pelo titular do sinal (arts. 72º, 1, 73º do CCiv.), impeça no quadro de uma *acção inibitória*, o uso do seu nome (ou apelido) na firma ou nos demais sinais distintivos daquele outro. Ora, esta eventualidade projecta-se no *plano dos direitos privativos da propriedade industrial*, determinando, *pro tempore*, o funcionamento das causas de ilicitude do registo dos sinais (p. ex., a validade do certificado de admissibilidade de firma ou denominação está dependente da prova da legitimidade do requerente para usar o nome de pessoa singular; a perda do direito ao uso da firma ou denominação depende da circunstância de o titular não exercer actividade há mais de dois anos: art. 61º, 1, alínea *b*), do RRNPC; ou de não ter obtido autorização para continuar a usar o nome de antigo sócio ou associado na firma da pessoa colectiva: art. 60º, 1, *ex vi* do art. 32º, 5, do mesmo diploma). Conclui-se que, apesar de a tutela civil do nome poder, episodicamente, *interferir* na tutela própria e privativa dos sinais distintivos, esta ingerência não é susceptível de distorcer sistematicamente a articulação das disciplinas civilista e juscomercial. A ilicitude (civilista) da utilização nos sinais distintivos, do nome individual (ou do apelido) de uma

uma escassa ou rarefeita ligação com a personalidade[11]. Sendo assim, a tutela do *direito de exclusivo* respeitante à firma ou denominação não pode deixar de passar, a um tempo, pela garantia da *propriedade privada* (art. 62º da CRP) e pela tutela do *direito ao nome*, quando for extensível às *pessoas colectivas* (art. 72º do CC, *ex vi* do art. 12º, 2, da CRP[12]) e, igualmente, pela *tutela geral da personalidade*, conquanto em benefício de pessoas colectivas em relação àqueles *aspectos que são destacáveis da personalidade humana* ou *não são inseparáveis do seres humanos*.

Porém, isto não nos deve levar a confundir o *núcleo pessoalíssimo* indissociável da defesa do *nome* (ou do pseudónimo) do comerciante individual ou do sócio ou associado (pessoa singular ou colectiva), cujo nome ou firma componha a firma ou denominação com a *atribuição* e o *conteúdo* do direito respeitante a este sinal distintivo: este último é um "plus", que acresce àquele outro atribuído e defendido nos termos deste subsistema da propriedade intelectual (*id est*, a *propriedade industrial*). Por exemplo, um sócio, cujo nome integra a firma da

---

pessoa humana não opera, automática e imediatamente, no plano da validade e eficácia decorrente das normas privativas e especiais dos sinais distintivos, a não ser através da caducidade ou da cessação do uso deles. Porém, sempre segundo as modalidades e os requisitos próprios destas *normas especiais*.

11 Já, ORLANDO DE CARVALHO (1977), p. 189, nt. 1 (p. 191).

12 Ente nós, tb. favorável à extensão da *tutela do nome* às *pessoas colectivas*, bem como às *associações sem personalidade jurídica* e às *comissões especiais*, CAPELO DE SOUSA (1995), p. 587, nt. 261; CARVALHO FERNANDES (1995), p. 492 (reconhecimento, entre outros, do direito ao nome); CARLOS A. DA MOTA PINTO/PINTO MONTEIRO/PAULO MOTA PINTO (2005), p. 319 (sustentando que as pessoas colectivas podem ser titulares de direitos de personalidade, pelo menos de alguns, como o direito ao nome); OLIVEIRA ASCENSÃO (2000), pp. 260-261 (embora não se trate de direitos de personalidade, mas de direitos que cabem à pessoa colectiva em si mesma tomada, *direitos pessoais* dela, não ganhando a densidade dos direitos de personalidade, pois estes são inseparáveis da personalidade humana, sendo-lhes inaplicável o art. 70º, 2, do CCiv.); MENEZES CORDEIRO (2004), p. 518 (vendo a pessoa colectiva como entidade destinatária de normas jurídicas e capaz de ser titular de direitos subjectivos), embora reconheça que a pessoa colectiva não tem *nome*, mas antes *firma* (ob. cit., p. 167); aceitando a tutela dos direitos de personalidade das pessoas colectivas, cfr. o ac. RL, de 22/11/1983, in: *CJ* (1983), tomo 5, p. 122; ac. RP, de 28/03/1985, in: *CJ* (1985), tomo 5, p. 230; ac. Tribunal Constitucional, de 30/10/1985, proc. nº 83-0032, in http://www.dgsi.pt (tutela do sigilo de correspondência das pessoas colectivas); ac. RL, de 29/03/2007, proc. nº 5671/2006-6, in http://www.dgsi.pt (crédito e bom nome de pessoa colectiva); ac. RL, de 23/09/2007, proc. nº 8509/2006-7, in http://www.dgsi.pt (direito à liberdade, bom nome e à honra, na vertente da consideração social); ac. RL, de 9/09/2008, proc. Nº 3541/2008-1, in http://www.dgsi.pt (direito ao bom nome das pessoas colectivas, na vertente da imagem de honestidade, de credibilidade e de prestígio sócia); ac. RL, de 21/04/2009, proc. nº 554/08.3TVLSB.L1-7, in http://www.dgsi.pt. (direito à honra e consideração social); ac. RL, de 23/03/2010, proc. nº 7527/04.3YXLSB.L1-1, in http://www.dgsi.pt. (protecção do bom nome e reputação de pessoa colectiva).

sociedade, que tenha perdido essa qualidade, pode defender o *direito ao nome*, requerendo a alteração da firma da sociedade (art. 32º, 5, do DL 129/98): este ex-sócio não deixa de beneficiar da *tutela geral da personalidade*. Outro exemplo: uma sociedade, cuja *firma* ou *denominação não estejam registadas*, pode reagir contra a sua utilização merceológica, como firma ou como outro sinal distintivo (não registado e cuja utilização seja posterior), efectuada por outrem, nos termos do art. 317º do CPI (concorrência desleal), ou, independentemente dessa utilização merceológica, é-lhe lícito reagir (civil e/ou criminalmente), ao abrigo da *tutela geral da personalidade* que pode aproveitar em certos termos às pessoas colectivas, contra actos ilícitos praticados por terceiros.

3. Obrigação de adoptar e usar firma e denominação

A firma das sociedades comerciais constitui um *elemento essencial* do próprio contrato de sociedade (art. 9º, 1, alínea c), 42º, 1, alínea b), e 43º, 2, todos do CSC). De igual sorte, os *comerciantes individuais* são obrigados a levar a registo a sua firma (art. 10º, 1, alínea a), do DL 129/98, de 15 de Maio); bem como quaisquer entidades a quem a lei atribua personalidade jurídica; registo que deve ser efectuado no começo do processo de constituição (ou de personificação), nos termos da mesma alínea a) do nº 1 do citado art. 10º, *ex vi* do art. 4º, 1, alínea c), do mencionado decreto-lei.

É obrigatória a inscrição no RNPC das *vicissitudes* das firmas ou denominação das pessoas colectivas (art. 6º, alínea b), do DL 129/98, de 15 de Maio). Nos termos do disposto nos arts. 260º, 4, 409º, 4, 431º, 3, 474º e 478º, todos do CSC, os gerentes ou administradores de sociedades comerciais devem assinar sempre com a sua própria assinatura correspondente ao nome civil, e indicar essa qualidade, designadamente, referindo a expressão da firma e a palavra gerente ou administrador, escrita à mão ou mecanicamente, embora seja duvidoso que, em actos reduzidos a escrito, essa indicação tenha de ser expressa: o que é, ou não, indicado (caso não indiquem expressamente a qualidade de gerente) deverá ser objecto de *interpretação da vontade*[13]. As sociedades comerciais devem, no mais, mencionar a sua firma em todos os seus actos externos (art. 171º do CSC).

---

[13] SOVERAL MARTINS (2009), pp. 121-122.

4. A escolha e a composição da firma e denominação

A firma das *sociedades comerciais* pode ser constituída por um termo, vocábulo expressão de fantasia ou pelo nome (completo ou abreviado) ou a firma dos sócios ou accionistas.

4.1. Nas sociedades por quotas

Assim, nos termos do artigo 200º, 1 do CSC, nas *sociedades por quotas*, a firma, ou bem que pode ser constituída pela sigla[14] ou pelo nome (completo ou abreviado) ou firma de todos ou de alguns dos sócios: temos a *firma-nome*; ou bem que pode ser formada por uma denominação particular (*firma-denominação*) ou pela conjunção destes elementos: temos a *firma mista*. Independentemente da forma como possa ser licitamente constituída, da composição da firma de sociedade por quotas constará sempre o aditamento *Lda.* ou *Limitada*. Já a abreviatura de uma *sociedade unipessoal por quotas* deve ser formada pela expressão "Sociedade unipessoal" ou somente pela palavra "unipessoal", antes do aditamento "Limitada" ou da abreviatura "L.^{da}" (art. 270º-B CSC).

4.2. Nas sociedades anónimas

A firma das *sociedades anónimas* é constituída à luz das mesmas regras, sendo, porém, exigido que a firma destas sociedades integre, no final, a expressão "sociedade anónima" ou a abreviatura "S.A." (art. 275º, 1, CSC).

4.3. Nas sociedades em comandita e em nome colectivo

Nas *sociedades em comandita*, a firma deverá ser composta pelo nome (completo ou abreviado) ou pela firma de um, de alguns ou de todos os sócios comanditados, provida do aditamento " em Comandita", "& Comandita" (nas sociedades em comandita simples), ou "em comandita por acções" ou "& Comandita por Acções" (art. 467º, 1 CSC).

Nas *sociedades em nome colectivo*, a firma deverá ser composta, ou bem que pelo nome (completo ou abreviado), ou bem que pela firma de todos os sócios, ou bem que pelo nome (completo ou abreviado) de um deles; no final, faz-se mister aditar, abreviadamente ou por extenso, a expressão "e Companhia" ou

---

[14] Como é sabido, a *sigla* é um entrelaçamento de letras iniciais de um nome (TAM, IBERIA, TAP, CP, etc.), constituindo uma forma acrográfica de mais fácil memorização na mente dos consumidores e demais agentes económicos.

outra que indique a existência de outros sócios (p. ex., "e Irmão", "e Filhos") – cfr. o art. 177º, 1, do CSC.

4.4. Outras sociedades e entes não societários

A firma dos agrupamentos complementares de empresas poderá ser composta com uma denominação particular ou ser formada pelos nomes, completos ou abreviados, ou firmas de todos os seus membros ou de, pelo menos, um deles (art. 3º, 1, do DL 430/73) ou, ainda, pela reunião destes elementos, seguida, sempre, do aditamento "Agrupamento Complementar de empresas" ou as iniciais "A.C.E." (Base III, nº 2, da L 4/73).

A firma das *sociedades anónimas desportivas* deve integrar a indicação da respectiva modalidade desportiva, incluindo a abreviatura "SAD" (art. 6º, 1, do DL 67/97, de 3 de Abril); no caso de transformação de um clube desportivo que participe em competições desportivas profissionais, da personalização de equipas que participem, ou pretendam participar, em competições desportivas profissionais ou da criação da sociedade desportiva de raiz (que não resulte da transformação de clube desportivo ou da personalização jurídica de equipas), a denominação destas sociedades desportivas deverá incluir obrigatoriamente uma menção susceptível de as relacionar com o clube (normalmente, a associação privada sem fins lucrativos) que lhes tenha dado origem (art. 6º, 2, do citado decreto-lei, *ex vi* do art. 3º do mesmo diploma).

A firma das *sociedades de fomento empresarial*, cujo objecto principal seja o apoio, a constituição ou a aquisição de empresas ou de partes sociais de empresas por jovens empresários podem usar a designação de sociedade de fomento empresarial (art. 18º do DL 433/91, de 7 de Novembro) e, nesse caso, devem aditar a abreviatura "SFE".

A firma das sociedades gestoras de participações sociais deve incluir a menção "sociedade gestora de participações sociais" ou a abreviatura "SGPS", nos termos do art. 4º, 2, do DL 495/88, de 30 de Dezembro.

A firma das *sociedades gestoras de investimento imobiliário* pode (não tem que) ser constituída pela expressão "sociedade gestora de investimento imobiliário", devendo as menções em actos externos exigidas pelo art. 177º do CSC ser acrescidas da menção, por extenso, "sociedade gestora de investimento imobiliário", salvo se esta já constar da firma da sociedade (art. 4º do DL 135/91, de 4 de Abril).

A firma das *instituições de crédito* e outras *sociedades financeiras* deve ser integrada por expressões que apontem para esse objecto social (art. 11º/2 do DL 298/92), tais como: "Banco", "Banqueiro", "De Crédito", "De Depósitos", "Locação financeira", "Leasing" e "Factoring".

A denominação dos *agrupamentos europeus de interesse económico* deve incluir o seguinte aditamento: "AEIE" ou "Agrupamento Europeu de Interesse Económico" (art. 5, alínea *a*), do Regulamento (CE) 2137/85, e art. 4º do DL 148/90). Já a denominação das cooperativas deve incluir, como aditamento, alguma destas expressões: "Cooperativa", "Federação de Cooperativas", "União de Cooperativas", "Confederação de Cooperativas", seguidas da expressão "Responsabilidade Limitada" o "Responsabilidade Ilimitada" (art. 14º, 1, do CCoop).

5. Princípios

A *autonomia privada* marca o regime jurídico da composição das firmas. Todavia, perante a necessidade de articular certos *interesses de terceiros*, os *interesses económicos dos concorrentes* e dos *consumidores* dos produtos ou serviços comercializados pelo ente que usa a firma, bem como alguns *valores jurídicos fundamentais da comunidade*, bem se compreende e aceita que haja restrições ou limitações na escolha e na composição das firmas e denominações. O artigo 3º do DL 129/98, refere-se apenas aos *princípios da verdade*, da *novidade* e da *exclusividade* das firmas e denominações. Todavia, é possível identificar outros princípios a que correspondem outras tantas soluções jurídicas positivas. Vejamos.

5.1. Princípio da licitude

Temos, desde logo, o *princípio da licitude*, segundo o qual não é possível compor a firma com expressões proibidas por lei, ofensivas dos bons costumes, da liberdade religiosa, da liberdade de opção política ou ideológica, ou com certos símbolos da Nação, do Estado ou usados pelo Estado. Na verdade, certos sinais que não podem ser usados para compor a marca, tais como armas, bandeiras e outros emblemas de Estado dos países da União de Paris, distintivos e sinetes oficiais de fiscalização e de garantia por eles adoptados (art. 6º-*ter* desta Convenção), também não podem ser mobilizados para compor a firma ou a denominação[15]. De igual jeito, está vedada a composição das firmas e denominações com expressões incompatíveis com o respeito pela liberdade de opção política, religiosa ou ideológica, bem como expressões que desrespeitem ou se apropriem ilegitimamente de símbolos nacionais, personalidades, épocas ou instituições, cujo

---

[15] Ac. RL, de 29/11/2007, proc. nº 9218/2007-6, in http://www.dgsi.pt (a denominação "Fórum Olímpico de Portugal" não é proibida por lei, nem é enganadora).

nome ou significado deva ser protegido por razões históricas, patrióticas, científicas, institucionais, culturas ou outros motivos atendíveis (art. 32º, 4, alíneas c) e d), do DL 129/98). É, como se vê, um princípio de *aplicação residual* destinado a tutelar interesses ou valores situados fora da esfera dos subsistemas da propriedade intelectual (direito de autor, direitos conexos e propriedade industrial).

5.2. Princípio da verdade

Na constituição das firmas e das denominações deve observar-se, igualmente, o *princípio da verdade* ou da *veracidade*, de acordo com o qual os elementos componentes deste sinal distintivo de identificação de sujeitos, comerciantes ou não comerciantes, devem ser verdadeiros, no sentido em que não devem induzir em erro sobre a identificação, natureza ou actividade do seu titular (RRNPC: art. 32º, 1, do DL 129/98[16]). O nº 2 do art. 32º do DL 129/98 também determina as firmas "não podem sugerir actividade diferente da que constitui o objecto social", ainda quando sejam constituídas por designações de fantasia, siglas ou composições (*idem*, art. 10º/1, 200º, 2 e 3, 275º, 2 e 3, bem como as referências em numerosa legislação avulsa indicada *supra*: instituições de crédito, sociedades anónimas desportivas, sociedades de investimento imobiliário, etc.). Proíbem-se, pois, as firmas ou denominações *deceptivas*.

5.3. Princípio da unidade

Surpreende-se, igualmente, o *princípio da unidade*, de acordo com o qual as sociedades (art. 9º, 1, alínea c), do CSC), os comerciantes em nome individual (art. 38º, 1, do DL 129/98) e as demais pessoas colectivas, que podem ser comerciantes, *devem adoptar uma só firma*. O art. 38º, 1, do RRNPC refere-se a "uma só firma". A mesmo orientação resulta, quanto às sociedades comerciais, dos arts. 9º, 1, alínea c), e 171º, 1, ambos do CSC. De resto, como veremos, adiante (*infra*, nº 7), a não inclusão da firma ou denominação no *âmbito natural de entrega* do estabelecimento reforça a ideia da proibição da pluralidade de firmas tituladas pelo mesmo sujeito. Este princípio[17] – ligado à ideia de que, entre nós, a firma é o *sinal nomi-*

---

[16] Com as alterações introduzidas pelos DLs. 12/2001, de 25 de Janeiro, 323/2001, de 17 de Dezembro, 2/2005, de 4 de Janeiro, 111/2005, de 8 de Julho, 76-A/2006, de 29 de Março, 125/2006, de 29 de Junho, 8/2007, de 17 de Janeiro, 247-B/2008, de 30 de Dezembro, 122/2009, de 21 de Maio e L 29/2009, de 29/6). Veja-se, também, o disposto no nº 3 do art. 10º do CSC, no segmento em que se determina que a firma de sociedade constituída por denominação particular ou por denominação e nome "deve dar a conhecer, quanto possível, o objecto da sociedade".

[17] Contra, *de iure condendo*, MENEZES CORDEIRO (2007), p. 293, preferindo a admissibilidade de dupla firma, na hipótese de pluralidade de estabelecimentos; FERRER CORREIA (1973), p. 165, que também

nativo essencialmente destinado a identificar *o sujeito* que é o centro de imputação de uma actividade económica e não um sinal que distingue a empresa, à semelhança do que ocorre, por exemplo, na Alemanha –, para além de sofrer uma lógica excepção no que tange ao exercício, por um comerciante, de actividade económica através de um EIRL (qual património precipuamente *separado* afecto ao exercício dessa actividade económica) e uma outra actividade económica fora dele, foi fulminado, *do exterior*, com uma solução jurídica que tende a torpedear este princípio da unidade. Trata-se da possibilidade de uma pessoa humana ou colectiva ser identificada por uma firma e poder ser titular de *vários logótipos* (art. 304º-C, 2, do CPI), mesmo que não exerça actividades profissionais diferentes umas das outras: à *unicidade da firma* (sinal nominativo) contrapôs-se a *pluralidade de logótipos* (sinal nominativo e/ou figurativo) tituláveis pelo mesmo sujeito, sem se curar de saber que a distinção e a identificação simultânea de *sujeitos* e de *estabelecimentos* através de um único sinal distintivo (o *logótipo*) não se enquadra na nossa tradição jurídica, que há muito dispõe da *firma* ou denominação. É certo que a disposição da alínea a) do nº 3 do art. 304º-I do CPI proíbe a composição do logótipo através da reprodução ou imitação de firma e denominação social (ou parte destas), que não pertençam ao requerente (ou ao titular), ou que este não esteja autorizado a usar, se for susceptível de induzir o consumidor em erro ou confusão; mas faz depender a actuação desta proibição da iniciativa do terceiro, já que, tendo o registo do logótipo sido ilicitamente efectuado, constitui motivo de *anulabilidade* (art. 304º-R do mesmo Código).

5.4. Princípio da capacidade distintiva

Outrossim, avulta o *princípio da capacidade distintiva*. De harmonia com este princípio, os signos ou os sinais susceptíveis de compor as firmas e denominações devem desempenhar uma *função diferenciadora*; devem tais sinais *identificar o sujeito e a actividade desenvolvida no tráfico*. Tal-qualmente os restantes sinais distintivos de produtos, serviços e empresas-objecto, a tutela da firma ou denominação exige que os seus signos constitutivos sejam *expressivos*.

A relevância e aplicabilidade deste princípio ocorrem, frequentemente, nas *firmas-denominação*, quando não contenham elementos de fantasia, já que nas *firmas-nome* e nas *firmas mistas* tais sinais desfrutam, em regra de capacidade dis-

---

já defendia, de *iure condito*, face às normas então vigentes do CCom, a admissibilidade de dupla firma para comerciantes individuais, na hipótese de pluralidade de estabelecimentos, mas negava-a para as sociedades.

tintiva[18]. Na redacção dos arts. 17º e 18º do DL 111/2005, o nº 4 deste art. 10º do CSC expressa claramente o conteúdo deste princípio, pois que não admite "denominações constituídas exclusivamente por vocábulos de uso corrente, que permitam identificar ou se relacionem com actividade, técnica ou produto, bem como topónimos e qualquer indicação de proveniência". E, outrossim, a alínea *a)* do nº 5 do mesmo normativo, ao proibir a inclusão de "expressões que possam induzir em erro quanto à caracterização jurídica da sociedade, designadamente expressões correntemente usadas na designação de organismos públicos ou de pessoas colectivas sem finalidade lucrativa"[19].

O juízo sobre a capacidade distintiva deve ser reportado à data em que o réu iniciou a utilização do sinal ou obteve o registo (se este for anterior à utilização) e não à data do encerramento da discussão.

Não são, destarte, admitidas as firmas ou as denominações exclusivamente *genéricas*, *descritivas* e *geográficas*. A razão de ser da proibição reside no objectivo de impedir que possam ser monopolizadas palavras ou expressões cujo uso é indispensável à identificação de actividades ou de mercadorias, ou necessário para a identificação das suas qualidades e funções[20].

Isto não significa que a *combinação* de dois ou mais sinais *descritivos* ou genéricos não possa garantir o *suficiente nível de capacidade distintiva* para lograr a protecção. Raramente tal sucederá. Mas não se exclui a possibilidade de as firmas (*in casu*, das sociedades comerciais) incluírem vocábulos, expressões ou outros signos genéricos, de uso comum, ou seja, serem compostas por *sinais fracos*. Mister é que tais elementos, por si só, não possam ser monopolizados, que nenhuma sociedade se possa deles apropriar para compor a respectiva firma ou denominação, no sentido de impedir que, posteriormente, terceiros os utilizem. Ora, tal ocorrerá se a composição da firma for acompanhada de outros vocábulos,

---

[18] COUTINHO DE ABREU (2009), pp. 168-169.
[19] *V.g.*, "Associação de Prestação de Serviços de Reboque" para identificar uma sociedade comercial de prestação de serviços deste tipo; "Clínica Veterinária do Barlavento Algarvio, S.A.", para identificar uma sociedade comercial de prestação de serviços veterinários (*idem*, "Clínica Dentária do Litoral Centro, Lda.", "Fábrica de Bicicletas de Coimbra, Lda.", etc.). Ocorrem outras espécies de *comportamento deceptivo*: por exemplo, a manutenção na firma de uma sociedade de elementos que evocam a sua integração num grupo de sociedades (*v.g.*, conservação na firma da denominação da outrora sociedade dominante), sendo certo que essa sociedade já não integra tal grupo de sociedades; a inclusão na denominação de uma sociedade do nome de um produto que a essa sociedade deixou de comercializar.
[20] Veja-se, por exemplo, o ac. do STJ, de 10/10/2001, proc. nº 02B2596, in http://www.dgsi.pt (nas denominações "Altis-Sociedade de Empreendimentos Turísticos e Hoteleiros, S.A." e "Altis – Viagens e Turismo, Lda.", o elemento dominante é o vocábulo "Altis", que não é de uso corrente).

expressões ou *signos fortes*[21], susceptíveis de distinção pelos agentes que contactam a sociedade.

Pode também pensar-se naquelas situações em que os sinais descritivos, genéricos ou de uso comum usados para compor uma firma adquirem, antes do registo e depois do uso e publicidade que deles tenha sido feito, *secondary meaning*, ou seja, adquirem, mediante esse uso, um *sentido* ou um *significado adicional*, passando a distinguir, a pessoa colectiva através dessa firma ou denominação social[22].

Noutros casos, a inclusão de expressões genéricas, descritivas ou de uso comum na composição da firma ou denominação pode ser admitida se, para além dessas expressões, ocorrerem *adjunções* de outro (ou outros) vocábulo(s) ou signos, de sorte a que seja possível intuir a natureza da pessoa colectiva que visa identificar e a respectiva actividade[23].

Devem poder ser utilizadas (na firma-denominação ou na firma-mista), para identificar o sector merceológico de actividade da sociedade, expressões ou vocábulos que, embora tendencialmente descritivas, *não sejam linguisticamente insubstituíveis*[24]. Esta atenuação do rigor do nível de "originalidade" relativamente ao regime de composição da *marca* justifica-se, ao que nos parece, à luz da ideia de que a firma constitui um sinal distintivo dirigido, essencialmente, a destinatários que são profissionais ou agentes económicos que, do ponto de vista gráfico e/ou fonético, contactam com as firmas no exercício das respectivas actividades (*v.g.*, grossistas, armazenistas, retalhistas, prestadores de serviços), e cuja qualidade profissional lhes permite não tomar, por via de regra, uma firma de uma sociedade por outra – percepção, diligência ou atenção que está normalmente ausente da mente do "grande público" constituído pelos consumidores (usualmente distraídos quando adquirem produtos ou serviços)[25].

Um pouco ao arrepio da jurisprudência entre nós estabelecida, cremos que a sindicação da *capacidade distintiva* da firma não deverá ser sempre efectuada de acordo com a percepção, diligência e atenção do "consumidor médio", do

---

[21] Já, no mesmo sentido, ac. RL, de 16/03/2010, proc. nº 3083/06.6TVLSB.L1-1, in http://www.dgsi.pt.
[22] VANZETTI/ DI CATALDO (2003), p. 283-284; POLLAUD-DULIAN (1999), cit., p. 469 (afirmação da capacidade distintiva resultante da combinação de termos banais, se o conjunto o não for, bem como a aquisição da capacidade distintiva através do uso da firma ou denominação, resultante da actividade do seu titular, solução que, além de ser justa e traduzir bom senso, se inspira, por identidade de razão, no regime das marcas).
[23] Em sentido próximo, ac. RL, de 16/03/2010, proc. nº 3083/06.6TVLSB.L1-1, cit. nt. anterior.
[24] VANZETTI/DI CATALDO (2003), p. 283; ABRIANI/COTTINO/RICOLFI (2001), p. 136.
[25] RICOLFI (1999), p. 206.

"homem médio"[26], do "homem comum"[27], normalmente distraído (nem muito atento, nem muito descuidado ou distraído[28]), ou do "público médio". Ou seja: que o risco de confusão não deve ser sempre apreciado à luz dos mesmos princípios que regem a marca, no que respeita ao "perfil" das pessoas cuja atenção, capacidade e diligência são tomados em conta para apreciar o *risco de confusão ou de associação*. Isto porque quando a firma é utilizada como tal, na sua função "normal" – como firma ou denominação para identificar e distinguir o *centro de imputação subjectivo* de uma organização de factores de produção –, não deveremos predicar o perfil abstracto provido da capacidade, diligência ou atenção do *consumidor médio* do produto ou serviço que é comercializado ou prestado pela sociedade identificada pela firma ou denominação (capacidade, diligência ou atenção que são comummente baixas), devendo, pelo contrário invocar-se o perfil de diligência, capacidade e atenção do empresário informado que opera no sector de negócios do titular ou com ele entretece relações negociais. Este é, não raras vezes, o "público" a cuja atenção, diligência e capacidade diferenciadora é legítimo e aconselhável recorrer, a fim emitir juízos de (não) confundibilidade entre firmas ou entre firmas ou denominações.

Vale dizer: o *uso típico* da firma ou denominação projecta-se, por via de regra, nas relações de negócios estabelecidas entre o titular e as instituições de crédito, fornecedores e outros clientes profissionais, titulares de organizações de factores de produção e actuando como tal. Ora, é aceitável pensar que estes interlocutores do titular da firma ou denominação são pessoas singulares ou colectivas suficientemente atentas e diligentes para reconhecer a capacidade distintiva e, igualmente, a novidade de uma firma, que não ostentaria tais qualidades se o julgador chamasse à colação o perfil do consumidor médio. Nem no artigo 10º do CSC, nem no art. 33º, 1 e 2, do DL 129/98 se convoca a pessoa do *consumidor* médio (a sua capacidade, diligência ou atenção na distinção de firmas em litígio) ou do *cidadão médio*"[29] como critério de não confundibilidade das firmas e denominações.

---

[26] Ac. do STJ, de 19/06/1984, in: *BMJ* nº 338 (1984), p. 436 ss.; ac. RL, de 31/01/1991, proc. nº 0013286, in http://www.dgsi.pt.
[27] Ac. do STJ, de 22/01/1997, in: *CJ-ASTJ* (1997), Tomo I, p. 67 ss.
[28] Ac. RP, de 25/02/1997, proc. nº 9620873, in http://www.dgsi.pt.
[29] Como, por vezes, faz a jurisprudência: ac. do STJ, de 25/03/2009,, proc. nº 09B0554, in http://www.dgsi.pt.

5.5. Princípio da novidade

Temos ainda o *princípio da novidade*. De acordo com este princípio, pode dizer-se, singelamente, que as firmas ou denominações devem ser "novas", no sentido em que não podem ser susceptíveis de confusão ou erro com as firmas que já se acharem registadas. Embora, o nº 2 do artigo em anotação determine que "quando a firma da sociedade for constituída exclusivamente por nomes ou firmas de todos, algum ou alguns sócios, deve ser *completamente distinta* das que já se acharem registadas" (o itálico é nosso), e o nº 3 do mesmo artigo preceitue que "a firma da sociedade constituída por denominação particular ou por denominação e nome ou firma de sócio *não pode ser idêntica* à firma registada de outra sociedade, ou por tal forma semelhante que possa induzir em erro" (o itálico é nosso), o certo é que ambas as formulações (que derivam dos já revogados arts. 27º e 162º, condição 4ª, do CCom) parecem equivaler-se, no sentido em que as firmas não podem ser idênticas ou de tal modo semelhantes que induzam o público em erro ou confusão, não obstante possam conter elementos comuns não preponderantes[30], do ponto de vista fonético ou gráfico.

Desde logo, a sindicação da (in)existência de confundibilidade (*et, pour cause*, de falta de novidade) da firma ou denominação deve partir dos elementos gráficos e/ou fonéticos que, no caso concreto, sejam qualificados (pelo juiz ou pelo Registo nacional de Pessoas colectivas), de entre todos os sinais que a compõem, como sendo os sinais *caracterizantes*, *preponderantes* ou *marcantes*, constituindo os sinais ou as "palavras-vedeta" (Ferrer Correia)[31], o "coração" ou a "cabeça" constitutivas do núcleo impressivo (Coutinho de Abreu[32]) da firma ou denominação ou a sua parte com especial função distintiva e o seu impacto nos demais elementos que a constituem[33]; outrossim, deve atender-se à impressão gráfica e/ou fonética *globalmente causada pela agregação*, combinação ou justaposição dos vários sinais (prefixos, sufixos, ditongos, abreviaturas, siglas, abreviaturas, etc.) que compõem a firma ou denominação, tal como são usados (e não apenas como estão registados[34]). Deve considerar-se a *visão do conjunto* (dos sinais "fracos" com os sinais "fortes" constitutivos da firma ou denominação[35]),

---

[30] Neste sentido, COUTINHO DE ABREU (2009), cit., p. 164.
[31] Tb., assim, no ac. do STJ, de 23/04/1998, proc. nº 98A272, in http://www.dgsi.pt
[32] COUTINHO DE ABREU (2009), p. 156, nt 162; ABRIANI/COTTINO/RICOLFI (2001), p. 141 ("«cuore» di essa").
[33] CASSIANO SANTOS (2007), p. 195.
[34] ABRIANI/COTTINO/RICOLFI (2001), p. 142; COUTINHO DE ABREU (2009), p. 165.
[35] Recentemente, cfr. o acórdão do STJ, de 25/03/2009, proc. nº 09B0554, in http://www.dgsi.pt (quanto ao risco de confusão, há que ter em atenção a força distintiva dos sinais em causa, os quais devem ser

em termos de saber se a firma do réu causa, ou não, uma *impressão global distinta* do ponto de vista gráfico e/ou fonético, junto do *público concretamente relevante*. É claro que existe violação da firma ou denominação, por falta de novidade, não apenas nos casos de coincidência total e absoluta entre os sinais, mas também quando se utilizam as mesmas palavras ou expressões em locais diferentes ou em outro género; ou quando as mesmas palavras são utilizadas com a adição ou supressão de termos ou expressões genéricas ou acessórias, artigos, advérbios, proposições, conjunções, acentos, sinais de pontuação ou outras partículas similares, de escasso significado fonético ou gráfico para o *público concretamente relevante*; ou, enfim, sempre que a utilização de palavras ou vocábulos diferentes causam a mesma expressão ou uma notória semelhança fonética[36]. Por vezes, será relevante indagar se os sinais nominativos evocam, no público concretamente relevante, a *memória* ou a *lembrança* de um outro sinal (ou sinais) usado(s) no mercado dos quais possa razoavelmente haver conhecimento ou cognoscibilidade.

Tudo isto para indagar se os sinais constitutivos da firma ou denominação podem ser tomados por outros (uma sociedade ser tomada pela outra), ou se o público concretamente relevante pode considerar que há identidade entre as realidades que os sinais em confronto visam distinguir ou se existe uma relação de grupo entre duas sociedades, quando tal relação não existe, podendo, deste modo, ocorrer o benefício de uma delas à custa do prestígio ou do crédito da outra.

Põe-se, igualmente, a questão de saber se este *princípio da novidade* das firmas ou denominações deve ser articulado com a *regra da especialidade*, segundo a qual os juízos sobre a distinção e a não susceptibilidade de confusão valem somente para *comerciantes concorrentes*[37] (*especialidade* segundo os diferentes sectores de

---

contemplados numa visão de conjunto, sendo irrelevantes os elementos não distintivos); tb. ac. do STJ, de 10/10/2002, proc. nº 02B2596, in http://www.dgsi.pt (o risco de confusão impõe uma apreciação global, quanto à semelhança auditiva ou conceitual, fundada numa impressão de conjunto); ac. do STJ, de 22/01/2002, proc. nº 02B2217, in http://www.dgsi.pt (a novidade da firma há-de ser aferida em relação ao conteúdo global).

[36] Veja-se, expressamente, neste sentido, em Espanha, o disposto no art. 408 do *Reglamento do Registro Mercantil*, aprovado pelo Real Decreto 1784/1996, de 19 de Julho – APARICIO GONZÁLEZ (2009), p. 199 ss., pp. 319-320.

[37] Neste sentido, NOGUEIRA SERENS (1994), p. 142 ss.; PINTO COELHO (1942), pp. 234-235; PINTO FURTADO (2009), pp. 382-383; FERNANDO OLAVO (1974), p. 294 e 310, nt 1 (defendendo o funcionamento das regras da concorrência desleal apenas para concorrentes, mas na hipótese de firma não registada, o que pode pressupor que, sendo a firma registada, esta se submete a uma ideia de especialidade); RIBEIRO DE ALMEIDA (2010), pp. 520-527; MENEZES CORDEIRO (2009), Art. 10º, anotação à margem nº

actividade económica), ou se também se impõe relativamente a *comerciantes não concorrentes*[38]. Cremos que o critério não deverá mover-se *sempre* no quadro do *princípio da especialidade*. Tão pouco o direito de uso exclusivo da firma ou denominação atinge sempre, *em concreto*, todo o território nacional. A protecção contra o risco de confusão ou de associação resultante da homonímia entre firmas ou denominações *não é absoluta* e *não é total*. Não é suficiente existir confundibilidade entre os sinais em confronto. Nos termos do nº 2 do art. 33º do DL 129/98[39], essa confundibilidade é predicada em razão:

– Do *objecto social*, em termos
– De *afinidade* ou *proximidade* das suas actividades;
– Do *âmbito territorial destas actividades*, e em razão
– Da *sede* das sociedades.

18, sem prejuízo de Autor defender um critério de novidade que pode extravasar o mesmo sector de actividade, consoante o risco de confusão quanto aos sujeitos – cfr., *infra*, nt seguinte. Cfr. o ac. do STJ, de 26/09/1996, in: *BMJ*, nº 459 (1996), p. 562 ss., onde se consideraram não confundíveis as firmas "Mélia Portuguesa – Viagens e Turismo, Lda" e "Predial Mélia, Lda."; ac. STJ, de 23/05/1991, in: *BMJ*, nº 407 (1991), p. 571 ss. ("Transdata – Informática Transaccional, Lda." *versus* "Transdata – CTT e TLP"); ac. STJ, de 14/6/1995, in: *CJ* (1995), Tomo 2, p. 129 ss. ("Quorum – Consultores e Contabilistas Lda." *versus* "Quorum – Gestão e Promoção Imobiliária, S.A.").

[38] Neste sentido, FERRER CORREIA (1973), p. 281; OLIVEIRA ASCENSÃO (1988), p. 309; CARLOS OLAVO, (2005), p. 203 ss., embora no estudo "A firma das sociedades comerciais e civis sob forma comercial", in: *Estudos em homenagem ao Prof. Doutor Raúl Ventura*, Vol. II, Faculdade de Direito da Universidade de Lisboa, Coimbra, Coimbra Editora, 2003, p. 392, adopte o critério da susceptibilidade de confusão: a proximidade merceológica das actividades constitui um "elemento coadjuvante" ou um "critério secundário" do juízo de susceptibilidade de confusão; COUTINHO DE ABREU (2009), pp. 167-168 (salientando que "o público pode tomar uma firma por outra, ou supor entre elas relações inexistentes ... a reputação de uma das sociedades pode ser posta em causa pela publicitação do facto de a outra ser objecto de um processo de insolvência, etc."); MENEZES CORDEIRO (2007), pp. 347-348, salientando que o legislador é mais exigente quanto à novidade quando o confronto do sinais ocorre no mesmo sector, "podendo quase desaparecer" no caso contrário; CASSIANO SANTOS (2007), pp. 195-197, concluindo que "o juízo de novidade/confundibilidade não se pode limitar a uma actividade delimitada em certo momento". A jurisprudência do STJ e das Relações tem oscilado. Nota-se, todavia, uma crescente adesão à doutrina segundo a qual o princípio da novidade deverá reportar-se às firmas de comerciantes não concorrentes: acs. RL, de 9/02/1988, in: *BMJ*, nº 374 (1988), p. 528, e de 26/02/1991, in: *BMJ*, nº 404 (1991), p. 500; ac. do STJ, de 18/06/1996, proc. nº 088171, in http://www.dgsi.pt; ac. STJ, de 29/10/1998, in: *BMJ*, nº 480 (1998), p. 498 (considerou, conquanto em sede de *obicter dicta*, que as firmas "Brisa – Auto-Estradas de Portugal, S.A." e "Brisa Hotel – Sociedade de Exploração Turística e Hoteleira, Lda" eram confundíveis); ac. STJ, de 3/04/2001, proc. nº 01A053, in http://www.dgsi.pt; ac. STJ de 20/10/2009, proc. nº 247/09.4YFLSB - 6ª Secção, in http://www.dgsi.pt. (não obstante, considerou que não eram confundíveis as firmas "Galp Energia, SGPS S.A" e "Galp – Gabinete de Urbanismo, Arquitectura e engenharia, Lda"; este acórdão também cita, no mesmo sentido, dois outros acórdãos do STJ, de 19/02/2002 e de 1/07/2003, mas sem indicação do local onde estão publicados).

[39] Norma que reproduz o art. 2º, 2, do DL 42789, de 3 de Fevereiro.

Os elementos *objecto social*, *âmbito territorial* do exercício do objecto social, *afinidade* ou *proximidade merceológica* dessas actividades e a *sede* das sociedades devem ser cumulativamente analisados. Além de que, da circunstância de o nº 5 do artigo 33º do DL 129/98 determinar que a firma dever ser distinta, não apenas de outras firmas como, igualmente, de *outros sinais distintivos* (logótipo e marca), ainda quando estes estejam sejam utilizados *fora do sector merceológico* do titular da marca em litígio, leva-nos a concluir, *a fortiori*, que, em certos circunstancialismos, a firma deve ser nova fora do âmbito da actividade do titular da firma[40]. Há, no entanto, que mobilizar os *critérios auxiliares*[41] do nº 2 do art. 33º do citado decreto-lei (tipo de pessoa, sede, identidade, afinidade ou proximidade das suas actividades).

Na sindicação do âmbito territorial das actividades das sociedades cujas firmas são alegadamente confundíveis atende-se, no mais, à *previsibilidade* e *probabilidade* de expansão das actividades, que não à abrangência *meramente potencial* das actividades por todo um território mais vasto[42], ainda quando essa expansão ou desenvolvimento seja previsível dentro da esfera organizacional "interna" do empresário ou da sociedade, já que esta não corresponde a uma normal evolução percepcionável "do exterior", por parte do *público concretamente relevante*. Se assim fosse, ampliar-se-ia desmesuradamente a tutela da firma ou denominação, para além da prossecução da concreta função que o Direito lhe assinala: função identificadora e distintiva no tráfego jurídico-económico de um *sujeito* ligado, em regra, a uma organização de meios (*empresa*). Se a tutela da firma ou denominação fosse extensível a qualquer sector merceológico potencialmente coberto pela actividade desse sujeito, a lei atribuir-lhe-ia uma espécie de "reserva" ou "couto", para além do concreto e actual interesse em prevenir o risco de confusão ou de associação[43].

A *esfera de protecção* relativa aos juízos de confundibilidade das firmas ou denominações deve estender-se, desde logo, às actividades económicas, *similares*, *complementares* e *afins*. No caso das sociedades, o risco de confusão ou de associação deve ser apreciado à luz da *concreta actividade efectivamente exercida* pela

---

[40] Em sentido análogo, embora com argumentação um pouco diferente, CASSIANO SANTOS (2007), p. 196.
[41] COUTINHO DE ABREU (2009), p. 168.
[42] A *cognoscibilidade* da composição da firma ou denominação em todo o território nacional resultante do acesso fora de linha ou em linha ao sítio da *Internet* do *Registo Nacional de Pessoas Colectiva* ou às *Conservatórias* não deve ser relevante para aferir e apreciar a alegada confundibilidade.
[43] VANZETTI/DI CATALDO (2003), pp. 287-288.

empresa (ou empresas) de que essa sociedade é titular, e não da actividade (ou segmento de actividade) que esteja *abstractamente* enunciada no contrato[44]. Mais: a *relevância das situações de não concorrência* entre os titulares das firmas ou denominações em confronto pode conduzir à formação de uma *esfera de protecção* da firma ou denominação extensível a todas as actividades que o "público" (ou certo tipo ou grupo de clientes ou grupos de pessoas com quem estes titulares se relacionam ou podem normalmente relacionar-se) possa razoavelmente ser induzido[45] a referir a um *único centro de imputação subjectivo* identificado pela firma ou denominação[46]. O exposto assume tanto mais relevância quanto maior for a possibilidade de constituição de sociedades através de procedimentos ultra-simplificados do tipo "sociedade na hora" (DL 111/2005, de 8 de Julho), ou de sociedades *em linha*, por via da permissão do DL 125/2006, de 29 de Junho, aí onde os objectos sociais a eleger pelos interessados são os mais diversos, ocorrendo um *acesso massificado* a tais processos de constituição de sociedades[47], sem a intervenção de *notário* e, quase sempre, sem o aconselhamento jurídico de *advogado*.

Por outro lado, tanto a firma ou denominação constituída pelo *nome* de sócio (ou sócios), quanto a que é formada pelo nome do comerciante em nome individual, não podem deixar de merecer a *tutela absoluta* do *direito ao nome* enquanto *direito de personalidade* (art. 72º do CCiv.) e *direito fundamental* (art. 18º da CRP), independentemente da afinidade, similitude ou proximidade das actividades económicas: no primeiro caso, deve ser afirmada a tutela dos *direitos fundamentais* das pessoas colectivas, independentemente da existência de uma relação de concorrência, uma vez que o *direito ao nome* (qual identificação comercial ou na vida económica, no que ás pessoas colectivas diz respeito) não é, nestas eventualidades, inseparável de características físicas ou morais das pessoas humanas.

A *ofensa ao bom nome* ou à *reputação* do agente económico (comerciante ou não comerciante) pessoa singular ou colectiva (sociedade ou outro ente personificado), por via da *utilização não autorizada* da firma ou denominação poderá

---

[44] RICOLFI (1999), p. 212, nt. 24.
[45] Em virtude, por exemplo, da *publicidade* ou das *características, propriedades* ou *outras qualidades* dos produtos ou serviços comercializados ou prestados pelo titular da firma ou denominação, bem como da rede de negócios (de importação, distribuição: armazenamento, transporte, retalho) de que o titular da firma dispõe no território nacional.
[46] Entre outros, AUTERI (1989), p. 6; DI CATALDO (1993), p. 183.
[47] Assim, tb., ac. do STJ, de 20/10/2009, proc. nº 247/09.4YFLSB-6ª Secção, in http://www.dgsi.pt.

gerar responsabilidade civil e criminal, mesmo quando o agente da prática do ilícito não exerça uma actividade económica concorrente. Todavia, nestes últimos casos – é bem de ver –, estaremos perante uma possível reacção fundada, que não no *direito de propriedade industrial*, mas na *protecção dos direitos de personalidade*, conquanto reconhecíveis às *pessoas colectivas*. Por vezes, a jurisprudência e a doutrina estrangeiras, independentemente do risco do desvio da clientela, atribuem protecção à firma ou denominação de prestígio – à semelhança do que se verifica com as *marcas de prestígio* (art. 242º, 2, do CPI), embora com uma causa de pedir não totalmente coincidente –, contanto que haja um *risco de confusão* ou um *risco de associação* ou o terceiro procure *tirar partido indevido do carácter distintivo e do prestígio da firma ou denominação* ou essa utilização não autorizada possa conduzir à *perda da sua capacidade distintiva*[48].

5.6. O princípio da exclusividade

O *princípio da exclusividade* das firmas ou denominações significa o *direito de uso exclusivo* da firma ou denominação no âmbito territorial especialmente definido para a entidade em causa (art. 35º, 1, do DL 129/98). Este direito de uso exclusivo integra o problema da *tutela do direito emergente da firma e denominação*, razão por que será apenas analisado *infra*, nº 8 desta anotação.

6. O regime jurídico e a protecção internacional da firma ou denominação

A tutela internacional da firma ou denominação pode ser efectuada tanto ao abrigo das regras do direito internacional privado do Estado do foro (DIP) – pois são estas que designam a lei aplicável ao litígio (*lex causae*) –, quanto pelo disposto na Convenção da União de Paris, de 1883. Só quando o titular da firma ou denominação não for nacional de um Estado aderente à Convenção da União de Paris, nem for Estado contratante do Acordo TRIPS (Anexo I C ao Acordo que institui a Organização Mundial do Comércio) é que será suscitada a aplicação do DIP do Estado cujos tribunais se julgaram internacionalmente competentes para apreciar o litígio. A Convenção da União de Paris protege o denominado "nome comercial" (art. 8º desta Convenção), de acordo com o qual "o nome comercial será protegido em todo os países da União sem obrigação de registo, quer faça ou não parte de uma marca de fábrica ou de comércio"[49].

---

[48] CHAVANNE/BURST (1998), nº 1381, p. 840 = 6ª edição, AZÉMA/GALOUX (2006).
[49] Esta regra é não executória, o que pressupõe que os Estados-membros da Convenção da União de Paris a devem densificar nas respectivas ordens jurídicas internas – DÁRIO MOURA VICENTE (2008), p. 141.

A jurisprudência e a doutrina são pacíficas ao considerarem que esta expressão "nome comercial" abrange, entre nós, a *firma*[50]. Agora, também poderá abranger o *logótipo*, figura que fundiu, como se sabe e na sequência da alteração do actual CPI pelo DL 143/2008, de 25 de Julho, o *nome do estabelecimento* e a *insígnia*, assinalando *o sujeito*, ainda que não possua estabelecimento (art. 304º-I, 3, alínea *a*), do CPI). Embora, no quadro da Organização Mundial do Comércio (O.M.C.), o art. 1º, 2, do Acordo TRIPS não refira expressamente este sinal distintivo dos agentes económicos, a jurisprudência do Órgão de Apelação do TRIPS, à luz dos trabalhos preparatórios desta Convenção, já incluiu este direito de propriedade industrial no seu âmbito de protecção, enquanto categoria ou "tipo" de propriedade intelectual abrangido por este Acordo[51]. O que é importante, pois que sujeita os Estados contratantes da O.M.C. ao dever de respeitar, quanto a este direito de propriedade industrial, os princípios da *nação mais favorecida*, do *tratamento nacional*, os princípios inscritos no art. 8º, os objectivos do art. 7º, bem como as *regras da aplicação efectiva de tais direitos* (art. 41º e ss.).

No direito estrangeiro, são algo diferentes as realidades reconduzíveis ao conceito "nome comercial". Enquanto na Alemanha, a firma (*Firma*) é integrada nos sinais distintivos da empresa (*Unternehmenskennzeichen*) – um pouco à semelhança de Portugal, pois também aí a firma traduz o nome ao abrigo do qual o comerciante exerce o seu comércio[52], embora, entre nós, o "nome comercial" na acepção do art. 8º daquela Convenção também compreende o *logótipo* (art. 304º-A, 2, do actual CPI –, em França o *nom commercial* constitui a denominação sob a qual uma *empresa* (em *sentido objectivo*, visto que é um ele-

---

[50] OLIVEIRA ASCENSÃO, (1996), p. 443 ss.; OLIVEIRA ASCENSÃO (1988), p. 131 ss.; FERRER CORREIA (1973), p. 290; FERNANDO OLAVO (1984), pp. 21-22; OEHEN MENDES (1982), p. 40 ss.; COUTINHO DE ABREU (2009), p. 178, nt. 196; entre outros, ac. do STJ, de 11/12/1979, in: *BMJ*, nº 292 (1979), p. 391 ss.; ac. do STJ, de 27/03/2003, proc. nº 03B322 (a propósito do nome do estabelecimento); mais recentemente, veja-se o ac. RL, de 15/01/2007, proc. nº 4599/06-2, in http://www.dgsi.pt; e o ac. do STJ, de 10/07/2008, proc. nº 07B2944, in http://www.dgsi.pt.

[51] Cfr. a decisão do Orgão de Apelação do TRIPS, de 12/01/2002, no caso *United States – Section 211 Omnibus Appropriation Act of 1998*, Documento WT/DS176/AB/R, §§ 333 a 338, mais conhecido pelo caso *Havana Club*: na espécie, uma lei norte-americana, de 1998, impediu o registo e a renovação do registo de marcas que tivessem caducado por motivo de o titular haver sido alvo de medidas confiscatórias promulgadas pelo Governo de Cuba, a partir de 1/01/1959, embora dispusesse que os tribunais norte-americanos ficavam inibidos de reconhecer e proteger o exercício de direitos respeitantes a *marcas* e *nomes comerciais* nas referidas situações. Cfr., tb., REMÉDIO MARQUES (2007), p. 44 e nt. 63; GERVAIS (2008), pp. 172-174.

[52] GÖTTING (2007), p. 136 ss.

mento essencial do *fond de commerce*[53]) é explorada e identificada nas relações com os outros agentes económicos e os consumidores[54]. Na Itália, a firma (*ditta*) é o nome que identifica e distingue o empresário no exercício da empresa, não obstante a existência de uma discussão antiga sobre se a *ditta* deve ser entendida em *sentido subjectivo* (art. 2563 do *Codice Civile*: onde se exige que a *ditta* inclua, pelo menos, o nome ou a sigla do empresário) ou *objectivo* (art. 2565 do mesmo Código, onde se admite que a *ditta* pode ser transmitida com o estabelecimento), ou seja, se é o sinal que distingue e identifica o estabelecimento ou o empresário, prevalecendo a ideia segundo a qual o momento objectivo e o momento subjectivo constituem duas faces do mesmo fenómeno, pois que o art. 2564 do citado Código impõe a obrigação de diferenciação da *ditta*, que seja igual ou idêntica a outra já existente, desde que possa criar confusão com o *objecto* da empresa ou *o local* em que este é exercido[55]. No Reino Unido, o "nome comercial" (*trade name*) constitui o nome que, por mor do *uso e da reputação*, é susceptível de indicar uma actividade comercial exercida por uma pessoa, cuja tutela é assegura pela acção de *passing off*, e cuja causa de pedir abrange uma parte das que, entre nós, podem ser invocadas ao abrigo do ilícito da *concorrência desleal*.

O nome comercial, *et, pour cause*, a *firma registada em país estrangeiro* (aderente à Convenção da União de Paris ou ao Acordo TRIPS), somente é protegido em Portugal se for, neste país, objecto de exploração comercial: as pessoas colectivas com sede no estrangeiro apenas podem reclamar protecção em Portugal se, independentemente de registo da firma em Portugal, *exercerem de modo efectivo*, neste último país, a actividade económica que configura o seu objecto, através de *delegações, agências, filiais* ou *sucursais*, visto que este é um dos requisitos de

---

[53] Por sua vez, já a denominação social (*denomination social*) identifica a pessoa colectiva objecto de registo (que não apenas as sociedades, ao que parece) e a sua actividade.

[54] POLLAUD-DULIAN (1999), pp. 467-468; AZÉMA/GALLOUX (2006), p. 897.

[55] ABRIANI/COTTINO/RICOLFI (2001), pp. 131.132; CORSI (1999), p. 93. Assim, a presença de elementos objectivos e subjectivos desemboca, neste país, numa consideração unitária da função que a *ditta* é chamada a desempenhar no ordenamento jurídico italiano: sinal que identifica a actividade da organização, no seu todo, reconduzindo-a a elementos reais através dos quais ela se realiza e ao sujeito a quem é juridicamente imputada – RICOLFI (1999), p. 204. Entre nós, atento o fenómeno da *despersonalização das firmas*, esta dialéctica compreensiva da função da firma também pode dar frutos semelhantes: proíbe-se a livre transmissibilidade da firma, somente sendo admitida com a transmissão do estabelecimento a que esteja ligada, devendo o adquirente aditar à sua própria firma a menção da sucessão e a firma adquirida (arts. 38º, 2, e 44º, 4, do DL 129/98, de 13 de Maio). Por isso dissemos, no início da anotação deste artigo 10º do CSC, que *a firma identifica e distingue o centro personificado de imputação de uma determinada actividade económica*.

protecção previstos no direito português⁵⁶. O que bem se compreende e aceita, visto que as limitações impostas à liberdade de iniciativa económica de terceiros pela via da constituição de direitos de propriedade industrial não podem deixar de incluir o uso efectivo destes exclusivos industriais no país onde se reclama protecção.

O citado artigo 8º não pode estender as vantagens prescritas na lei interna portuguesa relativamente a actos de exploração económica da firma ou denominação no estrangeiro, nem, tão pouco, permite estender ao território português os efeitos da lei estrangeira de um país aderente à União de Paris. Seria paradoxal que não fosse reconhecida protecção, em Portugal, a uma marca registada em país estrangeiro e já fosse reconhecida essa protecção a uma afirma ou denominação somente utilizada no estrangeiro. Além disso, é ainda de exigir que a firma ou denominação seja protegida *no país de origem*. Coloca-se, porém, o problema da inibição do uso da firma, por parte de filial, sucursal, delegação ou agência de sociedade estrangeira quando esta é igual ou idêntica a firma anteriormente registada em Portugal, ao derredor dos princípios da *liberdade de estabelecimento* (art. 43º do Tratado da Comunidade Europeia), de pessoas singulares e de pessoas colectivas, da *livre circulação de produtos* na União Europeia, da proibição das *restrições quantitativas à importação* ou *medidas com efeito equivalente* (art. 28º do Tratado) e das *discriminações arbitrárias e restrições dissimuladas ao comércio entre os Estados-membros* (art. 30º do Tratado). A restrição de utilização de firma num outro Estado-membro diferente do Estado-membro da sede provoca inevitavelmente constrangimentos merceológicos e menor atractividade dos negócios, apresentando-se, nestes termos, menos rentável a actividade de uma sociedade num Estado-membro diferente daquele de que é nacional.

Se é certo que a violação da *liberdade de estabelecimento*, embora sendo exercitável tanto pelas pessoas singulares como pelas pessoas colectivas – aí onde o conteúdo dessa liberdade é, para as pessoas colectivas, o *direito-liberdade* de instalar sucursais, agências, filiais ou delegações –, não é menos verdade que cada Estado-membro desfruta do poder de definir e densificar essas liberdades⁵⁷. Aliás, a norma do art. 8º da Convenção da União de Paris conjuga-se com a do

---

56 OLIVEIRA ASCENSÃO (1996); ac. do STJ, de 11/12/1979, in: *BMJ*, nº 292 (1979), p. 391; ac. RL, de 15/01/2007, proc. nº 4599/06-2, in http://www.dgsi.pt; ac. do STJ, de 10/07/2008, proc. nº 07B2944, § 10, in http://www.dgsi.pt.
57 Entre outros, cfr. o ac. do Tribunal de Justiça das Comunidades, de 9/03/1997, no caso *Centros Ltd c. Evherus-og Selskabsstyrelsen*, proc. nº C 212/97, § 20.

art. 2º, 1, da mesma Convenção, segundo a qual "os nacionais de cada um dos países da União gozarão em todos os outros países da União, no que respeita à protecção da propriedade industrial, das vantagens que as leis respectivas concedem actualmente ou venham a conceder no futuro aos nacionais, sem prejuízo dos direitos especialmente previstos na presente Convenção" (*princípio do tratamento nacional*).

Ora, será lícita a actuação dos Estados-membros na tarefa densificação legiferante destas liberdades fundamentais em matéria de livre circulação de pessoas (*in casu*, a liberdade de estabelecimento), de serviços e de mercadorias, se e quando forem aplicadas de *forma não discriminatória*; se forem justificadas por motivos ingentes de interesse geral; se forem adequadas a garantir a realização do objectivo que visam prosseguir; e não excederem o que se repute necessário para lograr tal objectivo.

Em suma, a concretização legiferante destas liberdades está, naturalmente, condicionada pela observância das regras da *proporcionalidade, adequação* e *necessidade (proibição do excesso)*[58].

Quanto à violação da regra que proíbe a aplicação de *restrições quantitativas à importação*, bem como todas as *medidas de efeito equivalente*, por mor da restrição de utilização da firma ou denominação social num Estado-membro diferente do Estado-membro da sede (*et, pour cause*, da nacionalidade) da pessoa colectiva (art. 28º do Tratado da Comunidade Europeia), também não deve esquecer-se que são admissíveis restrições justificadas pela protecção do "objecto específico" dos direitos de propriedade intelectual (*in casu*, de propriedade industrial)[59], sendo que o "objecto específico" da protecção do nome comercial e, entre nós, da firma, consiste na tutela contra o *risco de confusão* em *sentido estrito* – ou seja, o risco de o público poder ser induzido erroneamente a tomar uma firma ou denominação social por outra –, bem como o *risco de associação* – isto é, o risco de o público, pese embora consiga distinguir os sinais, ligar uma firma a outra, crendo erroneamente que se trata de firmas identificadoras de

---

[58] Ac. do Tribunal de Justiça das Comunidades Europeias, de 30/11/1995, no caso *Reinhart Gebhard c. Consiglio dell'Ordine degli Avvocati e Procuratori di Milano*, proc. C-70/95, in http://curia.europa.eu.; *idem*, de 15/05/1997, no caso *Futura Participations SA c. Singer/Administration des Contribuitions*, proc. C-250/95, § 26, http://curia.europa.eu.

[59] Ac. do Tribunal de Justiça das Comunidades Europeias, de 30/11/1993, no caso *Deutsche Renault*, proc. C-317/92, in *Colectânea de Jurisprudência do Tribunal de Justiça das Comunidades Europeias*, 1991, I, p. 6227, § 37.

sujeitos com relações de coligação, licença ou outras relações contratuais de dependência, subordinação ou coordenação.

Temos, deste modo, uma ponderosa justificação fundada em *razões de interesse geral* para restringir o uso, em Portugal, de firma registada no Estado-membro da nacionalidade da pessoa colectiva, não obstante o disposto no citado art. 8º da Convenção da União de Paris, já que se cura da realização do "objectivo específico" do direito sobre a firma[60]. Esta lícita *restrição* (*e não proibição*, pura e simples) do uso de firma ou denominação, em Portugal, por sucursal, filial, agência ou delegação de pessoa colectiva nacional de um outro Estado-membro, não obstante condicione a livre circulação de mercadorias ou a prestação de serviços, decorre, conquanto de forma indirecta, da restrição à liberdade de estabelecimento[61].

Todavia, joga-se aqui uma questão de *conciliação* ou *compatibilização de direitos de propriedade industrial parcialmente incompatíveis*[62]: a firma ou denominação *registada em Portugal* e a *firma ou denominação estrangeira usada em Portugal*, em relação à qual o art. 8º da Convenção da União de Paris não impõe a observância das formalidades de *depósito* ou de *registo*, em Portugal. A existência de *direitos anteriores registados em Portugal* sobre firma ou denominação igual ou idêntica não autoriza a sua invalidação em homenagem à tutela da firma ou denominação de sociedade ou outra pessoa singular ou colectiva estrangeira. O titular da firma protegida no Estado de origem e usada em Portugal, não só não pode invalidar a firma registada anteriormente em Portugal, como também não pode arrogar-se ao direito de uso exclusivo dessa sua firma ou denominação[63]. O exclusivo

---

[60] Ac. do Tribunal de Justiça das Comunidades, de 18/03/1990, no caso *Coditel*, proc. nº 62/9, in *Colectânea de Jurisprudência do Tribunal de Justiça das Comunidades*, 1990, p. 881, § 15.

[61] Já, assim, ac. do Tribunal de Justiça das Comunidades, de 11/05/1999, no caso *Pfeiffer Großhandel GmbH c. Löwa Warenhandel GmbH*, § 17 ss., in http://curia.europa.eu; entre nós, ac. STJ, de 10/07/2008, proc. nº 07B2944, §§ 6-8, in http://www.dgsi.pt.

[62] Fenómeno semelhante detecta-se em outros domínios da propriedade industrial: por exemplo, em matéria de *direitos de patente*, o art. 104º, 1, do actual Código da Propriedade Industrial (à semelhança da larga maioria do regime jurídico vigente em outros países), torna *inoponíveis* os direitos conferidos pela patente a todo aquele que tenha chegado, de boa fé, pelos seus próprios meios ao conhecimento da invenção, antes da data do pedido de protecção (ou da data da prioridade) e a utilizava ou fazia preparativos efectivos e sérios, tendo em vista essa utilização. Nestas eventualidades, o beneficiário desta inoponibilidade, resultante do *uso prévio da invenção protegida em Portugal*, tem o direito de prosseguir ou iniciar a utilização da invenção, para os fins da própria empresa, na medida do conhecimento anterior, e só pode transmitir esse conhecimento tecnológico (já patenteado por outrem em Portugal) conjuntamente com o estabelecimento comercial em que se procede à referida utilização (art. 104º, 5, do mesmo Código).

[63] Em sentido semelhante, OLIVEIRA ASCENSÃO (1996), p. 453; CARLOS OLAVO (2005), p. 243.

constituído e reconhecido pela lei interna portuguesa é, desta sorte, limitado pelas faculdades que decorrem do disposto no mencionado art. 8º da Convenção da União de Paris[64]. A jurisprudência entende que a pessoa (singular) ou colectiva estrangeira, na impossibilidade de lhe ser reconhecido um direito de exclusivo em Portugal, sobre a firma (constituída no estrangeiro) pode sempre beneficiar da protecção respeitante à concorrência desleal[65]. As duas firmas ou denominações terão que coexistir no mesmo espaço territorial, pese embora possam, *a partida*, criar risco de confusão ou de associação. Donde, cumprirá aos respectivos titulares tomar as medidas necessárias – *maxime*, as modificações ou integrações susceptíveis de diferenciar as duas firmas homónimas – para evitar, tanto quanto possível, a verificação de tais riscos na mente do público, prevenindo, igualmente, a verificação de *comportamentos parasitários* de algum dos interessados, ou "concorrência confusória", em sede do ilícito de *concorrência desleal*; ou bem que um deles requer que o tribunal as ordene.

Se, pelo contrário, a firma da sociedade comercial estrangeira (regularmente constituída no estrangeiro, à luz do respectivo ordenamento interno do Estado de origem) é *usada em Portugal* (embora aqui *não esteja registada*), o titular dessa firma pode pedir a condenação judicial da abstenção do uso de firma idêntica (registada ou não) adoptada *posteriormente* ao referido uso por uma sociedade comercial portuguesa[66], ou por outra sociedade comercial estrangeira *regularmente constituída no respectivo país de origem*.

Se a firma ou denominação compuser uma marca, ela será, de igual sorte, protegida em todos os países da União de Paris (e agora em todos os países aderentes à Organização Mundial do Comércio), nos termos do mesmo (art. 8º da Convenção da União de Paris). Esta disposição visa esclarecer que uma firma ou denominação constitutivas de uma marca, mas utilizada, *uno actu*, como firma ou denominação continuará a ser protegida nesses Estados aderentes, ainda quando o direito sobre a *marca caducar* ou for objecto de *renúncia*. O art. 8º desta Convenção autoriza, igualmente, o titular da firma ou denominação constitutiva de uma marca a mobilizar o *licere* do direito de marca ou o da firma

---

[64] Assim, OLIVEIRA ASCENSÃO (1996), p. 469, o que, para o Autor, implica, e bem, uma situação anómala, de leal concorrência, mas *inevitável* – CARLOS OLAVO (2005), p. 243 –, por força do *princípio da territorialidade* dos direitos de propriedade industrial, aí onde, no mesmo país, são utilizadas duas firmas ou nomes comerciais caracterizadas por elementos distintivos análogos; tb., em sentido próximo, ac. RP, de 26/06/2007, proc. nº 0722734, in http://www.dgsi.pt; ac. do STJ, de 3/10/2002, in *CJ-ACSTJ* (2002), Tomo 1, p. 80.
[65] Ac. do STJ, de 17/06/1998, in: ABRANTES GERALDES (2009), p.67 ss.
[66] COUTINHO DE ABREU (2009), p. 178.

ou denominação: haverá um *concurso electivo de protecção* se o signo constitutivo da marca (registada no país onde a protecção é reclamada) também for constitutivo da firma ou denominação (no mesmo país).

7. A transmissão e a cedência do gozo da firma ou denominação

Posto que a firma ou denominação distingue e identifica o comerciante e, igualmente, as empresas através das quais aquele exercita a actividade económica, o legislador português consente, embora a sujeite a *algumas restrições*, a *transmissão inter vivos* deste sinal distintivo, mas somente quando ocorrer *juntamente com a transmissão do estabelecimento* a que esteja ligada, fazendo-se mister o acordo, *reduzido a escrito*, das partes (art. 44º, 1, do DL 129/98[67]). É que a transmissão da firma colhe plena justificação quando o comerciante não possua, por razões diversas, um nome para individualizar o seu estabelecimento: nesse caso, a função distintiva e identificadora da firma ao ser referida a um "titular abstracto do estabelecimento"[68] desvia-se da sua função normal e passa a exercer a função de logótipo (antigamente, até 2008, de nome de estabelecimento) enquanto identificadora do estabelecimento. A conexão da transmissão da firma com a transmissão do estabelecimento justifica-se assim para defender os interesses de terceiros, os quais associam normalmente a firma de um *sujeito* a um *estabelecimento*[69]. A transmissão da firma acha-se *vinculada* ao estabelecimento, não fazendo sentido tê-la como bem disponível, contrariamente ao que sucede com a transmissão da *marca*, cuja circulação é um dos fundamentos deste subsistema[70] da propriedade intelectual. Esta transmissão *inter vivos* do estabelecimento de cuja verificação depende a transmissão da frima ou denominação pode ser uma *transmissão forçada*, ou seja, uma transmissão efectuada por ocasião da venda executiva, da adjudicação do estabelecimento penhorado ao exequente ou a algum credor reclamante ou, ainda, no quadro dos processo de insolvência e recuperação de empresa, uma alienação efectuada pelo administrador da insolvência.

Este é o regime da *transmissão definitiva* da firma enquanto bem imaterial constitutivo do acervo de bens do estabelecimento. Atentas as palavras utilizadas pelo legislador, a forma escrita parece constituir uma formalidade *ad substantiam*, de cuja observância está dependente a validade da transmissão,

---

[67] O art. 24º do CCom e os §§ 2 e 3 do art. 2º da LSQ já consagravam este regime.
[68] FERRER CORREIA (1973), p. 151.
[69] OLIVEIRA ASCENSÃO (1988), p. 105; OLIVEIRA ASCENSÃO (1998), p. 316; COUTINHO DE ABREU (2009), p. 173; MENEZES CORDEIRO (2007), p. 288; NUNO AURELIANO (2008), p. 121.
[70] OLIVEIRA ASCENSÃO (1988), pp. 159-160.

e não apenas uma formalidade *ad probationem*. E não parece de aceitar a tese – aceita, por exemplo, maioritariamente, na Itália, aí onde apenas se exige *o consentimento* do alienante da empresa –, de acordo com a qual, ou bem que esse consentimento pode ser *tácito*[71], ou bem que a redução a escrito é uma formalidade *ad probationem*[72], ou pode operar por meio do *silêncio*, quando resulte de factos concludentes existentes por ocasião da formação da vontade negocial e do conteúdo complexo do negócio de transmissão da empresa. Assim, entre nós (tal como em Itália), a *firma* não integra o denominado *âmbito natural de entrega* do estabelecimento[73], por ocasião da ocorrência de *trespasse* (por venda, doação, dação em cumprimento, obrigação de entrada no capital social de sociedade, etc.); integra, isso sim, o chamado *âmbito convencional* de entrega do estabelecimento: *apenas se transmite por força de estipulação (in casu,* estipulação expressa) *das partes* (art. 44º, 1, do DL 129/98). O mesmo regime deve aplicável, analogicamente e por via do disposto no art. 43º, 1, *in fine*, do RRNPC, à transmissão de denominações[74].

Vejamos agora a *cedência temporária do gozo da firma* ou *denominação*. Tal como a transmissão definitiva, a *cedência temporária do gozo da firma* ou *denominação* somente pode ser realizada juntamente com a cedência temporária do gozo do estabelecimento. Ou seja, fazendo a firma ou denominação parte do chamado *âmbito convencional* de entrega do estabelecimento, ela constitui um dos elementos que integra a *factis especie* denominada *cessão de exploração do estabelecimento* (seja através do negócio jurídico denominado *locação de estabelecimento* – art. 1022º, *ex vi* do art. 1109º, 1, do CCiv., no domínio do *Novo Regime do Arrendamento Urbano* –, *comodato* de estabelecimento, *usufruto* de estabelecimento ou *outros direitos pessoais de gozo* atípicos[75] respeitantes à fruição económica do estabelecimento). Vejamos o negócio mais utilizado: a *locação do estabelecimento*. O locatário do estabelecimento, tendo havido *acordo escrito* quanto à cedência temporária da utilização da firma ou denominação, fica investido no *poder de usar*

---

[71] Já GRECO (1948), p. 47; agora, por todos, ABRIANI/COTTINO/RICOLFI (2001), cit., p. 146.
[72] CASANOVA (1974), p. 375.
[73] Em França, pelo contrário, a firma (*nom commerciale*), a qual constitui, à luz do art. 1º da Lei de 17 de Março de 1909, e de uma jurisprudência antiga (acórdão «Heidsieck», da *Cour de Cassation*, de 3/02/1909, in: *Annales de la propriété industrielle, littéraire et artistique*, 1909, p. 142 ss.) um dos *elementos essenciais* do estabelecimento, transmite-se juntamente com a transmissão deste estabelecimento (*fonds de commerce*), podendo essa transmissão ser provada por qualquer meio, embora somente seja oponível a terceiros após ser levada ao *Registre du commerce et des sociétés* (arts. 11 e 22 do Decreto de 30/05/1984).
[74] COUTINHO DE ABREU (2009), p. 176 e nt 192; NUNO AURELIANO (2008), p. 122, nt 331.
[75] O art. 44º, 1, do DL 124/98, fala em "qualquer título".

a firma ou *denominação* do titular do estabelecimento no exercício da empresa em cujos poderes de gozo foi temporariamente investido. Trata-se assim de um *direito meramente obrigacional de uso* da firma ou denominação, em que o locatário do estabelecimento foi investido, consequência do *poder-dever* de exploração dessa empresa: o direito de usar a firma ou denominação é atribuído, a título não autónomo, ao locatário, na medida em que constitui um dos *feixes jurídicos* ou projecções do *licere* constituído pelo *negócio de locação do estabelecimento*[76].

Se a firma ou denominação de uma sociedade comercial não fizer parte, por vontade contrária do seu titular, do âmbito de entrega do estabelecimento (tanto no *trespasse* quanto na *cessão de exploração*), estes sinais distintivos passam a identificar um comerciante cuja empresa busca os *laços de continuidade* essencialmente na base de *elementos pessoais* (*v.g.*, listas de clientes, saber-fazer, etc.) – e outras situações de *natureza obrigacional* (*v.g.*, créditos do trespassante, as posições contratuais do trespassante com o concurso do terceiro contraente cedido) –, com exclusão dos *elementos reais*[77] (*v.g.*, máquinas, maquinismos, prédio de que era titular ou locatária), excepto se tiver havido um trespasse ou uma cessão de exploração apenas "parciais".

Se o *trespassante* ou o *cedente da exploração* do estabelecimento (locador, comodante, titular da nua-propriedade do estabelecimento, etc.) for sociedade cuja firma seja composta pelo *nome* de sócio (ou associado), em homenagem ao direito ao nome, requer-se, a mais do consentimento daquele transmitente ou cedente, a *autorização do titular do nome* (art. 44º, 2, do DL 129/98).

A *extinção da sociedade*, seja pelo esgotamento do objecto social, seja pela dissolução e liquidação conduz à *extinção do direito sobre a firma ou denominação*, já que a transmissão não pode então jamais ser efectuada.

8. A tutela da firma relativamente a sinais confundíveis

Ao abrigo do preceituado no art. 37º do DL 129/98, as sociedades comerciais e as sociedades civis sob forma comercial têm direito ao uso exclusivo da sua firma em todo o território nacional. A falta de novidade da firma de uma sociedade relativamente a uma firma anterior, ou em relação a marcas, logótipos, denomi-

---

[76] Em sentido próximo, a propósito do gozo do prédio por parte do locatário do estabelecimento, cfr. COUTINHO DE ABREU (2009), p. 331.
[77] RICOLFI (1999), p. 216. Isto no pressuposto de terem sido também transmitidos os direitos de propriedade industrial (*v.g.*, patentes, modelos de utilidade, marcas, desenhos ou modelos, direitos sobre topografias de produtos semicondutores, direitos de obtentor de variedade vegetal) ou os direitos de autor e direitos conexos (incluindo o "direito especial" do fabricante de bases de dados).

nações de origem, indicações geográficas (art. 4º, 4, do CPI) constitui *contrafacção* do sinal distintivo anteriormente registado. Quanto mais "forte" e "dominante" for uma firma de uma sociedade – quanto mais forte e dominante, do ponto de vista gráfico e/ou fonético, do ponto de vista publicitário ou expressivo-formal for o *núcleo concretamente caracterizante* dos signos usados para compor tal firma ou denominação –, maior será o número daqueles que a desejam e tentam imitar. A *imitação* da firma não consiste na utilização de uma firma *igual* – nisto consiste, isso sim, a *usurpação* da firma. A *imitação da firma*, comportamento, este, mais insidioso, consiste na utilização merceológica de uma *firma idêntica*. O esforço do normal *contrafactor de firma alheia* projecta-se na adopção e utilização de uma firma cujo grau de semelhança com outra (ou outras) é susceptível de induzir os consumidores finais – ou *outro tipo de clientes* ou agentes económicos com quem o titular da firma ou denominação estabelece maioritariamente relações de negócios – em erro sobre a proveniência dos produtos ou serviços comercializados pela sociedade, levando a crer, erroneamente, que são comercializados ou prestados por outra sociedade ou que são comercializados ou prestados por uma sociedade que mantém "relações especiais" com outra (*v.g.*, integrada no mesmo grupo de sociedade, ligada por contrato de licença de utilização de bens imateriais). O contrafactor "chico-esperto" tenta, normalmente, encontrar um ponto de equilíbrio entre, por um lado, o excesso de semelhança gráficas e/ou fonéticas com a firma anterior e, por outro, a existência de dissemelhanças gráficas e/ou fonéticas, capazes de excluir essa confundibilidade: o objectivo deste personagem é sempre o de subtrair, desviar ou captar clientela aos concorrentes (e, por vezes, a sociedades não concorrentes) e colocá-los, tanto quanto possível, na situação de estes não poderem actuar juridicamente contra tal comportamento.

A protecção da firma registada traduz-se num conjunto de faculdades jurídicas, a saber: o titular tem legitimidade para *reclamar* contra o *pedido de registo* de firma efectuado por outrem de firma, marca (art. 239º, 2, alínea *a*), do CPI), logótipo (art. 304º-I, 3, *idem*), denominação de origem ou indicação de proveniência (art. 308º, alínea *e*), *ibidem*), que não sejam "novos"; outrossim, as firmas ou denominações podem ser anuladas, declaradas *nulas* (se violarem *interesses gerais* da comunidade: *v.g.*, serem compostas por sinais ofensivos à ordem pública ou aos bons costumes, constituídos por expressões ou vocábulos genéricos, descritivos ou geográficos), *anuladas* (por violação de *interesses particulares*, no sentido de os sinais não serem novos ou ofenderem direitos de propriedade industrial, direitos de autor ou outros direitos subjectivos de outrem), revogadas, e objecto de declaração de perda do direito ao respectivo uso (arts. 35º, 4, e 60º do DL 129/98), pelo RNPC. Além de que a *utilização ilícita* de firma ou denominação, tanto registada ou não registada, confere a faculdade de requerer judicialmente a condenação na *obrigação de cessar a utilização*, bem como a *indemnização* a que houver lugar, nos *termos especiais* da responsabilidade civil aquiliana previstos no art. 338º-L do CPI[78], incluindo a aplicação de eventuais *sanções acessórias* (art. 338º-M, *idem*), *medidas inibitórias* (art. 338º-N, *ibidem*: *v.g.*, interdição temporária do exercício da actividade, encerramento temporário ou definitivo do estabelecimento em que o titular da firma ilícita actuava, etc.) e *publicitação da sentença condenatória*. O lesado pode, ademais, socorrer-se das regras do *enriquecimento sem causa*, uma vez preenchidos os respectivos pressupostos (art. 473., 1, do CCiv.): haverá, nessas hipóteses, *enriquecimento por intervenção* (em direito de propriedade industrial), cuja obrigação de restituir será equivalente ao montante que seria pago ao titular, segundo o valor do mercado, pela utilização da firma[79] (em caso de transmissão definitiva, no caso de trespasse do estabelecimento, ou cedência temporária, na hipótese de cessão de exploração). Quanto às firmas ou denominações estrangeiras não registadas em Portugal, veja-se o que dissemos, *supra*, no nº 6.

9. Resolução de litígios e questões processuais

O contencioso das firmas e denominações – para além do *recurso hierárquico* dirigido ao director-geral dos Registos e do Notariado (art. 63º, 1, do RRNPC) – distribui-se por duas ordens de jurisdição: a dos *tribunais administrativos e fiscais* e a dos *tribunais judiciais*.

Há, hoje, a possibilidade de os litígios susceptíveis de reacção contenciosa em matéria de firmas ou denominações poderem ser apreciados e julgados por *tribunal arbitral* (art. 73º-A do RRNPC), mesmo quando existam contra-interessados, desde que, obviamente, estes aceitem a *convenção de arbitragem* (na modalidade de *compromisso arbitral*)[80]. Esta é a arbitragem voluntária *ad hoc*, aí onde a composição do conflito tem lugar através de um ou mais árbitros, pessoas

---

[78] Isto porque a violação da firma ou denominação constitui a violação de um *direito de propriedade industrial*, embora não especialmente previsto e regulado no CPI.

[79] MENEZES LEITÃO (1996), pp. 722-723; PEREIRA COELHO (1999), p. 19, nt 31.

[80] A outorga de *compromisso arbitral*, a pedido do interessado (que, p. ex., viu recusada a concessão da firma ou denominação) por parte do Instituto de Registos e Notariado é objecto de *despacho* do seu presidente, a proferir no prazo de 30 dias, contados da data da apresentação do requerimento (art. 73º-B, 3, do RRNPC).

humanas, designadas pelas próprias partes, sendo que estas podem regular as regras do processo e o lugar onde funcionará o tribunal[81]. Esta é uma *arbitragem não permanente*, já que estes tribunais arbitrais se extinguem após a resolução do litígio. Porém, a lei abriu a possibilidade de estes litígios sobre firmas ou denominações serem resolvidos por *tribunais arbitrais institucionalizados* (tribunais arbitrais *permanentes*). O artigo 73º-B, 4, do RRNPC prevê a possibilidade de *vinculação genérica* do Instituto Nacional de Registos e Notariado a *centros de arbitragem voluntária institucionalizada* com competência para dirimir todas as questões susceptíveis de impugnação judicial em matéria de firmas ou denominações. Neste caso, a resolução do conflito tem lugar através de um ou mais árbitros sob a égide de uma instituição permanente, já constituída e que está à disposição dos litigantes, quer antes de o litígio existir entre eles, quer depois de o litígio ter aí eventualmente sido dirimido. Instituições permanentes, estas, que são dotadas de um regulamento e de uma organização própria, seja para disciplinar o procedimento de queixa, submissão à arbitragem voluntária, escolha dos árbitros 8ou árbitro), regras processuais a serem seguidas, seja, enfim, para regular as custas do processo[82].

9.1. Problemas de competência jurisdicional

Pôs-se durante muito tempo a questão de saber qual o *tribunal judicial* competente para apreciar e julgar os pedidos de anulação de firmas ou denominações ou de revogação de decisões proferidas pelo *Director-Geral dos Registos e Notariado* ou pelo Conservador do Registo Nacional de Pessoas Colectivas, de cuja decisão cabe recurso hierárquico para o *Director-Geral dos Registos e do Notariado*[83]. A maioria da jurisprudência, fazendo uma interpretação lata do disposto na alínea *f*) do nº 1 do artigo 89º da LOFTJ de 1999 – L nº 3/99, de 13 de Janeiro, segundo a qual compete aos tribunais do comércio preparar e julgar "as acções de declaração em que a causa de pedir verse sobre propriedade industrial, em qualquer das modalidades previstas no Código da Propriedade Industrial" –, considera que os *tribunais de comércio* são materialmente competentes para julgar as acções cujos pedidos sejam de *anulação de firma ou denominação de sociedade*

---

[81] REMÉDIO MARQUES (2009), p. 52.
[82] REMÉDIO MARQUES (2009), pp. 52-53.
[83] Da decisão deste Director-Geral cabe recurso contencioso para o tribunal judicial do domicílio ou da sede do recorrente (art. 63º a 66º do RRNPC, aprovado pelo DL 129/98, de 13 de Maio).

comercial, do seu *registo de pessoa colectiva* e do respectivo registo comercial, bem como a condenação na abstenção do seu uso[84].

Surpreendem-se, por vezes, decisões onde é recusada a competência dos tribunais de comércio. Por exemplo, em acção destinada a apreciar e julgar o pedido de anulação da denominação social de sociedade comercial, de parte do contrato de sociedade respeitante à referida denominação, com base na circunstância de integrar segmento de nome de sócio que já deixara de ter essa qualidade, bem como o pedido de inibição do uso dessa denominação social[85].

Aquela interpretação mais lata do disposto na alínea *f)* do n.º 1 do artigo 89.º da L 3/99, faz sentido, se e quando a *causa de pedir* da acção for integrada por factos respeitantes à *disponibilidade do sinal* usado para compor a firma ou denominação, no sentido em que este seja usado na composição de *marca, denominação de origem, nome* ou *insígnia de estabelecimento* com registo anterior (art. 4.º/3 do CPI de 1995; art. 4.º/4 do CPI de 2003, acrescentando-se a possibilidade de anulação de *firma* ou *denominação*, se o pedido de registo for posterior ao registo de *logótipo*). Estamos, nestas eventualidades, perante acções em que o autor configura objecto do processo no âmbito dos *direitos de propriedade industrial previstos no respectivo Código*. E sabe-se que, na tarefa de determinação do tribunal competente em razão da matéria, é importante a delimitação que o autor efectua dos factos que pretende ver provados[86]. Além disso, o *contencioso dos actos de registo comercial* também se inscreve na competência dos tribunais de comércio, ao abrigo, agora, da alínea *g)* do n.º 1 do mencionado artigo 89.º, razão pela qual os tribunais de comércio também podem desfrutar de competência para apreciar e julgar pedidos de cancelamento de registo de firmas ou denominações[87]. A

---

[84] Ac. do STJ, de 18/03/2004, proc. n.º 04B873, in http://www.dgsi.pt.
[85] Ac. do STJ, de 22/04/2004, proc. n.º 04B1363, in http://www.dgsi.pt.
[86] REMÉDIO MARQUES (2009), pp. 299-300. Se o autor invoca factos que permitem várias qualificações jurídicas, o tribunal que tenha sido provocado é materialmente competente, se no seu âmbito de competência material couber, *pelo menos*, uma das qualificações jurídicas, podendo este tribunal analisar a causa à luz da qualificação para que seja materialmente competente. Se os factos invocados pelo autor apenas autorizarem uma determinada qualificação jurídica, com exclusão de outras qualificações, o tribunal em que ele deduziu a acção é competente, se e quando essa qualificação for subsumida ao âmbito de competência material desse tribunal; caso contrário, não. Cfr., tb., o ac. do STJ, de 22/04/2004, proc. n.º 04B1363, in http://www.dgsi.pt, que segundo o qual "na determinação da competência dos tribunais em razão da matéria releva essencialmente a estrutura do objecto do processo, envolvida pela causa de pedir e pelo pedido formulados na acção, no momento em que é intentada".
[87] Ac. do STJ, de 8/07/2003, processo n.º 03B1627, in http://www.dgsi.pt. Pese embora, neste aresto, o pedido principal tenha sido o de inibição do uso de denominação social de sociedade comercial por violação do *princípio da novidade*. O STJ entendeu, na verdade, que a alínea *g)* do n.º 1 do art. 89.º da L

convocação desta alínea *g)* não se faz necessária, se o pedido de *cancelamento de registo no ficheiro central de pessoas colectivas* e o *pedido de cancelamento no registo comercial* for acessório ao pedido de inibição da utilização do sinal por violação de marcas, denominações de origem, nomes e insígnias de estabelecimento e logótipos.

Os tribunais de comércio já são, porém, *incompetentes* para apreciar e julgar acções em que a causa de pedir seja baseada em factos integrantes da *ilegalidade da manutenção na firma de uma sociedade comercial* do segmento do *nome da pessoa que deixou de ser sócio*, se o pedido for o de anulação desse segmento e do cancelamento dos respectivos registos[88]: o autor não delimitou factos, que pretende ver provados, cujas qualificações jurídicas (ou algumas delas) podem ser subsumidas à competência material dos tribunais de comércio.

Quando a nova LOFTJ, de 2008 – exactamente a L 52/2008, de 28 de Agosto –, for aplicada em todos as novas comarcas do País, essa competência em razão da matéria passará a caber aos *juízos de propriedade intelectual* (art. 122º, 1, alínea *i)*, da referida lei). Faz-se, no entanto mister resolver legislativamente a questão da *competência territorial* destes juízos: a aporia está em estender a competência dos juízos a ser criados numa certa comarca[89] à totalidade do território nacional – independentemente da relevância dos concretos elementos de conexão – ou atribuir o conhecimento destas matérias aos juízos de propriedade intelectual instalados em cada um das novas comarcas, de acordo com as regras gerais de *competência em razão do território* (arts. 73º a 85º do CPC[90]).

3/99, de 13 de Janeiro, também atribui competência aos tribunais de comércio para apreciar e julgar acções a que se refere o Código de Registo Comercial, no sentido em que nela se devem abranger todas as acções mencionadas neste Código, designadamente aquelas que estão sujeitas a registo comercial, nos termos das alíneas *b)* e *f)* deste Código. De resto, a competência dos tribunais de comércio respeita a litígios societários (sociedades comerciais e sociedades civis sob forma comercial), razão pela qual a condenação na proibição do uso de firma ou denominação (e cancelamento dos respectivos registos), por constituir uma alteração do contrato de sociedade, se integra, por esta outra via, na competência material dos tribunais de comércio. Todavia, esta retórica argumentativa não é aplicável aos demais casos de condenação na proibição do uso de firma ou denominação, que não seja relacionada com a preexistência de direitos anteriores de propriedade industrial (*v.g.*, marcas, denominações de origem, logótipos), por parte de outras pessoas colectivas cujos factos e actos jurídicos não estão sujeitos a registo nos termos do Código do Registo Comercial, nem se regem pelos termos deste Código.

[88] Assim, ac. do STJ, de 22/04/2004, proc. nº 04B1363, in http://www.dgsi.pt.
[89] Por exemplo, a Comarca da Lezíria do Tejo, mais concretamente, em Santarém.
[90] Por exemplo, os actos administrativos de recusa ou de concessão de registo de firmas por parte do Registo Nacional de Pessoas Colectivas serão recorríveis para os juízos de propriedade intelectual da comarca Lisboa. Mas já as acções de anulação de firmas ou denominações sociais, com base na falta de novidade ou de capacidade distintiva serão da competência dos juízos (de propriedade intelectual),

9.2. As invalidades do direito sobre a firma ou denominação já constituída; em particular, a caducidade do direito de reagir contra firma ou denominação confundível

É sabido que dos despachos que admitem ou recusam firmas ou denominações é cabível *recurso hierárquico* (facultativo) para o presidente do *Instituto Nacional dos Registos e Notariado* ou *impugnação judicial* para o *tribunal judicial* do domicílio ou sede do recorrente (art. 63º, 1, alínea *a*), do RRNPC). Os interessados dispõe, como vimos, de um outro meio alternativo de resolução dos litígios: a *arbitragem*.

Os interessados dispõem de um prazo de 30 dias, após a notificação, para reagir judicialmente contra o acto que tenha concedido ou recusado o *registo* de firma ou denominação ou do despacho que tenha recusado ou deferido o pedido de *perda do respectivo uso* (art. 69º, 1, do RRNPC). Da decisão do tribunal judicial de 1ª instância[91] cabe recurso de apelação para a Relação, sempre com efeito suspensivo (art. 72º, 1, RRNPC). Do acórdão da Relação poderá caber recurso de revista atendendo, não apenas aos *critérios gerais* (art. 678º do

---

de uma determinada comarca, à luz do pedido e da causa de pedir invocados, *ultima ratio*, a comarca que tenha jurisdição no domicílio ou sede do réu, harmonia com o disposto no art. 85º/1 do CPC.

[91] Os tribunais judiciais têm, ao que cremos, inclusivamente, competência para a apreciação de aspectos respeitantes à validade ou invalidade de *pedidos pendentes* junto do RNPC, p. ex., sobre a titularidade do direito de requerer a protecção ou sobre a idoneidade do objecto ou a violação da ordem pública ou dos bons costumes. A pendência do procedimento administrativo junto do RNPC não pode prejudicar o exercício do *direito de acção* junto do *tribunal judicial* competente: a concessão do direito sobre a firma ou denominação (ou de outro direito de propriedade industrial) não é, decerto, *pressuposto processual* desta *acção* (ou *providência cautelar*). É claro que para o requerente da protecção, a concessão do direito sobre a firma ou denominação é *condição da acção*, ou seja, é condição da (im)procedência da acção ou do pedido reconvencional por ele eventualmente deduzido em acção proposta por terceiro. Objectos possíveis de uma acção (ou providência cautelar) deduzida junto dos tribunais judiciais são todos os motivos (e factos) que podem conduzir à invalidade do direito sobre a firma ou denominação, independentemente de terem já sido já sido previamente examinados (ou estarem a sê-lo) em sede de procedimento administrativo de concessão. Haverá, por certo, interesse processual do terceiro, a quem não é legítimo impor a interposição de recurso contencioso do acto administrativo de concessão ou a propositura de uma acção de invalidade após o decurso do prazo de 30 dias a contar da concessão do direito sobre a firma ou denominação. Deve, com efeito, entender-se que os tribunais judiciais desfrutam de competência para apreciar e julgar estas matérias; para além de não existir qualquer interferência, conflito ou incompatibilidade de jurisdição entre o RNPC e os tribunais judiciais, visto que, se estes gozam de competência material para declarar a invalidade de uma firma ou denominação *já concedida* (ou de um outro qualquer direito industrial), *a fortiori* desfrutam de competência material para apreciar e julgar a subsistência dos requisitos de cuja verificação depende a concessão do direito sobre a firma ou denominação, respeitantes a um *pedido de concessão*. E a esta solução não parece obstar o facto de o RNPC efectuar um exame quanto aos requisitos substanciais de concessão deste exclusivo. Se assim não fosse, *o requerente de firma ou denominação* poderia, provavelmente, gozar de uma protecção mais forte do que aquele que passaria a desfrutar *após a concessão* do direito de exclusivo, o que não faz sentido. Cfr., neste sentido, REMÉDIO MARQUES (2007a), p 771, nt 6; SCUFFI (2006), pp. 282-283 e nt 11; FERRARI (2005), pp. 344-345.

CPC), mas também aos *critérios especiais* da admissibilidade de recurso de revista (art. 721º, 2 e 3 e 721º-A, 1, do CPC), onde avulta o actual regime da "dupla conforme"[92].

Cura-se, neste caso, do recurso contencioso do *acto administrativo* que *recusou ou concedeu* a firma ou denominação ou que (in)deferiu o pedido de perda do respectivo uso (art. 60º, 1, 61. Do RRNPC). Questão diversa destas últimas – cujo objecto é o *acto administrativo* de concessão ou recusa de firmas ou denominações ou (in)deferimento de pedidos de perda do seu direito de uso – é saber se, *após o decurso deste prazo de 30 dias*, os interessados podem, ainda, requerer junto dos tribunais competentes a invalidação de firma ou denominação concedida em violação dos princípios da novidade, capacidade distintiva, verdade e unicidade. Nestes últimos casos, os interessados (normalmente os concorrentes) pretendem *reagir contra o direito de exclusivo* (sobre a firma ou denominação) *já constituído* a favor do seu titular; naqueles outros, os interessados apenas reagem (junto dos tribunais) contra o *acto administrativo* proferido pela entidade pública a quem o legislador atribuiu competência para conceder ou recusar pedidos de firmas ou denominações, ou *revogar o acto administrativo* de concessão.

Ora, tem sido controverso, na jurisprudência, saber qual o prazo de que os interessados dispõem para reagir, *uma vez decorrido o referido prazo de 30 dias*, contra uma firma ou denominação que tenha sido concedida pelo RNPC em violação do princípio da novidade[93]. O STJ tem oscilado entre a aplicação do regime

---

[92] Nos termos do art. 721º, 3, na redacção dada pelo DL 303/2007, de 24 de Agosto (aplicável às acções propostas a partir do dia 1/01/2008), "não é admitida revista do acórdão da Relação que confirme, sem voto de vencido e ainda que por diferente fundamento, a decisão proferida na 1ª instância, salvo nos casos previstos no artigo seguinte". E o artigo 721º-A, 1, admite, *excepcionalmente* o recurso de revista quando: (1) estiver e causa uma questão cuja apreciação, pela sua relevância jurídica, seja claramente necessária para uma melhor aplicação do direito; (2) estiverem em causa interesses de particular relevância social; e quando (3) o acórdão da Relação estiver em contradição com outro, já transitado em julgado, proferido por qualquer Relação ou pelo STJ, no domínio da mesma legislação e sobre a mesma questão fundamental de direito, excepto se tiver proferido acórdão de uniformização de jurisprudência com ele conforme. Como se vê, à luz deste novo regime recursório, serão raras as eventualidades em que o acto administrativo de recusa ou concessão de firma ou denominação pode vir a ser sindicado pelo STJ.

[93] O art. 35º do actual CPI também não estabelece prazos de caducidade para a propositura das acções (de anulação ou de declaração de nulidade) de direitos de propriedade industrial adrede constituídos. Essa matéria deve ser relegada para os princípios gerais das invalidades dos actos jurídicos e, quando expressamente previsto, para o regime privativo ou particular dos singulares direitos de propriedade industrial (p. ex., art. 266º, 4, CPI, em matéria de anulação de marca; art. 267º, preclusão por tolerância, também em sede de marcas).

do direito de marca (10 anos, a contar da data da concessão do registo: art. 266º, 4, do CPI; e 5 anos[94], a partir do conhecimento do titular, nos casos de preclusão por tolerância de uso de marca anulável: art. 267º, 1, do mesmo Código) e o regime da *anulabilidade* dos actos e negócios, previsto no CCiv.[95].

Cremos que a razão está com a aplicação do regime geral previsto no CCiv.. Na verdade, nem o RRNPC, nem o CPI (art. 34º) plasmam qualquer norma semelhante à do nº 2 do art. 33º do actual CPI, a qual determina que a nulidade dos direitos de propriedade industrial é invocável a todo o tempo. Ora, a *anulabilidade* de um direito de propriedade industrial – seja ele um sinal distintivo, uma criação estético-funcional (tutelável por desenho ou modelo e topografia de produto semicondutor) ou uma invenção industrial (tutelável por direito patente, modelo de utilidade ou direito de obtentor de variedade vegetal) – respeita às situações em que esse exclusivo tenha sido constituído com preterição de direitos e demais posições jurídicas subjectivas de terceiros.

Vale dizer: o desvalor do acto de registo do sinal distintivo *viola interesses particulares* que se pretendem acautelar (de outros concorrentes: de titulares de firmas confundíveis registadas anteriormente; de titulares de direito de autor cuja criação tenha sido reproduzida na firma ou denominação; de titulares de marcas registadas anteriormente, etc.).

Ao interesse tutelado pela actividade dos empresários titulares de direitos de propriedade industrial ou de direitos de autor e direitos conexos, total ou parcialmente *colidentes*, com o direito de firma ou denominação posteriormente constituído há-de, pois, corresponder uma sanção diferente – a *anulabilidade* – da que traduz a violação de interesses gerais da economia e dos consumidores – a *nulidade*.

O desvalor da *nulidade* por ocasião da constituição de direitos de propriedade industrial (incluindo todos os sinais distintivos, *et, pour cause*, as firmas e denominações) precipita-se quando são violados, por ocasião da constituição desses direitos, *interesses gerais da comunidade*[96]. Isso ocorre sempre que haja *inidoneidade de objecto* (p. ex., firma ou denominação compostas por sinais genéri-

---

[94] Ac. do STJ, de 14/10/2004, proc. nº 1938/04 – 7ª secção, in http://www.dgsi.pt., essencialmente com base na ideia de que, sendo este princípio válido *entre marcas* (qual sinal distintivo por excelência), deve também ser válido entre uma *marca e outro sinal distintivo*, tal como a firma ou a denominação social.

[95] Ac. do STJ, de 13/02/2007, proc. nº 4626/06; ac. do STJ, de 17/04/2007, proc. nº 07ª842, in http://www.dgsi.pt

[96] Já OLIVEIRA ASCENSÃO (1992), p. 76; OLIVEIRA ASCENSÃO (2000), p. 327; OLIVEIRA ASCENSÃO (2001), pp. 493-494 ss.

cos ou descritivos) – *scilicet*, quando sai ofendido o princípio da *capacidade distintiva* –, quando a composição da firma é efectuada com sinais que violam a *ordem pública* ou os *bons costumes*, quando ocorrer uma situação de violação do princípio da *unicidade da firma*, ou sempre que for ofendido o princípio da verdade (p. ex., a firma ou denominação é constituída por sinais que possam induzir em erro quanto à caracterização jurídica da entidade que visam identificar e distinguir, sugerindo a falta de finalidade lucrativa; a firma ou denominação sugerir actividade diferente da que constitui o objecto social). Estes constituem *vícios materiais* ou *substantivos*. Também ocorre a nulidade quando existem *vícios do procedimento administrativo* de concessão que, nos termos do CPI, do RRNPC ou do Código do Procedimento Administrativo[97], sejam fulminados com a *nulidade do acto administrativo* de concessão[98].

O desvalor da *anulabilidade* (da firma ou denominação) é dirigido, como vimos, contra a violação de *interesse individuais*, plasmados na *ofensa de direitos subjectivos* ou demais *posições jurídicas subjectivas* de terceiros: p. ex., quando a firma for constituída com sinais que podem gerar risco de associação ou risco de confusão com *firmas anteriormente registadas*; quando essa firma for constituída com sinais que podem gerar tais riscos relativamente a *outros sinais distintivos já constituídos* (marcas e logótipos); sempre que a firma for constituída com sinais protegidos por direito de autor ou direitos conexos (p. ex., elementos constantes de base de dados protegida pelo "direito especial" do fabricante, quanto à extracção e/ou reutilização de parte substancial do seu conteúdo); quando a firma for constituída com o emprego de quaisquer expressões sem que tenha sido obtida a autorização das pessoas a que respeitem; se a firma for constituída por referências a prédio (rústico ou urbano) que não pertença ao titular.

Assim se compreende que o desvalor do acto de constituição de firma ou denominação violadora do princípio da *novidade* deva ser fulminado com a *anulabilidade*; sanção que é perfeitamente adequada ao vício em questão[99], por atentar contra *interesses particulares*, cujo prazo de arguição é o disposto

---

[97] No caso de *vício no procedimento*, a existir nulidade esta afecta *o registo* e não *o direito* que traduz o acto de exteriorização do bem imaterial que é a ideação (bem economicamente fruível: ORLANDO DE CARVALHO (1977), p. 202, nt 4.

[98] Os vícios materiais inquinam, regra, geral, o próprio procedimento – CARVALHO FERNANDES (2005), p. 121.

[99] Assim, em geral, sem, porém, se referir às firmas ou denominações, CARVALHO FERNANDES (2005), p. 79, p. 101, p. 103.

no art. 287º do CCiv.: *um ano*, a contar da data do registo definitivo da firma ou denominação, e não os prazos respeitantes a *regimes particulares*, previstos no CPI, para as marcas (art. 266º, 4, do CPI) ou para os logótipos (art. 304º-R, 2, do CPI).

9.3. Recursos: controlo sobre a matéria de facto e de direito

Como é sabido, a apelação pode ter por fundamento a violação de lei substantiva e de lei processual, bem como a Relação pode controlar a decisão da 1ª instância relativa à matéria de facto (reponderação da decisão proferida, reexame da decisão sobre novos fundamentos ou a anulação da decisão (art. 712º do CPC). Mais problemático é o controlo do STJ sobre a matéria de facto: este não pode, como se sabe, conhecer da matéria de facto. Mas pode conhecer do *erro na subsunção*, ou seja, pode reapreciar o juízo de integração de factos apurados nas instâncias na previsão da norma aplicável ao caso, embora não possa exercer controlo sobre os factos a subsumir[100]. A questão põem-se no que respeita a saber se o STJ pode apreciar o *risco de confusão*, face às semelhanças ou diferenças que as instâncias tenham dado como provadas. Parece pacífico que o STJ tem de aceitar a correcção do julgamento da matéria de facto realizado pelas instâncias, sendo este insindicável em sede de recurso de revista.

Vale dizer, o STJ está impedido de reapreciar a existência de dissemelhanças ou semelhanças, quanto aos seus aspectos gráficos e fonéticos, entre os sinais que constituem as firmas em confronto (ou entre a firma e os sinais que compõem marcas, logótipos, denominações de origem e indicações de proveniência).

Todavia, o STJ pode controlar a escolha das normas aplicáveis, bem como está livre de interpretar e concretizar os conceitos subjacentes à sua previsão. O *risco de confusão* (entre as firmas ou entre a firma e outros sinais distintivos de comércio) é um desses conceitos. Uma vez que se trata de um *conceito indeterminado*, os *juízos de valor* incorporados pela lei são realidades diferentes dos *factos* que lhes servem de pedestal[101]. E a própria lei fornece os critérios desta concretização ("tipo de pessoa", "seu domicílio", "afinidade ou proximidade das suas actividades", e "âmbito territorial destas": art. 33º, 2, do RRNPC). Daí que a concretização deste conceito indeterminado é perfeitamente susceptível

---

[100] TEIXEIRA DE SOUSA (1997), p. 432.
[101] Assim, ANTUNES VARELA (1995), p. 11, coluna direita, e p. 12, coluna esquerda.

de ser sindicado pelo STJ, em sede de recurso de revista[102], já que nem sequer está, normalmente, em jogo deixar a sua concretização às *regras da experiência* (*v.g.*, firma que viola os bons costumes ou é constituída por expressões ofensivas da moral: art. 32º, 4, alínea *b*), do RRNPC). E mesmo que estivesse, o STJ tem poderes para verificar se nessa concretização pautada pelo uso das regras da experiência foi respeitada a *margem de valoração* inerente a esse conceito, à luz e um padrão de razoabilidade, que é ainda um *padrão normativo*[103]. Assim se compreende que o STJ desfrute de competência para apurar se, perante certas semelhanças ou dissemelhanças, uma das firmas ou denominações deve ser considerada susceptível de confusão ou erro com a outra[104] (ou com outros sinais distintivos de comércio).

10. Âmbito territorial da firma

Do registo da firma da sociedade resulta o *direito de exploração económica exclusiva* deste sinal distintivo do próprio ente ou pessoa singular, comerciante ou não, em todo o território nacional[105]. Não obstante, quanto às sociedades comerciais e às sociedades civis sob forma comercial, este âmbito territorial esteja circunscrito ao território nacional (art. 37º, 2, do DL nº 129/98), o juízo respeitante à apreciação da (não) confundibilidade de firmas ou denominações (entre si ou no que tange à diferenciação entre firmas e denominações e outros sinais distintivos) pode, obviamente, tomar em conta a *sede* da sociedade ou pessoa colectiva. Este exclusivo é *espacialmente autolimitado* ao Estado cuja Administração o constitui, mas a sua *eficácia* e o respectivo *licere* apenas poderão ser, eventualmente, *oponíveis* apenas às pessoas humanas ou colectivas que exerçam actividades económicas (*maxime*, actividades concorrentes) num determinado espaço regional ou local. Aliás, o art. 33º, 2, do referido diploma, acentua a ideia de que os juízos acerca da (não) susceptibilidade de erro ou confusão devem ter em conta, adentro do território português, o âmbito territorial (eventualmente mais circunscrito) das actividades exercidas pelo titular da firma ou denominação.

---

[102] Tb. TEIXEIRA DE SOUSA (1997), p. 434.
[103] Analogamente, TEIXEIRA DE SOUSA (1997), p. 434.
[104] Tb. ac. STJ, de 20/10/2009, proc. nº 247/09.4YFLSB – 6ª secção, in: http://www.dgsi.pt.; ac. STJ, de 18/06/1985, in: *BMJ*, nº 348 (1985), p. 436; ac. STJ, de 29/10/1998, in: *BMJ*, nº 480 (1998), p. 498 ss., p. 503.
[105] Mesmo que seja confundível com a actividade de uma outra sociedade que actua numa Região Autónoma no mesmo ramo de comércio e cuja firma é em parte constituída pelos mesmos termos, ainda que a sua actividade possa hipoteticamente ser considerada como contrária às normas e usos honestos, ao abrigo do disposto para o ilícito de *concorrência desleal* - assim, tb., ac. do STJ, de 26/11/2009, proc. nº 08B3671, in http://www.dgsi.pt

11. A alteração da firma ou denominação

A firma ou denominação de sociedade pode ser objecto de alteração, tanto nos casos de *alteração integral*, quanto nos de *substituição parcial*.

Pese embora esta alteração esteja sujeita ao princípio da *autonomia privada* (art. 56º, 1, alíneas *a*) a *f*), do DL 129/98, de 15 de Maio), figuram-se hipóteses de cuja verificação resulta a *obrigação* de alterar a firma, tanto no sentido da sua substituição, quanto no *dever* de efectuar aditamentos[106]:

a) Se um dos sócios, cujo nome integre a firma *falecer* ou *sair da sociedade*, e ele ou os seus herdeiros não autorizarem, por escrito, que o nome se mantenha parte integrante da composição dessa firma (art. 32º, 5, do DL 129/98)[107];

b) Se ocorrer a *alteração do objecto da sociedade*, quando este deixe de incluir a actividade especificada na firma (arts. 200º, 3, e 275º, 3, ambos do CSC, e art. 54º, 2, do citado decreto-lei). Lembre-se que o direito ao uso exclusivo da firma ou denominação passará, neste caso, a ser efectuado em violação ao princípio da verdade, o que implica a *perda do uso da firma* ou *denominação*, precipuamente declarada pelo Registo Nacional de Pessoas Colectivas e levada imediatamente a registo (art. 60º, 1, e 2, alínea *a*), do DL 129/98).

c) Ocorrendo a *aquisição de firma* (art. 44º, 1 e 4, do DL 129/98): a firma originária terá que ser alterada, visto que a firma adquirida foi incorporada na firma do adquirente.

d) Se se verificar a *transformação da sociedade*, ou a transformação de uma EPE numa *sociedade* (art. 4º da L 11/90, de 5 de Abril), ou a transformação de uma *entidade empresaria local* em *sociedade* (art. 44º, 3, do DL 53-F/2006, de 29 de Dezembro), ou, enfim, a transformação de um ACE em AEIE (art. 11º do DL 148/90).

e) Se ocorrer a liquidação da sociedade: à firma da sociedade em liquidação deve ser aditada a menção "sociedade em liquidação" ou "em liquidação" (art. 146º, 3, do CSC).

A firma ou denominação deve, igualmente, ser alterada quando se verifique a possibilidade de confusão com outra firma, ou ocorra o seu uso ilegal (art. 62º do DL 129/98).

A alteração da firma ou denominação de uma sociedade constitui alteração do contrato de sociedade, pelo que se impõe efectuar a competente alteração neste contrato, estando sujeita a *registo comercial obrigatório* (art. 3º, 1, alínea *a*), do CRCom) e, outrossim, a inscrição no ficheiro central de pessoas colectivas

---

[106] COUTINHO DE ABREU (2009), pp. 171-172.
[107] Esta autorização é irrevogável, salvo acordo em contrário, e está sujeita a registo.

(art. 6º, alínea *b*), do DL 129/98)). *Previamente* à realização da alteração da firma, deve ser obtido *certificado de admissibilidade da nova firma* junto do Registo Nacional de Pessoas Colectivas (art. 56º, 1, alínea *c*), do citado decreto-lei), excepto se ocorrer uma alteração decorrente de transformação que se restrinja à *alteração do elemento que identifica o tipo de pessoa colectiva* ou nos casos de *fusão por incorporação*, que não implique alteração da denominação (art. 56º, 2, alíneas *a*) e *b*), do mesmo decreto-lei).

12. A extinção do direito relativo à firma ou denominação

No que à extinção das firmas ou denominações das sociedades comerciais ou outras pessoas colectivas diz respeito, surpreendem-se duas hipóteses de extinção da firma ou denominação na esfera jurídica do respectivo titular: a) cessação da actividade seguida da transmissão do(s) estabelecimento(s) já que ela é incorporada na firma do adquirente; b) extinção da sociedade ou outra pessoa colectiva qualificada como comerciante, pois que a extinção do sujeito que é identificado através deste sinal gera automaticamente a extinção do sinal, sob pena de criamos uma (indesejável) situação de "direitos sem sujeitos".

Ainda que a firma ou denominação seja transmitida com a transmissão do estabelecimento verificada na fase da liquidação, ocorre obviamente a extinção da firma na esfera jurídica da sociedade ou pessoa colectiva que era a sua titular.

ARTIGO 11º *
Objecto

1. A indicação do objecto da sociedade deve ser correctamente redigida em língua portuguesa.
2. Como objecto da sociedade devem ser indicadas no contrato as actividades que os sócios propõem que a sociedade venha a exercer.
3. Compete aos sócios deliberar sobre as actividades compreendidas no objecto contratual que a sociedade efectivamente exercerá, bem como sobre a suspensão ou cessação de uma actividade que venha sendo exercida.
4. A aquisição pela sociedade de participações em sociedades de responsabilidade limitada abrangidas por esta lei cujo objecto seja igual àquele que a sociedade está exercendo, nos termos do número anterior, não depende de autorização no contrato de sociedade nem de deliberação dos sócios, salvo disposição diversa do contrato.
5. O contrato pode autorizar, livre ou condicionalmente, a aquisição pela sociedade de participações como sócio de responsabilidade ilimitada ou de participações em sociedades com objecto diferente do acima referido, em sociedades reguladas por leis especiais e em agrupamentos complementares de empresas.
6. A gestão de carteira de títulos pertencentes à sociedade pode constituir objecto desta.

* O art. 11º do CSC viu o actual nº 5 (então nº 4) ser rectificado pelo DL 280/87, de 8 de Julho, tendo hoje a redacção dada pelo DL 257/96, de 31 de Dezembro.

Índice

1. A indicação do objecto da sociedade
   1.1. A indicação do objecto no contrato de sociedade
   1.2. A indicação do objecto em língua portuguesa
   1.3. A indicação de um objecto certo
2. A alteração do objecto social
3 Objecto social, capacidade de gozo da sociedade e poderes de representação de gerentes e administradores
4. A deliberação sobre as actividades que a sociedade efectivamente exercerá
5. Aquisição de participações em sociedades de responsabilidade limitada com objecto igual àquele que a sociedade está exercendo
6. Aquisição de participações como sócio de responsabilidade ilimitada, de participações em sociedades com objecto diferente, de participações em sociedades reguladas por leis especiais e em agrupamentos complementares de empresas
7. Gestão de carteira de títulos pertencentes à sociedade

Bibliografia

a) Citada:

ABREU, J. M. COUTINHO DE – *Curso de direito comercial*, vol. II – *Das sociedades*, 3ª ed., Almedina, Coimbra, 2009; ANTUNES, JOSÉ ENGRÁCIA – *Direito das sociedades*, ed. do A., 2010; ASCENSÃO, J. OLIVEIRA – *Direito comercial*, vol. IV – *Sociedades comerciais. Parte geral*, Lisboa, 2000; BAPTISTA, DANIELA FARTO, *O direito de exoneração dos accionistas. Das suas causas*, Coimbra Editora, Coimbra, 2005; CORDEIRO, A. MENEZES – *Manual de direito das sociedades*, I, 2ª ed., Almedina, Coimbra, 2007, *Manual de direito das sociedades*, II, 2ª ed., Almedina, Coimbra, 2007ª, *Código das Sociedades Comerciais anotado* (coord. de A. Menezes Cordeiro), Almedina, Coimbra, 2009; CORREIA, A. FERRER – *Lições de direito comercial*, vol. II (c/ colab. de V. Lobo Xavier, M. Henrique Mesquita, J. M. Sampaio Cabral e António A. Caeiro), ed. copiogr., Coimbra, 1968, "Anteprojecto de lei das sociedades comerciais – Parte geral", separata do BMJ, 185º e 191º, 1970; CORREIA, L. BRITO – *Direito comercial*, 2º vol., AAFDL, Lisboa, 1989; CUNHA, PAULO OLAVO, *Direito das sociedades comerciais*, 3ª ed., Almedina, Coimbra, 2007; FRANÇA, MARIA AUGUSTA, "Direito à exoneração", *Novas perspectivas do direito comercial*, Almedina, Coimbra, 1988, p. 205-227; FURTADO, J. PINTO – *Curso de direito das sociedades*, 5ª ed., Almedina, Coimbra, 2004, *Comentário ao Código das Sociedades Comerciais (Artigos 1º a 19)*, Almedina, Coimbra, 2009; LABAREDA, JOÃO, *Das acções das sociedades anónimas*, AAFDL, Lisboa, 1988; LOPES, BRITO, "Os aspectos jurídicos societários das SGPS", ROA, 1998, III, p. 1177-1208; MARTINS, ALEXANDRE SOVERAL, *Os poderes de representação dos administradores de sociedades anónimas*, Coimbra Editora, Coimbra, 1998; VENTURA, RAÚL, *Novos estudos sobre sociedades anónimas e sociedades em nome colectivo*, Almedina, Coimbra, 1994; XAVIER, V. G. LOBO – *Sociedades comerciais (Lições aos alunos de Direito Comercial do 4º ano jurídico)*, ed. copiogr., Coimbra, 1987.

b) Outra:

CORREIA, FERRER/CAEIRO, ANTÓNIO – "Modificação do objecto social e sua especificação nos estatutos, aumento do capital a deliberar pelo conselho de administração; previdência dos administradores", RDE, 6º/7º, 1980/1981, p. 267-301; GOMES, MANUEL – "A projecção da actividade económica da empresa na composição da firma", SI, 1981, p. 365-380; PEREIRA, M. GONÇALVES – "Objecto social e vinculação da sociedade", RN, 1987, p. 67-105; RAPOSO, MÁRIO – "Sobre o § 2º do art. 162º do Código Com.", SI, 22º, p. 597-602; SANTO, JOÃO ESPÍRITO – *Sociedades por quotas e anónimas*, Almedina, Coimbra, 2000; VENTURA, RAÚL – "Objecto da sociedade e actos ultra vires", ROA, 1980, I, p. 5-59;

1. A indicação do objecto da sociedade
1.1. A indicação do objecto no contrato de sociedade
O objecto da sociedade deve ser indicado no contrato de sociedade. Isso resulta do próprio art. 9º, 1, d), do CSC. Não será suficiente a remissão para o que os sócios venham posteriormente a deliberar[1] ou para subsequente decisão do órgão de administração.

A falta de indicação do objecto da sociedade constitui causa de nulidade do contrato de sociedade. Essa causa de nulidade pode mesmo ser invocada depois do registo definitivo do contrato de sociedade inclusivamente quando se trate de sociedade por quotas, anónima ou em comandita por acções, não sendo sequer sanável pela deliberação prevista no art. 42º, 2, do CSC.

O objecto social indicado no contrato de sociedade determinará se a sociedade é ou não comercial e se a sociedade deve ou não adoptar um dos tipos previstos no art. 1º, 2, do CSC[2].

O art. 11º, 2, do CSC exige que no contrato de sociedade sejam indicadas "as actividades que os sócios propõem que a sociedade venha a exercer". Melhor seria, porém, que o objecto da sociedade fosse entendido como as actividades que a própria sociedade se propõe prosseguir: a própria sociedade, com personalidade jurídica[3].

1.2. A indicação do objecto em língua portuguesa
O objecto da sociedade, entendido como "as actividades que os sócios propõem que a sociedade venha a exercer", deve ser indicado correctamente em língua portuguesa. A necessidade de indicação do objecto em língua portuguesa resultou das alterações introduzidas no CSC pelo DL 257/96, de 31 Dezembro. Quanto a este elemento do contrato não existe a abertura demonstrada, por exemplo, quanto à firma (art. 10º do CSC), para a qual não se estabelece aquela exigência[4].

1.3. A indicação de um objecto certo
O objecto da sociedade deve ser indicado tendo em conta o art. 980º do CC, que exige que o contrato de sociedade seja celebrado para o exercício de "certa

---

[1] No sentido de que o objecto deve ser determinado e não apenas determinável, PINTO FURTADO (2009), p. 397.
[2] Cfr. as respectivas anotações.
[3] FERRER CORREIA (1970), p. 146, entendia precisamente o objecto social da sociedade como "a actividade ou conjunto de actividades que esta se propõe prosseguir – a sua empresa (*hoc sensu*)".
[4] Vejam-se porém, aparentemente com outra leitura, MENEZES CORDEIRO (2007), p. 459, e ADELAIDE LEITÃO/ALVES BRITO (2009), p. 110.

actividade"[5]. Isso significa que as actividades "que os sócios propõem que a sociedade venha a exercer" devem ser indicadas com suficiente precisão, não bastando dizer, por exemplo, que a sociedade se dedicará ao comércio ou à indústria[6].

No bom sentido seguiu o Parecer da PGR de 09/03/1995[7], segundo o qual o contrato de sociedade deve conter "especificadas em termos suficientemente precisos", "todas as actividades que os sócios propõem que a sociedade venha a exercer".

Tal necessidade de concretizar a actividade ou actividades (não actos) em que consiste o objecto da sociedade satisfaz muitos interesses.

Interesses, antes de mais, dos sócios, que certamente querem ser ouvidos antes de verem o capital investido a ser arriscado em actividades mais temerárias do que aquelas que foram inicialmente pensadas. Para além disso, o art. 180º do CSC contém uma proibição de concorrência que recai desde logo sobre os sócios de sociedade em nome colectivo, estabelecendo o nº 3 que se entende "como concorrente qualquer actividade abrangida no objecto da sociedade, embora de facto não esteja a ser exercida por ela".

E já que falamos de obrigação de não concorrência, lembre-se também que existe uma obrigação semelhante que gerentes e administradores têm que cumprir (arts. 254º e 398º, 3 e 4, do CSC), pelo que também estes terão interesse em ver o objecto social concretizado.

Interesses, também, dos credores da sociedade, que vão conceder crédito pensando no risco associado à actividade que constitua o objecto da sociedade.

Há ainda interesses públicos subjacentes à exigência de indicação de uma actividade certa. É que assim é possível controlar com maior facilidade a licitude do objecto[8], bem como a necessidade de prévia obtenção de eventuais

---

[5] Já o art. 279º, 5, exige que o objecto das sociedades constituídas com apelo a subscrição pública consista "numa ou mais actividades perfeitamente especificadas".

[6] No entanto, OLIVEIRA ASCENSÃO (2000), p. 40, parece assumir posição (pelo menos parcialmente) divergente, pois afirma que não se exige "uma especificação pormenorizada do objecto, que é de novo entregue à autonomia dos sócios".

[7] DR, II, de 22/6/1995. No mesmo sentido, cfr. o Parecer nº 39/99 da PGR, de 30/9/1999, DR, II, de 15/4/2000. No Parecer do Conselho Técnico da DGRN, de 14/9/1989, RN, 1989, 3º, p. 478, foi entendido que era "actividade concreta e bem definida" a de "radiodifusão sonora, mormente particularizando-se o seu âmbito local", e no Parecer do Conselho Técnico da DGRN, de 18/1/1990, RN, 1990, 2º, p. 308, foi considerada legal a indicação da actividade de "importação e exportação" de artigos não especificados.

[8] O objecto da sociedade deve ser lícito. Há que verificar, por exemplo, se as sociedades comerciais podem ter aquele objecto ou se uma sociedade comercial daquele tipo o pode ter. O objecto deve ser física e legalmente possível e não pode ser contrário à ordem pública ou aos bons costumes (cfr. FERRER CORREIA (1970), p. 148 s.). A ilicitude superveniente do objecto é causa de dissolução imediata

autorizações legalmente exigidas. Além disso, certas actividades conduzem à aplicação de regimes especiais, que muitas vezes exigem que a sociedade se dedique apenas às actividades que determinam a aplicação daqueles mesmos regimes[9].

E é também importante que o objecto seja identificado com a precisão suficiente para permitir a atribuição de um Código CAE.

Uma vez que o objecto da sociedade se traduz na actividade "que os sócios propõem que a sociedade venha a exercer", faz todo o sentido que a "realização completa do objecto contratual" constitua causa de dissolução imediata da sociedade[10]. Mas para se saber se tal realização completa já ocorreu, é necessário que o objecto esteja concretizado. O mesmo vale para outras causas de dissolução. Assim, o art. 141º, 1, *d*), do CSC indica a "ilicitude superveniente do objecto contratual" como causa de dissolução imediata. Por seu lado, o art. 142º, 1, do CSC prevê entre outras as seguintes causas de dissolução administrativa ou por deliberação dos sócios: "*b*) A actividade que constitui o objecto contratual se torne de facto impossível; [...] *d*) A sociedade exerça de facto uma actividade não compreendida no objecto contratual".

2. A alteração do objecto social

Uma vez constituída a sociedade comercial, pode surgir a necessidade, pelas mais variadas razões, de alterar o objecto social. Essa alteração é possível com observância dos requisitos para a alteração do contrato de sociedade, designadamente quanto à maioria exigida[11].

Nas sociedades por quotas, a alteração do objecto social pode conferir ao sócio o *direito de se exonerar* da sociedade caso o mesmo tenha *votado expressamente contra* a alteração. É o que resulta do art. 240º, 1, *a*), do CSC.

Este último caso de exoneração, entre outros, não vem mencionado no art. 185º para as sociedades em nome colectivo[12]. Contudo, para além de se poder discutir se as hipóteses indicadas no art. 185º, 2, esgotam as justas causas de

---

da sociedade (art. 141º, 1, *d*), do CSC) e o Ministério Público deve requerer a liquidação judicial da sociedade, nos termos previstos no art. 172º do CSC, se o objecto "for ou se tornar ilícito ou contrário à ordem pública".

[9] Lembrando isso mesmo, OLAVO CUNHA (2010), p. 133.

[10] Art. 141º, 1, *c*) do CSC.

[11] No que diz respeito à exigibilidade de certificado comprovativo da admissibilidade de manutenção da firma em caso de mudança do objecto, cfr., com especial interesse, os arts. 54º a 58º do RRNPC.

[12] Sendo certo, naturalmente, que o art. 185º, 1, do CSC começa justamente por estabelecer que "todo o sócio tem o direito de se exonerar da sociedade nos casos previstos na lei ou no contrato [...]".

exoneração[13] (aspecto em relação ao qual a lei não é clara, embora o devesse ser), também há que questionar a possibilidade de aplicação analógica do regime previsto para as sociedades por quotas[14]. O mesmo tipo de preocupações surge, também, no que diz respeito às sociedades anónimas, embora agora sem contar sequer com uma norma como aquelas que encontramos nos arts. 185º e 240º do CSC[15].

3. Objecto social, capacidade de gozo da sociedade e poderes de representação de gerentes e administradores

Como se extrai facilmente do art. 6º, 4, do CSC, a cláusula do contrato de sociedade que contém o objecto da sociedade não limita a capacidade de gozo da sociedade[16]. Os actos dos membros dos órgãos da sociedade, designadamente dos órgãos de representação, não serão nulos só por violarem aquela cláusula.

No entanto, os membros de todos os órgãos da sociedade têm o dever legal de não excederem esse objecto. E a violação de tal dever pode acarretar a inerente responsabilidade por danos causados à sociedade ou constituir fundamento para destituição.

Relativamente ao relevo do objecto social na delimitação dos poderes de representação de gerentes e administradores, há que fazer a distinção entre os tipos de sociedades comerciais.

Nas sociedades em nome colectivo (e, por remissão, nas sociedades em comandita simples), os gerentes que praticam um acto de representação que não respeita os limites do objecto social actuam com falta de poderes de representação: veja-se o art. 192º, 3 e 4, do CSC[17].

Já quanto às sociedades por quotas, anónimas e em comandita por acções as limitações resultantes do objecto social não impedem, em regra, a vinculação

---

[13] No sentido do carácter exemplificativo, AUGUSTA FRANÇA (1988), p. 210, MENEZES CORDEIRO (2007ª), p. 214, CARNEIRO DA FRADA (2009), p. 528; no sentido do carácter taxativo, RAÚL VENTURA (1994), p. 289-290, COUTINHO DE ABREU (2009), p. 421 (mas o autor, a p. 426, parece admitir para todos os tipos de sociedades comerciais a exoneração "por ter havido [...] mudança radical do objecto").

[14] Para as sociedades anónimas, admitindo que o estatuto preveja casos de exoneração, AUGUSTA FRANÇA (1988), p. 220-221, COUTINHO DE ABREU (2009), p. 426; excluindo essa possibilidade, JOÃO LABAREDA (1988), p. 307 s..

[15] Sobre o tema, cfr. FARTO BAPTISTA (2005), p. 501 e s., p. 521 e s..

[16] Sobre os limites à capacidade de gozo da sociedade, bem como sobre a razão que levou a que o objecto social não limite aquela, cfr. a anotação ao art. 6º.

[17] Cfr. as respectivas anotações.

da sociedade. Este é o ponto de partida que se retira da leitura dos arts. 260º, 1 e 2, e 409º, 1 e 2, do CSC[18].

4. A deliberação sobre as actividades que a sociedade efectivamente exercerá

De acordo com o art. 11º, 3, são os sócios que têm competência para "deliberar sobre as actividades compreendidas no objecto contratual que a sociedade efectivamente exercerá" e para deliberar "sobre a suspensão ou cessação de uma actividade que venha sendo exercida".

Uma vez que o acto constitutivo da sociedade deve conter a indicação do objecto da sociedade, o nº 3 obriga a perguntar se a deliberação nele mencionada *tem de ser tomada efectivamente pelos sócios*.

Julgamos que não. O próprio objecto da sociedade já consiste nas "actividades que os sócios propõem que a sociedade venha a exercer". *Na ausência de deliberação* dos sócios em sentido contrário, todas as actividades previstas no acto constitutivo da sociedade são actividades que a sociedade efectivamente exercerá. Aliás, essa leitura parece encontrar apoio na segunda parte do nº 3: aí se faz menção à deliberação sobre a "suspensão ou cessação de uma actividade que venha sendo exercida", e não de uma actividade *cujo efectivo exercício tenha sido deliberado* pelos sócios.

No entanto, por cautela, é conveniente que, logo na primeira ocasião, os sócios tomem a referida deliberação: a deliberação sobre as "actividades compreendidas no objecto contratual que a sociedade efectivamente exercerá".

Mas se os sócios deliberam limitar as actividades que a sociedade efectivamente exercerá, incluindo nessas apenas uma parte das que constam do objecto da sociedade, importa saber qual o *relevo externo* dessa mesma deliberação.

Também aqui há que fazer a distinção entre os tipos de sociedades. Nas sociedades por quotas, anónimas e em comandita por acções, as limitações resultantes de deliberações dos sócios não impedem, só por si, a vinculação da sociedade para com terceiros (cfr. o art. 260º, 1, e o art. 409º, 1, do CSC[19]).

Mas, nas sociedades em nome colectivo (bem como, por remissão, nas sociedades em comandita simples), já é certo que o contrato de sociedade pode estabelecer que as deliberações dos sócios limitam ou condicionam os poderes de representação dos gerentes (art. 192º, 2, do CSC).

---

[18] Cfr. as respectivas anotações.
[19] Remete-se, igualmente, para as respectivas anotações. O disposto no art. 11º, 3, não parece ser afastado pelo teor do art. 373º, 3.

5. Aquisição de participações em sociedades de responsabilidade limitada com objecto igual àquele que a sociedade está exercendo

No art. 11º do CSC surgem regulados alguns aspectos da aquisição de participações sociais de uma sociedade por outra. Os nºs 4 e 5 colocam em evidência a relação que deve ser estabelecida entre, por um lado, a aquisição de participações sociais e, por outro, o teor do objecto social da sociedade adquirente e da sociedade participada.

Contudo, o art. 11º, 4, do CSC levanta dúvidas significativas[20], merecedoras de intervenção legislativa esclarecedora. Vejamos porquê.

O preceito começa por fazer referência à aquisição de participações sociais noutras sociedades com *responsabilidade limitada* e com *objecto igual* ao que a sociedade adquirente *está exercendo*.

As sociedades com responsabilidade limitada são as sociedades por quotas e anónimas. Mas, embora seja certo que nas sociedades em comandita há sócios com responsabilidade ilimitada, parece correcto abranger no regime do nº 4 os casos em que a participação é adquirida em sociedade em comandita desde que seja participação como sócio comanditário[21]. É que a desnecessidade de autorização no contrato de sociedade ou de deliberação dos sócios relaciona-se, precisamente, com o grau de responsabilidade assumido com a aquisição da participação. Isso mesmo torna-se evidente se compararmos o nº 4 com o nº 5: neste último, já surge mencionada a participação "como sócio de responsabilidade ilimitada".

Uma outra dificuldade surge quando verificamos que o nº 4 remete expressamente para o objecto que a "sociedade está exercendo, nos termos do número anterior". Isto é, o objecto que interessa agora ter em conta não é apenas o objecto indicado no contrato de sociedade da adquirente. O objecto que interessa agora é, sim, o objecto que a sociedade *está exercendo* e que está exercendo *nos termos do nº 3*. Mas se assim é, o nº 4 obriga a distinguir várias situações na comparação entre o *objecto da adquirente* e o *objecto da participada*.

Comecemos pelo objecto da adquirente.

Podemos em primeiro lugar imaginar uma situação em que *não há deliberação* dos sócios da adquirente quanto à actividade que a sociedade efectivamente exercerá. Nesse caso, o que interessa, do lado da adquirente, é comparar com o objecto indicado no contrato de sociedade, uma vez que é esse que os

---

[20] Ao contrário do que afirma PINTO FURTADO (2009), p. 404.
[21] Cfr. COUTINHO DE ABREU (2009), p. 193.

sócios propõem que a sociedade venha a exercer. Não parece razoável exigir que a sociedade adquirente fique dependente de autorização no contrato de sociedade ou de deliberação dos sócios para adquirir a participação, quando o objeto da sociedade participada é igual ao que os sócios propõem que a sociedade adquirente exerça.

Se os sócios *deliberaram* que a sociedade exercerá efectivamente *todas* as actividades compreendidas no objecto social, a comparação com o objecto da sociedade participada não será também difícil de realizar.

Nos casos, porém, em que *existe deliberação* dos sócios a *limitar* as actividades que a sociedade efectivamente exercerá a um *conjunto mais limitado* do que aquele indicado como objecto da sociedade, podem surgir dificuldades, como adiante se explicará.

Quanto ao *objecto da participada* em causa no n.º 4, ele parece ser o *objecto da sociedade*: o objecto *indicado no contrato*, e não apenas as actividades cujo exercício efectivo tenha sido deliberado pelos respectivos sócios.

Nenhum problema se levanta quanto à aplicação do n.º 4 nos casos em que o *objecto da participada* é igual ao *objecto do contrato da adquirente* e ainda às *actividades cujo exercício efectivo foi deliberado* pelos sócios.

Pode ainda assim dar-se o caso de, por um lado, o *objecto contratual da participada* ser *igual* ao *objecto do contrato da adquirente*, mas por outro lado *os sócios da adquirente deliberarem que a sociedade só exercerá actividades diferentes* das que são *objecto contratual* da participada. Isto é, o *objecto do contrato* da participada não constitui actividade que seja abrangida pelas actividades cujo *exercício efectivo tenha sido deliberado* pelos sócios da adquirente.

Quando assim seja, justificar-se-á aplicar o art. 11.º, 5, do CSC, sendo de *exigir* autorização do contrato de sociedade para a aquisição? Na nossa opinião, embora o contrato de sociedade também *possa* conter essa autorização, bastará que *os sócios deliberem* no sentido da aquisição. E isto por uma razão muito simples: se os sócios podiam deliberar que a sociedade *exercesse directamente* a actividade em causa (lembre-se que estamos a falar de actividade *compreendida no objecto social* previsto no contrato de sociedade), assim tornando possível a aquisição da participação ao abrigo do n.º 4, então também devem os sócios, *por maioria de razão*, poder deliberar *apenas a aquisição das participações* na outra sociedade. Veja-se que estamos a falar de participações em sociedades de *responsabilidade limitada*. O *risco* envolvido na aquisição dessas participações, em princípio, é bem menor, para a sociedade, do que o resultante do exercício directo da actividade.

Mas as dificuldades não terminam aqui. É que o nº 4 deve ser lido tendo em conta o que se encontre previsto para cada tipo de sociedade comercial.

Ora, o art. 246º, 2, CSC estabelece, na sua al. *d*), e entre outras coisas, que a aquisição pela sociedade por quotas de participações noutras sociedades depende de deliberação dos sócios se o contrato de sociedade não dispuser diversamente. E este regime, que torna necessária a deliberação dos sócios em qualquer caso de aquisição de participações noutras sociedades, não está dependente da responsabilidade assumida pelos sócios da sociedade participada e muito menos do objecto social da adquirente, da existência ou teor de uma deliberação dos sócios da adquirente quanto às actividades que esta efectivamente exercerá ou do objecto social da participada. Trata-se, como logo se vê, de um regime bem mais severo do que aquele que é possível retirar do art. 11º, 4, do CSC. E, para mais, de um regime que, por força das remissões contidas no art. 189º, 1, e no art. 474º, parece ser aplicável às sociedades em nome colectivo e em comandita simples.

Uma nota imprescindível também acerca da necessidade de tomar em conta o regime das sociedades coligadas. Com efeito, encontramos aí normas que, no seu âmbito de aplicação, contêm limites à aquisição de participações sociais de sociedades por outras sociedades[22].

Como se retira da parte final do art. 11º, 4, do CSC, o contrato de sociedade pode conter disposição diversa. Isto é, o contrato de sociedade pode fazer com que a aquisição das participações em causa fique dependente de autorização no contrato de sociedade ou de deliberação dos sócios. Pensamos mesmo que a disposição diversa pode proibir a aquisição daquelas participações[23].

O que acontece, porém, se a aquisição tem lugar apesar de o contrato de sociedade não a permitir? João Labareda[24] entende que tal aquisição deve ser considerada nula, mas não nos parece ser essa a solução adequada. Julgamos que do nº 4 se retira que a aquisição de participações em sociedades de responsabilidade limitada com objecto idêntico ao da adquirente não é, só por si, um acto que não respeita o objecto social. Se o contrato de sociedade nada diz quanto à aquisição dessas participações, a aquisição que tenha lugar não é, sem mais, um acto que não respeita o objecto social. Mas essa aquisição já seria um acto que não respeitaria o objecto social se o contrato de sociedade a proibisse,

---

[22] Lembramos ainda os arts. 325º-A e 325º-B do CSC.
[23] Cfr. SOVERAL MARTINS (1998), p. 335, nt. 629.
[24] JOÃO LABAREDA (1988), p. 66-67, nt. 1.

pois com essa proibição os accionistas determinariam pela negativa o objecto social[25].

Por isso, pode mesmo defender-se que a aquisição de participações sociais em sociedades de responsabilidade limitada com objecto idêntico ao da adquirente e que viola a proibição constante do contrato de sociedade fica sujeita ao disposto no art. 260º, 2, e ao art. 409º, 2, ambos do CSC, quando a adquirente seja uma sociedade por quotas, anónima ou em comandita.

Pelo contrário, se o contrato de sociedade apenas sujeita a aquisição de participações sociais daquela natureza a prévia deliberação dos sócios, a aquisição efectuada sem aquela deliberação deverá subordinar-se, na nossa opinião, ao regime previsto na lei para os actos dos gerentes e administradores praticados sem respeito por limitação contida no contrato de sociedade[26].

6. Aquisição de participações como sócio de responsabilidade ilimitada, de participações em sociedades com objecto diferente, de participações em sociedades reguladas por leis especiais e em agrupamentos complementares de empresas

Se a sociedade pretende adquirir participações numa outra sociedade tornando-se sócio de responsabilidade ilimitada, numa sociedade que tenha objecto diferente, numa sociedade regulada por leis especiais ou num agrupamento complementar de empresas[27], qualquer uma dessas aquisições depende de autorização no contrato de sociedade, que pode ser livre ou condicional. A lei encara com maior severidade a aquisição dessas participações sociais[28].

Se, porém, faltar a autorização no contrato de sociedade mas, ainda assim, a sociedade adquirir a participação prevista no nº 5, importa saber mais uma vez qual é a consequência daí resultante.

Para João Labareda, a sanção deve ser a da nulidade. Também aqui discordamos, pois parece-nos mais adequado ver na aquisição em causa um acto que deve ficar sujeito ao regime daqueles que não respeitam o objecto social[29].

---

[25] Já o escrevemos em SOVERAL MARTINS (1998), p. 335, nt. 629. Concordando com esta leitura, COUTINHO DE ABREU (2009), p. 194.
[26] Para mais desenvolvimentos, SOVERAL MARTINS (1998), p. 334 s..
[27] COUTINHO DE ABREU (2009), p. 193, nt. 77, considera ainda, com razão, que os agrupamentos europeus de interesse económico devem ser incluídos na lista.
[28] Não se esqueça, mais uma vez, o que está previsto no art. 246º, 2, *d*).
[29] Para mais desenvolvimentos, SOVERAL MARTINS (1998), p. 336-338. Concordando com o que então escrevemos, COUTINHO DE ABREU (2009), p. 194.

7. Gestão de carteira de títulos pertencentes à sociedade

O facto de ser possível a uma sociedade adquirir participações sociais noutra sociedade não significa sem mais que a sociedade adquirente possa dedicar-se à actividade de gestão dessas mesmas participações.

No art. 11º, 6, do CSC torna-se claro que uma sociedade pode conter no seu contrato de sociedade uma cláusula permitindo que a sociedade se dedique à actividade de gestão de carteira de títulos. É fácil de ver que na expressão "títulos" estão abrangidas as acções tituladas. Mas, como é hoje permitida a representação de acções através de registos em conta (acções escriturais), o preceito deve ser objecto de interpretação actualista de modo a abranger também estas últimas.

Para Pinto Furtado[30], o nº 6 permite que, uma vez adquiridos títulos pela sociedade, a administração ou gerência da sociedade realizem a gestão desses títulos "sem mais".

Não nos parece que assim seja. Afigura-se ser uma coisa bem distinta a *simples aquisição* de participações sociais noutras sociedades, por um lado, e a *actividade de gestão* de participações sociais (representadas ou não em títulos), por outro. Desde logo, por causa dos recursos que a sociedade terá que empregar nessa mesma gestão.

O art. 11º, 6, ao dispor que a gestão da carteira de títulos pertencentes à sociedade pode constituir objecto desta, demonstra que a lei pretende distinguir claramente a aquisição de participações e a gestão de uma carteira de títulos. Se a sociedade adquire acções numa sociedade anónima com objecto diferente ao abrigo de autorização contida no contrato de sociedade da adquirente (art. 11º, 5, do CSC), ainda assim não pode dedicar-se à actividade de gestão da sua carteira de títulos. Se o fizesse, estaríamos perante uma modificação de facto do objecto social.

O art. 1º, 1, do DL 495/88, de 30 de Dezembro (Regime das SGPS) estabelece que as SGPS "têm por único objecto contratual a gestão de participações sociais noutras sociedades, como forma indirecta de exercício de actividades económicas". Não serão estas sociedades que o art. 11º, 6, do CSC terá por alvo[31].

---

[30] PINTO FURTADO (2009), p. 405
[31] No sentido de que o regime das SGPS "exclui a possibilidade de uma sociedade com um objecto diferente do acima exposto exercer, de facto e em exclusivo, uma actividade de gestão de participações sociais", BRITO LOPES (1998), p. 1178. Para as sociedades que tenham diferente objecto contratual mas que, de facto, exerçam apenas a actividade de gestão de participações sociais, cfr. o art. 8º, 2, do DL 495/88, com a redacção dada pelo DL 378/99, de 27 de Novembro (embora com remissão desactualizada quanto ao regime da dissolução).

ARTIGO 12º *
Sede

1. A sede da sociedade deve ser estabelecida em local concretamente definido.

2. Salvo disposição em contrário no contrato da sociedade, a administração pode deslocar a sede da sociedade dentro do território nacional.

3. A sede da sociedade constitui o seu domicílio, sem prejuízo de no contrato se estipular domicílio particular para determinados negócios.

* Redacção introduzida pelo DL 76-A/2006, de 29 de Maio.

Índice
1. A sede da sociedade
2. Deslocação da sede
3. Domicílio

Bibliografia
a) Citada:
ABREU, J. M. COUTINHO DE – *Curso de direito comercial*, vol. II – *Das sociedades*, 3ª ed., Almedina, Coimbra, 2009, p. 105-106; CORDEIRO, ANTÓNIO MENEZES – *Manual de Direito das Sociedades – I – Das Sociedades em Geral*, 2ª ed., Almedina, Coimbra, 2007; CUNHA, PAULO OLAVO – *Direito das Sociedades Comerciais*, 4ª ed., Almedina, Coimbra, 2010, p. 133-134; DIAS, RUI M. PEREIRA – "As Sociedades no Comércio Internacional (Problemas Escolhidos de Processo Civil Europeu, Conflitos de Leis e Arbitragem Internacional)", in IDET, Miscelâneas, nº 5, Almedina, Coimbra, 2008, p. 41-108; LEITÃO, ADELAIDE MENEZES/BRITO, JOSÉ ALVES DE – *Código das Sociedades Comerciais anotado* (coord. de A. Menezes Cordeiro), Almedina, Coimbra, 2009, p. 112-113.

b) Outra:
FURTADO, JORGE HENRIQUE DA CRUZ PINTO – *Comentário ao Código das Sociedades Comerciais*, Almedina, Coimbra, 2009; VENTURA, RAÚL – "A sede da sociedade, no direito interno e no direito internacional português", in SI, 1977, t. XXVI, p. 344-361, 462-509.

1. A sede da sociedade

A sede é uma das menções obrigatórias do acto constituinte da sociedade (cfr. o art. 9º, 1, e)[1]). Por *"sede da sociedade"*, nos termos do art. 12º, 1, deve entender-se

---
[1] V. *supra* a anotação de ELISABETE RAMOS ao art. 9º (1.5.).

aquilo a que comummente se chama a *sede estatutária*, e não a sede *real* ou *efectiva* da administração[2].

Quais os efeitos associados a esta fixação da sede, através de cláusula inserida nos estatutos, num determinado local?

Por um lado, a *sede estatutária* pode ter relevo em sociedades em relação às quais se possa criar uma aparência errónea acerca da sua *localização*, pelo que, ao menos quando a sede estatutária esteja situada em Portugal, não poderá a sociedade opor a terceiros a aplicação de uma *lei pessoal* da sociedade diversa da lei portuguesa[3].

Por outro lado, e aproveitando a síntese de Coutinho de Abreu: "no quadro do direito dos sócios à informação, podem eles consultar documentos societários na sede social (arts. 181º, 1, 219º, 1, 263º, 1, 188º, 1, 289º, 1, 2); as assembleias gerais efectuam-se em princípio na sede social (377º, 6, a), e, para ele remetendo directa ou indirectamente, arts. 189º, 1, 248º, 1, 474º, 478º)"[4].

Já a *competência territorial dos tribunais*, quando a sociedade seja demandada em juízo, e nos termos do art. 86º, 2, do CPC, é reconhecida aos da "*sede da administração principal*" ou da "*sucursal, agência, filial, delegação ou representação, conforme a acção seja dirigida contra aquela ou contra estas (...)*" – portanto, aos tribunais da sede *efectiva*. Quanto à competência *internacional* de tribunais portugueses, aplica-se primordialmente o Regulamento (CE) nº 44/2001 (*Bruxelas I*), que, quando se refere à *sede*, parece-nos dever entender-se como reconhecendo competência, no estádio actual do direito da União Europeia, tanto aos tribunais do Estado da *sede real* como aos do país da *constituição* da sociedade[5]. A situação não é mais clara em face do CPC, uma vez que estão simultaneamente em vigor duas redacções do seu art. 65º: por um lado, à luz do DL 38/2003, de 8 de Março, mantém-se em vigor o art. 65º, 2, do CPC, considerando domiciliada em Portugal a sociedade que aqui tenha sede "*estatutária ou efectiva*"[6]; já no regime processual experimental (Lei 52/2008, de 28 de Agosto[7]), esse nº 2 está revogado, e a remissão do art. 65º, 1, b) (*princípio da coincidência*) para o art.

---

[2] V. COUTINHO DE ABREU (2009), p. 106.
[3] V. *supra* a anotação ao art. 3º (2.).
[4] COUTINHO DE ABREU (2009), p. 106.
[5] V., com referências, RUI M. PEREIRA DIAS (2008), p. 48-59 (*maxime* 57-59).
[6] O teor completo desse nº 2 é: "*Para os efeitos da alínea a) do número anterior, considera-se domiciliada em Portugal a pessoa colectiva cuja sede estatutária ou efectiva se localize em território português, ou que aqui tenha sucursal, agência, filial ou delegação*".
[7] Sobre o âmbito de aplicação espacial (interno) e temporal deste regime, cfr. o art. 171º do citado diploma.

86º do CPC não permite aparentemente reconhecer nenhum papel à *sede estatutária* – sem que isso, porventura, tenha sequer sido ponderado aquando da alteração legislativa.

A sede *"deve ser estabelecida em local concretamente definido"* (nº 1), o que significa que não *basta uma referência genérica a um concelho ou freguesia*: é necessário que se indique "o nome do lugar e/ou a freguesia e o concelho, ou o nome da localidade, rua, número de polícia e do andar ou equivalente, freguesia e concelho"[8]. Sobre se esse *"local concretamente definido"* tem de reunir certas condições mínimas, ou se pelo contrário pode consistir num mero apartado ou caixa postal, a lei não se pronuncia[9].

Como acima referido, as assembleias gerais realizam-se, *em princípio*, na sede social. Se, porém, as instalações desta não permitirem a reunião *"em condições satisfatórias"*, pode ser escolhido outro local *"dentro do território nacional"* (art. 377º, 6, a)), sem limitação[10] – ao contrário da redacção inicial do CSC, que abria essa possibilidade apenas *"dentro da comarca judicial onde se encontra a sede"*.

2. Deslocação da sede

Com a reforma de 2006, inverteu-se a regra sobre o que afinal devem os sócios, querendo, consagrar no contrato de sociedade: na verdade, a *regra supletiva* passa agora a ser a atribuição de poderes ao órgão de administração para, sem ter que obter o consentimento de qualquer outro órgão ou dos sócios, deslocar a sede da sociedade para qualquer outro ponto do território português.

3. Domicílio

Em diplomas legais sobre diversas matérias, são feitas referências ao *domicílio* de uma pessoa singular ou colectiva. Pois bem: o art. 12º, 3, esclarece que, na ausência de outra menção, o domicílio da sociedade é a sua sede (estatutária). Essa outra menção pode ser *legal*, quando se preveja uma especial definição de

---

[8] COUTINHO DE ABREU (2009), p. 106.
[9] OLAVO CUNHA (2010), p. 133-134, considera que decorre da lei a exigência de que na sede "seja possível estabelecer uma interacção entre os que pretendem contactar a sociedade e os representantes desta", pelo que tende a "recusar a localização de sedes sociais em apartados ou em meras caixas postais, uma vez que os mesmos não permitem o contacto adequado com a sociedade e tão pouco que os respectivos órgãos sociais possam reunir e deliberar em meros receptáculos de correspondência".
10 A não ser, segundo MENEZES CORDEIRO (2007), p. 461, nt. 1335, que a deliberação tenha um intuito p. ex. de neutralizar minorias, caso em que o Autor sugere a invalidade da deliberação da administração ou, em alternativa, a afirmação de uma "competência *ex bona fide*" da assembleia geral; v. tb. v. ADELAIDE MENEZES LEITÃO/ALVES DE BRITO (2009), p. 113.

domicílio num determinado contexto normativo, ou, mais comummente, *negocial*, quando se estipule "*domicílio particular para determinados negócios*". Trata-se de fazer uso da possibilidade reconhecida em geral no direito civil de fixar *domicílio electivo* – cfr. art. 84º CCiv., com o qual o art. 12º, 3, do CSC apresenta claras semelhanças de escrita. Não é absolutamente claro se a formulação do art. 12º, 3, tem em vista limitar o domicílio electivo *apenas aos casos* em que ele é previsto no contrato de sociedade[11], ou antes pretende fixar que *mesmo no contrato* ele é (já, desde logo) possível, não pondo em causa a regra legal sobre a determinação da sede.

---

[11] Assim ADELAIDE MENEZES LEITÃO/ALVES DE BRITO (2009), p. 113.

ARTIGO 13º
Formas locais de representação

1. Sem dependência de autorização contratual, mas também sem prejuízo de diferentes disposições do contrato, a sociedade pode criar sucursais, agências, delegações ou outras formas locais de representação, no território nacional ou no estrangeiro.

2. A criação de sucursais, agências, delegações ou outras formas locais de representação depende de deliberação dos sócios, quando o contrato a não dispense.

Índice
1. Conceito de "formas locais de representação"
2. Criação de representações

Bibliografia
a) Citada:

ABREU, J. M. COUTINHO DE – *Curso de direito comercial*, vol. II – *Das sociedades*, 3ª ed., Almedina, Coimbra, 2009, p. 109-110; ANTUNES, JOSÉ A. ENGRÁCIA – *Os Grupos de Sociedades – estrutura e organização jurídica da empresa plurissocietária*, 2ª ed., Almedina, Coimbra, 2002; CUNHA, PAULO OLAVO – *Direito das Sociedades Comerciais*, 4ª ed., Almedina, Coimbra, 2010, p. 134-141; LEITÃO, ADELAIDE MENEZES / BRITO, JOSÉ ALVES DE – *Código das Sociedades Comerciais anotado* (coord. de A. Menezes Cordeiro), Almedina, Coimbra, Art. 13º, 2009, p. 114-115.

b) Outra:

CORDEIRO, ANTÓNIO MENEZES – *Manual de Direito das Sociedades – I – Das Sociedades em Geral*, 2ª ed., Almedina, Coimbra, 2007; FURTADO, JORGE HENRIQUE DA CRUZ PINTO – *Comentário ao Código das Sociedades Comerciais*, Almedina, Coimbra, 2009.

1. Conceito de "formas locais de representação"

O art. 13º refere-se às *"formas locais de representação"*. Sem as definir, enumeram-se como tais, em ambos os números do artigo, as *"sucursais, agências, delegações ou outras"*. O elenco é próximo doutros que encontramos em lei portuguesa, designadamente no CPC (arts. 7º, 8º, 22º). Mas uma notável diferença, nessa comparação, é a ausência aqui da *"filial"* – conceito que aparece hoje normalmente entendido como referindo-se a entidades *com personalidade jurídica*, ao passo que as "representações" do art. 13º tratar-se-ão de entidades ou formas *desprovidas de personalidade jurídica*.[1]

2. Criação de representações

Nesta matéria, é reconhecida uma *forte autonomia estatutária* aos sócios, como se verifica pelo disposto em cada um dos números do artigo.

Prevê-se, com efeito, que a sociedade pode criar tais representações *"sem dependência de autorização contratual"*. Esta será a *liberdade* que resulta do *silêncio* dos estatutos, e para o futuro, em favor dos próprios sócios e/ou dos administradores.

No entanto, estes podem prescrever algo de diverso, num de dois sentidos opostos. Por um lado, os sócios podem, no acto constituinte, *limitar* essa liberdade – por isso se prescreve, no nº 1, *"mas também sem prejuízo de diferentes disposições do contrato"*. Por outro lado, atentando agora no nº 2, os sócios poderão, pelo contrário, *aumentar* a facilidade de criação de representações, através de uma *dispensa* (estatutariamente prevista) da necessidade de *deliberação dos sócios* para a tomada de decisão acerca da criação das ditas formas locais de representação. Por esta via, poderão reconhecer uma tal competência ao órgão de gestão da sociedade; no entanto, na ausência dessa regra estatutária, mantém-se a necessidade de deliberação social[2].

---

[1] V. ENGRÁCIA ANTUNES (2002), p. 54; COUTINHO DE ABREU (2009), p. 109, nt. 40; OLAVO CUNHA (2010), p. 140; tb. ADELAIDE MENEZES LEITÃO / ALVES DE BRITO (2009), p. 114. V. ainda ELISABETE RAMOS, *supra*, em anotação ao art. 9º (1.5.).

[2] Criticando esta solução, pela sua incongruência com a actual redacção do art. 12º, 2, OLAVO CUNHA (2010), p. 136.

ARTIGO 14º *
Expressão do capital

O montante do capital social deve ser sempre e apenas expresso em moeda com curso legal em Portugal.

*A actual redacção da norma foi introduzida pelo art. 3º do DL 343/98, de 6 de Novembro.

Índice

1. A importância do capital social
2. A noção de capital social
    2.1. Distinção entre capital social e património social
    2.2. O capital social como cifra representativa da soma do valor nominal das participações sociais
    2.3. O capital social nominal e o capital social real
    2.4. O capital social no ambiente jurídico-societário de acções sem valor nominal
3. Funções desempenhadas pelo capital social
    3.1. As funções do capital social *ad intra* (nas relações internas)
    3.1.1. A função de organização
    3.1.2. A função de financiamento
    3.2. As funções do capital social *ad extra* (nas relações externas)
    3.2.1. A função de avaliação económica da sociedade
    3.2.2. A função de garantia
4. O regime legal
    4.1. Elemento do pacto social: cifra estável
    4.2. Expressão obrigatória em euros
    4.3. Capital social mínimo
    4.4. O incumprimento das regras relativas ao capital social
    4.4.1. O período anterior ao registo do acto constitutivo
    4.4.2. O período posterior ao registo do acto constitutivo

Bibliografia

a) Citada:

ABREU, J. M. COUTINHO DE – *Curso de direito comercial*, vol. II., *Das sociedades*, 3ª ed., Almedina, Coimbra, 2009, *Sumários das aulas de direito comercial*, FDUC, Coimbra, ano 1995-96, ed. policopiada, *Do abuso de direito*, Almedina, Coimbra, 1983; ALMEIDA, A. PEREIRA DE – *Sociedades comerciais e valores mobiliários*, Coimbra Editora, Coimbra, 2008; ANDRADE,

MANUEL DE – *Teoria geral da relação jurídica*, vol I – *Sujeitos e objecto*, 3ª reimpr. (da ed. de 1960); ANTUNES, JOSÉ ENGRÁCIA – *Direito das sociedades*, ed. do A., 2010; ASCENSÃO, J. OLIVEIRA – *Direito comercial*, vol. IV – *Sociedades comerciais*, Lisboa, 2000; CÂMARA, PAULO – "O Decreto-Lei nº 64/2009: diminuição extraordinária do valor nominal das acções", *RDS*, 2009, p. 327-338; CARVALHO, ORLANDO DE – *Teoria geral do direito civil. Sumários desenvolvidos para uso dos alunos do 2º ano do curso jurídico*, Centelha, Coimbra, 1981; CASTRO, C. OSÓRIO DE – "Alguns apontamentos sobre a realização e a conservação do capital", *DJ*, 1998, p. 277-295; CLARK, ROBERT CHARLES – *Corporate law*, Little Brown and Company, Boston, 1986; COELHO, J. G. PINTO – "Estudo sobre as acções de sociedades anónimas", *RLJ*, anos 88º e 89º (1955-56 e 1956-57); CORDEIRO, A. MENEZES – *Manual de direito comercial*, vol. II., Almedina, Coimbra, 2001, *Manual de direito das sociedades*, I., *Das sociedades em geral*, 2ª ed., Almedina, Coimbra, 2007, *Manual de direito das sociedades*, II., *Das sociedades em especial*, 2ª ed., Almedina, Coimbra, 2007; CORREIA, A. FERRER – *Lições de direito comercial*, vol. II, *Sociedades comerciais. Doutrina geral*, edição policopiada, Coimbra, 1968; CORREIA, LUÍS BRITO – *Direito comercial*, 2º vol., *Sociedades comerciais*, AAFDL, Lisboa, 1989; CORREIA, M. PUPO – *Direito comercial. Direito da empresa*, 11ª ed. (c/colab. de A. J. Tomás/O. Castelo Paulo), Ediforum, Lisboa, 2009; CRUZ BLANCO, A. PÉREZ DE LA – *Comentario al regimen legal de las sociedades mercantiles*, dirigido por URIA, R./MENENDEZ, A./OLIVENCIA, M., Tomo VII, vol. 3, *La reducción del capital*, Editorial Civitas, Madrid, 1995; CUNHA, PAULO OLAVO – *Direito das sociedades comerciais*, 4ª ed., Almedina, Coimbra, 2010; DAVIES, PAUL L. – *Gower and Davies' principles of modern company law*, seventh edition, Sweet & Maxwell, London, 2003; DOMINGUES, PAULO DE TARSO – "Do capital social – Noção, princípios e funções", BFDUC, *Studia Iuridica*, 33, 2ª ed., Coimbra Editora, Coimbra, 2004, "Capital e património sociais, lucros e reservas", *Estudos de direito das sociedades*, (coord. de Coutinho de Abreu), 9ª ed., Coimbra, Almedina, 2008, p. 173-233, *Variações sobre o capital social*, Almedina, Coimbra, 2009, "O capital social como entrave ao financiamento das sociedades. Os novos conceito e regime de capital social introduzidos pelo DL 64/2009 são solução?", DSR, 2009ª, p. 175-200, "As acções sem valor nominal", DSR, 2010; ENRIQUES, L./MACEY, J. – "Raccolta di capitale di rischio e tutela dei creditori: una critica radicale alle regole europee sul capitale sociale", *RS*, 2002, p. 78-120 (inicialmente publicado na *Cornell LR*, vol. 86, 2001, p. 1165, s.); FURTADO, JORGE HENRIQUE PINTO – *Curso de direito das sociedades*, 5ª ed., com a colaboração de Nelson Rocha, Coimbra, Almedina, 2004, *Comentário ao Código das Sociedades Comerciais, artigos 1º a 19º – Âmbito de aplicação, personalidade e capacidade, celebração do contrato e registo*, Almedina, Coimbra, 2009; GARRIGUES, J. – *Tratado de derecho mercantil*, I-2, Madrid, 1947; HAMILTON, R. – *The law of corporations*, West Publishing Company, St. Paul, Minnesota, 2000; LABAREDA, JOÃO – *Das acções das sociedades anónimas*, AAFDL, Lisboa, 1998; LEHMANN, KARL – *Das Recht der Aktiengesellschaften*, vol. 1, Carl Heymanns Verlag, Berlin, 1898; LEITÃO, ADELAIDE MENEZES/BRITO, JORGE ALVES – *Código das Sociedades Comerciais anotado* (coord. A. Menezes Cordeiro), Almedina, Coimbra, 2009, p. 115-117; LIMA, PIRES DE/VARELA, ANTUNES – *Código Civil anotado*, vol. II, 4ª ed., Coimbra Editora, Coimbra, 1997; MANNING, BAYLESS/HANKS JR., JAMES J. – *Legal Capital*, Foundation Press, New York, 1990; MATOS, ALBINO – *Constituição de sociedades. Teoria e prática, formulário*, 5ª ed., Almedina, Coimbra, 2001; OLIVIERI, G. – *I conferimenti in natura nella società per azioni*, Padova, 1989; PINTO, ALEXANDRE MOTA – *Do contrato de suprimento – O financiamento da sociedade entre capital próprio e capital alheio*, Almedina, Coimbra, 2002, "Capital social e tutela dos credores para acabar de vez com o capital social mínimo nas sociedades por quotas", *Nos 20 anos do Código das Sociedades Comerciais – Homenagem aos Profs. Doutores A. Ferrer Correia, Orlando de Carvalho e Vasco Lobo Xavier*, vol. I, Coimbra, Coimbra Editora, 2007, p. 837-861; PORTALE, G. B. – "Capitale sociale e società per azioni sottocapitalizzata", in COLOMBO, G.E./PORTALE, GIUSEPPE B., *Trattato delle società per azioni*, vol. 1 **, Utet, Torino, 2004; PRATA, ANA – *Dicionário jurídico*, Almedina, Coimbra, 2005; RAMOS, MARIA ELISABETE – "Constituição de sociedades", *Estudos de direito das sociedades* (coord. de Coutinho de Abreu), 9ª ed., Almedina, Coimbra, 2008; REIS, J. ALBERTO DOS – *Processo de execução*, vol. 1º, Coimbra Editora, Coimbra, 1985; RICKFORD, J. – "Legal approaches to restricting distributions to shareholders: balance sheet tests and solvency tests", EBOR 7, 2006, p. 135-179; SERENS, M. NOGUEIRA – "Notas sobre a sociedade anónima", *BFDUC, Studia Iuridica*, 14, Coimbra Editora, Coimbra, 2ª ed., 1997, *Sumários das aulas de direito comercial*, ano 1987-88, ed. policopiada; SIMONETTO, ERNESTO – "Concetto e composizione del capitale sociale", *RivDCom*, 1956, p. 48; SOARES, MARIA ÂNGELA COELHO BENTO – "Aumento do capital", em AAVV., *Problemas do direito das sociedades*, IDET, Almedina, Coimbra, 2002, p. 235-255, "O acórdão Inspire Art Ltd: o novo incentivo jurisprudencial à mobilidade das sociedades na União Europeia", *TI*, 2004, p. 123-159, "A transferência internacional da sede social no âmbito comunitário", em AAVV., *Temas societários*, Almedina, Coimbra, 2006, p. 45-73; THALLER, E. – "De l'augmentation du capital par transformation en actives, soit du passif, soit des reserves de la societé", AnnDrComm, 1907; VASCONCELOS, P. PAIS DE – *A participação social nas sociedades comerciais*, 2ª ed., Almedina, Coimbra, 2006; VENTURA, RAÚL – *Apontamentos sobre sociedades civis*, Almedina, Coimbra, 2006, *Alterações do contrato de sociedade*, Almedina, Coimbra, 1988, "Adaptação do direito português à 2ª Directiva do Conselho da Comunidade Económica Europeia sobre direito das sociedades", Documentação e Direito Comparado, separata, Lisboa, 1981, "Adaptação do direito português à 1ª Directiva do Conselho da Comunidade Económica Europeia sobre direito das sociedades", Documentação e Direito Comparado, separata, Lisboa, 1981ª; VIVANTE, CESARE – *Trattato di diritto commerciale*, vol. II, Vallardi, Milano, 1928; WIETEMANN, H. – *Gesellschaftsre-*

cht, vol. 1, Munich, Beck, 1980, XAVIER, V. G. LOBO – *Sociedades comerciais (Lições aos alunos de Direito Comercial do 4º ano jurídico)*, ed. copiogr., Coimbra, 1987, "Sociedade comercial", *POLIS – Enciclopédia Verbo da Sociedade e do Estado*, vol. 5, Verbo, Lisboa, 1987ª, p. 926-933, *Sumários das aulas de direito comercial*, ano 1988-89, ed. policopiada.

b) Outra:
DUARTE, RUI PINTO – "A subcapitalização das sociedades no direito comercial", Fisco, nº 76/77, Março/Abril 96, p. 55-64; CROCA, MARIA ADELAIDE ALVES DIAS RAMALHO – "Capital, Contas e a Protecção de Terceiros", Fiscalidade, nºs 4 e 5 (Outubro 2000 e Janeiro de 2001); MEIRA, DEOLINDA APARÍCIO – *O regime económico das cooperativas no direito português. O capital social*, Vida económica, Porto, 2009, p. 73-314; RIBEIRO, MARIA DE FÁTIMA – *A tutela dos credores da sociedade por quotas e a "desconsideração da personalidade jurídica"*, Almedina, Coimbra, 2009.

1. A importância do capital social

O capital social é, no estádio actual, uma noção central e fundamental no direito societário português.

De facto, por mais epidérmica que seja a análise em matéria de sociedades, o conceito de capital social apresenta-se como recorrente, já que a ele – a cada passo – é necessário fazer apelo para se compreenderem certas figuras e instrumentos de direito societário, como sejam a integridade do capital, o aumento e redução do capital, as sociedades de capital, o balanço, o lucro, o voto, o exercício de determinados direitos sociais, etc. Basta dizer que o CSC lhe faz alusão em largas dezenas de artigos. Daqui resulta tratar-se inequivocamente de um conceito fundamental no hodierno direito societário, porque imprescindível para se compreenderem a estrutura e funcionamento das sociedades.

Note-se contudo que o capital social não existe ou não tem que existir em todas as sociedades, não sendo, pois, "um elemento conceitualmente essencial" (Simonetto) à noção de sociedade em geral.

Desde logo, a figura não é essencial nas sociedades civis, uma vez que a ela não se faz qualquer referência no respectivo regime legal (cfr. arts. 980º, s. CCiv.). Mas também não é essencial à própria noção de sociedade comercial, uma vez que há sociedades comerciais – *v.g.*, as SENC – que se podem constituir sem capital social. Com efeito, do contrato de sociedade comercial devem constar necessariamente certos elementos, referidos no art. 9º, e aí, expressamente, se faz referência ao capital social (cfr. art. 9º, 1, f)). No entanto, este mesmo normativo logo consagra a possibilidade de se constituir uma sociedade comercial (*v.g.*, a SENC) sem capital. De facto, neste tipo social são admissíveis as chamadas "entradas de indústria"[1], i.é, aquelas entradas que se traduzem na contribuição do trabalho ou dos serviços prestados pelos sócios. Ora, estas contribuições de indústria, devendo ser valoradas para efeitos de distribuição dos lucros e participação nas perdas (art. 176º, 1, b)), não podem ser computadas no capital social (art. 178º, 1). Pelo que, se numa SENC todos os sócios o forem de indústria, tal sociedade – que, recorde-se, é uma sociedade comercial – não terá capital. Porém, se algum dos sócios não o for de mera indústria, já a sociedade terá capital social, correspondente àquela entrada de capital[2]. Deste modo, o capital é, mesmo nas sociedades comerciais (pelo menos, em algumas delas), um elemento meramente eventual.

O capital social já é, porém, um elemento essencial nas sociedades que tradicionalmente a doutrina designa por sociedades de capitais, como são a SA e a SQ[3], as quais têm necessariamente capital social (cfr. art. 9º, 1, f))[4], desempenhando aí um papel central no respectivo regime jurídico[5].

Não se deixe, no entanto, também de dizer que toda a construção jurídica criada à volta do capital social, enquanto elemento moderador fundamental no regime jurídico das sociedade de capitais, está hoje, no dealbar do séc. XXI – após a sua afirmação e consagração como elemento preponderante no direito societário europeu –, posta em crise de uma forma tal que se pode dizer que o mesmo está quase ferido de morte. É uma situação que se fica em grande medida a dever aos ventos que sopram, *in casu*, do oeste, da América do Norte, onde na sequência, em especial, da sua eliminação no *Model Business Corporation Act*[6], a figura do capital social foi varrida da maioria dos estados da União. Na

---

[1] Cfr. art. 176º. São ainda admissíveis entradas de indústria, por parte dos sócios comanditados, nas SC (vide. art. 468º, *a contrario*). Cfr. BRITO CORREIA (1989), p. 152.
[2] Sobre o tipo de entradas, vide *infra* anotações ao art. 20º.
[3] Embora se trate de uma solução controversa, incluímos as SQ na categoria doutrinal das sociedades de capitais. Sobre a distinção doutrinal entre sociedades de pessoas e sociedades de capitais, veja-se LOBO XAVIER (1987³), p. 931, s., e TARSO DOMINGUES (2009), p. 37, s., nt. 81.
[4] Capital social que tem ainda necessariamente que existir nas SC. Cfr. art. 9º, 1, f), *a contrario*; solução que resulta, ainda, do facto de a entrada dos sócios comanditários não poder consistir em indústria (cfr. art. 468º). Vide BRITO CORREIA (1989), p. 152.
[5] Cfr. M. ÂNGELA COELHO BENTO SOARES (2002), p. 237.
[6] O *Model Business Corporation Act* não é, como o próprio nome sugere, um texto legislativo. Trata-se de um modelo de texto legislativo, da responsabilidade da *American Bar Association*, que foi publicado pela primeira vez em 1946 – cfr. HAMILTON (2000), p. 74 –, tendo sido posteriormente objecto de várias alterações. Não sendo um texto legislativo, a verdade é que, em menor ou maior grau, influenciou a

verdade, nos últimos anos do século passado, a figura do capital social começou a ser progressivamente posta em causa pela doutrina europeia, sobretudo em resultado das críticas que se faziam à sua inadequação para alcançar os propósitos e funções que se lhe assinalavam. No entanto, é com o romper do novo século que o clamor das críticas se torna estrepitoso, afirmando-se que os custos inerentes ao regime do capital social são muito superiores aos benefícios que o mesmo proporciona[7], que a regulamentação europeia do capital social não é justificável em termos de eficiência, defendendo-se a "revogação, pura e simples, de todas as regras sobre o capital social"[8]. E é por este diapasão que de alguma forma afina o caminho traçado pelo legislador comunitário – embora em termos não assumidamente tão drásticos – para a modernização do direito das sociedades na União Europeia. Com efeito, a Comissão Europeia, no Plano de Acção que traçou – com base no Relatório *Winter*[9] –, em 2003, sobre esta matéria[10] estabeleceu que uma das acções a efectuar a médio prazo (entre 2006 e 2008) consistiria na realização de um estudo sobre a viabilidade de uma solução alternativa ao regime da manutenção do capital social e que, a longo prazo (a partir de 2009), se deveria privilegiar a alteração da Segunda Directiva sobre sociedades[11], tendo em vista a "eventual" introdução de um sistema alternativo

maioria das leis sobre sociedades dos diferentes Estados dos EUA. A eliminação do capital social no *MBCA* ocorreu em 1980, vindo tal solução a manter-se na profunda revisão que este texto sofreu em 1984, a partir da qual se costuma designar por *Revised Model Business Corporation Act*. Cfr. MANNING//HANKS, Jr. (1990), p. 176, s., e ENRIQUES/MACEY (2002), p. 93, s.

[7] Cfr., por todos, ENRIQUES/MACEY (2002), p. 79, s.

[8] Cfr. ENRIQUES/MACEY (2002), p. 79, para quem são as diferentes regras, sobre esta matéria, existentes nos dois lados do Atlântico que fazem com que o mercado de capitais americano seja muito mais robusto que o europeu.

[9] A Comissão Europeia criou, em Setembro de 2001, um grupo (designado *High Level Group of Company Law Experts*), constituído por especialistas de vários países membros, destinado a formular recomendações sobre a modernização do direito das sociedades. Este grupo era presidido por Jaap Winter, e daí, o nome com que, por antonomásia, se costuma designar o Relatório por ele elaborado e, cujo texto, na sua versão em francês, se pode ler em <http://europe.eu.int/comm/internal_market/en/company/company/modern/consult/report_fr.pdf>. Note-se que este grupo de especialistas elaborou dois relatórios: um primeiro, de Janeiro de 2002, relativo à proposta de directiva sobre OPA(s). O segundo – mais abrangente, com o título "A Modern Regulatory Framework for Company Law in Europe" –, de 4 de Novembro de 2002. Quando se refere, sem mais, ao Relatório *Winter*, é a este segundo relatório que, em regra, se pretende aludir.

[10] Que consta da Comunicação da Comissão ao Conselho e ao Parlamento Europeu, de 21/05/2003, com o título "Modernizar o direito das sociedades e reforçar o governo das sociedades na União Europeia – Uma estratégia de futuro", que se pode ler em <http://europa.eu.int/eur-lex/pt/com/cnc/2003/com2003_0284pt01.pdf>, referenciada como "COM/2003/0284 final".

[11] Segunda Directiva sobre Sociedades – Directiva do Conselho nº 77/91/CEE, de 13 de Dezembro de 1976, publicada no JOCE nº L 26/1, de 31 de Janeiro de 1977 –, que é também designada Directiva

ao regime do capital social (em função dos resultados do estudo de viabilidade efectuado). Note-se que, para esta solução de longo prazo, não se advoga a eliminação do regime do capital social. É antes proposto que, a par do regime da Directiva do Capital (alterada de acordo com as propostas SLIM-Plus[12]), se crie um regime alternativo ao capital social, deixando-se aos Estados-membros a faculdade de optar por um ou outro regime. Trata-se, porém, de um caminho que, no nosso juízo, conduzirá quase seguramente a uma *race to the bottom* por parte das legislações dos diferentes Estados membros. Com efeito, entre dois sistemas alternativos, em que um será necessariamente mais exigente e severo que o outro[13], os agentes económicos tenderão a escolher e a fugir para o menos exigente. E tendo-se presente a jurisprudência que consistentemente tem vindo a ser firmada pelo TJCE, nomeadamente nos Acórdãos *Centros*, *Überseering* e *Inspire Art*[14] – que definitivamente abriu o *law shopping* às sociedades da União Europeia[15] –, aquela solução levará inevitavelmente os Estados membros a um nivelamento por baixo das suas legislações, obrigando-os a adoptar o regime jurídico mais simples e menos exigente[16]. Ora, perspectivando-se que será o regime do capital social (ainda que "simplificado e modernizado")

do Capital (*Kapital Richtlinie*) por tratar sobretudo de matérias relacionadas com a constituição, modificação e conservação do capital social.

[12] A iniciativa SLIM (acrónimo para "Simpler Legislation for the Internal Market") foi criada pela Comissão, em Maio de 1996, com o objectivo de identificar possíveis formas de simplificar a legislação do mercado único. Esta iniciativa desdobrou-se em várias fases, tendo sido na quarta fase do SLIM, lançada em Maio de 1998, que – para além de duas outras áreas legislativas – o grupo de trabalho, presidido por Eddy Wymeersch, se debruçou e produziu um relatório sobre o direito das sociedades. As recomendações do grupo SLIM, complementadas pelas propostas do Relatório *Winter*, são designadas por SLIM-Plus. Cfr. Relatório *Winter*, p. 96 e 106.

[13] De facto não fará sentido criar um novo regime alternativo que, à parte a abolição do capital social, mantenha, no essencial, as características do regime vigente. Tenha-se, no entanto, presente que no Relatório *Winter* (p. 103) expressamente se preconiza que o sistema alternativo deverá assegurar uma protecção dos credores e dos sócios, no mínimo, tão eficaz como aquela que resulta do regime do capital social.

[14] Sobre a questão, pode ver-se TARSO DOMINGUES (2009), p. 138, s..

[15] A jurisprudência do Tribunal traduz-se no facto de um Estado-membro não poder, relativamente a sociedades estrangeiras que pretendam exercer a actividade no seu território, colocar restrições nem fazer exigências – nomeadamente que resultem do seu direito interno para a incorporação de sociedades – desde que tais sociedades tenham sido constituídas em conformidade com a legislação de um outro Estado-membro, por a isso se opor o princípio comunitário da liberdade de estabelecimento. Sobre o tema, pode ver-se Mª ÂNGELA COELHO BENTO SOARES (2004), p. 123, s..

[16] Sob pena de os agentes económicos – *v.g.*, as sociedades comerciais – se deslocarem para o Estado-membro vizinho que adopte aquele regime menos exigente e severo. Com efeito, podendo as sociedades constituídas noutro Estado-membro operar em Portugal, sem quaisquer entraves ou obstáculos, como se aqui tivessem sido constituídas, seguramente que os empresários portugueses não enjeitarão a

aquele que, para as sociedades, continuará a ser mais oneroso e menos flexível[17], isso poderá levar, assim nos parece – e caso seja levada à prática a segunda fase da reforma proposta no Relatório *Winter* –, a que, a prazo, o capital social esteja, tal como sucedeu nos EUA, votado ao desaparecimento.

2. A noção de capital social

Apesar da importância e da vetustez da figura e da sua utilização recorrente na *praxis* societária, bem como em textos jurídicos, a verdade é que muitas dúvidas e dificuldades se têm levantado na literatura jurídica acerca do concreto significado, para o Direito, da figura do capital social[18], considerando nomeadamente que "o capital é figura misteriosa que exige esforço para a captação da sua natureza"[19], e que "não há área do direito societário mais confusa e misteriosa"[20]. É esta constatação que torna imperiosa a clarificação do conceito, até porque a incerteza e imprecisão, que com frequência reinam sobre a matéria, originam confusões e erros – mormente, confundindo-se duas realidades absolutamente distintas: o património social e o capital social – que se reflectem na correcta apreensão e compreensão da figura e do respectivo regime.

2.1. Distinção entre capital social e património social

Convém, antes de mais, sublinhar que o capital social não é nem se confunde com o património social, sendo importante distinguir claramente estas duas realidades. De facto, a sociedade, como qualquer outro sujeito jurídico, tem um determinado património, entendido como o "conjunto de relações jurídicas com valor económico, isto é, avaliável em dinheiro de que é sujeito activo e passivo uma determinada pessoa"[21], sendo que este fundo patrimonial – ao contrário do pretendido por alguns que advogam poder constituir-se e existir uma socie-

---

possibilidade de constituir as suas sociedades em Vigo ou Badajoz, caso o regime jurídico espanhol seja mais vantajoso que o português.

[17] São essas as principais críticas feitas ao regime do capital social (cfr. Relatório *Winter*, p. 94), pelo que o regime alternativo a criar seguramente tentará obviar a estas exprobações.

[18] Para o facto terá seguramente contribuído durante muito tempo a ideia (errada) de que o capital social não é tanto um conceito técnico-jurídico, mas, sim, um conceito importado da ciência económica e da técnica contabilística, e portanto, de cariz e significado meramente económico-contabilístico, o que levaria a que de pouca utilidade seriam para o jurista o estudo e aprofundamento da figura.

[19] OLIVEIRA ASCENSÃO (2000), p. 147.

[20] HAMILTON (2000), p. 163.

[21] MANUEL DE ANDRADE (1960), p. 205, s..

dade sem património[22] – existe necessariamente em toda e qualquer sociedade. Com efeito, a sociedade não é um contrato gratuito; um dos *essentialia negotii* do contrato de sociedade, nos termos do art. 980º CCiv., é a obrigação de todos os contraentes (os sócios) contribuírem com bens e/ou serviços para a sociedade. I.é, todos têm que realizar uma entrada, com a qual adquirem a qualidade de sócio. A entrada é, pois, um elemento essencial da *fattispecie* negocial. E assim sendo, no património da sociedade sempre constará, pelo menos, o direito às entradas dos sócios (quando estes as não realizem imediatamente, mas se obriguem a realizá-las no futuro), pelo que, *ab initio*, a sociedade terá naturalmente um determinado património, constituído, "quando menos, pelos direitos correspondentes às obrigações de contribuir com bens e serviços"[23].

Este património da sociedade – o património social – pode, tal como o património de qualquer outra pessoa, ser encarado, do ponto de vista do conteúdo, sob três perspectivas:

a) como património global, enquanto abrange o conjunto de todos os direitos e obrigações susceptíveis de avaliação pecuniária de que a sociedade é titular em determinado momento[24];

b) como património ilíquido ou bruto, enquanto engloba os elementos do activo da sociedade (bens e direitos) sem ter em conta o passivo; e

c) finalmente, como património líquido – e é este o sentido que, as mais das vezes, se quer significar com a expressão "património social", por ser o que maior interesse prático tem — que consiste no valor do activo depois de descontado o passivo.

Em todo o caso, o que importa realçar é que o património social – independentemente do enfoque que lhe seja dado – é sempre a expressão de uma realidade tangível, de um fundo patrimonial, de uma concreta massa de bens, continuamente variável na sua composição e montante. Diferentemente, o capital social é um simples *nomen iuris*, uma mera cifra, um número ideal e abstracto, que obrigatoriamente consta do pacto social (cfr. art. 9º, 1, f)).

---

[22] Assim PIRES DE LIMA/ANTUNES VARELA (1987), nt. 4 ao art. 980º CCiv., para quem aquele normativo "não exige, de início, um fundo patrimonial comum".
[23] LOBO XAVIER (1987), p. 9. Vide ainda, sobre os *essentialia negotii* do contrato de sociedade, VENTURA (2006), p. 15, s., e sobre os tipos sociais, PAIS DE VASCONCELOS (2006), p. 15, s..
[24] FERRER CORREIA (1968), p. 218, designa esta perspectiva de património por património bruto, fazendo-o equivaler à esfera jurídica da sociedade. Em sentido diferente, ORLANDO DE CARVALHO (1981), p. 124, s..

Desta constatação decorre, desde logo, uma fundamental diferença de regime. Enquanto o património social – *rectius*, os bens que constituem o património social – pode ser, em princípio, penhorado, nomeadamente em benefício dos credores da sociedade, o capital social – consubstanciando-se numa cifra, num simples número – é impenhorável. Com efeito, como bem nota Alberto dos Reis[25], "a execução resolve-se, em última análise, numa venda forçada, numa expropriação, numa transmissão coactiva" donde resulta que "a intransmissibilidade importa necessariamente a impenhorabilidade"; i.é, a intransmissibilidade de um bem implica necessariamente uma impenhorablilidade intrínseca ou substancial do mesmo. Ora, o número que representa o capital social não é transmissível, uma vez que se trata de uma cifra ideal e abstracta, que consta apenas dos estatutos da sociedade. Nem a sociedade nem os sócios podem, pois, transmitir o capital social, sendo certo que, quando vulgarmente se diz que os sócios (um ou vários) cederam a totalidade (ou parte) do capital social, o que eles efectivamente transmitem são as participações sociais (todas ou parte delas) de uma determinada sociedade. Note-se que as participações sociais – quotas ou acções –, essas sim, porque transmissíveis, já são susceptíveis de penhora (*v.g.*, por parte de credores dos sócios, mas já não dos credores sociais, uma vez que elas fazem parte do património individual de cada sócio e não do património social)[26].

2.2. O capital social como cifra representativa da soma do valor nominal das participações sociais

A noção de capital social não tem sido, efectivamente, em regra, bem compreendida pela doutrina que, normalmente, de uma forma perfunctória, se tem debruçado sobre esta matéria[27]. Importa, por isso, tentar captar o que rigorosamente

---

[25] Cfr. ALBERTO DOS REIS (1985), p. 312.
[26] Note-se que, apesar de a nossa jurisprudência por poucas vezes se ter debruçado especificamente sobre o que se pode designar como o "problema do capital" – cfr. SIMONETTO (1956), p. 50, s. –, não se deixa de encontrar na nossa casuística situações surpreendentes. É o caso, p. ex., do Acórdão do Tribunal da Relação de Lisboa, de 22/01/92, com o nº convencional JTRL00006468, que se pode ler em <www.dgsi.pt>, tirado por unanimidade (!), onde se pode ler que "o capital social responde pelas dívidas da sociedade, pelo que é susceptível de penhora" (!!). Veja-se ainda o Ac. do Tribunal da Relação de Guimarães, de 28 de Maio de 2003, *CJ*, 2003, III, p. 289 s., referente a um caso em que o exequente também nomeou à penhora o capital social de uma sociedade, tendo o Tribunal concluído – depois de distinguir entre capital e património sociais – pela impenhorabilidade do capital social.
[27] Maioritariamente e tradicionalmente, a doutrina portuguesa – mas também a estrangeira – costuma definir o capital social como "a cifra representativa da soma das entradas dos sócios" (FERRER CORREIA (1968), p. 218), o que, contudo, não é rigoroso, nem correcto. No mesmo sentido, veja-se

ela traduz e significa. Assim, e abreviadamente[28], é indiscutível que o capital social se apresenta como um *nomen iuris*, como uma mera cifra que obrigatoriamente consta dos estatutos sociais (cfr. art. 9º, 1, f)), necessariamente expressa em moeda com curso legal em Portugal. Acontece que, desta análise descritiva, não se retira o que representa e como se alcança a cifra do capital social. Ora, o que o capital social efectivamente representa e significa é a "soma dos valores nominais das participações sociais fundadas em entradas em dinheiro e/ou espécie"[29]-[30]. O capital social – a cifra que consta dos estatutos – resulta, na verdade, da adição referida, que pode coincidir ou não com a dos valores das entradas dos sócios[31].

Deste modo, e com rigor, pode-se definir o capital social como a cifra que consta do pacto, necessariamente expressa em euros, representativa da soma dos valores nominais das participações sociais que não correspondam a entradas em serviços[32].

2.3. O capital social nominal e o capital social real

Sendo certa a noção de capital social a que acabámos de aludir, importa referir que ela retrata e traduz apenas uma visão parcelar da figura.

Com efeito, como sublinham alguns autores[33], o capital social não é redutível a um único perfil, desdobrando-se antes em duas vertentes, indissociáveis entre si, e que são o capital social nominal ou formal (correspondendo à cifra

---

MENEZES CORDEIRO (2001), p. 230, (2007), p. 463 (mas vide já, em sentido diferente, (2007ª), p. 564); BRITO CORREIA (1989), p. 153; NOGUEIRA SERENS (1997), p. 15; ANA PRATA (2005), p. 190; PINTO FURTADO (2004), p. 309, (2009), p. 420; PUPO CORREIA (2009), p. 204; ALBINO MATOS (2001), p. 81; A. ALEXANDRE MOTA PINTO (2002), p. 72; ADELAIDE MENEZES LEITÃO/JORGE ALVES BRITO (2009), p. 116. Em sentido diferente, veja-se PAULO OLAVO CUNHA (2010), p. 460. Para uma crítica a esta noção de capital social, pode ver-se TARSO DOMINGUES (2009), p. 40, s..

[28] Para mais desenvolvimentos, veja-se TARSO DOMINGUES (2009), p. 40, s..

[29] Assim, COUTINHO DE ABREU (95-96), lição 38ª, ponto VI, (2009), p. 66; TARSO DOMINGUES (2009), p. 47, s. e ENGRÁCIA ANTUNES (2010), p. 341.

[30] Excluem-se as entradas em serviços, uma vez que, apesar de dever atribuir-se um valor a essas entradas (cfr. art. 176º, 1, b)), "o valor da contribuição em indústria do sócio não é computado no capital social" (cfr. art. 178º, 1).

[31] Ao contrário do pretendido pela doutrina maioritária (cfr. *supra*, nt. 27).

[32] O capital social é, pois, a cifra representativa da soma dos valores nominais das participações sociais resultantes de entradas em dinheiro e/ou espécie, já não a soma do valor dessas entradas. É que, se o valor nominal da participação social e o valor da entrada do respectivo sócio podem ser idênticos, nem sempre assim sucede. Sobre esta matéria, vide *infra*, anotação 2.2. ao art. 20º.

[33] Para a afirmação da dupla noção de capital social referida em texto, teve um papel decisivo Ernesto Simonetto com os seus diversos estudos sobre a matéria. Para uma recensão do pensamento de Simonetto, pode ler-se OLIVIERI (1989), p. 12, s..

que consta dos estatutos) e o capital social real (correspondendo aos bens que, no activo da sociedade, se destinam a cobrir, a fazer de *pendant* com a cifra do capital nominal que consta do 2º membro do balanço).

É esta uma diferenciação[34] que é feita, designadamente, na prática societária, na contabilidade e também na própria lei, onde nem sempre se atribui o mesmo significado ao capital social. As mais das vezes, é a expressão utilizada com o sentido que a acepção formal lhe atribui: como *nomen*, como mera cifra que consta dos estatutos da sociedade[35]. Outras vezes, porém, é atribuído ao vocábulo o significado de massa concreta de bens, de fundo patrimonial. É o que sucede, por exemplo, quando na linguagem comum, se ouve dizer "aquela sociedade perdeu o capital" ou "aquela sociedade já não tem capital" é também o que ocorre em certos textos legais, como acontece, entre nós, com o art. 35º, quando refere Ðresultando das contas (...) que metade do capital social se encontra perdido (...)"[36-37]. Na verdade, uma cifra (um puro *nomen iuris*) não se perde[38], pelo que, quando se faz referência à perda do capital social, está-se claramente a aludir a uma massa concreta de bens, a um fundo patrimonial, porque este, sim, é que pode perder-se, como consequência das vicissitudes da actividade empresarial. Em virtude desta constatação, doutrina autorizada[39] – perfilhando a noção formal de capital social – veio sustentar que, nestes casos, se usa impropriamente o conceito, confundindo-se capital com património social. I.é, quando se utiliza – designadamente a lei – a expressão "perda (de metade) do capital social", pretende-se fazer alusão ao património, ao património líquido da sociedade[40].

---

[34] Sem que muitas vezes tal distinção decorra de uma verdadeira ponderação e reflexão sobre o sentido atribuído à expressão.

[35] É o caso, p. ex., das referências feitas no CSC, nos arts. 88º, s., seguintes relativos ao aumento do capital social; nos arts. 95º, s., quanto à redução do capital social; no art. 201º, relativo ao montante do capital social, nos arts. 202º e 203º, quanto à obrigação de entrada, nos arts. 265º, s., seguintes referentes às alterações do contrato; etc., etc..

[36] Esta norma, de resto, utiliza o termo capital no duplo sentido a que vimos aludindo, uma vez que, logo de seguida, se refere à redução do capital (agora entendido como a cifra formal que consta dos estatutos), que em tal situação se deve operar.

[37] Muito embora, na redacção actual, o art. 35º venha esclarecer, no seu nº 2, o que se entende por perda de metade do capital social.

[38] A cifra está lá e mantém-se inalterável no pacto social, independentemente das oscilações patrimoniais da sociedade.

[39] Vide, entre nós, LOBO XAVIER (1988-89), lição 38ª, ponto 138, e NOGUEIRA SERENS (1987-88), lição 36ª, ponto 139.

[40] Veja-se, neste sentido, a redacção que foi dada ao nº 2 do art. 35º, primeiro pelo DL 162/02, de 11 de Julho e, hoje, pelo DL 19/05, de 18 de Janeiro.

É inquestionável que, perfilhando-se exclusivamente a concepção nominalista de capital social, as referências "à perda do capital social" se apresentam obscuras, obrigando a esclarecimentos interpretativos pela doutrina. Contudo, assumindo-se a dupla face do capital social, é legítima a conclusão de se estar em presença, não de um defeituoso uso (nomeadamente por parte dos textos legislativos) do conceito, mas do emprego correcto do mesmo para significar uma realidade complexa que não pode ser reduzida a um perfil singular.

É, na verdade, incontornável que o capital social é, e pode considerar-se, a cifra formal que consta do pacto, como afirma a concepção nominalista. Esta é, porém, apenas uma das faces da medalha (que se pode designar por capital social nominal ou formal[41]). Há, contudo, uma outra face a que importa atender. É que, constando a cifra do capital social do lado direito do balanço[42], isso, em conformidade com as regras da contabilidade, implica que a sociedade não possa distribuir aos sócios e deva reter no activo líquido da sociedade – do lado esquerdo do balanço – bens cujo valor cubra, ou iguale pelo menos, aquela mesma cifra.

Assim vistas as coisas, o capital social é, não apenas a cifra que consta do lado direito do balanço, mas igualmente aqueles bens da sociedade, qualitativamente não determinados, mas contabilisticamente destinados a cobrir a referida cifra e que constituem a tal outra face da medalha (que pode apelidar-se de capital social real[43]).

I.é, o capital social, nesta vertente, tem um conteúdo real; deixa de ser uma cifra formal, representando uma fracção – ideal[44] – do património da sociedade.

---

[41] Veja-se VENTURA (1988), p. 96.

[42] Cfr. conta 51 do SNC. Note-se que as regras da contabilidade não determinam a elaboração do balanço em T. Por facilidade de exposição, referir-nos-emos, no entanto, a essa forma de apresentação do balanço. Deste modo, inscreve-se no lado esquerdo (no 1º membro do balanço) o "Activo" e no lado direito (no 2º membro do balanço) o "Capital Próprio" e o "Passivo". Alerte-se ainda para o facto de que, com o SNC – ao contrário do que sucedia no POC –, apenas o capital social já realizado deve ser relevado contabilisticamente na referida conta 51. Cfr. os modelos de balanço aprovados pela Portaria 986/09, de 7 de Setembro.

[43] Vide PORTALE (2004), p. 3, s. Assim também, entre nós, TARSO DOMINGUES (2004), p. 46, s., e ADELAIDE MENEZES LEITÃO/JORGE ALVES BRITO (2009), p. 117.

[44] Ideal, no sentido de que não é possível identificar ou determinar quais os bens que constituem o capital social real. Este é composto por quaisquer bens, cujo valor cubra a cifra do capital social nominal; i.é, o capital social real é apenas determinado quantitativamente. Com efeito, a determinação qualitativa dos elementos que compõem o capital social real apenas se pode verificar num momento: o da constituição da sociedade. O capital social real é, então, composto pelos bens (todos ou parte deles, no caso de haver prémio de emissão) que constituem as entradas dos sócios. A partir daí, porém, não é mais possível estabelecer este tipo de correspondência. Os bens com que os sócios entraram – sejam

O capital social real é, pois, a quantidade ou montante de bens de que a sociedade não pode dispor em favor dos sócios[45], uma vez que se destinam a cobrir o valor do capital social nominal inscrito no lado direito do balanço[46].

Sublinhe-se, porém, que o capital social real – apesar deste seu conteúdo tangível – não é nem se identifica com o património social, nem sequer com o património líquido (ou, é o mesmo, com o capital próprio) da sociedade. Em termos gráficos, o capital social real é, se quisermos, uma esfera concêntrica menor dentro de uma esfera maior que é o património; aquele é apenas uma parcela deste[47]. Na verdade, o património da sociedade *tout court* abrange todos os bens da sociedade (não só os contabilisticamente destinados à cobertura do capital social nominal, mas também os destinados à cobertura do passivo, etc.), pelo que o capital social real não equivale ao património social *hoc sensu*[48]. Por outro lado, o capital social real poderá ser apenas uma parcela do capital próprio, uma vez que o património líquido da sociedade pode ser superior ao valor da cifra do capital social nominal[49].

É esta dupla noção de capital social[50], assim o pensamos, a noção mais rigorosa e completa da figura e a única que consegue interpretar de forma perfeita e cabal a realidade em causa, permitindo, para além do mais, explicar satisfatoriamente (todos) os textos legais e, também, afastar muitas das confusões que – devido à pouca clareza e imprecisão existentes sobre o conceito – se apresentam, quer a nível doutrinal, quer a nível jurisprudencial.

fungíveis (*v.g.*, dinheiro) que, entretanto, podem ser utilizados para a aquisição de outros bens, sejam infungíveis – não integram necessariamente o capital social real. Este é constituído por quaisquer bens do património da sociedade que perfaçam o valor do capital social nominal.

[45] Fala-se, a este propósito, de um "vínculo de indisponibilidade" daquela massa de bens que constitui o capital social real. Vide art. 32º.

[46] A massa de bens que corresponde ao capital social real não pode, pois, ser atribuída aos sócios, pelo que a sua subtracção ao património social apenas poderá decorrer dos azares da actividade empresarial.

[47] Cfr. SIMONETTO (1956), p. 70.

[48] Com efeito, poderá até o capital social real estar reduzido a zero (por, no património da sociedade, não haver bens contabilisticamente destinados à cobertura da cifra do capital social nominal), e existirem, no património da sociedade, bens afectos à cobertura (da totalidade ou parte) do passivo.

[49] Será essa, de resto, a situação que deverá (*rectius*, deveria) verificar-se normalmente em todas as sociedades, uma vez que o fim por elas prosseguido é a obtenção de lucro (cfr. art. 980º CC) e essa finalidade é alcançada, precisamente, quando, no balanço, o valor do património líquido é superior à cifra do capital social. Vide *infra*, anotação 2. ao art. 32º.

[50] Capital nominal e capital real que constituem como que o anverso e o verso da mesma moeda. Seria preferível, no entanto, a utilização – na terminologia legal, mas também na terminologia jurídica em geral – de duas expressões diferentes para significar esta dupla face da mesma realidade, a fim de evitar as confusões que tem suscitado a utilização – "promíscua", no dizer de PORTALE (2004), p. 5 – da mesma expressão.

2.4. O capital social no ambiente jurídico-societário de acções sem valor nominal

No ordenamento jurídico português, foi recentemente introduzida, pelo DL 49/2010, de 19 de Maio, a figura das acções sem valor nominal[51]. Ou seja, passam a ser admitidas entre nós as sociedades com acções sem valor nominal[52].

Isto implica que, desaparecendo o valor nominal das acções, e mantendo-se o capital social – como necessariamente se terá de manter em todo o espaço comunitário, para o tipo SA[53], uma vez que a Segunda Directiva sobre sociedades impõe tal solução –, ele deixa de se poder identificar com noção *supra* (no ponto 2.2.) referida[54], uma vez que não é mais possível determinar o valor do capital social pela correspondência com a soma do valor nominal das participações sociais.

Por isso, e porque num ambiente de acções sem valor nominal cabe à sociedade livremente definir o valor que é levado a capital social[55], este passa a ser simplesmente o capital por ela declarado, i.é, o *stated capital*.

O capital social[56] pode, pois, agora – para as sociedades que adoptem a figura das acções sem valor nominal – definir-se como o elemento do pacto, que se consubstancia numa cifra, necessariamente expressa em euros, que é livremente fixada pela sociedade, e que determina o valor mínimo das entradas a realizar pelos sócios[57].

---

[51] Note-se que, já anteriormente, no âmbito do regime excepcional e transitório – destinado fundamentalmente a atender às dificuldades de financiamento das sociedades cotadas em Bolsa – consagrado pelo DL 64/2009 (dedicado às sociedades anónimas e apenas aplicável às operações realizadas até 31 de Dezembro de 2009), passou a poder co-existir (paralelamente à tradicional noção) um novo conceito de capital social que corresponde à "cifra que resulta da soma de duas componentes: uma representativa do valor nominal das acções e a outra representativa do diferencial resultante da diminuição do valor nominal das acções". Vide, sobre a matéria, TARSO DOMINGUES (2009), p. 175, s., e PAULO CÂMARA (2009), p. 327, s..

[52] Sobre esta nova figura, pode ver-se TARSO DOMINGUES (2010).

[53] O tipo sociedade anónima é o tipo abrangido pela Segunda Directiva.

[54] Deixa de ser possível somar o valor nominal das participações sociais, para determinar a cifra do capital social.

[55] Cabe à sociedade livremente decidir – com respeito pelo capital social mínimo que, para as SA é de 50.000€ (cfr. art. 276º, 2) – que montante das entradas realizadas pelos sócios é levado a capital social e que montante é considerado prémio de emissão.

[56] Na sua vertente formal, uma vez que na vertente real não há qualquer diferença a assinalar relativamente ao que ficou dito *supra*, no ponto 2.3..

[57] Cfr. arts. 25º, 2 e 298º, 1, com a redacção que lhes foi dada pelo DL 49/2010, de 19 de Maio, donde cristalinamente resulta que o valor das entradas dos sócios não pode ser inferior ao valor levado a capital, conforme, de resto, impõe o art. 8º, 1 da Segunda Directiva.

3. Funções desempenhadas pelo capital social

Sem que haja unanimidade entre os autores sobre esta matéria, várias são as funções que habitualmente se atribuem ao capital social, as quais se podem desdobrar num duplo plano[58].

No plano interno, i.é, nas relações que se estabelecem *ad intra* – dentro da sociedade –, o capital desempenha fundamentalmente uma função de organização e uma função de financiamento. No plano externo, i.é, no âmbito das relações *ad extra* – para fora da sociedade –, onde o capital social realiza igualmente funções da maior relevância, entre as quais sobressaem a função de avaliação económica da sociedade e a função de garantia.

3.1. As funções do capital social *ad intra* (nas relações internas)
3.1.1. A função de organização

Ao capital social é apontado o desempenho de uma função que podemos designar por função de organização. Com efeito, o capital social apresenta-se – no actual estádio do direito societário continental – como um elemento básico para a determinação da posição jurídica dos sócios, assumindo-se como um instrumento moderador e regulador dos respectivos direitos e deveres (sejam os de carácter administrativo – ex.: direito de voto –, sejam os de carácter patrimonial – ex.: direito ao lucro[59]). É o que resulta, por exemplo, imperativamente da lei quando esta faz depender o exercício de vários direitos sociais da titularidade de certa participação mínima no capital social[60]. Não se deixe, no entanto, de

---

[58] Em sentido idêntico, FERRER CORREIA (1968), p. 222, s., e ENGRÁCIA ANTUNES (2010), p. 349, s.. Vide também PEREIRA DE ALMEIDA (2008), p. 80, s..

[59] Assim, no que respeita ao direito de voto, nas sociedades de capitais (já não assim nas sociedades de pessoas onde o voto se conta por cabeça – cfr. art. 190º, 1), o número de votos de cada sócio encontra-se por referência à participação no capital social de que cada sócio seja titular (cfr. art. 250º, 1, para as SQ – a cada cêntimo do valor nominal da quota corresponde um voto – e, para as SA, art. 384º, 1: a cada acção corresponde, em princípio, um voto).
Por outro lado, e no que respeita aos direitos patrimoniais, os sócios participam, por via de regra, nos lucros e nas perdas da sociedade proporcionalmente às "respectivas participações no capital" (cfr. art. 22º).
Note-se, porém, que há modos de fazer com que os direitos e deveres dos sócios não correspondam proporcionalmente à percentagem do capital social de que eles sejam titulares (vide, *infra*, nota 61).

[60] A título meramente exemplificativo, em todos os tipos de sociedade, só quem possuir 5% – ou 2%, se se tratar de uma sociedade aberta – do capital social é que pode propor a acção social de responsabilidade contra os gerentes ou administradores por prejuízos que estes tenham causado à sociedade (cfr. art. 77º – antes da reforma do CSC operada pelo DL 76-A/2006, a percentagem exigida era, em qualquer caso, de 5%). Por outro lado, e no que diz respeito às SA, só quem possuir 1% do capital social é que pode exercer o direito consagrado no art. 288º (o chamado direito mínimo à informação, como seja o

dizer que se é verdade que os direitos e deveres dos sócios são, por princípio, fixados e delimitados em função da medida em que cada sócio participa no capital social, não é menos verdade que, na maioria dos casos, podem os sócios, contratualmente, alterar tal correspondência[61].

A função de organização do capital social não se limita, porém, apenas ao facto de ele contribuir para o recorte e determinação dos direitos sociais. Com efeito, a propósito desta função importa sobretudo salientar o papel relevantíssimo desempenhado pelo capital social relativamente à tutela e protecção dos próprios sócios e dos respectivos direitos[62]. Na verdade, com este instituto visa-se, também, assegurar a igualdade de tratamento dos sócios[63], bem como evitar que um sócio possa, contra sua vontade, assistir à "diluição" da sua parti-

---

de consultar, na sociedade, os relatórios de contas, etc.); quanto a solicitar informações por escrito – e, caso estas sejam recusadas, a requerer inquérito judicial – sobre assuntos sociais, só os accionistas que disponham de 10% do capital social (arts. 291º e 292º) o poderão fazer; por sua vez, só podem requerer a convocação da assembleia geral os accionistas que disponham de, pelo menos, 5% do capital social (art. 375º, 2), etc. Acresce que, se em regra as deliberações são tomadas pela maioria dos votos emitidos (independentemente, portanto, do capital social presente ou representado nas assembleias gerais), há certas deliberações que exigem uma maioria qualificada de votos correspondentes ao capital social. Assim, nas SQ, por exemplo, a alteração do contrato de sociedade bem como a deliberação da sua dissolução exigem uma maioria de três quartos dos votos correspondentes ao capital social (cfr. arts. 265º e 270º); por outro lado, nas SA, certas deliberações – sobre alteração do contrato, fusão, cisão, transformação ou dissolução da sociedade –, em primeira convocação (já não assim, em segunda convocação, em que a deliberação poderá ser validamente aprovada independentemente do capital social representado na assembleia – cfr. art. 383º, 3), só serão válidas se estiverem presentes accionistas que detenham, pelo menos, acções correspondentes a um terço do capital social (devendo ainda ser aprovadas por dois terços dos votos emitidos – cfr. arts. 383º, 2 e 386º, 3).

[61] Aquela desproporcionalidade entre a participação no capital social e a medida dos direitos e deveres dos sócios pode resultar, no que respeita ao direito de voto, por exemplo, da estipulação de um voto plural (apenas admissível nas SQ – cfr. arts. 250º, 2 e 384º, 5), bem como das limitações ao direito de voto (cfr. as normas dos arts. 384º, 2, e 341º, 3). No que tange aos direitos patrimoniais, a medida da proporcionalidade do direito ao lucro pode ser alterada através da consagração das acções preferenciais sem voto (cfr. arts. 341º, s.); por outro lado, o art. 22º, 1 – que dispõe que os sócios participam nos lucros e nas perdas da sociedade segundo a proporção dos valores nominais das respectivas participações no capital – não é uma regra imperativa, podendo, por isso, ser afastada pelos sócios, mediante cláusula contratual em sentido diferente e desde que a alteração contratual não se consubstancie materialmente num pacto leonino.

[62] De resto, segundo se pode ler no Relatório *Winter*, de acordo com o inquérito efectuado por aquele grupo de trabalho, para uma grande maioria o capital social desempenha primordialmente uma função de protecção dos direitos dos credores e dos direitos dos sócios. Cfr. Relatório *Winter*, p. 93, s..

[63] *E.g.*, através da proibição da emissão de acções abaixo do par.

cipação social, i.é, que os respectivos direitos corporativos possam ser diminuídos ou limitados sem o seu consentimento[64].

Por isso, pode afirmar-se que o capital social ocupa, hoje, no direito societário, um importante papel na organização intra-societária – *v.g.*, na determinação dos direitos dos sócios e, por consequência, também na ordenação de forças e poderes dentro da sociedade –, desempenhando a referida função organizativa.

3.1.2. A função de financiamento

Com o capital social visa-se também conseguir a reunião de meios que permitam o estabelecimento e desenvolvimento das actividades económicas que pela via societária se pretendem exercer. I.é, os bens postos em comum pelos sócios dirigidos à cobertura do capital social não se destinam a ficar intocados no cofre, mas antes a serem utilizados na instalação e exploração da actividade societária, constituindo pois um meio de financiamento da sociedade.

Deste modo, e na medida em que visa congregar e regular a obtenção de meios que permitam o desenvolvimento da actividade societária – proporcionando "a formação de uma estrutura de produção"[65] –, o capital desempenha uma função que se pode designar por função de financiamento da sociedade[66].

3.2. As funções do capital social *ad extra* (nas relações externas)
3.2.1. A função de avaliação económica da sociedade

Nas relações externas, o capital social é uma figura instrumental que serve para a determinação do lucro ou da existência de perdas e, de um modo geral, para a avaliação da situação económica da sociedade.

Por definição[67], a sociedade tem escopo lucrativo. Ora, sabendo-se que o capital social corresponde ao valor dos bens que os sócios quiseram, com vínculo de indisponibilidade, afectar ao exercício do objecto social, pode afirmar-se, de uma forma simplificada que, se – decorrido determinado prazo – o património

---

[64] Trata-se de desiderato que poderá, em boa medida, ser subvertido através da fixação de diferentes ágios para distintas subscrições de acções. De todo o modo, o regime do capital tende, pelo menos, a produzir uma "equitativa contribuição" por parte de todos sócios.
[65] OLIVEIRA ASCENSÃO (2000), p. 147.
[66] O capital social constitui a primeira – embora não necessariamente a principal – forma de financiamento da sociedade.
[67] Cfr. art. 980º CCiv..

líquido lhe for superior, a sociedade conseguiu gerar riqueza, obteve lucro; se, pelo contrário, lhe for inferior, então a sociedade teve perdas.

É, pois, do confronto entre estes dois valores (capital social e património líquido) que se aferirá da "saúde" da empresa e dos resultados da mesma, nomeadamente da verificação de lucros ou perdas na sua exploração[68].

O capital social revela-se, assim, um "parâmetro" ao qual se recorre para proceder à avaliação que, a cada momento[69], se queira fazer da situação económica da sociedade[70].

3.2.2. A função de garantia

De todas as funções que se lhe atribuem, a função de garantia é de longe considerada, na literatura jurídica, como a função rainha do capital social.

Com ela, quer significar-se que o capital social é um instrumento jurídico destinado à defesa e tutela dos interesses dos credores; o capital social assume-se para os terceiros que lidam com a sociedade, por virtude do seu regime legal, como o garante do pagamento dos seus créditos.

Desse regime jurídico, e ordenado à prossecução da dita função de garantia, destaca-se o princípio da intangibilidade[71]. O capital social, diz-se, é intangível, querendo com isso significar-se que os sócios "não podem tocar" no capital social, i.é, aos sócios não poderão ser atribuídos bens nem valores que sejam necessários à cobertura do capital social. É uma solução que se alcança obstando a que o património líquido da sociedade desça – por virtude da atribuição de bens aos sócios – abaixo do capital social[72].

---

[68] Numa expressiva imagem plástica utilizada por Vivante (1928), p. 192, pode comparar-se o capital nominal a um recipiente medidor de grão, e o património ao próprio grão, o qual tanto pode superar a medida (caso em que haverá lucro), ou não a alcançar (caso em que haverá perda). Ou, empregando ainda uma linguagem figurativa – usada por Garrigues (1947), p. 637, nt. 30 – pode dizer-se que o capital social nominal se assemelha a um dique que vai retendo as águas (os elementos do activo), até que estas superam o dique. Nesse momento, a sociedade gerou lucros que poderão ser então distribuídos aos sócios.

[69] Aquela avaliação deverá ser feita periodicamente – pelo menos uma vez por ano – através da elaboração do balanço. Cfr. art. 62º CCom. e arts. 65º, s., CSC.

[70] Esta função de determinação da situação económica da sociedade é importante para terceiros – o que justifica a sua inclusão, em texto, nas funções *ad extra* do capital social – mas também para os próprios sócios, pelo que igualmente a ela se poderia fazer referência a propósito das funções *ad intra*.

[71] Sobre este princípio vide *infra*, anotação 1. ao art. 32º.

[72] Cfr. a consagração, em termos gerais, deste princípio no art. 32º.

A cifra do capital social funciona, pois, como a linha d'água (ou o círculo imaginário ou invisível, a que se referia Thaller[73]) que, sem identificação de bens concretos, retém no activo bens cujo valor corresponde ao valor do capital social – impedindo, desse modo, a sua devolução aos sócios –, porquanto aqueles bens se destinam precisamente, e para além do mais, a garantir o pagamento dos credores sociais.

Ora, as razões justificativas deste regime prendem-se essencialmente com a tutela dispensada a credores. Com efeito, sobretudo no que tange às sociedades ditas de responsabilidade limitada (*v.g.*, SQ e SA), nas quais os sócios não respondem pelas dívidas societárias, visa-se assegurar que – sempre que se distribuam bens pelos sócios, com a consequente diminuição do activo social e, nessa medida, a redução dos bens afectos ao pagamento dos créditos de terceiros – se mantém no património social[74] uma "almofada" de bens ("*cushion" of assets* [75]), de valor pelo menos idêntico ao capital social. E, com isto, pretende-se fundamentalmente garantir terceiros credores, através da constituição daquele "fundo de garantia" (*Garantiefonds*[76]), prevenindo o risco de insolvência da empresa societária, que poderá resultar ou para o qual poderá contribuir uma distribuição menos judiciosa de bens pelos sócios[77].

O capital desempenha, pois, desta forma, a tal função de garantia para terceiros credores. Importa, porém, aqui fazer duas observações.

A primeira é a de que o capital social apenas poderá ser perspectivado enquanto garantia indirecta ou de segundo grau – na medida em que "bloqueia" ou "retém" uma parte do património social – já que a garantia directa dos credores tem necessariamente que se reconduzir a bens concretos que constem do património social e não a uma mera cifra[78].

A segunda consiste no facto de o capital social, ao contrário do que se chegou a afirmar, não constituir a única garantia dos credores; constitui, isso sim, uma

---

[73] THALLER (1907), p. 194, que escrevia que o capital social constitui "une ligne d'arrêt toute idéale, tracée dans l'actif sans identifier les valeurs précises autour du cercle de la valeur primitive des apports. Dans l'intérieur de ce cercle, la société prend l'engagement de ne pas retirer cet actif et elle le rend indisponible au regard des créanciers, tout ce qui déborde ce cercle demeure disponible, les associés gardant la faculté d'en faire la distribuition entre eux".

[74] No património social líquido, i.é, no activo abatido do passivo.

[75] Cfr. RICKFORD (2006), p. 140. Vide também, em sentido idêntico, CLARK (1986), p. 87, s.. Já Wiedemann utiliza a expressão "almofada para perdas" (*Verlustpolster*). Cfr. WIEDEMANN (1980), p. 557.

[76] Cfr. LEHMANN (1898), p. 169.

[77] Cfr. RICKFORD (2006), p. 139.

[78] Vide o que ficou dito *supra*, no ponto 2.1..

garantia suplementar para os credores. Com efeito, a tutela do capital social tem em vista[79] que do património líquido (i.é, da diferença entre activo e passivo) constem bens de valor, pelo menos, idêntico à cifra do capital. Daí que no património da sociedade devam existir bens que cubram as dívidas sociais e ainda, *suplementarmente*, bens que se destinam à cobertura da cifra do capital social. O capital social constitui-se, pois, como o mínimo[80] de garantia suplementar para os terceiros credores sociais.

Refira-se, porém, que o regime jurídico do capital social não é totalmente idóneo para o desempenho da função de garantia que lhe é atribuída ou, pelo menos, não consegue realizá-la de um modo absolutamente satisfatório, o que levou já alguns ordenamentos jurídicos, nomeadamente nos EUA – onde o instituto foi abolido – a consagrar sistemas alternativos[81].

4. O regime legal
4.1. Elemento do pacto social: cifra estável

O capital social, enquanto elemento essencial das sociedades de capitais, deve necessariamente constar do pacto social (art. 9º, f))[82], o que faz com que ele se assuma como uma cifra fixa[83] – *rectius*, tendencialmente estável[84] –, diferentemente do que sucede com o património social, que é continuamente variável em resultado das vicissitudes da vida empresarial societária.

Com efeito, a obrigatória menção nos estatutos da sociedade faz com que o capital social seja uma cifra tendencialmente estável[85], na medida em que ape-

---

[79] O que nem sempre será conseguido, *v.g.*, numa situação de desequilíbrio financeiro.

[80] É que a garantia dos credores pode ainda ser conseguida, nomeadamente, através de outros bens do activo que se destinem, p. ex., à cobertura das reservas (legais, estatutárias, etc.).

[81] Sobre a questão, pode ver-se TARSO DOMINGUES (2009), p. 564, s.. Vide também, A. MOTA PINTO (2007), p. 837, s..

[82] Sendo que a não determinação do capital social no pacto origina a invalidade do respectivo contrato. Cfr. arts. 41º a 43.

[83] Note-se que o capital social não tem necessariamente de ser uma cifra fixa. Veja-se, p. ex., o regime nas cooperativas, cujo capital é variável, crescendo ou diminuindo nomeadamente em função da admissão, retirada ou exclusão de cooperadores (cfr. art. 18º do Código Cooperativo, aprovado pela L nº 51/96, de 7 de Setembro). De resto, a própria Directiva do Capital, no nº 2 do art. 1º, expressamente admite as chamadas sociedades de investimento de capital variável, as quais não foram, contudo, ainda consagradas no ordenamento jurídico português. Cfr. VENTURA (1981), p. 9.

[84] Uma vez que, afinal, o capital social pode ser alterado, observado que seja o rigoroso regime legalmente previsto para o efeito.

[85] Querendo com esta afirmação sublinhar-se a diferença do capital relativamente ao património social, uma vez que aquele não varia em função das oscilações patrimoniais da sociedade.

nas poderá ser alterada, observado que seja, para além do mais[86], o formalismo próprio, particularmente exigente, previsto para alteração do pacto social – e cuja aplicação *in casu* se compreende, atendendo às funções desempenhadas pelo capital social –, e com o qual se visa acautelar e tutelar interesses, ora dos sócios ora de terceiros.

O interesse dos sócios justifica, efectivamente, certas cautelas na modificação da cifra do capital social, porquanto a sua alteração não lhes é indiferente, já que, por via de regra, os seus direitos corporativos determinam-se em função da respectiva participação naquele. Daí que, para a protecção dos interesses dos sócios, a alteração do capital social passa necessariamente pela intervenção do órgão societário mais importante (a assembleia geral[87]), que, para o efeito, deverá aprovar uma deliberação por maioria qualificada[88], a qual fica sujeita ao regime geral de sindicabilidade das deliberações[89].

Estas considerações só são válidas, porém, para o aumento realizado através de novas entradas (*v.g.*, de novas entradas em dinheiro, costumando na gíria económica falar-se, a este propósito, de entradas com "dinheiro fresco"), porque, tratando-se de aumentos de capital por incorporação de reservas, já as mesmas considerações não colhem. É que neste caso, além de não terem que dispor de qualquer quantia, os sócios conservam, em princípio, inalteradas as

---

[86] É que, quer no caso do aumento, quer sobretudo no da redução do capital social, a lei estabelece outras exigências e requisitos, para além daqueles que coloca para qualquer outra alteração ao pacto social. Pense-se no direito de preferência que, nas sociedades de capitais, é atribuído aos sócios em caso de aumento de capital (vide arts. 266º e 458º, s.); e pense-se, no caso de redução do capital, nos mecanismos legalmente previstos dirigidos à tutela de credores (cfr. arts. 95º e 96º).

[87] Note-se que mesmo nas SA, em que é permitido atribuir a competência ao CA para deliberar um aumento de capital, esta operação passa ainda pela vontade dos sócios que a têm de previamente autorizar estatutariamente (cfr. art. 456º).

[88] Três quartos dos votos correspondentes ao capital nas SQ (art. 265º), dois terços dos votos emitidos nas SA (art. 386º, 3), ou mesmo a unanimidade, como sucede nas SENC (art. 194º). Outra medida importantíssima, quanto à tutela da posição dos sócios, consiste em atribuir-se-lhes – nas sociedades de capitais – um direito de preferência nos aumentos de capital realizados em dinheiro (veja-se, para as SQ, o art. 266º; e, para as SA, os arts. 458º, s.), garantindo-se assim, a cada um que o deseje, a posição relativa que possua no capital social.

[89] Assim, p. ex.,, uma operação de aumento de capital por novas entradas será ilícita, por abusiva (cfr. art. 58º, 1, a)), se não for justificada pelo interesse social, *v.g.*, pelas necessidades de auto-financiamento da sociedade, mas visar exclusivamente causar um prejuízo aos sócios que não concorram ao aumento do capital, com o consequente enfraquecimento da sua posição societária. Esta é, de resto, uma das situações de escola referidas pela doutrina como um caso típico de deliberação abusiva. Cfr., por todos, COUTINHO DE ABREU (1983), p. 171, s.

suas posições relativas[90], pelo que, aparentemente, não fariam sentido, nesta hipótese, quaisquer cuidados com a tutela dos interesses dos sócios. Ainda aqui, no entanto, se justificam certas cautelas. É que, realizado o aumento de capital por incorporação de reservas[91], não poderá depois ser deliberada a sua distribuição aos sócios[92].

Doutra banda, a redução do capital social justifica e determina também a adopção de medidas protectoras, neste caso tendo sobretudo em vista a tutela dos interesses dos credores sociais. Com efeito, esta operação poderá apresentar-se como lesiva para os credores sociais[93], já que poderá implicar, no caso de redução de capital exuberante, a diminuição do fundo patrimonial que para aqueles constitui a garantia de pagamento dos seus créditos. Por estas razões, a lei estabelece igualmente mecanismos que visam acautelar, em caso de redução do capital, a protecção dos credores sociais (cfr. arts. 95º e 96º)[94].

4.2. Expressão obrigatória em euros

A solução de que a cifra do capital social seja necessária e exclusivamente expressa na moeda com curso legal no país é comum na generalidade das legislações que nos são próximas, e com ela visa-se fundamentalmente permitir que os interessados – *v.g.*, credores sociais – possam facilmente ter a percepção do montante investido pelos sócios na sociedade, assim como tornar menos complexo o instituto e de mais simples aplicação a respectiva disciplina jurídica[95].

---

[90] Cfr. art. 92º: por regra, no aumento por incorporação de reservas, o aumento da participação social de cada um será proporcional à parte de que já era titular.

[91] Que não as legais, uma vez que estas nunca poderão ser distribuídas – cfr. art. 296º.

[92] Salvo no caso de uma redução do capital social por exuberância. Sobre este regime, pode ver-se TARSO DOMINGUES (2009), p. 511, s..

[93] Note-se, no entanto, que a redução do capital social pode também atentar contra interesses dos próprios sócios. Pense-se, p. ex., na hipótese de a redução não ser feita proporcionalmente entre todas as participações sociais ou na hipótese do *azzeramento* do capital social.

[94] O CSC – com a redacção que foi dada aos arts. 95º e 96º, pelo DL 8/2007, de 17 de Janeiro – deixou de prescrever a necessidade de autorização judicial para a realização desta operação, qualquer que seja a modalidade que a mesma revista. Anteriormente, a dispensa da autorização do Tribunal apenas estava prevista para o caso de redução do capital social por perdas (cfr. art. 95º, 3, na sua redacção original).

[95] Com efeito, o regime seria bem mais complexo, caso se admitisse que o capital social pudesse, p. ex., ser expresso em diferentes moedas. Na Grã-Bretanha, porém, no caso do "Scandinavian Bank Group plc", o Tribunal considerou válida a deliberação desta *public limited company* de dividir o capital em quatro quotas de moedas diferentes, uma de trinta milhões de libras esterlinas, outra de trinta milhões de dólares americanos, uma terceira de trinta milhões de francos suíços, e finalmente a quarta de trinta milhões de marcos alemães. Cfr. DAVIES (2003), p. 230, nt. 25. Entre nós, na vigência do Código Comercial, Pinto Coelho admitia que o capital social pudesse ser expresso em moeda nacional ou em moeda estrangeira. Cfr. PINTO COELHO (1955-56/56-57), p. 194.

O art. 14º estabelecia, na sua redacção inicial, que o capital social devia ser necessariamente expresso em escudos. O advento da moeda única europeia levou, no entanto, à alteração daquela norma para o seu texto actual (operada pelo DL 343/98, de 6 de Novembro), permitindo assim que – durante o período de transição para a moeda única – pudessem co-existir sociedades com capital social expresso em escudos e em euros.

A partir de 1 de Janeiro de 2002, porém, todas as sociedades passaram obrigatoriamente a ter o capital social fixado em euros (cfr. art. 29º, 1, a) do DL 343/98), verificando-se naquela data uma redenominação automática, por força da lei, dos valores mobiliários ainda expressos em escudos (cfr. art. 14º, 3 do DL 343/98)[96].

4.3. O capital social mínimo

A cifra do capital, necessariamente expressa em euros, que consta do pacto tem de atingir, para certos tipos sociais, um determinado valor mínimo.

Com efeito, o ordenamento jurídico português consagra a exigência de um capital social mínimo para as SQ, para as SA[97] e para as sociedades em comandita por acções[98].

Para os outros dois tipos de sociedades comerciais previstos no CSC já não se estabelece qualquer exigência a este respeito: vide art. 176º[99] para as SENC, e

---

[96] A deliberação de modificação do pacto social que visasse a redenominação do capital social para euros pôde ser aprovada por maioria simples (cfr. art. 17º, 1, a) do DL 343/98), ficando aquela alteração estatutária dispensada de escritura pública, de publicações e de despesas emolumentares (cfr. art. 20º, 1 do referido DL).

Refira-se que a redenominação do capital social em euros origina dificuldades – que serão tanto maiores quanto maior for o número das participações sociais – resultantes do arredondamento dos valores nominais do capital e das diferentes participações sociais. Atento ao problema, o legislador veio – através do DL 339-A/01, de 28 de Dezembro – fixar regras para o caso da redenominação automática, determinando que, quando o valor resultante da soma das participações denominadas em euros não coincidir com o valor do capital social redenominado, teria a sociedade de proceder ao ajustamento da cifra do capital social até 30 de Junho de 2002, sob pena de aplicação do regime estabelecido no CSC para as obrigações de entrada dos sócios (cfr. art. 4º do DL 339-A/01).

Sobre a redenominação do capital social em euros, pode ver-se o ponto 4.10 da Directriz Contabilística nº 21, publicada no DR nº 258, II Série, de 07/11/1997.

[97] A exigência de um capital social mínimo para as SA é imposta pela Directiva do Capital, que estabelece a obrigatoriedade de um capital social, para este tipo societário, de, pelo menos, 25.000€ (cfr. art. 6º da Directiva).

[98] Que devem ter um capital social mínimo de valor idêntico ao exigido para as SA – cfr. art. 478º.

[99] Vide também *supra*, anotação 1. a este artigo.

art. 474º para as sociedades em comandita simples (às quais, por força do referido normativo, se aplica o regime previsto para as SENC).

Para as SQ, o art. 201º estabelece a necessidade de um capital social mínimo no valor de € 5.000, o qual deve estar sempre integralmente liberado no momento da constituição da sociedade (art. 202º, 2).

Para as SA, a lei prevê um capital social mínimo de € 50.000 (art. 276º, 3)[100], o qual – ao contrário do que se prevê para as SQ – não precisa necessariamente de estar integralmente realizado no momento da constituição. Com efeito, se o capital social mínimo for realizado através de entradas em dinheiro – já não assim se o for através de entradas em espécie, uma vez que estas devem estar realizadas até ao momento da constituição da sociedade[101] – apenas é exigível que, até à celebração do contrato de sociedade, esteja realizado 30% do valor do capital social (art. 277º, 2)[102].

Os actuais valores do capital social mínimo exigido para as SQ e SA foram fixados pelo Decreto-Lei nº 343/98, de 6 de Novembro – que veio estabelecer o regime de transição do escudo para o euro –, DL que mais do que dobrou os valores inicialmente fixados pelo CSC, que eram, para as SQ, de Esc. 400.000$00 e, para as SA, de "5.000 contos"[103]. Ou seja, a evolução do ordenamento jurídico português está, nesta matéria, com o tom desafinado, em contra-ciclo com os mais recentes desenvolvimentos que se estão a verificar a nível de direito comparado, inclusivamente no espaço europeu, onde se tem

---

[100] Para alguns sectores de actividade, estabelece-se, porém, a exigência de um capital social mínimo mais elevado, acompanhada normalmente da obrigatoriedade de se adoptar o tipo SA. Vide os arts. 14º, 1, b) e 95º do DL 282/92, de 31 de Dezembro (regime geral das instituições de crédito e sociedades financeiras), e Portaria nº 95/94, de 9 de Fevereiro – diploma que fixa o capital social mínimo para as instituições de crédito e sociedades financeiras –, que estabelece, para os Bancos, a exigência de um capital social mínimo de € 17.457.926,40 ("3,5 milhões de contos"); para o sector segurador, vejam-se os arts. 7º e 40º do DL 94-B/98, de 17 de Abril, que fixa, para as sociedades que pretendam exercer esta actividade, um capital social mínimo de € 2.493.989,49 ("500.000 contos"), o qual poderá ser superior, consoante o ramo de seguros explorado pela empresa.
Note-se que, recentemente, o legislador – através da Portaria nº 1619/2007, de 26 de Dezembro, veio diminuir significativamente o capital social mínimo exigido para as sociedades gestoras de mercados, considerando que "o estabelecimento de requisitos mínimos de capital inicial devem (sic) ser uma medida de regulação do acesso à actividade e apenas subsidiariamente um instrumento de supervisão prudencial" e que, por isso, "não devem ser impostos requisitos que restrinjam de modo desproporcional o acesso à actividade" (cfr. Preâmbulo da mencionada Portaria).
[101] Cfr. art. 26º.
[102] O art. 9º da Segunda Directiva impõe que seja liberado, no momento da constituição, pelo menos 25% do valor das entradas.
[103] Tenha-se presente que a taxa de conversão do escudo para euros foi fixada em 200,482 (cfr. Regulamento CE nº 2866/98 de 31/12).

assistido precisamente ao movimento contrário, de diminuição da cifra do capital social mínimo[104].

Note-se que o CSC, de 1986, mantendo a exigência de um capital social mínimo para as SQ – que foi estabelecida logo na LSQ, de 1901, que introduziu em Portugal este tipo social[105] – consagrou, no entanto, de forma inovadora entre nós, tal exigência para as SA.

Refira-se finalmente, que a realização do capital social mínimo por parte dos sócios pode resultar, quer de entradas em dinheiro, quer de entradas em espécie, já não podendo, porém, o mesmo ser realizado através de entradas em serviços, dado que este tipo de entrada "não é computado no capital social" (cfr. art. 178º, 1)[106].

4.4. O incumprimento das regras relativas ao capital social

Sendo as regras relativas ao capital social aparentemente simples e enxutas, a verdade é que, no caso de incumprimento do respectivo regime, as coisas não se apresentam tão evidentes.

---

[104] Nos EUA, p. ex., o *Model Business Corporation Act* aboliu, desde 1980, qualquer referência ao capital social; na Europa, veja-se, p. ex., o que ocorreu em França, através da "*Loi* nº 2003-721, du 1er août 2003 pour l'initiative économique", em que se deixou de exigir qualquer capital social mínimo para as SARL (cfr. art. 1º da referida lei que veio dar nova redacção ao art. L. 223-2 do *Code de Commerce*) e as soluções propostas pelo *Company Law Review Steering Group*, que no seu Relatório Final elaborado para o Governo do Reino Unido, de Junho 2001 (*Modern company law for a competitive economy*, que se pode ler em <http://www.dti.gov.uk/cld/final_report/index.htm>), propõe que – assim que a Directiva do Capital o permita – seja eliminada a noção de valor nominal das acções nas *private* e *public companies* (cfr. p. 219). Na Alemanha, a solução aprovada pela *MoMiG* – lei publicada em 28 de Outubro de 2008 e que entrou em vigor em 1 de Novembro de 2008 – que procedeu à mais profunda reforma da *GmbHG* de que há memória, é uma solução elegante e equilibrada para os interesses em confronto a este propósito: propõe-se ali a inexistência inicial de um capital social mínimo, o qual, porém, deverá ser gradualmente aumentado, com os lucros da sociedade, até ao mínimo fixado na lei (que é, no caso, de € 25.000). Ao nível da União Europeia, veja-se o caminho apontado pela Comunicação da Comissão ao Conselho e ao Parlamento Europeu, de 21/05/2003, com o título "Modernizar o direito das sociedades e reforçar o governo das sociedades na União Europeia – Uma estratégia de futuro", referenciada como "COM/2003/0284 final", que basicamente acolhe as propostas do Relatório *Winter*, bem como a Proposta de Regulamento sobre a *Societas Privata Europae*, onde se admite, para este tipo societário, que o capital social seja apenas de um euro.

[105] Na LSQ, de 1901, a cifra do capital social mínimo foi fixada em Esc. 5.000$00. Note-se, no entanto, que – como reconhece o próprio legislador no nº 20 do Preâmbulo do DL 262/86, de 2 de Setembro, que aprovou o CSC – a actualização efectuada com o CSC daquela cifra para Esc. 400.000$00, "sendo embora igual a oito vezes o mínimo actual [o valor inicial fora, entretanto, alterado para Esc. 50.000$00 pelo DL nº 43.843 de 5 de Agosto de 1961] está longe de corresponder, em termos reais, aos 5.000$00 exigidos na versão original da Lei de 11 de Abril de 1901".

[106] Note-se que a advertência feita em texto de que o capital social mínimo não pode ser realizado através de entradas em indústria apenas cobra sentido para as sociedades em comandita, uma vez que nas SQ e nas SA este tipo de entrada é inadmissível (cfr. respectivamente arts. 202º, 1 e 277º, 1).

Há aqui, por um lado, que ter em consideração duas categorias diferentes de sociedades (as sociedades de capitais[107] e as sociedades de pessoas[108]) e, por outro, dois momentos distintos (antes e depois do registo do contrato de sociedade), uma vez que, o nosso legislador – em conformidade com o disposto no art. 11º da Primeira Directiva sobre sociedades[109] – estabeleceu, para as ditas sociedades de capitais[110], um *numerus clausus* das causas que, após o registo, podem determinar a invalidade do contrato de sociedade[111]. As razões justificativas destas restrições relativas à nulidade do contrato de sociedade prendem-se com a tutela de terceiros (*v.g.*, credores) e dos próprios sócios, constituindo uma condição necessária para – conforme se pode ler no Considerando 6 da Primeira Directiva – "garantir a segurança jurídica tanto nas relações entre a sociedade e terceiros, como entre os sócios".

4.4.1. O período anterior ao registo do acto constitutivo

Apesar de a Primeira Directiva não ter estabelecido o registo como marco distintivo no regime da invalidade do contrato de sociedade[112], o legislador português consagrou, no entanto, as restrições impostas por aquela disposição comunitária apenas a partir do momento do registo. Deve sublinhar-se que – após a reforma do nosso direito societário, operada pelo DL 76-A/2006, de 29 de Março, que, entre outras alterações, eliminou a necessidade de escritura pública para a constituição de sociedades[113] – o risco de serem constituídas sociedades comerciais com vícios ou irregularidades cresceu exponencialmente, uma vez que deixou de existir o controle de legalidade que era efectuado pelo notário, pelo que se justificará cada vez mais dispensar atenção ao regime da nulidade societária

---

[107] Onde incluímos as SQ, SA e SC por acções.
[108] Onde se compreendem as SENC e as SC simples.
[109] Primeira Directiva sobre sociedades: Directiva do Conselho nº 68/151/CEE, de 9 de Março de 1968, publicada no JOCE nº L 65/8, de 14 de Março de 1968, que abrange, no direito português, precisamente as SA, SQ e as SC por acções. O art. 11º, 2, da Primeira Directiva expressamente estabelece que "a invalidade apenas pode ser reconhecida", de acordo com os fundamentos naquela norma previstos – e que se encontram consagrados, entre nós, no mencionado art. 42º –, acrescentando que "fora destes casos de invalidade, as sociedades não podem ser declaradas nulas, nem ficam sujeitas a qualquer outra causa de inexistência, de nulidade absoluta, de nulidade relativa ou de anulabilidade".
[110] Cfr. art. 42º. O regime é diferente para as sociedades de pessoas – vide art. 43º.
[111] Sobre o processo de constituição da sociedade, veja-se M. ELISABETE RAMOS (2008), p. 39, s..
[112] No sentido de que a disciplina do art. 11º se deveria também aplicar às sociedades não registadas, vide VENTURA (1981ª), p. 85, s.
[113] Vide redacção actual do art. 7º.

(sobretudo para o período anterior ao registo, uma vez que, com a realização deste, o contrato passa já por um crivo de legalidade a efectuar pelo conservador).

No período anterior ao registo, são aplicáveis ao contrato de sociedade comercial – qualquer que seja o tipo social – as regras gerais relativas aos negócios jurídicos nulos ou anuláveis (cfr. art. 41º[114]).

Ora, não há dúvidas que as estipulações legais referentes ao capital social têm carácter imperativo, pelo que a falta de menção do capital social (seja a referência ao capital mínimo legalmente exigível, seja a referência a um capital social mais elevado, que os contratentes tenham convencionado) determinará sempre a invalidade do contrato[115]. A esta falta deverá ainda equiparar-se, antes do registo, qualquer irregularidade – uma vez que também ela consubstanciará a violação de normas imperativas – na menção relativa ao capital social (v.g., a referência a um capital social mínimo inferior ao legalmente previsto, a indicação de um capital social em moeda estrangeira, etc.).

Questão de particular importância que aqui se levanta – até pela responsabilidade pessoal que daí pode advir para os sócios[116] – é a de saber se os vícios que determinam a invalidade poderão ser, neste período, sanados e, nessa medida, regularizado o acto constitutivo da sociedade. Porque os interesses em causa (a tutela de terceiros e dos sócios) – seja antes, seja depois do registo –, são idênticos e porque a lei claramente consagra um regime favorável e protector da sociedade viciada, parece-nos que os vícios que são sanáveis depois do registo[117], o deverão também ser antes do mesmo ter sido efectuado.

A sanação do vício deverá ser efectuada de forma idêntica à prevista para o efeito depois de realizado o registo, ou seja, mediante deliberação "tomada nos termos estabelecidos para as deliberações sobre alteração do contrato" (cfr. arts. 42º, 2 e 43º, 3)[118], devendo igualmente considerar-se aplicável o disposto na parte final do nº 1 do art. 44º: a acção de invalidade não deverá ser proposta antes de decorridos 90 dias sobre a interpelação da sociedade para sanar o vício.

---

[114] Importará, aqui, atender fundamentalmente às normas dos arts. 220º; 240º a 257º; 280º a 284º; e 285º a 294º, CCiv.. Cfr. BRITO CORREIA, (1989), p. 198.

[115] Cfr. art. 294º CCiv..

[116] Vide *infra*, ponto seguinte.

[117] Veja-se, para a sociedade de capitais, o art. 42º, 2 e, para as sociedades de pessoas, o art. 43º, 3. E igual solução deverá valer para as irregularidades que, com o registo, deixam de ser juridicamente relevantes. Vide *infra*, ponto seguinte.

[118] A solução da lei destina-se a evitar que "a teimosia de algum sócio impeça a sanação, como aconteceria no caso de ser exigida a unanimidade". Assim, VENTURA (1981ª), p. 96.

Note-se, no entanto, que, com a ressalva referida, o regime do art. 44º, que consagra um regime particular para a nulidade do contrato de sociedade[119], apenas se deve considerar aplicável à invalidade das sociedades cujo contrato esteja registado[120]. É essa a solução que resulta, desde logo, da inserção sistemática daquela norma que se encontra localizada a seguir a duas outras (arts. 42º e 43º) que respeitam a sociedades registadas; mas também porque essa é a solução que resulta claramente do art. 41º, que expressamente estabelece a aplicação do regime geral à invalidade do contrato que não se encontre definitivamente registado, ressalvando-se ali apenas o regime do art. 52º (e já não o disposto no art. 44º).

Assim, exceptuado o disposto no art. 44º, 1, *in fine*, à sociedade não registada deverá aplicar-se o regime geral das invalidades, salvo quanto aos seus efeitos, dado que – uma vez mais em atenção à tutela da confiança de terceiros e dos próprios sócios, que se persegue em matéria societária – a lei expressamente determina que as consequências da invalidade, mesmo para uma sociedade não registada, sejam as previstas na legislação societária (no art. 52º)[121].

4.4.2. O período após o registo do acto constitutivo

O regime da invalidade do contrato de sociedade torna-se absolutamente distinto, por força das disposições comunitárias a que atrás fizemos referência, nas sociedades de capitais e nas sociedades de pessoas, depois do registo.

Assim, no que tange às sociedades de pessoas, de acordo com o disposto no art. 43º, a falta ou a nulidade da referência ao capital social determinam igualmente, mesmo depois do registo, a invalidade do contrato. Trata-se, no entanto, aqui, de um vício "menor", porquanto ele é sanável por deliberação dos sócios (cfr. art. 43º, 3), não sendo possível sequer intentar a acção destinada a obter a declaração de nulidade do contrato, sem que antes a sociedade seja interpelada para – no prazo de 90 dias – corrigir o erro (cfr. art. 44º, 1, *in fine*).

É já completamente diferente, a este propósito, o regime previsto para as sociedades de capitais, relativamente às quais, de acordo com o disposto no art. 42º, só uma das causas taxativamente previstas nesta norma poderá originar a nulidade do contrato de sociedade, após o registo.

---

[119] Que se afasta significativamente do regime geral.
[120] Assim, BRITO CORREIA (1989), p. 207, nt. 93, reconhecendo embora ser o ponto duvidoso.
[121] Cfr. a ressalva relativa à aplicação do art. 52º, na parte final do nº 1 do art. 41º.

Diga-se, no entanto, que não será fácil que alguma das situações referidas no art. 42º[122] possa verificar-se depois do registo da sociedade, atento o controle de legalidade por parte do conservador, a que é submetido o contrato de sociedade[123].

Em todo o caso, verificando-se após o registo uma das situações previstas no art. 42º, o contrato de sociedade é nulo.

Ora, uma das causas de nulidade ali previstas é precisamente a "falta de menção (...) do capital da sociedade" (cfr. al. b) da norma referida). Significa isto que, se do contrato de sociedade não constar qualquer referência ao capital social (seja o capital social mínimo legalmente exigível ou outro de valor superior em que os sócios tenham acordado), tal falta determinará a nulidade do contrato[124-125]. E a importância reconhecida a este elemento é de tal ordem, que a sua falta não constitui sequer um vício sanável, como o são outros vícios (expressamente referidos no art. 42º, 2). É um regime que efectivamente só se compreende, pelo carácter essencial e estrutural que é atribuído à figura do capital social.

Problema distinto é o de saber qual a consequência para o caso de o contrato fazer referência ao capital social, mas em que esta menção é feita de forma irregular, p. ex., referindo-o em moeda estrangeira, ou em diferentes moedas, ou fixando um valor inferior ao mínimo legalmente exigível.

O propósito claro e expresso da Primeira Directiva[126] foi o de restringir e estatuir um *numerus clausus*, uma enumeração rigorosamente taxativa das causas de

---

[122] Com excepção porventura da causa prevista na al. d) do nº 1 do art. 42º.

[123] Uma vez que, sendo o acto constitutivo da sociedade objecto de registo por transcrição (art. 53º-A CRCom.), deverá o conservador proceder a uma apreciação da validade do acto a registar (art. 47º CRCom.), e recusar o registo quando o mesmo enfermar de "manifesta nulidade" (art. 48º, 1, d) CRCom.). Note-se que tal circunstância seria ainda mais difícil de verificar antes da reforma do direito societário operada pelo DL 76-A/2006, de 29 de Março – que, entre outras alterações, aboliu a necessidade de escritura pública para a constituição de uma sociedade comercial –, uma vez que o contrato de sociedade estava sujeito a um duplo controle de legalidade (por parte do notário e do conservador).

[124] Já não é exacta a posição de LABAREDA (1998), p. 14, s., para quem a falta de indicação no contrato social do valor nominal das acções determina também, ao abrigo do art. 42º, 1, b) a nulidade do contrato de sociedade. Com efeito, a causa de nulidade é a omissão do "valor da entrada do sócio". Ora, ainda que do contrato não conste o valor nominal das acções, pode nele indicar-se o valor da entrada que cada sócio realizou.

[125] Deve ter-se, contudo, presente que o regime da nulidade aplicável às sociedades comerciais registadas é um regime bem menos severo e exigente que o regime geral da nulidade (cfr. art. 52º).

[126] As sociedades não poderão ser declaradas inválidas fora dos casos ali previstos (cfr. art. 11º, 2 daquele instrumento jurídico).

invalidade do contrato de sociedade. Donde, não estando a irregularidade ou nulidade da menção relativa ao capital social prevista no art. 11º daquela Directiva[127], não deverá ela ser considerada como causa de invalidade do contrato de sociedade após o registo do mesmo; i.é, em princípio, esta sanção deverá ficar exclusivamente reservada para a omissão total, para a falta de qualquer referência ao capital social.

O problema que agora nos ocupa requer, porém, entre nós, uma análise mais fina no que concerne à referência de um capital social inferior ao mínimo legalmente exigido, porquanto o disposto na alínea b) do nº 1 do art. 42º, respeitante à omissão da referência ao capital social tem que ser conjugado com o estatuído na al. d) do mesmo normativo, que – transpondo para o direito interno o art. 11º, 2, d) da Primeira Directiva – estabelece como causa de nulidade da sociedade a "falta de cumprimento dos preceitos legais que exigem a liberação mínima do capital social".

Daqui decorre que, se numa SQ, se fixar nos estatutos um capital social inferior a € 5.000, verificar-se-á, mesmo após o registo, uma causa de nulidade da sociedade, não devido a uma irregularidade na menção do capital social, mas porque do pacto resulta, de forma manifesta, que não foi cumprida a exigência de liberação mínima do capital que neste tipo de sociedade terá, como vimos, de corresponder necessariamente ao valor de € 5.000 (cfr. art. 202º, 2)[128].

Diferentemente se passarão as coisas, se se tratar de uma SA. Com efeito, a liberação mínima exigida neste tipo de sociedade é apenas de 30% do valor do capital (art. 277º, 2), pelo que situação paralela à que acima se referiu para a SQ apenas se verificará, quando do pacto conste um capital social inferior € 15.000[129]. Daí que, se dos estatutos de uma SA constar um capital social inferior ao mínimo legal (€ 50.000), mas superior a € 15.000, estaremos perante

---

[127] O art. 11º, 2, b) apenas prevê como causa de invalidade "a omissão , no acto constitutivo ou nos estatutos, de indicação relativa (...) ao montante total do capital subscrito".
[128] Tratando-se de um caso de nulidade, que não é sequer sanável (cfr. art. 42º, 2), deverá, nesta hipótese, o conservador recusar o registo do acto de constituição da sociedade (cfr. *supra*, nt. 123).
[129] Montante correspondente a 30% do capital social mínimo exigido por lei para este tipo de sociedade (cfr. art. 276º, 2).

uma irregularidade na menção do capital social que, porém, não determinará – após o registo – a nulidade do contrato de sociedade[130]-[131].

Note-se, finalmente, que sobre os fundadores poderá recair uma responsabilidade perante a sociedade por todos os danos causados resultantes do incumprimento das regras relativas ao capital social mínimo (cfr. art. 71º, 3).

---

[130] Aceitando que esta possa ser a solução da nossa lei, vide Osório de Castro (1998), p. 292, s. Este A. considera, no entanto, que, ainda que não seja liberada a percentagem mínima das entradas em dinheiro legalmente fixada (30% ou 50%, consoante se trate de SA ou SQ), verificar-se-á apenas um retardamento, uma situação de mora e não um incumprimento definitivo das regras relativas à liberação do capital social mínimo, pelo que aquele vício não determinará a nulidade do contrato de sociedade. Cfr. Osório de Castro (1998), p. 294, s..

[131] Nesta hipótese – a fim de obviar a que possa uma SA, depois de registada, manter indefinidamente um capital social inferior ao mínimo legalmente exigido –, será de aplicar o disposto no nº 6 do art. 533º (introduzido pela reforma operada pelo DL 76-A/2006): a sociedade terá um prazo de três anos para adaptar o seu capital social ao mínimo legalmente exigido (art. 533º, 1), sob pena de dever ser oficiosamente dissolvida (arts. 533º, 4 e 143º). A figura dissolução oficiosa, a que alude o art. 143º CSC, foi criada com a reforma do CSC de 2006 e o respectivo regime consta do RJPADL, publicado como Anexo III ao referido DL 76-A/2006.

ARTIGO 15º
Duração

1. A sociedade dura por tempo indeterminado se a sua duração não for estabelecida no contrato.

2. A duração da sociedade fixada no contrato só pode ser aumentada por deliberação tomada antes de esse prazo ter terminado; depois deste facto, a prorrogação da sociedade dissolvida só pode ser deliberada nos termos do artigo 161º.

Índice

1. O princípio supletivo de duração indeterminada e a excepção convencionada de duração da sociedade
2. A alteração da duração expressa no acto constituinte da sociedade antes do prazo: 1ª parte do art. 15º, 2
3. A "prorrogação" da sociedade depois do prazo: 2ª parte do art. 15º, 2

Bibliografia
Citada:

ABREU, J. M. COUTINHO DE – *Curso de direito comercial*, vol. II, *Das sociedades*, 3ª ed., Almedina, Coimbra, 2009; ANDRADE, MANUEL DE – *Teoria geral da relação jurídica*, vol. II, *Facto jurídico, em especial negócio jurídico*, Almedina, Coimbra, 1992; ANTUNES, JOSÉ ENGRÁCIA – *Direito das sociedades*, ed. do A., 2010; CORDEIRO, ANTÓNIO MENEZES – *Manual de direito das sociedades*, I volume. *Das sociedades em geral*, 2ª ed., Almedina, Coimbra, 2007; CORREIA, A. A. FERRER – *Lições de direito comercial*, vol. II (c/ colab. de V. Lobo Xavier, M. Henrique Mesquita, J. M. Sampaio Cabral e António A. Caeiro), ed. copiogr., Coimbra, 1968; CORREIA, LUÍS BRITO – *Direito comercial*, 1º volume, AAFDL, Lisboa, 1981/82, *Direito comercial*, 2º volume, *Sociedades comerciais*, AAFDL, Lisboa, 1989 (3ª tiragem 1997); FURTADO, JORGE PINTO, *Comentário ao Código das Sociedades Comerciais (Artigos 1º a 19º). Âmbito de aplicação. Personalidade e capacidade. Celebração do contrato e registo*, Almedina, Coimbra, 2009; LEITÃO, ADELAIDE MENEZES/BRITO, JOSÉ ALVES DE – *Código das Sociedades Comerciais anotado* (coord. de A. Menezes Cordeiro), Almedina, Coimbra, 2009, art. 15º; MATOS, ALBINO – *Constituição de sociedades. Teoria e prática, formulário*, 5ª ed., Almedina, Coimbra, 2001; NETO, ABÍLIO, *Código das Sociedades Comerciais. Jurisprudência e doutrina*, 2ª ed., Ediforum, Lisboa, 2003, art. 15º, p. 122-123; PINTO, CARLOS MOTA – *Teoria geral do direito civil*, 4ª ed. (por A. Pinto Monteiro/P. Mota Pinto), Coimbra Editora, Coimbra, 2005; VASCONCELOS, PEDRO PAIS DE – *Teoria geral do direito civil*, 5ª ed., Almedina, Coimbra, 2008; VEN-

TURA, RAÚL – "Duração e prorrogação da sociedade", SI, tomo XXVI, 1977, p. 44-68, *Dissolução e liquidação de sociedades. Comentário ao Código das Sociedades Comerciais*, Almedina, Coimbra, 1993.

1. O princípio supletivo de duração indeterminada e a excepção convencionada de duração temporal

O nº 1 do art. 15º indica que a sociedade comercial, por princípio, não está submetida a durar por um período de tempo previamente determinado pelo sócio ou pelos sócios. Este princípio de *duração indeterminada* é supletivo, já que pode ser afastado por convenção expressa no acto constitutivo da sociedade. De modo que o preceito confirma a susceptibilidade de "aposição de termo final ao contrato de sociedade", tendo em conta que "aos sócios pode interessar que a sua vinculação contratual seja limitada no tempo e nenhum interesse público se opõe a essa consagração da vontade dos interessados"[1].

Daqui resulta que não é obrigatória a redacção de cláusula que confirme a regra supletiva, já que, sendo inequivocamente lícita a duração ilimitada, ela decorre automaticamente da lei – essa cláusula será supérflua e irrelevante na produção de efeitos a que tende o estatuto social[2]. Aliás, a duração da sociedade não é uma das menções obrigatórias gerais previstas no art. 9º, 1, sendo que a omissão permitida legalmente acaba por ser a tradução da opção dos sócios em fazer durar a sociedade sem qualquer limite temporal[3]. Neste caso, a sociedade só virá a extinguir-se supervenientemente se se verificar causa de dissolução e posterior liquidação.

A essas causas de dissolução junta-se precisamente o "decurso do prazo fixado no contrato" (art. 141º, 1, *a*), CSC, onde se regulam as causas de dissolução *imediata* ou *automática*)[4]. O que significa que, se não for fixada duração, aplicam-se à sociedade todas as causas de dissolução, excepto a prevista no art. 141º, 1, *a*); se for fixada duração, a sociedade dissolve-se necessariamente pelo esgotamento do prazo, para além de, antes desse esgotamento ou concomitantemente, ocorrer outra causa de dissolução[5] (o que será em especial impor-

---

[1] RAÚL VENTURA (1993), p. 46.
[2] Neste sentido, RAÚL VENTURA (1977), p. 45-46, 48, (1993), p. 47, ABÍLIO NETO (2003), p. 123.
[3] PINTO FURTADO (2009), p. 443-444.
[4] Para as sociedades civis, v. o art. 1007º, *b*), do CCiv..
[5] Sobre o possível cúmulo de causas de dissolução, v. RAÚL VENTURA (1993), p. 39-40.

tante para a circunstância de prorrogação temporal da sociedade, atendida pelo art. 15º, 2, 2ª parte).

Essa fixação de uma *cláusula de duração* é permitida pela 2ª parte do art. 15º, 1, que assim se assume como norma *habilitante dispositiva* nos termos do art. 9º, 3, do CSC[6]. A duração, como "elemento facultativo supletivo" dos estatutos[7], pode ser estipulada através de termo final certo (*dies certus an certus quando*), seja em tempo fixo seja em tempo móvel – "a sociedade dura até ao dia tal", "a sociedade durará X anos" –, em que o facto extintivo comporta a data da sua verificação.[8] Igualmente se deve admitir a estipulação de termo final incerto (*dies certus an incertus quando*)[9], em que o facto é igualmente determinado (logo, certo em si mesmo) mas o momento da sua verificação está por apurar (logo, incerto) – a realização da finalidade (p. ex., uma obra ou uma construção) a que se dirige a actividade-objecto da sociedade[10], o falecimento de um ou mais sócios, etc.[11] Como a convenção tem que assumir uma duração máxima *especificada* no que toca ao *dies ad quem*[12], não será admissível a aponibilidade de uma condição resolutiva[13], em que a duração da sociedade ficasse subordinada a um acontecimento futuro e incerto: a saída de um administrador, a exclusão de um

---

[6] COUTINHO DE ABREU (2009), p. 115 e s. (também quanto ao alcance do nº 3 do art. 9º: as normas não imperativas do CSC são afastadas pelo acto constituinte ou por deliberação dos sócios se para isso houver expressa autorização estatutária). Cfr. ainda a anotação ao art. 9º, ponto 4..

[7] ENGRÁCIA ANTUNES (2010), p. 180.

[8] Só aqui, para RAÚL VENTURA (1993), p. 48, 57-58, seguido por ALBINO MATOS (2001), nt. 173 – p. 93, se poderia falar tecnicamente de "prazo" (neste sentido, PAIS DE VASCONCELOS (2008), p. 616). Porém, também por "prazo" se pode entender genericamente o "período de tempo que decorre entre a realização do negócio e a ocorrência do termo": MOTA PINTO (2005), p. 579.

[9] Ou "condição [imprópria] necessária": MANUEL DE ANDRADE (1992), p. 358.

[10] Isto é, sociedades que se dedicam à realização de um acto final singular que é suficientemente complexo para o exercício da "actividade económica" pressuposto para a constituição de uma sociedade. Excluem-se as sociedades chamadas de "momentâneas" ou "ocasionais", às quais falta essa complexidade que implica, nomeadamente, a criação e administração de um fundo comum e a organização jurídica do ente societário. Sobre o tema, v. FERRER CORREIA (1968), p. 10-11, BRITO CORREIA (1997), p. 18-19, OLIVEIRA ASCENSÃO (2000), p. 18-19, COUTINHO DE ABREU (2009), p. 9-10 e nt. 20. Diferentemente, PINTO FURTADO (2009), p. 444-445 (e 60, s.). Porém, não é o mesmo fazer corresponder a duração da sociedade pura e simplesmente à duração do seu objecto: com mais detalhe, RAÚL VENTURA (1977), p. 47.

[11] V. RAÚL VENTURA (1977), p. 46-47, (1993), p. 48, ALBINO MATOS (2001), p. 93, PINTO FURTADO (2009), p. 444, COUTINHO DE ABREU (2009), p. 116, MENEZES CORDEIRO (2007), p. 465. A propósito, Raúl Ventura e Menezes Cordeiro afastam a previsão de eventos incertos *an* e *quando* (que o último Autor traduz como característica da "sociedade condicional").

[12] RAÚL VENTURA (1977), p. 46-47.

[13] Admitida por ADELAIDE MENEZES LEITÃO/ALVES DE BRITO (2009), p. 117.

ou mais sócios previamente definidos, a não realização das entradas convencionadas, etc.[14]

2. A alteração da duração expressa no acto constituinte da sociedade antes do prazo: 1ª parte do art. 15º, 2

Na hipótese de duração da sociedade ficar determinada nos estatutos, a alteração dessa cláusula é permitida se houver deliberação dos sócios nesse sentido, desde que tomada *antes de o prazo de duração se ter verificado*. Esta é a regra que encontramos na 1ª parte do nº 2 do art. 15º. A lei refere-se ao *aumento da duração da sociedade*; todavia, deveria ter-se referido à *modificação da cláusula estatutária de duração da sociedade*. Isto porque: a) nem sempre estará em causa uma efectiva extensão do período de vigência da sociedade, desde logo nas situações em que o termo resolutivo é incerto e somente é alterado o facto do qual depende a duração da sociedade (p. ex., em vez do falecimento do sócio A, passa a prever-se o falecimento dos sócios B e C); b) a duração inicial da sociedade (ou a que resultou de modificações posteriores) pode ser objecto de *encurtamento*[15], particularmente nas situações de estipulação de um termo certo; c) a duração da sociedade pode ser *eliminada*. Parece que as duas primeiras situações se podem ainda integrar no âmbito de aplicação do art. 15º, 2, 1ª parte, ficando por isso submetidas ao seu regime – nomeadamente a necessidade de a alteração estatutária ser promovida antes de verificado o prazo clausulado[16]. A terceira delas, tratada como qualquer modificação do contrato, significa que se aplica a regra supletiva e a sociedade passa a durar por tempo indeterminado.

O art. 15º, 2, 1ª parte, preocupa-se em tutelar a confiança de terceiros, cientes da objectivação da duração da sociedade com que se relacionam. Daí, desde logo, "a preocupação legal de só permitir a alteração desse ponto antes de o prazo de duração ter sido alcançado"[17]. Quanto ao mais, estas alterações estão sujeitas às regras gerais determinadas no art. 85º e aos preceitos específicos para cada um dos tipos sociais, bem como ficam sujeitas a registo e publicação obrigatórios (arts. 3º, 1, *r*), 15º, 1, e 70º, 1, *a*), e 14º, 2, do CRCom., e 168º, 1 e 2, do CSC).

---

[14] Neste sentido, RAÚL VENTURA (1977), p. 47 ("visto que a incerteza do *se* absorve a consideração do *quando*"), MENEZES CORDEIRO (2007), p. 465.
[15] RAÚL VENTURA (1977), p. 49, ABÍLIO NETO (2003), p. 123.
[16] Este requisito estaria sempre implícito na situação de encurtamento da duração da sociedade.
[17] MENEZES CORDEIRO (2007), p. 465. Também ADELAIDE MENEZES LEITÃO/ALVES DE BRITO (2009), p. 118.

3. A "prorrogação" da sociedade depois do prazo: 2ª parte do art. 15º, 2

Na 2ª parte do art. 15º, 2, o CSC trata da "prorrogação" da sociedade – o alargamento da duração da sociedade *depois de ter ocorrido o prazo contratual para que remetia a duração da sociedade*. Este acto está submetido a um regime diferente dos actos que se integram na 1ª parte: uma vez que, verificado o prazo contratualmente previsto, a sociedade se considera dissolvida, a continuação da sociedade só pode ser feita de acordo com deliberação tomada de acordo com o art. 161º do CSC (que regula o "regresso à actividade" da sociedade em liquidação)[18]. A "prorrogação" actua, pois, sobre uma sociedade dissolvida – que, tendo estado dissolvida, deixará de estar dissolvida – e durante a fase da liquidação, derivada da dissolução, colocando fim a essa liquidação com efeitos *ex nunc*[19]. Ou seja, um regime que não coincide com a regulamentação das alterações do contrato de sociedade.[20]

Isto não significa que se coloque de lado a possibilidade de a lei, para além do art. 15º, ter usado a "prorrogação" num *sentido amplo*. No art. 15º, tudo indica que o conceito é aludido *restritivamente*; noutros preceitos pode não ser assim, uma vez que pode compreender *extensivamente* ainda o alargamento anterior ao decurso do prazo estatutário ou ambos os alargamentos.

Uma das normas que é susceptível de análise sob esse prisma é o art. 240º, 1, *a)*, que atribui ao sócio quotista *expressamente discordante* o direito de se exonerar da sociedade quando, "contra o voto expresso daquele", "a sociedade deliberar (...) a prorrogação da sociedade..."[21]. Raúl Ventura entendeu que a prorrogação aqui designa a extensão do prazo contratual *antes de este ter expirado* – isto é, no

---

[18] Este preceito torna de efeito inútil a cláusula estatutária que, afora determinar um "prazo" de duração, preveja a possibilidade de a sociedade ser prorrogada para além do prazo estipulado, pois essa continuação fica dependente do *acto de prorrogação* previsto na lei. Quando muito, essa cláusula poderá colocar requisitos adicionais ao acto de prorrogação, nos limites do respeito pelo art. 161º. V. RAÚL VENTURA (1977), p. 48-49, (1993), p. 49, ALBINO MATOS (2001), p. 93-94.
[19] RAÚL VENTURA (1977), p. 55, (1993), p. 457.
[20] No sentido do texto, RAÚL VENTURA (1977), p. 51, que, antes do CSC e tendo igualmente como critério a "diversidade de regimes", distinguia a "prorrogação" em sentido estrito e técnico da "modificação do prazo", pois neste caso o contrato era alterado antes de o prazo ter decorrido – favorável, BRITO CORREIA (1981/1982), p. 773-775. Não obstante, PINTO FURTADO (2009), p. 445-446, inclui na "prorrogação" o alargamento anterior ao prazo, ou seja, a hipótese prevista na 1ª parte do art. 15º, 2.
[21] No mesmo contexto de protecção dos interesses dos sócios em não se manterem na sociedade que continua para além da duração prevista nos estatutos, v., nas sociedades em nome colectivo, o art. 185º, 1, *a)*: "Todo o sócio tem o direito de se exonerar da sociedade (...) se não estiver fixada no contrato a duração da sociedade ou *se esta tiver sido constituída por toda a vida de um sócio ou por período superior a 30 anos, desde que aquele que se exonerar seja sócio há, pelo menos, 10 anos*".

sentido do art. 15º, 2, 1ª parte. Argumentava: "deve notar-se que a mesma alínea concede o mesmo direito no caso de a sociedade deliberar o regresso à actividade dissolvida. Ora, (...) esta última deliberação abrange os casos em que, expirado o prazo, os sócios estabelecem novo prazo; logo, a «prorrogação da sociedade», distinta do regresso da sociedade dissolvida à actividade normal, só pode ser a deliberação de alargamento do prazo contratual, antes de este ter expirado"[22]. É uma interpretação possível, mas sempre dependente da falta de autonomia da prorrogação em face do "regresso à actividade dissolvida". É discutível que a remissão do art. 15º, 2, para o art. 161º subsuma pura e simplesmente a prorrogação no instituto da dissolução e liquidação; talvez mais razoável seja compreender a exoneração *para ambos os sentidos possíveis da prorrogação*, em nome, ademais, do interesse dos sócios em "revoltarem-se" contra a imposição de *qualquer forma* de alargamento do seu vínculo[23]. Também assim porventura será mais razoável quando nos confrontamos com o art. 3º, 1, *r*), do CRCom.: este parece fazer uso de um conceito amplo de "prorrogação"; o que é, diga-se, indiferente para a estatuição registal, pois no mesmo preceito se abrange toda e qualquer alteração ao contrato de sociedade, o que sempre integraria a modificação da cláusula de duração, prevista no art. 15º, 2, 1ª parte.[24]

A deliberação de prorrogação prevista no art. 15º, 2, 2ª parte, tem que obedecer aos *pressupostos de licitude* do art. 161º, n.ºs 2 e 3: (i) a maioria exigida para deliberar, nos termos do nº 2; (ii) não pode ser tomada antes de o passivo ser liquidado, nos termos do art. 154º, exceptuados os créditos cujo reembolso na liquidação for dispensado expressamente pelos respectivos titulares; (iii) não pode ser tomada enquanto subsistir outra causa de dissolução (seja qual for a sua fonte e modo de funcionamento), quer tenha existido à data da dissolução pelo decurso do prazo, quer tenha ocorrido depois do decurso do prazo[25], podendo a deliberação de prorrogação "tomar as providências necessárias para fazer cessar" a causa de dissolução cumulativa e, assim, evitar que qualquer

---

[22] RAÚL VENTURA (1993), p. 51-52, 53 (em complemento, p. 448). V. ainda RAÚL VENTURA (1977), p. 55.
[23] Sobre este interesse, v. RAÚL VENTURA (1977), p. 53, s., 57, (1993), p. 52.
Num outro caso de possibilidade de exoneração – a admitida pelo art. 161º, 5 ("Se a deliberação for tomada depois de iniciada a partilha, pode exonerar-se da sociedade o sócio cuja participação fique relevantemente reduzida em relação à que, no conjunto, anteriormente detinha, recebendo a parte que pela partilha lhe caberia."), em virtude da remissão operada pelo art. 15º, 2, 2ª parte –, voltamos a ter a prorrogação da sociedade depois de esgotado o prazo.
[24] Ao invés, no art. 1008º do CCiv., a "prorrogação" de sociedade civil dissolvida pelo "decurso do prazo fixado no contrato" (expressa ou tacitamente) é entendida em sentido restrito.
[25] Desde logo, v., antes do CSC, RAÚL VENTURA (1977), p. 56, BRITO CORREIA (1981/82), p. 777-778.

outra causa mantenha a sociedade dissolvida ou dissolva a sociedade (n° 4, 1ª parte)[26]; (iv) não pode ser tomada se o saldo de liquidação não cobrir o montante do capital social (contratualmente fixado para a sociedade).[27-28]

Nada obsta a que a deliberação de prorrogação ocorra depois de iniciada a partilha na fase da liquidação: assim o prova o art. 161º, 5. Porém, no silêncio da lei, "*ultimada a partilha* – designadamente, com a entrega dos bens partilhados, nos termos do art. 159º"[29] –, "*já não há bens sociais* que possam suportar a continuação da actividade social, mas *bens individuais, que só para uma nova sociedade poderiam entrar*"[30]. Depois dessa entrega, portanto, não é lícita a deliberação de prorrogação.

Discute-se ainda se a deliberação de prorrogação pode ser tácita no caso das sociedades comerciais, nos termos gerais do art. 217º do CCiv., sem que haja deliberação expressa dos sócios nesse sentido[31].[32] De todo e qualquer comportamento dos sócios de continuação da actividade social, não, uma vez que o elemento literal é demasiado peremptório ("só pode ser deliberada nos termos do art. 161º"). Todavia, respeitada essa forma, ou seja, se a prorrogação resultar concludentemente de uma deliberação com outro conteúdo, que implique a sobrevivência da sociedade para além do prazo estatutário, não parece que seja de excluir *in limine* essa susceptibilidade. Por exemplo, uma deliberação de alteração do objecto social, de transferência de sede, de aumento de capital social, etc., que denotem *a vontade de continuar o exercício da actividade social ou de aprovei-*

---

[26] A 2ª parte do art. 161º, 4, abre excepção para a dissolução administrativa por redução do número mínimo legal de sócios ou unipessoalidade supervenientes por período superior a um ano (arts. 142º, 1, *a*), 464º, 3, do CSC): as providências de regularização podem ser tomadas depois da deliberação de prorrogação e esta só se tornará eficaz quando se reconstitua o número legal de sócios (ou, acrescente-se, se declare a conversão em sociedade unipessoal, como no caso previsto no art. 270º-A, 2 e 3, para a SQU).
[27] Desenvolvidamente sobre estes pressupostos, v. RAÚL VENTURA (1993), p. 449, s..
[28] Deve entender-se que, nas sociedades em nome colectivo, os credores "pessoais" dos sócios podem opor-se judicialmente à deliberação de prorrogação, por aplicação ainda do regime atinente ao art. 161º. Essa oposição está prevista no art. 196º: v. RAÚL VENTURA (1993), p. 57, 451, s.. O regime é aplicável aos sócios comanditados.
[29] Que regula a "entrega dos bens partilhados" aos sócios a cargo dos liquidatários da sociedade.
[30] RAÚL VENTURA (1993), p. 453 (sublinhei), que se apoia na solução expressa pelo art. 1019º, 1, do CCiv..
[31] É admitida para as sociedades civis no art. 1008º, 2, 2ª parte, do CCiv., pelo simples facto de "os sócios continuarem a exercer a actividade social".
[32] RAÚL VENTURA distinguia os institutos nesta sede, em face do regime para a sociedade civil e o panorama das sociedades comerciais. Manifestou-se favorável à deliberação "implícita" de prorrogação – (1977), p. 64-65 e s. –, ainda que não admitisse que a prorrogação "tácita" prevista no art. 1008º, 2, do CCiv. (de conteúdo mais amplo) fosse estendida às sociedades comerciais: (1977), p. 66, s., (1993), p. 55-56. No mesmo sentido, BRITO CORREIA (1981/1982), p. 778, s., ABÍLIO NETO (2003), p. 123.

tar economicamente a sociedade. Num outro prisma: que *denotem a falta de vontade em liquidar a sociedade*. Mas, a meu ver, sempre deverão estas deliberações cumprir com os requisitos formais e substanciais do art. 161º, 2 e s.. Porém, se delas nada resultar, por investigação da vontade dos sócios, quanto a novo prazo, a sociedade durará por tempo indeterminado.[33][34]

O mesmo raciocínio valerá para a alteração do prazo a que se refere o art. 15º, 2, 1ª parte – a letra da lei é mais plástica para o efeito: "só pode ser aumentada por deliberação" –, tendo em conta os requisitos das deliberações de modificação do pacto social.

---

[33] Sensivelmente nestes termos, RAÚL VENTURA (1977), p. 65 (e ainda 68, onde se recusa a presunção de que "a vontade dos sócios foi atribuir ao contrato a mesma duração anteriormente pactuada"), BRITO CORREIA (1981/1982), p. 778-779.

[34] De todo o modo, tendo em conta os interesses atendíveis de terceiros, a solução pode não ser tão linear quando o conteúdo da deliberação da qual se retira a prorrogação *não esteja sujeita a registo*.

ARTIGO 16º *
Vantagens, indemnizações e retribuições

1. *Devem exarar-se no contrato de sociedade, com indicação dos respectivos beneficiários, as vantagens concedidas a sócios em conexão com a constituição da sociedade, bem como o montante global por esta devido a sócios ou terceiros, a título de indemnização ou de retribuição de serviços prestados durante essa fase, exceptuados os emolumentos e as taxas de serviços oficiais e os honorários de profissionais em regime de actividade liberal.*
2. *A falta de cumprimento do disposto no número anterior torna esses direitos e acordos ineficazes para com a sociedade, sem prejuízo de eventuais direitos contra os fundadores.*

* A redacção do nº 1 foi alterada pelo DL 280/87, de 8 de Julho.

Índice
1. Vantagens atribuídas aos sócios conexionadas com a constituição da sociedade
2. Indemnizações e retribuições devidas pela sociedade a sócios e terceiros
3. Ineficácia

Bibliografia
a) Citada:
ABREU, J. M. COUTINHO DE – *Curso de direito comercial*, vol. II – *Das sociedades*, 3ª ed., Almedina, Coimbra, 2009; CAEIRO, ANTÓNIO A. – "As modificações ao Código das Sociedades Comerciais", em AAVV., *Ab Vno ad Omnes. 75 anos da Coimbra Editora 1920-1995*, Coimbra Editora, Coimbra, 1998, p. 369-400; CASTRO, C. OSÓRIO DE – *Valores mobiliários – Conceito e espécies*, 2ª ed., Universidade Católica Portuguesa, Porto, 1998; CORDEIRO, A. MENEZES – *Manual de direito das sociedades*, I – *Das sociedades em geral*, 2ª ed., Almedina, Coimbra, 2007; CORREIA, A. FERRER/XAVIER, V. LOBO/COELHO, M. ÂNGELA/CAEIRO, ANTÓNIO A. – "Sociedades por quotas de responsabilidade limitada. Anteprojecto de lei – 2ª redacção e exposição de motivos", RDE, 1977, p. 153-224; CUNHA, P. OLAVO – *Os direitos especiais nas sociedades anónimas: as acções privilegiadas*, Almedina, Coimbra, 1993, *Direito das sociedades comerciais*, 4ª ed., Almedina, Coimbra, 2010; FURTADO, J. H. PINTO – *Comentário ao Código das Sociedades Comerciais. Artigos 1º a 19º – Âmbito de aplicação, personalidade e capacidade, celebração do contrato e registo*, Almedina, Coimbra, 2009; GONÇALVES, L. DA CUNHA – *Comentário ao Código Comercial Português*, vol. I, Empreza Editora J. B., Lisboa, 1914; LEITÃO, A. MENEZES / BRITO, J. ALVES – "Artigo 16º", em *Código das Sociedades Comerciais anotado* (coord. de A. Menezes Cordeiro), Almedina, Coimbra, 2009, p. 118-120; MATOS, ALBINO – *Constituição de sociedades. Teoria e prática, formulário*, 5ª ed., Almedina, Coimbra,

2001; TRIUNFANTE, A. MANUEL – *A tutela das minorias nas sociedades anónimas – Direitos individuais*, Coimbra Editora, Coimbra, 2004.

b) Outra:
RAMOS, M. ELISABETE – "Constituição de sociedades", em AAVV. (coord. de Coutinho de Abreu), *Estudos de direito das sociedades*, 9ª ed., Almedina, Coimbra, 2008, p. 41-97; SANTOS, F. CASSIANO DOS – *Estrutura associativa e participação societária capitalística. Contrato de sociedade, estrutura societária e participação do sócio nas sociedades capitalísticas*, Coimbra Editora, Coimbra, 2006; VASCONCELOS, P. PAIS DE – *A participação social nas sociedades comerciais*, 2ª ed., Almedina, Coimbra, 2006.

1. Vantagens atribuídas aos sócios conexionadas com a constituição da sociedade

Entre nós, tem longa tradição a possibilidade de aos sócios fundadores serem concedidas *vantagens conexionadas com a constituição da sociedade*[1]. O art. 16º, 1, determina que tais vantagens sejam exaradas no acto constituinte da sociedade.

O CSC não caracteriza o que entende por *vantagens* nem identifica que benefícios poderão estas proporcionar. As *vantagens* referem *benefícios* que tenham sido atribuídos a sócio(s) em *conexão com a constituição da sociedade*[2]. Elas podem assumir *carácter patrimonial*[3] ou *outra natureza*[4], contanto que não sejam proibidas[5] (v., a título de exemplo, a proibição constante do art. 21º, 2). São exemplo de vantagens de *natureza patrimonial*: a utilização de instalações da sociedade ou de outros meios ou o crédito sobre um activo da liquidação.

As *vantagens "especiais"* não podem ser confundidas com os *direitos especiais* dos sócios (art. 24º)[6]. As *vantagens: a)* são previstas no *acto constituinte inicial* para pre-

---

[1] V. os arts. 114º, § 2º, 2, e 164º, § 2º, 4, do CCom.. Desde o DL 280/87 que o art. 16º deixou de as designar "especiais". OLAVO CUNHA (1993), p. 26, nt. 34, sustenta que o legislador pretendeu evitar que fossem criados direitos especiais sob a designação de vantagens especiais. A designação "vantagens especiais" permanece, contudo, no art. 19º, 4.
[2] FERRER CORREIA /LOBO XAVIER/ÂNGELA COELHO/ANTÓNIO CAEIRO (1977), p. 163, caracterizam as "vantagens especiais" como "benefícios de qualquer natureza, concedidos a todos ou alguns dos sócios e atribuídos em virtude do papel desempenhado por eles na fase de constituição da sociedade".
[3] No sentido do carácter fundamentalmente patrimonial, v. ADELAIDE LEITÃO/ALVES BRITO (2009) p. 119, OLAVO CUNHA (2010), p. 157.
[4] V., no entanto, o art. 279º, 8.
[5] Também neste sentido, CUNHA GONÇALVES (1914), p. 261.
[6] Para a distinção, v. FERRER CORREIA/LOBO XAVIER/ÂNGELA COELHO/ANTÓNIO CAEIRO (1977), p. 164, OLAVO CUNHA (1993), p. 25, s., OSÓRIO DE CASTRO (1998), p. 102, COUTINHO DE ABREU (2009) p. 217; ADELAIDE LEITÃO/ALVES BRITO (2009), p. 119, OLAVO CUNHA (2010), p. 286.

miar a actividade desenvolvida por sócio(s) em conexão com a constituição da sociedade[7]; *b*) são atribuídas a sócio(s) concretamente designado(s); *c*) a titularidade das vantagens especiais permanece, ainda que o beneficiário deixe de ser sócio; *d*) as deliberações que violem os direitos de crédito em que se traduzem as vantagens especiais são nulas (art. 56º, 1, c), d)). Os *direitos especiais*: *a*) podem ser previstos no contrato social inicial ou em contrato social alterado e não é exigida uma conexão necessária com a constituição da sociedade; *b*) nas sociedades anónimas, os direitos especiais são atribuídos a categorias de acções (art. 24º, 4); *c*) os direitos especiais pertencem sempre a sócios (se um sócio deixar de o ser, o direito especial extingue-se ou transmite-se para outro sócio - art. 24º, 2, 3, 4); *d*) as deliberações que violam direitos especiais são ineficazes (art. 55º).

Determina o art. 16º, 1, que as *vantagens*, seja qual for a sua natureza, e os respectivos *sócios beneficiários* devem constar do contrato de sociedade. Este preceito justifica-se pelo interesse de sócios (actuais e futuros) e de credores sociais em conhecerem exactamente as *vinculações da sociedade* conexionadas com o seu processo de constituição[8].

2. Indemnizações e retribuições devidas pela sociedade a sócios e terceiros

O art. 16º, 1, também exige que o acto constituinte mencione o *montante global* devido pela sociedade a sócios ou a terceiros, a título de indemnização ou de retribuição de serviços prestados. Com esta prescrição, quer-se tornar transparente a situação *patrimonial da sociedade* no momento da constituição[9].

A norma em análise refere "indemnizações" devidas pela sociedade a sócios ou terceiros, por causa do processo de constituição. É duvidoso que "indemnização" seja convocada em sentido técnico[10]. Parece, antes, que a "indemnização" é aqui usada no sentido de *reembolso* por parte da sociedade de despesas que o sócio ou terceiros tenham suportado em razão da constituição da sociedade[11]. Imagine-se, por exemplo, que o sócio adiantou o pagamento de estudos de mercado elaborados em vista da constituição da sociedade. É lícito fazer

---

[7] Divergentemente ARMANDO TRIUNFANTE (2004), p. 473, defende que as "vantagens de fundador (...) não dependem da qualidade de sócio".
[8] FERRER CORREIA/LOBO XAVIER/ÂNGELA COELHO/ANTÓNIO CAEIRO (1977), p. 164.
[9] Cfr. FERRER CORREIA/LOBO XAVIER/ÂNGELA COELHO/ANTÓNIO CAEIRO (1977), p. 164.
[10] Neste sentido, v. ADELAIDE LEITÃO/ALVES BRITO (2009), p. 119.
[11] ALBINO MATOS (2001), p. 104, estabelece a correspondência entre as importâncias devidas pela sociedade a título de indemnização ou retribuição de serviços na fase de constituição (art. 16º, 1) com as despesas de constituição de que fala o art. 19º, 4.

constar do contrato de sociedade o montante pago por este estudo, de modo a ser devolvido pela sociedade ao sócio.

A mesma razão de clarificação da situação patrimonial justifica que o contrato faça menção ao *montante global* das retribuições devidas pela sociedade a sócios e terceiros por serviços prestados em conexão com a constituição da sociedade. Quanto às "indemnizações" e retribuições, não é necessário que no contrato sejam identificados os respectivos credores; bastará que nele seja mencionado o *montante global*[12].

A versão primitiva do art. 16º, 1, não fazia qualquer menção aos emolumentos, taxas de serviços oficiais e honorários de profissionais em regime de actividade liberal[13]. A norma do art. 16º, 1, foi alterada pelo DL 280/87, de 8 de Julho, no sentido de dispensar a inscrição no contrato dos montantes relativos a "emolumentos e as taxas de serviços oficiais e os honorários de profissionais em regime de actividade liberal". Por conseguinte, a eficácia perante a sociedade dos direitos resultantes dos emolumentos (por exemplo, os emolumentos devidos pelo pedido de certificado de admissibilidade da firma), taxas de serviços oficiais e os honorários de profissionais em regime de actividade liberal (por exemplo, os honorários devidos ao revisor oficial de contas que efectuou a avaliação exigida no art. 28º) não está dependente de indicação no contrato de sociedade.

Parece-nos que a excepção introduzida na parte final do 1 do art. 16º fragiliza o interesse de sócios (*maxime*, os futuros) e terceiros em conhecer a verdadeira consistência patrimonial da sociedade no momento em que esta é constituída[14]. Se é certo que as taxas cobradas por serviços oficiais e os emolumentos estão previstos legalmente e, por isso, estes custos estão acessíveis aos terceiros que os queiram conhecer, já assim não é quanto aos "honorários de profissionais em regime de actividade liberal". Acresce que sendo esta excepção constante do nº 1 do art. 16º aplicável a todos os tipos de sociedade, ela viola – no que diz respeito às sociedades anónimas – o preceito do art. 3º, j), da 2ª Directiva[15].

---

[12] Cfr. ALBINO MATOS (2001), p. 103.
[13] Sobre as dúvidas suscitadas pela versão originária do art. 16º, 1, v. ALBINO MATOS (2001), p. 105.
[14] Também críticos quanto ao teor do art. 16º, 1, parte final, v. ALBINO DE MATOS (2001) p. 105; COUTINHO DE ABREU (2009), p. 112.
[15] Neste sentido, v. ANTÓNIO CAEIRO (1998), p. 374; COUTINHO DE ABREU (2009), p. 112

3. Ineficácia

Nos termos do art. 16º, 2, são *ineficazes* perante a sociedade os direitos e acordos sobre vantagens especiais, retribuições e indemnizações que não tenham respeitado as condições do nº 1. Consequentemente, a sociedade não pode assumir as *obrigações* "derivadas de negócios jurídicos não mencionados no contrato social que versem sobre vantagens especiais [e] despesas de constituição" (art. 19º, 4).

Os sujeitos afectados pela *ineficácia* de tais acordos e direitos não vertidos no contrato de sociedade (e, por isso, não podendo exigir o cumprimento à sociedade) podem ainda fazer valer "eventuais direitos contra os fundadores" (art. 16º, 2). Não é claro que direitos são esses.

Há, a este propósito, várias respostas. Há quem defenda que o art. 16º, 2, ressalva a "acção contra os fundadores"[16]. E há quem sustente que esta norma consagra o direito de indemnização fundada em responsabilidade civil dos sócios fundadores[17].

Pode ser questionada uma outra via interpretativa. A que aproxime a parte final do art. 16º, 2, da *responsabilidade patrimonial do(s) sócio(s) fundador(es)*. Na verdade, o art. 16º, 2, não distingue entre sócios fundadores que contribuíram para a não inclusão dos acordos e direitos no acto constituinte e outros. E deste modo é reforçada a tutela dos interesses do(s) sujeito(s) afectado(s) pela ineficácia. Não se desconhece, porém, que contra esta interpretação está o facto de ela penalizar os sócios fundadores cujo comportamento não foi relevante para a ineficácia.

---

[16] ALBINO MATOS (2001), p. 103.
[17] PINTO FURTADO (2009), p. 449. MENEZES CORDEIRO (2007), p. 922, refere que os "eventuais direitos" têm "a ver com indemnizações".

ARTIGO 17º
Acordos parassociais

1. Os acordos parassociais celebrados entre todos ou entre alguns sócios pelos quais estes, nessa qualidade, se obriguem a uma conduta não proibida por lei têm efeitos entre os intervenientes, mas com base neles não podem ser impugnados actos da sociedade ou dos sócios para com a sociedade.

2. Os acordos referidos no número anterior podem respeitar ao exercício do direito de voto, mas não à conduta de intervenientes ou de outras pessoas no exercício de funções de administração ou de fiscalização.

3. São nulos os acordos pelos quais um sócio se obriga a votar:
a) Seguindo sempre as instruções da sociedade ou de um dos seus órgãos;
b) Aprovando sempre as propostas feitas por estes;
c) Exercendo o direito de voto ou abstendo-se de o exercer em contrapartida de vantagens especiais.

Índice

1. Conceito operativo de acordos parassociais
    1.1. Âmbito de aplicação do art. 17º
    1.2. Sujeitos
    1.3. Momento da celebração e duração do acordo
    1.4. Transmissão da posição contratual
    1.5. Confidencialidade
2. A celebração de acordos parassociais
    2.1. Contexto e interesses subjacentes
    2.2. Exemplos e sistematização
3. A admissibilidade dos acordos parassociais
4. Eficácia dos acordos parassociais
    4.1. O princípio da eficácia relativa consagrado no art. 17º, 1
    4.2. A interface entre o social e o parassocial
5. O incumprimento dos acordos parassociais
    5.1. Mecanismos de compulsão ao cumprimento
    5.2. A (in)admissibilidade de execução específica
    5.3. O incumprimento não sancionado
6. Limites à admissibilidade dos acordos parassociais
    6.1. Condutas proibidas por lei – art. 17º, 1
    6.2. Independência dos órgãos sociais

6.2.1. Art. 17º, 2
6.2.2. Art. 17º, 3, als. a) e b)
6.3. "Venda" de votos – art. 17º, 3, al. c)
6.4. Outros limites
6.4.1. Limites decorrentes do contrato sociedade
6.4.2. Limites decorrentes do interesse social
7. Relevo dos acordos parassociais fora do CSC
7.1. Obrigatoriedade de registo no Banco de Portugal e Instituto de Seguros de Portugal
7.2. O regime do art. 19º do CVM
7.3. O direito da concorrência

Bibliografia:
a) Citada:
ABREU, J. COUTINHO DE, *Curso de direito comercial*, II, 3.ª ed., Almedina, Coimbra, 2009; ALMEIDA, A. PEREIRA DE, *Sociedades Comerciais e valores mobiliários*, Coimbra Editora, Coimbra, 2008; ASCENSÃO, J. OLIVEIRA, *Direito Comercial*, IV, *Sociedades comerciais*, Lisboa, 2000; CORREIA, J. MAGALHÃES, "Notas breves sobre o regime dos acordos parassociais nas sociedades cotadas", Cadernos do Mercado de Valores Mobiliários, 15 (2002), p. 91-95; COELHO, E. LUCAS, *Direito de Voto dos Accionistas nas Assembleias Gerais das Sociedades Anónimas*, Rei dos Livros, 1987; CORDEIRO, A. MENEZES, *Manual de Direito das Sociedades*, vol. I, "Das sociedades em geral", 2ª ed., Almedina, Coimbra, 2007; CORDEIRO, A. MENEZES, "Artigo 17º", em *Código das Sociedades Comerciais anotado* (coord. de A. Menezes Cordeiro), Almedina, Coimbra, 2009; CORREIA, M. PUPO, *Direito Comercial / Direito da Empresa*, 11ª ed., Ediforum, Lisboa, 2009; *Código das Sociedades Comerciais anotado* (coord. de A. Menezes Cordeiro), Almedina, Coimbra, 2009; FRADA, M. CARNEIRO DA, "Acordos parassociais 'omnilaterais'", DSR, I (2009), p. 97-135; FURTADO, J. PINTO, *Comentário ao Código das Sociedades Comerciais (Artigos 1º a 19º)*, Almedina, Coimbra, 2009; LEAL, ANA FILIPA, "Algumas notas sobre a parassocialidade no Direito português", RDS, 2009, nº 1, p. 135-183; MONTEIRO, A. PINTO, "Anotação ao Acórdão do STJ de 11.03.1999", RLJ ano 132 (1999-2000), p. 41-60; OLAVO, FERNANDO, "Sociedades anónimas, sindicatos de voto", O Direito, ano 83 (1956), p. 187-198; OPPO, GIORGIO, "Le convenzioni parasociali tra diritto delle obbligazione e diritto delle società, Riv. Dir. Civ., 1987, I, p. 517-530; SANTOS, M. LEITE, *Contratos parassociais e acordos de voto nas sociedades anónimas*, Edições Cosmos, Lisboa, 1996; SANTOS, T. AZEREDO, "Acordo de accionistas", ROA, Ano 47 (1987), p. 181-194; SERRA, CATARINA, *Direito Comercial. Noções fundamentais*, Coimbra Editora,

Coimbra, 2009; SILVA, J. CALVÃO, "Pacto parassocial, defesas anti-OPA e OPA concorrente", em *Estudos de Direito Comercial (Pareceres)*, Livraria Almedina, Coimbra, 1996, p. 235-s.; TELLES, F. GALVÃO, "União de contratos e contratos para-sociais, ROA, 11 (1951), 1 e 2, p. 37-103; TRIGO, MARIA DA GRAÇA, *Os acordos parassociais sobre o exercício do direito de voto*, Universidade Católica Portuguesa, Lisboa, 1998; "Acordos parassociais – síntese das questões jurídicas mais relevantes", em *Problemas do direito das sociedades*, IDET, Almedina, Coimbra, 2002, p. 169-184; VASCONCELOS, P. PAIS DE, *A participação social nas sociedades comerciais*, 2ª ed. Almedina, Coimbra, 2006; VENTURA, RAÚL "Acordos de voto : algumas questões depois do Código das Sociedades Comerciais", O Direito, ano 124, (1992), p. 17-86 (tb. em *Estudos vários sobre sociedades anónimas*, Almedina, Coimbra, 1992, p. 7-101); XAVIER, V. G. LOBO, "A validade dos sindicatos de voto no Direito português constituído e constituendo", ROA, 45, 1985, pp. 639-653.

b) Outra:

CÂMARA, PAULO, *Parassocialidade e transmissão de valores mobiliários*, diss. de Mestrado, FDUL, 1996; CORDEIRO, A. MENEZES, "Acordos parassociais" ROA, 2001, II, p. 529-542; MAGALHÃES, BARBOSA DE, "Inadmissibilidade dos sindicatos de voto", em *La società per azioni alla metà del secolo XX. Studi in Memoria di Angelo Sraffa*, vol. 1, Padova, 1961; XAVIER, V. G. LOBO, *Os pactos de voto nas sociedades anónimas*, diss. de Pós-Graduação, FDUC, policopiado, 1960.

1. Conceito operativo de acordos parassociais
1.1. Âmbito de aplicação do art. 17º, 1

O nº 1 do art. 17º assenta numa definição de acordos parassociais enquanto negócios jurídicos celebrados entre sócios (todos ou alguns) nessa mesma qualidade, o que equivale a dizer que os efeitos pretendidos por tais acordos se hão-de repercutir na esfera da socialidade[1], afectando a posição jurídica dos sócios intervenientes ou, em certa medida, a própria dinâmica da sociedade a que respeitam[2].

---

[1] Não são, obviamente, acordos parassociais os negócios celebrados pelos sócios versando sobre assuntos extra-sociais – ainda que neles intervenham *todos* os sócios, como sublinha RAÚL VENTURA (1992), p. 20. Também não será parassocial o acordo entre um sócio e o terceiro cessionário associado na participação do gozo da quota social – assim GALVÃO TELLES (1951), p. 78-79.

[2] Na formulação de OPPO (1987), p. 517 – retomando o seu discurso pioneiro de há quarenta e cinco anos atrás – podem os sócios pretender regular, entre si ou na relação com a sociedade, com os órgãos sociais ou com terceiros, um seu interesse ou conduta social. V., tb., COUTINHO DE ABREU (2009), p. 156-157; RAÚL VENTURA (1992), p. 20 ("o acordo mantém ligação com a sociedade, pela respectiva matéria"; o que está em causa não é a formal indicação da qualidade de sócios dos seus outorgantes);

Sendo este o entendimento mais próximo do sentido literal do preceito, certo é que a *praxis* vem revelando, e a doutrina acolhendo, uma *concepção mais lata* de acordo parassocial, à qual depois, dominantemente[3], aplica a disciplina do art. 17º – quer reconduzindo-a hermeneuticamente ainda ao campo de aplicação do preceito[4], quer autonomizando-a na categoria dos acordos parassociais "atípicos" aos quais o regime do art. 17º se aplicará por *via analógica*[5].

1.2. Sujeitos

O referido alargamento opera sobretudo no plano dos sujeitos outorgantes, onde, ao lado dos *sócios*, se podem incluir *terceiros* ou até a própria *sociedade*[6]. Importa destacar a especificidade assumida pelas situações em que um acordo

---

GALVÃO TELLES (1951), p. 74 (os acordos parassociais "integram ou modificam as relações sociais"); PAIS DE VASCONCELOS (2006), p. 63 (através deles os sócios "visam regular o respectivo comportamento na sociedade, na qualidade de sócios da mesma").

[3] Mas não assim RAÚL VENTURA (1992), p. 19-20 e p. 28, para quem "o preceito *só se aplica* àqueles acordos que *descreve*, esgotem eles ou não esgotem [e, no entender do Autor, não esgotam] uma categoria dogmática de «acordos parassociais»". Neste sentido parecem também inclinar-se LUCAS COELHO (1987), p. 85; e OLAVO CUNHA (2006), p. 113.

[4] V. OLIVEIRA ASCENSÃO (2000), p. 294, para quem o art. 17º é aplicável aos acordos parassociais com terceiros "até por maioria de razão" (se o sócios ficam inibidos de ultrapassar certos limites, por maioria de razão o ficarão terceiros); não serão, porém, aplicáveis ao terceiro interveniente as restrições que "pressupõem a qualidade de sócio".

[5] A segunda opção é a de GRAÇA TRIGO (1998), p. 147; COUTINHO DE ABREU (2009), p. 156, nt. 152; ANA FILIPA LEAL (2009), p. 148 (a *ratio* que preside à regulamentação das situações legalmente previstas procede quanto às situações legalmente omissas).

[6] Incluindo *terceiros*, COUTINHO DE ABREU (2009), p. 156, nt. 152, que aponta como exemplo o acordo pelo qual certos sócios se obrigam a votar favoravelmente um aumento de capital, comprometendo-se o contraente não-sócio (*v.g.*, uma sociedade bancária) a financiar desde logo a sociedade. No mesmo sentido, OLIVEIRA ASCENSÃO (2000), p. 294. Incluindo a *sociedade* e os órgãos sociais como possíveis credores das obrigações assumidas pelos sócios, GALVÃO TELLES (1951), p. 73-74, 76-77, 80-81 – os sócios, entre si *ou para com a sociedade*, podem vincular-se a determinada prestação em favor desta, não contemplada no acto constitutivo; um sócio pode garantir por acordo *ao administrador* da sociedade uma certa retribuição, obrigando-se este a permanecer no cargo por certo tempo; o sócio pode vincular-se parassocialmente, perante a sociedade, *a não concorrer com ela*, ainda depois de perder a qualidade de sócio. Incluindo *terceiros estranhos à sociedade*, sócios "sem essa qualidade", membros de órgãos sociais que não sejam eles próprios sócios e, finalmente, a própria sociedade, GRAÇA TRIGO (1998), p. 147; ANA FILIPA LEAL (2009), p. 147-148.

Já para MENEZES CORDEIRO (2009), p. 122, e (2007), p. 658-659, os acordos "parassociais" que vinculem a própria sociedade ou não-sócios são "figuras mistas ou atípicas" sobre cuja validade há que ajuizar "caso a caso", entre a liberdade consagrada no art. 405º do CCiv e a força das normas imperativas; quanto a PAIS DE VASCONCELOS (2006), p. 66, considera "típico *dos* acordos parassociais que a própria sociedade *não seja* deles parte".

Contra, RAÚL VENTURA (1992), p. 20: ficam *excluídos* do âmbito do art. 17º, 1, os acordos que os sócios celebrem com terceiros ou com a própria sociedade; porém, "não quer isto dizer que acordos entre

parassocial é celebrado por *todos* os sócios da mesma sociedade, pois a integral coincidência entre o substrato pessoal do ente colectivo e as partes na relação jurídica instituída pelo acordo parassocial (então dito) *omnilateral* pode justificar soluções particulares[7]. Note-se, contudo, que *nem todos* os sócios intervenientes num acordo parassocial têm de assumir obrigações, ou sequer obrigações idênticas; alguns podem ocupar *unicamente* a posição de credores[8]. É também possível que os sócios contraentes se organizem em *dois ou mais pólos* ou grupos de interesses, cada um dos quais com os respectivos direitos e obrigações (*v.g.*, uma convenção entre a maioria e a minoria)[9].

1.3. Momento da celebração e duração do acordo

A celebração dos acordos parassociais tanto pode *preceder* a criação da sociedade, como ser dela *contemporânea*, ou ocorrer em momento *posterior*[10]. Parece mais usual (sobretudo no que toca aos acordos de voto) a sua celebração por ocasião da entrada de novos sócios, seja por aumento de capital, seja por transmissão de participações sociais[11]. É também frequente que a celebração de um acordo parassocial (sobretudo omnilateral) acompanhe a estipulação do contrato-promessa de constituição de uma sociedade, estabelecendo os sócios relações particulares que hão-de permanecer estranhas ao (futuro) estatuto social[12].

Quanto à duração do acordo parassocial, se bem que possa ser determinada *ab initio* pelos envolvidos (podemos, inclusive, encontrar acordos parassociais

---

os sócios e essas outras entidades sejam inválidos, mas apenas que a sua validade – e, bem assim, a extensão da sua eficácia relativamente à sociedade – não depende deste nº 1".

[7] Segundo ANA FILIPA LEAL (2009), p. 149, é nessas hipóteses que a "ressonância societária" do acordo parassocial atingirá o grau máximo.

[8] Daí a distinção entre acordos parassociais unilaterais e bilaterais ou, melhor, plurilaterais – RAÚL VENTURA (1992), p. 29; ou entre acordos parassociais sinalagmáticos ou não sinalagmáticos – GALVÃO TELLES (1951), p. 82.

[9] GALVÃO TELLES (1951), p. 82; RAÚL VENTURA (1992), p. 29-30.

[10] Entre vários, GALVÃO TELLES (1951), p. 84; OLAVO CUNHA (2006), p. 116.

[11] Assim RAÚL VENTURA (1992), p. 42, esclarecendo que os acordos tanto podem ser celebrados entre os sócios antigos como incluir o(s) novo(s). OLAVO CUNHA (2006), p. 116, acrescenta que a celebração de acordos parassociais neste contexto corresponde, muitas vezes, a uma contrapartida pela alteração das expectativas dos sócios originários ou já existentes.

[12] RAÚL VENTURA (1992), p. 42-43; OLAVO CUNHA (2006), p. 116-117; GALVÃO TELLES (1951), p. 84-85. Este último Autor admite, inclusive, que o acordo parassocial esteja "contido" no contrato-promessa de constituição da sociedade "em virtude da unidade do documento", embora a "unidade" seja só aparente. O acordo parassocial não se destina a integrar o futuro estatuto da sociedade e, de si já perfeito e válido, a sua eficácia não depende de nova manifestação de vontade dos contraentes, mas apenas da verificação de um facto futuro: que a sociedade venha a existir, graças à celebração do respectivo contrato social.

ocasionais ou pontuais – *v.g.*, acordo de voto visando apenas uma certa e concreta deliberação[13]), é frequentemente deixada em aberto, dando azo às tensões e problemas característicos das vinculações temporalmente indeterminadas. A doutrina tem-se pronunciado no sentido da possibilidade de desvinculação *ad nutum*, conferida aos contraentes para obstar a uma proibida vinculação perpétua, tanto mais gravosa quanto mais indeterminado for o objecto do acordo parassocial[14], não favorecendo uma solução que passe pela imposição de um limite legal à duração de tais acordos[15]. Seja como for, os acordos parassociais revelam uma tendência marcada para a duração[16], a qual, somada à pluralidade dos contraentes e às finalidade visadas, leva a assinalar a estes pactos uma natureza associativa ou de sindicato[17].

1.4. Transmissão da posição contratual

Não tem sido particularmente tratada a questão da transmissão *mortis causa* das posições contratuais emergentes de acordos parassociais. Há quem defenda, quanto aos acordos de voto, que os direitos e obrigações deles emergentes *se transmitem por morte* do participante juntamente com as suas acções ou quotas – não porque sejam inerentes a essas acções ou quotas, mas sim porque se trata de relações jurídicas patrimoniais submetidas à regra geral do art. 2024º do CCiv.[18]. Preferível nos parece a posição que, inspirada no regime das associações e das sociedades civis, advoga que os sócios agrupados num sindicato

---

[13] RAÚL VENTURA (1992), p. 41; GALVÃO TELLES (1951), p. 82
[14] RAÚL VENTURA (1992), p. 42; GRAÇA TRIGO (2002), p. 177; OLIVEIRA ASCENSÃO (2000), p. 295 (salientando que a susceptibilidade de denunciar um acordo parassocial é tanto mais vincada quanto mais genérico for o respectivo objecto).
[15] Solução todavia prevista no anteprojecto de Vaz Serra (cujo art. 34º, 2, fixava três anos de duração máxima) e inspirada em construções italianas – VAZ SERRA (1970), p. 159; RAÚL VENTURA (1992), p. 42-43. A sua consideração é brevemente retomada por MAGALHÃES CORREIA (2002), p. 95, no contexto das sociedades abertas ao investimento público.
[16] Mas, obviamente, não deixarão de ficar sujeitos a vicissitudes extintivas gerais ou individuais, como sejam a extinção da própria sociedade ou a cessação da qualidade de sócio, respectivamente. O efeito jurídico de tais ocorrências enquadra-se, parece-nos, no instituto da caducidade; RAÚL VENTURA (1992), p. 40-41, prefere a designação de "termos infixos".
[17] Bem ilustrada pela descrição que RAÚL VENTURA (1992), p. 46, faz dos mecanismos e processos que podem ser utilizados para a determinação do sentido de voto a ser adoptado pelos membros do sindicato.
[18] V. RAÚL VENTURA (1992), p. 44-45, acrescentando que as cláusulas dos acordos parassociais que prevêem a sua transmissão aos sucessores confirmam este entendimento; em sentido idêntico, PEREIRA DE ALMEIDA (2008), p. 299. Parece-nos, porém, que alguma inerência terá de haver, ao menos no momento da partilha da herança: não faz sentido que a titularidade das participações sociais e da posição contratual no acordo parassocial venha a ser *dissociada*.

de voto optem por *uma de três soluções*: "dissolução" do sindicato; manutenção do sindicato sem os herdeiros do falecido; ou manutenção do sindicato com os herdeiros do falecido[19].

Já a transmissão *inter vivos* da posição no acordo parassocial é nele normalmente disciplinada, de forma mais ou menos directa, no intuito de manter a estabilidade do vínculo em face dos objectivos visados – são as chamadas cláusula de "transmissão" do acordo[20]. Destinando-se a funcionar nas hipóteses de alienação das participações sociais, atribuem *direitos de preferência* com vista a conservá-las na titularidade de outros contraentes, ou *vinculam* o alienante a fazer com que o futuro adquirente *aceite suceder-lhe* na posição jurídica que ocupa no seio do acordo parassocial[21]. De outro modo, as "prerrogativas" que para um sócio decorrem da sua intervenção num destes acordos *não se transmitem* junto com a participação social respectiva, antes *desaparecem* com a extinção da ligação do respectivo subscritor à sociedade[22].

1.5. Confidencialidade

Note-se, por último, que os intervenientes num acordo parassocial, mesmo que secreto, pretendem geralmente a produção de efeitos jurídicos; o carácter *reservado* do pacto não significa a celebração de um mero compromisso de honra ou *gentlemens' agreement*[23]. As cláusulas de *confidencialidade* frequentemente inseridas nos acordos parassociais[24] e o secretismo que envolve a respectiva celebração dificultam, inclusive, a recolha do "material de trabalho" por banda da doutrina, ao mesmo tempo que uma boa parte da prática parassocial "foge" ao crivo da jurisprudência, dada a multiplicação de cláusulas compromissórias e a genérica

---

[19] GRAÇA TRIGO (1998), p. 253-254.
[20] RAÚL VENTURA (1992), p. 41, 45, 84-85. Estas cláusulas integram-se, juntamente com as estipulações de não alienação das participações sociais durante certo período de tempo, na categoria das ditas *convenções de bloqueio*.
[21] PEREIRA DE ALMEIDA (2008), p. 299.
[22] OLAVO CUNHA (2006), p. 116.
[23] Situação que, a ocorrer, teria, aliás, que ser provada pelo interessado na não produção de efeitos jurídicos – RAÚL VENTURA (1992), p. 27. Parece, contudo, que até ao final da primeira metade do século XX o pouco relevo assumido entre nós pelos acordos parassociais se deveu, em parte, à tendência para os considerar meros acordos de cavalheiros ou, pelo menos, a uma falta de consciência nítida da sua densidade jurídica – assim LOBO XAVIER (1985), p. 642; GRAÇA TRIGO (2002), p. 170. Note-se, por último, que a doutrina tende a considerar os acordos parassociais como *contratos inominados*, pelo menos sempre que não possam "reconduzir-se a um contrato previsto e regulado especialmente na lei" – GALVÃO TELLES (1951), p. 83.
[24] Cuja violação gera a obrigação de indemnizar – assim MENEZES CORDEIRO (2007), p. 654.

preferência pela resolução extra-judicial de litígios[25]. Há quem encontre, precisamente, a "verdadeira justificação" dos acordos parassociais no objectivo de os sócios regularem matérias que pretendem não ver reveladas e que não querem que o público em geral conheça[26].

2. A celebração de acordos parassociais
2.1. Contexto e interesses subjacentes

São várias as motivações subjacentes à conclusão de acordos parassociais, a qual é sobretudo frequente nas sociedades anónimas e por quotas[27]. Eles constituem um instrumento forjado pela prática para adaptar às necessidades da vida o funcionamento do esquema legal das sociedades mercantis, adequando esse esquema legal às exigências da gestão da concreta empresa explorada sob forma societária[28]. Há quem os veja, inclusive, como sucedâneos dos normais mecanismos decisórios, uma vez que muitos dos assuntos relevantes para a sociedade acabam por ser tratados na negociação ou execução de acordos parassociais[29]. Muito importante é também papel que os acordos parassociais desempenham nas relações de grupo enquanto instrumento de domínio intersocietário[30].

De entre os *interesses* que impulsionam a sua celebração destacam-se[31] a conveniência em assegurar a estabilidade da gestão social (sobretudo em face do risco de maiorias flutuantes); em assegurar a manutenção de uma política comum (que pode ser fundamental para a sociedade em determinadas circuns-

---

[25] Assim, respectivamente, RAÚL VENTURA (1992), p. 21, e ANA FILIPA LEAL (2009), p. 139. Realçando a frequência das convenções de arbitragem e concluindo que "a litigiosidade em torno dos acordos [parassociais] não passa pelo foro do Estado, salvo incidentalmente ou em recurso", MENEZES CORDEIRO (2009), p. 122 e 123. Na jurisprudência, cfr. RL 18-05-2004, proc. nº 3094/2004-7 (acordo parassocial contendo cláusula compromissória), em www.dgsi.pt.

[26] OLAVO CUNHA (2006), p. 114-115. Segundo GRAÇA TRIGO (2002), p. 172, alguns acordos parassociais mantêm-se secretos "até mesmo quando violados", embora costumem ser conhecidos "precisamente [e apenas] quando incumpridos".

[27] Assim, entre vários, GALVÃO TELLES (1951), p. 75 (porque é nestas formas sociais "que resulta mais viva a necessidade de vencer os caminhos da lei"); mais recentemente, considera OLAVO CUNHA (2006), p. 118, que os acordos parassociais já vão sendo "raros" no âmbito das sociedades por quotas.

[28] LOBO XAVIER (1985), p. 640; no mesmo sentido GALVÃO TELLES (1951), p. 75; PAIS DE VASCONCELOS (2006), p. 66, releva a possibilidade de "manipular o tipos societários exteriormente, através da estipulação de relações jurídicas que se estabelecem directamente entre os sócios".

[29] ANA FILIPA LEAL (2009), p. 139.

[30] ANA FILIPA LEAL (2009), p. 141; OLIVEIRA ASCENSÃO (2000); p. 300; GRAÇA TRIGO (2002), p. 169. Ou, como salientam MENEZES CORDEIRO (2009), p. 123, e PAIS DE VASCONCELOS (2006), p. 165, para o estabelecimento de "parcerias estratégicas".

[31] Seguimos de perto o elenco de LOBO XAVIER (1985), p. 643-644, embora especialmente dedicado aos sindicatos de voto.

tâncias[32]); em permitir uma ponderação prévia das decisões a tomar (perante o perigo dos desacertos nascidos do acaso das reuniões); o intuito de garantir a distribuição do poder na sociedade entre maioria e minoria[33] ou de agrupar os sócios minoritários para tornar coesa a sua posição; mas também a conveniência em regular as divergências entre os sócios[34]; em defender a empresa social contra a "escalada" de concorrentes ou de capital estrangeiro; em proporcionar a formação de uma base de apoio para a constituição de uma nova sociedade, ou simplesmente, para a defesa da maioria instalada contra ataques ulteriores, em particular através de ofertas públicas de aquisição[35].

No caso específico dos *acordos de voto* (modalidade de acordo parassocial senão mais frequente, pelo menos mais frequentemente tratada pela doutrina nacional[36]) a finalidade imediata do pacto é a de *exercer uma certa influência* quanto à deliberação a tomar (seja alcançando na posterior votação a maioria, seja impedindo a toma da de deliberação pela inviabilização da maioria qualificada exigida pela lei ou pelo contrato)[37]. O modo de funcionamento do acordo – *i.e.*, a forma como as partes concertam o seu sentido de voto – pode seguir diversos figurinos[38].

2.2. Exemplos e sistematização

A configuração concreta das genéricas composições de interesses que acabamos de apontar dá origem a um amplo figurino de acordos parassociais, que suscitam diversos ensaios de sistematização doutrinal e se espraiam em diversos graus de complexidade[39].

---

[32] Por exemplo, como sublinha MENEZES CORDEIRO (2009), p. 123, nas situações de dispersão do capital subsequentes a processos de reprivatização; ou, como frisa PAIS DE VASCONCELOS (2006), p. 65, para estabilizar políticas de gestão plurianuais.

[33] OLAVO CUNHA (2006), p. 116-117, sublinha que é inclusive frequente os acordos parassociais celebrados no momento pré-constitutivo da sociedade acautelarem posições minoritárias, através de opções de venda (dos minoritários); de obrigações de compra (dos maioritários); ou de cláusulas de *tag along* (que permitam aos minoritários preferir na venda das participações dos maioritários ou acompanhá-los na saída, vendendo nos mesmos termos e condições).

[34] PAIS DE VASCONCELOS (2006), p. 65.

[35] OLIVEIRA ASCENSÃO (2000), p. 300.

[36] Para uma classificação dos sindicatos de voto em sindicatos de controlo, de defesa ou de bloqueio, v., entre tantos, PUPO CORREIA (2009), p. 187; CATARINA SERRA (2009), p. 156.

[37] RAÚL VENTURA (1992), p. 35; sobre os acordos de voto, v. tb. LOBO XAVIER (1985), p. 641; e LUCAS COELHO (1987), p. 81-82

[38] V. MENEZES CORDEIRO (2007), p. 653.

[39] PAIS DE VASCONCELOS (2006), p. 65, dá inclusive conta de acordos parassociais em cascata, com âmbitos pessoais progressivamente reduzidos, bem como de casos de elevada complexidade interna,

São muitos os exemplos concretos de regulações de interesses que originam outras tantas cláusulas nos acordos parassociais: votar em certas pessoas (eventualmente indicadas por determinados sócios) para membros do conselho de administração; não vender as acções a terceiros durante um certo período; vender ou não vender as respectivas acções a determinado autor de uma OPA; atribuir um direito de preferência na aquisição das acções a favor dos participantes no acordo[40]. Encontramos, igualmente, acordos de voto relativos à política de distribuição dividendos a seguir na sociedade ou acordos de voto sobre distribuição de lugares nos órgãos sociais[41]; acordos em que um sócio se obriga, para com outro, a garantir-lhe um mínimo de proveitos; acordos relativos à permanência ou exclusão de sócios na sociedade; acordos relativos à própria subsistência, modificação ou dissolução da sociedade[42]; acordos estabelecendo direitos de opção, na compra (*call option*) ou na venda (*put option*) das participações sociais[43]; acordos em que as partes se obrigam a investir, votando favoravelmente um aumento de capital e subscrevendo-o[44]; acordos em que as partes se obrigam a votar no sentido da realização de certas auditorias, internas ou externas; acordos em que as partes se concertam para não alienar acções a um certo concorrente; acordos regulando relações de natureza comercial e financeira a estabelecer entre a sociedade e os sócios (saneamento, financeiro, estabelecimento de relações preferenciais com a empresas societária, etc.,)[45]; acordos estabelecendo os regulamentos internos de funcionamento dos órgãos sociais, sobretudo quanto a aspectos de detalhe, de modo a não sobrecarregar

---

que chega a incluir estruturas orgânicas dotadas de socialidade. GRAÇA TRIGO (2002), p. 171, relembra a distinção (feita em função da estrutura interna) entre acordos de estrutura comutativa e acordos de estrutura associativa ou sindical, através dos quais se prossegue um fim comum a todas as partes.
[40] Exemplos referidos por COUTINHO DE ABREU (2009), p. 156.
[41] Exemplos referidos por RAÚL VENTURA (1992), p. 63; e OLIVEIRA ASCENSÃO (2000), p. 291.
[42] Exemplos referidos por GALVÃO TELLES (1951), p. 74.
[43] Cfr. RL 29-11-2007, proc. n.º 5159/2007-2; e STJ 10-07-2008, doc. n.º SJ20080710016986 (ambos sobre direito de opção na compra de acções), em www.dgsi.pt.
[44] Ou, mesmo, acordos através dos quais os sócios se obrigam a constituir novas sociedades – assim MENEZES CORDEIRO (2007), p. 638.
[45] Exemplos referidos por ANA FILIPA LEAL (2009), p. 142.

os estatutos[46]; e, ainda, acordos de não concorrência sobre aspectos específicos da actividade da sociedade[47].

Na esteira de Oppo, favorece alguma doutrina nacional a sistematização dos acordos parassociais em função do respectivo *grau de incidência sobre a própria sociedade*[48], consoante (i) restringem os seus efeitos e acção aos sócios neles intervenientes (para a sociedade e restantes sócios constituem um mero facto, nem favorável nem desfavorável); (ii) visam proporcionar à sociedade vantagens particulares a expensas dos sócios; (iii) pretendem afectar directamente a sociedade (seja influindo sobre a sua vida e determinando a sua acção, seja invadindo juridicamente a sua esfera de direitos e a competência dos seus órgãos)[49].

Mais recentemente, tem vingado uma *sistematização em função das matérias* sobre que incidem[50], dividindo os acordos parassociais em (i) acordos relativos ao regime das participações sociais; (ii) acordos relativos ao exercício do direito de voto; (iii) acordos relativos à organização da sociedade.

3. A admissibilidade dos acordos parassociais

Durante muito tempo, em Portugal e na generalidade dos países da Europa do Sul, *prevaleceu* uma posição contrária à admissibilidade dos acordos parassociais[51]. Temia-se que, através deles, os sócios lograssem defraudar as normas

---

[46] Exemplo referido por PEREIRA DE ALMEIDA (2008), p. 298; e OLAVO CUNHA (2006), p. 115, em especial, nt. 166. Veja-se, com interesse, a transcrição que o Autor faz (p. 118-124) de algumas das cláusulas mais frequentes em acordos parassociais. Tratando uma hipótese curiosa de acordo parassocial envolvendo o Estado enquanto sócio de uma sociedade anónima de capitais exclusivamente públicos, cfr. STJ 10-04-2008, doc. nº SJ2008041008457, em www.dgsi.pt.

[47] Exemplo referido por OLAVO CUNHA (2006), p. 116. Veja-se RL 13-12-2007, proc. nº 6321/2007-1, www.dgsi.pt (em acordo parassocial, um dos sócios comprometia-se a encerrar o seu pré-existente estabelecimento de venda de automóveis "para não afectar o volume de vendas da nova sociedade", bem como a dar "assessoria comercial, administrativa e técnica à nova empresa").

[48] RAÚL VENTURA (1992), p. 18; GALVÃO TELLES (1951), p. 76-82.

[49] Como acontece quando os sócios pretendem fixar um uso extra-social ao seu poder de gestão – *v.g.*, autorizando, aprovando ou ratificando operações que recaem sobre a sociedade ou que implicam a disposição de direitos desta – assim GALVÃO TELLES (1951), p. 81-82. O Autor acaba por remeter esta hipótese para a esfera da ilegitimidade (p. 102), quando signifique uma disposição de bens ou direitos alheios (*i.e.*, encabeçados na sociedade) pelos sócios

[50] Cfr. GRAÇA TRIGO (2002), p. 171; MENEZES CORDEIRO (2007), p. 652-654; ANA FILIPA LEAL (2009), p. 142.

[51] Para uma abordagem histórico-comparatística do fenómeno dos acordos parassociais, GRAÇA TRIGO (1998), p. 43-124; LEITE SANTOS (1996), 81-171; LUCAS COELHO (1987), p. 87-94; MENEZES CORDEIRO (2007), p. 638-647; PUPO CORREIA (2009), p. 187. Note-se que a disciplina do "acordo de accionistas" da lei brasileira de 1976 sobre sociedades anónimas confere a este pacto importantes consequências jurídicas: reconhecimento de efeitos perante a sociedade, oponibilidade a terceiros e admissibilidade de

societárias e os estatutos, receio potenciado pelo carácter frequentemente secreto dos acordos parassociais[52]. Do ponto de vista técnico-jurídico, alinhavam-se *argumentos* como a contrariedade aos bons costumes e à ordem pública (patente na "extorsão" prévia do voto que impediria a liberdade de uma votação "esclarecida" pelo debate em assembleia geral, bem como no constrangimento ilícito da liberdade intelectual e moral das pessoas[53]), ou a desconformidade com o ordenamento imperativo das sociedades comerciais (substituição da deliberação da assembleia pela decisão tomada no seio do sindicato de voto[54])[55].

Em Portugal, a atenção para os acordos parassociais, na concreta modalidade de acordos de voto, terá sido despertada por um célebre litígio remontando aos anos 50 do século passado, que suscitou a intervenção de reputados juristas[56]. Em 1970, o projecto de Vaz Serra sobre assembleias gerais[57] incluía uma norma respeitante a "contratos sobre o exercício do direito de voto", abrindo já a porta à sua validade dentro de certos limites.

---

execução específica – desde que satisfeitas determinadas exigências legais – v., desenvolvidamente, AZEREDO SANTOS (1987).

[52] Mesmo autores favoráveis à sua admissibilidade, como GALVÃO TELLES (1951), p. 75-76, alertam para o risco que resulta tanto da circunstância de vigorar, por força dos acordos parassociais, um "regulamento da sociedade" diferente daquele que a publicidade imposta por lei tornou conhecida, como da eventual desconformidade desse "regulamento" com a disciplina legal. No mesmo sentido previnem OLIVEIRA ASCENSÃO (2000), p. 292 (os acordos parassociais prejudicam a transparência da sociedade na medida em que "criam núcleos de poder oculto, que distorcem as relações normais dos sócios"); MENEZES CORDEIRO (2007), p. 638; ou ANA FILIPA LEAL (2009), p. 140.

[53] Atente-se nas palavras de FERNANDO OLAVO (1956), p. 192: o accionista "não está evidentemente no momento de emitir o seu voto em condições de liberdade de apreciação, porque o interesse individual de não incorrer na pena convencional ou indemnização por quebra daquele compromisso o coarcta e tolhe a sua determinação". Em sentido idêntico, CAVALEIRO DE FERREIRA (1996), p. 277-282.

[54] Assim também FERNANDO OLAVO (1956), p. 195.

[55] Para uma exposição e crítica detalhada destes argumentos, com particular incidência na modalidade dos sindicatos de voto, LOBO XAVIER (1985), p. 644-650. V. também RAÚL VENTURA (1992), p. 59-62; LUCAS COELHO (1987), p. 83-84. Ilustrando a orinetação mais restritiva também na jurisprudência, cfr. RL 19-06-79, doc. nº RL197906190018602 (como a lei só muito excepcionalmente admite o voto vinculado, será nula a respectiva convenção), e STJ 19-03-80, doc. nº SJ198003190684771 (as convenções que estabeleçam um sindicato de voto são nulas), ambos em www.dgsi.pt.

[56] Sobre o caso da Sociedade Industrial de Imprensa, SARL, pronunciaram-se, entre outros, Galvão Telles, Manuel de Andrade, Ferrer Correia, Alberto dos Reis, Cavaleiro de Ferreira, Fernando Olavo e Barbosa de Magalhães; para referências bibliográficas e descrição do litígio, cfr. RAÚL VENTURA (1992), p. 23-25; LOBO XAVIER (1985), p. 642-643; e, claro, CAVALEIRO DE FERREIRA (1996), p. 269-272.

[57] VAZ SERRA (1970), p. 159 (art. 34º do Projecto).

Fortemente inspirado pela proposta de 5ª Directiva[58], o CSC representou um ponto de viragem face àquela tendência restritiva, consagrando abertamente – embora dentro de limites, que também enuncia – a *admissibilidade* de acordos parassociais.

4. Eficácia dos acordos parassociais
4.1. O princípio da eficácia relativa consagrado no art. 17º, 1

O princípio da *eficácia relativa*, vertido no nº 1 do art. 17º, acaba por aparecer como o primeiro limite imposto aos acordos parassociais. Do ponto de vista sistemático não chega a configurar uma barreira: é tão-só uma decorrência lógica do princípio geral *res inter alios acta* ou da ausência de efeito externo das obrigações – os contratos apenas vinculam quem os celebra[59]. Porém, convirá não esquecer que o ordenamento jurídico também consagra excepções a este princípio, pelo que a sua reafirmação neste preciso quadrante pode ser vista como uma *tomada de posição restritiva* por banda do legislador – o que é sobretudo verdade se tivermos em consideração que gora a expectativa comum ou leiga dos contraentes no sentido da máxima produção de efeitos (leia-se, da afectação directa da esfera societária)[60].

Por conseguinte, o conteúdo dos acordos parassociais é *irrelevante* para efeitos de impugnação de *actos da sociedade* ou *actos dos sócios para com a sociedade*: nem do *incumprimento* de um acordo parassocial válido[61], nem do *cumprimento* de

---

[58] V. GRAÇA TRIGO (1998), p. 125-128; MENEZES CORDEIRO (2007), p. 647-648. Nos antecedentes legislativos, importa igualmente mencionar o já referido Projecto de Vaz Serra sobre assembleias gerais – VAZ SERRA (1970), p. 131, ss.; bem como o Anteprojecto de CSC publicado no BMJ de 1983 – sobre o ponto, v. MENEZES CORDEIRO (2009), p. 121-122.

[59] PAIS DE VASCONCELOS (2006), p. 63. Para um sentido muito particular da eficácia relativa dos acordos parassociais, CARNEIRO DA FRADA (2009), p. 109-112 (a eficácia interna subjacente ao art. 17º visa proteger terceiros eventualmente prejudicados, não conceder-lhes um benefício).

[60] Expectativa ou aspiração gerada pela própria ligação estreita dos acordos parassociais à vida das sociedades, como notam GRAÇA TRIGO (2002), p. 178, e ANA FILIPA LEAL (2009), p. 174-175. Segundo RAÚL VENTURA (1992), p. 37, o nosso legislador terá tido a intenção de contrapor os efeitos *inter partes* produzidos pelos acordos parassociais "a outros que, *em teoria*, eles poderiam produzir e que a lei pretende *excluir*". Recorde-se que, no ordenamento jurídico brasileiro, o art. 118º da lei das sociedades anónimas permite, em certos termos, a oponibilidade de acordos parassociais à sociedade.

[61] Na conseguida formulação de GALVÃO TELLES (1951), p. 101-102, "a acção social do sócio exercida contra as directrizes a que se obrigou é sempre eficaz na determinação da acção da sociedade: simplesmente, a cargo do património privado do sócio remisso fica o ressarcimento dos prejuízos que causar". Em sentido diverso, no âmbito de acordos parassociais omnilaterais, CARNEIRO DA FRADA (2009), p. 128-130: será inválida a deliberação que contrarie tal acordo (por parte dos sócios que a viabilizaram "consubstanciará certamente uma violação do dever de lealdade"), correspondendo tal solução a uma "eficácia corporativa mediata ou indirecta do acordo parassocial".

um acordo parassocial inválido se podem retirar consequências que atinjam o plano societário[62]. Assim, não pode ser impugnada uma deliberação social de eleição de gerentes porque um dos sócios não votou nas pessoas que o acordo parassocial o vinculava a eleger; não pode a sociedade deixar de reconhecer como sócio o comprador de acções que foram vendidas com violação de uma obrigação parassocial de não vender ou de dar preferência a outro sócio[63].

Acresce que será igualmente *irrelevante* a pretensão dos contraentes no sentido de *alargar* a eficácia do acordo parassocial exigindo, para sua execução, a intervenção da sociedade – *v.g.*, estipulando a necessidade de consentimento da sociedade (via assembleia geral ou conselho de administração) para certos actos dos contraentes, ou determinando que a transmissão de acções violadora de um direito de preferência não será reconhecida pela sociedade[64].

À irrelevância em face da sociedade[65] adiciona-se a *irrelevância em face de terceiros* – sejam eles os outros sócios que já faziam parte da sociedade ou que para ela entraram posteriormente, sejam os cessionários das participações dos sócios vinculados[66].

Há, contudo, na doutrina, quem sustente que, em presença de acordos parassociais *celebrados por todos os sócios de uma sociedade* (uns perante os outros ou perante terceiros), ou pelo sócio único de uma sociedade unipessoal (perante

---

[62] V. LUCAS COELHO (1987), p. 85: a invalidade de um sindicato de voto não poderá fundar a invalidade dos votos emitidos em sua aplicação. Em sentido algo diverso, no âmbito de acordos parassociais omnilaterais (ineficácia *inter partes* das regras jussocietárias em caso de incumprimento do acordo), CARNEIRO DA FRADA (2009), p. 124-128.

[63] Exemplos apontados por COUTINHO DE ABREU (2009), p. 158; RAÚL VENTURA (1992), p. 37-38; PUPO CORREIA (2009), p. 188; OLIVEIRA ASCENSÃO (2000), p. 292; PAIS DE VASCONCELOS (2006), p. 63.

[64] RAÚL VENTURA (1992), p. 21.

[65] Irrelevância naturalmente excluída *quando a sociedade seja parte interveniente* no acordo parassocial, como admite GALVÃO TELLES (1951), p. 99 – se o sócio se comprometeu perante ela a realizar determinada prestação, tem a sociedade o direito de lhe exigir o cumprimento. O Autor alarga mesmo esta solução aos casos em que a *sociedade permaneceu estranha* ao acordo parassocial, celebrado entre sócios, por força do qual estes se *obrigaram a realizar uma prestação à sociedade*, apoiando-se na figura do *contrato em favor de terceiro*. No mesmo sentido, ANA FILIPA LEAL (2009), p. 176-177. A Autora acrescenta a hipótese de se *admitir*, no contexto da posição que vier a ser adoptada em geral sobre o discutido efeito externo das obrigações, *a eficácia contra terceiros* (e contra a própria sociedade nas vestes de terceiro) de um acordo parassocial – *v.g.*, direito a exigir o ressarcimento de danos do terceiro adquirente de um lote de acções objecto de um pacto de preferência – negando, contudo, a possibilidade de lhe ser conferida eficácia real nos termos dos arts. 421º e 413º CCiv (p. 177-179).

[66] GALVÃO TELLES (1951), p. 94; ANA FILIPA LEAL (2009), p. 175.

terceiros), será defensável a *produção de efeitos em relação à sociedade*, em resultado de uma operação de *desconsideração da personalidade jurídica societária*[67].

Embora ainda trilhando a senda da desconsideração, mais longe vai Carneiro da Frada: *um acordo parassocial omnilateral* (*i.e.*, que englobe todos os sócios) *pode sobrepor-se a regras jussocietárias*[68]. Por conseguinte, considera legítimo o *afastamento* e mesmo a *violação* de tais regras (ainda que imperativas e desde que apenas estejam em jogo interesses internos dos pactuantes, não interesses alheios) em nome do acordo parassocial que congregue a vontade unânime dos sócios; inversamente, a conduta conforme com essas regras *não exclui o incumprimento* de um acordo parassocial, *nem exime o infractor* das respectivas consequências. A eficácia alargada que propõe para os acordos parassociais corresponde, metodologicamente, a uma *redução teleológica do art. 17.º CSC*: não havendo sócios fora do acordo parassocial *e desde que não estejam em causa* interesses de terceiros, do tráfico jurídico ou do público em geral, a imposição de normas jussocietárias aos sócios subscritores *contra a sua vontade* "deixa de fazer sentido"[69].

4.2. A interface entre o social e o parassocial

A particularidade porventura mais relevante dos acordos parassociais (*maxime* dos omnilaterais) é a de, eliminando (no todo ou em parte, consoante o contingente de sócios envolvidos) o substrato pessoal como critério de diferenciação, colocarem em evidência a *delicadeza da distinção entre o social e o parassocial*[70]. Pensemos na polaridade, há muito detectada por Oppo[71], que, se por um lado *separa* o parassocial da disciplina legal e estatutária da relação social, por outro lado também *supõe* a coexistência com, o complemento da e a ligação a essa mesma relação social[72].

---

[67] GRAÇA TRIGO (2002), 178. Contra, OLAVO CUNHA (2006), p. 114 – "a inobservância do disposto num acordo parassocial, ainda que vinculasse a totalidade dos sócios, não é motivo para a propositura de acção de anulação de deliberação social".
[68] CARNEIRO DA FRADA (2009), p. 100 e *passim*.
[69] CARNEIRO DA FRADA (2009), p. 108 e 113.
[70] Para uma visão geral do problema, ANA FILIFA LEAL (2009), p. 144-147.
[71] OPPO (1987), p. 517. Polaridade abundantemente retomada pela nossa doutrina – *v.g.*, PUPO CORREIA (2009), p. 186-187; GRAÇA TRIGO (2002), p. 169.
[72] Ligação bem presente no modo como RAÚL VENTURA (1992), pp. 35-37, resolve os problemas de *conflito de leis* aplicando aos acordos de voto a *lei pessoal da sociedade* em vez das as regras de conflitos em matéria de contratos.

Na verdade, para lá de um núcleo relativamente nítido marcado por imposições ou proibições normativas[73], existe uma vasta e nebulosa *zona partilhada* no que respeita às matérias que tanto podem ser versadas pelos estatutos societários como pelos acordos parassociais[74]. Ora, a opção por uma ou outra sede, quando admitida, não é indiferente sob diversos pontos de vista: desde logo, como vimos, no plano da *eficácia* (apenas os estatutos vinculam a sociedade e respectivos órgãos e são oponíveis a terceiros), mas também quanto ao *regime aplicável* ao acto em si. Assim, o acto de constituição da sociedade está sujeito a *forma* especial, a *registo* e, as mais das vezes, a *publicação*, mas para os acordos parassociais vale o princípio da liberdade de forma (art. 219º CCiv), não sendo, normalmente, exigido qualquer registo ou publicação[75]. Por outro lado, enquanto o acto constituinte da sociedade está principalmente sujeito à disciplina do CSC no que respeita a vicissitudes como a sua *invalidade, alteração* ou *extinção*, para os acordos parassociais vigorará, geralmente, a disciplina comum (civil) dos contratos[76].

Neste cenário, na *opção* que se faça de incluir uma matéria num acordo parassocial em detrimento dos estatutos pesarão *factores* como a conveniência em evitar a publicidade ou divulgação; em excluir pretensões directas de terceiros ou em assegurar uma mais fácil modificação do pactuado – ou, simplesmente, o objectivo de disciplinar uma matéria apenas quanto a alguns (e não todos) os sócios[77].

A delimitação da fronteira entre o social e o parassocial confronta-nos, ainda, com o problema da *articulação material* entre os estatutos da sociedade e os acor-

---

[73] Como nota COUTINHO DE ABREU (2009), p. 157, há regulamentação que *deve* constar dos estatutos (desde logo, as chamadas menções obrigatórias gerais e específicas de cada tipo societário) e matérias que estão *fora* do campo de acção dos acordos parassociais (como a conduta de titulares de órgãos de administração e fiscalização, *ex vi* art. 17º, 2).

[74] Pense-se na autorização para a cessão de quotas, no direito de preferência na alienação de participações sociais, etc – COUTINHO DE ABREU (2009), p. 157.

[75] COUTINHO DE ABREU (2009), p. 157; GALVÃO TELLES (1951), p. 87-88, RAÚL VENTURA (1992), p. 40 (salvaguardando a necessidade de forma escrita para a validade de certas cláusulas, como a compromissória, e reconhecendo que, na prática, "a frequente complexidade dos acordos, bem como a sua duração, não se compadece com a insegurança da forma oral"). Cfr., todavia, RL 13-12-2007, proc. nº 6321/2007-1, em que foi invocado um acordo parassocial verbal. Veja-se, ainda, o que diremos *infra*, ponto 7., sobre a publicação e registo de certos acordos parassociais.

[76] COUTINHO DE ABREU (2009), p. 157.

[77] V. RAÚL VENTURA (1992), p. 18; GALVÃO TELLES (1951), p. 79 e 85. Repare-se que, *se* estivermos parte um acordo parassocial omnilateral, a sua modificação é mais difícil do que uma alteração do estatuto (ao menos nas sociedades anónimas e nas sociedades por quotas), já que exige *unanimidade* (art. 406º CCiv) e não a maioria, ainda que qualificada.

dos parassociais enquanto *negócios jurídicos* (apenas) *formalmente autónomos*[78]. As consequências da resposta não se esgotam no plano teórico, podendo influenciar a resolução de diversos problemas (interpretação; hierarquia regulatória entre o social e o parassocial, etc.). Para alguns, os acordos parassociais são estipulações *acessórias* (embora independentes) do acordo criador da sociedade[79], com o qual mantêm uma relação de *dependência* funcional unilateral[80] ou de *coligação* necessária[81] Há quem considere o acordo social como *base negocial* do acordo parassocial[82]; para outros[83], os acordos parassociais são convenções *infra-estatutárias*. Por último, foi recentemente defendido entre nós que o posicionamento recíproco dos acordos parassociais e do pacto social é *móvel*, relativizando o "dogma" da acessoriedade[84]

A doutrina tem vindo a admitir a possibilidade de estatuto social conter *regras sobre os acordos parassociais* – *v.g.*, cláusula proibitivas de acordos de voto ou impondo aos sócios o dever de comunicar à sociedade a sua celebração[85]. Debate-se, ainda, a eventual *convertibilidade* de cláusulas estatutárias ou de deliberações sociais inválidas *em* estipulações parassociais[86].

---

[78] Considerando, não obstante, que a unicade ou diversidade de documentos não é critério de distinção entre o social e o parassocial, LEITE SANTOS (1996), p. 31-39. GALVÃO TELLES (1951), p. 89, parece admitir a possibilidade de um acordo parassocial ter como *sede formal* os estatutos da sociedade; no mesmo sentido, ANA FILIPA LEAL (2009), p. 147.
[79] GALVÃO TELLES (1951), p. 74-75.
[80] PAIS DE VASCONCELOS (2006), p. 63, argumentando que o contrato de sociedade pode subsistir sem o acordo parassocial, mas não vice-versa.
[81] LEITE SANTOS (1996), p. 63-66.
[82] ANA FILIPA LEAL (2009), p. 171.
[83] PEREIRA DE ALMEIDA (2008), p. 294.
[84] CARNEIRO DA FRADA (2009), p. 119-121.
[85] V. RAÚL VENTURA (1992), p. 38-39. Sobre aquelas últimas cláusulas, v. também ANA FILIPA LEAL (2009), p. 173, nt. 172, embora considere que a comunicação realizada não torna os pactos parassociais oponíveis à sociedade. Quanto às primeiras cláusulas referidas, a Autora (p. 172-173) aceita igualmente a hipótese de o pacto social prever obrigações de *non contrahendo* (cuja violação acarretará consequências indemnizatórias perante a sociedade); considera todavia, que ao pacto social não é possível *ditar a invalidade* dos acordos parassociais: seria um restrição inadmissível da autonomia privada que o nosso sistema jurídico rejeita cominando, justamente, a nulidade dessa cláusula por verdadeira impossibilidade legal (art. 280º do CCiv.).
[86] Cfr. ANA FILIPA LEAL (2009), p. 150-154, dando como exemplo a convertibilidade de uma cláusula limitativa das transmissibilidade de acções, ou de uma deliberação social de alteração do estatuto nesse sentido, sempre que ultrapassem os limites do art. 328º do CSC.

5. O incumprimento dos acordos parassociais

As partes dos acordos parassociais preocupam-se, desde o início e de forma muito vincada, com o espectro do incumprimento – preocupação que não surpreende, dado o contraste entre o papel fulcral destes acordos na prossecução de um determinado projecto societário e a ausência de consequências jurídicas directas do seu incumprimento nesse mesmo plano societário[87]. Há que compensar esta fragilidade dotando os pactos parassociais de mecanismos que dissuadam a respectiva violação.

5.1. Mecanismos de compulsão ao cumprimento

Destaca-se, neste contexto, o recurso abundante à inserção de *cláusulas penais*, cujo valor elevado indicia muitas vezes uma função sancionatória e cujo accionamento dispensa a prova (e, amiúde) a existência de danos[88]. Boa parte dos litígios que conseguem romper o manto de sigilo que envolve os acordos parassociais dizem, aliás, respeito à contestação do valor da pena convencional por parte do sócio inadimplente, *ex vi* art. 812º CCiv..

Com a cláusula penal coexistem, porém, muitas outras "arquitecturas jurídicas" engendradas pelas partes que "não confiam na eficácia dos meios de puro direito das obrigações": sirva de exemplo, no contexto de um acordo de voto, a instituição de mandatário para o exercício de direito de voto na assembleia que previne "arrependimentos" de última hora dos sócios vinculados (e, se o mandato for imperativo, também acautela contra a conduta do próprio mandatário)[89]. Utilizado parece ser ainda o contrato de depósito *escrow*, em

---

[87] Como frisa RAÚL VENTURA (1992), p. 21, os pactuantes "não podem contar com as sanções próprias das relações societárias, nem para a impugnação de actos sociais, nem para reforçar a eficácia do acordo". Exemplifica GALVÃO TELLES (1951), p. 91: não pode haver lugar à exclusão de sócio, nem à amortização compulsiva de participações sociais.

[88] A análise de uma situação concreta é realizada por PINTO MONTEIRO (1999-2000), p. 54-60. A doutrina em geral salienta a conveniência em recorrer a cláusulas penais indemnizatórias, já que a dificuldade do cômputo dos danos obstará quase sempre à praticabilidade da indemnização tendente a ressarci--los. V., nomeadamente, MENEZES CORDEIRO (2009), p. 123 (mencionando a estipulação de "cláusulas penais muito enérgicas"); a (2007), p. 652 (a estipulação de pesadas cláusulas penais é o "caminho aberto" para as partes conferirem "eficácia absoluta" aos acordos parassociais – procedimento à partida lícito mas que deve ser criteriosamente sindicado pelos tribunais através do art. 812º do CCiv.); PAIS DE VASCONCELOS (2006), p. 64. Na jurisprudência, cfr. RL 29-11-2007, proc. nº 5159/2007-2; e STJ 10-07-2008, doc. nº SJ20080710016986 (ambos sobre um litígio em torno do valor e accionamento de uma pena convencional), em www.dgsi.pt.

[89] Assim RAÚL VENTURA (1992), p. 28 e 46-47.

que o depositário fica irrevogavelmente instruído sobre o fim a dar aos bens à sua guarda[90].

5.2. A (in)admissibilidade de execução específica

Para além dos mecanismos convencionalmente estipulados, gozam as partes cumpridoras dos direitos que emergem do quadro legal relativo ao *incumprimento das obrigações*. Aplicável parece continuar o princípio geral do art. 817º CCiv. (que faculta ao credor exigir judicialmente o cumprimento), pelo menos quanto a certos acordos parassociais e desde que a prestação ainda seja possível[91]. Contudo, a regra plasmada no nº 1 do art. 17º é susceptível de impor alguma moderação quanto ao alcance do exercício (ou, mesmo, quanto ao próprio exercício) de tais direitos. Na verdade, também a *reacção* contra o incumprimento dos acordos parassociais não pode, parece, ser levada ao ponto de *indirectamente* acabar por suscitar a impugnação dos actos da sociedade ou dos sócios para com a sociedade.

Esta asserção torna problemática a admissão de uma faculdade de *execução específica* dos acordos parassociais, em particular quando estejam em causa vinculações de voto relacionadas com a adopção de deliberações sociais. Há quem *recuse* a possibilidade de execução específica com diversos argumentos. A execução por meio de sentença que produza os efeitos da declaração negocial do faltoso apenas é possível nos casos previstos no art. 830º do CCiv., onde não se incluiriam as obrigações resultantes de acordos parassociais[92]. Além do mais, o cumprimento da obrigação ter-se-á tornado impossível: a oportunidade de voto desapareceu com a reunião da assembleia[93]. Admitir uma acção de cumprimento sob a forma de execução específica seria conferir ao acordo parassocial uma eficácia *supra partes*, inconciliável com a eficácia meramente obrigacio-

---

[90] Assim ANA FILIPA LEAL (2009), p. 179; MENEZES CORDEIRO (2007), p. 654 (que refere, ainda, a utilidade, neste contexto, de cláusula de rescisão, com ou sem pré-aviso).
[91] ANA FILIPA LEAL (2009), p. 179; PAIS DE VASCONCELOS (2006), p. 63-64.
[92] RAÚL VENTURA (1992), p. 83-84.
[93] Assim RAÚL VENTURA (1992), p. 84, considerando igualmente "fantasiosas" as ideias de "a execução se fazer por meio de voto em nova deliberação, que revogasse ou alterasse a primeira", tanto mais o facto devido (participação na assembleia e emissão de voto) não é fungível. Também em sentido contrário à admissibilidade de execução específica, OLIVEIRA ASCENSÃO (2000), p. 296 ("doutra maneira vai-se influir no carácter autónomo, desligado de vinculações anteriores, da própria actuação do sócio como tal"); MENEZES CORDEIRO (2009), p. 123; ANA FILIPA LEAL (2009), p. 182-183 (em hipóteses de acordo de voto e com uma excepção – cfr. *infra*); PEREIRA DE ALMEIDA (2008), p. 298-299 (apenas no que respeita às vinculações de voto e sugerindo, como alternativa à fragilidade dos acordos parassociais em situações destas, a constituição de uma SGPS).

nal cominada pelo art. 17º, 1⁹⁴. Como alternativa, é sugerido que os pactuantes receosos requeiram uma *providência cautelar não especificada* que, na previsão da violação do acordo em determinada assembleia, ordene ao potencial faltoso o cumprimento da sua obrigação⁹⁵.

Contudo, para alguma doutrina, a execução específica permanece um mecanismo exequível *nas relações entre sócios* que hajam subscrito um acordo parassocial cujo objecto seja uma promessa de transmissão de participações sociais⁹⁶. E pode não ser excluída sequer nas hipóteses de acordos de voto – se houver *declaração antecipada* de não cumprimento por parte do devedor⁹⁷; ou mais, radicalmente, mesmo no que toca a *deliberações sociais futuras* (sobre assuntos ainda não submetidos a deliberação) ou no que respeita à *renovação de deliberações* (quando os efeitos das anterior mente tomadas ainda possam ser alterados)⁹⁸.

5.3. O incumprimento não sancionado

Note-se, ainda, que o "incumprimento" de acordos parassociais pode ficar sem sanção ou consequência jurídica num certo número de hipóteses. Desde logo, sempre que o acordo parassocial haja de reputar-se ferido de *nulidade*, nos termos adiante explanados⁹⁹: o negócio nulo não produz os efeitos a que vai dirigido, logo não estava o sócio aparentemente faltoso juridicamente vinculado a assumir o comportamento que enjeitou¹⁰⁰, nem incorre na eventual pena convencionalmente prevista¹⁰¹. Atenção, todavia, à actuação do princípio geral *utile per inutile non vitiatur*, quer através da *redução* do acordo parassocial que contenha cláusula nulas (as restantes poderão manter a sua validade nos termos do art. 292º do CCiv.), quer através daquilo a que a doutrina chama "*depuração*" dos

---

⁹⁴ MENEZES CORDEIRO (2007), p. 651 – isto porque "o voto [a emitir pelo tribunal] tem efeitos societários: não meramente obrigacionais".
⁹⁵ RAÚL VENTURA (1992), p. 84. Colocando sérias reservas a esta possibilidade, todavia "aliciante", GRAÇA TRIGO (1998), p. 225-228.
⁹⁶ ANA FILIPA LEAL (2009), p. 179; PEREIRA DE ALMEIDA (2008), p. 298; PAIS DE VASCONCELOS (2006), p. 64.
⁹⁷ ANA FILIPA LEAL (2009), p.183.
⁹⁸ GRAÇA TRIGO (1998), p. 216-225, defendendo a aplicação do art. 830º CCiv. ao exercício do direito de voto enquanto declaração de vontade e sustentando a sua não infungibilidade no que respeita à determinação do sentido.
⁹⁹ Cfr. *infra*, ponto 6..
100 Assim, RAÚL VENTURA (1992), p. 74 e 80 (com interessantes exemplo concretos desta "libertação" via nulidade).
101 Que, sendo acessória da obrigação principal, é contaminada pela sua invalidade – assim já FERNANDO OLAVO (1956), p. 197-198.

efeitos de uma (única) cláusula, conforme as circunstâncias em que actuará a obrigação dela nascida[102].

Também a *ausência de culpa* na violação do acordo parassocial permite ao inadimplente furtar-se às consequências, legais ou convencionais, do seu incumprimento[103]. E não ficam por aqui as vicissitudes permitem aos pactuantes "subtrair-se ao compromisso *literalmente* assumido": há que ter em conta a revogabilidade unilateral *ad nutum* das vinculações duradouras; a regra da resolubilidade ou modificabilidade dos contratos por alteração das circunstâncias; a doutrina do abuso de direito; ou até a mera interpretação ou integração do negócio jurídico nos termos gerais do CCiv.[104] Acresce, ainda, para quem advogue a prevalência da vinculação estatutária sobre a vinculação parassocial, que o respeito pela primeira constituirá uma *causa justificativa* para o incumprimento da segunda, excepto se o sócio prevaricador tiver culpa na contradição que entre ambas ocorre[105].

6. Limites à admissibilidade dos acordos parassociais
6.1. Condutas proibidas por lei – art. 17º, 1

Naturalmente que os acordos parassociais, enquanto negócios jurídicos, estão submetidos às *exigências gerais* formuladas no art. 280º do CCiv, nomeadamente no que toca à não contrariedade à lei, à ordem pública ou aos bons costumes, sob pena de *nulidade*. Por conseguinte, o nº 1 do art. 17º do CSC apenas vem replicar uma necessidade que já decorre daqueles princípios gerais: a de os acordos

---

[102] Desenvolvidamente, RAÚL VENTURA (1992), p. 82-83.
[103] Veja-se o caso tratado por PINTO MONTEIRO (1999-2000), p. 54: um sócio vinculado a manter certo administrador em funções vota favoravelmente, em assembleia geral, a sua *destituição sem justa causa* – incorrendo, portanto, tecnicamente em incumprimento do acordo parassocial. Todavia, é admitido a demonstrar *ex post*, como meio de ilidir a presunção contratual de culpa (art. 799º do CCiv.), que, em concreto, se verificavam as circunstâncias suficientes para uma *destituição com justa causa*, pelo que o seu comportamento não merece, do ponto de vista do acordo parassocial, qualquer juízo de censura, não incorrendo, assim, na pena convencionalmente prevista. Em sentido concordante, PAIS DE VASCONCELOS (2006), p. 64, nt. 91. Trata-se, em nosso entender, de uma interessante projecção da *clivagem* entre o social e o parassocial numa dimensão prática: as circunstâncias que consubstanciavam a existência de uma justa causa de destituição *não* foram feitas valer no plano deliberativo-social, *mas* relevaram decisivamente no plano parassocial. Cfr., todavia, em sentido crítico, PINTO FURTADO (2009), p. 456. O Acórdão pode ser consultado em www.dgsi.pt, STJ 11-03-99, doc. nº SJ199903110000721.
[104] Assim LOBO XAVIER (1985), p. 652-653, com exemplos. Na jurisprudência, STJ 11-03-99, doc. nº SJ199903110000721.
[105] Culpa que estará presente se a vinculação parassocial tiver nascido, desde logo, ao arrepio da vinculação societária – assim GRAÇA TRIGO (1998), p. 192. Sobre a questão da prevalência, cfr. *infra*, ponto 6.4.1..

parassociais respeitarem a lei, não erigindo em obrigação uma conduta por ela proibida[106].

No específico campo da *disciplina societária*, são apontados como exemplos de acordos parassociais *nulos por violação da lei* aqueles que quebrem a proibição do pacto leonino (art. 22º, 3)[107]; que obriguem a votar no sentido determinado por um sócio impedido de votar (arts. 251º, 384º, 6)[108]; que conduzam à tomada de deliberações nulas ou anuláveis[109]; que privem irrevogavelmente o accionista do seu direito de voto[110]; que vinculem ao reconhecimento da administração permanente por um determinado accionista[111]; que impeçam a transmissão de participações sociais de modo a tornar o sócio "prisioneiro da sociedade", ou que eliminem ou dispam de conteúdo o direito dos sócios à informação[112]; que violem o princípio fundamental da igualdade de tratamento dos sócios[113].

À interrogação, levantada por Raúl Ventura, quanto à viabilidade de um acordo parassocial violar *preceitos imperativos do direito das sociedades* quando estes só por estipulação do acto constituinte ou por deliberação dos sócios poderão ser violados[114] deve responder-se mobilizando a categoria da *fraude à lei*[115]. Nos exemplos acima apontados, os efeitos do acordo parassocial visam um resultado proibido pela lei societária, ainda que esta não haja previsto (e, concomitantemente, vedado) a consecução desse resultado pela via parassocial. Dife-

---

[106] O legislador apenas terá querido ser cauteloso, segundo RAÚL VENTURA (1992), p. 20 e 72 (acrescentando a ressalva dos "limites da lei" imposta ao conteúdo da prestação e à celebração de contratos pelos arts. 398º, 1, e 405º, 1, do CCiv). Assim também PUPO CORREIA (2009), p. 188. OLAVO CUNHA (2006), p. 117, recorre directamente ao art. 294º CCiv. para fundar a nulidade das cláusulas de um acordo parassocial que viole uma disposição legal imperativa.

[107] COUTINHO DE ABREU (2009), p. 158. Desenvolvidamente, sobre os pactos leoninos extra-estatutários, LEITE SANTOS (1996), p. 73-78.

[108] COUTINHO DE ABREU (2009), p. 158; GRAÇA TRIGO (2002), p. 176; RAÚL VENTURA (1992), embora considerando não ser axiomática a premissa de que o legislador quis impedir toda e qualquer influência do sócio impedido sobre a assembleia.

[109] COUTINHO DE ABREU (2009), p. 158-159; GRAÇA TRIGO (1998), p. 177. Em sentido parcialmente coincidente, RAÚL VENTURA (1992), p. 73.

[110] RAÚL VENTURA (1992), p. 75-78, com problematização e exemplos.

[111] Realçando a contrariedade desta estipulação com os "princípios legislativos que conferem ao mandato de administradores um carácter temporário e que expressamente determinam a possibilidade da sua revogação", GALVÃO TELLES (1951), p. 101.

[112] Assim PEREIRA DE ALMEIDA (2008), p. 297-298, salientando, todavia, que "na prática, o que se acorda é precisamente o contrário: um direito mais alargado à informação dos sócios".

[113] OLAVO CUNHA (2006), p. 118.

[114] RAÚL VENTURA (1992), p. 73.

[115] Como faz GALVÃO TELLES (1951), p. 94-96, considerando que é o "resultado em si mesmo considerado que a lei reprova, sem se importar com a forma ou meio adoptados para o conseguir".

rentemente, considera Ana Filipa Leal que os acordos parassociais *não* estão sujeitos, *prima facie*, aos imperativos próprios do direito societário: dependerá da *interpretação* dos concretos enunciados normativos apurar se determinado preceito se dirige *apenas* à regulação do contrato social ou *também* à regulação de qualquer contrato com ele relacionado[116].

6.2. Independência dos órgãos sociais

Os limites constantes do n.º 2 do art. 17.º e das als. a) e b) do n.º 3 do art. 17.º podem, não obstante a sua diversidade, agrupar-se sob um *denominador comum*: o princípio da tipicidade societária enquanto garantia da *independência dos órgãos* sociais e da *distribuição imperativa de competências* entre eles[117]. Dito isto, cada um dos preceitos procura concretizar tal princípio num vector particular.

6.2.1. Art. 17.º, 2

O art. 17.º, 2, proíbe que os sócios dirijam instruções aos membros dos órgãos de administração e fiscalização fora do quadro em que elas possam ser legítimas, isto é, fora da via deliberativo-social[118]. Há, todavia, quem conclua que são *lícitos* os acordos parassociais sobre matérias de administração acessíveis a deliberação dos sócios[119]. Indo mais longe, outros defendem que o preceito deve ser *interpretado restritivamente*: proibidas estarão *apenas* as cláusulas que imponham aos titulares dos órgãos condutas concretas, mas não já aquelas que exijam a unanimidade, ou o voto de certo administrador para a tomada de determinadas decisões[120].

---

[116] ANA FILIPA LEAL (2009), p. 157-158.
[117] Nas palavras de OLIVEIRA ASCENSÃO (2000), p. 297, pretende impedir-se que "os titulares desses órgãos ou as forças que estes representem, se perpetuem ou ganhem o domínio absoluto sobre a sociedade, esvaziando os outros órgãos".
[118] COUTINHO DE ABREU (2009), p. 159.
[119] Assim RAÚL VENTURA (1992), p. 62-63, variando apenas o *espaço* deixado a tais acordos consoante o tipo de sociedade: muito vasto nas sociedades por quotas (art. 259.º), estreita-se consideravelmente nas sociedades anónimas (arts. 373.º, 3, e 405.º, 1). Em consonância, reputa inválidas as cláusulas em que os accionistas se comprometem a dar instruções em certo sentido aos administradores por si indicados ou escolhidos, bem como as cláusulas estabelecendo as regras a observar no caso de cooptação de administradores (cfr. art. 406.º b)). Em sentido concordante, LEITE SANTOS (1996), p. 226-227; e ANA FILIPA LEAL (2009), p. 161. Já MENEZES CORDEIRO (2009), p. 122, advoga, no que toca à administração (mas não à ficalização), a "redução" do art. 17.º, 2, às sociedades anónimas: "nos outros tipos, o assunto deve ser ponderado caso a caso".
[120] PEREIRA DE ALMEIDA (2008), p. 296. Muito mais radical é a posição de CARNEIRO DA FRADA (2009), p. 111-112: por interpretação teleológica do art. 17.º, 2, um acordo parassocial omnilateral que imponha à sociedade uma certa política comercial sujeitando os administradores às instruções dos sócios *torna-se vinculativo* para esses administradores, desde que não sejam atingidos (como não será normalmente

Seja como for, está manifestamente em causa *evitar* uma invasão ou apropriação pelos sócios da esfera de competência daqueles órgãos[121]: um acordo parassocial não pode ter como objecto actos ou omissões cuja concretização dependa do *comportamento* de membros de órgãos de administração ou de fiscalização, quer estes sejam sócios subscritores do acordo, quer pessoas alheias ao mesmo[122]. Segundo Graça Trigo, esta proibição representa, na prática, uma "fortíssima condicionante" à liberdade de estipulação do conteúdo dos acordos parassociais, já que um dos "objectivos tradicionais" destes acordos o de assegurar o controlo directo sobre a actividade da administração da sociedade; será provavelmente, portanto, "uma das limitações mais frequentemente violada"[123].

A *ratio* do art. 17º, 2, encontra-a a doutrina no já referido *princípio da tipicidade* consagrado no art. 1º, 3, do CSC: a defesa do interesse público, a protecção dos sócios e a tutela dos credores, que não poderiam contar com uma organização *a latere*, diferente da plasmada no pacto social[124]. Complementa-a, todavia, com a necessidade de garantir a *liberdade* e *responsabilidade* dos administradores que, no exercício das suas funções, estão adstritos à realização do interesse social[125] e ao preceituado pelo art. 64º do CSC[126].

o caso) interesses de terceiros. O Autor vai, inclusive, buscar apoio ao art. 83º do CSC, na medida em que a norma reconhece a possibilidade de um sócio, só por si ou juntamente com as pessoas a que se encontre ligado por via de um acordo parassocial, exercer influência sobre a conduta de um administrador: tal facto não implica qualquer reprovação da ordenamento jurídico enquanto não representar um prejuízo para a sociedade ou demais sócios (83º, 4, CSC).

[121] Preocupação já expressa por GALVÃO TELLES (1951), p. 102, antes da vigência do actual 17º, 2 do CSC. Para PUPO CORREIA (2009), p. 188, não seria aceitável que um acordo parassocial subordinasse ao interesse dos sócios o interesse da sociedade, "que é o único que pode estar na mira da actuação dos membros dos órgãos de administração e fiscalização"; em sentido idêntico, OLIVEIRA ASCENSÃO (2000), p. 297.

[122] Cfr. ANA FILIPA LEAL (2009), p. 160 e 162 – *v.g.*, obrigação de dar ou receber instruções; indicação dos casos em que o conselho de administração deve conceder ou recusar o consentimento à transmissão de acções.

[123] Já que "dificilmente os sócios abdicam da possibilidade de influenciar, de forma mais ou menos directa, a actuação dos órgãos de administração" – v. GRAÇA TRIGO (2002), p. 174-175; por isso se encontram, com frequência, cláusulas de acordos parassociais segundo as quais as partes se dispõem a *"envidar esforços"* no sentido de fazer com que a administração siga uma determinada política de ordem financeira, comercial, etc. (p. 175). Confirmando estas asserções, veja-se RL 05-03-2009, proc. nº 686/2009-6, em www.dgsi.pt (nulidade de diversas cláusulas de um acordo parassocial por "invasão duma área de competência exclusiva do órgão de administração").

[124] MENEZES CORDEIRO (2007), p. 655-656; ANA FILIPA LEAL (2009), p. 162.

[125] Assim CALVÃO DA SILVA (1996), p. 249; LEITE SANTOS (1996), p. 221; GRAÇA TRIGO (2002), p. 175; PAIS DE VASCONCELOS (2006), p. 64; ANA FILIPA LEAL (2009), p. 162-163.

[126] OLAVO CUNHA (2006), p. 117-118.

6.2.2. Art. 17º, 3, als. a) e b)

O nº 3 do art. 17º ocupa-se de particularidades relativas a uma das categorias mais frequentes de acordos parassociais – os acordos de voto[127]. As duas primeiras alíneas visam salvaguardar a *repartição de competências* entre os vários órgãos sociais, impedindo, desta feita, que o órgão deliberativo-interno seja "comandado" por outros[128]; evita-se, assim, uma orgânica paralela, à margem da oficial, que defraude o princípio da tipicidade[129].

A al. *a)* do nº 3 do art. 17º comina a nulidade para os acordos parassociais que obriguem um sócio a votar seguindo sempre as instruções da sociedade ou de um dos seus órgãos. Ora, os órgãos sociais emitentes das instruções poderão ser o órgão de administração e representação ou o órgão de fiscalização[130]. No primeiro caso, impõem-se algumas clarificações. Se o órgão de administração e representação *actua como tal*, ou seja, como órgão ou "representante" da sociedade, estamos perante instruções emitidas *pela* sociedade[131]. Se as instruções forem oriundas de um ou mais sujeitos titulares do órgão sem peso suficiente para determinar as deliberações nele tomadas, estamos *fora* do campo de aplicação da norma[132]. Por conseguinte, e atendendo a sua *ratio* (salvaguardar a repartição de competências[133]) este segmento da proibição dirige-

---

[127] Nas suas três alíneas, o nº 3 do art. 17º do CSC reproduz, quase integralmente, o art. 35º da Proposta de 5ª Directiva em matéria de direito das sociedades, na sua versão originária (v. JOCE nº C131, de 13/12/72), mantida na primeira modificação da Proposta (v. JOCE nº C240, de 9/9/83); na modificação seguinte (v. JOCE nº C7, de 11/1/91), o art. 35º da Proposta sofreu ligeiras alterações (mantidas na terceira modificação, publicada no JOCE r.º C321, de 12/12/91). Por sua vez, o art. 35º da Proposta de 5ª Directiva foi buscar inspiração aos §§ 136(2) e 405(3), 6. e 7., da AktG alemã de 1965, razão pela qual a doutrina nacional se vale frequentemente dos contributos da sua congénere germânica para a delimitação do sentido e âmbito de aplicação do nosso art. 17º,3.

[128] V. COUTINHO DE ABREU (2009), p. 160; GRAÇA TRIGO (2002), p. 175; RAÚL VENTURA (1992), p. 64; ANA FILIPA LEAL (2009), p. 164.

[129] MENEZES CORDEIRO (2007), p. 656 – de outro modo, operar-se-ia uma dissociação entre o capital e o risco semelhante à detenção (à margem do permitido) de acções próprias pela sociedade; tb. LUCAS COELHO (1987), p. 86.

[130] São abrangidas, portanto, as instruções oriundas de todos ou da maioria dos membros do órgão de fiscalização – v. COUTINHO DE ABREU (2009), p. 160.

[131] COUTINHO DE ABREU (2009), p. 159 (as instruções da sociedade podem ser dadas através do órgão de representação, de mandatário ou de procurador cfr. arts. 252º, 6, 391º, 7); RAÚL VENTURA (1992), p. 64.

[132] V. COUTINHO DE ABREU (2009), p. 159-160; RAÚL VENTURA (1992), p. 65 (pelo menos para o caso em que as instruções provenham de "um membro isolado" do órgão).

[133] Segundo PUPO CORREIA (2009), p. 188, as als. a) e b) do nº 3 do art. 17º visam salvaguardar a autonomia do exercício do direito de voto, pelos sócios em relação à sociedade e aos seus órgãos, obstando "à inversão da ordem natural das coisas: os sócios é que devem formar a vontade social, pelo que não é admissível que se submetam à vontade da própria sociedade ou dos seus órgãos, que têm por mis-

-se *apenas* às instruções emitidas pela maioria dos membros do órgão ou, então, às instruções emitidas pela totalidade dos membros desprovidos dessa veste "orgânico-funcional"[134].

Também pelas razões acima apontadas, a al. *b)* do nº 3 do art. 17º fere de nulidade os acordos que obriguem os sócios a aprovar sempre *as propostas* feitas pelos órgãos da sociedade – logrando um *efeito igual ou ainda mais directo* do que o previsto da norma anterior, pois aqui não há sequer necessidade de uma instrução[135].

O alcance do advérbio *"sempre"*, presente tanto na al. a) como na al. b) do nº 3 do art. 17º, tem suscitado divergências na doutrina. Para alguns, isso significa que um *acordo pontual* – para aprovar, por exemplo, uma certa proposta isolada de um órgão da sociedade – não cabe na letra nem no espírito da lei: não apresenta a gravidade de um acordo duradouro, nem cria a intolerável influência entre órgãos que o preceito pretende evitar[136]. Para outros, pelo contrário, a interpretação teleológica daqueles preceitos não deixará de sujeitar à nulidade *também* os acordos de voto dirigidos a concretas situações[137].

6.3. "Venda" de votos – art. 17º, 3, al. c)

Apesar de o nº 2 do art. 17º vir expressamente admitir que os acordos parassociais digam respeito ao exercício do direito de voto, a al. c) do nº 3 impõe-lhes a proibição da chamada *venda de votos*. Ou seja, se é lícito ao sócio comprometer-

---

são exprimi-la e executá-la". Para LUCAS COELHO (1987), p. 97, pretende evitar-se a que administração adquira uma influência sobre o resultado da votação em assembleia geral; na senda do direito alemão, será *indiferente* que a obrigação seja assumida perante a sociedade, o órgão, outro accionista ou mesmo um terceiro.

[134] COUTINHO DE ABREU (2009), p. 159-160; GRAÇA TRIGO (1998), p. 163-164; RAÚL VENTURA (1992), p. 65 (entende que a proibição se aplica à "colectividade dos membros do órgão", quando expressamente ou pelas circunstâncias for excluída a actuação em nome da sociedade); ANA FILIPA LEAL (2009), p. 165.

[135] RAÚL VENTURA (1992), p. 65-66. Para OLIVEIRA ASCENSÃO (2000), *a contrario* "seriam válidos os pactos pelos quais os sócios se obriguem a votar sempre segundo instruções, ou a aprovar sempre as propostas, de outros sócios".

[136] LUCAS COELHO (1987), p. 56; RAÚL VENTURA (1992), p. 66; LEITE SANTOS (1996), p. 228-229 GRAÇA TRIGO (1998), p. 165; PUPO CORREIA (2009), p. 188; OLIVEIRA ASCENSÃO (2000), p. 297 (a lei não admite a "subordinação total", mas abre a porta à "vinculação para objectivos determinados"); PEREIRA DE ALMEIDA (2008), p. 297.

[137] COUTINHO DE ABREU (2009), p. 160, defendendo a nulidade, por exemplo, do acordo parassocial que obrigue alguns sócios a votar o relatório de gestão e contas do corrente exercício (ainda não elaborado) seguindo as instruções do conselho de administração da sociedade. Em sentido idêntico, MENEZES CORDEIRO (2007), p. 657; ANA FILIPA LEAL (2009), p. 165-166.

-se a votar neste ou naquele sentido (ou a ficar-se pela abstenção[138]), já não lhe é permitido fazê-lo em contrapartida de *vantagens especiais*. Não se trata, obviamente, da venda do próprio direito de voto, destacado da acção[139].

O fundamento desta específica proibição encontra-o a doutrina na circunstância de aquele que vincula o seu voto apenas para receber uma contrapartida pessoal não estar, quando efectivamente vota, a exercer a actividade em comum, mas tão-só a cumprir a obrigação de que já recebeu contrapartida[140]. Pouco importa, por isso, o concreto sentido do voto vinculado[141]. Há quem saliente, também, a "compra" de voto poderia *dar azo* a deliberações abusivas e *dissociar* o risco da detenção de capital, que funciona como "motor essencial de equilíbrio"[142]. Outros, ainda, entendem que o legislador visou coibir a *venialidade* do voto, impondo uma barreira à crescente patrimonialização das faculdades pessoais[143].

Em causa estarão, portanto, vantagens[144], patrimoniais ou não[145], que caibam apenas[146] aos sócios que se obrigaram a votar em determinado sentido (ou a não votar), e que estão em imediata ou mediata relação causal com tal vinculação[147]. Podem beneficiar tanto o sócio vinculado a votar, como terceiro por este

---

[138] Frisando a contradição em que incorreu o legislador português, que, preocupado em efectuar a cópia fiel da referida versão do art. 35º da Proposta de Directiva, nem se deu conta de que um sócio não se pode "obrigar a votar" (17º, 3) "abstendo-se" (17º, 3, al. c), COUTINHO DE ABREU (2009), p. 160, nt. 161; no mesmo sentido já RAÚL VENTURA (1992), p. 67, acrescentando que na "abstenção" se inclui a hipótese de não comparência do sócio na assembleia.

[139] Como adverte RAÚL VENTURA (1992), p. 68 e 69, considerando que quem transmitisse para outrem o seu direito de voto isolado deixaria de exercer em comum a actividade determinante da constituição da sociedade; v. também ANA FILIPA LEAL (2009), 167 (o que o sócio "*vende*" é a definição da orientação do seu voto, não o seu direito de voto).

[140] RAÚL VENTURA (1992), p. 69, que todavia isenta da proibição a simples obrigação de estar presente ou representado na assembleia ou de participar na discussão de assuntos da ordem de trabalhos.

[141] RAÚL VENTURA (1992), p. 70 – não é requisito da invalidade que o voto vinculado pretenda prejudicar a sociedade. No mesmo sentido, ANA FILIPA LEAL (2009), p. 168.

[142] Assim MENEZES CORDEIRO (2009), p. 122.

[143] OLIVEIRA ASCENSÃO (2000), p. 298-299.

[144] Partimos da definição proposta por COUTINHO DE ABREU (2009), p. 160.

[145] Incluindo expressamente *vantagens imateriais*, como a presidência honorária de órgão social, mas duvidando que se abranjam vantagens patrimoniais *insignificantes* (como o pagamento das despesas de deslocação à assembleia), RAÚL VENTURA (1992), p. 71; tb. ANA FILIPA LEAL (2009).

[146] Realçando o requisito da especialidade da vantagem, RAÚL VENTURA (1992), p. 71 (exemplificando com a licitude da hipótese de garantia de dividendo a *todos* os accionistas); GRAÇA TRIGO (2002), p. 176 (*v.g.*, deliberação de distribuição de dividendos, a qual beneficia a generalidade dos sócios); tb. ANA FILIPA LEAL (2009), p. 167; de vantagens "pessoais" fala PUPO CORREIA (2009), p. 189.

[147] LEITE SANTOS (1996), p. 232.

indicado[148]. Na prática, contudo, determinar *quando* se está perante vantagens especiais como correspectivo do voto pode revelar-se uma tarefa árdua[149]. Na verdade, pode dizer-se que "todo o acordo tem um contrapartida, e toda a contrapartida pode ser qualificada como uma vantagem especial"[150], pelo que "há que interpretar adequadamente a expressão *contrapartida de vantagens especiais*, sob pena de a expressão abranger quase tudo"[151].

6.4. Outros limites

Discute-se, na doutrina, se os acordos parassociais estarão sujeitos a *outros limites de ordem geral* que não os vertidos no art. 17º – nomeadamente, a limites decorrentes do contrato sociedade ou da consideração do interesse social.

6.4.1. Limites decorrentes do contrato sociedade

Quanto ao primeiro problema – o tratamento a dar às situações em que os acordos parassociais se revelam *contrários ao estipulado no pacto social* sem, todavia, violar qualquer norma imperativa – a resposta não pode passar pela categoria da invalidade. À partida, considerando que *colidem* (pelo menos quando o acto de constituição da sociedade tenha natureza negocial) *duas obrigações com fonte contratual*, caberá ao devedor, no exercício da sua autonomia privada, *escolher* qual delas cumprir, sujeitando-se às *consequências* do incumprimento da obrigação violada[152]. Há quem entenda, contudo, que o sócio *deverá* cumprir a obrigação emergente do pacto social, com base numa ideia de *subordinação normativa* das regras parassociais às regras sociais[153].

---

[148] RAÚL VENTURA (1992), p. 71.
[149] Como frisa ANA FILIPA LEAL (2009), p. 167-168: quando o sócio adere a um sindicato de voto é manifesto que pretende a obtenção de algum tipo de vantagem; a Autora considera lícitas as "vantagens correspondentes a um *interesse colectivo dos sócios sindicados*". Para OLIVEIRA ASCENSÃO (2000), p. 299, apenas serão admissíveis as vantagens inerentes à adopção de uma *estratégia comum* para a sociedade; OLAVO CUNHA (2006), p. 118, considera ilícita a atribuição de benesses *intuitus personae*; GRAÇA TRIGO (2002) admite vantagens que derivem *da própria votação* a que o voto vinculado respeita (*v.g.*, a eleição do sócio para um órgão social).
[150] OLIVEIRA ASCENSÃO (2000), p. 299.
[151] GRAÇA TRIGO (2002), p. 176.
[152] Assim ANA FILIPA LEAL (2009), p. 169-172, com exemplos dessas situações (*v.g.*, quando o acordo parassocial não respeita o alargamento dos casos de impedimento de voto operado pelo estatuto; quando o pacto social limita o número máximo de votos por accionista nos termos do art. 384º, 2, al. b), e haja uma vinculação a votar no sentido determinado pelo accionista que pessoalmente já atingiu esse limite).
[153] GRAÇA TRIGO (1998), p. 191-193; LEITE SANTOS (1996), p. 215 (o sócio ficará "perante uma situação concreta de inexigibilidade da prestação" decorrente do acordo parassocial); PEREIRA DE ALMEIDA

6.4.2. Limites decorrentes do interesse social

O já mencionado art. 41º do projecto de Vaz Serra sobre assembleias gerais, embora admitisse, em geral, a validade dos sindicatos de voto, repudiava estes acordos parassociais *sempre que pudessem prejudicar o interesse da sociedade*. A posição é em certa medida retomada por Oliveira Ascensão, para quem é indispensável que o acordo *sirva o interesse social*, e não interesses estranhos, devendo o controlo ser mais rigoroso quando no acordo parassocial intervenham terceiros[154]. Raul Ventura coloca, desde logo, uma *dificuldade técnica* à aplicação de tal censura: *como* pode um acordo de voto prejudicar a sociedade se os seus efeitos *não ultrapassam* o círculo dos respectivos intervenientes? Responde: se for bastante a mediata conexão do acordo com a posterior tomada, em assembleia, de uma deliberação nociva para os interesses da sociedade[155]. Mas não é tarefa simples apurar *quando* é que um acordo parassocial, nomeadamente, de voto, se revela contrário ao interesse social[156].

Julgamos preferível a posição de Lobo Xavier, quando considera que o sócio, ao exercer o direito de voto, *se pode determinar por quaisquer motivações*, salvo o limite do abuso de direito (cfr. o art. 58º, 1, b)): *não está em causa* um poder-dever ou um poder funcional[157].

(2008), p. 296. Contra, ANA FILIPA LEAL (2009), p. 172: a ideia de subordinação normativa não é um *a priori*, dependerá da interpretação concreta do acordo parassocial.

[154] Se "não se pode exigir do terceiro que sirva altruisticamente o interesse social", há, ainda assim, que comprovar se o acordo serve ao menos "um entendimento admissível do interesse social" – OLIVEIRA ASCENSÃO (2000), p. 294. PUPO CORREIA (2009), p. 188, também considera (no âmbito dos acordos de voto) que o direito de voto "não pode ser exercido por forma que contrarie o interesse social", que funciona como "um limite ao interesse dos sócios". PEREIRA DE ALMEIDA (2008), p. 296, erige também o interesse social como limite à validade dos acordos de voto. Em sentido diverso, CARNEIRO DA FRADA (2009), p. 116-118: partindo do pressuposto de que "pertence aos sócios a definição e concretização do interesse social", a sua modelação pode ser feita através do acordo parassocial omnilateral, o que torna inviável ilibar um sujeito do incumprimento deste acordo mediante a invocação daquele interesse: "o acordo parassocial omnilateral não pode ter como limite, para os seus subscritores, um interesse social extrínseco e conflituante com aquilo que por todos eles foi acordado".

[155] RAÚL VENTURA (1992), p. 80.

[156] RAÚL VENTURA (1992), p. 81, sugere o apoio do art. 58º, 1, b) – sobre deliberações abusivas – na identificação do critério a mobilizar.

[157] LOBO XAVIER (1985), p. 648-649, que alerta (p. 650), aliás, para a circunstância de, muitas vezes, a invocação da invalidade "por contrariedade ao interesse social", redundando numa denegação de tutela jurídica ao vínculo de voto, servir apenas para absolver a conduta desleal do accionista que, por motivos que *nada têm a ver* com o interesse da sociedade, *mas sim* com novos arranjos e jogos de poder, veio um dia a desertar da combinação. Em sentido coincidente, GRAÇA TRIGO (2002), p. 177: *o (único) limite ao exercício do direito de voto é o abuso de direito* – será, por exemplo, inválido o acordo parassocial pelo qual dois ou mais sócios se comprometem a garantir a eleição conjunta para a gerência e a atribuírem-se

7. Relevo dos acordos parassociais fora do CSC

Preocupando-se o CSC com a disciplina geral dos acordos parassociais[158], a verdade é que não esgota o regime legal que incide sobre tais negócios. Iremos referir alguns preceitos relevantes.

7.1. Obrigatoriedade de registo no Banco de Portugal e Instituto de Seguros de Portugal

Têm-se vindo a generalizar disposições legais que impõem a *divulgação* da existência e conteúdo de acordos parassociais (e, sobretudo, de vinculações de voto), em particular em áreas sensíveis da economia ou relativamente a sociedades com certas características[159].

Nesta linha, prescreve o art. 111º,1, do RGICSF que "os acordos parassociais entre accionistas de instituições de crédito relativos ao exercício do direito de voto estão sujeitos a *registo no Banco de Portugal*, sob pena de *ineficácia*", visando semelhante imposição sindicar a observância das regras que traduzem uma determinada detenção ou controlo de participações sociais e evitar a intervenção (não oficialmente autorizada) de sujeitos de reputação duvidosa[160].

Também o art. 55º do diploma que regula as condições de acesso e de exercício da actividade seguradora e resseguradora[161] determina que "os acordos

---

remunerações e outras regalias incomportáveis para a sociedade. Na jurisprudência, cfr., com interesse, RL 26-05-2009, proc. nº 7517/2008-7, www.dgsi.pt: o tribunal considerou anulável, por abusiva, a deliberação que aprova a fixação das remunerações aos membros do conselho de administração, na medida em que os accionistas que a aprovaram – no âmbito de uma "dinâmica do controle da sociedade" que parece *pressupor* a existência de um acordo parassocial entre ambos – visaram e lograram garantir e aumentar os seus proventos pessoais, em detrimento de outro accionista. V., ainda, ANA FILIPA LEAL (2009), p. 174 (notando que a relação entre o acordo parassocial e o interesse social não tem "carácter directo" dado os primeiros só produzirem efeitos *inter partes*).

[158] Mas não só com a disciplina geral: nos termos do art. 83º, 1, do CSC, os acordos parassociais atribuem aos sócios subscritores responsabilidade solidária relativamente à conduta de pessoas que, por força dos mesmos, sejam designadas para funções de administração – v. OLAVO CUNHA (2006), p. 114; OLIVEIRA ASCENSÃO (2000), p. 291. Para RAÚL VENTURA (1992), p. 39-40, trata-se de *efeitos indirectos* dos acordos parassociais no campo do direito das sociedades, ou seja, consequências que a lei retira da *simples existência* daqueles acordos (cfr. art. 83º, 1, 3, 4).

[159] Assim OLAVO CUNHA (2006), p. 115. PAIS DE VASCONCELOS (2006), p. 66 salienta a *tendência* das entidades reguladoras no sentido de conhecer e divulgar os acordos parassociais relativos a sociedades sujeitas à sua supervisão e cunha, inclusive, a *distinção* entre acordos parassociais *patentes* e *confidenciais*, consoante o regime de revelação obrigatória. Já OLIVEIRA ASCENSÃO (2000), p. 293, alerta para o *resultado paradoxal* "de a lei mandar dar a conhecer acordos cuja origem era seguramente reservada", questionando o êxito de semelhante "política de publicidade": em seu entender, muitas vezes as partes preferirão manter o acordo secreto, arriscando-se à sanção da perda de eficácia jurídica".

[160] OLAVO CUNHA (2006), p. 115.

[161] Decreto-Lei nº 94-B/98, de 17 de Abril, alterado pelo Decreto-Lei nº 2/2009, de 5 de Janeiro.

parassociais entre accionistas de empresas de seguros sujeitas à supervisão do Instituto de Seguros de Portugal, relativos ao exercício do direito de voto, devem ser *registados no Instituto de Seguros de Portugal*, sob pena de *ineficácia*"; e, também aqui, o legislador respondeu a uma preocupação de supervisão: apurar se os detentores de participações qualificadas reúnem condições adequadas à garantia de uma "gestão sã e prudente"[162].

De modo algum o registo obrigatório de um acordo parassocial no Banco de Portugal ou no Instituto de Seguros de Portugal lhe confere oponibilidade a terceiros: visa um "mero efeito de notícia"[163]; a *ineficácia* cominada pelos aludidos preceitos reporta-se, unicamente, às relações *entre as partes*[164].

7.2. O regime do art. 19º do CVM

Significativamente mais longe vai o regime prescrito pelo art. 19º do CVM: não só impõe a *comunicação* à CMVM dos acordos parassociais sobre que incide num *prazo de 3 dias* após a sua celebração (nº 1), como autoriza aquela entidade a determinar a respectiva *publicação* (integral ou parcial) na medida em que "seja relevante para o domínio sobre a sociedade" (nº 2); mas, sobretudo, *torna anuláveis as deliberações sociais* tomadas com base em votos expressos em execução dos acordos não comunicados ou não publicados, salvo se se provar que a deliberação teria sido adoptada sem aqueles votos (nº 3).

É verdade que o art. 19º do CVM não abrange todos os acordos parassociais relativos às sociedades abertas[165], mas apenas aqueles que *visem* adquirir, manter ou reforçar uma participação qualificada nessas sociedades *ou* assegurar ou frustrar o êxito de oferta pública de aquisição[166].

A primeira preocupação do legislador terá sido, sem dúvida, a de assegurar a *divulgação* de todos os acordos que, podendo constituir instrumentos de controlo accionista, pusessem em causa a transparência do mercado[167]. Todavia, o

---

[162] MAGALHÃES CORREIA (2002), p. 94.
[163] MAGALHÃES CORREIA (2002), p. 95.
[164] Assim GRAÇA TRIGO (2002), p. 179, revendo a posição anteriormente defendida.
[165] O que, para MENEZES CORDEIRO (2007), p. 654, torna mera "operação de engenharia jurídica" contornar as suas imposições.
[166] Sobre as recomendações da CMVM quanto à divulgação ao público de *outros* acordos parassociais relevantes, cfr. MAGALHÃES CORREIA (2002), p. 93.
[167] V. OLAVO CUNHA (2006), p. 115. A obrigação de *comunicação* permite à entidade de supervisão verificar as imputações de direitos de voto para cômputo das participações qualificadas, evitando que os acordos sejam utilizados como meio de detenção oculta dessas mesmas participações; a subsequente *publicação* permite a aferição, pelo público, das relações de influência ou domínio sobre as sociedades em questão – assim MAGALHÃES CORREIA (2002), p. 93.

n.º 3 do art. 19.º do CVM permite a *impugnação de deliberações sociais* tomadas com base em votos expressos na execução de acordos não comunicados ou publicados, assim contrariando a ideia de eficácia relativa patente no art. 17.º, 1, do CSC[168]. Como adverte Graça Trigo, trata-se, porém, de uma *simples oponibilidade negativa* dos acordos parassociais não comunicados ou publicados, da qual não é razoável retirar consequências mais amplas – como, por exemplo, a oponibilidade "positiva" do conteúdo dos acordos parassociais comunicados e publicados à sociedade, aos demais sócios ou terceiros[169]. O regime levanta, ainda, outras interrogações pertinentes[170].

7.3. O direito da concorrência

Com a crescente atenção conferida ao direito da concorrência no nosso ordenamento jurídico, tornam-se patentes as potencialidades dos acordos parassociais enquanto *mecanismos de infracção* das normas jus-concorrenciais, em boa parte devido ao seu carácter reservado ou confidencial[171].

Mas a LDC prevê (ainda que não nominativamente) os acordos parassociais enquanto *instrumento de aquisição de controlo* relevante para efeitos de apuramento da existência de uma operação de concentração: o art. 8.º, 3, c) manda

---

[168] Como realça MAGALHÃES CORREIA (2002), p. 93: tanto a sociedade, como sócios não aderentes ao pacto e até terceiros podem ser afectados pelo facto de as deliberações serem anuláveis. O Autor manifesta preferência, "no plano da estética do sistema", pela solução da *suspensão do exercício dos direitos de voto* como sanção para o incumprimento da obrigação de comunicação (o exercício fáctico do direito suspenso, quando relevante para a tomada da deliberação, constituiria *fundamento de anulação* nos termos gerais). Do "ponto de vista da supervisão", considera que "talvez bastasse" tratar a ausência de comunicação como um ilícito de mera ordenação social ou, quando muito, cominando a sanção da ineficácia para ao acordo parassocial.
[169] GRAÇA TRIGO (2002), p. 180-181.
[170] Por exemplo: como utilizar a "prova de resistência" prevista na parte final do preceito? PINTO FURTADO (2009), p. 453, estabelece um paralelo entre a prova de resistência prevista no art. 19.º do CVM e aquela cominada pelo art. 58.º, 1, b) do CSC, com a diferença de a segunda ser, ao contrário da primeira, "aritmeticamente impossível"; mas GRAÇA TRIGO (2002), p. 180, questiona qual o procedimento a adoptar: não contar os votos dos sócios vinculados (introduzindo, na prática, um novo impedimento de voto) ou averiguar como votariam se não estivessem vinculados (sendo que sempre confirmariam a intenção "livre" no mesmo sentido)? E de que vias disporão os afectados pela anulabilidade de uma deliberação social anulada na sequência de um acordo parassocial não *publicado* para responsabilizar a CMVM pela decisão de não publicação – como questiona ainda GRAÇA TRIGO (2002), p. 180-181?
[171] V. RL 05-03-2009, proc. n.º 686/2009-6, em que o tribunal declarou a nulidade de uma cláusula de um acordo parassocial por violação do direito da concorrência (determinação de tabelas de preços). Chamando a atenção para as "situações de concertação" anticoncorrencial potenciadas pelos acordos parassociais, MENEZES CORDEIRO (2009), p. 123.

atender, para o efeito, à "celebração de *contratos* que confiram uma influência preponderante na *composição* ou nas *deliberações* dos órgãos de uma empresa"[172].

---

[172] Por exemplo: podemos estar perante uma hipótese de controlo conjunto quando os sócios (ainda que minoritários) dispuserem de *direitos de veto* sobre decisões estratégicas relativas à política empresarial da sociedade; tem-se entendido que tais direitos podem resultar de acordos parassociais. Também haverá controlo conjunto quando dois ou mais sócios detêm participações minoritárias as quais, *agregadas*, lhes conferem a maioria dos votos que irão exercer no mesmo sentido em virtude da constituição de um *sindicato de voto* entre eles. Polémicas são as situações que poderemos chamar de alterações de controlo "*inadvertidas*" envolvendo a participação em acordos parassociais. No plano comunitário, veja-se o caso *Avesta II*, M.452, decisão de 09.06.1994, JO 1994 C 179/00, em que a Comissão considerou que a alienação no mercado da participação social de *um dos intervenientes num acordo parassocial constituía os restantes na obrigação de notificar a operação de concentração*, dado ter-se verificado uma *alteração na* natureza do controlo por eles exercido. Esta posição suscitou algumas críticas na doutrina por configurar a imposição de uma obrigação de notificar com base na actuação de terceiros; todavia, pode também argumentar-se que a origem do controlo radica no acordo parassocial, em cuja constituição interveio a vontade de todos, o que explica que *todos* fiquem subsequentemente expostos às vicissitudes da modificação subjectiva do pacto. Na nossa jurisprudência, cfr. RL 12-07-2006, proc. n.º 5439/2006-2, e STJ 06-07-2006, doc. n.º SJ200607060002467: a inclusão no acordo parassocial de uma "deadlock resolution" (mecanismo de resolução de impasse) indicia a presença de uma operação de concentração – através da alteração na estrutura de controlo de uma sociedade, passando de um controlo exclusivo para uma situação de controlo conjunto – pelo que *justifica* a abertura de procedimento oficioso pela AdC, bem como a intimação para proceder à notificação prévia da operação.

ARTIGO 18º *
Registo do contrato

1. Quando não tenham convencionado entradas em espécie ou aquisições de bens pela sociedade, os interessados na constituição da sociedade podem apresentar na competente conservatória do registo comercial requerimento para registo prévio do contrato juntamente com um projecto completo do contrato de sociedade.

2. O contrato de sociedade deve ser redigido nos precisos termos do projecto previamente registado.

3. No prazo de 15 dias após a celebração do contrato, deve ser apresentada ao conservador, por um dos sócios subscritores ou, no caso de o contrato ter sido celebrado por escritura pública, pelo notário, cópia certificada do contrato para conversão do registo em definitivo.

4. O disposto nos números anteriores não é aplicável à constituição das sociedades anónimas, quando efectuada com apelo a subscrição pública.

5. No caso de os interessados não terem adoptado o processo permitido pelos n.ºs 1 a 3, o contrato da sociedade, depois de celebrado na forma legal, deve ser inscrito no registo comercial, nos termos da lei respectiva.

* A actual redacção dos n.ºs 2 e 3 foi alterada pelo DL 76-A/2006, de 29 de Março.

Índice
1. O registo prévio e provisório
2. O registo definitivo

Bibliografia
a) Citada:

ABREU, J. M. COUTINHO DE – *Curso de direito comercial*, vol. II – *Das sociedades*, 3.ª ed., Almedina, Coimbra, 2009, *Curso de direito comercial*, vol. I – *Introdução, actos de comércio, comerciantes, empresas, sinais distintivos*, Almedina, Coimbra, 2009ª; ALMEIDA, C. FERREIRA DE, "O registo comercial na reforma do direito das sociedades de 2006", em AAVV., *Jornadas em Homenagem ao Professor Doutor Raúl Ventura. A reforma do Código das Sociedades Comerciais*, Almedina, Coimbra, 2007, p. 279-288; ASCENSÃO, J. DE OLIVEIRA – *Direito comercial*, vol. IV. *Sociedades comerciais – Parte Geral*, Lisboa, 2000; CAEIRO, ANTÓNIO A. – *A Parte Geral do Código das Sociedades Comerciais*, sep. do número especial do *Boletim da Faculdade de Direito de Coimbra. Estudos em Homenagem ao Prof. Doutor Afonso Rodrigues Queiró*, Coimbra, 1988; CORDEIRO, A. MENEZES – *Direito europeu das sociedades*, Almedina, Coimbra, 2005, *Manual de direito das sociedades*, I – *Das sociedades em geral*, 2.ª ed., Almedina, Coimbra, 2007; CORREIA, L. BRITO – *Direito comercial*, 2º vol. – *Sociedades comerciais*, Lisboa, AAFDL, Lisboa, 1989; CUNHA, P. OLAVO – *Direito das sociedades comerciais*, 4ª ed., Almedina, Coimbra, 2010; FURTADO, J. H. PINTO – *Curso de direito das sociedades* (c/ colab. de Nelson Rocha), 5ª ed., Almedina, Coimbra, 2004, *Comentário ao Código das Sociedades Comerciais. Artigos 1º a 19º – Âmbito de aplicação, personalidade e capacidade, celebração do contrato e registo*, Almedina, Coimbra, 2009; GUERREIRO, J. A. MOUTEIRA – *Temas de registo e de notariado*, Almedina, Coimbra, 2010; HENRIQUES, SOFIA, "Artigo 18º", em *Código das Sociedades Comerciais anotado* (coord. de A. Menezes Cordeiro), Almedina, Coimbra, 2009, p. 123-126; MATOS, ALBINO – *Constituição de sociedades. Teoria e prática, formulário*, 5ª ed., Almedina, Coimbra, 2001; RAMOS, M. ELISABETE – "Constituição de sociedades", em AAVV. (coord. de Coutinho de Abreu), *Estudos de direito das sociedades*, 9ª ed., Almedina, Coimbra, 2008, p. 41-97; TRIUNFANTE, A. MANUEL, *Código das Sociedades Comerciais anotado*, Coimbra Editora, Coimbra, 2007; VENTURA, RAÚL, *Adaptação do direito português à 1ª Directiva do Conselho da Comunidade Económica Europeia sobre direito das sociedades*, separata de *Documentação e Direito Comparado*, nº 2, Lisboa, 1981.

b) Outra:
CARVALHO, PAULA DE/VIEIRA, NUNO DA COSTA SILVA – *Guia da empresa*, Coimbra Editora, Coimbra, 2008.

1. O registo prévio e provisório

O art. 18º apresenta duas partes. Os nºˢ 1, 2, 3 e 4 regulam a *faculdade* de os interessados solicitarem o *registo prévio* do projecto do acto constituinte da sociedade. O nº 5 impõe o *dever* legal de o acto constituinte da sociedade ser inscrito no registo comercial[1].

A originalidade do art. 18º consiste em permitir que os interessados procedam ao *registo prévio* do projecto do contrato de sociedade. Este *registo prévio* e de *carácter facultativo* não é admitido quando: *a)* tiverem sido convencionadas entradas em espécie ou aquisições de bens pela sociedade (art. 18º, 1); *b)* tiver sido adoptado, quanto às sociedades anónimas, o processo de constituição

---

[1] Em matéria de registo obrigatório, o CSC e o CRCom. procederam à transposição da Directiva 68/151/CEE do Conselho de 9 de Março de 1968. O CRCom. é posterior ao CSC. O nº 16 do Preâmbulo ao DL 262/86, de 2 de Setembro, assinalava que o CSC acolhia alguns princípios relativos à publicidade, mas que o lugar próprio desta matéria seria o (futuro) CRCom., que deveria "acolher os princípios da 1ª Directiva CEE". Sobre a transposição, v. RAÚL VENTURA (1981), p. 36; MENEZES CORDEIRO (2005), p. 170, ss. A Directiva 68/151/CEE foi substituída pela Directiva 2009/101/CE do Parlamento Europeu e do Conselho de 16 de Setembro de 2009.

com apelo a subscrição pública (art. 18º, 4). Se os interessados optarem pelo registo prévio do projecto do contrato de sociedade (o que, como veremos, não tem acontecido), devem: *a)* apresentar na conservatória do registo comercial requerimento para o registo prévio juntamente com o projecto completo do contrato de sociedade (art. 18º, 1)[2]; *b)* no prazo de 15 dias após a celebração do contrato, apresentar cópia certificada do contrato para conversão do registo em definitivo (art. 18º, 3). Se, eventualmente, o contrato tiver sido celebrado por escritura pública[3], compete ao notário apresentar a cópia certificada (art. 18º, 3). A versão primitiva do art. 18º, 1, exigia que o pedido de registo prévio fosse apresentado na "competente conservatória do registo comercial". Hoje o art. 18º, 1, já não emprega a palavra "competente", uma vez que o DL 76-A/2006, de 29 de Março, eliminou a competência territorial das conservatórias do registo comercial[4]. Deste modo, o pedido de registo prévio do projecto do contrato de sociedade pode ser apresentado em qualquer conservatória do registo comercial, independentemente da conservatória da sede da sociedade em causa.

Este registo prévio constitui um *registo provisório por natureza*, nos termos do art. 64º, 1, a), do CRCom[5]. O prazo de vigência desta inscrição provisória é de um ano, conforme resulta do art. 65º, 1, do CRCom. De modo a poder ser obtida a conversão do registo provisório em registo definitivo, o contrato de sociedade "deve ser redigido nos precisos termos do projecto previamente registado" (art. 18º, 2).

A experiência mostra que este processo de constituição de sociedades é pouco utilizado[6] e a doutrina sublinha o escasso ou nulo interesse prático[7]. Ao registo prévio do contrato de sociedade já foram apontadas as seguintes

---

[2] No sentido de que o certificado de admissibilidade da firma deve ser apresentado no momento do registo prévio do contrato, v. ARMANDO TRIUNFANTE (2007), p. 28, OLAVO CUNHA (2010), 223. Contra ALBINO MATOS (2001), p. 113, s.; PINTO FURTADO (2004), p. 208.
[3] Repare-se que, nos termos do art. 7º, 1, o contrato de sociedade continua a poder ser titulado através de escritura pública.
[4] V. o art. 33º do DL 76-A/2006, de 29 de Março, que alterou o art. 28º do DL 87/2001, de 17 de Março, e o art. 61º, 1, c), que revogou o art. 25º do CRCom.. SOFIA HENRIQUES (2009), p. 124, considera que a menção à conservatória competente está revogada tacitamente. Para a apreciação crítica da eliminação da competência territorial da conservatória, v. MOUTEIRA GUERREIRO (2010), p. 452.
[5] Assinala FERREIRA DE ALMEIDA (2007), p. 283, que a reforma de 2006 revogou quase todos os preceitos sobre registos provisórios, sendo estes uma "raridade" (art. 64º do CRCom.).
[6] PINTO FURTADO (2004), p. 208.
[7] Neste sentido, v. ARMANDO TRIUNFANTE (2007), p. 26; OLAVO CUNHA (2010), p. 222. PINTO FURTADO (2009), p. 458, fala em "fóssil".

vantagens: *a)* facilitar a constituição de sociedades[8]; *b)* prevenção de "dificuldades de registo suscitadas depois da escritura"[9]; *c)* "encurtamento do período entre a escritura e o registo, reduzindo o tempo de imobilização das entradas em dinheiro depositadas em instituição de crédito"[10]. Compreende-se que a prática não tenha reconhecido utilidade significativa a este registo prévio, pois ele não elimina passos burocráticos de constituição das sociedades, antes acrescenta; não elimina custos, antes incrementa-os. Do ponto de vista da imobilização das entradas, há que salientar que os arts. 202º e 277º sempre permitiram que houvesse mobilização das entradas em dinheiro, após a celebração da escritura pública, mediante autorização dos sócios[11].

A legislação societária tem conhecido reformas destinadas a tornar a constituição das sociedades menos burocratizada, mais célere e mais barata. Marco importante desta reforma foi a criação dos processos especiais de constituição de sociedades por quotas e anónimas ("empresa na hora" e "empresa *on-line*") que reduziram os custos e passos burocráticos de constituição de sociedades. Com carácter geral, a reforma introduzida pelo DL 76-A/2006, de 29 de Março, tornou facultativa a escritura pública de constituição da sociedade (art. 7º, 1), possibilitou a prática de actos de registo *on-line* e eliminou a competência territorial das conservatórias do registo comercial.

O art. 18º apresenta escassa utilidade prática e, do ponto de vista sistemático, deveria ser integrado no CRCom. pois as matérias que regula são de índole registral. Saliente-se, por fim, que os efeitos próprios do registo só são produzidos com o registo definitivo do acto constituinte da sociedade e não com o registo prévio e provisório do projecto de acto constituinte da sociedade.

2. A obrigatoriedade do registo (definitivo) do contrato de sociedade

O registo comercial publicita certos factos respeitantes a determinados sujeitos, tendo em conta a segurança do tráfico ou comércio jurídico[12]. O art. 18º, 5, CSC, determina que o contrato de sociedade (ou qualquer outro acto constituinte da sociedade) "deve ser inscrito no registo comercial, nos termos da lei respectiva". O carácter obrigatório desta inscrição resulta expressamente dos

---

[8] Cfr. nº 7 do Preâmbulo ao DL 262/86, de 2 de Setembro.
[9] BRITO CORREIA (1989), p. 179. V. em sentido semelhante OLIVEIRA ASCENSÃO (2000), p. 160.
[10] BRITO CORREIA (1989), p. 179. V. tb. ANTÓNIO CAEIRO (1988), p. 18; OLIVEIRA ASCENSÃO (2000), p. 160.
[11] ALBINO MATOS (2001), p. 113, salienta este aspecto.
[12] Cfr. COUTINHO DE ABREU (2009ª), p. 193.

arts. 3º, 1, a), e 15º, 1, a), do CRCom[13]. O pedido de registo definitivo da constituição da sociedade deve ser apresentado no prazo de dois meses a contar da data em que tiver sido titulada (art. 15º, 2, do CRCom.)[14].

De acordo com o princípio da instância (art. 28º do CRCom.), o registo efectua-se a pedido dos interessados. Para o pedido de registo, o art. 29º do CRCom. reconhece legitimidade aos membros do órgão de administração e de representação e a todas as pessoas que nele tenham interesse (designadamente sócios) que o podem pedir directamente ou através de mandatário (art. 30º do CRCom.)[15]. O pedido do registo deve ser instruído com: *a)* o documento que legalmente comprove a constituição da sociedade (art. 32º do CRCom.); *b)* a verificação da disponibilização do certificado de admissibilidade da firma (arts. 56º, 1, b), 55º, 1, 55º, 1, b), 2, do RRNPC); *c)* o relatório do ROC, quando houver entradas em espécie (art. 28º, 6) e *c)* sendo uma sociedade cuja constituição dependa de autorização administrativa, é preciso apresentar documento comprovativo da autorização (v. arts. 16º, s., 175º, s. do RGICSF) . Não havendo motivo legal de recusa do registo (art. 48º do CRCom.), deve este ser efectuado no prazo de dez dias (art. 54º, 1, do CRCom.).

O registo da constituição da sociedade – efectuado por *transcrição*, nos termos do art. 53º-A do CRCom.[16], – é da competência do conservador ou do seu substituto legal (art. 55º-A, 1, do CRCom.)[17]. Ao conservador é pedido que aprecie a "viabilidade do pedido de registo" da constituição da sociedade, tendo em conta as "disposições aplicáveis" e os "documentos apresentados" (art. 47º do CRCom.). Compete a este oficial público verificar a "legitimidade dos interessados, a regularidade formal dos títulos e a viabilidade dos actos neles contidos" (art. 47º do CRCom.). Como se colhe do art. 47º do CRCom. (epigrafado "princípio da legalidade"), o conservador do registo comercial está tão-só habilitado a realizar o controlo de legalidade do acto constitutivo. O registo da constituição da sociedade deve ser recusado se se verificarem os fundamentos previstos no art. 48º do CRCom. e deve ser realizado o registo provisório por

---

[13] Sobre o registo do acto constituinte da sociedade, v. ELISABETE RAMOS (2008), p. 68, s.; COUTINHO DE ABREU (2009), p. 133, s..
[14] V. o art. 17º do CRCom. sobre as sanções aplicáveis à sociedade por omissão do pedido de registo. Sobre a responsabilização dos gerentes e administradores perante a sociedade pela omissão do pedido de registo, v. ELISABETE RAMOS (2008), p. 75.
[15] Cfr. COUTINHO DE ABREU (2009).
[16] Para a análise crítica deste preceito, v. MOUTEIRA GUERREIRO (2010), p. 439, s..
[17] Para a apreciação crítica da solução consagrada no art. 55º-A do CRCom., v. MOUTEIRA GUERREIRO (2010), p. 452, s..

dúvidas quando existam deficiências que, não sendo fundamento de recusa, nem tendo sido sanadas nos termos previstos no artigo 52º, "obstem ao registo do acto tal como é pedido" (art. 49º do CRCom).

O registo definitivo do acto constituinte produz os seguintes efeitos: *a*) aquisição da personalidade jurídica das sociedades (art. 5º); *b*) assunção automática de direitos e obrigações decorrentes de actos realizados em nome da sociedade antes de do registo e a possibilidade de assunção de outros direitos e obrigações (art. 19º); *c*) um especial regime de invalidades (arts. 42º e 43º).

ARTIGO 19º *
Assunção pela sociedade de negócios anteriores ao registo

1. Com o registo definitivo do contrato, a sociedade assume de pleno direito:
a) Os direitos e obrigações decorrentes dos negócios jurídicos referidos no artigo 16º, nº 1;
b) Os direitos e obrigações resultantes da exploração normal de um estabelecimento que constitua objecto de uma entrada em espécie ou que tenha sido adquirido por conta da sociedade, no cumprimento de estipulação do contrato social;
c) Os direitos e obrigações emergentes de negócios jurídicos concluídos antes do acto de constituição e que neste sejam especificados e expressamente ratificados;
d) Os direitos e obrigações decorrentes de negócios jurídicos celebrados pelos gerentes ou administradores ao abrigo de autorização dada por todos os sócios no acto de constituição.
2. Os direitos e obrigações decorrentes de outros negócios jurídicos realizados em nome da sociedade, antes de registado o contrato, podem ser por ela assumidos mediante decisão da administração, que deve ser comunicada à contraparte nos 90 dias posteriores ao registo.
3. A assunção pela sociedade dos negócios indicados nos n°s 1 e 2 retrotrai os seus efeitos à data da respectiva celebração e libera as pessoas indicadas no artigo 40º da responsabilidade aí prevista, a não ser que por lei estas continuem responsáveis.
4. A sociedade não pode assumir obrigações derivadas de negócios jurídicos não mencionados no contrato social que versem sobre vantagens especiais, despesas de constituição, entradas em espécie ou aquisições de bens.

* A redacção actual do proémio do nº 1 e das alíneas c) e d) foi alterada pelo DL 76-A/2006, de 29 de Março.

Índice
1. Plano geral da norma
2. Assunção de pleno direito (nº 1)
   Por *Maria Elisabete Ramos*
3. Assunção mediante decisão da administração (nº 2)
   Por *Maria Elisabete Ramos* e *Ricardo Costa*
   3.1. O consentimento da contraparte
   3.2. A comunicação à contraparte
4. Efeitos da assunção e sentido(s) da ressalva da parte final do nº 3
5. Obrigações insusceptíveis de serem assumidas pela sociedade
   Por *Maria Elisabete Ramos*

Bibliografia:

a) Citada:

ABREU, J. M. COUTINHO DE – *Curso de direito comercial*, vol. II – *Das sociedades*, 3ª ed., Coimbra, Almedina, 2009; CORDEIRO, A. MENEZES – *Manual de direito das sociedades*. I – *Das sociedades em geral*, 2ª ed., Almedina, Coimbra, 2007; CORREIA, A. FERRER – "A sociedade por quotas de responsabilidade limitada segundo o Código das Sociedades Comerciais", em *Temas de direito comercial e direito internacional privado*, Almedina, Coimbra, 1989, p. 123-169, "O processo de constituição das sociedades de capitais", em AAVV., *Colóquio Os quinze anos de vigência do Código das Sociedades Comerciais*, Fundação Bissaya Barreto/Instituto Superior Bissaya Barreto, Coimbra, 2003, p. 19-27; CORREIA, A. FERRER/CAEIRO, ANTÓNIO A. – *Anteprojecto de lei das sociedades comerciais. Parte Geral*, I, 1970; CORREIA, A. FERRER/XAVIER, V. LOBO/COELHO, M. ÂNGELA/CAEIRO, ANTÓNIO A. – "Sociedade por quotas de responsabilidade limitada. Anteprojecto de lei – 2ª redacção e exposição de motivos", RDE, 1977, p. 153-224; CORREIA, M. PUPO, *Direito comercial. Direito da empresa* (c/ colab. de António José Tomás e Octávio Castelo Paulo), 11ª ed., Ediforum, Lisboa, 2009; COSTA, M. JÚLIO DE ALMEIDA, *Direito das obrigações*, 12ª ed., Almedina, Coimbra, 2009; COSTA, RICARDO – *A sociedade por quotas unipessoal no direito português. Contributo para o estudo do seu regime jurídico*, Almedina, Coimbra, 2002, "Desafios interpretativos do art. 270º-G do CSC (Regresso ao passado por uma válida razão)", em AAVV., *Estudos em Homenagem ao Prof. Doutor Manuel Henrique Mesquita*, vol. I, Coimbra Editora, Coimbra, 2009, p. 595-620; CUNHA, P. OLAVO – *Direito das sociedades comerciais*, 4ª ed., Almedina, Coimbra, 2010; DOMINGUES, PAULO DE TARSO – "O regime jurídico das sociedades de capitais em formação", em AAVV., *Estudos em Comemoração dos Cinco Anos (1995-2000) da Faculdade de Direito da Universidade do Porto*, Coimbra Editora, Coimbra, 2001, p. 965-998, *Do capital social. Noção, princípios e funções*, 2ª ed., Coimbra Editora, Coimbra, 2004, "Capital e património sociais, lucros e reservas", em AAVV. (coord. de Coutinho de Abreu), *Estudos de direito das sociedades*, 9ª ed., Almedina, Coimbra, 2008, p. 173-233, *Variações sobre o capital social*, Almedina, Coimbra, 2009; ESTACA, J. MARQUES – "Artigo 270º-Gº", em *Código das Sociedades Comerciais anotado* (coord. de A. Menezes Cordeiro), Almedina, Coimbra, 2009, p. 715; FURTADO, J. H. PINTO FURTADO – *Comentário ao Código das Sociedades Comerciais. Artigos 1º a 19º – Âmbito de aplicação, personalidade e capacidade, celebração do contrato e registo*, Almedina, Coimbra, 2009; JÚNIOR, E. SANTOS – "Artigo 19º", *Código das Sociedades Comerciais anotado* (coord. de A. Menezes Cordeiro), Almedina, Coimbra, 2009, p. 126-131; MATOS, ALBINO – *Constituição de sociedades. Teoria e formulário*, 5ª ed., Almedina, Coimbra, 2001; PERALTA, ANA MARIA – "Assunção pela sociedade comercial de negócios celebrados antes do registo", em AAVV., *Estudos em Homenagem ao Professor Doutor Inocêncio Galvão Telles*, vol. IV, Almedina, Coimbra, 2003, p. 611-636; PITA, M. ANTÓNIO

– *O regime da sociedade irregular e a integridade do capital social*, Almedina, Coimbra, 2004; RAMOS, M. ELISABETE – "Constituição das sociedades comerciais", em AAVV. (coord. de Coutinho de Abreu), *Estudos de direito das sociedades*, 9ª ed., Almedina, Coimbra, 2008, p. 41-97; SANTOS, F. CASSIANO DOS – *A sociedade unipessoal por quotas. Comentários e anotações aos artigos 270º-A a 270º-G do Código das Sociedades Comerciais*, Coimbra Editora, Coimbra, 2009; SERENS, M. NOGUEIRA – *Notas sobre a sociedade anónima*, 2ª ed., Coimbra Editora, Coimbra, 1997; TORRES, N. PINHEIRO – *Da transmissão de participações sociais não tituladas*, Universidade Católica Portuguesa, Porto, 1999.

b) Outra:
ANTUNES, J. ENGRÁCIA – "As sociedades em formação: sombras e luzes", CDP, 14 (2006), p. 25-42; CAEIRO, ANTÓNIO A. – "O Projecto do Código das Sociedades", RDE (1984/1985), p. 53-86, *A Parte Geral do Código das Sociedades Comerciais*, Coimbra, 1988; CORREIA, A. FERRER – "A sociedade por quotas de responsabilidade limitada nos projectos do futuro Código das Sociedades Comerciais", em *Temas de direito comercial e direito internacional privado*, Almedina, Coimbra, 1989, p. 73-121; MARTINS, J. PEDRO FAZENDA – *Os efeitos do registo e das publicações obrigatórias na constituição das sociedades comerciais*, Lex, Lisboa, 1994; PITA, MANUEL ANTÓNIO – "As sociedades de capitais não registadas no Código das Sociedades Comerciais e na Ley de Sociedades Anónimas de 1989", em AAVV., *Ars Ivdicandi. Estudos em Homenagem ao Prof. Doutor António Castanheira Neves*, vol. II. *Direito Privado*, Coimbra Editora, Coimbra, 2008, p. 571-588.

1. Plano geral da norma

O art. 19º regula um dos efeitos do registo definitivo do *acto constituinte* da sociedade: a "assunção pela sociedade de negócios anteriores ao registo". Esta norma integra três regimes: *a*) assunção de pleno direito (nºs 1 e 3); *b*) assunção mediante decisão da administração (nºs 2 e 3); *c*) obrigações insusceptíveis de serem assumidas pela sociedade (art. 19º, 4). A enumeração constante do art. 19º deve ser qualificada como "taxativa", pelo que o património da sociedade apenas responde pelas obrigações que, contraídas antes do registo, se encontrem mencionadas nesta norma[1].

---

[1] Neste sentido, v. RICARDO COSTA (2002), p. 493, TARSO DOMINGUES (2004), p. 128.

Apesar do teor literal do preceito, é questionável que o art. 19º preveja uma verdadeira assunção de dívida[2]. "À transmissão singular de dívidas corresponde o instituto da *assunção de dívida*, que consiste no acto pelo qual um terceiro (*assuntor*) se vincula perante o credor a efectuar a prestação devida por outrem"[3]. A assunção de dívida, correspondente à transmissão singular de dívida, pressupõe a *alteridade* entre o devedor e o terceiro (*assuntor*). Com o registo definitivo, a sociedade adquire personalidade jurídica (art. 5º). No entanto, antes do registo a sociedade "é já *titular do respectivo património social* (constituído pelas entradas dos sócios e pelos direitos e obrigações resultantes da actividade social)"[4]. A assunção de dívida não oferece o enquadramento jurídico adequado para a matéria regulada pelo art. 19º[5]. Não deixa de haver particularidades de regime quanto aos efeitos dos negócios celebrados em nome ou por conta da sociedade antes do registo do acto constituinte. Algumas destas particularidades são reguladas no art. 19º.

2. Assunção de pleno direito (nº 1)

Um dos efeitos jurídicos do registo definitivo do acto constituinte da sociedade consiste em esta assumir *automaticamente* (vale por dizer, por força da lei, independentemente de qualquer decisão do órgão de administração e representação) os direitos e obrigações resultantes dos negócios arrolados nas diversas alíneas do nº 1. Com a consequência, parece, de, quanto ao elenco do nº 1, não ser lícita a decisão de não assunção tomada pelo órgão de administração e de representação da sociedade.

O registo definitivo do acto constituinte da sociedade determina que a sociedade assume as *obrigações* relativas às vantagens concedidas a sócios em conexão com a constituição da sociedade, as indemnizações ou retribuições de serviços devidas a sócios e terceiros prestados durante a fase de constituição.

---

[2] PINHEIRO TORRES (1999), p. 56, defende que resulta do art. 19º, 1 e 2, que "a sociedade sem registo não assume de pleno direito os negócios que são celebrados em seu nome" e que "o registo é condição da atribuição de direitos e obrigações à sociedade". O A. imputa os negócios celebrados em nome da sociedade ao "património autónomo, aparecendo a sociedade como titular provisório, dependente do registo para os assumir plenamente".

[3] ALMEIDA COSTA (2009), p. 828.

[4] Cfr. COUTINHO DE ABREU (2009), p. 169. No sentido da identidade da sociedade antes e depois do registo, v. COUTINHO DE ABREU (2009), p. 129, RICARDO COSTA (2002), p. 486, MENEZES CORDEIRO (2007), p. 541. MANUEL PITA (2004), p. 478, invoca o "princípio da não identidade entre a sociedade irregular e a pessoa jurídica definitivamente constituída"

[5] Neste sentido, v. COUTINHO DE ABREU (2009), p. 129, ANA PERALTA (2003), p. 632, s.. PINTO FURTADO (2009), p. 473, considera que a palavra "assume" é usada em sentido não técnico.

A assunção prevista no art. 19º, 1, a), cinge-se a estipulações sobre vantagens, retribuições ou indemnizações que sejam *eficazes* perante a sociedade (arts. 19º, 1, 16º, 1). A eficácia perante a sociedade de obrigações resultantes de emolumentos, taxas de serviços oficiais e de honorários de profissionais em regime de actividade liberal cobrados por causa do processo de constituição não depende de inscrição no acto constituinte da sociedade (art. 16º, 1).

O art. 19º, 1, a), refere direitos da sociedade "decorrentes dos negócios jurídicos referidos no art. 16º, nº 1". Do art. 16º, 1, decorrem para a sociedade sobretudo *obrigações*[6].

Nos termos do art. 19º, 1, b), com o registo definitivo do acto constituinte da sociedade, esta assume direitos e obrigações resultantes de "exploração normal" de estabelecimento que tenha sido objecto de entrada em espécie ou que tenha sido adquirido (antes do registo) por conta da sociedade, em cumprimento de estipulação estatutária. Nestes casos, há toda a utilidade que se mantenha a exploração do estabelecimento. O que implica, certamente, a constituição de direitos e obrigações. A questão é que só são assumidos automaticamente os direitos e obrigações resultantes de "exploração normal".

O que seja a "exploração normal" só perante o caso concreto pode ser concretizado. No entanto, é mister considerar que a actividade de exploração da empresa é, intrinsecamente, uma actividade que envolve risco económico. E que a rendibilidade da empresa está, em significativa medida, dependente desta capacidade de arriscar soluções inovadoras. E, por isso, a assunção automática não deve ser cingida a actos de conservação do estabelecimento, deve também abranger actos de desenvolvimento da mesma[7]. Direitos e obrigações que resultem de exploração do estabelecimento, constituídos antes do registo definitivo do acto constituinte, poderão, ainda, ser assumidos pela sociedade, mediante decisão da administração comunicada à contraparte nos 90 dias posteriores ao registo (art. 19º, 2).

A alínea c) do nº 1 do art. 19º faz depender a assunção automática dos direitos e obrigações aí referidos da *especificação* e *expressa ratificação* no acto constituinte da sociedade[8]. A falta de especificação ou de ratificação de negócios jurídicos

---

[6] COUTINHO DE ABREU (2009), p. 137.
[7] Cfr. COUTINHO DE ABREU (2009), p. 137. MANUEL PITA (2004), p. 486, considera que do art. 19º, 1, b), se retira *a contrario* "que até ao registo o estabelecimento comercial não pode ser objecto de actos de disposição ou oneração".
[8] PINTO FURTADO (2009), p. 478, considera ineficazes declarações genéricas de ratificação de negócios anteriores ao contrato celebrados pelos fundadores.

concluídos antes da celebração do acto constituinte inviabiliza a assunção automática. No entanto, a sociedade poderá assumir esses direitos e obrigações mediante decisão da administração, nos termos do art. 19º, 2.

A alínea d) do art. 19º refere direitos e obrigações resultantes de negócios jurídicos celebrados por gerentes e administradores depois de celebrado o acto constituinte da sociedade, ao abrigo de autorização concedida por todos os sócios. Uma das questões que a alínea *d*) suscita é, justamente, se a assunção automática exige que a autorização concedida no acto constituinte especifique os actos/negócios abrangidos[9] ou se é compatível com uma autorização genérica para iniciar a actividade económica e para praticar todos os actos compreendidos no objecto social[10].

Há razões para sustentar que a *autorização genérica* conferida aos gerentes e administradores seja suficiente para que os direitos e obrigações resultantes desses negócios (concluídos depois da celebração do contrato) devam ser assumidos automaticamente pela sociedade[11]. E isto porque: *a*) ao se exigir que a autorização seja concedida por todos os sócios, acautela-se que cada um pondere e avalie o relevo da autorização concedida para o desenvolvimento do objecto da sociedade; *b*) o interesse da sociedade também está acautelado porque os gerentes e administradores representam a sociedade e devem actuar na observância de deveres legais específicos e dos deveres de cuidado e de lealdade; *c*) havendo, neste período, actuações ilícitas, culposas e danosas para a sociedade, pode esta reagir por intermédio da responsabilidade civil dos gerentes e administradores[12].

3. Assunção mediante decisão da administração (nº 2)

Direitos e obrigações resultantes de negócios jurídicos celebrados *em nome da sociedade* antes do registo, mas não incluídos nas diversas alíneas do nº 1, poderão, ainda, ser assumidos pela sociedade, mediante *decisão da administração* (art. 19º, 2). Esta decisão terá de ser comunicada à contraparte nos 90 dias posteriores ao registo. Com muita frequência, os membros da administração estarão

---

[9] OLAVO CUNHA (2010), p. 247, apresenta vários exemplos de cláusulas de autorização.
[10] MANUEL PITA (2004) p. 499, defende que, para efeitos do art. 19º, 1, d), a autorização terá de especificar os negócios para que é concedida, sob pena de ineficácia.
[11] TARSO DOMINGUES (2001), p. 995, defende que as obrigações "não precisam de ser especificamente concretizadas" no acto constituinte.
[12] No sentido de que o regime de responsabilidade civil dos membros do órgão de administração também se aplica antes do registo, v. COUTINHO DE ABREU (2009), p. 139.

em situação de conflito de interesses porque, por um lado, são, nos termos dos 38º a 40º, patrimonialmente responsáveis por obrigações resultantes de negócios celebrados em nome da sociedade antes do registo e, por outro, têm um interesse pessoal em que a sociedade assuma os direitos e obrigações resultantes do negócio e, com isso, os liberte de tal responsabilidade patrimonial. Este conflito de interesses (entre os interesses do membro da administração e os da sociedade) determina que aqueles que intervieram no negócio não possam participar na tomada da decisão de assunção[13].

No caso de haver gerente único em conflito de interesses, a assunção depende da deliberação dos sócios[14].

Questionável é se o art. 19º, 2, se deve considerar aplicável à SQU – nos termos da remissão operada pelo art. 270º-G –, justamente pelo conflito de interesses existente sempre que o sócio tiver intervindo nos negócios ou os tiver consentido *e* desempenhe o papel de gerente.

A solução apontada – a matéria depender de deliberação dos sócios, aqui "decisão" do sócio único – não casa bem com a unipessoalidade: será sempre o sócio a deliberar (*rectius*, a decidir) sobre tal ratificação e consequente liberação da sua responsabilidade (e estaremos confrontados com uma situação relevante para efeitos de aplicação do art. 251º[15]).

Assim, retornamos à competência(-regra) da gerência. Avulta hoje, como vimos, a doutrina que considera que nessa tomada de decisão não podem participar os membros que tenham participado nos negócios jurídicos em causa[16]. Logo, nunca poderia o sócio-gerente *decidir* da assunção. Não obstante, mesmo no caso da gerência não coincidir com o sócio único, no todo ou em parte, será de entender que a situação poderá ser idêntica no seu vício: o conflito de interesses também poderá incidir sobre o gerente não sócio, na medida em que *é presumível que aqueles que foram formalmente nomeados como gerentes ajam no interesse de desresponsabilização patrimonial do sócio fundador* mediante a assunção desses actos pela sociedade registada.

---

[13] Neste sentido, v. COUTINHO DE ABREU (2009) p. 138, propondo a aplicação, directa ou analógica, do art. 410º, 6, do CSC. Favoravelmente: SANTOS JÚNIOR (2009), p. 129.

[14] Neste sentido já aponta o art. 30º, 3, do AntLSQ – cfr. FERRER CORREIA/VASCO XAVIER/ÂNGELA COELHO/ANTÓNIO CAEIRO (1977), p. 183. Esta solução é seguida por SANTOS JÚNIOR (2009), p. 129.

[15] Sobre o art. 251º como regime do "impedimento de decisão" do sócio único, v. RICARDO COSTA (2002), p. 613, s., em esp. 627, s..

[16] Cfr. *supra*, nt. 13.

Ora, tanto por um caminho como por outro não logramos neutralizar esse conflito espoletado pela unipessoalidade, individualizando o órgão competente para decidir da assunção, em cada caso concreto, de acordo com quem tivesse agido em nome da sociedade: na hipótese em que, na mora do procedimento constitutivo, fossem realizadas operações em nome da SQU pelos gerentes(-não sócio) nomeados no negócio social, o órgão social competente para os termos do art. 19º, 2, seria a assembleia(-sócio único); ao invés, quando as operações fossem concluídas pelo sócio único-gerente ou por agentes que agiram com poderes representativos expressamente atribuídos por instrumento idóneo pelo sócio único, deveria ser indicada a gerência, como órgão de administração, a ratificar esses actos, mesmo que tacitamente. Mesmo se aceitássemos a gerência que não coincidisse com o sócio como o órgão competente para tal ratificação, a concorrência de interesses comprometeria também o sócio único. Assim, ao aceitarmos em qualquer dos órgãos uma *ilegitimidade ratificativa*, a hipótese de o sócio único se demitir da sua responsabilidade pré-registal afigura-se muito provável, seja a gerência ou a assembleia(-sócio único) a decidir nesse sentido, *em detrimento dos interesses dos credores dos direitos incumpridos*.

Com agravantes: (i) um simples acto de execução voluntária do negócio, ainda que parcial, depois do registo, pode ter efeitos liberatórios da responsabilidade ilimitada e pessoal do sócio, se se entender que assume o valor de *ratificação tácita* desses negócios[17]; (ii) poderia assim decidir-se uma responsabilidade única, solidariamente com o património já constituído, bem entendido, dos representantes e agentes não pertencentes à organização societária – nem o sócio, nem o(s) gerente(s) –, se foram os únicos a celebrar negócios (não incluídos na previsão do nº 1 do art. 19º) em nome da sociedade antes do registo, já que a sua (ir)responsabilidade estaria na inteira *disponibilidade volitiva* do sócio, gerente ou não, ou do gerente nomeado no negócio gerador da SQU.

Tudo argumentos que aconselham a não aplicar o art. 19º, 2, à SQU, por ser norma que pressupõe a pluralidade de sócios (art. 270º-G), e, assim, a afastar do âmbito da competência orgânica da SQU os actos cujos efeitos devam continuar a recair sobre o património do sócio, solidariamente com os outros sujeitos responsáveis e a sociedade [18].[19]

---

[17] Para exemplos, v. RICARDO COSTA (2009), p. 609.
[18] Para referências úteis sobre este assunto, v. RICARDO COSTA (2002), p. 507, s..
[19] Com opinião contrária, CASSIANO DOS SANTOS (2009), p. 119, MARQUES ESTACA (2009), p. 715.

3.1. O consentimento da contraparte

O art. 19º, 2, estatui que a decisão da administração tem de ser comunicada à contraparte (no prazo de 90 dias posteriores ao registo definitivo do contrato de sociedade), mas é omisso quanto à questão de saber se será exigível o acordo da contraparte, e quais as consequências da falta de comunicação ao terceiro afectado. Quanto à primeira questão, são desencontradas as respostas dadas pela doutrina, havendo quem entenda que o consentimento do terceiro afectado é exigível[20] e quem sustente que ele não é necessário[21].

Há que salientar que o art. 19º, 2, versa negócios que, antes do registo, foram "realizados em nome da sociedade". O que quer significar que a contraparte, no momento em que celebrou o negócio, bem sabia que a pessoa com quem contratava não queria o negócio para si, mas sim para a sociedade[22]. E sabia (ou deveria saber) que a circunstância de o negócio ser celebrado em nome da sociedade que ainda não se encontrava registada encerrava a possibilidade de a administração, depois do registo, o assumir. Porque a "assunção mediante decisão da administração" não constitui tecnicamente uma transmissão singular de dívida entre sujeitos diferentes, não faz sentido exigir o consentimento do credor previsto no art. 595º do CCiv..

Parece que o art. 19º, 2, não impede que, decorrido o prazo de 90 dias, a sociedade ainda possa assumir os referidos negócios celebrados em seu nome. No entanto, neste caso, será necessário o consentimento da contraparte.

Qual a razão que funda este consentimento? Parece-nos que a razão está no facto de o decurso do prazo sem ter existido a assunção por parte da sociedade criou a expectativa na contraparte de que por esses negócios respondiam os patrimónios da sociedade e das pessoas que em nome dela agiram ou a representarem (arts. 40º, 19º, 3). Deve, por isso, ser exigido o consentimento da contraparte para que esta avalie se lhe interessa limitar a base patrimonial que irá responder pelas obrigações resultantes de tal negócio. Tal limitação da base patrimonial ocorre porque, nos termos do art. 19º, 3 – que nos parece que também se aplica aos negócios assumidos pela administração depois de decorridos

---

[20] MENEZES CORDEIRO (2007), p. 542, defende que tal acordo é exigível. Para a discussão dos vários argumentos, v. SANTOS JÚNIOR (2009), p. 130.
[21] Neste sentido, ANA PERALTA (2003), p. 629, TARSO DOMINGUES (2004), p. 130, que recupera a linha de argumentação desenvolvida por FERRER CORREIA/VASCO XAVIER/ÂNGELA COELHO/ANTÓNIO CAEIRO (1977), p. 182.
[22] FERRER CORREIA/VASCO XAVIER/ÂNGELA COELHO/ANTÓNIO CAEIRO (1977), p. 182-183, TARSO DOMINGUES (2001), p. 996.

os 90 dias –, são liberadas as pessoas referidas no art. 40º, ficando a responder só o património da sociedade[23].

3.2. A comunicação à contraparte

O art. 19º, 2, exige que seja comunicada à contraparte a decisão da administração de assumir os direitos e obrigações resultantes de negócios celebrados em nome da sociedade, antes de efectuado o registo definitivo do contrato de sociedade. Esta exigência faz todo o sentido. Com esta comunicação, torna-se eficaz perante a contraparte a liberação das pessoas mencionadas no art. 40º, ficando a contraparte a conhecer quem encabeça os direitos e obrigações resultantes do negócio[24]. Com a comunicação torna-se eficaz perante a contraparte a irresponsabilidade das pessoas mencionadas no art. 40º e passa a responder, exclusivamente, o património da sociedade. Não existindo comunicação à contraparte, a "assunção" é inoponível ao terceiro afectado, não se operando a liberação das pessoas do art. 40º.

É desencontrada a jurisprudência quanto às *consequências da falta de comunicação à contraparte*. Em 1994, o STJ decidiu que é nulo o contrato de arrendamento por a sociedade arrendatária, depois de efectuado o registo definitivo do contrato de sociedade, não ter cumprido o disposto no art. 19º, 2[25]. Em 1997, o mesmo Tribunal sentenciou que o art. 19º não estabelece "qualquer sanção para a falta de cumprimento do dever de comunicar a assunção, designadamente a de não operar a liberação daquelas pessoas de responsabilidade"[26]. Neste último acórdão, acrescenta o Supremo que a exigência da comunicação da sociedade à contraparte "satisfaz o interesse desta, de ficar a saber que aquela passou a ser titular desse complexo de direitos e obrigações". O Supremo decidiu que o efeito liberatório das pessoas referidas no art. 40º se dá, ainda que falte a comunicação à contraparte prevista no nº 2 do art. 19º[27].

Parece-nos que o a exigência da comunicação *satisfaz o interesse da contraparte* e não tanto o da sociedade – cumpre lembrar que o art. 19º, 2, só admite a "assunção de negócios" celebrados em nome da sociedade e, por isso, esta é, desde a

---

[23] COUTINHO DE ABREU (2009), p. 138, nt. 106, sustenta que "a menção ao art. 40º deve ser interpretada extensivamente, de modo a abranger os casos (raros) em que, nos termos dos arts. 38º, 2, e 38º, 3, gerentes não sócios sejam responsáveis".

[24] De modo diverso, PINTO FURTADO (2009), p. 480, considera que a exigência de comunicação satisfaz o interesse da contraparte em conhecer quem é o seu novo devedor.

[25] Ac. do STJ de 14/12/1994, BMJ 442 (1995), p. 225.

[26] Ac. do STJ de 10/12/1997, CJ (ASTJ), 1997, III, p. 161.

[27] PINTO FURTADO (2009), p. 480, considera inaceitável esta solução encontrada pelo Supremo.

celebração do negócio, titular dos direitos e deveres dele emergentes. A falta de comunicação à contraparte não determina a nulidade do negócio em causa. A comunicação é um requisito de eficácia do negócio quanto à contraparte. Por outro lado, a não comunicação torna a "assunção" inoponível à contraparte[28] e, por isso, pelo negócio em causa continuam a responder o património da sociedade[29] e o de quem no negócio interveio ou autorizou. Na ausência de comunicação, não é eficaz, perante a contraparte, a liberação das pessoas do art. 40º.

4. Efeitos da assunção e sentido da ressalva da parte final do nº 3

A regra que se retira do art. 19º, 2, é a da que a assunção pela sociedade retrotrai os seus efeitos à data da celebração do contrato e libera as pessoas indicadas no art. 40º da responsabilidade aí prevista[30]. O que permite dizer que, com o registo definitivo do acto constituinte da sociedade, as pessoas indicadas no art. 40º *deixam de ser responsáveis* pelos direitos e obrigações assumidos de pleno direito pela sociedade (art. 19º, 1) ou mediante decisão da administração (neste último caso, devidamente comunicada à contraparte). E, por conseguinte, nestes casos, a *sociedade encabeça exclusivamente* os correspondentes direitos e obrigações. Pode, pois, extrair-se do art. 19º, 3, que se constitui a favor do(s) sujeito(s) que tenha(m) cumprido obrigações ao abrigo do art. 40º o direito de exigir da sociedade, depois do registo, o que tiver(em) cumprido[31]. Como também se poderá sustentar o crédito da sociedade perante os responsáveis identificados nos arts. 38º a 40º, se ela, no período anterior ao registo, cumpriu alguma obrigação por ela não assumida com ou após o registo[32].

A parte final do art. 19º, 3, ressalva as situações em que por lei as pessoas do art. 40º continuam responsáveis. Têm sido apresentados vários entendimentos para este segmento normativo[33].

Uma das propostas recupera a distinção entre "negócios necessários" e "negócios não necessários". Quanto às despesas e custos de constituição ("negócios necessários"), a sociedade poderá assumir os seus efeitos, liberando-se as pessoas do art. 40º da responsabilidade aí prevista, ainda que o património deixe

---

[28] Neste sentido, v. MANUEL PITA (2004), p. 467.
[29] V. anotação ao art. 40º.
[30] V. anotação ao art. 40º.
[31] Neste sentido, COUTINHO DE ABREU (2009), p. 138, TARSO DOMINGUES (2001), p. 996, s..
[32] Cfr. COUTINHO DE ABREU (2009), p. 139.
[33] Não parece adequado o veredicto de ANA PERALTA (2003), p. 631, no sentido de que a norma não tem suscitado grandes dúvidas.

de corresponder ao capital. Quanto aos outros negócios, "as pessoas indicadas no art. 40º continuam responsáveis na exacta medida do que se mostrar necessário para salvaguardar a correspondência do património em relação ao capital nominal"[34].

Outra das propostas vai no sentido de sustentar que as pessoas mencionadas no art. 40º continuam responsáveis pela *diferença* verificada no momento do registo definitivo do acto constituinte da sociedade entre o valor do capital social e o valor do património social líquido[35]. A justificação deste entendimento está em assegurar "plenamente o princípio da exacta formação"[36].

Outro entendimento considera que o segmento final do art. 19º, 3, diz respeito: *a*) aos sócios das sociedades por quotas que sejam responsáveis pelas dívidas da sociedade, nos termos do art. 198º; *b*) aos sócios de sociedades em comandita por acções que respondem subsidiariamente em relação à sociedade e solidariamente entre si e, por fim, a sócios-sociedades totalmente dominantes ou directoras[37].

Parece-nos que o nº 1 do art. 19º não acolheu a distinção entre a categoria dos "actos necessários" e "não necessários"[38]. Como por outro lado, o sistema português não incorpora uma norma que preveja expressamente a responsabilidade pela diferença. Parece, pois, que seja qual for a correspondência entre capital-património líquido, a assunção por parte da sociedade, nos termos dos n.ºs 1 e 2 libera as pessoas referidas no art. 40º.

5. Obrigações insusceptíveis de serem assumidas pela sociedade

O art. 19º, 4, identifica os direitos e obrigações que não podem ser assumidos pela sociedade. Parece que as "vantagens especiais" aqui referidas são as que se mencionam no art. 16º, 1. A falta de menção no contrato de sociedade das

---

[34] Cfr. NOGUEIRA SERENS (1997), p. 31. Em sentido semelhante, v. FERRER CORREIA (2003), p. 24.

[35] TARSO DOMINGUES (2004), p. 125, s., equaciona, com dúvidas, esta via interpretativa do art. 19º, 3, parte final, mas sublinha que do art. 19º não é possível extrair normativamente a distinção de regime entre negócios necessários e negócios não necessários.

[36] TARSO DOMINGUES (2004), p. 126.

[37] Cfr. COUTINHO DE ABREU (2009), p. 140. V. tb. neste sentido, SANTOS JÚNIOR (2009), p. 131. PUPO CORREIA (2009), p. 181, nt. 269, defende que a parte final do art. 19º, 3, refere a responsabilidade dos sócios comanditados das comanditas por acções (art. 465º, 1) e a dos sócios das sociedades por quotas, no caso previsto no art. 198º. MANUEL PITA (2004), p. 547, s., rejeita que a parte final do art. 19º, 3, possa ser entendida à luz da "responsabilidade pela diferença" e considera-a como uma "cláusula de salvaguarda de todas as outras normas".

[38] ELISABETE RAMOS (2008), p. 73. FERRER CORREIA (1989), p. 142, escreveu que no "Código não se faz a distinção entre a categoria dos actos necessários e a dos actos não necessários".

vantagens concedidas a sócio(s) em conexão com a constituição da sociedade determina que elas sejam *ineficazes* para com a sociedade. O sócio(s) afectado(s) por esta ineficácia, estando impedido(s) de exigir à sociedade os benefícios correspondentes à vantagem, poderá(ão) exercer os direitos contra os fundadores (art. 16º, 2)[39].

O art. 19º, 4, também proíbe que "despesas de constituição" que não tenham sido mencionadas no contrato – os emolumentos e as taxas de serviços oficiais e os honorários de profissionais em regime liberal são eficazes perante a sociedade, ainda que não se encontrem relacionados no contrato – sejam assumidas pela sociedade[40]. Parece que nestas despesas de constituição se podem incluir os montantes devidos a sócios e terceiros a título de "indemnização" ou de retribuição de serviços prestados durante esta fase (art. 16º,1).

Nos termos do art. 19º, 4, a sociedade não pode assumir obrigações derivadas de negócios jurídicos não mencionados no contrato social que versem sobre "entradas em espécie".

Parece ser de perfilhar o entendimento de que este segmento normativo refere os casos em que alguém entra para a sociedade com um bem que vale mais do que a respectiva participação social, convencionando-se a obrigação de a sociedade restituir o excesso[41]. Tal obrigação não poderá ser assumida pela sociedade, se não se encontrar referida no contrato de sociedade (art. 19º, 4)[42].

São insusceptíveis de serem assumidas pela sociedade *obrigações* derivadas de negócios jurídicos não mencionados no contrato de sociedade que *versem sobre aquisições de bens* (19º, 4). Ora, esta parte da norma deve ser objecto de interpretação restritiva de modo a evitar colisões com o previsto quer no art. 29º quer no art. 19º, 1[43].

---

[39] TARSO DOMINGUES (2004), p. 128, defende que, perante a ineficácia para com a sociedade, são "exclusivamente responsáveis as pessoas referidas no artigo 40º".
[40] MENEZES CORDEIRO (2007), p. 542; SANTOS JÚNIOR (2009), p. 131, sustentam que se impõe a redução teleológica da norma do art. 19º, 4, no que diz respeito às despesas de constituição, pois a sociedade sempre teria de as suportar por via do enriquecimento sem causa.
[41] COUTINHO DE ABREU (2009, p. 131, nt. 89.
[42] COUTINHO DE ABREU (2009), p. 131, nt. 89.
[43] Cfr. COUTINHO DE ABREU (2009), p. 131, nt. 89.

SECÇÃO II
OBRIGAÇÕES E DIREITOS DOS SÓCIOS
SUBSECÇÃO I
OBRIGAÇÕES E DIREITOS DOS SÓCIOS EM GERAL

ARTIGO 20º
Obrigações dos sócios

Todo o sócio é obrigado:
a) A entrar para a sociedade com bens susceptíveis de penhora ou, nos tipos de sociedade em que tal seja permitido, com indústria;
b) A quinhoar nas perdas, salvo o disposto quanto a sócios de indústria.

Índice

1. Obrigações ou deveres dos sócios
2. A obrigação de entrada como principal obrigação dos sócios
    2.1. Definição de entrada (compreende o ágio ou prémio de emissão). Consequências da consideração do ágio como entrada
    2.2. Entrada e participação social
    2.3. O valor mínimo da(s) entrada(s)
    2.4. Tipos de entrada: entradas em indústria e entradas em bens (em dinheiro e em espécie)
    2.4.1. A inadmissibilidade das entradas em indústria nas sociedades de capitais
    2.4.2. Entradas em bens: apenas bens susceptíveis de penhora?
    2.4.3. Análise do regime (remissão)
3. A obrigação de participar nas perdas
    3.1. O respectivo significado nas sociedades de responsabilidade ilimitada
    3.2. O respectivo significado nas sociedades com responsabilidade limitada

Bibliografia

a) Citada:
ABREU, J. M. COUTINHO DE – *Curso de direito comercial*, vol. II., *Das sociedades*, 3ª ed., Almedina, Coimbra, 2009; ABREU, LUÍS VASCONCELOS – "A sociedade leonina", *ROA*, 1996, p. 619-665; ANTUNES, JOSÉ ENGRÁCIA – *Direito das sociedades*, ed. do A., 2010; ASCENSÃO, J. OLIVEIRA – *Direito comercial*, vol. IV – *Sociedades comerciais*, Lisboa, 2000; CORDEIRO, A. MENEZES – *Manual de direito das sociedades*, I., *Das sociedades em geral*, Almedina, Coimbra,

2007, *Manual de direito das sociedades*, II, *Das sociedades em especial*, Almedina, Coimbra, 2007ª; CORREIA, A. FERRER – *Lições de direito comercial*, vol. II, *Sociedades comerciais. Doutrina geral*, edição policopiada, Coimbra, 1968; CORREIA, LUÍS BRITO – *Direito comercial*, 2º vol., *Sociedades comerciais*, AAFDL, Lisboa, 1989; CUNHA, PAULO OLAVO – *Direito das sociedades comerciais*, 4ª ed., Almedina, Coimbra, 2010; DOMINGUES, PAULO DE TARSO – "O regime das entradas no código das sociedades comerciais, *RFDUP*, 2006, p. 673-723, *Variações sobre o capital social*, Almedina, Coimbra, 2009, "O regime das entradas no código das sociedades comerciais, *RFDUP*, 2006, p. 673-723; DUARTE, RUI PINTO – "Suprimentos, prestações acessórias e prestações suplementares", em AAVV., *Problemas do direito das sociedades*, IDET, Almedina, Coimbra, 2002, p. 257-280, "A penhora e a venda executiva do estabelecimento comercial", in Themis – Revista da Faculdade de Direito da UNL, 2004, p. 123-135, "Prestações suplementares e prestações acessórias (uma reincidência...)", *Nos 20 anos do Código das Sociedades Comerciais – Homenagem aos Profs. Doutores A. Ferrer Correia, Orlando de Carvalho e Vasco Lobo Xavier*, vol. I, Coimbra, Coimbra Editora, 2007, p. 693-706, "Contribuições dos sócios para além do capital social: prestações acessórias, prestações suplementares e suprimentos", in *Escritos sobre direito das sociedades*, Coimbra Editora, Coimbra, 2008ª, p. 225-259; FURTADO, JORGE HENRIQUE PINTO – *Curso de direito das sociedades*, 5ª ed., com a colaboração de Nelson Rocha, Coimbra, Almedina, 2004; GORJÃO-HENRIQUES, MIGUEL – *Direito comunitário*, Almedina, Coimbra, 2007; MATOS, ALBINO – *Constituição de sociedades. Teoria e prática, formulário*, 5ª ed., Almedina, Coimbra, 2001; MARTINS, ALEXANDRE SOVERAL/RAMOS, MARIA ELISABETE – "As participações sociais", *Estudos de direito das sociedades* (coord. de Coutinho de Abreu), 9ª ed., Almedina, Coimbra, 2008, p. 156-169; MENDES, JOÃO CASTRO – *Direito processual civil. Acção executiva*, AAFDL, 1980; MORAIS; FERNANDO DE GRAVATO – *Alienação e oneração de estabelecimento comercial*, Almedina, Coimbra, 2005; OLIVIERI, G. – *I conferimenti in natura nella società per azioni*, Padova, 1989; PORTALE, G. B. – *I conferimenti in natura «atipici» nella s.p.a. – profili critici*, Quaderni di Giurisprudenza Commerciale, Giuffrè, Milano, 1974, "Capitale sociale e società per azioni sottocapitalizzata", in COLOMBO, G.E./PORTALE, GIUSEPPE B., *Trattato delle società per azioni*, vol. 1 **, Utet, Torino, 2004; RUBIO VICENTE, PEDRO J. – *La aportación de empresa en la sociedad anónima*, Editorial Lex Nova, Valladolid, 2001; SIMONETTO, ERNESTO – "Concetto e composizione del capitale sociale", *RivDCom*, 1956, p. 48; VASCONCELOS, P. PAIS DE – *A participação social nas sociedades comerciais*, 2ª ed., Almedina, Coimbra, 2006; VENTURA, RAÚL – *Sociedades por quotas*, vol. 1, Almedina, Coimbra, 1989, "Adaptação do direito português à 2ª Directiva do Conselho da Comunidade Económica Europeia sobre direito das sociedades", Documentação e Direito Comparado, separata, Lisboa, 1981; VIVANTE, CESARE – *Trattato di diritto commerciale*, vol. II, Vallardi, Milano, 1928; XAVIER, V. G. LOBO – "Anotação ao Acórdão da Relação de Lisboa de 2 de Fevereiro de 1984", RLJ, Ano 119º (1986), nº 3747, *Sociedades comerciais (Lições aos alunos de Direito Comercial do 4º ano jurídico)*, ed. copiogr., Coimbra, 1987.

b) Outra:

ANTUNES, JOSÉ ENGRÁCIA – *Direito das sociedades*, ed. do A., 2010; MEIRA, DEOLINDA APARÍCIO – *O regime económico das cooperativas no direito português. O capital social*, Vida económica, Porto, 2009, p. 175-207.

1. Obrigações ou deveres dos sócios

O art. 20º – que tem por epígrafe "Obrigações dos sócios" – refere-se apenas a duas obrigações sociais: a obrigação de entrada e o dever de quinhoar nas perdas. Trata-se obviamente dum catálogo não taxativo, uma vez que sobre os sócios recaem ou podem recair outras obrigações, nomeadamente a obrigação de prestações acessórias (arts. 209º e 287º), de prestações suplementares (arts. 210º, s.), de suprimentos (arts. 243º, s.), etc.[1]. Estas outras obrigações têm, no entanto, carácter facultativo, uma vez que a sua exigência depende, em princípio, de estipulação contratual. Daí que se pudesse supor que o elenco do art. 20º se referiria exclusivamente às obrigações que resultassem directamente da lei. Acontece que, mesmo quanto a estas, o elenco do art. 20º não é exaustivo, uma vez que há outras obrigações que decorrem da lei, para além das referidas nesta norma. É o caso, entre outros, do dever de não concorrência dos sócios de uma SENC (art. 180º) e do dever de lealdade[2].

A referência expressa apenas àquelas duas obrigações radicará, por isso, no facto de se tratar dos dois mais importantes deveres que integram o *status socii*[3].

2. A obrigação de entrada como principal obrigação dos sócios

A obrigação de entrada constitui-se efectivamente como a principal obrigação dos sócios. É o que resulta, em termos gerais, do art. 980º CCiv. que estabelece a

---

[1] Sobre estas outras obrigações dos sócios, pode especialmente ver-se PINTO DUARTE (2002), p. 257, s., (2007), p. 693, s., (2008ª), p. 225, s., PAIS DE VASCONCELOS (2006), p. 275, s., e COUTINHO DE ABREU (2009), p. 326, s.

[2] Cfr. PAIS DE VASCONCELOS (2006), p. 312, s., e COUTINHO DE ABREU (2009), p. 309, s., e MENEZES CORDEIRO (2007ª), p. 572, s.

[3] Note-se que, para as sociedades civis, o art. 980º CCiv. não faz referência à participação nos prejuízos. Aquela norma, no entanto, de ser integrada – como menciona LOBO XAVIER (1987), p. 26 – com as normas imperativas dos arts. 992º e 994º CCiv., que expressamente mencionam este elemento: a sujeição às perdas.

contribuição com bens ou serviços por parte dos sócios como um dos *essentialia negotii* do contrato de sociedade. E é o que resulta também, no que às sociedades comerciais diz respeito, do art. 20º, ora em anotação, que estabelece apenas como obrigações essenciais dos sócios a obrigação de entrada e a obrigação de quinhoar nas perdas.

Ou seja, sendo o contrato de sociedade imperativamente, por força da lei, um contrato oneroso, só pode ser atribuída uma participação social, e consequentemente a qualidade de sócio, a uma pessoa que contribua efectiva e realmente com bens (ou serviços, nas sociedades em que este tipo de entrada seja admitido) para a sociedade[4].

A obrigação de entrada assume, pois, um papel fundamental em direito societário, na medida em que se trata de uma obrigação originária (no sentido de que está na origem da atribuição da qualidade de sócio), fundacional (uma vez que sem ela não é possível a constituição, a fundação de uma sociedade; só há sociedade se os sócios se obrigarem a realizar contribuições para a mesma) e até funcional (porquanto, em muitas situações, os direitos e deveres dos sócios ficam determinados em função da entrada que cada um realiza).

2.1. Definição de entrada (compreende o ágio ou prémio de emissão). Consequências da consideração do ágio como entrada

Antes do mais – e para a plena compreensão do regime – importa ter presente a noção de entrada. É que nem toda a contribuição patrimonial do sócio para a sociedade é entrada em sentido técnico-jurídico (pense-se, p. ex. num empréstimo do sócio à sociedade); por outro lado, a entrada do sócio não tem exclusivamente que se destinar à cobertura do capital social. De facto, se as entradas tivessem necessariamente de ser imputadas a capital social, não se poderia falar de entradas (que é, como ficou dito, um dos *essentialia negotii* do contrato de sociedade), p. ex., relativamente às partes sociais correspondentes a entradas de indústria (que não são contabilizadas no capital social – cfr. art. 178º, 1). Donde, aquela noção de entrada é imprestável, uma vez que também nestas hipóteses, os sócios realizam – têm de realizar! – entradas, a fim de obterem as respectivas participações sociais e de poderem fazer parte do grémio social. De resto, a respeito do regime jurídico das SENC, é a própria a lei que expressamente se

---

[4] É o que, para as SQ, resulta inequivocamente do art. 219º, 1, que estabelece que a cada sócio pertence uma quota "que corresponde à sua entrada". Vide também PINTO FURTADO (2004), p. 105, s..

refere a "entradas de indústria" (cfr. art. 176º, 1, a)), ou seja, a entradas que não são contabilizadas no capital social.

Daí que, rigorosamente, a noção de entrada[5] corresponda a toda a contribuição patrimonial que o sócio se obriga a realizar e a entregar à sociedade como contraprestação das participações sociais que subscreve. Com este sentido, a entrada abrange, não apenas os bens entregues pelo sócio cujo valor corresponde ao valor nominal das participações sociais que subscreve, mas também e para além do mais, o valor excedente que o sócio tem de desembolsar para as adquirir, ou seja, a entrada – e o regime que lhe é aplicável – compreende e abrange também o ágio ou prémio de emissão (vide art. 295º, 3, a))[6].

A consideração de que o ágio – que consiste na diferença para mais entre o valor nominal e a quantia que os accionistas tiverem desembolsado para as adquirir" (cfr. art. 295º, 3, a)) – integra a entrada do sócio, não tem apenas interesse dogmático ou teórico, mas reveste-se de importantes consequências práticas.

Com efeito, constituindo o ágio parte da entrada do sócio, fica consequentemente sujeito ao respectivo regime – em princípio, a todo o seu regime, que à frente iremos analisar –, nomeadamente quanto à particularidade de que, se resultar de um bem diferente de dinheiro, deverá este ser objecto de avaliação por parte de um ROC[7].

2.2. Entrada e participação social

Os conceitos de entrada e participação social estão intimamente relacionados[8], uma vez que a participação social tem de corresponder a uma verdadeira e efectiva entrada, por parte do sócio. I. é, só pode ser atribuída uma participação social, e consequentemente a qualidade de sócio, a uma pessoa que contribua realmente com bens para a sociedade. Isto significa e tem como consequên-

---

[5] Note-se que o vocábulo "entrada" é utilizado um pouco indistintamente para significar os bens ou serviços que o sócio se obriga a prestar, i.é, a sua contribuição patrimonial, como também para identificar a própria prestação que tem aqueles bens ou serviços por objecto. Assim, RAÚL VENTURA (1989), p. 119, e COUTINHO DE ABREU (2009), p. 269.

[6] Veja-se, porém, a distinção entre entrada e ágio, a propósito do regime relativo ao respectivo pagamento, no art. 277º, 2. Mesmo aqui, nos parece, porém, que a lei não exclui o ágio da noção de entrada. Com a ressalva da parte final do nº 2 do art. 277º, ter-se-á querido apenas explicitar que do regime de diferimento das entradas em dinheiro ficava excluída a parte da entrada que respeitasse ao ágio (abrangendo, portanto, a entrada o valor imputado a capital e o prémio de emissão).

[7] Sendo-lhe igualmente aplicável o regime da responsabilidade pela diferença.

[8] O que, por arrastamento, se verifica também relativamente aos conceitos de entrada e capital social, dado que este resulta da soma do valor nominal das participações sociais.

cia que a criação de uma participação social que não resulte de uma efectiva entrada do sócio se deve considerar nula e de nenhum efeito, por violação de norma legal imperativa (cfr. art. 20º, a) e art. 294º CCiv.)[9].

2.3. O valor mínimo da(s) entrada(s)

A lei não estabelece directamente valores mínimos para as entradas dos sócios, mas essa exigência decorre do estabelecimento de valores mínimos, seja para o capital social, seja para as diferentes participações sociais.

Com efeito, não podendo o valor da entrada ser inferior ao valor nominal da participação social (art. 25º), daqui decorre que o valor da entrada individual de cada sócio há-de ser, pelo menos, idêntico ao valor mínimo exigido por lei para as quotas ou para as acções. Por outro lado, sendo o capital social a cifra representativa da soma do valor nominal das participações sociais, a regra referida implica que a soma global do valor das entradas deverá, pelo menos, atingir o valor do capital social mínimo exigido para cada tipo social.

O CSC estabelece distintas soluções quanto aos valores mínimos da participação social e, consequentemente, da entrada a realizar pelos sócios, consoante os diferentes tipos sociais.

Para as SENC, a lei não estabelece um valor mínimo que cada sócio deve individualmente realizar nem tão-pouco prescreve um qualquer limiar que a soma das entradas dos sócios deve perfazer, uma vez que não se fixa um qualquer capital social mínimo para este tipo social.

Já para as chamadas sociedades de capitais – SQ e SA – o CSC estabelece um valor mínimo para a entrada individual de cada sócio de € 100 no caso das SQ, e de 1 cêntimo para as SA[10]. Por outro lado, a soma do valor das entradas de todos os sócios deverá ser, pelo menos, de € 5.000 nas SQ e de € 50.000 nas SA[11].

[9] É uma regra que se encontra consagrada de uma forma expressiva e clara no art. 59º, 1 da lei espanhola de sociedades de capital, em que se pode ler: "Será nula a criação de participações sociais e a emissão de acções que não correspondam a uma efectiva entrada («aportación») patrimonial na sociedade".
[10] Cfr. respectivamente arts. 219º, 3 e 276º, 2, ambos com a redacção que lhes foi dada pelo DL 343/98, de 6 de Novembro, que estabeleceu o regime de transição do escudo para o euro. Note-se que, enquanto o valor mínimo da entrada do quotista se manteve idêntico (era, antes da transição para o euro, de Esc. 20.000$00), já o valor mínimo da participação social – e correspondentemente o valor mínimo da entrada – nas SA foi profundamente alterado com aquela reforma, uma vez que, antes do DL 343/98, o valor nominal mínimo das acções era de Esc. 1.000$00. Tratou-se da consagração, entre nós, da figura do *penny stock* ou *low par shares* do direito norte-americano.
[11] Trata-se da solução que resulta da circunstância de a lei fixar aqueles montantes como os valores do capital social mínimo nos referidos tipos sociais. Cfr. respectivamente, arts. 201º e 276º, 3. Estes

Nas SC, o regime aplicável à entrada depende do tipo de sócio que a realiza. Assim, no que concerne aos sócios comanditados, aplica-se – independentemente do tipo de sociedade: em comandita simples ou em comandita por acções – o regime das sociedades em nome colectivo a que atrás fizemos referência. Relativamente aos sócios comanditários, importa agora distinguir, consoante o tipo de sociedade em causa. Tratando-se de uma sociedade em comandita por acções, o regime aplicável às entradas destes sócios será o regime previsto para as SA (cfr. art. 478º[12]). Tratando-se de uma sociedade em comandita simples – e muito embora a lei não o diga expressamente –, parece-nos que à realização das entradas, por parte dos sócios comanditários, se deve aplicar o regime previsto para as SQ. É a solução que resulta expressamente do art. 475º para a transmissão destas participações sociais, podendo ali ver-se o afloramento de um princípio geral, de acordo com o qual às participações sociais dos sócios comanditários nas sociedades em comandita simples se aplica o regime previsto para a SQ.

2.4. Tipos de entrada: entradas em indústria e entradas em bens (em dinheiro ou em espécie)

A nossa lei distingue entre entradas em indústria[13] (ou, é o mesmo, entradas em serviços[14]) e entradas em bens, podendo estas ser entradas em dinheiro ou entradas em bens diferentes de dinheiro (ditas entradas em espécie[15])[16].

De acordo com o Código das Sociedades, apenas as entradas em indústria não são contabilizadas no capital social (cfr. art. 178º, 1), pelo que as entradas em bens se podem também designar – até mais rigorosamente[17] – como entra-

---

valores foram fixados pelo DL 343/98. É de salientar que os novos valores estabelecidos para capital social mínimo nas SQ e SA mais do que dobram os anteriormente exigidos. Tenha-se presente que a taxa de conversão do escudo para euros foi fixada em 200,482 (cfr. Regulamento CE nº 2866/98 de 31/12) e que o capital social mínimo para as SQ e SA era, na redacção inicial do CSC, respectivamente, de Esc. 400.000$00 e Esc. 5.000.000$00. Trata-se de uma alteração em contra-ciclo, relativamente ao movimento a que se tem vindo a assistir em direito comparado nesta matéria, onde, em vez de se reforçar o papel do capital social, se tem, pelo contrário, assistido a um *assouplissement* da figura.
12 Assim, também COUTINHO DE ABREU (2009), p. 66.
13 É a terminologia usada no CSC – cfr. art. 20º, a).
14 É a expressão utilizada no código civil – cfr. art. 980º CCiv..
15 Cfr. epígrafe do art. 28º.
16 Vide, sobre o regime das entradas, COUTINHO DE ABREU (2009), p. 269, s., OLIVEIRA ASCENSÃO (2000), p. 140, s., PAIS DE VASCONCELOS (2006), p. 263, s., MENEZES CORDEIRO (2007), p. 587, s., (2007ª), p. 579, s., SOVERAL MARTINS/ELISABETE RAMOS (2008), p. 156, s., BRITO CORREIA (1989), p. 292, s., P. OLAVO CUNHA (2010), 266, s., e TARSO DOMINGUES (2006), p. 673, s..
17 Com efeito, apesar de a lei distinguir entre entradas em serviços e entradas em bens, a verdade é que também as entradas em serviços não deixam de ser, juridicamente, entradas em bens (bens não

das de capital, precisamente por, ao contrário das primeiras, serem imputadas no capital social[18-19].

2.4.1. A inadmissibilidade das entradas em indústria nas sociedades de capitais

As entradas em indústria – que consistem nas entradas com trabalho ou serviços por parte dos sócios[20] – não são admissíveis nas sociedades de capitais: SQ (art. 202º, 1) e SA (art. 277º, 1), não sendo igualmente permitidas nas SC, relativamente aos sócios comanditários (art. 468º). Este tipo de entrada apenas pode ser realizada pelos sócios das SENC e pelos sócios comanditados das SC (arts. 176º e 468º, *a contrario*).

A proibição de a entrada de um accionista[21] poder ser efectuada através da "obrigação de execução de trabalhos ou da prestação de serviços" resulta expressamente do art. 7º, *in fine* da Directiva do Capital, pelo que, em todo o espaço comunitário, não é admissível este tipo de entrada nas SA (o tipo social abrangido pela Directiva)[22]. O nosso legislador – de resto, como a generalidade dos outros legisladores europeus – alargou, no entanto, tal proibição a todos os tipos de sociedades de capitais.

São várias as razões justificativas apresentadas para a exclusão destas entradas nas sociedades de capitais.

---

coisificáveis – cfr. COUTINHO DE ABREU (2009), p. 214-215). Por isso, mais rigorosamente, as ditas entradas em bens se devam designar por entradas de capital, porquanto só elas são imputadas no capital social.

[18] O CSC refere-se, ainda que incidentalmente, a esta categoria de entradas no art. 91º, 3, quando refere que "o capital da sociedade não pode ser aumentado por incorporação de reservas enquanto não estiverem vencidas todas as prestações de capital".

[19] De acordo com uma arrumação doutrinal – cfr. SIMONETTO (1956), p. 120 s., e 196, s. – as entradas dos sócios podem agrupar-se em duas grandes categorias:
a) entradas de mero património, que são aquelas que engrossam o património da sociedade, mas que não se contabilizam no capital social (são as entradas em indústria); e
b) entradas de capital, que são agora aquelas que são imputadas no capital social (que, no desenho do CSC, são as entradas com bens).
Para este A., de resto, todas as entradas são de património, na medida em que engrossam o património social, podendo depois subdividir-se nas duas categorias acima referidas.

[20] Etimologicamente a palavra "indústria" significa precisamente trabalho ou actividade. Relativamente à possibilidade de a entrada de um sócio ser constituída, não por uma obrigação de *dare* ou de *facere*, mas antes por uma obrigação de *non facere* (p. ex., na assunção de uma obrigação de não concorrência), vide PORTALE (1974), p. 2, s., e OLIVIERI (1989), p. 76, s., que expressamente admitem este tipo de entrada, considerando que se trata de um "quid" susceptível de avaliação económica.

[21] A Directiva do Capital apenas abrange as SA e, consequentemente, accionistas.

[22] Antes do CSC, era discutido entre nós (embora a doutrina maioritária se inclinasse para a resposta negativa) se as entradas com indústria eram admissíveis nas SA. Vide COUTINHO DE ABREU (2009), p. 273, nt. 158, e as indicações bibliográficas aí referidas.

Assim, tal proibição estriba-se no facto de as entradas em serviços serem extremamente difíceis de avaliar[23]; na circunstância de elas não se coadunarem com o princípio da imediata e integral liberação das entradas, em virtude do seu carácter futuro e sucessivo[24]; e ainda devido à impossibilidade de garantir e assegurar o cumprimento das mesmas, dada a impraticabilidade da sua execução forçada[25].

Em qualquer caso, subjacente às razões avançadas para justificar a proibição, está sempre a função de garantia – e a enorme relevância que lhe é atribuída – que se assinala ao capital social, a qual não seria alcançada com as entradas em serviços[26]. Na verdade, é esta finalidade de tutela dos terceiros credores que determina a inadmissibilidade, nas sociedades de capitais, das entradas de indústria, visando-se, com isso, obviar a que no capital social seja levado em consideração um valor referente aos serviços prestados por um sócio, valor esse que pode, de todo, não corresponder àquilo que efectiva e realmente o serviço vale (seja porque foi mal avaliado, seja porque, tendo-se comprometido a realizar determinado trabalho, esse sócio não o efectua), e que, por outro lado, não se apresenta como um meio de garantia para os terceiros credores. Fala-se, a este propósito, na incerteza (quanto à determinação do valor da entrada) e

---

[23] É inquestionável que a avaliação das entradas de indústria – devido à sua própria natureza, bem como ao facto de a duração de este tipo de entrada ser incerta – apresenta problemas e dificuldades. Isso não significa, contudo – como, de alguma forma, resultava dos trabalhos preparatórios da Segunda Directiva –, que elas não sejam susceptíveis de avaliação económica. Se assim acontecesse, os serviços não poderiam nunca constituir a entrada de um sócio, qualquer que fosse o tipo social (mesmo, portanto, numa SENC).

[24] De facto, ao contrário do que sucede com as entradas em bens que deverão ser realizadas, em princípio, até ao momento da celebração do contrato de sociedade (cfr. art. 26º), as de indústria serão realizadas ao longo da vida da sociedade, não ficando, em princípio, integralmente liberadas naquele momento.

[25] Desde logo, porque hoje ninguém pode ser forçado a trabalhar contra a sua vontade (*nemo cogi potest ad factum* – cfr. VIVANTE (1928), p. 164). Por outro lado, porque a entrada de indústria de um sócio consubstanciará, normalmente, uma prestação de facto infungível – dado o *intuitus personae* que, em menor ou maior grau, sempre lhe estará subjacente –, o que impossibilita que a prestação seja efectuada por outrem à custa do sócio (cfr. art. 828º CCiv.).

[26] É este, sem dúvida, o principal fundamento – se não o único – que esteve por detrás do regime consagrado no art. 7º da Directiva do Capital. Cfr. OLIVIERI (1989), p. 58, s. e p. 71. Vide, sobre esta função, anotação 3.1.1. ao art. 14º.

perigosidade (no que respeita às consequências da imputabilidade de uma tal entrada no capital social) das entradas em indústria[27-28].

2.4.2. Entradas em bens: apenas bens susceptíveis de penhora?

Tem sido discutida na doutrina a questão de saber que bens podem constituir estas entradas de capital. De acordo com certa doutrina, os critérios distintivos e qualificadores da entrada de capital seriam a sua aptidão e idoneidade para garantir credores sociais[29]. Assim, seriam entradas de mero património – não admissíveis nas sociedades de capitais – todos os bens que não fossem adequados à satisfação dos credores, podendo constituir entradas de capital apenas aqueles bens que, por serem "susceptíveis de expropriação forçada a favor dos credores"[30], fossem idóneos a garantir terceiros.

Trata-se de uma solução que resulta de uma hiperbolização da função de garantia que se atribui ao capital social, sendo certo, no entanto, que este enfoque dado ao capital social está hoje, como se referiu em anotação ao art. 14º, claramente posto em crise.

O nosso ordenamento jurídico, no entanto, pelo menos aparentemente, perfilhou aquela solução relativamente às entradas de capital.

Com efeito, o CSC, no art. 20º, a), estabelece, a este propósito, que – fora as entradas de indústria (que não são contabilizadas no capital social) – a entrada de um sócio só pode consistir em "bens susceptíveis de penhora"[31], pelo que,

---

[27] Cfr. OLIVIERI (1989), p. 54, s., que, porém, assume uma posição crítica quanto às características referidas.
[28] Esta perspectiva quanto às entradas em indústria está hoje, no entanto, a nível de direito comparado, também ela em transe de revisão. Sobre o tema, pode ver-se TARSO DOMINGUES (2009), p. 196, s..
[29] Assim, Simonetto que chega a tal conclusão partindo da constatação que na lei, *rectius*, em todo o sistema jurídico há um constante paralelismo entre capital e garantia, pelo que todas as entradas contabilizadas no capital social deverão ser aptas a desempenhar tal função de garantia dos credores. Cfr. SIMONETTO, (1956), p. 133, s..
[30] Cfr. SIMONETTO (1956), p. 146. De acordo com Simonetto, uma entrada, para ser considerada entrada de capital e, consequentemente, poder ser contabilizada no capital social, deve revestir as seguintes características: garantia (o bem deve ser idóneo a garantir terceiros, nomeadamente deve poder ser alienável ou transformável em dinheiro ou noutro bem); instantaneidade, i.é, a prestação deve esgotar-se *uno actu* (podendo embora ser fraccionada); produtividade (o bem deve ser adequado à produção); e, finalmente, perpetuidade (o direito transmitido deve ser perpétuo ou, pelo menos, idóneo a durar enquanto durar a sociedade). Vide. SIMONETTO (1956), p. 196, s.. Para uma crítica a esta posição de Simonetto, veja-se, por todos, PORTALE (2004), p. 19, s..
[31] I.é, num bem que possa ser desapossado do devedor – cfr. JOÃO CASTRO MENDES (1980), p. 73 – e, nessa medida, apto a garantir os créditos de terceiros – cfr. art. 601º CCiv..

prima facie, as referidas entradas de capital apenas poderiam ser constituídas por bens idóneos a garantir terceiros.

A redacção daquela norma é, contudo, uma transposição menos exacta do texto do art. 7º da Segunda Directiva sobre sociedades[32]. Na verdade, esta norma estatui: "O capital subscrito só pode ser constituído por elementos do activo *susceptíveis de avaliação económica*" (o itálico é nosso). Trata-se de uma redacção que, pensadamente, se quis diferente e mais abrangente que a expressão "valores executáveis ou penhoráveis"[33].

Apesar disso[34], a nossa legislação utilizou, de forma pouco feliz, a expressão que, de modo intencional, foi preterida pelo legislador comunitário.

E das duas uma: ou se entende que o legislador português quis consagrar uma solução diferente – mais restritiva[35] – da sancionada pela Directiva, havendo aí um conflito entre o direito português e o direito comunitário, a resolver nos termos gerais; ou se entende – como julgamos mais acertado, tendo em vista a pretendida harmonização comunitária da legislação portuguesa[36] – que, com

---

[32] A solução portuguesa, em virtude de contrariar – pelo menos aparentemente – a Directiva, foi considerada surpreendente por PORTALE (2004), p. 20, nt. 34.

[33] Na exposição de motivos da Proposta da Segunda Directiva (que estabelecia, no art. 10º, que as entradas teriam de consistir necessariamente em bens "susceptíveis de realização") afirmava-se, de forma explícita, que a expressão "valores realizáveis" é diferente e mais abrangente do que "valores penhoráveis" (*saisissables*). I. é, com tal expressão queria-se apenas significar a "cedibilidade" dos bens que constituem a entrada. Cfr. JOCE nº C 48/11, de 24 de Abril de 1970 e JOCE nº C 88/3, de 6 de Setembro de 1971. Sobre esta matéria, veja-se especialmente VENTURA (1981), p. 25, s., PORTALE, (2004), p. 22, s., nts 37 e 38, OLIVIERI (1989), p., 58 s., e RUBIO VICENTE (2001), p. 190 e 194, s..

Note-se que, no nosso ordenamento jurídico, a exigência posta pela lei de que a entrada seja um bem susceptível de penhora, não obstaculiza a que uma empresa (encarada como um todo unitário, com todos os seus elementos e qualidades, incluindo, portanto, o seu aviamento) constitua a entrada de um sócio. Trata-se de uma solução que está hoje, de resto, expressamente consagrada no art. 862º-A do Código de Processo Civil, na redacção introduzida pelo DL 329-A/95, de 12 de Dezembro, e que já antes resultava da jurisprudência constante do Parecer do Conselho Consultivo da Procuradoria Geral da República nº 110/84, de 25 de Julho de 1985, publicado *in* DR, II Série, nº 301, de 31/12/1985 e *in BMJ* 352º (1978), p. 87, s.. Cfr. sobre a matéria, PINTO DUARTE (2004), p. 123, s., e GRAVATO MORAIS (2005), p. 164, s..

[34] E da explícita advertência feita por Raúl Ventura para que fosse adoptada a expressão "bens susceptíveis de avaliação económica". Cfr. VENTURA (1981), p. 26.

[35] Sendo certo que o sentido atribuído por alguns autores à redacção do art. 20º, a) é extremamente reduzido, considerando que apenas não poderão constituir a entrada de um sócio os bens absoluta ou relativamente impenhoráveis, previstos nos arts. 822º e 823º do CPC. Cfr. ALBINO MATOS (2001), p. 82, s.. Em qualquer caso, deve ter-se em consideração que a reserva da impenhorabilidade é, no âmbito mercantil, bem mais restrita que no âmbito civil. Pense-se, p. ex., em listas nominativas de clientes, correspondência, etc., que – fazendo, em princípio, parte da reserva privada do sujeito – poderão, tratando-se de um comerciante, constituir valores penhoráveis.

[36] Sendo esta, de resto, a solução que está de acordo com o "princípio da interpretação conforme", i.é, da interpretação do direito nacional em conformidade com o direito comunitário, princípio que

aquela redacção menos feliz, não se tencionou adoptar posição diferente da estatuída pela Directiva, devendo, assim, admitir-se que a entrada de um sócio possa consistir em qualquer bem susceptível de avaliação económica, tal como já era entendido pela nossa doutrina no direito anterior ao CSC[37].

Assim sendo, a entrada de um sócio, em qualquer tipo de sociedade, não terá de consistir necessariamente num bem susceptível de penhora[38], devendo consistir tão-só num bem que – levando em conta o chamado princípio do *going concern* ou princípio da continuidade da empresa[39] – seja susceptível de avaliação económica[40].

2.4.3. Análise do regime (remissão)

Relativamente ao específico regime aplicável aos diferentes tipos de entradas, ele será analisado nas anotações a propósito das normas legais que expressamente as regulam (arts. 25º e 28º, para as entradas em espécie, arts. 176º e 178º, para as entradas em indústria, e arts. 202º e 277º, para as entradas em dinheiro).

3. A obrigação de participar nas perdas

O CSC estabelece também expressamente o dever de todo o sócio quinhoar nas perdas (art. 20º, b)), sendo nula qualquer cláusula em contrário (cfr. art. 22º, 3)[41].

---

foi afirmado pela primeira vez pelo TJCE, no caso *Van Colson e Kamann*, de 10 de Abril de 1984 (Proc. C-14/83, *CJ-TJCE*, 1984, I, p. 1891, s.) e que tem sido consistentemente confirmado noutros Acórdãos do Tribunal, nomeadamente no conhecido Ac. *Marleasing* (Ac. Marleasing SA v. La Comercial Internacional de Alimentación SA, de 13 de Novembro de 1990, Proc. C-106/89, *CJ-TJCE*, 1990, I, p. 4135, s.). Vide, sobre esta temática, GORJÃO-HENRIQUES (2007), p. 247, s..

[37] Cfr., por todos, FERRER CORREIA (1968), p. 206.

[38] Assim também, entre nós, COUTINHO DE ABREU (2009), p. 272, s.. Dando pouca relevância à questão, cfr. PAIS DE VASCONCELOS (2006), p. 267, nt. 300.

[39] I.é, a avaliação deve ser feita na perspectiva da continuação da actividade da empresa, "de uma empresa em actividade e não de um activo a liquidar". Cfr. PORTALE (2004), p. 95, s.. Pense-se no caso, recorrentemente mencionado pelos autores, do aviamento (entendido este, contabilisticamente, como o valor excedente atribuído a uma empresa relativamente ao justo valor do seu activo). Se a empresa encerrar, aquele elemento não terá qualquer valor. Porém, continuando a empresa em actividade, já aquele elemento será susceptível de avaliação económica, podendo, por isso, aproveitar também aos credores no "quadro da empresa", i.é, no âmbito da exploração da empresa societária. Embora desnecessário, refira-se que o aviamento não é concebível desligado da empresa, pelo que, só por si, não pode constituir a entrada de um sócio.

[40] Pense-se, p. ex., em partes sociais de sócios de responsabilidade ilimitada (cfr. art. 183º, 1) ou em bens atribuídos a título de direitos pessoais de gozo, *v.g.*, a cedência do gozo de um imóvel (exemplos colhidos em COUTINHO DE ABREU (2009), p. 273, nt. 156).

[41] Vide especialmente, sobre esta obrigação, PAIS DE VASCONCELOS (2006), p. 286, s.. Cfr. também ENGRÁCIA ANTUNES (2010), p. 397, s..

Trata-se da consagração para as sociedades comerciais da regra prevista, com carácter geral para todas as sociedades, no art. 994º CCiv.[42], e que constitui uma das faces do chamado pacto leonino[43].

Esta obrigação de participação nas perdas tem, no entanto, um significado absolutamente distinto nas sociedades de responsabilidade limitada e nas de responsabilidade ilimitada.

3.1. O respectivo significado nas sociedades de responsabilidade ilimitada

Sem dificuldade se compreende a participação nas perdas por parte dos sócios, numa sociedade de pessoas como é a SENC, uma vez que, neste tipo social, eles respondem – solidariamente entre si, embora subsidiariamente relativamente ao património social – pelas dívidas da sociedade (art. 175º, 1). É também idêntica a responsabilidade dos sócios comanditados nas sociedades em comandita[44] (art. 465º, 1).

Mesmo aqui se justificam, contudo, algumas precisões, atenta a parte final do art. 20º, b), que excepciona do regime imperativo da participação nas perdas os sócios de indústria[45].

Aquela ressalva do art. 20º, b) deve ser lida cotejadamente com o disposto no art. 178º, 2, onde se estabelece que os sócios de indústria não respondem, nas relações internas, pelas perdas sociais[46]. Daqui resulta que os sócios de indústria, em obediência ao princípio geral proclamado no art. 20º[47], respondem obrigatoriamente nas relações externas – i.é, perante credores sociais[48] – pelas dívidas da sociedade[49]. Já nas relações internas – entre os sócios – não

---

[42] Discordando da sanção prevista na lei, para a violação da obrigação de participação nas perdas, vide L. VASCONCELOS ABREU (1996), p. 654, s., que propõe uma interpretação restritiva do art. 994º CCiv..
[43] Sobre o pacto leonino, vide anotação 3. ao art. 22º.
[44] Independentemente de se tratar de uma sociedade em comandita simples ou por acções.
[45] Os sócios de indústria são, como se referiu, aqueles cuja entrada é constituída pelo seu trabalho ou prestação de serviços, podendo apenas ser sócios de uma SENC ou sócios comanditados de uma SC.
[46] É idêntico o regime consagrado no art. 992º, 2 CCiv..
[47] E por uma questão de tutela dos credores sociais.
[48] O pacto social não poderá afastar esta responsabilidade por dívidas relativamente aos credores sociais. Já poderá, no entanto, afastar o regime supletivo previsto na lei quanto à responsabilidade por dívidas nas relações internas, estabelecendo, p. ex., que mesmo no âmbito destas relações, os sócios de indústria responderão pelas dívidas sociais (cfr. art. 178º, 2, *in fine*).
[49] Se tal acontecer, o sócio de indústria terá direito de regresso de tudo quanto pagou a credores sociais, dos restantes sócios de capital.

lhes poderá ser exigido qualquer montante relativamente ao pagamento que um sócio haja feito a um credor social[50].

3.2. O respectivo significado nas sociedades com responsabilidade limitada

A alusão à obrigação de participação nas perdas parece *prima facie* bizarra para os sócios das chamadas sociedades de responsabilidade limitada[51] (*v.g.*, SQ e SA), bem como para os sócios comanditários de uma SC, uma vez que estes não respondem pelas dívidas sociais (cfr. arts. 197º, 3, 271º, e 465º, 1, parte inicial).

Esta referência à obrigatoriedade de participação nas perdas, nestas sociedades, respeita, contudo, às perdas no momento da liquidação da sociedade – i.é, às perdas finais –, nas quais os sócios forçosamente participam, na medida em que não venham a reaver o valor das suas entradas[52]. Ou seja, a obrigatoriedade da sujeição a perdas, nas sociedades de capitais, significa apenas que nenhum sócio se pode subtrair à eventualidade de não reaver, integral ou parcialmente, o valor da sua entrada, sendo nula qualquer cláusula contratual em contrário (cfr. art. 22º, 3)[53].

---

[50] Sobre esta matéria, vide LOBO XAVIER (1986), p. 186, s., nt. 30, e PAIS DE VASCONCELOS (2006), p. 286, s..
[51] Embora a designação não seja rigorosa, uma vez que quem vê a sua responsabilidade limitada relativamente às perdas sociais são os sócios e não a própria sociedade.
[52] A lei prevê, contudo, um regime próprio para a partilha do património, em caso de liquidação da sociedade (cfr. art. 156º).
[53] Vide PAIS DE VASCONCELOS (2006), p. 287, s., e P. OLAVO CUNHA (2010), 275, s..

ARTIGO 21º *
Direitos dos sócios

1. Todo o sócio tem direito:
a) A quinhoar nos lucros;
b) A participar nas deliberações de sócios, sem prejuízo das restrições previstas na lei;
c) A obter informações sobre a vida da sociedade, nos termos da lei e do contrato;
d) A ser designado para os órgãos de administração e de fiscalização da sociedade, nos termos da lei e do contrato.
2. É proibida toda a estipulação pela qual deva algum sócio receber juros ou outra importância certa em retribuição do seu capital ou indústria.

* A redacção da alínea *d*) do nº 1 do presente artigo foi dada pelo Decreto-Lei nº 280/87, de 08 de Julho (versão original – do Decreto-Lei nº 262/86, de 02 de Setembro: "*d*) A ser nomeado para os órgãos de administração e de fiscalização da sociedade, nos termos da lei e do contrato").

Índice
1. Introdução
2. Direito a quinhoar nos lucros e o nº 2 do art. 21º
3. Direito a participar nas deliberações dos sócios
4. Direito à informação
5. Direito a ser designado membro de um órgão de administração ou fiscalização

Bibliografia citada:
ABREU, JORGE MANUEL COUTINHO DE – *Curso de direito comercial*, vol. II – *Das sociedades*, 3ª ed., Almedina, Coimbra, 2009; ALMEIDA, ANTÓNIO PEREIRA DE – *Sociedades comerciais*, 4ª ed., Coimbra Editora, Coimbra, 2006; CASTRO, OSÓRIO DE – "Acções preferenciais sem voto", *Problemas do direito das sociedades*, Almedina, Coimbra, 2002, 281-320; CORREIA, FERRER – *Lições de Direito Comercial (Reprint)*, Lex, s/ local, 1994; DOMINGUES, PAULO DE TARSO – "Capital e Património Sociais, Lucros e Reservas", *Estudos de direito das sociedades* (coord. de J. Coutinho de Abreu), 9ª ed., Almedina, Coimbra, 2008, p. 173; GUYON, YVES – *Droit des affaires*, tomo I, 12ª ed., Economica, Paris, 2003; KÜBLER, FRIEDRICH – *Derecho de Sociedades* (trad. espanhola), Fundación Cultural del Notariado, Madrid, 1995, 5ª ed.; PERRUCHOUD, EDMOND C. – *Introduction au droit commercial des Etats-Unis*, Schulthess Polygraphischer Verlag, Zurique, 1990; MAIA, PEDRO – "Deliberações dos sócios", *Estudos de direito das sociedades* (coord. de J. Coutinho de Abreu), 9ª ed., Almedina, Coimbra, 2008, p. 235; MARTINS, ALEXANDRE SOVERAL/RAMOS, MARIA ELISABETE – "As participações

sociais", *Estudos de direito das sociedades* (coord. de J. Coutinho de Abreu), 9ª ed., Almedina, Coimbra, 2008, p. 131; SÁNCHEZ, ANÍBAL – "La acción y los derechos del accionista (artículos 47 a 50 LSA)", *Comentario al Regimen Legal de las Sociedades Mercantiles*, coord. R. Uría, A. Menendez e M. Olivencia, t. IV, vol. 1, Civitas, Madrid, 1994; PERRUCHOUD, EDMOND C. – *Introduction au droit commercial des Etats-Unis*, Schulthess Polygraphischer Verlag, Zurique, 1990; SANTOS, FILIPE CASSIANO DOS – *A posição do accionista face aos lucros de balanço – O direito do accionista ao dividendo no Código das Sociedades Comerciais*, Universidade de Coimbra, Coimbra Editora, 1996; VASCONCELOS, PEDRO PAIS DE – *A participação social nas sociedades comerciais*, 2ª ed., Almedina, Coimbra, 2006; VENTURA, RAÚL – *Sociedades por quotas – Comentário ao Código das Sociedades Comerciais*, vol. I, 2ª ed., Almedina, Coimbra, 1989, *Sociedades por quotas – Comentário ao Código das Sociedades Comerciais*, vol. II, 2ª ed., Almedina, Coimbra, 1989[b], "Direito do accionista à informação", *Novos estudos sobre sociedades anónimas e sociedades em nome colectivo*, Almedina, Coimbra, 1994.

1. Introdução

Este art. 21º, no nº 1, compreende uma enunciação meramente exemplificativa de direitos que pertencem a um sujeito pelo simples facto de ser proprietário de uma participação social[1], que é, justamente, "o conjunto unitário de direitos e obrigações actuais e potenciais do sócio (enquanto tal)."[2] Está-se aqui perante uma relação meramente enunciativa, na medida em que o próprio CSC consagra e disciplina outros direitos sociais (que não devem confundir-se com os direitos especiais[3] – art. 24º) – p. ex., o direito preferencial de subscrição e aumentos de capital ou o direito de exoneração[4]. Depois, todos eles são comuns a todas as sociedades comerciais, independentemente do tipo social que concretamente seja adoptado pelos sócios, embora o seu conteúdo seja distinto, pois que, nas sociedades de maior pendor personalista, a pessoa do sócio será mais importante do que o capital, o que se vai invertendo à medida que na sociedade se vai marcando o elemento capitalístico.[5] É usual a integração dos diversos direitos sociais em dois grupos distintos – o dos direitos patrimoniais (à cabeça do qual

---

[1] PAIS DE VASCONCELOS (2006), p. 69, prefere a expressão poderes do sócio por considerar que se trata aqui de poderes que integram o direito subjectivo global do sócio.
[2] COUTINHO DE ABREU (2009), p. 207.
[3] SOVERAL MARTINS/MARIA ELISABETE RAMOS (2008), p. 132.
[4] PEREIRA DE ALMEIDA (2006), p. 111, refere-se a um direito à qualidade de sócio, enquanto "direito de o sócio não ser arbitrariamente excluído pela maioria".
[5] PAIS DE VASCONCELOS (2006), p. 39, s..

se encontra o direito aos lucros) e o dos direitos administrativos (liderado pelo direito de voto). Se com o exercício dos primeiros se visa a obtenção de dinheiro, os segundos servem a participação no funcionamento da sociedade.[6]

O regime jurídico de cada um dos direitos sociais encontra-se espalhado pelos artigos do CSC, tanto na parte geral como nas partes especialmente dedicadas a cada um dos tipos societários, pelo que este comentário será naturalmente breve e fundamentalmente remissivo, desde já condenado a ser, simultaneamente, pormenorizado e incompleto.

2. Direito a quinhoar nos lucros e o nº 2 do art. 21º

A definição de contrato de sociedade constante do art. 980º CCiv., fazendo com que a sociedade se determine pelo princípio da finalidade lucrativa[7], permite compreender imediatamente porque aparece o direito a quinhoar nos lucros à cabeça dos direitos dos sócios. Por isto, ou seja, porque é um direito que traduz uma característica essencial da sociedade, o direito aos lucros é irrenunciável e inderrogável.[8]

Da actividade comercial resultarão benefícios que no património desta se vão acumulando (o por vezes chamado lucro social ou objectivo[9]) e cujo destino principal (porque há que contar com políticas de contenção ou de auto--investimento) está logo desde o início definido: a distribuição pelos sócios. Uma vez que os sócios, porém, não pretenderão esperar até ao momento da liquidação para obter o retorno do seu investimento, a lei permite que se proceda a distribuições periódicas desse lucro[10], em razão daquilo com que cada um contribuiu – quem arriscou mais, em princípio, receberá mais (art. 22º, 1). Faz-se, então, uma avaliação daquilo que a sociedade tinha ao início e no fim do exercício, o saldo positivo sendo partilhado. Mas, enquanto houver prejuízos a cobrir e reservas a constituir ou engrossar, não poderão os sócios receber quaisquer quantias ou bens a título de lucros – cfr. arts. 32º e 33º[11] –, pelo que só o *lucro de balanço* (diferença entre o património social líquido e a soma do capital e das reservas) pode chegar ao património individual dos membros da

---

[6] PAIS DE VASCONCELOS (2006), p. 70 e 367, s..
[7] PEREIRA DE ALMEIDA (2006), p. 93, s..
[8] PEREIRA DE ALMEIDA (2006), p. 127 (seguindo FERRER CORREIA).
[9] TARSO DOMINGUES (2008), p. 218. Para desenvolvimentos da questão do que seja o lucro social e dás várias teorias que se propuseram neste tema, CASSIANO DOS SANTOS (1996), p. 28, s..
[10] Cfr. FERRER CORREIA (1994), p. 339.
[11] Os preceitos normativos sem outra indicação pertencem ao CSC.

corporação, cada um deles recebendo o que usa designar-se *dividendo* e que é o fruto de cada participação social.

Quando o tema é o direito a quinhoar nos lucros, usa distinguir-se o *direito aos lucros*, do *direito aos dividendos* e do *direito ao dividendo deliberado*. O primeiro é o "direito directamente derivado do próprio conceito de sociedade e que consiste pelo menos no direito de todo o sócio a participar na distribuição dos lucros obtidos com o exercício da actividade social"[12] e que se consubstancia no direito à quota de liquidação ou ao lucro final[13] (arts. 246º e s.). O último constituir-se-á na esfera jurídica do sócio *após a deliberação* de aprovação do balanço e de distribuição dos lucros, que concretiza aquele abstracto direito aos lucros, transformando o accionista num credor da sociedade, ou, para aqueles que não reconhecem até ao momento qualquer direito ao sócio, faz constituir-se um novo direito de crédito.[14] O direito ao dividendo (ou direito ao lucro *periódico*) resultaria de uma vinculação da sociedade a distribuir lucros no final de cada exercício[15], obrigação que onera as sociedades por quotas e anónimas sujeitas ao direito português, como pode retirar-se dos arts. 217º, 1 e 294º, 1, nos quais se dispõe que não pode deixar de entregar-se aos sócios metade dos lucros de exercício distribuíveis, desde que os estatutos societários não prevejam em contrário ou que a própria sociedade delibere no sentido da retenção obtendo a concordância de ¾ do capital social. Mas, há que contar ainda com o artigo 31º, 1 CSC, de acordo com o qual "salvos os casos de distribuição antecipada de lucros e outros expressamente previstos na lei, nenhuma distribuição de bens sociais, ainda que a título de distribuição de lucros de exercício ou de reservas, pode ser feita aos sócios sem ter sido objecto de deliberação destes." Uma parte da doutrina sublinharia o segundo trecho da norma, daí concluindo pela necessidade de uma deliberação *declarativa* da repartição dos lucros; já Cassiano dos Santos opta por acentuar a primeira parte do preceito, concluindo que, por entre os casos legalmente previstos, estão os arts. 217º, 1 e 294º, 1, não sendo assim necessária a deliberação dos sócios sobre a divisão de bens sociais. O que significa que o sócio tem direito igualmente a interpelar a sociedade para que proceda à efectiva distribuição dos lucros, recorrer a uma acção judi-

---

[12] CASSIANO DOS SANTOS (1996), p. 19.
[13] CASSIANO DOS SANTOS (1996), p. 19 e 20.
[14] CASSIANO DOS SANTOS (1996), p. 24.
[15] CASSIANO DOS SANTOS (1996), p. 20.

cial de cumprimento e, eventualmente, a uma acção executiva.[16] Uma vez constituído o direito aos lucros na esfera jurídica do sócio, ele torna-se credor da sociedade – pode exigir-lhe a entrega de uma quantia certa e determinada. Este direito, por vezes designado como direito ao lucro concreto[17], é livremente transaccionável.

Quando um determinado sujeito entra numa sociedade, aceita arriscar o seu património (o contrato de sociedade é aleatório[18]) – a actividade comercial pode dar lucros, mas também perdas, e tudo é dividido entre os sócios, a não ser que o contrário se preveja no contrato. Esta liberdade, contudo, não pode ir até ao ponto de excluir um sócio das perdas e dos lucros (proibição do pacto leonino – arts. 994º CCiv e 22º, 3), assim como não poderá assegurar-se-lhe que, como sócio, receberá juros ou outra importância certa como retribuição do seu capital ou indústria, como se estabelece no *nº 2 do art. 21º*. Está aqui em causa a protecção do capital social de modo evidente: o cumprimento de uma obrigação deste teor poderia implicar que o património da sociedade descesse abaixo do capital social, sabendo-se que a proporção entre estes dois valores deve sempre manter-se, principalmente para prossecução da função de garantia que o capital social desempenha.[19]

3. Direito a participar nas deliberações dos sócios

É através do voto que o sócio manifesta a sua vontade[20], que, por sua vez, contribuirá para a formação da vontade social e, assim, para a gestão da sociedade. A vontade social manifesta-se através das deliberações sociais ("decisões tomadas pelo órgão social de formação de vontade – o sócio único ou a colectividade dos sócios – e juridicamente imputáveis à sociedade"[21]) cujas formas possíveis

---

[16] CASSIANO DOS SANTOS (1996), p. 124. Posição exactamente oposta tem PEREIRA DE ALMEIDA (2006), p. 135. Sobre esta questão v. também PAIS DE VASCONCELOS (2006), p. 109, s..
[17] P. ex., PEREIRA DE ALMEIDA (2006), p. 129 e 137.
[18] PEREIRA DE ALMEIDA (1996), p. 129.
[19] TARSO DOMINGUES (2008), p. 209.
[20] O voto é, pois, uma declaração de vontade – assim, p. ex., COUTINHO DE ABREU (2009), p. 240, SOVERAL MARTINS/MARIA ELISABETE RAMOS (2008), p. 144, PEDRO MAIA (2008), p. 238. A este propósito, e nesta tarefa de desenhar as linhas estruturais do direito de participação, há que referir – porque aqui não será o lugar para desenvolvermos tal matéria – o debate já longo, mas cada vez mais intricado, sobre a *finalidade do direito de voto*, pois que enquanto uns advogam que ele serve os interesses do sócio, outros consideram que ele é instrumento de defesa do interesse social – *vide*, PEREIRA DE ALMEIDA (2006), p. 151, 152 e 194, s., bem como os autores e jurisprudência aí indicados.
[21] COUTINHO DE ABREU (2009), p. 234, para quem as deliberações sociais são negócios jurídicos (2009), p. 239.

são apenas as admitidas na lei (art. 53º)[22]. Para que o sócio exerça o seu direito de participar nas deliberações sociais tem de ser regularmente convocado para a assembleia geral (arts. 248º, 3, 377º, 1 e 3)[23], embora não estejam impedidas as deliberações unânimes por escrito, nem as deliberações por escrito (só para as sociedades em nome colectivo e para as sociedades por quotas e apenas em alguns casos – arts. 247º, 2 e 8, 100º, 2 e 5 e 120º) que não resultam de ambiente de reunião, i. e., da presença no mesmo local e ao mesmo tempo dos sócios[24] (art. 54º). O direito a participar nas deliberações sociais compreende, assim, o direito de estar *presente* nas assembleias, de nelas *discutir* os assuntos sobre os quais se deliberará (ou o direito a ser consultado sobre as deliberações a tomar por voto escrito), e o *direito de votar* as propostas (dentro ou fora da assembleia)[25]. Mas, há que contar com as restrições previstas na lei, que podem condicionar a participação e, assim, permitir que se fale num *direito de participação plena* e num *direito de participação condicionada*.[26]

A influência de cada sócio dependerá do número de votos que lhe é atribuído e do peso relativo deles na totalidade dos votos. Os critérios de atribuição do voto variam conforme o tipo social, estando, porém, subjacente o princípio da igualdade de tratamento[27]. Nas sociedades em nome colectivo vale o princípio personalístico (1 sócio, 1 voto – art. 190º) e nas restantes o princípio capitalístico ou proporcional: nas sociedades por quotas, 1 cêntimo, 1 voto (art. 250º, 1); nas sociedades anónimas, 1 acção, 1 voto (art. 384º, 1); nas sociedades em comandita rege o nº 2 do art. 472º. O *voto plural* não é permitido entre nós nas sociedades anónimas (à excepção dos direitos de voto plural que hajam sido

---

[22] Para uma descrição dos vários tipos de deliberações sociais, v., p. ex., PEDRO MAIA (2008), p. 238, s..
[23] Como afirma PEREIRA DE ALMEIDA (2006), p. 144, "o direito de ser convocado para as assembleias gerais é o direito mais elementar, porquanto, se o sócio não tiver conhecimento que a assembleia vai reunir, só eventualmente poderá participar nela, deixando o terreno aberto para todo o tipo de abusos".
[24] PEDRO MAIA (2008), p. 235.
[25] RAÚL VENTURA (1989b), p. 225, COUTINHO DE ABREU (2009), p. 240.
[26] COUTINHO DE ABREU (2009), p. 240.
[27] PEREIRA DE ALMEIDA (2006), p. 98.

atribuídos antes da entrada em vigor do CSC – arts. 384º, 5 e 531º)[28], mas já o é nas sociedades por quotas (art. 250º, 2).[29]

O contrato social pode, porém, dispor diferentemente, pois, a ligação entre o sócio e o voto não é nem perene, nem essencial, ou seja, pode haver sócios que perdem, ainda que temporariamente, o exercício do direito, o voto entrando num estado de quiescência. É o que acontece quando haja *impedimentos de voto* causados por conflitos de interesses (arts. 251º, para as sociedades por quotas, sociedades em nome colectivo e sociedades em comandita simples[30], e 384º, 6 e 7[31]), quando funcione a sanção para a mora no cumprimento da obrigação de realização das entradas (nº 4 do art. 384º), ou quando se verifiquem as hipóteses previstas nos arts. 485º, 3, 487º, 2 e no art. 192º CVM.

Por outra parte, há sócios sem qualquer direito de voto. A *supressão do direito de voto* é inadmissível nas sociedades em nome colectivo (art. 190º, 1) e nas sociedades por quotas (art. 21º, 1, *b*), na medida em que só aceita as restrições legalmente previstas[32]), mas já pode verificar-se nas sociedades anónimas, nomeadamente nas acções preferenciais sem voto (art. 341º, 3). De qualquer forma, a privação do voto não se estende a assembleias especiais dos titulares destas acções, assim como pode o direito surgir plenamente quando o dividendo prioritário (a que têm direito estes sócios como compensação pela ausência

---

[28] O voto plural nada tem a ver com o *voto divergente*, isto é, com a possibilidade de o mesmo accionista poder votar, com base numas acções, num sentido e, com base noutras, em outro sentido. Se todas as acções forem da sua propriedade, o accionista está proibido de o fazer pelo art. 385º, sob pena de nulidade de todos os votos; quando tal não aconteça, não há divergência de voto, mas actuação em interesse de outrem (caso da representação), ou tendo por legitimação um direito diferente da propriedade (como o usufruto, p. ex. – nada impede que o mesmo sujeito vote num sentido como proprietário e noutro como usufrutuário ou credor pignoratício; cfr. nº 3 do art. 385º). Sobre esta matéria v. PAIS DE VASCONCELOS (2006), p. 134, s..

[29] A mesma regra de proibição vale nos ordenamentos jurídicos italiano (art. 2351 do *Codice Civile*) e alemão (§ 12 AktG, embora também se excepcionem os direitos especiais constituídos antes da entrada em vigor da lei de 1965, como é o caso das acções de voto plural existentes na Siemens AG que se encontram nas mãos da família fundadora – Cfr. KÜBLER (1995), p. 308). Já o ordenamento jurídico francês prevê a possibilidade de ser concedido um voto duplo a acções nominativas que pertençam ao mesmo accionista (artigo L. 225-123 do *Code de Commerce*), embora este direito se extinga, por regra, com a transmissão da propriedade da acção (YVES GUYON (2003), p. 319 e 320). No direito americano, o *cumulative voting* é abertamente aceite sobretudo nas *close corporations*, isto é, naquelas sociedades em que o número de accionistas é limitado (EDMOND C. PERRUCHOUD (1990), p. 128, s. e 99, s.).

[30] Por remissão dos arts. 189º, 1 e 474º, respectivamente.

[31] Sobre a possibilidade de o estatuto social prever outros tipos de conflitos de interesse impeditivos do exercício do direito de voto e da aplicabilidade do regime de impedimentos às sociedades unipessoais, COUTINHO DE ABREU (2009), p. 244, s..

[32] SOVERAL MARTINS/MARIA ELISABETE RAMOS (2008), p. 143 (nt. 27), COUTINHO DE ABREU (2009), p. 241.

do voto) não for integralmente pago durante dois exercícios sociais – nestas circunstâncias é o legislador quem automaticamente confere o direito de voto a esta categoria de acções, embora possa desaparecer novamente se aqueles dividendos prioritários em atraso forem pagos (art. 342º, 3 CSC).[33] Numa espécie de *posição intermédia* estarão os accionistas que, sendo titulares do direito de voto, vêem que a um certo número das suas acções apenas corresponde um voto (art. 384º, 2, *a*)) ou cujos votos não são contados a partir de um certo número de acções (*b*)); ou então que estão obrigados a agrupar-se de modo a atingir o número mínimo de acções de que o estatuto faz depender a obtenção do direito (art. 379º, 5).

Nos casos de impedimento ou de supressão do voto diz-se, então, que o direito de participar está limitado. Mas, o direito de estar presente nas assembleias e de nelas discutir não pode ser suprimido, mesmo que o sócio esteja impedido de votar (arts. 21º, 1, *b*)[34] e 248º, 5). Nas sociedades anónimas, bem como nas sociedades em comandita por acções, os sócios desprovidos de voto também poderão participar, a não ser que o contrário se preveja no contrato social (art. 379º, 2; isto não é assim para o representante dos accionistas preferenciais sem voto, que tem sempre presença e possibilidade de discutir nas assembleias gerais nos termos do art. 343º e 379º, 3).

Embora possa dizer-se que a assembleia geral é "o órgão supremo da sociedade"[35], nem todas as matérias relativas à gestão da sociedade passam por ela – apenas as mais importantes e decisivas. Por isso, embora indirectamente os sócios administrem a sociedade, na medida em que os sujeitos que estão presentes nos órgãos sociais foram escolhidos por eles, a verdade é que, directamente, só algumas questões são decididas em assembleia geral, pelo exercício do direito de participação. Mais uma vez, o círculo de competências deliberativas dos sócios vai-se modificando consoante o tipo social em causa: para as sociedades em nome colectivo vale o art. 189º; para as sociedades por quotas, o art. 246º, para as anónimas, o art. 373º, 2 (podendo distinguir-se entre competências imperativas ou mínimas, competências dispositivas ou supleti-

---

[33] É a ponderação destes factores que leva OSÓRIO DE CASTRO (2002), p. 301, a afirmar que nas acções preferenciais sem voto o direito se encontra apenas em estado de quiescência.
[34] É com fundamento neste artigo que COUTINHO DE ABREU (2009), p. 249, afirma esta impossibilidade nas sociedades anónimas e nas sociedades em comandita por acções.
[35] PEDRO MAIA (2008), p. 244.

vas, competências contratuais ou estatutárias e competência residual); e nas sociedades em comandita regem as remissões do art. 474 e 478º.[36]

A manifestação da vontade do sócio não tem de ser necessariamente presencial. Desde 2006, a participação em assembleia pode ser apenas *virtual* (art. 377º, 6, *b*), aplicável por remissão a todos os tipos sociais), assim como se estenderam as possibilidades de votar *por correspondência* (art. 22º CVM e arts. 377º, 5, *f*) e 384º, 9). Além disso, o direito de voto pode ser exercido através de *representante voluntário*, à excepção da participação nas deliberações por voto escrito (art. 249º, 1). As regras relativas a esta matéria estão previstas nos arts. 189º, 4 (sociedades em nome colectivo), 249º (sociedade por quotas) e 380º (sociedade anónima e em comandita por acções).

4. Direito à informação

O direito à informação sobre a vida da sociedade manifesta-se em três diferentes vertentes: como *direito à informação stricto sensu*, que permite ao sócio formular questões sobre a vida da sociedade e desta exigir resposta verdadeira, completa e elucidativa[37]; como *direito de consulta*, por cujo exercício o sócio pode solicitar que a sociedade exiba, para exame, os livros de escrituração e outros documentos descritivos da actividade social; como *direito de inspecção*, assim podendo o sócio vistoriar os bens da sociedade.[38]

O direito à informação é um direito social autónomo, pois não pode dizer-se meramente instrumental ou acessório dos restantes direitos, nomeadamente do direito de voto. Tanto assim é que os sócios que não podem votar, ou porque estão impedidos de o fazer ou porque não são titulares do direito, podem participar na assembleia, nelas discutir e obter as informações descritas no art. 290º. É, por um lado, corolário do risco que se corre com a entrada na sociedade, permitindo a reclamação de dados essenciais à salvaguarda da posição financeira e social do sócio (e assim se compreende a intensificação do direito com o aumento da responsabilidade pessoal), funcionando como uma "ferramenta

---

[36] Para uma descrição sistematizada da competência deliberativa dos sócios v. PEDRO MAIA (2008), p. 244, s..

[37] Daí que RAÚL VENTURA (1989), p. 284, pronunciando-se especificamente sobre as sociedades por quotas, afirme que "'direito à informação em sentido estrito' é apenas uma maneira cómoda de abreviar a designação do direito que rigorosamente deve ser descrito como 'direito do sócio a haver, a seu requerimento, informação prestada pelos gerentes".

[38] COUTINHO DE ABREU (2009), p. 253. PEREIRA DE ALMEIDA (2006), p. 117, s., prefere distinguir: direito geral à informação, direito à informação preparatória das assembleias gerais e direito à informação nas assembleias gerais.

de controlo social"³⁹. Por outro lado, está associado ao elemento do contrato de sociedade "actividade em comum", uma vez que, independentemente do grau de participação na gestão, o sócio necessita conhecer todos os factos que sejam imprescindíveis ao exercício dessa função.⁴⁰ Apesar de o direito à informação ter a sua raiz no estatuto de sócio, e no risco de capital, facto é que foi rasgado um caminho até ela para quem não arriscou qualquer capital na sociedade, sendo (mero) titular de um direito real (limitado) de gozo sobre as participações sociais. É o que acontece no art. 293º, que alarga a titularidade do direito à informação ao usufrutuário e ao credor pignoratício, quando, por lei ou convenção, lhes caiba exercer o direito de voto.

Ora, se a responsabilidade pessoal e o envolvimento na gestão é menor para os accionistas do que para os sócios dos outros tipos sociais, não surpreende que o direito à informação tenha nas anónimas um regime legal que não encontra paralelo nos restantes tipos societários, e que ao mesmo tempo reflecte alguns problemas de ordem pragmática, para os quais chama a atenção Raúl Ventura: "além do perigo, sempre existente em qualquer tipo de sociedade – agravado neste caso pela facilidade de compra de uma acção – de as informações prestadas poderem ser usadas em prejuízo da sociedade, o eventual grande número de accionistas e a consequente possibilidade de multiplicação dos pedidos de informação aconselham prudência na outorga deste direito aos accionistas."⁴¹

Assim, o direito à informação *stricto sensu* pode ser exercido dentro e fora das assembleias gerais. Quanto à primeira modalidade, o regime previsto nos nºs 1 e 2 do art. 290º aplica-se a todos os tipos sociais (e mesmo para os sócios impedidos de votar ou sem voto) – cfr. arts. 189º, 1, 214º, 7, 474º e 478º. Mas, se se pretender exercer este direito *fora* das assembleias, ele será pleno para os sócios das sociedades em nome colectivo, por quotas e em comandita simples (e ainda para os comanditados nas em comandita por acções) – arts. 181º, 1, 214º, 1, 474º e 480º –; mas, já não é para os accionistas (nem para os comanditários nas sociedades em comandita por acções), pois que só quando as suas acções atinjam 10% do capital social é que podem solicitar informações sobre os assuntos sociais nos termos do art. 291º, 1.

Também no exercício do direito de consulta se faz notar a distinção entre o tipo anónimo e os restantes. Logo porque só os documentos elencados no

---

[39] Expressão de ANÍBAL SÁNCHEZ (1994), p. 170.
[40] Assim, RAÚL VENTURA (1989), p. 282 e COUTINHO DE ABREU (2009), p. 254 e 255.
[41] (1994), p. 133.

nº 1 do art. 288º e nos nºˢ 1 e 2 do art. 289º são consultáveis pelos accionistas (e não a "escrituração, livros e documentos" a que fazem referência os arts. 181º, 1 e 3, 214º, 1, 2 e 4, 474º e 480º). Depois, os documentos previstos no art. 288º só poderão ser consultados pelos accionistas cujas acções representem pelo menos 1% do capital social e invocado que seja "motivo justificado"[42].

Finalmente, parece que aos accionistas não será de reconhecer o direito de inspecção, pelas perturbações que tal pode trazer ao funcionamento da sociedade, particularmente considerando que as sociedades anónimas estão vocacionadas para a presença de um maior número de sócios (nada impedindo o contrato social, todavia, de em contrário prever). Diferentemente, mais uma vez, do que acontece nos restantes tipos societários – cfr. arts. 181º e 214º.[43]

Uma vez que quem há-de produzir ou permitir o acesso à informação são os órgãos de administração, cabe ainda fazer duas perguntas: 1) o sócio que seja simultaneamente titular de um órgão de administração tem também o direito de informação? 2) pode o órgão administrativo recusar o cumprimento do dever de prestar/permitir o acesso à informação? Na opinião de Coutinho de Abreu, a resposta à primeira questão é negativa, tendo em conta que cada membro da administração tem, enquanto tal, direito à informação, à qual acede directamente e a qual pode exigir dos restantes membros dos órgão administrativos.[44] No que diz respeito ao segundo problema, a resposta já é positiva. Caso se trate de informação pedida em assembleia, a recusa será lícita sempre que a prestação da informação possa resultar num grave prejuízo à sociedade ou a outra sociedade com ela coligada ou violação de segredo imposto por lei (por aplicação do art. 290º, 2[45]). Para a informação pedida fora de assembleia valem os arts. 215º, 1 (para as sociedades por quotas, mas aplicável analogicamente às sociedades em nome colectivo, em comandita simples e em comandita por acções, para os sócios comanditados[46]), 288º, 1, 291º, 4 e 5 (aplicáveis analogicamente para os sócios comanditários nas sociedades em comandita por acções[47]). Se a recusa for ilícita, a deliberação será anulável (art. 290º, 3); os gerentes ou administradores que culposamente recusem a informação ou a prestem de modo incompleto ou erróneo incorrem em responsa-

---

[42] Criticando esta opção do legislador, COUTINHO DE ABREU (2009), p. 258.
[43] COUTINHO DE ABREU (2009), p. 260.
[44] Cfr. (2009), p. 262 e 263.
[45] A todos os tipos sociais, portanto (assim, COUTINHO DE ABREU (2009), p. 263).
[46] COUTINHO DE ABREU (2009), p. 264.
[47] COUTINHO DE ABREU (2009), p. 264.

bilidade civil e penal (arts. 72º e s., 79º, 518º e 519º). Há ainda a possibilidade de o sócio interessado requerer inquérito judicial à sociedade (arts. 181º, 6, 216º, 1, 292º, 1). Finalmente, em usando o sócio as informações de modo prejudicial à sociedade, será responsável pelos prejuízos que causar, podendo ainda ser excluído (arts. 181º, 5, 214º, 6); para os accionistas vale apenas o regime da responsabilidade (art. 291º, 6).[48]

5. Direito a ser designado membro de um órgão de administração ou de fiscalização

O direito a ser designado para os órgãos de administração e de fiscalização da sociedade é atribuído pelo art. 21º, *d*) a todo o sócio, mas não como um direito subjectivo. Isto é, não se lhe reconhece um direito de *pretender* ou de *exigir* a designação, impondo-se aos restantes o dever de o eleger. O direito a ser designado significa, sim, que nenhum sócio pode ser excluído da eleição.[49]

Segundo Coutinho de Abreu, o que justifica a presença desta alínea é a intenção de inverter o que se consagrava no art. 118º CCom. (já revogado), nos termos do qual os sócios estavam obrigados a exercer os cargos para que a sociedade os nomeasse.[50]

Todo o sócio de sociedade em nome colectivo, desde que pessoa individual, é gerente, a não ser que o contrário se preveja no contrato de sociedade (art. 191º, 1 e 3). Para as sociedades por quotas vale o art. 252º, em que se admite como gerentes sócios e não sócios, mas necessariamente sujeitos individuais. A organização das sociedades anónimas é bastante complexa, podendo afirmar-se, em termos genéricos, que dos órgãos de administração farão parte accionistas ou não accionistas: conselho de administração (art. 390º, 3); conselho de administração com comissão de auditoria (arts. 423º-B, 6 e 414º, 3), conselho de administração executivo e conselho geral e de supervisão (arts. 425º, 6, 434º, 3); ao passo que só admite a participação de accionistas o conselho fiscal (art. 414º, 3).[51]

---

[48] Nas sociedades abertas, impõe-se à administração um dever de informação que colmate as lacunas criadas pela dispersão do capital social, e assegure a transparência e o controlo da gestão – para maior desenvolvimento v., p. ex., PEREIRA DE ALMEIDA (2006), p. 497, s..
[49] COUTINHO DE ABREU (2009), p. 268.
[50] COUTINHO DE ABREU (2009), p. 268 e 269.
[51] Para um esquema mais completo, SOVERAL MARTINS/MARIA ELISABETE RAMOS (2008), p. 153, s..

ARTIGO 22º *
Participação nos lucros e perdas

1. Na falta de preceito especial ou convenção em contrário, os sócios participam nos lucros e nas perdas da sociedade segundo a proporção dos valores das respectivas participações no capital.
2. Se o contrato determinar somente a parte de cada sócio nos lucros, presumir-se-á ser a mesma a sua parte nas perdas.
3. É nula a cláusula que exclui um sócio da comunhão nos lucros ou que o isente de participar nas perdas da sociedade, salvo o disposto quanto a sócios de indústria.
4. É nula a cláusula pela qual a divisão de lucros ou perdas seja deixada ao critério de terceiro.

* A actual redacção do nº 1 foi introduzida pelo DL 49/10, de 19 de Maio.

Índice
1. Critério legal (supletivo) de participação nos lucros e perdas. Derrogação do regime legal
2. O critério legal no caso de participações sociais com valor nominal e de acções sem valor nominal
3. Proibição do pacto leonino

Bibliografia
a) Citada:
ABREU, J. M. COUTINHO DE – *Da empresarialidade – As empresas no direito*, Almedina, Colecção Teses, Coimbra, 1996, *Curso de direito comercial*, vol. II., *Das sociedades*, 3ª ed., Almedina, Coimbra, 2009; ABREU, L. VASCONCELOS – "A sociedade leonina", ROA, 1966, p. 619-665; ALMEIDA, A. PEREIRA DE – *Sociedades comerciais e valores mobiliários*, Coimbra Editora, Coimbra, 2008; CASTRO, C. OSÓRIO DE/CASTRO, G. ANDRADE E – "A distribuição de lucros a trabalhadores de uma anónima, por deliberação da assembleia geral", OD, 2005, p. 57-80; CORDEIRO, A. MENEZES – *Manual de direito das sociedades*, I., *Das sociedades em geral*, 2ª ed., Almedina, Coimbra, 2007, *Código das Sociedades Comerciais anotado* (coord. de A. Menezes Cordeiro), Almedina, Coimbra, 2009, p. 140-141; CORREIA, A. FERRER – *Lições de direito comercial*, vol. II, *Sociedades comerciais. Doutrina geral*, edição policopiada, Coimbra, 1968, "Pacto leonino: espécies, proibição e seus fundamentos", RLJ, ano 105 (1972-73), p. 106; CORREIA, LUÍS BRITO – *Direito comercial*, 2º vol. *Sociedades comerciais*, AAFDL, Lisboa, 1989; CUNHA PAULO OLAVO – *Os direitos especiais nas sociedades anónimas: as acções privilegiadas*, Almedina, Coimbra, 1993, *Direito das sociedades comerciais*, 4ª ed., Almedina, Coimbra, 2010; DOMINGUES, PAULO DE TARSO – "As acções sem valor nominal",

DSR, 2010; FERNANDEZ DEL POZO, L. – *La aplicación de resultados en las sociedades mercantiles (Estudio especial del artículo 213 de la Ley de Sociedades Anónimas)*, Civitas, Madrid, 1997; GALGANO, FRANCESCO, *La società per azioni – Trattato di diritto commerciale e diritto pubblico dell'economia*, vol. 7, Cedam, Padova, 1988; LIMA, PIRES DE/VARELA, ANTUNES – *Código Civil anotado*, vol. II, 4ª ed., Coimbra Editora, Coimbra, 1997; PITA, MANUEL – *Direito aos lucros*, Almedina, Coimbra, 1989; SABATO, FRANCO DI – *Le società*, Utet, Torino, 1999; ÚRIA, R./MÉNENDEZ, A./MUÑOZ PLANAS – "La junta general de accionistas", in *Comentario al régimen legal de las sociedades mercantiles*, tomo V, Civitas, Madrid, 1991; VASCONCELOS, P. PAIS DE – *A participação social nas sociedades comerciais*, 2ª ed., Almedina, Coimbra, 2006; VENTURA, RAÚL – *Sociedades por quotas*, vol. 1, Almedina, Coimbra, 1989, "Direitos especiais dos sócios", OD, Ano 121 (1989ª), I, p. 207-222, *Sociedades por quotas*, vol. III, Almedina, Coimbra, 1991; XAVIER, V. G. LOBO – *Anulação de deliberação social e deliberações conexas*, Atlântida Editora, Coimbra, 1975, *Sociedades comerciais (Lições aos alunos de Direito Comercial do 4º ano jurídico)*, ed. copiogr., Coimbra, 1987.

b) Outra:
SANTOS, F. CASSIANO DOS – *Estrutura associativa e participação societária capitalística – Contrato de sociedade, estrutura societária e participação do sócio nas sociedades capitalísticas*, Coimbra Editora, Coimbra, 2006, p. 240-274.

1. Critério legal (supletivo) de participação nos lucros e perdas. Derrogação do regime legal

De acordo com o art. 22º, 1 os sócios participam nos lucros e nas perdas da sociedade segundo a proporção dos "valores das respectivas participações no capital"[1].

Trata-se, aliás, da regra geral para a determinação dos direitos corporativos (quaisquer que eles sejam: de natureza administrativa ou extra-patrimonial ou de natureza patrimonial, como é o caso do lucro) dos sócios. A medida dos seus direitos é aferida, normalmente, pela participação de cada um no capital social[2].

---

[1] O art. 22º, 2 acrescenta – também de forma supletiva – que "se o contrato determinar somente a parte de cada sócio nos lucros, presumir-se-á ser a mesma a sua parte nas perdas".
[2] Note-se, no entanto, que esta regra – como se disse já na anotação 3.1.1. ao art. 14º –, na maioria dos casos, pode ser contratualmente alterada pelos sócios. A desproporcionalidade entre a participação no capital social e a medida dos direitos e deveres dos sócios pode resultar, p. ex., no que respeita ao direito de voto, da estipulação de um voto plural (apenas admissível nas SQ – cfr. arts. 250º, 2 e 384º, 5), bem como das limitações ao direito de voto (cfr. as normas dos arts. 384º, 2, e 341º, 3). No que tange

Este princípio não é, porém, um princípio de ordem pública, podendo ser livremente derrogado pelos sócios. De resto, a parte inicial do nº 1 do art. 21º expressamente dispõe que a regra ali consagrada não é uma regra imperativa. Ela pode, por isso, ser alterada pelos sócios, desde que, obviamente, a alteração contratual não se consubstancie materialmente num pacto leonino (cfr. art. 21º, 3)[3].

A não aplicação da regra prevista no art. 21º, 1 deve resultar de norma legal especial ("preceito especial") ou de "convenção em contrário". A expressão lata e extensiva usada pela lei autoriza a que se possa concluir que a derrogação da regra contida no art. 21º, 1 pode resultar, quer de uma cláusula do contrato, quer de uma deliberação social.

Em qualquer caso, no entanto, a deliberação social que afaste o regime do art. 21º, 1 deve obrigatoriamente ser aprovada por todos os sócios. Com efeito, estando em causa uma desigualdade de tratamento dos sócios, a deliberação deverá necessariamente ser aprovada por todos eles, uma vez que o referido princípio, conforme tem sido maioritariamente entendido, apenas pode ser postergado pela unanimidade dos sócios[4-5].

Note-se que, se a derrogação da regra tiver carácter permanente e duradouro – não respeitando apenas a um determinado exercício –, ela deverá, nesse caso, constar necessariamente do pacto social, uma vez que a consagração, com as características indicadas, de um critério diferente do legal na participação dos lucros, traduzir-se-á, em princípio, na atribuição de um direito especial a um sócio, o qual deve, por força da lei, constar dos estatutos sociais (cfr. art. 24º).

---

aos direitos patrimoniais, a medida da proporcionalidade do direito ao lucro pode, p. ex., ser alterada através da consagração das acções preferenciais sem voto (cfr. arts. 341º, s.).

[3] Cfr. FERRER CORREIA (1968), p. 267, s..

[4] Neste sentido, vide RAÚL VENTURA (1989ª), p. 215, (1991), p. 16, e BRITO CORREIA (1989), p. 330. Em sentido diverso, considerando não ser exigível a unanimidade para a atribuição de um direito especial, vide COUTINHO DE ABREU (2009), p. 212, s. (para quem a não observância daquele princípio poderá resultar da maioria exigível para a alteração do pacto social, quando a mesma seja justificada pelo interesse social, e PAULO OLAVO CUNHA (1993), p. 183, s..

[5] Sendo a deliberação aprovada por unanimidade, já não se suscita o problema da desigualdade de tratamento dos sócios, porquanto este princípio não tem "o alcance de impedir as desigualdades consentidas pelos interessados". Cfr. RAÚL VENTURA (1989), p. 208.

2. O critério legal no caso de participações sociais com valor nominal e de acções sem valor nominal

No caso de participações sociais com valor nominal, o critério supletivo da lei é o de que os sócios participam nos lucros (e perdas) na proporção dos valores nominais das respectivas participações sociais no capital social[6].

A referência da lei "aos valores das respectivas participações no capital" já se torna menos compreensível para as acções sem valor nominal, recentemente introduzidas no ordenamento jurídico português através do DL 49/10, de 19 de Maio[7].

Com efeito, numa sociedade com este tipo de acções, a medida dos direitos sociais de um sócio não se pode aferir pelo valor nominal das acções, uma vez que este não existe. Por isso, nestas sociedades, a determinação (supletiva) dos direitos sociais deve ser efectuada em função daquilo que se pode designar pelo valor contabilístico das acções, e que resulta da divisão do montante do capital social pelo número de acções emitidas[8].

Deste modo, se uma sociedade tiver um capital social de 50.000€, representado por 10.000 acções sem valor nominal, um sócio que seja titular de 1.000 acções, terá participações sociais com um valor contabilístico de 5.000€, e terá, por isso, em princípio[9], 10% dos direitos de voto, 10% do direito ao lucro, etc.

---

[6] Era essa, aliás, a redacção original da norma, que foi alterada pelo DL 49/10, de 19 de Maio – que veio consagrar, entre nós, a figura das acções sem valor nominal –, alteração que visou acomodar o critério da lei para este outro tipo de participações sociais.
[7] Sobre esta nova figura e o respectivo regime, vide TARSO DOMINGUES (2010).
[8] Trata-se de um valor que é facilmente determinável – e, consequentemente, fácil é determinar a medida dos direitos sociais de cada um –, uma vez que nos estatutos, para além do capital social (cfr. art. 9º, 1, f)), se deve igualmente referir o número de acções emitidas (cfr. art. 272º, a)).
[9] Em princípio, porque a regra da proporcionalidade entre os direitos sociais e a participação social também pode ser afastada no caso de acções sem valor nominal.

3. Proibição do pacto leonino

O art. 22º, 3 estabelece, especificamente para as sociedades comerciais, a proibição do chamado pacto leonino[10], considerando nula a cláusula que exclua um sócio da participação nos lucros ou nas perdas[11].

O lucro é um dos *essentialia elementa* do conceito de sociedade (cfr. art. 980º CCiv.)[12], podendo dizer-se que constitui a própria causa do contrato[13]. Apesar de a lei não fornecer uma noção de lucro, entre nós, a doutrina tem consensualmente entendido que o lucro, nas sociedades comerciais, desdobra-se necessariamente em duas vertentes: ele traduz-se num ganho, num incremento patrimonial que é criado directamente na esfera jurídica da sociedade – que, nesta dimensão, se costuma designar por lucro objectivo –, o qual se destina depois a ser repartido pelos sócios, designando-se, nesta vertente, por lucro subjectivo[14]. Esta dúplice concepção de lucro é, inquestionavelmente, aquela que está presente na noção de sociedade contida no art. 980º CCiv., onde se pode ler que o fim da sociedade é o de os sócios repartirem entre si os lucros resultantes do exercício da actividade social (cfr. art. 980º, *in fine* CCiv.)[15]. De resto, esta

---

[10] As expressões "pacto leonino" e "parte de leão" têm origem na célebre fábula de Esopo (escravo e figura lendária da Grécia antiga, que terá vivido no séc. VI a.C., e um dos maiores criadores de fábulas), segundo a qual um leão, um burro e uma raposa associaram-se para efectuar uma caçada. No final da caçada, o leão solicitou ao burro para proceder à distribuição, entre eles, da peça de caça, o que este fez, repartindo-a em três partes iguais. Furioso com aquela divisão, o leão comeu o burro, solicitando à raposa que procedesse ela à repartição da peça de caça. Esta reuniu as três partes e entregou-as ao leão. Tendo-lhe este perguntado onde tinha aprendido a fazer a divisão, a raposa respondeu: "Aprendi com o burro". Vide MENEZES CORDEIRO (2007), p. 595, s., e VASCONCELOS ABREU (1996), p. 620, s. (A. que menciona, no entanto, a análoga fábula de Fedro e não a de Esopo).

[11] A parte final da norma ressalva, contudo, "o disposto quanto a sócios de indústria". Sobre o sentido da ressalva, vide *supra* anotação 3.1. ao art. 20º.

[12] Sobre a noção de sociedade, entre nós, veja-se a lição de LOBO XAVIER (1987), p. 3, s.. Para um panorama de direito comparado sobre a questão do escopo lucrativo ser um elemento essencial do conceito de sociedade, vide COUTINHO DE ABREU (2009), p. 14, s., e anotação 2.1.4. ao art. 1º. Vide também PAIS DE VASCONCELOS (2006), p. 71, s..

[13] Cfr. GALGANO (1988), p. 57, s., e OSÓRIO DE CASTRO/ANDRADE E CASTRO (2005), p. 59, s..

[14] Assim, entre nós, FERRER CORREIA (1968), p. 9, V. LOBO XAVIER (1987), p. 21, s., COUTINHO DE ABREU (2009), p. 14, s., (1996), p. 181, s., OSÓRIO DE CASTRO/ANDRADE E CASTRO (2005), p. 59, s. MANUEL PITA (1989), p. 65. Pais de Vasconcelos refere, a este propósito, uma noção ampla (compreendendo toda e qualquer "vantagem económica proporcionada pela actividade social") e restrita (que abrange apenas "a vantagem económica que se forma e apura na titularidade da sociedade, para depois ser distribuída aos sócios") de lucro. Cfr. PAIS DE VASCONCELOS (2006), p. 80, s..

[15] Note-se, porém, que a consagração desta vertente subjectiva do lucro societário apenas se verifica, nos textos legais, a partir do Código de Seabra, formulação que foi depois mantida no Código Civil de 1966. Até ali, a legislação e a doutrina referiam-se apenas "ao maior ganho" da sociedade, como constituindo o fim por ela visado. Sobre a questão, vide PAIS DE VASCONCELOS (2006), p. 15, s. e p. 81.

vertente subjectiva do lucro é o *quid specificum* das sociedades comerciais, que permite diferenciá-las das outras estruturas associativas (associações, cooperativas, agrupamentos complementares de empresas, consórcios, etc.), onde tal circunstância não se verifica[16].

O sócio, individualmente considerado, tem, pois, um direito sobre o lucro (que, entre nós e para as sociedades comerciais, está expressamente consagrado no art. 21º, 1, a)), que se traduz, por um lado, no direito de exigir que a sociedade tenha por finalidade o escopo lucrativo e, por outro, no direito de participar na distribuição dos lucros apurados pela sociedade[17]. Trata-se de um direito irrenunciável e inderrogável do sócio[18], de que é corolário precisamente a proibição do pacto leonino – a exclusão de um sócio participar nos lucros – previsto, com carácter geral, no art. no art. 994º CCiv. e, no que especificamente às sociedades comerciais diz respeito, no art. 22º, 3.

A doutrina tem questionado se é também justificável – e se a justificação é a mesma para – a exclusão nas perdas e a equiparação do respectivo regime ao da exclusão nos lucros[19].

A nossa lei é, no entanto, hoje, clara, sancionando inequivocamente qualquer uma daquelas duas vertentes do pacto leonino, seja a não participação nos lucros, seja o não quinhoar nas perdas.

Ao pacto leonino *tout court* deverão igualmente equiparar-se aquelas cláusulas que, não excluindo um sócio dos lucros (ou das perdas), acabam por conduzir ao mesmo resultado, por – pelas condições e exigências postas – tornarem praticamente impossível ou muito difícil que o sócio participe nos lucros (ou nas perdas)[20]; i.é, devem considerar-se nulas aquelas cláusulas que consagram

---

[16] Cfr. LOBO XAVIER (1987), p. 21, s., COUTINHO DE ABREU (2009), p. 24, s., OSÓRIO DE CASTRO/ANDRADE E CASTRO (2005), p. 59, s..

[17] O que não significa que o sócio possa exigir da sociedade a concreta repartição do lucro. Vide sobre a questão, *infra* anotação 3. ao art. 32º.

[18] Cfr. FERRER CORREIA (1968), p. 260, s.. Sobre esta matéria, vide também V. G. LOBO XAVIER (1975), nt. 76a, p. 171, s..

[19] Sobre a questão, vide FERRER CORREIA (1972-73), p. 106, s., PIRES DE LIMA/ANTUNES VARELA (1997), p. 328, e VASCONCELOS ABREU (1996), p. 648, s.. Este A. (p. 649, s.) "considera materialmente injustificada a proibição da sociedade leonina", tal como está configurada no nosso ordenamento jurídico actual, propondo uma "interpretação minimalista" do regime, que o aproxime daquele que vigorava na vigência do Código de Seabra, em que só era considerada leonina a situação em que havia um desequilíbrio manifesto entre os *status socii*, atribuindo-se os lucros a apenas alguns sócios e as perdas a outros (cfr. art. 1241º do Código de Seabra).

[20] Neste sentido, veja-se FERRER CORREIA (1968), p. 267, s., e P. OLAVO CUNHA (2010), p. 305.

privilégios que, "pela sua anormal amplitude, tornem praticamente ilusórios os direitos económicos" dos outros sócios[21].

Estatuindo-se uma cláusula leonina[22] é – di-lo *expressis verbis* o art. 22º, 3 – tal cláusula nula[23]. A nulidade afecta, pois, no actual regime, apenas a cláusula viciada e não todo o contrato de sociedade[24].

Aparentemente simples, o regime suscita algumas dificuldades, nomeadamente quanto à questão de saber qual a sorte do contrato de sociedade onde a cláusula leonina se insere[25]. Convém aqui não olvidar que, após o registo, e para as sociedades de capitais[26] a lei restringe fortemente as causas que podem determinar a nulidade do contrato, e nelas não se inclui a nulidade decorrente de uma cláusula leonina. Assim, mantendo-se – como será normalmente o caso

---

[21] Assim, ÚRIA/MÉNENDEZ/MUÑOZ PLANAS (1991), p. 435. No mesmo sentido, vide também SABATO (1999), p. 20, s. (que dá, como exemplo, a situação em que o sócio apenas terá direito à participação no lucro quando for conseguido um determinado resultado que, atenta a dimensão da sociedade, parece impossível de alcançar). Não é, no entanto fácil, como reconhece FERNANDEZ DEL POZO (1997), p. 134, s., estabelecer a fronteira que delimita as cláusulas que consubstanciam um pacto leonino. Poderá, sem dificuldade, dizer-se que tal ocorrerá quando, numa determinada sociedade, a um sócio com uma participação minoritária, se atribui 99% do lucro, mas já é difícil estabelecer o limite até ao qual a cláusula é tolerável, sem que se possa considerar leonina. Este A. propõe como critério que uma cláusula deve ser qualificada como leonina, quando "concede ao accionista/quotista uma retribuição exorbitante, atendendo à sua entrada, causando um desequilíbrio injustificado entre os sócios e consagrando um desvio intolerável relativamente ao princípio da igualdade de tratamento" (p. 132).

[22] Note-se que FERRER CORREIA (1968), p. 269, considera que não será nula a cláusula que preveja que, falecendo um sócio, os outros terão direito à totalidade dos lucros. Sendo o direito ao lucro subjectivo (i.é, o direito à repartição do lucro pelos sócios – cfr. art. 980º CCiv, *in fine*) uma característica fundamental do contrato de sociedade – que a proibição do pacto leonino visa precisamente assegurar –, não se pode deixar de discordar daquela posição, considerando que a referida cláusula é uma cláusula leonina e, portanto, nula.

[23] E a cláusula será nula ainda que não conste do pacto social, mas esteja inserida, p. ex., num acordo parassocial. Cfr. FERRER CORREIA (1968), p. 268, nt. 1, e MENEZES CORDEIRO (2007), p. 603.

[24] Ao contrário do que se estabelecia no art. 1242º do Código de Seabra. Vide PEREIRA DE ALMEIDA (2008), p. 141.

[25] Há quem defenda, nesta circunstância, a aplicação do instituto da redução (art. 292º CCiv.) – assim, BRITO CORREIA (1989), p. 172., e FERRER CORREIA (1968), p. 260, s., que acentua, na análise da eventual ilicitude da cláusula, a vontade hipotética das Partes, considerando, p. ex., que "aquele que prestou determinado à sociedade determinado capital, prescindindo de toda a participação nos lucros, o tenha feito *animo donandi*", não pretendendo, por isso, aquele indivíduo participar numa sociedade, mas fazer um outro negócio jurídico: uma doação ou um empréstimo. E, nesta hipótese, a cláusula não será nula, devendo ser aproveitada com esta configuração jurídica (considerando arguta a posição de Ferrer Correia, vide PAIS DE VASCONCELOS (2006), p. 51). Diferentemente, outra doutrina considera que aqui apenas poderá ser aplicável o instituto da conversão (art. 293º CCiv.) – cfr. MENEZES CORDEIRO (2007), p. 603.

[26] Cfr. art. 42º, cujo regime tem origem no art. 11º da Primeira Directiva sobre sociedades.

– a sociedade, deverá ser expurgada do pacto a cláusula nula, e aplicar-se, nessa hipótese, o regime supletivo previsto no art. 22º, 1.

Finalmente, o art. 22º, 4 estabelece também a nulidade da cláusula pela qual a divisão de lucros ou perdas seja deixada ao critério de terceiro, o que mais não constituiu que um desenvolvimento da proibição do pacto leonino, uma vez que tal cláusula permitiria abrir (*rectius*, escancarar) a porta para situações leoninas[27].

---

[27] Assim também, MENEZES CORDEIRO (2009), p. 141.

ARTIGO 23º
Usufruto e penhor de participações

1. A constituição de usufruto sobre participações sociais, após o contrato de sociedade, está sujeita à forma exigida e às limitações estabelecidas para a transmissão destas.
2. Os direitos do usufrutuários são os indicados nos artigos 1466º e 1467º do Código Civil, com as modificações previstas na presente lei, e os mais direitos que nesta lhe são atribuídos.
3. O penhor de participações sociais só pode ser constituído na forma exigida e dentro das limitações estabelecidas para a transmissão entre vivos de tais participações.
4. Os direitos inerentes à participação, em especial o direitos aos lucros, só podem ser exercidos pelo credor pignoratício quando assim convencionado pelas partes.

Índice

1. A participação social como coisa. O direito do sócio sobre a acção (direito de propriedade, posse e usucapião)
2. A constituição de direitos reais sobre participações sociais: validade e eficácia dos direitos do usufrutuário e do credor pignoratício
3. Os direitos e deveres sociais do usufrutuário e do radiciário
   3.1. Direito aos lucros
   3.2. Direito de voto
   3.3. Direito a impugnar as deliberações sociais
   3.4. Direito à quota de liquidação
   3.5. Obrigação de entrada
   3.6. Dever de lealdade
   3.7. Prestações acessórias e suplementares
   3.8. O estatuto de sócio
4. Direitos e deveres do credor e do devedor pignoratícios. O direito de voto e o direito aos lucros
   4.1. O penhor e o aumento de capital (o direito de preferência)
   4.2. A liquidação da sociedade
   4.3. Obrigações sociais
5. Outros direitos sobre participações sociais

Bibliografia

Citada:

ABREU, JORGE MANUEL COUTINHO DE – *Curso de direito comercial*, vol. II – *Das sociedades*, 3ª Edição, Almedina, Coimbra, 2009; ALMEIDA, CLÁUDIA PEREIRA DE – *Relevância da causa na circulação das acções nas sociedades anónimas fora do mercado regulamentado*, Coimbra Editora, Coimbra, 2007; ALMEIDA, L. P. MOITINHO DE – *Anulação e suspensão de deliberações sociais*, 4ª Edição, Coimbra Editora, Coimbra, 2003; ANDRADE, MANUEL DE – *Teoria geral da relação jurídica*, tomo I, Coimbra Editora, Coimbra, 1960; ANDRADE, MARGARIDA COSTA – *Locação financeira de acções e o direito português*, Coimbra Editora, Coimbra, 2006; ANGELICI, CARLO – *Della società per azioni – Le azioni (Il Codice Civile – Commentario: Artt: 2346-2356*, dir. Piero Schlessinger), Giuffrè, Roma, 1996; ASCENSÃO, JOSÉ DE OLIVEIRA – *Direito civil – Reais*, Coimbra Editora, s/ loc., 1993, "Valor mobiliário e título de crédito", *Direito dos valores mobiliários*, AA. VV., Lex, Lisboa, 1997, p. 27; ASQUINI, ALBERTO – "Usufrutto di quote sociali e di azioni", Riv.Dir.Civ., 1947, I, p. 12.; BARZ, CARL HANS – *AktG–Großkommentar*, 10ª Edição, AA. VV., Walter de Gruyer, Berlim e Nova Iorque, 2001, § 58; CAEIRO, ANTÓNIO, "Destituição do gerente designado no pacto social", *Temas de direito das sociedades*, Almedina, Coimbra, 1984, p. 363; CAEIRO, ANTÓNIO e MARIA ÂNGELA COELHO – "Proibição de cessão de quotas sem consentimento da sociedade e constituição de usufruto sobre a quota", RDE, 1982, n.º 1, p. 71; CAROL, UBALDO NIETO – "Copropriedad, usufructo y prenda de participaciones sociales", *Estudios juridicos en homenaje al Profesor Aurelio Menéndez*, vol. II, Editorial Civitas, Madrid, 1996, p. 2141-2172; CARVALHO, ORLANDO DE – "Introdução à posse", RLJ, ano 122, 1989-1990, n.º 3780, p. 65-69, n.º 3781º, p. 104-108, n.º 3786, p. 262-266, n.º 3787, p. 292-294, ano 123, 1990-1991, n.º 3792, p. 72-74; CASTRO, ANSELMO DE – "Direitos do usufrutuário de cota, em especial para requerer a dissolução da sociedade", *RDES*, ano III, p. 61; CASTRO, CARLOS OSÓRIO DE – "Acções preferenciais sem voto", *Problemas do direito das sociedades*, Almedina, Coimbra, 2002, p. 281-320; CIVERRA, ENRICO – "Esercizio del voto da parte del creditore pignoratizio secondo buona fede", *Le Società*, 2002, p. 201; COELHO, EDUARDO DE MELO LUCAS – *Direito de voto dos accionistas nas assembleias gerais das sociedades anónimas*, Rei dos Livros, Lisboa, 1987; COELHO, JOSÉ GABRIEL PINTO – "Usufruto de acções", RLJ, ano 90 (1957), p. 49; CORDEIRO, ANTÓNIO MENEZES – *A posse: Perspectivas dogmáticas e actuais*, Almedina, Coimbra, 2000, *Manual de Direito Comercial*, vol. I, Almedina, Coimbra, 2001; CORRADO, RENATO, "Borsa (contrati di borsa valori)", *Novissimo digesto italiano*, vol. II, UTET, 1957, p. 540-553; CORREIA, A. FERRER, VASCO LOBO XAVIER, MARIA ÂNGELA COELHO, ANTÓNIO CAEIRO – *Sociedade por quotas de responsabilidade limitada – Anteprojecto de lei – 2ª redacção*, Separata da Revista de Direito e Economia, ano 3 (1977), n.ºs 1 e 2, ano 5 (1979), n.º 1, Centro Interdisciplinar de Estudos Jurídico-Económicos da Universidade de Coimbra, Coimbra; CORREIA, LUÍS BRITO – *Direito comercial*, vol. II, AAFDL, Lisboa, 1989; DALMARTELLO, ARTURO – "Riporto", *Enciclopedia giuridica*, vol. XXVII, IDET, Roma, 1991; DUARTE, RUI PINTO – "Publicidade das participações nas sociedades comerciais", DSR, 2010, ano 2, vol. 3, p. 65-86; FERNANDES, LUÍS CARVALHO, *Teoria geral do direito civil*, vol. I, Lex, Lisboa, 1995, *Lições de direitos reais*, Quid Iuris, Lisboa, 1999; FONSECA, TIAGO SOARES DA –

O penhor de acções, Almedina, Coimbra, 2007; FUNARI, FLORESTANO – "Abuso dell'usufruttuario di quota di s. r. l. nell'esercizio del voto", Le Societá, 2002, p. 592; FURTADO, JORGE HENRIQUE PINTO – *Deliberações dos sócios*, Almedina, Coimbra, 1993; GONÇALVES, LUIZ DA CUNHA – *Da compra e venda no direito comercial portuguez*, vol. II, Imprensa da Universidade, Coimbra, 1912, *Comentário ao Código Commercial Português*, vol. I, Empreza Editora J. B., Lisboa, 1914, *Comentário ao Código Comercial Português*, vol. III, Empresa Editora José Bastos, Lisboa, 1918; GRALHEIRO, JOÃO CARLOS – "Da usucapibilidade das quotas sociais", ROA, 1999, p. 1137; GRAU, GUILLERMO ALCOVER – *Comentários a la Ley de Sociedades Anónimas*, AA. VV., coord. Ignacio Arroyo e José Miguel Embid, vol. I, Tecnos, Madrid, 2001, art. 67; LABAREDA, JOÃO – *Das acções das sociedades anónimas*, AAFDL, Lisboa, 1988; LENCART, SOFIA, *A celebração de contratos de reporte por Sociedades Gestoras de Fundos de Investimento Mobiliário*, Almedina, Coimbra, 2000; LIMA, PIRES DE E ANTUNES VARELA – *Código Civil anotado*, vol. I, 4ª Edição, Coimbra Editora, Coimbra, 1987, *Código Civil anotado*, vol. III, 2ª Edição, Coimbra Editora, Coimbra, 1987^b, *Código Civil anotado*, vol. II, 4ª Edição, Coimbra Editora, Coimbra, 1997; LUCAS, FRANÇOIS-XAVIER – *Les transferts temporaires de valeurs mobilières – Pour une fiducie de valeurs mobilières*, LGDJ, Paris, 1997; LUTTER, MARCUS e PETER HOMMELHOFF – *GmbH-Gesetz*, 14ª Edição, Verlag Dr. Otto Schmidt KG, Colónia, 1995, § 15; MAGALHÃES, BARBOSA DE – "Usufruto de acções, de partes e de quotas sociais", ROA, 1952, n°s 1 e 2, p. 45-90; MARTINS, ALEXANDRE SOVERAL – *Cláusulas do contrato de sociedade que limitam a transmissibilidade das acções – Sobre os arts. 328º e 329º do CSC*, Almedina, Coimbra, 2006; MESQUITA, HENRIQUE – "Coisa", *Enciclopédia polis*, Verbo, vol. I, 1997, p. 1003, "Propriedade-I", *Enciclopédia Polis*, vol. 4, Verbo, 1997^b, cols. 1637; MESSINEO, FRANCESCO – "La sorte dei diritti acessori nel contratto di riporto", Riv.Dir.Civ., I, 1925, p. 328-339; OSBORNE, IGNACIO LOJENDIO – "La acción. Autocartera, Derechos Reales", *Derecho mercantil*, 7ª Edição, AAVV. (coord. Guillermo Jiménez Sánches), Ariel Derecho, Madrid, 2002; PASCUA, JOSÉ LUIS SANCHEZ-PARODI – "Prenda y embargo de acciones", *Derecho de sociedades anonimas*, vol. II, AA. VV., Civitas, Madrid, 1994, p. 773-848; PEREIRA, JOÃO AVEIRO – *O contrato de suprimento*, 2ª Edição, Coimbra Editora, s/local, 2001; PINTO, ALEXANDRE MOTA – *Do contrato de suprimento – O financiamento da sociedade entre capital próprio e capital alheio*, Almedina, Coimbra, 2002; PRIETO, FERNANDO PANTALÉON – "Copropiedad, usufructo, prenda y embargo (Artículos 66 a 73 de la Ley de Sociedades Anónimas)", *Comentario al regimen legal de las sociedades mercantiles*, 2ª Edição, coord. R. Uría, A. Menendez e M. Olivencia, t. IV, vol. 3, 1992; REICHERT, JOCHEM, MICHAEL SCHLITT e ALEXANDER DÜLL – "Die gesellschafts- und steuerrechtliche Gestaltung des Nießbrauchs an GmbH-Anteilen", GmbHR, 1998, p. 565-575; RIPERT, GEORGES e RENÉ ROBLOT – *Traité élémentaire de droit commercial*, vol. I, 12ª Edição, LGDJ, Paris, 1986; RIVOLTA, GIAN CARLO – "Pegno ed usufrutto di quote di società a responsabilità limitata e diritto di voto", Riv.Dir.Civ., I, 1961, p. 205-234; RODRIGUES, SOFIA NASCIMENTO, "Os contratos de reporte e de empréstimo no Código dos Valores Mobiliários", Cadernos do Mercado de Valores Mobiliários, 2000, p. 290-327; ROTH, HERBERT – "Pfändung und Verpfändung von Gesellschaftsanteilen", ZGR, 2000, p. 187-222; SANTOS, FILIPE CASSIANO DOS – *A posição do accionista face aos lucros de balanço – O direito do accionista ao dividendo no Código das Sociedades Comerciais*, Coimbra Editora, 1996; SANZO, SALVATORE – "Conflitto tra creditore pignoratizio ed acquirente di quota di società a responsabilità limitata: brevi reflessioni su una fattispecie particolare", *Giursprudenza Italiana*, 1994, I, 2, cols. 585; SCHÖN, WOLFGANG – "Der Nießbrauch am Gesellschaftsanteil", ZHR, 1994, p. 229-270; SERENS, MANUEL NOGUEIRA – "Penhor de quotas", CJ, IV, 1996, p. 6; TRIGO, MARIA DA GRAÇA – *Os acordos parassociais sobre o exercício do direito de voto*, Universidade Católica Editora, Lisboa, 1998; VARELA, JOÃO ANTUNES – "Usucapião – Quotas de Sociedade (Parecer)", CJ, 1993, t. I, p. 266; VASCONCELOS, PEDRO PAIS DE – *A participação social nas sociedades comerciais*, 2ª Edição, Almedina, Coimbra, 2007; VENTURA, RAUL – "Reflexões sobre direitos de sócios", CJ, II, 1984, p. 7, "*Alterações do Contrato de Sociedade – Comentário ao Código das Sociedades Comerciais*, Almedina, Coimbra, 1986, *Sociedades por quotas – Comentário ao Código das Sociedades Comerciais*, vol. I, 2ª Edição, Almedina, Coimbra, 1989, *Sociedades por quotas – Comentário ao Código das Sociedades Comerciais*, vol. II, 2ª Edição, Almedina, Coimbra, 1989[b], "Acordos de voto; algumas questões depois do Código das Sociedades Comerciais (CSC, art. 17º)", *Estudos vários sobre sociedades anónimas – Comentário ao Código das Sociedades Comerciais*, Almedina, Coimbra, 1992; ULRICH, RUY ENNES – *Do reporte no direito commercial portuguez*, Imprensa da Universidade, Coimbra, 1906; VILLAVICENCIO, FRANCISCO – "Usufructo de acciones de Sociedade Anónima", Annuario de derecho civil, 1953, págs.195; VIVANTE, CESARE – "Il contratto di riporto", Riv.Dir.Civ., I, 1925, p. 97-117; WIEDEMANN, HERBERT – *Gesellschaftsrecht – Rechtsfälle in Frage und Antwort*, Verlag C. H. Beck, Munique, 1976; WINTER, HEINZ – *Scholz GmbH Gesetz*, AA. VV., vol. I, 9ª Edição, Verlag Dr. Otto Schmidt KG, Colónia, 2000, § 15; XAVIER, VASCO DA GAMA LOBO – *Anulação de deliberação social e deliberações conexas*, Atlântida Editora, Coimbra, 1975.

1. A participação social como coisa. O direito do sócio sobre a acção (direito de propriedade, posse e usucapião)

Independentemente da posição que se assuma quanto à questão da sua natureza jurídica[1], a participação social é objecto de direitos, e, portanto, *res* jurídica.

---

[1] RAÚL VENTURA (1984), p. 10. Para mais desenvolvimentos sobre esta matéria, v., p. ex., PAIS DE VASCONCELOS (2007), p. 389, s., SOVERAL MARTINS (2006), p. 75, s..

Mais do que um acervo de direitos e obrigações, é um "dado objectivizado" pela lei e como tal por ela tratado[2], comungando das características do conceito de coisa: pode ser objecto de uma relação jurídica (art. 202º, 1 CCiv.), tem autonomia económica (não é parte integrante de um todo complexo no qual perde a sua identidade – participações sociais podem comprar-se, vender-se, empenhar-se, usufruir-se ou penhorar-se sem que se atinja, por isso, a integridade de qualquer outro ente, designadamente a sociedade, que não a acção), é susceptível de apropriação exclusiva por um sujeito e satisfaz interesses humanos (nomeadamente o interesse lucrativo – art. 980º do CCiv.).[3]

Porque a participação social se não revela pelos sentidos e a sua existência não depende de um suporte material, só podemos considerá-la coisa móvel (arts. 204º e 205º CCiv.) incorpórea. Conclusão que não é arredada pelo facto de existirem participações sociais representadas materialmente – mesmo nas acções tituladas (sendo os títulos representativos coisas corpóreas), o que interessa é a posição jurídica representada, *i. e.*, a participação social enquanto conjunto unitário de direitos e deveres do sócio enquanto tal.[4]

Sobre esta coisa exerce o sócio um poder directo e imediato, sem necessidade da intermediação de outrem, e, consequentemente, um direito exclusivo que impõe uma obrigação passiva universal de não ingerência.[5] Pode o sócio vender a sua participação social, doá-la, transmiti-la por herança, constituir sobre ela direitos reais ou direitos pessoais de gozo, pode usar de todas as suas potencialidades, nomeadamente pela actuação dos direitos inerentes à participação, e gozar dos seus frutos, auferindo dos lucros que por intermédio dela lhe devam ser distribuídos. O poder do sócio é um verdadeiro poder de domínio, não só no sentido de que ficam excluídas quaisquer ingerências de estranhos na coisa dominada, mas também no que diz respeito ao conteúdo do próprio direito,

---

[2] COTTINO *in* PICONE (1987), p. 650 (nt. 14) e 651, s., e recebendo a concordância deste autor.
[3] Para compreensão da evolução do conceito de coisa no ordenamento jurídico português, v. HENRIQUE MESQUITA (1997), p. 1003, s., MANUEL DE ANDRADE (1960), p. 199, s., LUÍS CARVALHO FERNANDES (1995), p. 546-547.
[4] Para a diferença entre acções e título, ver, por exemplo, COUTINHO DE ABREU (2009), p. 221, s..
[5] É verdade que a susceptibilidade de coisas incorpóreas serem objecto do direito de propriedade é matéria discutida na doutrina. Seguindo HENRIQUE MESQUITA (1997b), col. 1640, consideramos que, sendo o direito de propriedade um direito de soberania, não há razão que impeça que sobre todos os bens susceptíveis de fruição exclusiva, independentemente da sua natureza, tal direito se constitua ou adquira. Isto mesmo é coerente com o carácter aberto do próprio direito real de propriedade, com o facto de este direito significar a atribuição de um leque de faculdades bastante fraccionadas ao seu titular, que pode usar o bem retirando dele uma série indeterminada de utilidades. Em sentido discordante, OLIVEIRA ASCENSÃO (1993), p. 446.

que permite a exploração económica da coisa em termos individualizados. Ou seja, o sócio é titular de um direito absoluto sobre a participação social, mais especificamente, de um direito de propriedade[6], cujo regime jurídico se encontra, em primeiro lugar, na legislação comercial (nomeadamente, CSC e CVM) e, depois, no CCiv., que se aplicará desde que as suas disposições se harmonizem com a natureza da participação social e não contrariem o regime naquela legislação especial previsto (arts. 1302º e 1303º CCiv.). As faculdades reconhecidas à sociedade sobre as participações sociais poder-se-ão integrar nos limites que a qualquer propriedade são apostos pela lei, incluindo a lei contratual.

Se a participação social é coisa sobre a qual se exercem direitos reais, então é também susceptível de constituir objecto de um poder possessório, e, consequentemente, poder-se-á adquirir sobre ela um direito real de gozo por usucapião.[7] Mais uma vez, trata-se de um problema não controverso em relação ao título, como documento e coisa corpórea, mas o mesmo não poderá dizer-se quando o objecto de referência seja a participação social independentemente da sua forma de representação. Porque a verificação do elemento *corpus* não exige que se pratiquem necessariamente actos materiais ou físicos sobre a coisa[8], reunindo-se, sobre a participação social, o *corpus* e o *animus possidendi* (intenção de se comportar como titular do direito real correspondente aos poderes de facto), poderemos falar numa relação possessória que se estabelecerá entre um sujeito e aquele objecto. Basta que se admita, o que não será difícil, que um terceiro apareça votando, recebendo os lucros, usando da preferência na aquisição de novas acções, requerendo informações, constituindo um usufruto ou um penhor sobre a participação social como se sócio fosse,

---

[6] Também assim, COUTINHO DE ABREU (2009), p. 348, SOVERAL MARTINS (2006), p. 90, s., JOÃO CARLOS GRALHEIRO (1999), p. 1146. E esta conclusão é independente de a participação estar ou não representada, pois que não há fundamento convincente para afirmar que é de propriedade o direito que recai sobre as acções tituladas, mas já não aquele que tem por objecto as acções escriturais ou a participação social antes da sua representação. Cair-se-ia, como afirma COUTINHO DE ABREU (2009), p. 348, num "fetichismo do papel", quando o que realmente interessa sempre se mantém – o conjunto de direitos e deveres reconhecidos a um sócio enquanto tal. PAIS DE VASCONCELOS (2006), p. 435, s., refere-se à participação enquanto incidindo sobre a parte social que é, por sua vez, objecto de um direito unitário, que não classifica; porém, a propósito do usufruto de participações sociais, afirma que não pode referir-se o radiciário como proprietário, uma vez que "a maioria das participações sociais não é susceptível de propriedade. Apenas as acções tituladas, como títulos de crédito, são coisas móveis susceptíveis de propriedade" (p. 381, nt. 202).

[7] COUTINHO DE ABREU (2009), p. 349 e SOVERAL MARTINS (2006), p. 289, s.. Admitindo a posse sobre as participações sociais no tocante à tutela interdictal, MENEZES CORDEIRO (2000), p. 81.

[8] ORLANDO DE CARVALHO (1989-90), nº 3791º, p. 107.

para nele se identificar um possuidor em termos de direito de propriedade. Se se transmitir uma participação social sem que se cumpram os requisitos (legais ou estatutários) pré-definidos para o negócio translativo, designadamente padecendo o negócio de um vício que impeça a consequente transferência do direito de propriedade, aparecerá um possuidor e não um proprietário. As acções tituladas ao portador, por exemplo, facilmente permitem conjecturar situações em que alguém apareça como possuidor do título, sem o ter adquirido de um anterior proprietário: esbulhou-o ou inverteu o título da posse (um depositário ou um representante que se apresentem como proprietários do título em assembleia geral da sociedade). Nas acções nominativas, as coisas podem ser mais complicadas, na medida em que é necessário provar, pela inscrição no título, a transmissão por parte do anterior proprietário (tendo esta transmissão de ser registada junto da entidade emitente para que lhe possa ser oponível). Mas, uma situação de esbulho, através de falsificação de assinatura, poderá permitir que se justifique uma aparência de titularidade do direito social, o que faz com que o seu portador seja aceite como participante activo no destino da sociedade. Para as acções escriturais pode dar-se um erro, doloso ou não, no funcionamento do sistema de intermediação financeira, permitindo que se emitam certificados (essenciais ao exercício dos direitos sociais junto da sociedade – art. 83º CVM) atestando a titularidade de uma acção em nome de quem nunca efectivamente a adquiriu. Aliás, parece que o legislador admitiu como possível a constituição de uma relação possessória sobre valores mobiliários ao estatuir no art. 58º, 1 CVM que "ao adquirente de um valor mobiliário que tenha procedido de boa fé, não é oponível a falta de legitimidade do alienante, desde que a aquisição tenha sido efectuada de acordo com as regras de transmissão aplicáveis" (se houve tradição do título, inscrição da declaração de transmissão ou registo em conta individualizada, mesmo que o transmitente não seja o proprietário do título, quem o recebe vê legitimada a sua titularidade, consagrando-se o princípio "posse vale título").[9]

---

[9] Admitindo a posse sobre uma quota: Ac. da RL de 16/04/1975 (sumário publicado no *BMJ*, nº 247, p. 207), Ac. da RP de 17/06/1993 (www.dgsi.pt), Ac. do STJ de 25/09/1999 (*BMJ*, nº 399, p. 493 e ss.), que, indo mais longe, declara ser possível adquirir a quota por usucapião. O Ac. da RL de 24/06/1999 (*CJ*, 1999, vol. III, p. 129, s.) aceita uma situação de posse sobre valores mobiliários escriturais. Não admitindo a posse sobre acções, OLIVEIRA ASCENSÃO (1997), p. 42, CARVALHO FERNANDES (1999), p. 92, s., ANTUNES VARELA (1993), p. 266, s., SALVATORE SANZO (1994), col. 587, Ac. do STJ de 11/10/1992, Ac. do RC de 09/07/1991 (www.dgsi.pt, muito embora considere uma quota como coisa).

Admitindo a posse sobre participações sociais, o efeito aquisitivo dela decorrente, a usucapião (art. 1287º CCiv.), também se produzirá. Para tanto, basta que a posse seja pública e pacífica (art. 1297º CCiv.), que a aquisição seja invocada (art. 1292º CCiv.) e que o prazo legalmente determinado tenha decorrido (arts. 1298º e 1299º CCiv.[10]).

2. A constituição de direitos reais sobre participações sociais: validade e eficácia dos direitos do usufrutuário e do credor pignoratício

Como proprietário que é da participação social, o sócio está plenamente legitimado para, no exercício da sua autonomia privada, e em conformidade com os seus interesses, onerá-la, sem que para tal necessite da concordância dos restantes sócios ou da sociedade. Quando um sujeito entra, originária ou posteriormente, numa sociedade como sócio, assume duas posições distintas: por uma parte, é proprietário da participação social; e, por outra, é membro de uma colectividade, e, assim, titular de direitos e de deveres que perante esta o vinculam. Enquanto actua na primeira dimensão, os seus poderes e deveres são os mesmos que se reconhecem a qualquer proprietário sobre uma qualquer coisa; mas, quando actua na segunda dimensão, os poderes que exerce e os deveres que o oneram fazem parte do seu estatuto de sócio, obrigando-o respeitar as regras que lhe são impostas pelo contrato social e pela lei. O que não quer dizer, evidentemente, que as duas facetas não se completem e condicionem mutuamente, como atestam, entre outros exemplos espalhados pelo Código, logo os nºs 1 e 3 deste art. 23º[11], dos quais decorre que a constituição de usufruto ou de penhor sobre participações sociais está sujeita à forma exigida e às limitações estabelecidos para a transmissão destas. Bem se compreendem estas disposições. No que se refere especificamente ao penhor, há que ter em conta que da sua constituição pode resultar, por força da execução da garantia real, a modificação na titularidade do direito de propriedade sobre a participação social[12],

---

[10] A opção entre um destes preceitos dependerá da conclusão a que se chegar quanto à publicidade do registo a que está sujeita a aquisição e oneração das participações sociais. Não haverá dúvidas para o registo das partes e das quotas– o registo, com maiores ou menores deficiências, é público e cumpre as funções que justificam a redução dos prazos da usucapião. Já para as acções a questão será mais complexa, pois o que o registo das sociedades anónimas não é público, apesar dos efeitos que dele decorrem quando integradas em sistema centralizado – a este propósito v. OLIVEIRA ASCENSÃO (1997), p. 24, s., CLÁUDIA PEREIRA DE ALMEIDA (2007), p. 96, s., RUI PINTO DUARTE (2010), p. 65, s..
[11] Ao CSC pertencerão os preceitos sem indicação da sua proveniência.
[12] Assim já FERRER CORREIA, LOBO XAVIER, MARIA ÂNGELA COELHO e ANTÓNIO CAEIRO (1977), p. 56, PAIS DE VASCONCELOS (2006), p. 385, SOVERAL MARTINS (2006), p. 392.

além de que pode acontecer que o credor pignoratício venha a exercer direitos sociais inerentes à participação social onerada (nº 4 deste art. 23º).[13] Já o usufrutuário exercerá direitos sociais sem dependência de um específico acordo das partes, mas como directa decorrência do art. 23º, 2. Quem abre a porta da sociedade ao usufrutuário – sujeito que nunca se vinculou ao contrato social – é o sócio/proprietário da raiz; mas, a vinculação da sociedade ao reconhecimento de tal visita pode estar condicionada ao respeito de determinadas características ou ao cumprimento de determinados procedimentos, tal como, aliás, acontece para a entrada de um novo sócio.

A redacção do nº 1 do artigo em comentário permite, todavia, perguntar porquê sujeitar a constituição do usufruto, "*após o contrato de sociedade*", à forma e às limitações estabelecidas para a transmissão das participações sociais e porque não fazê-lo também para o penhor? Isto poderá parecer um preciosismo, mas o facto de se ter acrescentado a expressão "após o contrato de sociedade" para o usufruto e não para o penhor intriga-nos – especialmente tendo em conta que ela não constava da versão original de 1986 e que foi introduzida pela declaração de rectificação ainda do mesmo ano; e que, depois de tantas alterações do CSC, no preceito não mais se mexeu quanto a esta questão, nem mesmo para introduzir aquelas palavras no nº 3. Ora, só há sociedade comercial e participações sociais a partir da formalização do contrato. Por isso, a expressão "após o contrato de sociedade" poderá significar "após a formalização", precisamente porque só a partir daí é possível afirmar a existência de um objecto susceptível de ser onerado com um usufruto. Por outro lado, "após o contrato" não pode equivaler a "após a celebração", porque antes dela não há certamente participação social. Sabemos, porém, que mesmo antes da formalização do contrato de sociedade já pode ser transmitida a posição de sócio, numa antecipação que tem em conta os interesses dos sócios em aproveitar este valor que já integra o seu património (isto conclui-se da aplicação do art. 36º, 2 que remeta para o art. 995º, 1 CCiv.[14]). Assim sendo, se só após a formalização do contrato a válida constituição do usufruto está dependente do respeito pela forma e limitações estabelecidas para a transmissão da participação social, então antes ela será livre, incluindo em termos formais. Tendo em conta que julgamos não ter sido intenção do

---

[13] SOVERAL MARTINS (2006), p. 392 e 393.
[14] COUTINHO DE ABREU (2009), p. 373 – embora o autor se refira apenas às acções, cremos que o mesmo raciocínio vale para as restantes participações.

legislador proibir a constituição do usufruto no momento entre a celebração e a formalização (pois aí não se compreenderia a limitação à oneração com usufruto e já não com o penhor), não tendo sido acrescentada a expressão em análise, seria necessário o consentimento de todos os sócios como acontece para a transmissão. Cremos que o verdadeiro objectivo legal era a equiparação dos regimes de oneração/de transmissão tanto para o usufruto como para o penhor. Por isso, talvez não fosse pior retirar a expressão "após o contrato de sociedade" e deixar a certeza da aplicação do art. 995º CCiv.. De qualquer forma, parece que o que acabámos de dizer não é um problema para a oneração das partes sociais com um usufruto, na medida em que o art. 182º, 3 manda aplicar o regime da transmissão à constituição de direitos reais de gozo. O que só torna o art. 23º, 1 ainda mais estranho: porque aquela liberdade só seria aplicável às outras participações sociais.

Uma vez formalizado o contrato de sociedade, mas antes do seu registo, a validade do usufruto depende da forma escrita[15] (por aplicação dos arts. 182º, 2, para as partes, e 228º, 1, para as quotas – preceito que se aplicará analogicamente às acções[16]). Já a eficácia do contrato perante a sociedade exige o consentimento de todos os sócios (art. 37º, 2), bem como a comunicação por escrito à sociedade ou o reconhecimento por esta[17].

Registado o contrato social, o usufruto de *partes* tem de ser feito por escrito (arts. 4º-A e 182º, 2) – sob pena de invalidade –, consentido por todos os sócios e comunicado ou reconhecido (tácita ou expressamente) pela sociedade (art. 182º, 1, 3 e 4) – como condições de eficácia perante a sociedade e os sócios. Incidindo sobre *quotas*, também terá o usufruto de ser celebrado por escrito (art. 228º, 1) e comunicado por escrito ou reconhecido (expressa ou tacitamente) pela sociedade, sob pena de ineficácia (nº 3 do mesmo preceito). Além disto, pode tornar-se ainda necessário, como requisito de eficácia, o consentimento desta (nº 2 do art. 228º e art. 229º). Tanto o usufruto de partes, como o de quotas terá de ser obrigatoriamente registado para que produza efeitos perante terceiros (als. *e*) e *f*) do art. 3º CRCom.). O usufruto de *acções* rege-se pelo CVM. Assim, se as acções forem escriturais, é necessário o registo na conta do titular dos valores mobiliários, com indicação do beneficiário e da quantidade de valores mobiliários onerados, mas como o direito de voto é atribuído, por lei,

---

[15] Ou documento equivalente (art. 4º-A).
[16] COUTINHO DE ABREU (2009), p. 373 (nt. 359).
[17] COUTINHO DE ABREU (2009), p. 373 (nt. 359).

ao usufrutuário, será necessário também que se faça referência na conta deste à constituição do direito a seu favor; por outro lado, a entidade registadora onde está aberta a conta dos valores mobiliários usufruídos não pode efectuar a transferência desses valores para conta aberta em outra entidade registadora sem prévia comunicação ao proprietário (art. 81º, 5, 1, 2 e 3). Deste registo será emitido um certificado que permitirá ao usufrutuário o exercício dos direitos sociais que lhe couberem (arts. 83º e 78º). Se as acções forem tituladas ao portador, o usufruto constitui-se pela entrega do título ao usufrutuário (arts. 103º e 101º), que imediatamente fica legitimado para o exercício dos direitos sociais (art. 104º, 1); se forem nominativas, o usufruto constitui-se por declaração da constituição do direito no título, com identificação do beneficiário, tendo depois de ser comunicado à entidade emitente ou a intermediário financeiro que a represente, que procederá ao registo do direito (arts. 103º e 102º). No que se refere ao exercício dos direitos sociais, vale o disposto no art. 104º, 2 e 105º, dependendo de os títulos nominativos estarem ou não integrados em sistema centralizado – no primeiro caso, aplicam-se as regras dos títulos escriturais; no segundo, o exercício dos direitos sociais far-se-á segundo o que esteja registado junto do emitente. Para além de todo este regime que acabou de descrever-se, e no que diz respeito apenas às acções nominativas, há que contar ainda, como requisito de eficácia perante a sociedade, com eventuais limites à sua transmissão constantes do contrato social – se a cessão do direito de propriedade estiver dependente do consentimento da sociedade ou do cumprimento de determinados requisitos objectivos ou subjectivos, então o mesmo acontecerá para a constituição do direito de usufruto (v. art. 328º).

Conjugando este nº 1 do art. 23º com o art. 469º, a constituição de um usufruto sobre parte de sócio comanditado nas sociedades em comandita por acções só é eficaz se consentida por deliberação dos sócios, salvo diferente previsão no contrato. Para as participações sociais dos sócios comanditários vale o regime jurídico das acções – art. 469º. No que se refere à parte do sócio comanditário de uma sociedade em comandita simples, vale o que foi dito para as quotas (art. 475º), ao passo que para a participação do sócio comanditado há que recorrer ao art. 469º.

Quando sejam vários os proprietários da quota ou da acção, a decisão de oneração tem de respeitar o disposto nos arts. 224º, 1, e 303º, que tornam necessário o consentimento de todos os *comproprietários* (caso contrário, o contrato de oneração é nulo – art. 1408º, 2 CCiv.), regime que, na verdade, já decorreria do nº 1 do art. 1408º CCiv. (aplicável às partes sociais).

Quando o sócio pretenda *empenhar* a sua participação social, valem os mesmos requisitos de validade e de eficácia que até ao momento foram descritos. Resta só chamar a atenção para alguns pormenores.

Tendo em conta o texto do nº 3 do art. 23º, a equivalência entre o regime da oneração e o da transmissão é aqui total, isto é, independentemente de o penhor ser celebrado antes ou depois da formalização do contrato de sociedade. Assim, a constituição do penhor tem de ser sempre feita por escrito, à excepção do que sucede com as acções a partir do registo do contrato (valem aqui os arts. 81º, 103º, 101º e 102º, o primeiro para as acções escriturais e os restantes para as acções tituladas). As condições para a eficácia junto da sociedade já serão diferentes consoante a fase em que se encontra o procedimento de constituição da sociedade, pois que, se o contrato ainda não tiver sido formalizado, a constituição do penhor tem de ser consentida por todos os sócios (arts. 36º, 2 CSC e 995º CCiv.), assim como comunicada à sociedade.[18]

Segundo a al. *c)* do artigo 328º, é possível "subordinar a transmissão de acções *nominativas* e a constituição de *penhor* (...) sobre elas à existência de determinados requisitos, subjectivos ou objectivos, que estejam de acordo com o interesse social". O facto de apenas se fazer referência a estes condicionalismos não significa que a constituição do penhor de acções não possa estar sujeita ao consentimento da sociedade.[19] Quando a transmissão da acção (e da quota) esteja sujeita a consentimento, este, quando dado pela sociedade para o penhor, deve entender-se como um *consentimento prévio* para aquele que venha eventualmente a adquirir a participação social pela execução da garantia.[20] E o mesmo se diga quanto ao direito de preferência.[21] De qualquer modo, o contrato de sociedade, apesar de limitar a transmissão das acções, pode excluir a aplicabilidade de tais cláusulas à constituição de penhor ou de usufruto.[22]

Porque o penhor sobre acções tituladas pressupõe a entrega do título ao credor, quando podem as partes ter acordado no sentido de que o exercício do direitos permanecia com o devedor, o credor está obrigado a permitir-lhe o acesso ao título sempre que tal se revele necessário.[23] Segundo o art. 81º, 4

---

[18] Em sentido divergente, SOARES DA FONSECA (2006), p. 58, s., que não considera aplicável o regime do art. 37º, 2.
[19] SOVERAL MARTINS (2006), p. 395, s..
[20] RIPERT/ROBLOT (1986), p. 675. No mesmo sentido, especificamente para as quotas, LUTTER-HOMMELHOFF (1995), p. 195.
[21] SOVERAL MARTINS (2006), p. 397, SOARES DA FONSECA (2007), p. 52 e 53.
[22] SOVERAL MARTINS (2006), p. 399.
[23] No mesmo sentido, SOARES DA FONSECA (2007), p. 83.

CVM, os direitos inerentes às acções escriturais empenhadas serão exercidos pelo devedor. Porém, a possibilidade de convenção em contrário impõe que se encontre uma solução que permita ao credor legitimar-se para o exercício dos direitos que lhe competem. Se lhe couber o voto, o art. 81º, 2 CVM admite que o registo seja feito na sua própria conta – assim sendo, no caso de pretender votar pessoalmente, e não através de intermediário, basta obter o certificado adequado. Caso lhe pertença o exercício dos direitos, mas tendo sido o penhor constituído por registo na conta do devedor, mais uma vez se recorrerá ao certificado que não só comprova o penhor como narra a oneração. Os certificados tornarão, então, o dever de colaboração do credor desnecessário.[24]

3. Os direitos e deveres sociais do usufrutuário e do radiciário

Nos termos do nº 2 deste artigo 23º, os direitos do usufrutuário são os indicados nos arts. 1466º e 1467º CCiv., com as modificações previstas no CSC, e os mais direitos que neste lhe são atribuídos, nomeadamente, o direito a ver inalterada a sua posição em caso de aumento do capital social por incorporação de reservas (art. 92º, 4), à informação (art. 293º) e o direito de preferência na subscrição de novas quotas ou acções (cfr. arts. 269º e 462º).[25]

Estas opções do legislador confirmam a ideia segundo a qual nem todas as questões relativas à distribuição dos direitos sociais inerentes a participações sociais oneradas com um usufruto se podem considerar resolvidas pela identificação do sujeito-sócio.[26] A distribuição dos direitos far-se-á, pois, pela interpretação das finalidades visadas pelo legislador no reconhecimento de cada um dos direitos ao sócio, sempre tomando como pressuposto a específica conformação do usufruto.

3.1. Direito aos lucros

Sendo o usufrutuário titular de um direito de uso e de fruição (art. 1439º CCiv.), é a ele que a sociedade tem de entregar os lucros correspondentes ao tempo de duração do direito (regra *pro rata temporis* – art. 213º CCiv.), mesmo que a efectiva distribuição aconteça em momento posterior à extinção dele.[27] Isto mesmo

---

[24] SANCHEZ-PARODI PASCUA (1994), p. 803, SOARES DA FONSECA (2007), p. 84.
[25] Para cujas anotações remetemos.
[26] Assim, BARBOSA DE MAGALHÃES (1952), p. 51, RAÚL VENTURA (1989), p. 422, COUTINHO DE ABREU (2009), p. 354, PAIS DE VASCONCELOS (2006), p. 384.
[27] Já assim PINTO COELHO (1957), p. 227, escrevendo antes da vigência do actual CCiv.. Mais tarde, também RAÚL VENTURA (1989b), p. 406 e COUTINHO DE ABREU (2009), p. 352.

consta da al. *a)* do n.º 1 do art. 1467.º CCiv., decorrência directa, pois, do conteúdo deste direito real. Mas, esta norma reconhece ao usufrutuário direito aos lucros *distribuídos*, podendo perguntar-se se, incidindo o seu direito sobre quotas ou acções, tem de esperar pela *efectiva distribuição*, dado que tal não é exigível ao sócio proprietário pleno, titular de um *direito ao lucro periódico*, ou seja, a sociedade não pode deixar de entregar-lhe metade dos lucros de exercício distribuíveis, desde que os estatutos societários não prevejam em contrário ou desde que a própria sociedade não delibere no sentido da retenção – cfr. arts. 217.º, 1, 294.º, 1 e 31.º, 1.[28] De outra forma: os sócio são titulares de um direito que tem por objecto *directamente a metade do lucro apurado no exercício*, que "se forma plenamente com o fim do exercício social com lucros, embora sob condição de não ser aprovada deliberação com os requisitos legais", passando de uma expectativa jurídica a um direito subjectivo assim que apurados os lucros.[29] Logo, caso se delibere uma não distribuição dos lucros, o usufrutuário não receberá qualquer dividendo, como acontece com o proprietário. Se se deliberar validamente a distribuição de menos de metade dos lucros, então será à parte efectivamente distribuída que terá direito o usufrutuário. Mas, na ausência de uma deliberação, e olhando para a letra da lei, que se refere apenas a *"lucros distribuídos"*, impedir-se-ia o usufrutuário de reagir contra a passividade da sociedade, mesmo que ela fosse intencional.[30] Se o sócio tem direito a interpelar a sociedade para que proceda à efectiva distribuição dos lucros, a recorrer a uma acção judicial de cumprimento e, eventualmente, a uma acção executiva[31], porque não poderá fazer o mesmo o usufrutuário? Não cremos que deva conceder-se a uma deliberação de distribuição, que nem sequer é necessária, o poder para transformar os lucros em frutos e, deste modo, tornar dela dependente a fruição, até porque a inércia da sociedade pode ter apenas por objectivo prejudicar o titular do direito de gozo, que, sem poder reagir, vê o seu direito de fruição esvaziado. A partir

---

[28] CASSIANO DOS SANTOS (1996), p. 95.
[29] CASSIANO DOS SANTOS (1996), p. 104 e 108-109.
[30] Solução de RAÚL VENTURA (1989), p. 406 e 407, para quem, sem deliberação de distribuição não existem verdadeiramente frutos da coisa usufruída, o usufrutuário podendo reclamar os lucros deliberados, mas já não os que permanecem por deliberar. Esta parece ser também a opinião de PIRES DE LIMA e ANTUNES VARELA (1987b), p. 513. Aquele autor ainda reconhece ao usufrutuário o direito, nos termos do art. 58.º, 1, *b)*, de impugnar a deliberação que *abusivamente* determine a não distribuição de lucros, com fundamento no abuso do direito em detrimento dos interesses do usufrutuário (*i. e.*, a impugnação é consequência do abuso, não do facto de a participação ser usufruída). Mas, isto não o ajuda nas situações em que não há qualquer deliberação.
[31] CASSIANO DOS SANTOS (1996), p. 118 e 124.

do momento que haja lucros de balanço eles estão prontos a ser distribuídos, e, portanto, haverá frutos a atribuir, a não ser que a sociedade use da prerrogativa que a lei lhe concede para não distribuir. Cremos que, tal como acontece com o proprietário, será de reconhecer ao usufrutuário o direito de defender o seu direito aos lucros instando a sociedade à efectiva distribuição da metade prevista nos arts. 217º, 1 e 294º, 1 CSC, em vez de apenas lhe reconhecer um direito de oposição perante o accionista-nu proprietário. E a periodicidade imposta por estes preceitos parece contribuir para tal conclusão.[32]

3.2. Direito de voto

O direito de votar nas assembleias gerais pertence ao usufrutuário (e o legislador recorreu à expressão "votar nas assembleias gerais" por questões de economia, pretendendo referir-se a todos os tipos legais de deliberação social descritos no CSC[33]), que é o administrador da coisa (e a administração da coisa-participação social faz-se pelo exercício do direito de voto – matéria, evidentemente, distinta da gestão da sociedade).[34] Não se trata aqui de uma *cessão do direito de voto*, porque no caso do usufruto não há a transmissão do voto de um sócio para um não sócio; há apenas uma escolha – pelo contrato ou pela lei – do sujeito que deve exercer o voto entre os que são titulares de direitos reais sobre a participação.[35]

O direito de voto está funcionalizado para a satisfação dos interesses particulares do sujeito a quem é atribuído, independentemente do título de atribuição do direito,[36] o que significa que o usufrutuário *usa um direito próprio em interesse próprio*, não como representante ou mandatário do proprietário, a quem teria de requerer instruções ou de quem deveria obter ratificação para as suas opções. Porém, sobre ele recai o dever de não actuar de forma a danificar ou a destruir a coisa, obrigado que está a respeitar a substância do bem usufruído (art. 1439º CCiv.). Daqui decorre a validade do seu voto, mesmo que dele esteja ausente qualquer conciliação de interesses com o proprietário, conclusão que se revela importante no plano da validade das deliberações sociais em que o usufrutuário participa, pois à sociedade é absolutamente estranha qualquer

---

[32] No direito comparado, a maioria da doutrina, mais antiga ou mais recente, parece ir no sentido de atribuir ao usufrutário apenas o lucro que passou já por uma decisão da sociedade. V., p. ex., FRANCISCO VILLAVICENCIO (1953), p. 195, s., GUILLERMO ALCOVER GRAU (2001), p. 653, ASQUINI (1947), p. 21, WINTER, (2000), *Anm.* 190, p. 876, BARZ (2001), *Anm.* 38, p. 445.
[33] RAÚL VENTURA (1989), p. 420.
[34] RAÚL VENTURA (1989), p. 420.
[35] RAÚL VENTURA (1992), p. 58.
[36] ANGELICI (1996), p. 196, s., FLORESTANO FUNARI (2002), p. 598 e 599.

composição de interesses entre proprietário e titular do direito de gozo, na sua perspectiva bastando o facto idóneo à legitimação para o exercício do direito.[37]

Mas, atribuir o direito de voto ao usufrutuário não significa afastar de todo a participação do proprietário na sociedade. O radiciário não perdeu o estatuto de sócio, nem "um interesse vital na sociedade, na condição dos negócios sociais, no valor ou na substância da sua participação social"[38]. Por isso, de outras dimensões do direito de voto *lato sensu* não deve ser o proprietário espoliado, nomeadamente do direito de estar presente nas assembleias gerais e de nelas tomar a palavra para discutir os assuntos da ordem de trabalhos, razões pelas quais ele terá de ser *convocado*.

Coerentemente com a natureza do direito de usufruto, na medida em que a fruição e utilização estão limitadas pela substância da coisa, o direito de voto é atribuído, pelo nº 2 do art. 1467º CCiv., ao proprietário e ao usufrutuário *em conjunto*, sempre que as deliberações *importem* alterações dos estatutos ou a dissolução da sociedade. Todas as formas de aproveitamento que possam colocar em risco a integridade da coisa atentam contra o direito de propriedade e por isso deve proteger-se o seu titular, chamando-o às deliberações que versem sobre alterações do contrato social ou sobre a dissolução da sociedade; porém, como o destino da coisa *também* interessa ao usufrutuário, o direito de voto deverá ser exercido *conjuntamente*.[39] Note-se que o legislador não se refere a deliberações *sobre* alteração dos estatutos ou *sobre* a dissolução da sociedade, mas a deliberações *que importem* alteração dos estatutos ou dissolução da sociedade, pelo que foram acauteladas deliberações que apenas indirectamente produzam aqueles efeitos, como, por exemplo, a deliberação de venda de um estabelecimento cuja exploração seja o único objecto de exploração social.[40] Há ainda

---

[37] Nas relações *inter partes*, funcionam as regras disciplinadoras do direito que o proprietário acordou em constituir, nomeadamente para satisfazer eventuais intenções ressarcitórias ou de resolução contratual.

[38] PINTO COELHO (1957), p. 161, s..

[39] PIRES DE LIMA/ANTUNES VARELA, (1987b), p. 514.

[40] RAÚL VENTURA (1989), p. 418 e 419. E o mesmo se diga das deliberações que implicam a supressão de um *direito especial*. Para que tal aconteça será necessária a manifestação de consentimento do sócio afectado, mas, nas sociedades anónimas, as acções a que sejam inerentes direitos especiais formam uma categoria autónoma, pelo que a supressão do privilégio tem de passar por uma deliberação da assembleia especial dos accionistas titulares de acções privilegiadas (art. 24º, 4, 5, 6). Assim, a questão é esta: estando acções especiais oneradas com um usufruto, quem deverá estar presente nesta assembleia para consentir (votar): o usufrutuário sozinho ou acompanhado do proprietário da raiz? Tendo em conta que a supressão ou amputação de um direito especial implica uma afectação da *substância* da coisa-participação social, parece que é imperativa a participação conjunta de ambos. E esta é uma

que considerar a questão dos *actos da sociedade* que afectam a subsistência das participações sociais oneradas. Seguindo João Labareda, que se pronunciou sobre esta questão olhando para o caso particular das acções, quando se trate de uma amortização que não envolva a extinção da participação social, mas a sua *transformação* (como acontece nos termos do art. 346º, em que as acções passam a acções de fruição), e uma vez que "a sua concretização é encarada como uma espécie de alteração do pacto social" (e, acrescentamos nós, se afecta a substância do objecto do direito), será de chamar usufrutuário e proprietário a votar conjuntamente na deliberação social. Mas, pode acontecer que a acção onerada desapareça integralmente, como se prevê no art. 347º. Dada a amplitude da redacção do preceito podem equacionar-se várias hipóteses, que reclamarão soluções distintas. Se o contrato social *impuser* a amortização das acções abdicando do consentimento do accionista, nada poderão fazer usufrutuário ou radiciário (é irrelevante que as acções estejam sujeitas a usufruto). Se o contrato *permitir* que a assembleia geral decida pela amortização, e porque ela levará à redução do capital social, usufrutuário e proprietário são chamados a votar conjuntamente. Mas, se os estatutos fizerem depender a extinção do consentimento do accionista, então, tendo por fundamento os princípios do art. 1467º CCiv. e aplicando analogicamente o disposto no art. 233º, 4 (segundo o qual a amortização de *quota* tem de ser consentida pelo radiciário e pelo usufrutuário), o usufrutuário deverá também manifestar o seu assentimento.[41]

Obrigar as partes a votar *em conjunto* equivale a obrigá-las a procurar *um acordo* quanto ao sentido de voto[42], que será exercido, depois, por aquele que no título constitutivo tenha sido eleito para votar. Não chegando as partes a acordo, será válido o voto de quem foi escolhido para votar quando da constituição do direito, obrigado, porém, a considerar os interesses da contraparte.[43]

---

deliberação que *importa* a alteração do contrato social pois que o art. 24º, 1 apenas admite a constituição de direitos especiais por estipulação no *contrato* de sociedade. Isto é, usufrutuário e proprietário terão de votar em conjunto, quer na deliberação especial para manifestar o consentimento à afectação do direito, quer na posterior deliberação de alteração do contrato social.

[41] (1988), p. 120, s..
[42] Assim também, MARIA DA GRAÇA TRIGO (1998), p. 153 (nt. 571).
[43] Questão apenas relevante *inter partes*. CUNHA GONÇALVES *in* PINTO COELHO (1957), p. 130 e 131 sugeria para estes casos que uma das partes votasse com o mandato do outro. Porém, não cremos que possa ser assim. O mandato pressupõe um esbatimento da vontade de quem representa a outra parte – se o usufrutuário fosse representante do proprietário, estaria obrigado a aceitar *instruções* deste, sem que acertadamente pudesse afirmar-se que ambos tivessem votado *em conjunto* num determinado sentido, apenas se observando uma parte actuando em representação da outra.

3.3. Direito a impugnar as deliberações sociais

O usufrutuário tem legitimidade para impugnar a deliberação quando esta padeça do vício de nulidade previstos nas als. *a)* e *b)* do art. 56º, 1 (respectivamente, deliberações cujo conteúdo não é susceptível de deliberação e deliberações que atentam contra normas imperativas ou contra os bons costumes) – tal como tem legitimidade qualquer interessado, uma vez que aqui vigora o regime geral da nulidade (art. 286º do CCiv.).

O art. 56º, 1 prevê ainda dois outros fundamentos de nulidade (omissão de convocatória e falta de convite para exercer o voto escrito nas deliberações tomadas por voto escrito – *c)* e *d)*) que apenas são invocáveis por sócios ausentes e não representados ou não participantes nas deliberações por escrito que posteriormente não tenham dado por escrito o seu assentimento à deliberação viciada (art. 56º, 3). Por outra parte, há que considerar ainda as deliberações anuláveis (art. 58º), podendo a acção de anulação ser intentada pelo sócio que não tenha votado no sentido que fez vencimento nem posteriormente tenha aprovado a deliberação, expressa ou tacitamente (art. 59º, 1). A letra da lei reconhece como titular do direito de impugnação o *sócio*, o que, à primeira vista, levaria a que o usufrutuário não pudesse impugnar as deliberações anuláveis nem as nulas das als. *c)* e *d)* do art. 56º. Mas, se é ele quem vota, deve ser ele quem impugna, à excepção das deliberações em que o voto pertença conjuntamente ao proprietário, caso em que se encontrarão ambos legitimados para a impugnação. Isto é, neste caso particular, em vez de se ligar o direito de combater deliberações viciadas ao estatuto de sócio, talvez devesse ser associado ao direito de voto. Esta é a posição da maioria da doutrina, muito embora a opinião maioritária também seja a de que o direito de impugnação decorre do estatuto de sócio (que pertence ao radiciário) e não do direito de voto[44]. Aliás, é o usufrutuário quem em melhores condições se encontra para o fazer, por estar mais esclarecido sobre as eventuais irregularidades do acto por causa da participação plena na assembleia geral.[45]

---

[44] PINTO FURTADO (1993), p. 425, s., 432 e 433, LOBO XAVIER (1975), p. 287, s. e 432, MOITINHO DE ALMEIDA (2003), p. 74, PIRES DE LIMA/ANTUNES VARELA, (1987b), p. 515.
[45] RIVOLTA (1961), p. 228, s.. Diversa é a posição de RAÚL VENTURA (1989), p. 420 e 421, para quem o direito de voto e o de impugnação *entroncam ambos no direito de administrar*, pelo que o usufrutuário pode impugnar as deliberações sociais porque é o *administrador* da participação social. Porém, uma vez que da sua administração estão excluídas as matérias de alteração do contrato social e de dissolução da sociedade, em que terá necessariamente de cooperar com o titular da raiz, então a impugnação de deliberações que sobre estas matérias se debrucem exige a intervenção deste. Também assim, ASQUINI

Mas, se o proprietário permanece sócio, e se o fundamento do direito de impugnação se encontra nesta condição, será de permitir que ambos – proprietário e usufrutuário – impugnem uma deliberação social, independentemente de se estar perante uma das deliberações em que o voto pode ser conjunto. O que quer dizer que a atribuição do direito de voto ao usufrutuário não implica uma decisão definitiva sobre todos os direitos administrativos. O sócio mantém-se ainda envolvido nos destinos da participação social, poderá assim acautelar a ausência do usufrutuário (obrigá-lo, portanto, a esperar uma indemnização do usufrutuário negligente, pode ser-lhe bastante prejudicial, principalmente tendo em conta que a deliberação é inválida) e pode ter interesse em lutar contra o sentido maioritário por este aprovado[46] (isto porque o que a lei proíbe é que *quem* tenha votado no sentido vencedor apareça impugnando; além de que a impugnação se reconhece mesmo *a quem não vota*). O direito de impugnação será, assim, um direito de *exercício disjuntivo*, tal como outros direitos administrativos (direito de denunciar à administração da sociedade e ao tribunal graves irregularidades no funcionamento da sociedade).[47]

3.4. Direito à quota de liquidação

Extinta a sociedade, e havendo activo a reclamar, as participações sociais serão *substituídas* pelo saldo de liquidação, a reclamar pelo radiciário (art. 1467º, 1, *c*) CCiv.). O nosso legislador não faz, portanto, qualquer distinção entre aquilo que o sócio recebe como *reembolso* da sua entrada e aquele *lucro* que advém da distribuição do restante património social, mais uma vez optando por uma solução intermédia, com a óbvia vantagem de simplificar toda a operação[48] e de compor os interesses dos sujeitos envolvidos: o proprietário recebe no seu património os novos bens ou os montantes pecuniários resultantes da venda destes; o usufrutuário mantém a sua posição sobre o objecto do usufruto, desta feita transmutada no saldo de liquidação (ninguém beneficia individualmente com a liquidação da sociedade). Se a participação usufruída representa uma parte do património social a que o sócio terá *eventualmente* direito em sede de liquidação,

---

(1947), p. 25, COTTINO (1999), p. 296, para quem a atribuição do voto ao usufrutuário significa a escolha dele para o exercício de todos os direitos administrativos conexos, OSÓRIO DE CASTRO (2002), p. 309.
[46] Seguimos RIVOLTA (1961), p. 228, s..
[47] Continuamos a seguir RIVOLTA (1961), p. 228, s., que, no que a estes direitos diz respeito, é acompanhado por ASQUINI (1947), p. 25.
[48] PIRES DE LIMA/ANTUNES VARELA (1987b), p. 515.

este "eventualmente" concretizou-se, pelo que, no fundo, há apenas uma sub-rogação objectiva entre a participação e o património liquidado em parte pertença (agora efectiva) do titular da raiz (solução confirmada pelo regime geral do usufruto, de que se retira a regra segundo a qual, sempre que a coisa usufruída se vê substituída por outra coisa ou pelo seu valor, sobre esta ou este passará a incidir o usufruto – arts. 1478º, 2, 1480º[49] e 1481º, 1 CCiv., aos quais é comum a intenção de deixar as coisas num estado bastante próximo do que vigorava antes da deterioração ou destruição do objecto do direito).

3.5. Obrigação de entrada

Não existe entre nós norma positiva sobre a questão do cumprimento de obrigação de entrada quando a participação social esteja sujeita a um usufruto, diferentemente do que sucede, por exemplo, nos direitos espanhol e italiano para as acções não liberadas: o art. 69.1 LeySA faz recair a obrigação de entrada sobre o nu-proprietário, embora, considerando as nefastas consequências que para o usufrutuário poderão verificar-se com o incumprimento daquela obrigação[50], se lhe reconheça a possibilidade de realizar o pagamento, tendo, contudo, direito de regresso perante o nu-proprietário; no art. 2352 do *Codice Civile* italiano encarrega-se, como regra geral, o usufrutuário de pagar o devido, embora tenha o direito à restituição do montante adiantado (sem juros) uma vez extinto o seu direito. Teve razão o legislador espanhol, pois a sociedade credora só pode obrigar ao cumprimento o seu devedor, não um terceiro com este obrigado, embora a soluçai italiana proteja de modo mais efectivo os interesses da sociedade e dos credores desta. A entrega à sociedade do que foi diferido é obrigação daquele que entra para a sociedade com a qualidade de sócio, daquele que é, apesar do usufruto, o proprietário da participação social. Não faria sentido impor ao titular de um direito real limitado o pagamento de uma quantia devida pela propriedade, mesmo sendo ele o fruidor da coisa[51]. Aliás, assim impõe a eficácia relativa das obrigações.

Encontrando-se o sócio em mora, pode ver-se atingido por penalidades previstas no estatuto social (como a suspensão do direito de voto), os lucros não podem ser pagos (art. 27º) e a sociedade pode mesmo extinguir a participação social, se o sócio não aparecer pagando no prazo que lhe for concedido (cfr.

---

[49] Exemplo também usado por RAÚL VENTURA (1989), p. 412.
[50] GIL DEL MORAL/MOREU SERRANO (1994), p. 741.
[51] Argumento usado por ASQUINI (1947), p. 36, para justificar a opção do legislador italiano.

arts. 204º e 285º). E a perda total da coisa é causa de extinção do usufruto (art. 1476º, 1, *d)* CCiv.). O usufrutuário será credor de uma indemnização tanto no caso de perda total como no de perda parcial, quando ao proprietário tal facto seja imputável (mesmo continuando o usufruto na parte restante, se a perda for só parcial – v. art. 204º). Sendo suspensos os direitos sociais também haverá lugar a uma compensação: a suspensão do direito aos lucros e eventualmente do direito de voto terá reflexos imediatos na esfera jurídica do usufrutuário, que deixa de obter rendimentos e não pode intervir nas assembleias gerais. Não faria sentido que a posição do usufrutuário permanecesse incólume considerando que a responsabilidade pelo não pagamento é do radiciário, pois os modos de reacção à mora visam a protecção dos *interesses da sociedade* e dos *credores sociais*[52], todos empenhados em ver integralmente realizado o capital social, independentemente da concreta situação subjectiva em que se encontrem os titulares dos direitos reais.

3.6. Dever de lealdade

Uma vez que o usufrutuário entra na colectividade societária pela participação e voto na assembleia geral, há que saber se sobre ele impende igualmente o dever de não actuar de forma incompatível com o interesse social ou com interesses comuns de outros sócios relacionados com a sociedade[53]. O fundamento do dever de lealdade está no facto de a sociedade, enquanto instrumento jurídico, ter sido criada para a *prossecução de um fim comum*, a ser sempre respeitado pelo sócio, que deve movimentar-se apenas dentro do círculo desenhado pelos interesses sociais. Tal como vemos as coisas, o facto de o proprietário onerar a sua posição societária com o usufruto não o exonera de ser chamado ao cumprimento do dever de lealdade inerente à qualidade de sócio: é que ele não perde o acesso ao interior da organização societária, continuando a exercer o direito de voto (embora apenas para algumas deliberações), tendo o direito de assistir e participar na discussão da assembleia geral e de obter informação societária. E a mesma regra de conduta será de impor ao usufrutuário, que passa, como tal, a assumir uma especial posição nesta organização: participa na formação da vontade social, toma conhecimento dos seus projectos, objectivos, estratégia e da sua situação financeira, comunga dos objectivos lucrativos dos sócios... É, portanto, *elemento activo de um projecto comum*. Necessariamente, então, impõem-se

---

[52] Cfr. COUTINHO DE ABREU (2009), p. 286.
[53] COUTINHO DE ABREU (2009), p. 310.

-lhe limites à sua liberdade de actuação, não podendo participar em qualquer acto que coloque em risco a sociedade em que escolheu entrar. Não faria qualquer sentido impor ao proprietário um dever de lealdade e não o fazer para o usufrutuário, até quando é este quem mais envolvido está na gestão da sociedade, pelo menos enquanto durar o seu direito. E à mesma solução chegaria com certeza quem encontra no dever de lealdade um corolário do princípio da boa fé. Por exemplo: o aproveitamento das *corporate opportunities* por um usufrutuário é absolutamente reprovável e conformará um comportamento violador do interesse social na mesma medida em que tal sucederia com um sócio; assim como a instrumentalização do seu direito de voto ao objectivo de colocar na administração ou na fiscalização da sociedade um sujeito que cumprisse um plano por ele pré-desenhado, fosse para benefício próprio ou de um sócio, fosse de um qualquer terceiro ligado à sociedade, é conduta lesiva do dever de actuação sem prejuízo do interesse social.[54]

3.7. Prestações acessórias e suplementares

Pode o contrato de sociedade impor aos sócios a obrigação de efectuarem prestações para além das entradas, que serão qualificadas como acessórias (arts. 209º, 287º e 478º) ou suplementares (art. 210º) – estas distinguem-se daquelas na medida em que são exclusivas das sociedades por quotas, mas também porque serão apenas as "prestações em dinheiro sem juros que a sociedade exigirá aos sócios quando, havendo permissão do estatuto, deliberação social o determine (art. 220º)"[55]. As obrigações acessórias e as suplementares oneram a esfera jurídica *do sócio*, pelo que, mesmo estando as participações sociais oneradas com um usufruto, o cumprimento cabe ao proprietário. Neste sentido militam várias razões. Trata-se, em primeiro lugar, de obrigações de fim social, muitas vezes assumindo uma relevância prática bem superior à obrigação de entrada, pelo que seria impensável que o sócio delas se desonerasse pela mera constituição de um usufruto. Depois, sendo uma obrigação inerente à participação social ela apenas se poderá extinguir com a renúncia ao próprio direito que a integra, numa espécie de renúncia liberatória funcionando através da transmissão da participação. Será também importante considerar que estas obrigações têm muitas vezes por fundamento a própria pessoa do sócio – é o caso das obrigações de participa-

---

[54] Exemplos de comportamentos atentatórios do dever de lealdade de COUTINHO DE ABREU (2009), p. 312 e 313.
[55] COUTINHO DE ABREU (2009), p. 331.

ção num órgão de administração ou de não concorrência e como se comprova pelo facto de nem sempre todos os sócios estarem obrigados de modo qualitativa e quantitativamente igual –, não havendo razões para as impor a um sujeito diferente e colocado em circunstâncias concretas distintas. Finalmente, temos sempre a regra da eficácia relativa das obrigações.

Neste contexto assume particular destaque o *contrato de suprimento* (arts. 243º, s.) Se é próprio dos suprimentos uma relação entre o sócio e a sociedade, então parece que temos de afastar o usufrutuário de qualquer obrigação relacionada com os suprimentos. O usufrutuário não está obrigado aos suprimentos, não só porque esta é uma obrigação que acompanha a titularidade da participação social, mas também porque tem por fonte o contrato social, através do qual o sócio deliberada e previamente afastou a sua autonomia relativamente ao financiamento social, renúncia que não foi feita pelo usufrutuário, assim desobrigado de prover a sociedade de capital através de suprimento. Problema distinto é o de saber se o adiar do vencimento de créditos do usufrutuário perante a sociedade (nomeadamente o seu crédito relativo a lucros) ou a eventual concessão por este de empréstimos podem ser tratados segundo o regime jurídico dos suprimentos. É verdade que o suprimento pressupõe o tratamento de capitais alheios (dos sócios considerados como terceiros) como capitais próprios (da sociedade), só fazendo sentido, à partida, a aplicação do seu regime a quem pudesse entrar na sociedade com capitais próprios. Mas, Alexandre Mota Pinto[56], seguindo Raúl Ventura[57], respondeu afirmativamente àquela pergunta. Por um lado, se o usufrutuário aparecer requerendo a imediata entrega dos dividendos prejudicará possivelmente tanto a sociedade como os credores sociais; por outro, por participar na formação da vontade social através do voto, está em posição vantajosa face aos restantes credores; finalmente, uma vez que o usufrutuário pode participar nos aumentos de capital que o suprimento substitui, então os créditos que deixou na sociedade podem ser tratados segundo as regras do contrato de suprimento. E este autor acrescenta ainda que à mesma conclusão se chegará não só quanto aos empréstimos, mas também quanto a outros créditos do usufrutuário face à sociedade, por ser solução consentânea com os seus poderes sobre a participação social e com as consequências que adviriam da exigência de pagamento nos mesmos termos em que qualquer outro credor social. Isto porque, em termos económi-

---

[56] (2002), p. 273, s..
[57] (1989^b), p. 94 e 95.

cos, as prestações de capital alheio efectuadas por um terceiro correspondem a um empréstimo realizado por um sócio[58].

3.8. O estatuto de sócio

Como já foi dado a entender por tudo o que fomos dizendo até ao momento, sócio é o radiciário, sem que constitua obstáculo a tal conclusão uma intensa compressão dos seus poderes.[59]

O facto de os poderes do proprietário da raiz se encontrarem restringidos pela constituição do usufruto não altera a sua posição na sociedade, já que com ele permanecem o exercício de determinados direitos e a responsabilidade pelo cumprimento das obrigações sociais. Há, pois, que ponderar aqui dois factores actuando em simultâneo: por um lado, olhando apenas para a natureza do direito de usufruto, não há como reconhecer-lhe a capacidade para destruir a ligação entre o proprietário e a coisa; consequentemente, na óptica da sociedade, o obrigado ao adimplemento dos deveres sociais é ainda aquele que aparece como titular das acções e assim se compreende que, apesar do direito real, continue o proprietário onerado a responder aos interesses da sociedade.[60]

4. Direitos e deveres do credor e do devedor pignoratícios. O direito de voto e o direito aos lucros

Lê-se agora no nº 4 que os direitos inerentes à participação social empenhada só podem ser exercidos pelo credor pignoratício quando assim tenha sido convencionado pelas partes. Deste modo, quando as partes, no acordo de constituição do penhor, nada disponham sobre a distribuição dos direitos sociais, a questão de saber quem pode exercer que direitos sociais está resolvida: todos serão

---

[58] No mesmo sentido, J. AVEIRO PEREIRA (2001), p. 64, s..
[59] Assim, PINTO COELHO (1957), p. 51, COUTINHO DE ABREU (2009), p. 353 e 354, SOVERAL MARTINS (2006), p. 394, ASQUINI (1947), p. 20, a maioria da doutrina alemã – WIEDEMANN (1976), p. 126, LUTTER- -HOMMELHOFF, (1995), Anm. 48, p. 223, BARZ (2001), Anm. 27, p. 528, JOCHEM REICHERT, MICHAEL SCHLITT e ALEXANDER DÜLL (1998), p. 566 e 567 –; a lei (para as acções, art. 67.1 LeySA) e a doutrina espanhola – NIETO CAROL (1996), p. 2154 e 2155, LOJENDIO OSBORNE (2002), p. 297. Defendendo que sócio era o usufrutuário, ANSELMO DE CASTRO (III, p. 61 e ss.). Considerando que o estatuto de sócio é partilhado entre radiciário e usufrutuário, BARBOSA DE MAGALHÃES (1952), p. 50 e 51, ANTÓNIO CAEIRO (1984), p. 399, (nt. 69); daqui conclui o autor, desta feita com MARIA ÂNGELA COELHO (1982), p. 76, que ao usufrutuário poderiam atribuir-se direitos especiais como o direito à gerência, RAÚL VENTURA (1989), p. 421 e 422, BRITO CORREIA (1989), p. 361, SCHÖN (1994), p. 260, s..
[60] Dizia PINTO COELHO (1957), p. 52, "o que parece inconcebível é que, sendo só uma pessoa a contribuir para o capital social e sendo essa contribuição que origina a qualidade de sócio, apareçam em dada altura... dois sócios! E só porque foi atribuída a outra pessoa a fruição da parte social."

exercidos pelo devedor pignoratício, que actuará de acordo com as *suas* necessidades, sendo apenas o valor da participação social que se encontra destinado à satisfação do credor. A solução do nº 4 é coerente com a natureza garantística deste direito real e também com o facto de com o credor devedor permanecer o estatuto de sócio.[61]

Nogueira Serens acrescentará, porém, algo mais à interpretação deste nº 4. Partindo da necessidade de salvaguardar o interesse do credor pignoratício uma vez vencida a obrigação principal, e inspirando-se na solução italiana, propõe a distinção entre o momento anterior ao vencimento, em que os direitos administrativos seriam exercidos pelo devedor, e o momento posterior ao vencimento, em que passariam os direitos a ser exercidos pelo credor.[62] Porém, considerando que esta norma vale para o tempo de duração da garantia (o tempo anterior ao vencimento) e que, posteriormente, o credor se encontra habilitado a executar a garantia, não partilhamos daquela interpretação.[63] Por outro lado, desejando o credor maior controlo da participação social empenhada, podem sempre as partes acordar em sentido diferente do sugerido pelo legislador, nomeadamente, procedendo a uma distribuição singularizada dos direitos sociais. Solução que confirma que o nosso legislador seguiu a opção alemã de construir um regime jurídico que valorizasse a natureza garantística do penhor, às partes sendo permitida opção em contrário.[64] Daqui resulta que o penhor de participação social é, salvo convenção em contrário, um *penhor simples* e não um penhor anticrético, em excepção à regra geral (art. 672º CCiv.)[65].

Da redacção do nº 4 pode, então, concluir-se no sentido de que o legislador concede às partes grande liberdade de conformação do conteúdo do direito pignoratício em termos de exercício dos direitos sociais. Mas, revela-se aqui útil analisar a opção lexical do legislador no nº 4 do art. 23º: ao passo que no nº 2 daquele artigo se fala em *atribuição* de direitos ao usufrutuário, aqui recorre-se à expressão "[direitos] *exercidos* pelo credor pignoratício". Já no art. 81º, 2 CVM (quanto ao penhor de valores escriturais), opta pela expressão *atribuição* do direito de voto ao credor, para depois, no nº 4 afirmar que "salvo convenção em contrário, os direitos (...) são *exercidos* pelo titular dos valores mobiliários empenhados." Tendo em conta a diferente natureza dos direitos de usufruto e

---

[61] FERRER CORREIA, LOBO XAVIER, MARIA ÂNGELA COELHO e ANTÓNIO CAEIRO (1977), p. 56.
[62] (1996), p. 9-10.
[63] Com COUTINHO DE ABREU (2009), p. 355 (nt. 325).
[64] WINTER (2000), p. 582, *Anm.* 158, LUTTER-HOMELHOLFF (1995), p. 195 e 556, ROTH (2000), p. 219, s..
[65] Em sentido contrário, SOARES DA FONSECA (2007), p. 87.

de penhor, consideramos acertado que no primeiro caso se fale em atribuição e no segundo apenas em exercício. Assim, no penhor de participações sociais, quando as partes o queiram, podemos assistir a uma cisão entre a titularidade e a legitimidade para o exercício dos direitos, no sentido de que os direitos, *embora nunca deixando de pertencer ao sócio-devedor*, podem ser actuados junto da sociedade pelo credor, não-sócio.[66] No caso de tal ser decidido quanto aos lucros, poder-se-á dizer que as partes optaram pela constituição de um penhor anticrético. A única referência a "atribuição" no seio do penhor está associada ao direito de voto – será de retirar daqui alguma consequência? Cremos que, se, no título constitutivo do penhor, se decidir ser ao credor pignoratício que pertence o direito de voto, isto só pode significar uma autorização para um *autónomo exercício do direito*. Isto mesmo se comprova no art. 293º quando identifica como titular do direito à informação o credor pignoratício "quando, por lei ou convenção, lhe caiba exercer o direito de voto" – não faria sentido que se lhe reconhecesse acesso à informação social se com isso se não pretendesse armá-lo com os dados necessários à tomada de uma autónoma decisão, *i. e.*, pressupõe-se aqui uma certa margem de liberdade do credor que só poderá ser adequadamente usada se na posse das informações necessárias e suficientes para um voto esclarecido. A autonomia significa, então, desnecessidade de autorização do titular para tornar activo um direito e, também, utilização desse direito como forma de tutela de um interesse próprio como credor (mais que isto não permite a natureza garantística do penhor, uma vez que a autorização que a lei concede ao credor pignoratício de exercício do direito não pode olhar-se como chave escondida de acesso à sociedade, mas apenas como reconhecimento do interesse de salvaguarda da garantia). Embora deva comportar-se "como um proprietário diligente", nos termos da al. *a)* do artigo 670º CCiv. – por exemplo, escutando a opinião do devedor quanto àqueles assuntos que tenham menor afinidade com os seus interesses, devendo requerer instruções precisas. Quando assim não seja ou proceda de forma a que a participação corra o *risco* de perder-se ou deteriorar-se, pode o devedor exigir a prestação de uma caução idónea ou o depósito em poder de terceiro (art. 673º CCiv.).[67] Esta ideia segundo a qual não haverá representação *stricto sensu* pelo credor pignoratício

---

[66] Parece ir neste sentido também a opinião de COUTINHO DE ABREU, quando afirma que "os *direitos* inerentes à participação social continuam a *pertencer e a poder ser exercidos pelo sócio-autor do penhor*; o *credor pignoratício* só pode *exercer* alguns desses direitos quando tal for *convencionado* entre ele e o autor do penhor" – (2009), p. 355.
[67] Também neste sentido, ENRICO CIVERRA (2002), p. 206, SOARES DA FONSECA (2007), p. 95.

parece ser confirmada pelo disposto no nº 3 do art. 385º, nos termos do qual o disposto no nº 2 se aplica ao exercício do direito de voto pelo credor pignoratício. Não se duvidará, por outro lado, se o direito de voto permanecer com o devedor, que este também seja autónomo: quando lhe pertença o exercício do direito, tem de optar pelo sentido que menos perturbe o direito do credor, i. e., que menos afecte o valor da garantia – caso contrário, poderá ver activados os meios de tutela que a lei coloca ao serviço do credor. As eventuais situações de conflito surgindo nas relações internas não afectarão, naturalmente, a validade das deliberações sociais, pois a sociedade não está obrigada a investigar os termos do acordo ou a assegurar o seu cumprimento – basta-lhe a válida legitimação e consequente exercício do direito de voto nos termos dos estatutos e da lei[68] (por exemplo, será válida uma deliberação na qual o credor pignoratício – cujo direito recaía sobre a maioria das participações sociais da sociedade por quotas – votou no sentido de não prolongar o tempo de vida de uma sociedade para além do prazo estatutariamente previsto: não há abuso do direito de voto, embora possa haver lugar a compensação ao nível das relações internas).[69]

4.1. O penhor e o aumento de capital (o direito de preferência).

Para saber quais as consequências para a relação pignoratícia de um aumento do capital social por incorporação de reservas não encontraremos resposta na lei, diferentemente do que sucede com o usufruto (art. 92º, 4). Cremos, porém, que as novas participações sociais ficarão sujeitas ao penhor que já onerava as antigas. A extensão do penhor decorre quer do *modus operandi* desta modalidade de aumento de capital quer do próprio direito real de garantia, porque há uma clara correspondência entre as novas participações sociais e as antigas: se o valor

---

[68] Assim igualmente, PANTALÉON PRIETC (1992), p. 126 e 125, ENRICO CIVERRA (2002), p. 206.
[69] Cremos, pois, que este nº 4 do artigo 23º é uma norma que disciplina as relações internas, ou seja, que disciplina a relação devedor/credor pignoratício directamente. Em sentido contrário, SOARES DA FONSECA (2007), p. 88, s.. Diferentemente do disposto na lei espanhola: no artigo 72 LeySA, o legislador preocupou-se apenas com os *estatutos* sociais e, assim, com o problema da legitimação junto da sociedade, ignorando o *título constitutivo*, onde se manifesta a vontade das partes – cfr. SÁNCHEZ-PARODI PASCUA (1994), p. 798, s.. A ideia de que o legislador escolheu disciplinar as relações internas entre o devedor e o credor pignoratício confirma-se também quando vemos que, nos termos deste nº 4, quem exercerá o direito de voto é o devedor, salvo acordo em contrário. A aplicar-se directamente o regime jurídico do penhor de coisa, ao credor pignoratício seria de atribuir o direito de voto por ser ele o administrador da coisa empenhada (arts. 671º, a) e 672º CCiv.). Aliás, é esta a solução da lei italiana (art. 2352 do *Codice Civile*) – ASQUINI (1947), p. 23, ROSSI (1964), p. 474, ENRICO CIVERRA (2002), p. 204. Mas já não a alemã, o que confirma a inspiração germanística do nosso art. 23º, 4 – assim também, LUCAS COELHO (1987), p. 74 e 75.

real da participação do sócio não se altera, o penhor estender-se-á às novas participações, que, em conjunto com as antigas, representam toda a participação social com o mesmo valor que anteriormente se onerava.[70] Tal como o aumento do valor da participação é orgânico, assim será a oneração decorrente do penhor.

No caso específico das sociedades anónimas, vemos que, segundo o art. 304º, nº 3, a sociedade deve entregar os títulos definitivos aos accionistas até 6 meses depois do registo definitivo do aumento de capital, mas nada se prevê na lei quanto a um dever do accionista de os ir buscar, pelo que, no caso de ele não aparecer para reclamar, eles consideram-se abandonados em favor do Estado.[71] E é aqui que, segundo a doutrina espanhola, o direito às novas acções faz surgir uma questão relevante na temática do penhor de acções. Se for o devedor quem deve aparecer junto da sociedade reclamando ou retirando os títulos, tem de entregá-los ao credor para que se concretize a extensão.[72] Fica assim o credor pignoratício dependente de um acto do devedor para que se mantenha o valor da garantia (pois, sem esta entrega, o direito recai unicamente sobre as acções antigas). Procura-se salvaguardar a sua posição admitindo que ele exija a entrega, o que, não sucedendo, dará lugar a um reforço da garantia ou a considerar a obrigação principal vencida e, assim a executar o penhor.[73] No caso de o *exercício* deste direito ter sido reservado para o credor pignoratício, o incumprimento importa responsabilidade perante o devedor pelos danos daí decorrentes. De qualquer modo, para evitar estas dúvidas, sugerir-se-ia que no art. 92º, 4 se resolvesse expressamente a questão quanto ao direito de penhor.

É claro que o título constitutivo pode prever solução diversa, nomeadamente que as novas acções não sejam abrangidas pelo penhor, embora seja conveniente a previsão de um mecanismo sucedâneo de reforço da garantia.[74]

Também não há qualquer norma sobre penhor de participações sociais e aumento de capital por novas entradas[75], mas cremos que aqui a regra será esta: quem paga fica com a propriedade. Assim, se o devedor opta por preferir, as novas acções integrarão o seu património sem qualquer oneração. É verdade que a extensão do penhor encontraria sério fundamento na necessidade de tutela do credor, uma vez que sem ela a participação previamente empenhada

---

[70] No mesmo sentido, SÁNCHEZ-PARODI PASCUA (1994), p. 812, NIETO CAROL (1996), p. 2169.
[71] Cfr. RAÚL VENTURA (1986), p. 285.
[72] SÁNCHEZ-PARODI PASCUA (1994), p. 812; PANTALÉON PRIETO (1992), p. 138.
[73] SÁNCHEZ-PARODI PASCUA (1994), p. 813 e 814.
[74] PANTALÉON PRIETO (1992), p. 138; SÁNCHEZ-PARODI PASCUA (1994), p. 812.
[75] Os arts. 269º e 462º valem apenas para o usufruto.

perde valor. E o mesmo se diga para os casos em que devedor simplesmente não exerce o direito de subscrição[76] ou o aliena. Porém, a verdade é que a extensão do penhor não é absolutamente imprescindível para o credor, pois, confrontado com a diminuição do valor do objecto da garantia, poderá recorrer aos meios de tutela reconhecidos no CCiv.. Depois, o direito de preferência é um privilégio que a lei concede aos sócios (por isso pode ser alienado) para que eles tenham a oportunidade de manter a sua posição relativa dentro da sociedade, não deixando que a sua participação social perca valor por força das novas entradas.[77]

Se ao credor couber exercer o direito de preferência (hipótese que não é estranha, pois o próprio devedor estará autorizado a alienar o seu direito), cremos que há uma efectiva transmissão do direito para o credor, plenamente legitimado para optar, conforme os seus interesses, por qualquer uma daquelas hipóteses: exercer, alienar ou deixar caducar. Assim, o exercício do direito implica que as novas acções lhe pertençam em propriedade plena, desta forma assumindo o estatuto de sócio, tal como aconteceria com qualquer outro sujeito que houvesse adquirido e exercido o direito de subscrição. E do mesmo modo lhe pertencerá em propriedade plena o produto de uma eventual alienação. O facto de o credor deixar caducar o direito não dará azo a uma reacção do devedor.

4.2. A liquidação da sociedade

Se a sociedade entrar em liquidação, o sócio deixa de ser proprietário de uma participação social para passar a titular de um direito de crédito cujo devedor é a sociedade. Coerentemente, o penhor passa de penhor de coisa a penhor de direito de crédito (arts. 679º, s. CCiv.).

O art. 685º, 1 CCiv. obrigará o credor à cobrança do crédito empenhado assim que ele se torne exigível, passando o seu direito a incidir sobre a coisa

---

[76] Partindo do pressuposto de que o direito deve ser exercido pelo proprietário, mas que este opta pelo não exercício, pode admitir-se uma sub-rogação do credor? A resposta terá de ser negativa. O art. 23º, 4 permite que um ou outro sejam os titulares do direito, nada se dizendo especificamente quanto à possibilidade de o credor substituir o devedor quando este não exerça os direitos como lhe compete. É certo que o art. 462º permite que esta subrogação se dê entre o nu proprietário e o usufrutuário, mas o facto de o fazer expressamente e de nele se demonstrar preocupação em regular os exactos termos em que esse fenómeno se verificará, é argumento de peso para, por causa dele, negarmos a substituição ao credor pignoratício.

[77] Esta é também a solução sugerida por SÁNCHEZ-PARODI PÁSCUA (1994), p. 811 e 812, PANTALÉON PRIETO (1992), p. 136 e 137 ou LOJENDIO OSBORNE (2002), p. 205, para o direito espanhol.

móvel prestada, consagrando-se, portanto, a regra *res succedit in locum nominis*. Como afirma Raúl Ventura, "este artigo do Código Civil respeita a créditos empenhados e por isso poderá parecer que não influi no penhor de quota; quando, porém, a quota é liquidada, quer isoladamente quer por liquidação da sociedade, o sócio tem um direito de crédito para o recebimento do valor dessa liquidação e a aplicação dos nºs 1, 2 e 4 do referido artigo 685º não só é justificada como necessária."[78]

A cobrança do crédito empenhado não é, portanto, um direito, mas uma obrigação do credor pignoratício, que aliás está incluída no âmbito dos deveres de conservação do crédito, como resulta do art. 683º CCiv., e que tem por finalidade impedir que o seu desleixo prejudique o devedor pignoratício.[79] Assim se compatibiliza esta regra do CCiv. com o art. 23º, 4. Se ao sócio competisse exercer os direitos relativos à quota de liquidação, baixar-se-ia a guarda do direito do credor sobre a participação social. Por isso, seguindo Raúl Ventura, dir-se-á que o afastamento do art. 23º, 4 destas particulares circunstâncias justifica-se no facto de ele dizer respeito a direitos sociais e não a um dever de cobrança que passa a fazer parte integrante da esfera jurídica do credor com a liquidação.[80]

4.3. Obrigações sociais

Todas as obrigações se mantêm integralmente com o sócio, em coerência com o facto de ele, não só ser o proprietário da coisa e o devedor perante a sociedade, mas também ter apenas constituído uma garantia sobre a participação e não um direito de uso.[81]

Diz Raúl Ventura: "a existência de penhor sobre a quota em nada influi sobre as vicissitudes a que a quota esteja sujeita, nos termos da lei ou do contrato; o credor pignoratício não pode impedir que a sociedade se dissolva e liquide, que a sociedade amortize a quota empenhada, que o sócio-devedor seja excluído da sociedade, etc. – e que tudo isso seja feito precisamente nos termos legais ou contratuais, designadamente quanto a valores que venham a pertencer por algum desses factos ao devedor. Tudo isso são riscos aceites pelo credor ao concordar com a constituição de tal penhor, para garantia do seu crédito. A sub-rogação à quota efectuar-se-á quando e como permitida pelo art.

---

[78] (1989), p. 424, WINTER (2000), p. 583, *Anm.* 162.
[79] Cfr. PIRES DE LIMA/ANTUNES VARELA (1987), p. 703.
[80] (1989), p. 424.
[81] RAÚL VENTURA (1989), p. 425, H. WINTER (2000), p. 582.

685.º [CCiv.]"[82]. Sendo insuficiente esta garantia, funcionará posteriormente o direito de reforço.[83]

Ainda quanto às obrigações sociais acreditamos na pertinência de duas notas finais. Ao credor pignoratício será de exigir lealdade para com a sociedade e os restantes sócios sempre que para ele se tenha destinado o exercício do direito de voto que o art. 293.º faz acompanhar do direito à informação. Assim que a sociedade lhe abre os portões, o credor passa a não dever actuar de forma a prejudicá-la, por exemplo, chamando a si a oportunidade de celebrar um negócio do qual teve conhecimento apenas por intermédio do seu direito de garantia.

Pode suceder que o credor veja um crédito seu perante a sociedade ser tratado segundo o regime dos suprimentos? Se, no âmbito do art. 23.º, 4, o credor puder exercer o direito de voto, participando activamente na administração da sociedade e recebendo informação atinente à vida desta, parece que sim. Neste sentido se pronuncia Alexandre Mota Pinto[84], partindo do pressuposto de que o credor se comporta como um sócio: "na realidade, o credor pignoratício também beneficia com a actividade social, e, ao realizar novos empréstimos, ou ao obter o reembolso dos seus créditos, poderá provocar grandes prejuízos aos restantes credores."[85]

5. Outros direitos sobre participações sociais

Sobre as acções podem constituir-se outros direitos reais de garantia, como a *alienação fiduciária em garantia* e o *penhor financeiro*. Foram introduzidos pelo Decreto-Lei 105/2004, de 8 de Maio, que os distingue conforme haja ou não transferência da propriedade com função de garantia. Mesmo que semelhante às modalidades de penhor há muito consagradas entre nós, o regime jurídico do penhor financeiro permite que se legitime o credor pignoratício a dispor da coisa onerada, assim como a tornar-se dela proprietário uma vez verificado o incumprimento da obrigação garantida. Desta forma, o penhor financeiro apresenta-se como garantia de fronteiras alargadas, assumindo três modalida-

---

[82] (1989), p. 425.
[83] Em sentido contrário, sobre a suspensão do direito de voto, SOARES DA FONSECA (2007), p. 93 e 94.
[84] (2002), p. 275.
[85] ALEXANDRE MOTA PINTO (2002), p. 277. Esta é também a posição defendida por alguns autores germânicos, também eles alegando que o credor pode assumir uma posição semelhante à do sócio, influenciando decisões societárias. Para indicação de jurisprudência e doutrina, (2002), p. 275 e 276. Em sentido contrário, RAÚL VENTURA (1989b), p. 95, fundamentando a sua posição no facto de o credor não ser sócio, mesmo exercendo alguns direitos sociais.

des distintas: o penhor financeiro simples, o penhor financeiro com direito de disposição e o penhor financeiro com pacto comissório. Na primeira e na última categorias não há novidades face ao que até agora foi descrito, dado que o credor pignoratício, até ao momento da verificação do incumprimento da obrigação garantida, é apenas isso – credor. Quando obtenha o direito de disposição do objecto da garantia, também nada muda enquanto não for exercido o direito de disposição: a distribuição dos direitos sociais far-se-á em função do disposto no art. 23º, 4. Uma vez tal direito exercido, o devedor recebe o direito a objecto equivalente e o adquirente dos valores mobiliários em causa torna-se deles proprietário pleno, independentemente do acordo das partes pignoratícias vigente até então.

Na alienação fiduciária, uma vez que a propriedade passa para o credor, a questão da distribuição dos direitos sociais estará resolvida à partida. Mas, é importante salientar o facto de naquele DL se apresentar o *reporte* como uma das modalidades de alienação fiduciária em garantia. Ora, em nenhuma das normas que se refere ao reporte o legislador faz ressaltar a sua natureza garantística, apresentando o contrato de uma forma relativamente acéptica, o que permite afirmar que, na verdade, por reporte podemos entender reporte *stricto sensu*, reporte de bolsa e deporte, só no primeiro sendo evidente a tal função garantística. "O *reporte* é constituído pela compra a dinheiro de contado, de títulos de crédito negociáveis e pela revenda simultânea de títulos da mesma espécie, a termo, mas por preço determinado, sendo a compra e a revenda feitas à mesma pessoa" – art. 477º CCom., que, num § único acrescenta ser "condição essencial à validade do reporte a entrega real dos títulos." São, portanto, elementos essenciais[86] deste contrato real *quad constitutionem*: 1) duas compras e vendas simultâneas (uma a contado, a outra a prazo[87]); 2) sobre títulos de crédito negociáveis (não impondo a lei que sejam negociáveis em bolsa; basta que sejam livremente transaccionáveis e da mesma espécie[88]); 3) identidade de

---

[86] SOFIA LENCART (2000), p. 33.
[87] É esta simultaneidade (auxiliada, é certo, pelos restantes elementos do contrato, nomeadamente a identidade dos sujeitos e a determinação desde o início do preço do reporte) que confere a unidade orgânica ao contrato de reporte e permitirá que alguma doutrina conclua, quanto à natureza jurídica, pela qualificação do reporte como um contrato *sui generis*. Neste sentido, SOFIA LENCART (2000), p. 63 e 64. Sobre esta matéria v., por exemplo, ainda na doutrina nacional, RUY ULRICH (1906), p. 186, s., CUNHA GONÇALVES (1912), p. 49, s..
[88] Para CUNHA GONÇALVES (1914), p 54 e SOFIA NASCIMENTO RODRIGUES (2000), p. 291, s., p. 310 bens que não títulos de crédito podem ser objecto deste contrato. Em sentido contrário, RUY ULRICH (1906), p. 108 e 109.

sujeitos[89] (quem compra a contado será sempre o mesmo sujeito que vende a prazo); 4) preço determinado logo no momento da celebração do acordo (outra coisa é o preço do reporte, calculado pela diferença entre a quantia pecuniária envolvida na primeira operação e a que o reportado oferece na segunda compra e venda[90]). Pode, de facto, suceder que o reportador apareça apenas como um fornecedor de capitais de que carece o reportado, usando-se a transferência da propriedade dos títulos como instrumento de garantia (a diferença entre o preço da segunda e o da primeira alienação reverterá a favor do reportador, assim remunerado pelo empréstimo de capitais). Porém, ao lado deste *reporte em sentido estrito*, encontra-se o *deporte*, em que se procura satisfazer os interesses do reportador, que acederá à propriedade dos títulos, e, assim, à concretização de projectos que a exijam (a diferença de preço entre a primeira e a segunda compra revertendo a favor do reportado, que venderá por um preço superior ao da aquisição). Por isso tinha razão Ruy Ulrich: "o processo [do deporte] (...), o seu fim, a sua disciplina juridica são eguaes [aos do reporte]. Só differem no contractante a quem pertence o lucro ou remuneração."[91] O reporte *latu sensu* pode, então, ser usado para uma multiplicidade de fins económicos, a sua causa consistindo "na troca de duas disponibilidades temporárias de títulos fungíveis e de dinheiro, para uma variedade de fins concretos para os quais aquelas disponibilidades temporárias terão sido queridas e pré-ordenadas."[92] E isto não mudou com o art. 255º CVM, que, depois de integrar o reporte entre as operações a prazo (art. 252º CVM) permite, nas operações realizadas em bolsa: que a primeira venda seja a contado *ou a prazo*, que o contrato produza efeitos *independentemente da entrega* dos valores mobiliários e que os valores mobiliários a entregar em consequência da recompra *não sejam da mesma espécie, mas sejam fungíveis* com os valores mobiliários vendidos, nos termos do nº 3 do artigo 204º ou de cláusula contratual expressa [93]

---

[89] "As pessoas que participam neste negócio jurídico são classicamente designadas por reportado e reportador: é reportado aquele que dá os títulos e recebe o dinheiro e reportador aquele que dá o dinheiro e recebe os títulos (...); o reportado 'vende' títulos e 'recompra-os' a prazo; o reportador 'compra' os títulos e 'revende-os' a prazo" – SOFIA NASCIMENTO RODRIGUES (2000), p. 310.

[90] SOFIA LENCART (2000), p. 42.

[91] (1906), p. 34 e 35.

[92] ARTURO DALMARTELLO (1991), p. 5 e 6, trad. nossa.

[93] Segundo MENEZES CORDEIRO (2001), p. 624 e 625, o primeiro reporte (*reporte de banca*) distingue-se do *reporte de bolsa*, na medida em que, se, no primeiro, se pretende obter dinheiro ou assegurar temporariamente a disponibilidade de um determinado conjunto de títulos, no segundo, o objectivo das partes será o de diferir uma venda de títulos a prazo, quando falhem, no momento de liquidação desta, previsões sobre a subida ou a descida das cotações.

Nos termos do art. 478º CCom., "a propriedade dos títulos que fizeram objecto de reporte transmite-se para o comprador revendedor, *sendo, porém, lícito* às partes estipular que os prémios, amortizações e juros *que couberem aos titulares* durante o prazo da convenção *corram a favor do primitivo vendedor.*" A doutrina portuguesa (nomeadamente, Ruy Ulrich e Cunha Gonçalves) tem entendido, desde o início do séc. XX, o art. 478º CCom. como atribuindo ao sujeito que num dado momento é proprietário a titularidade dos direitos sociais, embora seja admitida convenção em contrário (como resultado da *plena in re potestas* e da autonomia contratual).

Mais recentemente, Menezes Cordeiro propôs uma revisão desta tese com fundamento nas modificações ocorridas em 1942 no direito italiano e na reconhecida inspiração dos arts. 477º, s. CCom. nos arts. 73º , s. do CCom. italiano de 1882. Sinteticamente, nos anos 20 do século passado, Vivante e Messineo propuseram uma radical mudança de perspectiva, muito motivados pela observação dos usos de bolsa de vários países europeus, nos quais se verificava uma clara tendência de as partes *acordarem* na reserva dos direitos acessórios aos títulos de crédito para o reportado. Esta doutrina, acolhida de imediato pela jurisprudência, viria provocar a alteração do regime jurídico do reporte no CCiv. de 1942 – estatui agora o art. 1550 que os direitos acessórios e as obrigações inerentes aos títulos de crédito dados em reporte pertencem ao reportado; porém, reserva-se o direito de voto, salvo pacto em contrário, para o reportador. Nenhum dos autores questiona a transferência da propriedade para o reportador, que, assim, pode exigir os dividendos que se maturem no tempo de vigência do contrato, participar nas assembleias gerais como sócio, exercer o direito de opção concedido aos accionistas sobre as novas emissões, reivindicar os títulos ou reagir contra reividicação de ex-proprietário deles (regra *acessorium sequitur principale*).[94] Porém, apesar de titular do direito principal, *não será o beneficiário* dos direitos acessórios que se maturam durante a vigência do contrato. Isto por duas razões: 1) o legislador italiano no art. 73 (do CCom. de 1882) permitia às partes "convencionar que os prémios, os reembolsos e os juros extraídos dos títulos no termo do reporte devam ser entregues *ao vendedor*", que, para Vivante, era o reportador – assim, a regra seria a de que tais direitos pertenceriam ao reportado, podendo este atribuí-los ao reportador; 2) seria injusto que o reportador pudesse guardar para si os benefícios decorrentes dos direitos acessórios sem os creditar ao reportado, pois receberia a compensação

---

[94] (1925), p. 105.

da operação e os dividendos que se maturaram durante o reporte, enquanto o reportado receberia títulos necessariamente diminuídos dos benefícios cobrados, pagaria o preço convencionado no reporte e restituiria por inteiro o preço que recebeu do reportador.[95] Messineo, na análise daquela prática bolsística, verificou que, ao contrário do que sucedia com os restantes direitos acessórios, o direito de voto permanecia (no sentido de que seria exercitado por conta própria) com o reportador, situação que considerou um "gravíssimo abuso em prejuízo do reportado", pois além de perder a propriedade sobre os títulos, estará ausente das assembleias gerais, nas quais se poderão discutir assuntos de suma importância para a sociedade e para ele.[96]

Menezes Cordeiro propõe, então, que se modifique a solução até agora vigente entre nós quanto aos direitos acessórios, logo porque "há um argumento histórico sério, no sentido de, no Direito português, imputar ao reportado os direitos acessórios." Em termos dogmáticos, recorre à mesma posição assumida por Messineo, ou seja, a de que, fazendo seus os direitos acessórios, o reportador restituiria títulos depauperados. E ainda acrescenta que a propriedade do reportador é uma "'propriedade' gravada", que só está em condições de constituir "produtos gravados". Sendo o reporte teleologicamente predestinado à realização de uma função financeira, não se reconduzindo a esquemas aquisitivos, o contrato não poderia servir de causa à obtenção de vantagens estranhas ao "próprio reporte", além de que, não sendo um contrato aleatório, o reportador não estaria em condições de receber vantagens não pretendidas inicialmente pelas partes. Quanto ao art. 478º CCom., será de vincar a sua natureza supletiva e evitar qualquer interpretação extensiva. Referindo-se o legislador a amortizações, prémios e juros, "está a chamar a atenção para realidades que vencem periodicamente, de modo repetido (...). Depois, ao restringir a referência aos 'prémios, amortizações e juros', deixa-se no vago tudo quanto, sendo acessório, não possa reconduzir-se a essas realidades. A tais realidades

---

[95] VIVANTE (1925), p. 112.
[96] (1925), p. 337, s.. Autores italianos que sobre esta matéria escreveram recentemente não colocam qualquer questão em torno do reconhecimento do reportador como accionista, e, assim, titular dos direitos acessórios do título, embora com a obrigação de os exercer em benefício do reportado, que será, então, compensado ao tempo da verificação do prazo da venda a termo – v., p. ex., RENATO CORRADO (1957), p. 550 e 551, para quem acessório é "qualquer direito (com prestação periódica ou não) que se torna exigível ou qualquer poder que deva ser exercido durante o período em que o título se encontra em circulação"; opondo-se, portanto, ao direito principal que será "aquele cujo exercício leva ao esgotamento do conteúdo do título de crédito e o faz vazio da sua característica função de legitimação"; e ARTURO DALMARTELLO (1957), p. 550.

haverá que aplicar as regras gerais que informam o reporte e que determinam, no termo, uma total restituição ao reportado."[97]

É indiscutível a inspiração italiana dos nossos arts. 477º, s. CCom.; mas, sendo vigentes há mais de cento e vinte anos, nunca foram influenciados pelas alterações transalpinas, nem mesmo ao tempo de publicação e alterações do CVM. Por outra parte, é inegável que o reporte importa a transmissão da propriedade sobre as acções, e, com ela, do estatuto de accionista. E o direito que aquele adquire não está condicionado, nem sujeito a reservas.[98] O contrário poderia entender-se se se olhasse para o reporte *apenas* com uma função de garantia, e não de uma posição de neutralidade, admitida pela própria definição do contrato, que engloba o deporte, contrato celebrado em benefício do reportador. Depois, não cremos que o reportado receba títulos depauperados: o reportador tem a obrigação de restituir títulos equivalentes aos que recebeu, ou seja, o mesmo número de títulos com a mesma qualidade; o reportador sempre terá de lhe entregar acções equivalentes *in genere*, independentemente do que decidiu fazer com as que recebeu. Além de que os direitos sociais são direitos abstractos, que se não esgotam pelo seu exercício (se no tempo em que o reportador é o proprietário das acções a sociedade decide distribuir dividendos, nasce um direito de crédito do abstracto direito aos lucros, que se mantém intocado e perene na acção). Não é que sejamos insensíveis à ideia de que a propriedade transmitida pode ter uma função garantística (até tendo em conta a associação à alienação fiduciária em garantia); mas, na verdade, é propriedade e é preciso ler o que escreveu o legislador. Repare-se na construção e no conteúdo das frases (reunidas num só período): depois de afirmar o direito de propriedade do reportador, o legislador vem dizer que, "porém" os prémios, juros e amortizações podem ser atribuídos ao reportado. Isto é, todas as utilidades inerentes ao título cuja propriedade foi transmitida partem para o reportador, "porém" o reportado pode ser beneficiado com aquelas realidades, através de uma livre vinculação do proprietário das acções. Conclusão: o reporte sobre acções concede ao reportador qualquer direito inerente à qualidade de accionista, assim como o oneram as obrigações sociais.[99]

---

[97] (2001), p. 630, s. (cit. p. 633).
[98] RUY ULRICH (1906), p. 141, it. nosso. E, no mesmo sentido, CUNHA GONÇALVES (1918), p. 55.
[99] RUY ULRICH (1906), p. 141 e 142; CUNHA GONÇALVES (1912), p. 60 e 61.

Também por causa da fungibilidade, há um outro contrato que pode ter por objecto acções em que a propriedade se transfere – é o *empréstimo*[100] (arts. 1142º e 1144º CCiv., arts. 252º e 256º CVM). Pelo empréstimo dá-se a transmissão da propriedade sobre as acções, tornando-se o mutuário accionista pleno.[101] O facto de se ter obrigado ao pagamento de juros pela utilização da coisa não vem alterar esta solução: os juros são devidos como pagamento da prestação do mutuante, nada tendo que ver com os lucros distribuídos pela sociedade, que caberão ao mutuário-accionista enquanto durar o contrato.[102]

O empréstimo distingue-se, evidentemente, do *comodato* (art. 1129º CCiv.), em que a fungibilidade que àquele é inerente desaparece. Segundo o art. 1131º CCiv., só por força de convenção pode o comodatário fazer seus os frutos da coisa comodatada, pelo que, mesmo tendo a coisa sido passada para a sua disponibilidade para que se sirva dela, isso não inclui a fruição – logo, o direito aos dividendos. Mas, uma das finalidades da celebração do comodato de participações sociais pode ser conceder ao comodatário o direito de intervir e de votar nas assembleias gerais em nome próprio – o que tem sido aceite sem grandes hesitações pela doutrina.[103]

Pelo comodato concede-se a um determinado sujeito um direito pessoal de gozo, assim como pela *locação* e pela *locação financeira*. Ambos os contratos têm

---

[100] A expressão empréstimo tem uma tradição comercial, razão pela qual se manteve no que diz respeito aos contratos com esta natureza, não se adoptando a designação *mútuo* – SOFIA NASCIMENTO RODRIGUES (2000), p. 315.

[101] FRANÇOIS-XAVIER LUCAS (1997), p. 31 e 32, chama a atenção para o *prêt de titres réglementé*, que cria a obrigação, para o mutuário, de restituir, no final do contrato, não apenas títulos equivalentes mas também todos os seus eventuais acessórios distribuídos ao longo do tempo em que o contrato se manteve vigente. Quanto ao direito de voto, o mesmo autor admite que no exercício do direito de voto o mutuário se comprometa a ouvir previamente a opinião do mutuante. No ordenamento jurídico francês admite-se que sobre os títulos se celebre um novo contrato de mútuo, acordo que recebe a designação de *prêt dérivé*.

[102] Nesta questão assume particular relevo o art. 350º, 1 CVM, pelo qual o legislador admite, sendo embora a regra a transferência da titularidade sobre as acções para o mutuário, que as partes acordem diferentemente. Se esta confirma o que havíamos dito quanto aos efeitos do empréstimo de acções, necessita, porém, de uma pequena nota. Para SOFIA NASCIMENTO RODRIGUES (2000), p. 316, conclui-se daqui não ser a transmissão da propriedade elemento integrante da estrutura típica da operação. Porém, esta afirmação será talvez um pouco radical – o que se deve dizer é que a lei permite uma situação *excepcional* para os casos em que o empréstimo é celebrado por um intermediário financeiro autorizado a actuar por conta própria apresentando-se como contraparte do cliente (cfr. art. 346º CVM, bem como a inserção sistemática do art. 350º no capítulo dedicado à intermediação por conta própria).

[103] Cfr. PIRES DE LIMA/ANTUNES VARELA (1997), p. 746.

por fim a concessão do gozo temporário de uma coisa, *i. e.*, ambos permitem a transmissão das faculdades de uso e fruição. Quando o seu objecto sejam participações sociais, então o locatário assumirá uma posição muito semelhante à do usufrutuário, mesmo não sendo titular de um direito real.[104]

---

[104] Para mais desenvolvimentos, MARGARIDA COSTA ANDRADE (2006).

ARTIGO 24º *
Direitos especiais

1. Só por estipulação no contrato de sociedade podem ser criados direitos especiais de algum sócio.

2. Nas sociedades em nome colectivo, os direitos especiais atribuídos a sócios são intransmissíveis, salvo estipulação em contrário.

3. Nas sociedades por quotas, e salvo estipulação em contrário, os direitos especiais de natureza patrimonial são transmissíveis com a quota respectiva, sendo intransmissíveis os restantes direitos.

4. Nas sociedades anónimas, os direitos especiais só podem ser atribuídos a categorias de acções e transmitem-se com estas.

5. Os direitos especiais não podem ser suprimidos ou coarctados sem o consentimento do respectivo titular, salvo regra legal ou estipulação contratual expressa em contrário.

6. Nas sociedades anónimas, o consentimento referido no número anterior é dado por deliberação tomada em assembleia especial dos accionistas titulares de acções da respectiva categoria.

* O art. 24º do CSC viu a redacção do nº 6 rectificada pelo DL 257/96, de 31 de Dezembro.

Índice

1. Participação social e direitos especiais
2. A criação do direito especial
3. Direito especial e sócio titular
4. Transmissão do direito especial
5. Supressão ou limitação do direito especial
    Por *Alexandre Soveral Martins*
6. A "especialidade" dos direitos especiais na sociedade anónima desportiva
    Por *Ricardo Costa*

Bibliografia

Citada:

ABREU, COUTINHO DE – *Curso de Direito Comercial*, vol. II, *Das Sociedades*, 3ª ed., Almedina, Coimbra, 2009; ALMEIDA, PEREIRA DE, *Sociedades comerciais e valores mobiliários*, Coimbra Editora, Coimbra, 2008; ANDRADE, MANUEL DE – *Teoria geral da relação jurídica*, I, Almedina, Coimbra, 1983; CAEIRO, ANTÓNIO – "As cláusulas restritivas da destituição do sócio-gerente nas sociedades por quotas e o exercício do direito de voto na deliberação de destituição", *Temas de direito das sociedades*, Almedina, Coimbra, 1984, p. 161-228;

CANDEIAS, RICARDO, *Personalização de equipa e transformação de clube em sociedade anónima desportiva*. Contributo para um estudo das sociedades desportivas, Coimbra Editora, Coimbra, 2000; COELHO, LUCAS – *Direito de voto dos accionistas nas assembleias gerais das sociedades anónimas*, Rei dos Livros, Lisboa, 1987; COELHO, PINTO – "A alteração do pacto social nas sociedades por quotas e o Assento de 26 de Maio de 1961", RLJ, 94º, p. 323-327 e 337--342; CORDEIRO, MENEZES – *Manual de direito das sociedades*, I, *Das sociedades em geral*, 2ª ed., Almedina, Coimbra, 2007; CORREIA, BRITO – *Direito Comercial. 2º vol. Sociedades comerciais*, AAFDL, Lisboa, 1989; CORREIA, FERRER – *Lições de direito comercial*, II, João Abrantes, Coimbra, 1968, "A representação dos menores sujeitos ao pátrio poder na assembleia geral das sociedades comerciais", *Estudos Jurídicos*, II, 2ª ed., Almedina, Coimbra, 1985, p. 53-127; CORREIA, FERRER/CAEIRO, ANTÓNIO – "Alteração da cláusula de preferência na transmissão de acções", RDE, 1975/1, p. 97-128; COSTA, RICARDO – "A posição privilegiada do clube fundador na sociedade anónima desportiva", *I Congresso de Direito do Desporto – Memórias* (coord. de Ricardo Costa e Nuno Barbosa), Almedina, Coimbra, 2005, p. 133-175; CUNHA, PAULO OLAVO – *Os direitos especiais nas sociedades anónimas: as acções privilegiadas*, Almedina, Coimbra, 1993, *Direito das Sociedades comerciais*, 4ª ed., Almedina, Coimbra, 2010; FURTADO, PINTO – *Deliberações dos sócios*, Almedina, Coimbra, 1993, *Curso de direito das sociedades*, 5ª ed. (com a colaboração de Nelson Rocha), Almedina, Coimbra, 2004; OLAVO, CARLOS – "Deveres e direitos dos sócios nas sociedades por quotas e anónimas", *Estruturas jurídicas da empresa*, AAFDL, Lisboa, 1989, p. 57-81; SERRA, VAZ – "Anotação" (ao Ac. STJ de 14.12.1978), RLJ, 112º, 1979, p. 172-176; VASCONCELOS, PAIS DE – *A participação social nas sociedades comerciais*, 2ª ed., Almedina, Coimbra, 2006; VENTURA, RAÚL – "Direitos especiais dos sócios", O Direito, 121º, 1989, p. 207-222; VENTURA, RAÚL – "Acções preferenciais sem voto. Acções preferenciais remíveis. Amortização de acções (Acções de fruição)", *Estudos vários sobre sociedades anónimas*, Almedina, Coimbra, 1992, p. 407-511.; XAVIER, V. G. LOBO – *Anulação de deliberação social e deliberações conexas*, Atlântida, Coimbra, 1976.

1. Participação social e direitos especiais

A participação social ou socialidade *(Mitgliedschaft)* pode ser definida como o "conjunto unitário de direitos e obrigações actuais e potenciais do sócio (enquanto tal)"[1]. O sócio tem desde logo direito a quinhoar nos lucros, a participar nas deliberações de sócios, a obter informações sobre a vida da sociedade

---

[1] COUTINHO DE ABREU (2009), p. 207. Para uma análise desenvolvida das diversas concepções de socialidade (feixe de direitos, complexo de direitos, *status* ou posição jurídica pressuposto do surgimento de direitos), leiam-se por todos V. G. LOBO XAVIER (1976), p. 176 e ss., nota 76 a, BRITO CORREIA (1989), p. 289.

e a ser designado para os órgãos de administração e de fiscalização da sociedade (cfr. art. 21º do CSC). Esses são direitos de todos os sócios[2] e são direitos *gerais*.

O art. 24º trata dos direitos *especiais*[3], também designados "preferentes" ou "prioritários". Os direitos especiais podem ser definidos como "os direitos atribuídos no contrato social a certo(s) sócio(s) ou a sócios titulares de acções de certa categoria conferindo-lhe(s) uma posição privilegiada que não pode em princípio ser suprimida ou limitada sem o consentimento dos respectivos titulares"[4].

Na medida em que os direitos especiais são atribuídos a sócios (a certos sócios ou a sócios titulares de acções de certa categoria) e apenas enquanto são sócios, distinguem-se das *vantagens* que podem ser "concedidas a sócios em conexão com a constituição da sociedade" e referidas no art. 16º, 1. Estas vantagens (muitas vezes designadas também "vantagens especiais") não dependem da manutenção da qualidade de sócio[5].

Os direitos especiais podem ter natureza *patrimonial* ou natureza *não patrimonial*. Como *exemplos* de direitos especiais, podemos indicar: o direito de quinhoar nos lucros em proporção superior à que resulta do art. 22º; o direito de voto duplo permitido pelo art. 250º, 2, para as sociedades por quotas; o direito especial à gerência, acolhido no art. 257º, 3; o direito de impedir a alteração de contrato de sociedade permitido pelo art. 265º, 2; o direito, conferido a uma categoria de acções, de aprovar a eleição de alguns administradores, nos termos do art. 391º, 2.

Não será um direito especial o direito de *preferência* em caso de alienação de acções nominativas que seja conferido aos outros accionistas no contrato de sociedade, em conformidade com o disposto no art. 328º, 2, *b*), do CSC[6]. Esse é um direito que todos os accionistas têm perante aquele que pretende alienar as acções não livremente transmissíveis. Para além disso, não é um direito atribuído a uma categoria de acções.

---

[2] Sobre os termos em que tais direitos são reconhecidos a todos os sócios, cfr. a anotação ao art. 21º.
[3] Para a distinção entre direitos corporativos gerais e especiais, cfr. MANUEL DE ANDRADE (1983), p. 184, nt. 1; FERRER CORREIA (1968), p. 348 s., e (1985), p. 96 s., LUCAS COELHO (1987), p. 31 s., RAÚL VENTURA (1989), p. 207 s., PINTO FURTADO (1993), p. 259 s., OLAVO CUNHA (1993), p. 20 s., e (2010), p. 286 s., MENEZES CORDEIRO (2007), p. 563 s., COUTINHO DE ABREU (2009), p. 207 e s..
[4] COUTINHO DE ABREU (2009), p. 209. Sobre a exigência contida no art. 30º, 2, do Regime da SAD, cfr. a anotação 6. a este art. 24º. Para uma caracterização das *golden shares*, OLAVO CUNHA (2010), p. 395-396.
[5] Cfr. OLAVO CUNHA (2010), p. 286. Para outras diferenças, COUTINHO DE ABREU (2009), p. 217.
[6] Com opinião diferente, OLAVO CUNHA (2010), p. 380.

Também não se pode falar na existência de um direito especial à gerência pelo simples facto de os sócios serem designados gerentes *no contrato de sociedade*[7]. Mas já existirá direito especial à gerência se a cláusula "concede a um sócio o direito de ser gerente por toda a vida, por toda a duração da sociedade, por todo o tempo durante o qual possuir a quota, ou que, então, dispõe que o sócio só poderá ser destituído da gerência quando houver motivo grave"[8].

Resulta do art. 24º, 4, que nas sociedades anónimas os direitos especiais só podem ser atribuídos a *categorias* de acções e não a sócios determinados. Na verdade, os direitos inerentes às acções da mesma sociedade não têm necessariamente de ser todos iguais. É o que se extrai do art. 302º, 1 do CSC, de acordo com o qual "podem ser diversos, nomeadamente quanto à atribuição de dividendos e quanto à partilha do activo resultante da liquidação, os direitos inerentes às acções emitidas pela mesma sociedade". A isto acrescenta o nº 2 do referido artigo que "as acções que compreendem direitos iguais formam uma categoria"[9], devendo constar do contrato de sociedade quais as categorias de acções existentes, o número das mesmas e os direitos de cada categoria (art. 272º, c) do CSC).

Uma mesma sociedade pode ter *várias categorias* de acções. Se essas outras categorias de acções conferem mais direitos do que aqueles que são inerentes às acções ordinárias, essas acções serão *privilegiadas*. As acções *ordinárias* serão aquelas que conferem os direitos e impõem as obrigações que a lei estabelece para as acções em geral[10].

Para além dos direitos gerais e dos direitos especiais, que são, uns como os outros, direitos *corporativos*, deve ainda ser tido em conta que os sócios podem ter direitos perante a sociedade *como terceiros*, e não enquanto sócios. Tais direitos são direitos *extra-corporativos* ou direitos *creditórios*.

---

[7] Nesse sentido, COUTINHO DE ABREU (2009), p. 211; antes da entrada em vigor do CSC, cfr. ANTÓNIO CAEIRO (1984), p. 168. Na jurisprudência, cfr. p. ex. Ac. RE de 12/11/1992, BMJ, 1992, 421º, p. 530, Ac. RL de 23/01/1996, CJ, 1996, I, p. 100 s., Ac. STJ de 12/06/1996, CJ/STJ, 1996, II, p. 130 s..
[8] ANTÓNIO CAEIRO (1984), p. 163.
[9] Veja-se, porém, que o art. 45º do CVM estabelece antes que "os valores mobiliários que sejam emitidos pela mesma entidade e apresentem o mesmo conteúdo constituem uma categoria (...)".
[10] Sobre isto, diz PAULO OLAVO CUNHA (1993), p. 144: "de um modo geral, *acções ordinárias* são as acções que integram os direitos e as obrigações que a lei atribui, imperativa e supletivamente, quantitativa e qualitativamente, às acções *em geral*. Por sua vez, PEREIRA DE ALMEIDA (2008), p. 628, afirmou serem as acções ordinárias as que "configuram a situação típica de accionista".

2. A criação do direito especial

Os direitos especiais só podem ser criados por *estipulação no contrato de sociedade*[11]. Isto significa, antes de mais, que esses direitos podem ser criados com a *celebração* do contrato.

Quanto à admissibilidade da sua criação em momento posterior através de *alteração do contrato de sociedade*, são várias as alternativas que surgem defendidas na doutrina portuguesa.

Uma perspectiva mais fechada levaria a ver no art. 24º, 1, uma norma que deve ser interpretada restritivamente, *excluindo* a possibilidade de se criarem direitos especiais *após a celebração do pacto social*.

Não é essa a leitura de Olavo Cunha[12], para quem a alteração do contrato de sociedade em causa poderá ser deliberada com os *votos favoráveis exigidos para qualquer outra alteração* do contrato de sociedade.

Já para Raúl Ventura[13] e Brito Correia[14] os referidos direitos especiais poderão ser criados por alteração do contrato deliberada com os *votos favoráveis de todos os sócios*[15].

É certo que esta última parece à primeira vista ser a alternativa mais consentânea com o regime dos direitos especiais quando outra coisa não resulte da lei, tendo em conta a posição de privilégio que é conferida pelo direito especial. A unanimidade (o voto favorável de todos os sócios) seria exigida, no entender de Raúl Ventura[16], porque o direito especial vai afectar o princípio da igualdade de tratamento dos sócios[17].

Porém, o argumento não pode impressionar em demasia. É que o princípio da igualdade de tratamento é garantido no momento da própria votação da alteração do contrato de sociedade que conduza à introdução do direito

---

[11] No sentido de que não é de exigir a menção expressa do direito especial, cfr. o Ac. RL de 4/2/1999, CJ, 1999, I, p. 102 s..

[12] OLAVO CUNHA (1993), p. 184; veja-se, do mesmo autor, (2010), p. 287, nt. 401 (equacionando a necessidade de verificar a aplicação do "princípio do art. 86º, nº 2"), e p. 389-390.

[13] RAÚL VENTURA (1989), p. 215.

[14] BRITO CORREIA (1989), p. 330.

[15] Cfr., nesse sentido, o Ac. RC de 05/07/1994, CJ, 1994, IV, p. 17. Lembre-se que o art. 194º do CSC já prevê que "só por unanimidade podem ser introduzidas quaisquer alterações no contrato de sociedade [...] a não ser que o contrato autorize a deliberação por maioria, que não pode ser inferior a três quartos dos votos de todos os sócios".

[16] RAÚL VENTURA (1989), p. 215.

[17] Sobre as consequências para a deliberação que viola o princípio da igualdade de tratamento, COUTINHO DE ABREU (2009), p. 215.

especial[18]. Daí que nos pareça preferível admitir que a alteração do contrato de sociedade tenha lugar nos termos gerais. Eis, pois, mais um aspecto que o legislador poderia vir clarificar.

3. Direito especial e sócio titular

Da análise do disposto no art. 24º do CSC resulta que os direitos especiais só podem ser conferidos a sócios ou, nas sociedades anónimas, a categorias de acções. A lei não diz, porém, se o mesmo direito especial pode ser criado para *todos* os sócios, embora o art. 24º, 1, dê uma indicação em sentido contrário ("direitos especiais de algum sócio").

Parte da doutrina portuguesa não parece aceitar direitos especiais (ou pelo menos de igual conteúdo) de *todos* os sócios: assim, entre outros[19], Brito Correia[20], Pereira de Almeida[21], Carlos Olavo[22], Pinto Furtado (numa primeira fase)[23], Olavo Cunha[24] (embora este último autor considere que podem ser atribuídos a todos os sócios direitos só derrogáveis com o respectivo consentimento).

Por sua vez, Raúl Ventura[25] entendia que, em princípio, os direitos especiais são atribuídos apenas a um ou alguns sócios. Contudo, aquele Professor achava possível, nas sociedades por quotas, atribuir um direito especial a todos os sócios, "desde que se trate de direito que não faz parte do conteúdo normal da quota"[26]. Pinto Furtado[27], alterando posição anterior, veio a admitir a possibilidade de o contrato de sociedade atribuir a cada sócio de sociedade por quotas ou em nome colectivo "um direito insuprimível sem o consentimento do respectivo titular". Coutinho de Abreu[28], por seu turno, afirma ser possível, nas sociedades por quotas, atribuir um direito especial *à gerência* a todos os sócios.

---

[18] Nesse sentido, COUTINHO DE ABREU (2009), p. 215.
[19] Antes do CSC, FERRER CORREIA (1968), p. 350, e FERRER CORREIA/ANTÓNIO CAEIRO (1975) p. 97 s..
[20] BRITO CORREIA (1989), p. 306.
[21] PEREIRA DE ALMEIDA (2008), p. 168.
[22] CARLOS OLAVO (1989), p. 60.
[23] PINTO FURTADO (1993), p. 263.
[24] OLAVO CUNHA (1993), p. 24 e s., e (2010), p. 403-404.
[25] RAÚL VENTURA (1992), p. 416.
[26] Antes da entrada em vigor do CSC, VAZ SERRA (1979), p. 173, em anotação ao Ac. STJ de 14.12.1978, também aceitara que o direito especial "não significa que seja atribuído apenas a um ou alguns sócios, podendo sê-lo a todos os sócios, com o fim de acautelar o interesse de cada um deles, na relação entre estes, e na relação com a sociedade".
[27] PINTO FURTADO 2004, p. 236.
[28] COUTINHO DE ABREU (2009), p. 215.

Referência merece ainda a posição de Pais de Vasconcelos[29], para quem aqueles que chama de "poderes" especiais podem ser "atribuídos genericamente a todos os sócios", desde que "se destinem, na sua concretização, a ser exercidos como contra-poderes, apenas por um ou por um número restrito de sócios minoritários, em circunstâncias tais que o seu exercício se torne imprescindível para alcançar o seu objectivo".

Relativamente às sociedades em nome colectivo, por quotas e em comandita simples, julgamos ser possível estabelecer no contrato de sociedade um direito especial para todos aqueles que sejam *sócios em determinado momento* desde que esse direito não caiba também a qualquer pessoa que posteriormente adquira a qualidade de sócio só por a ter adquirido[30].

No que diz respeito às sociedades anónimas, como os direitos especiais são atribuídos a categorias de acções, nada impede que todos os sócios sejam titulares, ao menos, de *uma acção* dessa categoria[31].

4. Transmissão do direito especial

Consoante o tipo da sociedade e a natureza do direito, os direitos especiais podem ou não ser transmissíveis com a participação social.

Assim, nas sociedades em nome colectivo os direitos especiais são *intransmissíveis*, salvo estipulação em contrário.

Nas sociedades por quotas, salvo estipulação em contrário, são *transmissíveis com a quota* respectiva os direitos especiais de natureza *patrimonial*. Por sua vez, os direitos especiais de natureza *não patrimonial não serão transmissíveis*. A lei é clara: são intransmissíveis os restantes direitos.

Nas sociedades anónimas, os direitos especiais *transmitem-se com as acções* a que foram atribuídos.

5. Supressão ou limitação do direito especial

Como vimos, um direito especial confere uma "posição privilegiada que não pode em princípio ser suprimida ou limitada sem o consentimento dos respectivos titulares"[32]. O STJ, pelo Assento de 26/5/1961, também já tinha fixado a seguinte doutrina: "para a alteração dos direitos especiais de um sócio, concedi-

---

[29] PAIS DE VASCONCELOS (2006), p. 252.
[30] Dessa forma se consegue tornar claro que se está a "acautelar o interesse de cada um deles, na relação entre estes, e na relação com a sociedade".
[31] Cfr. COUTINHO DE ABREU (2009), p. 216, nt. 14.
[32] Cfr., com redacção semelhante, o art. 982º, 2, CCiv..

dos no pacto de uma sociedade por quotas, não basta a maioria referida no art. 41º da Lei de 11 de Abril de 1901, sendo ainda indispensável o consentimento do respectivo sócio"[33].

Resulta da lei que a "posição privilegiada" que o direito especial confere "não pode em princípio ser suprimida ou limitada sem o consentimento dos respectivos titulares". "Em princípio", porque o art. 24º, 5, do CSC ressalva a existência de *regra legal* ou *estipulação contratual expressa* em contrário. Tanto a lei como o contrato de sociedade podem estabelecer que o consentimento do titular do direito não é necessário para a supressão ou limitação do direito especial.

Mas, se for necessário esse consentimento do titular do direito especial, uma deliberação dos sócios que o suprima ou limite sem aquele consentimento será uma deliberação *ineficaz em relação a todos os sócios*: mesmo em relação aos que deram o consentimento. É isso que resulta do art. 55º do CSC, tendo em conta o art. 24º, 5.

Se é necessário o consentimento dos titulares, em regra estes podem dá-lo quer *votando a favor* da proposta de alteração do contrato de sociedade no sentido da supressão ou limitação do direito especial, quer *posteriormente*. Para além disso, o consentimento pode ser *expresso* ou *tácito*.

Nas sociedades anónimas o regime é diferente: o consentimento "é dado por deliberação tomada em assembleia especial dos accionistas titulares de acções da respectiva categoria"[34]. Qual a *maioria* exigida? Uma vez que está em causa uma alteração do contrato de sociedade, julgamos que, em princípio[35], a deliberação nessa assembleia especial deve ser tomada por maioria de *dois terços* dos votos emitidos [36]. Faltando o consentimento que deve ser dado através desta deliberação em assembleia especial, a deliberação que suprima ou limite o direito especial também será *ineficaz*[37]. Isto, apesar de o art. 55º apenas fazer referência a deliberações sobre assunto "para o qual a lei exija o consentimento de determinado sócio". O art. 24º, 6, esclarece que o consentimento dado por deliberação tomada em assembleia especial é a forma de os titulares das acções que atribuem o direito especial darem o consentimento ali em causa. Os sócios ainda serão determinados: serão os titulares das acções daquela categoria.

---

[33] Cfr. BMJ, 107º, p. 352, e anotação discordante de PINTO COELHO (1968).
[34] Sobre as assembleias especiais de accionistas, cfr. o art. 389º do CSC e respectivas anotações.
[35] Cfr. o nº 4 do art. 386º.
[36] Defende a necessidade dessa maioria OLAVO CUNHA (2010), p. 393, invocando o disposto nos arts. 389º, 383º, 2, e 386º, 3.
[37] Nesse sentido, COUTINHO DE ABREU (2009), p. 216, OLAVO CUNHA (2010), p. 395.

6. A "especialidade" dos direitos especiais na sociedade anónima desportiva

O regime da SAD está previsto no DL 67/97, de 3 de Abril. No seu art. 3º são elencadas as formas possíveis de constituição de uma sociedade desportiva sob a forma de sociedade anónima. Pode criar-se uma SAD *ex novo* (al. *c)*) (em princípio sem uma relação de causalidade com um clube preexistente) – *primeira modalidade*; pode criar-se – *segunda modalidade* – uma SAD que resulta da denominada «personalização jurídica» de equipa que participe, ou pretenda participar, em competições desportivas (al. *a)*) ou – *terceira modalidade* – da "transformação" de um clube que participe, ou pretenda participar, em competições desportivas (al. *b)*).

Nessa segunda modalidade – disciplinada em particular pelos arts. 30º e s. do DL 67/97 – a nota *caracterizadora* é a relação causa-efeito entre a existência de um clube desportivo que participe ou queira participar em provas desportivas e a SAD que nele se funda e dele se emancipa: a "personalização" permite ao clube manter a sua individualidade e personalidade jurídica, em coexistência com a nova SAD, para a qual se destaca parte do seu património. É precisamente nesta variante que mais cuidados se visualizam no sentido de preservar e reforçar os poderes e as prerrogativas do clube em face dos restantes accionistas, e, mediatamente, as expectativas dos respectivos associados. Cuidados que visam fidelizar a SAD ao clube fundador e assegurar "a manutenção de uma política de estreita proximidade entre ambos"[38] – princípio do *privilégio do clube fundador*[39].

A teleologia do regime da SAD, no que respeita às situações de *personalização de equipa*, parece ser esta: o clube destaca uma unidade patrimonial-económica autónoma (a *equipa*)[40], com a contrapartida de poder assumir uma *posição accionista de referência* na SAD, que vai absorver o instrumento do clube para efeitos de participação em competições desportivas e organização dos espectáculos desportivos. Esta *relação de troca* é compreensível: o clube "abdica" de participar directamente na gestão do seu envolvimento em competição desportiva, na exacta medida em que transfere para o novo sujeito a constituir o instrumento (a equipa) que lhe permite intervir nessa competição desportiva – e, com ele, o *direito a essa participação competitiva* (cfr. art. 33º do DL 67/97). E é no âmbito desse novo sujeito que passa a gerir o seu envolvimento desportivo *de uma forma mediata e primordialmente interessada*.

---

[38] RICARDO CANDEIAS (2000), p. 82.
[39] Para refracções legais deste princípio, v. RICARDO COSTA (2005), p. 150-151, 153.
[40] Para a definição desta realidade no direito português, v. RICARDO CANDEIAS (2000), p. 95, s..

Depois, conjugando esta *ratio* com o art. 30º, 1, do DL 67/97, concluímos que o legislador protege os interesses do clube e dos seus associados mediante a imposição da titularidade (directa, em princípio[41]) de um patamar mínimo (15%) e máximo (40%) de participações representativas do capital social da SAD. Por um lado, não se estabelece um máximo excessivamente elevado, que obste à entrada de outros investimentos (originária ou sucessivamente) no capital da SAD; por outro lado, não se determina um mínimo demasiado diminuto, para que não se perca uma imputação das decisões da SAD à vontade do clube e dos seus associados (positiva ou negativa, mas auscultada; sempre detentora de iniciativa impugnadora).

Dito de outro modo: embora tudo dependa da opção do clube e das eventuais e sucessivas operações de aumento do capital social da SAD, qualquer SAD resultante de personalização de equipa tem de preservar a (ou o princípio da) *subsistência mínima do clube fundador* na estrutura accionista se quiser assegurar a sua estabilidade.

Na conjugação dos princípios referidos e no sistema normativo desenhado pelos preceitos onde se reflectem encontram-se, pois, *alguns dos objectivos principais da intervenção* do legislador nesta matéria, com base nos quais se compreende a própria concepção de uma certa modalidade de SAD – um *prolongamento inequívoco* de um clube desportivo e dos seus fins, de maneira que na SAD participe *"imprescindivelmente* e com *particular autoridade"* o clube associativo[42]. *Se o clube não tomar uma posição de privilégio e não se mantiver como referência na SAD,* esta perde a sua *razão de existir,* sofre uma *descaracterização institucional.*

Ora, o que se faz no DL 67/97 é acentuar de várias formas – nomeadamente quando a SAD é constituída através da chamada "personalização jurídica de equipa" – essa *caracterização da SAD como organização participada em primeira linha por um clube.* Concebe-se uma subespécie da *facti species* geral (o clube desportivo), que se destaca das restantes subespécies pela valorização de um elemento de facto – a necessidade de o preparar de outra forma para a participação em competições (profissionais, em princípio) – e pela consequente sujeição a uma disciplina particular.

É justamente à luz daquela posição de benefício do accionista "clube fundador" que se compreende o art. 12º do DL 67/97. Na SAD constituída por personalização da equipa do clube fundador existem duas categorias de acções:

---

[41] V. art. 30º, 4.
[42] PINTO FURTADO (2004), p. 193, sublinhei.

as acções *especiais* de categoria "A", destinadas a serem subscritas pelo clube, e as restantes acções de categoria "B" (ordinárias ou, nada obsta, especiais por estipulação estatutária), tituladas por sujeitos diferentes do clube fundador.

Atendendo à posição com que o referido art. 30º pretende manifestamente beneficiar o accionista de referência desta forma de SAD, as acções de categoria "A" são *privilegiadas*: conferem direitos especiais ao sócio titular desta categoria de acções, atribuindo-lhe uma posição mais favorável (em relação aos titulares de acções ordinárias), que não pode, em princípio, ser suprimida ou limitada sem o consentimento do respectivo titular (*supra* 1. e 5.).

Os direitos especiais são os de (reproduzindo a lei):

– *vetar as deliberações da assembleia geral que tenham por objecto a fusão, cisão, transformação* [43] *ou dissolução da sociedade e alteração dos seus estatutos, o aumento e a redução do capital social e a mudança da localização da sede* (art. 30º, 2, *a*));

– *poder designar pelo menos um dos membros do órgão de administração, que, por sua vez, no âmbito das decisões desse órgão, tem direito de veto das deliberações de tal órgão sobre as matérias da al. a)* (art. 30º, 2, al. *b*)).

Como se viu, no caso da sociedade anónima, os direitos especiais encontram-se adstritos às participações e não aos sócios considerados em si mesmos. Ora, não parece ser assim na circunstância das acções de categoria "A" de uma SAD, uma vez que os direitos especiais atribuídos *ex lege* são criados em atenção à *qualidade do sujeito titular das acções*[44]. Sendo claramente acções especiais privilegiadas por esta via e sendo, não obstante estarmos perante acções, o privilégio ditado pela tutela dos interesses de um accionista particular e referencial, os direitos especiais indicados pelo art. 30º, 2, estão *materialmente* próximos dos que são estatutariamente atribuídos a sócios quotistas.

Esta particularidade *subjectivizante* das SAD (que também neste ponto as identifica com o figurino mais personalístico da sociedade por quotas[45], pois os direitos especiais não se objectivam nas participações em causa[46]) é uma óbvia manifestação do princípio do *privilégio* do clube *fundador*[47]. Mas encontra-se neste ponto particularmente *reforçado*.

---

[43] Questão: para que tipo ou espécie societária?
[44] V. RICARDO CANDEIAS, nt. 191 – p. 79.
[45] Outra ilustração: o art. 18º, 1 e 2, do DL 67/97.
[46] V. por todos OLAVO CUNHA (1993), p. 217, s..
[47] O Preâmbulo do DL 67/97 apresenta como uma das especificidades do regime da SAD o "sistema de fidelização da sociedade ao clube desportivo fundador, através, *designadamente*, da atribuição de direitos especiais às acções tituladas pelo clube fundador" (itálico é meu).

Por definição legal, os direitos especiais estão dependentes da sua estipulação originária no negócio constituinte da sociedade e/ou da sua introdução nos estatutos sociais por alteração desse mesmo negócio (art. 272º, c), do CSC). Ora, o art. 30º, 2, do DL 67/97 refere que "as acções de que o clube fundador seja titular conferem *sempre*" esses direitos especiais. O que significará que, *mesmo que não se estipulem no contrato de sociedade*, expressamente ou por remissão para a lei, esses direitos especiais serão eficazes perante a SAD.

Estamos, por esta razão, perante direitos especiais *sui generis*.

Em primeiro lugar, é compreensível que, em virtude dessa *especialidade necessária* das acções de categoria "A", se assegure, mesmo sem previsão estatutária (e para *acautelar* a falta dela), um *contrapeso* à eventual perda do controlo por parte do clube fundador na SAD – recorde-se que a participação directa do clube fundador no capital social não poderá ser superior a 40% do respectivo montante (art. 30º, 1, do DL 67/97).

Depois, é significativo que as acções de categoria "A" sejam criadas em consideração a *um sujeito previamente determinado*, em função do carácter essencial *da qualidade desse sujeito como entidade-pessoa prevalecente no objecto-actividade da SAD* – que, por isso, a lei privilegia *com um conjunto de poderes para além daqueles que se prevejam no pacto social e/ou independentemente dessa previsão*.

A concepção destes direitos como direitos *especialíssimos* é, além disso, a que se adapta melhor ao nº 3 do art. 30º. Aqui se estabelece que, para além do disposto no nº 2, ou seja, para além dos direitos especiais *imperativamente atribuídos ao clube fundador* pela lei, podem os estatutos da SAD subordinar à autorização do clube fundador as deliberações da assembleia geral relativas a matérias especificadas no pacto. Ou seja, *por aplicação da regra geral do art. 24º, 1, do CSC, podem os estatutos prever outros direitos especiais que se acrescentam aos enumerados no art. 30º, 2, do DL 67/97, em particular os de índole autorizadora do clube fundador para certos assuntos a seleccionar*. O que quer dizer que a disciplina apenas vem "recordar" aos accionistas da SAD que podem servir-se da faculdade comum para *especializar ainda mais* as acções de categoria "A".

Por fim, não obsta a esta qualificação o disposto no art. 24º, 1, do CSC. O CSC (aprovado por decreto-lei) e o DL 67/97 correspondem a actos normativos de força hierarquicamente idêntica, pelo que uma solução derrogatória como a estatuída pelo DL 67/97, enquanto *lei especial*, é legítima, preferindo, na sua aplicação, à lei geral.[48]

---

[48] A argumentação consta de RICARDO COSTA (2005), p. 162-163.

Neste contexto – a particularidade dos direitos especiais do clube fundador de SAD e a sua aproximação à sociedade por quotas – justifica-se ainda que, não obstante estarmos perante uma sociedade anónima, se possa sustentar a *intransmissibilidade dos direitos especialíssimos* no momento da transmissão das acções de categoria "A"[49] a que respeitam, tal como se estivéssemos perante direitos especiais de natureza *não patrimonial* atribuídos a participações de uma sociedade por quotas – como estatui a 2ª parte do art. 24º, 3, do CSC.[50]

---

[49] V. art. 21º do DL 67/97.
[50] Ainda sobre a transmissão de acções de categoria "A", v. RICARDO COSTA (2005), nt. 69 – p. 161, e RICARDO CANDEIAS (2000), nt. 186 – p. 75-76, nt. 191 – p. 79.

SUBSECÇÃO II
OBRIGAÇÃO DE ENTRADA

ARTIGO 25º *
Valor da entrada e valor da participação

1. O valor nominal da parte, da quota ou das acções atribuídas a um sócio no contrato de sociedade não pode exceder o valor da sua entrada, como tal se considerando ou a respectiva importância em dinheiro ou o valor atribuído aos bens no relatório do revisor oficial de contas, exigido pelo artigo 28º.

2. No caso de acções sem valor nominal, o valor da entrada do sócio deve ser pelo menos igual ao montante do capital social correspondentemente emitido.

3. Verificada a existência de erro na avaliação feita pelo revisor, o sócio é responsável pela diferença que porventura exista, até ao valor nominal da sua participação ou, no caso de acções sem valor nominal, até ao valor de emissão destas.

4. Se a sociedade for privada, por acto legítimo de terceiro, do bem prestado pelo sócio ou se tornar impossível a prestação, bem como se for ineficaz a estipulação relativa a uma entrada em espécie, nos termos previstos no artigo 9º, nº 2, deve o sócio realizar em dinheiro a sua participação, sem prejuízo da eventual dissolução da sociedade, por deliberação dos sócios ou por se verificar a hipótese prevista no artigo 142º, nº 1, alínea b).

*A actual redacção dos nºs 2 e 3 foi introduzida pelo DL 49/10, de 19 de Maio, que igualmente renumerou o anterior nº 3 que passou a ser o actual nº 4.

Índice

1. A entrada e o valor nominal da participação social: a proibição da emissão abaixo do par
2. A entrada nas sociedades com acções sem valor nominal: o valor de emissão como limite mínimo para a subscrição de acções
3. As entradas em dinheiro
4. As entradas em espécie. Traços essenciais do regime: avaliação por um ROC e responsabilidade pela diferença
5. A falta ou incumprimento do regime de avaliação pelo ROC
6. A não aplicação do regime das entradas em espécie às entradas em indústria
7. Algumas particulares entradas em espécie
    7.1. As entradas com saber-fazer (*know-how*)
    7.2. As entradas com créditos
    7.3. As entradas com o mero gozo de bens

Bibliografia

Citada:

ABREU, J. M. COUTINHO DE – *Curso de direito comercial*, vol. II., *Das sociedades*, 3ª ed., Almedina, Coimbra, 2009; ANTUNES, J. M. VARELA, *Das obrigações em geral*, vol. II, Almedina, Coimbra, 2007; CORDEIRO, A. MENEZES – *Manual de direito das sociedades*, I., *Das sociedades em geral*, Almedina, Coimbra, 2007, *Código das Sociedades Comerciais anotado*, (coord. de A. Menezes Cordeiro), Almedina, Coimbra, 2009, p. 147-149; CORREIA, A. FERRER – *Lições de direito comercial*, vol. II, *Sociedades comerciais. Doutrina geral*, edição policopiada, Coimbra, 1968; CORREIA, LUÍS BRITO – *Direito comercial*, 2º vol., *Sociedades comerciais*, AAFDL, Lisboa, 1989; CUNHA, PAULO OLAVO – *Direito das sociedades comerciais*, 4ª ed., Almedina, Coimbra, 2010; DANA-DÉMARET, SABINE – *Capital social*, Litec, Paris, 1989; DIAS, MARIA GABRIELA DE OLIVEIRA FIGUEIREDO – "A assistência técnica nos contratos de Know-how", *Studia Iuridica*, 10, Coimbra Editora, Coimbra, 1995; DOMINGUES, PAULO DE TARSO – *Variações sobre o capital social*, Almedina, Coimbra, 2009, "O regime das entradas no código das sociedades comerciais, *RFDUP*, 2006, p. 673-723, "As acções sem valor nominal", DSR, 2010; GUYON, YVES – *Droit des affaires*, Tome I, Économica, Paris, 1994; KÜBLER, F. – *Gesellschaftsrecht*, C. F. Müller Verlag, Heidelberg, 1999; LUTTER, M. – *Kölner Kommentar zum Akiengesetz*, Band 1, Carl Heymanns Verlag, Köln, 1988; LUTTER, M./HOMMELHOFF, P. – *GmbHG-Gesetz Kommentar*, Otto Schmidt, Köln, 2000; MARTINS, ALEXANDRE SOVERAL/RAMOS, MARIA ELISABETE – "As participações sociais", *Estudos de direito das sociedades* (coord. de Coutinho de Abreu), 9ª ed., Almedina, Coimbra, 2008, p. 156-169; OLIVIERI, G. – *I conferimenti in natura nella società per azioni*, Padova, 1989; PITA, MANUEL – "O uso e fruição de bens na realização do capital social", *Estudos em homenagem ao Prof. Inocêncio Galvão Telles - 90 anos*, Almedina, Coimbra, 2007, p. 775-802; PORTALE, G. B. – "La mancata attuazione del conferimento in natura nelle società per azioni", *Studi in onore di Pietro Rescigno*, Giuffrè, Milano, 1998; "Capitale sociale e società per azzioni sottocapitalizzata", in COLOMBO, G.E./PORTALE, GIUSEPPE B. – *Trattato delle società per azioni*, vol. 1**, Utet, Torino, 2004; REGNAUT-MOUTIER, CORINE – *La notion d´apport en jouissance*, LGDJ, Paris, 1994; RIMINI, EMANUELE, *La Mancata attuazione dei conferimenti in natura nelle società per azioni*, Giuffrè, Milano, 1993; SÁ, FERNANDO OLIVEIRA – "A transformação de créditos em capital e o problema das entradas em espécie ocultas", *Nos 20 anos do Código das Sociedades Comerciais - Homenagem aos Profs. Doutores A. Ferrer Correia, Orlando de Carvalho e Vasco Lobo Xavier*, vol. II, Coimbra, Coimbra Editora, 2007, p. 671-703; SCHMIDT, KARSTEN – *Gesellschaftsrecht*, Carl Heymanns Verlag, Koln, 2002; TORRES, NUNO MARIA PINHEIRO – "A transmissão da propriedade das entradas *in natura* nas sociedades anónimas", DJ, 2003, p. 33-113; VASCONCELOS, P. PAIS DE – *A participação social nas sociedades comerciais*, 2ª ed., Almedina, Coimbra, 2006; VENTURA, RAÚL – *Alterações do contrato* *de sociedade*, Almedina, Coimbra, 1988, *Sociedades por quotas*, vol. 1, Almedina, Coimbra, 1989, *Sociedades por quotas*, vol. 2, Almedina, Coimbra, 1989ª, *Novos estudos sobre sociedades anónimas e sociedades em nome colectivo*, Almedina, Coimbra, 1994; XAVIER, V. G. LOBO – *Sociedades comerciais (Lições aos alunos de Direito Comercial do 4º ano jurídico)*, ed. copiogr., Coimbra, 1987.

1. A entrada e o valor nominal da participação social: a proibição da emissão abaixo do par

Apesar da íntima conexão que existe entre a entrada e a participação social – esta tem necessariamente que corresponder a uma entrada efectivamente realizada pelo sócio[1] – isso não significa, porém, que o valor da participação social tenha necessariamente de corresponder ao valor da entrada.

Na verdade, por razões que se prendem com a protecção de terceiros[2] mas também com a tutela dos interesses dos próprios sócios[3], o valor nominal da participação social não pode ser superior ao valor da contribuição do sócio, i.é, não pode, em caso algum, ser superior à importância em dinheiro com que cada sócio entra para a sociedade, ou ao valor venal dos bens, ditos em espécie[4], que constituem o *apport* desse mesmo sócio (cfr. art. 25º). Nada impede, porém – pelo contrário, é expressamente admitido[5] –, que o valor da participação social seja *inferior* ao valor da entrada[6]. Ou seja, o valor da entrada constitui o limite máximo do valor nominal da participação social, podendo esta, no entanto, ter um valor inferior ao da contribuição do sócio.

Esta regra, estabelecida – para o direito português e para todos os tipos sociais – no art. 25º, 1, consubstancia o chamado princípio da proibição de emissão de acções abaixo do par, com o qual se visa, antes de tudo, assegurar o princípio da exacta formação do capital social, bem como o princípio da igualdade de tratamento dos sócios.

Esta regra da proibição de emissão de acções abaixo do par está ainda especificamente prevista para as SA, no art. 298º, 1[7], onde se admite, *a contrario*, a

---

[1] Vide *supra* anotação 2.2 ao art. 20º.
[2] Com o intuito de assegurar que – *in casu* no momento da constituição da sociedade (mas esta é uma preocupação legislativa que se verifica ao longo de toda a vida da sociedade) – o montante do património não seja inferior à cifra do capital social.
[3] Com o que se visa assegurar que todos os sócios efectuem contribuições equitativas para a sociedade.
[4] Diferentes de dinheiro (cfr. art. 28º).
[5] Cfr. art. 295º, 3, a).
[6] O art. 25º, 1 dispõe: "o valor nominal da parte (...) *não pode exceder* o valor da entrada".
[7] Norma que estabelece: "as acções não podem ser emitidas *por valor inferior* ao seu valor nominal". Para as SA, trata-se agora de uma solução imposta pela Directiva do Capital (cfr. art. 8º).

prática – de resto, muito generalizada nas sociedades abertas – de emissão de acções "acima do par", i.é, por um valor superior ao seu valor nominal. Nesta hipótese, os accionistas, para pagamento da sua participação social, entregam determinado valor, o qual não vai na sua totalidade engrossar o capital social. A diferença entre o valor nominal da participação social e o valor por ela pago designa-se por prémio de emissão ou ágio (cfr. art. 295º, 3, a)[8])[9].

2. A entrada nas sociedades com acções sem valor nominal: o valor de emissão como limite mínimo para a subscrição de acções

O regime da proibição da emissão de acções abaixo do par não cobra sentido para o caso das acções sem valor nominal, figura recentemente introduzida, entre nós, pelo DL 49/2010, de 19 de Maio[10].

Com efeito, não havendo, nesta hipótese, valor nominal da participação social, falta o referente para a determinação do valor mínimo da entrada do sócio, previsto no art. 25º, 1.

Acontece que, mesmo no caso das sociedades com acções sem valor nominal, a lei visa assegurar[11] que o valor do capital social é efectiva e integralmente realizado. Por isso, o referido DL 49/2010 veio aditar uma nova norma[12], estabelecendo que "o valor da entrada do sócio deve ser pelo menos igual ao montante do capital social correspondentemente emitido".

Ora, num ambiente societário de acções sem valor nominal, o valor das entradas que é imputado a capital social designa-se por valor de emissão[13], pelo que

---

[8] Para uma síntese das razões que justificam o recurso ao ágio, vide MENEZES CORDEIRO (2007), p. 589, e TARSO DOMINGUES (2009), p. 456, s..
[9] Note-se que nem todo o valor pago, aquando da subscrição das participações sociais superior ao respectivo valor nominal, tem necessariamente de se considerar e ficar sujeito ao regime do ágio. Poderão, de facto, os sócios pretender entregar, a título de entrada, o montante correspondente ao valor nominal da participação social, ficando credores do excesso igualmente entregue naquele momento à sociedade. Nesta hipótese, no entanto, a constituição do crédito a favor do sócio, no momento da formação da sociedade, deverá ficar exarada no acto constitutivo (considerando-se aqui aplicável, directamente ou por via analógica, o disposto no art. 16º). Se tal não suceder, o valor excedente deverá necessariamente ser considerado ágio – de resto, será essa normalmente a vontade das partes –, ficando sujeito ao respectivo regime.
[10] Sobre esta nova figura das acções sem valor nominal, pode ver-se TARSO DOMINGUES (2010).
[11] Essa é, aliás, uma solução que para as SA é imposta pela Directiva do Capital (cfr. art. 8º).
[12] Que corresponde ao actual nº 2 do art. 25º. Solução idêntica é estabelecida, especificamente para as SA, no art. 298º, 1.
[13] I.é, o valor de emissão – no caso das acções sem valor nominal – corresponde ao valor das entradas dos sócios que é levado ao capital social. É isso que, entre nós, inequivocamente resulta do disposto nos arts. 25º, 2 e 3 e 298º, 1.

é agora este valor (o valor de emissão[14]) que determina o valor mínimo das entradas que os sócios devem realizar[15-16].

É essa a solução que resulta, de modo cristalino, dos arts. 25º, 2 e 298º, 1, que consagra aquilo que epizeuxisticamente se pode designar como o princípio da proibição da emissão de acções abaixo do valor de emissão[17] – correspondente ao paralelo princípio da proibição da emissão de acções abaixo do par, estabelecido para as acções com valor nominal[18] – e com os quais se pretende também assegurar os princípios da exacta formação do capital social e da igualdade de tratamento entre os sócios.

3. As entradas em dinheiro

Tendo em conta a finalidade de assegurar que o valor do capital social ingressa efectivamente no património social, as entradas em dinheiro devem necessariamente ser realizadas em moeda com curso legal em Portugal, vale dizer, em euros. É a solução que resulta do facto de aquelas entradas serem directamente contabilizadas no capital social, sem necessidade de qualquer estima ou avaliação quanto ao seu valor. Com efeito, uma vez que o capital social "deve ser sempre e apenas expresso em moeda com curso legal em Portugal" (cfr. art. 14º), aquela imputação directa das entradas em dinheiro só será possível se estas entradas forem efectuadas na mesma unidade de medida, ou seja, em euros e só assim se garantirá que o valor da cifra do capital ingressou efectivamente na sociedade[19].

Note-se, no entanto, que às entradas em dinheiro propriamente ditas (entradas em numerário) devem ser equiparadas as entradas com cheque ou transferência bancária de valor correspondente[20], considerando-se a obrigação

---

[14] Que traduz afinal o valor do capital social, ou, se for o caso, do aumento do capital social.

[15] Pode, por isso, dizer-se que o valor da emissão equivale, no momento da realização das entradas, ao valor nominal das tradicionais acções com valor nominal, uma vez que é este que determina, neste outro tipo de acções, o valor do capital social.

[16] Não se deixe, no entanto, de dizer que também numa sociedade com acções sem valor nominal, nada impede que os sócios efectuem uma entrada de valor superior ao valor de emissão (ao valor que é imputado a capital social), mas, também aqui – tal como sucede, paralelamente, no caso de acções com valor nominal, relativamente à parte da entrada que exceda aquele valor nominal –, o montante excedente, que não é imputado no capital social, deverá ser, em princípio, levado a ágio ou prémio de emissão. É isso que resulta expressamente do art. 295º, 3, als. a) e d), parte final.

[17] É essa de resto, *ipsis verbis*, a formulação do art. 298º, 1, que prescreve: "É proibida a emissão de acções (...), no caso de acções sem valor nominal, abaixo do seu valor de emissão".

[18] Cfr. art. 298º, 1, parte inicial.

[19] Donde, a realização da entrada com moeda estrangeira deve ficar sujeita ao regime das entradas em espécie.

[20] Assim, COUTINHO DE ABREU (2009), p. 270, e P. OLAVO CUNHA (2010), p. 268.

cumprida, nestes casos, quando o respectivo valor ficar na disponibilidade da sociedade[21-22].

4. As entradas em espécie. Traços essenciais do regime: avaliação por um ROC e responsabilidade pela diferença

Por forma a assegurar que o valor atribuído à participação social se identifique (*rectius*, não seja superior) com o valor venal do bem que constitui a entrada do sócio, o art. 25º estabelece a obrigatoriedade de as entradas em espécie (em "bens diferentes de dinheiro"[23]) serem necessariamente avaliadas por um *expert* independente e sem interesses na sociedade[24-25].

Note-se que este regime da necessidade de avaliação das entradas em espécie por um ROC é, entre nós[26], extensível a todos os tipos societários[27]. Trata-se de uma solução que pode, no entanto, ser afastada nas SENC[28], desde que os sócios expressamente assumam no pacto a responsabilidade solidária (que não pode ser subsidiária da sociedade) pelo valor atribuído aos bens (cfr. art. 179º).

Acresce que, e este é um aspecto do regime que importa sobretudo sublinhar[29], caso se verifique ulteriormente a existência de erro naquela avaliação e, consequentemente, que o valor estimado do bem não corresponde ao seu valor real (e que, por isso, o valor da participação social é superior ao valor da

---

[21] Assim, COUTINHO DE ABREU (2009), p. 270.
[22] Sobre o regime das entradas em dinheiro, vide ainda as anotações aos arts. 202º e 277º.
[23] Cfr. epígrafe do art. 28º.
[24] Vide art. 28º, 1 e 2 e art. 24º da Oitava Directiva sobre sociedades: Directiva 84/253/CEE do Conselho, de 10 de Abril de 1984, que visou harmonizar o regime jurídico das pessoas encarregadas da fiscalização legal dos documentos contabilísticos.
[25] Era diferente o regime antes do CSC, em que eram os próprios sócios que avaliavam esses bens. Vejam-se as revogadas normas do art. 118º, § 3 CCom. e do art. 5º, § 2 LSQ. Sobre o regime do CSC, vide COUTINHO DE ABREU (2009), p. 273, s., PAIS DE VASCONCELOS (2006), p. 267, s., e A. SOVERAL MARTINS/M. ELISABETE RAMOS (2008), p. 159, s..
[26] Apesar de a imposição comunitária, donde ele resulta, apenas se referir ao tipo SA (cfr. art. 10º da Segunda Directiva, o qual consagrou, em grande medida, o regime jurídico das *Sacheinlagen* estatuído no direito alemão pelo § 27 AktG). Refira-se que o regime comunitário da necessária avaliação das entradas *in natura* por parte de um *expert* foi alterado, na sequência das alterações introduzidas na Segunda Directiva pela Directiva 2006/68/CE, que veio permitir aos Estados-membros flexibilizar o respectivo regime, faculdade que, porém, o nosso legislador não aproveitou. Sobre o tema, pode ver-se TARSO DOMINGUES (2009), p. 214, s..
[27] Uma vez que a norma do art. 25º se insere na Parte Geral do código.
[28] E também nas sociedades em comandita simples – cfr. art. 474º.
[29] Um outro traço característico do regime das entradas em espécie consiste no facto de a nossa lei (cfr. art. 26º) não prever a possibilidade do seu diferimento, pelo que essas entradas devem ser integralmente liberadas até ao momento da celebração do acto constitutivo da sociedade.

entrada), sobre o sócio recairá aquilo que se pode designar por uma "responsabilidade pela diferença" (*Differenzhaftung*[30]): o sócio será responsável[31] pela diferença porventura existente, que deverá repor, e que resulte da avaliação correcta do bem e o valor nominal da sua participação social ou, caso se trate de acção sem valor nominal, o respectivo valor de emissão (cfr. art. 25º, 2)[32-33].

Saliente-se, finalmente, que se a sociedade for privada, por acto legítimo de terceiro do bem prestado pelo sócio (pense-se, p. ex., num bem que constituiu a entrada do sócio e que afinal se vem a apurar que não lhe pertence) ou se se tornar impossível a prestação[34] o sócio será obrigado a realizar o valor da sua participação em dinheiro (art. 25º, 4)[35].

5. A falta ou incumprimento do regime de avaliação pelo ROC

O art. 25º, 4 estabelece que um sócio "deve realizar em dinheiro a sua participação", nomeadamente quando "for ineficaz a estipulação relativa a uma entrada em espécie, nos termos previstos no artigo 9º, nº 2". Ora, uma das situações que torna ineficaz a estipulação contratual relativa às entradas em espécie é "a não descrição [dos bens diferentes de dinheiro] e a especificação dos respectivos valores" (cfr. art. 9º, 1, g)). E a previsão legal deve obviamente ter-se por verificada – por maioria de razão –, quando a descrição dos bens com a especificação dos respectivos valores não for feita nos termos legalmente exigidos, ou seja, quando não tiver sido efectuada por um ROC, nos termos e de acordo com o disposto nos arts. 25º e 28º[36].

Assim, se for realizada uma entrada em espécie sem que a mesma tenha sido avaliada por um ROC – ou, se tendo sido realizada por aquele perito, não tiver

---

[30] Vide KÜBLER (1999), § 17, II, 2, f), p. 230, s. K. SCHMIDT (2002), § 29, II, 1, b), e LUTTER/HOMMELHOFF (2000), § 9, nº 1, *Rdn* 1, p. 187.
[31] E nas SQ também todos os outros sócios (cfr. art. 197.º, 1).
[32] Note-se que não será de afastar a possibilidade de responsabilização do ROC, no caso de este violar de forma grosseira os seus deveres legais e profissionais.
[33] Sobre o prazo de prescrição desta responsabilidade pela diferença, vide art. 174º.
[34] A situação colocar-se-á sobretudo no caso das entradas efectuadas como o mero gozo dos bens (vide *infra*, ponto 7.3.).
[35] Sobre este regime, vide também *infra*, ponto 5.
[36] Com efeito, não tendo o bem sido objecto de avaliação por parte de um ROC, não constará, em princípio, do pacto a descrição do bem nem a especificação do respectivo valor (cfr. art. 9,º, 1, h)). Mas ainda que estes elementos constem do pacto – por os sócios, apesar da inexistência do relatório do ROC, e de acordo com a sua conveniência, os terem ali colocado – deve entender-se que a *fattispecie* legal não se encontra verificada, uma vez que, é manifesto, o que a lei pretende é que do pacto constem os elementos indicados (*v.g.*, a descrição dos bens com a especificação dos respectivos valores) nos termos legalmente prescritos.

sido efectuada nos termos legalmente prescritos –, o sócio será obrigado a realizar o valor da sua participação em dinheiro (art. 25º, 4)[37]. Note-se que na parte final da norma abre-se a porta, neste caso, para a dissolução da sociedade[38], o que não significa, no entanto, que o sócio fique liberto da responsabilidade de realizar o valor da sua entrada[39].

6. A não aplicação do regime das entradas em espécie às entradas em indústria

Note-se que, quando admissíveis[40], as entradas em indústria não ficam sujeitas ao regime das entradas em espécie[41], nomeadamente à necessidade de avaliação por parte de um ROC, prevista no art. 25º, muito embora o regime legal pareça indiciar o contrário. Com efeito, o art. 28º[42] estabelece a necessidade daquela estima para as "entradas em bens diferentes de dinheiro" – o que as entradas em indústria inquestionavelmente são –, pelo que, aparentemente, também estas parecem ficam sob a alçada daquele dispositivo.

A verdade, porém, é que a intervenção deste *expert* independente não se justifica para as entradas de indústria, seja pela tutela dos interesses de credores, seja pela tutela dos interesses dos sócios, tendo em conta o especial regime jurídico aplicável às entradas nas sociedades de pessoas (as únicas onde é admissível este tipo de entradas).

De resto, o art. 179º expressamente autoriza que, nestas sociedades – mesmo relativamente às entradas de capital –, seja dispensada a avaliação do ROC, conquanto os sócios assumam solidariamente responsabilidade pelo valor atribuído aos bens[43]. O que esta norma visa é simplificar o regime das entradas no que respeita às SENC – dispensando-as da avaliação por parte daquele perito –, acautelando, no entanto, os credores, ao impor a assunção daquela obriga-

---

[37] Note-se que se uma entrada em espécie tiver sido mal avaliada pelo ROC, o sócio apenas responde pela diferença, como vimos. Diferentemente, se faltar o relatório do ROC ou se não tiver sido observado o regime legalmente previsto para a sua elaboração, o sócio deverá realizar em dinheiro o valor total da sua participação.

[38] A norma prevê também a possibilidade de se requerer a dissolução administrativa da sociedade, quando se verifique a hipótese do art. 142º, 1, b), i.é, quando "a actividade que constitui o objecto social se torne de facto impossível". Será o caso, p. ex., de uma entrada de um sócio ter consistido numa empresa (que não foi avaliada por um ROC – o que porventura não será fácil de se verificar – ou que não foi avaliada nos termos da lei), e cuja exploração constituía o objecto daquela sociedade.

[39] Vide, a este propósito, o disposto no art. 153º e RAÚL VENTURA (1989), p. 141, s..

[40] Vide supra anotação 2.4.1. ao art. 20º.

[41] Assim também, COUTINHO DE ABREU (2009), p. 276.

[42] Para cujo regime remete o art. 25º.

[43] Veja-se, sobre esta matéria, RAÚL VENTURA (1994), p. 237, s..

ção por parte dos sócios. Este cuidado com a tutela dos credores, porém, só se justifica relativamente às entradas imputadas ao capital social. Com efeito, é o valor deste que pode induzir em erro os credores, levando-os a acreditar na existência de um património da sociedade (pelo menos, inicial) de idêntico montante. Ora, as entradas em indústria não são computadas no capital social (art. 178º, 1), pelo que não se justifica que elas fiquem sujeitas àquele regime das entradas em espécie.

O referido art. 176º estabelece, contudo, a necessidade de estas entradas serem avaliadas para efeitos meramente internos, ou seja, para efeitos de repartição de lucros e de perdas (art. 176º, 1, b)). Poder-se-ia, por isso, pensar que tal avaliação devesse obrigatoriamente ser efectuada pelo tal perito independente. Acontece que, resultando aquela avaliação do consenso unânime dos sócios[44], não faz qualquer sentido fazer intervir para este efeito um terceiro, pois que, estando apenas em causa os interesses dos sócios, são eles próprios que consentem e anuem no valor atribuído às entradas em indústria.

7. Algumas particulares entradas em espécie

Pelas especificidades que apresentam e por serem pouco comuns ou menos bem entendidas na nossa *praxis* societária, aludir-se-á aqui, ainda que brevemente, a algumas particulares entradas em espécie.

7.1. As entradas com saber-fazer (*know-how*)

A primeira particular entrada em espécie que merece ser referida é a das entradas com saber-fazer ou *know-how*, que aqui tomamos por expressões equipolentes. Trata-se de uma questão de primordial importância, atenta a cada vez maior relevância dos conhecimentos técnicos e da inovação tecnológica na actividade económica dos nossos dias.

Esclareça-se, desde já, que as dúvidas e questões apenas se levantam relativamente à transferência de saber-fazer não patenteado, uma vez que relativamente ao *know-how* que, por preencher os respectivos requisitos, foi objecto de uma patente, nenhumas dúvidas se colocam quanto à sua admissibilidade nas sociedades de capitais, enquanto entradas *in natura*.

Importa também ter presente que o *know-how* que é merecedor de tutela jurídica – e que poderá constituir a entrada de um sócio –, não tendo de estar

---

[44] Uma vez que ela deverá constar do pacto (cfr. art. 176º, 1, c)), e a redacção deste depende do consentimento unânime dos sócios (cfr. art. 194º, 1).

patenteado, não precisa também de ser patenteável[45]. Terá apenas de se tratar de experiências ou conhecimentos técnicos, relativos a actividades económicas de natureza industrial ou comercial, com carácter substantivo – i.é, que não sejam banais, mas sejam úteis e importantes, implicando melhoramentos nos processos de produção ou distribuição –, os quais deverão estar devidamente identificados e objectivados[46] num suporte que permita afirmar a sua autonomia, relativamente ao seu criador ou possuidor[47]. Por outro lado, aquelas experiências ou conhecimentos técnicos deverão revestir carácter secreto. No entanto, no caso do saber-fazer, tal característica não deve ser considerada em termos absolutos – no sentido dessa competência ser, de todo, desconhecida do sector de actividade em causa[48] –, devendo, antes, ser perspectivada em termos relativos e subjectivos; i.é, o *know-how* será considerado secreto, desde que se verifique uma situação de dificuldade ou onerosidade no acesso àquela informação por parte do potencial adquirente (sendo isso, de resto, o que justifica o carácter patrimonial e o valor económico de tal prestação).

Ora, sendo pacífico que a transferência deste *know-how* pode constituir a entrada de um sócio para uma sociedade, já é, porém, discutível saber se se trata de uma entrada de indústria ou de uma entrada *in natura*.

Note-se que, caso se considere que a contribuição de um sócio, quando consista na transmissão de conhecimentos técnicos, configura uma entrada de indústria, isso implicará que os sócios de uma sociedade de capitais (SA ou SQ) nunca poderiam recorrer àquele tipo de *apport* para a realização da sua entrada. É uma constatação que, só por si, nos suscita as maiores reservas quanto a esta qualificação da entrada com saber-fazer, dada a actual predominância (ou quase exclusividade) daqueles tipos sociais, sendo certo que tal contribuição

---

[45] I.é, podem ser conhecimentos técnicos que não revistam os requisitos (*v.g.*, da novidade e industrialidade) exigíveis para que uma invenção possa ser objecto de patente. Vide arts. 51º e 55º CPI e GABRIELA FIGUEIREDO DIAS (1995), p. 32, s..

[46] Esta objectivação permite também, por outro lado, sindicar a existência, no caso concreto, dos requisitos e qualidades que devem caracterizar o saber-fazer. Cfr. alíneas i) – iii) do Regulamento (CE) nº 772/2004 e alínea i) do Regulamento (CEE) nº 4078/88.

[47] Cfr. OLIVIERI (1989), p. 260, s.. Uma noção de *know-how* próxima da referida em texto está consagrada na alínea i) do art. 1º, 1 do Regulamento (CE) nº 772/2004 da Comissão, de 27 de Abril de 2004, relativo a categorias de acordos de transferência de tecnologia, que se encontra publicado no JOCE L 123, de 27 de Abril de 2004, p. 11, s.; noção semelhante consagra-se ainda nas alíneas f) a i) do art. 1º, 3 do Regulamento (CEE) nº 4087/88 da Comissão, de 30 de Novembro de 1988, relativo a certas categorias de acordos de franquia, publicado no JOCE nº L 359, de 28 de Dezembro de 1988, p. 46, s..

[48] Não se exige aqui, de facto, que o *know-how* esteja fora do estado da técnica, como se exige para invenções patenteáveis (cfr. art. 55º CPI).

pode até ser absolutamente essencial para o desenvolvimento do objecto da sociedade.

Acontece que a transmissão do "savoir-faire", tal como acima o caracterizámos – até porque se traduz fundamentalmente, dada a sua objectivação e autonomização, numa obrigação de *dare* e não de *facere* –, deverá poder constituir a entrada de um sócio numa SQ ou SA[49].

Destarte, admitindo-se nas sociedades de capitais a entrada com saber-fazer, a mesma traduzir-se-á necessariamente numa entrada em espécie, uma vez que, não sendo uma entrada em serviços, não se trata igualmente de uma entrada em dinheiro e não há outro *tertium genus*.

A especificidade desta entrada justifica e impõe, porém, particulares cautelas, precisamente para evitar a constituição de sociedades com um "capital fictício" correspondente ao valor do *know-how*[50].

Assim, desde logo, apenas deverá ser admissível a entrada com saber-fazer, quando os conhecimentos técnicos (*das Wissen*) se encontrem incorporados e materializados num qualquer suporte, permitindo, dessa forma, a sua autonomização do sócio que a realiza.

Por outro lado, tratando-se de uma entrada em espécie, tem que se verificar a sua integral liberação, até ao momento da formalização do contrato de constituição da sociedade (cfr. art. 26º). Ora, isto supõe, *in casu*, que a sociedade – com a realização da entrada – fique em condições de utilizar com perfeita independência o *know-how*, o que pode implicar, não só a obrigação de transmissão dos conhecimentos técnicos, mas também todos os actos (nomeadamente de "*show-how*") necessários para a sua aplicação prática.

Finalmente, atenta a especificidade desta entrada com saber-fazer, impõem-se os maiores cuidados e cautelas na avaliação a efectuar pelo ROC[51], a qual deverá ser particularmente rigorosa e parcimoniosa, tendo em conta, por um lado, a dificuldade de avaliação do objecto da entrada e, por outro, a "rápida

---

[49] Esta foi também, de resto, a posição defendida pelo legislador comunitário, aquando da adopção da Segunda Directiva sobre sociedades. Na respectiva exposição de motivos da proposta daquela Directiva referia-se, a propósito das entradas, que a utilização da expressão "valores realizáveis" era diferente de "valores penhoráveis" (*saisissables*), e com ela se pretendia propositadamente admitir que o *know-how* ou o *good-will* pudessem constituir a entrada de um sócio.
[50] Seguimos aqui, de perto, a lição de OLIVIERI (1989), p. 286, s., onde de resto, se colheu a expressão que, entre comas, vai referida em texto (p. 269).
[51] Note-se que, atenta a publicidade que é dada ao relatório do ROC (cfr. art. 28º), o mesmo não deve conter a descrição do *know-how* transmitido, sob pena de ser posto em causa o seu carácter secreto. Cfr. OLIVIERI (1989), p. 267, s..

obsolescência técnica do *know-how*". Em todo o caso, recorde-se que, se se vier a apurar que a entrada foi mal avaliada, haverá imperativamente uma responsabilidade do sócio pela diferença, nos termos do art. 25º, 2.

7.2. As entradas com créditos

Também as entradas com créditos apresentam particularidades que importa assinalar[52].

Há aqui que considerar duas situações: uma, a realização da entrada através de créditos sobre a própria sociedade – questão que se colocará, sobretudo, no caso de aumento de capital; a outra, a realização da entrada através de créditos sobre terceiros (*v.g.*, mediante cessão de créditos).

A realização da entrada mediante cessão de créditos sobre terceiros é, obviamente, possível. Estar-se-á, neste caso, inequivocamente perante uma entrada em espécie, uma vez que não se trata de uma entrada em dinheiro e o CSC, como vimos, apenas admite para as sociedades de capitais estes dois tipos de *apport*: em dinheiro e em espécie.

Esta cessão de créditos terá, por isso, de ser objecto de uma avaliação por parte do ROC. Na verdade, nem economicamente o valor do crédito equivale necessariamente ao seu valor nominal – dependendo da solvabilidade do devedor, do prazo de pagamento, das garantias associadas ao crédito, etc.[53] –, o que torna perfeitamente justificável aquela estima por parte de um perito independente. Sendo uma entrada em espécie, ficará, no entanto e consequentemente, sujeita ao respectivo regime, nomeadamente à acima referida responsabilidade pela diferença prevista no art. 25º, 2.

Relativamente à entrada com créditos do sócio sobre a sociedade importa ter presente que a nossa lei expressamente proíbe, no art. 27º, 5, a extinção da obrigação de entrada por compensação[54]. Esta regra não impede, no entanto, que um sócio realize a sua entrada (*v.g.*, num aumento de capital) com o crédito de

---

[52] Note-se que a questão da problemática das entradas com créditos é já antiga, tendo p. ex. sido objecto de expressa regulamentação no nosso primeiro código comercial (Código Comercial de Ferreira Borges, de 1833), que no seu nº 645 dispunha: "Entregando um sócio à sociedade créditos seus em descargo da entrada, com que deve contribuir, só lhe serão abonados depois de cobrados: e não se realizando a cobrança por execução nos bens do devedor, ou não querendo o sócio fazê-la, será obrigado a responder imediatamente pela importância dos créditos até completar o seu empenho".

[53] Note-se, porém, o art. 984º, c) CCiv. estabelece uma presunção – que pode ser convencionalmente afastada – de que o sócio garante a solvência do devedor.

[54] Sobre esta matéria vide anotação 3. ao art. 27º, e FERNANDO OLIVEIRA SÁ (2007), p. 674, s..

que seja titular sobre a própria sociedade[55]. Também esta entrada é, no entanto, inquestionavelmente uma entrada em espécie, pelo que necessariamente terá de ficar sujeita ao regime das entradas *in natura*[56], devendo, por isso, aquele crédito ser sujeito a uma avaliação por parte de um ROC, o que se justifica e bem se compreende, uma vez que, como já se disse, o valor real e económico do crédito pode não corresponder ao seu valor nominal. Por outro lado, ficando esta entrada sujeita ao regime das entradas em espécie, isso implica que, se se verificar que a avaliação efectuada não é correcta, sobre o sócio incidirá a "responsabilidade pela diferença" (*Differenzhaftung*), prevista no art. 25º, 2.

Destarte, o sócio não sairá beneficiado, uma vez que o valor da sua participação corresponderá efectivamente ao valor que realizou e, por outro lado, os terceiros credores não ficam prejudicados, antes pelo contrário ficam mais acautelados, na medida em que o sócio já não pode executar a sociedade por aquele crédito (que converteu em capital), obrigando-se ainda esta, doravante, a ter uma situação líquida correspondente ao valor do capital social aumentado.

7.3. As entradas com o mero gozo dos bens

Embora não seja, entre nós, uma prática comum e a doutrina[57] e jurisprudência portuguesas não se debrucem normalmente sobre a questão, em direito comparado está hoje perfeitamente sedimentado que, mesmo nas sociedades de capitais, as entradas em espécie não precisam de ser efectuadas com a transferência da propriedade dos bens, podendo igualmente ser realizadas com a simples atribuição do gozo (do *mero godimento*[58]) dos bens à sociedade[59].

---

[55] Através, p. ex., da cessão desse crédito à própria sociedade, o que determina que a obrigação de entrada se extinga, não por compensação, mas por confusão. Assim, LUTTER (1988), *Rdn* 26, p. 799; e VENTURA (1988), 139. Nesse sentido se pronunciou também o Ac. RP, de 18 de Novembro de 1997, que se pode ver em <www.dgsi.pt>, com o nº convencional JSTJ00034600 e onde se afirma que "o aumento de capital por entradas com créditos sobre a sociedade é lícito e não é um aumento por compensação; o crédito de que a sociedade se tornou titular extinguiu-se por confusão".

[56] Assim, também VENTURA (1988), p. 139.

[57] Vide, no entanto, recentemente, entre nós, TARSO DOMINGUES (2006), p. 673, s., e MANUEL PITA (2007), p. 775, s..

[58] Podendo a entrada consistir na atribuição de um direito real de gozo (ex., usufruto) ou num direito de gozo de carácter meramente obrigacional. Note-se que, em França, a doutrina normalmente apenas trata do particular regime dos *apports en jouissance* relativamente às entradas dos sócios que se traduzem na atribuição de um direito pessoal de gozo, considerando aplicável às entradas com usufruto o regime das entradas em propriedade. Cfr. GUYON (1994), nº 104, p. 99, s., CORINE REGNAUT-MOUTIER (1994).

[59] Entre nós, no sentido de que os bens que constituem a entrada não precisam de ser conferidos em propriedade, vejam-se FERRER CORREIA, (1968), p. 6 e 207; LOBO XAVIER (1987), p. 10 (que, embora não encarando o problema frontalmente, parece admitir tal tipo de entrada, pois aceita que a entrada de

Note-se, no entanto, que a questão não é isenta de algumas dificuldades dogmáticas, havendo até quem defenda que esta espécie de entrada não se compagina com o regime das sociedades de capitais e, por isso, não se deve considerar admissível neste tipo de sociedades. São fundamentalmente três os obstáculos que se levantam à admissibilidade destas entradas *quoad usum* nas sociedades de responsabilidade limitada (*v.g.*, SA e SQ).

Em primeiro lugar, diz-se, este tipo de entradas não seria adequado a garantir os credores sociais[60]. Trata-se, porém, de uma crítica que não colhe, uma vez que as entradas não têm necessariamente de ser constituídas por bens susceptíveis de expropriação forçada e, portanto, não têm que ser adequadas a garantir o pagamento dos créditos de terceiros[61].

Depois, porque a admissibilidade deste tipo de entrada significaria, na prática, a possibilidade de um sócio se eximir da obrigação de participar nas perdas, em violação da proibição legal (cfr. art. 20º, a)). Com efeito, alega-se, ao ceder apenas o gozo do bem, o sócio não se sujeitaria ao risco da actividade empresarial prosseguida pela sociedade, uma vez que sempre teria direito a reaver o bem cedido. A verdade é que, entre uma entrada realizada em propriedade e outra realizada com o mero gozo, há apenas uma diferença quantitativa e não qualitativa. De facto, quando um sócio realiza uma entrada *quoad usum* sujeita-se igualmente às perdas decorrentes da actividade social, na medida em que se arrisca a perder – sem qualquer retorno ou retribuição – o valor do gozo do bem cedido pelo prazo convencionado. A diferença substancial, nas duas situações, resume-se apenas ao facto de na primeira situação o valor que o sócio sujeita ao risco empresarial ser menor, relativamente a um sócio que realize a sua entrada a título de propriedade[62].

---

um sócio possa não consistir na transferência da propriedade de um bem), COUTINHO DE ABREU (2009), p. 269, s., MENEZES CORDEIRO (2007), p. 591, A. SOVERAL MARTINS/M. ELISABETE RAMOS (2008), p. 152, s., NUNO PINHEIRO TORRES (2003), p. 45, s., e MANUEL PITA (2007), p. 775, s..

[60] Sobre a questão da impenhorabilidade deste tipo de entradas, vide MANUEL PITA (2007), p. 789, s..

[61] Vide anotação 2.4.2. ao art. 20º. Em todo o caso, não se perca de vista que a entrada com o mero gozo de bens sempre aproveitará aos credores no quadro da exploração da empresa societária. Desvalorizando o argumento referido em texto e acentuando a função produtiva das entradas, vide RIMINI (1993), p. 59.

[62] Mas isso implica também que a sua participação social – e, portanto, a sua parcela no sucesso da empresa societária (*v.g.*, nos lucros da empresa) – seja inferior à daquele sócio que realiza a sua entrada com um bem idêntico, a título de propriedade. Com efeito, o valor da entrada de um sócio que realiza, em propriedade, um armazém (que corresponderá ao valor venal do mesmo) há-de obviamente ser diferente do valor da entrada de um sócio que se traduza apenas na cedência do gozo de um armazém

Finalmente, e é esta talvez a objecção mais consistente que se faz relativamente à aceitação deste tipo de entradas, elas não poderiam ser integralmente liberadas até ao momento da constituição da sociedade, como exige o regime aplicável às entradas *in natura* (cfr. art. 26º), categoria na qual inquestionavelmente se incluem as entradas com o mero gozo de bens. Com efeito, a entrada *quoad usum* de uma coisa – ao contrário do que sucede com a transferência da propriedade do bem para a sociedade, em que a realização da entrada por parte do sócio se esgota, *uno actu*, com a celebração do contrato – assume um carácter sucessivo, na medida em que o sócio deverá permitir, pelo prazo convencionado, o seu uso e fruição por parte da sociedade.

Deve, porém, entender-se que, no caso das entradas *en jouissance*, a realização da entrada fica integralmente liberada com a assunção, no momento da celebração do contrato de sociedade por parte do sócio, da obrigação de ceder o gozo da coisa; i.é, a "integral realização" da entrada deve equivaler à colocação do bem à disposição da sociedade, o que, dado o carácter consensualístico do contrato de sociedade, se verifica jurídico-formalmente, com o simples acordo celebrado entre as partes[63]. Significa isto que também esta particularidade do regime não constitui um impedimento à admissibilidade das entradas de *mero godimento* nas sociedades comerciais, pelo que nenhum fundamento existe para que as mesmas se não tenham por admissíveis[64].

---

idêntico por um prazo de 10 anos (que corresponderá ao valor locatício daquele imóvel pelo período em causa).

[63] Assim, OLIVIERI (1989), p. 227, s., que sustenta que a liberação integral da entrada se terá por verificada, desde que a sociedade possa desfrutar integral e livremente o gozo do bem, "sem necessidade de ulteriores intervenções ou mediações por parte do sócio" (p. 228). No mesmo sentido, vide também, COUTINHO DE ABREU (2009), p. 278, e MANUEL PITA (2007), p. 786, s..

[64] No mesmo sentido, OLIVIERI (1989), p. 255. Note-se que igualmente se deve considerar possível a entrada com o mero gozo (*godimento*) de dinheiro ou de qualquer outra coisa fungível. Neste sentido, veja-se GUYON (1994), p. 101, e DANA-DÉMARET (1989), p. 68, s. (cuja exposição aqui seguiremos de perto), e entre nós, COUTINHO DE ABREU (2009), p. 272, nt. 153. Admitindo-se *l'apport en jouissance* de uma coisa fungível (dinheiro, matérias primas, etc.), tal entrada opera necessariamente a transferência da propriedade da coisa para a sociedade. I.é, o sócio fica apenas com o direito a receber uma coisa de natureza e em quantidade idênticas àquela que entregou à sociedade. O valor da entrada será, neste caso, determinado, não pela coisa (*v.g.*, dinheiro) entregue à sociedade, mas pelo rendimento (*revenu*) que ela possa gerar, uma vez que é apenas isso que o sócio sujeita ao risco do exercício da actividade societária. Note-se, no entanto, que, em alturas de crise da sociedade, as diferenças entre aquela entrada (*en jouissance*) e a entrada em propriedade serão praticamente nulas. Na verdade, em caso de liquidação da sociedade, se esta não possuir bens suficientes para pagar aos credores, o sócio – como os outros credores – deixará de receber a quantia (ou a coisa fungível) que entregou à sociedade.

Entre nós, as normas dos arts. 981º, 2 e 984º, b) CCiv. – normas de carácter genérico, aplicáveis a todos os tipos sociais (cfr. art. 2º) – expressamente admitem que a entrada de um sócio se traduza no "simples uso e fruição" dos bens. Contudo, o CSC já não faz referência – mesmo a propósito das SENC – a uma tal possibilidade, pelo que se poderia pensar que tal entrada não seria admissível nas sociedades comerciais. A admissibilidade deste tipo de entradas é, no entanto, de alguma forma corroborada pelo disposto no art. 25º, 4, na medida em que estabelece que o sócio deve realizar a sua prestação em dinheiro, quando a sociedade for privada, por acto legítimo de terceiro, do bem que constituiu a sua entrada. Trata-se de uma hipótese – a privação do bem prestado pelo sócio por acto legítimo de terceiro – que, por via de regra, se verificará quando é transmitido o simples gozo do bem e já não quando se transmite a propriedade do mesmo[65]. Donde se deve concluir que as entradas com o mero gozo de bens são admissíveis em face do nosso CSC[66].

Note-se que a admissibilidade deste tipo de entradas tem levantado na doutrina – sobretudo em Itália[67] – dificuldades quanto ao concreto regime aplicável, em caso de inexecução daquela obrigação por parte do sócio. O problema entre nós está, porém, legislativamente resolvido[68]. Na verdade, o art. 25º, 4 estabelece em termos muito abrangentes que, sempre que se tornar impossível a prestação ou for ineficaz a estipulação relativa a uma entrada em espécie, o sócio deverá prestar em dinheiro o equivalente à sua participação. Se não o fizer, embora isso não resulte directamente daquela norma, ficará sujeito ao regime do sócio remisso, que poderá culminar com a sua exclusão da sociedade.

---

[65] Assim, COUTINHO DE ABREU (2009), p. 270, s.. Com a hipótese de a sociedade ser privada do bem por acto legítimo de terceiro, poder-se-á, no entanto, pretender também abranger a situação em que o sócio realiza uma entrada em propriedade, vindo mais tarde um terceiro reivindicar – com sucesso – o seu direito de propriedade e consequente devolução do bem (e, a ser assim, também nesta hipótese, o art. 25.º, 4 não será exclusivamente aplicável às entradas com o mero gozo de bens).
A hipótese da impossibilidade da prestação, também referida no art. 25.º, 4 – embora seja inquestionavelmente mais facilmente verificável nas entradas com o *mero godimento* –, não é, porém (reconhecendo-se o acerto da crítica de NUNO PINHEIRO TORRES (2003), p. 46, nt. 21), decisiva para a admissibilidade das entradas com o mero gozo dos bens. Com efeito, a impossibilidade da prestação por parte do sócio também pode ocorrer relativamente a entradas em propriedade (v.g., no caso da perda de um bem que constituiu a entrada em propriedade do sócio, encontrando-se este em mora relativamente à sua entrega à sociedade – cfr. art. 807.º CCiv.).

[66] Assim também, COUTINHO DE ABREU (2009), p. 270, s..

[67] Vide especialmente PORTALE (1998), p. 461, s., e RIMINI (1993), p. 87, s. De facto, é aí discutido se a entrada *in natura* – v.g., a entrada em *mero godimento* – pode, e em que termos, ser substituída pelo equivalente em dinheiro.

[68] Conforme reconhece PORTALE (1998), p. 464.

Importa, finalmente, sublinhar que o regime jurídico da entrada consubstanciada na atribuição à sociedade de um direito pessoal de gozo sobre um bem é radicalmente diferente daquele em que a entrada se traduz na transferência da propriedade do bem para a sociedade[69].

Na verdade, naquela hipótese o sócio não constitui um direito real, mas sim um direito meramente obrigacional a favor da sociedade. Proprietário do bem continua a ser o sócio; a sua entrada é constituída tão-somente pela obrigação de permitir à sociedade – pelo prazo convencionado no contrato de entrada – a utilização, o gozo do referido bem[70].

Ora, continuando o sócio a ser o proprietário do bem, isso significa que o risco económico a que se sujeita – resultante da actividade empresarial da sociedade – é substancialmente menor do que se transferisse a propriedade do bem. Na verdade, aqui, o sócio arrisca-se a perder para sempre o bem entregue à sociedade, assim como o seu contra-valor em dinheiro, enquanto, ali, apenas se arrisca a perder – sem receber por isso qualquer contraprestação – a utilização do bem conferido à sociedade, pelo tempo convencionado. De todo o modo, o sócio terá sempre direito a reaver o bem que lhe entregou, tendo ainda direito a ser indemnizado pelo prejuízo sofrido no caso de perda ou deterioramento da coisa imputável à sociedade.

Em contrapartida, em matéria do risco de perecimento da coisa, a posição do sócio é inquestionavelmente mais gravosa no caso em que entre apenas com o mero gozo de um bem. De facto, se um sócio transferir a propriedade da coisa para a sociedade, o risco de perecimento corre por conta desta[71], pelo que, ainda que desapareça o bem que constituiu a entrada, ele manterá a sua posição jurídica de sócio. É a solução que resulta, entre nós, do art. 984º, a) CCiv., que estatui que, se "a entrada consistir na transferência ou constituição de um direito real", o risco da coisa é regulado pelas normas do contrato de compra e venda, enquanto, por seu turno, o art. 796º CCiv. estabelece que "nos contratos que importem a transferência do domínio sobre certa coisa ou que constituam ou transfiram um direito real sobre ela, o perecimento ou deterioramento da coisa por causa não imputável ao alienante corre por conta do adquirente".

---

[69] Sobre esta matéria, vide, entre nós, TARSO DOMINGUES (2006), p. 711, s., e MANUEL PITA (2007), p. 794, s..
[70] Assim, embora próxima, a entrada com o mero gozo do bem não se confunde com a entrada que se traduza na constituição do usufruto sobre uma coisa. Ali, com efeito, o direito da sociedade não é um direito real sobre o bem e, por isso, diferentemente do que sucede com o usufruto, o direito da sociedade sobre o bem (no caso de a entrada consistir no mero gozo) equipara-se ao direito do locatário.
[71] É o princípio afirmado já pelos romanos de *res perit domino*. Cfr. ANTUNES VARELA (2007), nº 293.

Se, pelo contrário, o sócio apenas facultar à sociedade o uso e fruição de uma coisa, o problema do risco reger-se-á pelas normas do contrato de locação (cfr. art. 984º, b) CCiv.[72]), o que, tendo em conta o disposto no art. 1044º CCiv., implica que o risco de perecimento da coisa – por causa não imputável à sociedade – corre por conta do sócio. Assim, se a coisa se perde, ainda que por causa que lhe não seja imputável, ele perderá o direito a continuar na sociedade. É a solução que, entre nós, resulta expressamente dos arts. 1003º, d) e 1004º, b) CCiv., para as sociedades civis.

Raúl Ventura[73] entende, no entanto, que estas normas do CC não são aplicáveis às sociedades comerciais. Para este A. "não pode a exclusão do sócio basear-se no art. 1003º CCiv., nem invocando a analogia nem recorrendo ao carácter subsidiário do CC, pois não existe lacuna no CSC, o qual contém uma regulamentação completa e independente da exclusão de sócios (...)" – cfr. arts. 241º e 242º para as SQ e art. 186º para as SENC. Para este A., o facto de o CSC não prever, nas SA, causas de exclusão do accionista não constitui uma lacuna; é antes uma posição consciente do legislador que, atento o carácter capitalístico deste tipo social, não admite a exclusão do accionista[74]. Em todo o caso, deverá ter-se presente que, nos termos do nº 4 do art. 25º, se a prestação do sócio se tornar impossível (e.g., a cedência do gozo do bem que constituiu o seu *apport*), deverá o mesmo realizar a sua prestação em dinheiro, sob pena de poder ser excluído do grémio social.

---

[72] Em sentido diferente, vide PAIS DE VASCONCELOS (2006), p. 269 que questiona a aplicação do art. 984º, b) CCiv. às sociedades comerciais, considerando que o tipo sociedade civil é apenas um tipo entre os demais tipos societários e que, por isso, o respectivo regime não pode ser aplicado directamente às sociedades comerciais. Veja-se também MENEZES CORDEIRO (2009), p. 148, nº 5.
[73] Cfr. RAÚL VENTURA (1989ª), p. 50, s.
[74] Diferentemente, BRITO CORREIA (1989), p. 467, considera que a violação grave e culposa das obrigações sociais poderá ser fundamento de exclusão do accionista.

ARTIGO 26º *
Tempo das entradas

As entradas dos sócios devem ser realizadas até ao momento da celebração do contrato de sociedade, sem prejuízo de estipulação contratual que preveja o diferimento da realização das entradas em dinheiro, nos casos e termos em que a lei o permita.

*A actual redacção foi introduzida pelo art. 2º do DL 76-A/06, de 29 de Março.

Índice

1. O regime regra quanto ao tempo da realização das entradas
2. A proibição de diferimento do ágio
3. As entradas em indústria
4. As entradas em espécie
5. As entradas em dinheiro

Bibliografia

Citada:
ABREU, J. M. COUTINHO DE – *Curso de direito comercial*, vol. II., *Das sociedades*, 3ª ed., Almedina, Coimbra, 2009; CASTRO, C. OSÓRIO DE – "Alguns apontamentos sobre a realização e a conservação do capital", *DJ*, 1998, p. 277-295; CORDEIRO, A. MENEZES – *Manual de direito das sociedades*, I., *Das sociedades em geral*, Almedina, Coimbra, 2007, *Manual de direito das sociedades*, II., *Das sociedades em especial*, Almedina, Coimbra, 2007ª; CORREIA, LUÍS BRITO – *Direito comercial*, 2º vol., *Sociedades comerciais*, AAFDL, Lisboa, 1989; CUNHA, PAULO OLAVO – *Direito das sociedades comerciais*, 4ª ed., Almedina, Coimbra, 2010; DOMINGUES, PAULO DE TARSO – "O regime das entradas no código das sociedades comerciais", RFDUP, 2006, p. 673-723, *Variações sobre o capital social*, Almedina, Coimbra, 2009, p. 172-250; MARTINS, ALEXANDRE SOVERAL/RAMOS, MARIA ELISABETE – "As participações sociais", *Estudos de direito das sociedades* (coord. de Coutinho de Abreu), 9ª ed., Almedina, Coimbra, 2008, p. 156-169; MATOS, ALBINO – *Constituição de sociedades. Teoria e prática, formulário*, 5ª ed., Almedina, Coimbra, 2001; OLIVIERI, G. – *I conferimenti in natura nella società per azioni*, Padova, 1989; PITA, MANUEL – "O uso e fruição de bens na realização do capital social", *Estudos em homenagem ao Prof. Inocêncio Galvão Telles – 90 anos*, Almedina, Coimbra, 2007, p. 775-802; TORRES, NUNO MARIA PINHEIRO – "A transmissão da propriedade das entradas *in natura* nas sociedades anónimas", DJ, 2003, p. 33-113; VASCONCELOS, P. PAIS DE – *A participação social nas sociedades comerciais*, 2ª ed., Almedina, Coimbra, 2006; VENTURA, RAÚL – *Adaptação do direito português à 2ª Directiva do Conselho da Comunidade Económica*

Europeia sobre direito das sociedades, separata de "Documentação e Direito Comparado", Lisboa, 1981, *Sociedades por quotas*, vol. 1, Almedina, Coimbra, 1989.

1. O regime regra quanto ao tempo da realização das entradas

O regime regra quanto ao tempo de realização das entradas é o de que elas devem ser realizadas até ao momento do acto constitutivo da sociedade[1]. No entanto, esta mesma norma logo acrescenta ser possível "o diferimento da realização das entradas em dinheiro, nos casos e termos em que a lei o permita". Ou seja, a lei apenas prevê expressamente esta possibilidade para as entradas em dinheiro (cfr. arts. 202º, 2 e 277º, 2), pelo que aparentemente qualquer outro tipo de entrada não poderá deixar de ser integralmente realizada até ao momento da constituição da sociedade[2].

2. A proibição de diferimento do ágio

A regra geral do art. 26º aplica-se inteiramente ao ágio ou prémio de emissão[3], que consiste na diferença entre o valor nominal da participação social e o valor por ela pago (cfr. art. 295º, 3, a)).

De facto, não pode hoje, em face do nº 2 do art. 277º – com a redacção que lhe foi dada pelo DL 280/87, de 8 de Julho –, o pagamento do ágio ser, ainda que parcialmente, diferido. Outra era a redacção inicial (de 1986) do artigo em que se previa a possibilidade de apenas ser pago, no momento da constituição, metade do valor do ágio. Tratou-se, porém, de uma solução incompreensível, dado que inequivocamente violava o disposto no art. 26º, parte final, da Segunda Directiva sobre sociedades[4], tendo obrigado, por isso, à imediata (logo na pri-

---

1 A redacção original da norma era bem menos apropriada, já que estabelecia que a entrada devia ser realizada "no momento da outorga da escritura do contrato de sociedade", quando, na verdade, muito frequentemente as entradas são realizadas antes do acto constitutivo. Por outro lado, a norma assinala o acto de celebração do contrato de sociedade como o termo para a realização da entrada, quando, em rigor, se deveria referir ao acto constitutivo da sociedade, uma vez que nem sempre este é um contrato (pense-se, p. ex., no caso das sociedades unipessoais).
2 Sobre esta matéria pode ver-se COUTINHO DE ABREU (2009), p. 277, s., PAIS DE VASCONCELOS (2006), p. 265, s., SOVERAL MARTINS/ELISABETE RAMOS (2008), p. 162, s., MENEZES CORDEIRO (2007³), p. 58, s., BRITO CORREIA (1989), p. 293, s., P. OLAVO CUNHA (2010), p. 271, s.; RAÚL VENTURA (1989), p. 133, s., e TARSO DOMINGUES (2006) p. 694, s., (2009), p. 202, s..
3 O qual corresponde também à entrada do sócio. Vide anotação 2.1. ao art. 20º.
4 O art. 26º da Directiva do Capital prescreve: "Quando for previsto um prémio de emissão, o seu montante deve ser integralmente pago".

meira alteração ao Código, efectuada em 1987) modificação daquela norma, de modo a harmonizá-la com o direito comunitário[5].

3. As entradas em indústria

Aquela regra do art. 26º já não se aplica, no entanto, às entradas em indústria (em trabalho ou serviços) que, pela natureza das coisas – porque se trata de prestações de execução continuada –, não poderão, em princípio[6], ficar realizadas até à data da constituição da sociedade. I.é, atento seu carácter futuro e sucessivo, elas deverão ser efectuadas ao longo da vida da sociedade[7], não ficando, portanto, integralmente liberadas naquele momento.

4. As entradas em espécie

É para as entradas em espécie que o regime do art. 26º cobra fundamentalmente sentido. Com efeito, a lei pretende assegurar a realização imediata deste tipo de entradas, que devem ser efectuadas até ao momento da constituição da sociedade[8]. Isto significa, em regra, que no próprio acto de constituição da sociedade[9] se deve transmitir – se for esse o caso[10] – a propriedade do bem para sociedade.

Duas notas apenas:

Aquela integral liberação implica tão-só – atento o princípio consensualístico que vigora no nosso ordenamento jurídico[11] – que o acto de transmissão tenha de estar realizado até ao momento da constituição da sociedade, não sendo necessário, para aquele desiderato, que até à mesma data deva ser feita a entrega à sociedade do bem que constitui a entrada do sócio[12].

Por outro lado, esta imediata e integral liberação suscita algumas dificuldades nas entradas em espécie em que o sócio entra com o mero gozo dos bens,

---

[5] Assim RAÚL VENTURA (1981), p. 73.
[6] Nada impede, contudo, que a entrada do sócio se reduza a uma única prestação de serviços (p. ex., a realização de um concerto por parte de um cantor), que pode ter lugar antes da celebração do acto constitutivo da sociedade.
[7] Ou pelo prazo contratualmente fixado.
[8] É diferente o regime da Directiva do Capital, onde se estabelece – no art. 9.º, 2 – que as entradas em espécie podem ser realizadas no prazo de 5 anos a contar do momento da constituição ou do momento em que a sociedade obtém autorização para iniciar as suas actividades.
[9] Mas poderá ser num acto praticado em momento anterior.
[10] A entrada em espécie pode consistir na simples cedência do gozo do bem. Cfr. anotação 7.3. ao art. 25º.
[11] Cfr. art. 408º CCiv.
[12] Cfr., no mesmo sentido, NUNO PINHEIRO TORRES (2003), p. 54, s..

uma vez que este tipo de entrada assume também um carácter sucessivo e duradouro no tempo. Em todo o caso, como se referiu em anotação ao art. 25º[13], a "integral realização" deste tipo de *apport* deve ter-se por verificada com a celebração do acordo pelo qual o sócio coloca à disposição da sociedade o bem que constitui a sua entrada[14].

5. As entradas em dinheiro

A possibilidade do diferimento das entradas está expressamente prevista no art. 26º apenas para as entradas em dinheiro e "nos casos e termos em que a lei o permita".

Ora, "esses casos e termos" são exclusivamente aqueles que estão consagrados nos arts. 202º, 2 e 277º, 2, respectivamente para as SQ e para as SA[15].

Ali se estabelece a possibilidade de diferimento das entradas em dinheiro, nos montantes de 50% para as SQ e de 70% para as SA. Nas SQ, no momento da celebração do contrato de sociedade, tem, ainda, de estar necessariamente realizado o montante do capital social mínimo, i.é, € 5.000 (cfr. arts. 197º, 2 e 201º)[16].

Por outro lado, nas SQ, o pagamento das entradas só pode ser diferido para datas certas ou ficar dependente de factos certos ou determinados[17], permitindo-se, em qualquer caso, exigir o seu pagamento decorridos que sejam cinco anos sobre a celebração do contrato (art. 203º, 1)[18]. Nas SA, a lei apenas permite o diferimento da realização das entradas em dinheiro por prazo não superior a cinco anos (art. 285º, 1), não impedindo expressamente o termo incerto ou a condição[19]. Em todo o caso, deve considerar-se aplicável analogicamente a proibição que, a este propósito consta do art. 203º, 1, uma vez que a identidade

---

[13] Cfr. anotação 7.3. ao art. 25º.
[14] Assim, OLIVIERI (1989), p. 227, s., que sustenta que a liberação integral da entrada se terá por verificada, desde que a sociedade possa desfrutar integral e livremente o gozo do bem, "sem necessidade de ulteriores intervenções ou mediações por parte do sócio" (p. 228). No mesmo sentido, vide também, entre nós, COUTINHO DE ABREU (2009), p. 278, e MANUEL PITA (2007), p. 786, s.
[15] Regime igualmente aplicável para as SC por acções (cfr. art. 478º).
[16] Exigência idêntica já não é feita, no entanto, para as SA.
[17] Cfr. art. 203º, 1. A lei exclui, pois, para este tipo societário, que a realização da entrada fique dependente de termo incerto ou condição.
[18] I.é, se nada se estabelecer no pacto sobre o momento da realização da entrada, ou se neste for fixado um prazo mais longo, a entrada poderá sempre ser exigida decorridos que sejam 5 anos sobre a data da constituição da sociedade (ou, se tiver sido fixado prazo de duração para a sociedade, metade do prazo de duração previsto, se este limite for inferior a 5 anos – cfr. 203º, 1, *in fine*).
[19] Vide BRITO CORREIA (1989), p. 293, s..

substancial das situações justifica a aplicação de regime idêntico. Não faria sentido, de facto, que nas SA, a realização da entrada pudesse ser incerta, ao ficar dependente da verificação de um termo incerto ou de uma condição[20].

Para as SENC, não se prevê expressamente a possibilidade de diferimento das entradas em dinheiro (cfr. arts. 175º, s.), pelo que se levanta a dúvida sobre a sua admissibilidade neste tipo social[21].

Parte da doutrina[22], face ao silêncio da lei e atendendo ao disposto no art. 26º[23], conclui não ser possível o diferimento de qualquer montante das entradas em dinheiro neste tipo social. A corroborar este entendimento está o facto de a lei não prever, para as SENC (ao contrário do que sucede nas SQ e SA), as condições (os "termos") em que pode ser efectuado esse diferimento e, sobretudo, a possibilidade de exclusão do sócio em caso de incumprimento da obrigação de entrada em dinheiro[24]. Uma vez que a entrada é, da parte do sócio, a sua inicial e principal obrigação, a lei, ao não prever a possibilidade de o excluir em virtude do não cumprimento da sua entrada em dinheiro, parece partir do princípio de que tal eventualidade nunca se verificará neste tipo social. Ora, esta certeza só é possível, se não se permitir, em caso algum, o diferimento de qualquer parcela das entradas em dinheiro.

Inversamente, outro sector da doutrina defende que, no caso das SENC, é possível o diferimento da totalidade das entradas em dinheiro[25]. Subjacente a esta posição está o princípio de que o capital social – constituído, inicialmente, por parte ou pela totalidade do valor das entradas – visa fundamentalmente desempenhar uma função de tutela e de garantia de terceiros, sendo essa a razão justificativa das especiais cautelas postas pelo legislador quanto à efectiva realização das entradas. Assim vistas as coisas, tais cautelas apenas se justificam nas sociedades de capitais. Para as SENC, uma vez que os sócios respondem solidária e ilimitadamente pelas dívidas sociais (cfr. art. 175º, 1) – estando,

---

[20] No mesmo sentido, vide RAÚL VENTURA (1989), p. 135, s..
[21] O regime das SENC é igualmente aplicável às SC simples (cfr. art. 474º).
[22] Assim, BRITO CORREIA (1989), p. 293, COUTINHO DE ABREU (2009), p. 279, nt. 169, e Cordeiro (2007), p. 590.
[23] Que apenas admite o diferimento das entradas em dinheiro "nos casos em que a lei o permita".
[24] Embora já expressamente preveja essa exclusão quanto ao sócio de indústria que fique impossibilitado de prestar à sociedade os serviços a que se obrigou. Cfr. art. 186º, 1, c).
[25] Assim doutrinava LOBO XAVIER, no seu ensino oral. No mesmo sentido, vide PAIS DE VASCONCELOS (2006), p. 266. Para essa solução concorre a letra do art. 195º, 2, quando estabelece que o liquidatário deve "reclamar dos sócios (...) as dívidas de entradas", o que supõe, em princípio, o diferimento das mesmas.

por isso, tutelados os terceiros credores – não se justificam tais exigências, o que permitiria concluir pela admissibilidade do diferimento da totalidade das entradas em dinheiro. Parece-nos, no entanto, que esta doutrina esquece as outras funções que o capital social desempenha. Este visa, é certo, garantir os credores. No entanto, desempenha também outras funções (nomeadamente a de financiamento da empresa) que não ficam asseguradas com a extrema benevolência com que, nas SENC, é encarado o cumprimento das entradas em dinheiro por esta doutrina.

Em caso de aumento de capital e em todos os tipos sociais, se a deliberação for omissa quanto ao diferimento das entradas em dinheiro, a parcela cujo pagamento foi diferido (no máximo 50% nas SQ, e 70% nas SA[26]) será exigível a partir do registo definitivo do aumento (cfr. art. 89º, 2).

Note-se, finalmente, que uma questão que se coloca ao intérprete, a propósito do diferimento das entradas em dinheiro, é a de saber se cada sócio tem de realizar a percentagem legalmente fixada (50% ou 30%, conforme se trate de SQ ou SA) da sua participação social ou se, diferentemente, o que é necessário é estar globalmente realizada tal percentagem do capital social, ainda que um ou alguns dos sócios não entreguem, de modo imediato, aquele montante da sua entrada.

Com efeito, os textos legais permitem a dúvida, uma vez que referem o diferimento de "metade das entradas em dinheiro" (art. 202º, 2, para as SQ) e a possibilidade de diferimento de "70% do valor nominal das acções" (art. 277º, 2). Na verdade, pela utilização do plural (50% das entradas; 70% do valor nominal das acções), poder-se-ia pensar que o que se tem em vista é a imediata realização daquela percentagem do total das entradas e não de cada entrada individualmente considerada.

A solução aqui deverá ser, no entanto, a de considerar que cada sócio deve realizar, no mínimo, 50% ou 30% (consoante se trate de SQ ou SA) da sua entrada em dinheiro[27]. É o entendimento que mais directamente resulta da letra da lei e que, no direito anterior, o art. 5º LSQ inequivocamente estabelecia[28]. Por isso, se fosse outro o sentido pretendido pelo legislador – até porque se tratava

---

[26] Montantes que deverão estar já realizados, para que seja possível a emissão da declaração do art. 88º, 2.
[27] Assim também, COUTINHO DE ABREU (2009), p. 280, s.; TARSO DOMINGUES (2006), p. 696, s., OSÓRIO DE CASTRO (1998), p. 292, e BRITO CORREIA (1989), p. 158. Contra, ALBINO MATOS (2001), p. 88, nt. 158.
[28] O art. 5º LSQ prescrevia (a ênfase é nossa): "Não se pode constituir a sociedade enquanto *cada um* dos sócios não houver entrado com 50 por cento do capital que dever realizar em dinheiro (...)".

de alterar o entendimento do direito pregresso – teria utilizado uma formulação que inequivocamente permitisse aquela interpretação, mencionando, p. ex., a possibilidade de diferimento, já não das entradas, mas de determinada percentagem do capital social.

A favor da solução contrária não se pode, por outro lado, invocar o disposto no art. 203º, 2. Esta norma expressamente admite – nas SQ – que as prestações por conta das quotas possam não representar, desde que haja acordo nesse sentido, fracções iguais do respectivo montante. I.é, desde que os sócios o convencionem, pode um realizar, p.ex., imediatamente 60% e outro 70% das suas entradas. A norma, porém, nada esclarece nem resolve quanto ao problema de que agora estamos a cuidar e que se prende com o montante mínimo que cada um tem de realizar.

ARTIGO 27º
Cumprimento da obrigação de entrada

1. *São nulos os actos da administração e as deliberações dos sócios que liberem total ou parcialmente os sócios da obrigação de efectuar entradas estipuladas, salvo no caso de redução do capital.*
2. *A dação em cumprimento da obrigação de liberar a entrada em dinheiro pode ser deliberada como alteração do contrato de sociedade, com observância do preceituado relativamente a entradas em espécie.*
3. *O contrato de sociedade pode estabelecer penalidades para a falta de cumprimento da obrigação de entrada.*
4. *Os lucros correspondentes a partes, quotas ou acções não liberadas não podem ser pagos aos sócios que se encontrem em mora, mas devem ser-lhes creditados para compensação da dívida de entrada, sem prejuízo da execução, nos termos gerais ou especiais, do crédito da sociedade.*
5. *Fora do caso previsto no número anterior, a obrigação de entrada não pode extinguir-se por compensação.*
6. *A falta de realização pontual de uma prestação relativa a uma entrada importa o vencimento de todas as demais prestações em dívida pelo mesmo sócio, ainda que respeitem a outras partes, quotas ou acções.*

Índice

1. O rigoroso regime relativo ao cumprimento da obrigação de entrada. O direito irrenunciável da sociedade
2. A extinção da obrigação de entrada pelo cumprimento e pela dação em cumprimento
3. A proibição da extinção da obrigação de entrada por compensação
4. O incumprimento da obrigação de entrada

Bibliografia

a) Citada:

ABREU, J. M. COUTINHO DE – *Curso de direito comercial*, vol. II., *Das sociedades*, 3ª ed., Almedina, Coimbra, 2009; ANTUNES, JOSÉ ENGRÁCIA – *Direito das sociedades*, ed. do A., 2010; CASTRO, C. OSÓRIO DE – "Alguns apontamentos sobre a realização e a conservação do capital", DJ, 1998, p. 277-295; CORDEIRO, A. MENEZES – *Código das Sociedades Comerciais anotado*, (coord. de A. Menezes Cordeiro), Almedina, Coimbra, 2009, p. 150-151; CORREIA, LUÍS BRITO – *Direito comercial*, 2º vol., *Sociedades comerciais*, AAFDL, Lisboa, 1989; CUNHA, PAULO OLAVO – *Direito das sociedades comerciais*, 4ª ed., Almedina, Coimbra, 2010;

DOMINGUES, PAULO DE TARSO – "Do capital social – Noção, princípios e funções", *Studia Iuridica*, 33, 2ª ed., Coimbra Editora, Coimbra, 2004, *Variações sobre o capital social*, Almedina, Coimbra, 2009; KÜBLER, F. – *Gesellschaftsrecht*, C. F. Müller Verlag, Heidelberg, 1999; LUTTER, M. – *Kölner Kommentar zum Akiengesetz*, Band 1, Carl Heymanns Verlag, Köln, 1988; MARTINS, ALEXANDRE SOVERAL/RAMOS, MARIA ELISABETE – "As participações sociais", *Estudos de direito das sociedades* (coord. de Coutinho de Abreu), 9ª ed., Almedina, Coimbra, 2008, p. 156-169; SÁ, FERNANDO OLIVEIRA – "A transformação de créditos em capital e o problema das entradas em espécie ocultas", *Nos 20 anos do Código das Sociedades Comerciais – Homenagem aos Profs. Doutores A. Ferrer Correia, Orlando de Carvalho e Vasco Lobo Xavier*, vol. II, Coimbra, Coimbra Editora, 2007, p. 671-703; SCHMIDT, KARSTEN – *Gesellschaftsrecht*, Carl Heymanns Verlag, Koln, 2002; SOARES, MARIA ÂNGELA COELHO BENTO – "Aumento do capital", em AAVV., *Problemas do direito das sociedades*, IDET, Almedina, Coimbra, 2002, p. 235-255; VASCONCELOS, P. PAIS DE – *A participação social nas sociedades comerciais*, 2ª ed., Almedina, Coimbra, 2006; VENTURA, RAÚL – *Alterações do contrato de sociedade*, Almedina, Coimbra, 1988, *Sociedades por quotas*, vol. 1, Almedina, Coimbra, 1989.

b) Outra:
LABAREDA, JOÃO – *Das acções das sociedades anónimas*, AAFDL, Lisboa, 1998, p. 16-36.

1. O rigoroso regime relativo ao cumprimento da obrigação de entrada. O direito irrenunciável da sociedade

Tratando-se da principal obrigação do sócio[1], a lei, para assegurar que os sócios cumprem efectivamente as entradas a que se obrigaram, estabelece um regime extremamente severo, consagrando várias medidas que visam garantir a realização daquelas[2].

---

[1] Vide *supra* anotação 2. ao art. 20º.
[2] Note-se que o problema se coloca sobretudo para as entradas em dinheiro. Quanto às entradas em espécie, uma vez que têm de ser realizadas no momento da formalização do contrato de sociedade (cfr. art. 26º), não se colocará, por via de regra, relativamente a elas, o problema do incumprimento por parte do sócio (vide, porém, sobre os problemas que se podem levantar a propósito das entradas com o mero gozo de bens, a anotação 7.3. ao art. 25º e a anotação 3. ao art. 26º). Diferentemente se passam as coisas quanto às entradas em dinheiro, uma vez que uma parte destas (50% nas SQ, e 70% nas SA – cfr. arts. 202º, 2 e 277º, 2 respectivamente) pode ser diferida para momento ulterior, pelo que é sobretudo relativamente a este tipo de entrada que se poderá colocar a questão do não cumprimento por parte do sócio. Assim também, RAÚL VENTURA (1989), p. 143, s..

Desde logo, e relativamente a todos os tipos sociais[3], o CSC prescreve que não é permitido[4] à própria sociedade – uma vez que, para além do mais, está em causa a tutela de interesses de terceiros – exonerar o sócio de efectuar a sua entrada, seja total seja parcialmente. O art. 27º, 1, é a este respeito inequívoco, ao considerar nulos "os actos da administração e as deliberações dos sócios que liberem total ou parcialmente os sócios da obrigação de efectuar as entradas". Trata-se, pois, de um direito irrenunciável da sociedade[5].

2. A extinção da obrigação de entrada pelo cumprimento e pela dação em cumprimento

Trata-se, por outro lado, de uma obrigação que, por regra, apenas se poderá extinguir pelo cumprimento.

Admite-se, no entanto, a sua extinção pela dação em cumprimento. Para que tal seja possível, é necessário proceder a uma alteração do contrato de sociedade[6], bem como observar o preceituado para as entradas em espécie, prevenindo-se, assim, que o rigoroso regime previsto para este tipo de entradas possa, por esta via, ser afastado (cfr. art. 27º, 2).

3. A proibição da extinção da obrigação de entrada por compensação

A nossa lei resolve ainda a questão – extremamente controvertida em direito comparado – da possibilidade de extinção da entrada por compensação, considerando expressamente que a mesma não é admissível (cfr. art. 27º, 5)[7].

---

[3] Especificamente para as SQ – onde a preocupação e o cuidado da lei com assegurar a integral realização das entradas são mais intensos –, estabelece-se ainda aquilo que se costuma designar por responsabilidade dos quotistas pela integração do capital social. Esta responsabilidade traduz-se no facto de os sócios de uma SQ – nos termos do art. 197º, 1 –, para além da realização da sua entrada, serem ainda solidariamente responsáveis por todas as entradas convencionadas no contrato, incluindo, portanto, as dos demais.

[4] Salvo no caso excepcional de redução do capital social, como expressamente ressalva a parte final da norma.

[5] Sendo que a obrigação de entrada perdura, mesmo que o contrato venha a ser invalidado. Na verdade, estatui o art. 52º, 4, que a declaração de nulidade ou a anulação do contrato não exonera os sócios do dever de realizar ou completar as suas entradas (salvo se estiver em causa um incapaz – cfr. art. 52º, 5).

[6] Note-se que a exigência de alteração do pacto para uma dação em pagamento como forma de extinção da obrigação de entrada, não torna o regime exactamente idêntico à realização de uma entrada em espécie na constituição da sociedade. Aqui, esta solução teria de passar pelo consentimento unânime dos sócios, enquanto num momento ulterior, e para a alteração do pacto apenas se exige uma deliberação – aprovada, é certo, por uma maioria qualificada – dos sócios.

[7] Salvo o caso, como veremos *infra* em texto, da compensação com os lucros correspondentes à respectiva participação social (cfr. art. 27º, 4).

A admissibilidade de entradas por compensação de créditos do sócio sobre a sociedade é, de facto, uma verdadeira *vexata quaestio* em direito societário comparado[8].

A favor da admissibilidade da realização da entrada por compensação de créditos tem-se dito que a posição de terceiros não fica prejudicada com esta solução, uma vez que o sócio poderia exigir o pagamento do seu crédito (com a consequente diminuição do património social e, portanto, nessa medida, em prejuízo de terceiros credores), o que deixará de poder fazer com a transformação do seu crédito em capital social. Por outro lado, porque com o aumento da cifra do capital social (que, como é sabido, constitui-se como uma "cifra de retenção") eleva-se o valor da fasquia que a situação líquida da sociedade deve ultrapassar para que seja possível a distribuição de bens pelos sócios.

Em abono da proibição da realização da entrada por compensação, tem sido defendido que tal solução se justifica, desde logo, porque a lei não rodeia das mesmas cautelas a realização da entrada e a constituição dos créditos dos sócios[9]. Depois, porque com a compensação se poderá estar a privilegiar a extinção de obrigações dos sócios, porventura em detrimento dos credores sociais[10], violando-se, assim, o princípio *par conditio creditorum*.

Nos ordenamentos jurídicos que nos são mais próximos, têm sido acolhidas diferentes e desencontradas soluções relativamente a esta matéria. Assim, e embora discutida, a posição prevalecente em Itália, França e Espanha é a de que é possível a compensação no que respeita à dívida de entrada. Diferentemente, na Alemanha e entre nós, foi expressamente consagrada a proibição da compensação como forma de extinção da obrigação de entrada.

---

[8] Sobre a questão pode ver-se FERNANDO OLIVEIRA SÁ (2007), p. 674, s., e TARSO DOMINGUES (2009), p. 224, s..

[9] Trata-se, há que reconhecê-lo, de uma preocupação que se justifica fundamentalmente em relação aos créditos que resultam do fornecimento de bens à sociedade. Com efeito, no que tange aos créditos pecuniários, a questão fica profundamente esbatida, uma vez que relativamente a estes créditos não se coloca – ao menos, no momento da sua constituição – a questão da sua avaliação. Acresce que, em caso de aumento de capital social, a lei não rodeia a realização das entradas em dinheiro das mesmas garantias e cautelas que estabelece para o momento da constituição da sociedade (desde logo, tais entradas não terão de ser, nesta hipótese, depositadas numa instituição bancária).

[10] Pense-se, p. ex., num sócio que tem uma dívida relacionada com a sua entrada no valor de 100, e que é simultaneamente credor da sociedade – *v.g.*, por fornecimentos de mercadoria a esta feitos – de igual montante. Se se permitir a compensação entre estes débito e crédito – e caso a sociedade não esteja em condições de liquidar os seus débitos –, a sociedade estará a extinguir aquela obrigação do sócio, em detrimento dos credores sociais, uma vez que o cumprimento de tal obrigação lhes poderia aproveitar (cfr. art. 30º). Vide RAÚL VENTURA (1989), p. 146 e COUTINHO DE ABREU (2009), p. 283, nt. 179.

Trata-se de uma solução que não se justifica, por princípio, para os créditos de natureza pecuniária dos sócios[11], mas apenas para os casos de créditos do sócio resultantes de transacções com a sociedade (em que se poderá colocar a questão da sobreavaliação dos bens que originaram o crédito). Dito doutro modo, de *iure condendo*[12], e tendo em conta os interesses em jogo nomeadamente a tutela dos credores sociais, nada obstará, assim nos parece, a que um sócio possa converter, de forma automática – *v.g.*, por compensação e sem sujeição ao regime das entradas em espécie –, um crédito seu de natureza pecuniária em capital social, passando a ser titular de uma (nova) participação social[13] de valor nominal idêntico ao seu crédito extinto[14]. Vale dizer, a extinção da obrigação de entrada deveria ser possível neste caso (que podemos designar por conversão de crédito em capital[15]), não havendo aqui razões justificativas para a sua proibição ou para dificultar a sua realização. De facto, não se pode dizer que, *in casu*, os interesses dos credores fiquem desacautelados. Antes pelo contrário, como acima ficou dito, o sócio credor deixa de poder exigir o pagamento do seu crédito, sendo, até, aumentada a cifra do capital social com as consequências daí decorrentes, relativas à retenção de bens no património social. Acresce que, tratando-se da conversão de créditos do sócio em capital social, através do seu aumento e da emissão de novas participações sociais, não se colocam os

---

[11] Resultado de uma entrega em dinheiro à sociedade. Neste caso, poderá entender-se que o crédito do sócio se extingue por confusão – assim, VENTURA (1988), p. 139. Note-se, no entanto, que seja qual for a configuração jurídica que se dê a esta entrada com créditos por parte do sócio, ela consistirá sempre e em qualquer caso numa entrada em espécie, que deverá, por isso, ficar sujeita ao respectivo regime. Vide *supra* anotação 7.2. ao art. 25º.

[12] Mas, sublinhe-se, não é essa a solução de *iure condito* (cfr. art. 27º, 5).

[13] Participação social que é criada em resultado e como consequência da extinção daquele crédito.

[14] Trata-se, de resto, de uma solução que foi expressamente prevista e admitida pelo nosso legislador como uma das providências específicas que as sociedades comerciais podem adoptar no âmbito do processo de insolvência. Cfr. arts. 198º, 2, b) e 203º CIRE (normas que, porém, revestem carácter excepcional, uma vez que a regra geral é precisamente a inversa – cfr. art. 27º, 5). Em todo o caso, é o próprio art. 198º, 2, b) CIRE que deixa entender que a realização da entrada com crédito é uma entrada em espécie, devendo, por isso, ficar sujeita ao respectivo regime.
Note-se, no entanto, que o nosso Supremo Tribunal já se pronunciou sobre esta questão, no âmbito do CPEREF, tendo considerado que o aumento de capital social por conversão de créditos, que consistisse numa providência de recuperação da empresa destinada a modificar o seu passivo, não ficava sujeito à avaliação por parte de um ROC, nos termos do art. 28º, 1. Cfr. Ac. STJ, de 29 de Junho de 2000, in *BMJ* 498º (2000), p. 201, s., que se pode ler na base de dados do GDDC, em <http://www.gddc.pt/bases-dados/form-pesquisa.html>.

[15] Cfr. RAÚL VENTURA (1988), p. 139.

problemas de favorecimento a que acima se aludiu[16]. Finalmente, estando em causa créditos de natureza pecuniária, não se colocam os problemas de sobreavaliação do crédito[17].

Entre nós, em face do actual direito positivo, a regra é, porém, inequívoca: é proibida a extinção da obrigação de entrada por compensação (cfr. art. 27º, 5[18]), salvo no caso excepcional de compensação com os lucros da sociedade, prevista no art. 27º, 4[19].

Daí que, se – fora do quadro do art. 27º, 4 – for feita a compensação[20], a realização daquela entrada (por compensação de créditos) será nula, por violação de norma legal imperativa, tendo o sócio de realizar em dinheiro o valor da sua entrada[21-22]. É esta, de resto, a solução que se retira do art. 25º, 4, considerando-

---

[16] Vide *supra*, nt. 10. Não se está, de facto, neste caso, a extinguir um crédito (pré-existente) da sociedade sobre o sócio mas, bem pelo contrário, com esta operação extingue-se um crédito de que o sócio era titular sobre a sociedade.

[17] Note-se que o valor – económico/real – do crédito pode, no momento da conversão em capital, não corresponder ao seu valor nominal. Nesta situação, poderá, por isso, colocar-se a questão da necessidade da sua avaliação. Em todo o caso, em situações paralelas a lei não exige tal avaliação: pense-se no aumento de capital social por incorporação de reservas – em que não se procede a qualquer avaliação – e em que estas poderão ter sido constituídas muito antes da operação de aumento do capital.

[18] Regra que é igualmente aplicável aos aumentos de capital social – cfr. art. 89º, 1.

[19] Raúl Ventura entende que entre as penalidades que, nos termos do art. 27º, 3, podem ser contratualmente fixadas para o sócio relapso, não se deve considerar admissível a sua exclusão de participação nos lucros, enquanto estiver em mora. Tal cláusula deverá ser considerada ilícita por impossibilitar o regime da compensação previsto no art. 27º, 4 – cfr. RAÚL VENTURA (1989), p. 146. Efectivamente o regime do art. 27º, 4, parece ser imperativo quando estatui que os lucros relativos aos sócios em mora *"devem ser-lhes creditados para compensação da dívida de entrada"* (o itálico é nosso).

[20] Note-se que esta solução deve valer para qualquer extinção da obrigação de entrada mediante cessão de créditos que não seja submetida ao regime das entradas em espécie, independentemente da configuração jurídica que se dê à mesma (compensação, confusão, etc.). Com efeito, a nossa lei não admite que qualquer situação de entradas em bens diferente de dinheiro – nomeadamente entradas com créditos – escape ao regime das entradas em espécie (com excepção da possibilidade de compensação com lucros, prevista no art. 27º, 4).

[21] No mesmo sentido, entre nós, FERNANDO OLIVEIRA SÁ (2007), p. 683. É a solução que tem sido igualmente aplicada no ordenamento jurídico alemão. Vide KÜBLER (1999), § 15, I, 4, c), p. 176, s., A. que entende, no entanto, que se trata de uma sanção excessiva, defendendo que se justificaria apenas a aplicação do regime derivado da *Differenzhaftung*. Note-se que esta solução (a exclusiva responsabilidade do sócio pela diferença) é aquela que – para os casos referidos em texto – foi consagrada na *MoMiG*, através da alteração da redacção do § 19 GmbHG.

[22] A Ordem dos Revisores Oficiais de Contas (OROC) já se pronunciou também sobre esta matéria – das entradas com créditos –, na Directriz de Revisão/Auditoria 841 (que se pode ler em <www.cidadevirtual.pt/croc/dra_841.html>). Aí se preconiza um tratamento diferenciado, consoante o tipo de crédito em questão. Estando em causa créditos resultantes de transacções, estabelece-se a necessidade de o ROC efectuar o relatório e a avaliação do crédito, nos termos do art. 28º. Tratando-se de créditos provenientes de entradas em dinheiro, entende a OROC que "não se está em presença de uma efectiva

-se, como inquestionavelmente se deve considerar, que a entrada com créditos – ainda que sobre a própria sociedade –, é uma entrada em espécie[23], que não foi sujeita ao regime imperativo da avaliação por parte de um ROC, com as consequências daí advenientes[24].

De resto, na Alemanha, o *Bundesgerichtshof* (Supremo Tribunal alemão) – com o aplauso da quase unanimidade da doutrina – tem alargado aquela proibição legal a situações que directamente nela não se subsumem e que se enquadram na problemática das chamadas entradas em espécie ocultas (*Verdectke Sacheinlage*[25]).

Foi o que sucedeu nomeadamente no paradigmático caso "IBH-Lemmerz"[26]. Tratava-se, ali, de uma sociedade anónima ("IBH") que era devedora a outra ("Lemmerz") de uma quantia elevada, referente a aquisição de equipamentos. Porque não tinha possibilidades de pagar tal débito, a "IBH" propôs à sociedade credora que aquele crédito fosse transformado em capital social no âmbito de uma operação de aumento de capital, o que esta aceitou. Porém, devido à proibição de compensação de créditos, a "Lemmerz" realizou uma entrada em dinheiro no dito aumento de capital, com o qual, pouco depois, foi pago o seu crédito. O *BGH* considerou que se tratava, na realidade, de uma entrada em espécie" (!!), considerando que tal situação não está abrangida pelo disposto no art. 28º, e não sendo, por isso, necessário proceder a uma avaliação daquele crédito. Se de *iure condendo* nada temos a obstar a esta interpretação, parece-nos que, manifestamente, esta não é a solução que resulta da nossa lei de *iure condito*. E com esta directriz, está a OROC a dar uma incorrecta orientação, e a induzir em erro os seus membros e os agentes económicos em geral, sobre o regime legalmente aplicável a esta concreta situação, com as gravíssimas consequências daí decorrentes. Com efeito, ao entender que as entradas com créditos de natureza pecuniária não estão abrangidas pelo regime das entradas em espécie, está a OROC a sujeitar o sócio, que realiza aquele tipo de entrada naquelas condições (nomeadamente sem a avaliação por parte de um ROC), ao risco de ter de efectuar o pagamento do valor total da sua participação em dinheiro (vide *supra*, anotação 5. ao art. 25º). Parece-nos, por isso, que – enquanto se mantiver o quadro legislativo actual – se impõe a alteração, nesta parte, daquela Directriz 841. Cfr., porém, o decidido no acórdão do STJ, a propósito de um processo de recuperação de empresa, referido *supra* na nt. 14.

[23] Assim também, RAÚL VENTURA, (1988), p. 139.
[24] Vide *supra* anotação 5. ao art. 25º: se for realizada uma entrada mediante compensação de créditos sem a necessária avaliação por parte de um ROC do crédito do sócio, será este legalmente obrigado, nos termos do art. 25º, 4, a realizar o valor da sua participação em dinheiro.
[25] No caso, tratou-se das entradas com créditos ocultos. Vide, sobre esta matéria, K. SCHMIDT (2002), § 29, II, 1, c), aa), e LUTTER (1988), § 66, *Rdn* 31, s., p. 801, s. A expressão é também usada entre nós: veja-se TARSO DOMINGUES (2004), p. 87, s., OSÓRIO DE CASTRO (1988), p. 284, que utiliza a expressão "entradas ocultas em espécie", MARIA ÂNGELA COELHO BENTO SOARES (2002), p. 243, s. (que utiliza a expressão "entradas dissimuladas"), e FERNANDO OLIVEIRA SÁ (2007), p. 671, s., que se refere às "entradas com créditos ocultos". Vide também as anotações ao art. 29º.
[26] Decisão de 15 de Janeiro de 1990, *ZIP*, 1990, p. 156, s..

entrada efectuada por compensação de créditos – legalmente inadmissível – e condenou a "Lemmerz" a efectuar um novo pagamento da sua entrada a favor da massa insolvente da "IBH", já que esta entretanto fora declarada em situação de insolvência.

Trata-se de uma solução que nos parece, dado o idêntico regime normativo, também válida no ordenamento jurídico português.

Não sendo admissível a extinção da obrigação de entrada por compensação, isto não obsta, no entanto – tem sido essa também a posição defendida na Alemanha –, que um sócio realize a sua entrada (v.g., num aumento de capital) com o crédito de que seja titular sobre a própria sociedade. Esta entrada, porque inquestionavelmente é uma entrada em bens diferentes de dinheiro, deverá, no entanto, necessariamente ficar sujeita ao regime das entradas em espécie[27].

4. O incumprimento da obrigação de entrada

Atenta a importância desta obrigação, o nosso código sanciona o não cumprimento da entrada com consequências extremamente gravosas, permitindo, de resto, expressamente que o pacto social preveja ainda outras penalidades (cfr. art. 27º, 3[28]).

Entre as sanções que resultam directamente da lei, avultam[29]:

i) a impossibilidade de se distribuírem lucros ao sócio em mora (cfr. art. 27º, 4[30]);

ii) a impossibilidade de exercer o direito de voto (cfr. art. 384º, 4, regra prevista apenas para as SA, mas aplicável a todos os tipos sociais[31]);

iii) o vencimento de todas as prestações em dívida do sócio – ainda que relativas a outras participações sociais que não aquela em que se verificou o atraso – no caso de não pagamento pontual de uma prestação relativa à obrigação de entrada (cfr. art. 27º, 6)[32];

---

[27] Vide *supra* anotações 4. e 5 ao art. 25º.
[28] Vide o que, a este propósito, ficou dito na nota 19.
[29] Cfr. COUTINHO DE ABREU (2009), p. 282, s., SOVERAL MARTINS/ELISABETE RAMOS (2008), p. 166, s., P. OLAVO CUNHA (2010), p. 274, s., BRITO CORREIA (1989), 294, s., e ENGRÁCIA ANTUNES (2010), p. 393, s.
[30] Sem prejuízo da possibilidade de compensação com a obrigação de entrada, que acima se referiu no ponto 3.
[31] Aquele regime é também aplicável às SC por acções, *ex vi* art. 478º. Por outro lado, ele é também aplicável às SQ, por força do disposto no art. 248º, 1. E idêntica solução é igualmente válida para as SENC, *ex vi* art. 189º, 1 e, consequentemente, também para as SC simples (art. 474º).
[32] O art. 27º, 6, embora idêntico, não coincide com o regime previsto no art. 781º CCiv. Desde logo, porque a norma do CSC, ao contrário da norma civil, não pode ser convencionalmente afastada pelas Partes; por outro lado, porque o art. 781º CCiv. apenas se aplica a prestações que respeitem à mesma

iv) a possibilidade de exclusão de um sócio de indústria de uma SENC[33], no caso de ele ficar impossibilitado de prestar à sociedade os serviços a que ficou obrigado (cfr. art. 186º, 1, c));

v) a possibilidade de aplicação, mesmo nas sociedades de capitais (SQ e SA), da pena capital em direito societário, i.é, a perda da participação social e exclusão de sócio da sociedade[34]. O não cumprimento da obrigação de entrada pode, de facto, conduzir – por se tratar da sua principal obrigação – ao resultado indicado, o qual, no entanto, não é imediato ou automático; ele constitui o *omega* de um longo e cuidadoso processo. Na verdade, por força da severidade da sanção a aplicar, a lei rodeia o processo de inúmeras cautelas que visam permitir ao sócio o cumprimento da obrigação em falta[35].

Note-se, finalmente, e porque se trata de um direito irrenunciável da sociedade, o art. 30º veio permitir, a qualquer credor da mesma, a possibilidade de – subrogando-se à própria sociedade – exigir dos sócios o pagamento das entradas a partir do momento em que estas sejam exigíveis ou, antes ainda desse momento, quando tal seja necessário para conservar ou satisfazer o seu crédito[36].

---

dívida, no caso do art. 27º, 6, dá-se o vencimento de todas as prestações em dívida por parte do sócio faltoso, ainda que não respeitem à obrigação de entrada em que se verificou o atraso. Cfr. RAÚL VENTURA (1989), p. 146, s., e MENEZES CORDEIRO (2009), p. 151.

[33] Regime semelhante é válido para as SC simples (art. 474º).

[34] Cfr. arts. 203,º, s., para as SQ, e 285º, 5, para as SA, solução que é obviamente também válida para as SC por acções *ex vi* art. 478º.

[35] Note-se que, mesmo no caso da exclusão do grémio societário, a preocupação de assegurar o cumprimento integral das entradas levou a que a lei estabelecesse que o sócio remisso – e com ele todos os anteriores titulares da participação social – fiquem responsáveis, perante a sociedade, pela diferença entre o produto da venda da participação social (relativamente à qual se verifica o incumprimento) e a parte da entrada em dívida – cfr. arts. 206², 1, e 286º, 1). O respectivo regime será, contudo, analisado a propósito das normas que o prevêem e regulam: arts. 203,º, s., para as SQ, e 285º, 5, para as SA.

[36] A sociedade pode, porém, fazer soçobrar este pedido dos credores nos termos do nº 2 do art. 30º: "satisfazendo-lhes os seus créditos com juros de mora, quando vencidos, ou mediante o desconto correspondente à antecipação, quando por vencer, e com despesas acrescidas". Vide PAIS DE VASCONCELOS (2006), p. 272, s..

ARTIGO 28º *
Verificação das entradas em espécie

1. As entradas em bens diferentes de dinheiro devem ser objecto de um relatório elaborado por um revisor oficial de contas sem interesses na sociedade, designado por deliberação dos sócios na qual estão impedidos de votar os sócios que efectuam as entradas.

2. O revisor que tenha elaborado o relatório exigido pelo número anterior não pode, durante dois anos contados da data do registo do contrato de sociedade, exercer quaisquer cargos ou funções profissionais nessa sociedade ou em sociedades que com ela se encontrem em relação de domínio ou de grupo.

3. O relatório do revisor deve, pelo menos:

a) Descrever os bens;

b) Identificar os seus titulares;

c) Avaliar os bens, indicando os critérios utilizados para a avaliação;

d) Declarar se os valores encontrados atingem ou não o valor nominal da parte, quota ou acções atribuídas aos sócios que efectuaram tais entradas, acrescido dos prémios de emissão, se for caso disso, ou a contrapartida a pagar pela sociedade.

e) No caso de acções sem valor nominal, declarar se os valores encontrados atingem ou não o montante do capital social correspondentemente emitido.

4. O relatório deve reportar-se a uma data não anterior em 90 dias à do contrato de sociedade, mas o seu autor deve informar os fundadores da sociedade de alterações relevantes de valores, ocorridas durante aquele período, de que tenha conhecimento.

5. O relatório do revisor deve ser posto à disposição dos fundadores da sociedade pelo menos 15 dias antes da celebração do contrato; o mesmo se fará quanto à informação referida no nº 4 até essa celebração.

6. O relatório do revisor, incluindo a informação referida no nº 4, faz parte integrante da documentação sujeita às formalidades de publicidade prescritas nesta lei, podendo publicar-se apenas menção do depósito do relatório no registo comercial.

* O texto do nº 4 foi rectificado pelo DL 280/87, de 8 de Julho; a redacção da al. d) do nº 3 foi rectificada pelo DL 257/96, de 31 de Dezembro; a actual redacção dos nºs 2 e 6 foi introduzida pelo art. 2º do DL 76-A/06, de 29 de Março; a al. e) do nº 3 foi acrescentada pelo DL 49/10, de 19 de Maio.

Índice

1. A avaliação das entradas em espécie por um ROC independente. Finalidades
2. A designação do ROC pelos sócios. Regime aplicável apenas nas operações de aumento de capital ou também na constituição da sociedade?

3. Prazo e conteúdo do relatório. Regime distinto para as participações sociais com valor nominal e para as acções sem valor nominal?

4. A estipulação contratual relativa às entradas em espécie. Consequências para a não observância dos requisitos legalmente exigidos

5. Erro na avaliação: responsabilidade pela diferença

6. Publicidade

Bibliografia

Citada:

ABREU, J. M. COUTINHO DE – *Curso de direito comercial*, vol. II., *Das sociedades*, 3ª ed., Almedina, Coimbra, 2009, *Da empresarialidade – As empresas no direito*, Almedina, Coimbra, 1996; ASCENSÃO, J. OLIVEIRA – *Direito comercial*, vol. IV – *Sociedades comerciais*, Lisboa, 2000; CORDEIRO, A. MENEZES – *Código das Sociedades Comerciais anotado* (coord. de A. Menezes Cordeiro), Almedina, Coimbra, 2009, p. 151-153; CORREIA, A. FERRER/XAVIER, V. G. LOBO/COELHO, MARIA ÂNGELA/CAEIRO, ANTÓNIO A., "Sociedade por quotas de responsabilidade limitada, Anteprojecto de Lei – 2ª redacção", *RDE* 3 (1977), nᵒˢ 1 e 2, e 5 (1979), nº 1 (separata); CUNHA, PAULO OLAVO – *Direito das sociedades comerciais*, 4ª ed., Almedina, Coimbra, 2010; DOMINGUES, PAULO DE TARSO – "Do capital social – Noção, princípios e funções", *Studia Iuridica*, 33, Coimbra Editora, Coimbra, 2ª ed., 2004, *Variações sobre o capital social*, Almedina, Coimbra, 2009, "O regime das entradas no código das sociedades comerciais", RFDUP, 2006, p. 673-723, "As acções sem valor nominal", DSR, 2010, LABAREDA, JOÃO, "Sociedades irregulares – algumas reflexões", *Novas Perspectivas do Direito Comercial*, Almedina, Coimbra, 1988, p. 177-204; MARTINS, ALEXANDRE SOVERAL/RAMOS, MARIA ELISABETE – "As participações sociais", *Estudos de direito das sociedades* (coord. de Coutinho de Abreu), 9ª ed., Almedina, Coimbra, 2008, p. 156-169; MATOS, ALBINO – *Constituição de sociedades. Teoria e prática, formulário*, 5ª ed., Almedina, Coimbra, 2001; SERENS, M. NOGUEIRA – "Notas sobre a sociedade anónima", *Studia Iuridica*, 14, Coimbra Editora, Coimbra, 2ª ed., 1997; VASCONCELOS, P. PAIS DE – *A participação social nas sociedades comerciais*, 2ª ed., Almedina, Coimbra, 2006; VENTURA, RAÚL – *Alterações do contrato de sociedade*, Almedina, Coimbra, 1988, *Sociedades por quotas*, vol. 1, Almedina, Coimbra, 1989.

1. A avaliação das entradas em espécie por um ROC independente. Finalidades

Com a obrigatória avaliação das entradas em espécie por parte de um ROC independente ("sem interesses na sociedade" – cfr. art. 28º, 1¹)[2], visa-se assegurar que a avaliação do bem que constitui a entrada do sócio é correcta, garantindo-se assim que o respectivo valor que é imputado no capital social corresponde – *rectius*, não excede[3] – ao valor venal do referido bem. A finalidade deste regime, sobretudo ordenado à protecção dos credores sociais[4], é, pois, a de assegurar o cumprimento do chamado princípio da exacta formação do capital social[5], ou seja, assegurar que o valor do património social ascende, pelo menos, à cifra do capital social[6-7].

2. A designação do ROC pelos sócios. Regime aplicável apenas nas operações de aumento de capital ou também na constituição da sociedade?

O perito incumbido da avaliação das entradas em espécie deve ser "designado por deliberação dos sócios" (art. 28º, 1). Esta redacção da norma levou a que se tivesse defendido a tese[8] de que a designação do ROC para avaliação das entradas em espécie, apenas se aplicaria aos aumentos de capital. A argumentação para sustentar tal posição fundava-se no facto de a norma se referir à designação do ROC por deliberação dos sócios e por se entender que, antes da celebração do contrato, ainda não há sociedade e, portanto, sócios (uma vez que aquela, só com

---

[1] Note-se que o ROC não poderá ter interesses actuais nem num futuro próximo na sociedade em causa. Na verdade, o art. 28º, 2 estabelece que o ROC que efectue a avaliação dos bens não poderá "durante dois anos contados da data do registo do contrato de sociedade, exercer quaisquer cargos ou funções profissionais nessa sociedade ou em sociedades que com ela se encontrem em relação de domínio ou de grupo".

[2] Trata-se de uma solução que, para as SA, é imposta pelo art. 10º da Directiva do Capital. Note-se que a Directiva – seja no art. 10º, seja no art. 10º-A (introduzido pela Directiva 2006/68/CE) – permite afastar o regime da avaliação por parte do perito independente em determinadas situações, possibilidade que não foi, porém, aproveitada pelo legislador português. Sobre esta matéria, vide também anotação 4. ao art. 25º.

[3] Uma vez que o valor da entrada pode, em parte, não ser imputado no capital, mas ser considerado ágio ou prémio de emissão. Vide também anotação 2.1. ao art. 20º.

[4] Assim também, MENEZES CORDEIRO (2009), p. 153.

[5] Sobre este princípio, vide TARSO DOMINGUES (2004), p. 71, s..

[6] Vide também *supra* anotações 1. e 4. ao art. 25º. Cfr. COUTINHO DE ABREU (2009), p. 276, s., PAIS DE VASCONCELOS (2006), p. 267, s., SOVERAL MARTINS/ELISABETE RAMOS (2008), p. 158, s., TARSO DOMINGUES (2009), p. 210, s., (2006), p. 697, s..

[7] Com este regime visa-se também, de algum modo, assegurar o princípio da igualdade de tratamento entre os sócios, na medida em que com ele se pretende conseguir que todos os sócios efectuem contribuições equitativas para a sociedade. Vide também anotação 1. ao art. 25º.

[8] Cfr. RAÚL VENTURA (1988), p. 140, (1989), p. 123, s..

o registo, aparece como ente jurídico novo)⁹. A verdade, no entanto, é que falece razão à defesa da não aplicação do regime do art. 28º, no momento da constituição da sociedade. Desde logo, pela inserção sistemática da norma (na subsecção relativa à obrigação inicial dos sócios: a obrigação de entrada), mas sobretudo pelo formalismo da argumentação apresentada que, de todo, desconsidera os interesses em causa e a *ratio* da norma, que é a de assegurar a realização do princípio da exacta formação do capital social, bem como o princípio da igualdade de tratamento entre os sócios. Por outro lado, porque aquela solução violaria frontalmente o disposto no art. 10º da Directiva do Capital. Finalmente, ainda que sem registo e sem que o acto constitutivo tenha sido celebrado pela forma legalmente exigida, podem os sócios acordar na constituição de uma sociedade – e passar a agir no tráfego jurídico em nome dessa sociedade (ou "pré-sociedade", como preferem outros) –, a qual se consubstanciará então num "*quid* não redutível às pessoas contraentes"[10], que se apresenta "como um centro autonomizado de criação e imputação de interesses juridicamente relevantes"[11]. Ou seja, ainda antes da formalização do acto constitutivo, pode haver sociedade e sócios[12], pelo que carecem de fundamento a perplexidade e as dúvidas colocadas a propósito da designação ROC pelos sócios, antes ainda da celebração, pela forma legalmente exigida, do acto de constituição da sociedade.

E sendo, portanto, o regime do art. 28º aplicável à constituição da sociedade, ele é inequivocamente também aplicável às operações de aumento de capital, por força do disposto no art. 89º, 1.

Na deliberação de designação do ROC estão impedidos de votar os sócios que efectuam as entradas, solução que sem dificuldade se compreende, uma vez que eles são parte interessada na avaliação que vier a ser feita. Importa, contudo, chamar a atenção para a hipótese de o bem que constitui a entrada dos sócios pertencer, em comum, a todos eles[13]. Nesta circunstância, quando recai sobre todos os sócios um impedimento de voto, todos eles poderão votar, sob

---

[9] Manifestando igualmente perplexidade relativamente ao teor da norma, vide ALBINO MATOS (2001), p. 83.
[10] NOGUEIRA SERENS (1997), p. 24.
[11] J. LABAREDA (1988), p. 195.
[12] Neste sentido, OLIVEIRA ASCENSÃO (2000), p. 142, COUTINHO DE ABREU (2009), p. 274, nt. 160.Veja-se, também, neste sentido a referência feita no art. 36º, 2. Vide, ainda, a este propósito, sobre a não absolutização da personalidade jurídica da sociedade comercial, COUTINHO DE ABREU (1996), p. 196, s.
[13] Pense-se, p. ex., num bem que pertence em compropriedade aos sócios. Aqui, numa interpretação literal da norma, todos estariam impedidos de votar e, portanto, não seria possível deliberar a nomeação do perito, o que impediria a realização da entrada através daquele bem.

pena de não ser possível a aprovação de deliberações[14]. Note-se, no entanto, que se todos os sócios pretenderem realizar diferentes entradas em espécie (i.é, em que o bem não pertença em comum a todos eles), já deverão necessariamente ser aprovadas deliberações distintas para a nomeação do(s) ROC(s) que procederá à avaliação de cada bem. Nada impede, contudo, que o perito indicado seja o mesmo para a avaliação de todos os bens, desde que cada sócio não vote na deliberação em que ele é designado para fazer a estima do bem que constitui a sua entrada[15].

3. Prazo e conteúdo do relatório. Regime distinto para as participações sociais com valor nominal e para as acções sem valor nominal?

O relatório do perito independente deve ser elaborado com uma antecedência não superior a 90 dias relativamente à data da formalização do contrato, devendo ainda ser dado a conhecer aos sócios fundadores "pelo menos quinze dias antes da celebração do contrato"[16]. Pretende-se com este regime assegurar que a estima do bem se mantém actual no momento da celebração do acto constitutivo. De resto, o ROC, se detectar – no período compreendido entre a data em que elaborou o relatório e o da celebração do contrato – que houve uma alteração relevante dos valores por si estimados deverá dar conhecimento desse circunstancialismo aos sócios, devendo fazê-lo agora, se necessário, no próprio momento da celebração do acto de constituição da sociedade (cfr. art. 28º, 4 e 5, *in fine*).

O relatório de avaliação do ROC deve ter o conteúdo mínimo previsto no nº 3 do art. 28º, pelo que o mesmo deve obrigatoriamente conter a descrição dos bens (al. a)), a identificação dos seus titulares (al. b)), e a avaliação dos bens e os critérios utilizados para essa avaliação (al.c)).

As alíneas d) e e) deste artigo consagram depois requisitos diferentes – ou pelo menos contêm redacções distintas –, consoante estejam em causa participações sociais com valor nominal ou acções sem valor nominal.

Para as primeiras, a al. d) estabelece que deve ficar declarado no relatório se o valor do bem atinge (ou não) o valor nominal da participação social, bem

---

[14] Vide COUTINHO DE ABREU (2009), p. 274, nt. 160.
[15] Em sentido idêntico (mas referindo-se apenas, no entanto, à hipótese em que todos os sócios realizam entradas com bens idênticos, *v.g.*, valores mobiliários), vide P. OLAVO CUNHA (2010), p. 270.
[16] Cfr. art. 28º, 4 e 5: esta antecedência de 15 dias, visa permitir aos sócios conhecer os fundamentos da avaliação e, se for caso, disso poderem reclamar (seja o sócio que realiza a entrada em espécie, sejam os outros) contra a mesma.

como, "se for caso disso", o do ágio ou prémio de emissão. Trata-se da solução correcta, uma vez que a entrada do sócio compreende também o ágio que, portanto, deve ficar sujeito ao mesmo regime jurídico[17].

Por outro lado, esta mesma alínea estatui que o relatório deve ainda, se for o caso, fazer referência "à contrapartida a pagar pela sociedade". Trata-se de uma menção que obriga a esforço interpretativo[18]. De facto, aquela expressão fazia sentido no art. 13º do chamado Projecto de Coimbra[19], onde tem a sua origem, uma vez que naquela norma era regulado o regime das entradas em espécie mas também o regime da aquisição de bens a accionistas[20]. Acontece que, no CSC, aquelas duas matérias vieram a ser objecto de regulamentação em duas normas distintas (nos arts. 28º e 29º), pelo que aquela parte final da norma deveria ter sido expurgada do texto da al. d) do art. 28º.

Em todo o caso, pode considerar-se que com aquela menção se quer significar que no relatório se devem relevar as situações em que a sociedade, em virtude da realização da entrada em espécie, tem de pagar alguma contrapartida ao sócio[21].

Para as acções sem valor nominal, a al. e)[22] estabelece agora apenas que no relatório se deve declarar se o valor da avaliação atinge (ou não) o montante do capital social correspondentemente emitido. Ora, também nas acções sem valor nominal pode haver lugar a ágio ou prémio de emissão[23]. Por isso, e pelas razões atrás expostas, deve entender-se que, também para este tipo de acções, o relatório do ROC deve igualmente indicar se o bem que constitui a entrada

---

[17] Tenha-se, desde logo, presente que o valor do ágio pode ser levado a capital (sem que, para essa operação, se exija qualquer estima por parte de um perito independente – cfr. art. 295º, 2 e 296º, c)), pelo que faz todo o sentido que o regime das entradas em espécie seja também integralmente aplicável ao ágio que resulte da realização de uma entrada deste tipo. Vide também *supra*, anotação 2.1. ao art. 20º.

[18] Vide sobre esta questão, COUTINHO DE ABREU (2009), p. 274, s., nt. 161.

[19] Cfr. FERRER CORREIA/LOBO XAVIER/MARIA ÂNGELA COELHO/ANTÓNIO CAEIRO (1977-79), p. 14, s..

[20] E por isso, ali, se justificava a referência à contrapartida que a sociedade deveria pagar pela aquisição de bens aos sócios.

[21] O sócio pode efectivamente realizar uma entrada em espécie avaliada em 100 e receber apenas uma participação social de 60. Aquela diferença (40) não terá necessariamente de ser levada a ágio, podendo o sócio ficar credor da mesma perante a sociedade que terá, portanto, de lhe pagar tal "contrapartida". Note-se, no entanto, que isto só será possível, se tal ficar expressamente exarado no contrato de sociedade (cfr. art. 19º, 4). Assim, COUTINHO DE ABREU (2009), p. 131, nt. 89.

[22] Introduzida pelo DL 49/10, de 19 de Maio, que veio consagrar, entre nós, esta figura das acções sem valor nominal.

[23] Vide TARSO DOMINGUES (2010).

do sócio atinge *in casu* o valor do ágio ou prémio de emissão que resulta daquela entrada[24].

4. A estipulação contratual relativa às entradas em espécie. Consequências para a não observância dos requisitos legalmente exigidos

Havendo entradas em espécie, no contrato de sociedade deve necessária e obrigatoriamente constar a natureza dessa entrada[25], bem como se o valor do bem que constitui a entrada do sócio cobre o valor da participação do sócio[26] (cfr. art. 9º, 1, g)[27]) e ainda a descrição dos bens e a especificação dos respectivos valores (cfr. art. 9º, 1, h)).

Se estes elementos – e só estes[28] – não constarem do contrato de sociedade, as entradas em espécie em causa serão ineficazes, nos termos do art. 9º, 2. E assim sendo, se a realização da entrada em espécie não cumprir os requisitos legalmente exigidos pelo art. 9º, o sócio será – nos termos do art. 25º, 4 – obrigado a realizar o valor da sua participação em dinheiro[29].

5. Erro na avaliação: responsabilidade pela diferença

Tendo sido efectuada a avaliação por parte do ROC, caso se venha apurar que o valor da avaliação é afinal inferior ou ao valor nominal da participação correspondentemente atribuída ao sócio ou, no caso de acções sem valor nominal, ao valor que foi imputado no capital social[30], o sócio será responsável pela diferença, nos termos do art. 25º, 2[31-32].

---

[24] É isso, de resto, o que o art. 10º, 2 da Directiva do Capital estatui para todo o tipo de acções (sejam acções com ou sem valor nominal).

[25] I.é, de que se trata de uma entrada em espécie.

[26] O valor nominal ou, caso se trate de acções sem valor nominal, o respectivo valor de emissão. Vide, sobre esta matéria, TARSO DOMINGUES (2010).

[27] É esse, assim parece, para as entradas em espécie, o entendimento que deve ser dado à parte final da referida alínea – conjugada com o disposto no art. 28º, 3, d) e e) – quando estabelece que no contrato devem mencionar-se "os pagamentos efectuados por conta de cada quota".

[28] Já não acarreta a consequência prevista no art. 9º, 2, a falta de qualquer um dos outros elementos que deve necessariamente constar do relatório do ROC, nos termos do art. 28º, 3, nomeadamente a identificação dos titulares dos bens ou critérios utilizados para a realização da avaliação.

[29] E esta solução deve obviamente valer também – por maioria de razão – para hipótese em que a descrição dos bens com a especificação dos respectivos valores não foi feita nos termos legalmente exigidos, ou seja, quando não tiver sido efectuada por um ROC, nos termos e de acordo com o disposto nos arts. 25º e 28º. Sobre esta matéria, vide também anotação 5. ao art. 25º.

[30] Cfr. as als. d) e e) do nº 3 do art. 28º.

[31] Vide *supra* anotação 4. ao art. 25º.

[32] Sobre o prazo de prescrição desta responsabilidade pela diferença, vide art. 174º.

6. Publicidade

Porque estão em causa também interesses de terceiros, a lei determina (art. 28º, 4) que deve ser dada publicidade ao relatório do ROC[33]. O regime dessa publicidade é o que resulta do art. 167º, e ainda, por força da remissão do art. 166º, o previsto no CRCom. (nomeadamente nos arts. 70º a 72º deste diploma). O relatório de avaliação efectuado pelo ROC não precisa, contudo, de ser publicado integralmente, bastando a menção de que o mesmo se encontra depositado na Conservatória do Registo Comercial (cfr. art. 28º, 6, *in fine*), o qual pode, depois, ser consultado por qualquer interessado (cfr. art. 73º CRCom.).

---

[33] Bem como às informações complementares que o ROC tenha porventura efectuado desde a data da elaboração do relatório até ao momento da celebração do acto constitutivo da sociedade (cfr. art. 28º, 4 e 6).

ARTIGO 29º *
Aquisição de bens a accionistas

1. A aquisição de bens por uma sociedade anónima ou em comandita por acções deve ser previamente aprovada por deliberação da assembleia geral, desde que se verifiquem cumulativamente os seguintes requisitos:

a) Seja efectuada, directamente ou por interposta pessoa, a um fundador da sociedade ou a pessoa que desta se torne sócio no período referido na alínea c);

b) O contravalor dos bens adquiridos à mesma pessoa durante o período referido na alínea c) exceda 2% ou 10% do capital social, consoante este for igual ou superior a € 50 000, ou inferior a esta importância, no momento do contrato donde a aquisição resulte;

c) O contrato de que provém a aquisição seja concluído antes da celebração do contrato de sociedade, simultaneamente com este ou nos dois anos seguintes ao registo do contrato de sociedade ou do aumento do capital.

2. O disposto no número anterior não se aplica a aquisições feitas em bolsa ou em processo judicial executivo ou compreendidas no objecto da sociedade.

3. A deliberação da assembleia geral referida no nº 1 deve ser precedida de verificação do valor dos bens, nos termos do artigo 28º, e será registada e publicada; nela não votará o fundador a quem os bens sejam adquiridos.

4. Os contratos donde procedam as aquisições previstas no nº 1 devem ser reduzidos a escrito, sob pena de nulidade.

5. São ineficazes as aquisições de bens previstas no nº 1 quando os respectivos contratos não forem aprovados pela assembleia geral.

* A redacção da al. b) do nº 1 foi alterada pelo DL 343/98, de 6 de Novembro; a redacção da al. c) do nº 1 foi alterada pelo art. 2º do DL 76-A/06, de 29 de Março.

Índice

1. Finalidade: obviar a entradas dissimuladas ou ocultas ou quase-entradas
2. Âmbito pessoal de aplicação
3. Âmbito temporal de aplicação
4. Âmbito material de aplicação
5. Requisitos de validade e eficácia do negócio

Bibliografia

Citada:

ABREU, J. M. COUTINHO DE – *Curso de direito comercial*, vol. II., *Das sociedades*, 3ª ed., Almedina, Coimbra, 2009; CASTRO, C. OSÓRIO DE – "Alguns apontamentos sobre a realização e a conservação do capital", DJ, 1998, p. 277-295; CORDEIRO, A. MENEZES – *Código das Sociedades Comerciais anotado* (coord. A. Menezes Cordeiro), Almedina, Coimbra, 2009, p. 153-154; CORREIA, A. FERRER/XAVIER, V. G. LOBO/COELHO, MARIA ÂNGELA/CAEIRO, ANTÓNIO A., "Sociedade por quotas de responsabilidade limitada, Anteprojecto de Lei – 2ª redacção", *RDE* 3 (1977), n°s 1 e 2, e 5 (1979), n° 1 (separata); DOMINGUES, PAULO DE TARSO – "Do capital social – Noção, princípios e funções", *Studia Iuridica*, 33, Coimbra Editora, Coimbra, 2.ª ed., 2004, "O regime das entradas no código das sociedades comerciais", RFDUP, 2006, p. 673-723; KRAFT, A. – *Kölner Kommentar zum Akiengesetz*, Band 1, Carl Heymanns Verlag, Köln, 1988; KÜBLER, F. – *Gesellschaftsrecht*, C. F. Müller Verlag, Heidelberg, 1999; MARTINS, ALEXANDRE SOVERAL/RAMOS, MARIA ELISABETE – "As participações sociais" *Estudos de direito das sociedades*, (coord. de Coutinho de Abreu), 9.ª ed., Almedina, Coimbra, 2008, p. 156-169; SÁ, FERNANDO OLIVEIRA – "A transformação de créditos em capital e o problema das entradas em espécie ocultas", *Nos 20 anos do Código das Sociedades Comerciais – Homenagem aos Profs. Doutores A. Ferrer Correia, Orlando de Carvalho e Vasco Lobo Xavier*, vol. II, Coimbra, Coimbra Editora, 2007, p. 671-703; SCHMIDT, KARSTEN – *Gesellschaftsrecht*, Carl Heymanns Verlag, Koln, 2002; SOARES, MARIA ÂNGELA COELHO BENTO – "Aumento do capital", em AAVV., *Problemas do direito das sociedades*, IDET, Almedina, Coimbra, 2002, p. 235-255; VENTURA, RAÚL – "Adaptação do direito português à 2.ª Directiva do Conselho da Comunidade Económica Europeia sobre direito das sociedades", *Documentação e Direito Comparado*, separata, Lisboa, 1981, *Sociedades por quotas*, vol. 1, Almedina, Coimbra, 1989.

1. Finalidade: obviar a entradas dissimuladas ou ocultas ou quase entradas

O fim pretendido com o regime jurídico das entradas em espécie – *e.g.*, no sentido de evitar a sobreavaliação dos bens que constituam a entrada de um sócio – seria facilmente defraudado ou circunvindo se se permitisse à sociedade, logo após a constituição, adquirir – pelo preço que livremente fosse fixado – um bem a um sócio. Na verdade, isto equivaleria materialmente à realização, por parte deste, de uma entrada *in natura*, deitando por terra todo o esforço legislativo feito relativamente a este tipo de entradas[1].

A aquisição do bem nestas condições traduzir-se-ia, de facto, e daí a designação que lhe é atribuída pela doutrina – sobretudo na Alemanha, onde a ques-

---

[1] Cfr. arts. 25º e 28º. Sobre o regime do art. 29º, pode ver-se COUTINHO DE ABREU (2009), p. 275, s., SOVERAL MARTINS/ELISABETE RAMOS (2008), p. 160, s., RAÚL VENTURA (1981), p. 31, s., (1989), p. 125, s., e TARSO DOMINGUES (2006), p. 713, s..

tão tem sido mais estudada –, numa entrada em espécie dissimulada ou oculta (*Verdectke Sacheinlage*)[2] ou ainda, como preferem alguns autores, numa "quase--entrada"[3].

Assim, para evitar aquele resultado, e de modo a evitar que um sócio[4] (será, em regra, um sócio dominante) possa realizar uma entrada em dinheiro e, de seguida, vender à sociedade – pelo preço que poderá então ser discricionariamente estabelecido – o bem com que efectivamente pretendia entrar para a sociedade, o art. 29º veio expressamente regulamentar e estabelecer restrições à aquisição de bens a accionistas[5-6].

2. Âmbito pessoal de aplicação

A primeira nota que importa referir é a de que aquela norma se aplica exclusivamente, da banda do adquirente, às SA e SC por acções. Com efeito, o legislador português – e uma vez que a Segunda Directiva abrange apenas, entre nós, as

---

[2] A expressão é também usada entre nós: veja-se TARSO DOMINGUES (2004), p. 87, s., OSÓRIO DE CASTRO (1988), p. 284, que utiliza a expressão "entradas ocultas em espécie", MARIA ÂNGELA COELHO BENTO SOARES, p. 243, s. (que utiliza a expressão "entradas dissimuladas"), e FERNANDO OLIVEIRA SÁ (2007), p. 671, s., que se refere às "entradas com créditos ocultos".

[3] Cfr., entre nós, TARSO DOMINGUES (2004), p. 87, s., e MENEZES CORDEIRO (2009), p. 154, que utiliza ainda a designação "entrada aparente".

[4] Que pretenda fugir ao regime imperativo e particularmente rigoroso das entradas em espécie (mormente a avaliação por parte de um ROC).

[5] Trata-se de um regime que resulta do art. 11º da Segunda Directiva sobre sociedades, o qual, por sua vez, se baseou, em grande medida, no regime da *Nachgründung* previsto no ordenamento jurídico alemão, no § 52 AktG. Veja-se, sobre esta matéria, por todos, K. SCHMIDT (2002), § 29, II, 1, c).
Note-se que, na Alemanha, a especial tutela dispensada à formação inicial do capital social, relacionada com a aquisição de bens por parte da sociedade, assenta em três pilares: o regime relativo às entradas em espécie (*Sacheinlage* – § 27 AktG), o instituto da *Nachgründung* (§ 52 AktG) e ainda a figura da *Sachübernahme* (também prevista no § 27 AktG). De facto, os fins que a lei visa alcançar, com as cautelas que se estabelecem relativamente à aquisição de bens aos sócios, poderão ser facilmente postergados, se idênticos cuidados não se colocarem na aquisição de bens a terceiros. Por isso, nos §§ 27 e 32 AktG prescreve-se um regime – o regime da *Sachübernahme* – semelhante ao das *Sacheinlagen* para a aquisição de bens, por parte da sociedade, a terceiros, estabelecendo-se ainda que, se a entrada de um sócio se destinar à aquisição de um determinado bem, ela é havida como entrada em espécie (cfr. § 27, 1, *in fine* AktG). Sobre a figura da *Sachübernahme*, vide esp. KRAFT (1988), § 27, *Rdn* 59, s., p. 358, s., e KÜBLER (1999), 15, I, 4, a), p. 175. A Directiva do Capital bem como a generalidade dos ordenamentos jurídicos europeus não consagraram a figura da *Sachübernahme*, pelo que a tutela pretendida pela lei, neste âmbito, fica claramente fragilizada.

[6] Note-se, no entanto, que o regime do art. 29º não previne todas as hipóteses de entradas dissimuladas. Pense-se, p. ex., no caso de com a entrada do sócio, vir subsequentemente a sociedade a liquidar um crédito daquele sócio – cfr. o caso "IBH-Lemmerz", referido *supra* na anotação 3. ao art. 27º (em que não há a aquisição de um bem por parte da sociedade, mas a extinção de um crédito). Assim também, FERNANDO OLIVEIRA SÁ (2007), p. 686.

SA –, apesar da colocação da norma na Parte Geral do CSC, limitou-se a aplicá-la às SA e SC por acções (cfr. art. 29º, 1)[7]. Embora a aplicação daquele regime se justifique igualmente para as SQ[8], não parece defensável, em face dos dados normativos do ordenamento jurídico português[9], a aplicação do disposto no art. 29º a este tipo societário[10].

Por outro lado, da banda do alienante – nos termos do art. 29º, 1, a) –, ficam abrangidos por este regime, o sócio fundador (directamente ou ainda que por interposta pessoa) e qualquer pessoa que se torne sócia[11] da sociedade no chamado "período suspeito"[12]. Refira-se que a letra da norma apenas menciona expressamente o sócio fundador e o sócio *newcomer*[13]. Deve, contudo, considerar-se que o regime do art. 29º abrange todo e qualquer sócio (sócio antigo ou newcomer) que realize uma entrada em espécie.

3. Âmbito temporal de aplicação

As aquisições que ficam abrangidas pelo regime do art. 29º são também apenas as efectuadas no chamado "período suspeito" que, entre nós, abrange o período anterior à celebração do contrato de sociedade e se prolonga até dois anos após a celebração do contrato de sociedade ou de uma operação de aumento de capital (cfr. art. 29º, 1, c)). A extensão do regime ao período posterior a um aumento de capital não é imposta pela Directiva (cfr. art. 11º da Segunda Directiva), tendo-se já defendido, de resto, que esta solução – de estender este regime ao caso do aumento de capital, com o consequente "renascimento" de um período

---

[7] Pelo que obviamente a inserção sistemática desta norma é incorrecta. Assim também, MENEZES CORDEIRO (2009), p. 154.

[8] Diferentemente, os redactores do Anteprojecto de Coimbra (cfr. nts. ao art. 14º, p. 16, s.) colocavam sérias reservas à aplicação do regime da *Nachgründung* às SQ. No entanto, avançavam um regime muito mais simplificado para as SQ, "para a hipótese de se entender que deve prevalecer a solução contrária". Cfr. arts. 14º-A e 14º-B do Anteprojecto. Vide FERRER CORREIA/LOBO XAVIER/M. ÂNGELA COELHO/ANTÓNIO CAEIRO (1977-79), p. 14, s.

[9] O texto do art. 29º é claro e, apesar da sua inserção sistemática na Parte Geral, o legislador expressamente apenas abrangeu os tipos SA e SC por acções.

[10] Em sentido diferente, vide, porém, FERNANDO OLIVEIRA SÁ (2007), p. 685, que considera dois caminhos possíveis para a aplicação daquele regime às SQ: ou a através da aplicação analógica do art. 29º ou através "do funcionamento pleno do instituto da fraude à lei".

[11] Também para este caso, se deve entender – apesar de a lei o não dizer expressamente – que o regime é aplicável seja a aquisição feita directamente ao sócio *newcomer* ou através de interposta pessoa.

[12] "Período suspeito" que se encontra balizado no art. 29º, 1, c).

[13] Não abrangendo, portanto, todo e qualquer sócio que realize uma entrada em espécie. Pense-se, p. ex. num sócio não fundador – que ingressa no grémio social num momento posterior ao da constituição – que concorre mais tarde a um aumento de capital, através da realização de uma entrada em espécie.

suspeito, sempre que ocorre tal operação – é contrária ao direito comunitário, porquanto o referido art. 11º tem carácter excepcional e, por isso, o respectivo regime não pode ser alargado a outros momentos para além do da constituição da sociedade[14].

Qualquer negócio celebrado pela sociedade e o sócio fora deste "período suspeito" não está, pois, sujeito às restrições e limitações resultantes do art. 29º.

4. Âmbito material de aplicação

Por outro lado, o regime ali estatuído não se aplica à aquisição de bens em Bolsa, em processo judicial executivo, ou a aquisições compreendidas no objecto da sociedade[15] (cfr. art. 29º, 2[16]).

Daquele regime ficam ainda excluídas as compras de bens de pequeno valor: de bens de valor inferior a 2% ou 10% do capital social, consoante este for igual ou superior a € 50.000[17] (cfr. art. 29º, 1, b))[18], assim como as aquisições gratuitas. Com efeito, apesar de este tipo de negócio não ser expressamente referido pela norma do art. 29º, a existência de um contravalor a prestar[19] pela sociedade implica necessariamente que a aquisição seja onerosa[20].

Sob a alçada da norma ficam, pois, todas as aquisições onerosas[21] – com excepção das efectuadas em Bolsa, em processo judicial executivo ou compreendidas no objecto da sociedade – que sejam consideradas de valor elevado (nos termos do art. 29º, 1, b)).

---

[14] Vide a referência a esta posição em M. ÂNGELA COELHO (2002), p. 244 que, porém, com ela não concorda.
[15] Seria, de facto, ir longe de mais colocar entraves a que, p. ex., uma sociedade têxtil pudesse comprar matérias-primas a um sócio pelo simples facto de ele ser seu accionista.
[16] O art. 29º, 2 reproduz o art. 11º, 2 da Segunda Directiva, o qual, por sua vez, deixa ainda de fora do regime as aquisições feitas sob a fiscalização de uma autoridade administrativa.
[17] Como bem nota Coutinho de Abreu, não faz sentido a referência a um capital social inferior a 50.000€, uma vez que este é o valor mínimo do capital para as sociedades abrangidas pelo art. 29º (cfr. art. 276º, 3 e 478º). Vide COUTINHO DE ABREU (2009), p. 276, nt. 166.
[18] A Directiva, seja qual for o valor do capital social, apenas determina a aplicação do regime a aquisições cujo valor exceda "um décimo do capital subscrito".
[19] Cfr. art. 29º, 1, b).
[20] Assim, RAÚL VENTURA (1981), p. 33.
[21] A aquisição não terá necessariamente de resultar de uma compra. A lei utiliza propositadamente o vocábulo "contravalor" e não "preço", de modo a abranger outros negócios, que não apenas o contrato de compra e venda. Com efeito, o prejuízo que se visa prevenir poderá muito bem ser causado, p. ex., através de um contrato de troca. Assim, RAÚL VENTURA (1981), p. 34.

5. Requisitos de validade e eficácia do negócio

Para os negócios que se subsumam nos âmbitos pessoal, temporal e material *supra* referidos, o art. 29º estabelece um regime particularmente rigoroso, prevendo três requisitos cumulativos que terão de ser observados para que seja válida e eficaz a aquisição de um bem pela sociedade a um sócio:

a) o contrato de aquisição deverá ser reduzido a escrito, sob pena de nulidade (art. 29º, 4);

b) a aquisição deverá ser previamente aprovada por deliberação da AG (art. 29º, 1), na qual não pode votar o accionista, a quem os bens sejam adquiridos[22], sob pena de ser ineficaz em relação à sociedade (art. 29º, 5)[23]. Se o negócio não tiver sido previamente aprovado por deliberado da AG – e uma vez que a falta deste requisito é sancionada com a mera ineficácia –, poderá ser posteriormente ratificado pela sociedade[24], desde que observados os requisitos que a lei exige para a celebração (válida e eficaz) deste tipo de negócios[25]; e

c) o bem a adquirir deverá ser avaliado por um ROC, nos mesmos termos previstos para as entradas em espécie (arts. 29º, 3 e 28º). Se esta avaliação não for feita, nos termos legalmente prescritos, deve considerar-se aplicável – porque estão em causa interesses de terceiros – solução idêntica à prevista para o paralelo incumprimento relativo às entradas em espécie e, por isso, deverá o sócio devolver à sociedade o valor que dela recebeu pelo bem que para ela transmitiu[26].

---

[22] Note-se que o art. 29º, 3, *in fine* apenas se refere ao impedimento de voto do "sócio fundador". Mas aquele regime aplica-se a todo e qualquer sócio – fundador ou não – que realize uma entrada em espécie. Trata-se, de resto, da solução que resulta do art. 384º, 6, d).

[23] Esta deliberação – porque estão aqui em causa interesses de terceiros – deve ser registada e publicada. Cfr. art. 29º, 3.

[24] Vide OSÓRIO DE CASTRO (1988), p. 290.

[25] *V.g.*, a sua aprovação por uma deliberação dos sócios em que não pode votar o sócio interessado.

[26] Vide anotação 5. ao art. 25º.

ARTIGO 30º
Direitos dos credores quanto às entradas

1. Os credores de qualquer sociedade podem:
a) Exercer os direitos da sociedade relativos às entradas não realizadas, a partir do momento em que elas se tornem exigíveis;
b) Promover judicialmente as entradas antes de estas se terem tornado exigíveis, nos termos do contrato, desde que isso seja necessário para a conservação ou satisfação dos seus direitos.
2. A sociedade pode ilidir o pedido desses credores, satisfazendo-lhes os seus créditos com juros de mora, quando vencidos, ou mediante o desconto correspondente à antecipação, quando por vencer, e com as despesas acrescidas.

Índice
1. Sub-rogação da sociedade-devedora pelos credores sociais
   1.1. Entradas exigíveis
   1.2. Entradas não exigíveis
2. Aspectos processuais

Bibliografia
a) Citada:
ABREU, J. M. COUTINHO DE – *Curso de direito comercial*, vol. II – *Das sociedades*, 3ª ed., Almedina, Coimbra, 2009; BRITO, T. QUINTELA DE – "Uma perspectiva sobre a substituição processual legal e o caso julgado e a eficácia subjectiva do caso julgado", em AAVV., *Estudos em Memória do Professor Doutor João Castro Mendes*, Lex, Lisboa, 1995, p. 101-148; CASTRO, A. ANSELMO DE – *Direito processual civil declaratório*, vol. II, Almedina, Coimbra, 1982; CORDEIRO, A. MENEZES – *Direito das obrigações*, 2º vol., AAFDL, Lisboa, 1980, *Manual de direito das sociedades*, I – *Das sociedades em geral*, 2ª ed., Almedina, Coimbra, 2007, "Artigo 30º", em *Código das Sociedades Comerciais anotado* (coord. de A. Menezes Cordeiro), Almedina, Coimbra, 2009, p. 154-155; CORREIA, L. BRITO – *Direito comercial*, 2º vol., AAFDL, Lisboa, 1989; CORREIA, M. PUPO, *Direito comercial. Direito da empresa* (c/ colab. de António José Tomás e Octávio Castelo Paulo), Ediforum, Lisboa, 2009; COSTA, M. JÚLIO DE ALMEIDA – *Direito das obrigações*, 12ª ed., Almedina, Coimbra, 2009; DOMINGUES, PAULO DE TARSO – *Do capital social. Noção, princípios e funções*, 2ª ed., Coimbra Editora, Coimbra, 2004, "O regime das entradas no Código das Sociedades Comerciais", RFDUP, 2006, p. 673-723, *Variações sobre o capital social*, Almedina, Coimbra, 2009; FREITAS, J. LEBRE DE/REDINHA, JOÃO/PINTO, RUI – *Código de Processo Civil anotado*, vol. 1º, Coimbra Edi-

tora, Coimbra, 1999; FREITAS, J. LEBRE DE – *Introdução ao processo civil. Conceito e princípios gerais à luz do Código revisto*, Coimbra Editora, Coimbra, 1996; GONÇALVES, L. DA CUNHA – *Comentário ao Código Comercial português*, vol. I., Empreza Editora J. B., Lisboa, 1914; REGO, MARGARIDA LIMA – "As partes processuais numa acção em sub-rogação", Themis, 2006, p. 63-108; RIBEIRO, M. FÁTIMA – *A tutela dos credores da sociedade por quotas e a "desconsideração da personalidade jurídica"*, Almedina, Coimbra, 2009; VASCONCELOS, P. PAIS DE – *A participação social nas sociedades comerciais*, 2ª ed., Almedina, Coimbra, 2006.

b) Outra:

LIMA, PIRES DE/VARELA, ANTUNES – *Código Civil anotado*, vol. I (Artigos 1º a 761º), 4ª ed. (c/ colab. de Manuel Henrique Mesquita) Coimbra Editora, Coimbra, 1987; MARTINS, ALEXANDRE DE SOVERAL/RAMOS, M. ELISABETE – "As participações sociais", em AAVV. (coord. de Coutinho de Abreu), *Estudos de direito das sociedades*, 9ª ed., Almedina, Coimbra, 2008, p. 131-171.

1. Sub-rogação da sociedade-devedora pelos credores sociais

Nos termos do art. 20º, a), todo o sócio é obrigado a entrar para a sociedade com bens susceptíveis de penhora ou, nos tipos de sociedade em que tal seja permitido, com indústria. Por intermédio da entrada, a sociedade obtém dos sócios recursos (dinheiro, bens diferentes de dinheiro e serviços) que serão usados na prossecução da(s) actividade(s) económica(s) que constitui/constituem o seu objecto[1]. A realização das entradas interessa também aos credores sociais, pois faz integrar no património da sociedade bens que poderão ser usados para satisfazer os créditos daqueles[2].

Pode acontecer que a sociedade adopte um comportamento omissivo ou menos diligente na cobrança das entradas em dívida[3]. Também pode acontecer que as entradas ainda não exigíveis sejam necessárias para a conservação ou satisfação dos direitos dos credores sociais.

O art. 30º, 1, permite que os credores exerçam os direitos da sociedade relativos às *entradas não realizadas* a partir do momento em que elas se tornem exigíveis,

---

[1] Sobre a função de produção ou de financiamento do capital social, v. TARSO DOMINGUES (2004), p. 262, s., (2009), p. 560, s..

[2] PAIS DE VASCONCELOS (2006), p. 273, refere que o sócio está obrigado perante a sociedade a realizar a sua entrada, mas "secundariamente" também se encontra "vinculado" perante os credores sociais a "proceder às entradas".

[3] PAIS DE VASCONCELOS (2006), p. 273, afirma que a sociedade não tem "o dever de agir no sentido de forçar o cumprimento pelo sócio remisso das suas obrigações de entrada".

ou *promovam judicialmente as entradas* antes de elas se terem tornado exigíveis. A doutrina entende pacificamente que esta norma constitui uma manifestação da figura da *sub-rogação do credor ao devedor*[4], prevista genericamente nos arts. 606º e s. do CCiv. como um dos meios de conservação da garantia patrimonial. Consagram estes preceitos a chamada *sub-rogação propriamente dita*. Nesta acepção de sub-rogação[5] não existe uma substituição na titularidade do direito (o direito à entrada mantém-se na titularidade da sociedade), mas sim confere-se ao credor da sociedade uma actuação jurídica pela qual ele vai forçar o ingresso das entradas no património social. "O credor age na qualidade de representante ou substituto legal do devedor, tudo se passando como se os actos fossem praticados por este"[6].

Por conseguinte, reconhece-se aos credores sociais o direito de exigir que as entradas não realizadas ingressem no património da sociedade (-credora desta obrigação de entrada). E será a partir do património da sociedade (agora enriquecido com os bens que constituem as entradas) que os diversos credores sociais poderão conseguir a satisfação dos seus créditos[7]. Os bens que ingressarem no património da sociedade poderão ser agredidos não só pelos credores sociais que procederam à sub-rogação do credor pelo devedor como por todos os outros que não tiveram tal iniciativa.

A questão que se levanta é a de saber se, ao abrigo do art. 30º, os credores sociais podem exercer os direitos da sociedade relativamente a todo os tipos de entradas ou se, de modo mais restrito, só podem exigir para a sociedade entradas em dinheiro e em espécie. Nas entradas em indústria, o sócio vincula-se a prestar determinado trabalho ou serviço em benefício da sociedade[8]. Só admissíveis nas sociedades em nome colectivo ou relativamente aos sócios comanditados (arts. 176º e 468º *a contrario*), as entradas em indústria não se coadunam com o princípio da imediata e integral liberação, sendo executadas ao longo da vida da sociedade[9]. As entradas em indústria são insusceptíveis de

---

[4] BRITO CORREIA (1989), p. 296, TARSO DOMINGUES (2006), p. 722, (2009), p. 250, MENEZES CORDEIRO (2009), p. 155, PUPO CORREIA (2009), p. 220, FÁTIMA RIBEIRO (2009), p. 622. Na jurisprudência, pronunciou-se neste sentido o Ac. do RP de 13/11/2006, CJ, 2006, V, p. 176.
[5] Para outras acepções, v. ALMEIDA COSTA (2009), p. 852.
[6] Cfr. ALMEIDA COSTA (2009), p. 852.
[7] Cfr. o art. 609º do CCiv..
[8] Cfr. TARSO DOMINGUES (2006), p. 687, s.. Se o sócio se impossibilitar de prestar os serviços a que se obrigou poderá a sociedade excluí-lo, tendo o sócio direito ao valor da sua parte social, calculado nos termos do nº 2 do art. 105º, conforme determina o art. 186º, 1, c).
[9] Cfr. COUTINHO DE ABREU (2009), p. 282; TARSO DOMINGUES (2009), p. 195.

execução forçada porque, por um lado, ninguém pode ser obrigado a trabalhar e, por outro lado, elas consubstanciam, normalmente, uma prestação de facto infungível, o que impede que a prestação seja efectuada por outrem à custa do sócio[10]. A entrada em indústria "não se apresenta como um meio de garantia para os terceiros credores"[11].

Na sub-rogação do credor ao devedor apenas se admite que o credor faça valer contra terceiros (vale por dizer, sócios) os direitos de conteúdo patrimonial de que seja titular a sociedade-devedora, ressalvados os que, em virtude da sua própria natureza, sejam insusceptíveis de exercício por pessoa diversa do respectivo titular (art. 606º, nº 1)[12]. Por força deste preceito, são excluídos da sub-rogação "os direitos que, como consequência de preceito legal ou da sua natureza, só puderem ser exercidos pelo próprio titular"[13]. Em consequência, os *direitos da sociedade quanto às entradas em indústria* não podem ser efectivados pelos credores sociais, ao abrigo do art. 30º.

1.1. Entradas exigíveis

Nos termos do art. 30º, 1, a), os credores de qualquer sociedade podem "exercer os direitos da sociedade relativos às entradas não realizadas, a partir do momento em que elas se tornem exigíveis". A norma tem em vista, em primeira linha, os casos em que a lei admite diferimento das *entradas em dinheiro* (arts. 26º, 202º, 2; 277º, 2)[14]. As entradas em espécie devem ser realizadas até ao momento da celebração do contrato de sociedade (art. 26º), seguindo-se, portanto, quanto a estas, a via da "integral liberação"[15]. Portanto, em princípio, a partir da celebração do acto constituinte, as entradas em espécie integram o património da sociedade.

Pode acontecer, todavia, que sejam ineficazes as estipulação sobre entradas em espécie (art. 9º, 2), que a sociedade seja privada, por acto legítimo de terceiro do bem prestado pelo sócio, que se tenha tornado impossível a prestação (art. 25º, 3) ou que a entrada em espécie tenha sido sobreavaliada (art. 25º, 2)[16]. Nestes casos, ao sócio é exigido que preste a entrada em dinheiro (art. 25º, 3) e

---

[10] Cfr. TARSO DOMINGUES (2006), p. 688.
[11] TARSO DOMINGUES (2006), p. 688.
[12] Cfr. ALMEIDA COSTA (2009), p.853.
[13] Cfr. ALMEIDA COSTA (2009), p. 853.
[14] V., no entanto, os arts. 279º, 2, do CSC e 201º, 2, do CIRE. Sobre as particularidades, quanto às entradas em dinheiro, dos processos especiais de constituição de sociedades por quotas e anónimas, v. os arts. 7º do DL nº 111/2005, de 8 de Julho, e 6º, 1, e), do DL 125/2006, de 29 de Junho.
[15] TARSO DOMINGUES (2009), p. 211.
[16] Sobre a responsabilidade pela diferença, v. TARSO DOMINGUES (2006), p. 697, s..

que entregue a diferença entre o valor da entrada em espécie e o valor nominal da participação social ou do valor de emissão das acções sem valor nominal (art. 25º, 2)[17]. O credor da sociedade também poderá sub-rogar-se na posição desta para exigir que o sócio(s) cumpra(m) estas prestações para com a sociedade.

Havendo *diferimento de parte das entradas* em dinheiro, a dívida do sócio torna-se exigível depois da interpelação da sociedade para o cumprimento[18]. A interpelação constitui, precisamente, "o acto pelo qual o credor exige ou reclama do devedor o cumprimento da obrigação"[19]. Tanto para as sociedades anónimas como para as sociedades por quotas, a fixação de datas certas não dispensa a interpelação efectuada pela sociedade (art. 203º, 3, 285º, 2)[20].

A lei não estabelece qualquer prazo para o cumprimento da obrigação de entradas nas situações previstas no art. 25º, 2, 3. Deverá considerar-se aplicável o art. 777º, 1, do CCiv.. E, por conseguinte, na ausência de prazo, a sociedade deverá interpelar o sócio para cumprir.

1.2. Entradas não exigíveis

O art. 30º, 1, b), permite que o credor possa promover *judicialmente* as entradas antes de estas se *terem tornado exigíveis*, mas desde que "isso seja necessário para a conservação ou satisfação dos seus direitos". Integram esta hipótese as situações em que a entrada não é exigível porque ainda não se esgotou o prazo para o cumprimento ou a sociedade não procedeu à interpelação dos sócios devedores. A hipótese da alínea b) é mais exigente do que a que está prescrita na alínea a), porque, por um lado, requer que seja *judicial* a promoção da sub-rogação e, por outro, exige que o ingresso da entrada em dívida no património social seja *necessário* para a conservação ou satisfação dos seus direitos.

Compreende-se, por um lado, que a hipótese do art. 30º, 1, b), seja mais rigorosa do que a prevista na alínea a), na medida em que ao sócio pode ser exigido que cumpra a sua obrigação, antes de esta se ter tornado exigível. O que pode significar que, nos termos do art. 30º, 1, b), o sócio(-devedor da entrada) fique privado do benefício do prazo (seja do prazo do diferimento, seja do prazo fixado na interpelação), não por razões ligadas à consistência do seu património (art. 780º, 1, do CCiv.), mas sim por motivos conexionados com a

---

[17] Esta redacção do art. 25º, 3, foi dada pelo art. 2º do DL 49/2010, de 19 de Maio.
[18] Neste sentido, v. o Ac. do RP de 13/ 11/2006, CJ, 2006, V, p. 176.
[19] ALMEIDA COSTA (2009), p. 1008.
[20] Admitindo a possibilidade de o estatuto não estabelecer qualquer prazo para a cobrança da entrada diferida, v. COUTINHO DE ABREU (2009), p. 281.

situação patrimonial da sociedade[21]. Daí as exigências de, por um lado, haver intervenção do tribunal e, por outro, de o credor alegar e provar a necessidade do ingresso da entrada para a conservação ou satisfação dos seus direitos.

O art. 30º, 1, b), legitima o credor social a exercer a sub-rogação quando "isso seja necessário para a *conservação* dos seus direitos"[22]. Neste segmento da norma parece estar pressuposto que o credor da sociedade é titular de um *crédito não vencido* e que no lapso de tempo até ao vencimento podem ocorrer prejuízos irreparáveis para a conservação da garantia patrimonial. Daí o interesse, tutelado pela lei, do credor social em exercer a acção sub-rogatória como acto conservatório[23].

2. Aspectos processuais

O art. 30º reconhece aos credores da sociedade *legitimidade activa* para efectivarem o direito da sociedade às entradas em dívida. Sendo exercida judicialmente a sub-rogação, é necessária a citação da sociedade devedora (art. 608º do CCiv.), formando-se, por conseguinte, um *litisconsórcio necessário*[24] entre esta e os credores sociais.

Seguindo muito de perto o art. 148º, § 2º, do CCom., o art. 30º, 2, determina que a sociedade pode "ilidir o pedido desses credores" satisfazendo-lhes os seus créditos com juros de mora, quando vencidos, ou mediante o desconto correspondente à antecipação, quando por vencer, e com as despesas acrescidas[25]. Procedendo esta "excepção do pagamento"[26], o interesse dos credores

---

[21] No caso decidido pelo Ac. do RP de 13/11/2006, CJ, 2006, v, p. 174, s., a Autora (credora da sociedade demandada) formulou o pedido de sub-rogação ao abrigo do art. 30º, 1, a). Foi dado como provado que a sociedade devedora não tinha quaisquer bens susceptíveis de penhora. Não se provou que a sociedade tivesse interpelado os sócios para cumprirem a parte da entrada em dinheiro em dívida, ainda que já tivesse decorrido o prazo contratual de diferimento de três anos. Perante a factualidade provada, o RP considerou que se encontrava verificada a hipótese do art. 30º, 1, b), do CSC. Em consequência, declarou a sub-rogação da Autora nos créditos de entradas da sociedade(-devedora) sobre os sócios que foram condenados a efectuar a favor da sociedade o pagamento das entradas em dívida, até ao limite necessário para a conservação ou satisfação dos direitos do credor da sociedade.

[22] O itálico não consta do texto original.

[23] O art. 607º do CCiv. reconhece em termos gerais a legitimidade dos credores a prazo ou condicionais para o exercício da sub-rogação.

[24] Neste sentido, v. MENEZES CORDEIRO (1980), p. 487, s. No sentido de que se trata de um litisconsórcio activo v. LEBRE DE FREITAS/JOÃO REDINHA/RUI PINTO (1999), p. 56. Preferindo a caracterização de litisconsórcio recíproco, v. MARGARIDA REGO (2006), p. 101.

[25] MENEZES CORDEIRO (2007), p. 593, considera o preceito dispensável, porque o pagamento pode ser feito por terceiro ou antecipado pelo devedor.

[26] MENEZES CORDEIRO (2009), p. 155.

sociais é satisfeito pela própria sociedade que paga o crédito (com juros de mora, se já vencido, com o desconto se ainda por vencer) e as despesas acrescidas. Decai, por conseguinte, o pedido dos credores sociais.

Discute-se, quanto à acção sub-rogatória em geral, se os credores são substitutos processuais do devedor[27]/[28]. Nos casos de substituição processual, a lei admite, como parte no processo e litigando em nome próprio, um terceiro que não é sujeito da relação material controvertida, ou titular do interesse em causa na acção. O substituto, provocando a tutela jurisdicional do interesse do substituído, pretende obter a tutela, por via indirecta, do seu próprio interesse, elemento que permitirá distinguir a substituição processual da representação[29].

---

[27] No sentido de que o 148º do CCom. (um dos antecedentes normativos do actual art. 30º do CSC) constituía um exemplo de substituição processual, v. CUNHA GONÇALVES (1914), p. 323; ANSELMO DE CASTRO, (1982), p. 196, s.. Mais recentemente, no sentido de que a sub-rogação propriamente dita configura um caso de substituição processual, v. TERESA BRITO (1995), p. 105; LEBRE DE FREITAS (1996), p. 61, s., nt. 5-A; FÁTIMA RIBEIRO (2009), p. 614.

[28] CUNHA GONÇALVES (1914), p. 323.

[29] FÁTIMA RIBEIRO (2009), p. 613, nt. 123.

SUBSECÇÃO III
CONSERVAÇÃO DO CAPITAL

ARTIGO 31º *
Deliberação de distribuição de bens e seu cumprimento

1. Salvo os casos de distribuição antecipada de lucros e outros expressamente previstos na lei, nenhuma distribuição de bens sociais, ainda que a título de distribuição de lucros de exercício ou de reservas, pode ser feita aos sócios sem ter sido objecto de deliberação destes.

2. As deliberações dos sócios referidas no número anterior não devem ser cumpridas pelos membros da administração se estes tiverem fundadas razões para crer que:

a) Alterações entretanto ocorridas no património social tornariam a deliberação ilícita, nos termos do artigo 32º;

b) A deliberação dos sócios viola o preceituado nos artigos 32º e 33º;

c) A deliberação de distribuição de lucros de exercício ou de reservas se baseou em contas da sociedade aprovadas pelos sócios, mas enfermando de vícios cuja correcção implicaria a alteração das contas de modo que não seria lícito deliberar a distribuição, nos termos dos artigos 32º e 33º

3. Os membros da administração que, por força do disposto no número anterior, tenham deliberado não efectuar distribuições deliberadas pela assembleia geral devem, nos oito dias seguintes à deliberação tomada, requerer, em nome da sociedade, inquérito judicial para verificação dos factos previstos nalguma das alíneas do número anterior, salvo se entretanto a sociedade tiver sido citada para a acção de invalidade de deliberação por motivos coincidentes com os da dita resolução.

4. Sem prejuízo do disposto no Código de Processo Civil sobre o procedimento cautelar de suspensão de deliberações sociais, a partir da citação da sociedade para a acção de invalidade de deliberação de aprovação do balanço ou de distribuição de reservas ou lucros de exercício não podem os membros da administração efectuar aquela distribuição com fundamento nessa deliberação.

5. Os autores da acção prevista no número anterior, em caso de improcedência desta e provando-se que litigaram temerariamente ou de má fé, serão solidariamente responsáveis pelos prejuízos que a demora daquela distribuição tenha causado aos outros sócios.

* O texto do nº 4 foi rectificado pelo DL 280/87, de 8 de Julho; a redacção do nº 3 foi rectificada pelo DL 257/96, de 31 de Dezembro.

Índice

1. Atribuição de bens aos sócios: a competência da colectividade dos sócios
2. Excepções: a distribuição antecipada de lucros e outros casos "expressamente previstos na lei"
3. A execução e a justificada inexecução da deliberação de atribuição de bens aos sócios. Regime
4. A responsabilidade pela litigância temerária ou de má fé

Bibliografia

a) Citada:

ABREU, J. M. COUTINHO DE – *Curso de direito comercial*, vol. II., *Das sociedades*, 3ª ed., Almedina, Coimbra, 2009, *Direito comercial – Relatório sobre o programa, os conteúdos e os métodos de ensino*, Coimbra, 1999; ALMEIDA, A. PEREIRA DE – *Sociedades comerciais e valores mobiliários*, Coimbra Editora, Coimbra, 2008; CARY, WILLIAM L./EINSENBERG, MELVIN ARON – *Cases and materials on corporations*, Westbury, New York, The Foundation Press, 1995; CLARK, ROBERT CHARLES – *Corporate law*, Little, Brown and Company, Boston, 1986; CORREIA, A. FERRER, *Lições de direito comercial*, vol. II, *Sociedades comerciais. Doutrina geral*, edição policopiada, Coimbra, 1968; CUNHA, PAULO OLAVO – *Direito das sociedades comerciais*, 4ª ed., Almedina, Coimbra, 2010; DOMINGUES, PAULO DE TARSO – "Capital e património sociais, lucros e reservas", *Estudos de direito das sociedades* (coord. de Coutinho de Abreu), 9ª ed., Almedina, Coimbra, 2008, p. 173-233; HAMILTON, R. – *The law of corporations*, West Publishing Company, St. Paul, Minnesota, 2000; LUTTER, M., *Kölner Kommentar zum Akiengesetz*, Band 1, Carl Heymanns Verlag, Köln, 1988; MARTINS, A. SOVERAL – "Suspensão de deliberações de sociedades comerciais: alguns problemas", *ROA*, ano 63 (2003), I/II, p. 345-373; PITA, MANUEL – *Direito aos lucros*, Almedina, Coimbra, 1989; SANTOS, F. CASSIANO DOS – "A posição do accionista face aos lucros de balanço. O direito do accionista ao dividendo no código das sociedades comerciais", *Studia Iuridica*, 16, Coimbra Editora, Coimbra, 1996, "O direito aos lucros no código das sociedades comerciais (à luz de 15 anos de vigência)", *Problemas de direito das sociedades*, IDET, Almedina, Coimbra, 2002, p. 185-199; VASCONCELOS, P. PAIS DE – *A participação social nas sociedades comerciais*, 2ª ed., Almedina, Coimbra, 2006; VENTURA, RAÚL –*Sociedades por quotas*, vol. 1, Almedina, Coimbra, 1989.

b) Outra:

CÂMARA, PAULO – *Código das Sociedades Comerciais anotado* (coord. de A. Menezes Cordeiro), Almedina, Coimbra, 2009, p. 154-158.

1. Atribuição de bens aos sócios: a competência da colectividade dos sócios

No ordenamento jurídico português, o art. 31º – é essa também a regra no direito societário europeu – expressamente estabelece que a competência para deliberar sobre a atribuição de bens[1], seja a que título for[2], aos sócios cabe, em princípio[3], exclusivamente aos próprios sócios[4].

Obviamente, *il va sans dire*, o que está aqui em causa é a atribuição de bens aos sócios, nessa qualidade. Nada impedirá, com efeito, que o órgão de administração – independentemente de uma qualquer deliberação social nesse sentido – entregue bens aos sócios, quando eles se apresentem perante a sociedade como um qualquer terceiro, nomeadamente enquanto parte em negócios com ela celebrados[5], i.é, enquanto titulares de um direito de crédito extra-corporativo[6].

Sublinhe-se, por outro lado, que este regime do art. 31º é um regime imperativo que limita, por isso, os próprios poderes dos sócios, seja ao nível da modelação do contrato social, seja ao nível das deliberações sociais. Donde, qualquer cláusula contratual bem como qualquer deliberação social[7], ainda que resultem do consenso unânime dos sócios, que violem aquele regime legal injuntivo – atribuindo competência ao órgão de administração para distribuir bens aos sócios sem a necessária e prévia deliberação social – enfermarão de nulidade (cfr. art. 294º CCiv. e art. 56º, 1, d)).

---

[1] Quaisquer que sejam os bens (dinheiro ou bens em espécie).
[2] Seja a título de lucros, reservas, ou a qualquer outro título. O texto da lei é cristalino: "*nenhuma distribuição de bens sociais [o itálico é nosso] (...) pode ser feita aos sócios sem ter sido objecto de deliberação destes*" (cfr. art. 31º, 1).
[3] É o próprio art. 31º que desde logo ressalva, no entanto, algumas excepções à regra: "os casos de distribuição antecipada de lucros e outros expressamente previstos na lei".
[4] É diferente o regime nos EUA, onde a competência cabe, em regra, exclusivamente ao *board of directors*, considerando-se que é a *business judgement rule* que deve presidir a esta matéria: "the director's decision to declare dividends is a matter of business judgement". Cfr. CLARK (1986), p. 593, s., CARY/EISENBERG (1995), p. 1332, s., HAMILTON (2000), p. 233, s. e 575 s., e § 6.40 RMBCA.
[5] Pense-se, p. ex., no pagamento, por parte da sociedade, do preço relativo à aquisição de um qualquer bem a determinado sócio. Tenham-se, no entanto, presentes as restrições legais à celebração de negócios entre a sociedade e os respectivos sócios (cfr., nomeadamente, o disposto no art. 29º).
[6] Direitos extra-corporativos são aqueles que "não competem ao sócio a este título: são direitos estranhos à relação de socialidade". Vide FERRER CORREIA (1968), p. 348.
[7] P. ex., uma deliberação social que atribua, durante um determinado número de exercícios, competência ao órgão de administração para proceder à distribuição de lucros sem necessidade de deliberação dos sócios.

Afora os casos expressamente previstos na lei[8], o órgão de administração não pode decidir a atribuição de bens aos sócios *qua tale*. Se o órgão de administração deliberar uma atribuição de bens aos sócios – violando o regime legal imperativo da competência dos órgãos societários sobre esta matéria –, tal deliberação será nula (art. 56º, 1, d)[9]) e os sócios terão, em princípio, que devolver os valores que receberam[10].

Acresce que os gerentes ou administradores que atribuam bens aos sócios, sem uma prévia deliberação social, ficam sujeitos a sanções penais[11], podendo ainda ser responsabilizados pela sociedade ou por terceiros – nos termos dos arts. 72º e 78º, respectivamente – pelos prejuízos decorrentes dessa distribuição ilícita de bens.

O regime da lei não implica, no entanto, que o órgão de administração não participe também no processo de atribuição de bens aos sócios. Com efeito, a deliberação social deverá necessariamente fundar-se nas contas e balanço elaborados por este órgão[12], cabendo-lhe ainda, no caso da distribuição dos lucros do exercício, fazer a "proposta de aplicação de resultados devidamente fundamentada" (cfr. art. 66º, 5, f)[13]).

Ao órgão de administração compete ainda, por outro lado, dar cumprimento às deliberações dos sócios, executando, *in casu*, a distribuição de bens por eles deliberada[14].

2. Excepções: a distribuição antecipada de lucros e outros casos "expressamente previstos na lei"

A competência exclusiva dos sócios para a distribuição, entre eles, de bens sociais é ressalvada, pelo art. 31º, 1 em apenas duas situações, em que tal competência é atribuída ao órgão de administração.

---

[8] A que aludiremos no ponto seguinte.

[9] Cfr. COUTINHO DE ABREU (2009), p. 486.

[10] Cfr. arts. 34º e 61º. De resto, por via de regra, estes actos de distribuição de bens por parte da administração extravasarão a capacidade jurídica da sociedade e serão, por isso, nulos (cfr. o regime previsto no art. 6º).

[11] Cfr. art. 514º, 3: o administrador ou gerente fica sujeito a uma pena de multa até 120 dias. Vide, no entanto, para o caso de ser causado grave dano, material ou moral, o disposto no art. 514º, 4, que manda aplicar, nesse caso, a pena prevista para o crime de infidelidade. Cfr. TARSO DOMINGUES (2008), p. 210.

[12] Cfr. arts. 65º e 66º.

[13] Note-se que, se os gerentes ou administradores propuserem aos sócios uma distribuição ilícita de bens, eles – para além da responsabilidade civil a que porventura possa haver lugar – poderão ser sancionados penalmente (cfr. art. 514º, 1).

[14] Sobre esta questão, vide *infra* ponto 3..

A primeira respeita à distribuição antecipada de lucros, cujo regime se encontra previsto no art. 297º. Nesta hipótese, o órgão de administração necessita, para o efeito, da autorização – consoante o modelo de governo adoptado pela sociedade – do conselho fiscal, da comissão de auditoria ou do conselho geral e de supervisão[15].

O respectivo regime será analisado, com detalhe, a propósito do mencionado art. 297º. Convirá, desde já, referir, no entanto, duas notas:

Desde logo, para prevenir que a distribuição antecipada de lucros não se confunde com a possibilidade de os sócios, a qualquer momento – no decurso de qualquer exercício –, deliberarem a atribuição de lucros (lucros de balanço) que lhes seja lícito distribuir[16]. Do que se trata aqui é apenas de uma antecipação do lucro de exercício, i.é, de adiantamentos por conta do lucro que a sociedade conta alcançar nesse ano[17] – que cabe ao órgão de administração decidir e executar –, pelo que, no final do exercício, nos dividendos a que os sócios tenham direito, haverá que tomar em consideração e abater aquelas importâncias intercalarmente distribuídas[18].

A segunda nota para sublinhar que, estando a norma do art. 297º apenas prevista para as SA, se deve, no entanto, entender que a mesma é igualmente aplicável às SQ, por via analógica[19]. Neste tipo social, quando a sociedade não disponha de ROC, deverá o balanço intercalar – a que se refere o art. 297º, 1, b) – ser certificado por um revisor independente nomeado, *ad hoc*, para o efeito.

Afora a distribuição antecipada de lucros, o órgão de administração só tem competência para a atribuição de bens aos sócios nos casos "expressamente previstos na lei", os quais se reconduzem fundamentalmente às situações em

---

[15] Cfr. art. 297º. 1, a). Trata-se de um regime de inspiração norte-americana. Sublinhe-se, no entanto, que a flexibilidade do regime português – como, aliás, dos regimes consagrados na generalidade dos ordenamentos europeus – está a léguas de distância daquela que é conseguida no direito norte-americano, em que a decisão de distribuir dividendos, por se considerar matéria estritamente relacionada com a gestão societária, fica na livre discrição do *board of directors*. Cfr. CLARK (1986), p. 593, s., CARY/EISENBERG (1995), p. 1332, s., HAMILTON (2000), p. 575 s., e § 6.40 RMBCA. Os *directors* são, contudo, perante a sociedade, pessoalmente responsáveis por uma distribuição ilícita de dividendos que venham a realizar. Cfr. § 8.33. RMBCA.

[16] Vide P. OLAVO CUNHA (2010), p. 311, s., e infra, anotação 3. ao art. 32º

[17] Vide a redacção do art. 297º, 1 e art. 15º, 2 da Segunda Directiva que expressamente se referem a adiantamentos sobre os lucros ou dividendos.

[18] Cfr. LUTTER (1988), § 59, *Rdn* 14, p. 718, s., e RAÚL VENTURA (1989), p. 345.

[19] Embora se reconheça que os interesses que subjazem ao respectivo regime se verificarão sobretudo nas SA, e especialmente nas SA abertas. Assim também, RAÚL VENTURA (1989), p.339, e PAIS DE VASCONCELOS (2006), p. 90, s. Em sentido contrário, cfr. P. OLAVO CUNHA (2010), p. 312, s..

que a sociedade deve imperativamente, por força da lei, pagar uma determinada quantia ao sócios.

Pense-se, p.ex., na contrapartida devida ao sócio exonerado ou excluído[20], ou no caso previsto nos arts. 217º e 294º, em que o órgão de administração, uma vez aprovadas as contas, deverá proceder ao pagamento de metade do lucro de exercício distribuível, independentemente de uma deliberação dos sócios nesse sentido[21], ou ainda no caso da aquisição de acções próprias, quando tal se revele necessário para evitar um prejuízo grave e iminente para a sociedade (cfr. art. 319º, 3).

3. A execução e a justificada inexecução da deliberação de atribuição de bens aos sócios. Regime

A competência para executar e dar cumprimento às deliberações dos sócios de distribuição de bens cabe ao órgão de administração. Se os gerentes ou administradores não cumprirem o que tiver sido validamente deliberado pelos sócios poderão ser sancionados penalmente[22], para além da responsabilidade civil a que porventura possa haver lugar[23].

A lei rodeia agora, no entanto, a execução desta deliberação social de distribuição de bens de inúmeras cautelas, com as quais visa assegurar o chamado princípio da intangibilidade do capital social[24]. I.é, ainda que a deliberação de distribuição tenha sido aprovada pelos sócios, os gerentes ou administradores não devem executá-la quando consubstanciar uma violação da lei, nomeadamente por haver infringido o disposto nos arts. 32º e 33º, ou quando assente em contas viciadas.

Assim, nos termos do art. 31º, 2, os gerentes ou administradores não devem executar a deliberação social quando tenham "fundadas razões"[25] para crer:

---

[20] Cfr. arts. 240º, 5 e 242º, 5.
[21] Neste sentido, vide COUTINHO DE ABREU (1999), p. 76-77, CASSIANO DOS SANTOS (1996), p. 104, (2002), p. 190, e MANUEL PITA (1989), p. 136, s. Em sentido contrário, considerando que "a aprovação do balanço é condição necessária, mas não suficiente para uma lícita distribuição de dividendos", cfr. PEREIRA DE ALMEIDA (2008), p. 148, s..
[22] Cfr. art. 514º, 4 (poderá ser aplicada pena de multa até 120 dias) que poderá ser agravada para a pena prevista para o crime de infidelidade, quando o não cumprimento pontual da deliberação tenha causado grave dano, material ou moral (cfr. art. 514º, 5).
[23] Sobre os pressupostos da responsabilidade civil dos gerentes e/ou administradores para com os sócios, vide art. 79º.
[24] Sobre este princípio, vide *supra* anotação 3.2.2. ao art. 14º e *infra* anotação 1. ao art. 32º.
[25] Cfr. art. 31º, 2.

i) que, à data da sua aprovação, a deliberação viola o princípio da intangibilidade do capital social (cfr. art. 31º, 2, b)); ou,

ii) que, por alterações entretanto ocorridas, ela passou a violar o princípio da intangibilidade do capital social ou o disposto no art. 33º[26] (cfr. art. 31º, 2, a)[27]); ou ainda,

iii) que os lucros ou reservas cuja distribuição foi deliberada – existindo formalmente em face do balanço apresentado – assentam em contas viciadas, cuja correcção tornaria a deliberação ilícita[28] (cfr. art. 31º, 2, c)).

Em qualquer das hipóteses referidas, os gerentes ou administradores não só não devem executar a deliberação em causa, como deverão promover, no prazo de oito dias a contar da data da aprovação da deliberação do órgão de administração de não efectuar a distribuição de bens, um inquérito judicial para verificação e apuramento das circunstâncias que fundaram o seu não cumprimento da distribuição deliberada (cfr. art. 31º, 3). A realização do inquérito judicial será, contudo, dispensada no caso de a sociedade ter sido citada para uma acção de invalidade da deliberação em causa, quando a respectiva fundamentação coincida com as razões que levaram o órgão de administração a não executar a referida deliberação (cfr. art. 31º, 3, *in fine*).

Por outro lado, os membros do órgão de administração ficam igualmente impedidos de executar a distribuição, se for requerida providência cautelar de suspensão da respectiva deliberação[29]. Mas, nesta matéria, atentos os interesses em causa – nomeadamente de protecção de terceiros –, ainda que não tenha sido instaurada a providência cautelar de suspensão[30], os gerentes e/ou administradores não podem também executar a deliberação a partir do

---

[26] Relativo ao destinado que deve ser dado em primeira linha aos lucros de exercício.

[27] Note-se, no entanto, que esta é uma situação que apenas permite retardar o pagamento do dividendo até que a sociedade esteja em condições de o efectuar.

[28] Situação em que, portanto, os lucros (ou reservas) revelados pelo balanço são fictícios. Não será provável, contudo, que esta última hipótese se verifique, uma vez que é ao órgão de administração que cabe elaborar e preparar as contas (cfr. art. 65º, 1), pelo que não será verosímil que o mesmo órgão, que elabora as contas que estão na base da deliberação de distribuição, venha mais tarde – a menos que, entretanto, tenha havido uma alteração dos seus membros – alegar que as mesmas estão viciadas (até porque tal situação configura uma infracção penal prevista e punida no art. 514º, 1 e 2).

[29] É esse o regime geral que resulta da lei adjectiva, nos termos do art. 397º, 3 CPC, para o qual expressamente se remete na parte inicial do art. 31º, 4.. Sobre o regime da suspensão de deliberações sociais, veja-se A. SOVERAL MARTINS (2003), p. 345, s..

[30] Tenha-se presente que o prazo para esse efeito é extremamente curto: são apenas 10 dias (cfr. art. 396º, 1 CPC).

momento em que a sociedade tenha sido citada para uma acção de invalidade da respectiva deliberação (cfr. art. 31º, 4)[31].

Se os gerentes e/ou administradores executarem ilicitamente – em violação do regime acabado de referir – uma deliberação social de distribuição de bens pelos sócios, poderão, também aqui, ficar sujeitos a reacções penais[32] e ser civilmente responsabilizados (cfr. arts. 72º, 78º e 79º)[33].

4. A responsabilidade pela litigância temerária ou de má fé

A propositura de uma acção de impugnação de uma deliberação relativa à atribuição de bens aos sócios pode causar-lhes prejuízos, uma vez que, como vimos, a administração fica, neste caso, impedida de proceder à distribuição deliberada.

Por isso, e para evitar que possa ser infundada ou levianamente proposta aquela acção, o art. 31º, 5 veio expressamente prever que, caso se demonstre que o A. da acção litigou "temerariamente ou de má fé", será ele responsável pelos prejuízos que o atraso na distribuição tiver causado aos outros sócios[34].

Note-se que este regime do art. 31º, 5 não se confunde nem se sobrepõe ao regime da litigância de má fé, previsto no art. 456º CPC[35]. Com efeito, o instituto da litigância de má fé, regulado na lei adjectiva, tem primacialmente uma finalidade pública; mais do que a tutela do interesse da Parte, ele visa sobretudo assegurar o interesse público numa correcta e sã aplicação da Justiça. É por isso que, de acordo com o regime processual civil, ao litigante de má fé – para além da indemnização à contra-parte dos danos que a sua conduta processual lhe causou[36] – deve ser aplicada uma igualmente uma multa.

---

[31] Significa isto que, nesta matéria, a propositura da acção de invalidade da deliberação tem os mesmos efeitos que a providência cautelar de suspensão de deliberações sociais.
[32] Cfr. art. 514º, 2: o administrador ou gerente fica sujeito a uma pena de multa até 90 dias.
[33] Note-se que a causa de exclusão de responsabilidade prevista no art. 72º, 5 – que se verifica quando o acto do órgão de administração se funda numa deliberação social – não terá aqui aplicação, uma vez que, para esse efeito, era necessário que o acto de gestão se confortasse numa deliberação social anulável, e *in casu*, a deliberação social será nula (cfr. arts. 31º, 2, 32º, 33º e 69º, 3).
[34] O art. 31º, 5 refere-se aos prejuízos causados aos "outros sócios", partindo do princípio que a acção será necessariamente instaurada por um sócio. Não tem, no entanto, de ser assim. A deliberação em causa pode ser – e será em regra – nula e, no caso da nulidade, a acção de impugnação da deliberação pode ser proposta por qualquer interessado, nomeadamente por um não sócio. Donde, podendo o A. da acção ser um não sócio, sobre ele poderá recair a obrigação de indemnizar todos os sócios e não apenas alguns.
[35] Se fosse, de resto, essa a finalidade a norma do art. 31º, 5 seria escusada.
[36] De resto, na interpretação que normalmente se faz do art. 456º CPC esta indemnização não tem um cariz essencialmente ressarcitório, mas sobretudo sancionatório da reprovável e culposa conduta processual do litigante de má fé (vide também o disposto no art. 457º CPC).

Diferentemente, com o regime do art. 31º, 5 o que se pretende é permitir a responsabilização civil daquele que imprudentemente impugnou a deliberação pelos prejuízos – por todos os prejuízos! – causados aos sócios.

ARTIGO 32º *
Limite da distribuição de bens aos sócios

1. Sem prejuízo do preceituado quanto à redução do capital social, não podem ser distribuídos aos sócios bens da sociedade quando o capital próprio desta, incluindo o resultado líquido do exercício, tal como resulta das contas elaboradas e aprovadas nos termos legais, seja inferior à soma do capital social e das reservas que a lei ou o contrato não permitem distribuir aos sócios ou se tornasse inferior a esta soma em consequência da distribuição.

2. Os incrementos decorrentes da aplicação do justo valor através de componentes do capital próprio, incluindo os da sua aplicação através do resultado líquido do exercício, apenas relevam para poderem ser distribuídos aos sócios bens da sociedade, a que se refere o número anterior, quando os elementos ou direitos que lhes deram origem sejam alienados, exercidos, extintos, liquidados ou, também quando se verifique o seu uso, no caso de activos fixos tangíveis e intangíveis.

* A actual redacção do artigo foi introduzida pelo DL 185/09, de 12 de Agosto.

Índice

1. A consagração do princípio da intangibilidade do capital social. O lucro como limite à distribuição de bens aos sócios
2. As diferentes noções de lucro
    2.1. Lucro final ou de liquidação
    2.2. Lucro de balanço, lucro periódico ou distribuível
    2.3. Lucro de exercício
3. A distribuição do lucro de balanço. O (inexistente) direito dos sócios à concreta repartição do lucro de balanço
4. Tempo e modo de pagamento do lucro
5. A adaptação do art. 32º ao novo SNC e à mudança de paradigma: a adopção do justo valor

Bibliografia

a) Citada:

ABREU, J. M. COUTINHO DE – *Direito comercial – Relatório sobre o programa, os conteúdos e os métodos de ensino*, Coimbra, 1999; ALMEIDA, A. PEREIRA DE – *Sociedades comerciais e valores mobiliários*, Coimbra Editora, Coimbra, 2008; ANTUNES, J. A. ENGRÁCIA – *Os grupos de sociedades*, Almedina, Coimbra, 2ª ed., 2002; BODANSKY, DANIEL – *Rules and Standards in International Law*, NYU Law School, March 31, 2003, que se pode ler em <http://www.

law.nyu.edu/kingsburyb/spring03/globalization/ BodanskyRules_v_StandardsPaper. pdf>; CAEIRO, ANTÓNIO/SERENS, NOGUEIRA, "Direito aos lucros e direito ao dividendo anual", RDE 5 (1979), p. 369-383; CASTRO, C. OSÓRIO DE/CASTRO, G. ANDRADE E – "A distribuição de lucros a trabalhadores de uma anónima, por deliberação da assembleia geral", OD, 2005, p. 57-80; CORDEIRO, A. MENEZES – *Manual de direito das sociedades*, I. *Das sociedades em geral*, 2ª ed., Almedina, Coimbra, 2007; COLOMBO, G. E. – "Utili, dividendi e acconti dividendo", in G. E. COLOMBO/G. B. PORTALE, *Trattato delle società per azioni*, Utet, Torino, vol. 7*, 1995; CORREIA, A. FERRER – *Lições de direito comercial*, vol. II, *Sociedades comerciais. Doutrina geral*, edição policopiada, Coimbra, 1968; COSTA, CONCETTO – *Le riserve nelle diritto delle società*, Giuffrè, Milano, 1984; CUNHA, PAULO OLAVO – *Direito das sociedades comerciais*, 4ª ed., Almedina, Coimbra, 2010; DENOZZA, FRANCESCO – "Different policies for corporate creditor protection", EBOR 7 (2006), p. 409-416; DOMINGUES, PAULO DE TARSO – "Capital e património sociais, lucros e reservas", *Estudos de direito das sociedades* (coord. de Coutinho de Abreu), 9ª ed., Almedina, Coimbra, 2008, p. 173-233, *Variações sobre o capital social*, Almedina, Coimbra, 2009; FERNANDEZ DEL POZO, L. – *La aplicación de resultados en las sociedades mercantiles (Estudio especial del artículo 213 de la Ley de Sociedades Anónimas)*, Civitas, Madrid, 1997; GALGANO, FRANCESCO, *La società per azioni – Trattato di diritto commerciale e diritto pubblico dell'economia*, vol. 7, Cedam, Padova, 1988; HAMILTON, R. – *The law of corporations*, West Publishing Company, St. Paul, Minnesota, 2000; ILLESCAS ORTIZ, R. – *El derecho del socio al dividendo*, Publicaciones de la Universidade de Sevilla, 1973; KAPLOW, L. – "Rules versus Standards: An Economic Analysis", Duke Law Journal, Vol. 42, Nº 3 (Dec. 1992), p. 557-629; LUTTER, M. – *Kölner Kommentar zum Akiengesetz*, Band 1, Carl Heymanns Verlag, Köln, 1988; MENDES, EVARISTO – "Direito ao lucro de exercício no CSC (arts. 217/294)", *Estudos dedicados ao Prof. Doutor Mário Júlio de Almeida Costa*, Universidade Católica, Lisboa, 2002, p. 487-543; MONTALENTI, P. – "La funzioni distributive del capitale", GiurCom, 2006, I, p. 489-520; PITA, MANUEL – *Direito aos lucros*, Almedina, Coimbra, 1989; PORTALE, G. B. – "Gruppi e capitale sociale", *I gruppi di società*, Giuffrè, Milano, 1996, p. 1823-1859; ROSSI, G. – *Utile di bilancio, riserve, dividendo*, Giuffrè, 1957; RUIZ MUÑOZ, MIGUEL – "Los derechos económicos del sócio", *La sociedad de responsabilidad limitada*, Dykinson, Madrid, 1998; SANTOS, F. CASSIANO DOS – "A posição do accionista face aos lucros de balanço. O direito do accionista ao dividendo no código das sociedades comerciais", *Studia Iuridica*, 16, Coimbra Editora, Coimbra, 1996, "O direito aos lucros no código das sociedades comerciais (à luz de 15 anos de vigência)", *Problemas de direito das sociedades*, IDET, Almedina, Coimbra, 2002, p. 185-199, *Estrutura associativa e participação societária capitalística – Contrato de sociedade, estrutura societária e participação do sócio nas sociedades capitalísticas*, Coimbra Editora, Coimbra, 2006; SANTOS, JORGE COSTA – "Direitos inerentes ao valores mobiliários", *Direitos dos Valores Mobiliários*,

Lisboa, 1997, p. 55-98; SCHÄFER, HANS-BERND – "Legal Rules and Standards", *German Working Papers in Law and Economics*, Volume 2002, Paper 2, que se pode ler em <http://www.bepress.com/cgi/viewcontent.cgi?article=1029&context=gwp>; SCHMIDT, KARSTEN – *Gesellschaftsrecht*, Carl Heymanns Verlag, Koln, 2002; SCHÖN, WOLFGANG – "Balance sheet tests or solvency tests – or both ?", EBOR 7 (2006), p. 181-198; VASCONCELOS, PAIS – "Direitos destacáveis – o problema da unidade e pluralidade do direito social como direito subjectivo", *Direitos dos Valores Mobiliários*, vol. I, p. 167-176, Coimbra Editora, Coimbra, 1999, *A participação social nas sociedades comerciais*, 2ª ed., Almedina, Coimbra, 2006; VENTURA, RAÚL – *Sociedades por quotas*, vol. 1, Almedina, Coimbra, 1989; VICENT CHULIÁ, F. – *Compendio crítico de derecho mercantil*, tomo I, vol. 1º, Bosch, Barcelona, 1991; XAVIER, V. G. LOBO – *Anulação de deliberação social e deliberações conexas*, Atlântida Editora, Coimbra, 1975; XAVIER, V. G. LOBO/COELHO, MARIA ÂNGELA – "Lucro obtido no exercício, lucro de balanço e lucro distribuível", RDE 8 (1982), p. 259-275.

b) Outra:
MENDES, EVARISTO – "Lucros de exercício", RDES, 1996, p. 257-364; VENTURA, RAÚL – "Adaptação do direito português à 2ª Directiva do Conselho da Comunidade Económica Europeia sobre direito das sociedades", *Documentação e Direito Comparado*, separata, Lisboa, 1981, p. 37- 57.

1. A consagração do princípio da intangibilidade do capital social. O lucro como limite à distribuição de bens aos sócios

O capital social desempenha, no direito societário português (e também europeu), um papel fundamental e decisivo no regime da distribuição de bens aos sócios. Com efeito, o regime – que resulta basicamente do disposto no art. 15º da Directiva do Capital – determina que os fundos destinados à cobertura do capital social não podem, em circunstância alguma, ser distribuídos pelos sócios[1]. Consagra-se, desta forma, aquilo que na doutrina se costuma designar por princípio da intangibilidade do capital social[2], que é, de resto, apresentado unanimemente pelos autores como um dos princípios basilares da respectiva disciplina jurídica[3].

O capital social, diz-se, é intangível, querendo-se com isso significar que os sócios "não podem tocar" no capital social, i.é, aos sócios não poderão

---
[1] Cfr. art. 15º, 1, a) da Directiva do Capital.
[2] Sobre o risco de violação do princípio da intangibilidade, através do cruzamento de participações societárias, vide PORTALE (1996), p. 1823, s., e ENGRÁCIA ANTUNES (2002), p. 380, s..
[3] Sobre este princípio, vide também anotação 3.2.2. ao art. 14º.

ser atribuídos bens nem valores que sejam necessários à cobertura do capital social.

Isto não significa e não evita, porém, que o valor do património líquido possa descer abaixo da cifra do capital, em virtude, p. ex., das perdas sofridas pela sociedade. O princípio não visa, pois, proteger e acautelar os terceiros credores contra a "erosão" do capital social resultante da actividade empresarial da sociedade, mas, isso sim, impedir que o património líquido da sociedade desça abaixo da cifra do capital social em virtude da (auto-)atribuição de bens aos sócios – enquanto sócios e não enquanto terceiros, esclareça-se[4] – de valores de qualquer natureza; o que se visa é apenas permitir a distribuição aos sócios dos lucros da sociedade, impedindo que lhes seja devolvido o fundo patrimonial que, com vínculo de indisponibilidade, eles ali colocaram destinado à exploração da empresa societária.

O que o princípio postula é, pois, que os valores entregues pelos sócios à sociedade destinados à cobertura do capital não podem retornar ao património destes. Trata-se de um fundo patrimonial posto em comum para o exercício da actividade social e que não pode ser desafectado dos fins e funções para que foi constituído, salvo em caso de liquidação da sociedade ou de redução do capital social[5].

Ora, esta solução alcança-se, obstando a que o património líquido[6] da sociedade desça, por virtude da atribuição de bens aos sócios, abaixo do capital social[7] – regime que é precisamente aquele que o art. 32º consagra. Com efeito,

---

[4] É que o património líquido pode descer abaixo do capital social – sem que a tal obste o princípio da intangibilidade – por virtude de um pagamento efectuado a um sócio enquanto titular de um direito de crédito extra-corporativo, p.ex., enquanto credor de fornecimentos feitos à sociedade. Cfr. FERRER CORREIA (1968), p. 226.

[5] Redução do capital social exuberante (i.é, do capital que excede as necessidades de financiamento da actividade da empresa bem como as exigências de tutela dos credores sociais), já não redução do capital determinada por perdas, pois, neste caso, não poderá haver devolução de capital aos sócios.

[6] Património Líquido ou Activo Líquido (expressões normalmente usadas pelos juristas), Situação Líquida (expressão usada originariamente no CSC, que correspondia, de resto, à expressão utilizada no POC/77, vigente à época em que entrou em vigor o CSC), e Capital Próprio (expressão usada no POC/89 e no actual SNC) são expressões equivalentes e traduzem, no fundo, a diferença entre o Activo e o Passivo da sociedade. A substanciação destes conceitos – porque se trata de conceitos de matriz essencialmente contabilística – deverá, contudo, buscar-se nas regras da contabilidade.

[7] Este é, entre nós, o sentido tradicionalmente atribuído ao princípio. Cfr., por todos, FERRER CORREIA (1968), p. 224. Levando-se em conta a dupla noção de capital referida na anotação 2.3. ao art. 14º, este princípio significa que intocável é o capital social real; i.é, aquela fracção ideal do activo de valor idêntico à cifra do capital social nominal não poderá ser beliscada ou diminuída, por virtude da atribuição de bens aos sócios.

esta norma estabelece que não é possível distribuir bens aos sócios, quando a "o capital próprio"[8] for inferior – ou se tornar inferior em virtude da distribuição – ao valor correspondente à soma do capital social e das reservas indisponíveis[9].

Ou seja, esta norma – que tem por base o disposto no art. 15º, 1, a) da Segunda Directiva – consagra, entre nós, com carácter geral[10], o princípio da intangibilidade do capital social, impedindo que sejam devolvidos aos sócios os valores das entradas que por eles foram destinados à cobertura do capital social. A *ratio* da norma é, por isso, a de permitir *apenas* a distribuição aos sócios de bens que constituam lucros da sociedade. Dito doutro modo, a norma não visa impedir a distribuição de lucros; o que acontece é que na hipótese configurada não há lucro, sendo, por isso, proibida a distribuição de bens aos sócios[11].

Esta norma estabelece pois o tecto, o valor máximo de bens que, em qualquer altura e seja a que título for, pode ser distribuído pelos sócios[12] e que se pode e costuma designar precisamente por lucro de balanço[13] ou lucro distribuível[14].

A percepção do regime desta norma, bem como do regime do CSC relativamente à temática dos lucros, passa necessariamente pela plena compreensão da noção – *rectius*, das diferentes noções – de lucro[15]. É a matéria que abordamos na anotação seguinte.

---

[8] Na redacção originária da norma utilizava-se a expressão "Situação líquida". Sobre estes conceitos, vide *supra* nt. 6.

[9] As reservas indisponíveis ou indistribuíveis são as reservas legais (cfr. arts. 295º e 296º) e as reservas estatutárias, que são respectivamente aquelas que a lei ou o pacto social não permitem distribuir.

[10] O princípio está, no entanto, reflectido em várias outras normas. São os casos, nomeadamente, do regime da amortização da quota (art. 236º); da exoneração de sócio (art. 240º, 5); da exclusão de sócio (art. 241º, 2); da remição de acções (art. 345º, 5); da amortização de acções (art. 346º, 1). Veja-se também, nas SENC, a consagração deste princípio a propósito da liquidação da parte (art. 188º).

[11] Assim também, MENEZES CORDEIRO (2007), p. 543, s., e PEREIRA DE ALMEIDA (2008), p. 143, s..

[12] O qual corresponderá, em princípio, à totalidade dos ganhos patrimoniais gerados pela sociedade ao longo da sua existência e até uma determinada data (a data da elaboração do balanço, onde esses ganhos são revelados).

[13] *Bilanzgewinn* é a expressão usada no § 57, 3 AktG, que de forma explícita estabelece: "Vor Auflösung der Gesellschaft darf unter die Aktionäre nur der Bilanzgewinn verteilt werden" [= "Antes da dissolução da sociedade, apenas o lucro de balanço poderá ser distribuído aos accionistas".].

[14] Cfr. V. G. LOBO XAVIER/MARIA ÂNGELA COELHO (1982), p. 263.

[15] Note-se que a determinação do lucro em Portugal – como no resto da Europa – resulta apenas da realização de um teste de balanço. É uma solução que foi abandonada nos EUA e que está também posta em crise na Europa, defendendo-se a sua substituição, de *lege ferenda*, por um duplo teste: um teste de balanço e um teste de solvência. Sobre a questão, vide TARSO DOMINGUES (2009), p. 316, s. e 569, s..

2. As diferentes noções de lucro

Não há, na verdade, em direito societário, um conceito unívoco de lucro, sendo certo que o CSC utiliza a noção com significados diversos. Para a compreensão do respectivo regime no âmbito societário, importa ter em consideração três basilares noções de lucro[16]:

2.1. Lucro final ou de liquidação

O lucro final ou de liquidação[17] é o lucro que se apura no termo da sociedade, quando esta se liquida, e que consiste no excedente do património social líquido sobre a cifra do capital social.

Este lucro pode simplificadamente ser representado pela seguinte equação:

Lf = PS – CS

em que

Lf = Lucro final

PS = Património social líquido

CS = Capital social[18]

Já se vê, porém, que a relevância prática deste tipo de lucro é diminuta, pois, como é óbvio, seria irrazoável que o lucro só pudesse ser determinado e distribuído pelos sócios aquando da "morte" da sociedade[19].

2.2. Lucro de balanço, lucro periódico ou distribuível

Daí, que a lei venha permitir que, em determinados momentos[20], se determine o lucro, dito periódico ou de balanço, da sociedade.

Este lucro de balanço (que a doutrina alemã e italiana costuma designar respectivamente por *Totalgewinn* e *utile complessivo* ou *utile di bilancio*[21]) representa

---

[16] Vide TARSO DOMINGUES (2008), p. 218, s..

[17] Vide, por todos, FERRER CORREIA (19868), p. 235, s., esp. p. 240, e PAIS DE VASCONCELOS (2006), p. 86.

[18] Com efeito, se o lucro é o ganho, é o incremento patrimonial conseguido pela sociedade relativamente aos bens afectados, com carácter permanente, pelos sócios ao exercício da actividade social, ele deverá aferir-se pelo confronto entre o capital social (que representa precisamente tal fundo patrimonial) e o património social. Cfr. G. ROSSI (1957), p. 66, para quem o lucro é "ogni incremento di valore del patrimonio che si verifichi rispetto al capitale sociale".

[19] Mas rigorosamente só com este lucro final se pode aferir se a sociedade teve efectivamente lucros, uma vez que os lucros obtidos num determinado exercício podem ser absorvidos pelas perdas doutro(s) exercício(s).

[20] E o momento azado para o efeito é o da elaboração do balanço, donde decorre a designação que lhe é atribuída.

[21] *Utile complessivo* ou *Totalgewinn* são as expressões usadas pela doutrina estrangeira para designar esta realidade, e que derivam da circunstância de este lucro representar, como se disse, a totalidade dos

o acréscimo patrimonial gerado e acumulado pela sociedade[22], desde o início da sua actividade até determinada data (a data a que se reporta a elaboração do balanço) e traduz o valor total dos lucros que podem ser distribuíveis pelos sócios.

Este lucro periódico resulta agora da diferença entre o património líquido da sociedade, por um lado, e a soma do capital e das reservas indisponíveis (reservas legais e estatutárias), por outro[23]. Para a determinação deste lucro[24] há agora, com efeito, que atender, para além do capital social – que não pode ser devolvido aos sócios –, às reservas indistribuíveis[25], que são aquelas que a lei ou o contrato de sociedade não permite que sejam distribuídas aos sócios (por se destinarem à prossecução de determinados fins estabelecidos pela lei[26] ou pelo pacto).

Ou seja, o lucro de balanço ou distribuível (que representa a riqueza global gerada pela sociedade e que é distribuível pelos sócios por relativamente a ela não se verificar qualquer vínculo de indisponibilidade), resulta:

$Lb = PS - (CS + R)$

em que

Lb = Lucro de balanço

PS = Património social líquido

CS = Capital social

R = Reservas indisponíveis

A noção de lucro de balanço é, assim, a noção operatória para a determinação do limite da distribuição de bens aos sócios, sendo aquela que está subjacente ao regime do art. 32º.

---

ganhos patrimoniais acumulados pela sociedade ao longo da sua existência. Cfr., *ex multis*, COLOMBO (1995), p. 485 e p. 492, nt. 26, com indicação de outra bibliografia em sentido concordante.

[22] I.é, a riqueza gerada pela sociedade até determinada data.

[23] Cfr. VASCO LOBO XAVIER/MARIA ÂNGELA COELHO (1982), p. 261, s.

[24] Que, reitera-se, corresponde ao lucro distribuível pelos sócios.

[25] A lei (cfr. art. 295º, 2 e 3) expressamente sujeita ao regime das reservas legais certos outros valores. É o caso nomeadamente das reservas de reavaliação (cfr. art. 295º, 2, b)) que, porque sujeitas ao mesmo regime da reserva legal (o que impossibilita a sua distribuição pelos sócios – cfr. art. 296º), devem também ser deduzidas na determinação do lucro de balanço.

Apesar de a letra do art. 295º, 2 não impor a sua constituição – uma vez que apenas prevê, para o caso de elas existirem, o respectivo regime jurídico, parecendo, portanto, que fica na disponibilidade da sociedade a constituição ou não de tais reservas – deve entender-se que é obrigatória para a sociedade a constituição de reservas com os valores ali enunciados. Assim, RAÚL VENTURA (1989), p. 359.

[26] Cfr. arts. 295º e 296º, previstos para as SA, mas aplicáveis às SQ por força do disposto no art. 218º, 2.

2.3. Lucro de exercício

Finalmente, o lucro de exercício, ou o lucro obtido no exercício, consiste "na expressão monetária do resultado positivo da actividade desenvolvida pela empresa social durante o mesmo exercício"[27]. Ou seja, há lucro de exercício quando o valor do património líquido da sociedade é, no final do ano económico e em resultado da sua actividade, superior ao que existia no início. I.é, trata-se do excedente patrimonial criado apenas durante esse ano – que no balanço consta da rubrica "Resultado líquido do período" do Capital Próprio – e que poderá traduzir-se na seguinte equação:

$Lex = PSf - PSi$

em que

Lex = Lucro de exercício
PSf = Património social líquido no final do exercício
PSi = Património social líquido no início do exercício

Esta noção de lucro, sendo aquela que é acolhida na grande maioria dos textos legais, não é, contudo, como se disse, a que está subjacente ao art. 32º[28]. Note-se, por outro lado, que este lucro de exercício – que normalmente não coincidirá com o lucro de balanço[29] – poderá não ser distribuível pelos sócios[30].

3. A distribuição do lucro de balanço. O (inexistente) direito dos sócios à concreta repartição do lucro de balanço

O regime do art. 32º não impede que, ainda que num determinado ano a sociedade não tenha gerado lucro (i.é, ainda que não haja lucro do exercício), uma

---

[27] VASCO LOBO XAVIER/MARIA ÂNGELA COELHO (1982), p. 261, PAIS DE VASCONCELOS (2006), p. 86, s., e P. OLAVO CUNHA (2010), p. 299, s. e 305, s..
[28] A noção de lucro de exercício é a que releva nomeadamente para efeitos do regime previsto no art. 33º, e também para efeitos da constituição da reserva legal (cfr. arts. 218º e 295º) e da determinação – nos termos dos arts. 217º e 294º – da parcela do lucro a que os sócios têm direito por força da lei.
[29] A afirmação feita em texto pode mais impressivamente demonstrar-se com a seguinte (e muito simples) simulação. Suponha-se uma sociedade com um capital social de 10.000, que no final do 1º exercício apresenta um capital próprio de 7.000. Nesta hipótese, em que houve perdas, ela apresenta um resultado de balanço (e igualmente um resultado de exercício) negativo de –3.000.
Se no final do 2º exercício apresentar um capital próprio de 8.000, a sociedade teve um lucro de exercício positivo de +1.000 e tem um resultado de balanço negativo de –2.000.
[30] Vide *infra* anotação 1. ao art. 33º.

sociedade proceda à distribuição de dividendos, desde que o lucro de balanço (os lucros acumulados em anos anteriores) o permita[31-32].

I. é, os sócios podem – em qualquer outra altura – proceder a uma repartição de bens, desde que, ça va de soit, a mesma se contenha dentro dos limites legalmente fixados neste art. 32º. Nesta hipótese – quando os sócios pretendam efectuar uma distribuição de bens, em momento diferente do da aprovação das contas do exercício –, deve entender-se, com vista a assegurar que apenas são distribuídos lucros e que o princípio da intangibilidade do capital se mantém intocado, que a referida repartição de bens terá necessariamente de se fundar num balanço especial elaborado para o efeito[33], o qual não deverá ter mais de três meses relativamente à data da deliberação[34]. Em todo o caso, o órgão de administração não deverá, também aqui[35], executar esta deliberação extraordinária de repartição de bens, quando tenha "fundadas razões" para crer que a mesma é ilícita ou enferma de irregularidades (cfr. art. 31º, 2).

Inversamente[36], mesmo que a sociedade tenha gerado lucros num determinado exercício – i.é, ainda que haja lucros de exercício – poderá não ser possível proceder à sua repartição, desde que ela *não disponha de lucro de balanço*[37].

Por outro lado, e muito embora o direito subjectivo ao lucro[38] seja um dos *essentialia elementa* do conceito de sociedade, isso não significa que os sócios, individualmente considerados, tenham direito a exigir a distribuição do lucro de balanço (ou lucro total)[39].Cabe à colectividade dos sócios livre-

---

[31] Cfr. MANUEL PITA (1989), p. 65, s., e EVARISTO MENDES (2002), p. 508.
[32] Pense-se no seguinte exemplo (desconsiderando-se, por facilidade de exposição, a constituição das reservas): uma sociedade com um capital social de 10.000 apresenta no final de um determinado exercício um capital próprio de 15.000. Nesta hipótese, ela tem um lucro de balanço de +5.000. Se no final do exercício seguinte, ela apresentar um capital próprio de 12.000, a sociedade teve, nesse exercício, um resultado negativo de -3.000. Apesar disso, pode proceder à distribuição de lucros, uma vez que apresenta ainda um lucro de balanço de +2.000.
[33] Assim, COSTA (1984), p. 70, s..
[34] É esse, de facto, o prazo-regra fixado no CSC para situações semelhantes (cfr. arts. 65º, 5 e 132º, 2 a)).
[35] Exactamente nos mesmos termos a que atrás se aludiu na anotação 3. ao art. 31º.
[36] Como se verá *infra*, em anotação ao art. 33º.
[37] Tenha-se aqui presente o exemplo da nota 29. Apesar de ter gerado um lucro de exercício de 1.000, a sociedade não pode distribuir qualquer montante, uma vez que o resultado de balanço é negativo.
[38] I.é, o direito a que o lucro gerado pela sociedade se destine à distribuição pelos sócios. Cfr., a propósito, art. 980º CCiv. e a anotação 3. ao art. 22º.
[39] Os sócios têm apenas o direito a reclamar a repartição parcial do lucro de exercício (já não do lucro de balanço), nos termos do regime excepcional previsto nos arts. 217º e 294º, respectivamente para as SQ e as SA.

mente decidir, por maioria absoluta[40], se, quando e como se procederá à sua repartição[41].

I.é, a titularidade deste direito (que se pode designar como direito abstracto) ao lucro, não permite ao sócio exigir da sociedade a distribuição da riqueza por ela criada; não lhe permite reclamar da sociedade uma qualquer concreta repartição do lucro[42]. Dito doutro modo, o sócio não é titular de um direito concreto sobre o lucro. Com efeito, a distribuição do lucro dependerá sempre[43] de uma deliberação social que a aprove[44]. Ou seja, só com a deliberação social de distribuição é que o "lucro se torna dividendo"[45], é que o direito do sócio ao lucro se determina e materializa[46], podendo então designar-se por direito ao dividendo[47], tornando-se então o sócio titular de um direito de crédito – equiparável ao direito de um qualquer terceiro credor (*Gläubigerrecht*[48])

---

[40] Maioria absoluta, porque essa é a regra para a aprovação da generalidade das deliberações. Na verdade, sendo as deliberações resultado da contagem dos votos, e sendo apenas considerados os votos a favor ou contra a proposta (uma vez que não se contam as abstenções), a sua aprovação resultará sempre de uma maioria absoluta dos votos emitidos (cfr. arts. 252º, 3 e 386º, 1). Diferentemente, no caso do lucro de exercício poderá ser necessária uma deliberação tomada por maioria qualificada para obstar a que o mesmo seja distribuído (cfr. arts. 217º e 294º).

[41] Sendo certo que a administração deverá executar a deliberação de distribuição, ainda que não tenha liquidez para o efeito, devendo, se necessário, recorrer ao crédito para o efeito. Cfr. GALGANO (1988), p. 343, s..

[42] Ainda que a pretensão respeite apenas aos lucros gerados no exercício transacto. O sócio tem apenas o "direito de exigir que anualmente seja apresentado um relatório de gestão contendo também uma proposta de aplicação de resultados" – cfr. COUTINHO DE ABREU (1999), p. 76. Note-se, no entanto, que o ordenamento jurídico português consagra o caso excepcional de um direito a metade do lucro de exercício nos arts. 217º e 294º. Ainda aqui, no entanto, não será correcto falar-se de um direito concreto ao lucro, uma vez que a distribuição dessa parcela do lucro poderá ser excluída pelos sócios (mediante cláusula contratual ou deliberação tomada por três quartos dos votos), sendo certo que ela está, por outro lado, sempre dependente da aprovação das contas e do balanço.

[43] Veja-se, contudo, o particular regime português consagrado nos arts. 217º e 294º, para o lucro de exercício.

[44] ASSIM, FERRER CORREIA (1968), p. 349, ANTÓNIO CAEIRO/NOGUEIRA SERENS (1979), p. 372, nt. 1, COUTINHO DE ABREU (1999), p. 76, e CASSIANO DOS SANTOS (1996), p. 109. s., (2002), p. 191, s., (2006), p. 458, s.. Essa foi já também a posição assumida pelo nosso mais alto Tribunal – cfr. Ac. STJ, de 24 de Novembro de 1978, que se pode ver em <www.dgsi.pt>, com o nº convencional JSTJ00024127.

[45] GALGANO (1988), p. 344.

[46] I.é, só com a deliberação social se determina o *an* e o *quantum* do dividendo. Cfr. GALGANO (1988), p. 349, e COLOMBO (1995), p. 503.

[47] Cfr. FERNANDEZ DEL POZO (1997), p. 101. O vocábulo dividendo deriva do latim *dividendu* ("que vai ser dividido"), querendo com ele significar-se a quantia que cada sócio tem direito a receber na divisão dos lucros de uma sociedade.

[48] Cfr., *ex multis*, K. SCHMIDT (2002), § 29, IV, 3, e), FERRER CORREIA (1968), p. 348, s., e COLOMBO (1995), p. 530.

– sobre a própria sociedade. Trata-se, pois, de um direito que apenas nasce com aquela deliberação e, portanto, só existe a partir dela[49].

Daqui decorre, no entanto, que, uma vez aprovada a deliberação de distribuição dos lucros, já não pode depois a colectividade dos sócios condicionar, restringir ou revogar tal distribuição. Com efeito, o direito ao dividendo, tendo origem na qualidade de sócio, autonomiza-se dela, assumindo o carácter de direito extra-corporativo, não podendo, por isso, ser afectado contra a vontade do sócio[50]. Ou seja, este direito ao dividendo cai fora da esfera societária[51],

---

[49] Perfilhámos, em texto, a clássica qualificação tripartida do direito do sócio aos lucros: direito abstracto/direito concreto/direito ao dividendo – cfr., sobre a matéria, FERNANDEZ DEL POZO (1997), p. 100, s.. Note-se, no entanto, que o sentido e o alcance atribuídos a cada uma destas categorias não são uniformes na doutrina. Entre nós, p. ex., Osório de Castro/Andrade e Castro utilizam apenas uma distinção bífida de direito ao lucro: o direito abstracto ao lucro e o direito concreto ao lucro, fazendo equivaler este ao direito ao lucro cuja distribuição foi deliberada, i. é, o direito ao dividendo. Cfr. vide OSÓRIO DE CASTRO/ANDRADE E CASTRO (2005), p. 61, s..
Sobre a distinção entre direito abstracto/concreto ao lucro, que teve origem na doutrina alemã dos finais do século XIX, veja-se, entre nós, vide CASSIANO DOS SANTOS (1996), p. 20, s., OSÓRIO DE CASTRO/ANDRADE E CASTRO (2005), p. 61, s., JORGE COSTA SANTOS (1997), p. 61, s. Para uma análise da evolução, no direito alemão, das soluções legislativas consagradas relativas a esta temática do direito ao lucro, vide FERNANDEZ DEL POZO (1997), p. 102, s. e p. 116.
Importa ainda sublinhar – como acertadamente adverte Pais de Vasconcelos – que o direito abstracto ao lucro não é um direito destacável da participação social e que possa, portanto, ser autonomizado e alienado, uma vez que tal poria em causa a própria "integridade do direito social", consubstanciando materialmente um pacto leonino, pois que haveria sócios sem direito a quinhoar no lucro. Diferentemente, o "crédito de dividendos, vencidos ou vincendos, mas determinados" já poderá ser destacado e autonomizado da participação social. Cfr. PAIS DE VASCONCELOS (1999), p. 173, s.. De resto, em regra, apenas se deverá considerar admissível a transmissibilidade de direitos concretos (ainda que futuros) e já não de direitos sociais abstractos. Cfr. JORGE COSTA SANTOS (1997), p. 64, s..
[50] Cfr. K. SCHMIDT (2002), § 29, IV, 3, al. e), FERRER CORREIA (1968), p. 348, s., e LOBO XAVIER (1975), p. 129. É uma solução que foi já sufragada pela nossa mais alta instância judiciária, no Acórdão STJ, de 19 de Abril de 1968, in *BMJ* 176º (1968), p. 199, s., onde se pode ler que os direitos aos lucros deliberados são "direitos que, desprendidos da matriz social, radicam-se no titular; não podem ser atingidos contra a vontade do sócio".
[51] Cfr. COLOMBO (1995), p. 530.

ficando subtraído ao poder deliberativo dos sócios, sendo nula[52] qualquer deliberação que o vise condicionar ou restringir[53].

4. Tempo e modo de pagamento do lucro

Uma vez deliberado o dividendo, o respectivo crédito dos sócios apenas se vence, no entanto, 30 dias após a deliberação de atribuição de lucros. É o regime previsto para o pagamento do lucro de exercício nos arts. 217º, 2 e 294º, 2, o qual se deve considerar, contudo, aplicável a toda e qualquer distribuição de bens aos sócios[54-55]. Este prazo poderá, no entanto, ser prorrogado por um prazo máximo de mais 60 dias com fundamento na "situação excepcional da sociedade"[56], hipótese na qual se subsumirá, p. ex., a falta de liquidez que obrigue a sociedade a recorrer ao crédito para poder efectuar o pagamento dos dividendos.

---

[52] Assim, LUTTER (1988), § 58, *Rdn.* 103; e ILLESCAS ORTIZ (1973), p. 125, s.. Regime idêntico é o consagrado no direito societário estado-unidense (cfr. HAMILTON (2000), p. 583). Entre nós, veja-se LOBO XAVIER (1975), nt. 26, p. 131, s., esp. p. 133, e CAEIRO/SERENS (1979), p. 372, nt. 1. O Supremo Tribunal de Justiça, no Acórdão referido na nota anterior, no quadro legislativo pregresso, entendeu que uma tal deliberação seria ineficaz e que, por isso, não podia a sociedade recusar o pagamento do dividendo, alegando que tal recusa foi objecto de uma ulterior deliberação dos sócios, que não foi objecto de impugnação. Note-se, no entanto, que este direito é um direito extra-corporativo *sui generis* (assim CASSIANO DOS SANTOS (2002), p. 190, s.), porquanto ele poderá ser objecto de algumas limitações. Com efeito, como vimos *supra*, na anotação 3. ao art. 31º – o direito ao dividendo, ainda que deliberado pelos sócios, não deverá ser pago pela sociedade, quando ocorram determinadas circunstâncias, nomeadamente quando se tenham verificado alterações patrimoniais supervenientes à deliberação que, a ser tomada no momento em que é executada, a tornassem ilícita (cfr. art. 31º, 2, b)). Trata-se, no entanto, de uma situação que apenas permite retardar o pagamento do dividendo até que a sociedade esteja em condições de o efectuar.

[53] Já é, no entanto, discutível se a assembleia dos sócios poderá supervenientemente verificar e declarar a nulidade da deliberação de distribuição dos lucros e, nessa medida, declarar a inexistência do direito ao dividendo que teve origem em tal deliberação. Em sentido afirmativo, vide ILLESCAS ORTIZ (1973), p. 126, s. (com o argumento *nullum est negotium, nihil est actum*). Contra, ROSSI (1957), p. 228, s..

[54] O termo inicial, para o lucro de exercício, deverá contar-se a partir da deliberação de aprovação das contas, quando não seja subsequentemente deliberada a atribuição dos lucros. Deve entender-se que a acta constitui título executivo bastante para proceder à cobrança judicial do dividendo. Assim, PAIS DE VASCONCELOS (2006), p. 110.

[55] Se os gerentes ou administradores tiverem direito a uma participação nos lucros, esta remuneração só lhes poderá ser paga, "depois de postos a pagamento" – o que não equivale a efectivamente pagos – os lucros aos sócios (cfr. arts. 217º, 3 e 294º, 3). Para uma justificação do regime, vide RAÚL VENTURA (1989), p. 347, s. Note-se que o art. 217º, 3 manda ainda aplicar este regime à situação em que os fiscais tenham participação nos lucros. É uma solução que carece, hoje, de qualquer sentido útil, uma vez que – também nas SQ – os fiscais não podem ter uma retribuição variável (cfr. art. 422º-A, 1, norma introduzida pelo DL 76-A/2006, *ex vi* art. 262º, 1).

[56] Note-se, porém, que a prorrogação de prazo não é admitida nas sociedades com acções admitidas à negociação em mercado regulamentado. Cfr. art. 294º, 2, *in fine*.

Nas SQ, a lei di-lo *expressis verbis*, a prorrogação do prazo deverá ser decidida – por simples deliberação maioritária[57] – pelos sócios (cfr. art. 217º, 2). Diferentemente, nas SA, porque tal embaraço legislativo já não se verifica (cfr. art. 294º, 2) e porque nos parece que se trata de uma questão directamente relacionada com a gestão da sociedade, a decisão sobre a prorrogação do prazo de pagamento deve incumbir ao órgão de administração.

Relativamente ao modo de pagamento dos dividendos, este é, em regra, efectuado em dinheiro, embora não tenha necessariamente que ser assim. Cabe ao órgão de administração[58] – porque se trata de matéria que diz respeito à gestão da sociedade – decidir sobre a utilização do meio de pagamento considerado mais conveniente para a sociedade[59].

Na verdade, sendo embora e inquestionavelmente o pagamento em dinheiro o modo normal de liquidação dos dividendos (e aquele que menos dificuldades levanta do ponto de vista jurídico), nada impede[60] – e pode até ser conveniente e interessar à sociedade, por não dispor, p. ex., de liquidez para efectuar a distribuição dos lucros deliberada – que o respectivo pagamento seja feito através da atribuição de bens em espécie aos sócios.

A utilização deste modo de pagamento do dividendo deve, no entanto, ser rodeada de algumas cautelas. Antes do mais, deverá necessariamente contar com a anuência do sócio, desde logo porque ele terá de aceitar que o valor do bem que lhe é dado em pagamento corresponde ao valor do seu dividendo[61].

---

[57] Não há nenhum dado normativo nem qualquer razão justificativa para se exigir, para este efeito, uma qualquer maioria qualificada. Assim, PAIS DE VASCONCELOS (2006), p. 110.

[58] Note-se, contudo, que, no caso da SQ, quando se trate da entrega de um bem imóvel, a competência para deliberar sobre essa matéria cabe – a menos que coisa diferente esteja contratualmente prevista – à colectividade dos sócios (cfr. art. 246º, 2, c)).

[59] Na doutrina norte-americana é usual distinguir-se três modos ou categorias de pagamento dos dividendos: os pagamentos em dinheiro, os pagamentos em espécie, e os pagamentos em acções (*share dividends*). Cfr., por todos, HAMILTON (2000), p. 576, s.. Este último modo de pagamento do dividendo com acções apenas será possível, entre nós, se a sociedade dispuser de acções próprias e as quiser destinar a esse fim. Sobre o regime norte-americano e as consequências destes *share dividends*, nomeadamente na diluição que daí resulta para a participação social dos sócios, veja-se HAMILTON, *ult. op. loc. citt.*.

[60] Não se descortina, de facto, qualquer obstáculo ou impedimento legal à possibilidade referida em texto. Em sentido diferente, veja-se CHULIÁ (1991), p. 491, s., para quem, em face dos dados normativos espanhóis, o pagamento do dividendo terá necessariamente que ser efectuado em dinheiro. Em sentido diferente, veja-se, no entanto, RUIZ MUÑOZ (1988), p. 348, s..

[61] Nos EUA, para fugir a estas dificuldades, o pagamento em espécie do dividendo é normalmente feito com bens fungíveis, *e.g.*, obrigações, acções de uma sociedade subsidiária, etc., cujo valor é facilmente determinável. Cfr. HAMILTON (2000), p. 576, s..

Por outro lado, o valor (real[62]) do bem entregue ao sócio não deverá exceder o valor do dividendo a que ele tem direito, sob pena de aquela dação em pagamento se traduzir numa encapotada distribuição de lucro a um ou mais sócios, o que, para além de violar a regra do art. 22º, consubstanciará uma liberalidade nula, por contrária ao fim da sociedade (cfr. art. 6º, 1)[63].

5. A adaptação do art. 32º ao novo SNC e à mudança de paradigma: a adopção do justo valor

A redacção do art. 32º foi recentemente alterada pelo DL 185/09, de 12 de Agosto, que, fundamentalmente, visou adaptar o regime ao novo modelo contabilístico, o designado SNC ("Sistema de Normalização Contabilística")[64].

---

[62] É que podendo, formalmente, a operação revestir a aparência de legalidade – quando o valor contabilístico do bem corresponder ao valor do dividendo – poderá não ser materialmente assim, se o seu valor de mercado for substancialmente superior.

[63] Atentas as razões expendidas, será de questionar se, quando se pretenda efectuar a liquidação do dividendo através de dação em pagamento, não deverá a avaliação dos bens a entregar aos sócios ser também objecto de uma avaliação por parte de um ROC, nos termos do art. 28º; i.é, é questionável se, nesta hipótese, a saída de bens sociais para os sócios não deverá ficar sujeita a regime idêntico ao da entrada desses bens para a sociedade (uma vez que as razões substanciais justificativas deste regime, nomeadamente a tutela dos sócios e sobretudo a tutela de credores, são idênticas em ambos os casos).

[64] O SNC, que foi aprovado pelo DL 158/2009, de 13 de Julho – revogando o anterior regime contabilístico, consagrado no POC, regulado no DL 410/89, de 21 de Novembro – e entrou em vigor em 1 de Janeiro de 2010, veio acolher o modelo contabilístico do IASB, adoptado na União Europeia.
Note-se que o legislador comunitário, desde cedo, teve a preocupação de regular e harmonizar, no espaço europeu, o regime contabilístico das sociedades. Fê-lo, desde logo, com a Quarta Directiva sobre Sociedades (Directiva 78/660/CEE, de 25 de Julho de 1978, publicada no JOCE nº L 222/11, de 14 de Agosto de 1978), relativa às contas anuais das sociedades de capitais (em Portugal, são abrangidas por esta Directiva as sociedades anónimas, as sociedades por quotas e as sociedades em comandita por acções); com a Sétima Directiva sobre Sociedades (Directiva 83/349/CEE, de 13 de Junho de 1983, publicada no JOCE nº L 193/1, de 18 de Julho de 1983), relativa às contas consolidadas; e com a Oitava Directiva sobre Sociedades (Directiva 84/253/CEE, de 10 de Abril de 1984, publicada no JOCE nº L 126/20, de 12 de Maio de 1984), relativa à aprovação das pessoas encarregadas da fiscalização legal dos documentos contabilísticos. Por outro lado, o Regulamento (CE) nº 1606/2002, de 19 de Julho de 2002, publicado no JOCE nº L 243/1, de 11 de Setembro de 2002, veio determinar a aplicação obrigatória das NIC (normas internacionais de contabilidade ou no acrónimo inglês IAS – *international accounting standards*) nas contas consolidadas de sociedades cujos títulos são negociados publicamente (cfr. art. 4º), permitindo que, facultativamente, os Estados-membros autorizem ou obriguem a utilização destas normas nas contas individuais daquelas sociedades, bem como nas contas consolidadas e individuais de outras sociedades (cfr. art. 5º). Os IAS foram, entretanto, publicados pelo Regulamento (CE) nº 1725/2003, de 21 de Setembro de 2003, publicado no JOCE nº L 261/1, de 13 de Outubro de 2003, que tem vindo a sofrer sucessivas alterações, destinadas a incorporar no ordenamento jurídico comunitário as alterações efectuadas nos IAS.
Os IAS são uma criação do IASC (*International Accounting Standards Committe*, hoje *IFRS Foundation*) – organismo não governamental constituído em 1973 pelas associações profissionais de contabilidade de 10 países (Alemanha, Austrália, Canadá, Estados Unidos, França, Irlanda, Japão, México, Países

Relativamente ao n.º 1[65], a alteração limitou-se à substituição da expressão "situação líquida" por "capital próprio", visando adaptar o preceito à nova terminologia contabilística[66]. Com a nova redacção dada ao n.º 1 esclareceu-se ainda que, no valor do capital próprio a considerar para efeitos desta norma, se inclui o resultado líquido do exercício.

A grande alteração de regime está, no entanto, contida no n.º 2, a qual resulta da mudança de paradigma que o novo modelo contabilístico veio consagrar relativamente ao registo do valor dos bens sociais.

Com efeito, o SNC – para além da fundamental diferença de ser um modelo que assenta essencialmente em princípios e não em regras[67] – veio substituir o princípio do custo histórico pelo critério do justo valor. De facto, enquanto

Baixos e Reino Unido), com o objectivo de formular, de modo independente, padrões de normas contabilísticas destinados a ser aceites universalmente –, os quais foram sendo publicados desde 1973 até 2000. Esta função, a partir de Abril de 2001, passou a competir ao IASB (*International Accounting Standards Board*) – criado na estrutura do IASC – sendo que, a partir daí, as normas criadas por este organismo começaram a designar-se por normas internacionais de relato financeiro (NIRF ou, mais comummente, IFRS, sigla em inglês para *international financial reporting standards*). Tenha-se, no entanto, presente que esta designação (IFRS) é também utilizada, em termos latos, para abranger não apenas as regras criadas pelo IASB (os IFRS propriamente ditos) mas também as criadas pelo IASC (os IAS). Sobre esta matéria, pode ver-se <http://www.ifrs.org/The+organisation/Glossary.htm>, <www.iasplus.com/index.htm> e <www.iasplus.com/standard/standard.htm>.

Nos EUA, as legislações societárias não estabelecem quaisquer imposições em matéria contabilística e, muito embora existam princípios contabilísticos geralmente aceites – os *Generally Accepted Accounting Principles* (GAAP) –, nada obriga as sociedades a adoptá-los (a "Securities and Exchange Commission" já obriga, contudo, as sociedades cotadas a adoptar os GAAP). Os GAAP são princípios e regras contabilísticas emanados pelo FASB (*Financial Accounting Standards Board*) que é uma organização não governamental norte-americana. Mais informação pode ler-se em <www.fasb.org>. Note-se que os GAAP não coincidem inteiramente com os IAS, mas está a assistir-se a um movimento de aproximação entre os dois modelos, tendo em vista permitir que as empresas cotadas na SEC, que elaborem as suas contas em conformidade com os IAS, não tenham que produzir novos documentos contabilísticos de acordo com os GAAP.

[65] Que correspondia à totalidade do art. na redacção originária da norma.

[66] Sobre estes conceitos, vide *supra* nt. 6. Note-se, no entanto, que no SNC – de resto, já assim era no POC/89 – utiliza-se apenas a expressão capital (e não capital próprio). Cfr. conta 51 SNC.

[67] Cfr. ponto 1.2 do SNC. Sobre a diferença de regimes, em resultado da utilização de princípios regulamentadores (*standards*) – cujo regime é mais flexível mas comporta mais riscos – ou de regras (*rules*), veja-se SCHÖN (2006), p. 194, s., MONTALENTI (2006), p. 489, s., DENOZZA (2006), p. 409, s., BODANSKY (2003), que se pode ler em <http://www.law.nyu.edu/kingsburyb/spring03/globalization/BodanskyRules_v_StandardsPaper.pdf>, SCHÄFER (2002), que se pode ler em <http://www.bepress.com/cgi/viewcontent.cgi?article=1029&context=gwp>, e KAPLOW (1992), p. 557, s., para quem "the only distinction between rules and standards is the extent to which efforts to give content to the law are undertaken before or after individuals act" (p. 557). A grande diferença entre os dois regimes, resulta, pois, da utilização de mecanismos que, no caso das *rules*, actuam *ex ante*, i.é, visam prevenir, regulando detalhadamente, a violação da lei, e, no caso dos *standards*, actuam *ex post*, ou seja, visam sancionar a sua violação. Cfr. SCHÖN (2006), p. 194.

o POC estabelecia que os bens apenas deviam ser considerados, em princípio, pelo seu custo histórico[68], o SNC veio permitir a utilização do justo valor (*fair value*) – do valor de mercado – como critério para a mensuração dos bens da sociedade[69].

Com esta solução consegue-se uma imagem mais verdadeira e apropriada da situação patrimonial da sociedade[70]. Mas ela comporta também o risco – ao consentir numa re-valorização dos bens e, consequentemente, num aumento do valor da situação patrimonial societária – de permitir uma mais fácil distribuição de bens pelos sócios[71], em prejuízo dos credores sociais que verão diminuído o património que garante os seus créditos[72].

Por isso, para a distribuição de bens aos sócios – que tenha por base aumentos da situação patrimonial resultantes da avaliação, pelo justo valor, dos bens sociais –, o art. 32º, 2 determina que se observe o "princípio da realização"; i.é, apenas quando o valor dos bens – actualizados pelo seu justo valor – for, *hoc sensu*, realizado (*e.g.*, quando os bens forem vendidos) é que esse montante poderá ser distribuído pelos sócios.

Note-se, no entanto, que, se da utilização do critério de mensuração do justo valor resultar uma diminuição da situação patrimonial[73], essa diminuição já deverá ser tida imediatamente em consideração para a determinação do lucro de balanço, afectando (negativamente) o montante que pode ser distribuído aos sócios[74].

[68] Cfr. ponto 4., d) do POC.
[69] Cfr. NCRF (Norma Contabilística e de Relato Financeiro) 11, parágrafos 35 a 57.
[70] Cfr. ponto 46 da Estrutura Conceptual do SNC, aprovada pelo Aviso nº 15652/2009, publicado in DR, 2ª Série, nº 173, de 7 de Setembro.
[71] Cfr. também o Preâmbulo do DL 185/09, onde expressamente se afirma: "embora reconhecendo a importância da adopção do critério de justo valor na qualidade da informação financeira prestada pelas empresas, facto que permite reflectir com maior relevância a sua verdadeira performance, entende-se que deverá haver alguma limitação à distribuição dos resultados positivos que tenham sido gerados a partir da aplicação do referido critério de valorimetria.".
[72] Tenha-se presente que, para além de sempre haver o risco de resultar da avaliação uma sobrevalorização dos bens, o respectivo valor pode variar ao longo do tempo. E, portanto, os bens – pense-se, p. ex., num terreno – podem ter um valor num determinado exercício (o qual seria tomado em consideração para proceder à distribuição de bens pelos sócios) e ter outro, inferior, em exercícios subsequentes.
[73] Porque o bem avaliado de acordo com o seu justo valor tem, afinal, um valor inferior ao que constava da contabilidade.
[74] Cfr. novamente o Preâmbulo do DL 185/09: "Quanto às componentes negativas da aplicação do justo valor, não deixa de ter aplicação o princípio da prudência, pelo que não é contemplada qualquer alteração nesta vertente, continuando a afectar, neste caso negativamente, a distribuição de resultados, já que, primeiro, terão de ser compensadas estas perdas, e só depois se poderão libertar bens para distribuição.".

ARTIGO 33º
Lucros e reservas não distribuíveis

1. Não podem ser distribuídos aos sócios os lucros do exercício que sejam necessários para cobrir prejuízos transitados ou para formar ou reconstituir reservas impostas pela lei ou pelo contrato de sociedade.

2. Não podem ser distribuídos aos sócios lucros do exercício enquanto as despesas de constituição, de investigação e de desenvolvimento não estiverem completamente amortizadas, excepto se o montante das reservas livres e dos resultados transitados for, pelo menos, igual ao dessas despesas não amortizadas.

3. As reservas cuja existência e cujo montante não figuram expressamente no balanço não podem ser utilizadas para distribuição aos sócios.

4. Devem ser expressamente mencionadas na deliberação quais as reservas distribuídas, no todo ou em parte, quer isoladamente quer juntamente com lucros de exercício.

Índice
1. Destino do lucro de exercício
2. As despesas de constituição e de I&D
3. A proibição de distribuição (e constituição) de reservas ocultas

Bibliografia
a) Citada:
ANTUNES, JOSÉ ENGRÁCIA – *Direito das sociedades*, ed. do A., 2010, "Cobertura de prejuízos sociais transitados e reserva de prémios de emissão", *Ars Iudicandi – Homenagem ao Prof. Doutor Castanheira Neves*, vol. 2, Coimbra Editora, Coimbra, 2009, p. 65-85; CÂMARA, PAULO – *Código das Sociedades Comerciais anotado* (coord. de A. Menezes Cordeiro), Almedina, Coimbra, 2009, p. 161-163; CORDEIRO, A. MENEZES – *Manual de direito das sociedades*, I., *Das sociedades em geral*, 2.ª ed., Almedina, Coimbra, 2007; CORREIA, A. FERRER, *Lições de direito comercial*, vol. II, *Sociedades comerciais. Doutrina geral*, edição policopiada, Coimbra, 1968; COSTA, CONCETTO – *Le riserve nel diritto delle società*, Giuffrè, Milano, 1984; FORTUNATO, SABINO – "Capitale e bilanci nella s.p.a.", RS, 1991, p. 125-193; MANNING, BAYLESS/HANKS JR., JAMES J. – *Legal Capital*, Foundation Press, New York, 1990; MENDES, EVARISTO – "Direito ao lucro de exercício no CSC (arts. 217/294)", *Estudos em homenagem ao Professor Doutor Mário Júlio Ameida Costa*, Universidade Católica, Lisboa; 2002, p. 487-583; PITA, MANUEL – *Direito aos lucros*, Almedina, Coimbra, 1989; PORTALE, G. B. – *I conferimenti in natura «atipici» nella s.p.a. – profili critici*, Quaderni di Giurisprudenza

Commerciale, Giuffrè, Milano, 1974, "I «beni» iscrivibili nel bilancio di esercizio delle società e la tutela dei creditori nella societè per azioni", RS, 1969, p. 243-287; SANTOS, F. CASSIANO DOS – "O direito aos lucros no código das sociedades comerciais (à luz de 15 anos de vigência)", *Problemas de direito das sociedades*, IDET, Almedina, Coimbra, 2002, p. 185-199; SIMONETTO, E. – *I bilanci*, Cedam, Padova, 1967; XAVIER, V. G. LOBO/COELHO, MARIA ÂNGELA – "Lucro obtido no exercício, lucro de balanço e lucro distribuível", RDE 8 (1982), p. 259-275.

b) Outra:
ANTUNES, JOSÉ ENGRÁCIA – "Capital próprio, reservas legais especiais e perdas sociais", SI, nº 313, 2008, p. 93-116; VENTURA, RAÚL – "Adaptação do direito português à 2.ª Directiva do Conselho da Comunidade Económica Europeia sobre direito das sociedades", *Documentação e Direito Comparado*, separata, Lisboa, 1981, p. 37- 57, *Sociedades por quotas*, vol. 1, Almedina, Coimbra, 1989, p. 319-370.

1. Destino do lucro de exercício

O art. 33º regula agora o destino que, em primeiro lugar, deve ser dado aos lucros de exercício.

Comece-se por sublinhar que a norma não trata do lucro de balanço (do montante global que pode ser atribuído aos sócios[1]), mas do lucro gerado num determinado exercício[2] e da aplicação que primacialmente lhe deve ser dada[3].

Assim, o CSC – transpondo, para o direito interno, o regime que resulta do art. 15º, 1, c) da Segunda Directiva – veio estabelecer[4] que os lucros de exercício de exercício devem, em primeiro lugar, ser destinados à cobertura de prejuízos

---

[1] Desse trata, como vimos na respectiva anotação, o art. 32º.
[2] Vide nºˢ 1 e 2 do art. 33º que expressamente fazem referência aos "lucros de exercício". Sobre a noção de lucro de exercício, vide anotação 2.3. ao art. 32º, e LOBO XAVIER/MARIA ÂNGELA COELHO (1982), p. 259, s. Cfr. também EVARISTO MENDES (2002), p. 487, s., MANUEL PITA (1989), e CASSIANO DOS SANTOS (2002), p. 185, s..
[3] Note-se que os arts. 217º e 294º – aplicáveis respectivamente às SQ e SA – regulam também entre nós, de forma precursora, a atribuição aos sócios de um direito a metade do lucro de exercício. Vide, sobre o regime, a anotação aos referidos artigos.
[4] Contrariando uma prática anterior comum, em que era normal os sócios distribuírem os lucros de exercícios, apesar da existência de prejuízos transitados.

transitados e à formação das reservas legais ou estatutárias, só podendo ser distribuído pelos sócios o valor remanescente[5] (cfr. art. 33º, 1).

Por isso, só quando não existirem prejuízos transitados e só depois de retirados montantes destinados à formação das reservas legais[6] e estatutárias[7] é que o lucro de exercício poderá ser destinado ao sócios, sendo sobre este valor remanescente que os sócios poderão reclamar a sua distribuição parcial, nos termos dos arts. 217º e 294º[8-9].

O CSC consagra, por isso, um regime inderrogável de cobertura dos prejuízos da sociedade, devendo os lucros de exercício ser necessariamente afectados, em primeira linha, a tal finalidade[10].

---

[5] Note-se que caminho diferente tem sido seguido nos diferentes Estados dos EUA, onde se consagram os chamados *nimble dividends*. De acordo com esta figura, uma sociedade poderá distribuir pelos sócios bens que correspondam aos lucros do exercício do ano corrente ou do ano anterior, ainda que o património líquido da sociedade seja inferior ao *stated capital*. Ou seja, ainda que não exista lucro (lucro de balanço), uma sociedade poderá distribuir bens, em vez de os afectar à cobertura dos prejuízos, desde que os valores a distribuir resultem dos lucros obtidos naqueles dois exercícios. Trata-se, no dizer de Manning e Hanks Jr., de uma cedência da lei às pressões da *praxis* societária, uma vez que este expediente é uma forma de permitir a uma sociedade em dificuldades atrair e captar – através da distribuição de dividendos – novos investimentos de capital por parte de sócios. Cfr. MANNING/ /HANKS JR. (1990), p. 83.

[6] Sobre as reservas legais, vide arts. 295º e 296º. A reserva legal é, em princípio (pode ser contratualmente estabelecida coisa diferente), uma reserva de formação sucessiva (cfr. art. 295º, 1).

[7] As reservas estatutárias são aquelas cuja constituição resulta do contrato de sociedade. Note-se que, não resultando de imposição legal, nada obsta a que – desde que os sócios alterem a cláusula do pacto que obriga à sua constituição – elas possam ser desafectadas do fim para que se constituíram e sejam distribuídas pelos mesmos sócios a título de dividendos. Cfr. FERRER CORREIA (1968), p. 250.

[8] De facto, os arts. 217º e 294º referem-se a metade do *lucro do exercício distribuível*. Por isso, do lucro de exercício, haverá que retirar, se for caso disso, os montantes necessários para cobrir prejuízos transitados ou para formar ou reconstituir reservas obrigatórias, uma vez que tais montantes não são distribuíveis (cfr. art. 33º, 1).

[9] Precisamente porque o regime da distribuição dos lucros de exercício é distinto do da distribuição das reservas – desde logo, o direito previsto nos arts. 217º e 294º apenas se aplica aos primeiros –, a lei determina que na respectiva deliberação se discrimine a que título são os valores entregues aos sócios (cfr. art. 33º, 4).

[10] No sentido de que há um regime imperativo de cobertura das perdas, independentemente da vontade da sociedade e duma deliberação social nesse sentido, veja-se SIMONETTO (1967), p. 255, e 301, s., e COSTA (1984), p. 64. Esta solução resultará da existência de uma ordem inderrogável de cobertura das perdas que começará, em primeiro lugar, pelo lucro, e sucessivamente, pela reserva facultativa, estatutária, legal, pelo capital social e finalmente pelos bens afectos à cobertura do passivo. Cfr. SIMONETTO (1967), p. 301-302. Em sentido diferente, se pronuncia FORTUNATO (1991), p. 145, nt. 29, que entende incumbir sempre à AG e nunca à administração uma decisão sobre essa matéria, uma vez que os sócios poderão pretender um outra solução (*v.g.*, manter a perda e, p. ex., destinar lucros futuros à cobertura da mesma, em vez de os utilizar para a reintegração da reserva que porventura tivesse sido utilizada para esse efeito). Sobre a questão, entre nós, vide ENGRÁCIA ANTUNES (2009), p. 65, s., (2010), p. 398 e nt. 854.

2. As despesas de constituição e de I&D

O art. 33º, 2 estatui ainda que não podem ser distribuídos lucros de exercício, se as despesas de constituição e de investigação e desenvolvimento (I&D) não estiverem completamente amortizadas. Se tal não se verificar, a distribuição daqueles lucros só poderá ocorrer se o valor das reservas livres e dos lucros transitados for de valor pelo menos igual ao das referidas despesas que não estejam amortizadas.

Este regime está relacionado com a questão da inscritibilidade no activo da sociedade de bens não idóneos a garantir o pagamento de terceiros, como é o caso das despesas de constituição e de I&D[11]. Com efeito, no POC permitia-se que fossem inscritas no Activo da sociedade as despesas de constituição e de I&D[12], as quais obviamente – trata-se de despesas efectuadas pela sociedade! – não são adequadas à satisfação dos créditos de terceiros.

Por isso, porque aqueles valores[13] – que constam do Activo – não garantem credores, a lei veio expressamente estabelecer que só é possível a distribuição de bens aos sócios, quando eles estiverem completamente amortizados ou existam reservas ou resultados que cubram o valor não amortizado. I.é, o que a lei visa assegurar é que os terceiros não sejam induzidos em erro, confiando na existência de um património social de determinado valor – revelado pelo balanço – que afinal, pela sua substância, acaba por não garantir o ressarcimento dos seus créditos. E daí que apenas se permita a retirada de bens em favor dos sócios, através da distribuição de lucros, quando o valor daquelas despesas que constam no Activo da sociedade (por ainda não estarem amortizadas) esteja coberto por reservas ou resultados (e, portanto, em princípio, por bens que, por serem executáveis em benefício dos credores[14], garantem o pagamento dos seus créditos).

---

[11] É uma temática que está intimamente conexionada com a natureza das entradas admissíveis nas sociedades de responsabilidade limitada. Sobre o assunto, vide anotação 2.4.2. ao art. 20º. Sobre a tese que defendia a necessária correspondência entre entradas de capital e bens que pudessem ser inscritos no Activo do balanço (ou seja, a correspondência entre a *Einlagefähigkeit* e a *Bilanzfähigkeit*), veja-se, por todos, PORTALE (1974), p. 36, s. e 54, s., (1969), p. 243, s.. Não parece, por isso, judiciosa a anotação que Paulo Câmara faz (sob nº 3) a este art. 33º, distinguindo o regime aplicável às despesas de constituição e às despesas de I&D. Cfr. FAULO CÂMARA (2009), p. 162.

[12] Cfr. respectivamente contas 431 e 442.

[13] Estes valores são objecto de amortização anual, até que – uma vez completamente amortizados – desaparecem do Activo da sociedade.

[14] Bens que constituem o que a doutrina alemã designa por *Haftungsstock*.

Note-se, porém, que o regime da inscritibilidade de activos intangíveis (nomeadamente das despesas de I&D) foi profundamente alterado pelo SNC[15], estabelecendo-se agora regras mais apertadas para que seja possível relevar contabilisticamente este tipo de despesa.

3. A proibição de distribuição (e constituição) de reservas ocultas

No art. 33º, 3 consagra-se o princípio de que as reservas ocultas[16] não podem ser utilizadas para distribuição aos sócios. É uma solução que sem esforço se compreende, desde logo porque elas contrariam as regras contabilísticas e de elaboração do balanço, com as quais se visa assegurar que a contabilidade reflecte uma imagem verdadeira e fiel da situação patrimonial societária[17]. Ora, tal desiderato é posto em causa com as reservas ocultas[18], uma vez que, neste caso, a situação patrimonial da sociedade, tal como é contabilisticamente relevada, não é rigorosa nem exacta. Por isso, neste regime do art. 33º, 3 deverá ver-se o afloramento de um princípio geral que considera que não é admissível a constituição deste tipo de reservas e que elas não podem, consequentemente, ser invocadas para quaisquer efeitos, nomeadamente para a distribuição de bens pelos sócios.

---

[15] Cfr. conta 442 SNC e respectiva nota de enquadramento e NCRF 6, em esp. parágrafos 50, s..
[16] O art. 33º, 3 alude às reservas ocultas quando se refere às "as reservas que não constam do balanço".
[17] Assim também, MENEZES CORDEIRO (2007), p. 613.
[18] Que resultam ou de uma subvalorização de bens do activo ou de uma sobrevalorização de verbas do passivo.

ARTIGO 34º
Restituição de bens indevidamente recebidos

1. Os sócios devem restituir à sociedade os bens que dela tenham recebido com violação do disposto na lei, mas aqueles que tenham recebido a título de lucros ou reservas importâncias cuja distribuição não era permitida pela lei, designadamente pelos artigos 32º e 33º, só são obrigados à restituição se conheciam a irregularidade da distribuição ou, tendo em conta as circunstâncias, deviam não a ignorar.

2. O disposto no número anterior é aplicável ao transmissário do direito do sócio, quando for ele a receber as referidas importâncias.

3. Os credores sociais podem propor acção para restituição à sociedade das importâncias referidas nos números anteriores nos mesmos termos em que lhes é conferida acção contra membros da administração.

4. Cabe à sociedade ou aos credores sociais o ónus de provar o conhecimento ou o dever de não ignorar a irregularidade.

5. Ao recebimento previsto nos números anteriores é equiparado qualquer facto que faça beneficiar o património das referidas pessoas dos valores indevidamente e atribuídos.

Índice

1. A distribuição irregular de bens
    1.1. A repetibilidade dos bens atribuídos aos sócios
    1.2. A irrepetibilidade dos bens atribuídos aos sócios
2. Traços característicos do regime

Bibliografia

Citada:
COLOMBO, G. E. – "Utili, dividendi e acconti dividendo", in G. E. COLOMBO/G. B. PORTALE, *Trattato delle società per azioni*, Utet, Torino, vol. 7*, 1995; CORREIA, A. FERRER – *Lições de direito comercial*, vol. II, *Sociedades comerciais. Doutrina geral*, edição policopiada, Coimbra, 1968; VENTURA, RAÚL – "Adaptação do direito português à 2.ª Directiva do Conselho da Comunidade Económica Europeia sobre direito das sociedades", *Documentação e Direito Comparado*, separata, Lisboa, 1981.

1. A distribuição irregular de bens

Apesar de, como vimos em anotação ao art. 31º, o órgão administrador estar legalmente impedido de proceder, por sua iniciativa ou em execução de deliberação tomada pelos sócios, a qualquer distribuição ilícita de bens, esta pode, no entanto, acontecer.

É o art. 34º – que transpõe para o direito nacional o regime do art. 16º da Directiva do Capital – que regula, entre nós, esta matéria.

1.1. A repetibilidade dos bens atribuídos aos sócios

O art. 34º começa por estatuir[1] que, no caso de uma distribuição ilícita de bens aos sócios, estes deverão restituir tudo o que receberam. O legislador – porque estão em causa interesses de terceiros – determinou mesmo que, nesta situação, os sócios sejam obrigados a restituir o que indevidamente receberam, ainda que estejam de boa fé, i.é, ainda que desconheçam a irregularidade da distribuição. Ou seja, a primeira regra enunciada pela referida disposição é a da repetibilidade dos bens irregularmente atribuídos aos sócios[2].

1.2. A irrepetibilidade dos bens atribuídos aos sócios

A regra passa, porém, a ser precisamente a inversa – a da irrepetibilidade do recebido –, quando a distribuição dos bens tiver sido feita a título de lucros ou reservas[3]. Com efeito, aqui, os sócios só serão obrigados a restituir o que receberam em caso de má fé, i. é, se tivessem tido conhecimento da irregularidade da distribuição ou, tendo em conta as circunstâncias, não a devessem ignorar (cfr. art. 34º, 1, *in fine*)[4]. Ou seja, nesta hipótese, para que se possa afirmar a repetibilidade dos bens distribuídos, é necessário que cumulativamente se verifiquem dois requisitos[5]: um objectivo (a distribuição ilícita) e outro subjectivo (a má fé do sócio).

---

[1] Cfr. art. 34º, 1, parte inicial.
[2] Note-se que esta solução não resulta do art. 16º da Segunda Directiva. Esta norma impõe apenas a repetibilidade da distribuição de bens – independentemente do título a que a mesma é feita – quando o sócio está de má fé. A solução portuguesa é, no entanto, idêntica à consagrada no § 62, 1 AktG. Para uma análise do regime da Directiva do Capital, vide RAÚL VENTURA (1981), p. 57, s..
[3] Não se deixe de notar que, por princípio, será a este título que os bens serão atribuídos aos sócios.
[4] Esta é já uma solução imposta pela Segunda Directiva (cfr. art. 16º). Era diferente o regime no nosso direito pregresso. Nas SA, tivessem as quantias sido ou não entregues a título de lucros, a má fé era sempre condição para que fosse exigível a devolução dos bens indevidamente recebidos pelos sócios. Nas SQ, ainda que estivessem de boa fé e tivessem recebido os bens a título de distribuição de lucros, os sócios eram sempre obrigados a devolver o que receberam, "desde que a distribuição de dividendos fictícios tenha dado lugar à diminuição do capital social". Cfr. FERRER CORREIA (1968), p. 226, s..
[5] Cfr. COLOMBO (1995), p. 536, s..

2. Traços característicos do regime

O regime da repetição dos bens irregularmente atribuídos aos sócios, caracteriza-se essencialmente por:

i) a restituição dos bens em causa poder ser pedida, quer pela sociedade quer pelos credores sociais; neste último caso, será aplicável o regime previsto no art. 78º para a responsabilização dos membros da administração (cfr. art. 34º, 3);

ii) o ónus da prova relativamente à má fé do sócio[6] incumbir à sociedade ou aos credores sociais; i.é, cabe a quem pretender obter a devolução dos bens entregues aos sócios, demonstrar o conhecimento ou a ignorância não desculpável do sócio relativamente à irregularidade da distribuição (cfr. art. 34º, 4) [7];

iii) o regime da repetição previsto no art. 34º se aplicar não apenas à entrega de bens aos sócios, mas também a qualquer facto que faça beneficiar o património do sócio[8] dos valores indevidamente atribuídos (cfr. art. 34º, 5)[9]; e

iv) idêntico regime ser igualmente aplicável ao terceiro para quem o sócio tenha transmitido o direito ao recebimento dos bens (*v.g.*, lucros), caso tenha sido esse terceiro a receber efectivamente os bens irregularmente distribuídos (cfr. art. 34º, 2[10])[11].

Sublinhe-se, em qualquer caso, que, ainda que não seja possível obter a devolução dos bens irregularmente distribuídos aos sócios, os interesses da sociedade e de terceiros não estarão completamente desabrigados, uma vez que pelos prejuízos daí decorrentes poderão – nos termos dos arts. 72º e 78º, respectivamente –, em princípio, ser responsabilizados os gerentes ou administradores que procederam à distribuição ilícita de bens[12].

---

[6] É um requisito, como vimos, apenas necessário para a situação em que esteja em causa a distribuição de bens a título de lucros ou reservas.
[7] Trata-se de um problema extremamente discutido noutras paragens, mas que a nossa lei expressamente resolveu. Cfr. COLOMBO (1995), 542, s..
[8] Ou daquele para quem o sócio transmitiu o seu direito ao recebimentos dos bens sociais.
[9] Pense-se, p. ex., na hipótese de a um sócio não serem atribuídos bens mas lhe ser considerada extinta uma dívida que ele tinha para com a sociedade.
[10] Note-se que a norma se refere apenas ao recebimento de "importâncias". Como vimos, no entanto, a atribuição de bens aos sócios não tem necessariamente que ser feita em dinheiro (cfr. *supra*, anotação 4. ao art. 32º). O regime do art. 34º deve, contudo, aplicar-se ao transmissário do direito do sócio, quaisquer que sejam os bens que ele haja recebido.
[11] Aqui e no caso de distribuição de bens a título de lucros ou reservas, a questão que se pode levantar é a de saber sobre quem recai o requisito subjectivo, i.é, se a má fé se deve verificar relativamente ao sócio ou ao transmissário do direito.
[12] Sobre esta matéria, vide também *supra*, a anotação 3. ao art. 31º.

ARTIGO 35º *
Perda de metade do capital

1. Resultando das contas de exercício ou de contas intercalares, tal como elaboradas pelo órgão de administração, que metade do capital social se encontra perdido, ou havendo em qualquer momento fundadas razões para admitir que essa perda se verifica, devem os gerentes convocar de imediato a assembleia geral ou os administradores requerer prontamente a convocação da mesma, a fim de nela se informar os sócios da situação e de estes tomarem as medidas julgadas convenientes.

2. Considera-se estar perdida metade do capital social quando o capital próprio da sociedade for igual ou inferior a metade do capital social.

3. Do aviso convocatório da assembleia geral constarão, pelo menos, os seguintes assuntos para deliberação pelos sócios:
a) A dissolução da sociedade;
b) A redução do capital social para montante não inferior ao capital próprio da sociedade, com respeito, se for o caso, do disposto no nº 1 do artigo 96º;
c) A realização pelos sócios de entradas para reforço da cobertura do capital.

* A redacção da norma foi inicialmente alterada pelo DL 162/2002, de 11 de Julho, e mais tarde, pelo DL 19/2005, de 18 de Janeiro; a redacção actual do nº 1 foi introduzida pelo art. 2º do DL 76-A/06, de 29 de Março.

Índice

1. Justificação do regime da perda grave do capital social
2. Os modelos de regulação da perda grave de capital: o modelo francês (reactivo) e o modelo alemão (informativo)
3. A atribulada entrada em vigor do art. 35º e o errático caminho trilhado pelo legislador português
4. O actual regime do art. 35º: a consagração do modelo meramente informativo
5. Âmbito de aplicação: o regime do art. 35º é aplicável a todos os tipos societários
6. A *facti-species* legal
7. As obrigações dos membros do órgão de administração
8. As obrigações dos membros do órgão de fiscalização
9. A publicidade externa da situação de perda grave do capital social
10. As medidas enunciadas no art. 35º
    10.1. A dissolução da sociedade
    10.2. A redução do capital
    10.3. A reintegração do capital

10.3.1. A competência da colectividade dos sócios
10.3.2. A qualificação e o regime das novas "entradas"
10.3.3. A questão das contribuições não proporcionais à participação social de cada sócio
11. Outras formas de sanar o desequilíbrio patrimonial
    11.1. O aumento do capital
    11.2. A "operação-acordeão"

Bibliografia

a) Citada:

Abreu, J. M. Coutinho de – *Responsabilidade civil dos administradores das sociedades*, IDET, Almedina, Coimbra, 2007, *Curso de direito comercial*, vol. II, *Das sociedades*, 3ª ed., Almedina, Coimbra, 2009; Almeida, A. Pereira de – *Sociedades comerciais e valores mobiliários*, Coimbra Editora, Coimbra, 2008, p. 85-88; Barbosa Nuno – "Morrer da cura: a aplicação do art. 35º CSC à SAD", Desporto & Direito, Ano II, nº 4 (Set/Dez 2004), p. 9-25; Busi, Carlo Alberto – *Azzeramento e ricostituzione del capitale nelle s.p.a.*, Cedam, Padova, 1998; Cabanas Trejo, R./Machado Plazas, J. – *Aumento de capital y desembolso antecipado*, Civitas, Madrid, 1995; Coelho, J. G. Pinto – "Reintegração do capital social", *RLJ*, ano 92º (1959-1960), p. 52; Cordeiro, A. Menezes – "Da perda de metade do capital social das sociedades comerciais", ROA, Ano 56 (1996), I, p. 157-177, "A perda de metade do capital social e a reforma de 2005: um repto ao legislador", ROA, ano 65 (2005), I, p. 45-87, *Manual de direito das sociedades*, I., *Das sociedades em geral*, 2ª ed., Almedina, Coimbra, 2007; Correia, Luís Brito – *Direito comercial*, 2º vol., *Sociedades comerciais*, AAFDL, Lisboa, 1989; Cottino, Gastone – *Le società – Diritto commerciale*, I, 2, Cedam, Padova, 1999; Cozian, M./Viandier, A./Deboissy, Fl. – *Droit des sociétés*, Litec, Paris, 2005; Cruz Blanco, A. Pérez de la – *La reducción del capital en sociedades anónimas e de responsabilidad limitada*, Publicaciones del Real Colegio de España en Bolonia, 1973; Cunha, Paulo Olavo – *Os direitos especiais nas sociedades anónimas: as acções privilegiadas*, Almedina, Coimbra, 1993, "A redução do capital das sociedades anónimas", *Estudos em homenagem ao Prof. Doutor Inocêncio Galvão Telles*, vol. IV, Almedina, Coimbra, 2003, p. 659-697, "O novo regime da redução do capital social e o artigo 35º do CSC", *Homenagem da Faculdade de Direito de Lisboa ao Prof. Doutor Inocêncio Galvão Telles – 90 anos*, Almedina, Coimbra, 2007, p. 1023-1078, *Direito das sociedades comerciais*, 4ª ed., Almedina, Coimbra, 2010; Dana-Démaret, Sabine – *Capital Social*, Litec, 1989; Domingues, Paulo de Tarso – "A perda grave do capital social (a propósito da recente entrada em vigor do artigo 35º do Código das Sociedades Comerciais)", *Estudos em homenagem ao Senhor Professor Dou-*

tor J. Ribeiro de Faria, Coimbra Editora, 2003, p. 739-791, "Capital e património sociais, lucros e reservas", *Estudos de direito das sociedades* (coord. de Coutinho de Abreu), 9ª ed., Almedina, Coimbra, 2008, p. 173-233, *Variações sobre o capital social*, Almedina, Coimbra, 2009; DUARTE, RUI PINTO – "Subcapitalização das sociedades no direito comercial", Fisco, Ano VIII (1996), nº 76/77, p. 55-64, "Suprimentos, prestações acessórias e prestações suplementares", *Problemas do direito das sociedades*, IDET, Almedina, Coimbra, 2002, p. 257-280, "Prestações suplementares e prestações acessórias (uma reincidência...)", *Nos 20 anos do Código das Sociedades Comerciais – Homenagem aos Profs. Doutores A. Ferrer Correia, Orlando de Carvalho e Vasco Lobo Xavier*, vol. I, Coimbra, Coimbra Editora, 2007, p. 693-706, "Contribuições dos sócios para além do capital social: prestações acessórias, prestações suplementares e suprimentos", *Escritos sobre direito das sociedades*, Coimbra Editora, Coimbra, 2008, p. 225-259; ENRIQUES, L./MACEY, J. – "Raccolta di capitale di rischio e tutela dei creditori: una critica radicale alle regole europee sul capitale sociale", RS, 2002, p. 78-120 (inicialmente publicado na Cornell Law Review, vol. 86, 2001, p. 1165); FENGHI, FRANCESCO – *La riduzione del capitale sociale*, Giuffrè, Milano, 1974; FRÈ, GIANCARLO – "Società per azioni", *Commentario del codice civile*, sob a direcção de A. Scialoja e G. Branca, Bologna/Roma, 1951; HÜFFER, UWE – *Akiengesetz*, Beck, München, 2006; KÜBLER, F. – *Gesellschaftsrecht*, C. F. Müller Verlag, Heidelberg, 1999; LUTTER, M. – *Kölner Kommentar zum Aktiengesetz*, Band 1, Carl Heymanns Verlag, Köln, 1988; MACHADO PLAZAS, JOSE – *Perdida del capital social y responsabilidad de los administradores por las deudas sociales*, Civitas, Madrid, 1997; MAIA, PEDRO – "Deliberações dos sócios", em AAVV. (coord. de Coutinho de Abreu), *Estudos de direito das sociedades*, 9ª ed., Coimbra, Almedina, 2008, p. 235-275; MERTENS, HANS-JOACHIM – *Kölner Kommentar zum Aktiengesetz*, Band 2, Carl Heymanns Verlag, Köln, 1996; NETO, SERENA CABRITA/AMARO, VÍCTOR/SOUSA, TIAGO – "O artigo 35º do código das sociedades comerciais – A perda de metade do capital social", Fiscalidade – Revista de Direito e Gestão Fiscal, nº 9, Jan.-2002, p. 87-102; PINTO, ALEXANDRE MOTA – "O artigo 35º do código das sociedades comerciais na versão mais recente", in *Temas societários*, IDET, Almedina, Coimbra, 2006, p. 107--151; QUATRARO, B./ISRAEL, R./D'AMORA, S./QUATRARO, G. – *Trattato teorico-pratico delle operazioni sul capitale*, Tomo I, Giuffrè, Milano, 2001; SABATO, FRANCO DI – *Le società*, Utet, Torino, 1999; SANTOS, F. CASSIANO DOS – "Dissolução e liquidação administrativas de sociedades", *Reformas do código das sociedades*, IDET, Almedina, 2007, p. 139-176; SCHMIDT, KARSTEN – *Gesellschaftsrecht*, Carl Heymanns Verlag, Koln, 2002; SERENS, M. NOGUEIRA – "Notas sobre a sociedade anónima", *Studia Iuridica*, 14, Coimbra Editora, Coimbra, 2ª ed., 1997; SPADA, PAOLO – "Reintegrazione del capitale reale senza operare sul nominale", GiurCom, 1978, I, p. 36-49; TANTINI, GIOVANNI – *Capitale e patrimonio nella società per azioni*, Cedam, Padova, 1980; VASCONCELOS, P. PAIS DE – *A participação social nas sociedades comerciais*, 2ª ed., Almedina, Coimbra, 2006; VASCONCELOS, PAULO – "A perda grave do capital", *Revista de Ciências Jurídicas Empresariais*, ISCAP, Porto, nº 10, 2007, p. 7-34; VENTURA, RAÚL – *Adaptação do direito português à 2ª Directiva do Conselho da Comunidade Económica Europeia sobre direito das sociedades*, separata de "Documentação e Direito Comparado", Lisboa, 1981, *Dissolução e liquidação de sociedades*, Almedina, Coimbra, 1987, *Alterações do contrato de sociedade*, Almedina, Coimbra, 1988, *Sociedades por quotas*, vol. 1, Almedina, Coimbra, 1989, "Direitos especiais dos sócios", *O Direito*, Ano 121 (1989ª), I, p. 207-222, *Sociedades por quotas*, vol. III, Almedina, Coimbra, 1991; WIEDEMANN, H. – *Gesellschaftsrecht*, vol. 1, Munich, Beck, 1980.

b) Outra:
CÂMARA, PAULO – *Código das Sociedades Comerciais anotado*, (coord. de A. Menezes Cordeiro), Almedina, Coimbra, 2009, p. 164-168; PINTO, ALEXANDRE MOTA – "Capital social e tutela dos credores para acabar de vez com o capital social mínimo nas sociedades por quotas", *Nos 20 anos do Código das Sociedades Comerciais – Homenagem aos Profs. Doutores A. Ferrer Correia, Orlando de Carvalho e Vasco Lobo Xavier*, vol. I, Coimbra, Coimbra Editora, 2007, p. 837-861.

1. Justificação do regime da perda grave do capital social

A tutela dispensada pelo direito comunitário ao capital social[1] – nomeadamente a preocupação em garantir a sua integridade[2] – não ficaria plenamente assegurada se apenas se consagrasse o princípio da intangibilidade[3], uma vez que este apenas proíbe a erosão do capital social em resultado da distribuição de bens aos sócios (cfr. regime dos arts. 31º a 34º). Acontece que a perda do capital social pode ter outras causas, nomeadamente em virtude de prejuízos resultantes da exploração normal da empresa. Ora, porque esta situação não se encontra prevenida pelo regime da intangibilidade do capital social, a generalidade dos ordenamentos jurídicos europeus consagrou ainda um regime que visa regular a "perda grave"[4] do capital social, qualquer que seja a sua causa (independentemente de aquela perda ter origem na atribuição de bens aos sócios, nas perdas advenientes do exercício da actividade societária, etc.).

---

[1] Que resulta fundamentalmente da Segunda Directiva sobre sociedades.
[2] Tendo em vista a realização das finalidades que se lhe apontam, *v.g.*, a de constituir a tal almofada para perdas (*Verlustpolster*) – cfr. WIEDEMANN (1980), p. 557 – destinada à protecção de credores.
[3] Especialmente previsto e regulado, entre nós, no art. 32º. Vide sobre este princípio *supra*, anotação 3.2.2. ao art. 14º e anotação 1. ao art. 32º.
[4] É a expressão utilizada pela Segunda Directiva (cfr. art. 17º).

Trata-se de uma regulamentação que tem hoje por base – para o espaço comunitário – o art. 17º da Segunda Directiva, que foi transposta para o nosso direito societário no art. 35º, e com a qual se pretende evitar que "de perda em perda a sociedade vá até à perda final – total consumpção do património, sem alteração da cifra do capital"[5], frustrando-se assim, para além do mais, as expectativas de terceiros que confiavam na existência, na sociedade, de um património líquido, pelo menos[6] de valor idêntico ao (ou, no mínimo, de valor igual a metade[7]) do seu capital social.

Assim, na medida em que visa assegurar a não existência de uma desproporção "grave" (na fasquia referida) entre o património líquido da sociedade e a cifra do capital, este regime constitui verdadeiramente o fecho da abóbada, o "fermaglio del sistema"[8], na construção jurídica da defesa do capital social.

2. Os modelos de regulação da perda grave de capital: o modelo francês (reactivo) e o modelo alemão (informativo)

Apesar do propósito da Directiva do Capital no sentido de, sobre esta matéria[9], ser alcançada a harmonização das legislações dos diferentes Estados-membros, a verdade é que, no espaço comunitário, afirmaram-se dois modelos distintos relativamente ao regime jurídico aplicável em caso de perda grave de capital social.

Num primeiro sistema (que podemos designar por modelo francês, por ter sido em França que surgiu historicamente), perante uma situação de perda

---

[5] Cfr. SERENS (1997), p. 15.
[6] Pelo menos, diz-se em texto, porque o património líquido da sociedade poderá ser superior ao capital social; no desenho legislativo pretende-se é que não seja inferior à cifra do capital.
[7] É esse, como veremos, o patamar mínimo estabelecido no art. 17º da Directiva do Capital e que, entre nós, se encontra consagrado no art. 35º.
[8] Cfr. GIANCARLO FRÈ (1951), p. 764.
[9] Note-se que a norma do art. 17º da Segunda Directiva é uma norma "tímida" que apenas faz "nascer o dever de convocação da assembleia geral" – cfr. RAÚL VENTURA (1981), p. 64 –, remetendo para as legislações dos Estados-membros a busca das soluções para a remediar. De resto, a Directiva não parece impor que a sociedade adopte qualquer medida que repare aquele estado de coisas. O objectivo parece ser apenas o de obrigar os sócios a tomar conhecimento da situação. Ou seja, de acordo com este entendimento, a Directiva obriga apenas a que os Estados-membros consagrem nas suas legislações societárias o modelo puramente informativo (vide *infra* em texto). Assim sendo, a Directiva deixa, pois, um amplo espaço de liberdade aos legisladores nacionais, permitindo deste modo a co-existência no espaço jurídico comunitário de sistemas e modelos absolutamente distintos (como são os modelos francês e alemão) e não assegurando, nessa medida, a pretendida harmonização das legislações dos diferentes Estados-membros. Contra este entendimento se pronuncia, no entanto, Machado Plazas, para quem a letra do art. 17º inquestionavelmente impõe aos legisladores nacionais a adopção de um modelo reactivo. Vide MACHADO PLAZAS (1997), p. 104, s..

de capital, a administração da sociedade deve dar conhecimento do facto aos sócios, os quais têm necessariamente que adoptar medidas que visem o saneamento financeiro da sociedade, sob pena de a mesma ser dissolvida. I.é, os sócios não podem, perante uma situação de perda grave do capital societário, adoptar uma postura passiva e de indiferença; têm que reagir, apresentando soluções (*v.g.*, a "injecção" de capital – de "dinheiro fresco", costuma dizer-se na gíria económica – ou a redução do capital social) que consigam acabar com tal situação, repondo a relação e o equilíbrio entre o capital e o património sociais. Na base deste modelo está a designada regra "recapitaliza ou liquida"[10].

É um sistema que tem subjacente a ideia de que o regime do capital social visa sobretudo proteger e acautelar interesses de terceiros e que, portanto, compete aos sócios tomar as medidas adequadas e necessárias de forma a não frustrar a confiança que terceiros depositam no capital social das sociedades com que lidam, e na função de garantia que se lhe atribui. Com o regime previsto para o caso de perda grave do capital social pretende-se, pois, neste modelo, que o valor, a cifra do capital social tenha verdadeira correspondência (pelo menos, no limiar legalmente estabelecido) com o património líquido da sociedade, assim se tutelando e garantindo, nessa medida, os créditos de terceiros que com ela contratam.

Por outro lado, porque se entende que em causa estão interesses de credores, admite-se também que terceiros possam pedir a dissolução da sociedade, quando os sócios não adoptem medidas de saneamento financeiro da sociedade[11].

No outro sistema[12] (o modelo germânico), perante uma situação de desequilíbrio patrimonial, a administração da sociedade deve igualmente informar os sócios da situação em que se encontra a sociedade. Mas é esta a única obrigação associada à perda grave de capital social: a de dar conhecimento da situação aos sócios, e apenas a estes (há aqui apenas a obrigação de dar publicidade interna e já não publicidade externa à situação, uma vez que se entende que esta não

---

[10] Cfr. ENRIQUES/MACEY (2002), p. 116, s..

[11] Neste modelo, inserem-se os ordenamentos jurídicos francês, espanhol e italiano. Neste modelo inseria-se também o regime português que constava da redacção inicial do art. 35º, bem como o regime que resultava desta norma com a redacção que lhe foi dada pelo DL 162/2002, de 11 de Julho. Como veremos, o regime português actualmente vigente enquadra-se, no entanto, no modelo oposto: o modelo meramente informativo.

[12] Sobre esta matéria, pode ver-se K. SCHMIDT (2002), § 29, II, 3, MERTENS (1996), § 92, p. 259, s., e MACHADO PLAZAS (1997), p. 117, s..

é necessária[13] e iria prejudicar a posição da sociedade, já de si difícil), para que tenham consciência do problema e adoptem, caso o desejem, as medidas que considerem adequadas; os sócios não têm, contudo, qualquer obrigação de tomar decisões que visem o saneamento financeiro e o reequilíbrio patrimonial da sociedade nem, caso o não façam, de promover a dissolução da mesma.

São obviamente distintas as razões que justificam este modelo. Aqui entende-se que o regime previsto para a perda grave do capital social não visa proteger terceiros[14] (estes estarão protegidos através do regime estabelecido para o caso de insolvência) mas os próprios sócios contra a situação da sociedade, que, a manter-se, poderá (com grande probabilidade) acarretar, para eles, a perda da totalidade do valor das entradas que realizaram e entregaram à sociedade. I.é, neste modelo, o regime da perda grave do capital social desempenha meramente uma função interna, dirigida aos sócios, de servir de sinal-aviso para uma situação de crise (*Krisenwarnsignal*[15])[16].

3. A atribulada entrada em vigor do art. 35º e o errático caminho trilhado pelo legislador português

O regime inicialmente consagrado no art. 35º configurava um modelo reactivo[17], atendendo a que nela se estabelecia que, uma vez constatada a perda de metade

---

[13] Parte-se aqui do princípio que, com o regime previsto para a perda do capital social, não se visa tutelar terceiros credores.

[14] Pelo que os terceiros não podem por qualquer forma reagir (nomeadamente requerendo a dissolução da sociedade) em caso de inacção dos sócios, quando se verifica a perda de metade do capital social. Note-se, porém, que, no direito alemão, em caso de perda total do capital (quando o activo da sociedade já não cubra o passivo), deverá a administração da sociedade (*Vorstand*) requerer a sua apresentação a credores (cfr. § 92, II AktG), instaurando o processo de insolvência.

[15] Vide MERTENS (1996), § 92, *Rdn* 10, p. 263.

[16] Neste modelo, inscrevem-se os ordenamentos jurídicos alemão e inglês. O regime actualmente em vigor no ordenamento jurídico português inclui-se neste modelo de regulamentação da perda grave do capital social, muito embora, como veremos, um pouco paradoxalmente, estabeleça a obrigatoriedade de dar publicidade externa a esta situação (vide *infra* anotação 9. a este artigo).

[17] Na redacção inicial desta norma dispunha-se:
"Artigo 35º: 1. Os membros da administração que, pelas contas de exercício, verifiquem estar perdida metade do capital social devem propor aos sócios que a sociedade seja dissolvida ou o capital seja reduzido, a não ser que os sócios se comprometam a efectuar e efectuem, nos 60 dias seguintes à deliberação que da proposta resultar, entradas que mantenham em pelo menos dois terços a cobertura do capital.
2. A proposta deve ser apresentada na própria assembleia que apreciar as contas ou em assembleia convocada para os 60 dias seguintes àquela ou à aprovação judicial, nos casos previstos no artigo 67º.
3. Não tendo os membros da administração cumprido o disposto nos números anteriores ou não tendo sido tomadas as deliberações ali previstas, pode qualquer sócio ou credor requerer ao tribunal,

do capital social[18], os administradores deviam propor aos sócios – e estes adoptar no prazo de 60 dias após a assembleia de aprovação das contas – soluções que visassem remediar tal situação, sob pena de qualquer sócio ou credor poder requer a dissolução judicial da sociedade[19].

Acontece que, apesar da imposição comunitária – que tornava necessária a transposição e a vigência no nosso ordenamento daquele regime da perda grave –, o legislador português estatuiu no DL nº 262/86, de 2 de Setembro, que aprovou o CSC, que "a data da entrada em vigor do artigo 35º será fixada em diploma legal"[20]. I.é, o nosso legislador, receando a difícil situação económico-financeira de boa parte das sociedades de então – que não cumpririam os requisitos postos por aquele art. 35º – diferiu a entrada em vigor do disposto naquele normativo para momento ulterior, ficando suspensa *sine die* a sua vigência[21].

A entrada em vigor do art. 35º foi, entretanto, operada através do art. 4º do DL nº 237/01, de 30 de Agosto. De acordo com este diploma, os efeitos práticos da entrada em vigor do normativo verificar-se-iam, porém, apenas quando ocorresse a primeira aprovação das contas de exercício por parte de cada sociedade (o que aconteceria, para a generalidade das sociedades, em Março de 2002 – cfr. art. 65º, 5).

---

enquanto aquela situação se mantiver, a dissolução da sociedade, sem prejuízo de os sócios poderem efectuar as entradas referidas no nº 1 até ao trânsito em julgado da sentença".

[18] No regime original o único momento relevante para a verificação desta situação seria o da elaboração das contas do exercício.

[19] Cfr. art. 35º, 3, na sua redacção inicial.

[20] Cfr. art. 2º, 2 do referido DL 262/86.

[21] Para as SA, no entanto, o legislador português previu a aplicação imediata de um regime semelhante ao do art. 35º até à entrada em vigor deste. No Título VIII do CSC – relativo às disposições finais e transitórias – o art. 544º estabelece que os credores das SA (sublinhe-se que no regime do art. 544º a iniciativa cabia exclusivamente aos credores) podiam requerer a dissolução da sociedade se provassem que, após a celebração dos seus contratos, metade do capital da sociedade estava perdido. A sociedade podia, porém, opor-se a essa dissolução, desde que desse as necessárias garantias de pagamento aos credores. Era uma solução idêntica à que, na vigência do CCom., se estabelecia no seu art. 120º, § 3. Este regime previsto no Código Comercial português era também aplicável às SQ por força do disposto no art. 42º LSQ. Com efeito, esta norma mandava aplicar às SQ o § 4º do art. 120º CCom., mas aquela remissão devia entender-se para o § 3º daquele artigo (que correspondia ao antigo § 4º que foi renumerado pelo DL 363/77, de 2 de Setembro). Com a revogação do art. 120º CCom. e porque o art. 544º apenas se referia às SA – incompreensivelmente e sem qualquer explicação – após a entrada em vigor do CSC (que ocorreu em 1 de Novembro de 1986 – cfr. art. 2º, 1 do DL 262/86), deixou de existir, para as SQ, qualquer regulamentação para o caso de perda grave de capital.

O art. 120º, 5 CCom. estabelecia ainda a perda de dois terços do capital social como causa de dissolução da sociedade anónima.

Muito embora a vigência do art. 35º estivesse a verificar-se 15 anos depois da aprovação do CSC, não se deixaram de fazer ouvir vozes (nomeadamente por parte de associações patronais) contra tal solução, invocando-se sobretudo que aquela decisão não fora devidamente ponderada (efectivamente a norma em causa surge, sem qualquer motivação preambular, num DL que visou tratar de problemas distintos: a simplificação e desburocratização de certos actos, nomeadamente referentes a sociedades comerciais) e não tivera em conta (uma vez mais!) a situação de crise económica vivida no país.

Atendendo e indo de encontro às preocupações manifestadas, o legislador, através do DL 162/2002, de 11 de Julho, veio alterar a redacção do art. 35º[22], com a qual, para além do mais – e terá sido porventura essa a principal finalidade visada pelo diploma –, adiou e diferiu para 2005 a aplicação prática da medida que mais preocupava os empresários: a dissolução da sociedade[23].

Este DL veio, contudo, estabelecer um regime extremamente gravoso, consagrando um modelo "hiper-reactivo", ao prescrever que, se não fossem adoptadas medidas que reestabelecessem o equilíbrio patrimonial da sociedade[24],

---

[22] O art. 35º, com a redacção que lhe foi dada pelo DL 162/2002, de 11 de Julho, passou a dispor: "Artigo 35º: 1. Os membros da administração que, pelas contas de exercício, verifiquem estar perdida metade do capital social devem mencionar expressamente tal facto no relatório de gestão e propor aos sócios uma ou mais das seguintes medidas:
a) A dissolução da sociedade;
b) A redução do capital social;
c) A realização de entradas em dinheiro que mantenham pelo menos em dois terços a cobertura do capital social;
d) A adopção de medidas concretas tendentes a manter pelo menos em dois terços a cobertura do capital social.
2. Considera-se estar perdida metade do capital social quando o capital próprio constante do balanço do exercício for inferior a metade do capital social.
3. Os membros da administração devem apresentar a proposta prevista no nº 1 na assembleia que apreciar as contas ou em assembleia convocada para os 90 dias seguintes à data do início da assembleia ou à aprovação judicial, nos casos previstos no 67º.
4. Mantendo-se a situação de perda de metade do capital social no final do exercício seguinte àquele a que se refere o nº 1, considera-se a sociedade imediatamente dissolvida, desde a aprovação das contas daquele exercício, assumindo os administradores, a partir desse momento, as competências de liquidatários, nos termos do artigo 151º".
[23] Note-se que com esta solução, e porque o art. 35º já se encontrava em vigor, deixou de se aplicar o regime transitório que estava previsto no art. 544º para as SA, pelo que, mesmo para este tipo societário, a dissolução da sociedade – em caso de perda grave do capital – só poderia ocorrer em 2005.
[24] Sendo certo que expressamente se alargava o leque de medidas que os sócios podiam escolher para aquele fim (cfr. al. d) do nº 1 do art. 35º, na redacção resultante do DL 162/2002).

esta seria dissolvida *ope legis*, caso a situação de perda grave do capital se mantivesse no final do exercício seguinte àquele em que foi constatada[25].

Tratava-se de uma solução extremamente violenta e exagerada[26], que não se justificava atentos os interesse em jogo, até porque a dissolução, resultando automaticamente da lei, podia ser uma solução não desejada, quer pelos sócios quer pelos credores[27].

4. O actual regime do art. 35º: a consagração do modelo meramente informativo

Dada a iminência da verificação dos gravosos efeitos práticos que resultariam do novo regime da perda grave do capital instituído pelo referido DL 162/2002[28], o legislador veio, uma vez mais, alterar o disposto no art. 35º – através do DL 19/2005, de 18 de Janeiro – consagrando agora uma radical alteração de regime[29].

---

[25] Cfr. a redacção que foi dada ao art. 35º, 4 pelo referido DL 162/2002: mantendo-se a situação de perda de metade do capital social no final do exercício seguinte àquele em que a mesma foi constatada, a sociedade considerava-se "imediatamente dissolvida, desde a aprovação das contas daquele exercício", independentemente de qualquer requerimento nesse sentido por parte de sócios ou de terceiros.

[26] Neste sentido, vide TARSO DOMINGUES (2003), p. 791, e MENEZES CORDEIRO (2005), p. 49, s..

[27] Importaria, no entanto, ter presente que a dissolução não implica necessariamente a extinção da sociedade, uma vez que – verificados os pressupostos do art. 161º – podem os sócios deliberar o regresso à actividade da sociedade que se encontra em fase liquidação. Em todo o caso, era seguramente mais avisada a solução consagrada na redacção inicial do art. 35º, em que a dissolução da sociedade ficava dependente do impulso processual por parte dos interessados, i. é, cabia aos sócios ou credores requerer, caso o desejassem, a dissolução judicial da sociedade, sendo certo que esta poderia sempre ser evitada – até ao trânsito em julgado da sentença –, desde que os sócios efectuassem entradas que repusessem a cobertura do capital social em, pelo menos, dois terços (era o que dispunha o art. 35º, 3, na sua redacção inicial).

[28] O que ocorreria, em princípio, em Março de 2005, com a aprovação das contas referentes ao exercício de 2004 (cfr. art. 65º, 5).

[29] A redacção actual do art. 35º é a seguinte:
"Artigo 35º: 1. Resultando das contas de exercício ou de contas intercalares, tal como elaboradas pelo órgão de administração, que metade do capital social se encontra perdido, ou havendo em qualquer momento fundadas razões para admitir que essa perda se verifica, devem os gerentes convocar de imediato a assembleia geral ou os administradores requerer prontamente a convocação da mesma, a fim de nela se informar os sócios da situação e de estes tomarem as medidas julgadas convenientes.
2. Considera-se estar perdida metade do capital social quando o capital próprio da sociedade for igual ou inferior a metade do capital social.
3. Do aviso convocatório da assembleia geral constarão, pelo menos, os seguintes assuntos para deliberação pelos sócios:
a) A dissolução da sociedade;
b) A redução do capital social para montante não inferior ao capital próprio da sociedade, com respeito, se for o caso, o disposto no nº 1 do artigo 96º;
c) A realização pelos sócios de entradas para reforço da cobertura do capital".

Com efeito, enquanto até aqui se consagrava um sistema reactivo (em que os sócios, perante uma situação de perda grave do capital social, eram obrigados a reagir, adoptando medidas destinadas a restabelecer o equilíbrio financeiro da sociedade), com a redacção actual do art. 35º passou-se para um sistema meramente informativo[30] (em que a lei apenas impõe a obrigação de informar os sócios da condição patrimonial em que se encontra a sociedade, podendo estes adoptar ou não, como bem entenderem, medidas destinadas a sanar aquela situação de perda grave)[31]. É o regime que actualmente se encontra em vigor e que passaremos a analisar de seguida[32].

5. Âmbito de aplicação: o regime do art. 35º é aplicável a todos os tipos societários

O art. 35º é uma norma que se inclui na Parte Geral do Código, consagrando, por isso, um regime aplicável a todos os tipos societários nele previstos: sociedades em nome colectivo, sociedades por quotas, sociedades anónimas e sociedades em comandita.

Tal solução não era imposta pela Segunda Directiva, uma vez que esta apenas se aplica às sociedades anónimas e, por isso, pode questionar-se a bondade e o acerto da solução portuguesa de alargar aquele regime a todas as sociedades.

Tendo em conta as razões que justificam o regime da perda grave do capital social, nomeadamente a tutela que com ele se quer dispensar a terceiros, parece-nos inquestionável que é assisada a solução de colocar sob a alçada de tal regime todas as sociedades de responsabilidade limitada (*maxime* as sociedades por quotas). Com efeito, a posição de um credor de uma SA é em tudo idêntica à de um credor de uma SQ, devendo, por isso, ficar todas estas sociedades sujeitas ao regime previsto para a perda grave do capital social, uma vez que as razões que o fundamentam colhem inteiramente e de igual modo em todas elas.

---

[30] A redacção do art. 35º, 1 – que é, hoje, muito próxima da do § 92, 1 AktG – estabelece expressamente que a obrigação dos gerentes/administradores consiste em "informar os sócios da situação" em que se encontra a sociedade.
[31] Assim também, MENEZES CORDEIRO (2005), p. 82, s., e A. MOTA PINTO (2006), p. 133.
[32] Sobre o regime português da perda grave do capital social, podem ver-se RAÚL VENTURA (1987), p. 134, s., TARSO DOMINGUES (2003), p. 739, s., (2008), p. 212, s., (2009), p. 328, s., PAIS DE VASCONCELOS (2006), p. 297, s., RUI PINTO DUARTE (1996), p. 55, s., MENEZES CORDEIRO (1996), p. 157, s., (2005), p. 45, s., (2007), p. 619, s., P. OLAVO CUNHA (2003), p. 677, s., (2007), p. 1023, s., (2010), p. 531, s., A. MOTA PINTO (2006), p. 107, s., PAULO VASCONCELOS (2007), p. 7, s., NUNO BARBOSA (2004), p. 9, s., e SERENA CABRITA NETO/VÍCTOR AMARO/TIAGO SOUSA (2002), p. 88, s..

Menos evidente poderá parecer a aplicação daquele regime às SENC[33]. Com efeito, acentuando-se apenas a tutela de terceiros que é dispensada por tal regime, desnecessária seria a sua aplicação a estas sociedades, uma vez que aqui os sócios respondem ilimitadamente pelas dívidas sociais (cfr. art. 175º, 1), estando, pois, nessa medida, assegurada a tutela dos credores. Acontece que o capital social não desempenha apenas uma função de garantia[34]; desempenha também outras funções, nomeadamente uma função dita de financiamento, i.é, com o capital social visa-se também conseguir a reunião e conservação de meios que permitam o estabelecimento e desenvolvimento das actividades económicas que pela via societária se pretendem exercer. Esta constatação justifica também a especial tutela do capital social mesmo nas sociedades em que os sócios assumem uma responsabilidade ilimitada. Por outro lado, como acima se referiu, o regime do art. 35º visa não só tutelar interesses de terceiros, mas também os interesses dos próprios sócios, alertando-os (desempenha a tal função de aviso) para a situação económica difícil em que se encontra a sociedade com os riscos daí decorrentes.

Parece-nos, por isso, acertada a solução da nossa lei de submeter ao regime do art. 35º todos os tipos societários previstos e regulados no nosso Código.

6. A *facti-species* legal

A *facti-species* legal do art. 35º consiste em uma sociedade sofrer uma perda grave do capital social, o que ocorrerá quando "o capital próprio da sociedade for igual ou inferior a metade do capital social" (cfr. art. 35º, 2).

Ou seja, no nosso ordenamento jurídico – à semelhança, de resto, do que sucede na generalidade das legislações que nos são próximas – consagrou-se o limite máximo (50%) da perda de capital admitida pela Directiva do Capital[35].

Por outro lado, decisiva para aplicação do regime previsto no art. 35º é apenas a perda que, no patamar referido, seja constatada pelos membros do órgão de administração (nomeadamente através das contas por si elaboradas), e já não a perda que seja verificada por quaisquer terceiros[36].

---

[33] E também às SC, dada a responsabilidade ilimitada pelas dívidas sociais dos sócios comanditados.
[34] Vide anotação 3. ao art. 14º.
[35] Cfr. art. 17º, 2 da Segunda Directiva.
[36] Os gerentes/administradores deverão, no entanto, tomar em consideração se a situação de perda grave que lhes seja anunciada ou comunicada por terceiros tem algum fundamento e se haverá, por isso, "fundadas razões" para admitir que tal situação se possa verificar (cfr. art. 35º, 1).

Finalmente, hoje, o momento para se aferir da perda grave do capital social não é exclusivamente – como se estabelecia nas redacções anteriores da norma – de ano a ano, aquando da aprovação das contas do exercício. Com efeito, a "campainha"[37] que o art. 35º faz soar deve ser accionada sempre que a perda do capital é evidenciada, seja pelas contas do exercício, seja por contas intercalares – que, por qualquer motivo, tenham sido elaboradas –, ou ainda, em qualquer momento, independentemente da elaboração de contas, desde que os gerentes/administradores tenham "fundadas razões" para admitir que essa perda se verifica (cfr. art. 35º, 1)[38].

É extremamente discutível a bondade desta solução[39], quer porque a utilização de conceitos vagos origina sempre dificuldades interpretativas[40], quer sobretudo porque o regime da perda grave do capital social deveria ficar reservado exclusivamente – uma vez que só aí ele se justifica e é justificável – para os casos em que esteja em causa uma situação de desequilíbrio patrimonial com carácter estrutural, e já não quando se trate de perdas meramente fortuitas ou ocasionais[41] que necessariamente ocorrem em toda a actividade comercial.

7. As obrigações dos membros do órgão de administração

Constatando os membros do órgão de administração, em qualquer momento, a situação de perda grave do capital social – nos termos atrás assinalados – deve-

---

[37] Ou "sinal de alerta", na expressão de Dana-Démaret – cfr. DANA-DÉMARET (1989), p. 300.

[38] Para a substanciação daquele juízo que recai sobre os gerentes/administradores, deverá levar-se em consideração não apenas o conhecimento concreto e efectivo da situação de perda de capital em que se encontra a sociedade, mas o juízo que, a esse propósito, seria feito, com os dados disponíveis, por uma pessoa com a "diligência de um gestor criterioso e ordenado" (cfr. art. 64º, 1, a)). Em sentido idêntico, para a Alemanha, vide MERTENS (1996), p. 265.

[39] Muito embora a solução referida em texto seja idêntica à que é consagrada nos ordenamentos jurídicos italiano, alemão e inglês e francês, que determinam a imediata convocação da assembleia geral logo que constatada a perda grave do capital social.

[40] A concretização do que sejam "fundadas razões" poderá, de facto, originar dúvidas e incertezas. Teria sido, por isso, preferível que a constatação da perda grave do capital social se não bastasse com meras suspeições ou indícios (ainda que "fundados"), exigindo-se antes a certeza e segurança que resultam da elaboração do Balanço. Em sentido idêntico, CRUZ BLANCO (1973), p. 212, s.. Contra, BUSI (1998), p. 57, s.. Note-se que no ordenamento jurídico francês consagrou-se uma solução ainda mais exigente, uma vez que, para aplicação do regime previsto para a perda grave do capital, não basta que a perda resulte da elaboração das contas; é preciso que ela seja evidenciada pelas contas aprovadas pelos sócios. Cfr. RAÚL VENTURA (1987), p. 142.

[41] Tenha-se presente, p.ex., que as perdas do 1º semestre – ainda que da dimensão prevista no art. 35º (sendo certo que essa dimensão poderá até ser relativamente pequena, uma vez que ela depende do valor do capital social) – poderão ser compensadas com os resultados positivos do 2º semestre.

rão os gerentes "convocar de imediato a assembleia geral" e os administradores "requerer prontamente a convocação da mesma" (cfr. art. 35º, 1)[42-43].

É esta, hoje, em face da actual redacção da norma, a única obrigação que recai sobre o órgão administrador: a de convocar ou requerer a convocação da assembleia geral, visando informar os sócios da situação de desequilíbrio patrimonial em que se encontra a sociedade. Já não há, pois, como sucedia antes, a obrigação de apresentar aos sócios quaisquer propostas que visem repor a situação de equilíbrio financeiro societário[44].

Em todo o caso, se os gerentes ou administradores não cumprirem este dever, que sobre eles recai, ficam sujeitos a uma sanção penal nos termos do art. 523º[45] e poderão ser civilmente responsáveis – uma vez verificados os pressupostos dos arts. 72º, 78º e 79º – pelos prejuízos que o incumprimento daquela obrigação origine à própria sociedade, a credores sociais, bem como aos sócios e a quaisquer terceiros[46].

---

[42] A diferença de regime consagrada para os gerentes e administradores fica a dever-se ao facto de aqueles terem competência para convocar a assembleia geral (cfr. art. 248º, 3), enquanto os administradores apenas podem requerer à entidade competente – o presidente da assembleia geral – a convocação da mesma (cfr. arts. 375º e 377º).

[43] Note-se que também aqui a utilização de conceitos vagos e indeterminados ("convocar de imediato", "requerer prontamente") por parte da lei presta-se ao surgimento de conflitualidade relacionada com a interpretação da norma. Alexandre Mota Pinto propõe que o prazo de referência, para este efeito, seja de 60 dias. Vide A. MOTA PINTO (2006), p. 131.

[44] Embora seja possível – e até desejável – que os gerentes e/ou administradores possam fazer tais propostas, uma vez que eles estarão, por via de regra, mais bem colocados que os sócios para apresentar as melhores soluções para a sociedade. Paulo Vasconcelos entende, contudo, que, apesar de o art. 35º não referir agora expressamente, os membros do órgão de gestão (atento o conteúdo que deve ter o relatório de gestão – cfr. art. 66º) deverão propor medidas de saneamento financeiro aos sócios. Vide PAULO VASCONCELOS (2007), p. 20, s..

[45] Os membros do órgão de administração que não derem cumprimento ao disposto no art. 35º, 1 e 3 (a referência do art. 523º ao incumprimento do disposto nos nºs 1 e 2 do art. 35º deve hoje, com a nova redacção dada a esta norma, entender-se feita para os nºs 1 e 3 deste artigo) serão punidos com prisão até três meses e multa até 90 dias. Trata-se de um crime público, cujo procedimento criminal não depende de queixa.
O art. 523º continua, deste modo, assim nos parece, a ter efeito útil, sancionando o incumprimento deste dever de convocação, estatuído no art. 35º, 1. Em sentido diferente, vide MENEZES CORDEIRO (2005), p. 83, para quem o art. 523º "perdeu sentido útil".

[46] No mesmo sentido, vide MENEZES CORDEIRO (2005), p. 83. Este A. salienta, no entanto, o facto de a responsabilidade perante sócios e terceiros ser extremamente restritiva, dado que o art. 79º, 1 limita, neste caso, a responsabilidade aos danos que directamente lhes forem causados.

8. As obrigações dos membros do órgão de fiscalização

Quanto aos membros do órgão de fiscalização, cabe-lhes apenas – no âmbito dos deveres de prevenção e vigilância que sobre eles impedem (cfr. arts. 262º-A e 420º-A) – alertar os membros do órgão de administração para a situação de perda de metade do capital social que tenham constatado. Caso não o façam, poderão ser civilmente responsabilizados, nos termos dos arts. 81º, 82º e 420º-A, 5, aplicável também às SQ por força da remissão do art. 262º-A, 4[47].

Não cumprindo os membros do órgão de administração as obrigações que sobre eles recaem nos termos do art. 35º, e porque tal infracção constitui um crime público previsto e punido no art. 523º, deverão ainda os membros do órgão de fiscalização participar criminalmente tal situação.

9. A publicidade externa da situação de perda grave do capital social

Verificando-se uma situação de perda grave do capital social, e caso os sócios não adoptem qualquer medida que a corrija, isso implicará, hoje, apenas a obrigação de a sociedade publicitar e dar a conhecer a terceiros aquela situação. É o que dispõe o art. 171º, 2 – com a redacção que lhe foi dada pelo DL 19/2005, de 18 de Janeiro – que impõe agora às sociedades de capitais[48] a obrigatoriedade de, em todos os actos externos, indicar o montante do capital próprio segundo o último balanço aprovado, sempre que ele for igual ou inferior a metade do capital social.

Esta obrigação de dar publicidade externa à situação de perda grave do capital não pode deixar de ser criticada[49]. Com efeito, tendo o legislador português decalcado o modelo alemão – subjacente ao qual está essencialmente a tutela dos interesses dos próprios sócios – não se percebe porque, ao arrepio do regime inspirador, veio consagrar tal obrigação, a qual apenas poderá ajudar a cavar, ainda mais, a crise em que a sociedade se encontra[50].

Trata-se de uma obrigação que está igualmente consagrada para as sociedades de capitais em Itália[51], mas que, segundo informa Fenghi[52], não é normal-

---

[47] Sendo o membro do órgão de fiscalização um revisor oficial de contas, poderá ainda ficar sujeito a uma sanção disciplinar nos termos do respectivo Estatuto, aprovado pelo DL nº 487/99, de 16 de Novembro, e republicado integralmente pelo DL nº 224/2008, de 20 de Novembro.
[48] SQ, SA e SC por acções.
[49] No mesmo sentido, veja-se MENEZES CORDEIRO (2005), p. 85, e PAIS DE VASCONCELOS (2006), p. 302, nt. 336. Contra, aplaudindo a solução consagrada na nossa lei, vide, no entanto, A. MOTA PINTO (2006), p. 150.
[50] Uma vez que alertará os agentes económicos para aquela situação – que, como vimos, pode não ter sequer carácter estrutural – afastando-os da contratação com a sociedade em causa.
[51] Cfr. artigo 2250, II do *Codice Civile*.
[52] Cfr. FENGHI (1974), p. 36, nt. 17.

mente cumprida. E será esse, provavelmente, o destino a que estará votado, também entre nós, o disposto no art. 171º, 2[53].

Note-se, porém, que os gerentes/administradores que não cumprirem a obrigação de publicidade prevista no art. 171º, 2 poderão eventualmente ser civilmente responsabilizados – verificados que sejam os respectivos pressupostos[54] – por credores que aleguem e demonstrem que, se tivessem conhecimento daquela situação de perda do capital, não teriam concedido crédito à sociedade[55].

10. As medidas enunciadas no art. 35º

O art. 35º enuncia algumas medidas que os sócios podem adoptar em face da situação de perda grave do capital em que a sociedade se encontre.

Nada impede, porém, que se proponham e/ou deliberem quaisquer outras medidas de saneamento económico-financeiro da sociedade[56], nomeadamente o aumento do capital social ou a operação harmónio (redução e aumento simultâneos do capital social)[57].

Sublinhe-se, porém, de novo, que os sócios não precisam, hoje, de adoptar qualquer solução que vise purgar a situação de perda patrimonial (seja alguma das medidas previstas no art. 35º, 3, seja qualquer outra[58]), porquanto, como se disse já, o legislador societário, com a reforma de 2005, consagrou entre nós, nesta matéria, um modelo meramente informativo.

---

[53] Até porque o incumprimento – que, de resto, não será facilmente sindicável pela entidade competente para o efeito: o conservador do registo comercial da área da sede da sociedade (cfr. art. 528º, 8) – tem como consequência a aplicação à sociedade de uma coima de apenas € 250 a € 1.500. Cfr. art. 528º, 2.
O facto de o "preceito se destinar a letra morta não é consolo" (cfr. MENEZES CORDEIRO (2005), p. 85), uma vez que são situações como esta – em que há quase um convite ao não cumprimento generalizado da norma – que contribuem para o descrédito das leis por parte dos cidadãos.

[54] Vide, sobre esta temática, *ex multis*, COUTINHO DE ABREU (2007), p. 81, s.

[55] A hipótese referida em texto enquadra-se, de resto, num caso típico de responsabilidade previsto no art. 78º: a violação de norma legais de protecção de terceiros. Cfr. COUTINHO DE ABREU (2007), p. 85, s.. Sublinhe-se, contudo – há que reconhecê-lo – que o regime da responsabilização dos gerentes ou administradores por parte dos credores, previsto no art. 78º, é extremamente rigoroso e restritivo.

[56] Isso é hoje claro, tendo em conta a redacção do art. 35º, 3 que estabelece apenas o conteúdo mínimo do aviso convocatório, permitindo, portanto, que outras medidas constem do mesmo. Por outro lado, esta solução resulta também do disposto no art. 35º, 1, onde expressamente se faz referência à circunstância de os sócios "tomarem as medidas julgadas convenientes" à situação, quaisquer que elas sejam. Sobre esta matéria, vide PAULO VASCONCELOS (2007), p. 25, s..

[57] Medidas que abaixo serão analisadas (vide anotação 11. a este artigo).

[58] Assim também, MENEZES CORDEIRO (2005), p. 83, e A. MOTA PINTO (2006), p. 133.

A adopção por parte dos sócios de uma qualquer medida que vise restabelecer o equilíbrio patrimonial societário (no limiar referido pela norma: 50% do capital social) terá, no entanto, como consequência o facto de a sociedade deixar de estar sujeita à obrigação, prevista no art. 171º, 2, de dar publicidade externa à situação de perda grave em que se encontra.

São três as soluções referidas pelo art. 35º e que, de acordo com o seu nº 3, devem necessariamente constar do aviso convocatório da assembleia geral[59] destinada a dar conhecimento da situação da sociedade aos sócios:

a) a dissolução da sociedade;
b) a redução do capital social; ou
c) a chamada reintegração do capital social (a realização pelos sócios de contribuições patrimoniais para reforço da cobertura do capital social).

Passamos a analisar, pela ordem referida na lei, cada uma delas.

10.1. A dissolução da sociedade

A primeira das medidas referidas no art. 35º é a dissolução da sociedade.

Tratar-se-á, por via de regra, da última solução que os sócios desejarão, uma vez que terão sempre, seguramente, a expectativa de que, no futuro, a situação de crise económica da sociedade possa ser invertida, regressando ela aos resultados positivos e à distribuição de lucros. Ora, esta eventualidade deixará de ser possível com a dissolução da sociedade, a qual implicará, por outro lado, que os sócios encaixem imediata e definitivamente – na medida em que não lhes será devolvido o valor das suas entradas – o prejuízo sofrido pela sociedade.

Poderia pensar-se que esta dissolução da sociedade – em resultado da perda grave do capital – constituiria uma causa de dissolução facultativa, sujeita ao regime previsto e regulado no art. 142º[60]. Se assim fosse, esta operação poderia

---

[59] Alexandre Mota Pinto refere que, apesar de a lei não o dizer expressamente, deve constar ainda do aviso convocatório a situação de perda grave do capital em que se encontra a sociedade (cfr. A. MOTA PINTO (2006), p. 132). Não se pode concordar com esta posição. Desde logo, porque ela não resulta do texto legal, onde expressamente se consagrou o conteúdo mínimo do aviso convocatório; mas sobretudo, porque tal solução, levando, é certo, ao conhecimento dos sócios a situação patrimonial da empresa, torná-la-ia também pública e conhecida de terceiros e credores, com os graves inconvenientes daí decorrentes para a sociedade, nomeadamente quanto à obtenção de crédito. Acresce que o conteúdo obrigatório da convocatória – onde, para além do mais, deve constar a hipótese de dissolução da sociedade ! – será suficiente para alertar e avisar os sócios (é essa *ratio* que o A. referido invoca para justificar a sua posição) para a situação da sociedade.

[60] Resulta claramente do art. 142º, 1 que esta norma contém uma enumeração exemplificativa das causas de dissolução facultativa, ao prever expressamente que, para além das ali referidas, qualquer

ser deliberada "por maioria dos votos expressos na assembleia"[61], bem como poderia ser individualmente requerida por qualquer sócio ou credor social[62].

Não é essa, contudo, a solução que manifestamente resulta da redacção actual do art. 35º. Com efeito, a lei, hoje, exclui claramente a possibilidade de a dissolução ser requerida por qualquer sócio ou credor[63], pelo que se deve considerar que a dissolução prevista na al. a) do nº 3 do art. 35º fica sujeita ao regime geral legalmente previsto para este tipo de operação[64].

Deste modo, a dissolução da sociedade, que os sócios podem deliberar nos termos do art. 35º, deverá ser aprovada, nos diferentes tipos sociais, por maioria qualificada[65]: nas SQ, por 75% dos votos correspondentes ao capital social (art. 270º) e, nas SA, por dois terços dos votos emitidos na assembleia[66], a menos que, em segunda convocação, estejam presentes ou representados accionistas detentores de, pelo menos, metade do capital social – hipótese em que a deliberação poderá ser tomada pela maioria dos votos emitidos (arts. 383º, 2 e 386º, 3 e 4)[67].

fundamento previsto na lei – seria essa a situação do caso ora sujeito à nossa análise – ou no contrato a pode justificar (cfr. art. 142º, 1).
Este regime de dissolução facultativa – hoje, por via administrativa ou por deliberação dos sócios – foi objecto de uma profunda remodelação, pelo DL 76-A/2006, de 29 de Março de 2006, que criou o RJPADL (cfr. anexo III do DL 76-A/2006). Sobre o novo regime de dissolução administrativa, vide CASSIANO DOS SANTOS (2007), p. 139, s..

[61] Cfr. art. 142º, 3. A referência à "maioria dos votos expressos na assembleia" para aprovação desta deliberação está completamente desalinhada com o regime do CSC para a aprovação das deliberações societárias, de acordo com o qual as deliberações consideram-se tomadas "se obtiverem a maioria dos votos emitidos, não se considerando como tal as abstenções" (art. 250º, 3 aplicável às SQ; solução idêntica está igualmente consagrada para as SA, no art. 386º, 1). Não há, porém, razões para deixar de aplicar-se o regime geral também à deliberação a que alude o art. 142º, 3 (de resto, a diferente redacção ficará seguramente a dever-se a um lapso na uniformização do texto legal definitivo que, como é sabido, teve origem em vários projectos e foi sujeito a diversas revisões).

[62] Cfr. art. 144º e art. 4º, 1 do RJPADL.

[63] Compare-se a redacção actual da norma com a redacção inicial do nº 3 do art. 35º. Ora, a exclusão da legitimidade dos credores ou sócios para requerer a dissolução da sociedade não seria conseguida, caso aquela operação ficasse sujeita ao regime previsto no art. 142º.

[64] A hipótese de dissolução da sociedade por deliberação dos sócios, referida no actual art. 35º, enquadra-se no disposto no art. 141º, 1, b). Neste sentido se pronunciava já Raúl Ventura, com base na redacção inicial da norma – cfr. RAÚL VENTURA (1987), p. 140. Vide também, em sentido idêntico, PEREIRA DE ALMEIDA (2008), p. 87.

[65] Nas SENC, a deliberação terá mesmo, em princípio, que ser aprovada pela unanimidade dos sócios (cfr. art. 194º).

[66] Não se contando como tal as abstenções (cfr. art. 386º, 1, in fine).

[67] Se as deliberações forem aprovadas sem a maioria legalmente exigida, elas serão, nos termos do art. 58º, 1, a), meramente anuláveis, uma vez que se trata de um vício de procedimento – vide COUTINHO DE ABREU (2009), p. 499, e PEDRO MAIA (2008), p. 247 – que não cabe nas alíneas a) e b) do nº 1 do art. 56º.

10.2. A redução do capital

A redução do capital social é um dos "remédios" possíveis enunciados pelo art. 35º para o nivelamento (*ripianamento* lhe chama a doutrina italiana[68]) da relação entre o capital e o património.

A redução pode ter, fundamentalmente, duas finalidades: a libertação de meios, por excesso de capital (também designada redução do capital exuberante) ou a cobertura de prejuízos, que é aquela a que alude o art. 35º[69].

Em qualquer caso, a redução do capital social constitui sempre uma alteração do pacto social[70], pelo que cabe aos sócios[71] deliberar sobre esta matéria, deliberação esta que deverá ser aprovada, nos diferentes tipos sociais, por maioria qualificada[72]. Trata-se de uma exigência que, mesmo no caso do art. 35º, poderá dificultar a aprovação da operação de redução.

Ao contrário do que já foi defendido[73], não parece que se justifique hoje, em face do novo quadro legislativo, a aplicação *in casu* do regime resultante da *Treupflicht* – como é uso designar-se na doutrina estrangeira que mais atenção tem dedicado ao assunto[74] e que, entre nós, se tem designado como dever de

---

[68] Cfr., por todos, SABATO (1999), p. 374, s..
[69] Note-se que o regime da redução do capital social foi, entre nós, profundamente alterado – pelo DL 8/2007, de 17 de Janeiro, que modificou os arts. 95º e 96º – passando agora a ser um só, independentemente da modalidade que a operação revista. Sobre a matéria, vide TARSO DOMINGUES (2009), p. 541, s..
[70] Cfr. art. 9º, 1, f).
[71] A redução do capital é efectivamente – na medida em que constitui uma alteração do contrato social – uma competência imperativa dos sócios (cfr. art. 85º), uma vez que não se trata de nenhuma das duas situações excepcionais (a alteração de sede dentro do território nacional – cfr. art. 12º, 2 – e o aumento do capital social nas SA – cfr. art. 456º, 1), em que o CSC consagra a possibilidade de o pacto atribuir concorrentemente tal competência ao órgão de administração. Sobre a possibilidade de a redução do capital social poder ser decidida pelos credores sociais no âmbito de um processo de insolvência, vide TARSO DOMINGUES (2009), p. 539, s..
[72] As maiorias exigíveis para a alteração do pacto são as mesmas que se exigem para a dissolução da sociedade. Cfr. art. 265º, 1 para as SQ e arts. 382º, 2 e 386º, 3 e 4 para as SA.
[73] Cfr. TARSO DOMINGUES (2003), p. 775, s., na análise que fazia do regime pregresso.
[74] Cfr. K. SCHMIDT (2002), §§ 20, IV e 35, I, 2, d), KÜBLER (1999), 6, II, c), p. 46, HÜFFER (2006), § 10, 3 e § 35, 3, c), p. 78, s. e 358, s. Na doutrina italiana e espanhola têm sobretudo sido utilizadas as expressões *obbligo di fedeltà* ou *deber de fidelidad*, respectivamente. Cfr. COUTINHO DE ABREU (2009), p. 310, s..

lealdade dos sócios[75] – para responsabilizar os sócios[76] que impedem a aprovação da operação[77].

Com efeito, a não aprovação da medida não implica agora – com o modelo meramente informativo consagrado no art. 35º – a dissolução automática da sociedade e dificilmente se poderá afirmar que a sobrevivência da empresa é posta em causa, caso ela não seja adoptada[78].

Quanto ao montante da redução do capital que deverá ser aprovada pelos sócios, a lei não impõe que o mesmo tenha de ser feito no limite das perdas verificadas[79]. Se se quiser, no entanto, subtrair da sociedade a obrigação de dar publicidade externa à situação em que se encontra – prevista no art. 171º, 2 – deverão os sócios deliberar por forma a que o valor do capital próprio, após a operação, fique a exceder em pelo menos 50% a cifra do capital social[80].

Note-se que o art. 95º, 1 – com a redacção do DL 8/2007 – estabelece que a redução do capital social só pode ser deliberada, se a "situação líquida"[81] da sociedade ficar a exceder o novo capital em, pelo menos, 20%[82]. Porque a norma

---

[75] De acordo com o qual se "impõe a cada sócio que não actue de modo incompatível com o interesse social (interesse comum a todos os sócios enquanto tais) ou com o interesses de outros sócios relacionados com a sociedade". Vide COUTINHO DE ABREU (2009), p. 310-311.

[76] Que poderão ser sócio(s) maioritário(s) ou até minoritário(s), detentores daquilo que se pode designar por "participação minoritária de bloqueio": pense-se, p. ex., num quotista que detém uma participação social correspondente a 26% do capital social. A indemnização devida seria sempre a favor da sociedade ou, quando ela se extinga, a favor dos sócios prejudicados. Cfr. COUTINHO DE ABREU (2009), p. 323.

[77] Em sentido oposto, contudo, vide A. MOTA PINTO (2006), p. 145.

[78] Até porque com a simples redução nominal do capital, a situação patrimonial da sociedade mantém-se absolutamente inalterada, uma vez que não há injecção de novo capital, que permita fazer face às necessidades sentidas pela sociedade para prosseguir a sua actividade.

[79] De resto, como assinalámos, a lei não impõe que se faça qualquer redução ou que se adopte qualquer outra medida de *ripianamento*.

[80] Pense-se, p. ex., numa sociedade por quotas com um capital social de € 8.000, que acusa perdas de € 4.999, tendo por isso um capital próprio de € 3.001. Para que a sociedade não fique sujeita ao regime do art. 171º, 2, deverão os sócios deliberar uma redução do capital social para pelo menos € 6.000, por forma a que a sua situação líquida (€ 3.001) supere metade da cifra do capital social.

[81] Não se deixe de sublinhar que, enquanto a alteração do art. 35º alinhou a terminologia utilizada na norma com a utilizada nos textos contabilísticos, seja no POC/89, seja no actual SNC (substituindo a expressão "situação líquida" – que estava em uso no POC/77 em vigor à data da sua aprovação – pela expressão "capital próprio"), o DL 8/2007 manteve a terminologia antiga, continuando a socorrer-se da expressão "situação líquida".

[82] Visa-se aqui criar uma almofada adicional – que se traduz na integral constituição da reserva legal – destinada também a servir de garantia aos credores. E, portanto, este "excedente" de 20% deve ficar sujeito ao regime da reserva legal. Vide, com solução idêntica, o regime consagrado no art. 33º, 1 da Directiva do Capital.

não distingue as modalidades de redução que ficam por ela abrangidas, poderia pensar-se que tal regime seria igualmente aplicável à hipótese da redução por perda grave do capital. Não é, contudo, assim. Na verdade, aquele regime foi e está sobretudo pensado para a redução do capital exuberante[83] como resultava, aliás, inequivocamente da redacção originária da norma[84], uma vez que tal exigência estava apenas prevista como causa de recusa da autorização judicial para a operação, sendo que a intervenção do Tribunal apenas era necessária para a redução do capital exuberante.

Esta solução é, de resto, a que resulta também, no regime actual, do disposto no art. 35º, 3, b)[85] que estabelece expressamente a proibição de a redução ser efectuada para montante inferior ao capital próprio da sociedade. Daqui decorre que, se apenas é permitido que a redução – para cobertura da perda grave – se efectue até àquele limite[86], não pode, consequentemente, o valor da situação líquida ficar, neste caso, a exceder o valor do novo capital social reduzido[87]. É uma regra[88] com a qual se visa impedir que os sócios – aproveitando a oportunidade da redução aberta pela *facti-species* do art. 35º – aprovem uma redução do capital em montante superior ao valor dos prejuízos, tornando, assim, disponíveis para distribuição pelos mesmos fundos da sociedade que, de outra forma, estariam vinculados à cobertura do capital social.

---

[83] Em que se visa a libertação de fundos que podem ser distribuídos pelos sócios e em que, por isso, há uma especial preocupação com a tutela dos credores, atenta a diminuição do património social que tal operação implica. Note-se que o art. 33º, 1 da Directiva do Capital expressamente estabelece que os Estados-membros poderão não aplicar o regime de protecção dos credores ali previsto, em caso de redução do capital social que se destine à cobertura de perdas.

[84] Cfr. o art. 95º, 2 na sua redacção inicial (que corresponde à actual norma do art. 95º, 1).

[85] Note-se que a al. b) do nº 3 do art. 35º não foi adequada à nova redacção dos arts. 95º e 96º, que lhes foi dada pelo DL 8/2007. Por isso a ressalva que aquela norma faz para o disposto no nº 1 do art. 96º (na redacção inicial do Código) deve, hoje, entender-se feita para o disposto no art. 95º, 2. Sobre o novo regime da redução do capital social, introduzido pelo DL 8/2007, vide TARSO DOMINGUES (2009), p. 539, s..

[86] Ou seja, até ao limite do capital próprio ou, visto doutro ângulo, até ao limite total das perdas.

[87] I.é, o capital social reduzido terá de ser superior ou, no limite, igual ao valor do capital próprio, o que significa que a situação líquida não poderá ficar, após a operação, superior em 20% ao novo capital social. Considere-se o seguinte exemplo: uma sociedade com um capital social de 20.000 apresenta, num dado exercício, uma Situação Líquida de 8.000. A redução por perdas, nos termos do art. 35º, 3, b), terá de ser, no máximo, para 8.000 (não poderá, p. ex., reduzir-se o capital social para 7.000), o que implica que, nesta operação, nunca se conseguirá criar a tal almofada de 20% prevista no art. 95º, 1.

[88] E esta regra – prevista no art. 35º, 3, b) – deve considerar-se aplicável a toda a redução do capital social por perdas, que não apenas à redução grave do capital social prevista no referido art. 35º. Com efeito, desde que a redução exceda o valor das perdas, estar-se-á perante uma redução de capital exuberante, à qual se deve aplicar o respectivo regime.

Nada parece impedir, contudo, que os sócios, contemporaneamente à deliberação da redução por perdas, aprovem uma redução do capital em montante superior ao valor dos prejuízos. Neste caso, porém, porque – na medida em que excede o valor das perdas – se trata de uma redução do capital exuberante, a operação deverá, para além do mais, ficar sujeita ao regime previsto no art. 95º, 1; i.é, a situação líquida da sociedade, após a redução, deverá superar em pelo menos 20% o valor do capital social.

Refira-se, ainda, que as perdas ocorridas podem ter feito com que o património líquido da sociedade se tenha tornado de tal modo diminuto que mesmo o dobro do seu valor[89] seja inferior ao valor do capital social mínimo exigido para o tipo societário em causa[90]. Neste caso, poderão os sócios, querendo desviar-se da publicidade prevista no art. 171º, 2, reduzir o capital social abaixo do limite legal mínimo[91] – até ao limite da perda[92] –, redução essa que ficará, porém, condicionada à efectivação de um aumento de capital (pelo menos, para o montante mínimo legalmente exigido) a realizar no prazo de 60 dias, ou à transformação da sociedade para um tipo legal que admita o valor do capital reduzido. Ou seja, a redução de capital deliberada é ineficaz e não produzirá efeitos, enquanto não se verificar a condição: ou o aumento do capital para o mínimo legalmente exigido ou a transformação da sociedade[93].

Tenha-se, finalmente, presente que a redução do capital social, destinada à cobertura de perdas, não libera os sócios da sua obrigação de entrada (cfr. art. 95º, 4[94]) e permite aos credores – nos termos do regime constante do actual art. 96º – requerer ao Tribunal a limitação ou distribuição de bens aos sócios.

10.3. A reintegração do capital

Das medidas referidas no art. 35º, a que mais dificuldades e interrogações levanta é a figura da chamada – na esteira da terminologia usada primeiramente pela

---

[89] É o limite mínimo a que deve ascender o capital social para que a sociedade não fique sujeita à obrigação de publicidade prevista no art. 171º, 2.

[90] Pense-se novamente na acima referida sociedade por quotas com um capital de € 8.000, que sofreu perdas de € 6.000, tendo, portanto, um capital próprio de apenas € 2.000.

[91] Cfr. art. 95º, 2 e 3.

[92] Cfr. art. 35º, 3, b).

[93] E, portanto, enquanto tal situação não se verificar, não se pode também ter por afastada a previsão do art. 171º, 2.

[94] Trata-se de um regime que é um corolário da regra geral prevista no art. 27º, 1. Doutra forma, estar-se-ia a subverter o regime, particularmente rigoroso, relativo ao cumprimento da obrigação. Vide, sobre esta matéria *supra*, anotações ao art. 27º. A redução do capital exuberante já permitirá, no entanto, a extinção da obrigação de entrada (cfr. art. 27º, 1).

doutrina italiana[95] – reintegração do capital social[96], i.é, da realização de novas "entradas" para reforço da cobertura do capital (cfr. art. 35º, 3, c)).

São fundamentalmente três as questões suscitadas por esta figura, que se prendem com a competência do colégio dos sócios relativamente à exigibilidade destas novas contribuições, com a qualificação e o regime destas "entradas", bem como com a questão de contribuições não proporcionais à participação social de cada sócio.

10.3.1. A competência da colectividade dos sócios

Quanto aos poderes dos sócios sobre esta matéria, a questão reside em saber se eles podem[97] deliberar e impor a realização de novas contribuições, por parte de cada sócio, destinadas à reintegração do capital social[98].

Uma tal solução é, no entanto, inaceitável porque inconciliável com o princípio – fundamental nas sociedades de capitais – da limitação da responsabilidade dos sócios, a qual se esgota com a realização da respectiva entrada[99].

Por isso, é pacífico que a operação de reintegração só por uma deliberação unânime dos sócios poderá ser decidida. Na verdade, constituindo a limitação de responsabilidade dos sócios um princípio fundamental das sociedades de capitais[100], mal se perceberia que uma parte dos sócios – ainda que detentores de uma maioria qualificada dos votos – pudesse obrigar os restantes a realizar novas entradas[101].

Trata-se, de facto, de uma solução apenas defensável quando no pacto exista cláusula a permitir a exigência daquelas contribuições adicionais. Estaremos então em presença de uma obrigação acessória dos sócios[102], que deverá obe-

---

[95] Cfr., por todos, SPADA (1978), p. 36, s..
[96] Entre nós, sobre esta temática, veja-se o estudo precursor de J. G. PINTO COELHO (1959-1960), p. 52, s..
[97] Nomeadamente pela maioria exigível para a adopção das outras medidas previstas no art. 35º (a dissolução da sociedade e a redução do capital).
[98] Note-se que a problemática relativa à reintegração do capital social colocava-se com outra acuidade no regime anterior, já que a não adopção desta medida poderia determinar – se de outra forma não se conseguisse o *ripianamento* societário – a dissolução da sociedade.
[99] Cfr., entre nós, arts. 197º e 271º, respectivamente para as SQ e para as SA.
[100] Não se deixe de notar que se trata de um princípio que começou por ter, historicamente, carácter excepcional, mas que é hoje um princípio basilar do regime jurídico das sociedades de capitais.
[101] Assim, PINTO COELHO (1959-60), p. 36, PEREIRA DE ALMEIDA (2008), p. 86, s., FENGHI (1974), p. 74, SPADA (1978), p. 39, CRUZ BLANCO (1973), p. 209, e MACHADO PLAZAS (1997), p. 268, s..
[102] Podendo estas obrigações acessórias ser qualitativa e quantitativamente diferentes para os vários sócios que a elas ficam sujeitos. "O princípio da igualdade de tratamento dos sócios não pode ser aqui invocado, pois é sabido que não tem o alcance de impedir as desigualdades consentidas pelos interessados". Cfr. RAÚL VENTURA (1989), p. 208.

decer aos requisitos legalmente impostos pelo art. 209º para as SQ[103], e pelo art. 287º para as SA.

Neste caso, essa exigência, quando fique na dependência de uma deliberação dos sócios, poderá ser tomada pela maioria legalmente estabelecida para as restantes deliberações da sociedade[104]. No entanto, o seu incumprimento – a menos que haja disposição contratual em sentido contrário – não afectará a situação do sócio como tal (cfr. arts. 209º, 4 e 287º, 4)[105].

Deste modo, assim nos parece, a reintegração do capital mediante novas contribuições – na falta de estipulação contratual em sentido diverso[106] – só poderá resultar do consentimento individual de cada sócio[107].

Qualquer deliberação, tomada no sentido da reintegração do capital social a cargo dos sócios sem ser nestes moldes, será de todo irrelevante e ineficaz para os sócios que a não votaram favoravelmente[108]. É uma solução que, entre nós, se pode fundar na aplicação analógica do art. 86º, 2[109].

Nada impedirá, no entanto, que uma deliberação no sentido da reintegração do capital seja deliberada por maioria, a qual apenas vinculará quem a votou favoravelmente. I.é, o voto favorável dos sócios traduzirá apenas o compro-

---

[103] Nas SQ, esta obrigação poderá configurar-se como uma obrigação de prestação suplementar, cujo regime (cfr. arts. 210º, s.) é muito mais gravoso para os sócios, pois o seu não cumprimento poderá acarretar a sua exclusão da sociedade (cfr. art. 212º, 1 que remete para o regime do sócio remisso quanto à obrigação de entrada). Sobre esta matéria das obrigações suplementares de capital, veja-se RAÚL VENTURA (1989), p. 233, s., COUTINHO DE ABREU (2009), p. 331, s., e RUI PINTO DUARTE (2002), p. 257, s., (2007), p. 693, s., (2008), p. 225, s., e PAIS DE VASCONCELOS (2006), p. 275, s.

[104] Em regra, a maioria absoluta dos votos, não se contando as abstenções. Cfr. art. 250º, 3 para as SQ e 386º, 1 para as SA.

[105] A menos que se trate de uma obrigação de prestação suplementar. Vide nota 105.

[106] É discutível se esta obrigação de efectuar novas "entradas" para reintegração do capital social pode constar validamente de pactos parassociais. Sobre a questão, vide COTTINO (1999), p. 353, que releva o facto de estar em causa a limitação da responsabilidade dos sócios, não podendo o pacto parassocial "rendere lecito ciò che sul terreno societario lecito non sarebbe".

[107] Em Itália, tem sido defendido que ainda que todos os sócios votem favoravelmente a reintegração do capital, isso apenas traduzirá o compromisso individual de cada um de efectuar a contribuição adicional, mas não constitui uma deliberação social vinculante para os sócios. Cfr. B. QUATRARO et als. (2001), p. 743, que assinalam que, ainda que a deliberação tenha sido unanimemente aprovada pelos sócios, ela só formalmente é uma deliberação da sociedade, consistindo substancialmente no registo "da autónoma e idêntica vontade de todos os sócios de dotar a sociedade de contribuições *extra* capital".

[108] Assim, SPADA (1978), p. 38, s., e PEREIRA DE ALMEIDA (2008), p. 86.

[109] A nulidade de uma tal deliberação, por violar normas legais imperativas – que estabelecem a rigorosa limitação da responsabilidade e não podem ser derrogadas pela vontade unânime dos sócios (cfr. art. 56º, 1, d)) –, poderia ser igualmente defendida. Melhor será, no entanto, defender a ineficácia de tal deliberação, porquanto, caso se entenda que a mesma é nula, ela não produzirá quaisquer efeitos, inclusivamente quanto aos sócios que a votaram, solução que não se justifica.

misso individual de cada um de efectuar a contribuição adicional destinada à reintegração do capital[110].

Tendo sido obtidos o consentimento e o voto favorável da maioria ou de todos os sócios, se estes não realizarem efectivamente estas contribuições, a única consequência para a sociedade será a sua sujeição à publicidade prevista no art. 171º, 2. Com efeito, ainda que tenham votado a deliberação de reintegração do capital, os sócios que não cumpram a obrigação assumida, nem por isso ficarão sujeitos ao regime do sócio remisso, uma vez que, como veremos de seguida, não se está, *in casu*, verdadeiramente perante um incumprimento da obrigação de entrada.

10.3.2. A qualificação e o regime das novas "entradas"

Apesar de o art. 35º, 3, b) falar de "entradas", deve entender-se que, na hipótese referida nesta norma, não se está efectivamente perante entradas dos sócios, porquanto as entradas (de capital) são apenas as contribuições que os sócios se obrigam a realizar como contraprestação das participações sociais que subscrevem[111]. Ora, não é isso o que aqui sucede. Com efeito, no caso de reintegração do capital, as contribuições dos sócios não conduzem a um aumento de capital[112] nem à emissão de novas participações sociais correspondentes àquelas contribuições, uma vez que são apenas um reforço no sentido de fazer aproximar o património líquido do valor do capital social, sem que este sofra alteração[113]. Ou seja, as contribuições dos sócios deverão ser, em princípio, efectuadas a fundo perdido, para cobrir[114] as perdas verificadas pela sociedade.

O saneamento financeiro visado pelo art. 35º, mediante a reintegração do capital social, deverá, pois, ser alcançado através de contribuições voluntárias (*freiwillige Zuzahlungen*[115]) dos sócios, que, sendo efectuadas a fundo perdido, não irão engrossar o capital social, visando, tão-só, cobrir as perdas acumuladas pela sociedade. É, há que reconhecê-lo, uma solução não muito atractiva para

---

[110] Vide *supra* nt. 107. Regime semelhante é o previsto no art. 244º, 2, a propósito da obrigação de suprimentos.
[111] Cfr. anotação 2.1. ao art. 20º.
[112] Nem a uma alteração do pacto. Cfr. MACHADO PLAZAS (1997), p. 278.
[113] Assim, CRUZ BLANCO (1973), p. 59, e RAÚL VENTURA (1988), p. 104.
[114] Pelo menos até ao limite de metade do capital social, caso se queira obstar à publicidade do art. 171º, 2.
[115] Trata-se de contribuições voluntárias – que não podem ser impostas aos sócios – e que não alteram o valor das participações do sócios nem os seus direitos corporativos Cfr. HÜFFER (2006), § 222, *Rdn.* 5, p. 1125, LUTTER (1988), § 222, *Rdn.* 32 e 33, p. 664, e PAIS DE VASCONCELOS (2006), p. 305, s..

os sócios que efectuam novas contribuições para a sociedade, sem qualquer contrapartida[116].

A imaginativa prática societária italiana – evitando os custos e as formalidades[117] inerentes à variação (redução e/ou aumento) formal do capital social – tem resolvido o problema da perda grave do capital, socorrendo-se de uma outra solução: a constituição, com as contribuições dos sócios destinadas ao *ripianamento* societário, de uma reserva destinada a um futuro aumento de capital[118]. Trata-se de uma reserva com um "específico vínculo de destinação": só pode ser usada para um aumento de capital social ou, como também já foi admitido pela jurisprudência, para imputar à cobertura de perdas[119].

É uma solução que poderá também ter aplicação no nosso direito, podendo, pois, os sócios – caso não queiram fazer entregas a fundo perdido – efectuar prestações destinadas ao reequilíbrio financeiro da sociedade, que serão levadas a uma reserva destinada a um futuro aumento de capital social, reserva essa que só poderá ser usada para o tencionado aumento de capital ou – parece também de admitir, entre nós, esta outra solução[120] – para a cobertura de perdas.

Note-se finalmente que, no actual quadro legislativo, deve considerar-se possível que a reintegração – como forma de sanar a perda grave do capital – seja efectuada através de contribuições em dinheiro, bem como através de contribuições em espécie.

---

[116] Assim, também PAIS DE VASCONCELOS (2006), p. 307, nt. 345. Pinto Coelho elaborou, a este propósito, uma artificiosa construção – com que pretendia evitar que "os accionistas que nenhum sacrifício fizeram beneficiem das mesmas vantagens que aqueles que suportaram os desembolsos necessários para que a sociedade pudesse subsistir" – , considerando que, para efeitos internos, o valor das acções dos sócios que efectuam contribuições passa a ter um valor distinto das daqueles que não procedem a qualquer desembolso para a reintegração do capital social (cfr. PINTO COELHO (1959-60), p. 37, s.).

[117] Que hoje, com a reforma do CSC operada pelo DL 76-A/2006 estão, apesar de tudo, extremamente suavizadas.

[118] Sobre a possibilidade de constituição de uma reserva com estas contribuições dos sócios, vide, embora dubitativamente, COTTINO (1999), p. 357. BUSI (1998), p. 190, prefere falar numa proposta unilateral e irrevogável de subscrição de aumento de capital, feita à sociedade, por parte dos sócios que efectuam as contribuições destinadas à cobertura de perdas.

[119] Cfr. B. QUATRARO *et als.* (2001), p. 745, s.. Para uma análise crítica desta solução, vide COTTINO (1999), p. 353, s., para quem aquele vínculo de destinação é um vínculo meramente subjectivo e não objectivo, como o que resulta das entradas levadas a capital. Sobre o regime aplicável, nos diversos ordenamentos jurídicos europeus, ao desembolso antecipado de valores, por parte dos sócios, destinado a um futuro aumento de capital, veja-se CABANAS TREJO/MACHADO PLAZAS (1995), p. 25, s..

[120] Uma vez que a entrega que foi efectuada para a constituição daquela reserva se destinou, *ab initio*, a substituir precisamente a entrega que se destinaria à cobertura de prejuízos.

Com efeito, ao contrário do que sucedia na redacção anterior da norma[121] – em que se aludia apenas a "entradas em dinheiro" –, o actual art. 35º, 3, c) fala apenas em "entradas" *tout court*, abarcando assim todo o tipo de contribuições.

E não há, efectivamente, quaisquer razões materiais impeditivas da utilização das contribuições em espécie como meio para conseguir o *ripianamento* pretendido pela lei[122], uma vez que é indiferente que o reforço do património social se faça com dinheiro ou com quaisquer outros bens. Nesta última hipótese, porém, deve considerar-se aplicável o regime previsto nos arts. 25º e 28º para a realização das entradas em espécie, nomeadamente a sua avaliação por parte de um ROC independente.

10.3.3. A questão das contribuições não proporcionais à participação social de cada sócio

As maiores dificuldades no regime da reintegração do capital social surgem, no entanto, quando as diferentes contribuições dos sócios não são proporcionais à participação social de cada um.

Com efeito, quando todos os sócios realizam voluntariamente entradas adicionais e as contribuições são proporcionais às respectivas participações, *nulla quaestio*[123], uma vez que todos participam de forma proporcionalmente idêntica nas perdas da sociedade.

Poderá, no entanto, suceder que nem todos os sócios pretendam fazer contribuições para o reequilíbrio financeiro da sociedade ou que o tencionem fazer de forma não proporcional à participação social de cada um.

Efectivamente, os sócios não podem ser obrigados a fazer contribuições adicionais para a sociedade, mas se um ou mais sócios pretenderem que a sociedade atinja o nivelamento patrimonial mínimo fixado no art. 35º, nada parece obstar a que realizem voluntariamente as contribuições complementares necessárias à cobertura do capital exigida por lei, sem que haja que respeitar qualquer regra de proporcionalidade relativamente às participações sociais de cada um.

---

[121] Na redacção resultante do DL 162/2002.
[122] Seja quando esse resultado é alcançado através da reintegração do capital social, seja quando o é através de um aumento de capital (sobre a utilização deste expediente como meio para alcançar o *ripianamento* societário, vide *infra* anotação 11.1. a este artigo).
[123] Assim, SPADA (1978), p. 42.

Neste caso, os sócios que voluntariamente efectuam as contribuições adicionais para a sociedade poderão estar dispostos a efectuá-las a fundo perdido, beneficiando assim a sociedade e os outros sócios[124].

Não será, no entanto, normal que um ou mais sócios estejam dispostos a suportar sozinhos – e em benefício dos outros – o reequilíbrio financeiro da sociedade. E, por isso, levanta-se a questão de saber se poderá um (ou mais) sócio(s) efectuar contribuições destinadas à cobertura da perda grave do capital, sem que o faça(m) a fundo perdido e a benefício dos demais sócios[125-126].

A solução, hoje, não pode passar por se ver naquela contribuição do sócio um mútuo ou um empréstimo à sociedade[127], dado que o nivelamento patrimonial pretendido não seria nunca por essa forma alcançado[128].

Por outro lado, a possibilidade de se atribuir àquele (s) sócio(s) uma participação social privilegiada não será fácil, uma vez tal solução terá de resultar do consentimento de todos os sócios[129].

---

[124] Parece-nos – com SPADA (1978), p. 48, s., cuja argumentação aqui seguimos de perto – que estas contribuições espontâneas dos sócios não constituem uma doação, nomeadamente para efeitos fiscais, seja aos outros sócios seja à sociedade. Que não o é relativamente aos consócios, resulta do facto de a contribuição ser feita a um ente jurídico distinto: a sociedade. Que não se trata de uma liberalidade à sociedade, resultará do facto de aquelas contribuições serem motivadas fundamentalmente por um interesse económico dos próprios sócios e não da sociedade. Na verdade, com aquela prestação visa-se – através do saneamento financeiro da empresa – conseguir vantagens para os sócios, como sejam o incremento da remuneração da participação social de cada um e o aumento do valor de mercado das suas participações sociais. Acresce que a razão última, que justificará a realização daquelas entradas adicionais, será sempre "a expectativa da acrescida consistência do saldo de liquidação". Em sentido idêntico, TANTINI (1980), p. 141, e MACHADO PLAZAS (1997), p. 277.

[125] É uma solução que pode alcançar-se, como veremos *infra* na anotação 11.2 a este artigo, através da chamada operação-acórdeão.

[126] Acautelando estas dificuldades, os Projectos de Raúl Ventura e Vaz Serra estabeleciam, previdentemente, que a reintegração deveria ser efectuada "por todos os sócios em proporção das suas quotas de capital", podendo "um sócio efectuar a prestação devida por outro". Nesse caso, a prestação não seria efectuada a fundo perdido, uma vez que naqueles Projectos se estabelecia que o sócio que "tiver efectuado a prestação devida por outro sócio pode receber da sociedade, até ao montante daquela prestação, acrescido do juro legal, os lucros e a quota de liquidação que caberiam ao sócio faltoso".

[127] Vide PAIS DE VASCONCELOS (2006), p. 307, COTTINO (1999), p 354, e MACHADO PLAZAS (1997), p. 276, s..

[128] Uma vez que, se se aumenta o Activo com o valor correspondente àquela contribuição do sócio, igualmente se aumenta o Passivo em montante idêntico correspondente ao crédito mutuário desse sócio. Assim também, PEREIRA DE ALMEIDA (2008), p. 87.

[129] Com efeito, a criação de um direito especial – que a situação referida em texto sempre consubstanciaria – deverá necessariamente resultar do consentimento unânime dos sócios, "uma vez que um direito especial contraria o princípio da igualdade de tratamento dos sócios e este princípio só pode ser afastado por vontade de todos eles". Neste sentido, vide RAÚL VENTURA (1989ª), p. 215, (1991), p. 16, e BRITO CORREIA (1989), p. 330. Em sentido diverso, considerando não ser exigível a unanimidade

Parece-nos, por isso, que a solução para este problema – tendo em conta o *favor societatis* que deve presidir a este regime – será a de considerar admissível a constituição voluntária, por parte de cada sócio que o deseje, de prestações suplementares nas SQ (cfr. arts. 210º, s.) e, nas SA, de prestações acessórias pecuniárias[130] que os accionistas devem expressamente sujeitar ao regime das prestações suplementares (nomeadamente quanto ao regime da sua devolução – cfr. art. 213º)[131].

Com a realização destas prestações – que, porque voluntárias, não necessitarão de estar previstas no pacto[132] –, conseguir-se-á assim a consistência patrimonial pretendida por lei, uma vez que estas prestações deverão ser levadas ao capital próprio[133].

11. Outras formas de sanar o desequilíbrio patrimonial
11.1. O aumento do capital

O nivelamento patrimonial mínimo fixado pelo art. 35º pode, porém, ser conseguido por outros meios que não apenas através daqueles enunciados na referida norma, sendo que do regime legal vigente claramente resulta a possibilidade de os sócios adoptarem outras medidas que visem sanar o desequilíbrio patrimonial societário[134].

Uma das medidas[135] que permite alcançar esse fim é o aumento do capital social.

---

para a atribuição de um direito especial, vide COUTINHO DE ABREU (2009), p. 212, s. (para quem a não observância daquele princípio poderá resultar da maioria exigível para a alteração do pacto social, quando a mesma seja justificada pelo interesse social), e PAULO OLAVO CUNHA (1993), p. 183, s..

[130] Criticando a solução da nossa lei de permitir a realização de prestações acessórias de natureza pecuniária, vide PAIS DE VASCONCELOS (2006), p. 281, s. e RUI PINTO DUARTE (2002), p. 280, s..

[131] Note-se que as prestações suplementares de capital correspondem aos *Nachschüssen* do direito alemão, previstos no § 26 GmbHG, para as GmbH, entendendo-se aí que a figura não é aplicável às SA – cfr. KÜBLER (1999), 17, IV, b), p. 395. Pais de Vasconcelos entende, no entanto, que, no ordenamento jurídico português, a elasticidade do modelo legal das SA admite também a realização de prestações suplementares neste tipo societário. Cfr. PAIS DE VASCONCELOS (2006), p. 278.

[132] A lei apenas exige tal previsão contratual para o caso em que, por deliberação, possam ser impostas e exigidas aos sócios (cfr. arts. 210º e 287º). Em sentido idêntico, vide RUI PINTO DUARTE (2002), p. 277, s..

[133] As quais serão contabilisticamente inscritas na conta 53.

[134] Cfr. art. 35º, 1, quando refere a possibilidade de os sócios "tomarem as medidas [quaisquer que elas sejam] julgadas convenientes", bem como o nº 3 da mesma norma, ao referir apenas o conteúdo mínimo do aviso convocatório, permitindo, portanto, que outras medidas constem do mesmo.

[135] Uma outra solução possível para alcançar aquele nivelamento patrimonial poderá ser também através de uma reavaliação dos activos da sociedade. Cfr. PAIS DE VASCONCELOS (2006), p. 307, s..

Note-se, porém, que por esta via a desigualdade que se visa solucionar – a desigualdade entre o património líquido da sociedade e a cifra do capital – poderá ser diminuída, mas nunca conseguirá ser eliminada[136]. Atenta esta constatação, há quem entenda[137] que este caminho é apenas uma forma de "mascarar"[138] a situação e que, por isso, não se deve considerar admissível o aumento do capital como meio de saneamento financeiro da sociedade em caso de perda grave do capital[139].

De facto, com o aumento do capital social a situação patrimonial deficitária poderá ser reduzida mas não suprimida, conseguindo-se, porém, com ela alcançar a cobertura mínima (de metade) do capital pretendida pela lei.

Contudo, em face do regime actualmente em vigor entre nós, parece-nos inquestionável que, se com a operação de aumento de capital se alcançar o *ripianamento* desejado pela lei (capital próprio superior a metade do capital social), manifestamente ficará afastada a obrigação de publicidade externa prevista no art. 171º, 2.

E apesar das vozes contrárias, a admissibilidade desta medida – mesmo nos ordenamentos jurídicos que consagram um modelo reactivo[140] –, como forma de restabelecer o reequilíbrio patrimonial societário, parece-nos a opção mais correcta. Com efeito, trata-se de uma solução justa e equilibrada para os sócios: permite que aqueles sócios, que estão dispostos – ao concorrerem ao aumento do capital – a agravar o seu risco de perda decorrente do exercício da actividade social, vejam a sua posição societária reforçada, na exacta medida do agravamento do risco a que se sujeitam.

Por outro lado, é uma solução que acautela – e acautela até mais eficazmente do que a redução do capital social prevista no art. 35º – a posição dos terceiros credores. Na verdade, com o aumento do capital, o património com um vín-

---

[136] Suponha-se uma sociedade com um capital social de € 10.000 e um capital próprio de € 4.001. Verifica-se, aqui, a hipótese prevista pelo art. 35º, dado que está "perdida metade do capital social". Se os sócios efectuarem um aumento de capital através de novas entradas no valor de € 2.000, o capital social passará a ser de € 12.000 e o património líquido de € 6.001, ficando, deste modo, o património líquido a cobrir em mais de metade o valor da cifra do capital. Ou seja, a desproporção entre património líquido e capital nominal será tanto mais diminuída quanto maior for o aumento do capital social, sem que, porém, nunca o valor daquelas duas realidades se encontre.

[137] Assim, CRUZ BLANCO (1973), p. 223-224, e SABATO (1999), p. 376.

[138] A expressão é de SABATO (*ob. loc. ultt. citt.*).

[139] Tenha-se, porém, presente que os AA. em causa discorrem, tendo por pressuposto um modelo reactivo de perda grave do capital social.

[140] Como era o nosso, antes da redacção dada ao art. 35º, pelo DL 19/2005.

culo de indisponibilidade – porque vinculado à cobertura do capital – passa a ser superior ao que era antes, ficando nessa medida a garantia dos credores reforçada[141].

11.2. A "operação-acordeão"

Uma outra forma de conseguir o equilíbrio patrimonial desejado pela lei é através da operação que na doutrina francesa se tem apelidado como "coup d'accordeon"[142], designação agora também adoptada pela generalidade da doutrina doutros países[143].

Consiste esta operação em reduzir o capital social nominal – reduzindo proporcionalmente as participações sociais – e, simultaneamente, aumentá-lo através de novas entradas a realizar pelos sócios.

Consegue-se, assim, o nivelamento patrimonial da sociedade desejado pela lei mediante das entradas dos sócios que responderem à chamada para o aumento do capital.

Deste modo, os sócios que possuam a maioria necessária à alteração do contrato (que a variação do capital social sempre implica) conseguirão, com tal operação, obrigar os restantes – caso pretendam manter as suas posições relativas – a contribuir para o saneamento financeiro da empresa.

Caso não o façam, nem por isso tirarão proveito das entradas dos sócios que concorram ao aumento de capital, uma vez que as suas participações serão reduzidas na medida do necessário para o restabelecimento do equilíbrio económico-financeiro da sociedade. I.é, mesmo que não haja cláusula contratual a obrigar à realização de contribuições adicionais destinadas à cobertura de perdas graves e ainda que nem todos os sócios estejam na disposição de as efec-

---

[141] Isto é, os credores ficam com uma garantia reforçada numa perspectiva de futuro, porquanto a sociedade não poderá distribuir bens aos sócios enquanto o valor do património líquido da sociedade não atinja o novo valor do capital social nominal; e por outro lado, a garantia dos credores é reforçada já na altura do aumento do capital, uma vez que – devendo ser alcançada uma cobertura mínima correspondente a mais de metade do capital – isso implicará sempre que o património líquido da sociedade passe a ser, depois do aumento, necessariamente superior ao que existia antes daquela operação. Poderá, no entanto, contra-argumentar-se que a tutela dos credores, com esta solução, poderá sair beliscada, na medida em que a sua expectativa de estarem a contratar com uma sociedade com um determinado capital social (real) poder não corresponder à verdade.

[142] Cfr., por todos, COZIAN/VIANDIER/DEBOISSY (2005), nº 1010, p. 338.

[143] E que, entre nós, se tem traduzido por "operação-acordeão" ou "operação-harmónio". Sobre esta operação, entre nós, vide PAIS DE VASCONCELOS (2006), p. 308, s..

tuar voluntariamente, os sócios detentores da maioria do capital – desde que se trate da maioria necessária que permita proceder à alteração do capital social[144] – terão sempre a possibilidade de fazer repercutir sobre todos o saneamento financeiro da empresa.

---

[144] Cfr. art. 265º, para as SQ e arts. 383º, 2 e 386º, 3 e 4, para as SA.

SECÇÃO III
REGIME DA SOCIEDADE ANTES DO REGISTO. INVALIDADE DO CONTRATO

ARTIGO 36º *
Relações anteriores à celebração do contrato de sociedade

1. Se dois ou mais indivíduos, quer pelo uso de uma firma comum quer por qualquer outro meio, criarem a falsa aparência de que existe entre eles um contrato de sociedade responderão solidária e ilimitadamente pelas obrigações contraídas nesses termos por qualquer deles.

2. Se for acordada a constituição de uma sociedade comercial, mas, antes da celebração do contrato de sociedade, os sócios iniciarem a sua actividade, são aplicáveis às relações estabelecidas entre eles e com terceiros as disposições sobre sociedades civis.

* A redacção do nº 2 foi alterada pelo DL 280/87, de 8 de Julho. O DL 76-A/2006, de 29 de Março, alterou a epígrafe e o nº 2.

Índice

1. Generalidades
2. O art. 36º, 1, e a falsa aparência de sociedade
3. Relações anteriores à formalização do contrato de sociedade (nº 2)
   3.1. Convocação da disciplina das sociedades civis
   3.2. Consequências jurídicas do vício de forma
4. Sociedade civil ou sociedade comercial?

Bibliografia

a) Citada:

ABREU, J. M. COUTINHO DE – *Curso de direito comercial*, vol. II – *Das sociedades*, 3ª ed., Almedina, Coimbra, 2009; ANTUNES, J. ENGRÁCIA – "As sociedades em formação: sombras e luzes", CDP, 14 (2006), p. 25-42, *Direito das sociedades*, ed. do A., 2010; ASCENSÃO, J. DE OLIVEIRA – *Direito comercial*, vol. IV – *Sociedades comerciais. Parte Geral*, Lisboa, 2000; CAEIRO, ANTÓNIO A. – *A Parte Geral do Código das Sociedades Comerciais*, Coimbra, 1988, "As modificações ao Código das Sociedades Comerciais", em AAVV., *Ab Vno ad Omnes 75 anos da Coimbra Editora 1920-1995*, Coimbra Editora, Coimbra, 1998, p. 369-400; CORDEIRO, A. MENEZES – *Manual de direito das sociedades*, I – *Das sociedades em geral*, 2ª ed., Coimbra, Almedina, 2007; CORREIA, A. FERRER – "As sociedades comerciais no período da constituição", em *Estudos vários de direito*, Coimbra, 1982, p. 507-545, "A autonomia patrimonial como pressuposto da personalidade jurídica", em *Estudos vários de direito*, Coimbra, 1982ª, p. 547-562, "A sociedade por quotas de responsabilidade limitada nos projectos do futuro Código das Sociedades Comerciais", em *Temas de Direito Comercial e Direito Internacional Privado*, Almedina, Coimbra, 1989, p. 73-121, "A sociedade por quotas de responsabilidade segundo o CSC", em *Temas de Direito Comercial e Direito Internacional Privado*, Almedina, Coimbra, 1989ª, p. 123-169, "O processo de constituição das sociedades de capitais", em AAVV., *Colóquio Os quinze anos de vigência do Código das Sociedades Comerciais*, Fundação Bissaya Barreto/Instituto Superior Bissaya Barreto, Coimbra, 2003, p. 19-27; CORREIA, A. FERRER/ CAEIRO, ANTÓNIO A. – *Anteprojecto de Lei das Sociedades Comerciais. Parte Geral*, I, Coimbra, 1970; CORREIA, A. FERRER/XAVIER, V. LOBO/ /COELHO, M. ÂNGELA/CAEIRO, ANTÓNIO A. – "Sociedade por quotas de responsabilidade limitada. Anteprojecto de lei", RDE, 1977, p. 153-224; CORREIA, L. BRITO – *Direito comercial*, 2º vol. – *Sociedades comerciais*, AAFDL, Lisboa, 1989; COSTA, RICARDO – *A sociedade por quotas unipessoal no direito português. Contributo para o estudo do seu regime jurídico*, Coimbra, Almedina, 2002; CUNHA, P. OLAVO, *Direito das sociedades comerciais*, 4ª ed., Almedina, Coimbra, 2010; DOMINGUES, PAULO DE TARSO – "O regime jurídico das sociedades de capitais em formação", em AAVV., *Estudos em Comemoração dos Cinco Anos (1995-2000) da Faculdade de Direito da Universidade do Porto*, Coimbra Editora, Coimbra, 2001, p. 965--998; FRADA, M. CARNEIRO DA – *Teoria da confiança e responsabilidade civil*, Almedina, Coimbra, 2004; FURTADO, J. H. PINTO – *Curso de direito das sociedades*, 3ª ed. (c/ colab. de Nelson Rocha), Almedina, Coimbra, 2004; JÚNIOR, E. SANTOS – "Artigo 36º", em *Código das Sociedades Comerciais anotado* (coord. de A. Menezes Cordeiro), Almedina, Coimbra, 2009, p. 168-172; LABAREDA, JOÃO – "Sociedades irregulares – Algumas reflexões", em AAVV., *Novas perspectivas do direito comercial*, Almedina, Coimbra, 1988, p. 179-204; LEITÃO, L. M. TELES DE MENEZES – "Contrato de sociedade civil", em AAVV., *Direito das obrigações*, (coord. de Menezes Cordeiro), 3º vol., AAFDL, Lisboa, 1991, p. 97-184; PITA, M. ANTÓNIO – *O regime da sociedade irregular e a integridade do capital social*, Almedina, Coimbra, 2004, "Sociedade nula e sociedade irregular (Código das Sociedades Comerciais, jurisprudência e doutrina de Ferrer Correia)", em AAVV., *Nos 20 anos do Código das Sociedades Comerciais. Homenagem aos Profs. Doutores A. Ferrer Correia, Orlando de Carvalho e Vasco Lobo Xavier*, vol. III – *Vária*, Coimbra Editora, Coimbra, 2007, p. 249-271; RAMOS, M. ELISABETE – "Constituição das sociedades comerciais", em AAVV. (coord. de Coutinho de Abreu), *Estudos de direito das sociedades*, 9ª ed., Almedina, Coimbra, 2008, p. 41-97; SERENS, M. NOGUEIRA – *Notas sobre a sociedade anónima*, 2ª ed., Coimbra Editora, Coimbra, 1997; VENTURA, RAÚL – *Apontamentos sobre sociedades civis*, Coimbra, Almedina, 2006.

b) Outra:

CORREIA, A. FERRER – "As sociedades comerciais no período de constituição", em *Estudos vários de direito*, Coimbra, 1982, p. 507-545; DOMINGUES, PAULO DE TARSO – *Do capital social. Noção, princípios e funções*, 2ª ed., Coimbra Editora, Coimbra, 2004; PERALTA, ANA MARIA – "Assunção pela sociedade comercial de negócios celebrados antes do registo", em AAVV., *Estudos em Homenagem ao Professor Doutor Inocêncio Galvão Telles*, vol. IV – *Novos estudos de direito privado*, Almedina, Coimbra, 2003, p. 611-636; PITA, MANUEL A. – "Contributo para o estudo do regime da sociedade irregular no direito português" em AAVV., *Estudos em Homenagem ao Prof. Doutor Raúl Ventura*, vol. II, Coimbra Editora, Coimbra, 2003, p. 495-545; MONTEIRO, A. PINTO/MAIA, PEDRO – "O Novo Regime do Arrendamento Urbano numa perspectiva jurídico-societária", RLJ, 2008, p. 3-35.

1. Generalidades

O art. 36º regula duas situações distintas: no nº 1, a designada "sociedade putativa ou aparente"[1] e no nº 2, a denominada "sociedade irregular"[2], "sociedade em formação"[3] ou "pré-sociedade"[4]. Em termos de regime, também são diversas as preocupações subjacentes a cada um dos preceitos. Enquanto o nº 1 procura realizar, essencialmente, a *tutela de terceiros* que acreditaram na falsa aparência criada[5], o nº 2, regula os *interesses dos sócios* (da sociedade cujo acto constituinte não foi formalizado) e de *terceiros*.

2. O art. 36º, 1, e a falsa aparência de sociedade

O nº 1 do art. 36º abrange literalmente os casos em que dois ou mais indivíduos, através do uso de uma firma comum ou de outro meio, criam em terceiros a "falsa aparência de que existe entre eles um contrato de sociedade"[6]. Pense-se, por exemplo, no caso em que o empresário passa a usar na sua firma as firmas ou os nomes civis de outros empresários, gerando-se, por esse facto, a falsa aparência de que entre eles existe uma sociedade. Não se estranhará, pois, que situações desta índole possam gerar em terceiros a convicção de que entre os indivíduos

---

[1] Cfr. TARSO DOMINGUES (2001), p. 971; OLAVO CUNHA (2010), p. 231.
[2] Cfr. JOÃO LABAREDA (1988), p. 179, s., mas em esp. p. 183, s.; MANUEL PITA (2007), p. 249, s.. COUTINHO DE ABREU (2009), p. 118, considera que nada impede que, a propósito do art. 36º, 2, se continue a falar de "sociedade irregular". Na jurisprudência, v. a título de exemplo, o Ac. do RC de 24/2/1993, CJ, 1993, I, p. 54, s..
[3] Cfr. NOGUEIRA SERENS (1997), p. 23.
[4] Cfr. NOGUEIRA SERENS (1997), p. 23; MENEZES CORDEIRO (2007), p. 484, s., ENGRÁCIA ANTUNES (2010), p. 196.
[5] Neste sentido, v. TARSO DOMINGUES (2001), p. 971.
[6] CARNEIRO DA FRADA (2004), p. 46, insere as sociedades aparentes no âmbito da "custódia positiva da confiança".

cujos nomes ou firmas constam da firma nova e comum existe, por exemplo, uma sociedade em nome colectivo (v. o art. 177º)[7].

De facto, o uso de uma firma nova e comum não corresponde à vontade de constituir qualquer sociedade; não foi essa a intenção das partes. Aliás, o uso de uma nova firma pode explicar-se pela circunstância de se querer exteriorizar a ligação de um determinado técnico à empresa ou pelo facto de se querer que a empresa beneficie do crédito pessoal que um terceiro granjeou na sua actividade profissional[8]. Neste último caso, até pode acontecer que o terceiro que concorda que o seu nome seja associado à firma do titular do estabelecimento tenha a consciência de que poderá ser responsabilizado pelo uso da firma comum[9].

A *tutela da confiança de terceiros* marca nitidamente a parte final do art. 36º, 1, em que se estatui a *responsabilidade solidária e ilimitada* de todos os que criaram a falsa aparência de sociedade. Aplica-se esta estatuição quer a dívida tenha sido contraída por um, todos, ou alguns deles em conjunto[10].

Por não haver contrato de sociedade, inexiste sociedade[11]; "não há nulidade a proclamar, nem anulabilidade a decidir, nem liquidação e partilha a realizar, antes tão-somente se trata de responsabilizar os falsos sócios pela aparência criada, forçando-os a responder pelos contratos concluídos, como se cada um se tivesse obrigado pessoalmente"[12].

Uma vez que a situação prevista no art. 36º, 1, configura a inexistência de sociedade, não lhe poderão ser aplicadas as normas das sociedades civis[13]. Os intervenientes na situação geradora de falsa aparência não podem invocar o benefício da excussão prévia do património social, pela simples razão de não existir actividade em comum, não existir sociedade e, em consequência, não se ter constituído um património social[14].

---

[7] Cfr. FERRER CORREIA/ANTÓNIO CAEIRO (1970), p. 173. ENGRÁCIA ANTUNES (2010), p. 194, nt. 400, salienta que é sobretudo nas sociedades em nome colectivo que se tornam pertinentes situações de sociedades aparentes.
[8] Cfr. FERRER CORREIA/ANTÓNIO CAEIRO (1970), p. 173.
[9] FERRER CORREIA/ANTÓNIO CAEIRO (1970), p. 173.
[10] Neste sentido, v. TARSO DOMINGUES (2001), p. 971.
[11] Cfr. COUTINHO DE ABREU (2009), p. 120.
[12] FERRER CORREIA/ANTÓNIO CAEIRO (1970), p. 175.
[13] Em sentido divergente pronunciaram-se PINTO FURTADO (2004), p. 211; MENEZES CORDEIRO (2007), p. 483, que consideram que o art. 36º, 1, configura uma sociedade civil. SANTOS JÚNIOR (2009), p. 171, sugere de *iure condendo* a aplicação do nº 2 a todas as situações previstas no art. 36º.
[14] Salientam este aspecto FERRER CORREIA/ANTÓNIO CAEIRO (1970), p. 174; TARSO DOMINGUES (2001), p. 971; COUTINHO DE ABREU (2009), p. 120.

O teor literal do art. 36º, 1, não exige que os criadores da "falsa aparência" tenham tido a intenção de lesar ou enganar terceiros[15]. Mas poder-se-á discutir o relevo jurídico do conhecimento de terceiro que, por exemplo, sabe que o uso da firma comum não corresponde à existência de um contrato de sociedade entre as pessoas cujos nomes compõem a firma. Há quem considere relevante a "excepção do conhecimento por parte de terceiros de inexistência da sociedade"[16].

Embora a norma do art. 36º, 1, tenha sido pensada para as sociedades aparentes pluripessoais – as sociedades aparentes unipessoais não estão cobertas pelo teor literal da norma –, a doutrina salienta que a sociedade unipessoal é um dos campos onde se torna necessária a tutela de terceiros afectados pela criação de "falsa aparência". E, por isso, surgem propostas no sentido da aplicação do art. 36º, 1, aos casos em que um sujeito cria perante terceiros a falsa aparência, através, por exemplo, de uma nova firma, de que existe uma sociedade unipessoal[17].

É questionável a coerência da inserção sistemática do art. 36º, 1. Na verdade, "percebe-se com dificuldade que, num capítulo dedicado ao processo constitutivo das sociedades comerciais, sejam aí previstas *realidades que afinal não o são* (nem sequer sociedades "irregulares" ou em formação)"[18].

3. Relações anteriores à formalização do contrato de sociedade (nº 2)
3.1. Convocação da disciplina das sociedades civis

Enquanto na situação regulada no nº 1, é inexistente o acordo de constituição da sociedade (ou, no caso de falsa aparência de sociedade unipessoal, a decisão de a criar), o nº 2 regula a hipótese em que foi "acordada a constituição de uma sociedade comercial" e os sócios iniciaram a actividade social antes de ter havido a *formalização do contrato*.

A realidade mostra que há factores ponderosos que podem levar os sócios a iniciarem a actividade social antes de estar concluído o processo de consti-

---

[15] Neste sentido, v. OLIVEIRA ASCENSÃO (2000), p. 101; TARSO DOMINGUES (2001), p. 972. Em sentido divergente parece pronunciar-se ENGRÁCIA ANTUNES (2010), p. 194.
[16] Neste sentido, v. OLIVEIRA ASCENSÃO (2000), p. 101, que considera ser relevante a "excepção do conhecimento por parte de terceiros de inexistência da sociedade". MENEZES CORDEIRO (2007), p. 483; SANTOS JÚNIOR (2009), p. 171, salientam a necessidade da presença de outros elementos da própria tutela da aparência, designadamente que os terceiros devem desconhecer, sem culpa, a natureza meramente aparente da sociedade.
[17] Neste sentido, v. TARSO DOMINGUES (2001), p. 971, nt. 19; ENGRÁCIA ANTUNES (2010), p. 194, nt. 400.
[18] Cfr. ENGRÁCIA ANTUNES (2006), p. 32. Em sentido semelhante, v. COUTINHO DE ABREU (2009), p. 120.

tuição da sociedade ou, mesmo, antes de ter havido formalização do contrato. São variadas as hipóteses em que o início imediato de actividade social pode mostrar-se oportuno ou conveniente: considere-se, por exemplo, o caso em que a entrada de um dos sócios consistiu num estabelecimento cuja exploração não poderá ficar suspensa até que seja ultimado o processo de constituição da sociedade, sob pena de grave prejuízo[19].

A lei *não se opõe* ao início da actividade social antes de ter sido formalizada a constituição da sociedade[20], mas submete as relações anteriores à formalização do contrato ao *regime específico do art. 36º, 2*[21]. Aplicar-se-á a *disciplina das sociedades civis*, independentemente do tipo social que, no acordo de constituição da sociedade, os sócios tenham convencionado adoptar. A conciliação entre, por um lado, a *nulidade* do contrato de sociedade provocada pelo vício de forma (arts. 7º, 41º, 1, 42º, 1, e), do CSC, 220º do CCiv.) e, por outro, a necessidade de, ainda assim, serem reconhecidos certos efeitos jurídicos, foi conseguida pela convocação do regime da *sociedade civil*[22].

Na hipótese do art. 36º, 2, estão em causa tanto os interesses dos sócios quanto os interesses de terceiros que entram em relação com a sociedade. Nas *relações internas* (relações entre sócios e entre estes e a sociedade[23]) valerão principalmente os arts. 983º e s. do CCiv. relativos às entradas, administração, direitos e obrigações dos administradores, fiscalização dos sócios, uso das coisas sociais, divisão de lucros, cessão de quotas e os arts. 1001º e s., do CCiv. relativos à morte, exoneração e exclusão de sócios[24].

No que diz respeito às *relações externas* (relações entre a sociedade e terceiros), são aplicáveis as normas dos arts. 996º e s. do CCiv. relativas à representação da

---

[19] FERRER CORREIA/ANTÓNIO CAEIRO (1970), p. 28; FERRER CORREIA (1989), p. 87. Para outros exemplos, v. ENGRÁCIA ANTUNES (2010), p. 196.

[20] Neste sentido, ELISABETE RAMOS (2008), p. 60; COUTINHO DE ABREU (2009), p. 118. ENGRÁCIA ANTUNES (2006), p. 39, considera que o art. 36º, 2, contribui para a "praga" das sociedades irregulares em Portugal. Este A. propõe, em alternativa, uma regulação minimalista: as sociedades apenas existem para o direito a partir do registo definitivo do contrato de sociedade e toda a actividade anterior a esse momento é subordinada às regras jurídico-privatísticas gerais.

[21] A versão inicial do art. 36º, 2, foi alterada pelo DL 280/87 que suprimiu a frase "que não pressuponham a personalidade jurídica destas". Contra esta ressalva pronunciaram-se ANTÓNIO CAEIRO (1988), p. 14; FERRER CORREIA (1989), p. 139, nt. 9.

[22] Cfr. FERRER CORREIA (1989), p. 88. Sobre a influência do pensamento de Ferrer Correia no CSC, v. MANUEL PITA (2007), p. 248, s..

[23] No sentido de que a sociedade-ente já existe antes do registo, v. COUTINHO DE ABREU (2009), p. 125.

[24] Sobre a disciplina reguladora das relações internas nas sociedades civis, v. MENEZES LEITÃO (1991), p. 134, s.; RAÚL VENTURA (2006), p. 73, s..

sociedade, responsabilidade pelas obrigações sociais – em regra, *respondem a sociedade e, pessoal e solidariamente, mas de modo subsidiário, os sócios*[25].

Os bens postos em comum e afectados ao exercício da actividade social têm sido entendidos como um *património autónomo*[26]: ou seja, como um património que responde apenas pelas *dívidas da sociedade*. Sendo certo que esta autonomia não é perfeita, porquanto pelas dívidas da sociedade também respondem, de modo solidário, os patrimónios pessoais dos sócios, nos termos do art. 997º, 1, do CCiv.. A responsabilidade dos sócios é *subsidiária*, já que, nos termos do art. 997º, 2, do CCiv., eles gozam do *benefício da excussão prévia*.

É de sociedade pluripessoal não formalizada que se fala no art. 36º, 2. Suscita-se, pois, a questão de saber se este preceito é aplicável às sociedades unipessoais, nos termos do art. 270º-G. Um dos argumentos no sentido da não aplicabilidade do art. 36º, 2, às sociedades unipessoais é o de que, antes de ser formalizado o negócio jurídico constituinte da sociedade unipessoal, não há modo de distinguir entre, por um lado, a "sociedade anunciada"[27] e, por outro, "o exercício individual da actividade negocial-empresarial"[28].

3.2. Consequências jurídicas do vício de forma

Não restam dúvidas de que a falta de formalização do contrato de sociedade – o art. 36º, 2, situa a sua hipótese normativa em momento anterior à celebração do contrato de sociedade – constitui um *vício de forma* sancionado com a *nulidade* (arts. 7º, 41º, 1, 42º, 1, e), do CSC, 220º do CCiv.)[29]. O que reclama uma específica resposta do direito societário é o facto de, com base em um contrato de sociedade nulo, ter sido iniciada a actividade social. A necessidade de acautelar os interesses dos sócios que contribuíram para a sociedade e dos terceiros que entraram em relação com ela justifica, neste aspecto, que o *direito societário se tivesse afastado do regime jurídico-civil da nulidade*. O CSC consagrou um regime especial

---

[25] V. ELISABETE RAMOS (2008), p. 60, s.. Sobre este regime das sociedades civis, v. MENEZES LEITÃO (1991), p. 155, s.; RAÚL VENTURA (2006), p. 177, s..

[26] Neste sentido, v. JOÃO LABAREDA (1988), p. 194; BRITO CORREIA (1989), p. 94; NOGUEIRA SERENS (1997), p. 24; OLIVEIRA ASCENSÃO (2000), p. 146; TARSO DOMINGUES (2001), p. 973. Sobre a autonomia patrimonial, v. FERRER CORREIA (1982ª), p. 547, s..

[27] Cfr. RICARDO COSTA (2002), p. 462.

[28] Cfr. RICARDO COSTA (2002), p. 462. Tb. ENGRÁCIA ANTUNES (2010), p. 195, nt. 403, apresenta objecções à aplicação do art. 36º, 2, às sociedades unipessoais não formalizadas.

[29] FERRER CORREIA (1989), p. 139, falava em "inelutável nulidade". No sentido da nulidade do contrato de sociedade por falta de forma, v. OLIVEIRA ASCENSÃO (2000), p. 103; TARSO DOMINGUES (2001), p. 972; MANUEL PITA (2004), p. 283, s.; ELISABETE RAMOS (2008), p. 60; COUTINHO DE ABREU (2009), p. 118.

de "nulidade", distinto do regime geral consagrado nos arts. 285º e s. do CCiv.[30]. Portanto, considerando o preceito do art. 36º, 2, pode afirmar-se que o vício de forma de que enferma o contrato de sociedade *não afecta a validade* dos negócios celebrados no período anterior à celebração do contrato de sociedade, como também não impede que os terceiros reclamem dos sócios a responsabilidade pelas dívidas sociais (art. 997º, 1, do CCiv.). Isto mesmo é confirmado pelo art. 52º, 2, que prescreve que "a eficácia dos negócios jurídicos concluídos anteriormente em nome da sociedade não é afectada pela declaração de nulidade (...) do contrato social". A declaração de nulidade do contrato de sociedade determina a "entrada da sociedade em liquidação" (art. 52º, 1)[31]. Devem, pois, ser considerados improcedentes os pedidos de restituição de entradas e de tudo o que foi prestado, com fundamento na nulidade do contrato de sociedade[32].

4. Sociedade civil ou sociedade comercial?

Questão controvertida é a da *qualificação da sociedade* que, antes da celebração do contrato social, inicia a actividade económica. Na doutrina portuguesa são conhecidas várias respostas: *a)* trata-se de uma sociedade civil[33]; *b)* a sociedade não é comercial[34]; *c)* é uma sociedade comercial de facto convertida *ope legis* em sociedade civil[35]; *d)* a sociedade é comercial (embora desprovida de personalidade jurídica e regida pelas normas aplicáveis às sociedades civis)[36].

---

[30] Sobre este aspecto v. a anotação ao art. 52º ANTÓNIO CAEIRO (1988), p. 24, escreveu: "é impensável aplicar, aqui, em toda a sua pureza, os princípios da lei civil".

[31] Sobre os efeitos da declaração de nulidade ou da anulação do contrato de sociedade, v. NOGUEIRA SERENS (1997), p. 25; COUTINHO DE ABREU (2009), p. 153, s..

[32] Cfr. o Ac. do RP de 28/8/1998, CJ, 1998, IV, p. 196, s.. Neste caso, o Autor, invocando a nulidade do contrato de sociedade (que ficou provada), pede a restituição das entradas e de tudo o que prestou. O tribunal de 1ª instância acolheu a tese do Autor e, aplicando o art. 289º, 1, do CCiv., condenou o Réu (a outra parte no acordo de constituição da sociedade) a restituir tudo o que foi prestado pelo Autor. Não decidiu bem a 1ª Instância. O RP corrigiu o erro determinando que a invalidade do contrato por vício de forma só produz efeitos para o futuro e que, por isso, não podem ser restituídas as quantias que foram prestadas a título de entrada.

[33] FERRER CORREIA (1989), p. 139, entende que estas sociedades não são comerciais, qualificando-as como civis.

[34] BRITO CORREIA (1989), p. 186; NOGUEIRA SERENS (1997), p. 25. MENEZES CORDEIRO (2007), p. 486, e SANTOS JÚNIOR (2009), 172, consideram que a sociedade não é comercial, mas a situação é globalmente comercial.

[35] Cfr. PINTO FURTADO (2004), p. 211. Na jurisprudência, a doutrina da conversão foi acolhida pelo Ac. de 19/11/1996, CJ-ASTJ, 1996, v, p. 107, s., e pelo Ac. do STJ de 8/11/2005, www.dgsi.pt/jstj. Contra esta orientação pronunciam-se MENEZES CORDEIRO (2007), p. 486; MANUEL PITA (2007), p. 263, s.; SANTOS JÚNIOR (2009), p. 172.

[36] COUTINHO DE ABREU (2009), p. 120; ENGRÁCIA ANTUNES (2010), p. 196. OLIVEIRA ASCENSÃO (2000), p. 105, pronuncia-se no sentido de que a sociedade será comercial. se foi adoptado um tipo de sociedade

A resposta que se dê a este problema tem implicações práticas que se prendem com a submissão à lei e jurisdição mercantis. Admitindo-se que se trata de uma sociedade comercial, pode equacionar-se a aplicação da legislação mercantil (por exemplo, obrigação de juros, prevista no art. 102º do CCom.) e a competência material da jurisdição mercantil (art. 121º da LOFTJ)[37].

É certo que a norma do art. 36º, 2, manda aplicar as disposições das sociedades civis, *mas não qualifica a sociedade como civil*. Nem parece que o art. 36º, 2, tome posição quanto à qualificação da sociedade como civil ou mercantil. Admitindo que as partes no acordo de constituição da sociedade elegeram um objecto mercantil e adoptaram um tipo societário, estar-se-á perante uma sociedade mercantil.

No entanto, o acordo de constituição da sociedade, referido no art. 36º, 2, pode apresentar vários graus de concretização[38]. Pode acontecer, por exemplo, que as partes não tenham elegido qualquer tipo social, mas tenham concordado em constituir uma sociedade que desenvolverá uma actividade considerada comercial[39]. Nestes casos, esta sociedade será comercial para quem defenda que só o requisito do objecto social é essencial para a qualificação de uma sociedade como comercial[40]. Mas já não o será para quem sustente que a falta de tipo societário inviabiliza a qualificação da sociedade como mercantil[41]. Pode acontecer que o acordo tendente à constituição da sociedade preveja a adopção de um tipo societário e o desenvolvimento de actividade não comercial (v. art. 1º, 3). Neste caso, a sociedade não será comercial, porque não reúne todos os requisitos das sociedades comerciais.

---

comercial e a sociedade funciona segundo ele, mesmo sem formalização). Na jurisprudência, v. o Ac. do STJ de 27/6/2000, CJ-ASTJ, 2000, II, p. 129.

[37] Cfr. ENGRÁCIA ANTUNES (2006), p. 33; MENEZES CORDEIRO (2007), p. 486.
[38] Cfr. OLIVEIRA ASCENSÃO (2000), p. 105; MENEZES CORDEIRO (2007), p. 485.
[39] OLAVO CUNHA (2010), p. 132, considera que a maior parte das vezes "não é possível concluir pela comercialidade, ou não, da sociedade pela simples análise do seu objecto".
[40] COUTINHO DE ABREU (2009), p. 41.
[41] Cfr. OLIVEIRA ASCENSÃO (2000), p. 105.

ARTIGO 37º *
Relações entre os sócios antes do registo

1. *No período compreendido entre a celebração do contrato de sociedade e o seu registo definitivo são aplicáveis às relações entre os sócios, com as necessárias adaptações, as regras estabelecidas no contrato e na presente lei, salvo aquelas que pressuponham o contrato definitivamente registado.*

2. *Seja qual for o tipo de sociedade visado pelos contraentes, a transmissão por acto entre vivos das participações sociais e as modificações do contrato social requerem sempre o consentimento unânime dos sócios.*

* A redacção do nº 1 foi introduzida pelo DL 76-A/2006, de 29 de Março

Índice

1. Regime-regra
   Por *Maria Elisabete Ramos*
2. Transmissão de participações sociais e modificações do contrato social
   2.1. Consentimento unânime dos sócios
   2.2. Consequências jurídicas da falta de consentimento
   2.3. A transmissibilidade entre vivos das participações sociais no período em causa
   2.4. Regime da transmissão das participações sociais
   2.5. Modificação do contrato social
   Por *Maria Elisabete Ramos/Alexandre de Soveral Martins*
3. O art. 37º e situações particulares
   Por *Maria Elisabete Ramos*
4. Transmissão de participações antes do acto constitutivo celebrado pela forma legalmente exigida?
   Por *Alexandre de Soveral Martins*

Bibliografia

a) Citada:

ABREU, J. M. COUTINHO DE – *Curso de direito comercial*, vol. II – *Das sociedades*, 3ª ed., Almedina, Coimbra, 2009, *Curso de direito comercial*, vol. I – *Introdução, actos de comércio, comerciantes, empresas, sinais distintivos*, 7ª ed., Almedina, Coimbra, 2009ª; ANTUNES, J. ENGRÁCIA – *Direito das sociedades*, ed. do A., 2010; ASCENSÃO, J. OLIVEIRA – *Direito comercial. IV. Sociedades comerciais. Parte geral*, Lisboa, 2000, "As acções", *Direito dos valores mobiliários*, II, Coimbra Editora, Coimbra, 2000, p. 57-90; CORDEIRO, A. MENEZES – *Manual de direito das sociedades*, I – *Das sociedades em geral*, 2ª ed., Almedina, Coimbra, 2007; CORREIA, A. FERRER – *Lições de direito comercial*, II, João Abrantes, Coimbra, 1968, "As sociedades comerciais no período da constituição" em *Estudos vários de direito*, Coimbra, 1982, p. 507-545, "A sociedade por quotas de responsabilidade limitada segundo o Código das Sociedades Comerciais", em *Temas de Direito Comercial e Direito Internacional Privado*, Almedina, Coimbra, 1989, p. 123-169, "O processo de constituição das sociedades de capitais", *Os quinze anos de vigência do Código das Sociedades Comerciais*, Fundação Bissaya Barreto, Coimbra, 2003, p. 19-27; CORREIA, A. FERRER/CAEIRO, ANTÓNIO A. – *Anteprojecto de Lei das Sociedades Comerciais. Parte Geral*, I, separata do BMJ n.ᵒˢ. 185 e 191, 1970; CORREIA, A. FERRER/XAVIER, VASCO LOBO/COELHO, M. ÂNGELA/CAEIRO, ANTÓNIO A. – "Sociedade por quotas de responsabilidade limitada. Anteprojecto de lei - 2ª redacção e exposição de motivos", RDE, III, 1977, p. 153-224; CORREIA, L. BRITO – *Direito comercial*, 2º vol – *Sociedades comerciais*, AAFDL, Lisboa, 1989; CUNHA, P. OLAVO – *Direito das sociedades comerciais*, 4ª ed., Almedina, Coimbra, 2010; JÚNIOR, E. SANTOS – "Artigo 37º", em *Código das Sociedades Comerciais anotado*, (coord. de A. Menezes Cordeiro), Almedina, Coimbra, 2009; LIMA, PIRES DE/VARELA, ANTUNES, *Código Civil anotado*, vol. II, Coimbra Editora, Coimbra, 1986; MAIA, PEDRO – "Deliberações dos sócios", em *Estudos de direito das sociedades*, 9ª ed., Almedina, Coimbra, 2008, p. 235-275; MARTINS, ALEXANDRE SOVERAL – *Cláusulas do contrato de sociedade que limitam a transmissibilidade das acções. Sobre os arts. 328º e 329º do CSC*, Almedina, Coimbra, 2006; PITA, MANUEL ANTÓNIO, *O regime da sociedade irregular e a integridade do capital social*, Almedina, Coimbra, 2004; RAMOS, M. ELISABETE – "Constituição das sociedades comerciais", em AAVV (coord. de Coutinho de Abreu), *Estudos de direito das sociedades*, 9ª ed., Almedina, Coimbra, 2008, p. 41-97; SERENS, M. NOGUEIRA – *Notas sobre a sociedade anónima*, 2ª ed., Coimbra Editora, Coimbra, 1997; TORRES, N. PINHEIRO – *Da transmissão de participações sociais não tituladas*, Universidade Católica Portuguesa, Porto, 1999; VENTURA, RAÚL – *Alterações do contrato de sociedade*, 2ª ed., Almedina, Coimbra, 1996, *Apontamentos sobre sociedades civis*, Almedina, Coimbra, 2006.

b) Outra:
ALMEIDA, A. PEREIRA DE – *Sociedades comerciais e valores mobiliários*, 5ª ed., Coimbra Editora, Coimbra, 2008; ANTUNES, J. ENGRÁCIA, "As sociedades em formação: sombras e luzes", CDP, 14 (2006), p. 25-42; CORREIA, A. FERRER – "A sociedade por quotas de responsabilidade limitada nos projectos do futuro Código das Sociedades Comerciais" em *Temas de Direito Comercial e Direito Internacional Privado*, Almedina, Coimbra, 1989, p. 73-121; CORREIA, M. PUPO – *Direito comercial. Direito da empresa*, 11ª ed. (c/ colab. de António José Tomás e Octávio Castello Paulo), Ediforum, Lisboa, 2009; DOMINGUES, P. DE TARSO – "O regime jurídico das sociedades de capitais em formação", em *Estudos*

em *Comemoração dos Cinco Anos (1995-2000) da Faculdade de Direito da Universidade do Porto*, Coimbra Editora, Coimbra, 2001; FURTADO, JORGE HENRIQUE PINTO – *Curso de direito das sociedades*, 3ª ed. (c/ colab. de Nelson Rocha), Almedina, Coimbra, 2004; PERALTA, ANA MARIA – "Assunção pela sociedade comercial de negócios celebrados antes do registo", em *Estudos em Homenagem ao Professor Doutor Inocêncio Galvão Telles*, vol. IV – *Novos estudos de direito privado*, Almedina, Coimbra, 2003, p. 611-636; SERRA, CATARINA – *Direito comercial. Noções fundamentais*, Coimbra Editora, Coimbra, 2009.

1. Regime-regra

O art. 37º regula as relações entre *os sócios* no período compreendido entre a celebração do contrato de sociedade (ou melhor, entre a formalização do acto constitutivo) e o registo definitivo, seja qual for o tipo social adoptado pelos sócios e plasmado no contrato de sociedade. Mas quais são as relações que ficam sujeitas a esse regime? Só as relações que directamente se estabeleçam entre um sócio e os restantes?

Para nos auxiliar na compreensão do âmbito de aplicação do preceito, justifica-se analisar o disposto nos arts. 983º-995º do CCiv., integrados numa Secção (II) dedicada precisamente às "Relações entre os sócios". Verificamos assim que na referida Secção surgem matérias tão distintas como as que dizem respeito a entradas, administração da sociedade, fiscalização[1], uso das coisas sociais, proibição da concorrência, distribuição de lucros e participação nas perdas. Justifica-se, por isso, sustentar que, no período em causa no art. 37º do CSC, e ressalvando as que pressuponham o registo definitivo do contrato, serão aplicáveis as regras estabelecidas no contrato e no CSC relativas às referidas matérias.

O CCiv. engloba nas "Relações entre os sócios" aspectos que também dizem respeito à relação entre os sócios e a própria sociedade[2]. Ao contrário do que acontece no art. 36º, 2 – que manda aplicar exclusivamente as normas relativas às sociedades civis –, o art. 37º reconhece ao contrato celebrado entre os sócios força conformadora não apenas das relações entre os sócios, mas também des-

---

[1] Ainda que a administração e fiscalização, no caso concreto, sejam exercidas por pessoas que não possuem a qualidade de sócios. Também COUTINHO DE ABREU (2009), p. 121, nt. 59, inclui as espécies de órgãos e modo do seu funcionamento no elenco das matérias integradoras das relações internas.

[2] Sustentando que no âmbito de aplicação da norma encontramos as matérias relativas à "organização e funcionamento sociais sem projecção relativamente a terceiros", COUTINHO DE ABREU (2009), p. 121.

tes com *a sociedade*. Daí que se possa dizer que, no art. 37º do CSC, estão em causa as *relações internas*[3].

O art. 37º, 1, integra uma remissão expressa para o CSC. Por conseguinte, são aplicáveis, por um lado, as normas reguladoras *do tipo societário* escolhido pelos sócios[4] (art. 1º, 3) e, por outro, as normas da Parte Geral do CSC cuja aplicação se mostre adequada. Com esta solução, de uma banda, é honrada a validade e eficácia do contrato entre as partes[5] e, por outra, é respeitada a escolha realizada pelos sócios quanto ao tipo societário.

O art. 37º, 1, *in fine*, declara *não aplicáveis* às relações internas prescrições (legais ou estatutárias) que *pressuponham o registo definitivo do contrato*. Pensando em normas legais, podem ser dados como exemplos, as normas sobre a invalidade do contrato de sociedade que pressupõem o registo definitivo deste (arts. 42º e 43º)[6].

2. Transmissão de participações sociais e modificações do contrato social
2.1. Consentimento unânime dos sócios

Independentemente do tipo societário escolhido e do conteúdo do contrato de sociedade, a transmissão de participações sociais e as modificações do contrato de sociedade exigem, nos termos do art. 37º, 2, o *consentimento unânime dos sócios*. Esta exigência, sendo aplicável a todos os tipos societários, assume particular relevo nas sociedades por quotas e anónimas. Nas primeiras, a cessão de quotas está sujeita ao consentimento da sociedade (art. 228º, 2) e nas segundas a transmissão entre vivos das acções não exige consentimento dos sócios nem, em regra, da sociedade (art. 328º). Numas e noutras as alterações do contrato de sociedade são, em regra também, deliberadas por maioria qualificada (arts. 265º, 1, 386º, 3).

---

[3] Falando de *relações internas*, cfr. COUTINHO DE ABREU (2009), p. 121; ENGRÁCIA ANTUNES (2010), p. 199.
[4] Cfr. FERRER CORREIA/LOBO XAVIER/MARIA ÂNGELA COELHO/ANTÓNIO CAEIRO (1977), p. 170.
[5] Neste sentido, v. FERRER CORREIA (1982), p. 515.
[6] FERRER CORREIA (1989), p. 89, s., apresentava como exemplos de normas "cuja aplicação pressuponha a plena existência da sociedade por quotas" as que regulam a transmissão das quotas por acto entre vivos e que disciplinam as modificações do pacto social. BRITO CORREIA (1989), p. 189, indica os arts. 5º, 6º, 19º, 28º, 6, como preceitos que "pressupõem o registo definitivo do contrato". COUTINHO DE ABREU (2009), p. 121, considera que as disposições indicadas por BRITO CORREIA não servem para efeitos do art. 37º, 1, *in fine*. Em sentido semelhante, v. SANTOS JÚNIOR (2009), p. 174, nt. 7. ENGRÁCIA ANTUNES (2010), p. 199, apresenta como exemplos as normas dos arts. 304º, 3 (relativa à emissão e entrega dos títulos definitivos a accionistas), e 348º, 2. (emissão e entrega de obrigações).

Contudo, a leitura do art. 37º, 1, coloca-nos uma dificuldade inicial: o consentimento unânime dos sócios resulta de um acto individual de cada sócio ou trata-se, pelo contrário, de uma decisão da sociedade que deve ser tomada com os votos a favor de todos os sócios?

Na nossa opinião, o consentimento em causa é um acto individual de cada um dos sócios – o art. 37º, 2, exige o consentimento unânime dos *sócios*, que não se confunde com o consentimento da sociedade (cfr., para este último, os arts. 228º, 2, e 328º, 2, *a*), do CSC)[7].

Compare-se também a redacção do art. 37º, 2 com o art. 995º, 1, do CCiv.. Neste exige-se, para as sociedades civis, o consentimento de todos os outros sócios no que diz respeito à cessão de quotas. Tal consentimento é também visto como acto individual dos sócios e não como uma deliberação social tomada por unanimidade[8].

A lei nada diz quanto ao *tempo* e à *forma* do consentimento. Parece que o consentimento pode ser dado antes ou depois da transmissão da participação social ou da modificação do contrato de sociedade. Não é exigida qualquer formalidade ou solenidade específica para este consentimento. O art. 37º, 2, não exige o consentimento expresso (v. o art. 182º, 1, do CSC). Poderá, pois, questionar-se a eficácia do consentimento tácito que se considere resultar, por exemplo, do facto de todos os restantes sócios concordarem com a participação do cessionário em actos sociais[9].

Discutem-se na doutrina portuguesa as razões que justificam a imposição no art. 37º, 2, do CSC do consentimento unânime para as modificações do contrato de sociedade e para a transmissão das participações sociais.

---

[7] O art. 37º, 2, exige o consentimento unânime dos sócios para a transmissão por acto entre vivos das participações sociais. Como se diz no texto, trata-se de um consentimento individual. Mas o art. 37º, 1, manda aplicar as regras estabelecidas no contrato e no CSC (ressalvando as que pressupõem o registo definitivo do contrato). Deve por isso ser perguntado se, para além do consentimento unânime dos sócios, a transmissão entre vivos das participações sociais fica sujeita aos restantes requisitos que a lei ou o contrato de sociedade estabeleçam no plano das relações entre os sócios. Por exemplo: se estamos a falar de uma sociedade por quotas, será necessário o consentimento da sociedade (art. 228º, 2, CSC) para além do consentimento unânime dos sócios? Caso se entenda que estamos a falar de norma que pressupõe o registo definitivo do contrato de sociedade, não será necessário aquele consentimento da sociedade.

[8] RAÚL VENTURA (2006), p. 170, acrescentando, muito acertadamente, que será "exagerado pensar que o consentimento exigido por lei falta se todos os outros sócios manifestarem a sua vontade de consentir, sob a forma de deliberação social".

[9] Admitindo este consentimento para a transmissão de quotas nas sociedades civis, v. RAÚL VENTURA (2006), p. 171.

Para as modificações do contrato de sociedade em particular, defende-se que, no período em análise, avulta o *contrato de sociedade* em detrimento da instituição sociedade[10]. Consequentemente, aplica-se a regra (de direito privado geral) segundo a qual só por mútuo consenso podem ocorrer modificações em contratos eficazes (art. 406º, 1, do CCiv.)[11].

No que diz respeito à exigência de consentimento unânime dos sócios para a transmissão entre vivos das participações, o seu sentido alcança-se atendendo ao regime da responsabilidade dos sócios no período compreendido entre a escritura e o registo. É que existe a possibilidade de os sócios (incluindo os sócios de responsabilidade limitada) serem chamados a responder ilimitada e solidariamente por obrigações sociais anteriores ao registo[12]. Neste quadro, não é indiferente para os sócios a substituição de um ou alguns deles pela via da transmissão das participações.

2.2. Consequências jurídicas da falta de consentimento

Faltando o consentimento de algum ou de alguns dos sócios para a transmissão da participação social ou para as modificações do contrato de sociedade, qual a consequência jurídica daí resultante?

Comecemos pelos actos de transmissão. Se um desses actos tem lugar sem o consentimento unânime dos sócios, e aceitando desde já que não está em causa apenas uma cessão de posição contratual (o que é discutido[13]), podem ser enunciadas pelo menos duas alternativas: a) aplicar o regime previsto no CSC para a transmissão entre vivos das participações sociais de acordo com o tipo adoptado pelos sócios; b) aplicar por analogia a todas as sociedades, inde-

---

[10] Neste sentido, FERRER CORREIA (1989), p. 141 (também quanto à transmissão de participações sociais, incluindo-a "no conceito de alterações do contrato"); NOGUEIRA SERENS (1997), p. 26, 27; MENEZES CORDEIRO (2007), p. 487 (invocando ainda outras razões); SANTOS JÚNIOR (2009), p. 175; OLAVO CUNHA (2010), p. 234.

[11] A esta explicação, Coutinho de Abreu contrapõe que a "sociedade-entidade (embora não pessoa) existe já e pode actuar (arts. 38º, ss., antes mesmo da "celebração" do contrato)". Coutinho de Abreu questiona também a razoabilidade de exigência de consentimento unânime para a modificação do contrato de sociedade (art. 37º, 2), sabendo que a sociedade pode destituir um gerente por maioria simples e eleger um outro (arts. 37º, 1, 246º, 1, d) 250º, 3, 252º, 2, 257º, 1), mas já é necessário o consentimento unânime dos sócios para a alteração da firma. Cfr. COUTINHO DE ABREU (2009), p. 122.

[12] Valorizando esta explicação, v. NOGUEIRA SERENS (1997), p. 26, SOVERAL MARTINS (2006), p. 204, COUTINHO DE ABREU (2009), p. 123, ENGRÁCIA ANTUNES (2010), p. 199, nt. 199. Lembrando também o regime da responsabilidade por dívidas contraídas antes do registo, MENEZES CORDEIRO (2007), p. 487.

[13] Designadamente quando se entenda que "antes do registo nada existe além do contrato": FERRER CORREIA (2003), p. 25.

pendentemente do tipo adoptado, o regime que está contido no art. 55º do CSC.

Há argumentos a favor e contra cada uma das soluções. A primeira tem apoio no art. 37º, 1, que manda aplicar às relações entre os sócios as regras estabelecidas no CSC durante o período em causa. Mas esta via não é inteiramente satisfatória. O art. 182º, 1, estabelece, para as sociedades em nome colectivo, a necessidade de consentimento expresso dos restantes sócios quanto à transmissão entre vivos da participação social omitindo a consequência da falta desse consentimento. Por sua vez, o regime que encontramos no art. 228º do CSC não trata do consentimento dos sócios para a cessão de quotas, pois é o consentimento da sociedade que ali é visado. E para as sociedades anónimas a lei nem sequer exige o consentimento da sociedade ou dos sócios nem prevê o que acontece se falta o consentimento daquela, quando exigido pelo contrato de sociedade (cfr. os arts. 328º e 329º do CSC). Já o art. 469º, 1, requer o consentimento dado por deliberação dos sócios, sob pena de ineficácia (sem esclarecer de que ineficácia se trata). Uma tal disparidade de regras dificilmente se conjuga com a clara intenção da lei de, no art. 37º, 2, uniformizar o regime para todos os tipos societários.

No que diz respeito à segunda solução acima adiantada, da qual decorre que a transmissão não consentida seria ineficaz em relação a todos[14], ela permite precisamente encontrar um regime unitário, neste período entre a celebração do contrato de sociedade pela forma legalmente exigida e o registo definitivo. É certo que no art. 55º estão em causa deliberações sociais tomadas sem o consentimento, exigido por lei, de determinado sócio. E agora o que nos preocupa são actos de transmissão de participações sociais. Contudo, esta objecção não é decisiva, se entendermos que a razão de ser do art. 55º deve valer quando a lei exija o consentimento de determinado sócio[15]. Este é o regime que melhor satisfaz a tutela dos interesses em causa. Os efeitos da transmissão ou da modificação não consentida ficam bloqueados até que todos os sócios prestem o seu consentimento, sem que para tanto o sócio que não prestou o consentimento

---

[14] Falando de ineficácia absoluta, PINTO FURTADO (1993), p. 244, e PEDRO MAIA (2008), p. 246.

[15] A propósito do art. 182º, 1, do CSC, que precisamente exige o expresso consentimento dos restantes sócios para a transmissão entre vivos da parte do sócio de sociedade em nome colectivo cujo contrato foi definitivamente registado, RAÚL VENTURA (1994), p. 254, afirmava que "se o acto de transmissão for praticado sem o consentimento de todos os restantes sócios, será ele ineficaz não só para com o sócio cujo consentimento falta, mas para com todos. É o princípio consignado no art. 55º CSC".

precise de intentar qualquer acção[16]. Também não constitui obstáculo a circunstância de o art. 55º se referir ao consentimento de "determinado sócio", porque este preceito é igualmente aplicável a situações em que é exigido *o consentimento de todos os sócios*[17]. O art. 55º aplicar-se-á por analogia, uma vez que estão em causa os actos de transmissão, e não eventuais deliberações[18]. Faltando o consentimento de qualquer sócio, *a transmissão de participação social é ineficaz perante todos*.

Vejamos agora o que se pode dizer acerca da falta de consentimento unânime dos sócios para a modificação do contrato de sociedade. Comecemos por constatar o seguinte: não se pode afirmar inequivocamente que o art. 37º, 2, pura e simplesmente afasta as regras contidas no contrato de sociedade ou no CSC. Aquele preceito apenas parece acrescentar a necessidade de existência de consentimento unânime dos sócios. Assim sendo, se houve deliberação dos sócios de modificação do contrato de sociedade, a mesma será ineficaz se faltar o consentimento unânime dos sócios. E veja-se que agora o art. 55º vai aplicar-se directamente, não por analogia.

2.3. A transmissibilidade entre vivos das participações sociais no período em causa

Resulta do art. 37º, 2, que em qualquer tipo de sociedade visado pelos contraentes é permitida a transmissão entre vivos da participação social depois do acto constitutivo e antes de realizado o registo. Ou seja, já há participações sociais e não apenas posições contratuais. E se há participações sociais, encontramos aqui mais um argumento para afirmar que também já existe sociedade: não teria sentido falar de participações sociais numa não-sociedade.

Aquelas participações sociais podem ser transmitidas sem necessidade de alteração do contrato de sociedade. A transmissão entre vivos das participações necessita, isso sim, de consentimento unânime dos sócios, o que tem sentido atendendo ao regime da responsabilidade dos sócios no período compreendido entre a celebração do contrato de sociedade e o registo. É que existe a possibilidade de os sócios (incluindo os sócios de responsabilidade limitada) serem chamados a responder ilimitada e solidariamente por obrigações sociais

---

[16] PEDRO MAIA (2008), p. 244, quanto aos fundamentos do regime contido no art. 55º.
[17] Neste sentido, v. PEDRO MAIA (2008), p. 251.
[18] Neste sentido, v. COUTINHO DE ABREU (2009), p. 63, nt. 16, relativamente à transmissão de participações sociais nas sociedades em nome colectivo, que também exige o consentimento dos sócios (art. 182º, 1).

anteriores ao registo[19]. Neste quadro, não é indiferente para os sócios a substituição de um ou alguns deles pela via da transmissão das participações.

A análise feita não é sequer contrariada pelo teor do art. 5º do CSC[20]. O que este preceito estabelece é que "as sociedades gozam de personalidade jurídica e existem como tais a partir da data do registo definitivo do contrato (...)". Mas antes nada impede que existam sociedades, sócios e participações sociais. A sociedade já o é antes do registo do contrato de sociedade. E os sócios dessa sociedade já têm uma participação social transmissível entre vivos.

Uma outra nota ainda: embora o preceito tenha por epígrafe "Relações entre os sócios antes do registo", a transmissão de participações de que se fala aqui pode ter lugar também a favor de terceiros[21]. As "relações entre os sócios" que estarão aí em causa são as que dizem respeito à exigência do respectivo consentimento quando qualquer um deles queira transmitir uma participação social.

Por conseguinte, parece não funcionar aqui a regra da livre transmissão de quotas realizada entre cônjuges, ascendentes e descendentes ou entre sócios (art. 228º, 2, 2ª parte). As transmissões de participações sociais a favor dos referidos adquirentes estarão também sujeitas a consentimento unânime dos sócios.

2.4. Regime da transmissão das participações sociais

Como vimos, é admissível a transmissão entre vivos das participações sociais no período compreendido entre a formalização do acto constitutivo e o registo. Mas qual o regime a que fica sujeita essa transmissão? Até agora, apenas vimos que é necessário o consentimento de todos os sócios.

Várias soluções têm sido apresentadas[22]: a) exigir, para a transmissão, uma alteração do acto constitutivo, com o consentimento de todos os sócios; b) aplicar apenas o regime da cessão da posição contratual; c) sujeitar a transmissão às regras da cessão de créditos[23]; d) aplicar o regime da cessão de quotas, por analogia[24]; e) remeter para o regime das sociedades civis.

---

[19] Valorizando esta explicação, v. SOVERAL MARTINS (2006), p. 204; COUTINHO DE ABREU (2009), p. 123; ENGRÁCIA ANTUNES (2010), p. 199, nt. 199.
[20] Cfr. as anotações correspondentes.
[21] Tb. neste sentido PINHEIRO TORRES (1999), p. 63.
[22] Sobre isto, COUTINHO DE ABREU (2009), p. 373
[23] OLIVEIRA ASCENSÃO (2000), p. 77.
[24] Para as sociedades anónimas, PINHEIRO TORRES (1999), p. 69 s.; COUTINHO DE ABREU (2009), p. 373, nota 359, mas apenas quanto à forma exigida e à comunicação à sociedade ou reconhecimento por esta.

O regime da alteração do contrato de sociedade não parece adequado por uma razão muito simples: para o período entre a formalização do acto constitutivo e o registo é a própria lei, no nº 2 do art. 37º do CSC, que contrapõe a transmissão das participações às modificações do contrato social. A lei torna assim claro que a transmissão das participações não se dará por meio de modificação do contrato social.

O regime da cessão de créditos ou da cessão da posição contratual também se apresenta pouco adequado porque a participação social não é apenas constituída por créditos nem é uma simples posição contratual.

Uma via mais razoável do que as anteriores parece ser a da aplicação, por analogia, ao menos de parte das regras relativas à cessão de quotas[25]. Esse caminho surge indicado, em primeiro lugar, no art. 2º do CSC. A exigência de consentimento de todos os sócios, prevista no art. 37º, 2, do CSC, substituiria o consentimento da sociedade. Mas já teria sentido sustentar que a eficácia da transmissão dependeria de comunicação à sociedade[26]. E teria também sentido exigir que a transmissão se fizesse pela forma exigida para a cessão de quotas[27].

A última solução apresentada defronta-se, é certo, com algumas dificuldades. Para as sociedades que adoptaram a forma de sociedades por quotas, escrevia Ferrer Correia que a solução correcta quanto ao direito aplicável nas relações entre as partes seria a de aplicar as regras próprias do tipo visado pelos contraentes, embora se tivesse que "ressalvar as normas cuja aplicação pressuponha a plena existência da sociedade, ou seja (como se diz no art. 37º, nº 1) o registo definitivo do contrato. Não será esse o caso, por ex., nas sociedades por quotas, dos preceitos legais relativos à nomeação e destituição dos gerentes – mas é decerto o daqueles que regulam a transmissão das quotas por acto entre vivos (...)"[28]. Isto é, na opinião do referido Professor, as normas relativas à transmissão de quotas por acto entre vivos pressupunham o registo definitivo do contrato de sociedade.

Daí que se possa formular a seguinte pergunta: se as normas relativas à transmissão de quotas por acto entre vivos pressupõem o registo definitivo do con-

---

[25] Por analogia também para sociedades que adoptem o tipo sociedade por quotas, para quem entenda que antes do registo do acto constitutivo não se pode falar ainda de sociedade por quotas. Cfr., porém, as anotações ao art. 5º.
[26] COUTINHO DE ABREU (2009), p. 373, nota 359, para as sociedades anónimas.
[27] COUTINHO DE ABREU (2009), p. 373, nota 359, para as sociedades anónimas.
[28] FERRER CORREIA (1989), p. 140 s..

trato de sociedade, justificar-se-á aplicá-las por analogia às transmissões de participações sociais no período entre o acto constitutivo e o registo?

Caso se entenda que a objecção acabada de formular é insuperável, julgamos que então a solução só pode ser a de recorrer ao regime previsto na lei para as sociedades civis.

Eis, pois, mais uma matéria em relação à qual a lei poderia ser mais clara.

2.5. Modificação do contrato social

O art. 37º, 2, utiliza as expressões "modificações do contrato social" e não "alterações do contrato social" (arts. 85ºss.). Certamente que, em primeira linha, a norma submete ao consentimento unânime dos sócios as alterações do contrato tal como estas são caracterizadas legalmente no art. 85º, 1 – ou seja, as que ocorrem pela modificação ou supressão de algumas das cláusulas ou pela introdução de nova cláusula. O que se pode questionar é se as mudanças na composição dos sócios[29] (não conexionadas com a transmissão de participações sociais) também estão sujeitas ao consentimento unânime. Pense-se, por exemplo, nos casos em que a sociedade tem o direito de amortizar a quota (art. 232º, 5). Será necessário o consentimento unânime dos sócios?

Submeter as modificações do contrato de sociedade ao consentimento unânime torna irrelevante o poder relativo de cada sócio fundado no valor da sua participação e nos votos detidos. Cada um dos sócios, independentemente da consistência da sua participação social e dos votos detidos, tem o mesmo poder que cada um dos restantes. Deste modo, cada um dos sócios (ainda que detentor de uma participação minoritária) pode fazer prevalecer a sua vontade (não dando o seu consentimento) sobre a vontade da maioria.

3. O art. 37º e situações particulares

Nos termos do art. 270º-G, não se aplicam às sociedades unipessoais por quotas normas que pressuponham a pluralidade de sócios. Não restam dúvidas de que o art. 37º pressupõe a pluralidade de sócios, cujas relações entre si é necessário regular. No entanto, convém recordar que o art. 37º, 1, abrange no seu âmbito normativo *aspectos da vida interna da sociedade* que também poderão assumir rele-

---

[29] No sentido de que as modificações na composição pessoal dos sócios não integram o conceito legal de alteração do contrato de sociedade, v. RAÚL VENTURA (1996), p. 17.

vância na sociedade unipessoal, como sejam, por exemplo, as relativas às "espécies de órgãos e modos do seu funcionamento"[30].

No que se refere ao processo de saneamento por transmissão (art. 199º do CIRE), as relações internas dos sócios da *nova sociedade* – em regra, mas não necessariamente, credores da insolvência que adquirem as participações sociais em contrapartida da cessão à sociedade de créditos sobre o insolvente[31] – serão reguladas, no período entre a sentença homologatória do plano de insolvência e o registo definitivo, pelas disposições dos estatutos (art. 199º do CIRE) e pelas normas legais do tipo societário escolhido. Aplica-se, pois, com as devidas adaptações o art. 37º.

Quanto aos processos especiais de constituição de sociedades (pluripessoais) por quotas e anónimas – as designadas "empresa na hora" e "empresa *on line*" – é praticamente inverosímil que o art. 37º encontre aplicação. E isto porque a celeridade do processo e, em particular, a contiguidade entre a celebração do contrato e o registo definitivo tornam irrelevante o lapso temporal em que poderiam surgir as questões visadas pelo art. 37º.

4. Transmissão de participações antes do acto constitutivo celebrado pela forma legalmente exigida?

Aqui chegados, pensamos que tem sentido perguntar ainda se é possível a transmissão de participações sociais no período anterior à própria formalização do acto constitutivo da sociedade[32].

O sentido da pergunta identifica-se facilmente se pensarmos que naqueles casos o contrato de sociedade que exista é nulo, por vício de forma[33]. A transmissão de uma participação social será relativa a uma sociedade cujo acto constitutivo é nulo. O próprio art. 41º, 1, do CSC determina que até ao registo definitivo do contrato de sociedade "a invalidade do contrato ou de uma das declarações negociais rege-se pelas disposições aplicáveis aos negócios jurídicos nulos ou anuláveis, sem prejuízo do disposto no artigo 52º".

---

[30] COUTINHO DE ABREU (2009), p. 121, nt. 59.
[31] COUTINHO DE ABREU (2009ª), p. 345.
[32] COUTINHO DE ABREU (2009), p. 373, admite a possibilidade de transmissão de acções "antes de o acto constituinte da sociedade ter a forma legalmente exigida (e antes do registo), exigindo-se também nestes casos o consentimento de todos os sócios (art. 36º, 2 , do CSC, remetendo para o art. 995º, 1, do CCiv.; o art. 37º, 2, CSC será aplicável analogicamente quando a transmissão se faça entre sócios)".
[33] FERRER CORREIA (1989), p. 138 s.; NOGUEIRA SERENS (1997), p. 24; OLIVEIRA ASCENSÃO (2000), p. 103; COUTINHO DE ABREU (2009), p. 118; MANUEL PITA (2004), p. 313, afirmando que se trata de nulidade sanável; ELISABETE RAMOS (2008), p. .

As dúvidas aumentam se virmos que, para as sociedades anónimas, o art. 274º estabelece que só com a celebração do contrato de sociedade (ou com o aumento de capital) surge a qualidade de sócio. O contrato de sociedade de onde surge a qualidade de sócio pode ser nulo por vício de forma e ainda fazer surgir aquela qualidade? E terá sentido falar de uma participação social anterior à outorga do contrato de sociedade que não faça surgir a qualidade de sócio?

Mesmo o art. 52º do CSC não elimina todas as dúvidas, apesar de ali surgir dito que a declaração de nulidade do *contrato* de sociedade determina a entrada da *sociedade* em liquidação e que os sócios continuarão obrigados a completar as suas entradas[34]. Sempre se poderá perguntar se o referido art. 52º visa somente os casos em que já houve registo do acto constitutivo. Para além da influência que parece ter tido na redacção deste preceito o estabelecido no art. 38º do Anteprojecto de lei sobre sociedades por quotas de responsabilidade limitada (2ª redacção)[35], deve ser ponderado o peso dos arts. 11º e 12º da Primeira Directiva sobre Direito das Sociedades[36]. Estes últimos terão sido pensados para sociedades cujo acto constitutivo já se encontrava registado, pois nesses casos justificar-se-ia tutelar a aparência criada pelo registo[37].

Porém, a verdade é que o art. 36º, 2, do CSC manda aplicar o regime das sociedades civis às relações entre sócios e com terceiros se for acordada a constituição de uma sociedade comercial e, antes da celebração do contrato de sociedade (leia-se, pela forma legalmente exigida), os sócios iniciarem a sua actividade.

---

[34] No Ac. RP de 28/09/1998, CJ, 1998, IV, p. 196-199, entendeu-se que a declaração de nulidade do contrato de sociedade, com fundamento em vício de forma, só produz efeitos para o futuro. Em bom rigor, porém, isso não se retira com carácter geral do art. 52º relativamente a tudo o que se passou antes da declaração de nulidade. Designadamente, não se retira do art. 52º do CSC que a declaração de nulidade não afecta a transmissão de "participações sociais" ocorridas antes.

[35] FERRER CORREIA/LOBO XAVIER/ÂNGELA COELHO/ANTÓNIO CAEIRO (1977), p. 153, em anotação ao art. 38º do Anteprojecto de lei sobre sociedades por quotas de responsabilidade limitada (2ª redacção e exposição de motivos), afirmavam: "A partir do momento em que, mediante a inscrição no registo comercial, a sociedade é vasada no molde da personalidade colectiva, a sua existência jurídica não mais pode ser anulada". Dava-se assim a entender que aquele regime estaria pensado para os casos em que tivesse havido registo do acto constitutivo.

[36] Directiva 68/151/CEE do Conselho, de 9 de Março de 1968, sucessivamente alterada e entretanto substituída pela Directiva 2009/101/CE do Parlamento Europeu e do Conselho, de 16 de Setembro de 2009. A Primeira Directiva apenas tinha em vista, para Portugal, as sociedades por quotas, anónimas e em comandita por acções. Sobre a Primeira Directiva e sua transposição em Portugal, SOVERAL MARTINS (1997), p. 61 s., p. 83 s..

[37] Cfr. o Ac. TJCE proferido no Proc. 136/87, *Ubbink Isolatie BV contra Dak en Wandtechniek BV*.

Percorrendo o disposto no art. 995º CCiv., verificamos que o mesmo trata da cessão de quotas e vem contido numa Secção dedicada às "Relações entre sócios". No art. 995º, 1, CCiv., vê-se que a cessão de quota a terceiro carece do consentimento de todos os outros sócios. Por sua vez, o art. 995º, 2, CCiv. acrescenta que a forma exigida para a referida cessão é a que for exigida para a transmissão dos bens da sociedade. Assim, o art. 36º, 2, do CSC retira muito do sentido às dúvidas acerca da possibilidade de transmissão de participações no período em causa. Sobretudo, para aqueles que entendam que o referido preceito realiza uma conversão em sociedade civil e manda aplicar o seu regime jurídico[38].

---

[38] Cfr. PINTO FURTADO (2004), p. 211; parecia ser também essa a opinião de FERRER CORREIA (1989), p. 139 ("a qualificação que logo se oferece é a de sociedade civil"), reafirmada em FERRER CORREIA (2001), p. 21, e que coincidia com o pensamento que já expusera em FERRER CORREIA (1966), p. 294 s., p. 298 e s.. Com outra leitura, COUTINHO DE ABREU (2009), p. 119 s.. Veja-se, também, que o art. 36º, 2, CSC apenas se ocupa dos casos em que os sócios iniciaram a "sua" actividade.

ARTIGO 38º *
Relações das sociedades em nome colectivo não registadas com terceiros

1. Pelos negócios realizados em nome de uma sociedade em nome colectivo, com o acordo, expresso ou tácito, de todos os sócios, no período compreendido entre a celebração do contrato de sociedade e o seu registo definitivo, respondem solidária e ilimitadamente todos os sócios, presumindo-se o consentimento.

2. Se os negócios realizados não tiverem sido autorizados por todos os sócios, nos termos do nº 1, respondem pessoal e solidariamente pelas obrigações resultantes dessas operações aqueles que as realizarem ou autorizarem.

3. As cláusulas do contrato que atribuam a representação apenas a alguns dos sócios ou que limitem os respectivos poderes de representação não são oponíveis a terceiros, salvo provando-se que estes as conheciam ao tempo da celebração dos seus contratos.

* A redacção do nº 1 foi alterada pelo DL 76-A/2006, de 29 de Março.

Índice
1. Responsabilidade dos sócios e de quem actuou em nome da sociedade
2. Cláusulas inoponíveis a terceiros
3. Problemas comuns aos arts. 38º a 40º – remissão

Bibliografia
a) Citada:

ABREU, J. M. COUTINHO DE – *Curso de direito comercial*, vol. II – *Das sociedades*, 3ª ed., Almedina, Coimbra, 2009; CORDEIRO, A. MENEZES, *Manual de direito das sociedades*, I – *Das sociedades em geral*, 2ª ed., Almedina, Coimbra, 2007; CORREIA, A. FERRER – "As sociedades comerciais no período da constituição", em *Estudos vários de direito*, Coimbra, 1982, p. 507-545; CORREIA, A. FERRER/CAEIRO, ANTÓNIO A. – *Anteprojecto de Lei das Sociedades Comerciais. Parte Geral*, I, 1970; COSTA, M. JÚLIO DE ALMEIDA, *Direito das obrigações*, 12ª ed., Almedina, Coimbra, 2009; MARTINS, ALEXANDRE DE SOVERAL – "Capacidade e representação das sociedades comerciais", em IDET, *Problemas do direito das sociedades*, Almedina, Coimbra, 2002, p. 467-496; RAMOS, M. ELISABETE – "Constituição das sociedades comerciais", em AAVV. (coord. de Coutinho de Abreu), *Estudos de direito das sociedades*, 9ª ed., Almedina, Coimbra, 2008, p. 41-97; JÚNIOR, E. SANTOS – "Artigo 38º", em *Código das Sociedades Comerciais anotado* (coord. de A. Menezes Cordeiro), Almedina, Coimbra, 2009, p. 175-177; VENTURA, RAÚL – *Novos estudos sobre sociedades anónimas e sociedades em nome colectivo*, Almedina, Coimbra, 1994.

b) Outra:

ANTUNES, J. ENGRÁCIA – "As sociedades em formação: sombras e luzes", CDP, 14 (2006), p. 25-42; LABAREDA, JOÃO – "Sociedades irregulares – Algumas reflexões", em AAVV., *Novas perspectivas do direito comercial*, Almedina, Coimbra, 1988, p. 179-204; PERALTA, ANA MARIA – "Assunção pela sociedade comercial de negócios celebrados antes do registo", em AAVV., *Estudos em Homenagem ao Professor Doutor Inocêncio Galvão Telles*, vol. IV – *Novos estudos de direito privado*, Almedina, Coimbra, 2003, p. 611-636; PITA, MANUEL A. – "Contributo para o estudo do regime da sociedade irregular no direito português", em AAVV., *Estudos em Homenagem ao Prof. Doutor Raúl Ventura*, vol. II, Coimbra Editora, Coimbra, 2003, p. 495-545.

1. Responsabilidade dos sócios e de quem actuou em nome da sociedade

O CSC, quanto aos negócios realizados no período entre a celebração do contrato e o registo definitivo, diferencia o regime jurídico em função do *tipo societário*.

O art. 38º regula o caso em que, celebrado o acto constituinte, são realizados *negócios*[1] *em nome da sociedade em nome colectivo*. Acontece, porém, que ainda não está completo o processo de constituição da sociedade porque falta o registo e, por conseguinte, não está cumprido o procedimento tendente a garantir a publicidade[2].

A lei *não proíbe* que, no período compreendido entre a celebração do acto constituinte da sociedade e o registo definitivo, seja exercida a actividade económica em nome da sociedade. Os negócios que, neste período, sejam celebrados em nome da sociedade são imputados a esta, vinculam a sociedade[3]; os proventos eventualmente obtidos integram o património societário. Os negócios realizados em nome da sociedade também constituirão direitos para esta: *v.g.*, o direito à entrega da coisa, ao desenvolvimento da campanha publicitária, ao ajustado fornecimento de matérias primas. O art. 38º trata a questão de saber que *património(s)*[4] podem agredir os terceiros que entraram em relação com a

---

[1] No sentido da interpretação extensiva de "negócios", v. COUTINHO DE ABREU (2009), p. 123, nt. 65.
[2] Os contratos de sociedade em nome colectivo e em comandita simples não estão sujeitos a publicação (arts. 3º, 1, a), 15º, 1, 70º, 1, do CRCom.).
[3] Neste sentido, v. COUTINHO DE ABREU (2009), p. 125, s..
[4] Cfr. ELISABETE RAMOS (2008), p. 62.

sociedade não registada. É, por conseguinte, em primeira linha, uma questão de *responsabilidade patrimonial*[5].

O art. 38º, 1, consagra a *responsabilidade solidária e ilimitada* de todos *os sócios* que consentiram, de modo expresso ou tácito, que, em nome da sociedade, fossem realizados negócios, no período compreendido entre a celebração do contrato de sociedade e o seu registo definitivo. Consagra-se aqui a *solidariedade passiva*, de fonte legal, dos sócios que consentiram na realização de negócio(s)[6]. Admitindo que o contrato de sociedade não incorpora estipulações que autorizem a futura celebração de negócios ou a prática de actos, a mera participação na celebração do contrato de sociedade não é, em si mesma, sinónima da prestação do consentimento para os actos ou negócios praticados antes do registo[7].

Em razão da *solidariedade passiva* prevista no art. 38º, 1, o co-contratante da sociedade ou o credor social pode demandar todos ou um dos sócios pelo valor integral da dívida. Ao devedor solidário demandado "não é lícito opor o benefício da divisão; e, ainda que chame os outros devedores à demanda, nem por isso se libera da obrigação de efectuar a prestação por inteiro" (art. 518º CCiv.). Trata-se, manifestamente, de uma solução de protecção dos terceiros que entraram em contacto com a sociedade. Questão que o art. 38º, 1, não resolve expressamente é a de saber se o(s) sócio(s) demandado(s) poderão invocar o benefício excussão prévia do património social[8].

O art. 38º, 1, prevê a responsabilidade dos *sócios*. Imagine-se que o negócio foi realizado, em nome da sociedade, por um *gerente não-sócio* designado no contrato de sociedade (art. 191º, 2). A questão que se levanta é se este gerente (não-sócio) também responde ilimitada e solidariamente pelas obrigações resultantes de tal negócio. O art. 38º, 2, admite expressamente, ao lado da responsabilidade dos que autorizaram, a dos que *realizaram os negócios*. Parece, portanto, que também será de afirmar a *responsabilidade pessoal e ilimitada* de não-sócios que, em nome da sociedade em nome colectivo, realizaram negócios no período compreendido entre a celebração do contrato e o registo definitivo. E tal responsabilidade ilimitada e solidária subsistirá quer o negócio tenha sido

---

[5] Sustentando que é este o sentido do verbo "responder", v. MENEZES CORDEIRO (2007), p. 489; SANTOS JÚNIOR (2009), p. 177.
[6] Sobre a solidariedade passiva, v. por todos ALMEIDA COSTA (2009), p. 666, s..
[7] Também neste sentido, v. FERRER CORREIA/ANTÓNIO CAEIRO (1970), p. 35.
[8] A questão estava resolvida no art. 7º do AntLSC que, às sociedades de pessoas, mandava aplicar o regime da sociedade civil. Sobre esta remissão e sua justificação, v. FERRER CORREIA / ANTÓNIO CAEIRO (1970), p. 33, s.; FERRER CORREIA (1982), p. 518, s..

autorizado por todos os sócios (art. 38º, 1), quer tenha obtido o consentimento de só alguns (art. 38º, 2).

Pode acontecer que no contrato de sociedade seja incluída uma cláusula que autoriza expressamente o início das actividades societárias ou a prática de determinados actos. Neste caso, não haverá dúvidas sobre o consentimento de todos os sócios para o exercício da actividade social ou para a realização de determinados actos. Aquela previsão estatutária tem vantagens para os sócios porque, com o registo definitivo do contrato, a sociedade *assume de pleno direito* "negócios jurídicos celebrados pelos gerentes ou administradores ao abrigo da autorização dada por todos os sócios no acto de constituição" (art. 19º, 1, d))[9].

A posição dos terceiros surge, ainda, reforçada com a *presunção relativa de consentimento de todos os sócios,* prevista no art. 38º, 1. Mediante esta presunção, os terceiros são dispensados de provar o consentimento dos sócios, pois "quem tem a seu favor a presunção legal escusa de provar o facto a que ela conduz" (art. 350º, 1, do CCiv.). A presunção de consentimento, resultante do art. 38º, 1, é ilidível, mediante prova em contrário (art. 350º, 2, do CCiv.). Está ao alcance do sócio que não actuou nem autorizou remover a presunção que sobre si recai e, por conseguinte, afastar-se da responsabilidade patrimonial pelos negócios ou actos celebrados.

Sendo afastada, relativamente a determinado(s) sócio(s) a presunção de consentimento, responderão pessoal e solidariamente aqueles que realizaram ou autorizaram os negócios em causa (art. 38º, 2).

2. Cláusulas inoponíveis a terceiros

O art. 38º, 3, estatui a *inoponibilidade das cláusulas* que atribuam a representação apenas a alguns dos sócios ou que limitem os respectivos poderes de representação. As referidas cláusulas serão oponíveis aos terceiros se se provar que "estes as conheciam ao tempo da celebração dos respectivos contratos" (art. 38º, 3)[10].

O art. 193º, 1, admite que o contrato de sociedade em nome colectivo limite ou condicione os poderes de representação dos gerentes, sendo tais limitações ou condicionamentos *oponíveis a terceiros*[11]. *Não existindo registo* – é esta a situação abrangida no art. 38º, 3 –, mas já havendo negócios realizados em nome da sociedade, não são oponíveis a terceiros as limitações aos poderes de represen-

---

[9] V. anotação ao art. 19º.
[10] Este preceito tem a sua raiz no art. 7º, 3, do AntLSC que, por sua vez, se inspirou no art. 2297º do *Codice Civile*. Cfr. FERRER CORREIA/ANTÓNIO CAEIRO (1970), p. 24, 33, s..
[11] Cfr. RAÚL VENTURA (1994), p. 330; SOVERAL MARTINS (2002), p. 483.

tação que eles não conheçam[12]. O art. 38º, 3, valoriza os interesses dos terceiros que celebraram negócios com a sociedade no período entre a celebração do contrato e o registo definitivo. A sociedade ficará vinculada, ainda que o contrato de sociedade prive o sócio que actuou de poderes de representação ou a actuação deste ultrapasse os limites fixados no contrato de sociedade. Esta solução constante do art. 38º, 3, afasta-se das regras sobre representação das sociedades em nome colectivo (registadas) em que são valorizados os interesses dos sócios[13].

3. Problemas comuns aos arts. 38º a 40º - remissão

Comum aos arts 38º a 40º – ficam na sombra, por enquanto, as particularidades de cada uma das disposições mencionadas – é a afirmação da *responsabilidade patrimonial* dos sócios que autorizaram os negócios e a daqueles que os realizaram. Se esta afirmação não merece contestação, várias são as questões que se mostram controvertidas na disciplina dos arts. 38º a 40º[14]: *a)* estatuto jurídico da sociedade entre a celebração do contrato e o registo; *b)* além das pessoas referidas nos arts. 38º a 40º, também o património da sociedade responde pelos negócios realizados em seu nome?, *c)* há responsabilidade solidária entre os sócios que actuaram em nome da sociedade e o património social?; *d)* há solidariedade entre os sócios que não agem nem autorizam e os que autorizaram ou actuaram em nome da sociedade? Tendo em conta que é no contexto do art. 40º que a resolução destes problemas assume uma mais relevante importância prática, é na anotação a este preceito que eles serão tratados.

Os arts. 38º a 40º suscitam ainda o problema de saber quem deve actuar em nome da sociedade no período entre a celebração do contrato e o registo definitivo do mesmo. Também este problema será abordado na anotação ao art. 40º

---

[12] SOVERAL MARTINS (2002), p. 483, considera que a sociedade não fica vinculada, se o contrato de sociedade em nome colectivo (registado) exige a intervenção de mais do que um gerente para representar a sociedade e esse modo de exercício não é respeitado.
[13] Cfr. RAÚL VENTURA (1994), p. 330.
[14] Para esta lista de problemas comuns aos arts. 38º a 40º, v. COUTINHO DE ABREU (2009), p. 124. V. tb. ELISABETE RAMOS (2008), p. 62, s..

ARTIGO 39º *
Relações das sociedades em comandita simples não registadas com terceiros

1. Pelos negócios realizados em nome de uma sociedade em comandita simples, com o acordo, expresso ou tácito, de todos os sócios comanditados, no período compreendido entre a celebração do contrato de sociedade e o seu registo definitivo, respondem todos eles, pessoal e solidariamente, presumindo-se o consentimento dos sócios comanditados.

2. À mesma responsabilidade fica sujeito o sócio comanditário que consentir no começo das actividades sociais, salvo provando ele que o credor conhecia a sua qualidade.

3. Se os negócios realizados não tiverem sido autorizados pelos sócios comanditados, nos termos do nº 1, respondem pessoal e solidariamente pelas obrigações resultantes dessas operações aqueles que as realizarem ou autorizarem.

4. As cláusulas do contrato que atribuam a representação apenas a alguns dos sócios comanditados ou que limitem os respectivos poderes de representação não são oponíveis a terceiros, salvo provando-se que estes as conheciam ao tempo da celebração dos seus contratos.

* A redacção do nº 1 foi alterada pelo DL 76-A/2006, de 29 de Março.

Índice
1. Responsabilidade solidária e ilimitada do sócio comanditado
2. Responsabilidade do sócio comanditário
3. Responsabilidade do património social – remissão para a anotação ao art. 40º

Bibliografia
a) Citada:
CORDEIRO, A. MENEZES – *Manual de direito das sociedades*, I – *Das sociedades em geral*, 2ª ed., Almedina, Coimbra, 2007; CORREIA, A. FERRER/CAEIRO, ANTÓNIO A. – *Anteprojecto de Lei das Sociedades Comerciais. Parte Geral*, I, 1970; JÚNIOR, E. SANTOS – "Artigo 39º", em *Código das Sociedades Comerciais anotado* (coord. de A. Menezes Cordeiro), Almedina, Coimbra, 2009, p. 177-179; RAMOS, M. ELISABETE – "Constituição das sociedades comerciais", em AAVV., (coord. de Coutinho de Abreu), *Estudos de direito das sociedades*, 9ª ed., Almedina, Coimbra, 2008, p. 41-97.

b) Outra:
ANTUNES, J. ENGRÁCIA – "As sociedades em formação: sombras e luzes", CDP, 14(2006), p. 25-42; CORREIA, A. FERRER – "As sociedades comerciais no período da constituição", em *Estudos vários de direito*, Coimbra, 1982, p. 507-545; LABAREDA, JOÃO – "Sociedades

irregulares – Algumas reflexões", em AAVV., *Novas perspectivas do direito comercial*, Almedina, Coimbra, 1988, p. 179-204; 1994; PERALTA, ANA MARIA – "Assunção pela sociedade comercial de negócios celebrados antes do registo", em AAVV., *Estudos em Homenagem ao Professor Doutor Inocêncio Galvão Telles*, vol. IV – *Novos estudos de direito privado*, Almedina, Coimbra, 2003, p. 611-636; PITA, MANUEL A. – "Contributo para o estudo do regime da sociedade irregular no direito português", em AAVV., *Estudos em Homenagem ao Prof. Doutor Raúl Ventura*, vol. II, Coimbra Editora, Coimbra, 2003, p. 495-545.

1. Responsabilidade solidária e ilimitada do sócio comanditado

As sociedades em comandita (simples ou por acções) apresentam a particularidade de necessariamente integrarem sócios comanditados (que respondem pelas dívidas da sociedade nos mesmos termos que os sócios das sociedades em nome colectivo) e sócios comanditários (que apenas respondem pela sua entrada) (art. 465º, 1). Esta diferente responsabilidade pelas dívidas sociais explica, por um lado, que o contrato de sociedade deva indicar distintamente os sócios comanditados e os sócios comanditários e, por outro, que, em regra, só os sócios comanditados possam ser gerentes da sociedade (arts. 466º, 1, 470º, 1). Em regra, os sócios comanditários não têm "qualidade para interferir na administração da sociedade"[1]. Estes aspectos são importantes para se perceber a disciplina do art. 39º.

O art. 39º trata da responsabilidade patrimonial por negócios realizados *em nome da sociedade em comandita simples no período compreendido entre a celebração do contrato de sociedade e o registo definitivo*[2]. Este preceito distingue os regimes aplicáveis a sócios comanditados e a sócios comanditários[3]. A responsabilidade dos *sócios comanditados*, prevista no art. 39º, 1, acompanha a dos sócios das sociedades em nome colectivo: *a)* pelos negócios realizados antes do registo definitivo do contrato de sociedade com o consentimento de todos os sócios comanditados, respondem todos eles *pessoal e solidariamente* (art. 39º, 1)[4]; *b)* o consentimento dos comanditados presume-se (art. 39º, 1); *c)* esta presunção de consentimento é ilidível, mediante prova em contrário (arts. 39º, 3, CSC,

---

[1] FERRER CORREIA/ANTÓNIO CAEIRO, p. 35.
[2] As relações das sociedades em comandita por acções não registadas com terceiros estão reguladas no art. 40º.
[3] V. ELISABETE RAMOS (2008), p. 63.
[4] Sobre o sentido do "responder", v. MENEZES CORDEIRO (2007), p. 489.

350º, 2, CCiv.)[5]; *d)* não tendo sido obtido o consentimento de todos os sócios comanditados, respondem pessoal e solidariamente aqueles que autorizaram ou realizaram os negócios (art. 39º, 3); *e)* são inoponíveis a terceiros as limitações aos poderes de representação dos sócios comanditados, constantes de cláusula do contrato de sociedade (art. 39º, 4); *f)* é ressalvada a oponibilidade de tais cláusulas a terceiros se se provar que estes as conheciam ao tempo da celebração dos seus contratos (art. 39º, 4).

2. Responsabilidade do sócio comanditário

O sócio comanditário será responsável patrimonialmente pelos negócios realizados no período entre a celebração do contrato de sociedade e o registo, se consentiu *no começo das actividades sociais* (art. 39º, 2). Imagine-se, por exemplo, que o contrato de sociedade de comandita simples incorpora uma cláusula que autoriza os gerentes a iniciarem imediatamente a actividade social (art. 19º, 1, d). O referido consentimento não tem que ser anterior ao começo das actividades[6] e, recorde-se, que a lei não exige que tenha de ser expresso. Parece que também se aplicará a norma do art. 39º, 2, aos casos em que o sócio comanditário consentiu, não no início da actividade social, mas sim na realização de um *certo e determinado negócio*. O consentimento dos *sócios comanditários (seja para o início das actividades, seja para certo e determinado negócio) não é presumido.*

Não tendo existido o consentimento do sócio comanditário, este não responde pelas obrigações resultantes de negócios celebrados em nome da sociedade, no período compreendido entre a celebração do contrato e o registo definitivo. Preserva-se, deste modo, a responsabilidade limitada do sócio comanditário perante os credores sociais.

Tendo consentido no início das actividades ou na prática de determinado acto, o sócio comanditado "sujeitou-se automaticamente ao risco de vir a ser considerado pelos terceiros como um sócio de responsabilidade ilimitada"[7]. É o que determina o art. 39º, 2, que aplica a responsabilidade *solidária* e *ilimitada* ao sócio comanditário que consentir no começo das actividades sociais. Trata-se de uma solução que visa tutelar os interesses de terceiros que, não estando o contrato registado, não têm a possibilidade de conhecer com toda a segurança quem são os sócios comanditados e comanditários. Afastará esta responsabili-

---

[5] V. tb. SANTOS JÚNIOR (2009), p. 179.
[6] FERRER CORREIA/ANTÓNIO CAEIRO, p. 36.
[7] FERRER CORREIA/ANTÓNIO CAEIRO, p. 36.

dade ilimitada e solidária o sócio comanditário que, tendo consentido, prove que o terceiro conhecia a sua qualidade (art. 39º, 2).

3. Responsabilidade do património social – remissão para a anotação ao art. 40º

Esta e outras questões comuns aos arts. 38º a 40º serão tratadas na anotação ao art. 40º.

ARTIGO 40º *
Relações das sociedades por quotas, anónimas e em comandita por acções não registadas com terceiros

1. *Pelos negócios realizados em nome de uma sociedade por quotas, anónima ou em comandita por acções, no período compreendido entre a celebração do contrato de sociedade e o seu registo definitivo, respondem ilimitada e solidariamente todos os que no negócio agirem em representação dela, bem como os sócios que tais negócios autorizarem, sendo que os restantes sócios respondem até às importâncias das entradas a que se obrigaram, acrescidas das importâncias que tenham recebido a título de lucros ou de distribuição de reservas.*
2. *Cessa o disposto no número precedente se os negócios forem expressamente condicionados ao registo da sociedade e à assunção por esta dos respectivos efeitos.*

*A redacção do nº 1 foi alterada pelo DL 76-A/2006, de 29 de Março.

Índice

1. Responsabilidade ilimitada e solidária das pessoas que actuaram ou autorizaram o negócio
2. Responsabilidade de sócios que não actuaram nem autorizaram o negócio
3. Condicionamento dos negócios ao registo definitivo e à assunção pela sociedade
4. Problemas suscitados pelos arts. 38º a 40º
   4.1. Responsabilidade do património social
   4.2. Questões de solidariedade passiva
   Por *Maria Elisabete Ramos*
   4.3. A actuação em nome da sociedade
   Por *Alexandre Soveral Martins*
5. Responsabilidade na sociedade por quotas unipessoal
   Por *Ricardo Costa*

Bibliografia

a) Citada:

ABREU, J. M. COUTINHO DE – *Curso de direito comercial*, vol. II – *Das sociedades*, 3ª ed., Almedina, Coimbra, 2009; ALMEIDA, ANTÓNIO PEREIRA DE – *Sociedades comerciais e valores mobiliários*, 5ª ed., Coimbra Editora, Coimbra, 2008; ANDRADE, M. A. DOMINGUES DE – *Teoria geral da relação jurídica*, vol. II. *Facto jurídico, em especial negócio jurídico*, Coimbra, 1983; ANTUNES, J. ENGRÁCIA – *Direito das sociedades*, ed. do A., 2010; CORDEIRO, A. MENEZES – *Manual de direito das sociedades*, I – *Das sociedades em geral*, 2ª ed., Almedina, Coimbra,

2007; CORREIA, A. FERRER – "O processo de constituição das sociedades de capitais", em AAVV., *Colóquio Os quinze anos de vigência do Código das Sociedades Comerciais*, Fundação Bissaya Barreto / Instituto Superior Bissaya Barreto, Coimbra, 2003, p. 19-27; CORREIA, A. FERRER/CAEIRO, ANTÓNIO A. – *Anteprojecto de Lei das Sociedades Comerciais. Parte Geral*, I, 1970; CORREIA, A. FERRER/XAVIER, V. LOBO/COELHO, M. ÂNGELA/CAEIRO, ANTÓNIO A. – "Sociedade por quotas de responsabilidade limitada. Anteprojecto de lei – 2ª redacção e exposição de motivos", RDE, III, 1977, p. 153-224; CORREIA, L. BRITO – *Direito comercial*. 2º vol. – *Sociedades comerciais*, AAFDUL, Lisboa, 1989; CORREIA, M. PUPO – *Direito comercial. Direito da empresa* (c/ colab. de António José Tomás e Octávio Castelo Paulo), 11ª ed., Ediforum, Lisboa, 2009; COSTA, RICARDO – *A sociedade por quotas unipessoal no direito português. Contributo para o estudo do seu regime jurídico*, Almedina, Coimbra, 2002; CUNHA, P. OLAVO – *Direito das sociedades comerciais*, 4ª ed., Almedina, Coimbra, 2010; DOMINGUES, PAULO DE TARSO – "O regime jurídico das sociedades de capitais em formação", em AAVV., *Estudos em Comemoração dos Cinco anos (1995-2000) da Faculdade de Direito da Universidade do Porto*, Coimbra Editora, Coimbra, 2001, p. 965-998; DUARTE, R. PINTO – "As sociedades irregulares do ponto de vista do direito comercial", Fisco, 1988, p. 16-20; ESTACA, J. MARQUES – "Artigo 270º-Gº", *Código das Sociedades Comerciais anotado* (coord. de A. Menezes Cordeiro), Almedina, Coimbra, 2009, p. 715; FURTADO, J. H. PINTO FURTADO – *Comentário ao Código das Sociedades Comerciais – Âmbito de aplicação, personalidade e capacidade, celebração do contrato e registo*, Almedina, Coimbra, 2009; JÚNIOR, E. SANTOS – "Artigo 40º", *Código das Sociedades Comerciais anotado* (coord. de A. Menezes Cordeiro), Almedina, Coimbra, 2009, p. 179-183; LABAREDA, JOÃO – "Sociedades irregulares – Algumas reflexões", em AAVV., *Novas perspectivas do direito comercial*, Almedina, Coimbra, 1988, pp. 179-204; MAIA, PEDRO – "Tipos de sociedades comerciais", em AAVV. (coord. de Coutinho de Abreu), *Estudos de direito das sociedades*, 9ª ed., Almedina, Coimbra, 2008, p. 7-39; MARTINS, J. PEDRO FAZENDA – *Os efeitos do registo e das publicações obrigatórias na constituição das sociedades comerciais*, Lex, Lisboa, 1994; PERALTA, ANA MARIA – "Assunção pela sociedade comercial de negócios celebrados antes do registo", em AAVV., *Estudos em Homenagem ao Professor Doutor Inocêncio Galvão Telles*, vol. IV – *Novos estudos de direito privado*, Almedina, Coimbra, 2003, p. 611-636; PITA, M. ANTÓNIO – *O regime da sociedade irregular e a integridade do capital social*, Almedina, Coimbra, 2004; RAMOS, M. ELISABETE – "Constituição das sociedades comerciais", em AAVV. (coord. de Coutinho de Abreu), *Estudos de direito das sociedades*, 9ª ed., Almedina, Coimbra, 2008, p. 41-97; SANTOS, F. CASSIANO DOS – *A sociedade unipessoal por quotas. Comentários e anotações aos artigos 270º-A a 270º-G do Código das Sociedades Comerciais*, Coimbra Editora, Coimbra, 2009; SERENS, M. NOGUEIRA – *Notas sobre a sociedade anónima*, 2ª ed., Coimbra Editora, Coimbra, 1997; SERRA, CATARINA, *Direito comercial. Noções fundamentais*, Coimbra Editora, Coimbra, 2009.

b) Outra:

ANTUNES, J. ENGRÁCIA – "As sociedades em formação: sombras e luzes", CDP, 14 (2006), p. 25-42; CORREIA, A. FERRER – "As sociedades comerciais no período da constituição", em *Estudos vários de direito*, Coimbra, 1982, p. 507-545, "A sociedade por quotas de responsabilidade limitada nos projectos do futuro Código das Sociedades Comerciais", em *Temas de direito comercial e direito internacional privado*, Almedina, 1989, p. 73-121, "A sociedade por quotas de responsabilidade limitada segundo o Código das Sociedades Comerciais", em *Temas de direito comercial e direito internacional privado*, Almedina, 1989, p. 123-169; DOMINGUES, PAULO DE TARSO – *Do capital social. Noção, princípios e funções*, 2ª ed., Coimbra Editora, Coimbra, 2004; PITA, M. ANTÓNIO – "Contributo para o estudo do regime da sociedade irregular no direito português", em AAVV., *Estudos em Homenagem ao Prof. Doutor Raúl Ventura*, vol. II, Coimbra Editora, Coimbra, 2003, p. 495-545, "As sociedades de capitais não registadas no Código das Sociedades Comerciais e na Ley de Sociedades Anónimas de 1989", em AAVV., *Ars Ivdicandi. Estudos em Homenagem ao Prof. Doutor António Castanheira Neves*, vol. II – *Direito Privado*, Coimbra Editora, Coimbra, 2008, p. 571-588, "Contributo para a interpretação da regra da responsabilidade limitada dos sócios das sociedades irregulares", em AAVV., *Estudos em Homenagem ao Prof. Doutor Manuel Henrique Mesquita*, vol. II, Coimbra Editora, Coimbra, 2009, p. 569-595.

1. Responsabilidade ilimitada e solidária das pessoas que actuaram ou autorizaram o negócio

O art. 40º, 1, apresenta duas partes, correspondendo, cada uma delas, a um regime próprio de responsabilidade. Na *primeira parte*, o art. 40º, 1, prevê a responsabilidade *ilimitada e solidária* de todos os que *no negócio agiram em representação da sociedade* e dos *sócios que o autorizaram*[1]. A segunda parte contempla a responsabilidade dos sócios que *não agiram nem representaram a sociedade*, circunscrevendo-a até às importâncias das entradas a que se obrigaram, acrescidas do que tenham recebido a título de lucros ou de distribuição de reservas. De momento, trataremos exclusivamente a primeira parte do nº 1 do art. 40º.

---

[1] Nos termos do art. 40º, 1, 1ª parte, é claro que são responsáveis todos os que *no* negócio agiram ou consentiram: ou seja, respondem as pessoas que intervieram ou autorizaram o concreto negócio que originou as obrigações. Não são responsáveis por estas obrigações pessoas que tenham intervindo ou autorizado outros negócios celebrados em nome da sociedade. Sobre este aspecto, v. TARSO DOMINGUES (2001), p. 975, nt. 31.

O art. 40º, 1, consagra uma *responsabilidade externa*, ou seja, perante os credores sociais. Parece-nos que as obrigações que resultam de negócios celebrados em nome da sociedade são *obrigações sociais*, cuja titularidade pertence *à sociedade*[2]. Não são, portanto, obrigações de quem surgiu perante terceiros a negociar em nome da sociedade ou de quem autorizou o negócio[3]. A sociedade no período entre a celebração do acto constituinte e o registo definitivo já é possuidora de capacidade jurídica, embora não tenha personalidade jurídica[4]. Os sujeitos referidos no nº 1 do art. 40º são chamados a responder por obrigações da sociedade. Repare-se que, de acordo com o desenho legislativo dos tipos societários visados pelo art. 40º, os sócios das sociedades por quotas, das sociedades anónimas e os sócios comanditários das sociedades em comandita por acções beneficiam de responsabilidade limitada, ou dizendo de um outro modo, não respondem pelas dívidas da sociedade. No entanto, no período compreendido entre a celebração do contrato de sociedade e o registo definitivo, os quotistas, accionistas e comanditários identificados na primeira parte do nº 1 do art. 40º respondem *ilimitada e solidariamente* pelos negócios realizados em nome da sociedade.

Estão sujeitos a esta responsabilidade todos os que *"no negócio agirem em representação"* da sociedade. Nesta hipótese normativa são incluídos *não-sócios* que, por actuarem em representação da sociedade, são abrangidos pela responsabilidade ilimitada e solidária pelas obrigações emergentes do negócio.

Importa saber se a "representação" referida no nº 1 só abrange a que é exercida pelos membros do órgão de administração e de representação. Nogueira Serens, reflectindo a propósito da sociedade anónima, no período entre a celebração do contrato de sociedade e o registo definitivo, defende que só os administradores nomeados dispõem de poderes de representação da sociedade[5]. Diferente opinião tem Tarso Domingues para quem "responsável será qualquer

---

[2] Neste sentido, v. COUTINHO DE ABREU (2009), p. 125, s.; RICARDO COSTA (2002), p. 492. ANA PERALTA (2003), p. 614, salienta que nos arts. 38º a 40º é previsto um regime específico de responsabilidade pelas dívidas contraídas e "não a imputação geral dos efeitos dos actos praticados".

[3] De modo divergente, MANUEL PITA (2004), p. 417, considera que "o negócio, apesar de realizado em nome da sociedade, produz imediatamente efeitos como negócio próprio de quem age, que para o direito assume imediatamente a posição de parte no negócio". Conclui este Autor que a responsabilidade estabelecida no art. 40º, 1, é uma "responsabilidade pelo cumprimento do negócio e não apenas pelo seu incumprimento".

[4] Neste sentido, COUTINHO DE ABREU (2009), p. 125; RICARDO COSTA (2002), p. 485; MENEZES CORDEIRO (2007), p. 494.

[5] NOGUEIRA SERENS (1997), p. 27.

pessoa que aja em nome da sociedade, tenha ou não poderes de representação (seja ou não gerente ou administrador)"[6]. E isto pela razão de não dever ser oponível a terceiros a falta de qualidade de membro do órgão de administração, já que, por falta de registo e de publicação do contrato de sociedade[7], não está devidamente assegurada a publicidade. Coutinho de Abreu considera que, em nome da sociedade, podem actuar sócios que não são membros do órgão de administração ("administradores de facto") e se assim for estarão submetidos à mesma responsabilidade que os sócios que autorizaram o negócio[8].

Também estão submetidos à responsabilidade solidária e ilimitada os sócios que *autorizaram* a celebração do negócio em nome da sociedade. Resulta do confronto entre, por um lado, os arts. 38º, 1, e 39º, 1, e, por outro, o art. 40º, 1, que *não está prevista para os quotistas, accionistas e sócios das comanditas em acções, uma presunção de consentimento ou de autorização*[9]. O terceiro terá de provar que o sócio em causa autorizou o negócio donde resulta a obrigação que está a ser reclamada. Dito isto, evidencia-se que os *sócios comanditados* estão sujeitos, quanto ao consentimento, a um regime discrepante. Nas sociedades em comandita simples não registadas, *presume-se* o consentimento dos comanditados (art. 39º, 1); nas sociedades em comandita por acções, *não se presume tal consentimento* (art. 40º, 1). No entanto, em todas as sociedades em comandita, a gerência está reservada aos sócios comanditados (art. 470º, 1), o que torna compreensível a presunção de consentimento, prevista no art. 39º, 1. Percebe-se, pelo menos quanto aos accionistas e comanditários, que não haja presunção de autorização, tendo com conta que nos correspondentes tipos societários interessa não tanto a pessoa e a individualidade do sócio, mas antes o seu contributo patrimonial[10]. O que, para lá de outras implicações, significa que aqueles sócios mantêm um maior afastamento ou, em alguns casos, mesmo "apatia", relativamente ao curso das actividades sociais. E daí que não se presuma o consentimento.

---

[6] TARSO DOMINGUES (2001), p. 975. ENGRÁCIA ANTUNES (2010), nt. 415, sublinha que a disposição abrange "em abstracto qualquer sócio ou terceiro (mandatário "ad hoc") que tenha actuado munido de poderes de representação voluntária da sociedade".
[7] Neste sentido, FAZENDA MARTINS (1994), p. 64; TARSO DOMINGUES (2001), p. 975; MANUEL PITA (2004), p. 420.
[8] Neste sentido, COUTINHO DE ABREU (2009), p. 130, nt. 86.
[9] Tb. neste sentido, ENGRÁCIA ANTUNES (2010), p. 202, nt. 415.
[10] Sobre os termos e relevo da distinção sociedades de pessoas / sociedades de capitais, v. PEDRO MAIA (2008), p. 36, s.; COUTINHO DE ABREU (2009), p. 67, s..

2. Responsabilidade de sócios que não actuaram nem autorizaram o negócio

Os sócios referidos na segunda parte do n.º 1 do art. 40.º – sócios que não actuaram nem consentiram – respondem até às importâncias das entradas a que se obrigaram, acrescidas das importâncias que tenham recebido a título de lucros ou de distribuição de reservas. Há distinções marcantes entre este regime e o que resulta da primeira parte do n.º 1. Em primeiro lugar, os quotistas, accionistas e sócios comanditários que não autorizaram nem participaram têm uma *responsabilidade limitada*[11] aos valores das entradas acrescidos dos lucros e reservas que eventualmente tenham recebido. Não estão, por isso, sujeitos à responsabilidade ilimitada prevista na primeira parte. A segunda parte do n.º 1 do art. 40.º aplica-se também a *sócios comanditados* das sociedades em comandita por acções (sócios que não tenham intervindo nem autorizado) que, de acordo com o tipo societário, são sócios *ilimitada, solidária e subsidiariamente* responsáveis pelas dívidas da sociedade (arts. 465.º, 1, 175.º, 1). Esta nota característica das sociedades em comandita por acções também se aplica às obrigações contraídas entre a celebração do contrato e o registo definitivo. Se assim é, os sócios comanditados são ilimitadamente responsáveis *perante terceiros* pelas dívidas da sociedade, ainda que não tenham dado o seu consentimento. O problema reveste escassa importância prática, não só porque não é abundante o número de sociedades em comandita por acções, como os sócios comanditados, em regra, são gerentes (art. 470.º, 1) e, por isso, tipicamente integram o elenco dos que agiram em representação da sociedade ou que autorizaram o negócio (art. 40.º, 1, 1ª parte).

Uma segunda distinção entre os regimes da 1ª e da segunda parte passa pela natureza da responsabilidade. Enquanto a responsabilidade prevista na primeira parte é uma responsabilidade externa, na segunda parte, os sócios que não intervieram nem autorizaram estão sujeitos a uma *responsabilidade perante a sociedade* – é ao património desta que devem entregar o valor das importâncias das entradas a que se obrigaram e as importâncias do que tenham recebido a título de lucros ou de distribuição de reservas[12].

Qual o sentido do segmento normativo "até às importâncias das entradas a que se obrigaram"? O art. 46.º, n.º 2, do Projecto do CSC era mais explícito, porquanto determinava que os restantes sócios eram responsáveis "até às importâncias das entradas a que se obrigaram e ainda não efectuaram". Esta explicitação não consta do art. 40.º, 1. Mas parece ser este o sentido: ou seja, se for

---

[11] Cfr. TARSO DOMINGUES (2001), p. 992.
[12] Cfr. TARSO DOMINGUES (2001), p. 993; COUTINHO DE ABREU (2009), p. 129.

exigido pelos credores sociais, os sócios que não realizaram (parcialmente) as suas entradas em dinheiro[13], devem realizar a parte em falta (quer esta seja exigível ou não[14]), de modo a enriquecer o património da sociedade. Portanto, os quotistas e accionistas que não agiram nem autorizaram o negócio não respondem directamente perante os credores sociais, *mas sim perante a sociedade*. Tendo o sócio realizado integralmente a sua obrigação de entrada (e não tendo recebido nem lucros nem reservas) nada terá que pagar à sociedade[15]. Cada sócio responderá pelas quantias por que é responsável, não respondendo pelas obrigações de entrada (ou de devolução de lucros e reservas) dos outros sócios[16]. Ressalva-se, todavia, nas sociedades por quotas, a responsabilidade solidária de todos os sócios pela integração do capital social (art. 197º, nº 1). Nada parece obstar a que esta norma se aplique ao período entre a celebração do contrato de sociedade e o registo definitivo do mesmo[17]. O art. 40º, 1, 2ª parte, é, no que toca as entradas, bem próximo da sub-rogação dos credores à sociedade, prevista no art. 30º, 1[18]. Está em causa permitir aos credores fazer ingressar no património social bens que ainda não entraram, mas a que a sociedade tem direito (entradas não realizadas) ou que dela saíram (lucros e reservas)[19].

A devolução à sociedade das importâncias recebidas a título de lucros ou de reservas levanta vários problemas. O art. 34º, 1, impõe a restituição de bens indevidamente recebidos, mas faz depender a restituição do conhecimento da irregularidade ou, atentas as circunstâncias, do dever de a não ignorar. Estes requisitos não são replicados no art. 40º, 1, 2ª parte. O que permite questionar se o âmbito normativo deste último preceito também abrange a devolução

---

[13] Celebrado o acto constituinte da sociedade, pelo menos parte das entradas deve estar realizada, conforme resulta dos arts. 26º, 202º, 2, 3, 277º, 2, 3.
[14] Neste sentido, COUTINHO DE ABREU (2009), p. 129. ANA PERALTA (2003), p. 621, considera que o vencimento ocorre *ope legis*.
[15] Em sentido divergente, v. MANUEL PITA (2004), p. 428, s., que considera ser esta uma responsabilidade externa (perante os credores sociais) em que o sócio é responsável até ao montante das entrada, acrescida dos lucros ou reservas distribuídos. Esta responsabilidade renasce em cada negócio celebrado em nome da sociedade no período entre a celebração do negócio e o registo definitivo do contrato de sociedade. Na jurisprudência, o Ac. do RP de 9/12/1998, proferido no Proc. nº 9850859, decidiu que os sócios respondem com as entradas ainda não efectuadas (v. www.dgsi.pt/jtrp); de modo oposto, o RP de 17/10/1996, proferido no Proc. 9530652, decidiu condenar o sócio no montante da sua quota (v. www.dgsi.pt/jtrp).
[16] Neste sentido, TARSO DOMINGUES (2001), p. 993.
[17] Neste sentido, v. TARSO DOMINGUES (2001), p. 993; SANTOS JÚNIOR (2009), p. 182.
[18] Salientado esta proximidade, v. COUTINHO DE ABREU (2009), p. 133.
[19] Neste sentido, COUTINHO DE ABREU (2009), p. 133; SANTOS JÚNIOR (2009), 182.

à sociedade de lucros e reservas regular e licitamente distribuídos[20]. Se assim for, o que importa questionar é se, efectuada a devolução destes montantes à sociedade, de modo a ser reforçado o património societário e satisfeitos os credores sociais, constitui-se a favor dos sócios que devolveram um direito de crédito perante a sociedade. É claro que se defender que a devolução imposta pelo art. 40º, 1, 2ª parte, é sempre uma devolução do indevidamente recebido[21], o regresso de tais bens ao património social não gerará qualquer direito de crédito dos sócios perante a sociedade. Repare-se, no entanto, que os lucros e reservas podem ter sido distribuídos em um exercício anterior àquele em que é exigida a devolução e que o preceito do art. 40º, 1, 2ª parte, não fixa um âmbito temporal durante o qual se mantém a "ameaça" de devolução. Parecendo, portanto, que, no período entre a celebração do acto constituinte da sociedade e o registo definitivo, todos os lucros e reservas recebidos pelos sócios que não participaram nem autorizaram, seja qual for o exercício em que houve a distribuição, podem ter de ser devolvidos à sociedade. Anote-se que, havendo, nos termos do art. 19º, "assunção" dos negócios pela sociedade e liberação das pessoas do art. 40º, 1, poderão estas, caso tenham sido obrigadas a cumprir as obrigações "assumidas", exigir da sociedade tudo o que despenderam[22].

O art. 40º, 1, segunda parte nada diz quanto à devolução de lucros que os administradores ou gerentes tenham recebido. Como se sabe, os gerentes de sociedades por quotas podem participar nos lucros da sociedade, desde que tal seja autorizado no contrato (art. 255º, 3); o mesmo pode acontecer com os administradores das sociedades anónimas (arts. 399º, 2, 429º)[23]. No entanto, o art. 40º, 1, 2ª parte, não prevê a devolução dos lucros atribuídos a gerentes ou administradores que não tenham actuado nem representado a sociedade.

3. Condicionamento dos negócios ao registo definitivo e à assunção pela sociedade

Resulta do art. 40º, 2, que aos intervenientes nos negócios realizados em nome da sociedade no período entre a celebração do acto constituinte e o registo definitivo é lícito condicioná-los expressamente ao registo da sociedade e à assun-

---

[20] ANA PERALTA (2003), p. 622, considera que a devolução de lucros e reservas distribuídos à sociedade configura "uma verdadeira devolução à sociedade do indevidamente recebido, assim considerando a lei o que se recebe antes do registo da sociedade".
[21] Neste sentido, v. ANA PERALTA (2003), p. 622.
[22] Neste sentido, TARSO DOMINGUES (2001), p. 996, s.. V. tb. anotação ao art. 19º.
[23] ANA PERALTA (2003), p. 623, suscita este problema e considera que aos gestores não se aplica o art. 40º, 1, 2ª parte.

ção por esta dos respectivos efeitos. Se assim for, pelas obrigações resultantes de tais negócios condicionados, não são responsáveis as pessoas referidas no nº 1 do art. 40º. Será responsável tão-só o património social.

A condição, enquanto cláusula acessória, subordina a eficácia de um negócio à verificação de um facto futuro e incerto[24]. Distingue-se entre condição suspensiva e condição resolutiva, consoante a verificação do facto determina a produção de efeitos do negócio (condição suspensiva) ou a cessação dos efeitos (condição resolutiva)[25].

A condição referida no art. 40º, 2, parece configurar uma *condição suspensiva*[26], ainda que o teor literal possa induzir em outro sentido quando utiliza o verbo "cessar". No sentido da condição suspensiva podem ser invocados, por um lado, o elemento histórico – o art. 47º, 2, do Projecto invocava expressamente a condição suspensiva –, e por outro, a referência à "assunção" por parte da sociedade[27]. Por força daquela cláusula acessória, os efeitos do negócio condicionado ficam suspensos até à verificação do registo e da assunção. No caso de o registo e a assunção não se verificarem, o negócio não produz quaisquer efeitos e, consequentemente, as pessoas referidas no nº 1 do art. 40º não responderão.

Da norma do art. 40º, 2, há quem retire o carácter supletivo do regime constante no nº 1[28].

4. Problemas suscitados pelos arts. 38º a 40º

Há vários problemas que, sendo comuns aos arts. 38º a 40º, adquirem um mais intenso significado prático-jurídico no contexto do art. 40º. Por essa razão, serão tratados no contexto da anotação ao art. 40º.

Podemos antecipar – a benefício de uma ulterior explicação – que atravessa estes três preceitos uma linha de *protecção dos interesses de terceiros* que, no período entre a celebração do contrato e o registo definitivo, se tornam credores da sociedade[29]. Por outro lado, a responsabilização de quem actua em nome da

---

[24] Cfr. MANUEL DE ANDRADE (1983), p. 356.
[25] Cfr. MANUEL DE ANDRADE (1983), p. 356.
[26] Neste sentido, v. SANTOS JÚNIOR (2009), p. 182.
[27] Neste sentido, v. SANTOS JÚNIOR (2009), p. 182.
[28] Neste sentido, v. MENEZES CORDEIRO (2007), SANTOS JÚNIOR (2009), p. 182, que admitem a possibilidade de as partes invocarem o art. 602º do CCiv. e convencionarem a limitação da responsabilidade, uma vez que não estão em causa direitos indisponíveis.
[29] Neste sentido, v. RICARDO COSTA (2002), p. 491.

sociedade e dos sócios que autorizaram constitui uma pressão para a realização do registo do acto constituinte com a maior celeridade possível[30].

4.1. Responsabilidade do património social

O teor literal dos arts. 38º a 40º nada diz quanto à responsabilidade do património social pelas obrigações resultantes de negócios realizados entre a celebração do acto constituinte e o registo definitivo. Sendo certo que, no período anterior à celebração do acto constituinte, por força dos arts. 36º, 2, do CSC e 997º, 2, do CCiv., o património societário responde pelas obrigações contraídas em nome da sociedade. Têm sido convocados vários argumentos no sentido da irresponsabilidade do património social: *a*) antes do registo, a sociedade não existe ou não existe como pessoa jurídica[31] e não há património social; *b*) o silêncio da lei sobre a responsabilidade do património social deve ser entendido no sentido da irresponsabilidade deste; *c*) o património social, constituído antes do registo, não pode ser onerado com as obrigações emergentes de negócios celebrados em nome da sociedade, no período entre a celebração do contrato e o registo definitivo[32]; *d*) a "assunção" de direitos e obrigações ocorrida com o registo definitivo do contrato de sociedade indicia uma transferência entre sujeitos[33].

A doutrina portuguesa defende maioritariamente que o *património social responde pelas obrigações contraídas no período entre a celebração do acto constituinte e o registo definitivo*[34]/[35]. Trata-se se uma posição que, além de acautelar os interesses dos credores da sociedade, reconhece que antes do registo definitivo do contrato (e, portanto da aquisição da personalidade jurídica) já existe uma entidade que é titular de direitos e obrigações. A favor da responsabilidade do património da sociedade podem ser invocados os seguintes argumentos:

---

[30] Cfr. FERRER CORREIA/LOBO XAVIER/ÂNGELA COELHO/ANTÓNIO CAEIRO (1977), p. 171, s..

[31] Neste sentido, v. FERRER CORREIA (2003), p. 25; MANUEL PITA (2004), p. 444.

[32] NOGUEIRA SERENS (1997), p. 29; FERRER CORREIA (2003), p. 24; MANUEL PITA (2004), p. 444.

[33] MANUEL PITA (2004), p. 440, conclui pela irresponsabilidade da sociedade por quotas ou anónima com o património constituído pelas entradas dos sócios, pelos actos praticados em nome da sociedade.

[34] Defendendo a responsabilidade do património social, v. PINTO DUARTE (1988), p. 19; JOÃO LABAREDA (1988), p. 194, s., 198; FAZENDA MARTINS (1994), p. 65; OLIVEIRA ASCENSÃO (2000), p. 110; COUTINHO DE ABREU (2009), p. 130; OLAVO CUNHA (2010), p. 125, s.; TARSO DOMINGUES (2001), p. 988; RICARDO COSTA (2002), p. 492, s.; ANA PERALTA (2003), p. 626; MENEZES CORDEIRO (2007), p. 493; PEREIRA DE ALMEIDA (2008), p. 318; SANTOS JÚNIOR (2009), p. 182; CATARINA SERRA (2009), p. 152.

[35] Na jurisprudência, o STJ afastou expressamente a responsabilidade do património social no Ac. de 13/5/1993, BMJ, 427, p. 534, s., e no Ac. de 10/12/1997, BMJ, 472, p. 501, s.. O Ac. do RP de 9/12/1998, Proc. nº 9850859, www.dgsi.pt, acolheu amplamente os argumentos desenvolvidos por Oliveira Ascensão e João Labareda.

a) antes do registo, a sociedade já tem capacidade para ser sujeito de direitos e obrigações e tem personalidade judiciária[36]; *b*) se a sociedade já responde antes da celebração do contrato social e registo, por maioria de razão há-de responder depois da celebração[37]; *c*) o conservador controla a correspondência entre o património inicial e o capital social, mas já não averigua posteriores variações do património social (por confronto ao capital social)[38]; *d*) a assunção prevista no art. 19º *não configura uma assunção em sentido técnico*[39] – não há transferência de direitos e obrigações – ocorrendo com o registo uma continuação/consolidação dos direitos e obrigações na esfera da sociedade, tornando-se esta a única responsável[40]; *e*) encerra uma contradição admitir que a sociedade tem lucros próprios (v. o art. 40º, 1, 2ª parte) sem, de igual forma, serem contabilizados os custos ou passivo necessários para apurar a existência e consistência dos lucros; *g*) a parte final do art. 40º, 1 – "até às importâncias das entradas a que se obrigaram, acrescidas das importâncias que tenham recebido a título de lucros ou de distribuição de reservas" – constitui um indício da responsabilidade do património social[41]; *h*) no período entre a celebração do contrato e o registo definitivo, os negócios são celebrados "em nome da sociedade" e não em nome dos sócios, de quem actuou ou de quem autorizou.

A responsabilidade das várias pessoas que são indicadas nos arts. 38º a 40º não substitui a responsabilidade da sociedade; o reforço da tutela dos terceiros (que, por não haver ainda a publicidade do contrato de sociedade, não têm forma de conhecer de forma segura a situação patrimonial e pessoal da sociedade) é conseguida pelo alargamento da base patrimonial que, além do património da sociedade, é susceptível de responder pelas dívidas da sociedade[42].

Coutinho de Abreu assinala dois limites à responsabilidade do património social pelas dívidas resultantes de negócios realizados entre a celebração do acto constituinte e o registo definitivo: *a*) as sociedades não respondem por

---

[36] Neste sentido, v. COUTINHO DE ABREU (2009), p. 125; RICARDO COSTA (2002), p. 488.
[37] Neste sentido, PINTO DUARTE (1988), p. 19; JOÃO LABAREDA (1988), p. 194, s., 198; FAZENDA MARTINS (1994), p. 65; OLIVEIRA ASCENSÃO (2000), p. 110; MENEZES CORDEIRO (2007), p. 493; SANTOS JÚNIOR (2009), p. 182.
[38] COUTINHO DE ABREU (2009), p. 127.
[39] Neste sentido, ANA PERALTA (2003), p. 632; COUTINHO DE ABREU (2009), p. 129.
[40] Neste sentido COUTINHO DE ABREU (2009), 129. V. tb. ANA PERALTA (2003), p. 626. De modo divergente, MANUEL PITA (2004), p. 435, que defende ter sido acolhida no CSC a doutrina da descontinuidade.
[41] Neste sentido, ÂNGELA COELHO, ensino oral, e TARSO DOMINGUES (2001), p. 986; RICARDO COSTA (2002), p. 494.
[42] Neste sentido, v. COUTINHO DE ABREU (2009), p. 130.

obrigações mencionadas no art. 19º, nº 4; *b)* exceptuados os casos em que haja autorização dos sócios, parte do património social (o dinheiro das entradas depositado em instituição de crédito) não pode ser mobilizada para pagar a credores (arts. 202º, 5, b), 277º, 5, b), 478º)[43].

Questão que se levanta é a de saber se os sócios sobre quem recai a responsabilidade patrimonial acabada de referir, podem ou não valer-se do benefício da excussão prévia do património social. Efectivamente, os arts. 38º a 40º não a prevêem expressamente. Perante este silêncio, há quem prive os sócios demandados do benefício da excussão prévia do património social[44]. No entanto, antes da celebração do contrato de sociedade, pela aplicação do regime das sociedades civis, os sócios demandados podem socorrer-se da excussão prévia do património social (arts. 36º, 2, do CSC, 997º, 2, do CCiv.). Por maioria de razão, tal iniciativa há-de ser permitida aos sócios e a quem actuou em nome da sociedade, no período entre a celebração do acto constituinte e o registo definitivo[45].

4.2. Questões de solidariedade passiva

Importa saber se os sócios e os que actuam em nome da sociedade, sendo solidariamente responsáveis entre si (arts. 38º, 1, 39º, 1, 2 e 3, 40º, 1, 1ª parte), respondem solidariamente também com as respectivas sociedades[46]. A esta interrogação Coutinho de Abreu responde afirmativamente, com fundamento na aplicação analógica do disposto no art. 36º, 2, que remete para o art. 997º, 1, e 2 do CCiv..[47] Em razão de tal solidariedade passiva, cada um dos sujeitos, bem como a sociedade, respondem pela prestação e esta a todos libera (art. 512º, 1, do CCiv.). Esta solidariedade não funciona completamente, na medida em que

---

[43] Cfr. COUTINHO DE ABREU (2009), 130, s..
[44] Contra a excussão prévia pronunciaram-se BRITO CORREIA (1989), p. 192; PUPO CORREIA (2009), p. 181.
[45] No sentido de ser admissível a excussão prévia do património social, v. JOÃO LABAREDA (1988), p. 196, s.; COUTINHO DE ABREU (2009), p. 132; MENEZES CORDEIRO (2007), p. 493; SANTOS JÚNIOR (2009), p. 182. Na jurisprudência, no sentido do benefício da excussão prévia, v. Ac. do RL de 16/6/2005, Proc. 2673/2006-8.
[46] TARSO DOMINGUES (2001), p. 988, defende a responsabilidade concorrente entre o património da sociedade e o património das pessoas mencionadas no art. 40º, mas tão-só pelas obrigações que se subsumam nas hipóteses previstas no art. 19º. Pelas obrigações que não integrem as hipóteses do art. 19º, haverá uma responsabilidade exclusiva das pessoas referidas no art. 40º.
[47] Cfr. COUTINHO DE ABREU (2009), p. 132. MARIA ÂNGELA COELHO, ensino oral, e TARSO DOMINGUES (2001), p. 986, s. fundam a solidariedade no art. 100º do CCom.. Manifestando reservas a esta fundamentação, v. COUTINHO DE ABREU (2009), p. 132, nt. 92.

as pessoas que actuaram em nome da sociedade e os sócios que autorizaram são *responsáveis subsidiários*[48].

Por outro lado, interessa saber se é solidária a responsabilidade entre as pessoas referidas na 1ª parte e os sócios da segunda parte. Há quem sustente que, no silêncio da lei, a responsabilidade dos sócios que não representaram nem autorizaram deve ser solidária com a das pessoas referidas na primeira parte "pelo facto de a lei não dizer o contrário, colocar o preceito na sequência da regra anterior, que estabelece a solidariedade, e por esta ser a regra do direito comercial"[49]. Esta argumentação e a solução por ela atingida não convencem. Deve entender-se que os sócios referenciados na segunda parte do n.º 1 do art. 40.º não respondem solidariamente com as pessoas que se encontram mencionadas na primeira parte. Não é ajustado defender-se que as pessoas da segunda parte são solidariamente responsáveis porque essa solidariedade é incompatível com a previsão da responsabilidade limitada dos quotistas, accionistas e comanditários que não agiram nem autorizaram. Esta incompatibilidade resulta do facto de, nos termos do art. 512.º, 1, CCiv., o devedor solidário responder pela prestação integral[50].

4.3. A actuação em nome da sociedade

O art. 40.º, como aliás os arts. 38.º e 39.º, suscitam uma interessante questão: se admitirmos que no período entre a celebração do contrato de sociedade pela forma legalmente exigida e o registo definitivo do mesmo já existe sociedade, quem é que deve actuar em seu nome?

Qualquer daqueles preceitos não resolve, só por si, a dificuldade apresentada. Não são directamente mencionados os gerentes ou administradores, antes se encontrando referências à realização de negócios "em nome de uma sociedade" (arts. 38.º, 1, 39.º, 1, 40.º, 1), àqueles que "realizarem" as operações (arts. 38.º, 2, 39.º, 3), aos que actuarem "em representação" (art. 40.º, 1).

---

[48] Neste sentido, COUTINHO DE ABREU (2009), p. 132. V. tb. RICARDO COSTA (2002), p. 496. ANA PERALTA (2003), p. 627, considera que, "relativamente aos órgãos de gestão, a regra da subsidiariedade consta igualmente do art. 78.º". Ora, o art. 78.º nada tem a ver com a responsabilidade subsidiária dos gerentes e administradores pelas dívidas da sociedade. Esse preceito regula, no n.º 1, a *responsabilidade civil* directa dos administradores perante os credores sociais e no n.º 2, a acção sub-rogatória, mediante a qual os credores sociais efectivam a *responsabilidade civil* dos administradores perante a sociedade (art. 72.º).
[49] BRITO CORREIA (1989), p. 191.
[50] Cfr. ELISABETE RAMOS (2008), p. 66; COUTINHO DE ABREU (2009), p. 132, s.; TARSO DOMINGUES (2001), p. 993.

Tendo já sido celebrado o contrato de sociedade, é de admitir que foi adoptado um certo tipo de sociedade comercial. Ora, não tendo havido ainda registo definitivo daquele contrato, as cláusulas do mesmo serão oponíveis a terceiros?

Há quem defenda que os arts. 38º, 3, e 39º, 3 e 4, "ao limitarem a oponibilidade a terceiro das cláusulas do contrato sobre representação partem precisamente do pressuposto de que elas são já aplicáveis, só não podendo sê-lo em prejuízo de terceiros que as desconheçam"[51].

Contudo, não nos parece defensável que, em regra, as cláusulas do contrato de sociedade sobre representação sejam oponíveis a terceiros antes do registo definitivo do contrato. A solução consagrada no art. 168º, 3 e 5, é precisamente a contrária. E o mesmo se diga quanto ao que parece resultar dos arts. 38º, 3, e 39º, 4. Em ambos os preceitos o ponto de partida é o da inoponibilidade a terceiros das cláusulas do contrato de sociedade que atribuam a representação apenas a alguns sócios (ou, sendo o caso, a alguns sócios comanditados) ou que limitem os respectivos poderes de representação. Essa é a regra. A oponibilidade só se verificará quando se prove que os terceiros "as conheciam ao tempo da celebração dos seus contratos".

Mas, por outro lado, e para o período em questão, sabemos também que o art. 37º, 1, manda aplicar às relações entre sócios as regras estabelecidas no contrato e no CSC. E pertence ainda ao âmbito das relações internas a determinação de quem administra a sociedade[52].

Por tudo isto, julgamos que os terceiros que se relacionam com a sociedade devem poder contar com o regime que legalmente seja a regra para sociedades que adoptem o mesmo tipo da que está perante eles.

Parece ser isso mesmo que está pressuposto nos arts. 38º, 3, e 39º, 4. Como vimos, destas normas decorre que, em regra, as cláusulas do contrato de sociedade que atribuam a representação a apenas alguns dos sócios (ou, sendo o caso, a apenas alguns dos sócios comanditados), ou que limitem os respectivos poderes de representação, não são oponíveis a terceiros. O que parece significar, portanto, que os terceiros *podem confiar* desde logo no que resultar da lei *para determinarem quem administra e representa a sociedade*. E não vemos razões para afastar essa mesma solução no que diz respeito às sociedades por quotas, anónimas e em comandita por acções.

---

[51] ANA PERALTA (2003), p. 620, nt. 19.
[52] Cfr. a anotação ao art. 37º. Pensamos que a posição tomada no texto coincide com a opinião de ANA PERALTA (2003), p. 619, embora a A. pareça ir ainda mais longe.

Ora, relativamente às sociedades em nome colectivo, a representação compete aos gerentes (art. 192º, 1) e "havendo mais de um gerente, todos têm poderes iguais e independentes para [...] representar a sociedade" (art. 193º, 1). Para as sociedades por quotas, vale o disposto no art. 252º, 1 e 2: a sociedade é administrada e representada por um ou mais gerentes, sendo os gerentes designados no contrato de sociedade ou eleitos posteriormente por deliberação dos sócios. E para as sociedades anónimas, além das normas relativas à designação do conselho de administração (especialmente os arts. 391º e 392º), ou do conselho de administração executivo (especialmente o art. 425º), interessa ter em conta o art. 405º, segundo o qual compete ao conselho de administração gerir e representar a sociedade, e o art. 431º, relativo agora à competência do conselho de administração executivo para gerir e representar a sociedade.

Os gerentes ou administradores da sociedade estarão, aliás, muitas vezes em situação que lhes permite actuar já em nome da sociedade relativamente a diversos aspectos da vida desta. Basta pensar no disposto no art. 19º, 1, d), do qual decorre que o registo definitivo do contrato de sociedade tem como consequência assumir a sociedade de pleno direito os "direitos e obrigações decorrentes de negócios jurídicos celebrados pelos gerentes ou administradores ao abrigo de autorização dada por todos os sócios no acto de constituição".

Os terceiros não têm, porém, a possibilidade de confiar em informações constantes do registo para saberem quem vincula a sociedade, num momento em que essas informações não existem ainda. Daí que o terceiro tenha de se informar acerca do cumprimento das disposições legais aplicáveis por parte de quem actua em nome da sociedade. Se aparece uma qualquer pessoa dizendo que está a actuar em nome de uma sociedade por quotas, anónima ou em comandita por acções, o terceiro não pode verificar através do registo quais os factos que lhe são oponíveis. Mas também não pode pura e simplesmente confiar no que diz quem perante ele surge. Se o terceiro confia, aceita correr os riscos inerentes.

5. Responsabilidade na sociedade por quotas unipessoal

O art. 270º-G do CSC dispõe que se aplicam à sociedade por quotas unipessoal "as normas que regulam as sociedades por quotas, salvo as que pressupõem a pluralidade de sócios". Sendo o art. 40º norma que pertence ao catálogo de normas da parte geral do CSC, tem relevo saber se se aplica – e como se aplica – à SQU[53].

---

[53] Sem mais, em sentido afirmativo, CASSIANO DOS SANTOS (2009), p. 119 (desde que "o negócio seja assumido em nome da sociedade em constituição"), MARQUES ESTACA (2009), p. 715 (por falta de "razões de fundo suficientes" para não submeter a SQU às mesmas regras da sociedade por quotas plural).

Aplicado o art. 40º à unipessoalidade quotista originária, por falta de disposição legal que se ocupe da actividade (nomeadamente empresarial) da SQU antes da respectiva inscrição no registo comercial, repara-se que a hipótese inclui na sua redacção *sócios a mais* para se aplicar a uma disciplina em que nos surge apenas um único fundador da sociedade. O que obriga a excluir, conforme as situações e para cada negócio individualizado, uma categoria: a do sócio *autorizante* ou a do sócio *não autorizante*. É a adaptação *necessária* (sob pena de um vazio de regime) *e razoável*, porque a outra (levando à letra a parte final do art. 270º-G) seria excluir *in limine* a aplicação do art. 40º, já que aí os termos da responsabilidade operada partiriam de um pressuposto de pluripessoalidade. Logo, pergunta-se se poderá o sócio único beneficiar dos termos do regime geral e subtrair-se à responsabilidade fazendo-se valer do facto de não ter autorizado o negócio do qual deriva o crédito que se pretende satisfazer.

Com o mero ajustamento da letra da lei, o art. 40º preceitua: "Pelos negócios realizados em nome de uma sociedade por quotas *unipessoal*... no período compreendido entre a celebração do contrato de sociedade e o registo definitivo do contrato de sociedade respondem ilimitada e solidariamente todos os que no negócio agirem em representação dela, bem como *o sócio que [se] tais negócios autorizou; se o sócio não agiu no negócio em representação da sociedade nem os autorizou, responde* até às importâncias das entradas a que se *obrigou*, acrescidas das importâncias que *tenha* recebido a título de lucros ou de distribuição de reservas". Lida assim a prescrição, e tal como julgo ser a melhor interpretação do art. 40º[54], este resulta numa responsabilidade dos representantes que actuaram em nome da sociedade e do sócio único que interveio ou autorizou os actos negociais em causa solidariamente com o património autónomo já formado pelas entradas efectuadas pelo sócio fundador. A responsabilidade do sócio único *actuante* ou *autorizante* será, assim, *externa* – pois é configurável em face de terceiros –, *ilimitada* e *solidária* – pois junta-se à responsabilidade patrimonial da sociedade *pré-pessoa jurídica*. Isto significa que a aplicação do art. 40º, 1, por via do art. 270º-G, não ilude que o legislador ofereceu a possibilidade ao empresário individual de exercer o seu negócio mercantil em regime de limitação da responsabilidade através do instrumento jurídico de uma sociedade de responsabilidade limitada, modificando através dela o regime ordinário de responsabilidade patrimonial individual. Mas essa possibilidade, como em qualquer

---

[54] RICARDO COSTA (2002), p. 482, s., em esp. 495-496.

outra sociedade pluripessoal, só actuará *incondicionalmente* a partir da inscrição da sociedade no registo comercial[55].

Porém, o quadro legal de responsabilidade pessoal ilimitada pré-registal não é irremediável. O sócio único poderá a ela subtrair-se se demonstrar que não agiu em representação da sociedade ou que não autorizou o negócio concluído. Todavia, poderia entender-se que a actividade realizada por uma SQU antes do registo é tomada no âmbito de um processo decisório protagonizado e/ou controlado pelo sócio único. O que, em virtude do funcionamento de uma *presunção que sobre o sócio único recai respeitante à sua determinação exclusiva desse processo*, conduz a que o sócio, enquanto único sujeito interessado na actuação negocial, tenha participado no procedimento realizado por outros em nome da sociedade ainda não inscrita. Assim, estaria excluída a possibilidade de invocar o seu desconhecimento das operações realizadas como pressuposto para afastar a responsabilidade ilimitada de sócio autorizante. Se assim é, teremos que traçar duas leituras.

Uma que reflecte ser presumível que o sócio único tenha determinado todas as operações concretizadas até ao registo. Para outra vista, opta-se pela responsabilização do sócio único pelo próprio facto de ele ser único e, por conseguinte, dominar e controlar insindicadamente o processo decisório, estando inibido de invocar uma eventual ignorância da actuação em nome da sociedade antes da inscrição.

Com este fundamento, desde logo se responsabilizaria o sócio único na hipótese em que tivesse nomeado um ou mais gerentes e lhes tivesse determinado o cumprimento de um complexo de operações durante a fase formativa, pois seria presumível que aqueles que foram nomeados convencionalmente como gerentes tenham agido no interesse e sob as indicações do sócio fundador. A eles estão inequivocamente atribuídos poderes de representação da sociedade da parte do sócio fundador.

Porém, nem sempre os sujeitos que representam a sociedade antes do registo são os gerentes nomeados no pacto social – segundo aquela que é a corrente preferível (*supra* 1.). De facto, quando as operações referidas à sociedade antes do registo forem conduzidas e concluídas por sujeitos que nada têm que ver com a organização societária (um advogado ou um contabilista no exercício de um mandato ou de um contrato de prestação de serviços, um

---

[55] E também assim será quanto aos actos praticados antes mas assumidos *ope legis* pela SQU por força do nº 1 do art. 19º.

técnico de vendas, um representante da sociedade numa certa área geográfica de irradiação da empresa que se instala, etc.), poderá levantar algumas perplexidades responsabilizar ainda e de qualquer modo o património pessoal do sócio único quando se pratiquem actos que escaparam da sua actividade decisória e relativamente aos quais não se pronunciou, ou, mesmo que se tenha pronunciado, através de uma declaração tácita, não teve a percepção dos efeitos jurídicos produzidos por essa vinculação. Nesses casos, mesmo assim, a responsabilidade do sócio fundador ainda se ancoraria no facto de que em todos os casos de desenvolvimento de operações económicas por parte de um terceiro (*aquele que agiu em nome da sociedade*), esse início antecipado da actividade económica surgia sempre imputável ao mesmo sócio fundador, agindo o terceiro por indicação desse.

Esta responsabilidade que incidiria sobre o sócio único, dependente apenas da circunstância puramente *objectiva* de se terem realizado operações e negócios em nome da sociedade ainda não inscrita por parte de quem agiu nessa qualidade, poderá ser suavizada se restringirmos o núcleo dos representantes da sociedade (i) àqueles que foram nomeados formalmente gerentes no acto convencional, ou (ii) àqueles que a representaram sob indicação do único sócio fundador (através de uma procuração com poderes especiais, de um contrato de mandato ou de outro negócio atributivo de poderes idóneos), de forma a isentar a responsabilidade pessoal do fundador por factos vinculativos para a sociedade pré-inscrita e protagonizados por sujeitos diversos daqueles que actuaram sob a égide das suas instruções.

Com tal expediente, o que seria relevante para aferir a responsabilidade objectiva, ilimitada e solidária do sócio fundador era denominar a actividade dos sujeitos que representaram a sociedade como uma actuação *inequivocamente* feita no interesse e sob a determinação instrumental do sócio fundador – ficando o ónus de provar tal circunstância a recair sobre aqueles que pretendem fazer sobressair a responsabilidade do sócio único, isto é, os credores anteriores à inscrição personificadora.

Parece exagerada uma qualquer posição de princípio que entenda que o sócio responde *sempre* ilimitadamente pelas obrigações pré-registais, forçando notoriamente a interpretação do art. 40º, 1. E, antes de tudo, reparemos bem na letra da lei. Aí fala-se, primeiro, em "todos os que no negócio agiram em representação da sociedade". Neste núcleo, deve entender-se incluído todo e qualquer sujeito que age em representação da sociedade, tenha ou não poderes de representação orgânica da sociedade (seja ou não gerente ou administrador, de direito ou "de facto"), incluindo o sócio *actuante*. Categoria demasiado ampla para que nos possamos abstrair do vínculo de pertença posicional à organização societária desses representantes, pelo menos na situação concreta de uma SQU. De tal modo que parece razoável estabelecer uma divisão de regime de acordo com o *tipo de laço* existente entre quem participa nas actuações (se não for o sócio) e a composição pessoal da estrutura organizatória definida no pacto social, a fim de reflectirmos o equilíbrio entre o relevo a dar ao *poder exclusivo do sócio único* na estrutura social e a *confiança incutida nos terceiros*.

Relativamente a sujeitos estranhos à organização societária, a especialidade da SQU originária não será de relevar. Mesmo que se apreenda que há uma presunção de absoluto controlo por parte do sócio fundador sobre todas as operações realizadas em nome da sociedade, que torna todo e qualquer representante um mero instrumento desse sócio, essa responsabilidade não será de presumir como se estivessem em causa os sujeitos inseridos na organização societária. Tudo dependerá de se demonstrar em concreto circunstâncias que evidenciem ou não que esses representantes da sociedade em formação actuaram *de facto* segundo as instruções e as indicações do próprio fundador ou baseados em sua decisão deliberativa. Sustento que, relativamente a actos praticados por agentes estranhos aos órgãos da sociedade, a responsabilidade do sócio, enquanto *sócio que tais negócios autorizou*, deverá ser sempre baseada na demonstração que o representante da sociedade o é efectivamente e actuou no estrito e inequívoco cumprimento das instruções do sócio fundador.

Relativamente a sujeitos não estranhos à organização societária, a feição da unipessoalidade merece uma outra atenção. Quando o sócio não se nomeia como gerente ou faz parte da gerência plural mas não é ele que vincula a sociedade, assume-se como mais razoável não reivindicar uma autorização *expressa* para o início (ou continuação) da actividade económico-societária. Tal consentimento poderá ser presumido a partir do momento que o (ou os gerentes) *actuante(s)* foram autorizados *implicitamente* para o efeito pelo sócio fundador, na qualidade de sujeito-sócio *realmente* interessado na actividade negocial desenvolvida (a desenvolver), com a respectiva designação no negócio social. Nestes casos, entendo que a interpretação da norma, na parte em que prescreve a responsabilidade do *sócio* que tais negócios *autorizou* relativamente a actos praticados por agentes funcionalmente inseridos nos órgãos da sociedade, deverá facultar uma presunção *iuris tantum*, portanto ilidível com a apresentação de prova que a contrarie[56]. O ónus da prova inverte-se e não será ao terceiro demandante que incumbe fazer prova de que o sujeito com quem celebrou o negócio agiu em representação da sociedade, manifestada pela vontade do sócio único. Antes será a este que caberá demonstrar que o negócio foi feito sem poderes ou com abuso dos poderes para tal concedidos e afastar a produção de efeitos vinculativos na sua esfera jurídica patrimonial. Se o não fizer, não se subtrairá a esse encargo solidário com a sociedade. Se o conseguir, deverá responder na categoria dos "restantes sócios" de que o nº 1, 2ª parte, do art. 40º fala, ou seja, como sócio não autorizante, que só se responsabiliza se conseguir ilidir a presunção de que autorizou o negócio realizado em nome da SQU.[57]

---

[56] Outra questão, igualmente visível, arvorado o critério apontado a *regra de experiência*, será a possibilidade de, em litígio judicial, o julgador usar de uma presunção judicial na apreciação da situação de facto, ao abrigo do disposto no art. 351º do CCiv..

[57] Para as referências bibliográficas e mais desenvolvimentos deste ponto, v. RICARDO COSTA (2002), p. 496, s..

ARTIGO 41º
Invalidade do contrato antes do registo

1. Enquanto o contrato de sociedade não estiver definitivamente registado, a invalidade do contrato ou de uma das declarações negociais rege-se pelas disposições aplicáveis aos negócios jurídicos nulos ou anuláveis, sem prejuízo do disposto no artigo 52º

2. A invalidade decorrente de incapacidade é oponível pelo contraente incapaz ou pelo seu representante legal, tanto aos outros contraentes como a terceiros; a invalidade resultante de vício da vontade ou de usura só é oponível aos demais sócios.

Índice
1. Panorama geral das invalidades previstas pelos arts. 41º a 52º do CSC
   1.1. Sistematização
   1.2 Princípios e interesses que alicerçam as soluções escolhidas
2. Âmbito de aplicação do art. 41º
3. Regime
   3.1. Existência e relevância de vícios
   3.2. Consequências da invalidade do contrato
   3.3. Consequências da invalidade das declarações singulares

Bibliografia:

Citada: ABREU, J. COUTINHO DE, *Curso de direito comercial*, II, 3.ª ed., Almedina, Coimbra, 2009; ASCENSÃO, J. OLIVEIRA, *Direito Comercial*, IV, *Sociedades comerciais*, Lisboa, 2000; CORDEIRO, A. MENEZES, *Manual de Direito das Sociedades*, vol. I, "Das sociedades em geral", 2ª ed., Almedina, Coimbra, 2007; CORREIA, A. FERRER/CAEIRO, ANTÓNIO, "Lei das sociedades comerciais (Anteprojecto)", BMJ 185 e 191(1969), p.25- 81 e 5-137; JÚNIOR, EDUARDO SANTOS, "Artigo 41º", em *Código das Sociedades Comerciais anotado* (coord. de A. Menezes Cordeiro), Almedina, Coimbra, 2009, p. 183-185; RAMOS, M. ELISABETE, "Constituição das sociedades comerciais", em *Estudos de direito das sociedades*, coord. J. M. Coutinho de Abreu, 9ª ed., Almedina, Coimbra, 2008, p. 41-97; VENTURA, RAUL, "Adaptação do direito português à 1ª Directiva do Conselho da Comunidade Económica sobre direito das sociedades", Documentação e Direito Comparado 2 (1980), p. 89-217.

Outra:
CORREIA, A. FERRER/XAVIER, V. LOBO/COELHO, M. ÂNGELA/CAEIRO, ANTÓNIO, "Sociedade por quotas de responsabilidade limitada – Anteprojecto de lei – 2ª redacção e exposição de motivos", RDE, ano III (1977), nº 1, p. 153-423.

1. Panorama geral das invalidades previstas pelos arts. 41º a 52º do CSC

Nos arts. 41º a 52º o legislador societário regulou o delicado problema das invalidades susceptíveis de afectar, no todo ou em parte, o contrato (*rectius*, o negócio jurídico) de constituição de uma sociedade. Esta disciplina bastante minuciosa[1] não tem, todavia, vindo a ser reclamada pela *praxis* de modo muito insistente e, talvez por isso, não tem merecido especial atenção por parte da doutrina posterior à entrada em vigor do CSC.

1.1. Sistematização

Da análise da disciplina consagrada emergem, com clareza[2], *três vectores principais* cujo cruzamento nos permite distinguir outras tantas linhas de solução. Assim, o regime diferirá consoante: (i) o vício atinja o contrato de sociedade no seu *todo* ou apenas *alguma(s)* das singulares declarações de vontade que o integram; (ii) o problema se venha a colocar *antes* ou *depois do registo* do acto constitutivo da sociedade; (iii) a sociedade em causa seja uma *sociedade de capitais* (i.e., uma sociedade por quotas, anónima ou em comandita por acções) ou uma *sociedade de pessoas* (i.e., uma sociedade em nome colectivo ou em comandita simples)[3].

A distribuição dos arts. 41º a 52º em torno deste eixos pode ser graficamente representada pelo seguinte esquema.

---

[1] Eivada, para MENEZES CORDEIRO (2007), p. 505 e 517, de um "excesso de construtivismo legal" que leva a "complicações" perfeitamente dispensáveis". Ainda assim, repare-se que não foram expressamente mencionadas pelo legislador algumas patologias do negócio jurídico – referimo-nos às divergências entre a vontade e a declaração, e em particular à simulação, à coação física e à falta de consciência da declaração –, devido à sua escassa incidência prática, como notam FERRER CORREIA/ ANTÓNIO CAEIRO (1969), p. 101-103.
[2] Sem embargo da "ordenação caleidoscópica" e "difícil de reter" adoptada pelo legislador societário, MENEZES CORDEIRO (2007), p. 505.
[3] FERRER CORREIA/ ANTÓNIO CAEIRO (1969), p. 62-63, justificam esta dualidade de regimes com os argumentos de que as sociedades de pessoas "são por natureza sociedades fechadas", em que a necessidade de protecção de novos sócios não se faz sentir em termos apreciáveis; os credores sociais dispõem de acção directa contra os sócios; e a escassa incidência prática do recurso a sociedades em nome colectivo ou em comandita simples retira força aos "favor da conservação da sociedade", pouco relevante para "os interesses gerais da economia nacional".

	Antes do registo	Depois do registo	
vícios do contrato	41º	52º	sociedades de capitais 42º	44º, 52º
			sociedades de pessoas 43º	
vícios das declarações singulares	41º		sociedades de capitais 45º	47º, 48º, 49º, 50º, 51º
			sociedades de pessoas 46º	

Detectamos, depois, um outro *vector* – chamemos-lhe *secundário* – que facilita a apreensão da lógica do regime legal das invalidades do contrato de sociedade. Referimo-nos à articulação entre a *determinação da relevância* da patologia negocial em sede de direito societário e a *cominação das consequências* dessa patologia na mesma sede[4], articulação que *arranca* do quadro geral do direito civil mas se *distancia* dele em repetidos pontos.

Note-se, por último, que o legislador societário não consagrou qualquer disciplina específica no que toca à *invalidade de concretas cláusulas do contrato de sociedade*. Na verdade, as singulares estipulações estatutárias que a lei proíba[5] deverão considerar-se nulas por violação de normas imperativas (art. 294º CCiv.). Nas sociedades de capitais, o regime do art. 42º[6] não deixa margem para que essa invalidade possa contaminar todo o contrato de sociedade, que valerá expurgado dessas cláusulas[7] – que podem, nalguns casos, ser substituídas pelas correspondentes normas legais dispositivas ou imperativas[8].

1.2. Princípios e interesses que alicerçam as soluções escolhidas

Como dissemos, o regime especial a que o direito das sociedades submete as invalidades do contrato de sociedade tem como pressuposto e pano de fundo a matriz que o direito comum traça para as invalidades do negócio jurídico.

---

[4] V. ELISABETE RAMOS, (2008), p. 87-88.
[5] Cfr., por exemplo, os arts. 22º, 3 e 4, 74º, 1, ou 408º, 3.
[6] Cfr. o respectivo comentário *infra*.
[7] V. RAUL VENTURA (1980), p. 175; MENEZES CORDEIRO (2007), p. 507; OLIVEIRA ASCENSÃO (2000), p. 208-209, alertando para que a possibilidade de redução se mantém, todavia, para o contrato não registado, regulado pelo art. 41º e não 42º.
[8] Neste sentido, COUTINHO DE ABREU (2009), p. 153.

Diverge dessa matriz, contudo, em pontos importantes, de modo a concretizar princípios e a tutelar interesses fundamentais para o direito das sociedades. No plano dos princípios, evidencia-se o princípio do *favor societatis* ou da *conservação da sociedade*[9], exprimindo a necessidade de preservação, tanto quanto possível, dos efeitos a que o contrato viciado ia dirigido. No plano dos interesses – servidos por aquele princípio – pretende-se, sobretudo, salvaguardar a posição dos *terceiros* que contrataram com a sociedade[10], sem esquecer o interesse dos *(outros) sócios* aos quais o vício não diz respeito[11]; tutela-se, ainda, um interesse geral em não prejudicar a confiança em geral depositada pelo *tráfico jurídico* na actuação de entes societários[12].

Importa, ainda, ter presente o tratamento especial que, no quadro das opções assumidas pelo legislador societário, foi dispensado à categoria da *incapacidade de um dos contraentes*. Na verdade, ao interesse de terceiros fez-se sobrelevar o interesse dos incapazes[13], pelo que as soluções que os contemplam particularmente se tendem a re-aproximar do regime geral. Resta precisar o alcance das referências legais à incapacidade e ao incapaz. Em nosso entender, resultam abrangidas as situações de incapacidade de gozo[14] e incapacidade de exercício; quanto à figura das "incapacidades acidentais" prevista no art. 257º do CCiv., deve (de acordo, aliás, com a respectiva inserção sistemática) ser tratada nesta sede como vício da vontade[15].

---

[9] Sobre o *favor societatis*, cfr. MENEZES CORDEIRO (2007), p. 506; e OLIVEIRA ASCENSÃO (2000), p. 206.

[10] Terceiros que não querem ver postas em causa as suas relações, actuais ou potenciais, com a sociedade – assim COUTINHO DE ABREU (2009), p. 156.

[11] Sócios que quererão as sociedades "o mais possível actuantes", como lembra COUTINHO DE ABREU (2009), p. 156; aliás, "se a sociedade tem que valer em relação a terceiros, não pode negar-se o reconhecimento do contrato social na esfera das relações internas" – FERRER CORREIA/ ANTÓNIO CAEIRO (1969), p. 71; RAUL VENTURA (1980), p. 194 ("todos tiveram interesse na constituição da sociedade", sejam ou não maioritários).

[12] Como defendem FERRER CORREIA/ ANTÓNIO CAEIRO (1969), p. 48, "é mister que todos os que contratam com uma sociedade comercial possam confiar na sua estabilidade"; trata-se de uma "condição primordial para que as sociedades possam viver e prosperar" e sem a qual se poderia "entorpecer consideravelmente o desenvolvimento do comércio e causar dano à económica nacional". Acrescenta RAUL VENTURA (1980), p. 194, a necessidade de reduzir o risco de um terceiro que entre em relações com a sociedade "ver o prosseguimento normal destas prejudicado pela entrada em liquidação".

[13] Que a lei entende sempre proteger "mais fortemente" – cfr. FERRER CORREIA/ ANTÓNIO CAEIRO (1969), p. 73

[14] O que tenderá a ser mais relevante quando os sócios forem *pessoas colectivas*, já que as incapacidades de gozo das pessoas singulares se *esgotam* no plano do casamento, testamento e perfilhação

[15] Sobre o relevo dos vícios da vontade das singulares declarações negociais, cfr. *infra*, comentário ao art. 45º. Propondo (embora num contexto ligeiramente diferente) que a incapacidade acidental seja tratada do mesmo modo que a incapacidade de gozo ou de exercício, RAUL VENTURA (1980), p. 189.

O modo como estes princípios e interesses conformam as soluções dos arts. 41º a 52º será analisado em sede oportuna.

2. Âmbito de aplicação do art. 41º

Tendo presentes os vectores que presidem ao esquema de sistematização das invalidades do acto constitutivo acima proposto, torna-se mais simples delimitar o campo de incidência do art. 41º: abarca *quer* as invalidades do contrato como um todo, *quer* as invalidades que atinjam apenas uma (ou algumas) das declarações negociais que o integram e dirige-se a *todos* os tipos societários, *mas* apenas se aplica no *período anterior ao registo*.

3. Regime
3.1. Existência e relevância de vícios

No que respeita à determinação da *existência e relevância de um vício* susceptível de gerar a nulidade ou anulabilidade, total ou parcial, o nº 1 do art. 41º, 1 remete para o regime geral da dos negócios jurídicos[16].

3.2. Consequências da invalidade do contrato

No que tange às *consequências* a assacar à patologia que assim venha a ser diagnosticada ao contrato de sociedade *como um todo*, o art. 41º, 1, afasta claramente da disciplina dos arts. 285º, ss., do CCiv., substituindo-a pelo regime especial do art. 52º do CSC (cfr. o respectivo comentário *infra*).

3.3. Consequências da invalidade das declarações singulares

Quanto às *consequências* das patologias que afectem as singulares declarações negociais, o regime geral permanece aplicável com as limitações introduzidas pelo art. 41º, 2: só a invalidade decorrente de incapacidade[17] é (seguindo o que decorre daquelas regras gerais) *oponível a terceiros*. Nas restantes hipóteses (no dizer da lei, hipóteses de vício da vontade ou de usura[18]) a invalidade será *ino-*

---

[16] Para MENEZES CORDEIRO (2007), p. 517, o legislador nacional efectuou, assim, uma *transposição deficiente* da 1ª Directiva: deveria ter protegido o contrato (nas sociedades de capitais) também antes do registo, já que este não é requisito da protecção outorgada pelo texto comunitário. Resta aos prejudicados "responsabilizar o Estado português por esta falha".

[17] Veja-se o que dizemos *supra*, nº 1.2, sobre a especial protecção do incapaz.

[18] Sobre as patologias do negócio jurídico mencionadas e omitidas pelo legislador societário, v. o que dizemos *infra*, comentário ao art. 45º.

ponível a terceiros, podendo apenas ser invocada com sucesso perante os demais sócios[19].

Isto significa[20] que o *contraente incapaz* que obtenha a invalidação da sua declaração negocial pode aproveitar plenamente os respectivo efeitos deletérios, incluindo a *isenção* da responsabilidade patrimonial que porventura lhe coubesse perante credores sociais. Já os *contraentes* que obtenham a invalidação com base em qualquer *outra* causa continuam *responsáveis* perante os credores sociais por *dívidas anteriores* à invalidação da sua declaração, embora depois possam exigir da sociedade o que hajam desembolsado para pagar essas dívidas sociais.

Num caso como noutro, a invalidação *permanece oponível à sociedade* (ou, no dizer da lei, aos "demais sócios"): o contraente a que respeita pode obter a *restituição* do que tenha prestado a título de entrada ou *recusar* a realização de entradas ainda em falta.

Note-se, por último, que a genérica remissão para o regime comum das invalidades implica que permaneça aplicável o instituto da *redução do negócio jurídico* parcialmente nulo ou anulado previsto no art. 292º CCiv.[21]. Em princípio, portanto, o contrato de sociedade manter-se-á *válido*, expurgando-se apenas a declaração viciada[22]. Se, todavia, for realizada (pelos restantes sócios) a prova de que não teriam concluído o negócio sem essa parte viciada, todo o contrato de sociedade ficará inquinado, tendo lugar a aplicação da disciplina do nº 1 do art. 41º (e por remissão, do art. 52º).

---

[19] Segundo FERRER CORREIA/ ANTÓNIO CAEIRO (1969), p. 69, a protecção de terceiros basta-se com a circunstância de a invalidação produzir meros efeitos *ex nunc*, não se tornando necessidade "amarrar" o contraente cujo consentimento padeceu de um vício (princípio de que toda a sociedade deve assentar na vontade consciente e livre de cada um dos associados).

[20] V. COUTINHO DE ABREU (2009), p. 150; SANTOS JÚNIOR (2009), p. 185.

[21] COUTINHO DE ABREU (2009), p. 151; SANTOS JÚNIOR (2009), p. 185

[22] Solução apta a satisfazer o interesse dos outros sócios na conservação da sociedade – assim FERRER CORREIA/ ANTÓNIO CAEIRO (1969), p. 69.

ARTIGO 42º
Nulidade do contrato de sociedade por quotas, anónima ou em comandita por acções registado

1. *Depois de efectuado o registo definitivo do contrato de sociedade por quotas, anónima ou em comandita por acções, o contrato só pode ser declarado nulo por algum dos seguintes vícios:*
a) Falta do mínimo de dois sócios fundadores, salvo quando a lei permita a constituição da sociedade por uma só pessoa;
b) Falta de menção da firma, da sede, do objecto ou do capital da sociedade, bem como do valor da entrada de algum sócio ou de prestações realizadas por conta desta;
c) Menção de um objecto ilícito ou contrário à ordem pública;
d) Falta de cumprimento dos preceitos legais que exigem a liberação mínima do capital social;
e) Não ter sido observada a forma legalmente exigida para o contrato de sociedade.
2. *São sanáveis por deliberação dos sócios, tomada nos termos estabelecidos para as deliberações sobre alteração do contrato, os vícios decorrentes de falta ou nulidade da firma e da sede da sociedade, bem como do valor da entrada de algum sócio e das prestações realizadas por conta desta.*

Índice
1. Âmbito de aplicação
2. Regime
　2.1. Elenco taxativo das causas de nulidade relevantes
　2.2. Sanação de vícios

Bibliografia:
Citada:
ABREU, J. COUTINHO DE, *Curso de direito comercial*, II, 3.ª ed., Almedina, Coimbra, 2009; ASCENSÃO, J. OLIVEIRA, *Direito Comercial*, IV, *Sociedades comerciais*, Lisboa, 2000; CORDEIRO, A. MENEZES, *Manual de Direito das Sociedades*, vol. I, "Das sociedades em geral", 2ª ed., Almedina, Coimbra, 2007; CORREIA, A. FERRER/ CAEIRO, ANTÓNIO, "Lei das sociedades comerciais (Anteprojecto)", BMJ 185 e 191(1969), p.25- 81 e 5-137; CORREIA, M. PUPO, *Direito Comercial / Direito da Empresa*, 11ª ed., Ediforum, Lisboa, 2009; JÚNIOR, EDUARDO SANTOS, "Artigo 42º", em *Código das Sociedades Comerciais anotado* (coord. de A. Menezes Cordeiro), Almedina, Coimbra, 2009, p. 186-189; MATOS, ALBINO, *Constituição de sociedades. Teoria e prática. Formulário.*, 5ª ed., Almedina, 2001; PINTO, CARLOS A. MOTA, *Teoria Geral do Direito Civil*, 4ª ed. por A. Pinto Monteiro/ Paulo Mota Pinto, Coimbra Editora, Coimbra, 2005; VENTURA, RAUL, "Adaptação do direito português à 1ª Direc-

tiva do Conselho da Comunidade Económica sobre direito das sociedades", Documentação e Direito Comparado 2 (1980), p. 89-217

1. Âmbito de aplicação

Tendo presentes os vectores que presidem ao esquema de sistematização das invalidades do acto constitutivo acima proposto[1], constatamos que o art. 42º se visa aplicar apenas às invalidades que atinjam, *no seu todo*, o contrato fundador de uma *sociedade de capitais* (*i.e.*, uma sociedade por quotas, anónima ou em comandita por acções) que já tenha sido *registado*.

2. Regime

O art. 42º, 1, transpõe para a ordem jurídica portuguesa a 1ª Directiva das sociedades comerciais[2] e manifesta fortemente o já referido *favor societatis*[3]. Na verdade, o elenco das causas de invalidade é taxativo: depois do registo definitivo do contrato de sociedade, só relevam *nulidades* e, dentro destas, só *as listadas* no preceito[4]. A doutrina tem-se, inclusive, debatido com a real utilidade da norma como fonte de impugnação do contrato de sociedade: afigura-se altamente improvável que os vícios elencados escapem a detecção da entidade que procede ao registo[5].

---

[1] Cfr. *supra*, nº 1.1 do comentário ao art. 41º.
[2] Directiva 68/151/CEE, do Conselho, de 9 de Março de 1968, JOCE nº L-65, de 14 de Março 1968.
[3] Cfr. *supra*, nº 1.2 do comentário ao art. 41º.
[4] Neste sentido COUTINHO DE ABREU (2009), p. 146, nt. 124, interpretando extensivamente a referência à nulidade efectuada pelo art. 42º, 1, de modo a compaginá-lo com o teor do art. 11º,1, da 1ª Directiva: "Fora destes casos de invalidade, as sociedades não podem ser declaradas nulas, nem ficam sujeitas a qualquer outra causa de inexistência, de nulidade absoluta, de nulidade relativa ou de anulabilidade". Em sentido convergente, MENEZES CORDEIRO (2007), p. 516. Já antes, RAUL VENTURA (1980), p. 171. sublinhava a abrangência do termo "nulidade" utilizado pela 1ª Directiva. Mas veja-se OLIVEIRA ASCENSÃO (2000), p. 207: "a tipicidade do art. 42º é uma *tipicidade delimitativa*", que *não exclui* "causas *análogas* às especificamente previstas".
[5] COUTINHO DE ABREU (2009), p. 147. MENEZES CORDEIRO (2007) fala mesmo de um "surrealismo vincado" que os vícios alinhados apresentam. Para RAUL VENTURA (1980), p. 192-193, "retira-se a confrangedora impressão de que os órgãos comunitários se preocuparam com hipóteses teóricas, sem projecção prática", e não tornaram, sequer, claros os *critérios* da selecção efectuada. Como observavam FERRER CORREIA/ ANTÓNIO CAEIRO (1969), p. 63-64, *se* fosse a segurança jurídica o único factor atendível, até se justificava um regime no qual a sociedade inscrita no registo não mais pudesse ser invalidada; mas, precisamente, "há *outros* interesses a considerar". Nesta linha, insurge-se PUPO CORREIA (2009), p. 174, contra a não inclusão no elenco do "vício" da simulação. Chamado a atenção para a possibilidade de, em face da 1ª Directiva, os Estados-membros reduzirem (eventualmente, até, a zero) o número de causas de invalidade do contrato social, novamente RAUL VENTURA (1980), p. 191

Como desvios significativos impostos pelo *favor societatis* ao direito comum nesta sede refiram-se, ainda, a possibilidade de *sanação* de algumas das nulidades previstas (art. 42º, 2); o regime especial a que está sujeita a *invocação* da nulidade do contrato (art. 44º[6]); e por fim, as *consequências* que o legislador societário faz corresponder à declaração de nulidade do contrato (art. 52º[7]).

2.1. Elenco taxativo das causas de nulidade relevantes

O primeiro vício relevante, previsto na al. a) do art. 42º, 1, consiste *na falta do mínimo de dois sócios fundadores*, salvo quando a lei permita a constituição da sociedade por uma só pessoa. A *ratio* do preceito não tem tanto que ver com razões conceituais (todo o contrato supor um mínimo de duas partes) como com a "razão prática" de cortar o passo às tentativas de criação de sociedades unipessoais de responsabilidade limitada, na medida em a lei as não permita[8]. O alcance desta alínea a) *reduziu-se*, portanto, significativamente, com a consagração, entre nós, da sociedade por quotas unipessoal. Por outro lado, tem-se entendido que não gera nulidade do contrato registado a violação do número legal mínimo de sócios *superior a dois* – por exemplo, de cinco para as sociedades anónimas ou de seis para as sociedades em comandita por acções[9]. Note-se que esta al. a) cobre as hipóteses (aliás mais susceptíveis de passar o crivo do registo do que pura omissão do segundo sócio) do "fundador" que age *sob o nome de outrem* (cujo nome utiliza para subscrever o documento) ou que age *em nome de outrem* carecendo de poderes de representação (ausência ou insuficiência da procuração: falha a base jurídica para imputar os efeitos da declaração quer ao subscritor material, quer ao subscritor aparente[10]. Por razões análogas (total falta de vontade do "pseudo-sujeito" do acto jurídico) tem a doutrina estendido a solução às hipóteses de coação física ou *vis absoluta*, das quais está ausente a própria vontade de acção do coagido. Concordando com esta posição, entendemos que deve englo-

---

[6] Cfr. o respectivo comentário *infra*.
[7] Cfr. o respectivo comentário *infra*.
[8] Assim FERRER CORREIA/ ANTÓNIO CAEIRO (1969), p. 65-66; RAUL VENTURA (1980), p. 191.
[9] Cfr. arts. 273º1, 479º e 465º, 1. Na doutrina, cfr. FERRER CORREIA/ ANTÓNIO CAEIRO (1969), p. 66 – "a gravidade desta infracção não é de molde a impor a referida consequência jurídica"; COUTINHO DE ABREU (2009), p. 147, nt. 126, lembrando que poderá então ocorrer a dissolução *ex vi* ar 142º, 1, a); RAUL VENTURA (1980), p. 191.
[10] FERRER CORREIA/ ANTÓNIO CAEIRO (1969), p. 65; COUTINHO DE ABREU (2009), p. 147, nt. 125. Já RAUL VENTURA (1980), p. 191 e 192, vai mais longe e engloba aqui, sem distinção de origem, as hipóteses em que tem lugar a invalidação de todos os vínculos societários individuais *menos um*.

bar, por identidade de razão, as restantes hipóteses de falta de vontade de acção que geram a inexistência da declaração negocial[11].

Na al. b) prevê-se a nulidade decorrente de *falta de menção* da *firma*, da *sede*, do *objecto* ou do *capital* da sociedade, bem como do *valor da entrada* de algum sócio ou de *prestações* realizadas por conta desta. Comece por se notar que a referência à sede contrasta com o art. 11º, 1, da 1ª Directiva, de cujo elenco fechado não consta a omissão da sede[12]. Por outro lado, parece também que a 1ª Directiva implica que se interprete literalmente a expressão "falta de": sancionada será apenas a falta absoluta dos requisitos que a al. b) enuncia e não já as situações em que esses requisitos não satisfaçam as prescrições legais especialmente aplicáveis[13]. Quanto ao critério de selecção dos elementos cuja omissão se castiga, parece directamente ligado à respectiva importância na estrutura do contrato de sociedade[14], como atesta a coincidência com muitas das menções do art. 9º, 1[15].

---

[11] Reportando-nos às categorias fixadas por MOTA PINTO (2005), p. 419-421 e 490-492, referimo-nos às situações de falta de consciência da declaração por *falta de vontade de acção* (ou seja, falta de *voluntariedade do próprio comportamento* declarativo - *v.g.*. sonambulismo, acto reflexo), que, juntamente com a coação física, o CCiv regula no art. 246º, prescrevendo que a declaração por elas inquinada "não produz qualquer efeito". Quanto à falta de consciência da declaração por *falta de vontade de declaração* (ou seja, falta de consciência da *relevância negocial* da acção) – hipótese que pode ser verosímil, por exemplo, num processo de constituição *online* de sociedades (o sujeito "subscreve" electronicamente o documento com as suas chaves de acesso pessoais sem se dar conta de que está a contrair um vínculo societário) – a disciplina civil (embora criticável, neste aspecto) aponta no sentido de um tratamento similar.

[12] Neste sentido COUTINHO DE ABREU (2009), p. 147, nt. 127. Justificava-se, no Anteprojecto, a inclusão da referência sede pela respectiva importância – FERRER CORREIA/ ANTÓNIO CAEIRO (1969).p. 89.

[13] Neste sentido, RAUL VENTURA (1980), p. 187, exemplificando com a indicação de um capital social inferior ao exigido por lei. Em sentido oposto –escrevendo, porém, num momento temporal que não permitia ter em conta a 1ª Directiva – FERRER CORREIA/ ANTÓNIO CAEIRO (1969), p. 88-91. Curiosamente, o nº 2 do art. 42º *contradiz* o nº 1 quanto à firma, ao prever a possibilidade de sanação quer da sua falta, quer da sua nulidade. Para ALBINO MATOS (2001), p. 127, à falta de menção da firma deve *equipar-se* a respectiva nulidade.

[14] A importância da firma até identificação da sociedade é indiscutível; a sede tem evidente importância "do ponto de vista das relações internas e externas da sociedade" – FERRER CORREIA/ ANTÓNIO CAEIRO (1969).p. 89; a indicação do capital sobreleva nas sociedades "em que o património social é a única garantia dos credores", permitindo aquela indicação o conhecimento do montante inicial do património e a correspondente avaliação das garantias que a empresa societária lhes oferece – FERRER CORREIA/ ANTÓNIO CAEIRO (1969).p. 89-90; para a importância da indicação do objecto veja-se *supra* o comentário ao art. 11º; o valor da entrada e cada sócio (e as prestações por sua conta efectuadas) são importantes tanto a nível do controlo externo (cfr. *supra* o comentário ao art. 25º) como interno (cfr., por exemplo, os arts. 197º, 203º, 204º, ou 277º, 2).

[15] O que levanta o interessante problema tratado por RAUL VENTURA (1980), 188: um regime como o do art. 42º, 1, há-de aplicar-se *apenas à falta de menção* dos elementos no título constitutivo, mas *não já à falta de estipulação* (entenda-se, verbal ou por escrito simples) desses mesmos elementos. Em tal caso,

Na al. c) sanciona-se com a nulidade a menção de um *objecto ilícito* ou contrário à *ordem pública*. Entende a doutrina, interpretando extensivamente o preceito, que resultam abrangidas todas as hipóteses cobertas pelo art. 280º do CCiv. – e portanto, também o objecto contrário aos *bons costumes, indeterminável* e *física* ou *legalmente* impossível[16].

Na al. d) contempla-se a hipótese de falta de cumprimento dos preceitos legais que exigem a *liberação mínima do capital social* (vejam-se os arts. 201º, 202º, 2, 276º, 3, 277º, 2, 478º).

Por último (mas não em último) a al. e) permite a invocação da nulidade resultante de não ter sido observada a *forma legalmente exigida* para o contrato de sociedade (cfr., desde logo, o art. 7º, 1) . Trata-se de uma hipótese de ocorrência muito pouco provável, atendendo ao controlo exercido por ocasião do registo[17].

2.2. Sanação de vícios

Como decorrência do princípio da conservação da sociedade[18], o legislador afasta-se uma vez mais das regras gerais e permite que *alguns* dos vícios enunciados sejam *sanados*, impedindo-se, por essa via, que o contrato de sociedade venha a ser declarado nulo[19]. A sanação ocorre mediante *deliberação dos sócios* tomada dentro da moldura legal vigente para a *alteração do contrato* – o que se

---

emerge uma questão de qualificação: "*não há sociedade* se o contrato não contiver todos os elementos essenciais específicos desse contrato". O mesmo acontece se a cláusula que estipula um elemento essencial do contrato for nula por violação de disposição legal imperativa (p. 174). O Autor, todavia, recorre ao princípio do aproveitamento do negócio jurídico para permitir também a "sanação" dessas "falhas", em lugar de remeter os interessados para a celebração de um novo contrato.

[16] RAUL VENTURA (1980), p. 187; COUTINHO DE ABREU (2009), p. 147, nt. 129; no mesmo sentido já FERRER CORREIA/ ANTÓNIO CAEIRO (1969), p. 92; v. tb. SANTOS JÚNIOR (2009), p. 188; ou OLIVEIRA ASCENSÃO (2000), p. 207.

[17] Assim FERRER CORREIA/ ANTÓNIO CAEIRO (1969), p. 88, remetendo para uma "inadvertência ou erro de ofício" do funcionário competente; segundo OLIVEIRA ASCENSÃO (2000), p. 210, nt. 109, constitui uma hipótese radical e rara. Para MENEZES CORDEIRO (2007), p. 516, "não se vê como se consegue registar uma sociedade... que não tenha sido reduzida a escrito; se isso sucedesse, aliás, o registo seria ele próprio nulo, podendo ser impugnado – com o que deixaria de haver registo e cairíamos no âmbito do art. 41º.

[18] Cfr. *supra*, nº 1.2 do comentário ao art. 41º.

[19] Nas palavras de FERRER CORREIA/ ANTÓNIO CAEIRO (1969).p. 95, elimina-se a causa de invalidade do acto constitutivo, prevendo-se mecanismos que permitem legalizar *a posteriori* a situação criada. Apesar de tal não se encontrar previsto na 1ª Directiva, está de acordo com o espírito de redução dos casos de nulidade do contrato social que informa o texto comunitário – assim RAUL VENTURA (1980), p. 178-179. OLIVEIRA ASCENSÃO (2000), p. 211, critica os limites à sanação: "por exemplo, por que não poderá ser alterado o objecto ilícito ou contrário à ordem pública?".

compreende se atendermos que implicam senão uma verdadeira modificação, pelo menos uma correcção do contrato[20].

Vale apenas para suprir a deficiência do pacto quanto à firma[21], à sede, ao valor da entrada e às prestações por sua conta efectuadas. Não podem ser sanadas a falta de referência ao capital social[22] e ao objecto[23].

Apesar de a lei não prever expressamente a possibilidade de sanação do vício consistente na *falta de forma legal* (até porque a respectiva sanação não se bastaria com uma mera deliberação dos sócios), tem-na a doutrina admitido com base, sobretudo, nos arts. 172º e 173º, 1 e 2[24].

---

[20] Cfr, todavia, RAUL VENTURA (1980), p. 179-180, distinguindo entre as hipóteses de *mera rectificação* do acto constitutivo do qual se omitiu a menção todavia efectivamente acordada (aplica-se a regra da maioria qualificada vigente para a alteração dos estatutos) e as hipóteses de verdadeira *falta dessa estipulação* cuja menção se omitiu. Neste último caso, a deliberação deverá ser unânime: "não é nem deve ser possível criar os vínculos contratuais originais sem a aquiescência de *todos* os contraentes a *todas* as condições do contrato". Realça, ainda o absurdo, de por exemplo, serem os sócios maioritários a deliberar o valor das entradas (uma das menções cuja falha é suprível) dos sócios minoritários.

[21] Cfr. a contradição normativa que denunciámos *supra*, nt. 13.

[22] Dadas os "especiais interesses visados pela exigência desse elemento nas sociedades por acções e por quotas"– FERRER CORREIA/ ANTÓNIO CAEIRO (1969), p. 96; o mesmo não sucede nas sociedades de pessoas, daí a diferença em face do art. 43º, 3 (cfr. o respectivo comentário *infra*). Todavia, consideram aqueles mesmos Autores que a exigência de indicação do capital *prescinde* que "uma cláusula estatutária refira expressamente a cifra do capital: *basta* que esta se possa inferir do estatuto, ainda que de modo indirecto", *v.g.*, procedendo à soma do valor nominal (esse sim, indicado) das participações sociais.

[23] Ao contrário do que sucede no art. 43º, 3 (cfr. o respectivo comentário *infra*), para as sociedades de pessoas e ao contrário do previsto no Anteprojecto de Ferrer Correia – como nota, criticamente, COUTINHO DE ABREU (2009), p. 149, nt. 136.

[24] COUTINHO DE ABREU (2009), p. 149, , nt 137; OLIVEIRA ASCENSÃO (2000), p. 212; ALBINO MATOS (2001), p. 128-129, nt 245. A solução justifica-se ainda dentro do espírito que norteia a sanação de vícios: tratarem-se de "meras deficiências de carácter formal que não comprometem necessariamente a substância das relações tanto internas como externas da sociedade" – FERRER CORREIA/ ANTÓNIO CAEIRO (1969), p. 96. Mais longe vai ainda RAUL VENTURA (1980), p. 179 e 180, ao equacionar a sanação do vício de constituição unipessoal ilícita de sociedade "por meio da admissão de mais sócios".

ARTIGO 43º
Invalidade do contrato de sociedade em nome colectivo e em comandita simples

1. Nas sociedades em nome colectivo e em comandita simples são fundamentos de invalidade do contrato, além dos vícios do título constitutivo, as causas gerais de invalidade dos negócios jurídicos segundo a lei civil.

2. Para os efeitos do número anterior, são vícios do título constitutivo os mencionados no nº 1 do artigo anterior e ainda a falta de menção do nome ou firma de algum dos sócios de responsabilidade ilimitada.

3. São sanáveis por deliberação dos sócios, tomada nos termos estabelecidos para as deliberações sobre alteração do contrato, os vícios resultantes de falta ou nulidade da indicação da firma, da sede, do objecto e do capital da sociedade, bem como do valor da entrada de algum sócio e das prestações realizadas por conta desta.

Índice
1. Âmbito de aplicação
2. Regime
    2.1. Amplitude das causas de nulidade relevantes
    2.2. Sanação de vícios

Bibliografia:
Citada: ABREU, J. COUTINHO DE, *Curso de direito comercial*, II, 3.ª ed., Almedina, Coimbra, 2009; CORREIA, A. FERRER/ CAEIRO, ANTÓNIO, "Lei das sociedades comerciais (Anteprojecto)", BMJ 185 e 191(1969), p.25- 81 e 5-137.
Outra:
JÚNIOR, EDUARDO SANTOS, "Artigo 43º", em *Código das Sociedades Comerciais anotado* (coord. de A. Menezes Cordeiro), Almedina, Coimbra, 2009, p. 189-191.

1. Âmbito de aplicação

Tendo presentes os vectores que alicerçam o esquema de sistematização das invalidades do acto constitutivo acima proposto[1], constatamos que o art. 43º pretende regular as invalidades que atinjam, *no seu todo*, o contrato fundador de

---
[1] Cfr. *supra*, nº 1.1 do comentário ao art. 41º.

uma *sociedade de pessoas* (*i.e.*, de uma sociedade em nome colectivo ou em comandita simples) que já tenha sido *registado*.

2. Regime
2.1. Amplitude das causas de nulidade relevantes

O art. 43º não está submetido às exigências que decorrem da 1ª Directiva das sociedades comerciais, uma vez que esta não abrange as sociedades em nome colectivo ou em comandita simples[2]. Não consagra, por isso, limitações idênticas às exaradas na norma anterior: relevarão todas as causas contempladas na lei civil para a invalidade dos contratos (art. 43º, 1)[3]. São, adicionalmente, vincados como fundamento de invalidade os "vícios do título constitutivo", expressão que abrange tanto os vícios elencados no art. 42º, 1, como a falta de menção do nome ou firma de algum dos sócios de responsabilidade limitada (art. 43º, 2).

2.2. Sanação de vícios

Apesar da maior proximidade com o regime comum das invalidades, são ainda significativos os *desvios* impostos pelo *favor societatis*[4] quando estamos perante a hipótese de invalidação de um contrato registado de uma sociedade de pessoas.

Além do regime especial a que está sujeita a *invocação* da nulidade do contrato (art. 44º[5]) e das *consequências* que o legislador societário faz corresponder à respectiva declaração de nulidade (art. 52º[6]), a lei possibilita a *sanação* de algumas das nulidades que o atinjam.

Retomando o figurino do art. 42º, 2[7], permite-se, adicionalmente, a sanação do vício relativo à falta de indicação do *objecto* e do *capital social*[8].

---

[2] Cfr. o art. 1º da Directiva 68/151/CEE, do Conselho, de 9 de Março de 1968, JOCE nº L-65, de 14 de Março 1968. V. tb. COUTINHO DE ABREU (2009),, p. 148, nt. 132.
[3] E assim, por exemplo, relevará a simulação – COUTINHO DE ABREU (2009), p. 148, que não vê, todavia, "razões suficientes para este alargamento das causas de invalidade" – nt. 133; razões que, para FERRER CORREIA/ ANTÓNIO CAEIRO (1969), p. 96, residem no "acentuado carácter contratualista destas sociedades".
[4] Cfr. *supra*, nº 1.2 do comentário ao art. 41º.
[5] Cfr. o respectivo comentário *infra*.
[6] Cfr. o respectivo comentário *infra*.
[7] Para cujo comentário *supra* remetemos.
[8] Uma vez que existe responsabilidade pessoal e solidária dos sócios por dívidas da sociedade, não parece que a falta ou nulidade de menção do capital revista aqui a mesma gravidade que nas sociedades de capitais (cfr. o art. 42º,1, b). – assim FERRER CORREIA/ ANTÓNIO CAEIRO (1969), p. 97.

ARTIGO 44º
Acção de declaração de nulidade e notificação para regularização

1. A acção de declaração de nulidade pode ser intentada, dentro do prazo de três anos a contar do registo, por qualquer membro da administração, do conselho fiscal ou do conselho geral e de supervisão da sociedade ou por sócio, bem como por qualquer terceiro que tenha um interesse relevante e sério na procedência da acção, sendo que, no caso de vício sanável, a acção não pode ser proposta antes de decorridos 90 dias sobre a interpelação à sociedade para sanar o vício.
2. A mesma acção pode ser intentada a todo o tempo pelo Ministério Público.
3. Os membros da administração devem comunicar, no mais breve prazo, aos sócios de responsabilidade ilimitada, bem como aos sócios das sociedades por quotas, a propositura da acção de declaração de nulidade, devendo, nas sociedades anónimas, essa comunicação ser dirigida ao conselho fiscal ou ao conselho geral e de supervisão, conforme os casos.

Índice
1. Âmbito de aplicação
2. Regime
   2.1. Legitimidade
   2.2. Prazo
   2.3. Ónus de interpelar previamente a sociedade
   2.4. Dever de comunicação dos membros da administração

Bibliografia:

Citada: ABREU, J. COUTINHO DE, *Curso de direito comercial*, II, 3.ª ed., Almedina, Coimbra, 2009; ASCENSÃO, J. OLIVEIRA, *Direito Comercial*, IV, *Sociedades comerciais*, Lisboa, 2000; CORDEIRO, A. MENEZES, *Manual de Direito das Sociedades*, vol. I, "Das sociedades em geral", 2ª ed., Almedina, Coimbra, 2007; CORREIA, A. FERRER/ CAEIRO, ANTÓNIO, "Lei das sociedades comerciais (Anteprojecto)", BMJ 185 e 191(1969), p.25- 81 e 5-137; JÚNIOR, EDUARDO SANTOS, "Artigo 44º", em *Código das Sociedades Comerciais anotado* (coord. de A. Menezes Cordeiro), Almedina, Coimbra, 2009, p. 191-195; MATOS, ALBINO, *Constituição de sociedades. Teoria e prática. Formulário.*, 5ª ed., Almedina, 2001; PINTO, CARLOS A. MOTA, *Teoria Geral do Direito Civil*, 4ª ed. por A. Pinto Monteiro/ Paulo Mota Pinto, Coimbra Editora, Coimbra, 2005; VENTURA, RAUL, "Adaptação do direito português à 1ª Directiva do Conselho da Comunidade Económica sobre direito das sociedades", Documentação e Direito Comparado 2 (1980), p. 89-217.

1. Âmbito de aplicação

Tendo presentes os vectores que alicerçam o esquema de sistematização das invalidades do acto constitutivo acima proposto[1], constatamos que o art. 44º pretende regular o *processo de invocação* das nulidades que atinjam, *no seu todo*, o contrato *registado* de *qualquer* tipo societário[2].

2. Regime

O art. 44º introduz significativos desvios ao regime geral de invocação nulidades gizado pelo art. 286º do CCiv., desvios mais uma vez impulsionados pela ideia de *favor societatis*[3].

2.1. Legitimidade

Em primeiro lugar, no que toca à *legitimidade activa*: a nulidade deixa de poder ser invocada por qualquer interessado[4] (*i.e.*, pelo sujeito de qualquer relação jurídica afectada, na sua consistência jurídica ou prática, pelos efeitos a que o negócio se dirigia[5]). Nos termos do art. 44º, 1 e 2, a possibilidade de invocar a nulidade do contrato registado *apenas* é reconhecida (i) ao Ministério Público; (ii) a qualquer membro do órgão de administração ou fiscalização da sociedade; (iii) aos sócios; (iv) a terceiro que tenha um interesse relevante e sério na procedência da acção.

Daqui decorre que existe toda uma categoria de sujeitos que preencheriam o critério geral de "interessados" do art. 286º do CCiv. mas que, salvo situações muito particulares, não estarão em condições de provar um empenho legítimo na procedência da acção: os *credores sociais*[6].

---

[1] Cfr. *supra*, nº 1.1 do comentário ao art. 41º.
[2] COUTINHO DE ABREU (2009), p. 148-149; SANTOS JÚNIOR (2009), p. 193.
[3] Cfr. *supra*, nº 1.2 do comentário ao art. 41º.
[4] Manifestando a sua discordância face a esta solução e preferência pela manutenção da regra do art. 286º do CCiv, RAUL VENTURA (1980), p. 183. Todavia, em sentido favorável, MENEZES CORDEIRO (2007), p. 507, nt. 1476: trata-se de um "pressuposto processual suplementar, destinado a prevenir a interposição gratuita e selvagem de acções contra grandes sociedades, para obter compensações destinadas a evitar o escândalo, mas sem qualquer base jurídica".
[5] MOTA PINTO (2005), p. 620.
[6] Assim FERRER CORREIA/ ANTÓNIO CAEIRO (1969), p. 96-99. Os Autores identificam, todavia, situações "excepcionais" em que os credores podem ter "real interesse" na "liquidação tão rápida quanto possível da sociedade devedora": por exemplo, quando "a empresa se achar nas mãos de uma gerência gravemente descuidada, que provavelmente a conduzirá, mais cedo ou mais tarde, à ruína". Atrevemo-nos a acrescentar que, na actual conjuntura sócio-económica, semelhante hipótese pouco terá de excepcional. Os autores acrescentam, ainda, a possibilidade dos credores particulares dos sócios das sociedades por quotas e anónimas poderem ter legitimidade para intentar a acção de nulidade do contrato social: se houver excelentes razões para acreditar que a parte alíquota do património social

A hipótese de a nulidade ser oficiosamente conhecida pelo Tribunal parece afastada, não só pelo modo restritivo como a lei regula a atribuição de legitimidade activa, como pela necessidade de interpelação prévia à propositura da acção[7].

2.2. Prazo

Também quanto ao prazo de invocação da nulidade se verifica um desvio considerável face ao regime do art. 286º CCiv.: a acção deve ser intentada no prazo de *três anos* a contar do registo do contrato, sob pena de caducidade do respectivo direito, em homenagem à referida ideia de estabilidade e segurança da empresa societária (art. 44º, 1)[8].

Contudo, para *impedir* que uma sociedade se torne *inatacável* pelo decurso do tempo, apesar de ferida no seu estatuto "das mais graves irregularidades", a acção de nulidade pode ser proposta pelo Ministério Público *a todo o tempo* (art. 44º, 2)[9].

2.3. Ónus de interpelar previamente a sociedade

Num caso como noutro, a lei impõe aos legitimados[10] um *ónus*[11] de notificação prévia: a acção não pode ser proposta antes de decorridos *noventa dias* sobre a interpelação à sociedade para *sanar* o vício (art. 44º, 1, *in fine*)[12]. Naturalmente que, se

---

correspondente a cada acção se exprime por uma cifra bem superior à cotação dos títulos; sendo certo, por outro lado, que o credor não poderá pagar-se totalmente através da venda das acções".

[7] Assim OLIVEIRA ASCENSÃO (2000), p. 213-214. Manifestando-se favorável a que a nulidade pudesse ser decretada oficiosamente pelo tribunal e invocada em via de excepção, RAUL VENTURA (1980), p. 183.

[8] V. FERRER CORREIA/ ANTÓNIO CAEIRO (1969), p. 99.

[9] FERRER CORREIA/ ANTÓNIO CAEIRO (1969), p. 99. PARA OLIVEIRA ASCENSÃO (2000), p. 212-213, a ausência de limite temporal a esta faculdade do Ministério Público significa que *a nulidade não convalesce* pelo decurso do prazo: apenas se verifica uma "*caducidade* da acção em relação a certas categorias de interessados".

[10] Segundo RAUL VENTURA (1980), teria sido "mais eficaz" que a notificação fosse ordenada pelo juiz como primeiro acto de acção proposta, por suspeitar que "a notificação privada anterior à acção não seja bastante para remover a inércia de quem, podendo ter regularizado a sociedade muito antes, ainda não o fez".

[11] Para MENEZES CORDEIRO (2007), p. 507, trata-se também de "uma exigência que opera como pressuposto processual uma vez que, sem ela, a acção não será considerada quanto ao fundo".

[12] Sobre a sanação dos vícios, cfr. *supra* os comentários aos arts. 41º, 2, e 43º, 3. Note-se que a exigência de notificação *também* é aplicável às acções intentadas pelo Ministério Público – assim MENEZES CORDEIRO (2007), p. 507, nt. 507; e ALBINO MATOS (2001), p. 128, nt. 245.

se tratar de um vício não sanável, a proposição da acção não está dependente de notificação da sociedade[13].

2.4. Dever de comunicação dos membros da administração

Os membros do órgão de administração devem *comunicar* no mais breve prazo aos sócios de responsabilidade ilimitada e ao sócios de sociedades por quotas a *propositura de uma acção de declaração de nulidade*; nas sociedades anónimas, consoante a estrutura adoptada, a comunicação será dirigida ao conselho fiscal ou ao conselho geral e de supervisão (art. 44º, 3). Este dever parece consubstanciar como que um alerta para uma "última chance" de sanação do vício[14].

Em rigor, caso tenha sido feita a interpelação prevista no nº 1 do art. 44º, a administração já dela há-de *ter dado conhecimento* aos sócios, na medida em que a sanação de vícios visada por aquela interpelação passa por deliberação dos mesmos sócios[15]. Mas, ainda assim[16], justifica-se o cumprimento autónomo do dever imposto pelo art. 44º, 3[17].

---

[13] SANTOS JÚNIOR (2009), p. 194: em tais casos a notificação seria "escusada ou sem sentido".
[14] Assim COUTINHO DE ABREU (2009), p. 149, nt. 139; SANTOS JÚNIOR (2009), p. 195.
[15] Para SANTOS JÚNIOR (2009), p. 194, a comunicação da interpelação corresponde também a um dever da administração que, apesar de não estar expressamente referido do art. 44º, "parece ser uma decorrência implícita da norma que determina a interpelação da sociedade".
[16] E, obviamente, até por maioria de razão, nas situações em que não tenha havido interpelação pelo facto de o vício não ser sanável.
[17] Não só porque, decorrido do prazo de noventa dias sem sanação do vício, não é contudo líquido e automático que seja proposta a acção de nulidade, como sobretudo porque no curso da acção ainda pode ocorrer a sanação do vício – assim SANTOS JÚNIOR (2009), p. 194-195.

ARTIGO 45º
Vícios da vontade e incapacidade nas sociedades por quotas, anónimas e em comandita por acções

1. Nas sociedades por quotas, anónimas e em comandita por acções o erro, o dolo, a coacção e a usura podem ser invocados como justa causa de exoneração pelo sócio atingido ou prejudicado, desde que se verifiquem as circunstâncias, incluindo o tempo, de que, segundo a lei civil, resultaria a sua relevância para efeitos de anulação do negócio jurídico.

2. Nas mesmas sociedades, a incapacidade de um dos contraentes torna o negócio jurídico anulável relativamente ao incapaz.

Índice
1. Âmbito de aplicação
2. Regime
   2.1. Incapacidade
   2.2. Outras patologias da declaração negocial
   2.2.1. Situações abrangidas
   2.2.2. O direito à exoneração: condições e consequências do seu exercício

Bibliografia:
Citada:
ABREU, J. COUTINHO DE, *Curso de direito comercial*, II, 3.ª ed., Almedina, Coimbra, 2009; ASCENSÃO, J. OLIVEIRA, *Direito Comercial*, IV, *Sociedades comerciais*, Lisboa, 2000; CORDEIRO, A. MENEZES, *Manual de Direito das Sociedades*, vol. I, "Das sociedades em geral", 2ª ed., Almedina, Coimbra, 2007; CORREIA, A. FERRER/CAEIRO, ANTÓNIO, "Lei das sociedades comerciais (Anteprojecto)", BMJ 185 e 191(1969), p.25- 81 e 5-137; CORREIA, M. PUPO, *Direito Comercial / Direito da Empresa*, 11ª ed., Ediforum, Lisboa, 2009; MONTEIRO, A. PINTO, "Negócio jurídico e contrato de sociedade comercial", em *Nos 20 anos do Código das Sociedades Comerciais - Homenagem aos Profs. Doutores A. Ferrer Correia, Orlando de Carvalho e Vasco Lobo Xavier*, Coimbra Editora, Coimbra, 2007, p. 91-114; PINTO, CARLOS A. MOTA, *Teoria Geral do Direito Civil*, 4ª ed. por A. Pinto Monteiro/ Paulo Mota Pinto, Coimbra Editora, Coimbra, 2005; VENTURA, RAUL, "Adaptação do direito português à 1ª Directiva do Conselho da Comunidade Económica sobre direito das sociedades", Documentação e Direito Comparado 2 (1980), p. 89-217;

Outra:
JÚNIOR, EDUARDO SANTOS, "Artigo 45º", em *Código das Sociedades Comerciais anotado* (coord. de A. Menezes Cordeiro), Almedina, Coimbra, 2009, p. 195-198.

1. Âmbito de aplicação

Tendo presentes os vectores que alicerçam o esquema de sistematização das invalidades do acto constitutivo acima proposto[1], constatamos que o art. 45º pretende regular as patologias que atinjam as *singulares declarações de vontade* integrantes do contrato fundador de uma *sociedade de capitais* (isto é, de uma sociedade por quotas, anónima ou em comandita por acções) que já haja sido *registado*.

2. Regime

De novo nos deparamos com significativos desvios às disciplina geral do negócio jurídico, inspirados por uma clara ideia de *favor societatis*[2] – não só no regime instituído pelo art. 45º como também nas normas que o complementam (arts. 47º a 51º).

Comece por se notar que o art. 45º assenta numa *clivagem* essencial: separa, quanto às *consequências*, a incapacidade das restantes patologias susceptíveis de atingir as singulares declarações negociais[3].

2.1. Incapacidade

Assim, o contraente incapaz conserva o direito, atribuído pela lei geral, à *anulação* do negócio societário na parte que lhe diz respeito (art. 45º, 2). Uma vez anulada a sua declaração de vontade, terá, nos termos do art. 47º, direito a *reaver* o que prestou e não poderá ser obrigado a *completar* a sua entrada (o que também está em consonância com o regime geral – cfr. art. 289º, 1, do CCiv.).

Subiste, contudo, um problema não expressamente versado pelo legislador societário mas que, por desembocar na questão mais lata da invalidade de todo o contrato, deve merecer uma resposta diferente da que seria alcançada seguindo o direito comum. Referimo-nos ao problema da *redução do negócio jurídico* de sociedade de capitais afectado pela anulação (por incapacidade) de uma (ou mais) das declarações de vontade que o integram. Ora, seguindo o prescrito pelo art. 292º CCiv., poderíamos desembocar na contaminação de todo o contrato por esta invalidade parcial. Mas não parece a solução indicada:

---

[1] Cfr. *supra*, nº 1.1 do comentário ao art. 41º. Note-se que a 1ª Directiva sobre sociedades comerciais (Directiva 68/151/CEE, do Conselho, de 9 de Março de 1968, JOCE nº L-65, de 14 de Março 1968) não se aplica às invalidades parciais, limitadas ao vínculo de um só sócio – v. RAUL VENTURA (1980), p. 173.
[2] Cfr. *supra*, nº 1.2 do comentário ao art. 41º.
[3] Sobre o tratamento privilegiado que todo o regime das invalidades do negócio jurídico societário dispensa à incapacidade e sobre o alcance das situações abrangidas, cfr. *infra*, nº 1.2. do comentário ao art. 41º.

atendendo (sobretudo) ao elenco fechado de causas de invalidade total previsto no art. 42º[4] e (também) à significativa diferença de redacção no confronto com o art. 46º, vigente para as sociedades de pessoas[5], o contrato fundador de uma sociedade de capitais *não poderá ser totalmente anulado* como decorrência da invalidação de uma (ou mais) declarações singulares[6].

2.2. Outras patologias da declaração negocial

Para as outras patologias das singulares declarações negociais prescreve o art. 45º, 1, uma consequência assaz diferente: o *direito à exoneração* do sócio cuja declaração foi atingida.

2.2.1. Situações abrangidas

Apesar de a letra da lei apenas se referir a *vícios da vontade* (erro, dolo, coacção e usura[7]), poderão considerar-se submetidas ao mesmo regime (se necessário, por analogia) outras patologias que afectem a singular declaração negocial, não ao nível da formação da vontade mas gerando a *divergência entre a vontade e a decla-*

---

[4] Assim RAUL VENTURA (1980), p. 192, com referência à 1ª Directiva; no mesmo sentido, PUPO CORREIA (2009), p. 172.

[5] Onde se prevê expressamente a invalidação de todo o negócio como consequência da aplicação do art. 292º do CCiv.. Neste sentido, COUTINHO DE ABREU (2009), p. 151-152. Diferentemente, OLIVEIRA ASCENSÃO (2000), p. 220-221, não vê motivo para "subtrair as sociedades de responsabilidade limitada à incidência da supressão de posições singulares", e dá o exemplo da eliminação da posição do sócio que "contribuiu para a sociedade com 80% do capital", se se demonstrar que "a participação daquele sócio maioritário fora considerada essencial pelos outros".

[6] Parece que já não será assim se a invalidação parcial conduzir, precisamente, à situação contemplada pela al. a) do art. 42º, 1 – falta do mínimo de dois sócios fundadores (salvo quando a lei permita a constituição da sociedade por uma só pessoa) – neste sentido, RAUL VENTURA (1980), p. 190. Veja-se, ainda, a solução proposta por COUTINHO DE ABREU (2009), p. 152, para a hipótese de anulação da declaração negocial de um dos dois sócios de uma sociedade anónima constituída por duas pessoas singulares: apesar de o efeito retroactivo da anulação parecer apto a provocar a nulidade do contrato social nos termos do art. 42º, 1, al. a), pois a sociedade terá então sido constituída por um único sócio fundador, o Autor recusa semelhante consequência. Estriba-se, para isso, no argumento geral da tutela dos interesses dos (restantes) sócios e de terceiros e num argumento específico retirado da 1ª Directiva (distinção explícita entre a hipótese de *incapacidade* de *todos* os sócios fundadores e a hipótese de *falta* de pelo menos *dois* sócios fundadores).

[7] Sendo que o art. 282º, sob a epígrafe "negócios usurários",cobre situações (como a de estado de necessidade) que a doutrina civilista tem subsumido à categoria dos vícios da vontade – assim MOTA PINTO (2005), p. 534-537. discordando da "parificação" da usura aos vícios da vontade, OLIVEIRA ASCENSÃO (2000), p. 202.

ração[8]. Pense-se, desde logo, no erro na declaração (art. 247º do CCiv.)[9] ou na transmissão da declaração (art. 250º do CCiv.)[10], nas declarações não sérias (art. 245º do CCiv.), na simulação (art. 240º do CCiv.)[11].

Quanto às situações de coação física e (algumas das situações) de falta de consciência da declaração (art. 246º do CCiv.)[12], a analogia deverá se feita, em nosso entender, com a hipótese da incapacidade prevista no art. 45º, 2. Sempre que *falte a própria vontade de acção* (a mera voluntariedade do comportamento declarativo) estamos tecnicamente perante uma inexistência da declaração negocial[13]; ora, se o comportamento não pode sequer ser imputado ao coagido ou ao inconsciente, ele merece *pelo menos tanta protecção* como o incapaz, devendo os seus interesses prevalecer sobre os demais na medida talhada pelo art. 45º, 2[14].

---

[8] Como já equacionavam, nos trabalhos preparatórios, FERRER CORREIA/ ANTÓNIO CAEIRO (1969), p. 101-103; o facto de acabarem por não ser mencionadas no texto final pareceu dever-se a uma ausência de necessidade estrita de o fazer, ou porque o seu regime decorre "de princípios basilares do nosso ordenamento jurídico, princípios contra os quais são impotentes as razões de tutela da segurança e do tráfico jurídico", ou devido à sua "reduzida importância", já que o problema se levantaria apenas "num número ínfimo de casos". Já MENEZES CORDEIRO (2007), p. 515, alarga o elenco de patologias relevantes à simulação parcial e relativa, falta de consciência da declaração, coacção física e incapacidade acidental; fá-lo, contudo, apenas de plano quanto às sociedades de pessoas reguladas no art. 46º; já para as sociedades de capitais "compete, caso a caso, verificar se tais vícios podem, por analogia, constituir justa causa de exoneração" (p. 517).

[9] Isto na medida em que a referência da norma ao erro referido tem sido dominantemente entendida como reportada o erro-vício (arts. 251º e 252º do CCiv.).

[10] Pense-se na hipótese de alguém com poucos conhecimentos informáticos recorrer a um núncio que o auxilie na constituição *online* de uma sociedade.

[11] Ou na reserva mental conhecida, que tem os efeitos da simulação (art. 244º, 2, do CCiv.). Sobre a simulação enquanto causa de invalidação do contrato de sociedade, cfr. FERRER CORREIA/ ANTÓNIO CAEIRO (1969), p. 66, s.; e OLIVEIRA ASCENSÃO (2000), p. 222-229. Veja-se, todavia, o limite imposto pelo art. 42º, que não prevê esta patologia no elenco fechado de causas de nulidade total do contrato de sociedade.

[12] Mas não às hipóteses de falta de consciência do *significado negocial* da conduta – veja-se exemplo oferecido por FERRER CORREIA/ ANTÓNIO CAEIRO (1969), p. 102, nt. 102, do sujeito que apõe a sua assinatura num documento de subscrição de acções de uma sociedade, convencido "de que se trata de qualquer representação dirigida à autoridade municipal da sua terra". Em hipóteses destas, pelo menos quando haja culpa do declarante, a analogia não deve ser feita com o art. 45º,2, mas com o art. 45º, 1.

[13] MOTA PINTO (2005), p. 490 e 491.

[14] Em sentido análogo (embora sem se referirem à situação do incapaz), FERRER CORREIA/ ANTÓNIO CAEIRO (1969), p. 101: as hipóteses "de *coacção física e similares* não podem deixar de ser equiparadas à da representação sem poderes e à do agir sob nome alheio: *nenhuns efeitos* se produzem aí a cargo do declarante aparente". Sobre as situações de actuação sob o nome de outrem e em nome de outrem sem poderes, veja-se o que dizemos *supra*, comentário ao art. 42º.

2.2.2. O direito à exoneração: condições e consequências do seu exercício

As patologias que acabamos de discriminar valerão, pois, como *justa causa de exoneração* do sócio por elas afectado (art. 45º, 2). Mas isto só depois de filtradas pelo *crivo da relevância e da tempestividade* fixado pela lei civil. Quer isto dizer que cada um dos vícios (ou divergências) terá que preencher os critérios gerais prescritos para que possam funcionar como causa de invalidação da declaração que respeitam. Só ultrapassada esta etapa é que intercede a especialidade da lei societária, "substituindo" a anulação pelo direito à exoneração[15].

O carácter (predominantemente) *plurilateral* do contrato de sociedade introduz, porém, algumas singularidades dignas de nota na aplicação daqueles critérios gerais de relevância[16]. Note-se que os regimes o erro, dolo ou coação jogam com a presença ou ausência de determinados estados subjectivos na *pessoa do declaratário*, e, nos dois últimos casos, consagram inclusivamente uma disciplina diferente consoante o dolo ou a coacção provenham do declaratário ou de terceiro. Ora, na medida em que os requisitos em causa visem a *protecção do declaratário*, devem *beneficiar* na mesma medida *todos os intervenientes* no contrato de sociedade. Assim, quanto ao *erro* (arts. 247º e 251º do CCiv.), a essencialidade do elemento sobre que incidiu deverá ser conhecida ou cognoscível de todos os outros contraentes; caso contrário, o erro não relevará[17]. Quanto ao dolo, mesma que provenha de um (ou mais) dos contraentes, bastará a inocência de outro(s) para tornar aplicável o regime do *dolo de terceiro* (art. 254º, 2, do CCiv.): só relevará se for conhecido de ou cognoscível a todos esses outros[18]. Por fim, a partir do momento em que haja sócios que a não conheceram nem deviam conhecer[19], a relevância da coação moral, mesmo que oriunda de algum dos outros contraentes, só se verificará, se for grave o mal e justificado o receio da sua consumação (art. 256º do CCiv.).

---

[15] Para RAUL VENTURA (1980), p. 174, nt. 62, não seria necessário "criar um desvio tão grande dos princípios gerais"; bastaria que a lei ordenasse que, no caso de anulação parcial, 2o sócio terá direito ao valor actual da quota".
[16] Cfr, detalhadamente, FERRER CORREIA/ ANTÓNIO CAEIRO (1969), p.104-108, que seguimos de perto.
[17] Assim também PINTO MONTEIRO (2007), p. 109. No caso do art. 252º, 1, do CCiv., todos os sócios deverão ter participado no acordo que reconhece a essencialidade do motivo.
[18] Neste sentido PINTO MONTEIRO (2007), p. 109; PUPO CORREIA (2009), p. 173.
[19] Seguimos esta "alteração" proposta por FERRER CORREIA/ ANTÓNIO CAEIRO (1969), p. 106, ao regime da coação nos contratos plurilaterais de sociedade; se *todos* os outros sócios conheciam ou deviam conhecer o vício, a declaração do coagido permanece anulável *mas já sem a exigência suplementar* da gravidade do mal e do justificado receio da sua consumação. Cfr., ainda, PUPO CORREIA (2009), p. 173.

Verificados os requisitos de relevância da lei civil, incluindo os requisitos temporais (pense-se nos *prazos* a que o art. 287º do CCiv. sujeita o exercício do direito potestativo de anular[20]), o art. 45º, 2, do CSC determina que na esfera jurídica do sócio emitente da declaração afectada nasça um direito à exoneração por justa causa, em substituição do comum direito de invalidação[21]. O alcance desta modificação, inspirada novamente pelo *favor societatis*[22], é notável: o sócio, conservando a faculdade de se apartar da sociedade, deixa de poder exigir, independentemente da situação económica em que aquela se encontre, o reembolso da sua entrada (como decorria do efeito retroactivo de uma anulação)[23]; apenas lhe é reconhecido o direito de receber uma soma equivalente ao valor da sua participação social estabelecido *em função do estado actual da sociedade*[24]. Não se olvide que estamos perante sociedades de capitais; ora, "os que tratam com uma sociedade que vive exclusivamente de um património seu, hão-de ter a garantia de que esse fundo será conservado intacto para suportar os riscos da empresa"[25].

---

[20] O que significa, por exemplo, que nas hipóteses de vício da vontade, os atingidos têm um ano a contar da cessação do vício para se desvincular da sociedade.

[21] Escusado será dizer que, não havendo invalidade da participação de um sócio, o art. 292º não pode ter aplicação – assim RAUL VENTURA (1980), p. 166.

[22] Cfr. *supra*, nº 1.2. do comentário ao art. 41º.

[23] O que "representaria um enfraquecimento sensível do princípio da vinculação do património social ao cumprimento das obrigações assumidas" – FERRER CORREIA/ ANTÓNIO CAEIRO (1969), p. 108-109.

[24] V. FERRER CORREIA/ ANTÓNIO CAEIRO (1969), p. 109-110 (frisando que semelhante valor pode ficar aquém do montante da entrada efectuada, mas nada impede que o iguale ou mesmo que o exceda, tudo dependendo do "estado de prosperidade da empresa"); mais sintética, conclui ELISABETE RAMOS (2008), p. 94, que a recepção pelo sócio "do valor da sua participação social depende da existência de bens desnecessários para cobrir o capital social".

[25] FERRER CORREIA/ ANTÓNIO CAEIRO (1969), p. 108.

ARTIGO 46º
Vícios da vontade e incapacidade nas sociedades em nome colectivo e em comandita simples

Nas sociedades em nome colectivo e em comandita simples o erro, o dolo, a coacção, a usura e a incapacidade determinam a anulabilidade do contrato em relação ao contraente incapaz ou ao que sofreu o vício da vontade ou a usura; no entanto, o negócio poderá ser anulado quanto a todos os sócios, se, tendo em conta o critério formulado no artigo 292º do Código Civil, não for possível a sua redução às participações dos outros.

Índice
1. Âmbito de aplicação
2. Regime

Bibliografia:
Citada: ABREU, J. COUTINHO DE, *Curso de direito comercial*, II, 3.ª ed., Almedina, Coimbra, 2009; ASCENSÃO, J. OLIVEIRA, *Direito Comercial*, IV, *Sociedades comerciais*, Lisboa, 2000; CORREIA, A. FERRER/CAEIRO, ANTÓNIO, "Lei das sociedades comerciais (Anteprojecto)", BMJ 185 e 191(1969), p.25- 81 e 5-137.

1. Âmbito de aplicação
Tendo presentes os vectores que alicerçam o esquema de sistematização das invalidades do acto constitutivo acima proposto[1], verificamos que o art. 46º pretende regular as patologias que atinjam as *singulares declarações de vontade* integrantes do contrato fundador de uma *sociedade de pessoas* (isto é, de uma sociedade em nome colectivo ou em comandita simples) que já haja sido *registado*.

2. Regime
No domínio das sociedade de pessoas, compreende-se que a remissão (explícita e implícita) para o regime geral do negócio jurídico seja mais extensa. Determina-se literalmente a aplicação do instituto da *redução do negócio jurídico* (art. 292º do CCiv.), pelo que o contrato fundador de uma sociedade de pessoas já poderá ser

---

[1] Cfr. *supra*, nº 1.1 do comentário ao art. 41º.

totalmente anulado como decorrência da invalidação de uma (ou mais) declarações singulares[2], ao contrário do que acontece nas sociedades de capitais[3].

Também diferentemente do que sucede no art. 45º não há qualquer diferenciação a nível das *consequências* geradas pelas diferentes patologias relevantes[4]: serão as cominadas pela lei civil – tipicamente, o direito potestativo de anular a respectiva declaração negocial. Contudo, nesta sede, irá o art. 47º introduzir (mais) uma clivagem protectora da posição do contraente incapaz[5].

Note-se, por último, que, apesar de o art. 46º apenas se referir às situações de incapacidade e de vícios da vontade, valem, *mutatis mutandis*, as considerações que fizemos *supra* quanto à inclusão das *divergências entre a vontade e a declaração*[6].

---

[2] V. COUTINHO DE ABREU (2009), p. 152.
[3] Cfr. *supra*, comentário ao art. 45º.
[4] Pois os terceiros dispõem aqui de acção directa contra os sócios, como lembram FERRER CORREIA/ ANTÓNIO CAEIRO (1969), p. 111.
[5] Na verdade, como nota OLIVEIRA ASCENSÃO (2000), a *amplitude do art. 46º é enganadora*: confrontando-o com o art. 47º, apercebemo-nos de que "só a incapacidade é vastamente tutelada"; nos outros casos, "mantém-se a responsabilidade em face de terceiros".
[6] Cfr. nº 2.1.1 do comentário ao art. 45º. E, expressamente quanto às sociedades de pessoas, MENEZES CORDEIRO (2007), p. 515, alarga o elenco de patologias relevantes à simulação parcial e relativa, falta de consciência da declaração, coacção física e incapacidade acidental, propondo ainda que se *recuperem* sociedades dissimuladas (art. 241º do CCiv.) e se "*construam*" sociedades por conversão (art. 293º do CCiv.).

ARTIGO 47º
Efeitos da anulação do contrato

O sócio que obtiver a anulação do contrato, nos casos do nº 2 do artigo 45º e do artigo 46º, tem o direito de reaver o que prestou e não pode ser obrigado a completar a sua entrada, mas, se a anulação se fundar em vício da vontade ou usura, não ficará liberto, em face de terceiros, da responsabilidade que por lei lhe competir quanto às obrigações da sociedade anteriores ao registo da acção ou da sentença.

Índice
1. Âmbito de aplicação
2. Regime

Bibliografia:
Citada:
CORDEIRO, A. MENEZES, *Manual de Direito das Sociedades*, vol. I, "Das sociedades em geral", 2ª ed., Almedina, Coimbra, 2007; JÚNIOR, EDUARDO SANTOS, "Artigo 47º", em *Código das Sociedades Comerciais anotado* (coord. de A. Menezes Cordeiro), Almedina, Coimbra, 2009, p. 199-201; RAMOS, M. ELISABETE, "Constituição das sociedades comerciais", em *Estudos de direito das sociedades*, coord. J. M. Coutinho de Abreu, 9ª ed., Almedina, Coimbra, 2008, p. 41-97.

1. Âmbito de aplicação

Continuando a aplicar os vectores que alicerçam o esquema de sistematização das invalidades do acto constitutivo acima proposto[1], comprovamos que o art. 47º pretende regular as consequências da *anulação* de uma *singular declaração de vontade* integrante do contrato fundador de *qualquer* tipo societário que já haja sido *registado*.

2. Regime

O art. 47º começa por se *alinhar* com o regime geral da anulação do negócio jurídico (art. 289º, 1 do CCiv.), determinando que o sócio que obtenha a anulação da sua declaração negocial (ou, como diz a lei, "do contrato" na parte que lhe

---
[1] Cfr. *supra*, nº 1.1 do comentário ao art. 41º.

diga respeito) tem direito a *reaver* o que prestou e não pode ser obrigado a *completar* a sua entrada. Uma leitura atenta do preceito revela-nos, contudo, que o seu principal efeito útil é um desvio àquele regime, visto que a regra geral acaba por valer apenas para as hipóteses de anulação por *incapacidade*[2]. Nos restantes casos – vícios da vontade (erro, dolo, coacção, usura) e divergências entre a vontade e a declaração[3] – valerá o *desvio* cominado pela parte final do art. 47º.

Tal desvio significa que, no plano externo e no que toca a obrigações anteriores ao registo da acção ou da sentença, a anulação *não será oponível* a terceiros. O sócio continuará, portanto, *responsável*, nos termos determinados pela lei, pelo pagamento dessas obrigações e poderá ser demandado pelos terceiros para *cumprir*[4]. No plano interno, terá depois o direito de reclamar dos outros sócios o *reembolso* do que assim haja despendido, já que, perante eles, a anulação permanece oponível e conserva o seu carácter retroactivo[5].

---

[2] Sobre a especial protecção do incapaz, cfr. o que dissemos *supra*, nº 1.2 do comentário ao art. 41º.

[3] Sobre este "alargamento" do catálogo legal às divergências, cfr. *supra*, nº 2.1.1. do comentário ao art. 45º e nº 2 do comentário ao art. 46º. Naturalmente que o alargamento significa que o direito exercido pode ter sido não o de anular, mas o de pedir a declaração de nulidade – também a essas casos se aplicará este art. 47º. No mesmo sentido, SANTOS JÚNIOR (2009), p. 201.

[4] V. ELISABETE RAMOS (2008), p. 95.

[5] Assim, SANTOS JÚNIOR (2009), p. 200-201, defendendo, porém, que da protecção só beneficiam os terceiros de boa fé. Mais desenvolvidamente, MENEZES CORDEIRO (2007), p. 509, nt 1481: ao regime deve ser aposta uma "cláusula doutrinária", nos termos da qual *só* são tutelados os terceiros que "não tenham provocado o vício, ou, dele, não tiverem conhecimento, ao tempo da contratação".

ARTIGO 48º
Sócios admitidos na sociedade posteriormente à constituição

O disposto nos artigos 45º a 47º vale também, na parte aplicável e com as necessárias adaptações, se o sócio incapaz ou aquele cujo consentimento foi viciado ingressou na sociedade através de um negócio jurídico celebrado com esta em momento posterior ao da constituição.

Índice
1. Âmbito de aplicação
2. Regime

Bibliografia:
Citada:

JÚNIOR, EDUARDO SANTOS, "Artigo 48º", em *Código das Sociedades Comerciais anotado* (coord. de A. Menezes Cordeiro), Almedina, Coimbra, 2009, p. 201-202.

1. Âmbito de aplicação

Continuando a seguir os vectores que alicerçam o esquema de sistematização das invalidades do acto constitutivo acima proposto[1], comprovamos que o art. 48º pretende aplicar-se as situações em que a *declaração singular* de um sócio admitido *posteriormente* à constituição e registo de *qualquer* tipo de sociedade padece de *vícios* relevantes.

2. Regime

Entende a doutrina que o art. 48º apenas se aplica aos casos de *entrada de novo sócio* (*v.g.*, através de aumento de capital) e não de *simples transmissão da participação social*[2] (ainda que aqui o adquirente também seja, em certa medida, um "sócio novo", pois ingressa na posição jurídica do transmitente; parece, contudo, que não há uma "adição" de nova declaração negocial ao acto fundador justificativa do regime cominado).

---

[1] Cfr. *supra*, nº 1.1 do comentário ao art. 41º.
[2] Neste sentido, SANTOS JÚNIOR (2009), p. 202.

Se a declaração do novo sócio padecer das patologias relevantes, aplicar-se--ão, com as *necessárias adaptações*, os arts. 45º a 47º[3].

---

[3] Note-se, que, no que tange à aplicação do regime da redução do negócio jurídico suscitada via art. 46º, já não se afigura verosímil a contaminação de todo o contrato social, uma vez a prova da vontade hipotético-conjectural dos sócios fundadores em constituir a sociedade só se pode reportar a um momento em que o novo sócio ainda não tinha entrado em cena. Neste sentido, SANTOS JÚNIOR (2009), p. 202.

ARTIGO 49º
Notificação do sócio para anular ou confirmar o negócio

1. Se a um dos sócios assistir o direito de anulação ou exoneração previsto nos artigos 45º, 46º e 48º, qualquer interessado poderá notificá-lo para que exerça o seu direito, sob pena de o vício ficar sanado. Esta notificação será levada ao conhecimento da sociedade.

2. O vício considera-se sanado se o notificado não intentar a acção no prazo de 180 dias a contar do dia em que tenha recebido a notificação.

Índice
1. Âmbito de aplicação
2. Regime

Bibliografia:
Citada:

CORREIA, A. FERRER/ CAEIRO, ANTÓNIO, "Lei das sociedades comerciais (Anteprojecto)", BMJ 185 e 191(1969), p. 25-81 e 5-137; CORREIA, M. PUPO, *Direito Comercial/Direito da Empresa*, 11ª ed., Ediforum, Lisboa, 2009.

1. Âmbito de aplicação

Continuando a aplicar os vectores que alicerçam o esquema de sistematização das invalidades do acto constitutivo acima proposto[1], comprovamos que o art. 49º visa as situações em que, no âmbito do contrato fundador de *qualquer* tipo societário *registado*, se verifica, por força de uma patologia da *singular declaração* negocial, uma causa de exoneração ou de anulação que *ainda não foi accionada* pelo titular do respectivo direito.

2. Regime

O regime do art. 49º evidencia um claro *favor societatis*[2], potenciado a *sanação* do vicio que ameaçava a integridade (de uma parte do) do contrato de sociedade e/ou o *rápido esclarecimento* de uma pouco conveniente situação de incerteza quanto à integridade desse contrato.

---

[1] Cfr. *supra*, nº 1.1 do comentário ao art. 41º.
[2] Cfr. *supra*, nº 1.2 do comentário ao art. 41º.

Permite, em primeiro lugar, que qualquer terceiro interessado leve a cabo uma *provocatio ad agendum* ao sócio titular de um direito de anulação ou de exoneração por patologia da vontade, notificando-o para que proceda ao respectivo exercício[3]. Depois, se o direito não for exercido no prazo de 180 dias a contar dessa notificação, *extinguir-se-á* por caducidade (sem que haja, portanto, que esperar pelo termo do prazo geral – na maioria dos casos, de um ano a contar da cessação do vício[4]). O vício considera-se *sanado* (art. 49º, 2).

Repare-se que a lei supõe o *exercício judicial do direito* – o art. 49º, 2, refere a "acção" que o notificado deve "intentar". Ora, o direito à exoneração atribuído pelo art. 45º, 1, pode ser exercido *extrajudicialmente*[5]? Ou a remissão da norma para a lei civil abrange o modo de exercício, que terá, então, de ser judicial? Repare-se que idêntico problema se suscitará também para efeitos dos arts. 50º e 51º, cujos regimes parecem indicar uma *inclinação* do legislador no sentido daquela segunda solução.

---

[3] Cfr. FERRER CORREIA/ ANTÓNIO CAEIRO (1969), p. 112.
[4] Cfr os comentários aos arts. 45º e 46º.
[5] Em sentido afirmativo, PUPO CORREIA (2009), p. 174-175, com base nos arts. 185º e 240º (aplicando este último analogicamente às sociedades anónimas).

ARTIGO 50º
Satisfação por outra via do interesse do demandante

1. Proposta acção para fazer valer o direito conferido pelos artigos 45º, 46º e 48º, pode a sociedade ou um dos sócios requerer ao tribunal a homologação de medidas que se mostrem adequadas para satisfazer o interesse do autor, em ordem a evitar a consequência jurídica a que a acção se dirige.

2. Sem prejuízo do disposto no artigo seguinte, as medidas propostas devem ser previamente aprovadas pelos sócios; a respectiva deliberação, na qual não intervirá o autor, deve obedecer aos requisitos exigidos, na sociedade em causa, pela natureza das medidas propostas.

3. O tribunal homologa a solução que se oferecer em alternativa, se se convencer de que ela constitui, dadas as circunstâncias, uma justa composição dos interesses em conflito.

Índice
1. Âmbito de aplicação
2. Regime
   2.1. Medidas alternativas adequadas
   2.2. Legitimidade activa

Bibliografia:
Citada:
ASCENSÃO, J. OLIVEIRA, *Direito Comercial*, IV, *Sociedades comerciais*, Lisboa, 2000; CORREIA, A. FERRER/ CAEIRO, ANTÓNIO, "Lei das sociedades comerciais (Anteprojecto)", BMJ 185 e 191(1969), p.25- 81 e 5-137.

1. Âmbito de aplicação

Aplicando ainda os vectores que alicerçam o esquema de sistematização das invalidades do acto constitutivo acima proposto[1], diremos que o art. 50º visa as situações em que, no âmbito do contrato fundador de *qualquer* tipo societário *registado*, um dos sócios propôs uma acção destinada a fazer valer um *direito de exoneração ou de anulação parcial* alicerçado numa patologia relevante da sua declaração negocial.

---

[1] Cfr. *supra*, nº 1.1 do comentário ao art. 41º.

2. Regime

O regime do art. 50º é todo ele inspirado pela ideia de *favor societatis*[2], delineando um *esquema alternativo* apto a *impedir ou minorar as consequências* do resultado (anulação parcial do contrato ou a sua exoneração da sociedade) judicialmente requerido pelo sócio cuja declaração negocial se encontra viciada[3].

2.1. Medidas alternativas adequadas

As medidas apresentadas como alternativa devem por um lado, satisfazer o interesse do sócio descontente (art. 50º, 1) e, por outro, constituir uma justa composição dos interesses em conflito nas concretas circunstâncias (art. 50º, 3)[4]. Caberá ao tribunal a ponderação dos méritos da solução proposta; se ficar convencido da sua bondade face ao parâmetros legais, procederá à homologação das medidas – isto é, "como que fazendo sua tal proposta"[5], impô-la-á ao sócio descontente.

2.2. Legitimidade activa

Cabe à sociedade ou a um dos sócios a faculdade de requerer ao tribunal[6] a apreciação de medidas alternativas. Além de engendrar uma solução conveniente, o requerente terá de a submeter, previamente, ao crivo do órgão deliberativo-interno, respeitando as regras exigidas pela natureza das medidas propostas (art. 50º, 2). Na deliberação a tomar não participará o sócio descontente, autor da acção de anulação ou exoneração, por se encontrar numa situação de conflito de interesses.

---

[2] Cfr. *supra*, nº 1.2 do comentário ao art. 41º.

[3] Ou, como refere OLIVEIRA ASCENSÃO (2000), p. 216, para "amortecer os efeitos traumáticos que pode ter a eliminação de uma participação, em relação à sociedade".

[4] Para um dos poucos exemplos de medidas alternativas diferentes da aquisição de participação social prevista no art. 51, ver FERRER CORREIA/ ANTÓNIO CAEIRO (1969), p. 114 (modificação do pacto social nos termos em que o contraente vitima de dolo o teria querido aceitar caso não laborasse num engano).

[5] FERRER CORREIA/ ANTÓNIO CAEIRO (1969). p. 113.

[6] Sobre o problema da aplicação da norma no contexto de um (discutível) exercício extrajudicial do direito de exoneração, cfr. o nº 2 do comentário ao art. 49º.

ARTIGO 51º
Aquisição da quota do autor

1. Se a medida proposta consistir na aquisição da participação social do autor por um dos sócios ou por terceiro indicado por algum dos sócios, este deve justificar unicamente que a sociedade não pretende apresentar ela própria outras soluções e que, além disso, estão satisfeitos os requisitos de que a lei ou o contrato de sociedade fazem depender as transmissões de participações sociais entre associados ou para terceiros, respectivamente.

2. Não havendo em tal caso acordo das partes quanto ao preço da aquisição, proceder-se-á à avaliação da participação nos termos previstos no artigo 1021º do Código Civil.

3. Nos casos previstos nos artigos 45º, nº 2, e 46º, o preço indicado pelos peritos não será homologado se for inferior ao valor nominal da quota do autor.

4. Determinado pelo tribunal o preço a pagar, a aquisição da quota deve ser homologada logo que o pagamento seja efectuado ou a respectiva quantia depositada à ordem do tribunal ou tão depressa o adquirente preste garantias bastantes de que efectuará o dito pagamento no prazo que, em seu prudente arbítrio, o juiz lhe assinar; a sentença homologatória vale como título de aquisição da participação.

Índice
1. Âmbito de aplicação
2. Regime

Bibliografia:
Citada:
CORDEIRO, A. MENEZES, *Manual de Direito das Sociedades*, vol. I, "Das sociedades em geral", 2ª ed., Almedina, Coimbra, 2007; CORREIA, A. FERRER/CAEIRO, ANTÓNIO, "Lei das sociedades comerciais (Anteprojecto)", BMJ 185 e 191(1969), p.25- 81 e 5-137.

1. Âmbito de aplicação
O art. 51º especifica e regula com detalhe *uma das medidas* alternativas à exoneração ou anulação que a norma anterior (art. 50[01]) genericamente prevê: a aquisição da participação social do sócio descontente[2].

---

[1] Cfr. *supra* o respectivo comentário.
[2] Sobre o problema da aplicação da norma no contexto de um (discutível) exercício extrajudicial do direito de exoneração, cfr. *supra* o nº 2 do comentário ao art. 49º.

2. Regime

Apesar do elevado grau de detalhe, parece que se trata de um regime muito pouco utilizado[3]. Regula as condições de apresentação e concretização de uma proposta de aquisição da participação social do sócio descontente como alternativa à procedência da acção de anulação ou exoneração por ele proposta.

O adquirente poderá ser um dos sócios ou terceiro que algum dos sócios indique (art. 51º, 3). Deverá demonstrar ao tribunal que estão preenchidos os requisitos impostos pela lei ou pelo contrato para a transmissão de participações sociais e que a sociedade não pretende, ela própria, apresentar outras soluções.

A ausência de acordo entre o sócio descontente e o adquirente quanto ao valor a pagar pela participação social será *suprida*, nos termos do art. 1021º do CCiv (para qual o art. 51º, 2, remete), atendendo ao valor da participação social para efeitos de liquidação. Na senda da especial protecção do incapaz[4] que impregna todo o regime das invalidades parciais do contrato de sociedade, prescreve o nº 3 do art. 51º que o preço da participação social do incapaz não será homologado se for inferior ao respectivo valor nominal.

O nº 4 do art. 51º preocupa-se em determinar o *momento* em que o tribunal deve proceder à homologação da transmissão (pagamento do preço, ou respectivo depósito à ordem do tribunal, ou prestação de garantias bastantes) e esclarece que a sentença homologatória vale como *título de aquisição* da participação.

---

[3] O detalhe ter-se-á justificado por se afigurar provável que viesse a ser a medida mais frequente - FERRER CORREIA/ ANTÓNIO CAEIRO (1969), p. 114. Todavia, MENEZES CORDEIRO (2007), p. 509, afirma não ter conhecimento de este preceito, bem como do anterior art. 50º, haverem jamais sido aplicados.
[4] Cfr. *supra*, nº 1.1 do comentário ao art. 41º.

ARTIGO 52º
Efeitos de invalidade

1. A declaração de nulidade e a anulação do contrato de sociedade determinam a entrada da sociedade em liquidação, nos termos do artigo 165º, devendo este efeito ser mencionado na sentença.
2. A eficácia dos negócios jurídicos concluídos anteriormente em nome da sociedade não é afectada pela declaração de nulidade ou anulação do contrato social.
3. No entanto, se a nulidade proceder de simulação, de ilicitude do objecto ou de violação da ordem pública ou ofensa dos bons costumes, o disposto no número anterior só aproveita a terceiros de boa fé.
4. A invalidade do contrato não exime os sócios do dever de realizar ou completar as suas entradas nem tão-pouco os exonera da responsabilidade pessoal e solidária perante terceiros que, segundo a lei, eventualmente lhes incumba.
5. O disposto no número antecedente não é aplicável ao sócio cuja incapacidade foi a causa da anulação do contrato ou que a venha opor por via de excepção à sociedade aos outros sócios ou a terceiros.

Índice

1. Âmbito de aplicação
2. Regime
   2.1. Entrada da sociedade em liquidação
   2.2. Negócios jurídicos anteriores
   2.3. Permanência de obrigações dos sócios para com a sociedade e para com terceiros

Bibliografia:

Citada:
ABREU, J. COUTINHO DE, *Curso de direito comercial*, II, 3.ª ed., Almedina, Coimbra, 2009; ALMEIDA, A. PEREIRA DE, *Sociedades Comerciais e valores mobiliários*, Coimbra Editora, Coimbra, 2008; ASCENSÃO, J. OLIVEIRA – *Direito Comercial*, IV, *Sociedades comerciais*, Lisboa, 2000; CORDEIRO, A. MENEZES, *Manual de Direito das Sociedades*, vol. I, "Das sociedades em geral", 2ª ed., Almedina, Coimbra, 2007; CORREIA, A. FERRER/ CAEIRO, ANTÓNIO, "Lei das sociedades comerciais (Anteprojecto)", BMJ 185 e 191(1969), p.25- 81 e 5-137; FURTADO, J. PINTO, *Curso de direito das sociedades*, 5º ed. com a colaboração de Nelson Rocha, Almedina, Coimbra, 2004; JÚNIOR, EDUARDO SANTOS, "Artigo 52º", em *Código das Sociedades Comerciais anotado* (coord. de A. Menezes Cordeiro), Almedina, Coimbra,

2009, p. 208-213; RAMOS, M. ELISABETE, "Constituição das sociedades comerciais", em *Estudos de direito das sociedades*, coord. J. M. Coutinho de Abreu, 9ª ed., Almedina, Coimbra, 2008, p. 41-97; VENTURA, RAUL, "Adaptação do direito português à 1ª Directiva do Conselho da Comunidade Económica sobre direito das sociedades", Documentação e Direito Comparado 2 (1980), p. 89-217

1. Âmbito de aplicação

Tendo presentes os vectores que alicerçam o esquema de sistematização das invalidades do acto constitutivo acima proposto[1], verificamos que o art. 52º pretende regular as *consequências* das invalidades que atinjam, *no seu todo*, o contrato, *registado ou não*, de *qualquer* tipo societário. Seria, portanto, sistematicamente mais harmonioso que a norma houvesse sido inserida *logo após* o art. 44º, ou seja, antes de se transitar *da* disciplina dos vícios do contrato como um todo *para* a regulação das patologias que atinjam as declarações singulares.

2. Regime

O art. 52º é uma *pedra angular* do regime das invalidades do contrato de sociedade. Substitui os efeitos associados pela lei geral (art. 289º do CCiv.) à declaração de nulidade ou à anulação do negócio jurídico por uma *disciplina específica* que, em homenagem aos interesses tutelados pelo *favor societatis*[2] e respeitando as exigências impostas pela 1ª Directiva sobre sociedades comerciais[3], determina a entrada da sociedade em *liquidação*.

2.1. Entrada da sociedade em liquidação

A entrada da sociedade em *liquidação* como *principal consequência* da invalidação do contrato social (nos termos previstos pelos arts. 41º, 42º e 43º[4], e portanto, quer haja ou não sido registado) é cominada pelo nº 1 do art. 52º. Aí se remete para o art. 165º[5], norma que regula precisamente as *especialidades* do processo de liquidação da sociedade em consequência da invalidade do contrato. Prescreve-

---

[1] Cfr. *supra*, nº 1.1 do comentário ao art. 41º.
[2] Cfr. *supra*, nº 1.2 do comentário ao art. 41º.
[3] Cfr. art. 12º, 2, da Directiva 68/151/CEE, do Conselho, de 9 de Março de 1968, JOCE nº L-65, de 14 de Março 1968.
[4] Cfr. *supra* os respectivos comentários.
[5] Cfr.*infra* (2º volume) o respectivo comentário.

-se, também, que a entrada em liquidação da sociedade seja mencionada na sentença que declara nulo ou anula o contrato de sociedade.

A solução adoptada em detrimento do regime geral do art. 289º do CCiv. justifica-se pela circunstâncias de a sociedade, ainda que alicerçada num acto inválido, *haver "funcionado" durante um certo período de tempo* (que a prática revela poder ser consideravelmente dilatado)[6], ao longo do qual se podem ter encetado e desenvolvido relações com terceiros[7] e com os próprios sócios[8]. Em certa medida, portanto, estamos perante uma manifestação da prevalência da sociedade-entidade sobre a sociedade-contrato na óptica do legislador[9]; recordando as palavras dos autores do Anteprojecto que deu origem ao art. 52º, "nulo é o contrato, não a sociedade"; há que distinguir o acto constitutivo do ente social que "devendo a esse negócio a sua existência, dele posteriormente se liberta, passando a viver vida própria"[10].

---

[6] Note-se que chegou a ser equacionada uma solução que, no que toca à sociedade cujo contrato invalidado não foi ainda registado, apenas determinava o regime da liquidação (*versus* o regime geral das invalidades) "na hipótese de os sócios já terem dado qualquer início ao exercício do comércio " – assim FERRER CORREIA/ ANTÓNIO CAEIRO (1969), p. 70-71. Tal distinção não vingou na redacção final do CSC, até pelas dificuldades em apurar o seu pressuposto factual (o início da actividade). Com a concordância de RAUL VENTURA (1980), p. 169, nt. 58, julgando preferível que à declaração nulidade se siga *sempre* uma liquidação – que será, naturalmente, mais fácil de levar a cabo se não tiver havido início de operações –, até porque as próprias relações entre os sócios podem justificá-la – *v.g.*, regularização de despesas.
[7] Como observam FERRER CORREIA/ ANTÓNIO CAEIRO (1969), "se há um passivo 'social', importa certamente liquidá-lo; é impensável que os sócios sejam autorizados a partilhar os bens comuns antes que os credores estejam pagos"
[8] Pense-se, por exemplo, numa distribuição de lucros que possa ter tido lugar: "acaso esses pagamentos não são válidos?", interrogam, retoricamente, FERRER CORREIA/ ANTÓNIO CAEIRO (1969), p. 48.
[9] Sobre estas noções, COUTINHO DE ABREU (2009), p. 3-5. O Autor (p. 154-156) considera mesmo que a sociedade "é tratada (quase sempre) como válida sociedade – quer antes quer depois da decisão judicial de nulidade ou da anulação" e que "as chamadas (pela lei) causas de 'invalidade' do acto constituinte da sociedade são verdadeiras causas de liquidação da sociedade": não estamos, em seu entender, perante "invalidades propriamente ditas", já que os efeitos são, afinal, *os mesmos* da entrada de sociedade em liquidação judicialmente decidida. Distancia-se, assim, da posição noticiada por FERRER CORREIA/ ANTÓNIO CAEIRO (1969), p. 74, que se mantém "fiel à dogmática tradicional" e obtém as soluções societárias a partir dos "princípios gerais do direito dos contratos", apenas procedendo à eliminação ou modificação de algumas das consequências comuns da invalidade dos negócios jurídicos. Estes Autores, contudo, também reconhecem que "tudo se passará, portanto, *como se* os vícios do contrato fossem um fundamento, não de anulação, mas de dissolução" (p. 75). Em sentido coincidente, OLIVEIRA ASCENSÃO (2000), p. 230: a invalidade "funciona como causa de dissolução". Já para MENEZES CORDEIRO (2007), p. 513, estamos perante "invalidades específicas, de tipo misto": a sociedade atingida não "desaparece" e a sua sujeição à liquidação leva-a a merecer a designação tradicional de "sociedade irregular". De "invalidade mista" fala também PINTO FURTADO (2004), p. 216.
[10] FERRER CORREIA/ ANTÓNIO CAEIRO (1969), p. 115 e 119-120. MENEZES CORDEIRO (2007), p. 511, considera que "a exigência de liquidação da sociedade invalidada" se impõe "pela própria *natureza das coisas*". Para

2.2. Negócios jurídicos anteriores

Em seguida, preocupa-se o art. 52º especificamente com a eficácia (*lato sensu*) dos negócios jurídicos (ou de outras vinculações[11]) que em nome da sociedade hajam sido celebrados com terceiros e que poderiam, em aplicação das regras vir a ser *retroactivamente afectados* pela invalidação do acto constitutivo do ente social[12].

No seu nº 2 estabelece, como regra, a *invulnerabilidade* desses negócios face à posterior invalidação do contrato social[13].

No nº 3, porém, consagra uma *excepção* para as hipóteses de nulidade com base em simulação, ilicitude do objecto, violação da ordem pública e ofensa dos bons costumes – hipóteses em que se entende que a *ausência de boa fé* da contraparte[14] a torna *indigna* da tutela dispensada e se permite que o negócio venha a cessar os seus efeitos por força da retroactividade da invalidação do acto constitutivo da sociedade que o celebrou.

2.3. Permanência de obrigações dos sócios para com a sociedade e para com terceiros

Por último, regula o art. 52º certos efeitos da declaração de nulidade ou da anulação do contrato social *sobre as posições jurídicas dos sócios* contraentes.

ELISABETE RAMOS, (2008), p. 96, a liquidação da sociedade opera "praticamente *como se* se tratasse de uma sociedade *validamente constituída*".

[11] Assim RAUL VENTURA (1980), p. 197-198: há que tomar em conta *todas as relações activas e passivas* da sociedade, *independentemente* da respectiva fonte negocial. Por isso mesmo defende COUTINHO DE ABREU (2009), p. 154, nt. 144, uma *interpretação* do art. 52º, 2, *conforme à Directiva*, cujo art. 12º, nº 3, se refere à "validade das obrigações contraídas *pela* sociedade ou *para com* ela".

[12] Como esclarecem FERRER CORREIA/ ANTÓNIO CAEIRO (1969), p. 47-48, se se aplicasse o art. 289º do CCiv "a sociedade seria havida por inexistente *ab initio*, e os negócios jurídicos em nome dela concluídos, não podendo valer como negócios da sociedade, tão-pouco seriam imputáveis aos associados, pois toda a ligação válida entre tais negócios e a pessoa destes (dada a destruição *ex tunc* da relação social) teria ficado eliminada"; acresce que a invalidade afectaria "todos os actos de disposição dos bens sociais realizados pelos administradores". Também PEREIRA DE ALMEIDA (2008), p. 301-302, salienta que o "aniquilamento retroactivo" da sociedade impulsionado pela invalidação do contrato fundador traria "reflexos em cadeia para os actos que ela entretanto praticou".

[13] MENEZES CORDEIRO (2007), p. 512, formula, todavia, uma exigência suplementar para a aplicação deste nº 2 do art. 52º: que o terceiro protegido esteja de boa fé, *i.e.*, que desconheça, sem culpa, o vício que afecta a sociedade. Dá o exemplo de um terceiro, autor do dolo que viciasse a declaração de um ou mais sócios, que assim tentasse "bloquear a invalidade da sociedade" e considera que "no limite, seria possível recorrer à cláusula geral do abuso de direito". Notemos que raciocínio apenas se aplica às sociedades de pessoas e às sociedades de capitais não registadas, dado que o dolo que afecte singulares declarações negociais produz, nas sociedades de capitais registadas, a exoneração do enganado e nunca conduz à invalidação total do contrato (cfr. art. 45 º e respectivo comentário).

[14] A provar pela sociedade – assim OLIVEIRA ASCENSÃO (2000), p. 231, nt. 118.

Ao contrário do que resultaria do art. 289º do CCiv., os sócios *não ficam eximidos* do dever de realizar ou completar as respectivas entradas: ser-lhes-ão *cobradas* pelos liquidatários, no processo de liquidação, *na medida* em que tal se mostre necessário para o cumprimento das obrigações contraídas perante os credores (art. 52º, 4)[15].

Do mesmo modo, permanecem os sócios adstritos à *responsabilidade pessoal e solidária* que, segundo a lei, *eventualmente* lhes incumba (art. 52º, 4)[16].

Numa derradeira manifestação de tutela especial do *incapaz*[17], o nº 5 do art. 52º *isenta-o destas consequências* perante terceiros – *quer* a anulação da sua declaração negocial haja contaminado o contrato da sociedade que agora se liquida, *quer* o contrato haja sido invalidado por outra causa e o sócio venha, na liquidação, esgrimir a sua incapacidade por via de excepção.

---

[15] Formulando já esta ressalva ("necessidade de satisfazer os credores"), FERRER CORREIA/ ANTÓNIO CAEIRO (1969), p. 120; mas tb. RAUL VENTURA (1980), p. 200; SANTOS JÚNIOR (2009), p. 212. COUTINHO DE ABREU (2009), p. 154, nt. 145, chama a atenção para o facto de ser essa a solução que resulta do art. 12º, 5, da 1ª Directiva. Cfr., ainda, o art. 153º.

[16] O que acontece, desde logo, nas sociedades de pessoas – assim SANTOS JÚNIOR (2009), p. 212. Mas, porque o art. 52º se aplica à invalidação do contrato não registado, há que contar também com a responsabilidade dos sócios eventualmente decorrente dos arts. 38º a 40º.

[17] Cfr. *supra*, nº 1.2 do comentário ao art. 41º.

CAPÍTULO IV
DELIBERAÇÕES DOS SÓCIOS

ARTIGO 53º
Formas de deliberação

1. As deliberações dos sócios só podem ser tomadas por alguma das formas admitidas por lei para cada tipo de sociedade.

2. As disposições da lei ou do contrato de sociedade relativas a deliberações tomadas em assembleia geral compreendem qualquer forma de deliberação dos sócios prevista na lei para esse tipo de sociedade, salvo quando a sua interpretação impuser solução diversa.

Índice
1. Objecto do cap. IV
2. Noção e formas de deliberação dos sócios
   2.1. Noção
   2.2. Formas; taxatividade
3. Formas de deliberação e decisões de sócio único
4. Disposições relativas a deliberações de assembleia geral aplicáveis às demais formas de deliberação (nº 2 do art. 53º)

Bibliografia
a) Citada:
ABREU, J. M. COUTINHO DE – *Do abuso de direito – Ensaio de um critério em direito civil e nas deliberações sociais*, Almedina, Coimbra, 1983 (reimpr. 1999, 2006), *Da empresarialidade (As empresas no direito)*, Almedina, Coimbra, 1996 (reimpr. 1999), "Sociedade anónima, a sedutora (Hospitais, S.A., Portugal, S.A.)", em IDET, Miscelâneas nº 1, Almedina, Coimbra, 2003, p. 9, *Curso de direito comercial*, vol. II – *Das sociedades*, 3ª ed., Almedina, Coimbra, 2009, *Governação das sociedades comerciais*, 2ª ed., Almedina, Coimbra, 2010; ALMEIDA, A. PEREIRA DE – *Sociedades comerciais e valores mobiliários*, 5ª ed., Coimbra Editora, Coimbra, 2008; COELHO, E. M. LUCAS – *A formação das deliberações sociais – Assembleia geral das sociedades anónimas*, Coimbra Editora, Coimbra, 1994, "Formas de deliberação e de votação dos sócios", em IDET, *Problemas do direito das sociedades*, Almedina, Coimbra, 2002, p. 333; CORDEIRO, A. MENEZES – *Código das Sociedades Comerciais anotado* (coord. de A. Menezes Cordeiro), Almedina, Coimbra, 2009; CORREIA, L. BRITO – *Direito comercial*, 3º vol. – *Deliberações dos sócios*, AAFDL, Lisboa, 1989; COSTA, RICARDO – *A sociedade por*

quotas unipessoal no direito português, Almedina, Coimbra, 2002; CUNHA, P. OLAVO – *Direito das sociedades comerciais*, 3ª ed., Almedina, Coimbra, 2007; FURTADO, J. PINTO – *Deliberações de sociedades comerciais*, Almedina, Coimbra, 2005; MAIA, PEDRO – "Deliberações dos sócios", em AAVV. (coord. de Coutinho de Abreu), *Estudos de direito das sociedades*, 9ª ed., Almedina, Coimbra, 2008, p. 235; SANTOS, F. CASSIANO DOS – *A sociedade unipessoal por quotas – Comentários e anotações aos artigos 270º-A a 270º-G do Código das Sociedades Comerciais*, Coimbra Editora, Coimbra, 2009; VENTURA, RAÚL – *Sociedades por quotas*, vol II, Almedina, Coimbra, 1989; XAVIER, V. G. LOBO – *Anulação de deliberação social e deliberações conexas*, Atlântida Editora, Coimbra, 1976.

b) Outra:

ASCENSÃO, J. OLIVEIRA – "Invalidades das deliberações dos sócios", em IDET, *Problemas do direito das sociedades*, Almedina, Coimbra, 2002, p. 371.

1. Objecto do cap. IV

O capítulo encabeçado pelo art. 53º é dedicado às "deliberações dos sócios". Determina (expressamente e por remissão) as formas possíveis de deliberação, cuida especialmente da ineficácia e invalidades das deliberações, e termina com um artigo relativo a actas.

Mas muito da disciplina das deliberações dos sócios, em particular das adoptadas em assembleia geral, encontra-se nos títulos do Código dedicados a cada tipo societário – v. designadamente os arts. 189º-190º (sociedades em nome colectivo), 246º-251º (sociedades por quotas), 373º-389º (sociedades anónimas), 472º (sociedades em comandita).

Neste cap. IV, os sócios (com competência para deliberar) aparecem como órgão de sociedade. O *conjunto* ou *colectividade dos sócios é órgão de formação de vontade ou deliberativo-interno*: toma decisões exprimindo vontade social, mas raramente a manifesta para o exterior (não trata com terceiros). Este órgão é habitualmente designado "assembleia geral". Mas, em rigor, uma assembleia geral é uma reunião de sócios. Ora, afora a impropriedade de se falar de assembleia geral nas sociedades unipessoais (pelo menos em algumas delas), o facto é que os sócios podem deliberar fora de assembleia (arts. 54º, 1, 189º, 1, 247º, 373º, 1, 472º, 1). Por conseguinte, deve falar-se ou de sócios ou de órgão deliberativo-interno (ou de formação de vontade).

Nem todas as deliberações sociais (ou das sociedades) são deliberações dos sócios. Os demais órgãos sociais plurais, quando funcionam (normal ou esporadicamente) de modo colegial, adoptam também (ou podem adoptar) deliberações. O Código regula deliberações do conselho de administração (arts. 410º-412º, 433º, 1)[1], do conselho fiscal (art. 423º) e do conselho geral e de supervisão (art. 445º, 2).

2. Noção e formas de deliberação dos sócios
2.1. Noção

As deliberações dos sócios são *decisões adoptadas pelo órgão social de formação de vontade (a colectividade dos sócios) e imputáveis juridicamente à sociedade.*

Tem sido debatida a "natureza jurídica" das deliberações[2]. Parece que elas são, em regra, *negócios jurídicos*: actos jurídicos constituídos por uma ou mais declarações de vontade (votos), com vista à produção de certos efeitos sancionados pela ordem jurídica[3].

"Em regra", porquanto há deliberações que não merecem essa qualificação (não constituem, modificam ou extinguem relações ou posições jurídicas). É o caso de muitos dos chamados votos de louvor, de confiança, de protesto, de pesar, etc.[4].

Depois, afirmar que a deliberação pode resultar de apenas "uma" declaração de vontade significa atender às hipóteses (muitas vezes olvidadas, se não mesmo negadas) de, inclusive nas sociedades pluripessoais, um só sócio votar certa ou certas propostas – por exemplo, numa deliberação por voto escrito somente um sócio envia o voto, numa assembleia geral convocada somente um sócio comparece[5] ou, comparecendo dois, um vota a favor de proposta e o outro abstém-se (v. arts. 250º, 3, e 386º, 1, *in fine*).

Sendo negócios jurídicos, aplicam-se às deliberações muitas das regras do direito comum àqueles aplicáveis. Mas não podem ignorar-se as especialidades, principalmente as constantes dos arts. 55º-62º.

---

[1] Sobre o regime das deliberações de outros órgãos de administração, COUTINHO DE ABREU (2010), p. 143, s..

[2] V. p. ex. BRITO CORREIA (1989), p. 98, s. (regista nada menos do que nove teses), LUCAS COELHO (1994), p. 204, s., PINTO FURTADO (2005), p. 134, s..

[3] Com uma ou outra nuança, é este o entendimento dominante (também) entre nós – v. p. ex. LOBO XAVIER (1976), p. 554-555, nt. 14, que indica outros autores, LUCAS COELHO (1994), p. 210-211, PEDRO MAIA (2008), p. 237-238, PEREIRA DE ALMEIDA (2008), p. 180, s., OLAVO CUNHA (2007), p. 551-552, MENEZES CORDEIRO (2009), p. 213-214.

[4] Mas não de todos. Cfr. LOBO XAVIER (1976), p. 560, nt. 20, e COUTINHO DE ABREU (1983), p. 142, nt. 333.

[5] Entende-se dominantemente que a assembleia geral pode funcionar com um sócio apenas – v. por todos LOBO XAVIER (1976), p. 206-207.

2.2. Formas; taxatividade

"Formas de deliberação", expressão usada na epígrafe do art. 53º, não significa propriamente modos de exteriorização ou figurações exteriores dos negócios deliberativos; "formas de deliberação" não é o mesmo que "forma(s) das deliberações". Significa antes *espécies ou modalidades de deliberação, caracterizadas por distintos procedimentos formativos*[6].

O nº 1 do art. 53º consagra a taxatividade ou *numerus clausus* das formas de deliberação dos sócios. O Código prevê *quatro modalidades ou formas*: deliberações em assembleia geral convocada, deliberações em assembleia universal, deliberações unânimes por escrito e deliberações tomadas por voto escrito. Nas sociedades em nome colectivo e por quotas todas estas formas são possíveis (arts. 54º, 1, 189º, 1, 247º, 1); nas sociedades anónimas e em comandita estão excluídas as deliberações tomadas por voto escrito (arts. 54º, 1, 373º, 1, 472º, 1)[7].

As diversas formas de deliberação serão caracterizadas em comentário a outros artigos (as deliberações unânimes por escrito e as adoptadas em assembleia universal já no art. 54º). Mas, antes de prosseguir, fica aqui esta nota: importa não confundir *formas de deliberação* com *formas de votação*; designadamente, os votos por correspondência (cfr. arts. 377º, 5, f), 384º, 9) não se confundem com deliberações por voto escrito[8], nem há que autonomizar a "deliberação por correspondência"[9].

Impondo a lei a taxatividade das formas de deliberação dos sócios, não é lícito os *estatutos sociais* criarem outras modalidades de deliberação; tais cláusulas seriam nulas.

Mas "vedado é também aos sócios criar, para um caso concreto (o mesmo é dizer, utilizar no caso concreto), uma forma de deliberação não admitida por lei. Por exemplo, se *alguns* sócios, em certo lugar e tempo, tomam oralmente uma deliberação, e depois convidam os outros sócios a pronunciarem-se por escrito e estes o fazem, mesmo que todos tenham concordado na deliberação, não foi observada nenhuma das formas legais de deliberar: nem há votação

---

[6] Cfr. tb. LUCAS COELHO (2002), p. 337-338.
[7] Os accionistas titulares de acções de categoria especial, além de deliberarem em assembleias "especiais", convocadas ou universais (a elas se aplicando o regime das assembleias gerais – v. o art. 389º, 1, prevendo directamente apenas as assembleias convocadas), poderão também tomar deliberações unânimes por escrito. Nota-se, no entanto, que estes accionistas não são órgão societário; as suas deliberações não são deliberações dos sócios-órgão.
[8] Para um exemplo de confusão, Ac. do STJ de 14/12/95, CJ-ASTJ, 1995, III, p. 167. Cfr. COUTINHO DE ABREU (2009), p. 237-238.
[9] Ao invés, MENEZES CORDEIRO (2009), p. 216.

unânime por escrito, nem voto por escrito, nem deliberação em assembleia, universal ou não"[10].

3. Formas de deliberação e decisões de sócio único

As "deliberações dos sócios" reguladas no CSC supõem sociedades pluripessoais – com órgão deliberativo interno apropriadamente designado colectividade dos sócios. Nas sociedades unipessoais, o sócio único, em rigor, não delibera, *decide*.

Deve pois entender-se que *as diversas formas de deliberação dos sócios* enumeradas no código *não valem, em geral, para as sociedades unipessoais* (por quotas ou anónimas). Confirma isto mesmo, a respeito das sociedades unipessoais por quotas, o art. 270º-E[11], aplicável analogicamente às sociedades anónimas unipessoais (arts. 488º, s., silentes quanto ao ponto).

Embora se possa dizer que também as sociedades unipessoais têm assembleia geral. Mas falar-se-á então de assembleia (em vez de sócio único) como órgão social, a quem em certas matérias compete formar vontade juridicamente imputável à sociedade. Não propriamente de reunião de sócio(s) – não obstante a possibilidade de o sócio único se reunir mais ou menos "formalmente" com, *v. g.*, os membros do órgão de administração e/ou de fiscalização.[12] Em qualquer caso, não é curial falar de deliberações do sócio único adoptadas em assembleia geral (convocada ou universal).

Porém, em estatutos de sociedades anónimas unipessoais do Estado aprovados por decretos-lei é muito frequente a previsão de "deliberações" da "assembleia geral" (com "mesa", "reuniões", etc.)...[13]

De todo o modo, importa ainda acrescentar que às "decisões" do sócio único são aplicáveis algumas disposições do presente cap. IV relativas a nulidades e anulabilidades das "deliberações dos sócios".

---

[10] RAÚL VENTURA (1989), p. 176.
[11] *V.* RICARDO COSTA (2002), p. 560-561, nt. 690, CASSIANO DOS SANTOS (2009), p. 100, s. , 127. Vai no mesmo sentido (na interpretação que se me afigura preferível) o art. 4º da 12ª Directiva – cfr. COUTINHO DE ABREU (1996), p. 145.
[12] Sobre o assunto, RICARDO COSTA (2002), p. 556, s., 579, s., COUTINHO DE ABREU (2003), p. 27, s..
[13] Cfr., entre muitos, os estatutos da EP – Estradas de Portugal, S.A., aprovados pelo DL 374/2007, de 7 de Novembro, ou da Arsenal do Alfeite, S.A., aprovados pelo DL 33/2009, de 5 de Fevereiro. Sobre a "paródia da assembleia" em algumas sociedades unipessoais de capitais públicos, COUTINHO DE ABREU (1996), p. 146-147.

4. Disposições relativas a deliberações de assembleia geral aplicáveis às demais formas de deliberação (nº 2 do art. 53º)

Resulta do nº 2 do art. 53º este princípio: sobre assuntos relativamente aos quais a lei (ou o estatuto social) prevê expressamente deliberações tomadas *em assembleia geral, podem os sócios adoptar deliberações sob outras formas* em geral permitidas (por lei) para o respectivo tipo societário.

O CSC prevê explicitamente em algumas normas deliberações da assembleia geral. Por exemplo, nos arts. 29º, 1 (aquisição de bens a sócios de sociedades anónimas ou em comandita por acções), 31º, 3 (não execução, pela administração, de distribuições de bens sociais deliberadas pela assembleia geral), 100º, 102º e 103º (deliberações dos sócios, em assembleia geral, sobre projecto de fusão), 132º, 3 (deliberação sobre transformação de sociedade em assembleia geral convocada), 319º, 1, 320º, 1 (deliberações da assembleia geral para aquisição ou alienação de acções próprias), 506º, 2 (resolução por acordo de contrato de subordinação deliberada pelas assembleias gerais das sociedades respectivas). Em regra, nestas situações, poderão os sócios deliberar não só em assembleia geral (convocada ou universal) mas também, por exemplo, adoptar deliberações unânimes por escrito. Para as situações em que esta conclusão era mais duvidosa veio o Código confirmá-la no nº 6 do art. 100º (redacção do DL 185/2009, de 12 de Agosto) e no nº 4 do art. 132º (redacção do DL 8/2007, de 17 de Janeiro).

Resulta também do preceito em anotação que o *regime* legal (ou estatutário) das deliberações tomadas em assembleia geral (convocada) *é em regra aplicável às demais formas de deliberação*. Mas agora com *mais excepções*, resultantes não só da interpretação daquele regime mas também de específicas disposições legais.

Assim, por exemplo, as regras sobre convocação das assembleias gerais (cfr. arts. 248º, 3, 375º, 377º) não se aplicam às assembleias universais, nem às deliberações unânimes por escrito, ou às deliberações por voto escrito; por outro lado, a propósito da representação voluntária de sócios, a própria lei estabelece exigências adicionais a respeito das deliberações unânimes por escrito e das adoptadas em assembleia universal (art. 54º, 3), e proíbe-a em deliberações por voto escrito (art. 249º, 1).

ARTIGO 54º
Deliberações unânimes e assembleias universais

1. *Podem os sócios, em qualquer tipo de sociedade, tomar deliberações unânimes por escrito, e bem assim reunir-se em assembleia geral, sem observância de formalidades prévias, desde que todos estejam presentes e todos manifestem a vontade de que a assembleia se constitua e delibere sobre determinado assunto.*

2. *Na hipótese prevista na parte final do número anterior, uma vez manifestada por todos os sócios a vontade de deliberar, aplicam-se todos os preceitos legais e contratuais relativos ao funcionamento da assembleia, a qual, porém, só pode deliberar sobre os assuntos consentidos por todos os sócios.*

3. *O representante de um sócio só pode votar em deliberações tomadas nos termos do nº 1 se para o efeito estiver expressamente autorizado.*

Índice

1. Duas formas de deliberação para sociedades de qualquer tipo
2. Deliberações unânimes por escrito
3. Deliberações de assembleia universal
4. Representação voluntária de sócios

Bibliografia

a) Citada:

ABREU, J. M. COUTINHO DE – *Curso de direito comercial*, vol. II – *Das sociedades*, 3ª ed., Almedina, Coimbra, 2009, *Governação das sociedades comerciais*, 2ª ed., Almedina, Coimbra, 2010; ALMEIDA, A. PEREIRA DE – *Sociedades comerciais e valores mobiliários*, 5ª ed., Coimbra Editora, Coimbra, 2008; COELHO, E. M. LUCAS – "Formas de deliberação e de votação dos sócios", em IDET, *Problemas do direito das sociedades*, Almedina, Coimbra, 2002, p. 333; DOMINGUES, P. TARSO – " Os meios telemáticos no funcionamento dos órgãos sociais. Uma primeira aproximação ao regime do CSC", em IDET, Colóquios nº 3, *Reformas do Código das Sociedades*, Almedina, Coimbra, 2007, p. 87; FURTADO, J. PINTO – *Deliberações de sociedades comerciais*, Almedina, Coimbra, 2005; MAIA, PEDRO – " Invalidade de deliberação social por vício de procedimento", ROA, 2001, p. 699-748; XAVIER, V. G. LOBO – *Anulação de deliberação social e deliberações conexas*, Atlântida Editora, Coimbra, 1976.

b) Outra:

CAEIRO, ANTÓNIO – "Assembleia totalitária ou universal. Direito do administrador a uma percentagem dos lucros. Indemnização do administrador destituído sem justa causa", em *Temas de direito das sociedades,* Almedina, Coimbra, 1984, p. 461; VENTURA, RAÚL – "Assembleias gerais totalitárias", SI, 1979, p. 91-128.

1. Duas formas de deliberação para sociedades de qualquer tipo

As deliberações unânimes por escrito e as adoptadas em assembleia universal eram previstas, antes do CSC, nos arts. 36º, § 2º, nº 1º, e 38º, § 1º, da lei de 11 de Abril de 1901 sobre sociedades por quotas (LSQ)[1].

Estão agora previstas no art. 54º do CSC como formas de deliberação dos sócios adoptáveis *em qualquer sociedade (de tipo) comercial*. E deve acrescentar-se que as normas do art. 54º são *imperativas*: não admitem derrogação pelos estatutos sociais (proibindo ou limitando a possibilidade daquelas formas de deliberação)[2].

Em face das deliberações de assembleia geral, nota-se nas deliberações unânimes por escrito ausência do método colegial, promotor de (maior) ponderação (estribada em contraposição de ideias); não obstante, concordando todos os sócios com determinadas (propostas de) decisões, porque não admitir generalizadamente a deliberação unânime por escrito?

Em face das deliberações de assembleia geral (regularmente) convocada, as de assembleia universal não deixam de cumprir o método colegial – apesar da possível ausência de "informações preparatórias" (cfr. art. 289º); não obstante esta possibilidade, concordando todos os sócios em que se delibere sobre determinado assunto, porque não admitir generalizadamente também a deliberação de assembleia universal?

2. Deliberações unânimes por escrito

Estas deliberações são *decisões sociais escritas em documentos nos quais todos os sócios – com direito de voto e não impedidos de o exercer*[3] *– declaram concordar com elas.*

Verificando-se urgência para a tomada de uma decisão (urgência não compatível com a convocação de assembleia), a impossibilidade ou inconveniência de assembleia (com ou sem convocação) ou outras circunstâncias, e verificando-se ainda a concordância de todos os sócios quanto a certa proposta, basta que esta

---

[1] Segundo o § 2º do art. 38º, não podiam ser tomadas em assembleia universal deliberações que importassem "modificação do contrato social ou dissolução de sociedade".
[2] LUCAS COELHO (2002), p. 339, s..
[3] LUCAS COELHO (2002), p. 357-358.

proposta (ou a decisão correspondente) e aquela concordância sejam inscritos em documento(s).

Normal e tradicionalmente, os documentos são em papel. Estes *documentos escritos* serão em geral particulares, incluindo livros de actas, mas não está excluída a possibilidade de documento autêntico[4]. Pode uma deliberação constar de *um só documento*, assinado por todos os sócios (ou representantes); mas também pode constar de *vários*, cada um com idêntico texto deliberativo e parte das assinaturas exigidas. Assim, as assinaturas podem ser feitas no mesmo lugar e (quase mesmo) tempo, no mesmo lugar mas em tempos diferentes, ou em diferentes lugares e tempos.

Hoje em dia está aberta a possibilidade de as deliberações unânimes por escrito constarem de *documentos electrónicos*. Genericamente, tal decorria já do DL 290-D/99, de 2 de Agosto; confirmação (ainda genérica) no CSC apareceu com o art. 4º-A, obra do DL 76-A/2006, de 29 de Março.

Ocorrem com alguma frequência casos assim: em acta assinada por todos os sócios, diz-se que certas deliberações foram adoptadas em determinada assembleia geral; porém, nunca tal assembleia se realizou. As ditas deliberações são – enquanto (ou na forma de) deliberações de assembleia – inexistentes. Mas porque obtiveram o assentimento de todos os sócios (por via das assinaturas), elas são qualificáveis como deliberações unânimes por escrito[5]. Essa prática (não recomendável) assentará na ideia, ainda entranhada, de que quem delibera é só a assembleia geral órgão-e-reunião...

Anote-se ainda a inconfundibilidade entre *deliberação unânime por escrito* (admitida em todos os tipos societários) e *deliberação por voto escrito* (permitida nas sociedades por quotas e em nome colectivo): aquela produz-se nos termos vistos, esta tem de cumprir o procedimento previsto nos n°s 3 e seguintes do art. 247º; a primeira exige assentimento unânime à decisão proposta, a segunda está sujeita às regras de aprovação que valem também para as deliberações adoptadas em assembleia (em princípio, a deliberação por voto escrito considera-se adoptada se obtiver a maioria dos votos emitidos – cfr. art. 250º, 3).

---

[4] PINTO FURTADO (2005), p. 464-465.
[5] Neste sentido, antes do CSC (tendo em vista o art. 36º, § 2º, nº 1º, da LSQ, LOBO XAVIER (1976), p. 205-206. Já depois do Código, na jurisprudência, Ac. do STJ de 14/1/97, CJ-ASTJ, 1997, I, p. 49.

3. Deliberações de assembleia universal

Tendo em vista quanto diz o art. 54º, *assembleia geral universal é uma reunião em que, apesar da inobservância de formalidades prévias* (falta convocatória ou a convocação é irregular), *todos os sócios estão presentes (ou representados) e todos manifestam a vontade de que a reunião se constitua como assembleia geral para deliberar sobre determinado(s) assunto(s)*.

Apesar da não observância de formalidades prévias das assembleias (regularmente) convocadas, a assembleia universal pode deliberar validamente sobre os assuntos consentidos por todos os sócios como se de assembleia geral regularmente convocada se tratasse. São então aplicáveis os preceitos legais e estatutários relativos ao funcionamento das assembleias normais (nº 2 do art. 54º) – *v. g.*, os respeitantes à presidência da assembleia, apresentação de propostas, pedidos de informação e debate, quóruns deliberativos, cômputo dos votos.

Também a assembleia universal pode ser (total ou parcialmente) virtual. O artigo em comentário não foi originariamente pensado para albergar essa possibilidade, mas não lhe fecha as portas.[6]

O art. 54º refere-se a "todos os sócios" (ou seus representantes). Mas a assembleia universal exige sempre a *totalidade dos sócios*? E exige *somente sócios*?

Nas *sociedades por quotas*, em princípio todos os sócios têm direito de participar nas assembleias gerais, ainda quando estejam impedidos de exercer o direito de voto (art. 248º, 5)[7]. Mas, havendo quotas em *contitularidade*, o exercício do direito de participação compete normalmente aos representantes comuns (sócios ou não) – arts. 222º, s.. Logo, na assembleia universal não têm de estar todos os sócios-contitulares, bastando que estejam os representantes comuns. De outra banda, os *titulares de usufruto ou de penhor de quotas* – enquanto tais não-sócios – podem ter de participar em assembleia, sob pena de ela não poder ser qualificada de universal (cfr. o art. 23º, 2 e 4, do CSC, e o art. 1467º, 1, b), 2, do CCiv.).

O que se referiu a propósito da contitularidade, usufruto e penhor aplica-se igualmente às *sociedades por acções*. Acrescente-se que nem todos os accionistas têm necessariamente direito de participar nas assembleias gerais. Não o têm os accionistas (só) titulares de acções preferenciais sem voto e os titulares de acções em número (estatutariamente) insuficiente para confe-

---

[6] Sobre assembleias virtuais em geral, v. por todos COUTINHO DE ABREU (2010), p. 28-29, e TARSO DOMINGUES (2007), p. 107, s..

[7] Vale o mesmo para as sociedades em nome colectivo e em comandita simples (arts. 189º, 1, 474º).

rir direito de voto – se o estatuto social assim determinar (art. 379º, 2). Contudo, os representantes comuns de titulares de acções preferenciais sem voto têm direito de participação (limitada) – arts. 343º, 1, 379º, 3; e os titulares de acções em número insuficiente para conferir voto podem agrupar-se de modo a completarem o número exigido ou número superior e fazer-se representar por um dos agrupados (participando então o representante plenamente) – art. 379º, 5. Ora, integrando a assembleia universal todos os sócios com direito de participação (ainda que tão-somente limitada), podem ter de participar nela (também) todos os sócios sem direito de voto – se a isso se não opuser o estatuto social –, ou os representantes de titulares de acções preferenciais sem voto, ou todos os sócios "agrupáveis" ou representantes seus.

Mais discutida é a necessidade, para que de assembleia universal se possa falar, da participação dos *membros dos órgãos de administração e de fiscalização*. Segundo o art. 379º, 4, esses membros "devem estar presentes nas assembleias gerais"[8]. Por isso, e porque a presença de tais sujeitos visa a satisfação do direito dos sócios à informação, sendo ainda um direito deles, que devem exercer também para se informarem a eles próprios, com vista a um melhor desempenho dos respectivos cargos, não seria universal a assembleia sem participação dos administradores e fiscalizadores[9]. Não obstante: o preceito delimitador das assembleias universais (art. 54º) não faz qualquer referência aos membros dos órgãos de administração ou de fiscalização; o mesmo art. 54º, no nº 1, admite para todos os tipos societários as deliberações (de sócios) unânimes por escrito – sem qualquer intervenção dos administradores ou fiscalizadores (enquanto tais); portanto, *a universalidade da assembleia não exige a participação dos membros dos órgãos de administração e (quando exista) de fiscalização* (embora tal participação seja possível e, muitas vezes, aconselhável)[10].[11]

---

[8] Por remissões várias (arts. 248º, 1, 189º, 1, 474º, 478º), o preceito é aplicável a todos os tipos societários.
[9] Assim, PINTO FURTADO (2005), p. 449, s..
[10] Neste sentido, PEDRO MAIA (2001), p. 706-707. No entanto, acrescenta o A. *ibid.*, p. 709, que da ausência dos membros do órgão de administração ou de fiscalização resultará a anulabilidade das deliberações tomadas em assembleia universal quando algum sócio pretenda exercer o seu direito à informação nos termos do art. 290º: não estando aqueles sujeitos presentes, haverá "recusa injustificada" de informação (nº 3 do art. 290º). Mas, vendo bem, "não há recusa" (muito menos "injustificada") de informação, pois não há recusadores – os referidos sujeitos não estão presentes, nem têm de estar, e todos os participantes concordam (razoavelmente ou não, pouco importa) em realizar assembleia para deliberar sobre determinados assuntos apesar da ausência daqueles sujeitos.
[11] Sobre a questão em outros ordenamentos jurídicos, COUTINHO DE ABREU (2009), p. 469, nt. 75.

Para que uma assembleia seja universal não basta, contudo, a presença (real e/ou virtual) de todos quantos, nos termos vistos, têm de participar. É ainda necessário, recorde-se, que todos eles "manifestem a vontade de que a assembleia se constitua e delibere sobre determinado assunto" (art. 54º, 1, *in fine*).

A mencionada manifestação de vontade há-de ser *de todos eles* – incluindo os que não têm direito de voto ou estão impedidos de o exercer[12]. É que, além de a letra da lei apontar neste sentido, nem todos quantos têm de participar em assembleia universal têm de ter direito de nela votar; e a quem não tem este direito (em assembleia) há-se reconhecer-se o direito de (antes da assembleia) aceitar ou não que se constitua assembleia (universal) para deliberar sobre certos assuntos.

4. Representação voluntária de sócios

Ao invés do que sucede nas deliberações por voto escrito (art. 249º, 1), a representação voluntária é permitida nas deliberações unânimes por escrito e nas deliberações de assembleia universal. Porém, o representante de sócio só pode participar nestas deliberações "se para o efeito estiver *expressamente autorizado*" (nº 3 do art. 54º).

Quanto ao mais, valem em geral as regras do Código relativas à representação. Quanto aos possíveis representantes, é ver os arts. 189º, 4, e 474º (sociedades em nome colectivo e em comandita simples), 249º, 5 (sociedade por quotas), 380º, 1, e 478º (sociedades anónimas e em comandita por acções); quanto aos instrumentos de representação, vejam-se os arts. 189º, 4, e 474º, 249º, 3 e 4, 380º, 2, e 478º.

---

[12] Neste sentido, PINTO FURTADO (2005), p. 448. Divergentemente, LUCAS COELHO (2002), p. 359, s., PEREIRA DE ALMEIDA (2008), p. 186.

ARTIGO 55º
Falta de consentimento dos sócios

Salvo disposição legal em contrário, as deliberações tomadas sobre assunto para o qual a lei exija o consentimento de determinado sócio são ineficazes para todos enquanto o interessado não der o seu acordo, expressa ou tacitamente.

Índice

1. Ineficácia absoluta das deliberações
2. A ressalva inicial do artigo
   2.1. Ineficácia relativa
   2.2. Eficácia apesar da falta de consentimento
3. Declaração judicial de ineficácia

Bibliografia

a) Citada:

ABREU, J. M. COUTINHO DE – *Curso de direito comercial*, vol. II – *Das sociedades*, 3ª ed., Almedina, Coimbra, 2009; ANDRADE, MANUEL DE – *Teoria geral da relação jurídica*, vol. II – *Facto jurídico, em especial negócio jurídico*, 3ª reimpr. (da ed. de 1960), Almedina, Coimbra, 1972; FURTADO, J. PINTO – *Deliberações de sociedades comerciais*, Almedina, Coimbra, 2005; MARTINS, A. SOVERAL – *Cláusulas do contrato de sociedade que limitam a transmissibilidade das acções*, Almedina, Coimbra, 2006; VENTURA, RAÚL – *Fusão, cisão, transformação de sociedades*, Almedina, Coimbra, 1990; XAVIER, V. G. LOBO – " O regime das deliberações sociais no Projecto de Código das Sociedades", em AAVV., *Temas de direito comercial*, Almedina, Coimbra, 1986, p. 1.

b) Outra:

CUNHA, P. OLAVO – *Os direitos especiais nas sociedades anónimas: as acções privilegiadas*, Almedina, Coimbra, 1993; MAIA, PEDRO – "Deliberações dos sócios", em AAVV. (coord. de Coutinho de Abreu), *Estudos de direito das sociedades*, 9ª ed., Almedina, Coimbra, 2008, p. 235.

1. Ineficácia absoluta das deliberações

Tal como se diz para os negócios jurídicos em geral[1], também a respeito das deliberações dos sócios a ineficácia em sentido amplo (não produção, por algum

---

[1] Cfr. por todos MANUEL DE ANDRADE (1972), p. 411, s..

motivo legal, de todos ou parte dos efeitos a que a deliberação tendia) abrange a ineficácia em sentido estrito e as invalidades (nulidade e anulabilidade).

O art. 55º ocupa-se da ineficácia em sentido estrito; os artigos seguintes ocupam-se das invalidades[2].

A ineficácia directamente prevista no art. 55º é *absoluta* (não relativa) e *total* (não parcial). Faltando o consentimento de sócio(s) exigido por lei, a deliberação não produz, perante todos (sócios ou não), qualquer dos efeitos a que tendia.

O referido consentimento pode ser dado nas respectivas deliberações (mediante a emissão de votos positivos)[3] ou fora delas. E, neste caso, de modo expresso (oralmente ou – e por vezes necessariamente – por escrito) ou (em algumas hipóteses) de modo tácito (*v. g.*, aceitando a execução das deliberações).

O consentimento não tem de ser, porém, de "determinado sócio" (assim se expressa o preceito). Pode ter de ser de sócios determinados (ou determináveis) – sendo suficiente o não consentimento de um deles para a ineficácia; e pode em alguns casos ser um consentimento formado colegial-maioritariamente (cfr. o art. 24º, 6).

Exemplos de deliberações (absoluta e totalmente) ineficazes contempladas no CSC:

– Deliberações que suprimem ou coarctam *direitos especiais* dos sócios sem o consentimento dos respectivos titulares (art. 24º, *maxime* nºs 5 e 6)[4].

– Deliberações de *transformação* de sociedade que importem para todos ou alguns sócios a assunção de responsabilidade ilimitada (transformação em sociedade em nome colectivo ou em sociedade em comandita, respectivamente) sem aprovação pelos sócios que devam assumir essa responsabilidade (art. 133º, 2)[5].

– Deliberações de *transformação* que alterem, sem o "acordo de todos os sócios interessados" (todos os sócios, afinal), o montante nominal da partici-

---

[2] O CSC não prevê deliberações (juridicamente) inexistentes. Mas parece dever afirmar-se a possibilidade das mesmas [COUTINHO DE ABREU (2009), p. 443-444].

[3] Não parece que os votos de abstenção possam denotar aqui consentimento, ainda que tácito (aliás, as abstenções não se consideram votos emitidos – art. 250º, 3 – ou "não são contadas" – art. 386º, 1). Diferentemente, PINTO FURTADO, 2005, p. 521.

[4] V. desenvolvimentos em COUTINHO DE ABREU (2009), p. 209, s..

[5] O texto normativo fala de validade. Mas parece mais correcto entender que a norma se refere à eficácia/ineficácia. V., neste sentido, PINTO FURTADO (2005), p. 515, s.; divergentemente, RAÚL VENTURA (1990), p. 498.

pação de cada sócio e a proporção de cada uma delas relativamente ao capital social (art. 136º, 1).

– Deliberações de *alteração dos estatutos* de sociedades por quotas excluindo ou dificultando a divisão de quotas, sem o consentimento de todos os sócios por elas afectados (art. 221º, 7).

– Deliberações de *alteração estatutária* proibindo ou dificultando a cessão de quotas, sem o consentimento de todos os sócios por elas afectados (art. 229º, 4).

– Deliberações de *amortização de quotas* que, sendo permitidas com o consentimento dos respectivos titulares, sejam adoptadas sem tal consentimento (arts. 232º, s.)[6].

– Deliberações de *alteração dos estatutos* de sociedades anónimas introduzindo limites à transmissão de acções, sem o consentimento de todos os sócios cujas acções sejam afectadas (art. 328º, 3)[7].

2. A ressalva inicial do artigo
2.1. Ineficácia relativa

Faltando o consentimento de "determinado sócio" exigido por lei, a deliberação é, segundo a regra firmada no art. 55º, absolutamente ineficaz. Mas o artigo admite logo no início excepções com assento legal. É o caso das deliberações *relativamente* ineficazes.

Há, com efeito, deliberações dos sócios que, na falta de consentimento legalmente exigido de certo ou certos sócios, não produzem efeitos *tão-somente em relação a esses sócios*. Nos termos do nº 2 do art. 86º, se uma alteração estatutária "envolver o *aumento das prestações* impostas pelo contrato aos sócios, esse aumento é ineficaz para os sócios que nele não tenham consentido". Assim, por exemplo, as deliberações que introduzam nos estatutos obrigações de prestações acessórias (arts. 209º, 287º) ou de prestações suplementares (art. 210º) são ineficazes relativamente aos sócios que as não tenham aprovado (nem, por outra via, nelas tenham consentido).

Outro exemplo de deliberação relativamente ineficaz – mas não de alteração estatutária – é a que constitui *obrigação de efectuar suprimentos*. Uma tal deliberação é eficaz para os sócios que a votem favoravelmente e assumam a obrigação, é ineficaz para os sócios que não votem positivamente (art. 244º, 2).

---

[6] V. desenvolvimentos em COUTINHO DE ABREU (2009), p. 406, s..
[7] V. SOVERAL MARTINS (2006), p. 603, s..

Coloca-se frequentemente na galeria das deliberações ineficazes as que, estando sujeitas a registo[8], *não estão registadas*. Trata-se, porém, de ineficácia distinta das ineficácias presentes (expressa ou remissivamente) no art. 55º: não se baseia em *falta de consentimento* dos sócios; não é em geral absoluta, mas *relativa – perante terceiros*; a deliberação relativamente ineficaz por falta de registo não produz efeitos *contra* terceiros, podendo estes, todavia, prevalecer-se dessa mesma deliberação (cfr. o art. 14º, 1 do CRCom. e o art. 168º, 1, do CSC).

2.2. Eficácia apesar da falta de consentimento

Em princípio, os *direitos especiais dos sócios* não podem ser suprimidos ou limitados sem o consentimento dos respectivos titulares (art. 24º, 5 e 6) – sob pena de ineficácia das deliberações supressoras ou limitadoras (art. 55º).

Todavia, o nº 5 do art. 24º ressalva "regra legal ou estipulação contratual expressa em contrário". E o art. 55º, ressalvando "disposição legal em contrário", compreende também (indirectamente embora) estipulação estatutária em contrário permitida por lei.

Encontramos no CSC duas normas permitindo deliberações (eficazes) que eliminam (mediata ou imediatamente) direitos especiais.

Pelo art. 257º, 3, podem os sócios deliberar que a sociedade requeira a destituição judicial por justa causa de sócio-gerente com direito especial à gerência; verificando-se a destituição, caduca a cláusula estatutária do direito especial, este é suprimido. Segundo o nº 1 do art. 531º, os direitos de voto plural (cfr. arts. 250º, 2, 384º, 5) constituídos legalmente antes da entrada em vigor do CSC mantêm-se; mas acrescenta o nº 2 que "tais direitos podem ser extintos ou limitados por deliberação dos sócios tomada nos termos previstos para a alteração do contrato, sem necessidade de consentimento dos sócios titulares desses direitos".

Por outro lado, se o estatuto social permitir a limitação ou supressão de direito especial por deliberação (de alteração estatutária), será a deliberação eficaz independentemente do consentimento do titular de tal direito.

3. Declaração judicial de ineficácia

Nos casos em que falte o legalmente exigido consentimento de sócios, a tutela destes satisfaz-se com o regime da ineficácia (absoluta ou relativa) das deliberações.

---

[8] V. o CRCom., art. 3º, 1, b), g), i), j), r), u).

Menos apropriado seria o da anulabilidade, que obrigaria os sócios interessados a propor acção anulatória em prazo curto, sob pena de os efeitos deliberativos não mais poderem ser postos em causa, ou o da nulidade, que impediria a produção de efeitos ainda quando os sócios viessem a concordar com as deliberações[9].

Por definição, as deliberações ineficazes não produzem os efeitos a que tendiam. Não obstante, pode suceder que órgãos societários (indevidamente) pretendam actuar ou actuem em conformidade com elas. Justifica-se então a possibilidade de *acções de simples apreciação com o fim de obter a declaração judicial de ineficácia das deliberações*.

A acção de declaração de *ineficácia absoluta* pode ser proposta por qualquer interessado, bem como pelo órgão de fiscalização ou, faltando este, por qualquer gerente (cfr. o art. 57º, aplicável analogicamente). Se estiver em causa deliberação tão-só *relativamente ineficaz*, parece que a legitimidade pertence apenas aos sócios que (ainda) não prestaram o consentimento exigido, bem como ao órgão ou gerentes há pouco referidos. As acções são propostas contra a sociedade (art. 60º, 1, aplicável analogicamente).

---

[9] Cfr. LOBO XAVIER (1986), p. 24.

ARTIGO 56º
Deliberações nulas

1. *São nulas as deliberações dos sócios:*

a) Tomadas em assembleia geral não convocada, salvo se todos os sócios tiverem estado presentes ou representados;

b) Tomadas mediante voto escrito sem que todos os sócios com direito de voto tenham sido convidados a exercer esse direito, a não ser que todos eles tenham dado por escrito o seu voto;

c) Cujo conteúdo não esteja, por natureza, sujeito a deliberação dos sócios;

d) Cujo conteúdo, directamente ou por actos de outros órgãos que determine ou permita, seja ofensivo dos bons costumes ou de preceitos legais que não possam ser derrogados, nem sequer por vontade unânime dos sócios.

2. *Não se consideram convocadas as assembleias cujo aviso convocatório seja assinado por quem não tenha essa competência, aquelas de cujo aviso convocatório não constem o dia, hora e local da reunião e as que reúnam em dia, hora ou local diversos dos constantes do aviso.*

3. *A nulidade de uma deliberação nos casos previstos nas alíneas a) e b) do nº 1 não pode ser invocada quando os sócios ausentes e não representados ou não participantes na deliberação por escrito tiverem posteriormente dado por escrito o seu assentimento à deliberação.*

Índice

1. Quadro geral das invalidades
2. Deliberações nulas por vícios de procedimento
   2.1. Deliberações de assembleia não convocada (n°s 1, a), 2, 3)
   2.2. Deliberações por voto escrito sem voto de sócio não convidado a votar (n°s 1, b), 3)
3. Deliberações nulas por vícios de conteúdo
   3.1. Deliberações de conteúdo por natureza não sujeito a deliberação dos sócios (nº 1, c))
   3.2. Deliberações de conteúdo ofensivo dos bons costumes (nº 1, d))
   3.3. Deliberações de conteúdo ofensivo a preceitos legais imperativos (nº 1, d))

Bibliografia

a) Citada:

ABREU, J. M. COUTINHO DE – *Curso de direito comercial*, vol. II – *Das sociedades*, 3ª ed., Almedina, Coimbra, 2009, *Governação das sociedades comerciais*, 1ª ed., Almedina, Coimbra, 2005/2006, 2ª ed., Almedina, Coimbra, 2010, "Diálogos com a jurisprudência, I – Deliberações dos sócios abusivas e contrárias aos bons costumes", DSR 1, 2009ª, p. 33-47; ALARCÃO, RUI DE – " Sobre a invalidade do negócio jurídico", 1981 (separata do nº especial do BFD – *Estudos em homenagem ao Prof. Doutor José Joaquim Teixeira Ribeiro*, 1981); ALMEIDA, A. PEREIRA DE – *Sociedades comerciais e valores mobiliários*, 5ª ed., Coimbra Editora, Coimbra, 2008; ANTUNES, JOSÉ ENGRÁCIA – *Direito das sociedades*, ed. do A., 2010; ASCENSÃO, J. OLIVEIRA – "Invalidades das deliberações dos sócios", em IDET, *Problemas do direito das sociedades*, Almedina, Coimbra, 2002, p. 371; COELHO, E. M. LUCAS – "Formas de deliberação e de votação dos sócios", em IDET, *Problemas do direito das sociedades*, Almedina, Coimbra, 2002, p. 333; CORDEIRO, A. MENEZES – *Manual de direito das sociedades*, I – *Das sociedades em geral*, 2ª ed., Almedina, Coimbra, 2007, *Código das Sociedades Comerciais anotado* (coord. de A. Menezes Cordeiro), Almedina, Coimbra, 2009; CORREIA, A. FERRER/ XAVIER, V. LOBO/ COELHO, M. ÂNGELA/ CAEIRO, ANTÓNIO A. – "Sociedade por quotas de responsabilidade limitada. Anteprojecto de lei – 2ª redacção e exposição de motivos", RDE, 1977, p. 349-423; CORREIA, L. BRITO – *Direito comercial*, 3º vol. – *Deliberações dos sócios*, AAFDL, Lisboa, 1989; CUNHA, P. OLAVO – *Direito das sociedades comerciais*, 4ª ed., Almedina, Coimbra, 2010; DOMINGUES, P. TARSO – *Variações sobre o capital social*, Almedina, Coimbra, 2009; FONSECA, J. TAVEIRA DA – "Deliberações sociais – Suspensão e anulação", em CEJ, *Textos (Sociedades comerciais)*, 1994/1995, p. 83-161; FRADA, M. CARNEIRO DA – "Deliberações sociais inválidas no novo Código das Sociedades", em FDUL/ CEJ, *Novas perspectivas do direito comercial*, Almedina, Coimbra, 1988, p. 315; FURTADO, J. PINTO – *Deliberações de sociedades comerciais*, Almedina, Coimbra, 2005; MAIA, PEDRO – "Deliberações dos sócios", em AAVV. (coord. de Coutinho de Abreu), *Estudos de direito das sociedades*, 9ª ed., Almedina, Coimbra, 2008, p. 235, "Invalidade de deliberação social por vício de procedimento", ROA, 2001, p. 699-748; MONTEIRO, H. SALINAS – "Critérios de distinção entre a anulabilidade e a nulidade das deliberações sociais no Código das Sociedades Comerciais", DJ, vol VIII, t. 2, 1994, p. 211-259; OLAVO, CARLOS – "Impugnação das deliberações sociais", CJ, 1988, III, p. 21-31; VASCONCELOS, P. PAIS DE – *A participação social nas sociedades comerciais*, 2ª ed., Almedina, Coimbra, 2006; VENTURA, RAÚL – *Sociedades por quotas*, vol. II, Almedina, Coimbra, 1989; XAVIER, V. G. LOBO – *Anulação de deliberação social e deliberações conexas*, Atlântida Editora, Coimbra, 1976, " O regime das deliberações sociais no Projecto de Código das Sociedades", em AAVV., *Temas de direito comercial*, Almedina, Coimbra, 1986, p. 1; ZÖLLNER, WOLFGANG – *Kölner Kommentar zum Aktiengesetz*, Band 2, 4. Lief. (§§ 241-257), Heymanns, Köln, Berlin, Bonn, München, 1976.

b) Outra:
COELHO, E. M. LUCAS – *A formação das deliberações sociais – Assembleia geral das sociedades anónimas*, Coimbra Editora, Coimbra, 1994; CORREIA, L. BRITO – "Regime da invalidade das deliberações sociais", em AAVV., *"Os quinze anos de vigência do Código das Sociedades Comerciais"*, Fundação Bissaya Barreto, Coimbra, 2003.

1. Quadro geral das invalidades

Para determinar as deliberações inválidas – nulas (art. 56º) ou anuláveis (art. 58º) –, o CSC atende à espécie de vício de que enfermam e à natureza das normas ofendidas.

Os vícios aqui em causa, ou são *de procedimento* (relativos ao modo ou processo pelo qual se formou a deliberação, ao "como" se decidiu), ou são *de conteúdo* (atinentes à regulamentação ou disciplina estabelecida pela deliberação, ao "que" foi decidido)[1].

Quanto às normas desrespeitadas (pelo procedimento ou pelo conteúdo da deliberação), relevam, por um lado, *as normas (e princípios) legais*, bem como o seu *carácter imperativo ou não*, e, por outro lado, *as normas estatutárias*.

A *violação de normas legais imperativas pelo conteúdo das deliberações* provoca, em regra, a *nulidade* destas (art. 56º, 1, d)). Tais normas fixam regime não derrogável pelos sócios. Exactamente porque tutelam interesses outros que não os dos sócios, ou interesses dos sócios mas não disponíveis por eles. A contradição entre (o conteúdo de) uma deliberação e uma norma legal imperativa é proibida, e não pode a deliberação produzir os efeitos (directos) a que tendia.

A *violação de normas legais dispositivas ou de normas estatutárias pelo conteúdo das deliberações* já não provoca nulidade mas, em princípio, *anulabilidade* (art. 58º, 1, a)). Observados certos requisitos, os sócios podem derrogar normas legais dispositivas (art. 9º, 3) e alterar cláusulas estatutárias (arts. 85º, s.). Estão em causa, portanto, interesses (não indisponíveis) dos sócios. A eles (principalmente) é pois confiada a decisão sobre os efeitos das deliberações que contrariem tais preceitos (impugnando-as ou não).

Por sua vez, a ocorrência de *vícios de procedimento* causa em regra a *anulabilidade* das deliberações. Só não é assim nos casos previstos nas als. a) e b) do nº 1 do art. 56º (nulidade, embora atípica). Nos demais casos, ainda quando seja ofendida norma legal imperativa, os vícios de procedimento originam em princípio anulabilidade (art. 58º, 1, a), c)). É que, além da tendência já antiga para restringir os casos de nulidade de deliberações sociais (promotora de certeza quanto à verificação dos efeitos visados com elas), a ofensa de preceitos (ainda que) imperativos pelo procedimento deliberativo "afecta interesses (e interesses disponíveis) daqueles que no momento do acto eram sócios; interesses,

---

[1] Esta classificação é adoptada tradicional e generalizadamente. Entre nós, foi especialmente desenvolvida por LOBO XAVIER (1976), p. 180, s..

portanto, que, por via de regra (...), tais sócios podem defender, se o quiserem, através da acção anulatória"[2].

2. Deliberações nulas por vícios de procedimento
2.1. Deliberações de assembleia não convocada (n.os 1, a), 2, 3)

Assembleia geral não convocada é, antes de mais, a assembleia *não precedida de qualquer convocatória*[3]: ninguém foi convocado mas, ainda assim, alguns sócios reuniram-se e adoptaram deliberações. Compreende-se que estas deliberações sejam nulas: apesar de a falta de convocação ser vício de procedimento, é *vício muito grave*, na medida em que *afasta sócios do exercício de direitos fundamentais da socialidade* – designadamente o direito de participar (plena ou limitadamente) nas deliberações e o direito de obter informações sobre a vida da sociedade (especialmente em assembleia): art. 21º, 1, b) e c).

Por isso mesmo, deve igualmente ser considerada assembleia *não convocada* a realizada *sem presença de um ou mais sócios que não foram convocados* (convocados foram somente alguns, ou algum)[4]; sócios legitimados para participar em assembleia não podem ser excluídos da possibilidade de exercerem os seus mais elementares direitos – são nulas as deliberações adoptadas em assembleia na qual algum deles não participou por não ter sido convocado[5].

Outros casos há ainda em que, por força da lei, a assembleia *não se considera convocada* – com a consequência de as deliberações aí tomadas serem nulas. Nos termos do nº 2 do art. 56º, "não se consideram convocadas as assembleias cujo aviso convocatório seja *assinado por quem não tenha essa competência*, aquelas de cujo aviso convocatório *não constem o dia, hora e local da reunião* e as que *reúnam em dia, hora ou local diversos dos constantes do aviso*". Assim, considera-se não convocada, por exemplo, a assembleia geral de sociedade por quotas cujo aviso convocatório seja assinado por sócio não gerente; a assembleia de cuja convocató-

---

[2] LOBO XAVIER (1986), p. 8.
[3] Sobre a competência para convocar, modalidades de convocatória (instrumento de convocação ou chamamento para assembleia) e conteúdo da convocatória, v. COUTINHO DE ABREU (2009), p. 463-464.
[4] Hipótese não verificável quando a convocação seja efectuada por anúncio publicado (cfr. arts. 377º, 2, 167º).
[5] No mesmo sentido, ainda que nem sempre com fundamentação semelhante, v. LOBO XAVIER (1986), p. 12, PEDRO MAIA (2008), p. 261, e (2001), p. 715, S., PEREIRA DE ALMEIDA (2008), p. 200, MENEZES CORDEIRO (2007), p. 718 [mas v. *Id.* (2009), p. 221, nt. 2: anulabilidade]; v. tb., entre outros, os Acs. do STJ de 2/6/87, BMJ 368 (1987), p. 534, e de 12/7/94, BMJ 439 (1994), p. 582, e o Ac. da RL de 21/9/04, CJ, 2004, I, p. 87. Em sentido diferente (anulabilidade), v. PINTO FURTADO (2005), p. 580 s..

ria não conste o lugar da reunião⁶ (a sede social ou outro local geograficamente bem definido, se de assembleia tradicional se tratar, ou o local virtual, *v. g.* um "sítio" na Internet se a assembleia for inteiramente virtual)⁷; a assembleia marcada para as 9 horas mas que foi iniciada às 8 horas (com adopção de deliberações até às 9 horas) ou às 14.⁸

Porém, a nulidade das deliberações tomadas em assembleia não convocada não é nulidade típica. É *atípica* (invalidade mista lhe chamam geralmente)⁹, pois pode o *vício da falta de convocação ser sanado* posteriormente por vontade de todos os sócios que não participaram nas deliberações (os primacialmente protegidos pela cominação do art. 56º, 1, a)), convalidando-se elas então. Utilizando os dizeres do nº 3 do art. 56º, a nulidade de uma deliberação tomada em assembleia geral não convocada "não pode ser invocada quando os sócios ausentes e não representados (...) tiverem posteriormente dado por escrito o seu assentimento à deliberação".

Contudo, a nulidade (atípica) não afecta necessariamente todas as deliberações tomadas em assembleia geral não convocada. Apesar da ausência (total ou parcial) de convocação, não são (por isso) nulas "se todos os sócios tiverem estado presentes ou representados" (2.ª parte do nº 1 do art. 56º).

Se todos os sócios (ou representantes) se reúnem e, além disso, *todos acordam em que a assembleia se constitua e delibere sobre determinado(s) assunto(s)*, temos *assembleia universal*. Que pode deliberar validamente, nos termos aplicáveis às assembleias (bem) convocadas – as deliberações (sobre os assuntos consentidos por todos) não são inquinadas pela falta (ou irregularidade) da convocatória. É o que se diz no art. 54º.

Imagine-se agora uma deliberação tomada em assembleia geral não convocada, mas na qual todos os sócios estiveram presentes ou representados; porém, nem todos concordaram em que a assembleia se constituísse ou deliberasse sobre assunto a respeito do qual se deliberou.

Apesar da falta de convocação, *todos os sócios* compareceram (ou fizeram-se representar) – a finalidade da convocação foi, pois, conseguida. Sendo assim,

---

⁶ V. tb. o art. 377º, 5, b).
⁷ V. o art. 377º, 6, als. a) e b), respectivamente.
⁸ Não cabem no art. 56º, 1, a), as deliberações adoptadas em assembleia geral convocada mas sobre assuntos que não constavam da convocatória. Ao invés do defendido por MENEZES CORDEIRO (2009), p. 221 – sobre os pontos ausentes da ordem do dia "não houve convocatória" –, tais deliberações não são nulas, mas anuláveis (quando não adoptadas em assembleia universal): arts. 58º, 1, a), c), 4, a), e 59º, 2, c).
⁹ Sobre a nulidade e a anulabilidade atípicas (e o carácter supérfluo da chamada "invalidade mista"), v. RUI DE ALARCÃO (1981), p. 10, s..

e porque se verificou a ressalva da al. a) do nº 1 do art. 56º, a deliberação *não é nula*[10].

No entanto, não foi cumprido um dos requisitos da assembleia universal. A deliberação *desrespeitou no procedimento a disciplina do art. 54º, 1 e 2* (relativa às assembleias universais); é, portanto, *anulável*, nos termos do art. 58º, 1, a)[11].

2.2 Deliberações por voto escrito sem voto de sócio não convidado a votar (nºs 1, b), 3)

São nulas as deliberações dos sócios "tomadas mediante voto escrito sem que todos os sócios com direito de voto tenham sido convidados a exercer esse direito" (al. b) do nº 1 do art. 56º). O preceito tem em vista, como é reconhecido geralmente, deliberações por voto escrito, não (também) deliberações unânimes por escrito[12]. Por isso não faz sentido a referência aos sócios "com direito de voto", uma vez que, quando haja sócios impedidos de votar, a deliberação não pode ser adoptada por voto escrito (art. 247º, 8)[13].

As deliberações por voto escrito são em geral permitidas nas sociedades por quotas – art. 247º, 1 e 2[14]. O respectivo procedimento está regulado nos n.ºs 2 a 7 deste artigo. Para poder deliberar-se por voto escrito, é necessário que todos os sócios acordem em que assim seja (n.ºs 2 e 3)[15]; e para saber se todos concordam, uma "consulta" por escrito será feita aos sócios (nº 3). Podendo proceder-se a votação por escrito, o ou um gerente "enviará a todos os sócios a proposta concreta de deliberação" (nº 4).

Ora, já se defendeu que a nulidade prevista na al. b) do nº 1 do art. 56º afecta as deliberações por voto escrito quando: a) nem todos os sócios foram consultados sobre a possibilidade de se deliberar por voto escrito, ou nem todos foram convidados a votar por escrito (a ou as propostas concretas de delibera-

---

[10] Contra, v. CARNEIRO DA FRADA (1988), p. 331, e PINTO FURTADO (2005), p. 565, s..
[11] Propugnando a mesma solução, v. CARLOS OLAVO (1988), p. 23, BRITO CORREIA (1989), p. 299-300, SALINAS MONTEIRO (1994), p. 244-245, PEREIRA DE ALMEIDA (2008), p. 200, PEDRO MAIA (2008), p. 259, s. e (2001), p. 710, OLIVEIRA ASCENSÃO (2002), p. 379, PAIS DE VASCONCELOS (2006), p. 178, OLAVO CUNHA (2010), p. 703.
[12] Diferentemente, MENEZES CORDEIRO (2009), p. 221. Uma proposição escrita invocada como deliberação unânime por escrito mas a que falte declaração de concordância de algum sócio (com direito de voto e não impedido de votar) é deliberação inexistente (não corresponde a qualquer forma de deliberação dos sócios permitida) – cfr. PINTO FURTADO (2005), p. 505-506, COUTINHO DE ABREU (2009), p. 444.
[13] RAÚL VENTURA (1989), p. 186.
[14] E também nas sociedades em nome colectivo – art. 189º, 1.
[15] V. LUCAS COELHO (2002), p. 346-347.

ção não foram enviadas a todos os sócios)[16]; b) nem todos os sócios foram consultados sobre a possibilidade de se deliberar por voto escrito (só neste caso)[17]; c) *nem todos os sócios foram convidados a votar por escrito*[18].

Parece ser este último entendimento o correcto[19]. A mais de ser ele que melhor encaixa no enunciado da al. b) do nº 1 do art. 56º e do paralelismo entre esta alínea (desse modo interpretada) e a al. a) do mesmo nº 1 do art. 56º (sócio não "convocado" para votar por escrito e sócio não convocado para assembleia geral), idêntico entendimento era avançado já a propósito de um enunciado de anteprojecto que o CSC reproduziu *ipsis verbis*[20].

Também esta nulidade é *atípica*. O vício é sanável por vontade dos sócios a quem não foi dada oportunidade de votar. Deixa de haver nulidade se os sócios "não participantes na deliberação por escrito tiverem posteriormente dado por escrito o seu assentimento à deliberação" (art. 56º, 3).

Relembre-se, por fim, que *não há qualquer nulidade* quando, apesar de um ou mais sócios não terem sido convidados a exercer o direito de votar por escrito, *afinal também eles* (informalmente informados da votação) *deram por escrito o seu voto* (2.ª parte da al. b) do nº 1 do art. 56º).

3. Deliberações nulas por vícios de conteúdo
3.1. Deliberações de conteúdo por natureza não sujeito a deliberação dos sócios (nº 1, c))

O art. 56º, 1, c), vem concitando teses interpretativas em medida inversamente proporcional à da sua relevância.

Ao tempo ainda do Projecto do CSC, pronunciou-se Vasco Lobo Xavier[21]. As deliberações dos sócios em questão seriam, (1) "antes de mais, as deliberações dos accionistas sobre matérias que 'estejam compreendidas nas atribuições de outros órgãos da sociedade' anónima". Mas, acreditava o nosso Professor, (2) "os autores do Projecto tiveram aqui em vista sobretudo certos casos de outra índole, que a prática por vezes nos mostra: aqueles em que a assembleia geral, mal esclarecida sobre os seus poderes, resolve interferir na esfera jurídica de

---

[16] CARNEIRO DA FRADA (1988), p. 331-332, BRITO CORREIA (1989), p. 355, nt. 33, RAÚL VENTURA (1989), p. 186.
[17] PINTO FURTADO (2005), p. 586.
[18] SALINAS MONTEIRO (1994), p. 246, s..
[19] A falta da consulta prevista no art. 247º, 3, poderá implicar simplesmente a anulabilidade da deliberação.
[20] FERRER CORREIA/LOBO XAVIER/ÂNGELA COELHO/ANTÓNIO CAEIRO (1977), p. 413 (a propósito do art. 114º, 1, b), do Anteprojecto).
[21] LOBO XAVIER (1986), p. 18.

terceiros – geralmente de sócios enquanto terceiros (ou, de qualquer modo, em qualidade diversa da de sócios) ou de outros terceiros ligados à empresa social. / Pense-se nas hipóteses (...) de a assembleia geral deliberar suspender os pagamentos devidos a gerentes ou a trabalhadores ou diferir a realização de uma prestação do preço do prédio comprado pela sociedade a um sócio".[22]

Apareceram entretanto outras propostas interpretativas do art. 56º, 1, c). As deliberações cujo conteúdo não está por natureza sujeito a deliberação dos sócios seriam (3) (também ou somente) as tomadas sobre assunto fora da capacidade jurídica da sociedade[23], ou (4) somente as deliberações de objecto física ou legalmente impossível[24].

Todas estas propostas são contestáveis.

As deliberações *de objecto física ou legalmente impossível* são nulas por força do art. 56º, 1, d) – o conteúdo delas é ofensivo de preceito legal imperativo: o art. 280º, 1, do CCiv.[25]

Porque ofendem a norma legal imperativa do art. 6º do CSC, também são nulas de acordo com a mesma al. d) do nº 1 do art. 56º as deliberações *sobre assunto fora da capacidade jurídica da sociedade*[26].

Por sua vez, uma sociedade não pode *interferir unilateralmente na esfera jurídica de terceiros*. A modificação desta esfera exige acordo entre os terceiros e a sociedade, nos termos de normas legais imperativas (*v. g.*, arts. 406º, 1, e 863º, 1, do CCiv.); e em tal acordo intervirão normalmente (por força também de normas imperativas) os administradores que representam a sociedade, não o órgão deliberativo-interno. Portanto, uma deliberação dos sócios que vise suprimir ou modificar (unilateralmente) direitos de terceiros é nula porque ofensiva de

---

[22] No mesmo sentido: quanto a ambas as hipóteses [(1) e (2)], CARNEIRO DA FRADA (1988), p. 327, s., CARLOS OLAVO (1988), p. 23-24; quanto à primeira hipótese (deliberações sobre matérias imperativamente da competência de outro órgão), BRITO CORREIA (1989), p. 287, 296, TAVEIRA DA FONSECA (1994/1995), p. 125, ENGRÁCIA ANTUNES (2010), p. 301; ao menos quanto à segunda hipótese (deliberações que interferem na esfera jurídica de terceiros), SALINAS MONTEIRO (1994), p. 223-224 (mas, embora a al. c) do nº 1 do art. 56º seja útil, a mesma solução resultaria da al. d)), PEDRO MAIA (2008), p. 264-265.
[23] BRITO CORREIA (1989), p. 287, 293, TAVEIRA DA FONSECA (1994/1995), p. 125, MENEZES CORDEIRO (2007), p. 723, e (2009), p. 222 (mas acrescenta *ibid.*, p. 222: "O relevo prático do preceito (...) é escasso, não tendo sido aplicado. A amplitude do 56º/1, *d*), retira-lhe espaço próprio."), ENGRÁCIA ANTUNES (2010), p. 301.
[24] PINTO FURTADO (2005), p. 592, s..
[25] No mesmo sentido, BRITO CORREIA (1989), p. 329-330, SALINAS MONTEIRO (1994), p. 225, nt. 34.
[26] Cfr. COUTINHO DE ABREU (2009), p. 187.

normas legais imperativas – al. d) do nº 1 do art. 56º, aparecendo supérflua a al. c)[27].

Por último, atentemos na proposta interpretativa primeiro avançada (deliberações *sobre matérias atribuídas por lei, não aos sócios, mas a outro órgão*[28]).

Provavelmente, a fonte inspiradora do art. 56º, 1, c), do CSC foi o § 241, nº 3 (parte inicial), da AktG alemã: uma deliberação da assembleia geral é nula se for "incompatível com a natureza [ou a essência] da sociedade anónima".[29] E alguns autores alemães incluem neste preceito (a que se atribui em geral papel diminuto) também a ofensa de regras de competência[30].

Não obstante, a violação de regra de competência não é propriamente vício de procedimento[31] – se fosse, compreender-se-ia que a ofensa de regras legais imperativas de competência, não podendo (talvez) ser colocada na al. d) do nº 1 do art. 56º e não devendo sujeitar-se simplesmente à reacção do art. 58º, 1, a), necessitaria da al. c) do nº 1 do art. 56º. É sim (também, ao menos) vício de conteúdo. Uma regra legal que atribui competência exclusiva ao conselho de administração em certa matéria significa ao mesmo tempo a proibição de a assembleia geral adoptar deliberações cujo conteúdo ultrapasse a esfera da sua competência (entrando naquela matéria)[32]. Consequentemente, às deliberações dos sócios ofensivas de normas legais imperativas de competência é aplicável o art. 56º, 1, d)[33].

Por tudo isto, venho propugnando: *a questionada al. c) do nº 1 do art. 56º é supérflua*[34].

---

[27] Antes do CSC, LOBO XAVIER (1976), p. 132-133, nt. 26, sustentava já a nulidade de tais deliberações, sem recorrer a regra ou princípio que defluiriam hoje do art. 56º, 1, c)... Depois do Código, PINTO FURTADO (2005), p. 594 [apoiado por MENEZES CORDEIRO (2007), p. 722], opina convictamente ("parece hoje fora de toda a dúvida") que a sanção é a ineficácia (art. 55º). Não é. Basta ver, além do que há pouco ficou em texto, que o consentimento referido no art. 55º é de sócio(s), não de terceiros (nem de sócios enquanto terceiros).

[28] Lei imperativa, é bom de ver. Se for legal-dispositiva ou estatutária a norma atributiva de competência a outro órgão, a deliberação dos sócios que a viole é anulável – art. 58º, 1, a).

[29] V. SALINAS MONTEIRO (1994), p. 222, nt. 27, COUTINHO DE ABREU (2009), p. 485.

[30] Cfr. COUTINHO DE ABREU (2009), p. 485, nt. 131.

[31] Mas fala de "vício de formação" PINTO FURTADO (2005), p. 594. Criticamente, v. tb. SALINAS MONTEIRO (1994), p. 222, nt. 28.

[32] Neste sentido, v. ZÖLLNER (1976), p. 731.

[33] No mesmo sentido, além de SALINAS MONTEIRO (1994), p. 222, nt. 28, OLIVEIRA ASCENSÃO (2002), p. 381-382.

[34] COUTINHO DE ABREU (2005/2006), p. 120, (2009), p. 486, (2010), p. 122.

3.2. Deliberações de conteúdo ofensivo dos bons costumes (nº 1, d))

Nos termos do art. 56º, 1, d), são nulas as deliberações dos sócios "cujo conteúdo, directamente ou por actos de outros órgãos que determine ou permita, seja ofensivo dos bons costumes ou de preceitos legais que não possam ser derrogados (...)"[35]. Curaremos agora das deliberações ofensivas aos bons costumes. Para o próximo nº (3.3.) ficam as deliberações nulas que mais relevam: as ofensivas de normas legais imperativas.

Não é fácil imaginar deliberações contrárias aos bons costumes que entrem no campo de aplicação do art. 56º, 1, d)[36].

Primeiro, por causa da fluidez e indeterminação da noção de bons costumes. Varia consoante os espaços e os tempos. E, num determinado espaço e tempo, é tarefa complicada delimitar as regras de conduta (originariamente extra-jurídicas) aceites como boas pela consciência social dominante.

Depois, segundo a al. d) do nº 1 do art. 56º, não é qualquer ofensa dos bons costumes que provoca a nulidade. Eles têm de ser contrariados pelo "conteúdo" da deliberação, pela deliberação considerada em si mesma, pela regulação por ela estabelecida. Não bastando, pelo menos em regra, que os motivos ou o fim da deliberação sejam contrários aos bons costumes.

Paradoxalmente, porém, a jurisprudência portuguesa (acompanhada por alguma doutrina) tem sido pródiga na declaração de nulidade de deliberações por ofensa aos bons costumes[37]. Na linha, poderemos dizer, de certa "jurisprudência do sentimento", contrária, além do mais, à tendência (e necessidade) já antiga para restringir, em prol da certeza e segurança, os casos de nulidade de deliberações sociais. É jurisprudência que aplica o art. 56º, 1, d), quando deveria (quase sempre) aplicar o art. 58º, 1, b): deliberações abusivas-anuláveis[38].

---

[35] Era escusado o passo normativo "directamente ou por actos de outros órgãos que determine ou permita". Porquanto uma deliberação dos sócios que determine ou permita certa actuação de outros órgãos (de administração ou de fiscalização) contra os bons costumes ou preceitos legais é já directamente contrária a este normativo – cfr. PINTO FURTADO (2005), p. 601-602 (mas o A., *ibid.*, p. 605, acaba propondo interpretação da expressão legal que se me afigura desacertada).

[36] V., ainda assim, exemplos em COUTINHO DE ABREU (2009), p. 478-479.

[37] Para exposição e análise crítica de alguns acórdãos – da RC de 6/3/90 (CJ, 1990, II, p. 45), do STJ de 7/1/93 (CJ-ASTJ, 1993, I, p. 5), do STJ de 3/2/00 (CJ-ASTJ, 2000, I, p. 59), do STJ de 12/5/05 (em www.dgsi.pt) –, v. COUTINHO DE ABREU (2009), p. 479, s., e (2009ª), p. 33, s..

[38] V. COUTINHO DE ABREU (2009), p. 481, s., ou (2009ª), p. 38, s..

3.3. Deliberações de conteúdo ofensivo a preceitos legais imperativos (nº 1, d))

Os "preceitos legais que não possam ser derrogados, nem sequer por vontade unânime dos sócios", a que a al. d) do nº 1 do art. 56º faz referência mais não são do que *"preceitos legais imperativos"*[39]. Preceitos legais (de leis, decretos-lei, decretos legislativos regionais, regulamentos)[40], societários (os que primordialmente interessam aqui) ou não (de direito fiscal, civil, da concorrência, criminal, etc.), de regime infrangível, que não pode ser afastado ou derrogado, nem pela colectividade dos sócios (ou o sócio único), nem por outros órgãos sociais.

Aquilatar da imperatividade de certa norma é tarefa interpretativa. Tarefa muitas vezes facilitada[41] (1) pelo próprio *texto normativo*, com signos linguísticos denotando estar absolutamente vedada a derrogação da disciplina respectiva. Perscrutando os interesses protegidos pelas normas com aqueles sinais textuais, verifica-se serem, fundamentalmente, (2) *interesses de terceiros* umas vezes, (3) *interesses indisponíveis* dos sócios outras vezes, (4) ou a *garantia de certo esquema organizativo-funcional*. A consideração destes interesses relevará especialmente quando faltem signos textuais concludentes.[42] Por outro lado, também facilita a tarefa do intérprete o facto de a lei marcar claramente o *carácter dispositivo* de algumas normas. É sabido que os preceitos dispositivos do CSC podem ser derrogados, antes do mais, pelos estatutos das sociedades (art. 9º, 3). E não são raros os enunciados normativos que incluem "salvo diferente cláusula contratual" ou expressão equivalente.[43]

Entre muitas outras, são nulas as deliberações que aprovem distribuição aos sócios de lucros fictícios (bens sociais que não sejam lucros de balanço – cfr. o art. 32º, 1)[44]; introduzam nos estatutos cláusula permitindo prestações suplementares, mas sem fixar o montante global das mesmas (cfr. o art. 210º, 3, a), 4)[45]; introduzam nos estatutos cláusula segundo a qual a convocação das assembleias gerais será feita por carta registada expedida com antecedência mínima de oito dias (cfr. o art. 248º, 3); designem administradores por um período de cinco anos (cfr. o art. 391º, 3)[46]; destituam membros de órgão de fiscalização

---

[39] Cfr. LOBO XAVIER (1976), p. 153, (1986), p. 6-7. Mas podia e devia o legislador ter poupado nas palavras.
[40] Cfr. o art. 112º da CRP.
[41] Consideraremos agora somente normas de direito das sociedades.
[42] No essencial em sentido idêntico, v. LOBO XAVIER (1976), p. 135, s., (1986), p. 7.
[43] Para exemplos numerosos de normas do CSC imperativas, v. COUTINHO DE ABREU (2009), p. 474, s..
[44] Mas v. o art. 34º.
[45] Cfr. tb. o Ac. do STJ de 13/4/94, CJ-ASTJ, 1994, II, p. 27.
[46] Porém, nestes casos é possível a redução da deliberação nula, nos termos do art. 292º do CCiv. – cfr. LOBO XAVIER (1976), p. 227-228, nt. 100.

sem justa causa (cfr. o art. 419º, 1)[47]; limitem ou suprimam o direito de preferência de sócios em aumento do capital sem que o interesse social o justifique (cfr. o art. 460º)[48].

Acrescente-se agora apenas um exemplo de deliberação nula por violação de norma imperativa fora do CSC: deliberação simulada (cfr. o art. 240º do CCiv.)[49].

---

[47] Cfr. tb. o Ac. da RC de 7/4/94, CJ, 1994, II, p. 24.
[48] Neste sentido, TARSO DOMINGUES (2009), p. 498. Para mais indicações (no mesmo e em diverso sentido), v. *ibid.*, nt. 2012, e COUTINHO DE ABREU (2009), p. 477, nt. 102.
[49] V. SALINAS MONTEIRO, (1994), p. 254, nt. 109, Ac. do STJ de 4/10/01, CJ-ASTJ, 2001, III, p. 58. V. tb. BRITO CORREIA (1989), p. 319, s. (nas p. 322-323, o A., embora com dúvidas, advoga a anulabilidade).

ARTIGO 57º
Iniciativa do órgão de fiscalização quanto a deliberações nulas

1. *O órgão de fiscalização da sociedade deve dar a conhecer aos sócios, em assembleia geral, a nulidade de qualquer deliberação anterior, a fim de eles a renovarem, sendo possível, ou de promoverem, querendo, a respectiva declaração judicial.*
2. *Se os sócios não renovarem a deliberação ou a sociedade não for citada para a referida acção dentro do prazo de dois meses, deve o órgão de fiscalização promover sem demora a declaração judicial de nulidade da mesma deliberação.*
3. *O órgão de fiscalização que instaurar a referida acção judicial deve propor logo ao tribunal a nomeação de um sócio para representar a sociedade.*
4. *Nas sociedades que não tenham órgão de fiscalização, o disposto nos números anteriores aplica-se a qualquer gerente.*

Índice

1. Iniciativa do órgão de fiscalização ou de gerentes
   1.1. Do órgão de fiscalização para a assembleia geral e, eventualmente, para o tribunal (n°s 1 e 2)
   1.2. Iniciativa de gerente(s) de sociedade sem órgão de fiscalização (nº 4)
   1.3. Nomeação judicial de sócio para representar a sociedade (n°s 3 e 4)
2. Para lá da iniciativa do órgão de fiscalização ou de gerente (regime geral da nulidade)

Bibliografia

a) Citada:

ABREU, J. M. COUTINHO DE – *Curso de direito comercial*, vol. II – *Das sociedades*, 3ª ed., Almedina, Coimbra, 2009; CORDEIRO, A. MENEZES – *Código das Sociedades Comerciais anotado* (coord. de A. Menezes Cordeiro), Almedina, Coimbra, 2009; FURTADO, J. PINTO – *Deliberações de sociedades comerciais*, Almedina, Coimbra, 2005; MAIA, PEDRO – "Deliberações dos sócios", em AAVV. (coord. de Coutinho de Abreu), *Estudos de direito das sociedades*, 9ª ed., Almedina, Coimbra, 2008, p. 235; SERENS, M. NOGUEIRA – *Notas sobre a sociedade anónima*, 2ª ed., Coimbra Editora, Coimbra, 1997; VASCONCELOS, P. PAIS DE – *A participação social nas sociedades comerciais*, 2ª ed., Almedina, Coimbra, 2006.

b) Outra:

CORREIA, L. BRITO – "Regime da invalidade das deliberações sociais", em AAVV., *"Os quinze anos de vigência do Código das Sociedades Comerciais"*, Fundação Bissaya Barreto, Coimbra, 2003; FONSECA, J. TAVEIRA DA – "Deliberações sociais – Suspensão e anulação", em CEJ, *Textos (Sociedades comerciais)*, 1994/1995, p. 83-161.

1. Iniciativa do órgão de fiscalização ou de gerentes

O art. 57º impõe ao órgão de fiscalização ou, faltando ele, aos gerentes um dever de actuação quando os sócios hajam adoptado deliberações nulas.

1.1. Do órgão de fiscalização para a assembleia geral e, eventualmente, para o tribunal (nºs 1 e 2)

Quando os sócios adoptem deliberação nula, é *dever do órgão de fiscalização* da sociedade *dar a conhecer aos sócios, em assembleia geral, a nulidade*, a fim de – diz o nº 1 do art. 57º – eles a renovarem, sendo possível, ou de promoverem, querendo, a respectiva declaração judicial.

Se a deliberação nula tiver sido tomada em assembleia (não universal[1]), aquele dever do órgão de fiscalização poderá ser cumprido nessa mesma assembleia (até porque a presença dos membros do órgão fiscalizador nas assembleias gerais é exigida: art. 379º, 4). Não sendo esse o caso, isto é, se a deliberação nula tiver sido adoptada fora de assembleia ou se o órgão fiscalizador reconhecer a nulidade só depois da assembleia em que a deliberação foi tomada, deverá esse órgão pedir a convocação ou convocar assembleia geral (cfr. os arts. 375º, 1, 377º, 1, 420º, 1, h), 423º-F, h), 441º, s)) para que a comunicação acerca da nulidade seja efectuada.

Feita a comunicação, os sócios podem optar por: a) renovar a deliberação, se o vício for de procedimento (cfr. o art. 62º, 1); b) não renová-la, embora isso fosse possível; c) promover (por um ou mais deles) a declaração judicial da nulidade; d) não promovê-la (porque não vêem qualquer nulidade ou por outro motivo[2]); e) declarar (por deliberação) a nulidade[3].

Se, até dois meses após a referida comunicação, os sócios não deliberarem renovar a deliberação nula nem declarar a nulidade e a sociedade não for citada para acção de declaração de nulidade "deve o órgão de fiscalização *promover sem demora a declaração judicial de nulidade* da mesma deliberação" (art. 57º, 2).

Tudo isto combina bem com o quadro legal de competências estabelecido para os órgãos de fiscalização (designadamente a competência para "vigiar pela observância da lei"): arts. 420º, 1, b) (conselho fiscal ou fiscal único), 423º-F,

---

[1] Ou universal, mas estando presente(s) o(s) membro(s) do órgão fiscalizador (apesar de tal não ser exigido – v. nº 3. do comentário ao art. 54º).

[2] P. ex., porque não estão dispostos a arcar com os encargos da acção judicial (a sociedade suporta todos os encargos da acção somente quando proposta pelo órgão de fiscalização ou por gerente: art. 60º, 3 ...).

[3] Apesar de esta opção não estar contemplada no art. 57º, 1, parece aceitável – v. PINTO FURTADO (2005), p. 754, MENEZES CORDEIRO (2009), p. 224.

b) (comissão de auditoria), 441º, e) (conselho geral e de supervisão)[4]. E visa o rápido esclarecimento dos sócios e órgãos sociais acerca das nulidades de deliberações[5].

1.2. Iniciativa de gerente(s) de sociedade sem órgão de fiscalização (nº 4)

Nas sociedades que *não tenham órgão de fiscalização*[6], *os deveres referidos no nº anterior* (1.1.) *incumbem a qualquer gerente* (art. 57º, 4).[7]

Também se compreende: estando os gerentes, naturalmente, obrigados a não cumprir deliberações nulas (deliberações não produtoras dos efeitos a que tendiam), é seu dever promover a respectiva declaração de nulidade (ou, sendo o caso, a renovação) e a clarificação no funcionamento societário.

1.3. Nomeação judicial de sócio para representar a sociedade (nºs 3 e 4)

De acordo com os n.ºs 3 e 4 do art. 57º, o órgão de fiscalização ou o gerente que instaure acção de declaração de nulidade "deve propor logo ao tribunal a nomeação de *um sócio para representar a sociedade*". Percebe-se bem que seja assim quando é o (ou um) gerente a propor a acção – esta é proposta contra a sociedade (art. 60º, 1), normalmente representada por gerente(s) – arts. 192º, 1, 252º, 1. Percebe-se menos bem quando é o órgão fiscalizador o proponente – a sociedade poderia então ser representada pelos administradores ...

2. Para lá da iniciativa do órgão de fiscalização ou de gerente (regime geral da nulidade)

Evidentemente, nem todo o regime da arguição e declaração de nulidade das deliberações dos sócios está no art. 57º. Este artigo acrescenta *especialidades* ao regime geral previsto no CCiv..

---

[4] Não parece que o revisor oficial de contas (ROC), quando órgão (v. os arts. 278º, 1, b) e c), 3, 446º), caiba no art. 57º. Compete-lhe, essencialmente, "proceder ao exame das contas da sociedade", não uma fiscalização geral acerca da observância da lei ou dos estatutos (art. 446º, 1, 3). Ainda menos cabe no art. 57º o ROC designado em sociedade por quotas para proceder à revisão legal das contas (art. 262º, 2) – aqui nem órgão de fiscalização será. Diferentemente, v. PINTO FURTADO (2005), p. 755-756.
[5] Cfr. tb., p. ex., NOGUEIRA SERENS (1997), p. 48, PEDRO MAIA (2008), p. 266. Acrescente-se que o incumprimento do dever de comunicação e/ou de promoção da declaração judicial da nulidade pode originar responsabilidade civil e destituição do(s) membro(s) (ou alguns dos membros) do órgão fiscalizador (arts. 81º e 419º, respectivamente).
[6] Não o têm (como órgão típico) as sociedades em nome colectivo e em comandita simples; as sociedades por quotas devem tê-lo se possuírem determinada dimensão e não designarem ROC para a revisão legal das contas (art. 262º, 2, 3).
[7] O incumprimento pode gerar responsabilidade civil e destituição com justa causa do(s) gerente(s) (ou alguns deles) – arts. 72º, s.; 191º, 4 a 7, 257º, 2 a 6, 471º.

À nulidade das deliberações, enquanto negócios jurídicos, é aplicável regime comum dos negócios jurídicos nulos: "a nulidade é invocável *a todo o tempo por qualquer interessado* e pode ser declarada *oficiosamente* pelo tribunal" (art. 286º do CCiv.)[8].

Entre os "interessados" (cfr. o art. 26º, 1 e 2, do CPC) contam-se, *além dos especialmente visados no art. 57º, os administradores das sociedades por acções, qualquer sócio e alguns terceiros*.

Os *administradores* têm legitimidade para propor a acção nos casos em que o órgão fiscalizador não cumpre os deveres prescritos no art. 57º, 1 e 2. É evidente o interesse deles na certificação judicial da nulidade de deliberação que não pode vinculá-los.[9]

Qualquer *sócio* tem legitimidade para propor acção de nulidade – isto mesmo resulta logo do art. 57º, 1 e 2. Sócio já ao tempo da adopção da deliberação ou só posteriormente[10], com ou sem direito de voto, tenha ou não votado no sentido que fez vencimento.

Terceiros com legitimidade activa são, por exemplo, os credores e trabalhadores da sociedade quando esteja em causa deliberação de distribuição de lucros fictícios, ou um membro do conselho fiscal não sócio destituído sem justa causa.

As acções de nulidade podem ser propostas "a todo o tempo". Seria bom que, favorecendo a certeza e segurança na vida societária, o CSC se afastasse também aqui do regime comum e previsse prazos de caducidade (mais dilatados embora do que os previstos para a acção anulatória). A exemplo, aliás, do que vêm fazendo leis estrangeiras: por exemplo, a LSA espanhola (depois de 1989), no art. 116 (1) – um ano, em regra –, e o *Codice Civile* italiano (depois de 2003), nos arts. 2379, 2379*ter* e 2479*ter* (três anos, em regra, mas com mais excepções).[11]

---

[8] Cfr., p. ex., PINTO FURTADO (2005), p. 758, NOGUEIRA SERENS (1997), p. 48, e Ac. da RP de 26/10/04 (www.dgsi.pt – processo 0423569).

[9] Parece ser de aplicar analogicamente o art. 57º, 3 (v. tb. o nº 4). Eventualmente aplicável é também o art. 21º, 2, do CPC.

[10] V. PAIS DE VASCONCELOS (2006), p. 167, s..

[11] Com mais uma ou outra indicação, COUTINHO DE ABREU (2009), p. 493-494.

ARTIGO 58º
Deliberações anuláveis

1. São anuláveis as deliberações que:
a) Violem disposições quer da lei, quando ao caso não caiba a nulidade, nos termos do artigo 56º, quer do contrato de sociedade;
b) Sejam apropriadas para satisfazer o propósito de um dos sócios de conseguir, através do exercício do direito de voto, vantagens especiais para si ou para terceiros, em prejuízo da sociedade ou de outros sócios ou simplesmente de prejudicar aquela ou estes, a menos que se prove que as deliberações teriam sido tomadas mesmo sem os votos abusivos;
c) Não tenham sido precedidas do fornecimento ao sócio de elementos mínimos de informação.
2. Quando as estipulações contratuais se limitarem a reproduzir preceitos legais, são estes considerados directamente violados, para os efeitos deste artigo e do artigo 56º.
3. Os sócios que tenham formado maioria em deliberação abrangida pela alínea b) do nº 1 respondem solidariamente para com a sociedade ou para com os outros sócios pelos prejuízos causados.
4. Consideram-se, para efeitos deste artigo, elementos mínimos de informação:
a) As menções exigidas pelo artigo 377º, nº 8;
b) A colocação de documentos para exame dos sócios no local e durante o tempo prescritos pela lei ou pelo contrato.

Índice

1. Quadro geral
2. Deliberações que contravêm disposições da lei
   2.1. Deliberações anuláveis por vícios de procedimento (nºs 1, a), c), 4)
   2.2. Deliberações anuláveis por vícios de conteúdo (nº 1, a))
3. Deliberações anti-estatutárias (nºs 1, a), 2)
4. Deliberações abusivas
   4.1. Caracterização (nº 1, b))
   4.2. Responsabilidade civil dos que votam abusivamente (nº 3)

Bibliografia

a) Citada:
ABREU, J. M. COUTINHO DE – *Do abuso de direito – Ensaio de um critério em direito civil e nas deliberações sociais*, Almedina, Coimbra, 1983 (reimpr. 1999, 2006), *Da empresarialidade (As empresas no direito)*, Almedina, Coimbra, 1996 (reimpr. 1999), *Curso de direito comercial*,

vol. II – *Das sociedades*, 3ª ed., Almedina, Coimbra, 2009, *Governação das sociedades comerciais*, 1ª ed., Almedina, Coimbra, 2005/2006, 2ª ed., Almedina, Coimbra, 2010, "Diálogos com a jurisprudência, I – Deliberações dos sócios abusivas e contrárias aos bons costumes", DSR 1, 2009ª, p. 33-47; ALMEIDA, A. PEREIRA DE – *Sociedades comerciais e valores mobiliários*, 5ª ed., Coimbra Editora, Coimbra, 2008; ASCENSÃO, J. OLIVEIRA – "Invalidades das deliberações dos sócios", em IDET, *Problemas do direito das sociedades*, Almedina, Coimbra, 2002, p. 371; CAEIRO, ANTÓNIO – *Temas de direito das sociedades*, Almedina, Coimbra, 1984; COELHO, E. M. LUCAS – *A formação das deliberações sociais – Assembleia geral das sociedades anónimas*, Coimbra Editora, Coimbra, 1994; CORDEIRO, A. MENEZES – *Manual de direito das sociedades*, I – *Das sociedades em geral*, 2ª ed., Almedina, Coimbra, 2007, *Código das Sociedades Comerciais anotado* (coord. de A. Menezes Cordeiro), Almedina, Coimbra, 2009; CORREIA, A. FERRER/ XAVIER, V. LOBO/ COELHO, M. ÂNGELA/ CAEIRO, ANTÓNIO A. – "Sociedade por quotas de responsabilidade limitada. Anteprojecto de lei – 2ª redacção e exposição de motivos", RDE, 1977, p. 349-423; CORREIA, L. BRITO – *Direito comercial*, 3º vol. – *Deliberações dos sócios*, AAFDL, Lisboa, 1989; FRADA, M. CARNEIRO DA – "Deliberações sociais inválidas no novo Código das Sociedades", em FDUL/CEJ, *Novas perspectivas do direito comercial*, Almedina, Coimbra, 1988, p. 315; FURTADO, J. PINTO – *Deliberações de sociedades comerciais*, Almedina, Coimbra, 2005; HÜFFER, UWE – *Aktiengesetz*, 6. Aufl., Beck, München, 2004; MAIA, PEDRO – "Invalidade de deliberação social por vício de procedimento", ROA, 2001, p. 699-748; MONTEIRO, H. SALINAS – "Critérios de distinção entre a anulabilidade e a nulidade das deliberações sociais no Código das Sociedades Comerciais", DJ, vol VIII, t. 2, 1994, p. 211-259; REDINHA, REGINA R. – "Deliberações sociais abusivas", RDE, 1984/1985, p. 193-224; SANTOS, F. CASSIANO DOS – *Estrutura associativa e participação societária capitalística*, Coimbra Editora, Coimbra, 2006; SCHMIDT, KARSTEN – em *Scholtz Kommentar zum GmbH-Gesetz*, II Band, 9. Aufl., Otto Schmidt, Köln, 2002; TRIUNFANTE, ARMANDO M. – *A tutela das minorias nas sociedades anónimas*, Coimbra Editora, Coimbra, 2004; VASCONCELOS, P. PAIS DE – *A participação social nas sociedades comerciais*, 2ª ed., Almedina, Coimbra, 2006; VENTURA, RAÚL – *Sociedades por quotas*, vol. III, Almedina, Coimbra, 1991; XAVIER, V. G. LOBO – *Anulação de deliberação social e deliberações conexas*, Atlântida Editora, Coimbra, 1976; ZÖLLNER, WOLFGANG – *Kölner Kommentar zum Aktiengesetz*, Band 2, 4. Lief. (§§ 241-257), Heymanns, Köln, Berlin, Bonn, München, 1976.

b) Outra:
CORREIA, L. BRITO – "Regime da invalidade das deliberações sociais", em AAVV., *"Os quinze anos de vigência do Código das Sociedades Comerciais"*, Fundação Bissaya Barreto, Coimbra, 2003; FONSECA, J. TAVEIRA DA – "Deliberações sociais – Suspensão e anulação", em CEJ, *Textos (Sociedades comerciais)*, 1994/1995, p. 83-161.

1. Quadro geral

Segundo o art. 58º, são anuláveis as deliberações *ilegais que não sejam nulas* (nº 1, al. a)), as deliberações *anti-estatutárias* (nº 1 al. a), *in fine*) e as deliberações que vêm sendo designadas *abusivas* (nº 1, al. b)). As deliberações, igualmente anuláveis, não precedidas de elementos mínimos de informação (nº 1, al. c), e nº 4) reconduzem-se fundamentalmente às ilegais – mais precisamente, às que ofendem pelo procedimento disposições da lei.

2. Deliberações que contravêm disposições da lei

Relativamente às deliberações anuláveis por *violação de disposições da lei* (entendida em sentido amplo), importa atender aos vícios de procedimento e aos vícios de conteúdo[1]. No primeiro caso, a lei tanto pode ser imperativa como dispositiva. No segundo, joga apenas lei dispositiva.

2.1. Deliberações anuláveis por vícios de procedimento (nºs 1, a), c), 4)

Os vícios de procedimento – exceptuados os previstos no art. 56º, 1, a) e b), 2 (falta de convocação de assembleia, falta de convite para o exercício de voto escrito), causadores de nulidade[2] – provocam em princípio a anulabilidade das respectivas deliberações.

O procedimento relativo às deliberações tomadas em assembleia geral (as mais relevantes) começa geralmente com a convocação (autoria, conteúdo e forma da convocatória, tempo que deve mediar entre a convocação e a reunião); passa pela constituição e organização da assembleia (quem pode nela participar, eventual quórum constitutivo, presidência da assembleia); apresentação de propostas, pedidos de informação, debate; votação (quem pode votar, forma de exercício do voto); contagem dos votos e apuramento do resultado, com ou sem proclamação (formal) pelo presidente.[3]

Assim, são por exemplo (potencialmente) anuláveis:

– Deliberações adoptadas em assembleia geral (não universal) convocada por aviso publicado em jornal da localidade da sede social, e *não por carta registada* (v. art. 248º, 3, para as sociedades por quotas) *ou publicação em sítio na Internet de acesso público* (v. arts. 377º, 2, e 167º, 1, para as sociedades anónimas)[4].

---

[1] Cfr. *supra*, nº 1. do comentário ao art. 56º.
[2] Cfr. nº 2. do comentário ao art. 56º.
[3] Desenvolvidamente, v. LUCAS COELHO (1994), p. 38, s..
[4] Cfr. o Ac. da RC de 29/9/98, CJ, 1998, IV, p. 25.

– Deliberações adoptadas em assembleia (não universal) convocada *sem a antecedência exigida* (v. os arts. 248º, 3, 377º, 4)[5].
– Deliberações de aumento do capital social aprovadas com *maioria dos votos mas não qualificada* (v. arts. 265º, 1, 386º, 3)[6].
– Deliberações de *distribuição de menos de metade do lucro de exercício distribuível*, em sociedade por quotas ou por acções cujos estatutos nada disponham sobre o assunto, aprovadas por *menos de três quartos dos votos* correspondentes ao capital social (v. arts. 217º, 1, 294º, 1)[7].

Ao disposto (com generalidade) na al. a) do nº 1, acrescenta a al. c) a cominação da anulabilidade para as deliberações que "não tenham sido precedidas do fornecimento ao sócio de *elementos mínimos de informação*". E o nº 4 do art. 58º precisa que se consideram, "para efeitos deste artigo, elementos mínimos de informação:/*a*) as menções exigidas pelo artigo 377º, nº 8;/*b*) A colocação de documentos para exame dos sócios no local e durante o tempo prescritos pela lei ou pelo contrato".

O nº 8 do art. 377º exige que a convocatória mencione claramente os assuntos sobre os quais se pretende deliberar (os assuntos constantes da ordem do dia – cfr. o nº 5, al. e), desse artigo). E adita exigências suplementares para os casos de alteração estatutária.

Por sua vez, o Código ordena em alguns preceitos que certos documentos possam ser examinados, antes das assembleias, pelos sócios. Nomeadamente nos arts. 263º, 1 (relatório de gestão e documentos de prestação de contas de sociedade por quotas), 289º (documentos vários de sociedades anónimas), 101º, 120º e 132º (documentos relativos a fusões, cisões e transformações de sociedades em geral).

Porém, a anulabilidade prevista no art. 58º, 1, c), *resultava já da al. a) do nº 1 do mesmo art. 58º*: são anuláveis as deliberações cujo procedimento desrespeite disposições legais (ou estatutárias) prescrevendo o fornecimento aos sócios de elementos mínimos de informação.

Por outro lado, o nº 4 do art. 58º *não esgota os elementos informativos* (mínimos ou não) cuja falta (antes de assembleia) pode originar anulabilidade. É ver os

---

[5] Cfr. o Ac. do STJ de 18/11/97, BMJ 471 (1997), p. 416.
[6] Cfr. os Acs. da RC de 2/12/92, CJ, 1992, V, p. 69, e do STJ de 26/11/96, CJ-ASTJ, 1996, III, p. 114.
[7] Cfr. o Ac. da RC de 13/10/98, CJ, 1998, IV, p. 31.
Para mais exemplos, v. COUTINHO DE ABREU (2009), p. 498.

arts. 377º, 5 (menções obrigatórias da convocatória)[8], 94º, 100º, 3, 120º (outras menções da convocatória de assembleia para deliberar sobre redução do capital social, fusão ou cisão), 214º, 2, *in fine* (direito dos sócios de sociedade por quotas à consulta de documentos societários quando ela tenha "por fim julgar da exactidão dos documentos de prestação de contas ou habilitar o sócio a votar em assembleia geral já convocada").

Exemplos de deliberações (potencialmente) anuláveis por não serem precedidas de certos elementos de informação:

– Deliberação de destituição de administrador *sem que tal assunto conste da ordem do dia* (arts. 58º, 1, c), 4, a), 59º, 2, c))[9].

– Deliberação de destituição de administrador ou de autorização de trespasse de estabelecimento *sem que tais assuntos estejam claramente mencionados na convocatória* (art. 58º, 1, c), 4, a))[10].[11]

Contudo, importa sublinhar que *nem todos os vícios de procedimento provocam a anulabilidade* das respectivas deliberações. Apesar de o art. 58º, 1, a) e c), não fazer distinções (todas as deliberações ilegais, quando não sejam nulas, seriam anuláveis), há que atender à *teleologia* das normas procedimentalmente ofendidas e às *consequências* das ofensas. Em concreto, há vícios *relevantes* e vícios *irrelevantes* para *efeitos de anulação das deliberações*. Sobre isto, porém, pouco tem ponderado a jurisprudência portuguesa.

Em tese geral, diremos que são vícios de procedimento *relevantes* quer os que *determinam um apuramento irregular ou inexacto do resultado da votação e, consequentemente, uma deliberação não correspondente à maioria dos votos exigida*, quer os ocorridos antes ou no decurso da assembleia que *ofendem de modo essencial o direito de participação livre e informada de sócios nas deliberações*[12].

---

[8] A al. b) deste nº 5 liga-se ao art. 56º, 1, a), 2 – a falta de menção ao lugar, dia ou hora da reunião gera, em princípio, nulidade (atípica); a al. e) do nº 5 liga-se ao nº 8 do mesmo art. 377º.

[9] Cfr. o Ac. do STJ de 16/5/95, CJ-ASTJ, 1995, II, p. 85. V. tb. COUTINHO DE ABREU (2010), p. 165, s..

[10] Cfr., respectivamente, os Acs. da RL de 23/1/96, CJ, 1996, I, p. 100 (constava da convocatória a "alteração da composição da gerência") e do STJ de 27/6/02, CJ-ASTJ, 2002, II, p. 138 (constava da convocatória a "reestruturação da actividade da sociedade e respectiva transmissão de activos").

[11] Para mais exemplos, COUTINHO DE ABREU (2009), p. 501.

[12] Tenho aqui em conta a "teoria da relevância" dos vícios de procedimento nas deliberações dos sócios desenvolvida na doutrina alemã (hoje dominante) e recentemente aceite no tribunal federal (BGH). V., entre outros, ZÖLLNER (1976), p. 775, s. e HÜFFER (2004), p. 1181, s.. Entre nós, em boa medida (substancial) no mesmo sentido, v. LOBO XAVIER (1976), p. 47, s., nt. 20; v. tb., em medida substancial menor, mas maior na terminologia (pese embora a confusão entre "causalidade"– perspectiva tradicional, sobretudo na jurisprudência alemã – e "relevância", que a doutrina moderna opõe em parte àquela), PEDRO MAIA (2001), p. 735, s.; fala também de "limiar da relevância" dos vícios de voto

Exemplifiquemos:

a) A *participação em assembleia geral de pessoa para tal não legitimada* é vício relevante se a presença dessa pessoa foi *determinante para a obtenção do quórum constitutivo* (cfr. art. 383º, 2).

Não é relevante se, mesmo sem essa participação, o quórum foi conseguido.

b) É *relevante* o vício que consiste em dar-se como aprovada uma proposta *sem que tenha sido conseguida a maioria de votos necessária* (cfr. arts. 189º, 2, 194º, 250º, 3, 265º, 386º, 474º, 476º, 478º) – a lei exige que as deliberações dos sócios resultem da vontade, ao menos, de certas maiorias.

Irrelevantes são a *contagem indevida de votos* (*v.g.*, contagem de votos de sócio sem direito de voto ou impedido de votar por conflito de interesses, ou de votos de sócio incapaz ou afectado por vícios de vontade, ou a *não contagem indevida de votos* (*v. g.*, não contagem de votos de sócio legitimamente representado, ou de votos de sócio ilicitamente impedido de votar), *se a maioria deliberativa exigida se mantiver* depois de descontados os votos indevidamente computados[13] ou depois de contados os votos indevidamente não computados.

c) É *irrelevante a falta de registo das cartas* pelas quais são convocados os sócios de sociedade por quotas *quando todas elas chegaram em tempo aos destinatários* – a finalidade da convocação (possibilitar a participação dos sócios na assembleia) foi conseguida apesar da falta do registo.

d) O *impedimento à participação de sócio* (legitimado) nas deliberações (*v.g.*, foi-lhe recusada a entrada ou a permanência na assembleia, ou a palavra na discussão das propostas) é vício *relevante*, ainda que se prove que a deliberação seria idêntica no caso de o sócio ter sido admitido a participar[14]. A finalidade das normas violadas (assegurar a colegialidade, garantir o exercício de direito fundamental da socialidade) reclama a anulabilidade. De outro modo, possibilitar-se-ia que alguns sócios (especialmente os minoritários) ficassem sem qualquer direito de participação nas deliberações.[15]

e) É vício *relevante* o facto de o *relatório de gestão e as contas do exercício não terem sido facultados à consulta dos sócios*, antes de assembleia.

OLIVEIRA ASCENSÃO (2002), p. 376, 396-397; por sua vez, PINTO FURTADO (2005), p. 641-642, defende tese de causalidade estrita, que passa pela sujeição das deliberações à "prova de resistência".

[13] A esta subtracção, para verificar se a maioria se mantém, chama-se tradicionalmente entre nós (mas também, p. ex., em Itália) "prova de resistência".

[14] É aqui evidente a diferença entre a tese da "causalidade" (a deliberação não é anulável se se prova que ela seria a mesma com a participação do sócio ilicitamente impedido: o vício não foi causa do resultado deliberativo) e a tese da "relevância".

[15] Cfr. tb. LOBO XAVIER (1976), p. 52, s., em nota.

Mas é *irrelevante* o vício traduzido no facto de aqueles documentos não terem estado patentes aos sócios na sede social, *quando os mesmos foram enviados atempadamente para o domicílio dos sócios*[16] – o escopo da lei (proporcionar adequada preparação dos sócios para a assembleia, através da análise de documentos) foi alcançado. Vale o mesmo para o caso de a *convocatória não ter mencionado que os documentos estavam disponíveis na sede social* (v. art. 263º, 1, *in fine*), quando *todos os sócios os consultaram* na sede ou nos seus domicílios[17].

f) A *recusa injustificada de informação essencial* a sócio em assembleia geral é vício *relevante* (cfr. arts. 290º, 214º, 7) – ainda que se prove que a deliberação seria a mesma no caso de o sócio, na posse da informação solicitada, ter votado em sentido diverso.

Mas é vício *irrelevante* a recusa (mesmo que injustificada) de informações nos casos em que elas *não são essenciais para que um sócio razoável possa participar nas deliberações defendendo os seus legítimos interesses* .[18]

2.2. Deliberações anuláveis por vícios de conteúdo (nº 1, a))

De acordo com o art. 58º, 1, a), são anuláveis as deliberações cujo conteúdo contrarie disposições da lei, quando ao caso não caiba a nulidade. Há nulidade quando as disposições legais contrariadas são imperativas (art. 56º, 1, d)). Logo, entra a anulabilidade em caso de contrariedade a disposições legais *dispositivas*. Mas nem sempre.

Com efeito, os preceitos legais dispositivos podem ser derrogados pelo estatuto social ou, *quando este ou a lei permitam, por deliberação dos sócios*[19]. Portanto, *só quando falte essa permissão* (estatutária ou legal) *são anuláveis as deliberações cujo conteúdo seja ofensivo de normas legais dispositivas*.

São então anuláveis, por exemplo, as deliberações que estabeleçam medida de partilha dos lucros não proporcional aos valores das participações sociais (cfr. art. 22º, 1), dispensem o consentimento da sociedade para a cessão de quotas a terceiros (cfr. arts. 228º, 2, 229º, 2), determinem contrapartida de amortização de quota diversa da estabelecida no art. 235º, 1.

Importa acrescentar que a al. a) do nº 1 do art. 58º é aplicável aos casos de violação não somente de "disposições" específicas "da lei" mas *também de princípios*

---

[16] Diferentemente (na parte relativa às contas do exercício), Ac. da RL de 2/12/92, CJ, 1992, V, p. 129 [a impugnante era, aliás, gerente (v. o art. 65º do CSC e COUTINHO DE ABREU (2009), p. 262-263).
[17] Cfr. o Ac. da RP de 21/12/93, CJ, 1993, V, p. 246.
[18] Para mais, COUTINHO DE ABREU (2009), p. 504, s..
[19] Cfr. o art. 9º, 3, do CSC e COUTINHO DE ABREU (2009), p. 115, s..

jurídicos com força equivalente ao das leis – nomeadamente os *princípios da igualdade e da actuação compatível com o interesse social (ou da lealdade)*[20].

Uma deliberação viola o *princípio da igualdade* de tratamento dos sócios quando dela resulta tratamento desigual de um ou mais sócios relativamente a outro(s) sem que para tanto exista justificação objectiva (a diferenciação revela-se arbitrária, não fundada no interesse social)[21]. Porque o princípio *não é em geral imperativo* (*v. g.*, pode o estatuto social consagrar direitos especiais para um ou mais sócios)[22] *e/ou porque tutela posições renunciáveis dos sócios*[23], a violação do mesmo por deliberação social gera normalmente *anulabilidade*.

O *dever de lealdade* dos sócios impõe que cada um deles não actue de modo incompatível com o interesse social ou com interesses de outros sócios relacionados com a sociedade[24]. A deliberação que resulte da violação de tal dever é por norma *anulável*: invalidados os votos inquinados pelo desrespeito do dever, cai a deliberação quando tais votos sejam necessários para formar a maioria exigida[25].

A al. b) do n.º 1 do art. 58.º (que será analisada *infra*, no n.º 4.) é, pode dizer-se, uma das manifestações daqueles dois princípios. Porém, *esta alínea abrange casos não desrespeitadores do princípio da igualdade* (*v. g.*, um terceiro não-sócio é avantajado especialmente, sendo prejudicados – igualmente – todos os sócios). Por outro lado, *a ofensa dos princípios da igualdade e da lealdade não exige o "propósito" exigido na citada al. b)*[26].

3. Deliberações anti-estatutárias (n.ºs 1, a), 2)

São anuláveis as deliberações anti-estatutárias, as que, nos termos do art. 58.º, 1, a), violem disposições do contrato e sociedade[27]. Seja o vício de conteúdo, seja de procedimento.

---

[20] Neste sentido, para a Alemanha (perante preceito semelhante ao do nosso art. 58.º, 1, a)), v., p. ex., ZÖLLNER (1976), p. 792, s., 804, s., K. SCHMIDT (2002), p. 2193 s., HÜFFER (2004), p. 1188. Entre nós, v. logo, na esteira de doutrina alemã, CARNEIRO DA FRADA (1988), p. 323.
[21] Cfr. COUTINHO DE ABREU (2009), p. 212, s..
[22] Cfr. ANTÓNIO CAEIRO (1984), p. 72, nt. 1, e COUTINHO DE ABREU (1983), p. 154, e nt. 365, (2009), p. 214-215.
[23] ZÖLLNER (1976), p. 793.
[24] COUTINHO DE ABREU (2009), p. 287-288, 309, s..
[25] Cfr. COUTINHO DE ABREU (2009), p. 318.
[26] V. tb. CARNEIRO DA FRADA (1988), p. 323.
[27] Excepcionalmente, podem ser nulas. É o que, inopinadamente, prescreve o n.º 3 do art. 414.º-A (introduzido pela reforma de 2006): é nula a deliberação que designe pessoa como membro do conselho

Segundo o art. 58º, 2 (preceito dispensável), a violação de cláusula estatutária que reproduza (literalmente ou não) norma legal é considerada violação da lei. Assim, por exemplo, uma deliberação cujo conteúdo ofende norma legal imperativa repetida em cláusula estatutária é deliberação nula (art. 56º, 1, d)), não simplesmente anulável porque anti-estatutária.

Deliberações anti-estatutárias anuláveis *por vício de conteúdo* são, por exemplo, a deliberação que autoriza a administração a praticar actos fora do objecto social-estatutário e a deliberação exigindo que a representação da sociedade passe a fazer-se por actuação conjunta dos dois gerentes, apesar de o estatuto manter a possibilidade de a sociedade ficar vinculada pela intervenção de um só gerente.

São exemplos de deliberações anuláveis *por vício de procedimento* as adoptadas em assembleia geral (não universal) de sociedade anónima convocada mediante convocatória devidamente publicada mas sem observância de exigência estatutária suplementar (*v. g.*, carta registada – cfr. art. 377º, 3)[28], ou as adoptadas com a maioria de votos legalmente necessária mas desrespeitando a maioria qualificada exigida estatutariamente (cfr. arts. 250º, 3, 386º, 1).

4. Deliberações abusivas
4.1. Caracterização (nº 1, b))

Tendo em vista o art. 58º, 1, b), uma deliberação é abusiva-anulável quando, (a) sem violar disposições específicas da lei ou do estatuto da sociedade, é apropriada para satisfazer (b) o propósito de sócio(s) conseguir(em) vantagens especiais para si ou para outrem em prejuízo da sociedade ou de outro(s) sócio(s), (c) ou o propósito de prejudicar(em) aquela ou este(s), (d) salvo se se provar que a mesma deliberação teria sido adoptada sem os votos abusivos.

Temos aqui *duas espécies* de deliberações abusivas: as *apropriadas para satisfazer o propósito de alcançar vantagens especiais em prejuízo da sociedade ou de sócios*; as *apropriadas para satisfazer o propósito tão-só de prejudicar a sociedade ou sócios* – as chamadas deliberações *emulativas*.

As deliberações de uma e outra espécie têm *pontos em comum*: *pressupostos subjectivos* (o "propósito" de um ou mais votantes) e *pressupostos objectivos* (a

---

fiscal, fiscal único ou revisor oficial de contas relativamente à qual se verifique alguma incompatibilidade estabelecida nos estatutos.

[28] Cfr. o Ac. da RP de 2/11/00, CJ, 2000, V, p. 175.

deliberação há-de ser objectivamente "apropriada" ou apta para satisfazer o propósito).

Mas têm também *pontos distintivos*. Relativamente às deliberações da primeira espécie, o *propósito* relevante é o de *alcançar vantagens especiais*; relativamente às emulativas, o *propósito* relevante é o de *causar prejuízos*. É certo que aquelas não dispensam o prejuízo ("em prejuízo da sociedade ou de outros sócios"). Trata-se, porém, de *dano resultante da consecução de vantagens especiais*; entre aquele e esta existe imediata ou mediata conexão causal[29]. Já o *prejuízo visado* nas deliberações emulativas é *indiferente às eventuais não desvantagens, vantagens ou desvantagens* dos votantes com propósito emulativo ou de terceiros. Quer tudo isto dizer que o "propósito" exigido nas deliberações da primeira espécie *limita-se à consecução de vantagens especiais* – não sendo necessário que abarque o prejuízo[30]; e o "propósito" exigido nas deliberações emulativas *limita-se à inflicção de prejuízo*.

Não são rigorosas, portanto, algumas afirmações que entre nós vêm sendo feitas: as deliberações da primeira espécie exigem duplo propósito (conseguir vantagens especiais e prejudicar)[31]; a referência às vantagens especiais é, no preceito em análise, perfeitamente dispensável[32]; os elementos "vantagens especiais para si ou para terceiros" e "em prejuízo da sociedade ou de outros sócios" deixam-se substituir pela proposição "o propósito de, simplesmente, prejudicar a sociedade ou (os) outros sócios"[33].

"*Vantagens especiais*" são *proveitos patrimoniais* (ao menos indirectamente) por deliberação concedidos, possibilitados ou admitidos a sócios e/ou não-sócios, mas *não a todos os que se encontram perante a sociedade em situação semelhante* à dos beneficiados, bem como os *proveitos* que, quando não haja sujeitos em situação semelhante à daqueles, *não seriam (ou não deviam ser)* concedidos, possibilitados ou admitidos *a quem hipoteticamente ocupasse posição equiparável*.

Exemplos para o primeiro grupo de casos: delibera-se por maioria dissolver a sociedade, a fim de os sócios maioritários continuarem – em nova sociedade, sem os minoritários – a exploração da sólida empresa da sociedade dissolvida; delibera-se trespassar estabelecimento da sociedade a A por 100 000, quando B (sócio) oferecia 110 000[34].

---

[29] HÜFFER (2004), p. 1189.
[30] V. ZÖLLNER (1976), p. 814, HÜFFER (2004), p. 1189.
[31] CASSIANO DOS SANTOS (2006), p. 421, s., 430, 432.
[32] CASSIANO DOS SANTOS (2006), p. 424-425, ARMANDO TRIUNFANTE (2004), p. 382.
[33] MENEZES CORDEIRO (2007), p. 743.
[34] Cfr. Ac. do STJ de 27/6/02, CJ-ASTJ, 2002, II, p. 138.

Exemplos para o segundo: fixa-se a remuneração de sócio único-gerente em 50 000, quando, atendendo à natureza das funções, à situação da sociedade e à prática em sociedades similares, o valor razoável não superaria 10 000[35]; delibera-se autorizar a compra de terreno (único) confinante com o da sede social, pertencente a um sócio, por 150 000, mas que não vale mais do que 100 000.

O *"prejuízo"* ou dano relevante (consequência da vantagem especial assegurada pela deliberação, ou da medida estabelecida pela deliberação emulativa) é sofrido pela "sociedade" ou "outros sócios" – sócios outros que não os votantes com os assinalados propósitos[36].

A disjuntiva sociedade/sócios suscita dúvidas.

O prejuízo da sociedade é sempre prejuízo, ao menos indirecto, do(s) sócio(s) – seria então suficiente referir somente o prejuízo da sociedade.

Porém, *o dano relevante não é o de todo e qualquer sócio.* É só o dos (ou de algum dos) que não votaram com os propósitos citados. Sendo assim, *dir-se-ia ser preferível ou bastante que a norma em apreço fizesse referência apenas ao prejuízo de sócios (minoritários).*

Não obstante, casos há em que todos os sócios votam com o propósito de se avantajarem especialmente (enquanto não-sócios), apesar de todos eles – enquanto sócios – *sofrerem prejuízo. Para casos destes, justifica-se que a norma mencione, além do prejuízo "de outros sócios", o prejuízo "da sociedade".*[37]

Retornemos ao "propósito".

O enunciado normativo do art. 58º, 1, b), exige, já se viu, "o propósito de um [ou mais] dos sócios". E demos já a entender que ele significa *dolo* de um ou mais sócios votantes em determinada proposta deliberativa. Trata-se, pois, de um elemento subjectivo e actual (não virtual)[38] que há-se ser provado por quem impugna a deliberação. Também a referência aos "votos abusivos" na parte final do preceito vai no mesmo sentido.[39]

---

35 Para um caso jurisprudencial com alguma semelhança, v. Ac. da RL de 15/3/07. Anote-se que a via prevista no art. 255º, 2 (redução judicial de remunerações) – aplicável analogicamente às sociedades anónimas [v. COUTINHO DE ABREU (2010), p. 91, s.] – não exclui a da acção anulatória [v. tb. RAÚL VENTURA (1991), p. 71-72; diferentemente, Ac. do STJ de 24/4/95, BMJ 446 (1995), p. 317].
36 Ainda que também estes sócios possam sofrer prejuízos.
37 Mais desenvolvidamente, COUTINHO DE ABREU (2009), p. 512-513.
38 V. por todos PAIS DE VASCONCELOS (2006), p. 155, s..
39 Diferentemente, BRITO CORREIA (1989), p. 342, e PEREIRA DE ALMEIDA (2008), p. 206.

No entanto, deve entender-se que o dolo aqui em causa *não tem de ser directo nem necessário – basta que seja eventual*[40]. Bastará provar, portanto, que *um ou mais sócios, ao votarem, previram como possível a vantagem especial para si ou para outrem, ou o prejuízo da sociedade ou de outros sócios, e não confiaram que tal efeito eventual se não verificaria*.

De todo o modo, continuo a pensar que teria sido melhor omitir o elemento subjectivo no preceito em análise[41]. E que o juízo acerca do carácter abusivo (gerador de anulabilidade) deveria incidir na deliberação unitária ou globalmente considerada, não nos votos (e propósitos) de cada um dos sócios[42].

Mas a coisa fica ainda mais complicada com a *"prova de resistência"*, prevista no final da al. b) do nº 1 do art. 58º ("a menos que se prove que as deliberações teriam sido tomadas mesmo sem os votos abusivos").

O impugnante prova que a deliberação é apropriada para satisfazer propósito ilícito de um sócio, dela derivando prejuízo para a sociedade e/ou sócios. Ainda assim, a deliberação *não será anulada se a sociedade provar*[43] *que, sem os votos daquele sócio, a deliberação teria sido igualmente adoptada*.

Imagine-se uma sociedade anónima com dez sócios, oito com 10 acções cada, um com 6, outro com 4 e dois com 5 cada (= 100 acções = 100 votos). Discute-se em assembleia geral a compra de prédio do sócio com 4 acções por 200 000 ou de prédio contíguo e semelhante pertencente a terceiro por 150 000. Votam a favor da compra do primeiro prédio quatro sócios com 10 acções, um com 6 e outro com 5 (= 51 votos); os demais votam contra (= 45 votos) – o sócio proprietário do prédio não vota, impedido por conflito de interesses (art. 384º, 6, d)). A deliberação é anulada porque ficou provado que o sócio com 6 acções votou com o propósito de avantajar especialmente o sócio-proprietário (51-6 = 45 – não maioria). Suponha-se agora que havia votado a favor daquela mesma compra também o outro sócio com 5 acções (total = 56 votos). A deliberação não é anulada, pois a sociedade prova que, apesar do propósito ilícito do sócio com 6 acções e de a deliberação causar prejuízo à sociedade e outros sócios, ela teria

---

[40] Assim se entende na Alemanha a respeito de preceito equivalente – cfr. ZÖLLNER (1976), p. 814, HÜFFER (2004), p. 1189. Entre nós, no mesmo sentido, REGINA REDINHA (1985), p. 216, SALINAS MONTEIRO (1994), p. 235.

[41] COUTINHO DE ABREU (1983), p. 125, 140-141, (2009), p. 514-515 (também com apontamento de direitos estrangeiros). Na mesma direcção, ARMANDO TRIUNFANTE (2004), p. 380-381.

[42] COUTINHO DE ABREU (1983), p. 125, 136-138, (2009), p. 515-516.

[43] Impende sobre a sociedade demandada (cfr. o art. 60º, 1) o ónus da prova [cfr. o Ac. do STJ de 3/2/00, CJ-ASTJ, 2000, I, p. 61; v. tb. COUTINHO DE ABREU (1983), p. 124, nt. 277, e 125]. Pode impender também sobre sócios (cfr. o art. 58º, 3).

sido tomada mesmo sem os votos abusivos (56-6=50 – maioria) – o impugnante não conseguiu provar que outros sócios tinham votado abusivamente. Este resultado é francamente irrazoável. Mas a norma em questão permite-o...[44]

Umas notas mais acerca da persistência de alguma jurisprudência e doutrina na ligação das deliberações abusivas ao art. 334º do CCiv. (especialmente na parte relativa aos bons costumes)[45].

a) O CSC (vinte anos depois do CCiv.) contém disciplina pormenorizada das deliberações inválidas, incluindo as ofensivas (pelo conteúdo) aos bons costumes e as abusivas. É, pois, *pouco curial continuar a recorrer*, a propósito das deliberações abusivas, *ao art. 334º do CCiv*.[46] – preceito sincrético e largamente indefinido inclusive quanto às consequências jurídicas[47].

b) *Não é correcto dizer-se* (à sombra do art. 334º do CCiv.) *que deliberações abusivas são também as de conteúdo ofensivo dos bons costumes*; além do mais, a destrinça está hoje marcada no CSC: arts. 56º, 1, d), e 58º, 1, b)[48]. Pode aceitar-se a qualificação das deliberações com *fim* contrário aos bons costumes como abusivas[49]. Evitemos, porém, os equívocos ...

c) No campo das deliberações sociais, a sanção da nulidade entra, como vimos (em comentário ao art. 56º), em espaços restritos. Mesmo quando são desrespeitadas normas legais imperativas, muitas vezes a sanção não é a nulidade (diversamente sucede no regime comum dos negócios jurídicos: art. 294º do CCiv.). Note-se, aliás, que antes do CSC, com maior ou menor arrimo no art. 334º do CCiv., defendia-se generalizadamente a anulabilidade para as deliberações abusivas[50]. Também por isso, afirmar-se hoje que as deliberações (abusivas) que violem o art. 334º do CCiv. são *nulas*, por violação de um princípio injuntivo (art. 56º, 1, d))[51], parece (-me) *anacrónico*.

d) Não é fácil, em muitos casos, verificar os pressupostos subjectivos mencionados no art. 58º, 1, b) (o "propósito" de um ou mais votantes). Talvez por isso

---

[44] E a jurisprudência também – v. o Ac. do STJ de 28/3/00, CJ-ASTJ, 2000, I, p. 145.
[45] Para exposição e análise (concentradas) de jurisprudência, v. COUTINHO DE ABREU (2009ª), p. 33, s..
[46] Já antes do CSC seria aconselhável um afastamento considerável dos trilhos indicados no art. 334º [COUTINHO DE ABREU (1983), p. 123, s., 147, s..].
[47] Cfr. COUTINHO DE ABREU (1983), p. 55, s., 76-77, e (confrontando aquele artigo com o art. 58º, 1, b), do CSC) OLIVEIRA ASCENSÃO (2002), p. 389.
[48] Cfr. COUTINHO DE ABREU (1996), p. 273, s., nt. 717, BRITO CORREIA (1989), p. 331, nt. 7 [contra, PINTO FURTADO (2005), p. 673, s.].
[49] Cfr. COUTINHO DE ABREU (1996), p. 275, nt. 717.
[50] Cfr. COUTINHO DE ABREU (1983), p. 127, s., 165.
[51] MENEZES CORDEIRO (2009), p. 228.

alguns acórdãos venham decidindo pela nulidade por ofensa dos bons costumes – que não exige o dolo – ou, mais amplamente, do art. 334º do CCiv. (que também não o exige). Reafirme-se, todavia: a lei societária não exige mais do que o *dolo eventual*; quando não se faça (ou seja duvidoso que se tenha feito) prova de algum dos "propósitos" referidos no art. 58º, 1, b), há que recorrer, a coberto do art. 58º, 1, a), à aplicação do *princípio da igualdade* e/ou (principalmente) *da lealdade*.

4.2. Responsabilidade civil dos que votam abusivamente (nº 3)

Numa primeira leitura, parece que o nº 3 do art. 58º prescreve a responsabilidade de todos os sócios cujos votos formaram a maioria em deliberação abusiva – independentemente de todos esses votos serem ou não abusivos (na perspectiva da al. b) do nº 1). Esta impressão tem sido consolidada em segundas leituras de vários autores[52].

Não me parece que seja assim. Atendendo à al. b) do nº 1 do art. 58º (criticável embora), que distingue, mesmo entre os votos da maioria, os abusivos dos não abusivos, *apenas o votante ou votantes abusivamente devem ser responsabilizados*. O emitente de votos não abusivos não pratica factos ilícitos[53].

Era esta, aliás, a lição que podia ser colhida no chamado Anteprojecto de Coimbra sobre sociedades por quotas. Dizia o art. 112º: "Os sócios que, ao votar, se coloquem na situação prevista pela alínea *b)* do artigo 115º [correspondente quase na totalidade à al. b) do nº 1 do art. 58º do CSC] responde solidariamente para com a sociedade ou para com os outros sócios pelos prejuízos que àquela ou a estes advenham da deliberação". Vale a pena transcrever a exposição de motivos: "Este preceito refere-se à *responsabilidade pelo chamado voto abusivo*, situação que se encontra descrita na alínea *b)* do art. 115º. Se por força dos votos emitidos abusivamente a proposta apresentada alcançar maioria, estaremos perante um caso de anulabilidade da deliberação, nos termos daquele artigo 115º. *Mas ainda que anulação não haja*, os votantes são sujeitos a responsabilidade para com a sociedade ou para com os consócios pelos danos que do facto tenham advindo"[54].

---

[52] V. REGINA REDINHA (1985), p. 220, PINTO FURTADO (2005), p. 691, s., PEREIRA DE ALMEIDA (2008), p. 207, 209, ARMANDO TRIUNFANTE (2004), p. 399, s. (embora criticando a solução legal).

[53] V. tb. PAIS DE VASCONCELOS (2006), p. 157, s..

[54] FERRER CORREIA/LOBO XAVIER/ ÂNGELA COELHO /ANTÓNIO CAEIRO (1977), p. 410. Acrescentei os itálicos.

Pode na mesma acção ser pedida (contra a sociedade: art. 60º, 1) *a anulação* de deliberação e ser pedida (contra o sócio ou sócios que votaram abusivamente: art.58º, 3) *a indemnização* (a favor da sociedade e/ou de sócios) – art. 30º, 1, 2, do CPC[55].

A anulação judicial da deliberação não obsta à condenação em responsabilidade civil – porque, *v. g.*, a sentença anulatória chegou tarde de mais para impedir danos, ou a protecção de terceiro de boa fé (cfr. o art. 61º, 2) os tornou inevitáveis. Por outro lado, *a não anulação* – *v. g.*, por não ter sido impugnada a tempo a deliberação, ou porque ela venceu a "prova de resistência" – *também não impede a responsabilização.*[56]

---

[55] Cfr. o Ac. da RC de 25/9/01, CJ, 2001, IV, p. 14.
[56] V. tb. LOBO XAVIER (1976), p. 321-322, nt. 72.

ARTIGO 59º *
Acção de anulação

1. A anulabilidade pode ser arguida pelo órgão de fiscalização ou por qualquer sócio que não tenha votado no sentido que fez vencimento nem posteriormente tenha aprovado a deliberação, expressa ou tacitamente.
2. O prazo para a proposição da acção de anulação é de 30 dias, contados a partir:
a) Da data em que foi encerrada a assembleia geral;
b) Do 3º dia subsequente à data do envio da acta da deliberação por voto escrito;
c) Da data em que o sócio teve conhecimento da deliberação, se esta incidir sobre o assunto que não constava da convocatória.
3. Sendo uma assembleia geral interrompida por mais de quinze dias, a acção de anulação de deliberação anterior à interrupção pode ser proposta nos 30 dias seguintes àquele em que a deliberação foi tomada.
4. A proposição da acção de anulação não depende de apresentação da respectiva acta, mas se o sócio invocar impossibilidade de a obter, o juiz mandará notificar as pessoas que, nos termos desta lei, devem assinar a acta, para a apresentarem no tribunal, no prazo que fixar, até 60 dias, suspendendo a instância até essa apresentação.
5. Embora a lei exija a assinatura da acta por todos os sócios, bastará, para o efeito do número anterior, que ela seja assinada por todos os sócios votantes no sentido que fez vencimento.
6. Tendo o voto sido secreto, considera-se que não votaram no sentido que fez vencimento apenas aqueles sócios que, na própria assembleia ou perante notário, nos cinco dias seguintes à assembleia tenham feito consignar que votaram contra a deliberação tomada.

* A redacção actual do nº 2 foi introduzida pelo DL 280/87, de 8 de Junho

Índice

1. Legitimidade activa (nos 1 e 6)
    1.1. Sócios
    1.2. Órgão de fiscalização
2. Prazos para propositura de acção anulatória (nos 2 e 3)
3. Actas e acção anulatória (nos 4 e 5)
4. Cumulação de pedido de anulação com pedido de declaração
5. Abuso do direito de impugnar deliberações

Bibliografia
a) Citada:
ABREU, J. M. COUTINHO DE – *Curso de direito comercial*, vol. II – *Das sociedades*, 3ª ed., Almedina, Coimbra, 2009, "Abusos de minoria", em IDET, *Problemas do direito das sociedades*,

Almedina, Coimbra, 2002, p. 65, *Governação das sociedades comerciais*, 2ª ed., Almedina, Coimbra, 2010; ANDRADE, MARGARIDA COSTA – *A locação financeira de acções e o direito português*, Coimbra Editora, Coimbra, 2007; ASCENSÃO, J. OLIVEIRA – "Invalidades das deliberações dos sócios", em IDET, *Problemas do direito das sociedades*, Almedina, Coimbra, 2002, p. 371; CORDEIRO, A. MENEZES – *Manual de direito das sociedades, I – Das sociedades em geral*, 2ª ed., Almedina, Coimbra, 2007, *Código das Sociedades Comerciais anotado* (coord. de A. Menezes Cordeiro), Almedina, Coimbra, 2009; CORREIA, L. BRITO – *Direito comercial*, 3º vol. – *Deliberações dos sócios*, AAFDL, Lisboa, 1989, "Regime da invalidade das deliberações sociais", em AAVV., *"Os quinze anos de vigência do Código das Sociedades Comerciais"*, Fundação Bissaya Barreto, Coimbra, 2003, p. 57-82; FONSECA, J. TAVEIRA DA – "Deliberações sociais – Suspensão e anulação", em CEJ, *Textos (Sociedades comerciais)*, 1994/1995, p. 83-161; FURTADO, J. PINTO – *Deliberações de sociedades comerciais*, Almedina, Coimbra, 2005; MAIA, PEDRO – "Invalidade de deliberação social por vício de procedimento", ROA, 2001, p. 699-748; MATOS, ALBINO – "A documentação das deliberações sociais no Projecto de Código das Sociedades", RN nº 23, 1986, p. 43-91; OLAVO, CARLOS – "Impugnação das deliberações sociais", CJ, 1988, III, p. 21-31; RIBEIRO, M. FÁTIMA – *A tutela dos credores da sociedade por quotas e a "desconsideração da personalidade jurídica"*, Almedina, Coimbra, 2009; VASCONCELOS, P. PAIS DE – *A participação social nas sociedades comerciais*, 2ª ed., Almedina, Coimbra, 2006; XAVIER, V. G. LOBO – *Anulação de deliberação social e deliberações conexas*, Atlântida Editora, Coimbra, 1976, "Anotação – O início do prazo da proposição da acção anulatória de deliberações sociais e o funcionamento da assembleia geral repartido por mais do que um dia", RLJ, áno 120º (1987-1988), p. 314-333.

b) Outra:
ALMEIDA, L. P. MOITINHO DE – *Anulação e suspensão de deliberações sociais*, 4ª ed., Coimbra Editora, Coimbra, 2003.

1. Legitimidade activa (nºs 1 e 6)

Segundo o nº 1 do art. 59º, a anulabilidade pode ser arguida pelo órgão de fiscalização da sociedade ou por certos sócios.

1.1. Sócios

A anulabilidade é arguível "por qualquer *sócio que não tenha votado no sentido que fez vencimento* nem *posteriormente tenha aprovado a deliberação*, expressa ou tacitamente".

Não vota no sentido que faz vencimento o sócio que *não emite votos* (porque não participa na deliberação, ou participa mas limitadamente, sem votar

– designadamente por não ter direito de voto ou estar impedido de o exercer –, ou se abstém[1]) e o sócio que emite votos *contra a proposta aprovada* (quando a deliberação seja positiva) ou *a favor da proposta recusada* (quando a deliberação seja negativa)[2].

Acrescenta o n.º 6 do art. 59º: "Tendo o voto sido secreto, considera-se que não votaram no sentido que fez vencimento apenas aqueles sócios que, na própria assembleia[3] ou perante notário[4], nos cinco dias seguintes à assembleia tenham feito consignar que votaram contra a deliberação tomada". Não obstante, há-de considerar-se que também não votaram no sentido que fez vencimento os que não emitiram qualquer voto. E estes, designadamente os que não participaram na respectiva assembleia, não têm de fazer qualquer declaração relativamente aos seus não-votos para poderem arguir a anulabilidade.

Portanto, os sócios que tenham votado no sentido que fez vencimento não têm direito de obter a anulação judicial (admitir tal direito seria aceitar o *venire contra factum proprium*). Ressalvada a hipótese de estes sócios terem sido afectados por vícios da vontade[5].

Contudo, os sócios que não tenham votado no sentido que fez vencimento deixam de ter legitimidade para propor acção anulatória se tiverem entretanto "aprovado [*rectius*, aceitado[6]] a deliberação, expressa ou tacitamente" (parte final do n.º 1 do art. 59º)[7].

Para que um sócio tenha legitimidade para propor acção anulatória é exigível que ele fosse *sócio já ao tempo da deliberação*?

Atendendo à letra dos n.ºs 1 e 6 do art. 59º, dir-se-ia que sim[8]. Mas penso que *não tem de ser assim*.

Para além dos casos de sucessão *mortis causa* (os herdeiros de quem era sócio ao tempo da deliberação e tinha o direito de impugná-la continuam com este

---

[1] As abstenções não se consideram votos emitidos – art. 250.º, 3 (v. tb. o art. 386.º, 1, *in fine*).
[2] Diz-se negativa a deliberação de não aprovação de proposta – a maioria dos votos foi contra ela, registou-se empate nos votos a favor e contra, ou a maioria dos votos a favor foi insuficiente.
[3] Cfr. art. 63º, 2, h).
[4] Cfr. art. 163º, do CNot..
[5] Cfr. LOBO XAVIER (1976), p. 583, s., BRITO CORREIA (2003), p. 67.
[6] PINTO FURTADO (2005), p. 739-740.
[7] Para um exemplo de aceitação posterior (tácita), v. o Ac. da RP de 9/1/90, CJ, 1990, I, p. 220 (apesar de aí se dizer expressa).
[8] E assim afirma PINTO FURTADO (2005), p. 732: "por *sócio* tem de entender-se, naturalmente, aquele que já o era, no momento da *deliberação* impugnada e *conserva esta qualidade ao tempo da impugnação*".

direito[9]), também *o que adquire derivadamente participação social de quem estava legitimado para a acção anulatória* tem o direito de, *no prazo que valia para o alienante*, impugnar judicialmente a deliberação[10]. Por exemplo, A votou há quinze dias contra uma deliberação abusiva; cedeu hoje a quota a B; este pode arguir a anulabilidade daquela deliberação. Porquanto adquiriu o conjunto unitário de direitos e obrigações actuais e potenciais integrantes da quota – incluindo o direito, já actual ou concreto, de impugnar a deliberação; e tem interesse em demandar – a deliberação abusiva, se não for anulada, repercutir-se-á negativamente, ao menos de modo indirecto, na sua posição de sócio.

Outra questão: *proposta acção* anulatória por sócio para tal legitimado, mas que *aliena depois (toda) a sua participação social*, pode *a acção continuar com ele* como autor, ou extingue-se a instância por superveniente inutilidade da lide (ou superveniente ilegitimidade do mesmo)?

Se o alienante da participação social (por isso deixando de ser sócio) mantiver interesse no prosseguimento da acção (*v. g.*, porque está em causa deliberação de não distribuição de dividendos em exercício anterior ou porque depende do resultado da lide o preço a receber a final pela venda da quota), ele não perde legitimidade e a acção pode prosseguir com ele[11].

Por outro lado, acrescente-se, não é de recusar liminarmente que *o adquirente da participação social venha a substituir o alienante na acção anulatória*[12].

A legitimidade para propor acção anulatória que no art. 59º vai referida a sócios pode às vezes pertencer, não a estes (ou não só a estes), mas a *não-sócios* com direitos de socialidade. É o que sucede com o credor pignoratício de sócio para o qual tenha sido transferido o direito de impugnação (cfr. o art. 23º, 4) e, mais em geral, com o usufrutuário (cfr. o art. 23º, 2) ou o locatário financeiro de participações sociais[13].

---

[9] Recorde-se que, sendo vários os sucessores na participação social, compete normalmente ao representante comum dos titulares impugnar as deliberações (v. os arts. 222.º, s. e 303.º).
[10] Neste sentido, entre nós, PAIS DE VASCONCELOS (2006), p. 168, 172-173.
[11] Neste sentido, v. PAIS DE VASCONCELOS (2006), p. 169, s., nt. 180, em crítica a vários acórdãos da RP.
[12] Neste sentido, v. PAIS DE VASCONCELOS (2006), p. 169, s., nt. 180 (mas não me parece que seja de aplicar directamente o art. 271.º do CPC).
[13] V. por todos MARGARIDA COSTA ANDRADE (2007), p. 217, s..

1.2. Órgão de fiscalização

A anulabilidade das deliberações dos sócios também pode ser arguida pelo *órgão de fiscalização*: conselho fiscal ou fiscal único, comissão de auditoria, ou conselho geral e de supervisão [14]. [15]

Esta competência do órgão fiscalizador não estava, antes do CSC, prevista legalmente [16].

Não obstante, compreende-se bem que um órgão com competência para "vigiar pela observância da lei e do contrato de sociedade" tenha o direito de impugnar deliberações ilegais, anti-estatutárias e abusivas (leve-se a sério a fiscalização societária).

O facto de no art. 59º, 1, se dizer que a anulabilidade "pode" ser arguida pelo órgão de fiscalização (falando-se antes em deveres no art. 57º) não significa que ele não tenha nunca o dever de promover a anulação. "Poder" tem aí o sentido de direito ou competência. E se é razoável admitir algum espaço de discricionariedade quanto a algumas situações de anulabilidade [17], já quanto a outras há-de concluir-se ser *dever do órgão de fiscalização propor acção anulatória*. Manda aliás o dever de lealdade dos membros do órgão (agora explicitado no art. 64º, 2) que se promova a anulação de deliberações irregulares e prejudiciais para a sociedade. Inclusive deliberações aprovadas por todos os sócios – se nenhum deles tem legitimidade para impugnar, há-de tê-la o órgão de fiscalização[18].

Nas sociedades que não tenham órgão de fiscalização, pode a anulabilidade de deliberação dos sócios ser arguida pelos *gerentes*?

---

[14] Cfr. nº 1.1. e nt. 4 do comentário ao art. 57º.

[15] Quando o órgão de fiscalização seja plural, a iniciativa de propositura de acção anulatória deve assentar em deliberação do mesmo (cfr. os arts. 423º, 445º, 2).

[16] Também isso explicará alguma resistência, detectável num ou noutro autor, à actual consagração legal. E era sintomático da subalternização do conselho fiscal [em boa medida justificada – v. COUTINHO DE ABREU, (2010), p. 178, s.].

[17] Sobretudo quando estão em causa interesses individuais (embora ligados à sociedade) de sócios. Mesmo em casos destes, porém, pode ser importante a iniciativa do órgão fiscalizador. Tantas vezes fica impune o desrespeito pelo direito porque o sócio não tem dinheiro, tempo, conhecimentos, etc. para propor e aguentar longamente uma acção anulatória... (Tenha-se em conta que a "sociedade suportará todos os encargos das acções propostas pelo órgão de fiscalização": art. 60º, 3.).

18 Em sentido semelhante, OLIVEIRA ASCENSÃO (2002), p. 392 (apesar da perspectiva institucionalista do interesse social), FÁTIMA RIBEIRO (2009), p. 564, nt. 80. No entanto, autores há defendendo o contrário (as deliberações unânimes não podem ser impugnadas pelo órgão fiscalizador): PINTO FURTADO (2005), p. 262-263, PEDRO MAIA (2001), p. 746-747, MENEZES CORDEIRO (2007), p. 749-750.

Esta possibilidade, apesar de não prevista no art. 59º, não seria nada de extraordinário. Como o atesta o facto de várias leis estrangeiras a admitirem (às vezes independentemente da existência de órgão de fiscalização)[19].

Tem sido admitida entre nós, com base sobretudo na aplicação analógica do art. 57º, 4[20]. Parece-me razoável. Principalmente quando em causa estiverem deliberações anuláveis por vício de conteúdo prejudiciais para a sociedade e executáveis pelos gerentes. Estes, cumprindo o dever de lealdade (art. 64º, 1, b)), hão-de ter legitimidade para pedir a anulação dessas deliberações. Por outro lado, mal se compreenderia que em algumas sociedades apenas os sócios pudessem arguir a anulabilidade e em outras do mesmo tipo (embora com mais um órgão – legalmente facultativo) já assim não é.[21]

2. Prazos para propositura de acção anulatória (nºs 2 e 3)

A acção anulatória tem de ser proposta em certo *prazo*, sob pena de o vício que afecta a deliberação ficar sanado.

Para promover a certeza jurídica, o prazo é bastante mais curto do que o do regime geral dos negócios jurídicos anuláveis (art. 287º do CCiv.). É, como manda o nº 2 do art. 59º, 2, de *trinta dias* contados a partir: (a) da data do encerramento da assembleia geral; (b) do terceiro dia subsequente à data do envio de cópia da acta referente a deliberação adoptada por voto escrito; (c) da data em que o sócio teve conhecimento da deliberação, se esta incidir sobre assunto que não constava da convocatória[22].

É um prazo de caducidade (art. 298º, 2, do CCiv.), de natureza substantiva (arts. 296º, 279º, b), e), do CCiv.)[23].

a) Normalmente, as *assembleias gerais* são abertas e encerradas em um mesmo dia[24].

É possível, porém, que uma assembleia se prolongue por mais de um dia. Havendo suspensão dos trabalhos (v. o art. 387º), pode suceder que em cada

---

[19] V. indicações em COUTINHO DE ABREU (2009), p. 528, nt. 254.
[20] CARLOS OLAVO (1988), p. 27, nt. 55, BRITO CORREIA (1989), p. 276-277, nt. 60, TAVEIRA DA FONSECA (1994/1995), p. 133, PINTO FURTADO (2005), p. 728. Contra, PEDRO MAIA (2001), p. 746, 747, e, parece, MENEZES CORDEIRO (2007), p. 750, nt. 2129.
[21] Intentando um gerente acção anulatória, deverá ele propor ao tribunal a nomeação de um sócio para representar a sociedade (cfr. o art. 57.º, 3); eventualmente aplicável é também o art. 21.º, 2, do CPC.
[22] Compreensivelmente, esta al. c) reporta-se somente a sócios (não ao órgão fiscalizador nem a gerentes).
[23] Cfr. BRITO CORREIA (2003), p. 70-71.
[24] Então, o prazo de trinta dias conta-se a partir do dia seguinte ao da realização da assembleia.

um dos períodos (mais ou menos distantes entre si[25]) sejam adoptadas deliberações. Para hipóteses destas, diz o n.º 3 do art. 59º: "Sendo uma assembleia geral interrompida por mais de 15 dias, a acção de anulação de deliberação anterior à interrupção pode ser proposta nos 30 dias seguintes àquele em que a deliberação foi tomada".

Quer isto dizer: se uma deliberação é adoptada em certo dia e os trabalhos da assembleia (entretanto suspensos) são concluídos em data distando daquele em quinze dias ou menos, o interessado em impugnar tem trinta dias após o encerramento da assembleia para fazê-lo (sob pena de caducidade); se a deliberação é adoptada em certo dia e os trabalhos são concluídos mais de quinze dias depois, o prazo de trinta dias para a acção anulatória conta-se *a partir da data em que a deliberação foi adoptada, não da data do encerramento da assembleia*[26].

b) A al. b) do n.º 2 do art. 59º refere-se às *deliberações por voto escrito* reguladas nos n.ºs 2 a 8 do art. 247º. Manda o n.º 6 deste artigo que a gerência lavre acta e envie cópia dela a todos os sócios. A partir do 3º dia subsequente à data do envio da acta começa a contar o prazo de trinta dias.

Nada se diz no n.º 2 do art. 59º acerca das deliberações *unânimes por escrito*. Não parece que seja aplicável a al. b)[27] – até porque aquelas deliberações não constam propriamente de acta (v. art. 63º, 1, 4). O prazo de trinta dias contar-se-á a partir da data em que a deliberação unânime por escrito foi adoptada[28].

c) Quanto à al. c) do n.º 2 do art. 59º, percebe-se que um sócio, convocado para assembleia onde se deliberou sobre assunto não constante da convocatória e onde não esteve presente nem se fez representar, possa impugnar tal deliberação dentro de trinta dias contados a partir da data em que dela teve conhecimento.[29]

O preceito não estatui o mesmo relativamente a sócios irregularmente convocados. Divergindo do previsto no art. 396º, 3, do CPC e no art. 178º, 2, do CCiv.. Contudo, a jurisprudência tem aplicado analogicamente estas duas normas em casos de deliberações adoptadas em assembleia irregularmente convocada[30].

---

[25] Aberta hoje uma assembleia, ela pode vir a ser encerrada daqui a meio ano (v. n.ºs 2 e 3 do art. 387.º).
[26] Esta interpretação foi há largos anos posta em evidência por LOBO XAVIER (1987-1988), p. 330. Não obstante, opinião diferente é apresentada por MENEZES CORDEIRO (2007), p. 751.
[27] Diferentemente, MENEZES CORDEIRO (2009), p. 231.
[28] Se as assinaturas dos sócios forem feitas em tempos diferentes (v. n.º 2. do comentário ao art. 54º), a deliberação considera-se adoptada na data da última assinatura.
[29] Cabe à sociedade o ónus da prova de o prazo ter já decorrido (art. 343º, 2, do CCiv.).
[30] V. os Acs. do STJ de 18/11/97, BMJ 471 (1997), p. 416, da RC de 29/9/98, CJ, 1998, IV, p. 25, e do STJ de 25/5/99, CJ-ASTJ, 1999, II, p. 118.

Quer-me parecer, no entanto, que *não é qualquer irregularidade na convocação* que permitirá a um sócio arguir a anulabilidade em prazo de trinta dias que só começa a correr a partir da data em que tome conhecimento da deliberação. Só será assim quando a irregularidade impeça o sócio de participar na assembleia e de, por isso, tomar então conhecimento do que aí se deliberou. Um sócio convocado, ainda que irregularmente, de modo a saber que em certa data haverá assembleia para se deliberar sobre determinados assuntos fica ciente do ónus de, não participando nela, informar-se sobre o que foi deliberado.

Assim, por exemplo, no caso de uma assembleia de sociedade por quotas ser convocada não com quinze mas com treze dias de antecedência, o prazo para a propositura da acção anulatória deve ser o estabelecido no art. 59º, 2, a)[31]; já serão aplicáveis por analogia os mencionados preceitos do CPC e do CCiv. nos casos em que a assembleia de sociedade anónima é convocada somente por aviso publicado em jornais e não em sítio oficial na Internet[32].

3. Actas e acção anulatória (nºs 4 e 5)

Recordemos o nº 4 do art. 59º do CSC: "A proposição da acção de anulação[33] não depende de apresentação da respectiva acta, mas se o sócio invocar impossibilidade de a obter, o juiz mandará notificar as pessoas que, nos termos desta lei, devem assinar a acta[34], para apresentarem no tribunal, no prazo que fixar, até 60 dias[35], suspendendo a instância até essa apresentação". Adita o nº 5: "Embora a lei exija a assinatura da acta por todos os sócios, bastará, para o efeito do número anterior, que ela seja assinada por todos os sócios votantes no sentido que fez vencimento". Mas também bastará que a acta seja assinada pela maioria (em votos) dos que participaram na assembleia[36]. Esta maioria pode ser menor e/ou diferente da referida no art. 59º, 5.

O que sucede quando a acta não é apresentada no tribunal dentro do prazo fixado? Tem-se respondido: a acção anulatória não pode prosseguir sem a apre-

---

[31] Entendeu diferentemente o primeiro dos acórdãos citados na nota anterior.
[32] V. os outros dois acórdãos há pouco citados (publicação em dois jornais não oficiais sem publicação no DR – como então era exigido).
[33] O preceito aplicar-se-á também, por analogia, às acções de declaração de nulidade e de ineficácia. Neste sentido, v. CARLOS OLAVO (1988), p. 29, BRITO CORREIA (1989), p. 349.
[34] V. arts. 189º, 5, 248º, 6, 388º, 2, 446º-B, 1, b), 474º e 478º do CSC e art. 46º, 6, do CNot..
[35] A impossibilidade de o autor obter a (cópia de) acta dever-se-á muitas vezes, não à falta de assinaturas, mas ao facto de a administração da sociedade não facultar; nestas hipóteses, deve a ordem do juiz ser dirigida àquela [LOBO XAVIER (1987-1988), p. 332, nt. 37-a].
[36] Cfr. o art. 63º, 3, e ALBINO MATOS (1986), p. 80, LOBO XAVIER (1987-1988), p. 332-333.

sentação da acta[37]; "o juiz deverá concluir que não houve deliberação, decretando-o"[38]; "aplicação analógica do artigo 397º do Código de Processo Civil, ou seja, o não recebimento ou irrelevância da contestação apresentada pela sociedade"[39]; o juiz "terá de decretar a anulação, pelo menos na maioria dos casos"[40]; não depende de apresentação da acta o prosseguimento do processo após a suspensão da instância[41].

Também me parece que a acção pode prosseguir depois da suspensão da instância. Conjugar-se-ão os arts. 519º, 1, 2, e 529º do CPC e o art. 344º, 2, do CCiv.: o ónus da prova é invertido, o tribunal avaliará os factos alegados pelas partes, apreciará livremente o valor da não apresentação da acta para efeitos probatórios e decidirá sobre o pedido.

4. Cumulação de pedido de anulação com pedido de declaração

Acontece às vezes uma deliberação ser proclamada (pelo presidente da assembleia geral) como negativa (de não aprovação de proposta) quando na verdade é positiva. Por exemplo, foram computados como votos contra votos não emitidos ou inválidos, ou não foram computados votos a favor e, em qualquer caso, feitas as correcções, verifica-se que a proposta concitou afinal a maioria exigida dos votos.

A simples anulação da deliberação (proclamada como) negativa elimina esta, mas não faz surgir a deliberação positiva no final das contas efectivamente adoptada. Para que este efeito se produza, é preciso que o tribunal, além de anular a negativa, declare a existência da deliberação positiva. E só pode declará-lo se tal lhe for pedido.

Pois bem, é *admissível cumular com o pedido de anulação (da deliberação negativa) o pedido de declaração da deliberação positiva*[42]. É certo que, sendo (também) o segundo pedido julgado procedente e enfermando a deliberação positiva de anulabilidade, o prazo para a acção anulatória já terá decorrido. Mas é um facto que a sociedade contra a qual foi proposta acção de duplo pedido pôde contestar e arguir a anulabilidade dessa deliberação[43].

---

[37] LOBO XAVIER (1987-1988), p. 332 (mas v. *ibid.* nt. 37-b).
[38] MENEZES CORDEIRO (2007), p. 708.
[39] CARLOS OLAVO (1988), p. 29 (mas o citado art. 397º foi entretanto alterado).
[40] BRITO CORREIA (1989), p. 349.
[41] PINTO FURTADO (2005), p. 297, s..
[42] Entre nós, neste sentido, v. PINTO FURTADO (2005), p. 127, s. (confrontando-se com diferentes opiniões de Lobo Xavier e de Raúl Ventura); para uma hipótese particular, v. COUTINHO DE ABREU (2002), p. 69.
[43] PINTO FURTADO (2005), p. 130-131.

5. Abuso do direito de impugnar deliberações

O direito de os sócios impugnarem deliberações é propenso a abusos[44].

Abusa do direito de impugnação o sócio que propõe acção anulatória, não ou não tanto para repor a legalidade ou juridicidade e satisfazer consequentemente interesses pessoais de que aquele direito é instrumento, mas para ou principalmente para, por exemplo, prejudicar especialmente outros sócios[45], ou beneficiar-se especialmente à custa da sociedade ou de sócios maioritários[46].

Este abuso, enquanto forma de antijuridicidade, tem as consequências da actuação sem direito. Deve, pois, a acção anulatória ser julgada improcedente; e pode o impugnante ser obrigado a indemnizar a sociedade e/ou outros sócios.

---

[44] Cfr. COUTINHO DE ABREU (2002), p. 65-66.
[45] P. ex., accionistas de sociedade aberta têm dificuldade na negociação de acções que subscreveram em aumento do capital social, porque tais acções, por efeito de a deliberação do aumento do capital ter sido impugnada, passaram a pertencer a uma "categoria autónoma" (v. arts. 25º e 26º do CVM).
[46] P. ex., o minoritário impugnante pretende vender caro a sua desistência de acção anulatória, ou pressionar a sociedade para uma transacção (respeitante ao litígio deliberativo ou outros) leonina.

ARTIGO 60º
Disposições comuns às acções de nulidade e de anulação

1. Tanto a acção de declaração de nulidade como a de anulação são propostas contra a sociedade.

2. Havendo várias acções de invalidade da mesma deliberação, devem elas ser apensadas, observando-se a regra do nº 2 do artigo 275º do Código de Processo Civil.

3. A sociedade suportará todos os encargos das acções propostas pelo órgão de fiscalização ou, na sua falta, por qualquer gerente, ainda que sejam julgadas improcedentes.

Índice

1. Regime comum
2. Suspensão de deliberações dos sócios
   2.1. Deliberações passíveis de suspensão
   2.2. Legitimidade activa
   2.3. Prazos
   2.4. Requisitos de procedência
   2.5. Acta (ou documento correspondente)
   2.6. Efeitos da citação

Bibliografia

a) Citada:

ABREU, J. M. COUTINHO DE – *Curso de direito comercial*, vol. II – *Das sociedades*, 3ª ed., Almedina, Coimbra, 2009, *Governação das sociedades comerciais*, 2ª ed., Almedina, Coimbra, 2010; DUARTE, R. PINTO – "A ilicitude da execução de deliberações a partir da citação para o procedimento cautelar de suspensão", CDP 5, 2004, p. 17-23; FONSECA, J. TAVEIRA DA – "Deliberações sociais – Suspensão e anulação", em CEJ, *Textos (Sociedades comerciais)*, 1994/1995, p. 83-161; FREITAS, J. LEBRE DE/MACHADO, A. MONTALVÃO/PINTO, RUI – *Código de Processo Civil anotado*, vol. 2º, Coimbra Editora, Coimbra, 2001; FURTADO, J. PINTO – *Deliberações de sociedades comerciais*, Almedina, Coimbra, 2005; GERALDES, A. ABRANTES – *Temas da reforma do processo* civil, IV vol., Almedina, Coimbra, 2001; MARTINS, A. SOVERAL – "Suspensão de deliberações sociais de sociedades comerciais: alguns problemas", ROA, 2003, p. 345-373; SILVA, LUCINDA DIAS DA – *Processo cautelar comum – Princípio do contraditório e dispensa de audição prévia do requerido*, Coimbra Editora, Coimbra, 2009; TRIUNFANTE, ARMANDO M. – *A tutela das minorias nas sociedades anónimas – Direitos individuais*, Coimbra Editora, Coimbra, 2004; XAVIER, V. G. LOBO – "O conteúdo da providência de suspensão de deliberações sociais", RDES, 1975, p. 195-283.

b) Outra:

ALMEIDA, L. P. MOITINHO DE – *Anulação e suspensão de deliberações sociais*, 4ª ed., Coimbra Editora, Coimbra, 2003; MARTINS, A. SOVERAL – " A propósito da suspensão de deliberações sociais e do princípio da igualdade de tratamento", CDP 13, 2006, p. 45-50; OLAVO, CARLOS – "Impugnação das deliberações sociais", CJ, 1988, III, p. 21-31; XAVIER, V. G. LOBO – "Anotação – Suspensão de deliberações ditas 'já executadas' ", RLJ, ano 123º (1990-1991), p. 375-384, 10-11.

1. Regime comum

As deliberações dos sócios são juridicamente imputáveis à sociedade. Natural, por isso, que nas acções de declaração de nulidade ou de anulação das deliberações a *legitimidade processual passiva seja da sociedade* – contra esta devem ser propostas as acções (nº 1 do art. 60º).

Mas isto não impede os sócios que votaram no sentido que fez vencimento de intervirem na causa como assistentes da sociedade ré (arts. 335º, s. do CPC).

Havendo mais do que uma acção de declaração de nulidade e/ou de anulação relativamente à mesma deliberação, razões de economia processual e de uniformidade de julgamento impõem a apensação das acções (nº 2 do art. 60º)[1].

As *custas* de acção proposta pelo órgão de fiscalização ou, na sua falta, por gerente da sociedade são suportadas por ela, mesmo que a acção seja julgada improcedente. É razoável que seja assim, inclusive quando se verifica desvio à regra do art. 446º, 1 e 2, do CPC: o órgão de fiscalização ou o gerente proponentes exercem poderes e/ou deveres societários. E se actuarem abusivamente, abre-se a possibilidade da responsabilidade civil (arts. 72º, s., 81º) e da destituição com justa causa (arts. 191º, 4, 5, 257º, 6, 419º, 423º - E).

O nº 3 do art. 60º fala somente de "encargos" das acções. Mas devem ser entendidos amplamente, no sentido de custas processuais, que abrangem além dos encargos propriamente ditos, a taxa de justiça e as custas de parte (arts. 447º, s. do CPC).

Apontemos agora dois aspectos do regime comum às acções de nulidade e de anulação não previstos no art. 60º (nem no art. 61º).

Materialmente competentes para preparar e julgar estas acções são os *juízos de comércio* – art. 121º, 1, d), da LOFTJ, aprovada pela L 29/2009, de 29 de Junho

---

[1] *V.* PINTO FURTADO (2005), p. 720, s..

(apesar de o preceito referir, além das acções de suspensão de deliberações sociais, somente as acções "de anulação").

As acções de declaração de nulidade ou de anulação de deliberações estão sujeitas a *registo* (art. 9º, e), do CRCom.). Que é obrigatório, devendo ser pedido no prazo de dois meses a contar da propositura da acção (art. 15º, 5, 7, do CRCom.).

2. Suspensão de deliberações dos sócios

Tendo em conta a relação entre acções de nulidade ou de anulação e o procedimento cautelar (especificado) de suspensão de deliberações, bem como a importância deste, dediquemos-lhe aqui algumas linhas.

2.1. Deliberações passíveis de suspensão

Este procedimento cautelar não está regulado no CSC[2], antes no CPC, especialmente nos arts. 396º e 397º.

Podem ser suspensas as deliberações contrárias à lei ou aos estatutos (art. 396º, 1), quer sejam *anuláveis*, quer *nulas* ou *ineficazes*[3].

2.2. Legitimidade activa

"Qualquer sócio pode requerer" a suspensão, diz o nº 1 do art. 396º. Assim será quando estiverem em causa deliberações *nulas* ou *absolutamente ineficazes*. Dada a dependência do procedimento cautelar relativamente à acção principal, quando estejam em causa deliberações *anuláveis* ou *relativamente ineficazes* somente os sócios legitimados para pedir a anulação ou a declaração de ineficácia estarão legitimados para pedir a suspensão[4]. Por outro lado, nas *sociedades abertas* só os sócios que, individual ou conjuntamente, possuam acções correspondentes a, pelo menos, 0,5% do capital social têm legitimidade.

Além dos sócios, podem requerer a suspensão outros *sujeitos* (*e órgãos*) legitimados para a acção principal? Apesar de o art. 396º mencionar apenas sócios, por interpretação teleológica da norma ou por aplicação analógica dos pre-

---

[2] Que lhe faz, ainda assim, uma ou outra referência (arts. 31º, 4, 168º, 5, 282º, 3).
[3] V. por todos SOVERAL MARTINS (2003), p. 347, s., com indicações de doutrina e de jurisprudência.
[4] Cfr. COUTINHO DE ABREU (2009), p. 448, 523, s..

ceitos relativos às acções de nulidade e de anulação deve admitir-se aquela legitimidade[5].[6]

2.3. Prazos

A suspensão deve ser requerida, sob pena de caducidade, no prazo de *dez dias* (nº 1 do art. 396º) contados a partir "da data da assembleia em que as deliberações foram tomadas ou, se o requerente não tiver sido regularmente convocado para a assembleia, da data em que ele teve conhecimento das deliberações" (nº 3 do art. 396º)[7].

Lamentavelmente, o nº 3 do art. 396º continua a falar somente de deliberações tomadas em assembleia. Com respeito às deliberações por voto escrito e unânimes por escrito, o prazo de dez dias contar-se-á a partir, respectivamente, do 3º dia subsequente à data do envio da acta respectiva (cfr. o art. 59º, 2, b), do CSC) e da data em que foram adoptadas[8].

Por sua vez, não será qualquer irregularidade na convocação que leva à contagem do prazo de dez dias a partir da data em que o requerente teve conhecimento da deliberação. Compreende-se que seja assim, por exemplo, nos casos em que o sócio não foi convocado, a convocatória não continha na ordem do dia o assunto sobre que foi adoptada a deliberação, ou a convocatória, por falta de forma exigida, não chegou (ou podia não chegar) ao sócio – e, em qualquer destes casos, o sócio requerente da providência cautelar não participou na assembleia[9]. Não assim nos casos em que, apesar da irregularidade na convocação, o sócio (ausente) soube da realização da assembleia para se deliberar sobre determinados assuntos[10].

---

[5] Apontando para solução idêntica, PINTO FURTADO (2005), p. 793, LEBRE DE FREITAS/MONTALVÃO MACHADO/RUI PINTO (2001), p. 90. Diferentemente (não-sócios poderão requerer, não a suspensão, sim providência cautelar comum), TAVEIRA DA FONSECA (1994/1995), p. 90-91, ABRANTES GERALDES (2001), p. 80, SOVERAL MARTINS (2003), p. 360, ARMANDO TRIUNFANTE (2004), p. 212.
[6] Não se olvide, porém, que o órgão de administração e representação, além do dever de não executar deliberações dos sócios nulas, tem também o dever de não executar algumas deliberações anuláveis – v. COUTINHO DE ABREU (2010), p. 62, s..
[7] O prazo é contínuo e, porque o procedimento cautelar reveste carácter urgente, não se suspende durante as férias judiciais (arts. 144º e 382º) – cfr ABRANTES GERALDES (2001), p. 77-78.
[8] Cfr. nº 2. do comentário ao art. 59º.
[9] Cabe à sociedade o ónus da prova de o prazo de dez dias após o conhecimento da deliberação ter já decorrido (art. 343º, 2, do CCiv.).
[10] Cfr. nº 2. do comentário ao art. 59º.

Quando esteja em causa uma deliberação anulável, a instauração do procedimento cautelar de suspensão da deliberação *não suspende nem interrompe os prazos de propositura da acção anulatória*[11].

2.4. Requisitos de procedência

Os requisitos de procedência do procedimento cautelar de suspensão de deliberações dos sócios são, em geral, os exigidos também para os demais procedimentos cautelares: (a) *fumus boni iuris* (sinais da justeza da pretensão do requerente), (b) *periculum in mora* (perigo decorrente da demora da acção principal), (c) proporcionalidade[12].

a) O vício ou vícios da deliberação invocados pelo requerente hão-de apresentar-se de tal modo que o tribunal, em um primeiro juízo, se convence de que é *previsível ou provável a procedência, na acção principal*, do pedido de declaração de nulidade ou ineficácia, ou de anulação da deliberação.

b) Se a *delonga da acção principal* comportar o *perigo* de a deliberação em causa produzir entrementes efeitos danosos *significativos* para o requerente e/ou a sociedade, *impedindo ou dificultando o efeito útil* da mesma (previsivelmente procedente), temos então um requisito mais para a procedência da providência da suspensão.

O nº 1 do art. 396º fala de dano "apreciável" que pode ser causado pela "execução" da deliberação, sendo essa "execução" que se requer seja "suspensa".

O dano, patrimonial ou não, de sócio(s) e/ou da sociedade, é apreciável quando significativo (não insignificante)[13]. Não tem de ser julgado irreparável para que a suspensão seja decretada[14]. Mas, porque o dano apreciável aqui relevante é o que pode resultar da demora do processo principal[15], há-de ser dificilmente reparável sem a suspensão. Se a tutela conferida pela acção prin-

---

[11] É entendimento generalizado – v. p. ex. TAVEIRA DA FONSECA (1994/1995), p. 117-118, ABRANTES GERALDES (2001), p. 93, SOVERAL MARTINS (2003), p. 365 (com mais indicações), Ac. do STJ de 11/5/99, BMJ 487 (1999), p. 249. Contra, PINTO FURTADO (2005), p. 798, s..

[12] V. por todos LUCINDA DIAS DA SILVA (2009), p. 141, s..

[13] Sobre estes diversos pontos, v. TAVEIRA DA FONSECA (1994/1995), p. 105, ABRANTES GERALDES (2001), p. 89, s., SOVERAL MARTINS (2003), p. 360, s., Ac. da RC de 16/3/2010 (www. dgsi. pt – proc. 2033/09,2TBLRA. C1) – com mais indicações de jurisprudência. Acrescente-se que o juízo sobre o "dano apreciável" envolve questões de facto e de direito – v. p. ex. PINTO FURTADO (2005), p. 789, e SOVERAL MARTINS (2003), p. 361-362, ambos com mais indicações de doutrina e de jurisprudência.

[14] Assim se vem defendendo dominantemente – p. ex. em vários locais citados na nota anterior.

[15] V. LOBO XAVIER (1975), p. 215, s..

cipal (procedente) é suficiente para a reparação dos danos, não há razões para decretar a suspensão da deliberação.

Tem sido controvertido o sentido da "execução" de deliberações susceptível de ser suspensa.

Se se entende (restritivamente) que a execução consiste na prática (pelo órgão de administração, nomeadamente) dos actos necessários para que essa deliberação obtenha o seu efeito típico ou directo, serão insusceptíveis de suspensão – porque "já executadas" – quer as deliberações *self-executing*, quer as deliberações que com aqueles actos tenham conseguido de facto o referido efeito.

Se se entende (amplamente) que a execução, para efeitos do procedimento cautelar, significa *eficácia* ou produção de efeitos jurídicos, serão susceptíveis de suspensão as deliberações capazes de produzir efeitos danosos não ou dificilmente reparáveis com a acção principal.[16]

Adoptando a segunda perspectiva, dizemos que é possível serem suspensas (porque não inteiramente "executadas") deliberações de designação ou de destituição dos administradores; de aumento do capital social; de amortização de quota; de fixação da remuneração dos membros dos órgãos sociais. Já não são susceptíveis de suspensão (porque inteiramente "executadas") deliberações de fixação de indemnização a ex-administrador (já paga); de distribuição de lucros pelos sócios (já pagos); de autorização de negócio a realizar pela sociedade (já celebrado).

c) Ainda que se verifiquem os requisitos anteriormente expostos, "o juiz pode deixar de suspendê-la [a deliberação], desde que o *prejuízo resultante da suspensão seja superior ao que pode derivar da execução*" – art. 397º, 2.[17]

2.5. Acta (ou documento correspondente)

Prescreve o nº 2 do art. 396º: "O sócio instruirá o requerimento com cópia da acta em que as deliberações foram tomadas e que a direcção deve fornecer ao requerente dentro de vinte e quatro horas; quando a lei dispense reunião de assembleia, a cópia da acta será substituída por documento comprovativo da deliberação"[18]. Acrescenta o nº 1 do art. 397º que, se o requerente alegar que lhe

---

[16] Com referências doutrinais e jurisprudenciais bastantes acerca das concepções restrita e ampla [hoje largamente dominante, principalmente por influência de LOBO XAVIER (1975), p. 195, s.], v. PINTO DUARTE (2004), p. 17, s..

[17] Cfr. o citado Ac. da RC de 16/3/2010.

[18] A 2ª parte da norma é aplicável às deliberações unânimes por escrito.

não foi fornecida cópia da acta ou o documento correspondente dentro daquele prazo, a citação da sociedade "é feita com a cominação de que a contestação não será recebida sem vir acompanhada da cópia ou do documento em falta".

Ora, não havendo contestação (por falta de apresentação da acta ou do documento, ou porque aquela foi simplesmente omitida), a sociedade fica em situação de revelia. Que "tem os efeitos previstos no processo comum de declaração" (art. 385º, 5). Assim, os factos deliberativos articulados pelo requerente considerar-se-iam confessados (art. 484º, 1). Mas não é assim; não se produz tal consequência "quando se trate de factos para cuja prova se exija documento escrito" (art. 485º, d)) – e o art. 63º, 1, do CSC exige-o. Sair-se-á do impasse conjugando os arts. 519º, 1, 2, e 529º do CPC, e o art. 344º, 2, do CCiv.: o ónus da prova é invertido, devendo o tribunal[19] em princípio considerar existente a deliberação nos termos apresentados pelo requerente da suspensão[20].

2.6. Efeitos da citação

"A partir da citação, e enquanto não for julgado em 1ª instância o pedido de suspensão, não é lícito à (...) sociedade executar a deliberação impugnada" (art. 397º, 2).

A citação da sociedade requerida (para esta deduzir oposição) é ordenada pelo juiz (art. 234º, 4, b)). É substituída por notificação quando ela tenha sido já citada para a causa principal (art. 385º, 2). Neste caso, a cominação do nº 3 do art. 397º vale a partir da notificação da sociedade.

Segundo uma corrente interpretativa do art. 397º, 3, a citação teria, provisoriamente embora, os efeitos da suspensão da deliberação. Para outra corrente[21], os efeitos da citação não seriam os mesmos da providência de suspensão; aqueles limitar-se-iam à esfera dos administradores, que responderiam civilmente pelos danos causados pela execução da deliberação se a acção principal viesse a ser decidida a favor do autor.[22]

Seria estranho que a citação da sociedade equivalesse à procedência do procedimento de suspensão da deliberação. Pese embora o disposto no art.

---

[19] Materialmente competentes para preparar e julgar as acções de suspensão de deliberações sociais são os juízos de comércio – art. 121º, 1, d), da LOFTJ.
[20] Assim, ABRANTES GERALDES (2001), p. 84-86. V. tb. LEBRE DE FREITAS/MONTALVÃO MACHADO/RUI PINTO (2001), p. 94.
[21] Encabeçada por LOBO XAVIER (1975), p. 276, s..
[22] Acerca das diversas interpretações na doutrina e na jurisprudência, v. TAVEIRA DA FONSECA (1994/1995), p. 111, s., LEBRE DE FREITAS/MONTALVÃO MACHADO/RUI PINTO (2001), p. 95-96, SOVERAL MARTINS (2003), p. 367-368.

234º- A, 1, a citação não tem na sua base apreciação consistente sobre a realidade dos factos articulados pelo requerente da providência; pese embora a delimitação temporal estabelecida no nº 3 do art. 397º (até ao julgamento em 1ª instância)[23], a equivalência referida potenciaria a utilização abusiva do procedimento cautelar.[24]

Os efeitos *não são os mesmos*, na verdade.

A suspensão de deliberação é, no domínio societário interno (relativamente aos sócios e órgãos sociais), suspensão da eficácia desta, privação dos efeitos a que tendia; no domínio das relações externas, depois do registo e publicação[25], é igualmente suspensão de eficácia (art. 168º, 2, 3, 4, do CSC, art. 14º, 1, 2, do CRCom.).[26]

Por exemplo, (a) suspensa a deliberação de eleição de administradores, estes perdem legitimidade para exercer os cargos respectivos; e se actuarem em nome da sociedade perante terceiros depois de registada e publicada a suspensão, os seus actos não a vinculam; (b) suspensa a deliberação de destituição de administrador, ele readquire legitimidade para exercer o cargo; (c) suspensa a deliberação de amortização da (única) quota de sócio, esta renasce até que na acção principal seja decidido o seu destino, devendo o titular da mesma ser considerado sócio para todos os efeitos.

Não são estes os efeitos da citação. Não é lícito à sociedade executar a deliberação impugnada – mas esta não se torna, *por causa da citação e da ilicitude* da execução, ineficaz ou de eficácia suspensa (nem inválida).

Por exemplo, (a) os administradores eleitos não perdem legitimidade para exercer os cargos, e têm poderes de representação – tanto mais quanto é certo que a citação não está sujeita a registo; todavia, se exercerem actividade de administração, porque essa actividade executória da deliberação impugnada é considerada ilícita, teremos aí um pressuposto de eventual responsabilidade civil para com o requerente da providência e/ou a sociedade requerida[27]; (b) o administrador destituído não readquire legitimidade para exercer o cargo; se na acção principal for dada razão ao requerente, o administrador poderá ter direito a ser indemnizado pela sociedade e, eventualmente, por administra-

---

[23] Limite introduzido pelo DL 329-A/95, de 12 de Dezembro.
[24] Cfr. LOBO XAVIER (1975), p. 280-281.
[25] A suspensão de deliberação está sujeita a registo (obrigatório) e a publicação: CRCom., arts. 9º, h), 15º, 5, 8, 70º, 1, d).
[26] Cfr. LOBO XAVIER (1975), p. 243, s., 250, s..
[27] Se a deliberação de eleição vier a ser declarada nula ou anulada.

dores; (c) a quota amortizada não renasce por efeito da citação; se a deliberação vier a ser declarada nula ou ineficaz, ou anulada, o sócio terá direito a ser indemnizado pela sociedade e pelos gerentes (que, *v. g.*, não o convocaram para assembleias gerais, não lhe atribuíram lucros).

Outras diferenças resultam do art. 391º[28]: "Incorre na pena do *crime de desobediência qualificada* todo aquele que infrinja a providência cautelar decretada, sem prejuízo das medidas adequadas à sua *execução coerciva*".

Portanto, o incumprimento da (decretada) suspensão de deliberação – não do dever de não execução previsto no nº 3 do art. 397º – fica sujeito a sanção penal (art. 348º do CP) e possibilita o recurso a acção executiva (art. 941º, 1, b), c), do CPC).

---

[28] Aplicável também ao procedimento de suspensão de deliberação – art. 392º, 1.

ARTIGO 61º
Eficácia do caso julgado

1. A sentença que declarar nula ou anular uma deliberação é eficaz contra e a favor de todos os sócios e órgãos da sociedade, mesmo que não tenham sido parte ou não tenham intervindo na acção.

2. A declaração de nulidade ou a anulação não prejudica os direitos adquiridos de boa fé por terceiros, com fundamento em actos praticados em execução da deliberação; o conhecimento da nulidade ou da anulabilidade exclui a boa fé.

Índice
1. Eficácia da sentença nas relações internas
2. Protecção de terceiros de boa fé

Bibliografia
a) Citada:
ABREU, J. M. COUTINHO DE – *Curso de direito comercial*, vol. II – *Das sociedades*, 3ª ed., Almedina, Coimbra, 2009; XAVIER, V. G. LOBO – *Anulação de deliberação social e deliberações conexas*, Atlântida Editora, Coimbra, 1976.

b) Outra:
FURTADO, J. PINTO – *Deliberações de sociedades comerciais*, Almedina, Coimbra, 2005.

1. Eficácia da sentença nas relações internas

Uma deliberação dos sócios é juridicamente imputável à sociedade. A declaração judicial de nulidade ou a anulação de deliberação impõe-se, portanto, a todos os membros do substrato pessoal da sociedade (sócios), bem como a todos os órgãos, que são parte componente da sociedade.

A sentença referida no preceito é, evidentemente (até pela epígrafe) sentença transitada em julgado (não susceptível de recurso ordinário ou de reclamação – art. 677º do CPC), com autoridade de caso julgado.

Declarada nula ou anulada uma deliberação, em regra tudo deve passar-se, relativamente a cada um dos sócios e aos órgãos sociais, como se ela não tivesse sido tomada, sendo destruídos os efeitos que eventualmente se hajam produzido (cfr. o art. 289º do CCiv.)[1].

---

[1] Excepção, relativamente aos sócios, aparece no art. 34º, 1: os que tenham recebido bens sociais a título de lucros ou reservas em consequência de deliberação nula não têm de restituir esses bens se estavam de boa fé.

2. Protecção de terceiros de boa fé

As deliberações dos sócios, enquanto actos de órgão interno, produzem efeitos em regra tão-só no restrito âmbito da sociedade; para a projecção externa de algumas delas (nem todas a têm), são necessários actos executivos do órgão ("externo") de administração e representação.

A declaração de nulidade ou a anulação de deliberação-acto interno tem eficácia interna. Mas pode também repercurtir-se nas relações externas, afectando actos de execução da deliberação. O nº 2 do art. 61º pretende pôr a salvo das repercussões negativas os terceiros de boa fé.

"*Terceiros*", aqui, serão os que não sejam sócios nem titulares de órgãos sociais (cfr. o nº 1 do art. 61º). Mas os próprios sócios e titulares de órgãos poderão para o efeito ser considerados terceiros: quando tenham adquirido direitos, não nessa qualidade (de sócios ou membros orgânicos), mas em condição que poderia ser identicamente preenchida por outros sujeitos (condição de comprador, vendedor, mutuante, etc.).

O terceiro está *de "boa fé"* quando, no momento em que conclui negócio com a sociedade, crê (razoavelmente) na validade da deliberação pressuposto do negócio ou ignora (não levianamente) a invalidade dela. Compete à sociedade ou a quem invoque a ineficácia do negócio provar que o terceiro conhecia ou, dadas as circunstâncias, não podia ignorar a invalidade; ajudará nessa prova o facto de, antes da conclusão do negócio, ter sido feito o registo de acção de declaração de nulidade ou de anulação, ou da respectiva decisão final (cfr. o art. 9º, e), h), do CRCom.).[2]

Actos praticados (por administradores, normalmente) *"em execução da deliberação"* são os praticados em conformidade com ela, os que nela encontram fundamento[3].

Assim, por exemplo, a anulação da deliberação por que foram eleitos os administradores não prejudica os direitos adquiridos de boa fé por terceiros que com aqueles administradores negociaram[4]; a declaração de nulidade da deliberação que suprimiu o direito de preferência dos sócios na subscrição de novas participações em aumento de capital não prejudica a aquisição de participações por terceiros de boa fé.

---

[2] V., com forte paralelismo, no CSC os arts. 260.º, 2, 3, e 409.º, 2, 3.
[3] Cfr. LOBO XAVIER (1976), p. 336, nt. 85, 427, nt. 76.
[4] Cfr. LOBO XAVIER (1976), p. 427, nt. 76.

Convém aflorar ainda dois pontos que não têm sido evidenciados. (a) Os "direitos" adquiridos de boa fé por terceiros em consequência de *certas* deliberações nulas *são sempre prejudicados*. Imagine-se uma deliberação dos sócios autorizando a administração a fazer doações fora da capacidade jurídica da sociedade – a deliberação é nula e as doações feitas nulas são também[5]. (b) *Fora dos casos em que a lei faz depender de deliberação* dos sócios a prática de actos pelos administradores, a existência ou inexistência e a validade ou invalidade de deliberação – ainda que exigida estatutariamente – *são indiferentes para os terceiros*, não prejudicam a vinculação da sociedade[6].[7]

---

[5] Cfr. COUTINHO DE ABREU (2009), p. 187.
[6] Cfr. os arts. 260.º, 1 (sociedades por quotas) e 409.º, 1 (sociedades por acções). Diferente, porém, é o regime que vale para as sociedades em nome colectivo e em comandita simples (art. 192.º).
[7] Portanto, nestas hipóteses [(a) e (b)] é irrelevante o art. 61.º, 2.

ARTIGO 62º
Renovação da deliberação

1. Uma deliberação nula por força das alíneas a) e b) do nº 1 do artigo 56º pode ser renovada por outra deliberação e a esta pode ser atribuída eficácia retroactiva, ressalvados os direitos de terceiros.

2. A anulabilidade cessa quando os sócios renovem a deliberação anulável mediante outra deliberação, desde que esta não enferme do vício da precedente. O sócio, porém, que nisso tiver um interesse atendível pode obter anulação da primeira deliberação, relativamente ao período anterior à deliberação renovatória.

3. O tribunal em que tenha sido impugnada uma deliberação pode conceder prazo à sociedade, a requerimento desta, para renovar a deliberação.

Índice
1. Noção e finalidade da renovação
2. Renovação de deliberações nulas (nº 1)
3. Renovação de deliberações anuláveis (nº 2)
4. Prazo concedido pelo tribunal para renovação (nº 3)

Bibliografia

a) Citada:

CORREIA, A. FERRER/ XAVIER, V. LOBO/ COELHO, M. ÂNGELA / CAEIRO, ANTÓNIO A. – "Sociedade por quotas de responsabilidade limitada. Anteprojecto de lei – 2ª redacção e exposição de motivos", RDE, 1977, p. 349-423; FONSECA, J. TAVEIRA DA – "Deliberações sociais – Suspensão e anulação", em CEJ, *Textos (Sociedades comerciais)*, 1994/1995, p. 83-161; FRADA, M. CARNEIRO DA – "Renovação de deliberações sociais – O artigo 62º do Cód. das Sociedades Comerciais", BFD, vol. LXI (1985), p. 285-338; FURTADO, J. PINTO – *Deliberações de sociedades comerciais*, Almedina, Coimbra, 2005; XAVIER, V. G. LOBO – *Anulação de deliberação social e deliberações conexas*, Atlântida Editora, Coimbra, 1976.

b) Outra:

RIBEIRO, A. SEQUEIRA – "Brevíssimas notas acerca da renovação de deliberações sociais", em *Ars iudicandi - Estudos em homenagem ao Prof. Doutor António Castanheira Neves*, vol. II, UC/Coimbra Editora, Coimbra, 2008, p. 653-665.

1. Noção e finalidade da renovação

Uma deliberação é adoptada visando certa regulamentação de interesses ou produção de efeitos jurídicos. Verifica-se depois que ela é inválida, ou a sua validade é posta em dúvida ou em causa (mormente em processo judicial). A insegurança e incerteza advenientes podem prejudicar a sociedade e sócios. Para atalhar a isto, a lei permite aos sócios, em algumas circunstâncias que adoptem uma segunda deliberação (renovadora) para salvaguarda (ao menos para o futuro) dos fins visados pela primeira.

A renovação de uma deliberação consiste, pois, na *substituição desta por outra de conteúdo idêntico mas sem os vícios* (de procedimento), reais ou supostos, *que tornam aquela inválida ou de validade duvidosa*.

2. Renovação de deliberações nulas (nº 1)

É possível renovar deliberações nulas. Mas *só quando a nulidade resulte de vícios de procedimento*: não convocação de assembleia geral (art. 56º, 1, a), 2), não exercício do direito de votar por escrito por falta de convite para tal (art. 56º, 1, b)).

As deliberações nulas por vícios de conteúdo não são renováveis. A renovação implica que a deliberação renovadora não enferme dos vícios da renovada, mantendo (no essencial) o conteúdo desta. Ora, uma (pretensa) deliberação renovadora de uma nula por vício de conteúdo, para não repetir o vício, teria de apresentar conteúdo diverso, regulamentação diferente (seria uma deliberação substituta, mas não substituta-renovadora).[1]

À deliberação renovadora pode ser atribuída (expressa ou implicitamente), diz o nº 1 do art. 62º, *eficácia retroactiva*. Se for atribuída, os efeitos jurídicos a que a deliberação renovada tendia consideram-se produzidos (apesar da nulidade) a partir do momento em que ela foi adoptada. Por exemplo, em assembleia geral não convocada (sem a presença ou representação de todos os sócios) realizada em 5 de Janeiro foi deliberado destituir o sócio-gerente *A* e amortizar a quota do sócio *B* (a quem, no mesmo dia, foi comunicada a amortização); as duas deliberações (nulas) foram renovadas (validamente), com eficácia retroactiva, em assembleia geral realizada em Abril do mesmo ano; a destituição e a amortização consideram-se efectuadas válida e eficazmente em 5 de Janeiro.

Não obstante a atribuição de eficácia retroactiva à deliberação renovadora, ficam "ressalvados os direitos de terceiros" (assim é dito no final do nº 1 do art.

---

[1] Cfr. LOBO XAVIER (1976), p. 447, nt. 106, CARNEIRO DA FRADA (1985), p. 300-301, PINTO FURTADO (2005), p. 864.

62º). Este segmento normativo é dificilmente compreensível (para não dizer já que é supérfluo e contraditório). Afora o facto de as deliberações dos sócios, enquanto actos internos, não terem em regra eficácia externa, os actos de execução das mesmas que tenham repercussão na esfera jurídica de terceiros não são postos em causa por deliberações renovatórias com efeitos retroactivos. Os actos de execução de deliberação podem ficar prejudicados se ela for nula – mas tenha-se em conta o disposto no art. 61º, 2². Não, porém, se a deliberação nula é substituída por (válida) deliberação renovatória com eficácia retroactiva; os actos de execução passam a ser considerados executivos de deliberação válida.[3]

Pode é acontecer que sujeitos directamente afectados por uma deliberação nula – sócios, nomeadamente – tenham interesse atendível na declaração judicial de que essa deliberação não produziu efeitos até a data da deliberação renovatória, sendo esta eficaz, portanto, tão-só *ex nunc*. Aplicar-se-á então por *analogia* a 2ª parte do nº 2 do art. 62º[4]. Pense-se nos exemplos há pouco apresentados: interessará a *A* contrariar a retroactividade da deliberação renovatória a fim de exercer o direito à remuneração entre Janeiro e Abril; interessará a *B* fazer o mesmo se o valor da contrapartida da amortização (cfr. art. 235º) for em Abril mais elevado do que em Janeiro.

Instaurada uma acção de declaração de nulidade de deliberação, a renovação válida da mesma entretanto ocorrida fará *extinguir a instância* por inutilidade superveniente da lide (art. 287º, e), do CPC)[5]. Salvo se o autor da acção tiver "interesse atendível" no prosseguimento[6]. Se a deliberação renovatória for inválida e vier ao processo por iniciativa da sociedade ré, competirá ao autor invocar o vício causador da invalidade e ao tribunal apreciá-lo nesse mesmo processo; se a sociedade ré não invocar nele a nova deliberação e esta for anulável, o autor impugná-la-á em acção distinta, devendo ser suspensa a instância no primeiro processo[7].

---

[2] Cfr. nº 2. do comentário ao art. 61º.
[3] Cfr. tb. PINTO FURTADO (2005), p. 870.
[4] Neste sentido, CARNEIRO DA FRADA (1985), p. 312.
[5] Cfr. CARNEIRO DA FRADA (1985), p. 323.
[6] Como referido em texto, no parágrafo anterior.
[7] V., desenvolvidamente, CARNEIRO DA FRADA (1985), p. 328, s., Ac. da RL de 3/3/2009 (www.dgsi.pt – proc.1008/07.TYLSB-7).

3. Renovação de deliberações anuláveis (nº 2)

Uma deliberação anulável deixa de poder ser anulada a partir do momento em que é adoptada (válida) deliberação renovadora daquela.

Apesar de o nº 2 do art. 62º (ao invés do nº1) não discriminar, parece que só as deliberações anuláveis por *vícios de procedimento* podem ser renovadas[8]. Uma deliberação pretendendo "renovar" uma anterior anulável por vício de conteúdo teria de aparecer, para não padecer do mesmo vício, com conteúdo diferente. Seria uma deliberação estabelecendo regulamentação distinta, substituta (-revogatória, ao menos tacitamente) da anulável, mas não renovadora[9]. Imagine-se que uma deliberação de distribuição dos lucros de certo exercício anual é anulável porque viola o nº 1 do art. 22º; deliberação posterior remedeia o vício mandando distribuir os mesmos lucros em conformidade com o estabelecido na norma citada; esta deliberação, porque substituta da primeira, impede também que esta seja anulada, mas não a renovou.

A renovação de deliberação anulável (mas não anulada) tem, por norma, *eficácia retroactiva*[10]. A excepção resulta da 2ª parte do nº 2 do art. 62º: sócio com interesse atendível pode obter anulação dos efeitos produzidos pela deliberação anulável (e assumidos pela renovatória) até à data da deliberação renovadora; esta será eficaz, portanto, apenas *ex nunc*[11].

Instaurada uma acção anulatória de deliberação, a renovação válida desta entretanto ocorrida acarretará, por superveniente perda do direito de anulação do autor, a improcedência da acção. Salvo se o autor tiver "interesse atendível" na prossecução.[12]

---

[8] Em sentido próximo, CARNEIRO DA FRADA (1985), p. 301-302, Ac. da RP de 14/2/07, CJ, 2007, I, p. 188. Contra, TAVEIRA DA FONSECA (1994/1995), p. 158.
[9] A tal deliberação não renovadora será contudo aplicável, por analogia, o nº 2 do art. 62º (sobretudo a 1ª parte).
[10] V., p. ex., FERRER CORREIA / LOBO XAVIER/ ÂNGELA COELHO/ ANTÓNIO CAEIRO (1977), p. 416 (o nº 2 do art. 62º reproduz o nº 2 do art. 115º do Anteprojecto destes AA.). Com perspectiva diferente, CARNEIRO DA FRADA (1985), p. 308, 310.
[11] Para ilustração, servem, *mutatis mutandis*, os exemplos oferecidos no nº anterior a propósito de questão semelhante no quadro da renovação de deliberações nulas.
[12] V. CARNEIRO DA FRADA (1985), p. 324-325. Sobre as repercussões de deliberação renovatória inválida em processo de anulação, vale no essencial o que ficou dito na parte final do nº anterior (v. ainda o Ac. da RP de 27/9/2007, www.dgsi.pt – proc. 0732275).

4. Prazo concedido pelo tribunal para renovação (nº 3)

Estando já pendente uma acção de declaração de nulidade ou de anulação de deliberação dos sócios, pode o tribunal conceder prazo à sociedade para que a renove, suspendendo a instância durante esse prazo[13].

O preceito em análise liga essa possibilidade a requerimento feito pela sociedade ré. Requerida a concessão de prazo, o tribunal, salvo se for manifesto o intento procrastinatório da sociedade, deve deferir o pedido e fixar prazo razoável (não inferior mas pouco superior ao necessário para a convocação regular de assembleia). A certeza e segurança quanto aos efeitos visados pela deliberação (possivelmente) inválida a tanto aconselham.

Estes mesmos valores justificarão que se admita a possibilidade de o tribunal, mesmo sem requerimento da sociedade, conceder prazo para a renovação[14].

---

[13] CARNEIRO DA FRADA (1985), p. 326, entende que o nº 3 do art. 62º é aplicável somente nas acções anulatórias. Propugnando a interpretação preferível, v. PINTO FURTADO (2005), p. 887-888, TAVEIRA DA FONSECA (1994/1995), p. 158.

[14] PINTO FURTADO (2005), p. 886.

ARTIGO 63º *
Actas

1. As deliberações dos sócios só podem ser provadas pelas actas das assembleias ou, quando sejam admitidas deliberações por escrito, pelos documentos donde elas constem.

2. A acta deve conter, pelo menos:

a) A identificação da sociedade, o lugar, o dia e a hora da reunião;

b) O nome do presidente e, se os houver, dos secretários;

c) Os nomes dos sócios presentes ou representados e o valor nominal das partes sociais, quotas ou acções de cada um, salvo nos casos em que a lei mande organizar lista de presenças, que deve ser anexada à acta;

d) A ordem do dia constante da convocatória, salvo quando esta seja anexada à acta;

e) Referência aos documentos e relatórios submetidos à assembleia;

f) O teor das deliberações tomadas;

g) Os resultados das votações;

h) O sentido das declarações dos sócios, se estes o requererem.

3. Quando a acta deva ser assinada por todos os sócios que tomaram parte na assembleia e algum deles não o faça, podendo fazê-lo, deve a sociedade notificá-lo judicialmente para que, em prazo não inferior a oito dias, a assine; decorrido esse prazo, a acta tem a força probatória referida no nº 1, desde que esteja assinada pela maioria dos sócios que tomaram parte na assembleia, sem prejuízo do direito dos que a não assinaram de invocarem em juízo a falsidade da acta.

4. Quando as deliberações dos sócios constem de escritura pública, de instrumento fora das notas ou de documento particular avulso, deve a gerência, o conselho de administração ou o conselho de administração executivo inscrever no respectivo livro a menção da sua existência.

5. Sempre que as actas sejam registadas em folhas soltas, deve a gerência ou a administração, o presidente da mesa da assembleia geral e o secretário, quando os houver, tomar as precauções e as medidas necessárias para impedir a sua falsificação.

6. As actas são lavradas por notário, em instrumento avulso, quando, no início da reunião, a assembleia assim o delibere ou ainda quando algum sócio o requeira em escrito dirigido à gerência, ao conselho de administração ou ao conselho de administração executivo da sociedade e entregue na sede social com cinco dias úteis de antecedência em relação à data da assembleia geral, suportando o sócio requerente as despesas notariais.

7. As actas apenas constantes de documentos particulares avulsos constituem princípio de prova embora estejam assinadas por todos os sócios que participaram na assembleia.

8. Nenhum sócio tem o dever de assinar as actas que não estejam consignadas no respectivo livro ou nas folhas soltas, devidamente numeradas e rubricadas.

* A redacção originária foi alterada pelos DL 280/87, de 8 de Julho, 257/96, de 31 de Dezembro, e 76-A/2006, de 29 de Março.

Índice

1. Noção e modalidades de acta
2. Conteúdo das actas
3. Redacção e assinatura das actas
4. Deliberação não documentada em acta (consequências)

Bibliografia

a) Citada:

ABREU, J. M. COUTINHO DE – *Curso de direito comercial*, vol. II – *Das sociedades*, 3ª ed., Almedina, Coimbra, 2009; COELHO, E. M. LUCAS – *A formação das deliberações sociais – Assembleia geral das sociedades anónimas*, Coimbra Editora, Coimbra, 1994; CORDEIRO, A. MENEZES – *Manual de direito das sociedades*, II, 2ª ed., Almedina, Coimbra, 2007; CORREIA, L. BRITO – *Direito comercial*, 3º vol. – *Deliberações dos sócios*, AAFDL, Lisboa, 1989; COSTA, RICARDO A. S. – *A sociedade por quotas unipessoal no direito português*, Almedina, Coimbra, 2002; FRADA, M. CARNEIRO DA – "Renovação de deliberações sociais – O artigo 62º do Cód. das Sociedades Comerciais", BFD, vol. LXI (1985), p. 285-338; FURTADO, J. PINTO – *Deliberações de sociedades comerciais*, Almedina, Coimbra, 2005; MAIA, PEDRO – "Deliberações dos sócios e respectiva documentação: algumas reflexões", em AAVV., *Nos 20 anos do Código das Sociedades Comerciais*, Coimbra Editora, Coimbra, 2007, p. 651-691; MARTINS, A. SOVERAL – "Suspensão de deliberações sociais de sociedades comerciais: alguns problemas", ROA, 2003, p. 345-373; MATOS, ALBINO – "A documentação das deliberações sociais no Projecto do Código das Sociedades", RN, 1986/1, p. 43-91; VASCONCELOS, P. PAIS DE – *A participação social nas sociedades comerciais*, 2ª ed., Almedina, Coimbra, 2006; XAVIER, V. G. LOBO – *Anulação de deliberação social e deliberações conexas*, Atlântida Editora, Coimbra, 1976, "Anotação – Alteração do pacto social de sociedade por quotas não reduzida a escritura-pública", RLJ, ano 117º (1984-1985), p. 255-256, 286-288, 312-316, " O regime das deliberações sociais no Projecto de Código das Sociedades", em AAVV., *Temas de direito comercial*, Almedina, Coimbra, 1986, p. 1, "Anotação – O início do prazo da proposição da acção anulatória de deliberações sociais e o funcionamento da assembleia geral repartido por mais do que um dia", RLJ, ano 120º (1987-1988), p. 314-333.

b) Outra:

LAIA, M. ROQUE – *Guia das assembleias gerais*, 8ª ed., Caminho, Lisboa, 1989.

1. Noção e modalidades de acta

Com respeito às deliberações dos sócios, a acta é definível como o *registo em documento escrito das deliberações tomadas pelos sócios em assembleia ou por voto escrito, e ainda de outros dados do respectivo procedimento deliberativo*.

Apesar dos dizeres do nº 1 do art. 63º, as actas não respeitam somente às deliberações adoptadas em *assembleia*. Também as deliberações por voto escrito devem ser registadas em acta (arts. 247º, 6, 59º, 2, b)). Somente as deliberações unânimes por escrito não têm de ser exaradas em acta[1]. Apenas a elas, portanto, se aplica a 2ª parte do nº 1 do art. 63º ("deliberações por escrito")[2].

Atendendo sobretudo à autoria da redacção[3] e à natureza dos documentos, distingue-se entre acta particular e acta notarial.

Por regra, as *actas particulares* são lançadas em *livro de actas* (cfr. os arts. 31º, 1, e 37º do CCom.). Tal "livro", porém, não tem de consistir, antes dos lançamentos, em um conjunto de folhas formando volume encadernado; pode ser constituído por folhas soltas numeradas sequencialmente e rubricadas por certos sujeitos e que somente depois de utilizadas têm se ser encadernadas (art. 31º, 2, do CCom., art. 63º, 5, 8, do CSC). Por outro lado, é hoje possível a utilização de livros de actas em suporte electrónico (art. 39º, 1, do CCom.).

No entanto, as actas particulares podem também constar de *documentos particulares avulsos* (art. 63º, 4, 7, do CSC). Tal ocorrerá, por exemplo, quando se desconheça o paradeiro do livros de actas, ou a gerência o não entregue ao presidente de assembleia geral. Embora não constando do livro de actas, é dever do órgão de administração inscrever nele (depois) menção de existência das mesmas (nº 4 do art. 63º).

Por sua vez, as *actas notariais* constam de "instrumentos fora das notas" ou (mais precisamente) "instrumentos (públicos) avulsos" (arts. 63º, 4, 6, do CSC, e 36º, 3, 103º, s. do CNot.).

A opção pela acta notarial depende de deliberação dos sócios, tomada no inicio da assembleia, ou de decisão (vinculada) do órgão de administração requerida por sócio(s) em escrito entregue na sede social até cinco dias úteis antes da data da assembleia (suportando ele(s) as despesas notariais) – nº 6 do

---

[1] Mas deve a existência delas ser mencionada no livro de actas (art. 63º, 4) – quando, bem entendido, elas não constem do próprio livro.
[2] Pese embora o facto de as deliberações unânimes por escrito serem admitidas em todos os tipos de sociedades (art. 54º, 1) e de, também no Código, "deliberação por escrito" poder significar quer deliberação unânime por escrito, quer deliberação por voto escrito (cfr., para esta, o art. 56º, 1, b), 3).
[3] V. *infra*, nº 3.

art. 63º. Recorre-se a ela principalmente em situações de conflito entre sócios e/ou de falta de confiança de alguns sócios na pessoa que vem presidindo às assembleias.

2. Conteúdo das actas

Segundo o nº 2 do art. 63º, a *acta particular de assembleia geral* deve conter, pelo menos:

a) A identificação da sociedade (nos termos previstos no art. 171º, 1, 2), o lugar, o dia e a hora da reunião;

b) O nome do presidente da assembleia e, havendo, do(s) secretário(s) – a existência de pelo menos um secretário (da mesa) da assembleia é obrigatória nas sociedades por acções (art. 374º, 1);

c) Os nomes dos sócios presentes ou representados e o valor nominal das participações sociais respectivas[4], salvo nos casos em que a lei mande organizar lista de presenças (v. o art. 382º), que deve ser anexada à acta;

d) A ordem do dia constante da convocatória, salvo quando esta seja anexada à acta;

e) Referência aos documentos e relatórios submetidos à assembleia (*v.g.*, os mencionados nos arts. 263º, 1, ou 289º, 1, c), d), e));

f) O teor das deliberações adoptadas [os termos das propostas que obtiveram vencimento (deliberações positivas) ou não (deliberações negativas)];

g) Os resultados das votações (número dos votos a favor e/ou votos contra e/ou abstenções)[5];

h) O sentido das declarações dos sócios, se estes o requererem (*v.g.*, declaração de voto contrário ao maioritário para possível impugnação da deliberação, ou declaração justificativa do voto).

Para lá deste conteúdo mínimo, as actas podem registar outros dados, designadamente o sentido das intervenções proferidas.

Contudo, uma vez ou outra a lei impõe mais menções. É ver, por exemplo, o art. 23º-D do CVM (para as sociedades abertas).

Por sua vez, a *acta notarial* conterá outras (poucas) menções além das referidas no nº 2 do art. 63º (v. art. 46º, 1, a), b), 6, do CNot.).

Já o conteúdo da *acta particular relativa a deliberação por voto escrito* é determinado pelo art. 247º, 6, não pelo art. 63º, 2.

---

[4] Ou o valor de emissão das acções sem valor nominal – cfr. o art. 5º do DL 49/2010, de 19 de Maio.
[5] V. LUCAS COELHO (1994), p. 188, s..

3. Redacção e assinatura das actas

As *actas particulares de assembleias gerais* das sociedades anónimas (e das sociedades em comandita por acções: art. 478º) são em geral *redigidas* por quem nelas sirva como presidente e secretário (art. 388º, 2; v. tb. o art. 374º)[6]. No entanto, se a sociedade tiver secretário[7], é competência deste lavrar as actas (art. 446º-B, 1, b)). As sociedades por quotas (e as sociedades em nome colectivo e em comandita simples: arts. 189º, 1, 474º) não têm, em regra, "mesa da assembleia geral"; "a presidência de cada assembleia geral pertence ao sócio nela presente que possuir ou representar maior fracção do capital, preferindo-se, em igualdade de circunstâncias, o mais velho" (art. 248º, 4). Compete ao presidente elaborar a acta. Mas poderá o mesmo encarregar outrem (designado por si ou pela assembleia) da tarefa[8].

As *actas notariais* são lavradas por notário (art. 46º, 6, do CNot.).

E as relativas a deliberações *por voto escrito* (admitidas nas sociedades por quotas e em nome colectivo: arts. 247º, 189º, 1) são redigidas por gerente (art. 247º, 6).

Quem *assina* as actas?

As *actas particulares de assembleias gerais* das sociedades anónimas (e das sociedades em comandita por acções) devem ser assinadas pelo presidente da (mesa da) assembleia, assim como por secretário desta ou, quando exista, pelo secretário da sociedade (arts. 388º, 2, 446º-B, 1, b)).

Já as das sociedades por quotas, em nome colectivo e em comandita simples devem ser assinadas por todos os sócios (ou seus representantes) que tenham participado nas respectivas assembleias[9]. Contudo, de acordo com o nº 3 do art. 63º, se algum deles não assinar, quando podia fazê-lo, "deve a sociedade notificá-lo judicialmente[10] para que, em prazo não inferior a oito dias, a assine; decorrido esse prazo, a acta tem a força probatória referida no nº 1 [do art. 63º], desde que esteja assinada pela maioria dos sócios que tomaram parte na

---

[6] Normalmente, será o ou um dos secretários que redige a acta. Embora sob a direcção do presidente. Que pode, também, incumbir-se da redacção.
[7] Diferente do secretário da (mesa da) assembleia. Devem ter secretário as sociedades emitentes de acções admitidas à negociação em mercado regulamentado; podem tê-lo as demais sociedades por acções e as sociedades por quotas (arts. 446.º-A e 446.º-D).
[8] Se a sociedade (por quotas) tiver "secretário" (art. 446.º-D), compete a este, sabemos já, lavrar as actas.
[9] Se a sociedade por quotas tiver secretário (art. 446.º-D), parece bastarem as assinaturas do presidente da assembleia e do secretário (v. o art. 446.º-B, 1, b)).
[10] V. o art. 261º do CPC.

assembleia[11], sem prejuízo do direito dos que a não assinaram de invocarem em juízo a falsidade da acta".

As *actas notariais* devem ser assinadas "pelos sócios presentes e pelo notário, quando relativ[a]s a sociedade em nome colectivo ou sociedade por quotas, e pelos membros da mesa e pelo notário quanto às demais" (art. 46º, 6, do CNot.).

E as actas relativas a deliberações *por voto escrito* serão assinadas pelo gerente que as tenha redigido.

A recusa injustificada de redigir ou assinar acta constitui crime: art. 521º.

Não diz a lei *quando deve ser elaborada a acta de assembleia geral*. Tem de ser durante a reunião (antes do encerramento)?[12] Pode ser depois dela?[13]

A diligência exigível a quem desempenha (en)cargos societários (aqui a redacção de acta) e as circunstâncias da reunião social (*v. g.*, os trabalhos da assembleia demoraram pouco, pouco havendo para documentar, interessa também aos sócios que devem assinar a acta esperar alguns minutos para no local da reunião cumprirem tal dever) recomendam às vezes – ou impõem mesmo – que a acta deva ser elaborada antes do encerramento da assembleia. Porém, mesmo nestes casos, não deixará a acta de ser válida só porque é elaborada posteriormente[14].

Há todavia circunstâncias (facilmente imagináveis) que tornam inexigível a elaboração da acta durante a reunião. Quando assim seja[15], deve no entanto a acta ser feita em prazo (o mais possível) curto. Com efeito, não obstante as notas escritas, ou mesmo gravações em fita magnética, etc. efectuadas durante a reunião, a fidedignidade do relato será em regra tanto maior quanto mais próximo temporalmente do relatado estiver. Depois, a possibilidade de acções judiciais relativas a deliberações, algumas delas sujeitas a prazos curtos[16], aponta no mesmo sentido. E bem assim a sujeição a registo de algumas deliberações e os prazos em que o mesmo deve ser pedido[17].

---

[11] Esta maioria não tem de ser numérica (maioria dos sócios e, eventualmente, representantes). Exigível é a maioria deliberativa (sócios ou representantes com a maioria dos votos). V. ALBINO MATOS (1986), p. 68-69.

[12] Afirmativamente, v. ALBINO MATOS (1986), p. 62, s..

[13] Afirmando a possibilidade (reconhecendo embora a existência de "um princípio legal, implícito, de brevidade da celebração"), v. PINTO FURTADO (2005), p. 305, s.; v. tb. LOBO XAVIER (1987-1988), p. 333, nt. 44, BRITO CORREIA (1989), p. 243.

[14] Podendo embora resultar da falta de diligência do(s) redactor(es) da acta uma ou outra consequência para o(s) mesmo(s)...

[15] Ou sempre que a acta seja redigida depois da reunião.

[16] V. o art. 396º do CPC e o art. 59º, 2, 3, do CSC.

[17] V. no CRCom. os arts. 3.º, 1, b), g), i), j), r), u), 15.º, 1, 2, 4, 32.º, 1, 42.º, 1, a), 2, a).

A *deliberação por voto escrito* considera-se adoptada no dia em que tenha sido recebida a última resposta (quando todos os sócios hajam votado) ou no último dia do prazo marcado para a votação, caso algum sócio não tenha respondido (art. 247º, 7). O gerente a quem cabe lavrar a acta respectiva, porque deve observar deveres de cuidado e actuar como gestor criterioso e ordenado (art. 64º, 1, a)), tem o dever de elaborá-la (ou fazer com que seja elaborada) logo que possível, depois da data em que se considera tomada a deliberação.

4. Deliberação não documentada em acta (consequências)

Uma deliberação efectivamente tomada mas não documentada em acta (porque esta não foi lavrada ou, tendo-o sido, não faz menção à deliberação) *sofre por isso em termos de validade ou de ineficácia?*

As respostas, por cá e no estrangeiro, têm sido ao longo do tempo as mais variadas[18]: tal deliberação seria inexistente, nula, anulável ou ineficaz; ou de nada disso sofreria.

Ora, uma deliberação adoptada pelos sócios em forma apropriada é, apesar da falta de acta, de facto e juridicamente *existente*. Depois, a acta não é modo ou meio pelo qual os sócios exprimem ou exteriorizam a sua vontade deliberativa, não é forma nem formalidade *ad substantiam*[19]; por isso, e também pelas balizas fixadas no art. 56º do CSC, *não é nula* a deliberação sem acta. Por sua vez, a falta de acta, além de não inquinar o conteúdo da deliberação, também não vicia o procedimento deliberativo – este fica completo antes e independentemente da sua narração por acta[20]; *não há* lugar, portanto, para a *anulabilidade* da deliberação (cfr. o art. 58º).

A tese da acta enquanto condição de eficácia das deliberações obteve fortuna especialmente entre nós, sobretudo depois do (Projecto do) CSC: a maioria da doutrina abraçou-a[21].

---

[18] V., p. ex. LOBO XAVIER (1976), p. 218, s., BRITO CORREIA (1989), p. 346, s.. Para o panorama das respostas no campo das "decisões" do sócio único não registadas em acta, v. por todos RICARDO COSTA (2002), p. 566, s..

[19] Ao invés do que muitas vezes se diz na jurisprudência portuguesa [v. indicações em ALBINO MATOS (1986), p. 74, nt. 58; posteriormente, v. p. ex. o Ac. da RP de 22/6/98, CJ, 1998, III, p. 210].

[20] V. tb. PINTO FURTADO (2005), p. 293.

[21] Assim, LOBO XAVIER (1984-1985), p. 314, nt. 31 (na esteira de Romano-Pavoni), e (1986), p. 17, ALBINO MATOS (1986), p. 73, s. [tendo em vista também o enunciado do n.º 7 do art. 83.º do Projecto (que não apareceu no art. 63.º do Código): "É proibido a qualquer órgão da sociedade dar execução às deliberações sociais, antes de ter sido dado cumprimento ao disposto neste artigo" (dedicado às actas)], CARNEIRO DA FRADA (1985), p. 299-300 e nt. 33, BRITO CORREIA (1989), p. 348, s., SOVERAL MARTINS (2003), p. 362-363, MENEZES CORDEIRO (2007), p. 707, PEDRO MAIA (2007), p. 656, 674, s..

Suponha-se que em assembleia geral (com todos os sócios presentes) de sociedade por quotas se delibera validamente (1) amortizar a (única) quota de A e (2) destituir o sócio-gerente B. Dois meses depois, em nova assembleia geral, deliberaram os sócios autorizar (3) o trespasse para C de um dos estabelecimentos da sociedade e (4) a venda a D de uma quota própria da sociedade; uma semana depois destas deliberações, os gerentes (E e F), em representação da sociedade, celebraram o trespasse do estabelecimento e a venda da quota. Somente um mês após a segunda assembleia foram redigidas e assinadas as actas respeitantes às duas reuniões sociais (encarregou-se da redacção B, que havia presidido a ambas as assembleias).

Todas estas deliberações *são eficazes* desde quando foram adoptadas[22]; todas elas produziram os efeitos a que se dirigiam mesmo enquanto durou a falta das actas.

A deliberação (1) produziu o efeito típico da amortização: extinção da quota (de A). O gerente E fez o que lhe competia e devia quando, por exemplo, ao convocar os sócios para a segunda assembleia, não convocou A (então não sócio). A deliberação (2) atingiu a finalidade da destituição: exclusão de B da gerência. Os gerentes E e F fizeram o que lhes competia e deviam quando, por exemplo, comunicaram aos trabalhadores da sociedade que B, por ter deixado de ser gerente, não tinha mais o poder de lhes dar ordens ou instruções.[23]

Também as deliberações (3) e (4) produziram os efeitos a que tendiam: possibilitar que a gerência da sociedade trespassasse regularmente (sem consequências adversas para os gerentes) o estabelecimento[24] e alienasse eficazmente a quota da sociedade[25]. Em casos destes, os gerentes têm o poder ou direito de executar as deliberações – existentes, válidas e, apesar da falta de acta, completas e eficazes; a execução é não só "material" mas também "jurídica". Se tais deliberações fossem havidas por ineficazes, então era dever dos gerentes não executá-las. Se uma deliberação não produz (ou não é apta para produzir) os efeitos a que tendia, os deveres dos administradores impõem a não execução

---

Contra a tese, v., desenvolvidamente, PINTO FURTADO (2005), p. 295, s., COUTINHO DE ABREU (2009), p. 455, s., e, telegraficamente, PAIS DE VASCONCELOS (2006), p. 115.

[22] O requisito específico de eficácia previsto na parte final do art. 234.º, 1, para as deliberações de amortização de quotas, foi logo cumprido, suponha-se ainda, quanto à deliberação (1).

[23] As deliberações (1) e (2), ao invés das (3) e (4), integram-se na categoria das deliberações *self-executing*: não implicam actos propriamente executivos por parte da administração, bastando-se a si próprias para produzir os efeitos visados.

[24] Cfr. o art. 246.º, 2, c).

[25] Cfr. os arts. 246.º, 1, b), e 260.º, 1, 4.

– e podem até aconselhar a propositura de acção de declaração de ineficácia da deliberação. Ora, nada disto valerá para as deliberações sem acta. Mas mais: os administradores, além de terem o poder ou direito de executar estas deliberações, terão às vezes o dever de o fazer. Imagine-se que C e D condicionam a realização dos negócios mencionados (bastante vantajosos para a sociedade) à observância de certos prazos curtos. Actuariam os gerentes diligentemente se, esperando pela acta (e diligenciando entretanto junto de B para que a elaborasse), perdessem a oportunidade dos negócios?[26]

Claro, a falta de acta acarreta consequências negativas. Diferentes, porém, da ineficácia das deliberações.

As actas têm essencialmente uma função certificativa. Atestam o que mais releva da actividade deliberativa, promovendo assim maior segurança no funcionamento societário e informação mais certa dos sócios[27]. Nesta linha, mas exagerando, prescreve o nº 1 do art. 63º que as deliberações dos sócios tomadas em assembleia (e, acrescente-se, por voto escrito) "*só* podem ser *provadas* pelas actas" respectivas.

A acta particular em livro de actas tem o valor de prova bastante, cedendo perante contraprova (cfr. o art. 346º do CCiv.); a acta em documento particular avulso constitui "princípio de prova" (art. 63º, 7, do CSC); a acta notarial tem força probatória plena, ilidível com base na sua falsidade (cfr. os arts. 371º - 372º do CCiv.)[28]. Se em tribunal for desfeita a força probatória de certa acta e ficar provado ter sido adoptada uma deliberação nela não registada, deverá admitir-se como *provada para todos os efeitos esta mesma deliberação*[29] – apesar dos dizeres do art. 63º, 1, do CSC.

Mas retornemos à falta de acta.

As deliberações sujeitas a *registo* não podem ser registadas se não forem comprovadas (em regra) por acta[30]. No entanto, esta impossibilidade de registo funda-se não na ineficácia das deliberações mas na falta de documento comprovativo das mesmas. Por outro lado, tais deliberações são, enquanto não registadas, tão-só relativamente ineficazes (inoponíveis a terceiros).

---

[26] A possível responsabilização de B (inclusive criminal: art. 521.º) pode não obstar a uma acta demasiado tardia.
[27] Cfr. os arts. 181º, 214º, 288º.
[28] V. por todos ALBINO MATOS (1986), p. 70, s..
[29] Neste sentido, PINTO FURTADO (2005), p. 329.
[30] Cfr. o CRCom., arts. 32.º, 1, 42.º, 1, a), 2, a), 48.º, 1, b), entre outros.

Depois, a falta (de apresentação) de acta em procedimento cautelar de *suspensão de deliberação* dos sócios ou em *acção anulatória de deliberação* também não infirma a eficácia das deliberações respectivas – ficou demonstrado no nº 2.5. do comentário ao art. 60º e no nº 3. do comentário ao art. 59º.

Em suma, *a acta é meio – substituível – de prova, não condição de eficácia das deliberações*.

O que ficou dito acerca da falta de acta (não causa de inexistência, invalidade ou ineficácia das deliberações) vale também, no essencial, para a *acta notarial* (quando devida).

Porém, vários autores entendem que a falta de acta notarial (quando devida – v. o art. 63º, 6) importa para as deliberações respectivas a nulidade[31] ou anulabilidade[32].

Recordo: porque a acta notarial não é forma legal da deliberação nem consta do elenco do art. 56º (deliberações nulas), a sua falta não importa nulidade[33]; porque a falta de acta notarial não é vício de conteúdo da deliberação nem do respectivo procedimento deliberativo, não há lugar para a anulabilidade prevista no art. 58º, 1, a).

Suponha-se agora que a acta de certa assembleia devia ser lavrada por notário. Mas não foi: (a) porque, apesar das devidas diligências da administração da sociedade, nenhum notário esteve disponível para o efeito; (b) porque o presidente da assembleia e/ou a administração impossibilitaram a presença do notário. Acrescente-se a cada uma destas hipóteses: foi lavrada acta particular. Então as deliberações tomadas naquela assembleia, além de não serem afectadas na validade ou eficácia pela falta de acta notarial, podem ser provadas pela acta particular (art. 63º, 1). Naturalmente, em relação à hipótese (b) são concebíveis consequências negativas – mas para quem impossibilitou a presença do notário (*v. g.*, destituição com justa causa). Imagine-se contudo que, em qualquer das hipóteses, também a acta particular não foi (ainda) elaborada: a conclusão quanto à validade e eficácia das deliberações mantém-se, não a que respeita à prova.

---

[31] LOBO XAVIER (1984-1985), p. 314, nt. 31.
[32] BRITO CORREIA (1989), p. 348, PINTO FURTADO (2005), p. 352.
[33] V. tb. ALBINO MATOS (1986), p. 75.

CAPÍTULO V
ADMINISTRAÇÃO E FISCALIZAÇÃO *

ARTIGO 64º **
Deveres fundamentais

1. Os gerentes ou administradores da sociedade devem observar:
a) Deveres de cuidado, relevando a disponibilidade, a competência técnica e o conhecimento da actividade da sociedade adequados às suas funções e empregando nesse âmbito a diligência de um gestor criterioso e ordenado; e
b) Deveres de lealdade, no interesse da sociedade, atendendo aos interesses de longo prazo dos sócios e ponderando os interesses dos outros sujeitos relevantes para a sustentabilidade da sociedade, tais como os seus trabalhadores, clientes e credores.
2. Os titulares de órgãos sociais com funções de fiscalização devem observar deveres de cuidado, empregando para o efeito elevados padrões de diligência profissional e deveres de lealdade, no interesse da sociedade.

* Redacção introduzida pelo art. 4º, 1, do DL 76-A/2006, de 29 de Março.
** Modificação da epígrafe e redacção introduzidas pelo art. 2º do DL 76-A/2006, de 29 de Março.

Índice

1. O risco de administração e os deveres dos administradores e gerentes
2. Os deveres previstos pelo art. 64º, 1, no contexto do catálogo de deveres dos administradores e gerentes e âmbito subjectivo de aplicação
3. O dever geral de cuidado: art. 64º, 1, *a)*
   3.1. Conceito e manifestações
   3.2. O padrão da "diligência de um gestor criterioso e ordenado"
   3.3. A articulação do dever geral de cuidado com o art. 72º, 2
4. O dever geral de lealdade: art. 64º, 1, *b)*
   4.1. Conceito e manifestações
   4.2. Os interesses atendíveis pelo administrador
   4.3. O padrão do "gestor criterioso e ordenado" no cumprimento do dever de lealdade
   4.4. A (não) articulação com o art. 72º, 2
5. Sanções para a violação dos deveres previstos no art. 64º, 1
   5.1. O art. 64º, 1, como fonte de ilicitude e culpa: a "dupla função" no quadro da responsabilidade civil do administrador
   5.2. Destituição
   Por *Ricardo Costa*

6. Deveres fundamentais dos titulares de órgãos sociais com funções de fiscalização
6.1. Evolução da norma do art. 64º
6.2. Simetrias e assimetrias da norma em face da norma de responsabilidade dos administradores
6.3. Deveres fundamentais, deveres especiais e responsabilidade dos titulares de órgãos sociais com funções de fiscalização
6.4. Delimitação do âmbito subjectivo da norma
6.5. Critério de apreciação da culpa (em abstracto): os "elevados padrões de diligência profissional"
Por *Gabriela Figueiredo Dias*

Bibliografia

a) Citada:

ABREU, J. M. COUTINHO DE – *Da empresarialidade (As empresas no direito)*, Almedina, Coimbra, 1996 (reimp. 1999), "Deveres de cuidado e de lealdade dos administradores e interesse social", *Reformas do Código das Sociedades*, em IDET, *Colóquios* nº 3, Almedina, Coimbra, 2007, p. 15-47, *Curso de direito comercial*, vol. II – *Das sociedades*, 3ª ed., Almedina, Coimbra, 2009, *Responsabilidade civil dos administradores de sociedades*, 2ª ed., Almedina, Coimbra, 2010 (1ª ed. 2007), "*Corporate governance* em Portugal", em IDET, *Miscelâneas* nº 6, Almedina, Coimbra, 2010ª, p. 7-47; ABREU, J. M. COUTINHO DE/RAMOS, ELISABETE – "Responsabilidade civil de administradores e de sócios controladores", em IDET, *Miscelâneas* nº 3, Almedina, Coimbra, 2004, p. 7-55; ALMEIDA, ANTÓNIO PEREIRA DE – *Sociedades comerciais e valores mobiliários*, 5ª ed., Coimbra Editora, Coimbra, 2008; ANTUNES, JOSÉ ENGRÁCIA – "O regimento do órgão de administração", DSR 2, 2009, p. 81-95, *Direito das sociedades. Parte Geral*, ed. do A., 2010; CÂMARA, PAULO – "O governo das sociedades e os deveres fiduciários", *Jornadas «Sociedades abertas, valores mobiliários e intermediação financeira»* (coord. de Maria Fátima Ribeiro), Almedina, Coimbra, 2007, p. 163-179; CORDEIRO, ANTÓNIO MENEZES – *Da responsabilidade civil dos administradores das sociedades comerciais*, Lex, Lisboa, 1997, *Manual de direito das sociedades*, I volume, *Das sociedades em geral*, 2ª ed., Almedina, Coimbra, 2007, *Código das Sociedades Comerciais anotado* (coord. de A. Menezes Cordeiro), Almedina, Coimbra, 2009, art. 64º; CORREIA, LUÍS BRITO – *Direito comercial*, 2º volume, *Sociedades comerciais*, AAFDL, Lisboa, 1989 (3ª tiragem 1997), *Os administradores de sociedades anónimas*, Almedina, Coimbra, 1993; COSTA, RICARDO – "Responsabilidade civil societária e administradores de facto", *Temas societários*, em IDET, *Colóquios* nº 2, Almedina, Coimbra, 2006, p. 23-43, "Responsabilidade dos administradores e *business judgment rule*", *Reformas do Código das Sociedades*, em IDET, *Colóquios* nº 3,

Almedina, Coimbra, 2007, p. 51-86; CUNHA, PAULO OLAVO – *Direito das sociedades comerciais*, 3ª ed., Almedina, Coimbra, 2007, 4ª ed., Almedina, Coimbra, 2010; CUNHA, TÂNIA MEIRELES DA – *Da responsabilidade dos gestores de sociedades perante os credores sociais – A culpa nas responsabilidades civil e tributária*, 2ª ed., Almedina, Coimbra, 2009; DIAS, GABRIELA FIGUEIREDO – *Fiscalização de sociedades e responsabilidade civil (após a Reforma do Código das Sociedades Comerciais)*, Coimbra Editora, Coimbra, 2006, "Controlo de contas e responsabilidade dos ROC", *Temas Societários*, em IDET Colóquios nº 2, Coimbra, Almedina, 2006ª, p. 153-204; FRADA, MANUEL CARNEIRO DA – *Direito civil. Responsabilidade civil. O método do caso*, Almedina, Coimbra, 2006, "A *business judgment rule* no quadro dos deveres gerais dos administradores", *Jornadas «Sociedades abertas, valores mobiliários e intermediação financeira»* (coord. de Maria Fátima Ribeiro), Almedina, Coimbra, 2007, p. 201-242; FERREIRA, BRUNO – "Os deveres de cuidado dos administradores e gerentes (Análise dos deveres de cuidado em Portugal e nos Estados Unidos da América fora das situações de disputa sobre controlo societário)", RDS nº 3, 2009, p. 681-737; GIÃO, JOÃO SOUSA – "Conflitos de interesses entre administradores e os accionistas na sociedade anónima: os negócios com a sociedade e a remuneração dos administradores", *Conflito de interesses no direito societário e financeiro. Um balanço a partir da crise financeira*, Almedina, Coimbra, 2010, p. 215-291; GOMES, FÁTIMA – "Reflexões em torno dos deveres fundamentais dos membros dos órgãos de gestão (e fiscalização) das sociedades comerciais à luz da nova redacção do artigo 64º do CSC", *Nos 20 anos do Código das Sociedades Comerciais. Homenagem aos Profs. Doutores A. Ferrer Correia, Orlando de Carvalho*, Volume II, *Vária*, Coimbra Editora, Coimbra, 2007, p. 551-569; GOMES, JOSÉ FERREIRA – "A responsabilidade civil dos auditores", *Código das Sociedades Comerciais e Governo das Sociedades*, Almedina, Coimbra, 2008, p. 343-424, "Conflitos de interesses entre accionistas nos negócios celebrados entre a sociedade anónima e o seu accionista controlador", *Conflito de interesses no direito societário e financeiro. Um balanço a partir da crise financeira*, Almedina, Coimbra, 2010, p. 75-213; HÜFFER, UWE – *Aktiengesetz*, 8. Auflage, Verlag C. H. Beck, München, 2008, § 93; JORGE, FERNANDO PESSOA – *Ensaio sobre os pressupostos da responsabilidade civil*, Cadernos de Ciência e Técnica Fiscal, CEF/DGCI, Ministério das Finanças, Lisboa, 1968; LEITÃO, ADELAIDE MENEZES – "Responsabilidade dos administradores para com a sociedade e os credores sociais pela violação de normas de protecção", RDS nº 3, 2009, p. 647-679; MAGALHÃES, VÂNIA – "A conduta dos administradores das sociedades anónimas: deveres gerais e interesse social", RDS nº 2, 2009, p. 379-414; MAIA, PEDRO – *Função e funcionamento do conselho de administração da sociedade anónima*, Studia Iuridica 62, Coimbra Editora, Coimbra, 2002; MARQUES, TIAGO ESTÊVÃO, *Responsabilidade civil dos membros de órgãos de fiscalização das sociedades anónimas*, Coimbra, Almedina, 2009; MARTINS, ALEXANDRE DE SOVERAL – "A responsabilidade dos membros do conselho de administração por actos ou omissões dos administradores delegados ou dos membros da comissão executiva", BFD, 2002, p. 365-380, *Cláusulas do contrato de sociedade que limitam a transmissibilidade das acções. Sobre os arts. 328º e 329º do CSC*, Almedina, Coimbra, 2006; MERTENS, HANS-JOACHIM – *Kölner Kommentar zum Aktiengesetz*, Band 2, 1. Lieferung, §§ 76-94, 2. Auflage, Carl Heymanns Verlag KG, Köln-Berlin-Bonn-München, 1992, § 93; NUNES, PEDRO CAETANO – *Responsabilidade civil dos administradores perante os accionistas*, Almedina, Coimbra, 2001, "Concorrência e oportunidades de negócio societárias – Estudo comparativo sobre o dever de lealdade dos administradores de sociedades anónimas", *Corporate governance*, Almedina, Coimbra, 2006; OLIVEIRA, ANA PERESTRELO DE – *A responsabilidade civil dos administradores nas sociedades em relação de grupo*, Almedina, Coimbra, 2007; OLIVEIRA, ANTÓNIO FERNANDES DE – "Responsabilidade civil dos administradores", *Código das Sociedades Comerciais e governo das sociedades*, Almedina, Coimbra, 2008, p. 257-341; PÉREZ CARRILLO, ELENA/RAMOS, MARIA ELISABETE – "Responsabilidade civil e seguro dos administradores (reflexões em torno das experiências portuguesa e espanhola)", BFD, 2006, p. 261-374; PINTO, FILIPE VAZ/PEREIRA, MARCOS KEEL, *A responsabilidade civil dos administradores de sociedades comerciais*, FDUNL/*Working Papers*, Lisboa, 2001; RAMOS, MARIA ELISABETE – "Aspectos substantivos da responsabilidade civil dos membros do órgão de administração perante a sociedade", BFD, 1997, p. 211-250, *Responsabilidade civil dos administradores e directores de sociedades anónimas perante os credores sociais*, Studia Iuridica 67, Coimbra Editora, Coimbra, 2002, "Debates actuais em torno da responsabilidade e da protecção dos administradores. Surtos de influência anglo-saxónica", BFD, 2008, p. 591-636; REIS, NUNO TRIGO DOS – "Os deveres de lealdade dos administradores de sociedades comerciais", CadOD, 2009, p. 279-414; RODRIGUES, ILÍDIO DUARTE, *A administração das sociedades por quotas e anónimas – Organização e estatuto dos administradores*, Livraria Petrony, Lisboa, 1990; SANTOS, FILIPE CASSIANO DOS – *Estrutura associativa e participação societária capitalística. Contrato de sociedade, estrutura societária e participação do sócio nas sociedades capitalísticas*, Coimbra Editora, Coimbra, 2006; SERENS, MANUEL NOGUEIRA – *Notas sobre a sociedade anónima*, Studia Iuridica 14, Coimbra Editora, Coimbra, 1995; SILVA, JOÃO CALVÃO DA – "'Corporate governance'. Responsabilidade civil de administradores não executivos, da comissão de auditoria e do conselho geral e de supervisão", RLJ nº 3940, 2006, p. 31-58; SILVA, JOÃO SOARES DA – "Responsabilidade civil dos administradores de sociedades: os deveres gerais e os princípios da *corporate governance*", ROA, 1997, p. 605-628; TRIUNFANTE, ARMANDO MANUEL – *Código das Sociedades Comerciais anotado*, Coimbra Editora, Coimbra, 2007; VARELA, J. M. ANTUNES, "Ac. de 31/3/93 – Anotação", RLJ n.ᵒˢ 3829-3836, Ano 126º, 1993-1994, p. 160(-352), *Das obrigações em geral*, vol. I, 10ª ed., Almedina, Coimbra, 2005 (reimp. ed. 2000), *Das obrigações em geral*, vol. II, 6ª ed., Almedina, Coimbra, 1995; VASCONCELOS, PEDRO PAIS DE

– *A participação social nas sociedades comerciais*, 2ª ed., Almedina, Coimbra, 2006, *D&O insurance: o seguro de responsabilidade civil dos administradores e outros dirigentes da sociedade anónima*, ed. digital, Almedina, Coimbra, 2007, "Responsabilidade civil dos gestores das sociedades comerciais", DSR 1, 2009, p. 11-32 , "*Business judgment rule*, deveres de cuidado e de lealdade, ilicitude e culpa e o artigo 64º do Código das Sociedades Comerciais", DSR 2, 2009ª, p. 41-79; VENTURA, RAÚL – *Comentário ao Código das Sociedades Comerciais. Sociedades por quotas*, Vol. III – Artigos 252º a 264º, Almedina, Coimbra, 1991; VENTURA, RAÚL/CORREIA, LUÍS BRITO – *Responsabilidade civil dos administradores de sociedades anónimas e dos gerentes de sociedades por quotas*, Separata do BMJ nº[os] 192, 193, 194 e 195, Lisboa, 1970; XAVIER, VASCO G. LOBO – *Anulação de deliberação social e deliberações conexas*, Atlântida Editora, Coimbra, 1976 (reimpr. 1998, Almedina), *Relatório sobre o programa, os conteúdos e os métodos do ensino de uma disciplina de direito comercial (Curso complementar)*, Separata do vol. LXII do BFD, Coimbra, 1986.

b) Outra:
ABREU, J. M. COUTINHO, "Interés social y deber de lealtad de los sócios", RdS nº 19, 2002, p. 39-56; CORDEIRO, ANTÓNIO MENEZES – "Os deveres fundamentais dos administradores das sociedades (Artigo 64º/1 do CSC)", ROA, 2006, p. 443-488, "A lealdade no direito das sociedades", ROA, 2006, p. 1033-1065.

1. O risco de administração e os deveres dos administradores e gerentes

O direito das sociedades comerciais regula expressamente a responsabilidade dos «gerentes ou administradores» por *gestão ilícita* e *culposa*. O modelo normativo encontra-se fixado nos arts. 72º a 79º do CSC e é *comum* aos vários tipos de sociedade. Não obstante, é nas sociedades de capitais (enquanto sinónimo de sociedades de responsabilidade limitada) que mais se faz sentir os reflexos desta disciplina sancionatória: a responsabilidade em face da sociedade (arts. 72º-77º), a responsabilidade em face dos credores sociais (art. 78º) e a responsabilidade em face de (outros) terceiros (art. 79º).

Nessas sociedades o risco empresarial do(s) sócio(s) é temperado pela regra da limitação da responsabilidade (em rigor, irresponsabilidade pelas dívidas da sociedade). Como contrapeso, persiste uma dupla *assunção do risco social*, que actua em *planos distintos*: *(i)* por um lado, o *risco de capital* ou *da actividade social* (elemento do conceito genérico de sociedade, enquanto face oposta da atribuição do lucro), que recai sobre cada um dos sócios e consiste na potencial redução do valor da respectiva participação social em caso de saída da sociedade ou de liquidação desta – se houver perdas, o sócio pode não recuperar (em parte ou no todo) o valor das entradas e de outras prestações feitas à sociedade; actua no plano da *propriedade* e em benefício do *exercício correcto dos direitos sociais-corporativos* (a começar pela escolha cuidadosa dos administradores); *(ii)* por outro lado, o chamado *risco de administração*, que recai sobre quem exerce os poderes de gestão (sócios e/ou não sócios) e se consubstancia num complexo de deveres e correlativas responsabilidades decorrentes do seu incumprimento; actua no plano das *funções de administração* da sociedade e em benefício do seu *exercício correcto*.[1]

As regras da responsabilidade civil tendem justamente a assegurar uma gestão escrupulosa e eficiente, tendo como baliza *os deveres dos gerentes e administradores*. É o próprio art. 72º, 1, que estatui que "os gerentes ou administradores respondem para a com a sociedade pelos danos a esta causados por actos ou omissões praticados com *preterição dos deveres legais ou contratuais*, salvo se provarem que procederam sem culpa». Por seu turno, o art. 79º, 1, determina que "os gerentes ou administradores respondem também, nos termos gerais, para com os sócios e terceiros pelos danos que directamente lhes causarem *no exercício das suas funções*», exercício esse que é necessariamente pautado pelo respeito pelos deveres que caracterizam o *estatuto* dos administradores. A responsabilidade societária dos administradores e gerentes é, por isso, uma responsabilidade "orgânica" decorrente do incumprimento de deveres observado durante e por causa da sua actividade de gestão e/ou representação, não respeitando à sua actuação enquanto não-administrador fora do exercício das suas funções[2].

2. Os deveres previstos pelo art. 64º, 1, no contexto do catálogo de deveres dos administradores e gerentes e âmbito subjectivo de aplicação

Como assinala Coutinho de Abreu, "os administradores têm 'poderes-função', poderes-deveres, gerem no interesse da sociedade, têm os poderes necessários para promover este interesse"[3]. Na parcela obrigacional, os deveres dos administradores e gerentes são orientados pela relação *fiduciária* que a gestão de bens

---

[1] RICARDO COSTA (2006), p. 27-28.
[2] V. comentário ao art. 72º, ponto 1..
[3] COUTINHO DE ABREU (2010), nt. 38 – p. 25; antes, RAÚL VENTURA/BRITO CORREIA (1970), p. 101, VASCO LOBO XAVIER (1976), p. 341-342 e nt. 90. Sobre este "poder-dever de desenvolver a actividade genérica de gerir a empresa social", v. ELISABETE RAMOS (2002), p. 65-66, 77 e s..

e interesses alheios do ente jurídico social implica⁴. Por natureza, essa gestão implica a assunção de riscos para tornar possível a obtenção de lucros. O risco, que se associa à inovação e à criatividade, é um elemento natural e intrínseco das decisões empresariais, que favoreçem o interesse social e, assim, beneficiam a sociedade e os sócios (as possibilidades de ganho derivadas de uma escolha arriscada são quase sempre mais consideráveis do que as derivadas de uma escolha menos arriscada)⁵. Mas essa assunção deve estar balizada desde logo pelo quadro de obrigações que devem nortear a actuação dos administradores⁶. Por isso, esses deveres emergem fundamentalmente da relação *interna* do administrador com a sociedade, ainda que possam ter reflexos (nomeadamente a sua omissão ou cumprimento defeituoso) na relação *externa* com outros sujeitos (credores, Estado, sócios, trabalhadores e outros terceiros especialmente interessados).⁷

Os deveres impostos aos administradores para o *exercício correcto* da administração começam por ser, como actividade, o dever *típico* e *principal* de administrar e representar a sociedade – correspectivo passivo dos poderes típicos, e normativizados, da função de administrador, previstos nos arts. 192º, 1, 252º, 1, 405º, 431º, 1 e 2⁸. Este dever genérico, porém, apenas encontra densidade, pela sua indeterminação e amplitude, com a identificação de deveres *gerais de conduta, indeterminados e fiduciários*⁹, que, ainda que *sem conteúdo específico*, concre-

---

⁴ Particularmente elucidativos, CAETANO NUNES (2006), p. 89, CALVÃO DA SILVA (2006), p. 53, CARNEIRO DA FRADA (2007), p. 207, 209, s., MENEZES CORDEIRO (2009), p. 243 ("especialistas fiduciários, que gerem bens alheios"), PAIS DE VASCONCELOS (2009), p. 12, s. (frisando a relação de *agency* entre os administradores e a sociedade *principal*), 31-32, (2009ª), p. 61, 63, VÂNIA MAGALHÃES (2009), p. 395, SOUSA GIÃO (2010), p. 217-218, 223, s..
⁵ V. RAÚL VENTURA/BRITO CORREIA (1970), p. 94-95 e nt. 169, CAETANO NUNES (2001), p. 92, CALVÃO DA SILVA (2006), p. 55, PAIS DE VASCONCELOS (2009ª), p. 61-62, COUTINHO DE ABREU (2010), p. 22 e 39.
⁶ V. CARNEIRO DA FRADA (2001), p. 121.
⁷ Para desenvolvimento destas relações, v. por todos PAIS DE VASCONCELOS (2009ª), p. 60-61.
⁸ Recusando transportar para aqui a classificação dos deveres em que se analisa civilisticamente a "relação obrigacional complexa" e, por isso, desde logo, conceber um "dever principal de prestação" na tarefa de "administrar", COUTINHO DE ABREU (2007), nt. 44 – p. 29-30 (= (2010), nt. 69 – p. 35-36): entre outra argumentação, "os deveres de cuidado e de lealdade não jogam bem, parece, num esquema radial de dever principal-deveres acessórios, secundários, laterais, etc. ..."; este esquema é adoptado por ANA PERESTRELO DE OLIVEIRA (2007), p. 105, VÂNIA MAGALHÃES (2009), nt. 78 – p. 398, TRIGO DOS REIS (2009), nt. 106 – p. 314, 344-345, 414. No sentido do texto, DUARTE RODRIGUES (1990), p. 173-174, GABRIELA FIGUEIREDO DIAS (2006), p. 44, CARNEIRO DA FRADA (2007), p. 206-207, no contexto de os poderes dos administradores serem funcionais e ordenarem-se ao cumprimento da obrigação de administrar, PEREIRA DE ALMEIDA (2008), p. 234, s., BRUNO FERREIRA (2009), p. 707, s., FERREIRA GOMES (2010), p. 159-160.
⁹ Etiqueta dogmática dominante entre nós: entre outros, CALVÃO DA SILVA (2006), p. 51, s., GABRIELA FIGUEIREDO DIAS (2006), p. 43, s., PAULO CÂMARA (2007), p. 163, s., FÁTIMA GOMES (2007), p. 568, PAIS DE VASCONCELOS (2009ª), p. 63, 65.

tizam o dever típico nas *escolhas de gestão* e asseguram a sua realização no *modo de empreender a gestão*[10]. São dois estes deveres *fundamentais*[11], elencados agora nas alíneas *a)* e *b)* do art. 64º, 1: o *dever de cuidado* (ou *diligência em sentido estrito*[12]) e o *dever de lealdade*. Produto dos direitos anglo-saxónicos (*duty of care, duty of loyalty*)[13], representam *cláusulas abstractas de comportamento* que conformam caso a caso, como *normação da conduta devida*, a actuação dos administradores e gerentes *no exercício das suas funções*[14]. Da sua concretização resultarão (sub) deveres mais específicos, que, como veremos, recortam *o espaço de (i)licitude da conduta dos administradores*.

Em segundo lugar, destacam-se os deveres que resultam *de forma específica e imediata* da lei (não só societária), os chamados deveres *legais específicos ou vinculados*. Este é o espaço da administração em que não existe *discricionariedade* na acção administrativa, pois é imposta uma actuação ou uma omissão concreta[15]. Alguns exemplos (respeitando à sua actuação individual e/ou actuando colegialmente): não celebrar actos e negócios jurídicos que desrespeitem o intuito lucrativo da sociedade (art. 6º, 1 a 3); não ultrapassar o objecto da sociedade (art. 6º, 4); não distribuir aos sócios bens que não possam ser distribuídos ou,

---

[10] ENGRÁCIA ANTUNES (2010), p. 325.
[11] Assim são denominados na epígrafe do art. 64º e por alguma doutrina: entre outros, GABRIELA FIGUEIREDO DIAS (2006), p. 42, s., MENEZES CORDEIRO (2007), p. 798, s., TRIGO DOS REIS (2009), p. 312, nt. 106 – p. 314, p. 316, PAIS DE VASCONCELOS (2009ª), p. 57, s..
[12] COUTINHO DE ABREU (2007), p. 18 (= (2010), p. 16).
[13] Por todos, v. as resenhas de ELISABETE RAMOS (2008), p. 597, s., TRIGO DOS REIS (2009), p. 282, s., 312, s..
[14] V., também com notícia sobre a história e as influências do art. 64º, cuja origem se encontra entre nós no art. 17º, 1, do DL 49 381, de 15 de Novembro de 1969, MENEZES CORDEIRO (2007), p. 799, s., 809, 810-811, 820, s., COUTINHO DE ABREU (2007), p. 17, s., (2010), p. 14, s., ENGRÁCIA ANTUNES (2010), p. 325. Para que conste: a) o aludido art. 17º, 1, estatuía: "Os administradores da sociedade são obrigados a empregar a diligência de um gestor criterioso e ordenado"; b) a anterior redacção do art. 64º rezava: "Os gerentes, administradores ou directores de uma sociedade devem actuar com a diligência de um gestor criterioso e ordenado, no interesse da sociedade, tendo em conta os interesses dos sócios e dos trabalhadores".
Do dever de diligência (em sentido amplo) constante do originário art. 64º desprendiam-se já os dois mencionados deveres gerais, isto é, juntar-se-ia pelo menos o dever de lealdade ao dever de diligência em sentido estrito: DUARTE RODRIGUES (1990). p. 187, s. ("dever de não actuar em conflito de interesses" com a sociedade, implicado pelo dever de actuar no interesse da sociedade), RAÚL VENTURA (1991), p. 150, SOARES DA SILVA (1997), p. 616, VAZ PINTO/KEEL PEREIRA (2001), p. 14, GABRIELA FIGUEIREDO DIAS (2006), p. 43, COUTINHO DE ABREU (2010), p. 16 e nt. 39 – p. 25; na jurisprudência, v. a sentença da 3ª Vara Cível de Lisboa (1ª Secção), de 27/10/2003 (proc. nº 208/99) – o "caso Multidifusão" (uma síntese em RICARDO COSTA (2007), p. 61) –, nt. 49 (in CAETANO NUNES, *Corporate Governance*, 2006, p. 9, s., a p. 37), e o Ac. da RP de 5/2/2009 (www.dgsi.pt, processo 0835545, ponto III do Sumário).
[15] CARNEIRO DA FRADA (2001), p. 121, COUTINHO DE ABREU (2010), p. 12, ENGRÁCIA ANTUNES (2010), p. 324-325.

sendo, não tenha sido autorizada (em princípio, pelos sócios): arts. 31º, s., 514º; convocar ou requerer a convocação de assembleia geral na hipótese de perda de metade do capital social (art. 35º); promover a realização das entradas em dinheiro diferidas (arts. 203º, s., 285º e 286º, 509º); não adquirir para a sociedade acções ou quotas próprias (nos termos dos arts. 316º, 319º, 2, 323º, 4, 325º, 2, 220º, 510º); não dar execução a deliberações nulas (ou até anuláveis, em determinadas circunstâncias) do órgão de administração (para a nulidade, arts. 412º, 4, 433º, 1, do CVM); proceder à substituição dos administradores que "faltem definitivamente" no seio do órgão plural de administração (art. 393º); informar as autorizações concedidas para a celebração de negócios entre a sociedade e os seus administradores (art. 397º, 4); requerer a declaração de insolvência da sociedade (nos termos dos arts. 18º e 19º do CIRE); não providenciar actos de registo, publicações, comunicações, informações e relatórios respeitantes às sociedades (v. art. 29º, 1, do CRCom., e várias actuações no relacionamento com a CMVM: p. ex., para as "sociedades abertas", v. arts. 16º e 17º do CVM); não elaborar e subscrever declarações e (outros) relatórios (para o aumento de capital, a fusão, a cisão e a transformação, v. arts. 93º, 98º, 99º, 102º, 107º, 119º, 120º, 132º); não elaborar e submeter à apreciação dos sócios o relatório de gestão, as contas do exercício e demais documentos de prestação de contas (arts. 65º, 1, 263º, 451º); não efectuar o registo em acta das deliberações por voto escrito (art. 247º, 5); não praticar actos que traduzam o preenchimento de crimes não societários (em especial, os previstos e punidos pelos arts. 227º, 227º-A, 228º e 229º do CP); não cumprir as obrigações de que a sociedade é devedora em relação à Administração Fiscal e à Segurança Social (nomeadamente, v. arts. 22º e 24º da LGT e 8º do RGIT).[16]

Finalmente, cabe ainda fazer referência a deveres específicos *não legais*.

Neles encontramos os deveres "contratuais" a que alude o art. 72º, 1: incluem-se os deveres encontrados nos estatutos da sociedade (*estatutários*) e nos contratos "de administração ou de gerência" (se os houver).

Não podemos ignorar ainda o dever (estatutário ou legal) de cumprir as deliberações de outros órgãos (a começar pelas deliberações da colectividade de sócios ou do sócio), nos termos, desde logo, dos arts. 259º e 405º, 1 (e v. também os arts. 72º, 5, 412º, 4, do CSC, e 24º, 3, do CVM). Assim como, eventualmente,

---

[16] V., entre outros, SOARES DA SILVA (1997), p. 613-614, MENEZES CORDEIRO (2007), p. 925-926, COUTINHO DE ABREU (2010), p. 12, s., PAIS DE VASCONCELOS (2009ª), p. 65, s., ENGRÁCIA ANTUNES (2010), p. 323-324. Como veremos, há deveres específicos legais que se incluem na valência do dever geral de lealdade: cfr. *infra*, 4.1..

a obrigação de cumprir as condutas consignadas no "regulamento interno" da administração, desde que elas não se sobreponham nem desrespeitem os deveres desentranhados da lei e/ou dos estatutos sociais[17].[18]

Os deveres *legais gerais* vinculam como *sujeitos passivos* os administradores e gerentes (administrador ou gerente único, gerência, conselho de administração, conselho de administração executivo) designados de acordo com *as formas previstas na lei*: designação pela simples qualidade de sócio ou estatutária, nomeação e/ou eleição deliberativa (pelos sócios, por minorias especiais ou pelo órgão de fiscalização), indicação pelo sócio estadual (ou entidade pública equiparada ao Estado), substituição, cooptação, nomeação pelo tribunal[19]. Mas não só ao administrador *de direito* se aplicam os deveres expressos pelo art. 64º, 1. Também os administradores *de facto*, caracterizados pela *falta*, pela *irregularidade* ou pela *cessação de efeitos da investidura formal como titular do órgão de administração e representação*[20], se encontram vinculados, *desde que se possam qualificar como tal em razão, desde logo, da prática de actos próprios do desempenho de funções de administração* e *na medida da compatibilidade das manifestações em causa dos deveres de cuidado e de lealdade*[21].

3. O dever geral de cuidado: art. 64º, 1, *a*)
3.1. Conceito e manifestações

O dever de cuidado consiste na obrigação de os administradores cumprirem com diligência as obrigações derivadas do seu ofício-função, de acordo com o máximo interesse da sociedade e com o cuidado que se espera de uma pessoa medianamente prudente em circunstâncias e situações similares[22]. Tal obrigação implica que "os administradores hão-de aplicar nas actividades de organização, decisão e controlo societários o tempo, esforço e conhecimento requeridos pela natureza das funções, as competências específicas e as circunstâncias"[23].

---

[17] V. por todos ENGRÁCIA ANTUNES (2009), p. 81, s., em esp. 93-94.

[18] Cfr. anotação ao art. 72º, 1.1..

[19] V. RICARDO COSTA (2006), p. 28, COUTINHO DE ABREU (2009), p. 534-535 (com indicação das normas pertinentes).

[20] Cfr. anotações aos arts. 72º, ponto 2., e 80º, ponto 2..

[21] Neste sentido, RICARDO COSTA (2006), p. 40-41. Favoráveis: COUTINHO DE ABREU/ELISABETE RAMOS (2004), p. 43 (= COUTINHO DE ABREU (2010), p. 104) – "... eles administram; devem por isso igualmente *cumprir as regras da boa administração*..." –, PAIS DE VASCONCELOS (2007), p. 33, VÂNIA MAGALHÃES (2009), p. 384 e nt. 18, ADELAIDE MENEZES LEITÃO (2009), p. 660, FERREIRA GOMES (2010), p. 155.

[22] RICARDO COSTA (2007), p. 58-59.

[23] COUTINHO DE ABREU (2007), p. 19 (= (2010), p. 18); o conceito foi seguido pelo Ac. da RP, de 5/2/2009 (cit. a nt. 14). Outras considerações pertinentes sobre o dever geral de cuidado em CALVÃO DA SILVA

Como genérico que é, este dever necessita de ser explicitado. Para o cumprimento do dever de cuidado, a lei manda atender à "disponibilidade", à "competência técnica" e ao "conhecimento da actividade" *adequados às suas funções*. Em rigor, essas não são as verdadeiras manifestações autonomizáveis do dever de cuidado[24] ou, se assim se admitem, são imperfeitas e insuficientes[25]. Melhor será entendermos que a lei avança algumas das *circunstâncias exigíveis* – verdadeiramente *qualidades* – *ao modo como as verdadeiras manifestações do dever de cuidado devem ser realizadas, contribuindo (também subjectivamente) para a avaliação das decisões dos administradores*[26]. A *qualificação* destas *qualidades* previstas na lei residem no facto de serem *essenciais na densificação do padrão do "gestor criterioso e ordenado"* – veja-se que o art. 64º, 1, *a*), localiza tal padrão *no âmbito dessas qualidades legalmente reivindicadas*[27].

Na concretização do dever de cuidado, interessa, todavia e para além delas, outras *circunstâncias*, que *assistirão a análise em concreto do comportamento do administrador*: o tipo, objecto e dimensão da sociedade, o sector económico da actividade social, a natureza e a importância(-amplitude) da decisão e/ou negócio e o seu enquadramento na gestão corrente ou na gestão extraordinária, o tempo disponível para obter a informação e para tomar a decisão, os custos de obtenção da informação, a confiança dos administradores naqueles que examinaram o assunto e o apresentaram no conselho, o estado da actividade da empresa social naquele momento, o número de decisões que foi necessário tomar naquele período, os tipos de comportamento normalmente adoptados naquele tipo de situações, a experiência do administrador, as funções do admi-

---

(2006), p. 53, GABRIELA FIGUEIREDO DIAS (2006), p. 45-46, CARNEIRO DA FRADA (2007), p. 207-208, PAULO CÂMARA (2007), p. 167-168.

[24] Nem podem ser, por isso, verdadeiros deveres (ou subdeveres) próprios do estatuto do administrador, como sustentam CARNEIRO DA FRADA (2007), p. 208 (enquanto "descrições do comportamento objectivamente exigível do administrador"), PAULO CÂMARA (2007), p. 167, 169, MENEZES CORDEIRO (2007), p. 835, 838, 931, (2009), p. 244, ELISABETE RAMOS (2008), p. 629, BRUNO FERREIRA (2009), p. 711, 719-720 (só para o "dever de disponibilidade"), TRIGO DOS REIS (2009), p. 314-315 (também para o "dever de disponibilidade", ainda que o associe à lealdade, e ainda para um "dever mínimo de perícia").

[25] COUTINHO DE ABREU (2007), p. 20 (= (2010), p. 19).

[26] Em sentido próximo, PAIS DE VASCONCELOS (2009), p. 18, (2009ª), p. 63, FÁTIMA GOMES (2007), p. 562, s., referindo-se neste traço dogmático a "pressupostos de verificação" do dever de cuidado e a "situações que podem desencadear a verificação do incumprimento do dever de cuidado", BRUNO FERREIRA (2009), p. 712 ("elementos que auxiliam a determinação do grau de cuidado a que estão sujeitos os administradores", "como critérios de determinação da actuação negligente em concreto"), FERNANDES DE OLIVEIRA (2008), p. 273-274. De todo o modo, sobre as circunstâncias indicadas pela lei, v. PAULO CÂMARA (2007), p. 168, s., VÂNIA MAGALHÃES (2009), p. 387, s., BRUNO FERREIRA (2009), p. 718, s..

[27] V. *infra*, 3.2., 5.1..

nistrador (executivas ou não, delegadas ou não) e a sua especialidade técnica, etc.[28].

As principais *manifestações* (ou *subdeveres*) do dever de cuidado consistem no (i) dever de controlar, ou vigiar, a organização e a condução da actividade da sociedade, as suas políticas, práticas, etc.; no (ii) dever de se informar e de realizar uma investigação sobre a atendibilidade das informações que são adquiridas e que podem ser causa de danos, seja por via dos normais sistemas de vigilância, seja por vias ocasionais (produzindo informação ou solicitando-a por sua iniciativa) – estes dois subdeveres podem muitas vezes conjugar-se de uma forma muito estrita e até absorverem-se em hipóteses concretas enquanto subdever (global e uno) de *controlar e vigiar a evolução económico-financeira da sociedade e o desempenho dos gestores* (não só administradores)[29], *em geral* sobre a actuação dos restantes administradores[30], trabalhadores e colaboradores com funções de gestão, *em especial* na relação entre administradores não executivos e administradores executivos[31]; no (iii) dever de se comportar razoavelmente no *iter* de formação de uma decisão, obtendo a informação suficiente para o habilitar a tomar uma boa decisão (*obtenção razoável de informação no processo de*

---

[28] V. RAÚL VENTURA/BRITO CORREIA (1970), p. 95, 99-100, DUARTE RODRIGUES (1990), p. 176, CAETANO NUNES (2001), p. 91, ELISABETE RAMOS (2002), nt. 165 – p. 83, p. 88-89, COUTINHO DE ABREU (2007), p. 20, 22 (= (2010), p. 19, 24), RICARDO COSTA (2007), p. 83, PEREIRA DE ALMEIDA (2008), p. 235, MENEZES CORDEIRO (2009), p. 244, BRUNO FERREIRA (2009), p. 731, s., TRIGO DOS REIS (2009), p. 333-334 (que se refere a "tipos sociais intermédios" entre a bitola legal e as circunstâncias concretas do agente), PAIS DE VASCONCELOS (2009ª), p. 63-64, ENGRÁCIA ANTUNES (2010), p. 326.

[29] Daqui podem resultar obrigações relevantes: p. ex., nos órgãos plurais de administração, a de preparar e participar nas reuniões (assim, COUTINHO DE ABREU (2010), p. 20). O seu alcance, depois, será fulcral para acertar a interpretação de outros normativos: no caso, a ausência do administrador como causa de exclusão de responsabilidade do administrador, nos termos do art. 72º, 3.

[30] V., antes do CSC, o Ac. do STJ de 19/11/1987, BMJ nº 371, 1987, p. 473, s., a p. 478 e 479.

[31] V. o art. 407º, 8, 2ª parte, do CSC. Nesta sede, como dever *instrumental* que incumbe ao presidente da comissão executiva para o cumprimento do subdever de controlo e vigilância dos administradores não executivos, note-se a obrigação de "assegurar que seja prestada toda a informação aos demais membros do conselho de administração relativamente à actividade e às deliberações da comissão executiva" (art. 407º, 6, *a*)).
Quando há essa relação e delegação de poderes administrativos, nomeadamente através de comissão executiva, SOARES DA SILVA (1997), p. 623-624, avançou que o dever de vigilância ("acompanhar e vigiar a gestão da sociedade") constituiria o "conteúdo mínimo" do dever de cuidado(-diligência). Em sentido próximo, antes, DUARTE RODRIGUES (1990), p. 180, defendeu que o dever de administrar com diligência se atenuava para os administradores delegantes, "reduzindo-se ao dever de vigilância geral e de intervenção". Especificamente sobre essas duas facetas do dever de vigilância, entre outros, v. RAÚL VENTURA/BRITO CORREIA (1970), p. 417, RAÚL VENTURA (1991), p. 151-152, NOGUEIRA SERENS (1995), p. 66, ELISABETE RAMOS (2002), p. 89, 115, s., 120, s., PEDRO MAIA (2002), p. 273, s., SOVERAL MARTINS (2002), p. 375, s., BRUNO FERREIRA (2009), p. 714, s., FERNANDES DE OLIVEIRA (2010), p. 274.

tomada de decisão); no (iv) dever de *tomar decisões substancialmente razoáveis*, dentro de um catálogo mais ou menos discricionário de alternativas possíveis e adequadas[32],[33-34]

3.2. O padrão da "diligência de um gestor criterioso e ordenado"

Nas palavras da CMVM, a al. *a)* divide-se em duas partes: na primeira temos uma "cláusula geral de actuação cuidadosa"[35]; na segunda dispõe-se o "critério de actuação diligente que serve de bitola do cumprimento daquela"[36]. Esse é a "diligência de um gestor criterioso e ordenado": é à luz deste parâmetro de

---

[32] GABRIELA FIGUEIREDO DIAS (2006), p. 43-44, parece equivaler estas duas últimas manifestações a um "dever de diligência" reservado para o cumprimento da função administrativa de acordo com as *legis artis*, fundado no lastro normativo do anterior art. 64º e com perímetro menos amplo que o dever de cuidado, que aspira a uma actuação em conformidade com os vários interesses, nomeadamente os de terceiros, susceptíveis de serem lesados pela conduta do administrador. Em sentido próximo, VÂNIA MAGALHÃES (2009), p. 392.

[33] V., essencialmente e com mais desenvolvimentos, COUTINHO DE ABREU (2007), p. 20, s. (= (2010), p. 19, s.), (2010ª), p. 30-31, RICARDO COSTA (2007), p. 59-60, 84, BRUNO FERREIRA (2009), p. 711, 712 e s. (que classifica os deveres de cuidado em duas categorias: a) os que dizem respeito à tomada de decisões; b) os que estão desligados da tomada de decisões de gestão, relacionados com o acompanhamento da actividade da sociedade). Nesta linha, ainda que não integralmente, VAZ PINTO/KEEL PEREIRA (2001), p. 14, ELISABETE RAMOS (2008), p. 630, PEREIRA DE ALMEIDA (2008), p. 235, VÂNIA MAGALHÃES (2009), p. 390, ENGRÁCIA ANTUNES (2010), p. 325; com mais variações, PAIS DE VASCONCELOS (2009ª), p. 65, s., que leva a cabo uma distinção entre os "deveres fundamentais de gestão" e os "deveres operacionais de gestão" (que podem ocupar o lugar dos nossos subdeveres), destacando aqui, depois de uma enumeração de possíveis decisões discricionárias e propícias à "prossecução do lucro dentro do objecto social", o "dever de razoabilidade" e o "dever de controlo" da actividade e funcionamento da sociedade (em esp. 69, s.). Destaque-se a precisão de Coutinho de Abreu no que tange ao último dos subdeveres: "os administradores estão obrigados a: (a) *não dissipar (ou esbanjar) o património social*; (b) *evitar riscos desmedidos*" (riscos que, se concretizados, conduzirão à insolvência da sociedade)" (com exemplos).
Para uma avaliação do dever de razoabilidade na tomada de decisões, v. o Ac. da RP de 5/2/2009 (cit. a nt. 14).

[34] PEREIRA DE ALMEIDA (2008), p. 234-235, defende que o dever de cuidado manifesta-se "logo no momento da aceitação das funções de administração": "as pessoas nomeadas para o cargo de administrador devem verificar, antes da aceitação, se reúnem a competência técnica e disponibilidade para assegurar as funções para que foram designados", sob pena de se verificar culpa *in acceptando*. Em sentido próximo, CARNEIRO DA FRADA (2001), p. 120, VAZ TRIGO/KEEL PEREIRA (2001), p. 13, COUTINHO DE ABREU (2010), p. 24, TRIGO DOS REIS (2009), p. 315; contra: PAULO CÂMARA (2007), p. 172 ("uma exigência a ser sindicada no exercício do mandato, em função do desempenho manifestado", ao invés da "avaliação prévia ao início do mandato" associada ao art. 414º, 3).

[35] Cfr., para a anterior redacção, COUTINHO DE ABREU (2010), p. 17.

[36] *Respostas à consulta pública nº 1/2006 sobre alterações ao Código das Sociedades Comerciais*, www.cmvm.pt, ponto 2º, A – Temas gerais/Deveres e responsabilidade dos titulares dos órgãos sociais.

esforço e *procedimento*[37] que, *imediatamente*, as *manifestações* do dever de cuidado – mormente, o dever de tomar decisões razoáveis – se realizam, com o fito de verificar se um administrador foi *cuidadoso em concreto na gestão social*[38].

Na anterior formulação do art. 64º, o critério do "gestor criterioso e ordenado" surgia, parece, como uma bitola *objectiva* de esforço e diligência sobre *como fazer* na execução (ou omissão) de tarefas concretas de administração[39]. Assim continuará para a medida de *exigência* no cumprimento dos deveres gerais impostos ao administrador e, se for o caso, de uma corresponde *ilicitude* por incumprimento do dever[40].

Simultaneamente, fornecia o padrão geral para ajuizar da *culpa (em abstracto*[41]*)* relativa ao comportamento do administrador, imputando censura ou reprovação à possibilidade de poder ter actuado de maneira diferente, de acordo com as circunstâncias concretas e em função desse critério mais exigente do «gestor criterioso e ordenado». Mais exigente porque, em vez do critério comum civilístico da diligência de "um bom pai de família", homem normal e medianamente cuidadoso e prudente, temos no art. 64º – agora: 1, *a)* –, quanto à imputação *subjectiva* do acto ao agente, uma bitola que nos remete para, nas palavras de Raúl Ventura, "um gestor dotado de certas qualidades"[42].[43]

---

[37] RAÚL VENTURA/BRITO CORREIA (1970), p. 95, DUARTE RODRIGUES (1990), p. 174, ELISABETE RAMOS (2002), p. 80, MENEZES CORDEIRO (2007), p. 810-811.

[38] Portanto, uma diligência em sentido *normativo*: "o grau de esforço exigível para determinar e executar a conduta que representa o cumprimento de um dever" (PESSOA JORGE (1968), p. 76). Todavia, o art. 64º, 1, *a)*, cruza essa diligência com "qualidades ou estados subjectivos" (como é assinalado por TRIGO DOS REIS (2009), nt. 150 – p. 331) e não deixa de atender às circunstâncias concretas em que se move o administrador.

[39] RICARDO COSTA (2007), p. 78; em complemento, MENEZES CORDEIRO (2007), p. 811, 839, (2009), p. 243.

[40] Este mesmo critério geral de diligência surge no regime da responsabilidade dos administradores emergente da fusão de sociedades: art. 114º, 1, do CSC. Repare-se que a lei estabelece um comportamento devido em relação às variáveis de "verificação da situação patrimonial das sociedades" e de "conclusão da fusão": um sinal demonstrativo do desempenho da bitola em sede de ilicitude.

[41] Cfr. arts. 487º, 2, e 799º, 2, do CCiv.. Na doutrina, por todos, ELISABETE RAMOS (1997), p. 230-231, COUTINHO DE ABREU (2010), p. 24 e nt. 36.

[42] RAÚL VENTURA (1991), p. 149. Neste afastamento do padrão geral civilístico, FÁTIMA GOMES (2007), p. 563, fala do "modelo de um comerciante experiente". Em sentido adverso, fazendo corresponder, na anterior redacção do art. 64º, o "gestor criterioso e ordenado" ao modelo correspondente ao "bom pai de família" em sede de direito societário, VAZ PINTO/KEEL PEREIRA (2001), p. 12, 16.

[43] RICARDO COSTA (2007), p. 78.

Apesar do *aggiornamento* da lei[44], esta *duplicidade* deve continuar a ser aceite com o actual preceito.[45]

Seja para a ilicitude, seja para o juízo de culpa, o administrador *qualificado* apontado pela lei pressupõe uma certa profissionalização e especialização próprias da classe dos gestores, uma competência assente em habilitações técnicas e profissionais (ainda que a lei não exija qualquer capacidade técnica ou académica particular ou experiência profissional para o exercício do cargo, excepto para certas categorias de sociedades)[46].[47]

Para esses juízos de conformidade com o "padrão de diligência especialmente reforçado"[48] do "gestor criterioso e ordenado" devem ser considera-

---

[44] PAIS DE VASCONCELOS (2009), p. 18.
[45] Evoluindo contra os tradicionais (e actuais) entendimentos de se ver o art. 64º como reflexivo de ilicitude *ou* de culpa, v. as posições *cumulativas* de CARNEIRO DA FRADA (2001), p. 119 – "(...) o art. 64 contém um critério, não apenas de culpa, mas, desde logo, de *ilicitude*" –, (2007), p. 204-205, TÂNIA MEIRELES DA CUNHA (2004), p. 43-44, COUTINHO DE ABREU (2007), p. 30 (= (2010), p. 24), RICARDO COSTA (2007), p. 78-79, FÁTIMA GOMES (2007), nt. 24 – p. 563-564 (aparentemente), FERNANDES DE OLIVEIRA (2010), p. 290 (também aparentemente). No mesmo sentido, a sentença do 3ª Vara Cível de Lisboa, cit. a nt. 14, que, em relação à concretização operada pelo art. 64º, afirmou ser esta "uma matéria que respeita igualmente ao juízo de ilicitude e não uma matéria relativa apenas à culpa", "uma bitola de diligência, relativa à concretização da ilicitude e à culpa" (CAETANO NUNES, *Corporate governance* cit., p. 32, 34-35). O critério do "gestor criterioso e ordenado" foi importado pelo DL nº 49 381, de 1969 (art. 17º, 1), da fórmula legal do § 93 (1) da AktG alemã, que remete para a diligência de um "gerente de negócios ordenado e consciencioso" (RAÚL VENTURA/BRITO CORREIA (1970), p. 97, 411). Na doutrina desse país, é dominante considerar que o padrão legal de diligência fornece um critério objectivo de ilicitude e um critério subjectivo de culpa: como exemplos, HANS-JOACHIM MERTENS (1992), p. 289-290, UWE HÜFFER (2008), p. 464-465.
Entre nós, no campo da (i)licitude do gestor, v., em esp., RAÚL VENTURA /BRITO CORREIA (1970), p. 96-97, BRITO CORREIA (1993), p. 596-597, CAETANO NUNES (2001), p. 90-91, PAIS DE VASCONCELOS (2009), p. 19-20, (2009ª), p. 57; no campo da circunscrição de culpa, v. ANTUNES VARELA (1993-1994), p. 315, ELISABETE RAMOS (1997), p. 228, s., VAZ PINTO/KEEL PEREIRA (2001), p. 12, s., em esp. 15-16, CALVÃO DA SILVA (2006), p. 53-54, PEREIRA DE ALMEIDA (2008), p. 237 – que, para o efeito da "culpabilidade", autonomiza um dever de diligência no seio dos deveres de cuidado –, ARMANDO TRIUNFANTE (2007), p. 60-61, PAULO CÂMARA (2007), p. 171, ADELAIDE MENEZES LEITÃO (2009), p. 664, 667, s.. MENEZES CORDEIRO (2007), apesar de, a p. 809, s., 839, configurar a "bitola de diligência" como regra de conduta (ainda que incompleta, porque o seu conteúdo útil preciso necessita da conjugação com outras normas; logo, "parte de uma regra de conduta") que, violada, dá azo a ilicitude, sem que se refira a uma bitola de culpa – no que é seguido por TRIGO DOS REIS (2009), p. 331, s. –, conclui *a final* pela dupla função do critério legal: a bitola de diligência "reporta-se ao conjunto" em que, no que toca à responsabilidade obrigacional do art. 72º, 1, "'culpa' e 'ilicitude' surgem incindíveis" (p. 926-927 e, ainda, nt. 2600 – p. 928).
[46] V. RAÚL VENTURA (1991), p. 149-150, ELISABETE RAMOS (2002), p. 82 e s., COUTINHO DE ABREU/ELISABETE RAMOS (2004), p. 26-27 (e nt. 31), RICARDO COSTA (2007), p. 78.
[47] O mesmo para o administrador da insolvência: cfr. art. 59º, 1, do CIRE.
[48] ENGRÁCIA ANTUNES (2010), p. 326.

das as *qualidades legais* e as *circunstâncias*[49] que são mobilizáveis para *determinar e densificar em concreto* o cumprimento de cada uma das manifestações do dever de cuidado[50]. A começar, portanto, pelos "critérios de concretização" (como são denominados por Pais de Vasconcelos[51]) expressamente fornecidos pelo CSC; a saber, a disponibilidade, a competência técnica e o conhecimento da actividade social adequados às funções[52]. Neste sentido, o "gestor criterioso e ordenado" será, em primeira linha, o administrador *qualificado e medianamente disponível*, competente tecnicamente (o que acentua a ideia de profissionalização[53]) e conhecedor da actividade[54], *mediado* pelas *circunstâncias* em que uma certa decisão foi tomada[55].[56] Isto é, a avaliação *objectiva* e *subjectiva* do acto (ou omissão) do administrador é feita de acordo com *a diligência exigível a um "gestor criterioso e ordenado" colocado nas circunstâncias concretas em que actuou e confrontado com as qualidades que revelou de acordo com o exigível* – a administração lícita e não culposa é aquela que *um administrador "criterioso e ordenado", colocado na posição concreta do administrador real, realizaria*.[57]

Todavia, não pode o administrador exonerar-se de se balizar pelo *interesse social* (interesse comum a todos os sócios enquanto tais na realização do máximo lucro através da actividade da sociedade[58]) e pelos "interesses dos

---

[49] Aludidas exemplificativamente *supra*, 3.1..
[50] Assim, ENGRÁCIA ANTUNES (2010), p. 326. Antes do CSC, RAÚL VENTURA/BRITO CORREIA (1970), p. 99-100, consideravam que o modelo de diligência pode ser "matizado com a consideração de mais ou menos circunstâncias exteriores ao agente".
[51] PAIS DE VASCONCELOS (2009), p. 18. No mesmo trilho, BRUNO FERREIRA (2009), p. 731, 736, 737 ("critérios adicionais de determinação do padrão de actuação" ou do "padrão de conduta" do administrador).
[52] Que se pode entender que relevarão mais para o pressuposto da culpa: neste sentido, no que respeita à "competência técnica", v. COUTINHO DE ABREU (2010), p. 23-24. Sobre esta circunstância, v., ademais, ELISABETE RAMOS (2002), p. 92, s. ("perícia" *vs* "imperícia"), VÂNIA MAGALHÃES (2009), p. 388-389, BRUNO FERREIRA (2009), p. 732-733, TRIGO DOS REIS (2009), p. 315.
[53] VÂNIA MAGALHÃES (2009), p. 388.
[54] Uma expressa *refracção normativa* destas qualidades encontra-se hoje no art. 423º-B, 4, 1ª parte, para os administradores-auditores da comissão de auditoria de sociedades anónimas com estrutura monística (art. 278º, 1, *c*)) cotadas em bolsa – "um membro que tenha curso superior adequado ao exercício das suas funções e conhecimentos em auditoria ou contabilidade".
[55] V., neste contexto, o Ac. da RP de 5/2/2009 (cit. a nt. 14).
[56] V. desenvolvimentos em DUARTE RODRIGUES (1990), p. 177, s., ELISABETE RAMOS (2002), p. 87, s.,
[57] Por todos, v. ELISABETE RAMOS (1997), p. 230. Na jurisprudência, v. os Acs. da RP de 10/10/2005 (CJ, 2005, IV, p. 210, s.), a p. 213, do STJ de 9/5/2006 (CJ/STJ, 2006, II, p. 73, s.), ponto II do Sumário e p. 75, da RL de 2/10/2008 (www.dgsi.pt, processo 2254/2008-2, ponto 4 do Sumário), do STJ de 28/4/2009 (www.dgsi.pt, processo 09A0346), e da RL de 18/3/2010 (www.dgsi.pt, processo 10309/08-2).
[58] RAÚL VENTURA/BRITO CORREIA (1970), p. 102, VASCO LOBO XAVIER (1976), nt. 116 – p. 242, RAÚL VENTURA (1991), p. 150-151, COUTINHO DE ABREU (1996), p. 226, 228. Para desenvolvimentos sobre o complexo

outros sujeitos relevantes para a sustentabilidade da sociedade, tais como os seus trabalhadores, clientes e credores", delineados na al. *b)* do art. 64º, 1 – que hoje desembocam no "interesse da sociedade" (mais extenso[59] e, por isso, de pendor *institucionalista*[60]) que orienta a actuação dos administradores. De modo que a deslocação da pauta para a *órbita do dever geral de lealdade* não obsta a esse compromisso *essencial da actuação fiduciária* do administrador no campo dos deveres de cuidado[61].

3.3. A articulação do dever geral de cuidado com o art. 72º, 2

O *conteúdo responsabilizador* do dever geral de cuidado é hoje determinado em razão da causa de exclusão de responsabilidade que o art. 72º, 2, prevê.

É relativamente a este dever que a actuação dos administradores acaba por estar mais exposta à *incerteza* e à *insegurança*, já que é nele que se envolve por definição a *autonomia de julgamento* que assiste ao administrador[62]. As decisões empresariais são peculiares porque, quase sempre ou muitas vezes, são tomadas em situação de risco e debaixo de uma grande pressão temporal. Por isso, tomam-se frequentemente sem que seja possível ter em conta todos os factores que importavam para o sucesso da decisão. Ao contrário de outros sujeitos que desenvolvem uma actividade *profissional* ou *técnica*, os administradores não podem contar com modelos de comportamento *consensualmente aceites pela colectividade* – ensinamentos inequívocos, práticas ou *leges artis* generalizadamente aceites, modelos profissionais de competência –, a fim de os poder invocar para

---

tema, v. BRITO CORREIA (1989), p. 32, s., PAIS DE VASCONCELOS (2006), p. 315, s., CASSIANO DOS SANTOS (2006), p. 372, s., COUTINHO DE ABREU (2007), p. 31, s. (= (2009), p. 288, s.).

[59] GABRIELA FIGUEIREDO DIAS (2006), p. 45, COUTINHO DE ABREU (2007), p. 35 (= (2009), p. 293), FÁTIMA GOMES (2007), p. 565-566, PAULO OLAVO CUNHA (2010), p. 572 e 573. A doutrina divide-se: numa concepção diversa, v. CASSIANO DOS SANTOS (2006), nt. 631 – p. 375, p. 394 e nt. 675, nt. 678 – p. 396, SOVERAL MARTINS (2006), p. 636, ARMANDO TRIUNFANTE (2007), p. 62, s., PAULO CÂMARA (2007), p. 174, VÂNIA MAGALHÃES (2009), p. 408, s..

[60] COUTINHO DE ABREU (2007), p. 34-35 (= (2009), p. 292-293), PEREIRA DE ALMEIDA (2008), p. 102.

[61] GABRIELA FIGUEIREDO DIAS (2006), p. 44, CARNEIRO DA FRADA (2007), p. 207-208, 216-217, MENEZES CORDEIRO (2007), p. 839, PAULO CÂMARA (2007), p. 178, VÂNIA MAGALHÃES (2009), p. 392, ADELAIDE MENEZES LEITÃO (2009), p. 665-666 (no âmbito de uma "interpretação conjunta" de ambas as alíneas do art. 64º, 1), TRIGO DOS REIS (2009), p. 334, FERREIRA GOMES (2010), p. 161-162, 162-163, Ac. da RP de 5/2/2009 (cit. a nt. 14).

Carneiro da Frada, a p. 212, s., vai mais longe: como o dever de lealdade "não é graduável", "não é passível de ponderações" de acordo com os interesses da al. *b)* do art. 64º, 1; logo, a ponderação desses interesses diz respeito somente aos deveres de cuidado aludidos na al. *a)* do preceito. Nesse mesmo sentido crítico e interpretativo, MENEZES CORDEIRO (2007), p. 822-823, 831.

[62] CARNEIRO DA FRADA (2001), p. 121.

proteger as próprias escolhas e demonstrar a razoabilidade das decisões. Não há *guide lines*, *cada decisão é única*, na maior parte dos casos há *várias alternativas*, não há *a priori* uma decisão óptima.[63]

Seria prejudicial para a própria sociedade que as decisões tomadas pelos administradores pudessem ser constantemente questionadas em tribunal com o desiderato de obter a consequente responsabilidade por actuação ilícita decorrente do incumprimento do dever de cuidado. Tal acabaria por transferir a *autoridade* decisória, típica dos administradores, do órgão de administração para os sujeitos que lhes podem pedir responsabilidade. Se assim é, assume-se a tomada de decisões arriscadas como algo de economicamente salutar, de tal maneira que um controlo judicial *ex post* do mérito das decisões empresariais, influenciada pelas consequências(-resultados) da decisão, inibiria os administradores de tomarem decisões arriscadas. Este interesse torna-se prevalecente em face dos perigos de iniciativas excessivamente arriscadas e pouco ponderadas ou inoportunas, de erros de avaliação e julgamento, do desleixo na prognose dos efeitos da decisão para a subsistência da sociedade. Desta ponderação resulta que o legislador permite que os administradores possam *respirar* em relação à sua responsabilidade e não percam a necessária tendência para a inovação e para a disponibilidade para o *risco empresarial*[64]. E, antes disso, deve estimular-se a aceitação do cargo de administrador por pessoas competentes.[65]

Neste contexto de *sindicação do dever de cuidado*, a lei societária prevê que a eventual responsabilidade dos administradores (em regra, para com a sociedade) seja excluída no campo das suas decisões de *gestão discricionária e autónoma* – ou *actos propriamente de gestão*[66] – se o gerente ou o administrador (i) "actuou em termos informados" e (ii) "segundo critérios de racionalidade empresarial"

---

[63] Sobre este assunto, v. GABRIELA FIGUEIREDO DIAS (2006), p. 76, COUTINHO DE ABREU (2007), p. 21 (= (2010), p. 22), RICARDO COSTA (2007), p. 54-55.

[64] No sentido de que os administradores não deverão ser responsabilizados pelos prejuízos imputáveis ao chamado "risco da empresa" – "todos os resultados que dependam de factores ou eventos que escapam ao domínio ou, pelo menos, à previsão de quem dirige a empresa"; "todo o conjunto de actuações que são tomadas tendo em conta um certo grau de racionalidade" –, ELISABETE RAMOS (2002), p. 91-92; mais recentes, BRUNO FERREIRA (2009), p. 711 ("não incluindo, portanto, os deveres de cuidado uma obrigação de gerir de forma a evitar o risco de empresa"), TRIGO DOS REIS (2009), p. 334; menos recentes, DUARTE RODRIGUES (1990), p. 176-177, CAETANO NUNES (2001), p. 92-93.

[65] V. RICARDO COSTA (2007), p. 54-55.

[66] Na dogmática de PAIS DE VASCONCELOS (2009^a), p. 61-62.

(art. 72º, 2, CSC, tradução da *business judgment rule*[67]). Deve entender-se que, se assim for, os administradores respeitaram as suas obrigações legais e a sua conduta, no que respeita ao mérito das suas escolhas, é insindicável pelo juiz. É ao administrador que cabe provar os factos extintivos do direito indemnizatório invocado. Mesmo que se trate de erros consideráveis de gestão e evitáveis por outros administradores, mas justificados por *escolhas imprudentes* ou por *deficiências de juízo* (valorações incorrectas, equívocos técnicos, etc.), terá ao seu alcance a demonstração que, não obstante o mau resultado, o erro cometido, protagonizou um exercício *minimamente* cuidadoso dos seus poderes discricionários, seja quanto ao dever de obtenção *razoável* de *informação* no processo de tomada de decisão, seja quanto ao dever de tomar decisões *razoáveis e adequadas* (só não podem ser *irracionais*, isto é, incompreensíveis, sem explicação coerente ou fundamento plausível).[68] Numa outra perspectiva, terá o administrador a possibilidade de demonstrar que cumpriu a obrigação *de meios* para com a sociedade e que *o resultado (consequência final da sua acção) – a cujo êxito não está obrigado –* não lhe trará responsabilidade[69].

Assim, o art. 72º, 2, fiscaliza o dever geral de cuidado nas suas seguintes *manifestações*: a) dever de tomar decisões *razoáveis e adequadas*[70]; b) dever de obtenção *razoável* de *informação* no processo de tomada de decisão[71].[72] O julgador estará legitimado para aferir da responsabilidade pela violação dos outros subdeveres (ou subdever) compreendidos no dever de cuidado que façam parte do seu conteúdo integral, sem que seja possível afastar a responsabilidade decorrente da violação dos subdeveres de cuidado *não integrados no âmbito de aplicação* do

---

[67] Sobre a aplicação em sentido restritivo do art. 72º, 2, à responsabilidade em face de credores sociais, sócios e (outros) terceiros, em face da remissão operada pelos arts. 78º, 5, e 79º, 2, v. COUTINHO DE ABREU (2010), nt. 98 – p. 48, RICARDO COSTA (2007), p. 72.

[68] V. RICARDO COSTA (2007), p. 67-68. Concordante: ENGRÁCIA ANTUNES (2010), nt. 680 – p. 326. Cfr., a este propósito, a anotação ao art. 72º, ponto 4..

[69] Neste prisma, v. DUARTE RODRIGUES (1990), p. 177, CAETANO NUNES (2001), p. 93, CARNEIRO DA FRADA (2001), p. 121, ELISABETE RAMOS (2002), p. 85-87, GABRIELA FIGUEIREDO DIAS (2006), p. 46, PEREIRA DE ALMEIDA (2008), p. 236, ARMANDO TRIUNFANTE (2007), p. 61, VÂNIA MAGALHÃES (2009), p. 392, 393, TRIGO DOS REIS (2009), p. 333. Por ser assim, ADELAIDE MENEZES LEITÃO (2009), p. 668, denomina o art. 64º, 1, como uma "disposição de perigo abstracto".

[70] COUTINHO DE ABREU (2010), p. 47.

[71] Neste âmbito, BRUNO FERREIRA (2009), p. 724, restringe a apreciação ao "cumprimento dos deveres de cuidado decisionais".

[72] E também parece que é legítimo abarcar o "dever de *controlo* e *vigilância*" da sociedade, sempre que ele implique *a decisão* de adoptar procedimentos de controlo da actividade de gestão social e a escolha desses procedimentos dependa da obtenção de *informação* relevante: RICARDO COSTA (2007), nt. 47 – p. 70 (sobre o ponto, v. ainda BRUNO FERREIRA (2009), p. 714).

art. 72º, 2, por *invocação das circunstâncias previstas no art. 72º, 2*. O art. 72º, 2, estabelece, portanto, um *regime especial da responsabilidade pela administração discricionária*[73], que delimita o *perímetro relevante* do dever geral de cuidado *no momento de avaliar a conduta do administrador*[74].[75]

E como se controlam as manifestações do dever de cuidado abrangidas pelo art. 72º, 2?

Em rigor, a única manifestação do dever de cuidado que é sindicada é *a primeira*, o dever (principal) de tomar decisões materialmente razoáveis. Todavia, com a *nuance* de o mérito da decisão não ser julgado pelo critério societário comum (mais qualificado) mas por um critério mais limitado, mesmo para as decisões irrazoáveis (se a decisão não for considerada irracional).

A restante manifestação é *verdadeiramente* um requisito *procedimental* para se concluir que o dever de tomar decisões razoáveis foi perseguido pelo administrador (mesmo que essa razoabilidade não chegue a ser obtida)[76]. Continua a ser uma manifestação do dever de cuidado considerada no âmbito de aplicação da norma, mas não para saber da sua violação *autónoma*, antes para saber

---

[73] RICARDO COSTA (2007), p. 71.

[74] Este é um pormenor decisivo: essa delimitação só se verifica se o administrador se fizer prevalecer da regra de exclusão prevista no art. 72º, 2. De modo que este preceito não veio eliminar, isentando o administrador, o cumprimento dos subdeveres de cuidado pertinentes – não é de aceitar o juízo da sentença de 2003 da 3ª Vara Cível de Lisboa (cit. a nt. 14), p. 36-37, 40, 41: "o dever de gestão [correspondente ao dever de cuidado] não compreende o dever de tomar decisões adequadas", substituído pelo dever de "não tomar decisões irracionais" (RICARDO COSTA (2007), nt. 48 – p. 70). É, neste sentido, uma delimitação "eventual" no momento de aferir a responsabilidade do administrador – em sentido próximo, CARNEIRO DA FRADA (2007), p. 231 –, que, ainda que decaída a ilicitude (que existe) por estar "justificada" (RICARDO COSTA (2007), p. 75-76), não esconde a violação *primária* do dever de cuidado.

[75] Noutros termos (análogos ou confinantes), v. COUTINHO DE ABREU (2010), p. 38, 43 e nt. 89: com o regime do art. 72º, 2, o administrador demonstrará "a *não violação (relevante)* dos deveres de cuidado" (sublinhei), porque "não é considerada anti-jurídica ou contra o direito uma decisão 'racional', apesar de 'irrazoável' "; CALVÃO DA SILVA (2006), p. 56, aludindo à não responsabilização por desrespeito do dever de cuidado se houver observância do *modus operandi* ou *modus deliberandi* previstos no art. 72º, 2; CARNEIRO DA FRADA (2007), p. 232, quando sublinha que a norma do art. 72º, 2, "recorta também o próprio espaço da sindicabilidade jurídica da actividade da administração para efeito de responsabilidade"; FERNANDES DE OLIVEIRA (2010), p. 290-291.

[76] Antes do actual art. 72º, 2, v. SOARES DA SILVA (1997), p. 626 ("o cumprimento do dever de diligência" transforma-se "na necessidade de observância de um processo (...), mais do que num juízo sobre a decisão em si"), e, sobre o controlo "procedimental" em termos de informação obtida da decisão do administrador (ou "regularidade procedimental"), CARNEIRO DA FRADA (2001), p. 121-122. Depois, entre outros, CALVÃO DA SILVA (2006), p. 56, colocou o enfoque nos "requisitos do processo decisório", e PEREIRA DE ALMEIDA (2008), p. 257, frisou a sindicabilidade "não propriamente quanto ao mérito, mas quanto ao *processo de decisão*". Em consequência, numa perspectiva isolada, ADELAIDE MENEZES LEITÃO (2009), p. 671, s., defende que o art. 72º, 2, actua no requisito da causalidade adequada ao dano.

do seu cumprimento enquanto *pressuposto de aplicação da regra de exclusão de responsabilidade*, assente na dispensa da razoabilidade como critério do mérito da decisão[77]. Assim se atingirá o pressuposto legal de o administrador actuar "em termos informados".

Deste modo, a regra da *business judgment* precipitada no art. 72º, 2, conduz a uma não imputação de responsabilidade pelos danos causados à sociedade por actos e omissões verificados no exercício do cargo desde que, no exercício da sua função, o administrador respeite o conteúdo *mínimo* e *suficiente* do dever geral de cuidado – obrigação de tomar uma decisão *informada* e *não irracional*. Ainda que aquele dever seja mais rico, só o seu conteúdo *essencial*, traduzido nas *manifestações-condições* vistas, será fiscalizado, *por esta via*, para o efeito último de responsabilizar o administrador da sociedade.[78] Por outras palavras[79]. Na *pauta suficiente* de *comportamento exigido* ao administrador pelo art. 72º, 2, poderá ver-se ainda um dever jurídico *mínimo* do administrador, que surge como *sucedâneo* do dever de tomar decisões razoáveis para o efeito de ser julgada a sua responsabilidade pela inobservância dessa obrigação: o dever de actuação *procedimentalmente* correcta e razoável em termos informativos *e* de tomar decisões *não irracionais*[80].

Dois exemplos para tornar operativo o cenário proporcionado pelo CSC.

A administração de uma sociedade dedicada à instalação e actualização de *software* de gestão a profissionais liberais aprova um contrato exclusivo de três anos com o fornecedor de programas a profissionais liberais *A*, quando o fornecedor *B* lhe apresentava o mesmo produto mais barato 40%, só porque, e sem mais nenhum argumento, os sócios da sociedade fornecedora *A* eram antigos colegas da Universidade de Coimbra (sem que daí, todavia, se retire qualquer vantagem pessoal). Esta decisão não é explicável em relação ao interesse lucrativo da sociedade.

Em contraponto, não será o caso de os administradores da sociedade de metalomecânica *C* adquirirem grandes quantidades de ferro (matéria-

---

[77] A esta luz se poderá ler COUTINHO DE ABREU (2010), p. 47, quando, na sua interpretação restritiva do preceito, julga a norma do art. 72º, 2, inaplicável ao dever de tomar decisões procedimentalmente razoáveis. Em sentido diferente, BRUNO FERREIRA (2009), p. 727-728.
[78] V., ainda com outras explicitações, RICARDO COSTA (2007), p. 70-71, 73-74, 75-76.
[79] Já plasmadas em RICARDO COSTA (2007), p. 75.
[80] Aparentemente próximo: BRUNO FERREIRA (2009), p. 725-726 ("o dever de preparar adequadamente as decisões de gestão e o dever de tomar decisões de gestão racionais são deveres instrumentais, cujo cumprimento impede a consideração (...) do cumprimento do dever de cuidado principal: o dever de tomar decisões de gestão razoáveis").

-prima essencial para a actividade empresarial), tendo em conta a escassez anunciada do produto e o consequente aumento de preço. Depois de obterem várias informações junto do mercado, apelando à sua experiência no sector e intuição, adquiriram quantidades para um ano de produção. Passados dois meses, o preço do ferro reduz-se drasticamente por causa de um súbito aumento da oferta. A sociedade perdeu competitividade em face dos concorrentes que não adquiriram quantidades para além das necessidades previstas para a continuidade do processo produtivo. Mas a decisão, ainda que produtora de prejuízos, não foi irracional – até, pelo contrário, foi adequada ao contexto e zelosa no tempo em que foi adoptada.

Não parece que esta não irracionalidade não possa ser igualmente suportada na convicção subjectiva de que a decisão é correcta e se conforma com o interesse da sociedade – assim, o administrador alegaria a sua boa fé[81]. Mas a racionalidade de uma decisão não pode ser sustentada *com base tão-só na boa fé*. P. ex., os administradores avançam com uma campanha publicitária maciça e muito dispendiosa em face dos recursos disponíveis, que põe em causa projectos de investimento muito avançados e importantes, como medida defensiva em relação a uma "oferta pública de aquisição" hostil, crentes de que a mudança de accionistas é prejudicial para a sociedade (e subsequente alteração dos lugares na administração). A lei segue um critério *standard* de racionalidade *objectiva*, menos maleável e indiferente à crença da administração no acerto da decisão.

4. O dever geral de lealdade: art. 64º, 1, *b*)
4.1. Conceito e manifestações

Segundo o outro dever geral – o de lealdade –, os administradores, no exercício das suas funções, devem considerar e intentar em exclusivo o interesse da sociedade, com a correspectiva obrigação de omitirem comportamentos que visem a realização de outros interesses, próprios e/ou alheios[82]. Conduta desleal é aquela que promove ou potencia, de forma directa ou indirecta, situações de benefício ou proveito próprio dos administradores (ou de terceiros, por si influenciados, ou de familiares), em prejuízo ou sem consideração pelo conjunto

---

[81] Neste sentido, VÂNIA MAGALHÃES (2009), p. 395.
[82] Sigo a definição de teor *positivo* de COUTINHO DE ABREU (2007), p. 22, (2010), p. 25 (já seguido pelo Ac. da RP, de 5/2/2009, cit. a nt. 14), não obstante o dever comportar, "pela negativa", "uma proibição geral de actuação em conflito de interesses" (ENGRÁCIA ANTUNES (2010), p. 327); realçando este conteúdo, CAETANO NUNES (2006), p. 90, MENEZES CORDEIRO (2007), p. 826, PAULO CÂMARA (2007), p. 172-173, VÂNIA MAGALHÃES (2009), p. 399.

dos interesses diversos atinentes à sociedade, neles englobando-se desde logo os interesses comuns de sócios enquanto tais, e também os de trabalhadores e (particularmente com a actual versão do art. 64º, 1) demais *stakeholders* relacionados com a sociedade[83].

Reconduzir o dever de lealdade dos administradores e gerentes ao princípio geral da boa fé (art. 762º, 2, do CCiv.)[84] não será a via mais completa, vista a sua extensão e manifestações em que se precipita. Antes se pode configurar a já vista relação fiduciária – e *a confiança especial que lhe subjaz* – que se estabelece entre a sociedade e o administrador como o fundamento adequado: gera o imperativo de prosseguir (como regra e em primeira linha) o fim (lucrativo) que os sócios perseguem quando constituem a sociedade, enquanto instrumento que esta é para a consecução desse fim e a correspondente satisfação do interesse social.[85]

Algumas das suas manifestações encontram *correspondência na lei* e traduzem *deveres específicos(-vinculados)*[86]: pelo menos, (i) não realizar certos negócios com a sociedade (arts. 397º, 1, 428º) ou, afora estes, sem consentimento da sociedade (arts. 397º, 2 e 5, 428º), (ii) não exercer actividade concorrente com a da sociedade, desde que não haja autorização da sociedade (arts. 254º, 1, 398º, 3, 428º), (iii) não votar nas deliberações do órgão de administração sobre assuntos em que tenha, por conta própria ou de terceiro, interesse em conflito com o da sociedade (art. 410º, 6), (iv) não "abusar" de informação "não pública" e pri-

---

[83] Sigo desta feita o enunciado da lealdade, concentrado no *comportamento violador da lealdade*, que se pode encontrar em FÁTIMA GOMES (2007), p. 566.

[84] CALVÃO DA SILVA (2006), p. 53 e 57 (e com a confiança ou *fiducia* exigida), 57, GABRIELA FIGUEIREDO DIAS (2006), p. 43, MENEZES CORDEIRO (2007), p. 828, 831 (mas atente-se, a p. 829 e 830, na alusão simultânea à confiança e à relação fiduciária), (2009), p. 244, ANA PERESTRELO DE OLIVEIRA (2007), p. 127, e – o mais desenvolvido – TRIGO DOS REIS (2010), p. 342, s. (em esp., nt. 199 – p. 346), também com recurso à confiança e à relação especial de fidúcia, 378, s., 412, s..

[85] V., em esp., CARNEIRO DA FRADA (2007), p. 209-210, que distingue o dever de lealdade do dever de cuidado por aquele representar "um efeito imediato e directo da natureza da relação" fiduciária e, portanto, como "consequência de uma valoração heterónoma (*ex lege*) da ordem jurídica"), 211-212, COUTINHO DE ABREU (2007), nt. 16 – p. 23, VÂNIA MAGALHÃES (2009), p. 397-398, nt. 133 – p. 413. CAETANO NUNES (2006), p. 87, s., parece perfilhar uma posição heterogénea: parte da boa fé, considera a tutela da confiança e sedimenta-a na relação fiduciária entre administrador e sociedade; nesta linha também estará ADELAIDE MENEZES LEITÃO (2009), p. 664-665.

[86] Deveres de lealdade "em sentido impróprio", assim são designados por TRIGO DOS REIS (2009), p. 369-370.

vilegiada da sociedade (arts. 449º e 450º do CSC, 378º do CVM), e (v) ser neutral perante ofertas públicas de aquisição (arts. 181º, 2, *d*), e 182º, 1, do CVM)[87].

Mas outras manifestações são delineadas por mor da lealdade exigida aos administradores: (vi) não usufruir vantagens de terceiros ligadas à celebração de negócios da sociedade com esses terceiros (as conhecidas "luvas", "comissões" ou "gratificações"), (vii) não aproveitar as oportunidades negociais da sociedade para seu proveito ou de outras pessoas, especialmente a si ligadas, salvo consentimento válido da sociedade, (viii) não utilizar meios ou informações próprios da sociedade para daí retirar proveitos, sem contrapartida para a sociedade, e (ix) guardar sigilo das informações e documentos reservados da sociedade.[88-89]

4.2. Os interesses atendíveis pelo administrador

Para o cumprimento do dever geral de lealdade para com o "interesse da sociedade", a lei manda *atender* aos "interesses de longo prazo dos sócios" e *ponderar* "os interesses de outros sujeitos relevantes para a sustentabilidade da sociedade, tais como os seus trabalhadores, clientes e credores"[90]. Esta ponderação é essencialmente relevante nas manifestações *não legais* do dever de lealdade (como é nos subdeveres de cuidado[91]).

Trata-se de uma norma com uma *extensão considerável de interesses*. Daqui resulta que o "interesse da sociedade" previsto no art. 64º, 1, inscreve-se na *conjugação*

---

[87] Desenvolvidamente, também para o alcance do regime jurídico destas matérias e aplicação em outros tipos sociais, DUARTE RODRIGUES (1990), p. 187, s., CAETANO NUNES (2006), p. 92, s., COUTINHO DE ABREU (2010), p. 27, s., (2010ª), p. 28-29, TRIGO DOS REIS (2009), p. 369, s., 373, s., 395, s..

[88] Grande parte dos comportamentos de administradores previstos pelo nº 2 do art. 186º, 2, do CIRE ("insolvência culposa") correspondem a manifestações do dever de lealdade.

[89] Desenvolvidamente, v. CAETANO NUNES (2006), p. 100, s., COUTINHO DE ABREU (2010), p. 31, s., COUTINHO DE ABREU (2010ª), p. 29-30. Para outras "listagens", GABRIELA FIGUEIREDO DIAS (2006), p. 50, CARNEIRO DA FRADA (2007), p. 215, MENEZES CORDEIRO (2007), p. 827, s., 831, s. (2009), p. 244, ARMANDO TRIUNFANTE (2007), p. 60, PEREIRA DE ALMEIDA (2008), p. 239, s., VÂNIA MAGALHÃES (2009), p. 399, TRIGO DOS REIS (2009), p. 378, s., 403, s. (após extinta a relação de administração com a sociedade). O Ac. da RL de 16/7/2009 (www.dgsi.pt, processo 977/06.2TYLSB.L1-2), por seu turno, considerou que o único gerente de uma sociedade por quotas, ao atribuir a si próprio (sem deliberação social: art. 255º, 1, CSC) aumento de remuneração pelo exercício da gerência e dos prémios de gerência, viola o dever de lealdade decorrente do art. 64º.

[90] Para o exame (crítico) de cada um destas categorias de interesses particulares, v. COUTINHO DE ABREU (2007), p. 39, s. (= (2009), p. 299, s.).

[91] Cfr. *supra*, 3.2..

dos interesses dos sócios enquanto tais (comuns a todos eles, não extrassociais nem de ordem conjuntural) com os de outros sujeitos ligados à sociedade[92].

No entanto, a doutrina dominante tem pugnado pela *hierarquização* destes interesses quando o administrador-"gestor criterioso e ordenado" avalia o "interesse da sociedade"[93]: em plano *principal ou prevalecente*, os interesses dos sócios, que não se esgotem no curto prazo (numa perspectiva de "investimento não especulativo"[94]); em plano *secundário*, os interesses dos restantes sujeitos[95], ainda que a sua sobrevalorização indevida e prejudicial para a sociedade possa permitir a exclusão ou limitação da responsabilidade dos administradores perante a sociedade[96].

4.3. O padrão do "gestor criterioso e ordenado" no cumprimento do dever de lealdade

A doutrina tem opinado que o padrão do "gestor criterioso e ordenado" é de convocar para a avaliação do cumprimento de todos os deveres dos administradores – neles incluindo o dever de lealdade, "explicando a intensidade requerida na sua execução"[97]. Porém, é de julgar que esse padrão tem menor espaço e relevo no cumprimento do dever que o art. 64º, 1, *b*), nos fornece – se quisermos, melhor, tem *um outro recheio* no que respeita ao dever de lealdade.

Em primeiro lugar, nas manifestações *legais*, em rigor não estamos necessitados do "gestor criterioso e ordenado"; estamos perante deveres *vinculados* e não cláusulas gerais demandantes de concretização.

Em segundo lugar, o dever de lealdade, nas suas manifestações *não legais*, pode implicar escolhas (desde logo, agir ou não agir num cenário de *conflito de interes-*

---

[92] COUTINHO DE ABREU (2007), p. 43 (= (2009), p. 304).
[93] Contrários: CARNEIRO DA FRADA (2007), p. 212-213, MENEZES CORDEIRO (2007), p. 822 (v. *supra*, nt. 61, e *infra*, nts. 103 e 118).
[94] PAIS DE VASCONCELOS (2009), p. 20. V. ainda ARMANDO TRIUNFANTE (2007), p. 64, PAULO CÂMARA (2007), p. 175-176, PEREIRA DE ALMEIDA (2008), p. 103, TRIGO DOS REIS (2009), p. 339-340.
[95] CALVÃO DA SILVA (2006), p. 57, COUTINHO DE ABREU (2007), p. 43, s. (= (2009), p. 304, s.), com exemplos de resolução de antagonismo de interesses e sua fundamentação, MENEZES CORDEIRO (2007), p. 822-823 (aparentemente), ARMANDO TRIUNFANTE (2007), p. 65, PAULO CÂMARA (2007), p. 174, CARNEIRO DA FRADA (2007), p. 216 (só para os deveres de cuidado), FERNANDES DE OLIVEIRA (2008), p. 264, VÂNIA MAGALHÃES (2009), p. 412, s., PAIS DE VASCONCELOS (2009ª), p. 75, SOUSA GIÃO (2010), p. 230, s.. Para a anterior redacção, BRITO CORREIA (1989), p. 54, s..
[96] COUTINHO DE ABREU (2007), p. 45-46 (= (2009), p. 307), com crítica ao regime legal: institucionalismo *moderado* e *inconsequente*, "os interesses dos sócios pesam muito mais, a falta de (ou deficiente) ponderação dos interesses dos não-sócios praticamente não tem sanção", CARNEIRO DA FRADA (2007), p. 217. Antes: VASCO LOBO XAVIER (1986), nt. 26 – p. 29.
[97] MENEZES CORDEIRO (2007), p. 839, (2009), p. 243, ADELAIDE MENEZES LEITÃO (2009), p. 665-666, 668--669, BRUNO FERREIRA (2009), p. 736.

ses), mesmo de alcance *relativo*, que podem ainda ser *balizadas* pelo "tipo" de administrador concebido pela lei[98]: p. ex., perante uma "oportunidade de negócio" o "administrador-tipo"[99] deve informar-se sobre a existência de interesse objectivo e efectivo da sociedade nela ou se a sociedade já está envolvida em negociações para a conclusão do negócio respectivo; ou conhecer necessariamente que a maquinaria que utiliza gratuitamente numa obra própria pertence à sociedade. Nestas hipóteses, a convocação das *qualidades* inerentes ao "gestor criterioso e ordenado" e das *circunstâncias* em que ele deve ser examinado em concreto[100] (p. ex., a dimensão da sociedade, ser administrador executivo ou não executivo[101], ser administrador em exclusividade ou não, etc.) fazem (o seu) sentido[102].

De todo o modo, não podemos deixar de empreender a seguinte *precisão(--limitação)*: o dever de lealdade não admite ponderações, enquanto não está disponível para fragmentações derivadas de escolhas do administrador, entre o "interesse da sociedade" e o interesse próprio e/ou de terceiros – aqui, é um dever absoluto[103]. Não se pode falar aqui de autonomia e discricionariedade *próprias* do administrador, que sempre seriam *assaz relativas (ou inexistentes)*[104], ou, em alternativa, remetidas tão-só para a *escolha* da decisão entre os interesses oponíveis. O que deixa pouco (residual ou nenhum) lugar para a diligência *qualificada* do *tipo legal de administrador*, particularmente nas manifestações *omissivas ou proibidoras* do dever de lealdade (p. ex., quando se analisa a percepção de "comissões negociais" indevidas)[105].

Seja como for, a sua transposição para o campo da lealdade envolve, *no mínimo e como diferencial*, que o administrador "criterioso e ordenado" da sociedade

---

[98] TRIGO DOS REIS (2009), p. 334.
[99] ELISABETE RAMOS (1997), p. 230.
[100] Neste sentido, TRIGO DOS REIS (2009), p. 366, s..
[101] Para uma diferente extensão do dever de lealdade de acordo com esta circunstância, CAETANO NUNES (2006), p. 91-92, TRIGO DOS REIS (2009), p. 367.
[102] TRIGO DOS REIS (2009), p. 334.
[103] RICARDO COSTA (2007), p. 69. É aqui que poderemos ver substancialmente (ainda que não tão rigidamente) a doutrina de CARNEIRO DA FRADA (2001), p. 120-121 (dever de cumprimento estrito), (2007), p. 212-213 (v. *supra*, nt. 61); neste sentido, FERREIRA GOMES (2010), p. 167-168.
[104] Pelo menos assim deveria ser. Porém, com tantos interesses a considerar, difusos e conflituantes, frisa com perspicácia COUTINHO DE ABREU (2009), p. 299, que "*maior será a discricionariedade* dos administradores" e "*menor a controlabilidade* da sua actuação". O que significa que mais difícil será densificar a bitola do "gestor criterioso e ordenado" no campo da lealdade devida.
[105] Em sentido próximo, TRIGO DOS REIS (2009), p. 334-335: a "relevância será (...) maior no caso dos deveres de agir do que nos deveres de omissão"; perante "as situações de comportamentos proibidos (...), o conceito de diligência em sentido normativo assume menor relevância argumentativa"; consequentemente, nestes casos, "à diligência será reservada a função de bitola de culpa".

é aquele que *a gere para o fim correspondente à maximização do interesse social*[106] *e à concordância possível com os interesses dos* stakeholders (particularmente, credores, trabalhadores, clientes e outros especialmente interessados[107] – a lista não é taxativa[108])[109].

4.4. A (não) articulação com o art. 72º, 2

Não entra no âmbito de aplicação do referido art. 72º, nº 2, sindicar se o administrador cumpre ou não cumpre com o dever geral de lealdade[110]. Se estamos perante manifestações *legais*, os deveres são *específicos* e não entram, enquanto tal, na tutela do preceito. Se estamos perante manifestações *não legais*, já vimos que se configura como um dever que exige sem mais a consecução em exclusivo do "interesse da sociedade" (em que se ponderam os outros interesses elencados na al. *b)* do art. 64º, 1) e a abstenção de decisões em benefício próprio ou de terceiros, proporcionadas pela posição e estatuto de administrador. É esta ausência de discricionariedade – e não (a) outra (ou outras), que, sendo *imprópria*, realmente propicia somente decisões em nome da prevalência de um interesse(s) – que afasta o art. 72º, 2.

Fosse como fosse, o próprio art. 72º, 2, indica que um terceiro requisito de exclusão de responsabilidade do art. 72º, nº 2, é a inexistência de interesse pessoal no que toca à decisão (*independência*: o administrador actuou "livre de qualquer interesse pessoal"[111]). Assim, fora do dever de cuidado, a lei salvaguarda a ausência de conflito de interesses e, nessa medida, abrange desde logo a conformação com *algumas* das manifestações mais relevantes do dever de lealdade (em particular: não aproveitamento próprio de oportunidades negociais decor-

---

[106] Era esta a concepção (adaptada ao dever de lealdade) de RAÚL VENTURA (1991), p. 150.
[107] Defendendo o alargamento do elenco dos "sujeitos relevantes para a sustentabilidade da sociedade", com recurso ao conceito de *interesse especial* na sociedade – "ou porque a afectam, ou porque são por ela afectadas" –, PAIS DE VASCONCELOS (2009), p. 20-21. Neste entendimento, v. igualmente CARNEIRO DA FRADA (2007), p. 217-218, PAULO OLAVO CUNHA (2010), p. 572. Antes, FÁTIMA GOMES (2007), p. 566, aludia a "potenciais interessados no desenvolvimento da actividade societária para além dos seus sócios e trabalhadores", aos "demais sujeitos potencialmente afectados pelas decisões societárias".
[108] PEREIRA DE ALMEIDA (2008), p. 238, pugna por outros interesses *difusos* socialmente reconhecidos, como a protecção do ambiente; assim também CARNEIRO DA FRADA (2007), p. 217, PAULO OLAVO CUNHA (2010), p. 572 (refere-se à "conduta ambiental da sociedade").
[109] Neste sentido podemos compreender PAIS DE VASCONCELOS (2009ª), p. 64, quando vê a menção aos interesses da al. *b)* do nº 1 como a "explicitação do modo como o dever de lealdade deve ser cumprido".
[110] Que se fez linha doutrinal dominante: CALVÃO DA SILVA (2006), p. 57, PÉREZ CARILLO/ELISABETE RAMOS (2006), p. 307, COUTINHO DE ABREU (2010), p. 47, RICARDO COSTA (2007), p. 69, CARNEIRO DA FRADA (2007), p. 221-222, VÂNIA MAGALHÃES (2009), p. 394. Contra: ADELAIDE MENEZES LEITÃO (2009), p. 670.
[111] Sobre este ponto, v., desenvolvidamente, TRIGO DOS REIS (2009), p. 319, s..

rentes da actividade societária, não utilização em benefício próprio de meios e/ou informações da titularidade e/ou na disponibilidade da sociedade).[112]

5. Sanções para a violação dos deveres previstos no art. 64º, 1

5.1. O art. 64º, 1, como fonte de ilicitude e culpa: a "dupla função" no quadro da responsabilidade civil do administrador

Se se verificarem os requisitos demandados – facto ilícito, culpa, dano e nexo de causalidade entre o facto e o dano –, os administradores e gerentes respondem civilmente em face da sociedade pela violação dos deveres gerais, nos termos do art. 72º, 1, do CSC (mas a culpa presume-se), desde que não se aplique o nº 2 do art. 72º.

Em que medida o art. 64º é operativo para essa responsabilidade?

O art. 64º, 1, contém os "critérios gerais de acção" dos administradores, ocupando assim "a posição central na concretização da responsabilidade dos gestores das sociedades comerciais"[113]. Ao fornecer os *deveres-quadro*, não podemos deixar de ver no art. 64º, 1, fonte da *conduta normativamente exigível* aos administradores. Ora, se a *ilicitude* considera a conduta *em termos objectivos*, como infracção de deveres jurídicos que exibem contrariedade por parte do infractor em relação aos valores tutelados pela ordem jurídica, violar o dever geral de cuidado e/ou o dever geral de lealdade, nas suas manifestações (particularmente) não vinculadas, é facto que reveste um carácter de *ilicitude*.

Se assim é, pode sustentar-se ainda que a ilicitude acarreta a formulação do "juízo de reprovabilidade pessoal da conduta" que a *culpa* exprime[114]. O que significa, parece, que, no momento de aferir da responsabilidade do administrador, o *modo ilícito como foi desempenhada a gestão* implica consequencialmente a *censura subjectiva* ao administrador, na medida em que, de entre as opções possíveis, podia ter actuado de maneira diferente – como se exigiria a um "gestor criterioso e ordenado" – e não o fez, merecendo a reprovação do direito.

---

[112] Não obstante, a responsabilidade do administrador pode decair pela ausência de qualquer um dos pressupostos constitutivos dessa responsabilidade. Veja-se o exemplo de COUTINHO DE ABREU (2007), p. 30: "a propósito do dever de o administrador não abusar da sua posição, também não haverá responsabilidade – *por falta de dano* para a sociedade – se as 'luvas' não se repercutirem negativamente no património social" (sublinhei).

[113] PAIS DE VASCONCELOS (2009), p. 20.

[114] ANTUNES VARELA (2005), p. 562-563, 566-567, (1995), p. 95-96.

Esta *dupla função* do art. 64º – concretização da ilicitude dos comportamentos através da indicação de deveres objectivos de conduta *e* imputabilidade a título de culpa (em abstracto) do acto ilícito ao agente[115] – permite ver que a ilicitude e a culpa, sendo pressupostos distintos, não deixam de ser pressupostos *complementares* (e até *indissociáveis*) na apreciação do comportamento do administrador e na verificação da *indemnizabilidade* do incumprimento dos seus deveres.

Assim, o art. 64º, 1, é *fundamento autónomo* de responsabilidade[116].[117]

A apreciação desses requisitos faz-se em razão da diligência integrada no padrão mais exigente do "gestor criterioso e ordenado", com as diferenças de *intensidade* e de *conteúdo* assinaladas entre o dever de cuidado – aqui valem primordialmente as qualidades do "tipo legal" de administrador (2ª parte da al. *a*) do nº 1) e as circunstâncias *não legais* de determinação de "bom cumprimento" – e o dever de lealdade – aqui convoca-se, essencialmente, o multiforme e hierarquizado "interesse da sociedade"[118].

Por fim, registe-se que a nossa doutrina mais recente tem discutido e suportado que o art. 64º, 1, pode ser fonte de responsabilidade civil em face dos credores sociais, nos termos do art. 78º do CSC, e em face de sócios e outros terceiros (*maxime*, trabalhadores), de acordo com o art. 79º. Em ambas as situações, o art. 64º, 1, é visto como "norma legal de protecção" de credores, de sócios e dos

---

[115] Cfr. *supra*, nt. 45.

[116] NOGUEIRA SERENS (1995), p. 80, SOARES DA SILVA (1997), p. 615-616, CAETANO NUNES (2001), p. 86, s., e nt. 86, CARNEIRO DA FRADA (2001), p. 119-120, (2007), p. 204-205, 218-219, ELISABETE RAMOS (2002), p. 87, COUTINHO DE ABREU (2007), p. 30, (2010), p. 17, RICARDO COSTA (2007), p. 78-79, FÁTIMA GOMES (2007), nt. 24 – p. 563-564, PAIS DE VASCONCELOS (2009), p. 20, ADELAIDE MENEZES LEITÃO (2009), p. 660-661 (não obstante considerar-se que o art. 64º, 1, cuja relevância "ultrapassa a matéria da responsabilidade", é "disposição incompleta" por não ter sanção estatuída nela própria, afirma-se peremptoriamente que é "através dela que se procede a um recorte da ilicitude pela formulação normativa da densificação dos deveres que caracterizam a situação jurídica do administrador"); nos tribunais, cfr. novamente a sentença de 2003 da 3ª Vara Cível de Lisboa, p. 35 (cit. a nt. 14). Em sentido contrário, porque o art. 64º, 1, compreende tão-só "normas de conduta" incompletas em face da presença de "deveres incompletos", que, violadas, implica o apelo a outras regras para determinar uma eventual responsabilidade civil, MENEZES CORDEIRO (2007), p. 810, 837-838, 931-932, 933-934, e, na anterior redacção do art. 64º, (1997), nt. 21 – p. 40, p. 496-497, 522-523; também contra o art. 64º como fundamento autónomo de ilicitude, VAZ PINTO/KEEL PEREIRA (2001), p. 15-16.

[117] Sobre os deveres de cuidado e de lealdade nas sociedades integradas em relações de grupo (de direito ou de facto), v. COUTINHO DE ABREU (2010), nt. 68 – p. 35, ANA PERESTRELO DE OLIVEIRA (2007), p. 106, s..

[118] Contra: CARNEIRO DA FRADA (2007), p. 212-213, 215.

outros terceiros, nomeadamente os que são referidos na al. *b)* do nº 1[119], ainda que reflexa ou mediatamente[120].

5.2. Destituição

A violação dos deveres de cuidado ou de lealdade é fundamento para a destituição (e suspensão *prévia* em processo judicial[121]) com justa causa de gerentes (art. 257º, 6) e de administradores (403º, 4, 430º, 2). Assim é se for "grave" ou relevadora de incapacidade ou inaptidão para o exercício normal das funções de administração.[122]

6. Deveres fundamentais dos titulares de órgãos sociais com funções de fiscalização
6.1. Evolução da norma do art. 64º

Com a introdução, no nº 2 do art. 64º, de uma norma específica de responsabilidade dirigida aos titulares de órgãos sociais com funções de fiscalização, o legislador da reforma de 2006 veio acolher uma tendência de raiz marcadamente anglo-saxónica, especialmente acentuada na era pós-Enron, no sentido do alargamento explícito do *dever de cuidado* aos órgãos de fiscalização[123]. Prescreve-se

---

[119] V. PAIS DE VASCONCELOS (2006), p. 324-325, (2010ª), p. 75, s.; GABRIELA FIGUEIREDO DIAS (2006), p. 44-45 – para o dever de cuidado e perante uma ampliação do "interesse social" e consequente protecção jurídica de terceiros e não só da sociedade; CARNEIRO DA FRADA (2007), p. 217 e 218 (em particular, o art. 64º é mesmo "susceptível de ser pensado enquanto norma de protecção dos trabalhadores"); VÂNIA MAGALHÃES (2009), p. 414 (aparentemente, para os deveres de cuidado).
Contra: COUTINHO DE ABREU (2007), p. 45 (= 2009, p. 306), FERNANDES DE OLIVEIRA (2008), p. 315-316, TRIGO DOS REIS (2010), p. 341. No domínio da responsabilidade societária em face de terceiros (art. 79º), para a discussão da valência do incumprimento dos deveres de cuidado "organizativo-funcionais", v. COUTINHO DE ABREU (2010), p. 90-91.

[120] ADELAIDE MENEZES LEITÃO (2010), p. 661 e s. (nomeadamente 662-663), 673, s., para quem (aproveitando a dogmática alemã quanto aos deveres extraídos do § 93 da AktG como normas de protecção da sociedade de acordo com a tipologia da responsabilidade delitual prevista no § 823(2) do BGB: v., desde logo, HANS-JOACHIM MERTENS (1992), p. 328), sendo o art. 64º do CSC uma verdadeira norma de protecção da sociedade e, reflexamente, de outros interesses (como de sócios, credores, trabalhadores e outros terceiros), "independentemente de poderem ser dobrados [os correspondentes deveres de cuidado e lealdade] por regras estatutárias ou contratuais de conteúdo idêntico", deve considerar-se que tais deveres legais gerais, radicados numa norma de protecção que protege mediatamente ou reflexamente os interesses dos credores, devem ser também convocados para definir a eventual ilicitude da conduta do administrador à luz do art. 78º.

[121] Cfr. art. 1484º-B, 2, do CPC, em conjugação com os arts. 191º, 4 e 7, 257º, 3, 4 e 5, 403º, 3, do CSC.

[122] Por todos, v. COUTINHO DE ABREU (2007), p. 31. Outros efeitos (possíveis e discutidos) em RICARDO COSTA (2007), p. 72, TRIGO DOS REIS (2009), p. 410, s..

[123] Sobre as vantagens e desvantagens deste alargamento, e espelhando algumas hesitações do legislador britânico, cfr. o documento do governo britânico "Director and auditor liability. A consultative document", Department of Trade and Industry, 2003, p. 12, s. (www.dti.gov.uk/cdl/condocs.htm).

agora igualmente para os fiscalizadores um dever e um regime de responsabilidade (aparentemente) simétrico do dever e do regime de responsabilidade estabelecido para os administradores. São consagrados "deveres de cuidado" a cargo dos titulares de órgãos sociais com funções de fiscalização, a serem cumpridos empregando "elevados padrões de diligência profissional", e "deveres de lealdade (...)".

Para além da probabilidade de, por esta via, se ter iniciado um processo de reconstrução do conceito de *interesse social* subjacente à norma[124] – nomeadamente pela ampliação do círculo de sujeitos cujos interesses devem ser objecto de protecção na actuação dos administradores –, a consagração, para os membros dos órgãos de fiscalização, de uma norma explícita sobre os respectivos deveres fundamentais, à semelhança do que já antes acontecia com os administradores, permitiu a densificação dos deveres dos membros dos órgãos de fiscalização[125], permitindo uma maior concretização da natureza ilícita de determinados comportamentos no contexto da sua actividade.

6.2. Simetrias e assimetrias da norma em face da norma de responsabilidade dos administradores

A autonomia da norma sobre os deveres fundamentais dos titulares de cargos com funções de fiscalização, além de formal, isto é, conseguida por via da elaboração de uma norma separada e específica em relação à norma sobre os deveres fundamentais dos administradores, manifesta-se ainda através de uma diferente formulação no que respeita aos referidos deveres. Se é um facto que no art. 64º, 2, são mencionados os "deveres de cuidado" e "deveres de lealdade", à semelhança do que ocorre com o nº 1 do mesmo artigo, no nº 2 não só não se procede à segregação e tratamento separado daqueles deveres, como sucede no nº 1, onde de resto cada um deles constitui objecto de tratamento autónomo em alíneas separadas, como a própria redacção e modo de articulação daqueles deveres parece, ao menos numa leitura mais imediata, consagrar uma diferente valorização relativa dos deveres em causa.

Aparentemente, de facto, a diversidade de formulação do nº 1 do art. 64º, onde os *deveres gerais de cuidado* e *de lealdade* dos administradores aparecem cla-

---

Aqui se discute a oportunidade – afinal recusada – de admitir a existência de um dever de cuidado a cargo dos fiscalizadores em relação a terceiros (investidores, accionistas, trabalhadores, credores, etc.).
[124] Cfr. PAULO OLAVO CUNHA (2010), p. 41-42, e ainda p. 119-121, onde se defende a abrangência do interesse social na norma do art. 64º, 2.
[125] SOUSA GIÃO (2010), p. 231.

ramente autonomizados entre si e consagrados com igual importância e dignidade, e do nº 2 do art. 64º, dirigido os membros dos órgãos de fiscalização, parece permitir uma interpretação segundo a qual, no que respeita aos titulares dos cargos de fiscalização, os *deveres de lealdade* se encontram subalternizados em relação aos *deveres de cuidado*, constituindo aqueles, segundo a fórmula legal, um simples meio de cumprimento destes últimos[126].

Crê-se, contudo, que, não obstante a redacção apontar para esta interpretação, é possível e desejável uma interpretação *correctiva* da mesma, que não ignore o sentido do seu nº 1. Se interpretado em conjunto com o disposto no nº 1 e à luz do seu espírito, o *dever de lealdade* não deverá ser entendido como um dever de segunda categoria em relação a um dever predominante de cuidado, nem como um dever meramente funcional, que permite (apenas) operacionalizar o dever de cuidado. Salvo o elemento literal – fruto de uma provável imperfeição na redacção da norma –, não existe nenhum elemento normativo que permita operar uma tal hierarquização entre os dois deveres mencionados na norma. O sentido da norma aponta, efectivamente, para que ambos os deveres – de cuidado e de lealdade – sejam equacionados em condições paritárias.

Assim entendida a norma do art. 64º, 2, deve, pois, ter-se em consideração tudo o que em termos conceptuais e dogmáticos já ficou dito a propósito dos deveres de lealdade e de cuidado a cargo dos administradores, com as adaptações evidentemente necessárias pela diversidade de funções e deveres específicos que sobre os fiscalizadores recaem.

6.3. Deveres fundamentais, deveres especiais e responsabilidade dos titulares de órgãos sociais com funções de fiscalização

A responsabilidade dos titulares dos órgãos com funções de fiscalização, tal como a dos administradores, assenta nos pressupostos gerais da responsabilidade civil em tudo quanto se não ache especialmente regulado, pelo que estes serão responsáveis sempre que se verifique a violação dos deveres que lhes cabia

---

[126] Neste sentido, GABRIELA FIGUEIREDO DIAS (2006), p. 51-52. PAULO OLAVO CUNHA (2007) chegou a defender o mesmo entendimento (p. 452: "... no nº 2 do art. 64º, ao procurar caracterizar o estatuto dos membros do(s) órgão(s) de fiscalização, a lei parece subsumir os deveres de lealdade aos deveres de cuidado, na medida em que determina que o cumprimento destes pressupõe *elevados padrões de diligência profissional e deveres de lealdade*"). Mas em (2010), p. 119-121, abandona-o, pois são de considerar ambos os interesses – de cuidado e de lealdade – em igualdade de circunstâncias e por sua vez subalternizados ao interesse social.

respeitar (*ilicitude*), de forma *culposa* ou *negligente*, e que da sua conduta ilícita e culposa resultem *danos*.

Não obstante a existência de normas especiais sobre a responsabilidade civil dos membros dos órgãos de fiscalização, estas não afastam a aplicabilidade, em sede geral, dos pressupostos comuns da responsabilidade civil. Contudo, a indicação expressa de um tipo de deveres a cargo destes sujeitos – os quais apontam, por sua vez, para a imperatividade de certo tipo de condutas – permite estabelecer, de forma mais explícita e imediata, a respectiva responsabilização pelos danos que venham a resultar de condutas desconformes com as exigências legais e contratuais de fiscalização que sobre eles impendem, introduzindo alguns elementos adicionais que permitem, por um lado, uma melhor identificação do círculo específico da ilicitude da sua conduta e, por outro, um escrutínio mais rigoroso da culpa eventualmente revelada nessa conduta.

A responsabilização dos titulares dos órgãos de fiscalização dependerá assim, necessariamente, da verificação, no caso concreto, de uma conduta *ilícita, culposa* e *danosa*. A responsabilidade civil dos fiscalizadores (tal como a dos administradores) apresenta apenas a especificidade resultante dos particulares deveres que sobre eles recaem, sendo estes que irão depois concretizar e delimitar a ilicitude das respectivas condutas[127].

A necessária autonomização dos pressupostos da responsabilidade dos fiscalizadores face ao regime definido para a responsabilidade dos administradores, desde logo imposta pela diversidade de funções e obrigações prescritas para cada um destes sujeitos, suscita alguns problemas, cuja resolução assenta largamente na definição do critério de avaliação do cumprimento dos respectivos deveres – nomeadamente em função dos deveres fundamentais estabelecidos no art. 64º: são estes "deveres fundamentais"[128] que especificamente cabem aos titulares dos órgãos de administração e de fiscalização, que permitem delimitar com rigor o perímetro de ilicitude das respectivas condutas. A conduta será ilícita sempre que um destes deveres gerais seja violado, aferindo-se a sua violação, muitas vezes, pelo incumprimento de deveres legais específicos, estabelecidos no CSC (quer nas normas especiais sobre as competências e funções dos órgãos de fiscalização – arts. 420º, 423º-B, 441º –, quer em normas avulsas sobre deveres que competem em especial aos titulares de cargos de fiscalização) e

---

[127] A propósito dos pressupostos da responsabilidade civil do auditor, v. GABRIELA FIGUEIREDO DIAS (2006), p. 93, s., (2006ª), p. 187.
[128] A expressão "deveres fundamentais" é a utilizada pelo legislador na epígrafe do art. 64º, à qual se adere sem preocupações críticas. V. *supra*, 2..

em outra legislação avulsa. Exemplos: incumprimento, pelo ROC, do dever de emitir reservas na certificação legal das contas da sociedade sempre que nelas encontre erros ou inconsistências que determinem uma tal conclusão, em cumprimento do disposto no art. 420º, 4, do CSC e no art. 44º, 3, do EROC; incumprimento do dever de comunicação de irregularidades, nos termos dos art. 262º-A ou 420º, *f*); incumprimento, pelos membros do conselho geral e de fiscalização, do dever de verificação das políticas contabilísticas da sociedade (art. 441º, *g*)).

O incumprimento destes deveres específicos, estabelecidos não só no CSC, mas também em outros instrumentos normativos como o RGICSF, a lei dos seguros, o EROC, regulamentação específica para certo tipo de entidades (caixas económicas, cooperativas, associações mutualistas, etc.), a lei tributária e a lei penal em geral, configurará sempre uma forma de violação de um dever geral de cuidado e/ou de lealdade. Já o preenchimento do conteúdo ético e material destas categorias (dever de cuidado e dever de lealdade) para efeitos de responsabilização dos membros dos órgãos de fiscalização recorrerá normalmente, mas não obrigatoriamente, à identificação dos deveres específicos violados, porque se trata de categorias mais amplas do que a mera soma dos múltiplos deveres específicos que vinculam os titulares de órgãos sociais com funções de fiscalização.

6.4. Delimitação do âmbito subjectivo da norma

Os sujeitos dos deveres mencionados no art. 64º, 2, são os *titulares de órgãos com funções de fiscalização*. Devem assim considerar-se imediatamente abrangidos: (i) o revisor oficial de contas da sociedade, na qualidade de fiscal único da sociedade por quotas, quando seja o caso (art. 262º, 2), ou da sociedade anónima, nos casos em que este é admitido (arts. 278º, 2, 413º, 1, *a*), e 413º, 2, *a contrario*); (ii) o revisor oficial de contas enquanto órgão autónomo de fiscalização nos modelos de governo societário das sociedades anónimas em que a fiscalização é repartida entre um órgão colectivo de fiscalização e um revisor oficial de contas autónomo em relação a este (modelo clássico complexo – art. 278º, 2 –, anglo-saxónico – art. 278º, 1, *b*) – e modelo germânico ou dualista – art. 278º, 1, *c*), e 3); (iii) os membros do conselho fiscal das sociedades por quotas, quando exista (art. 262º, 1), e das sociedades anónimas em qualquer uma das variantes (simples ou complexa) do modelo clássico de governo societário (art. 278º, 1, *a*)); (iv) os membros da comissão de auditoria (art. 278º, 1, *b*), e 423º-B) no modelo anglo-saxónico; (v) os membros do conselho geral e de supervisão (art. 278º, 1, *c*), e 434º).

Não se exclui no entanto a aplicação desta norma a outros titulares de outros órgãos de fiscalização para além daqueles previstos no CSC para cada um tipos e modelos de organização societária.

Desde logo, não obstante o princípio do *numerus clausus* na escolha da tipologia e do modelo de organização societária, existe a possibilidade (e por vezes a obrigatoriedade) de as sociedades constituírem no seu seio outros órgãos com funções de fiscalização. Assim, quaisquer titulares de quaisquer órgãos com funções de fiscalização, ainda que constituídos por opção da sociedade e em cumulação com os órgãos tipificados e obrigatórios decorrentes do modelo de governo escolhido pela sociedade, devem considerar-se abrangidos pela norma do art. 64º, 2, e consequentemente vinculados aos deveres de cuidado e lealdade nos exactos termos ali prescritos.

Para além destes, e ainda no âmbito societário, devem considerar-se igualmente abrangidos os titulares de quaisquer cargos de fiscalização, ainda que exercidos no âmbito de estruturas organizacionais não qualificáveis como órgãos em sentido técnico, mas que assumem hoje uma importância decisiva no exercício da actividade social e na filtragem de situações de risco potencialmente lesivas do interesse dos sócios e da sociedade. Será nomeadamente o caso dos colaboradores com funções directivas ou de topo na área de *compliance* e do controlo e gestão de riscos – hoje obrigatória num conjunto significativo de empresas, como as instituições financeiras, seguradoras, sociedades emitentes de valores mobiliários admitidos à negociação em mercado regulamentado, etc..

Fora do âmbito subjectivo da norma devem considerar-se contudo todos aqueles que, não obstante exercerem funções em áreas técnicas de fiscalização como as que acabam de referir-se, não tenham competência nem poderes *decisórios*, já que a capacidade de decidir e optar entre duas condutas diferentes em matéria de fiscalização é pressuposto dos deveres estabelecidos no art. 64º, 2, e da responsabilidade decorrente da respectiva inobservância.

O mesmo se deve entender, aqui por maioria de razão, em relação ao auditor externo da sociedade, com intervenção obrigatória na certificação de contas e avaliação de certas operações em sociedades com determinadas características (sociedades abertas, p. ex., por imposição do art. 8º do CVM, empresas públicas) ou em função da sua actividade (fundos de investimento, fundos de pensões, sociedades de titularização, instituições financeiras, etc.).

Em adição, a norma e os deveres ali estabelecidos aplicam-se ainda às *entidades de interesse público* tal como definidas e elencadas no art. 2º do DL 225/2008, de 20 de Novembro. Embora a lei se limite a impor a estas entidades de interesse público a obrigação de adopção de um dos modelos de fiscalização previstos no CSC, não fazendo qualquer referência ao modo como essa fiscalização deva ser exercida, não se pode deixar de aplicar o regime de fiscalização do CSC às entidades de interesse público em toda a sua extensão e profundidade, com as naturais adaptações a que hão-de ser sujeitos em função das suas especificidades. De outro modo, o sentido da norma que obriga à adopção de um modelo de fiscalização previsto no CSC resultaria vazia, na medida em que se limitaria a criar uma obrigação de *forma* sem qualquer conteúdo. Não terá sido certamente essa a intenção do legislador ao impor a adopção de mecanismos reforçados de fiscalização a entidades que, pela forma como se organizam ou pela actividade que desenvolvem, se considera serem portadoras de riscos acrescidos para os respectivos *stakeholders*.

6.5. Critério de apreciação da culpa (em abstracto): os "elevados padrões de diligência profissional"

A imputação de responsabilidade aos titulares de órgãos com funções de fiscalização não prescinde, em nenhuma circunstância, da existência de uma conduta *culposa*, entendida a culpa nos termos gerais, enquanto "juízo de reprovabilidade pessoal da conduta"[129] . A este propósito valem, *mutatis mutandis*, todas as conclusões expendidas a propósito da *culpa* dos administradores na prática do acto ilícito[130], bem como as considerações gerais sobre o padrão do "gestor criterioso e ordenado" no cumprimento do dever de cuidado[131], que devem estender-se, na medida em que sejam aplicáveis. Já as considerações sobre a aplicação deste padrão no cumprimento dos deveres *de lealdade*[132] são aqui não aplicáveis, visto que a redacção da norma do art. 64º, nº 2, refere explicitamente o critério de apreciação da culpa ao dever de cuidado e não ao dever de lealdade.

Contudo, para os titulares de órgãos de fiscalização, o legislador estabeleceu um critério algo diferente de aferição e avaliação da culpa, assente em *elevados padrões de diligência profissional*. Para além de todas as concretizações já feitas *supra* no que respeita ao padrão do "gestor criterioso e ordenado" no que respeita à culpa dos administradores, há ainda que clarificar alguns aspectos específicos do critério usado para aferir a culpa dos fiscalizadores.

---

[129] ANTUNES VARELA (2005), como *supra*, na nt. 114.
[130] *Supra*, ponto 5.1..
[131] *Supra*, ponto 3.2..
[132] *Supra*, ponto 4.3..

O preenchimento da cláusula geral "elevados padrões de diligência profissional" para efeitos de avaliação da culpa dos titulares de órgãos de fiscalização revelar-se-á provavelmente uma tarefa mais complexa do ponto de vista da aplicação do critério ao caso concreto.

Em relação, p. ex., ao revisor oficial de contas no exercício das suas funções de revisão legal de contas (para efeitos do CSC, p. ex.) ou de auditoria às contas (p. ex., no que respeita a sociedades abertas, fundos de pensões, fundos de investimento, etc.), é possível, com maior ou menor rigor, preencher um conceito desta natureza – por recurso, *v.g.*, às regras profissionais vertidas no respectivo EROC, ou às normas técnicas emanadas da OROC ou do CNSA, às normas contabilísticas em vigor (SNC, IFRS), que fornecem um lastro objectivo de aferição do grau de diligência empregue no exercício das funções de fiscalização, traduzido no grau de conhecimento e de rigor e completude na observância e aplicação daquelas normas técnicas e profissionais.

A concretização do critério dos "elevados padrões de diligência profissional" reveste-se, no entanto, de maiores dificuldades no que respeita a todos os restantes membros dos órgãos de fiscalização, já que não existe, em relação a estes, um padrão objectivamente avaliável. Em relação a estes, o exacto conteúdo daquela cláusula geral só poderá alcançar-se em conjugação com as normas especiais – do CSC e normas avulsas – que consagrem deveres e funções específicas para cada órgão de fiscalização[133] ou para algum dos seus membros em especial. Os padrões de diligência com que os deveres de cuidado na fiscalização da sociedade devem ser exercidos aferir-se-ão em função da exacta e criteriosa observância dos especiais deveres e funções que, de acordo com aquelas normas, recaem sobre os membros dos órgãos de fiscalização.

P. ex., se a entidade fiscalizada (*v.g.*, uma instituição financeira) exerce determinada actividade financeira (*v.g.*, concessão de crédito ao público) para a qual não se encontra autorizada pelo regulador competente e que representa, *v.g.*, 40% da sua actividade, os titulares de cargos de fiscalização (*v.g.*, conselho fiscal e revisor oficial de contas) que não detectaram ou detectaram e não revelaram nos respectivos pareceres esse facto, encontram-se necessariamente em grave violação de um dever de cuidado, já que lhes compete, por força da lei, vigiar

---

[133] Referidos, respectivamente, nos arts. 420º, 420º-A e 422º para o conselho fiscal, 423º-F e 423º-G para a comissão de auditoria e 441º e 441º-A para o conselho geral e de supervisão. Considera-se ociosa a enumeração de tais deveres e funções, por mera reprodução das normas legais que os consagram.

a observância da lei e do contrato de sociedade (art. 420º, 1, *b*)) e comunicar quaisquer irregularidades no âmbito do dever de vigilância (art. 420º-A)[134].

A sua conduta deverá, pois, ser considerada *ilícita* e *culposa* quando actuem (i) com desrespeito pelos *deveres de cuidado ou de lealdade* (ilicitude) e (ii) com culpa, aferindo-se a culpa através do critério dos "elevados padrões de diligência profissional", ou seja, quando se verifique a inobservância de um padrão de diligência aferido pelo escrupuloso cumprimento dos deveres e regras de actuação exigíveis aos membros dos órgãos de fiscalização em face de cada situação concreta.

Não significa isto, todavia, que o critério deixe aqui de ser um critério de apreciação da culpa *em abstracto* para passar a apreciar-se a culpa *em concreto*. Pelo contrário, o elevado padrão de diligência continua a exigir a comparação da actuação concreta do fiscalizador com aquela esperada *em abstracto* de um fiscalizador munido de uma diligência profissional superior à média. A análise da culpa tem, no entanto, de ser feita *caso a caso* para permitir determinar quais os actos que o titular do cargo de fiscalização deveria ter praticado caso tivesse feito uso de uma elevada diligência.

A violação ilícita e culposa dos deveres de cuidado resultará assim, desde logo, da eventual inobservância dos padrões de diligência concretamente aplicáveis ao caso. Um dos mais elementares recursos utilizáveis para aferir, ainda que apenas formalmente, da diligência usada pelo órgão de fiscalização no exercício das suas funções reside na frequência e periodicidade das reuniões do órgão e na efectividade das mesmas. Será sempre necessário, porém, o recurso a outros critérios mais substanciais de aferição da diligência dos seus membros – p. ex., recusando a diligência de actos de fiscalização pura e simplesmente automatizados ou clonados, dos quais não resulte que houve, por parte do fiscalizador, um juízo efectivo sobre os factos a que se reporta[135]; ou ainda, como subsunção de sentido inverso, aceitando como diligente o acto de fiscalização que, não obstante ter tido como resultado a não detecção de uma fraude contabilística, se mostre conforme, do ponto de vista dos procedimentos, com as expectativas que em face das circunstâncias recaem sobre o órgão, pela utilização de regras e mecanismos genericamente aceites como aptos para uma eficaz revisão de reportes financeiros.

---

[134] Considerando o comando do art. 420º-A como um "procedimento" e não um dever, ESTÉVÃO MARQUES (2009), p. 126-127.
[135] Isto é, tem de existir necessariamente um juízo material e efectivo (*business judgment*) por parte do fiscalizador.

CAPÍTULO VI
APRECIAÇÃO ANUAL DA SITUAÇÃO DA SOCIEDADE

COMENTÁRIO GERAL AOS ARTS. 65º A 70º-A

Índice

1. Introdução
2. Os diversos regimes jurídico-contabilísticos em vigor em Portugal
    2.1. Sistema de Normalização Contabilística (SNC)
    2.2. NIC/NIRF do IASB-UE
    2.3. Outros regimes nacionais sectoriais
    2.3.1. Sector público administrativo
    2.3.2. Sector financeiro
    2.3.3. Sector segurador
3. As funções desempenhadas pelos sistemas contabilísticos e pelas normas jurídicas de relato financeiro ou prestação de contas
4. As demonstrações financeiras
    4.1. SNC
    4.1.1. Modelo Geral
    4.1.2. Pequenas Entidades – a NCRF-PE
    4.2. NIC/NIRF do IASB-UE
5. Exigências previstas para a elaboração das demonstrações financeiras de acordo com o SNC
    5.1. Introdução
    5.2. Objectivos e características da informação financeira a divulgar nas demonstrações financeiras
    5.3. Informações a prestar em cada uma das DF que compõem o "conjunto completo"
    5.4. Outros documentos de prestação de contas

Bibliografia
a) Citada:
ABREU, J. M. COUTINHO DE – *Curso de direito comercial*, vol. II – *Das sociedades*, 3ª ed., Almedina, Coimbra, 2009, p. 486-490; GOMES, JOSÉ FERREIRA – "Conflitos de interesses entre accionistas nos negócios celebrados entre a sociedade anónima e o seu accionista controlador" in CÂMARA, PAULO et al. – *Conflito de Interesses no Direito Societário e*

Financeiro – Um balanço a partir da crise financeira, Almedina, Coimbra, 2010, p. 75-213; CORDEIRO, ANTÓNIO MENEZES – *Introdução ao Direito da Prestação de Contas*, Almedina, Coimbra, 2008, *Manual de Direito Comercial*, 2ª ed., Almedina, Coimbra, 2009, p. 353-369 (2009); *Código das Sociedades Comerciais anotado* (coord. de A. Menezes Cordeiro), Almedina, Coimbra, 2009, anotação aos arts. 65º a 70º-A do CSC, p. 245-258 (2009a); CORREIA, ANTÓNIO FERRER – *Lições de Direito Comercial – Vol. II – Sociedades Comerciais – Doutrina Geral* (com a colaboração de Vasco Lobo Xavier, Manuel Henrique Mesquita, José Manuel Sampaio Cabral e António A. Caeiro), Universidade de Coimbra, Coimbra, 1968, p. 222 e s.; CRAVO, DOMINGOS *et al. – SNC Comentado*, Texto Editores, Lisboa, 2009; CROCA, MARIA ADELAIDE ALVES DIAS RAMALHO – "As contas do exercício – perspectiva civilística", ROA, 1997, p. 629-667; CUNHA, PAULO OLAVO – *Direito das Sociedades Comerciais*, 4ª ed., Almedina, Coimbra, 2010, p. 333-338; DOMINGUES, PAULO DE TARSO – *Variações sobre o capital social*, Almedina, Coimbra, 2009; DIAS, RUI M. PEREIRA – "As Sociedades no Comércio Internacional (Problemas Escolhidos de Processo Civil Europeu, Conflitos de Leis e Arbitragem Internacional)", *in* IDET, Miscelâneas, nº 5, Almedina, Coimbra, 2008, p. 41-108 (94-95); FRADA, MANUEL A. CARNEIRO DA – "Deliberações sociais inválidas no novo Código das Sociedades", *in* A. Palma Carlos *et al., Novas perspectivas do direito comercial*, Almedina, Coimbra, 1988, p. 315-336 (p. 325-326); GUIMARÃES, J. F. DA CUNHA – "O controlo de aplicação das normas (*enforcement*) no SNC, *Revista Electrónica INFOCONTAB*, 47, 2009, Outubro, p. 1-4; MACHADO, JOSÉ CARLOS SOARES – "A recusa de assinatura do relatório anual nas sociedades anónimas, ROA, 1994, p. 935-956, "Sobre a justificação da recusa de assinatura do relatório e contas da sociedade", ROA, 1996, p. 353-366; PEREIRA, RENATO *et al. – Harmonização Contabilística Internacional – Análise das suas implicações em Portugal*, Editor Horácio Piriquito, Lisboa, 2009; PINTO, ALEXANDRE MOTA – "A prestação de contas e o financiamento das sociedades comerciais", *in* SANCHES, J. L. SALDANHA/CÂMARA, FRANCISCO SOUSA DA/GAMA, JOÃO TABORDA DA (coord.), *O Direito do Balanço e as Normas Internacionais de Relato Financeiro*, Coimbra Editora, Coimbra, 2007, p. 77-117; REGO, CARLOS FRANCISCO DE OLIVEIRA LOPES DO – *Comentários ao Código de Processo Civil*, Almedina, Coimbra, 2004; RODRIGUES, ANA MARIA GOMES – *O Goodwill nas Contas Consolidadas*, Coimbra, Coimbra Editora, 2006, "Prestação de contas e o regime especial de invalidade das deliberações previstas no art. 69º do CSC", *Miscelâneas*, nº 6, IDET, Coimbra, p. 95-183 (2010); *SNC – Sistema de Normalização Contabilística*, Almedina, Coimbra, 2010 (2010a), *SNC – Contabilidade Financeira – Sua Aplicação*, Almedina, Coimbra, 2010 (2010b); SANCHES, J. L. SALDANHA – "Do Plano Oficial de Contabilidade aos IAS/IFRS", *in* SANCHES, J. L. SALDANHA/CÂMARA, FRANCISCO SOUSA DA/GAMA, JOÃO TABORDA DA (coord.), *O Direito do Balanço e as Normas Internacionais de Relato Financeiro*, Coimbra Editora, Coimbra, 2007, p. 61-75; SANTOS, FILIPE CASSIANO

DOS – *A posição do accionista face aos lucros de balanço – o direito do accionista ao dividendo no Código das Sociedades Comerciais*, Studia Iuridica nº 16, Coimbra Editora, Coimbra, 1996, p. 109-112; XAVIER, VASCO DA GAMA LOBO – *Anulação de deliberação social e deliberações conexas*, Atlântida, Coimbra, 1976 (reimpr.: Almedina, Coimbra, 1998), p. 484 s.; p. 493, nt. 161; p. 494 s., nt. 163.

b) Outra:
PIMENTA, ALBERTO – "A prestação das contas do exercício nas sociedades comerciais", BMJ 200 (1970), p. 11-106 – BMJ 209 (1971), p. 5-36.

1. Introdução

O Capítulo VI dedica-se à *"apreciação anual da situação da sociedade"*. Trata-se de um conjunto de nove artigos, objecto de várias alterações legislativas ao longo dos anos, que estabelecem o *regime geral* daquilo a que podemos hoje chamar *relato financeiro* e/ou *prestação de contas* por parte da sociedade comercial. Aí se estabelecem os traços gerais da configuração do dever de relatar a gestão, do dever de apresentar contas, bem como as consequências da ausente ou incorrecta actuação da administração, da fiscalização ou dos sócios em todo esse processo, que culmina na deliberação de aprovação das contas e sua subsequente publicitação através do registo comercial.

A este regime geral acrescem outras regras que encontraremos em outras partes do CSC, como é o caso dos artigos 263º (sociedades por quotas) e 451º a 455º (sociedades anónimas). Estes também se debruçam sobre alguns aspectos do procedimento de prestação de contas, desde a elaboração dos respectivos documentos, passando pela informação a ser prestada aos sócios, pelo exame das contas pelo órgão de fiscalização e emissão de certificação legal de contas (quando seja o caso), até ao momento deliberativo, em que é também devida uma apreciação geral da administração e fiscalização.

O campo do relato financeiro/prestação de contas é especialmente fértil na interligação entre o direito e as ciências económicas, em especial a contabilidade financeira. Por esse motivo, não deve surpreender que muito do que se diga e escreva sobre a contabilidade das sociedades tenha de ser atendido e reflectido na interpretação das normas jurídicas que, não só no puro plano da contabilidade, mas também no do direito das sociedades, regulam directa ou indirectamente a prestação de contas.

Começaremos, assim, por identificar essas normas jurídicas (2.) e mencionar as motivações que lhes subjazem (3.). Depois, tomando por base o regime que será aplicável à esmagadora maioria das sociedades portuguesas (o Sistema de Normalização Contabilística, doravante designado por SNC), fazemos uma descrição pormenorizada dos documentos que suportam a prestação de contas – as *Demonstrações Financeiras* (4. e 5.) –, de modo a tornar mais clara a subsequente análise de cada um dos artigos 65º a 70º-A.

Este capítulo do CSC, depois da republicação do DL 262/86 de 2 de Setembro pelo DL 76-A/2006, de 29 de Março, teve como principais alterações as constantes:

* do DL 8/2007, de 17 de Janeiro, relativo à Informação Empresarial Simplificada (IES); e
* do DL 185/2009, de 12 de Agosto, relativo às medidas de simplificação para as sociedades comerciais e civis sob a forma comercial. Este diploma adita também o art. 66º-A, atinente à mesma problemática.

2. Os diversos regimes jurídico-contabilísticos em vigor em Portugal
2.1. Sistema de Normalização Contabilística (SNC)

Aprovado pelo DL 158/2009, de 13 de Julho, o SNC apresenta-se como uma verdadeira revolução na contabilidade e no direito contabilístico em Portugal[1]. Se a tradição, consubstanciada no POC (Plano Oficial de Contabilidade, aprovado pelo DL 47/77, de 7 de Fevereiro), que vigorou mais de 30 anos (ainda que com uma profunda alteração em 1989, passando a ser designado genericamente por POC de 89, fruto da transposição da 4ª Directiva da então CEE para a ordem jurídica nacional), construía um sistema contabilístico direccionado sobretudo para responder às necessidades informativas do Estado e dos credores, fortemente influenciado pela tradição francesa e continental-europeia, já a nova orientação, de influência marcadamente anglo-saxónica, estabelece como principais objectivos do relato financeiro a defesa de um conjunto de interesses mais amplo e centrado em primeira linha nas necessidades dos *investidores*. Se este novo modelo é adequado ao tecido empresarial português, à estrutura organizatória maioritariamente adoptada (sociedades por quotas) e aos interesses da economia nacional, é questão complexa e interessante, mas que não cabe aqui discutir. De todo o modo, certos instrumentos regulatórios em vigor visam aliviar o peso excessivo que determinadas práticas de relato financeiro

---

[1] V. para mais detalhes DOMINGOS CRAVO *et al.* (2009) e RENATO PEREIRA *et al.* (2009).

poderiam, sem justificação cabal, trazer para as empresas societárias; é o caso paradigmático, no SNC, da "Norma contabilística e de relato financeiro para pequenas entidades" (ou NCRF-PE)[2]: cfr. art. 9º do DL 158/2009[3].

O SNC é aplicável aos exercícios que se iniciem em ou após 1 de Janeiro de 2010 (art. 16º do DL 158/2009).

2.2. NIC/NIRF do IASB-UE

O art. 4º do Regulamento (CE) 1606/2002, de 19 de Julho de 2002, relativo às normas internacionais de contabilidade, prevê o seguinte: *"Em relação a cada exercício financeiro com início em ou depois de 1 de Janeiro de 2005, as sociedades regidas pela legislação de um Estado-Membro devem elaborar as suas contas consolidadas em conformidade com as normas internacionais de contabilidade, adoptadas nos termos do nº 2 do artigo 6º, se, à data do balanço e contas, os seus valores mobiliários estiverem admitidos à negociação num mercado regulamentado de qualquer Estado-Membro, na acepção do nº 13 do artigo 1º da Directiva 93/22/CEE do Conselho, de 10 de Maio de 1993, relativa aos serviços de investimento no domínio dos valores mobiliários"*.

Na sequência deste Regulamento, foram adoptadas à escala comunitária diversas Normas Internacionais de Contabilidade, inicialmente aprovadas por via do *Regulamento (CE) 1725/2003 da Comissão, de 21 de Setembro de 2003, que adopta certas normas internacionais de contabilidade, nos termos do Regulamento (CE) 1606/2002 do Parlamento Europeu e do Conselho*, e ulteriormente sujeitas a diversas alterações e acrescentos, à medida que o *International Accounting Standards Board* (IASB), organismo de regulação internacional, vai alterando as normas existentes e emitindo novas normas ou interpretações às mesmas[4].[5]

---

[2] Publicada pelo Aviso 15654/2009, de 7 de Setembro (o despacho que a homologou tem o nº 587/2009/MEF).
[3] Já alterado pela Lei 20/2010 de 23 de Agosto, que modificou os limites definidos para as pequenas entidades. Em 2 de Setembro foi publicada também a Lei 35/2010 sobre a simplificação das normas e informações contabilísticas das *microentidades*, que definiu os limites para as microentidades e a necessidade de uma nova regulamentação contabilística para as mesmas.
[4] É aquilo que frequentemente se vê na prática referido como "as IAS/IFRS conforme 'endossadas' pela União Europeia", utilizando-se aqui o *"endosso"* num sentido impróprio para os juristas, em tradução literal de *"endorsement"* (no sentido de *aprovação* ou *ratificação*).
[5] Para um acervo actualizado das mesmas, cfr. p. ex. ANA MARIA RODRIGUES (2010a), num anexo em suporte electrónico.

2.3. Outros regimes nacionais sectoriais
2.3.1. Sector público administrativo

O organismo normalizador nacional é a Comissão de Normalização Contabilística da Administração Pública (CNCAP), criada no âmbito do Ministério das Finanças pelo art. 4º do DL 232/97, de 3 de Setembro, diploma que aprovou o Plano Oficial de Contabilidade Pública (POCP) e que deu início ao novo sistema de contabilidade pública.

O modelo adoptado incorpora o POCP e diversos planos de contas sectoriais (cfr. quadro anexo), os quais seguiram de perto o revogado POC, com as necessárias adaptações às especificidades de cada sector:

POCAL	Plano Oficial de Contabilidade das Autarquias Locais	DL 54-A/99, de 22 de Fevereiro
POC – Educação	Plano Oficial de Contabilidade para o Sector da Educação	Portaria 794/2000, de 20 de Setembro
POCMS	Plano Oficial de Contabilidade do Ministério da Saúde	Portaria 898/2000, de 28 de Setembro
POCISSSS	Plano Oficial de Contabilidade das Instituições do Sistema de Solidariedade e Segurança Social	DL 12/2002, de 25 de Janeiro

2.3.2. Sector financeiro

O organismo normalizador nacional é o Banco de Portugal, estando o normativo contabilístico nacional para o sector financeiro disposto na seguinte legislação:
- Instrução 4/96, de 7 de Junho – Plano de Contas para o Sistema Bancário (PCSB);
- Instrução 71/96, de 17 de Junho – Consolidação de Contas.

Relativamente à aplicação das NIC/NIRF do IASB-UE no sector financeiro, de entre os diversos Avisos e Instruções emitidos pelo Banco de Portugal, é de destacar como diploma mais relevante o Aviso 1/2005, de 28 de Fevereiro, com alterações introduzidas pelo Aviso 13/2005, de 30 de Dezembro, acerca da decisão do Banco de Portugal sobre a aplicação do Regulamento 1606/2002.

2.3.3. Sector segurador

O organismo normalizador nacional é o Instituto de Seguros de Portugal, estando o normativo contabilístico nacional para o sector segurador disposto na seguinte legislação:
- Norma Regulamentar 4/2007-R, de 27 de Abril – Plano de Contas para as Empresas de Seguros (PCES) (anterior Norma 7/94-R);

- Norma Regulamentar 5/2007-R, de 27 de Abril;
- Norma Regulamentar 6/2007-R, de 27 de Abril;
- Norma Regulamentar 7/2007-R, de 17 de Maio (apenas aplicável às Sociedades Gestoras de Fundos de Pensões – SGFP).

Relativamente à aplicação das NIC/NIRF do IASB-UE no sector segurador, de entre as Normas Regulamentares emitidas pelo Instituto de Seguros de Portugal, é de destacar como diploma mais relevante a Norma Regulamentar 5/2005-R, de 18 de Março, com alterações introduzidas pela Norma Regulamentar 4/2006-R, de 15 de Maio, acerca da decisão do Instituto de Seguros de Portugal sobre a aplicação do Regulamento 1606/2002.

3. As funções desempenhadas pelos sistemas contabilísticos e pelas normas jurídicas de relato financeiro ou prestação de contas

Uma vez que o SNC, actualmente em vigor, assume expressamente a sua *"sintonia"* (sic) com as NIC emitidas pelo IASB e adoptadas na União Europeia[6], cremos ser de utilidade atentar na enumeração dos *utentes* das demonstrações financeiras e suas *necessidades de informação*, conforme descritos no § 9 da Estrutura Conceptual (EC) do SNC[7] (pese embora o português gramatical e sintáctico não ser, frequentemente, o mais correcto):

> "9 – Nos utentes das demonstrações financeiras incluem-se investidores actuais e potenciais, empregados, mutuantes, fornecedores e outros credores comerciais, clientes, Governo e seus departamentos e o público. Eles utilizam as demonstrações financeiras a fim de satisfazerem algumas das suas diferentes necessidades de informação. Estas necessidades incluem o seguinte:
>
> (a) *Investidores* – Os fornecedores de capital de risco e os seus consultores estão ligados ao risco inerente aos, e ao retorno proporcionado pelos, seus investimentos. Necessitam de informação para os ajudar a determinar se devem comprar, deter ou vender. Os accionistas estão também interessados em informação que lhes facilite determinar a capacidade da entidade pagar dividendos.

---

[6] Cfr. a EC do SNC e o anexo ao DL 158/2009, 1.2. (entre muitas outras referências).
[7] A EC do SNC, seguindo extremamente de perto o homónimo (*rectius*, epónimo) documento do IASB, foi publicada pelo Aviso 15652/2009, de 7 de Setembro (o despacho que a homologou tem o nº 589/2009/MEF). Sobre as "funções e interesses prosseguidos pelo Direito do Balanço" – incluindo ainda uma listagem de situações da vida da sociedade, diferentes desta "apreciação anual" do Capítulo VI, mas em que é outrossim necessária a prestação de contas – v. ALEXANDRE MOTA PINTO (2007), p. 78-83. V. tb. MENEZES CORDEIRO (2008), p. 71-72; MARIA ADELAIDE CROCA (1997), p. 640 s..

(b) *Empregados* – Os empregados e os seus grupos representativos estão interessados na informação acerca da estabilidade e da lucratividade dos seus empregadores. Estão também interessados na informação que os habilite a avaliar a capacidade da entidade proporcionar remuneração, benefícios de reforma e oportunidades de emprego.

(c) *Mutuantes* – Os mutuantes estão interessados em informação que lhes permita determinar se os seus empréstimos, e os juros que a eles respeitam, serão pagos quando vencidos.

(d) *Fornecedores e outros credores comerciais* – Os fornecedores e outros credores estão interessados em informação que lhes permita determinar se as quantias que lhes são devidas serão pagas no vencimento. Os credores comerciais estão provavelmente interessados numa entidade durante um período mais curto que os mutuantes a menos que estejam dependentes da continuação da entidade como um cliente importante.

(e) *Clientes* – Os clientes têm interesse em informação acerca da continuação de uma entidade, especialmente quando com ela têm envolvimentos a prazo, ou dela estão dependentes.

(f) *Governo e seus departamentos* – O Governo e os seus departamentos estão interessados na alocação de recursos e, por isso, nas actividades das entidades. Também exigem informação a fim de regularem as actividades das entidades, determinar as políticas de tributação e como base para estatísticas do rendimento nacional e outras semelhantes.

(g) *Público* – As entidades afectam o público de diversos modos. Por exemplo, podem dar uma contribuição substancial à economia local de muitas maneiras incluindo o número de pessoas que empregam e patrocinar comércio dos fornecedores locais. As demonstrações financeiras podem ajudar o público ao proporcionar informação acerca das tendências e desenvolvimentos recentes na prosperidade da entidade e leque das suas actividades."

4. As demonstrações financeiras

As demonstrações financeiras (DF) resultam da adopção de conceitos, de pressupostos, de características qualitativas (nomeadamente na definição, reconhecimento e mensuração dos elementos das DF) que devem considerar-se de aplicação geral, para assegurar os requisitos necessários a que possam ser úteis na tomada de decisões económicas daquele amplo grupo de utentes acima identificado.

4.1. SNC
4.1.1. Modelo Geral
Um conjunto completo de demonstrações financeiras, nos termos do art. 11º do DL 158/2009, inclui o seguinte:
- Balanço;
- Demonstração dos Resultados por Naturezas (DR_n);
- Demonstração dos Resultados por Funções (DR_f) – opcional;
- Demonstração dos Fluxos de Caixa (DFC) – refira-se que, no âmbito do POC, era exigível um anexo autónomo para a DFC; esta obrigação informativa foi abandonada no SNC, passando a exigir-se um único Anexo para todas as DF objecto de divulgação;
- Demonstração das Alterações no Capital Próprio[8] (DACP) – documento que passou a ser exigível para todas as entidades que apliquem o SNC em termos *gerais* (isto porque, quer a DACP, quer a DFC, são dispensadas nas pequenas entidades que tenham optado pela adopção da NCRF-PE);
- Anexo – anteriormente, em POC, era designado de Anexo ao Balanço e à Demonstração dos Resultados (ABDR). Veja-se o que sobre ele diremos *infra*, em anotação ao art. 66º-A.

A estrutura e o conteúdo destas DF devem obedecer ao disposto na NCRF 1 – *Estrutura e Conteúdo das DF*.

4.1.2. Pequenas Entidades – a NCRF-PE
Como se prevê no art. 2º da Portaria 986/2009, as entidades que apliquem a NCRF-PE podem utilizar *modelos reduzidos de DF* (modelo reduzido de balanço, modelos reduzidos de demonstrações dos resultados por naturezas e por funções e, por último, modelo reduzido de anexo). Mas, de todo o modo, trata-se da mesma filosofia aplicável às DF elaboradas pelas entidades que adoptam o *modelo geral* do SNC: simplesmente, porque as exigências informativas daquelas entidades são menores, o legislador contabilístico dispensou essas entidades de elaborar e divulgar a DFC e a DACP, sendo menos exigente também nalgumas das regras contabilísticas que presidem à elaboração das suas DF.

---

[8] Sendo o *capital próprio* definido como o interesse residual nos activos da entidade depois de deduzidos todos os seus passivos, tal conceito tem subjacente os princípios da *manutenção do capital* e da *realização do rédito*, pelo que só são resultados realizados os que tragam à empresa influxos de activos (ou reduções do passivo).

4.2. NIC/NIRF do IASB-UE

O art. 1º da Portaria 986/2009, de 7 de Setembro, estabelece os modelos das DF obrigatórias no contexto do SNC e que poderão também ser utilizados pelas entidades que, nos termos do art. 4º do DL 158/2009, apliquem as NIC. Esta opção de utilização dos modelos previstos na Portaria, aberta às entidades que obrigatoriamente ou por opção (quando esta for possível) apliquem as NIC/NIRF, tem como teleologia a procura de alguma harmonização nas DF de síntese, em nome de um acréscimo de comparabilidade da informação contabilística produzida por entidades que utilizam normas de contabilidade diversas – ainda que, no actual contexto europeu, com a mesma raiz inspiradora.

De resto, podemos encontrar na NIC 1, § 10, um elenco do *"conjunto completo de demonstrações financeiras"*:

"(a) uma demonstração da posição financeira no final do período;

(b) uma demonstração do rendimento integral do período;

(c) uma demonstração de alterações no capital próprio do período;

(d) uma demonstração dos fluxos de caixa do período;

(e) notas, compreendendo um resumo das políticas contabilísticas significativas e outras informações explicativas; e

(f) uma demonstração da posição financeira no início do período comparativo mais antigo quando uma entidade aplica uma política contabilística retrospectivamente ou elabora uma reexpressão retrospectiva de *itens* nas suas demonstrações financeiras, ou quando reclassifica *itens* nas suas demonstrações financeiras."

É patente, em ambiente NIC/NIRF, a grande liberdade de estruturação e conformação que é deixada às entidades que estão obrigadas ao relato financeiro. Sinal disso mesmo é a circunstância de que "uma entidade pode usar títulos para as suas demonstrações que não sejam os usados nesta Norma" (NIC 1, § 10, *in fine*).

5. Exigências previstas para a elaboração das demonstrações financeiras de acordo com o SNC
5.1. Introdução

A EC do SNC define os pilares essenciais para que a informação divulgada possa cumprir o seu propósito último[9]: permitir que os utentes tomem as suas decisões

---

[9] A EC contempla os objectivos das DF; as características qualitativas que determinam a utilidade da informação contida nas DF; a definição, reconhecimento e mensuração dos elementos a partir dos quais se constroem as DF; e, por último, os conceitos de capital e de manutenção de capital.

com o menor risco possível, num contexto típico de incerteza, como é aquele em que hoje vivemos.

A EC estabelece os conceitos subjacentes à preparação e apresentação das DF para utentes externos, seja pelas entidades que preparam um conjunto completo de DF, seja pelas Pequenas Entidades (§ 2 da EC).

A EC respeita às DF de finalidades gerais, que são preparadas e apresentadas pelo menos anualmente e dirigem-se às necessidades comuns de informação de um vasto leque de utentes (§ 6 da EC).

A análise dos pilares da EC do SNC permite-nos verificar que a informação a prestar visa expressar a situação financeira, as suas alterações e o desempenho da entidade, sendo condicionada pela maximização do resultado, com vista a satisfazer as necessidades informativas dos investidores, actuais e potenciais, da entidade, além das necessidades de todos os outros utentes das DF.

Os modelos das DF, constantes no SNC, privilegiam a satisfação das necessidades de *informação económico-financeira* de um vasto conjunto de utilizadores, que já acima identificámos como os *utentes das DF* (anot. 3.).

5.2. Objectivos e características da informação financeira a divulgar nas demonstrações financeiras

As DF são preparadas com base no disposto nas normas contabilísticas, criadas precisamente para estabelecer regras e procedimentos uniformes, com o intuito contabilístico de prover informações comparáveis, úteis e condizentes com as necessidades dos diferentes utentes. Assim, a regulamentação torna-se necessária para harmonizar ou mesmo unificar os procedimentos contabilísticos.

O objectivo das DF (§ 12 da EC) é proporcionar informação acerca da posição financeira, do desempenho e das alterações na posição financeira de uma entidade, de modo a que a mesma seja útil a um vasto leque de utentes na respectiva tomada de decisões económicas.

A *contabilidade*, como *sistema de informação* que é, deve obedecer aos pressupostos, características qualitativas e seus requisitos, bem como aos constrangimentos subjacentes à preparação dessa informação financeira. Uma vez conseguido o cumprimento desses pilares centrais da EC do SNC (*i.e.*, pressupostos, características, requisitos e, simultaneamente, constrangimentos na preparação dessa informação), é lícito afirmar que a informação pode ser considerada *útil* aos diversos utentes da mesma.

Assim, as DF devem proporcionar *informação que seja útil* para os seus utentes (utilizadores ou destinatários). Para que atinjam esse objectivo, as DF devem ser preparadas atendendo:
1. Aos *pressupostos* subjacentes à preparação das DF, constantes na EC do SNC:
    - Regime de acréscimo (periodização económica); e
    - Continuidade.
2. Às *características qualitativas* impostas pela EC, que são as seguintes:
    - Compreensibilidade;
    - Relevância;
    - Fiabilidade;
    - Comparabilidade.
3. Estas características estão condicionadas pelo respeito de um conjunto de *requisitos*. Assim, e relativamente às características *relevância* e *fiabilidade*, impõe-se atender aos seguintes atributos/requisitos:
    - Materialidade – que se prende com a *relevância*;
    - Representação fidedigna;
    - "Primado" da substância sobre a forma;
    - Neutralidade;
    - Prudência;
    - Plenitude.

Os cinco últimos requisitos prendem-se com a *fiabilidade* da informação financeira.

Todavia, apesar das exigências anteriores (pressupostos, características e requisitos), há que atender a algum equilíbrio entre essas exigências e a função última do relato financeiro. Impõem-se, por isso, alguns *constrangimentos* à informação relevante e fiável, constantes dos §§ 43 a 45 da EC.

4. Os *constrangimentos* previstos são os seguintes:
    - Tempestividade;
    - Balanceamento entre benefício e custo;
    - Balanceamento entre características qualitativas.

As DF são preparadas com o propósito de proporcionar *informação que seja útil na tomada de decisões económicas*, devendo responder às necessidades que são comuns à maioria dos utentes. Que decisões económicas privilegia o SNC?

No § 1 da EC toma-se como referência as seguintes decisões: decidir quando comprar, deter ou vender um investimento em capital próprio; avaliar o zelo ou a responsabilidade do órgão de gestão; avaliar a capacidade de a entidade pagar e proporcionar outros benefícios aos seus empregados; avaliar a segurança das quantias emprestadas à entidade; determinar as políticas fiscais; determinar os lucros e dividendos distribuíveis; preparar e usar as estatísticas sobre o rendimento nacional; ou regular as actividades das entidades.

O objectivo principal a atingir com a elaboração da informação financeira é o de permitir que, com clareza e objectividade, cada grupo de utentes efectue a avaliação da situação económica e financeira da entidade, podendo assim também fazer inferências sobre as suas tendências futuras.

Segundo o § 17 da EC, a informação prestada deve ser a necessária e suficiente para avaliar: o desempenho de uma entidade, em particular, a sua *lucratividade* (*sic*), a fim de determinar as alterações potenciais nos recursos económicos que, provavelmente, ela controlará no futuro; a variabilidade do desempenho da entidade, pois esta revela-se útil na *"predição" da capacidade da entidade gerar fluxos de caixa*, a partir dos seus recursos básicos existentes, e bem assim na formação de juízos de valor acerca da eficácia com que a entidade pode empregar recursos adicionais.

Como já referido (anot. 3.), a lei identifica os *utentes das DF*. Atendendo ao objectivo principal da informação divulgada pelas entidades, importa saber se, de entre os vários utentes actuais e/ou potenciais dessa informação, deverá algum deles ser considerado como estando numa *posição preferencial* em face dos demais?

A resposta a esta pergunta não é irrelevante para a própria configuração do sistema de relato financeiro; e, no SNC, o utente privilegiado é, claramente, *o investidor*, ainda que explicitamente o legislador não tivesse optado por eleger nenhum utilizador como preferencial. Todavia, implicitamente poder-se-á afirmar que há uma clara preferência pelo investidor.

Em consequência, o actual paradigma contabilístico, pressionado pelas necessidades de informação dos investidores e pelas exigências dos mercados de capitais, tende para modelos de mensuração/valorização dos elementos do balanço (activos, passivos e capital próprio) baseados em *valores actuais*, procurando aproximar os valores escriturados nas DF dos seus *valores de mercado* (veja-se a aplicação do modelo do *justo valor*; o modelo de *revalorização*; as *imparidades*; o conceito de *valor presente*; entre outros).

5.3. Informações a prestar em cada uma das DF que compõem o "conjunto completo"

O Balanço, peça fundamental para a análise da posição financeira das empresas, encontra a sua estrutura definida na NCRF 1 do SNC. Aí são disponibilizados dois modelos, um mais desenvolvido e outro menos desenvolvido (chamado *modelo reduzido*), podendo este último ser apresentado pelas sociedades que, à data do encerramento das contas, não tenham ultrapassado dois dos três limites referidos no art. 9º do DL 158/2009[10] (com as alterações introduzidas pela Lei 20/2010 de 23 de Agosto).

O *Balanço* apresenta a posição financeira num determinado momento/data, divulgando, devidamente agrupados e classificados, os Activos e Passivos (composição do património) e o Capital Próprio (valor do património líquido). A classificação primária dos activos e passivos distingue-os entre activos correntes e não correntes e passivos correntes e não correntes.

A análise do balanço permite tirar conclusões sobre a estrutura financeira da entidade. Conjugando as considerações acerca dos *critérios de mensuração* previstos no SNC com a análise do respectivo *modelo de balanço*, podemos reiterar que as preocupações subjacentes à divulgação de informação se prendem sobretudo com a *tomada de decisões de investimento*. Com efeito, os valores dos elementos patrimoniais apresentados no balanço são reflexo dos critérios de mensuração utilizados na sua preparação, estando *destacadas* no balanço determinadas rubricas que, apesar de serem preparadas com objectivos gerais, dificilmente interessam a outros utilizadores que não os *investidores*; e, por sua vez, estão *agregadas* outras que diversos utilizadores gostariam, seguramente, de ver *desagregadas*, como é o caso de *contas a receber, caixa e depósitos à ordem*, entre outras.

A estrutura da *Demonstração dos Resultados por Naturezas* (DR_n) também se encontra definida na NCRF 1 do SNC. É uma peça fundamental para a apreciação da situação económica da empresa, pois mostra a natureza dos *gastos* (designados em POC por *custos e perdas*) e dos *rendimentos* (em POC, *proveitos e ganhos*), bem como o modo como se formou o resultado final (*resultado líquido do período*).

O SNC apresenta dois modelos de Demonstração dos Resultados, podendo o modelo menos desenvolvido (o aludido *modelo reduzido*) ser apresentado pelas pequenas entidades, nos mesmos termos anteriormente referidos para o Balanço.

A Demonstração dos Resultados permite avaliar a *variação quantitativa do património num determinado período*. Desenha um quadro que evidencia as componentes *positivas* e *negativas* do *resultado* relativo ao *intervalo de tempo* entre as

---

[10] No anterior normativo contabilístico, o POC, também se previa a apresentação de dois modelos, um mais desenvolvido e outro menos desenvolvido, podendo este último ser apresentado pelas sociedades que, à data do encerramento das contas, não tivessem ultrapassado dois dos três limites referidos no art. 262º do CSC. Com a introdução do SNC, é agora o legislador contabilístico quem define os limites que tomou por aceitáveis para a apresentação de informação contabilística mais sumária.

duas datas do balanço (N e N-1), sendo que esse resultado (resíduo) traduz o desempenho que a entidade obtém pela utilização dos seus recursos nesse período, informação que se revela útil à tomada de decisão pelos seus diferentes utilizadores.

A principal *função da DR* é o *apuramento dos resultados*, lucros ou prejuízos, obtidos pelas entidades em cada período económico, através da comparação entre os *rendimentos* e os *gastos*.

No SNC, a Demonstração dos Resultados surge com um *formato vertical*, sem uma clara separação entre gastos e rendimentos. Permite, no entanto, o cálculo de alguns indicadores que se assumem de particular relevância para os investidores, porque especialmente vocacionados para o mercado financeiro, como são os casos do EBITDA e EBIT[11], contemplados no actual modelo de demonstração dos resultados do SNC.

O EBITDA (*Earnings Before Interest, Taxes, Depreciation and Amortization*) corresponde ao resultado operacional da entidade, acrescido/deduzido dos gastos/reversões de depreciações e de amortização, bem como das perdas/reversões de imparidades. É considerada uma *ratio* de natureza económica, um avaliador do verdadeiro desempenho operacional de uma entidade, mas com uma forte preocupação em fornecer informações aos *investidores de mercado*, numa lógica subtractiva da evidenciação da formação do resultado líquido do período.

A informação mínima a divulgar é a que consta no modelo da Portaria; mas linhas adicionais podem ser apresentadas na face da Demonstração dos Resultados, se tal for relevante para uma melhor compreensão do desempenho. Não devem ser apresentados *itens* de rendimento e de gasto como *itens extraordinários*.

Na *Demonstração de Resultados por Funções* (DR_f)[12] os gastos e os rendimentos aparecem classificados por funções, e já não por naturezas, como na DR anterior. A DR_f apresenta os resultados das operações de uma empresa, durante um determinado período, em que os diversos *gastos são classificados atendendo à sua função* como parte das actividades de produção, de distribuição ou administrativa. A afectação funcional das componentes negativas do resultado tem por base a classificação dos gastos face ao seu *destino*.

---

[11] À semelhança do EBITDA, também o EBIT (*Earnings Before Interest and Taxes*) reflecte o resultado da entidade antes da função financeira e fiscal, e pode ser extraído directamente de uma das linhas da DR por naturezas.
[12] Anteriormente ao SNC, a elaboração da DR_f estava prevista na Directriz Contabilística 20.

A elaboração da DR por funções surge da necessidade que os gestores têm, em ordem a conseguirem uma gestão eficiente e eficaz, de informação produzida, não só pela *Contabilidade Financeira/Geral/Externa*, mas também por uma Contabilidade Interna – a *Contabilidade Analítica* ou *Contabilidade de Gestão*, possibilitando tomadas de decisão mais adequadas e um controlo de gestão mais realista. É especialmente no âmbito da Contabilidade Analítica que se procede à imputação das naturezas às funções, reclassificando por funções os gastos apresentados na DR por naturezas.

A *Demonstração dos Fluxos de Caixa* (DFC)[13] tem como objectivo informar os utentes da informação financeira do modo como foram geradas as *fontes de caixa* (dinheiro) ou equivalentes de caixa e o destino que lhes foi dado. Isto é: dá a conhecer as variações que ocorreram na estrutura *financeira* no período em análise.

Esta demonstração é de elaboração *obrigatória* pelas entidades a quem se aplica o *modelo geral* do SNC (ou as NIC/NIRF).

A *Demonstração das Alterações no Capital Próprio* (DACP)[14] tem como principal objectivo apresentar informação sobre as variações ocorridas na *composição e quantia do capital próprio* com evidenciação no resultado integral. Este *resultado integral do período*, também designado de *extensivo*, representa as variações na composição e quantia do capital próprio do período, com excepção das operações com os detentores do capital.

Por último, o Anexo (A) – a que nos referiremos mais detalhadamente em anotação ao art. 66º-A – deve apresentar informação acerca das *bases de preparação das demonstrações financeiras* e das *políticas contabilísticas usadas*, divulgando a informação exigida pelas NCRF que não seja apresentada na face do balanço, da demonstração dos resultados, da demonstração das alterações no capital próprio ou da demonstração dos fluxos de caixa. Visa proporcionar informação adicional que, não constando imediatamente das restantes DF, seja contudo *relevante para uma melhor compreensão* de qualquer uma delas.

5.4. Outros documentos de prestação de contas

Os documentos de prestação de contas previstos no CSC incluem pelo menos, além das DF obrigatórias segundo o SNC, os seguintes documentos:
– Relatório de gestão;

---

[13] A sua estrutura no anterior sistema contabilístico (POC) era apresentada na Directriz Contabilística 14.
[14] Para maiores desenvolvimentos, ver §§ 39 a 42 da NCRF 1.

– Relatório de governação da sociedade;
– Certificação legal de contas, quando obrigatória;
– Parecer do órgão de fiscalização, quando exista.

Quanto ao *relatório da gestão*, veja-se, *infra*, o art. 66º.

O relatório de governação da sociedade previsto no nº 2 do art. 70º do CSC com uma natureza *geral*, ou seja, para a generalidade das entidades reguladas pelo CSC, é em nossa opinião uma exigência informativa que só faz sentido para as sociedades anónimas, e, particularmente, vocacionado para as sociedades com valores cotados em bolsa de valores regulamentada[15].

O relatório de governação da sociedade só é exigível enquanto peça individual integrante da prestação de contas se não fizer já parte do próprio relatório de gestão (art. 70º, 2, b)).

No que respeita à *certificação legal de contas* (CLC), a sua obrigatoriedade está prevista para as sociedades anónimas, sociedades em comandita por acções e sociedades por quotas que ultrapassem dois dos três limites referidos no art. 262º do CSC. Concomitantemente, a existência de parecer do órgão de fiscalização fica dependente da obrigatoriedade da própria criação deste órgão.

Cabe aos ROC ou às SROC verificar a regularidade das contas das sociedades que são obrigadas à fiscalização, em ordem a *evitar* situações de *fraude* e de *manipulação* que possam pôr em causa os interesses de todos os que, directa ou indirectamente, se relacionam com a referida sociedade.

O regime jurídico dos ROC encontra-se estabelecido no DL 487/99, de 16 de Novembro, alterado e republicado pelo DL 224/2008, de 20 de Novembro. Prevê-se que apenas ROC individuais ou organizados em sociedades (SROC) tenham competência exclusiva para a *revisão legal de contas*, que consiste no *exame* das mesmas. No art. 40º do referido diploma, definem-se tais funções como sendo de *interesse público*.

A revisão legal consiste no exame às contas, em ordem à sua certificação legal, nos termos do disposto no art. 44º do mesmo diploma. Como resultado do exercício da revisão legal, será emitida a *certificação legal das contas*[16], exprimindo

---

[15] A análise do nº 4 do art. 451º, na redacção dada pelo DL 185/2009, de 12 de Agosto, acaba por confirmar a nossa convicção de que este relatório sobre a estrutura e as práticas de governo societário deve ser divulgado pelas sociedades que sejam emitentes de valores mobiliários admitidos à negociação em mercado regulamentado, sendo o seu conteúdo definido no art. 245º-A do CVM.

[16] A CLC pode ser modificada quando existam ênfases ou reservas. As primeiras são situações que não afectam a opinião do ROC, mas que exigem ou justificam uma menção na CLC. As segundas são situações que afectam a opinião do ROC e podem ser do seguinte tipo: incertezas fundamentais, limitações de âmbito e desacordos.

a opinião do revisor de que os documentos de prestação de contas apresentam (ou não), de forma verdadeira e apropriada, a situação financeira da empresa, bem como os resultados das suas operações relativamente a um determinado período (nº 2 do art. 44º do aludido DL).

Cumpre salientar que a certificação legal de contas só pode ser elaborada depois de efectuado o exame das contas, exprimindo o revisor a sua convicção. Para a sua emissão, os ROC terão de obedecer a um conjunto de *normas técnicas* de revisão legal de contas, emanadas pela OROC. A fiscalização incide sobre a *regularidade dos registos e dos documentos* elaborados para retratar a actividade de uma sociedade, recorrendo-se, usualmente, a métodos de *amostragem* devidamente fundamentados.

Os ROC/SROC devem expressar uma opinião sobre se as DF apresentam uma imagem verdadeira e apropriada da posição financeira e dos resultados da actividade, de acordo com os Princípios Contabilísticos Geralmente Aceites (PCGA)[17]. O afastamento em relação a essas regras deve ser objecto de menção expressa nos respectivos relatórios. Em caso de falhas nesses procedimentos, prevêem-se sanções severas, que são impostas pela OROC aos seus membros faltosos.

O resultado da actividade dos ROC/SROC goza de *presunção* de *fé pública*. A certificação legal de contas assegura a credibilidade da informação elaborada e divulgada pelo órgão de administração, constituindo um mecanismo de protecção das expectativas de todos os que nela se apoiam para tomar decisões. Opera, pois, como uma *garantia visível* da *seriedade* das DF junto de todos os actuais e potenciais interessados.

Tipos de CLC modificada, segundo a DRA 700 da OROC:
- CLC com ênfases;
- CLC com opinião com reservas;
- CLC com ênfases e opinião com reservas;
- CLC com escusa de opinião, quando o ROC não obtém evidência suficiente face aos efeitos das limitações de âmbito;
- CLC com opinião adversa, quando os efeitos do desacordo são tão profundos e significativos e afectam de tal modo as DF que estas induzem em erro os utilizadores.
- Impossibilidade de CLC, quando o ROC não está em condições de emitir uma CLC, por se lhe depararem situações de inexistência ou significativa insuficiência ou ocultação de matéria de apreciação.

[17] Hoje e após a publicação do DL 158/2009, de 13 de Julho, os PCGA foram substituídos pelos pressupostos, características e requisitos da informação financeira constantes da EC do SNC.

ARTIGO 65º
Dever de relatar a gestão e apresentar contas

1. Os membros da administração devem elaborar e submeter aos órgãos competentes da sociedade o relatório de gestão, as contas do exercício e demais documentos de prestação de contas previstos na lei, relativos a cada exercício anual.

2. A elaboração do relatório de gestão, das contas do exercício e dos demais documentos de prestação de contas deve obedecer ao disposto na lei; o contrato de sociedade pode complementar, mas não derrogar, essas disposições legais.

3. O relatório de gestão e as contas do exercício devem ser assinados por todos os membros da administração; a recusa de assinatura por qualquer deles deve ser justificada no documento a que respeita e explicada pelo próprio perante o órgão competente para a aprovação, ainda que já tenha cessado as suas funções.

4. O relatório de gestão e as contas do exercício são elaborados e assinados pelos gerentes ou administradores que estiverem em funções ao tempo da apresentação, mas os antigos membros da administração devem prestar todas as informações que para esse efeito lhes forem solicitadas, relativamente ao período em que exerceram aquelas funções.

5. O relatório de gestão, as contas do exercício e demais documentos de prestação de contas devem ser apresentados ao órgão competente e por este apreciados, salvo casos particulares previstos na lei, no prazo de três meses a contar da data do encerramento de cada exercício anual, ou no prazo de cinco meses a contar da mesma data quando se trate de sociedades que devam apresentar contas consolidadas ou que apliquem o método da equivalência patrimonial.

* Rectificado pelo DL 280/87, de 8 de Julho, que alterou o nº 3. O DL 328/95, de 9 de Dezembro, alterou os nºs 1 e 5. A redacção do nº 4 foi alterada pelo DL 76-A/2006, de 29 de Março.

Índice

1. O *dever de relatar a gestão e apresentar contas* (art. 65º, 1)
2. Os documentos de prestação de contas
3. Imperatividade das normas sobre a elaboração dos documentos de prestação de contas (art. 65º, 2)
4. Assinatura dos documentos; prestação de informações mesmo após o termo das funções de administração (art. 65º, 3 e 4)
5. Prazos para a prestação de contas (art. 65º, 5)

Bibliografia

Vide a bibliografia indicada para o Capítulo VI (arts. 65º-70º-A).

1. O *dever de relatar a gestão e apresentar contas* (art. 65º, 1)

Este dever encontrava expressão legal, antes do próprio regime contabilístico propriamente dito, no CCom. de 1888[1], no seu Título IV dedicado à escrituração. No art. 29º prevê-se que *"Todo o comerciante é obrigado a ter escrituração mercantil efectuada de acordo com a lei"*. O art. 30º parece admitir a liberdade de organização da escrita comercial; no entanto, essa liberdade de organização foi condicionada, senão abolida, por outros regimes jurídicos que posteriormente passaram a vigorar, nomeadamente por razões de ordem contabilística, fiscal e também societária. Já o art. 62º, ainda do CCom. adianta: *"Todo o comerciante é obrigado a dar balanço anual ao seu activo e passivo nos três primeiros meses do ano imediato"* (quanto a este prazo, não aplicável em todos os casos, v. *infra* nesta anotação, 5.).

O dever de relatar e apresentar contas, no CSC, tem uma configuração legal que é dada, não apenas por este preceito, mas também por vários outros, não menos importantes, dispersos pelo Código:

- Art. 65º – Dever de relatar a gestão e apresentar contas
- Art. 66º – Relatório de gestão
- Art. 70º – Depósito
- Art. 70º-A – Depósitos para as sociedades em nome colectivo e em comandita simples
- Art. 420º – Relatório e parecer do fiscal único ou conselho Fiscal
- Art. 447º – Publicidade de participações dos membros de órgãos de administração e fiscalização (Anexo ao relatório anual do órgão de administração)
- Art. 448º – Publicidade de participações de accionistas (Anexo ao relatório anual do órgão de administração)
- Arts. 508º-A a 508º-E – Contas consolidadas.

Não obstante a complexidade que, poderá dizer-se, que a extensão do conjunto de *utentes* das DF (v. § 9 da EC do SNC) introduz em matéria do relato financeiro, este *dever de prestar contas* é correlativo de um *direito dos sócios a essa prestação de contas* – que, como os tribunais portugueses já afirmaram, pode ser distinguido do direito de *informação* ou de *consultar documentos* societários[2].

---

[1] Os artigos do CCom. a que nos referimos neste parágrafo têm a sua redacção actual dada pelo DL 76-A/2006.

[2] Ac. STJ, 15.03.1994, doc. nº SJ199403150850291. Cfr., porém, qualificando-a como "uma obrigação de informação", o Ac. STJ, 30.07.1987.

Assim, para além do dever de *elaborar* estes documentos, os membros da administração estão vinculados a *submeter estes documentos* aos órgãos competentes da sociedade – a saber, o grémio social, usualmente reunido em *assembleia geral*[3].

2. Os documentos de prestação de contas

No *dever de relatar a gestão e apresentar contas* incluem-se, segundo o art. 65º, 1, "o relatório de gestão, as contas do exercício e demais documentos de prestação de contas previstos na lei". Quais são, exactamente, estes documentos, uma vez que só o *relatório de gestão* (v. art. 66º) é especificamente identificado no CSC?

Encontramos uma primeira referência às *"contas de exercício"* no art. 2º, 1, da Quarta Directiva[4]: *"As contas anuais compreendem o balanço, a conta de ganhos e perdas e o anexo. Estes documentos formam um todo"*. Hoje, porém, é mais extenso o elenco de *documentos de prestação de contas* (ou de *demonstrações financeiras*, para abreviarmos e ao mesmo tempo remetermos para a terminologia adoptada pela EC e NCRF do SNC[5]). Por isso mesmo, é feliz a inexistência de um elenco taxativo dos *documentos de prestação de contas* na lei societária, bem como a referência aberta, na parte final do art. 65º, 1, aos *"demais documentos de prestação de contas previstos na lei"*. Na verdade, esses documentos – e não só o seu conteúdo[6] – podem variar em *nome*, *número* e *forma*, consoante as normas contabilísticas a que as sociedades comerciais de lei portuguesa estejam sujeitas, assim como sofrer alterações ao longo dos tempos de modo a reflectir e acompanhar a evolução da respectiva envolvente económica. Para uma enumeração completa, veja-se, *supra*, o comentário geral a este capítulo.

---

[3] Mas v. também a hipótese de todos os sócios de uma sociedade por quotas serem gerentes e assinarem sem reserva os documentos de prestação de contas: cfr. art. 263º, 2. Sobre a necessidade de estes documentos serem também (e previamente) apresentados ao órgão de fiscalização, v. os arts. 263º (sociedade por quotas) e 451º s. (sociedade anónima).

[4] Aliás, as directivas europeias moldaram significativamente as normas nacionais relativas às contas. Destacam-se a Quarta Directiva (78/660/CEE, do Conselho, de 25 de Julho de 1978, relativa às contas anuais de certas formas de sociedades), a Sétima Directiva (83/349/CEE do Conselho, de 13 de Junho de 1983, relativa às contas consolidadas) e a Directiva 2006/43/CE do Parlamento Europeu e do Conselho, de 17 de Maio de 2006, relativa à revisão legal das contas anuais e consolidadas.

[5] O legislador societário parece ter imputado esta tarefa ao legislador contabilístico: ANA MARIA RODRIGUES (2010), p. 159, nt. 67.

[6] Pensamos, p. ex., nas normas contabilísticas aplicáveis às Pequenas Entidades, que prevêem o mesmo elenco de demonstrações financeiras mas esvaziam algum do conteúdo exigido, em face das mais reduzidas necessidades de relato financeiro que essas entidades apresentam, quando comparadas com as exigências informativas das sociedades com valores cotados, que a legislação contabilística hoje em vigor assumidamente usou como paradigma. V. *supra*, Comentário Geral aos arts. 65º a 70º-A, 4.1.1..

Não obstante a publicação de vários textos marcadamente contabilísticos sobre o assunto, que vão antecipando a colocação e a resposta a algumas das questões pertinentes[7], a verdade é que não se conhecem ainda detalhes dos problemas jurídicos que, na realidade, a transição para o novo sistema normativo de relato financeiro irá causar. A razão para tal é simples: só após o encerramento dos exercícios[8] que se iniciaram em ou após 1 de Janeiro de 2010 – ou seja, só após 31 de Dezembro de 2010 – haverá lugar à apreciação das demonstrações financeiras, já elaboradas em ambiente SNC, pelos sócios reunidos em assembleia geral, para sobre elas deliberarem.

3. Imperatividade das normas sobre a elaboração dos documentos de prestação de contas (art. 65º, 2)

O art. 65º, 2, estabelece que o disposto na lei sobre a elaboração das DF é imperativo, uma vez que, não só lhe é devida obediência (1ª parte), como o contrato de sociedade, embora possa *complementar* a lei, não a pode *derrogar* (2ª parte).

É uma manifestação da ideia de que as DF devem ser *exactas e completas*: por isso mesmo, não podem ser introduzidas cláusulas estatutárias que permitam ou conduzam ao desrespeito pelos princípios fundamentais do relato financeiro. Muito deste é, hoje em dia, fundado numa ideia de *comply or explain*, com a possibilidade de as sociedades se desviarem do que numa primeira linha as normas contabilísticas impõem, precisamente com a justificação de que uma interpretação e aplicação literal das mesmas conduziria a um relato desvirtuado. Tal não significa que as normas contabilísticas percam o seu carácter imperativo nessas hipóteses: a adequação desse desvio deve ser fundamentada e, caso lhe falte uma base justificadora, ele constitui uma violação das normas contabilísticas. Daqui decorre, naturalmente, que a introdução de uma cláusula estatutária sobre a prestação de contas que desvirtue as regras contabilísticas, como por exemplo prescrevendo aos administradores procedimentos sobre a elaboração do balanço que permitam a fixação de um activo líquido inferior ao real, não é admitida[9].

---

[7] V. ANA MARIA RODRIGUES (2010), ANA MARIA RODRIGUES *et al.*(2010) e DOMINGOS CRAVO *et al.* (2009).
[8] Do ponto de vista do actual SNC, a expressão "exercício" foi substituída por "período".
[9] O exemplo é de LOBO XAVIER (1975), p. 496, nt. 163. Hoje, mais importante do que a não fixação de um activo líquido inferior ao real, é a não divulgação de um activo que não tenha por base os pressupostos, características qualitativas, critérios de reconhecimento e mensuração dos elementos das DF, de acordo com as exigências da EC e da NCRF do SNC, ou dos seus equivalentes nas normas IASB-UE.

4. Assinatura dos documentos; prestação de informações mesmo após o termo das funções de administração (art. 65º, 3 e 4)

O art. 65º, 3, estabelece a obrigatoriedade de assinatura dos documentos de prestação de contas *"por todos os membros da administração"*. O nº 4 esclarece que os administradores obrigados a assinar são os *"que estiverem em funções ao tempo da apresentação"*. Pode, por isso, suceder que os administradores, ou alguns de entre eles, que assinam as contas não tenham exercido quaisquer funções de administração durante o exercício a que respeitam as mesmas, por só ulteriormente terem sido designados; tal não os desonera, porém, do dever de as assinar. Visto agora de outra perspectiva, significa também que, conjugando-se os n.ᵒˢ 1 e 4, o *dever de relatar e apresentar contas* não impende *necessariamente* sobre os membros do órgão de administração em funções *durante o exercício objecto de relato*.

A *recusa de assinatura*, em qualquer dos casos, tem de ser (i) justificada no documento respectivo[10]; e (ii) *"explicada pelo próprio perante o órgão competente para a aprovação, ainda que já tenha cessado as suas funções"* – o que parece supor um poder da assembleia dos sócios de chamar o administrador à sua presença para dar essas explicações, mesmo que já desligado de qualquer elo funcional com a sociedade.

Outra manifestação de sobrevivência de deveres dos administradores mesmo para lá do termo de funções é o dever, estatuído no nº 4, de *"prestar todas as informações que para esse efeito lhes forem solicitadas, relativamente ao período em que exerceram aquelas funções"*. Na verdade, se nos casos normais a transição é feita de modo a que os novos administradores tenham acesso a todas as informações relevantes sobre o passado mais recente da sociedade, noutros casos poderá a transição não ser tão fácil ou transparente. Por conseguinte, e sem prejuízo do *cuidado* e da *lealdade* que são devidos pelos administradores até ao último momento do exercício de funções – o que implica necessariamente a prestação de todas as informações necessárias à regular continuidade da actividade societária –, têm os novos administradores um instrumento no art. 65º, 4, de que se podem/devem servir para obterem todos os elementos relevantes que digam respeito ao exercício anterior.

Há que distinguir esta *recusa de assinatura*, a que se refere o nº 3 e com os contornos acima descritos, da *recusa de aprovação de contas*, regulada pelo art. 68º: neste outro caso, refere-se a lei à não aprovação, *"pelos órgãos competentes"* (art. 65º, 1) – isto é, em suma, pelos sócios em *"assembleia geral"* (v. o art. 68º, 1) –, da proposta que lhes é submetida pela administração. Trata-se, pois, de um

---

[10] V. SOARES MACHADO (1996), p. 353 s., (1994), p. 935 s.

problema *ulterior* no desenrolar do procedimento que conduz à deliberação de aprovação de contas, pelos sócios (v. art. 69º), e seu registo comercial (v. arts. 70º e 70º-A).

5. Prazos para a prestação de contas (art. 65º, 5)

O legislador prevê dois prazos distintos, ambos contados a partir do momento em que se encerra o exercício anual (v. art, 65º-A), para que todo o procedimento de prestação de contas (até à deliberação da assembleia geral anual) esteja completado.

O primeiro é de *três meses* e aplica-se à generalidade das *contas individuais* – isto é, às contas de sociedades não sujeitas a *consolidação de contas*, nos termos dos arts. 6º a 8º do DL 158/2009 ou da NIC 27 (*Demonstrações Financeiras Consolidadas e Separadas*).

O segundo é de *cinco meses* e aplica-se, quer às sociedades sujeitas à referida *consolidação de contas*, quer ainda às que, embora *dispensadas* da mesma ou *excluídas* de um perímetro de consolidação (v. arts. 7º e 8º do DL 158/2009), "apliquem o método da equivalência patrimonial" (ou MEP)[11].

O MEP é um método de contabilização pelo qual o investimento ou interesse é *inicialmente reconhecido pelo custo* e *ulteriormente ajustado* em função das alterações verificadas após a aquisição, *na quota-parte* do investidor ou do empreendedor nos activos líquidos da investida ou da entidade conjuntamente controlada. Os resultados do investidor ou empreendedor incluem a parte que lhe corresponda nos resultados da investida ou da entidade conjuntamente controlada.[12] Como se afere da definição anterior, para que a entidade adopte o MEP no reconhecimento e mensuração dos investimentos financeiros na subsidiária (filial), investida (associada) e empreendimento conjunto, as contas dessas entidades participadas têm de estar previamente encerradas. É esse o motivo do alargamento para cinco meses.

A mesma ideia é aplicável à *consolidação de contas*. Para que a "sociedade-mãe" as possa elaborar e apresentar, é necessário que previamente disponha das contas individuais das entidades a consolidar, isto é, que se incluam no perímetro de consolidação.

O incumprimento destes prazos conduz à aplicabilidade do art. 67º.

---

[11] Para maiores desenvolvimentos sobre a problemática do MEP, v. ANA MARIA RODRIGUES (2006), p. 128 s. e ANA MARIA RODRIGUES *et al.* (2010).

[12] V. ANA MARIA RODRIGUES (2006), p. 128 s. e ANA MARIA RODRIGUES *et al.* (2010).

ARTIGO 65º-A *
Adopção do período de exercício

O primeiro exercício económico das sociedades que adoptem um exercício anual diferente do correspondente ao ano civil não poderá ter uma duração inferior a 6 meses, nem superior a 18, sem prejuízo do previsto no artigo 7º do Código do Imposto sobre o Rendimento das Pessoas Colectivas.

* O artigo foi aditado pelo DL 328/95, de 9 de Dezembro.

Índice
1. Adopção do período de exercício

Bibliografia
Vide a bibliografia indicada para o Capítulo VI (arts. 65º a 70º-A).

1. Adopção do período de exercício

O art. 65º-A refere-se ao *exercício anual* da sociedade[1]. Ele incide apenas sobre o *primeiro exercício económico* e apenas das sociedades que *adoptem um exercício anual diferente do correspondente ao ano civil* – possibilidade actualmente admitida pela lei societária[2]. Assim, ao passo que o primeiro exercício anual das sociedades que adoptem o ano civil terminará a 31 de Dezembro, qualquer que tenha sido a data do início societário da sua actividade, já o primeiro exercício das que adoptem outro calendário seguirá a regra aqui prevista: isto é, se a actividade se inicia a menos de seis meses da data de fim de exercício fixada, o primeiro exercício apenas termina na data prevista de encerramento do ano subsequente (podendo durar entre doze meses e uns dias e quase dezoito meses); diferentemente, se

---

[1] Conceito que, no domínio da contabilidade e em ambiente SNC, corresponde ao de *período*. Segundo o § 9 da NCRF 1, "*As demonstrações financeiras devem ser apresentadas pelo menos anualmente. Quando se altera a data do balanço de uma entidade e as demonstrações financeiras anuais sejam apresentadas para um período mais longo ou mais curto do que um ano, a entidade deve divulgar, além do período abrangido pelas demonstrações financeiras:*
(a) a razão para usar um período mais longo ou mais curto; e
(b) o facto de que não são inteiramente comparáveis quantias comparativas da demonstração dos resultados, da demonstração das alterações no capital próprio, da demonstração de fluxos de caixa e das notas do anexo relacionadas".
[2] V. por todos ELISABETE RAMOS, *supra*, anot. 1.9. ao art. 9º, com indicações bibliográficas úteis para a análise deste art. 65º-A.

a actividade começa a mais de seis meses da data de fim de exercício fixada, é essa primeira data terminal a relevante, pelo que um primeiro exercício poderá durar pouco mais que seis meses[3].

Do ponto de vista fiscal, e segundo o art. 8º do CIRC, o IRC é devido por cada período de tributação, que coincide com o ano civil, sem prejuízo das excepções previstas nesse mesmo preceito. O legislador societário refere o art. 7º do CIRC mas, após revisão desse Código, é no art. 8º, e não mais no art. 7º, que encontramos a norma relativa aos *"períodos de tributação"*, pelo que a remissão do CSC para o CIRC deverá ser lida em conformidade.

Também o art. 9º, 1, i), do CSC, se refere ao exercício anual, a propósito das *menções obrigatórias* gerais que devem constar do contrato de sociedade, nas quais se inclui: *"Quando o exercício anual for diferente do ano civil, a data do respectivo encerramento, a qual deve coincidir com o último dia de um mês de calendário, sem prejuízo do previsto no artigo 7º [rectius, no artigo 8º] do Código do Imposto sobre o Rendimento das Pessoas Colectivas"*.

---

[3] V., criticamente, OLAVO CUNHA (2010), p. 145.

ARTIGO 66º *
Relatório da gestão

1. *O relatório da gestão deve conter, pelo menos, uma exposição fiel e clara sobre a evolução dos negócios, do desempenho e da posição da sociedade, bem como uma descrição dos principais riscos e incertezas com que a mesma se defronta.*

2. *A exposição prevista no número anterior deve consistir numa análise equilibrada e global da evolução dos negócios, dos resultados e da posição da sociedade, em conformidade com a dimensão e complexidade da sua actividade.*

3. *Na medida do necessário à compreensão da evolução dos negócios, do desempenho ou da posição da sociedade, a análise prevista no número anterior deve abranger tanto os aspectos financeiros como, quando adequado, referências de desempenho não financeiras relevantes para as actividades específicas da sociedade, incluindo informações sobre questões ambientais e questões relativas aos trabalhadores.*

4. *Na apresentação da análise prevista no nº 2, o relatório da gestão deve, quando adequado, incluir uma referência aos montantes inscritos nas contas do exercício e explicações adicionais relativas a esses montantes.*

5. *O relatório deve indicar, em especial:*

a) A evolução da gestão nos diferentes sectores em que a sociedade exerceu actividade, designadamente no que respeita a condições do mercado, investimentos, custos, proveitos e actividades de investigação e desenvolvimento;

b) Os factos relevantes ocorridos após o termo do exercício;

c) A evolução previsível da sociedade;

d) O número e o valor nominal de quotas ou acções próprias adquiridas ou alienadas durante o exercício, os motivos desses actos e o respectivo preço, bem como o número e valor nominal de todas as quotas e acções próprias detidas no fim do exercício;

e) As autorizações concedidas a negócios entre a sociedade e os seus administradores, nos termos do artigo 397º;

f) Uma proposta de aplicação de resultados devidamente fundamentada;

g) A existência de sucursais da sociedade;

h) Os objectivos e as políticas da sociedade em matéria de gestão dos riscos financeiros, incluindo as políticas de cobertura de cada uma das principais categorias de transacções previstas para as quais seja utilizada a contabilização de cobertura, e a exposição por parte da sociedade aos riscos de preço, de crédito, de liquidez e de fluxos de caixa, quando materialmente relevantes para a avaliação dos elementos do activo e do passivo, da posição financeira e dos resultados, em relação com a utilização dos instrumentos financeiros.

* A al. d) do nº 2 foi alterada pelo DL 280/87, de 8 de Julho. A al. g) do nº 2 foi alterada pelo DL 225/92, de 21 de Outubro. A al. h) do nº 2 foi acrescentada pelo DL 88/2004, de 20 de Abril. O DL 35/2005, de 17 de Fevereiro alterou todo o art. 66º.

Índice
1. O relatório de gestão
2. Conteúdo do *relatório de gestão* e o *Anexo* às contas
   2.1. Pontos de coincidência
   2.2. O que sobra para o relatório de gestão
3. Outras informações a prestar no relatório de gestão

Bibliografia
Vide a bibliografia indicada para o Capítulo VI (arts. 65º-70º-A).

1. O relatório de gestão
O *relatório de gestão* (RG) é um dos documentos integrantes da prestação de contas. Diferentemente das *contas do exercício*, o relatório de gestão rege-se apenas por imposições jurídico-societárias. O legislador contabilístico abstém-se de tomar parte na regulamentação desse documento, tal como refere no § 8 da EC do SNC: "*As demonstrações financeiras não incluem, porém, elementos preparados pelo órgão de gestão, tais como relatórios, exposições, debate e análise e elementos similares que possam ser incluídos num relatório financeiro ou anual*". O § 11 da EC do SNC reforça essa posição. Enquanto as demonstrações financeiras de finalidades gerais são preparadas e apresentadas pelo menos anualmente e dirigem-se às necessidades comuns de informação de um vasto leque de *utentes* (§ 6 da EC), alguns destes podem exigir, e têm o poder de obter, *informação* para além da contida nessas demonstrações financeiras. É o caso do RG, que, não obstante desempenhe um papel importante como documento integrante do processo de relato financeiro, pode ainda ser visto como uma emanação do *direito geral de informação* de que são titulares os sócios[1] – embora não esgote esse direito no que toca à posição *financeira*, muito menos ao desempenho *não financeiro*, da sociedade.

Na verdade, o relatório de gestão inclui, para além dos efeitos financeiros de acontecimentos passados, informação *não financeira* muito relevante, que complementa a informação financeira integrante das DF, permitindo avaliar o zelo na actuação do órgão de gestão com os recursos que lhe foram confiados. Pode assim revestir-se de grande importância em acções de responsabilidade (civil e penal) dos membros da administração.

---

[1] V. ac. RL, 13.05.1997, doc. nº RL199705130007331: "*o relatório da gestão deverá conter uma exposição total, e não parcial ou sumária com omissão de assuntos de gestão*".

Os elementos constantes do RG permitem que os utentes das DF possam avaliar mais adequadamente a capacidade da sociedade para gerar caixa e equivalentes de caixa, e bem assim a tempestividade e certeza na sua geração. Contribui, ainda, para a adequada ponderação, por sócios e terceiros, dos riscos associados à actividade desenvolvida pela entidade. É tríplice a referência que do art. 66º, 1 e 2, retiramos acerca dos pontos sob análise: (i) negócios, (ii) desempenho (ou resultados) e (iii) posição da sociedade.

Não obstante o art. 66º ser igualmente aplicável a todos os tipos societários, é claro que o relatório de gestão de uma sociedade anónima com valores cotados em bolsa não há-de ser idêntico, no seu conteúdo descritivo e analítico, ao de uma pequena sociedade por quotas com dois sócios. A este respeito, o art. 66º, 2, contempla a necessária flexibilidade com que temos de encarar as exigências de "*uma exposição fiel e clara*" dos negócios, resultados e posição societários (art. 66º, 1), ou a "*análise equilibrada e global*" dos mesmos: essa informação deve ser prestada "*em conformidade com a dimensão e complexidade da sua actividade*".

Em acréscimo, tal como sucede com algumas outras informações que *podem* constar do Anexo (v. *infra*, art. 66º-A), também as regras sobre a elaboração do relatório de gestão deixam alguma margem de decisão ao órgão de gestão da sociedade: assim se explica que certas menções exigidas pelos nºs 3 e 4 sejam necessárias apenas "*quando adequado*"; e as informações do nº 5, h), apenas "*quando materialmente relevantes (...)*".

2. Conteúdo do r*elatório de gestão* e o *Anexo* às contas

Hoje, grande parte das exigências constantes do RG está contemplada no Anexo, enquanto documento integrante das DF de finalidades gerais. Tal facto decorre, nomeadamente, da existência de NCRF que regulam contabilisticamente muitas das matérias em que o RG exige informação, e às quais estão associadas exigências de divulgação no referido Anexo. Comecemos por uma análise dos pontos de coincidência, para terminarmos com a menção de aspectos em que, aparentemente, o relatório de gestão continua a apresentar a sua própria utilidade informativa e de prestação de contas.

2.1. Pontos de coincidência

As informações sobre os principais riscos e incertezas que impendem sobre a entidade e as matérias ambientais, assim como as relativas aos trabalhadores, estão actualmente reguladas contabilisticamente (respectivamente nas NCRF 21 – *Provisões, passivos contingentes e activos contingentes*, NCRF 26 – *Matérias ambien-*

tais e NCRF 28 – *Benefícios dos Empregados*), sendo já disponibilizada no Anexo diversa informação relacionada. Não obstante, a elas se refere o art. 66º, 3, nos termos já descritos.

O art. 66º, 5, a), refere-se à *"evolução da gestão nos diferentes sectores em que a sociedade exerceu* actividade". Neste caso, as informações sobre a evolução dos investimentos, *custos* (agora *gastos*, na linguagem SNC), *proveitos* (agora *rendimentos*, que inclui os *réditos*[2] e os *ganhos*) e actividades de investigação e desenvolvimento, aí referidas, estão exaustivamente contempladas no actual anexo contabilístico que faz parte de um conjunto completo de DF (na sequência das exigências de divulgação prescritas, designadamente, nas NCRF 6 – *Activos Intangíveis*, NCRF 7 – *Activos Fixos Tangíveis*, NCRF 11 – *Propriedades de Investimento* e NCRF 20 – *Rédito*). Todavia, parte das exigências constantes no art. 66º, 5, a), estão insuficientemente contempladas no actual Anexo, dado que não se optou pela obrigatoriedade da informação segmentada exigida na NIRF 8 – *Segmentos operacionais*. Parece pois que o relatório de gestão deve manter-se como a sede própria para sintetizar a actividade societária no período considerado numa perspectiva *de natureza económico-financeira*, que ultrapassa as exigências de carácter meramente contabilístico (v. *infra*, 2.2.).

A menção dos *"factos relevantes ocorridos após o termo do exercício"* (art. 66º, 5, b)) é hoje muito menos exigente que a informação requerida no Anexo a este respeito. Veja-se o § 25 do Anexo 6 à Portaria 986/2009, onde encontramos a exigência de informações muito detalhadas sobre os acontecimentos após a data do balanço, em conformidade com os requisitos da NCRF 24 – *Acontecimentos após a data do balanço*. São *"acontecimentos após a data do balanço"*, nos termos desta NCRF, os acontecimentos favoráveis e desfavoráveis que ocorram *"entre a data do balanço e a data em que as demonstrações financeiras forem autorizadas para emissão, pelo órgão de gestão"*. De entre o tipo de acontecimentos previstos, figuram aqueles que proporcionem prova de condições que existiam à data do balanço (acontecimentos após a data do balanço que *dão lugar a ajustamentos*); e outros que sejam indicativos de condições que surgiram após a data do balanço

---

[2] Nos termos da NCRF 20 – *Rédito*, entende-se por *rédito* o influxo bruto de benefícios económicos durante o período proveniente do curso das actividades ordinárias de uma entidade quando esses influxos resultarem em aumentos de capital próprio, que não sejam aumentos relacionados com contribuições de participantes no capital próprio. O rédito é proveniente das transacções e acontecimentos seguintes:
a) venda de bens;
b) prestação de serviços; e
c) uso por outros de activos da entidade que produzam juros, *royalties* e dividendos.

(acontecimentos após a data do balanço que *não dão lugar* a *ajustamentos, apenas a divulgação*).

Quanto ao "*número e o valor nominal de quotas ou acções próprias adquiridas ou alienadas durante o exercício, os motivos desses actos e o respectivo preço, bem como o número e valor nominal de todas as quotas e acções próprias detidas no fim do exercício*" (art. 66º, 5, d)): também esta exigência está contemplada nos §§ 28.15 a 28.19 do Anexo nº 6 à Portaria 986/2009, onde encontramos outro conjunto circunstanciado de informações exigidas sobre instrumentos do capital próprio, bem para lá das previstas no CSC.

As "*autorizações concedidas a negócios entre a sociedade e os seus administradores, nos termos do artigo 397º*" (art. 66º, 5, e)), bem como a "*existência de sucursais da sociedade*" (art. 66º, 5, g)) são também tratadas com mais detalhe no Anexo. Veja-se o § 6 do Anexo 6 à Portaria 986/2009, a propósito de *partes relacionadas* (cfr. NCRF 5 – *Divulgações de partes relacionadas*), prevendo-se *divulgações separadas* para cada uma das seguintes categorias:

(a) empresa-mãe;
(b) entidades com controlo conjunto ou influência significativa;
(c) subsidiárias;
(d) associadas;
(e) empreendimentos conjuntos nos quais se seja empreendedor;
(f) pessoal chave da gestão da entidade que relata ou da respectiva entidade--mãe; e
(g) outras partes relacionadas.

Por fim, no art. 66º, 5, h), exige-se informação sobre os "*objectivos e as políticas da sociedade em matéria de gestão dos riscos financeiros, incluindo as políticas de cobertura de cada uma das principais categorias de transacções previstas para as quais seja utilizada a contabilização de cobertura, e a exposição por parte da sociedade aos riscos de preço, de crédito, de liquidez e de fluxos de caixa, quando materialmente relevantes para a avaliação dos elementos do activo e do passivo, da posição financeira e dos resultados, em relação com a utilização dos instrumentos financeiros*". Mais uma vez, encontramos exigências coincidentes mas mais detalhadas para o Anexo, por força sobretudo da NCRF 27 – *Instrumentos Financeiros*, em vários dos seus parágrafos. Vejam-se, a título de exemplo: § 13 sobre a imparidade de activos; § 28, com vastas exigências, nomeadamente sobre políticas contabilísticas; categorias de activos e passivos financeiros; desreconhecimento; colateral; incumprimento em empréstimos obtidos; contabilidade de cobertura; instrumentos do capital próprio; riscos relativos a instrumentos financeiros.

2.2. O que sobra para o relatório de gestão

Do que anteriormente se referiu, é manifesto que não foi conseguida a melhor articulação possível entre preceitos contabilísticos e societários, e nem mesmo entre os diversos preceitos societários que se debruçam sobre a prestação de contas (*maxime* arts. 66º e 66º-A).

O que acabámos de expor permite demonstrar que, conforme resulta das actuais normas contabilísticas, é requerido pelo Anexo um nível de divulgação muito superior ao exigido no RG, porquanto as exigências de divulgação para aquele documento se estendem hoje por mais de 30 diferentes parágrafos, com uma pluralidade de densos sub-parágrafos (o lema do SNC parece ser sintetizável em: *divulgação, divulgação* e mais *divulgação*). Se, até 2010, a exigência na preparação e divulgação do relatório de gestão era compreensível, dada a correlativa menor exigência das notas constantes do Anexo ao Balanço e à Demonstração dos Resultados (ABDR) em POC, hoje, no contexto do SNC ou das NIC/NIRF, esta exigência seria aparentemente dispensável.

Em resultado, a informação actualmente exigida no relatório de gestão foi claramente ultrapassada pelas exigências de informação assumidas pelo legislador contabilístico e seguidas pelo legislador societário por via do art. 66º-A. Com a actual configuração, o relatório de gestão introduz uma duplicação desnecessária – que dificilmente será corrigida pela prática contabilística e societária, dada a dificuldade de remissões entre estes dois tipos de documentos.

Sublinhamos, contudo, de seguida *três aspectos* contemplados no relatório da gestão que, se bem consideramos, não estão (completamente) cobertos pela informação exigida no Anexo:

• A "*evolução da gestão* nos diferentes sectores em que a sociedade exerceu actividade, designadamente no que respeita a condições do mercado (...)", referida no art. 66º, 5, a) – sobretudo na medida em que, como dissemos, o legislador português não optou pela obrigatoriedade da *informação segmentada* exigida na NIRF 8 – *Segmentos operacionais*. Todavia, parece-nos que seria matéria a contemplar no Anexo às contas para todas as entidades que apliquem o SNC, uma vez que as entidades que aplicam obrigatoriamente ou por opção as normas IASB-EU já divulgam hoje essa informação no Anexo por força da aplicação da NIRF 8.

• A "*evolução previsível da sociedade*" do art. 66º, 5, c). Esta matéria ultrapassa claramente o carácter *histórico* da informação *contabilística*, ainda que a tendência hoje na contabilidade seja, cada vez mais, a divulgação de informação de natureza *mais prospectiva*. Todavia, a perspectiva do legislador societário é, em nossa opinião, mais vocacionada para a análise da informação numa perspectiva de evolução previsível da entidade, que não na mera divulgação dessa informação, exigindo-se aqui uma perspectiva de *análise económico-financeira* e não só a estrita preparação da informação contabilística, pois as principais finalidades do Anexo são as de descrever; interpretar; e ajudar à comparabilidade das DF entre dois períodos sucessivos, e não a divulgação de uma análise económico--financeira da situação da entidade.

• A *"proposta de aplicação de resultados devidamente fundamentada"* do art. 66º, 5, f). Trata-se de um ponto de natureza essencialmente societária; a contabilidade limita-se a determinar um resíduo, que se designa de lucro/prejuízo (globalmente designada de *resultado do período*), e cuja distribuição é condicionada por regras societárias. Assim, as contas fornecem a informação sobre os resultados de um determinado período, que poderão ter aplicações alternativas em função da proposta apresentada pelo órgão de gestão e posteriormente aprovada ou recusada pela assembleia geral.

3. Outras informações a prestar no relatório de gestão

Nos termos do art. 21º, 1, do DL 411/91, de 17 de Outubro: *"O relatório de apreciação anual da situação das empresas privadas, públicas ou cooperativas deve explicitar a sua situação perante a segurança social indicando se são ou não devedoras e qual o valor da dívida vencida"*.

Às *sociedades anónimas* exige-se ainda:

• Discriminação, com um nível de divulgação mais exigente que o aplicável a outras entidades, dos débitos em mora ao sector público estatal (cfr. art. 2º do DL 534/80, de 7 de Novembro);

• Publicidade de participações sociais detidas por membros de órgãos de administração e fiscalização (art. 447º do CSC). Com efeito, prevê-se a obrigatoriedade desta informação *"em anexo ao relatório anual do órgão de administração"* – cfr. art. 447º, 5;

• Publicidade de participações de accionistas (art. 448º do CSC). Na verdade, o accionista titular de acções ao portador não registadas representativas de, pelo menos, um décimo, um terço ou metade do capital deve comunicar à sociedade a titularidade dessa participação (independentemente de outras obrigações impostas pelo direito dos valores mobiliários às sociedades com valores cotados). Esta informação deve então ser difundida pelo órgão de administração, mais uma vez, *"em anexo ao relatório anual"* – cfr. art. 448º, 4.

Estas duas últimas exigências societárias também são acolhidas pelo legislador contabilístico, já que são divulgações que devem constar no Anexo e que são exigíveis ao abrigo da NCRF 5.

ARTIGO 66º-A *
Anexo às contas

1. As sociedades devem prestar informação, no anexo às contas:
a) Sobre a natureza e o objectivo comercial das operações não incluídas no balanço e o respectivo impacte financeiro, quando os riscos ou os benefícios resultantes de tais operações sejam relevantes e na medida em que a divulgação de tais riscos ou benefícios seja necessária para efeitos de avaliação da situação financeira da sociedade;
b) Separadamente, sobre os honorários totais facturados durante o exercício financeiro pelo revisor oficial de contas ou pela sociedade de revisores oficiais de contas relativamente à revisão legal das contas anuais, e os honorários totais facturados relativamente a outros serviços de garantia de fiabilidade, os honorários totais facturados a título de consultoria fiscal e os honorários totais facturados a título de outros serviços que não sejam de revisão ou auditoria.
2. As sociedades que não elaboram as suas contas de acordo com as normas internacionais de contabilidade adoptadas nos termos de regulamento comunitário devem ainda proceder à divulgação, no anexo às contas, de informações sobre as operações realizadas com partes relacionadas, incluindo, nomeadamente, os montantes dessas operações, a natureza da relação com a parte relacionada e outras informações necessárias à avaliação da situação financeira da sociedade, se tais operações forem relevantes e não tiverem sido realizadas em condições normais de mercado.
3. Para efeitos do disposto no número anterior:
a) A expressão 'partes relacionadas' tem o significado definido nas normas internacionais de contabilidade adoptadas nos termos de regulamento comunitário;
b) As informações sobre as diferentes operações podem ser agregadas em função da sua natureza, excepto quando sejam necessárias informações separadas para compreender os efeitos das operações com partes relacionadas sobre a situação financeira da sociedade.

* Artigo aditado pelo DL 185/2009, de 12 de Agosto.

Índice
1. O Anexo: traços gerais
2. Finalidades e divulgações
3. *Partes relacionadas* (art. 66º-A, 2 e 3)

Bibliografia
Vide a bibliografia indicada para o Capítulo VI (arts. 65º-70º-A).

1. O Anexo: traços gerais

Esta demonstração financeira tem como objectivo aclarar, completar, ampliar e comentar a informação fornecida pelas demais DF. Visa, portanto, aumentar a eficácia da informação contida nas DF anuais. É um documento que proporciona informação histórica de carácter quantitativo e qualitativo, imprescindível no momento de evidenciar uma imagem fidedigna da sociedade. A relevância do Anexo é hoje indiscutível, sendo as exigências de divulgação ímpares no sistema contabilístico português: estendem-se por doze páginas do diploma legal (cfr. Portaria 986/2009, de 7 de Setembro, p. 6012-6023 do DR, 1ª série, nº 173); e mesmo o Anexo em *modelo reduzido* ocupa quatro páginas do mesmo diploma – dizemo-lo para que se tenha a noção da complexidade e do grau de atenção que este documento mereceu do legislador contabilístico na sua regulamentação.

O Anexo *não deve ser usado para corrigir uma apresentação não adequada* das DF, mas sim para prestar informação sobre as *opções contabilísticas* efectuadas na preparação da informação económico-financeira da sociedade que relata. Ele fornece informação adicional e complementar à apresentada nas outras peças contabilísticas, em ordem a melhor se compreender a situação global da entidade.

A informação a incluir no Anexo está, como indicámos, plasmada na Portaria 986/2009, de 7 de Setembro. No entanto, determinadas informações poderão não ser objecto de divulgação, se forem tomadas por não relevantes para uma determinada sociedade: encontramos na Portaria frequentes casos em que a obrigação de divulgação é condicionada pela circunstância de ser "*relevante*" – ou "*materialmente relevante*"[1] – para a "*compreensão das demonstrações financeiras*".

Isto mesmo deve ser lido em articulação com o art. 66º-A, 1, a), que obriga à prestação de informações que apresentem riscos ou benefícios "*relevantes*" e "*na medida em que a divulgação de tais riscos e benefícios seja necessária para efeitos de avaliação da situação financeira da sociedade*".

A par desta exigência foi colocada outra, motivada por razões de transparência na prestação de serviços pelos ROC, e para tornar mais difícil o incumpri-

---

[1] Segundo o § 30 da EC: "A informação é material se a sua omissão ou inexactidão influenciarem as decisões económicas dos utentes tomadas na base das demonstrações financeiras. A materialidade depende da dimensão do *item* ou do erro julgado nas circunstâncias particulares da sua omissão ou distorção. Por conseguinte, a materialidade proporciona um patamar ou ponto de corte, não sendo uma característica qualitativa primária que a informação tenha de ter para ser útil".

mento das respectivas obrigações legais: são divulgados todos os honorários facturados relativamente a *revisão legal das contas anuais*, *"outros serviços de garantia de fiabilidade"*, *"consultoria fiscal"* e ainda *"outros serviços que não sejam de revisão ou auditoria"* (art. 66º-A, 1, b)).

2. Finalidades e divulgações

As principais finalidades do Anexo são as de (i) descrever; (ii) interpretar; e (iii) ajudar à comparabilidade das DF entre dois períodos sucessivos. As divulgações que devem constar do Anexo das sociedades sujeitas à aplicação do SNC referem-se às seguintes matérias:

1. Identificação da entidade
2. Referencial contabilístico de preparação das demonstrações financeiras
3. Principais políticas contabilísticas
4. Fluxos de caixa
5. Políticas contabilísticas, alterações nas estimativas contabilísticas e erros
6. Partes relacionadas
7. Activos intangíveis
8. Activos fixos tangíveis
9. Activos não correntes detidos para venda e unidades operacionais descontinuadas
10. Locações
11. Custos de empréstimos obtidos
12. Propriedades de investimento
13. Imparidade de activos
14. Interesses em Empreendimentos Conjuntos e Investimentos em Associadas
15. Concentrações de actividades empresariais
16. Investimentos em Subsidiárias e Consolidação
17. Exploração e avaliação de recursos minerais
18. Agricultura
19. Inventários
20. Contratos de construção
21. Rédito
22. Provisões, passivos contingentes e activos contingentes
23. Subsídios do Governo e apoios do Governo
24. Efeitos de alterações em taxas de câmbio
25. Acontecimentos após a data do balanço
26. Impostos sobre o rendimento
27. Matérias ambientais

28. Instrumentos financeiros
29. Benefícios dos empregados
30. Divulgações exigidas por diploma

As notas do Anexo devem ser apresentadas de uma *forma sistemática*. Cada *item* na face das restantes DF (balanço, demonstração dos resultados, demonstração das alterações no capital próprio e demonstração dos fluxos de caixa) que tenha merecido uma nota no Anexo deve conter uma *referência cruzada*.

Nos termos do § 45 da NCRF 1, as notas do Anexo devem ser apresentadas pela seguinte ordem:

(a) Identificação da entidade, incluindo domicílio, natureza da actividade, nome e sede da empresa-mãe, se aplicável;
(b) Referencial contabilístico de preparação das demonstrações financeiras;
(c) Resumo das principais políticas contabilísticas adoptadas;
(d) Informação de suporte de *itens* apresentados na face do balanço, na demonstração dos resultados, na demonstração das alterações no capital próprio e na demonstração dos fluxos de caixa, pela ordem em que cada demonstração e cada linha de *item* seja apresentada;
(e) Passivos contingentes e compromissos contratuais não reconhecidos;
(f) Divulgações exigidas por diplomas legais;
(g) Informações de carácter ambiental.

Segundo o § 46 da NCRF 1, uma entidade deve divulgar um resumo das principais políticas contabilísticas, designadamente:

(a) Bases de mensuração usadas na preparação das demonstrações financeiras;
(b) Outras políticas contabilísticas usadas que sejam relevantes para uma compreensão das demonstrações financeiras.

Por seu turno, o § 47 da mesma exige a divulgação, no resumo das políticas contabilísticas significativas ou outras notas, dos juízos de valor – com a excepção dos que envolvam estimativas – que o órgão de gestão tenha feito no processo de aplicação das políticas contabilísticas da entidade e *"que tenham maior impacto nas quantias reconhecidas nas demonstrações financeiras"*.

O § 48 obriga a entidade a divulgar as *principais fontes de incerteza das estimativas*, nomeadamente fornecendo *"informação acerca dos principais pressupostos relativos ao futuro, e outras principais fontes da incerteza das estimativas à data do balanço, que tenham um risco significativo de provocar um ajustamento material nas quantias escrituradas de activos e passivos durante o período contabilístico seguinte*".[2]

A elaboração do Anexo, no âmbito do SNC, pressupõe a criação de uma sequência numérica de notas que é própria de cada entidade, bem como o cumprimento das exigências de divulgação que constam também das NCRF. Verificou-se um indiscutível aumento da sua extensão, quando comparamos com o documento equivalente no normativo POC – o ABDR. Hoje, o Anexo apresenta uma *referência cruzada* com as demais DF: isso facilita a sua leitura e permite a adopção de uma estrutura mais flexível e ajustada a cada entidade, diferentemente do que acontecia anteriormente sob as regras do POC.

3. *Partes relacionadas* (art. 66º-A, 2 e 3)

É também novidade trazida pelo novo sistema contabilístico, no que respeita a sociedades não sujeitas às NIC/NIRF adoptadas pela União Europeia, a obrigatoriedade de divulgar informações sobre *operações realizadas com partes relacionadas*[3].

Nos termos da NCRF 5 – *Divulgações de Partes Relacionadas*, deve entender-se que estamos na presença de uma *parte relacionada* quando:

    a) Directa, ou indirectamente através de um ou mais intermediários, a parte:
        (i)   controlar, for controlada por ou estiver sob o controlo comum da entidade (tal inclui relacionamentos entre empresas-mãe e subsidiárias e entre subsidiárias da mesma empresa-mãe);
        (ii) tiver um interesse na entidade que lhe confira influência significativa sobre a mesma; ou
        (iii) tiver um controlo conjunto sobre a entidade;
    b) A parte for uma associada ou um empreendimento conjunto em que a entidade seja um *empreendedor* (cfr. NCRF 13 – *Interesses em Empreendimentos Conjuntos e Investimentos em Associadas*);
    c) A parte for membro do pessoal chave da gestão (*sic*)[4] da entidade ou da sua empresa-mãe;

---

[2] Anteriormente, ainda no âmbito do POC, o ABDR aparecia desenvolvido no ponto 2.4 – considerações técnicas – e afirmava-se que o mesmo "*[a]brange um conjunto de informações que se destinam umas a desenvolver e comentar quantias incluídas no balanço e na demonstração dos resultados e outras a divulgar factos ou situações que, não tendo expressão naquelas demonstrações financeiras, são úteis para o leitor das contas, pois influenciam ou podem vir a influenciar a posição financeira da empresa*".
[3] V. FERREIRA GOMES (2010), p. 75 s..
[4] Esta expressão (*pessoal chave da gestão*), de que não havia registo na legislação portuguesa, é definida como se segue pela NCRF 5: "*são as pessoas que têm autoridade e responsabilidade pelo planeamento, direcção*

d) A parte for membro íntimo da família de qualquer indivíduo referido nas alíneas (a) ou (c);

e) A parte for uma entidade sobre a qual qualquer indivíduo referido nas alíneas (c) ou (d) exerce controlo, controlo conjunto ou influência significativa, ou que possui, directa ou indirectamente um significativo poder de voto; ou

f) A parte for um plano de benefícios pós-emprego para benefício dos empregados da entidade, ou de qualquer entidade que seja uma parte relacionada dessa entidade.[5]

Todavia, *não são necessariamente partes relacionadas as seguintes*:

(a) Duas entidades simplesmente por terem um administrador ou outro membro do pessoal chave da gestão em comum, não obstante as alíneas (c) e (e) da definição de «parte relacionada»;

(b) Dois empreendedores simplesmente por partilharem o controlo conjunto sobre um empreendimento conjunto;

(c) As seguintes entidades:
    (i) Entidades que proporcionam financiamentos,
    (ii) Sindicatos,
    (iii) Empresas de serviços públicos, e
    (iv) Departamentos e agências governamentais (estatais), simplesmente em virtude dos seus negócios normais com uma entidade (embora possam afectar a liberdade de acção de uma entidade ou participar no seu processo de tomada de decisões); e
    (v) Um cliente, fornecedor, franchisador, distribuidor ou agente geral com quem uma entidade transaccione um volume significativo de negócios meramente em virtude da dependência económica resultante.

Para avaliar o possível relacionamento com partes relacionadas deve seguir--se um conhecido requisito da fiabilidade designado por "primado" da *substância sobre a forma*[6].

Uma *transacção com partes relacionadas* é uma transferência de recursos, serviços ou obrigações entre partes relacionadas, independentemente de haver ou não o débito de um preço.

---

e controlo das actividades da entidade, directa ou indirectamente, incluindo qualquer administrador (executivo ou outro) dessa entidade".
[5] V. § 8 da NCRF 5.
[6] No POC era designado por princípio contabilístico "do primado" da substância sobre a forma.

Os *membros íntimos da família de um indivíduo* são aqueles membros da família que se espera que influenciem, ou sejam influenciados por esse indivíduo nos seus negócios com a entidade. Podem incluir o cônjuge ou pessoa com análoga relação de afectividade e os filhos do indivíduo; os filhos do cônjuge ou de pessoa com análoga relação de afectividade; e os dependentes do indivíduo, do cônjuge ou de pessoa com análoga relação de afectividade.

Três conceitos contabilísticos devem ser retidos para a compreensão de toda esta problemática. São eles: *controlo*; *controlo conjunto*; e *influência significativa*. Assim, deve entender-se por *controlo* o poder de gerir as políticas financeiras e operacionais de uma entidade ou de uma actividade económica a fim de obter benefícios da mesma. Como *controlo conjunto*, a partilha de controlo, acordada contratualmente, de uma actividade económica, existente apenas quando as decisões estratégicas financeiras e operacionais relacionadas com a actividade exigem o consentimento unânime das partes que partilham o controlo (os empreendedores). E, por último, *influência significativa* como o poder de participar nas decisões das políticas financeira e operacional da investida ou de uma actividade económica, mas que não é controlo nem controlo conjunto sobre essas políticas.

Importa, na prática, atender também a uma divulgação indispensável no âmbito da NCRF 5, que se prende com as *remunerações*. No § 8 da NCRF 5, pode encontrar-se o elenco de todo o tipo de benefícios que se encontram abrangidos em tal definição.

Tudo isto resulta da regulamentação legal expressa da NCRF 5 e releva, portanto, no momento da interpretação e aplicação do art. 66º-A do CSC.

ARTIGO 67º *
Falta de apresentação das contas e de deliberação sobre elas

1. Se o relatório de gestão, as contas do exercício e os demais documentos de prestação de contas não forem apresentados nos dois meses seguintes ao termo do prazo fixado no artigo 65º, nº 5, pode qualquer sócio requerer ao tribunal que se proceda a inquérito.

2. O juiz, ouvidos os gerentes ou administradores e considerando procedentes as razões invocadas por estes para a falta de apresentação das contas, fixa um prazo adequado, segundo as circunstâncias, para que eles as apresentem, nomeando, no caso contrário, um gerente ou administrador exclusivamente encarregado de, no prazo que lhe for fixado, elaborar o relatório de gestão, as contas do exercício e os demais documentos de prestação de contas previstos na lei e de os submeter ao órgão competente da sociedade, podendo a pessoa judicialmente nomeada convocar a assembleia geral, se este for o órgão em causa.

3. Se as contas do exercício e os demais documentos elaborados pelo gerente ou administrador nomeado pelo tribunal não forem aprovados pelo órgão competente da sociedade, pode aquele, ainda nos autos de inquérito, submeter a divergência ao juiz, para decisão final.

4. Quando, sem culpa dos gerentes ou administradores, nada tenha sido deliberado, no prazo referido no nº 1, sobre as contas e os demais documentos por eles apresentados, pode um deles ou qualquer sócio requerer ao tribunal a convocação da assembleia geral para aquele efeito.

5. Se na assembleia convocada judicialmente as contas não forem aprovadas ou rejeitadas pelos sócios, pode qualquer interessado requerer que sejam examinadas por um revisor oficial de contas independente; o juiz, não havendo motivos para indeferir o requerimento, nomeará esse revisor e, em face do relatório deste, do mais que dos autos constar e das diligências que ordenar, aprovará as contas ou recusará a sua aprovação.

* Rectificado pelo DL 280/87, de 8 de Julho, que alterou os n.ºs 2 e 5; os n.ºs 2, 3 e 4 foram alterados pelo DL 76-A/2006, de 29 de Março.

Índice

1. Introdução
2. O inquérito por *falta de apresentação* de contas (n.ºs 1 a 3)
    2.1. Requerimento por qualquer sócio
    2.2. Procedimento
3. *Falta de aprovação* das contas (n.ºs 4 e 5)

Bibliografia

Vide a bibliografia indicada para o Capítulo VI (arts. 65º-70º-A).

1. Introdução

O art. 67º prevê e regula duas situações diferentes.

A primeira é a *falta de apresentação* de contas[1] por parte do órgão responsável pela sua elaboração, isto é, o órgão de gestão (nºs 1 a 3).

A segunda é a *falta de aprovação* de contas (nºs 4 e 5). Esta *falta de aprovação* é distinta da *recusa de aprovação* do art. 68º, pois nesse outro caso chega a haver uma pronúncia (negativa) dos sócios acerca das contas, o que, na hipótese do art. 67º, 4, não chega a suceder.

2. O inquérito por *falta de apresentação* de contas (nºs 1 a 3)

2.1. Requerimento por qualquer sócio

A competência para a elaboração do relatório e contas, já o sabemos, pertence aos membros órgão de gestão (art. 65º, 1). Que sucede, porém, se o dever não é cumprido? A primeira resposta está no art. 67º, 1: passados dois meses sobre o prazo em que a apresentação dos documentos de prestação de contas é devida (três ou cinco meses: cfr. de novo o art. 65º, 5), pode *"qualquer sócio requerer ao tribunal que se proceda a inquérito"*.

Como inequivocamente afirma o art. 67º, 1, trata-se de um direito conferido *a qualquer sócio*[2]. E supõe-se, naturalmente – como refere o nº 1 –, que falte a *apresentação* dos documentos de prestação de contas, e não a sua *aprovação* pelos sócios, que é um passo ulterior e que pressupõe a *prévia apresentação* daqueles documentos[3]. Ademais, desde que entrou em vigor o CSC, é este *inquérito*, conforme previsto e regulado no art. 67º, o meio processual adequado para exigir judicialmente a prestação de contas, e não mais a *acção de prestação de contas* dos arts. 1014º s. do CPC[4].

---

[1] Entendemos que a não prestação de contas não deve ser confundida com a prestação de contas falsas, de tal modo que estas não reflictam a realidade da entidade, pois neste caso trata-se de prestação de informação não adequada.

[2] Independente do tipo societário e da percentagem de capital detida. Considerou-se que qualquer sócio, independentemente da sua participação, tem um interesse juridicamente atendível na apresentação das contas e do relatório de gestão relativos à entidade. Cfr. ac. STJ, 28.03.1995, doc. nº SJ199503280869271; ac. STJ, 16.11.2004, doc. nº SJ200411160030021; ac. RC, 01.02.2000 (Coimbra, t. 1, p. 15).

[3] V. ac. RL, 12.10.2000 (F. Sousa Pereira).

[4] V. ac. STJ, 22.04.1993, doc. nº SJ199304220837792; ac. do STJ, 26.09.1995, doc. nº SJ199509260874521; ac. STJ, 22.11.1995, doc. nº SJ199511220879151; ac. STJ, 29.06.1999, doc. nº SJ199906290004891; ac. STJ, 16.05.2000 (STJ, t. II, p. 61); ac. STJ, 07.01.2010, proc. nº 642/06.0YXLSB-A.S1.

Sendo o motivo do recurso aos tribunais a referida falta de apresentação de contas, segue-se a tramitação prevista no art. 67º, que difere ainda da que o CPC reserva para o *inquérito judicial à sociedade* previsto nos arts. 1479º s. do CPC – e onde se ressalva, precisamente, o disposto no art. 67º (v. nº 3 do citado art. 1479º)5. [6]

O inquérito é requerido contra a sociedade; cabe a quem invoca a não apresentação das contas e/ou do relatório de gestão provar os pressupostos da necessidade de intervenção judicial, requerendo para tanto as providências que repute convenientes para que as contas e o relatório de gestão lhe sejam fornecidos.

2.2. Procedimento

Os primeiros passos do procedimento a ser seguido vêm no nº 2. Primeiro, o tribunal *ouve* os membros do órgão de gestão, para indagar a causa do incumprimento do dever de prestar contas; perante as razões invocadas, o juiz formula um juízo de *procedência ou não* das mesmas.

Assim, uma vez recebido o requerimento de inquérito, em que o requerente solicita a realização de inquérito judicial à sociedade requerida com fundamento no facto de em determinado período de tempo o órgão que exerceu a gestão da sociedade não ter apresentado, tempestivamente, os necessários relatórios de gestão, as contas dos exercícios e os demais documentos de prestação de contas previstos na lei, o tribunal *notifica* os administradores da sociedade no sentido de conhecer as razões invocadas por estes e a procedência das mesmas para a falta de apresentação do relatório de gestão e/ou contas.

O legislador societário admite, portanto, que certas razões devidamente fundamentadas possam não ter permitido a apresentação atempada das contas pelo órgão de gestão. Não avança, todavia, que tipos de razões poderão ser essas que se revelem de tal modo ponderosas, de modo a impedir que o órgão de gestão cumpra uma das funções que lhe cabem por lei, e com isso impedindo o acesso dos sócios a informação essencial sobre a vida da sociedade. A infor-

---

[5] *"Quando o inquérito tiver como fundamento a não apresentação pontual do relatório de gestão, contas do exercício e demais documentos de prestação de contas, seguir-se-ão os termos previstos no art. 67º do Código das Sociedades Comerciais"*.

[6] O art. 67º, como norma especial, prevalece sobre a tramitação-tipo genericamente estabelecida no CPC: LOPES DO REGO (2004); ac. RL, de 17.12.1992, *in* CJ, Ano XVII, tomo V, p. 148; ac. RL, de 27.10.1994, *in* CJ, Ano XIX, tomo IV, p.132. Nos demais casos, o inquérito segue a tramitação prevista nos arts. 1479º s. do CPC.

mação pode não ser prestada por muitas razões, como por exemplo não haver quem a preste, ou outras circunstâncias intrínsecas à sociedade que possam justificar essa omissão. Mas certamente se exigirá que sejam razões que suficientemente justifiquem o atraso no cumprimento do dever de prestar contas.

Caso sejam procedentes as razões, segue-se a *fixação de um prazo* para a prestação de contas, que deve ser *"adequado, segundo as circunstâncias"*.

Caso não sejam procedentes, é o próprio juiz que nomeia *um*, de entre os gerentes ou administradores[7], encarregado da apresentação das contas, fixando-lhe prazo para o efeito. Terminada a elaboração das contas por esse membro do órgão de gestão, este deverá dirigir-se em primeiro lugar, não ao tribunal, mas sim à própria sociedade, *submetendo-os ao órgão competente* para a sua aprovação – a saber, a assembleia geral dos sócios. Ele terá ainda o *poder de convocação da assembleia* para esse efeito, não lhe sendo por isso oponível, por quem nisso esteja interessado, regras estatutárias que dificultem nos termos gerais essa convocação (cfr. art. 248º, 3, na sociedade por quotas), ou a pretensa necessidade de seguir o procedimento previsto para a convocação de assembleias nas sociedades anónimas (v. art. 377º; tb. art. 406º, c)).

Elaborados estes documentos dentro do prazo fixado pelo tribunal, e submetidos ao órgão competente da sociedade para a sua apreciação, se este órgão os não aprovar, pode, então, o administrador nomeado para o efeito pelo tribunal submeter, nos próprios autos de inquérito em curso, a divergência *"ao juiz, para decisão final"* (nº 3); decisão essa que será de *aprovação* ou *rejeição* das contas.

3. *Falta de aprovação* das contas (nos 4 e 5)

Situação diversa aparece enunciada no nº 4 do art. 67º, em que cabe a *qualquer gerente ou administrador*, ou ainda a *qualquer sócio*, requerer ao tribunal que se proceda a inquérito, já não para suprir a falta de apresentação das contas e dos demais documentos de prestação de contas (como nos nos 1 a 3), mas sim a *falta de aprovação* dos mesmos.

Nesta hipótese, os membros do órgãos de gestão cumpriram a sua obrigação de prestação de contas, convocaram o órgão responsável pela sua aprovação, mas este não manifestou a vontade colectiva do ente societário – aprovando ou rejeitando a prestação de contas, seja porque a assembleia não foi convocada embora pedida (v. arts. 377º e 406º, c)), porque foi convocada mas não reuniu,

---

[7] A ordem não é portanto dirigida ao órgão de gestão ou à sociedade que ele representa, mas sim ao próprio membro que o tribunal assim encarrega.

ou mesmo porque reuniu mas *"nada tenha sido deliberado"* (nº 4). Em todo o caso, qualquer daqueles sujeitos (gerente ou administrador; qualquer sócio) poderá requerer a *convocação judicial de uma assembleia geral* para o efeito (nº 4).

Se, mesmo na assembleia judicialmente convocada, as contas não vierem a ser aprovadas, pode ainda *qualquer interessado* requerer que as mesmas sejam examinadas por um ROC independente (nº 5). Se o juiz vier a entender que esse pedido é devidamente motivado, nomeará o ROC independente apresentado pelo interessado. Assim, e tendo por base o relatório elaborado por esse técnico, bem como quaisquer outros elementos trazidos aos autos ou quaisquer outras diligências que entenda adequadas para a decisão, o próprio juiz se encarregará de aprovar ou rejeitar as contas da sociedade.

Deve atender-se a que o caso previsto no nº 5 (não aprovação das contas na assembleia judicialmente convocada) é diverso do previsto no número anterior, pois aqui a *legitimidade activa* para requerer a análise das contas por um ROC já não cabe apenas aos órgãos de gestão e aos sócios, sim e, mas também a *"qualquer interessado"*. Deste modo, parece que essa legitimidade é estendida a terceiros que provem ter um interesse juridicamente atendível na apresentação das contas e no relatório de gestão relativos à entidade em causa.

ARTIGO 68º *
Recusa de aprovação das contas

1. *Não sendo aprovada a proposta dos membros da administração relativa à aprovação das contas, deve a assembleia geral deliberar motivadamente que se proceda à elaboração total de novas contas ou à reforma, em pontos concretos, das apresentadas.*

2. *Os membros da administração, nos oito dias seguintes à deliberação que mande elaborar novas contas ou reformar as apresentadas, podem requerer inquérito judicial, em que se decida sobre a reforma das contas apresentadas, a não ser que a reforma deliberada incida sobre juízos para os quais a lei não imponha critérios.*

* A redacção do nº 1 foi alterado pelo DL 76º-A/2006, de 29 de Março.

Índice
1. Aprovação de contas
2. Recusa de aprovação de contas
3. Casos de não existência de critérios legais para requerer inquérito judicial por parte dos órgãos de gestão
4. Outros aspectos

Bibliografia
Vide a bibliografia indicada para o Capítulo VI (arts. 65º-70º-A).

1. Aprovação de contas

Cabe à assembleia geral apreciar os documentos de prestação de contas[1]. Este órgão aprecia, discute e vota a prestação de contas e, simultaneamente, a aplicação do resultado do período respectivo. Essa apreciação dos documentos de prestação de contas pode conduzir à sua aprovação ou à sua rejeição.

A aprovação das contas pressupõe que as mesmas cumpram o objectivo de fornecer uma imagem verdadeira e apropriada da posição financeira, das suas

---

[1] A expressão genérica de "contas" para efeitos de deliberação dos sócios deve sempre entender-se com o sentido de incluir todos os elementos de prestação de contas que podem ser objecto de apreciação e aprovação por parte desse órgão deliberativo, e que são para as sociedades por quotas: as contas propriamente ditas e o relatório de gestão (nº 5 do art. 263º do CSC) e, eventualmente a certificação legal de contas quando os limites do art. 262º, 2 sejam ultrapassados, ou o parecer do órgão de fiscalização quando exista.

alterações e do desempenho da entidade; podendo, se assim for, ser consideradas contas apropriadas.

Na grande maioria dos casos, a prestação das contas apresentadas nas assembleias gerais das sociedades são aprovadas por unanimidade. Todavia, a normalidade admite casos excepcionais, e nesses estarão incluídos a não aprovação da globalidade dos documentos de prestação de contas.

2. Recusa de aprovação de contas

Se a assembleia geral decidir não aprovar as contas apresentadas pelo órgão de gestão, deve a mesma assembleia deliberar motivadamente que se proceda à elaboração total de novas contas ou à reforma, em pontos concretos, das apresentadas e apreciadas pelos sócios na referida assembleia (art. 68º, 1).

Quais os motivos que a assembleia geral pode invocar para que se proceda à elaboração total ou parcial de novas contas? Será apenas e só quando se detectou que as contas podem integrar operações que traduzem irregularidades, ou mesmo apenas em casos mais extremos em que se detectou graves irregularidades no exercício da gestão, e que as contas traduzem? Ou quando tenha sido recusada à assembleia geral informação essencial para apreciação das contas ou esta tenha recebido informação falsa, incompleta ou não elucidativa?

A não aprovação da proposta do órgão de administração relativa às contas não pode ser injustificada, nem pode basear-se em mera suspeita de irregularidades na administração dos bens sociais. Deverá basear-se, sempre, em factos concretos cuja prova deve caber a quem decidiu não aprovar as contas e deverão revelar a falsidade da informação ou a sua insuficiência para cumprir o objectivo a que estas respondem.

Os órgãos de gestão, responsáveis pela elaboração do relatório de gestão e das contas, podem discordar da decisão de revisão (total ou parcial) das contas imposta pela assembleia geral. Cabe-lhes, neste caso, o poder de requerer inquérito judicial nos oito dias seguintes à deliberação que mande elaborar novas contas ou reformar as contas não aprovadas pelos sócios em assembleia geral, na hipótese de não concordância com a decisão deste órgão deliberativo. Todavia, se a divergência entre o órgão de gestão e a assembleia geral envolver juízos para os quais a lei não imponha critérios, não se admite a intervenção judicial por inquérito (art. 68º, 2).

Se esses critérios legais existirem, o órgão de gestão, pode, assim, num prazo muito curto definido no nº 2 – 8 dias – requerer inquérito judicial, visando impugnar a decisão de não aprovação de contas pela assembleia geral. Todavia, o legislador societário é bastante vago, pois admite apenas o recurso ao inquérito judicial nos casos em que a reforma das contas não seja motivada por juízos para os quais a lei não imponha critérios. Que critérios pretende o legislador abarcar: critérios de natureza societária? Critérios de natureza contabilística?

Em nome da unidade do sistema jurídico, pensamos que os critérios para que o legislador societário apela serão quaisquer critérios legais que, se não cumpridos, podem impedir que as contas e/ou o relatório de gestão não cumpra os seus objectivos últimos – fornecer informação verdadeira e apropriada sobre a situação financeira, suas alterações e desempenho. Logo, não serão apenas critérios *societários*, mas também critérios *contabilísticos* que podem ser fundamento do pedido de inquérito.

É nosso entendimento que este inquérito judicial se deve regular pelo preceituado no art. 1479º e s. do CPC, diferentemente do que sucede no art. 67º. Nos termos do art. 1479º, 1, do CPC, o *"interessado que pretenda a realização de inquérito judicial à sociedade, nos casos em que a lei o permita, alegará os fundamentos do pedido de inquérito (...)"*. O juiz aprecia, assim, os fundamentos invocados e decide se há ou não motivos para proceder ao inquérito (art. 1480º, 1). Se for ordenada a realização do inquérito, o juiz fixará os pontos que a diligência deve abranger, nomeando perito ou peritos que deverão realizar a investigação, aplicando-se o disposto quanto à prova pericial e, depois de concluído, fixa a matéria de facto e decide sobre as providências requeridas (arts. 1480º, 2, e 1482º, 1, CPC).

3. Casos de não existência de critérios legais para requerer inquérito judicial por parte dos órgãos de gestão

No caso concreto em que os membros do órgão de gestão não requerem inquérito judicial devido ao facto de os fundamentos invocados não poderem vir a ser corroborados pela instância judicial, por tratar-se de matéria sobre a qual a lei não impõe critérios, a disputa cairá portanto na alçada dos juízos profissionais, ou seja, numa zona de discricionariedade técnica que se revela insindicável pelo nosso sistema judiciário. Assim, quando a reforma deliberada pelos sócios incida sobre juízos para os quais a lei não imponha critérios, resta procurar vias alternativas de diálogo, na procura de uma solução que se afigure justa para os sócios em conflito com os órgãos de gestão responsáveis pela preparação e divulgação dessas contas. A lei é omissa sobre o modo de resolver esta questão. Neste particular, parece-nos adequado apelar-se, essencialmente, a juízos profissionais para aferir a existência de razões económicas e/ou financeiras válidas para as soluções contempladas nas contas apresentadas e não aprovadas – que é matéria de discricionariedade técnica e, por isso, não pode/deve ser fiscalizado pelos tribunais.

Uma de duas soluções se afigura plausível para a resolução deste dissenso. A primeira via poderá envolver o acordo entre os sócios e os membros do órgão de gestão, por meio de cedências recíprocas, resolvendo-se a divergência, sem recurso a qualquer entidade externa. A outra via, talvez mais plausível para a resolução do conflito de interesses, poderá envolver o recurso a meios extrajudiciais, nomeadamente recorrendo a peritos independentes[2]. As partes em desacordo podem entender-se quanto à nomeação de um único ROC que analisará, do ponto de vista técnico e de modo independente, as contas dessa entidade. Em casos mais extremos, pode cada uma das partes em conflito nomear o seu próprio perito, constituindo-se uma comissão de peritos de revisão, vindo a decisão a ser tomada com base nos relatórios elaborados por esses revisores independentes.[3]

No âmbito do novo SNC, a problemática da recusa de aprovação de contas assume-se como particularmente relevante, atendendo a um amplo conjunto de situações que vão envolver essencialmente juízos profissionais e não critérios legais. Admite-se, assim, no novo sistema contabilístico, um aumento da intervenção dos que preparam as DF na definição das práticas contabilísticas e nos juízos de valor sobre os factos patrimoniais, o que se traduz numa maior subjectividade na decisão e, por conseguinte, numa maior responsabilidade[4]. Esse tipo de juízos, para aferir a existência e o reconhecimento dos elementos nas DF, cabe no âmbito da discricionariedade técnica dos responsáveis pela sua elaboração, razão pela qual poderá não vir a ser sindicada pelos tribunais. Adivinha-se, por isso, um acréscimo dos conflitos, que no quadro do nosso sistema judiciário parece não ter solução.

---

[2] Solução semelhante foi adoptada pelo legislador societário a propósito da não aprovação ou rejeição de contas em assembleia convocada judicialmente (art. 67º, 5) – muito embora caiba aí ao juiz tomar uma decisão com base no relatório do perito e ainda *"do mais que dos autos constar e das diligências que ordenar"*.
[3] V. ANA MARIA RODRIGUES (2010), p. 146-147.
[4] Discute-se neste caso se haverá responsabilidade subsidiária do TOC. Digladiam-se argumentos a favor e contra. Os defensores da tese da responsabilidade adiantam que o TOC é o responsável pela regularidade técnica, nas áreas contabilística e fiscal, assumida, nomeadamente, pela assinatura das DF e das Declarações Fiscais (art. 6º do Estatuto da Câmara dos Técnicos Oficiais de Contas, agora designado Estatuto da Ordem dos Técnicos Oficiais de Contas – DL 310/2009, de 26/10). Os opositores apoiam-se na ideia de que o SNC, tal como as NIC e anteriormente o POC, não contêm referências às responsabilidades técnicas contabilísticas do TOC, logo não poderia prever sanções aos TOC. Sobre este assunto ver CUNHA GUIMARÃES (2009).

A não aprovação de contas pela assembleia geral obriga a que o órgão de gestão apresente novas contas ou reformule as apresentadas. Todavia, essa não aprovação pode vir a ser impugnada pelo órgão responsável pela preparação das contas e do relatório de gestão.

4. Outros aspectos
A recusa de aprovação não parece afectar a certificação legal das contas e do relatório do revisor oficial de contas, pois esses documentos técnicos gozam de fé pública e só podem ser impugnados por invocação de fundamentos de falsidade, cabendo a quem invoca a falsidade prová-la.

ARTIGO 69º *
Regime especial de invalidade das deliberações

1. *A violação dos preceitos legais relativos à elaboração do relatório de gestão, das contas do exercício e de demais documentos de prestação de contas torna anuláveis as deliberações tomadas pelos sócios.*

2. *É igualmente anulável a deliberação que aprove contas em si mesmas irregulares, mas o juiz, em casos de pouca gravidade ou fácil correcção, só decretará a anulação se as contas não forem reformadas no prazo que fixar.*

3. *Produz, contudo, nulidade a violação dos preceitos legais relativos à constituição, reforço ou utilização da reserva legal, bem como de preceitos cuja finalidade, exclusiva ou principal, seja a protecção dos credores ou do interesse público.*

* A epígrafe e a redacção do nº 1 foram alterados pelo DL 280/87, de 8 de Julho.

Índice
1. Análise geral e *ratio* da norma
2. Art. 69º, 1
3. Art. 69º, 2
4. Art. 69º, 3
5. Ausência da certificação legal de contas ou do parecer do órgão de fiscalização
6. Não diferenciação do vício deliberativo (*nulidade/anulabilidade*) consoante o activo líquido seja *superior* ou *inferior* ao real
7. A relação entre a invalidade da deliberação de aprovação de contas de um exercício e as contas dos exercícios subsequentes
8. Outros aspectos

Bibliografia
Vide a bibliografia indicada para o Capítulo VI (arts. 65º-70º-A).

1. Análise geral e *ratio* da norma
Neste Capítulo VI do CSC, relativo à "*apreciação anual da situação da sociedade*", o legislador incluiu uma disposição especialmente dedicada à "*invalidade das deliberações*". Em face do contexto sistemático, não há dúvidas de que a norma se refere às deliberações de *aprovação de contas e do relatório de gestão*, bem como de *aprovação dos (demais) documentos de prestação de contas*.

No que respeita à *aprovação do relatório de gestão*, não se colocam habitualmente problemas de maior relevo[1] – embora, como veremos, eles também possam surgir. E veja-se, ademais, tanto quanto se disse *supra* em anotação ao art. 65º.

Já a *aprovação das demonstrações financeiras* é um momento fulcral da vida anual da sociedade. Dela depende o *apuramento* e sequente *aplicação de resultados*, sendo que, no suposto de que tal seja possível em face da situação financeira da sociedade, daí se derivará a *distribuição de lucros aos sócios*.

O desvio introduzido pelo art. 69º ao regime geral das invalidades das deliberações consubstancia-se, resumidamente, no seguinte: são *anuláveis* (nº 1) as deliberações que violem normas sobre a elaboração dos documentos de prestações de contas; são igualmente *anuláveis* (nº 2) as que aprovem contas *em si mesmas irregulares*, com a diferença de que a *anulação* só terá lugar se não houver reforma das contas ordenada pelo juiz, nos casos de *pouca gravidade* ou *fácil correcção*; são, porém, *nulas* (nº 3) as que desrespeitem normas, ou relativas à *reserva legal*, ou protectoras (principal ou exclusivamente) dos *credores* ou do *interesse público*.

Não obstante a falta de clareza em alguns pontos particulares desta regulamentação, a ideia fundamental é clara: pretende-se fomentar a *certeza jurídica* no que respeita aos documentos de prestação de contas[2]. Isso justifica-se plenamente se pensarmos em tudo o que, na prática societária e no relacionamento da sociedade com os mais diversos "*stakeholders*", toma como ponto de partida indispensável a definição, por esta via, da situação financeira e patrimonial, das suas alterações e do seu desempenho da sociedade – obtida, precisamente, a partir da elaboração das suas diferentes DF. Com efeito, da deliberação de *aprovação de contas* depende a de *aplicação de resultados*; e desta resultará, se for o caso, um exfluxo de caixa ou equivalentes de caixa para os sócios, e, assim, uma diminuição patrimonial para a sociedade. Em acréscimo, dessa deliberação devem igualmente depender, na realidade, as decisões da administração e dos sócios acerca do *financiamento* da sociedade, sendo que as contas aprovadas são um documento indispensável na negociação a empreender com os habituais financiadores da maioria das sociedades portuguesas, *i.e.*, os bancos. Além disso, as demonstrações financeiras geram uma *imagem* da empresa societária que influencia a tomada de decisão de credores, de investidores, e porventura de muitos outros utilizadores das DF. Ora, a insegurança jurídica relativa ao

---

[1] V. COUTINHO DE ABREU (2009), p. 488, nt. 139.
[2] V. MENEZES CORDEIRO (2009a), p. 256, anot. 3; ANA MARIA RODRIGUES (2010), p. 154.

relatório de gestão e a um conjunto de informações financeiras constantes das DF que se revestem de tal importância para a vida da sociedade, ao mesmo tempo que envolvem ou amparam significativamente terceiros nas suas tomadas de decisão, relacionadas com a sociedade que presta as contas, é, por tudo quanto foi exposto, especialmente indesejável.

Mas haveria que salvaguardar certos interesses não disponíveis pelos sócios, relacionados com as finanças societárias ou a situação patrimonial da sociedade, a tutela de credores ou ainda com um pouco comum *"interesse público"* – a expressão é ímpar em todo o texto do CSC.

É extremamente difícil encontrar uma explicação para o critério que preside à separação entre as hipóteses do n.º 1 e do n.º 2 do art. 69º, ambas conduzindo porém, de igual modo, à *anulabilidade* da deliberação. Idêntica dificuldade se detecta na procura das razões que levam à delimitação dos casos de *anulabilidade* (nos 1 e 2) em face dos de *nulidade* (n.º 3).

Coutinho de Abreu, na procura desse critério, é da opinião de que o n.º 1 visa normas de projecção mais *formal* (quem elabora e assina as contas; a estrutura dos documentos de prestação de contas); ao passo que os nos 2 e 3 visariam normas de projecção mais *"material"*, na *"substância (ou expressão numérica) das contas"*[3].

A *ratio* do art. 69º, conforme acima identificada, conduz-nos a aceitar que os casos de *anulabilidade* do art. 69º não estão cingidos a aspectos *formais* ou *materiais*, abrangendo ambos. Isto é, em ambos os casos, a *irregularidade* das demonstrações financeiras (ou a sua *desconformidade com as estritas exigências contabilísticas*) provoca, à partida, a *anulabilidade* da deliberação social que as aprova. No entanto, se estiver em causa a violação dos preceitos identificados no n.º 3, é já a *nulidade* a sanção prescrita.

Não obstante a já criticada falta de clareza do regime legal, cremos resultar da sua *ratio* que, a existir uma *regra*, ela é a da *anulabilidade*; e apenas perante a premência de outras exigências normativas, que se sobrepõem à segurança jurídica acautelada com a mera *anulabilidade*, se aceita a *nulidade* das deliberações nos casos do n.º 3 – mas *tão-só*, como veremos (anot. 4), quando os interesses que o regime defende possam ser ou sejam ofendidos.

2. Art. 69º, 1

Tratando-se de uma norma que cria um regime especial para a invalidade de deliberações sociais que são tomadas por ocasião da apreciação anual da situação

---

[3] V. COUTINHO DE ABREU (2009), p. 489.

da sociedade, o legislador identificou por *"relatório de gestão"*, *"contas de exercício"* e *"demais documentos de prestação de contas"* os documentos cuja irregularidade na respectiva elaboração "contamina" a deliberação que sobre eles incide. Devem por isso incluir-se neste elenco os mesmos documentos identificados *supra*, em análise ao art. 65º, que no seu nº 1 utiliza idênticas expressões[4].

No que respeita ao relatório de gestão, a invalidade poderá derivar da sua não apresentação, da sua não elaboração, ou de uma elaboração incorrecta, em face das regras aplicáveis (*maxime* o art. 66º). Entre as falhas informativas de que o relatório de gestão pode padecer estão, entre outras, as seguintes hipóteses: não apresentar uma correcta evolução da gestão; não fundamentar uma drástica diminuição dos rendimentos ou um acréscimo dos gastos e nada referir quanto a investimentos realizados no decurso do período; não mencionar um facto relevante ocorrido após o termo do exercício; não se debruçar acerca da evolução previsível da sociedade; *etc.*[5]

No nº 1, a referência à violação de *"preceitos legais"* deve entender-se como sendo feita a normas relativas à elaboração daqueles documentos, sejam elas qualificáveis como de direito *das sociedades*, ou antes de direito *da prestação de contas, do balanço* ou *da contabilidade* [6] (termos por que, de modo mais ou menos sucedâneo, vêm sendo designadas as normas que regem a prestação de contas, os seus documentos e a respectiva elaboração).

É interessante notar que a causa da invalidade da deliberação *dos sócios*, prevista neste nº 1, é a violação de preceitos cujo cumprimento incumbe *não aos sócios, mas sim ao órgão de administração*. Com efeito, a *elaboração* das demonstrações financeiras cabe à administração, e não aos sócios (art. 65º, 1). Mas, como há muito se tem por assente, a deliberação social *assume* o conteúdo dessas demonstrações financeiras, de tal maneira que, apesar de estas não serem elaboradas pelos sócios, as irregularidades de que padeçam não geram meros vícios procedimentais, antes sim se poderá dizer que esses vícios *se comunicam* ao acto final deliberativo e neste ficam *absorvidos*[7].

---

[4] Cfr. art. 65º, anot. 2.; Comentário Geral aos arts. 65º a 70º-A, anot. 4.; v. ainda a anot. 5. a este artigo.
[5] V. ANA MARIA RODRIGUES (2010), p. 156.
[6] Do mesmo modo como, quando se trata de caso paralelo nas deliberações nulas em geral, perante o art. 56º, 1, d), se deve entender que são aí visados todos os tipos de normas jurídicas que tenham carácter imperativo: COUTINHO DE ABREU (2009), p. 473; *idem, supra*, em anotação ao art. 56º (3.3.).
[7] Citando SIMONETTO, é a doutrina de LOBO XAVIER (1976), p. 493, nt. 161; OSÓRIO DE CASTRO (1985), p. 228, nt. 3.

3. Art. 69º, nº 2

O art. 69º, 2 introduz uma especificidade de regime quando as contas sejam *"em si mesmas irregulares"*.

Não obstante as imensas dúvidas legítimas que esta formulação faz levantar[8], deverá aqui convocar-se o conceito de *contas não apropriadas* desenvolvido pelo legislador contabilístico (v. sobretudo o § 46 da EC do SNC), fazendo-o coincidir com o de *contas irregulares*[9]. Assim, entender-se-ão por tais as demonstrações financeiras que não apresentem apropriadamente a posição e o desempenho financeiros e os fluxos de caixa de uma sociedade, sendo certo que a *apresentação apropriada* prevista no SNC exige a representação fidedigna dos efeitos das transacções, outros acontecimentos e condições de acordo com as definições e critérios de reconhecimento ou desreconhecimento[10] para activos, passivos, rendimentos e gastos estabelecidos nas regras contabilísticas. Normalmente, uma *apresentação apropriada* é conseguida pela conformidade com as NCRF ou NIC/NIRF aplicáveis. Uma tal apresentação exige também que uma entidade seleccione e adopte políticas contabilísticas de acordo com a norma de relato financeiro aplicável ao caso concreto. Exige-se, assim, que se disponibilize informação, incluindo as políticas contabilísticas, que seja relevante, fiável, comparável e compreensível. Já o seguimento de políticas contabilísticas *não apropriadas* conduz em regra a que se esteja perante *contas* contabilisticamente *não apropriadas*, e assim societariamente *irregulares*.[11]

No tocante às divulgações adicionais, estas revelam-se necessárias quando o cumprimento dos requisitos específicos contidos nas NCRF possa ser insuficiente para permitir a sua compreensão pelos utentes das demonstrações financeiras (identificados no § 9 da EC do SNC).

São muitos os exemplos de contas irregulares – cite-se apenas, *v.g.*: meros erros de cálculo; a relevação contabilística ou reconhecimento de certos activos ou passivos que não respeitou as regras impostas por lei, seja porque as regras que regem esses (des)reconhecimentos foram desatendidas, seja por-

---

[8] V. ANA MARIA RODRIGUES (2010), p. 159-161.
[9] V. ANA MARIA RODRIGUES (2010), p. 162.
[10] A propósito: o leitor destas linhas, e sobretudo dos textos legais-contabilísticos estranhará algumas das expressões utilizadas. Com efeito, certas palavras como *"desreconhecimento"*; *"inventários"*, *"imparidades"*, *"reversões"*, *"modelo de revalorização"*, *"virtualmente"* (esta com o sentido, à maneira anglo-saxónica, de "praticamente", "quase": v. p. ex. a IAS 37, § 33), *etc.*, não estão habitualmente no nosso léxico. Resultam da matriz normativa do IASB, nas suas IAS/IFRS, bem como da não muito feliz tradução para português.
11 V. ANA MARIA RODRIGUES (2010), p. 160.

que os mesmos não foram reconhecidos nas categorias contabilísticas ou *contas devidas*.

Quando se poderá, porém, dizer que estas irregularidades não são mais do que *casos de pouca gravidade ou fácil correcção*? A consequência é de monta: só nessas hipóteses se prevê expressamente que o juiz deverá conceder prazo para a reforma das contas (art. 69º, 2, *in fine*).

O caso mais óbvio é o da existência de um mero erro matemático ou aritmético. Para além disso, é extremamente difícil proceder a uma tipificação segura dos casos em que tal *pouca gravidade* ou *fácil correcção* existam e justifiquem este regime jurídico. Não obstante, parece judicioso admitir que, oferecendo a parte interessada prova dessa *facilidade na correcção*, e não havendo indício de que a irregularidade visava de alguma maneira uma *manipulação* das contas apresentadas, o juiz deva conceder prazo para a reforma das contas, nos termos do art. 69º, 2.

Repare-se, agora, como a diferença entre os vícios do nº 1 e os vícios do nº 2 do art. 69º está, *não na sanção* – que é idêntica: a *anulabilidade* da deliberação que deles padeça –, mas sim na *possibilidade de fixação judicial de um prazo para reforma das contas*.

Dado que a anulabilidade também pode cessar *quando os sócios renovem a deliberação anulável mediante outra deliberação* (art. 62º, 2), perguntar-se-ia se, afinal, os casos do nº 1 e do nº 2 não estariam em pé de igualdade em termos do seu regime jurídico. Subsiste, porém, a seguinte diferença: ao passo que a *renovação* depende do impulso *dos sócios*, que deliberam de novo (para o que podem ou não requerer um prazo ao tribunal: art. 62º, 3), a *reforma das contas* no prazo judicialmente fixado depende do impulso *do juiz*, que *só decretará a anulação* se a sua ordem de reforma não for devida e oportunamente cumprida[12].

O *relatório de gestão*, à primeira vista, não faria parte da previsão do art. 69º, 2 – cuja letra se refere apenas a "*contas*"[13]. Pois bem: se atentarmos na exaustividade das informações, exposições e apreciações que, nos termos do art. 66º, devem obrigatoriamente constar do relatório de gestão de uma sociedade (de qualquer tipo), facilmente imaginamos a possibilidade de uma pequena falha ou imprecisão, ainda que materialmente irrelevante, ser o motivo da impugnação da deliberação social. E, na letra da lei, ainda que essa falha fosse pouco grave ou de fácil correcção, não caberia a possibilidade de ser judicialmente fixado

---

[12] V. COUTINHO DE ABREU (2009), p. 488, nt. 138.
[13] V. ANA MARIA RODRIGUES (2010), p. 163.

prazo para a sua correcção, uma vez que o art. 69º, 2, se refere apenas a *contas*, e não também ao *relatório*, ao contrário do art. 69º, 1. Sem prejuízo do eventual *abuso do direito* que poderia estar em causa na impugnação da deliberação com estes contornos, parece-nos outrossim defensável a *extensão do art. 69º, 2, ao relatório de gestão* (a par das contas propriamente ditas, as únicas literalmente visadas no art. 69º, 2), de tal modo que o juiz possa, também no caso descrito, fixar prazo para a respectiva correcção.

4. Art. 69º, 3

O nº 3 do art. 69º foi acrescentado na revisão final do projecto que deu origem ao CSC. Ao que parece, ter-se-á entendido que, não obstante se justificasse, em geral, um reforço da *certeza jurídica* relativa aos actos de prestação de contas, consubstanciada numa subtracção às hipóteses de *nulidade* em favor dos casos de *anulabilidade*, a verdade é que não se poderia aceitar outra sanção que não a nulidade quando estivéssemos perante dois grandes conjuntos de preceitos: os "*relativos à constituição, reforço ou utilização da reserva legal*"; e aqueles "*cuja finalidade, exclusiva ou principal, seja a protecção dos credores ou do interesse público*"[14].

A evolução do texto legal na sua fase preparatória, através do aditamento deste nº 3 (que não constava do Projecto), sustenta significativamente a opinião de que a nulidade do art. 69º, 3, 2ª parte, só existe quando haja uma *ofensa fundamental* dos "*preceitos cuja finalidade, exclusiva ou principal, seja a protecção dos credores ou do interesse público*". De tal modo que uma ofensa não essencial ou não fundamental desses preceitos não contende, verdadeiramente, com a protecção dos *credores* ou do *interesse público*", como defendia Osório de Castro em face do Projecto do CSC[15].

Além disso, no caso, p. ex., da deliberação de distribuição de 100 pelos sócios como lucros de exercício, em que 95 correspondem a verdadeiros resultados mas 5 resultam de um lucro ficticiamente contabilizado, seria de questionar se as contas, em casos de "*pouca gravidade*" ou "*fácil correcção*", não poderiam ser corrigidas, isto é, *reformadas* (art. 69º, 2), de tal modo que nem sequer haveria

---

[14] V. CARNEIRO DA FRADA (1988), p. 325.
O art. 454º, 2, do CSC previa que "*a deliberação do conselho geral que aprove sem reservas as contas do exercício pode ser declarada nula no tribunal a requerimento de qualquer accionista ou, verificando-se ofensa de normas destinadas a proteger interesses de credores, também a requerimento destes, no prazo de 3 anos*". Todavia, este preceito encontra-se revogado desde 2006. Hoje, esta orientação encontra-se parcialmente vertida no art. 69º, 3. Sobre a relação entre aquela norma, ainda enquanto art. 453º, 1, do Projecto, e a ideia que subjaz ao actual art. 69º, 3, v. OSÓRIO DE CASTRO (1985), p. 235-236.

[15] V. OSÓRIO DE CASTRO (1985), p. 241, a cujas palavras o legislador parece não ter sido alheio.

lugar ao decretamento da *anulação* da deliberação *de aprovação de contas* – e muito menos, naturalmente, à *declaração de nulidade* a que seríamos conduzidos por aplicação do art. 69º, 3. A resposta afirmativa afigura-se-nos como a mais razoável[16], tendo em conta que os *interesses dos credores e sócios futuros* são plenamente protegidos pela *nulidade* da deliberação *de distribuição de lucros*; e o *interesse dos investidores*, bem como o *interesse público e/ou do Estado* são defendidos pela obrigação de corrigir a informação prestada, através da reforma dos documentos de prestação de contas.

No que respeita à *reserva legal*, a referência do art. 69º, 3, às normas que regem a sua *constituição, reforço ou utilização* visa proteger todos os interessados contra uma *distribuição indevida de bens pelos sócios*. Trata-se de uma manifestação da tutela do capital social, sendo que a sua *intangibilidade* visa essencialmente a *protecção de credores*[17]. Em conformidade com o que acabámos de ver no parágrafo anterior, e porque é a intangibilidade do capital social, na *função de garantia para terceiros* por ele desempenhada, que justifica esta imperatividade dos preceitos relativos à reserva legal, só quando esses preceitos são violados *de forma a ser posta em causa essa intangibilidade* é que haverá lugar à *nulidade* prevista pelo nº 3.[18]

Já o *"interesse público"*, expressão sobremaneira vaga, levanta maiores dificuldades interpretativas. De todo o modo, parece evidente que, em primeira linha, se tem em conta o *interesse fundamental do Estado*, enquanto possível *credor*, numa correcta determinação do *resultado contabilístico* que é o agregado a partir do qual se determinará a tributação em sede de imposto sobre o rendimento da sociedade. Trata-se, digamos, do *interesse público-fiscal*[19].

Poderá ainda considerar-se que os interesses de outros *"utentes"* das demonstrações financeiras, claramente identificados nos mais recentes normativos contabilísticos, poderão integrar este *"interesse público"*. Assim, é discutível se nele não caberão p. ex. também interesses ligados ao *mercado de capitais*, nas sociedades com valores cotados. Imagine-se que a incorrecção da informação financeira prestada é de tal monta que conduz a um enviesamento significativo das decisões dos *investidores*: não é de excluir que, em face da *essencialidade*

---

[16] V. OSÓRIO DE CASTRO (1985), p. 243.
[17] V. PAULO DE TARSO DOMINGUES (2009), p. 253. Também a Estrutura Conceptual do SNC atribui uma enorme relevância a conceitos muito ligados ao de capital social: vejam-se as noções de *manutenção do capital* e *determinação do lucro* nos §§ 102-108.
[18] Sobre a intangibilidade do capital social como garantia para terceiros, v. FERRER CORREIA (1968), p. 224 s.; PAULO DE TARSO DOMINGUES (2009), p. 252 s.; *idem*, *supra*, anot. 1. ao art. 32º.
[19] V. COUTINHO DE ABREU (2009), p. 490. V. tb. ANA MARIA RODRIGUES (2010), p. 165-166.

da ofensa aos preceitos aplicáveis, a deliberação seja considerada *nula*. Este aspecto, a merecer estudo, é relevante no actual contexto de crescente importância das divulgações que devem constar do relato financeiro através do *Anexo* às demonstrações financeiras.

5. Ausência da certificação legal de contas ou do parecer do órgão de fiscalização

Uma dúvida pode surgir quando nos deparamos com certos documentos que, não estando propriamente sujeitos a deliberação dos sócios, não deixam de integrar obrigatoriamente a *prestação de contas*: falamos da *certificação legal de contas* e do *parecer do órgão de fiscalização, quando exista* (v. art. 70º, 2, c) e d)). Tanto mais que, para as sociedades em que a elaboração destes documentos é obrigatória, devem os mesmos *acompanhar* os documentos de prestação de contas sujeitos a deliberação (v. art. 263º, 5). Ora, não poderá deixar de considerar-se uma violação de preceitos legais relativos aos "demais documentos de prestação de contas" a *ausência* daqueles documentos. Mas, mais do que uma anulabilidade à luz do art. 69º, 1 ou 2, parece dever tratar-se aqui, no caso da certificação legal de contas, de uma verdadeira *nulidade*. Com efeito, "*a certificação legal de contas, em qualquer das suas modalidades, bem como a declaração de impossibilidade de certificação legal, são dotadas de fé pública, só podendo ser impugnadas quando arguidas de falsidade*" (art. 44º, 7, do DL 224/2008, de 20 de Novembro). É manifesto o *interesse público* aqui presente[20].

6. Não diferenciação do vício deliberativo (nulidade/anulabilidade) consoante o activo líquido seja superior ou inferior ao real

Foi já discutido se, ao nível da consequência da irregularidade do relato financeiro – mais precisamente, na distinção entre *nulidade* e *anulabilidade* da deliberação de aprovação de contas –, haveria ou não de diferenciar-se consoante o activo líquido declarado (e objecto da deliberação) fosse, respectivamente, *superior* ou antes *inferior* ao activo real.[21]

Hoje, esta distinção, em tempos defendida por LOBO XAVIER, parece não ser de aceitar, mesmo para lá das razões por que a mesma foi já entretanto posta em crise[22]. Na verdade, o actual sistema normativo contabilístico visa expres-

---

[20] V. ANA MARIA RODRIGUES (2010), p. 158-159.
[21] Assim LOBO XAVIER (1976), p. 494 s., nt. 163.
[22] V. por todos OSÓRIO DE CASTRO (1985), p. 236-240 (autonomizando, como interesses dos credores aqui salvaguardados, não apenas o da *conservação do capital social* mas também o de *conhecer a garantia patrimonial que a sociedade lhes oferece*), e COUTINHO DE ABREU (1999), p. 178-182 (referindo o obstáculo que a diminuição fictícia do activo líquido constitui para a formação das reservas legais e estatutárias; o

samente a defesa de um amplo conjunto de interesses; assim, se um activo *superior ao real* era antes visto como causa de nulidade pela possibilidade de, à sombra da deliberação que o declare, serem *distribuídos lucros fictícios* e mesmo posta em causa a situação patrimonial da sociedade (ao passo que um activo *inferior ao real* poria essencialmente em causa, do ponto de vista societário, apenas direitos dos *sócios actuais* – que se veriam potencialmente afectados na determinação da base para a distribuição de lucros), agora, mesmo um activo *inferior ao real* faz com que se *sinalize* para o mercado (p. ex. investidores, fornecedores, banca) algo diverso da realidade, e que por isso poderá conduzir a tomadas de decisão de investidores, trabalhadores, *etc.*, que não seriam as mais eficientes. Ademais, está sempre presente a questão *público-fiscal* acima identificada.

Não há pois, dúvida de que todas estas exigências normativas têm de ser tidas em conta. Em geral, aliás, podemos afirmar que a interpretação das normas de direito das sociedades que tenham relação com o relato financeiro não podem deixar de considerar o *objectivo* da elaboração de *demonstrações financeiras*, bem explícito na legislação respectiva: *proporcionar informação acerca da posição financeira, do desempenho e das alterações na posição financeira de uma entidade que seja útil a um vasto leque de utentes na tomada de decisões económicas* (§ 12 da Estrutura Conceptual do SNC; 2.1.3. das Bases para a Apresentação de Demonstrações Financeiras (BADF) do SNC).

7. A relação entre a invalidade da deliberação de aprovação de contas de um exercício e as contas dos exercícios subsequentes

Por vezes coloca-se na prática o problema de, a certo momento no tempo, ser identificado um erro contabilístico, ainda que não intencional[23] – algo a que, naturalmente, se procura obviar sobretudo através da *actuação do órgão de fiscalização* da sociedade, quando o haja, e da obrigatoriedade de *certificação legal de contas*, nos casos previstos na lei. Mas, apesar desses mecanismos de "*enforcement*", podem ainda assim surgir erros, que deverão ser corrigidos no exercício em que são identificados. Quando esses erros forem materialmente relevantes, obriga-se à alteração dos comparativos e à *reexpressão* das DF, reflectindo nos capitais próprios o valor dos ajustamentos efectuados, para além das divulgações que devem constar do Anexo. Não parece, todavia, judicioso que a identificação do

---

interesse do Estado em conhecer a verdadeira situação económico-financeira e fiscal das empresas; os interesses dos trabalhadores; e a informação dos sócios, em especial as minorias, quanto ao andamento dos negócios sociais (p. 181-182)).

[23] A intencionalidade do erro conduz a que se fale em *manipulação das contas*. A *contabilidade criativa* visa o estudo desta problemática.

referido *erro em demonstrações financeiras dos exercícios anteriores* ponha em causa a validade da deliberação de aprovação de contas do ano em questão, bem como de todas as semelhantes deliberações relativas aos exercícios subsequentes – sendo certo que o legislador contabilístico criou disposições explícitas para ultrapassar essas incorrecções: cfr. a NCRF 4 – *Políticas Contabilísticas, Alterações nas Estimativas Contabilísticas e Erros*. Se é verdade que um balanço imediatamente anterior a outro balanço está intimamente ligado a este *na perspectiva da apresentação da informação financeira* – porque, como sabemos, é devida a apresentação, não apenas do ano N, mas também pelo menos do ano N-1, dada a relevância da divulgação de informação *comparativa* para a tomada de decisões –, a verdade é também que se tratam de *duas fotografias* tiradas em momentos distintos. Não há-de, por isso, retirar-se da ligação entre os balanços "um significado jurídico susceptível de tornar um necessariamente dependente do outro"[24].

Em suma: perante esta "*autonomia*" (no sentido exposto[25]) *entre exercícios*, não é simplesmente a irregularidade de um balanço anterior, e/ou a invalidade da deliberação que o tenha aprovado, que sustentará *por si só* impugnação da ulterior deliberação de aprovação de contas[26].

8. Outros aspectos

É de notar que o art. 31º, 4 e 5, contém também uma especialidade de regime, atinente à deliberação de aprovação de contas, mas que se estende ainda à deliberação de distribuição de reservas ou de lucros do exercício, com relevo para a conduta de *administradores* e de *sócios*: a partir da citação para a acção que a(s) impugne, "*não podem os membros da administração efectuar aquela distribuição com fundamento nessa deliberação*" (nº 4); e os autores da acção impugnatória poderão vir a ser responsabilizados solidariamente pelos prejuízos devidos à demora naquela distribuição, sempre que a acção intentada seja improcedente e "*provando-se que litigaram temerariamente ou de má fé*" (nº 5).

O art. 69º não releva para a informação financeira *semestral* ou *trimestral* (arts. 246º e 246º-A do CVM, respectivamente), prestada por sociedades emitentes de acções admitidas a negociação em mercado regulamentado, uma vez que sobre a mesma não incide uma deliberação dos sócios de aprovação de contas.

---

[24] Assim escrevia LOBO XAVIER (1976), p. 488.
[25] E tão-só neste estrito sentido, porquanto os pressupostos da *continuidade* e do *acréscimo* não admitem outro: v. *supra*, no comentário geral a este Capítulo, o ponto 5.2..
[26] V. LOBO XAVIER (1976), p. 484 s. (*maxime* p. 489); COUTINHO DE ABREU (2009), p. 488, nt. 139. Sobre a natureza da deliberação que aprova o balanço: CASSIANO DOS SANTOS (1996), p. 109-112.

ARTIGO 70º *
Prestação de contas

1. A informação respeitante às contas do exercício e aos demais documentos de prestação de contas, devidamente aprovados, está sujeita a registo comercial, nos termos da lei respectiva.
2. A sociedade deve disponibilizar aos interessados, sem encargos, no respectivo sítio da Internet, quando exista, e na sua sede cópia integral dos seguintes documentos:
a) Relatório da gestão;
b) Relatório sobre a estrutura e as práticas de governo societário, quando não faça parte integrante do documento referido na alínea anterior;
c) Certificação legal das contas;
d) Parecer do órgão de fiscalização, quando exista.

* Redacção alterada pelo DL 328/95, de 9 de Dezembro; DL 8/2007, de 17 de Janeiro (aditou o nº 2); e DL 185/2009, de 12 de Agosto (introduziu a b) do nº 2).

Índice
1. Obrigação de registo comercial
2. O DL 8/2007 e a Informação Empresarial Simplificada da (IES)
   2.1. Conceito de IES
   2.2. Registo da prestação de contas através da IES
   2.3. A IES e o relatório de gestão
   2.4. Registo das contas consolidadas
   2.5. Promoção da publicação do registo
3. Relatório de governo societário (art. 70º, 2, b))

Bibliografia
Vide a bibliografia indicada para o Capítulo VI (arts. 65º-70º-A).

1. Obrigação de registo comercial
O art. 70º sujeita a informação respeitante à prestação de contas a "*registo comercial, nos termos da lei respectiva*". Essa sujeição não surpreende, atentas, por um lado, as exigências normativas a que responde a obrigação de prestação de contas com a sua configuração actual, tomando em consideração os interesses de um vasto leque de *utentes* (cfr. *supra*, comentário geral ao Capítulo VI, 3.), e, por outro lado, as finalidades do registo comercial das sociedades nos termos gerais,

i.e., dar publicidade à sua situação jurídica "*tendo em vista a segurança do comércio jurídico*" (art. 1º CRCom.).

Uma das consequências do incumprimento desta obrigação, caso exista um "atraso superior a nove meses na aprovação e depósito das contas", é a sujeição da sociedade a um requerimento de declaração da sua insolvência: cfr. o art. 20º, 1, h), do CIR.

2. O DL 8/2007 e a Informação Empresarial Simplificada (IES)

Nesta matéria, o DL 8/2007 operou mudanças importantes, no sentido de promover a "*simplificação global do regime*". Foi aí que se criou a Informação Empresarial Simplificada, que tem que ver com uma obrigação de comunicação da informação económico-financeira e não imediatamente com a obrigação de prestação de contas em si mesma; na prática, porém, a sua breve descrição é conveniente no contexto da análise e aplicação prática deste art. 70º.

2.1. Conceito de IES

A IES consiste numa nova forma de entrega, por via electrónica e de forma totalmente desmaterializada, de documentos para o cumprimento de obrigações declarativas de natureza contabilística, fiscal e estatística. Os formulários relativos à IES (Aprovados pela Portaria 208/2007, de 16 de Fevereiro) são entregues electronicamente ao Ministério das Finanças nos *seis meses* posteriores ao encerramento do ano económico.

A IES compreende as seguintes obrigações legais:

a) A entrega da declaração anual de informação contabilística e fiscal prevista no nº 1 do art. 113º do CIRS, quando respeite a pessoas singulares titulares de estabelecimentos individuais de responsabilidade limitada;

b) A entrega da declaração anual de informação contabilística e fiscal prevista art. 109º, 1, c), do CIRC;

c) O *registo da prestação de contas*, nos termos previstos na legislação do registo comercial;

d) A prestação de informação de natureza estatística ao INE;

e) A prestação de informação relativa a dados contabilísticos anuais para fins estatísticos ao Banco de Portugal.

2.2. Registo da prestação de contas através da IES

Uma das obrigações integradas na IES é o depósito de contas (cfr. o art. 42º CRCom.). Assim, as sociedades têm simplesmente de entregar a IES: não têm de entregar na conservatória do registo comercial os documentos respeitantes às suas contas anuais. Para o cumprimento da obrigação de registo da prestação de contas foram aprovados, pela Portaria 208/2006, de 16 de Fevereiro, modelos específicos para preenchimento e entrega automática, que condensam a informação respeitante aos seguintes documentos de prestação de contas (cfr. art. 42º, 1, CRCom.):

    a) Acta de aprovação das contas do exercício e da aplicação dos resultados;
    b) Balanço, demonstração dos resultados e anexo ao balanço e demonstração dos resultados[1]*;*
    c) Certificação legal das contas;
    d) Parecer do órgão de fiscalização, quando exista.

2.3. A IES e o relatório de gestão

Com a adopção da IES, deixou de ser necessária a entrega do relatório de gestão, porquanto os formulários a preencher e a entregar de forma electrónica não incidem sobre o mesmo. Contudo, as empresas passarão a ter de disponibilizar aos interessados, sem encargos, no seu *sítio da Internet* (quando exista) e na sua sede, uma cópia integral desse relatório. Da mesma forma, passarão a ter de disponibilizar uma cópia da certificação legal das contas e do parecer do órgão de fiscalização, quando existam.

2.4. Registo das contas consolidadas

A Portaria 208/2007 aprovou modelos declarativos específicos respeitantes às contas consolidadas, que têm por base os seguintes documentos:
    – Acta da deliberação de aprovação das contas consolidadas do exercício, de onde conste o montante dos resultados consolidados;
    – Balanço consolidado, demonstração consolidada dos resultados e anexo;
    – Certificação legal das contas.

2.5. Promoção da publicação do registo

A publicação do registo é promovida de *forma automática*. Uma vez submetida electronicamente a IES, paga a taxa devida pelo registo da prestação de contas e disponibilizada a correspondente informação ao Ministério da Justiça, o registo do acto é promovido automaticamente, sendo igualmente gerado de

---

[1] Deve atender-se à nova terminologia dos documentos de prestação de contas, por força da entrada em vigor do SNC.

forma electrónica o texto para efeitos de publicação no *sítio* das *Publicações do Ministério da Justiça*.[2]

3. Relatório de governo societário (art. 70º, 2, b))

O art. 70º foi também modificado pelo DL 185/2009, que introduziu a obrigatoriedade de um novo documento na prestação de contas: o *relatório sobre a estrutura e as práticas de governo societário*, quando essa informação não faça parte integrante do relatório da gestão. Cremos, porém, que esta é uma exigência informativa que só faz sentido para as sociedades anónimas, e, particularmente, vocacionada para as sociedades com valores cotados[3].

---

[2] Após a submissão electrónica da IES, é gerada automaticamente uma referência multibanco que permitirá o pagamento deste acto de registo através do multibanco no prazo de 5 dias úteis. Se a taxa não for paga, não é promovido o registo da prestação de contas, considerando-se que houve incumprimento dessa obrigação de registo, e estando a entidade sujeita a procedimento contra-ordenacional.

[3] V. *supra*, comentário geral ao Capítulo VI, 5.4.

ARTIGO 70º-A *
Depósitos para as sociedades em nome colectivo e em comandita simples

1. *As sociedades em nome colectivo e as sociedades em comandita simples só estão sujeitas à obrigação prevista no artigo anterior quando:*
a) Todos os sócios de responsabilidade ilimitada sejam sociedades de responsabilidade limitada ou sociedades não sujeitas à legislação de um Estado membro da União Europeia, mas cuja forma jurídica seja igual ou equiparável à das sociedades de responsabilidade limitada;
b) Todos os sócios de responsabilidade ilimitada se encontrem eles próprios organizados sob a forma de sociedade de responsabilidade limitada ou segundo uma das formas previstas na alínea anterior.
2. *A obrigação referida no número anterior é dispensada quando as sociedades nela mencionadas não ultrapassem dois dos limites fixados pelo nº 2 do artigo 262º.*

* Aditado pelo DL 328/95, de 9 de Dezembro; redacção alterada pelo DL 257/96, de 31 de Dezembro (revogou os nºˢ 3 a 5); redacção do nº 2 alterada pelo DL 76-A/2006, de 29 de Março.

Índice
1. Casos de dispensa de registo comercial (SENC e SC simples)

Bibliografia
Vide a bibliografia indicada para o Capítulo VI (arts. 65º-70º-A).

1. Casos de dispensa de registo comercial (SENC e SC simples)

O art. 70º-A estabelece um regime que exclui a obrigatoriedade do registo comercial da prestação de contas em relação a dois tipos societários: as *sociedades em nome colectivo* e as *sociedades em comandita simples*.

Estas, porém, estarão sujeitas a essa obrigação se estiver verificada alguma das hipóteses delineadas nas alíneas a) ou b) do nº 1: isto é, se *todos os sócios da SENC* ou *todos os sócios comanditados da SC simples* forem *"sociedades de responsabilidade limitada"* (a)) ou se se encontrarem *"eles próprios organizados sob"* uma tal forma (b)) – assim deixando de haver, portanto, e apesar da aparência de não limitação de responsabilidade, pessoas que respondam ilimitadamente pelas dívidas da sociedade –, aplicar-se-ão as regras do art. 70º e da legislação de registo comercial. O mesmo sucede se os ditos *sócios de responsabilidade ilimitada* forem "*sociedades não sujeitas à legislação de um Estado membro da União Europeia, mas cuja forma jurídica seja igual ou equiparável à das sociedades de responsabilidade limitada*". É uma formulação inspirada na Quarta Directiva em matéria de direito das sociedades[1] e que pode colocar interessantes problemas de *substituição*, em que é convocado o direito das sociedades comparado.[2] Já quanto a sociedades que se constituam em conformidade com uma lei de um Estado-membro da União Europeia, não existirão tamanhas dúvidas, uma vez que em diversos instrumentos é feita a enumeração dos tipos societários que se qualificam como "*sociedades de responsabilidade limitada*"[3].

De todo o modo, ainda que as sociedades em questão caiam em alguma das modalidades previstas nas alíneas a) ou b) do n.º 1, o n.º 2 do art. 70.º-A dispensa a obrigação de registo comercial quando a sociedade não ultrapasse "*dois dos limites fixados pelo n.º 2 do artigo 262.º*", ou seja:

   a) Total do balanço: 1 500 000 euros;

   b) Total das vendas líquidas e outros proveitos: 3 000 000 euros;

   c) Número de trabalhadores empregados em média durante o exercício: 50.

---

[1] V. MENEZES CORDEIRO (2009), p. 258.
[2] A propósito, v. RUI PEREIRA DIAS (2008), p. 94-95.
[3] Cfr. p. ex., desde logo, a Primeira Directiva (68/151/CEE), ou, para ela remetendo, a Directiva 2005/56/CE (no seu art. 1.º, 1, a)).

CAPÍTULO VII
RESPONSABILIDADE CIVIL PELA CONSTITUIÇÃO, ADMINISTRAÇÃO E FISCALIZAÇÃO DA SOCIEDADE

ARTIGO 71º *
Responsabilidade quanto à constituição da sociedade

1. *Os fundadores, gerentes ou administradores respondem solidariamente para com a sociedade pela inexactidão e deficiência das indicações e declarações prestadas com vista à constituição daquela, designadamente pelo que respeita à realização das entradas, aquisição de bens pela sociedade, vantagens especiais e indemnizações ou retribuições devidas pela constituição da sociedade.*

2. *Ficam exonerados da responsabilidade prevista no número anterior os fundadores, gerentes ou administradores que ignorem, sem culpa, os factos que lhe deram origem.*

3. *Os fundadores respondem também solidariamente por todos os danos causados à sociedade com a realização das entradas, as aquisições de bens efectuadas antes do registo do contrato de sociedade ou nos termos do artigo 29º e as despesas de constituição, contanto que tenham procedido com dolo ou culpa grave.*

* A redacção originária dos nºs 1 e 2 foi (pouco) alterada pelo DL 76-A/2006, de 29 de Março.

Índice

1. Objecto do cap. VII
2. Responsabilidade civil dos fundadores
   2.1. Noção de fundadores
   2.2. Pressupostos da responsabilidade
   2.3. Deficiência e inexactidão das informações prestadas com vista à constituição da sociedade
   2.4. Responsabilidade pelos danos causados com a realização das entradas, aquisição de bens e despesas de constituição
   2.5. Natureza obrigacional da responsabilidade e presunção de culpa
3. Responsabilidade dos fundadores perante terceiros
4. Responsabilidade civil dos administradores quanto à constituição da sociedade
5. Exoneração da responsabilidade
6. Efectivação da responsabilidade dos fundadores

Bibliografia

a) Citada:

ABREU, J. M. COUTINHO DE – *Curso de direito comercial*, vol. II – *Das sociedades*, 3ª ed., Almedina, Coimbra, 2009, *Responsabilidade civil dos administradores de sociedades*, 2ª ed., Almedina, Coimbra, 2010; CORDEIRO, A. MENEZES – *Da responsabilidade civil dos administradores das sociedades comerciais*, Lex, Lisboa, 1997; CORREIA, A. FERRER/XAVIER, V. LOBO/COELHO, M. ÂNGELA/CAEIRO, ANTÓNIO A. – "Sociedade por quotas de responsabilidade limitada. Anteprojecto de lei – 2ª redacção", RDE, 1977, p. 153-224; HÖHFELD – "§ 46", em THOMAS HEIDEL (Hrsg.), *Aktienrecht und Kapitalmarktrecht*, 2. Aufl., Nomos, 2007, p. 248-252; MATOS, ALBINO – *Constituição de sociedades*, 5ª ed., Almedina, Coimbra, 2001; COSTA, M. J. ALMEIDA, *Direito das obrigações*, 12ª ed., Almedina, Coimbra, 2009; DOMINGUES, PAULO DE TARSO – "Capital e património sociais, lucros e reservas", em AAVV. (coord. de Coutinho de Abreu), *Estudos de direito das sociedades*, 9ª ed., Almedina, Coimbra, 2008, p. 173-233, *Variações sobre o capital social*, Almedina, Coimbra, 2009; LEITÃO, ADELAIDE MENEZES – *Normas de protecção e danos puramente patrimoniais*, Almedina, Coimbra, 2009; MONTEIRO, J. F. SINDE – *Responsabilidade por conselhos, recomendações ou informações*, Almedina, Coimbra, 1989; OLIVEIRA, A. FERNANDES – "Responsabilidade civil dos administradores", em AAVV., *Código das Sociedades Comerciais e governo das sociedades*, Almedina, Coimbra, 2008, p. 257-341; ROTH, GÜNTER H. – "§ 1", em HOLGER ALTMEPPEN/GÜNTER H. ROTH, *Gesetz bettrefend die Gesellschaften mit beschränkter Haftung (GmbHG)*, 6. Aufl., Beck, München, 2009, p. 19-33; VARELA, J. M. ANTUNES – *Direito das obrigações*, 10ª ed., Almedina, Coimbra, 2000.

b) Outra:

CORREIA, A. FERRER /CAEIRO, ANTÓNIO A. – *Anteprojecto de Lei das Sociedades Comerciais. Parte Geral*, I, separata do BMJ nos 185 e 191, 1970.

1.Objecto do cap. VII

O capítulo encabeçado pelo artigo em comentário versa a responsabilidade civil dos fundadores (e administradores[1]) por factos relacionados com a constituição da sociedade (art. 71º), dos administradores (arts. 72º-80º), dos membros de órgão de fiscalização (art. 81º), dos ROC (art. 82º) e de certos sócios (arts. 83º e 84º).

---

[1] Em sentido amplo, compreendendo tanto os "administradores" das sociedades anónimas como os "gerentes" das sociedades dos outros tipos.

Em matéria de responsabilidade pela administração e fiscalização das sociedades, o CSC seguiu muito de perto o cap. II do DL 49 381, de 15 de Novembro de 1969.

Este diploma não continha, porém, normas equivalentes às do art. 71º do CSC. O Código foi beber ao art. 28º do chamado Anteprojecto de Coimbra[2], largamente inspirado no direito alemão (cfr. § 46 da AktG e § 9a da GmbHG).

2. Responsabilidade civil dos fundadores
2.1. Noção de fundadores

O CSC não apresenta noção de fundadores[3]. São *fundadores as pessoas que participam no acto de constituição da sociedade na qualidade de sócios*[4]. No processo de constituição de sociedade anónima com apelo a subscrição pública não há propriamente um acto constituinte; há dois, embora interdependentes e complementares: o contrato (de sociedade) formado (progressivamente) pelas declarações do(s) promotor(es) e dos subscritores, e a deliberação da assembleia constitutiva[5]. Neste contexto, são fundadores tanto os *promotores* quanto os *sócios subscritores* (que aderem ao projecto pela subscrição de acções)[6]. Outras pessoas que, em geral, participam no processo de constituição de sociedade, tais como notários, advogados, revisores oficiais de contas, solicitadores, juízes (no caso de constituição de sociedades por saneamento por transmissão, previsto no art. 199º do CIRE), consultores, *não assumem a qualidade de fundadores*. E não estão, por isso, sujeitos à responsabilidade pela constituição da sociedade prevista no art. 71º.

2.2. Pressupostos da responsabilidade

O art. 71º contém duas previsões de *responsabilidade civil* conexionada com o processo de constituição da sociedade. O nº 1 prevê a responsabilidade civil "pela inexactidão e deficiência das indicações e declarações prestadas com vista à constituição"; o nº 3 sanciona os fundadores pelos "danos causados à sociedade com a realização das entradas, as aquisições de bens efectuadas antes do registo do contrato de sociedade ou nos termos do artigo 29º e as despesas de constituição".

---

[2] FERRER CORREIA/LOBO XAVIER/ÂNGELA COELHO/ANTÓNIO CAEIRO (1977).
[3] Nos termos do § 28 da AktG, "os accionistas que tiverem outorgado nos estatutos são os fundadores da sociedade". Para as sociedades por quotas, v. ROTH (2009), p. 25.
[4] De modo aproximado, ALBINO MATOS (2001), p. 134.
[5] Cfr. COUTINHO DE ABREU (2009), p. 95.
[6] V. tb. ALBINO MATOS (2001), p. 134, nt. 253.

O art. 71º, 1 e 3, elenca matérias com impacto na situação patrimonial da sociedade[7] e, em particular, visa garantir a efectiva realização do capital social previsto nos estatutos[8]. Para que se constitua a responsabilidade civil dos fundadores, não basta uma qualquer discrepância entre as declarações prestadas e a situação patrimonial da sociedade. A responsabilidade depende da ilicitude, da culpa, do dano e do nexo de causalidade entre o facto ilícito e o dano.

Relativamente ao dano e ao nexo de causalidade, a responsabilidade dos fundadores não apresenta especificidades relevantes em face do regime comum da responsabilidade civil. Convocar-se-á, por exemplo, o dano "real" da sociedade (que interessa aos problemas da causalidade e da opção entre a indemnização por reconstituição natural ou por equivalente) para significar a lesão em interesses societários juridicamente protegidos; o dano "patrimonial" (que interessa ao problema do cálculo da indemnização por equivalente) como reflexo do dano real sobre a situação patrimonial da sociedade, que agrega tanto o dano emergente como o lucro cessante e se mede, em princípio, pela diferença entre a situação real actual da sociedade e a situação (hipotética) em que ela se encontraria se não tivesse ocorrido o comportamento lesivo[9].

Quanto ao nexo de causalidade, predomina entre os civilistas a doutrina da causalidade adequada[10]. A ideia fundamental é a de que se considera causa o facto que, além de ter sido no caso concreto condição *sine qua non* do dano, se mostra em abstracto ou em geral adequado a produzi-lo. Na formulação mais ampla ("negativa") da doutrina, preferível para a responsabilidade por factos ilícitos culposos (como a prevista no art. 71º), o facto que actuou como condição do dano só deixará de ser considerado causa adequada se se mostrar de todo em todo indiferente para a verificação do dano, tendo-o provocado somente por virtude de circunstâncias extraordinárias ou anómalas[11].

Quanto à ilicitude e culpa, o art. 71º apresenta especialidades que importa analisar.

---

[7] FERNANDES DE OLIVEIRA (2008), p. 280.
[8] Na doutrina alemã, v. HÖHFELD (2007), p. 249.
[9] V. por todos ANTUNES VARELA (2000), p. 597, s..
[10] Cfr. ALMEIDA COSTA (2009), p. 763.
[11] V., com indicações, COUTINHO DE ABREU (2010), p. 8-9.

2.3. Deficiência e inexactidão das informações prestadas com vista à constituição da sociedade

As "indicações e declarações" referidas no art. 71º, 1, parecem dizer respeito a *informações* prestadas com vista à constituição da sociedade[12]. De várias normas do sistema é legítimo retirar *deveres legais de exactidão e completude* das informações prestadas com vista à constituição da sociedade, em particular as vertidas no acto constituinte da sociedade. Tais deveres devem ser respeitados pelos fundadores e administradores que conduzem o processo de constituição da sociedade. Considere-se, por exemplo, os arts. 9º, 10º, 11º, 1, 15º, 16º, 19º, 202º, 4, 277º, 4. É *ilícita* a prestação de informações inexactas ou deficientes com vista à constituição da sociedade.

Informações *inexactas* são as que apresentam conteúdo contrário à realidade fáctica; informações *deficientes* são as que se *mostram incompletas*, as que apresentam omissões relevantes[13]. Há declarações e indicações prestadas pelos sócios que são resultado de informações prestadas por terceiros, como por exemplo as que têm origem no relatório do revisor oficial de contas quanto à verificação das entradas em espécie (art. 28º). Admitindo que o relatório apresenta erros (por exemplo, sobrevaloriza entrada em espécie), parece que não se poderá dizer que é exacta a declaração dos sócios que reproduza a deficiência ou inexactidão contida no relatório[14]. O que sucede é que a inexactidão (que teve origem em terceiro) pode não ser imputável aos fundadores que a reproduziram nos estatutos.

O art. 71º, 1, apresenta um elenco *exemplificativo* de informações por cuja inexactidão e incompletude os fundadores podem ser civilmente responsáveis.

Serão inexactas as informações relativas às *entradas* quando, por exemplo, os sócios declaram que procederam ao depósito de entradas em dinheiro (v. arts. 202º, 4, 277º, 4) e tal não ocorreu (não houve depósito em conta aberta em nome da sociedade).[15]

O nº 1 do art. 71º refere-se também a indicações e declarações relativas a "aquisição de bens pela sociedade" no decurso do processo de constituição. Referência idêntica aparecia no art. 28º, 1, do Anteprojecto de Coimbra. Onde,

---

[12] SINDE MONTEIRO (1989), p. 15, define informação como a "exposição de uma dada situação de facto, verse ela sobre pessoas, coisas, qualquer outra relação".
[13] HÖHFELD (2007), p. 250.
[14] De modo divergente, OLIVEIRA FERNANDES (2008), p. 280.
[15] Sobre outras consequências da declaração inexacta (não liberação do capital social mínimo, nulidade do contrato de sociedade), v. TARSO DOMINGUES (2009), p. 206, s.

tendo em conta o que dispunha o art. 13º, fazia sentido. Não assim no contexto do CSC.

A encerrar o elenco exemplificativo do art. 71º, 1, estão as informações relativas a *vantagens especiais, indemnizações ou retribuições devidas pela constituição da sociedade*. A transparência da situação patrimonial da sociedade justifica que, de modo exacto e completo, sejam exaradas no contrato de sociedade as vantagens especiais concedidas a sócios em conexão com a constituição da sociedade e o montante global por ela devido a sócios ou terceiros a título de indemnização ou retribuição (art. 16º, 1). A omissão de tais menções determina a *ineficácia* dos respectivos direitos e acordos perante a *sociedade* (art. 16º, 2). Por conseguinte, sócios e terceiros afectados pela ineficácia não podem reclamar da sociedade as prestações respectivas. Mas podem exigir indemnização aos fundadores. Só que esta responsabilidade, já se vê, não resulta do art. 71º (responsabilidade dos fundadores para com a sociedade), antes do art. 16º, 2 (2ª parte) do CSC, conjugado com o art. 483º do CCiv..

2.4. Responsabilidade pelos danos causados com a realização das entradas, aquisição de bens e despesas de constituição

Há que confrontar o âmbito de aplicação do nº 1 e do nº 3 do art. 71º. Observam-se as seguintes notas distintivas: *a)* a previsão do nº 3 abrange exclusivamente os fundadores; o nº 1 aplica-se a administradores e fundadores; *b)* é taxativa a enumeração do nº 3 relativa às matérias susceptíveis de gerar responsabilidade; a que consta do nº 1 tem carácter exemplificativo; *c)* o nº 3 exige dolo ou culpa grave; a responsabilização nos termos do nº 1 basta-se com a negligência; *d)* a responsabilização dos fundadores prevista no nº 3 não exige prestação de informações inexactas ou deficientes; pressuposto objectivo do nº 1 é a prestação de informações inexactas ou deficientes. O dano da sociedade é mencionado expressamente no nº 3, não no nº 1. Não há, todavia, diferenças quanto ao ponto; o dano é pressuposto da responsabilidade civil, sendo, portanto, exigido nas situações previstas no nº 1.

Para efeitos do art. 71º, 3, a ilicitude consiste no *desrespeito das normas legais* que, em matéria de realização das entradas, aquisições de bens e despesas de constituição, pretendem garantir a efectiva realização do capital social[16]. A circunstância de a tutela legal da intangibilidade do capital social garantir os terceiros credores não elimina o interesse da sociedade em ter meios para a pros-

---

[16] Também neste sentido, laborando a partir do § 46 AktG, HÖHFELD (2007), p. 249

secução da sua actividade[17]. Este interesse é lesado se, por manobras ilícitas e dolosas (ou gravemente negligentes) ocorridas no processo de constituição da sociedade, os fundadores dissipam bens sociais que, caso fosse respeitada a lei, estariam à disposição da sociedade.

Comecemos pelos *danos causados com a realização das entradas*. Podem resultar, designadamente, de dolosa ou culposa (culpa grave) sobreavaliação das entradas em espécie. Imagine-se que com dolo ou culpa grave os fundadores: *a)* não diligenciaram no sentido de ser feita a avaliação por um revisor oficial de contas (art. 28º) e inflacionaram o valor patrimonial do bem; *b)* não consideraram a informação do revisor oficial de contas sobre alterações relevantes de valores que tornaram a entrada sobreavaliada (art. 28º, 4).

Consideremos, agora, *os danos causados com a aquisição de bens efectuada antes do registo do contrato de sociedade*. Se os fundadores (ou alguns deles), dolosamente ou com culpa grave, determinarem que se adquira ou adquirirem para a sociedade bens sobreavaliados – hipótese mais provável quando os alienantes sejam sócios ou sujeitos a eles ligados –, serão responsáveis perante a sociedade. O preceito refere-se também a aquisição de bens "nos termos do artigo 29º". Isto causa alguma estranheza. Se o procedimento estabelecido nesse preceito for observado, em princípio os fundadores não cometem qualquer ilícito. Se, observado embora o procedimento, resultar da aquisição dano para a sociedade, este terá sido originado pelo ROC (cfr. o nº 3 do art. 29º). Deliberando os sócios com base em avaliação errada do ROC – mas desconhecendo eles o erro – continuam imunes à responsabilidade. Apenas responderão, portanto, se deliberarem conscientes do erro da avaliação. Neste caso, porém, bastaria aplicar o art. 58º, 3... Contudo, dir-se-á: o preceito em análise será aplicável também a casos em que os fundadores adquirem bens sobreavaliados a sócios (ou a sujeitos relacionados) sem cumprirem os "termos do artigo 29º". Mas a este resultado chegar-se-ia (sempre ou quase sempre) aplicando o segmento normativo imediatamente anterior...

Por fim, surgem os danos causados à sociedade pelos fundadores em *virtude de despesas de constituição*. Não é ilícito que os fundadores recuperem da sociedade as despesas que tenham suportado com vista à constituição daquela; nem é ilícito que a sociedade remunere justamente os serviços que os fundadores tenham efectivamente prestado durante o processo de constituição (art. 16º, 1). O que se afigura *ilícito* é que a sociedade pague a fundadores montantes

---

[17] Sobre a designada função de produção do capital social real, v. TARSO DOMINGUES (2008), p. 200.

excedendo o valor das despesas por eles efectivamente custeadas, pague serviços fictícios ou desnecessários.

2.5. Natureza obrigacional da responsabilidade e presunção de culpa

A responsabilidade dos fundadores perante a sociedade, prevista no art. 71º, assenta em *violação de disposições legais que consagram deveres dos fundadores perante a sociedade*. E embora elas possam garantir também interesses de outros sujeitos (sócios e credores), parece não haver razões que afastem a *natureza obrigacional* da responsabilidade dos fundadores perante a sociedade.

Da natureza obrigacional da responsabilidade resulta que se *presume a culpa dos fundadores* (art. 799º, 1, do CCiv.). Esta presunção de culpa beneficia a sociedade, porque, invertendo o ónus da prova da culpa (art. 350º, 1, do CCiv.), dispensa-a de provar este requisito da responsabilidade civil.

No âmbito do art. 71º, 1, os fundadores são responsáveis perante a sociedade a título de dolo ou de negligência; já para efeitos do art. 71º, 3, a responsabilidade constitui-se quando aos fundadores for imputado dolo ou culpa grave.

3. Responsabilidade dos fundadores perante terceiros

Os fundadores, na medida em que conduzem o processo de constituição da sociedade, também podem ser responsáveis perante terceiros. Esta responsabilidade já não resulta do art. 71º, que prevê a responsabilidade somente para com a sociedade, mas sim do regime geral do CCiv. relativo à responsabilidade por factos ilícitos (arts. 483º, s., 485º, 2, do CCiv.)[18].

Pode, por exemplo, um terceiro ter concedido crédito à sociedade porque confiou nas informações – inexactas ou insuficientes – respeitantes à constituição da sociedade vertidas no acto constituinte (arts. 9º, 16º, 176º, 199º, 272º).

O terceiro afectado sofre, em regra, *dano patrimonial puro*[19]. Tendo em conta a restritiva tutela delitual dos danos patrimoniais puros[20], haverá que explorar *normas de protecção* que fundem a *responsabilidade directa dos fundadores perante terceiros*. O que vale por dizer que devemos investigar normas legais que, embora

---

[18] No sentido de que não existe verdadeiramente um problema específico de responsabilidade por informações e que "a resolução dos problemas de responsabilidade por informações [tem de ser procurado] fora do art. 485", v. SINDE MONTEIRO (1989), p. 453, 457, s. (interpolação nossa).

[19] Para a caracterização de dano patrimonial puro, v. SINDE MONTEIRO (1989), p. 187, ADELAIDE LEITÃO (2009), p. 295, s..

[20] Sobre o "estado da arte" na doutrina portuguesa em matéria de danos patrimoniais puros, v. ADELAIDE LEITÃO (2009), p. 259, s..

não confiram direitos subjectivos aos terceiros, visam a tutela (só ou também) dos interesses destes[21]. São, designadamente, normas de protecção de terceiros-credores sociais a que previne a sobreavaliação de entradas em espécie, fazendo intervir revisor oficial de contas independente (art. 28º); a que submete a aquisição de bens a accionistas à verificação feita por revisor oficial de contas e a deliberação de assembleia geral (art. 29º); a que proíbe subscrição de acções próprias (art. 316º, 1); a que pune criminalmente informações falsas sobre "matéria da vida da sociedade" (art. 519º).

É de *natureza delitual* a responsabilidade dos fundadores perante terceiros (art. 483º, 1, 2ª parte, do CCiv.). Aos terceiros caberá provar o dolo ou a mera culpa dos fundadores; não beneficiam de presunção de culpa (art. 487º, 1, do CCiv.).

4. Responsabilidade civil dos administradores quanto à constituição da sociedade

O nº 1 do art. 71º responsabiliza também os administradores (ao lado dos fundadores, solidariamente) para com a sociedade por indicações e declarações inexactas ou deficientes prestadas com vista à constituição daquela.

Mesmo antes do registo do acto constituinte, podem os sócios designar administradores (sócios ou não). Mas estes administradores, *enquanto tais*, não estão obrigados a prestar declarações – com vista à constituição da sociedade – relativas à realização das entradas, aquisição de bens pela sociedade[22], vantagens especiais e indemnizações ou retribuições devidas pela constituição da sociedade, etc. Não vemos, por isso, pertinência na menção do art. 71º, 1, aos administradores.

5. Exoneração da responsabilidade

O nº 2 do art. 71º permite que fundadores (e administradores) sejam exonerados da responsabilidade prevista no nº 1 se provarem que ignoravam sem culpa os factos que lhe deram origem. A norma supõe a presunção de culpa dos fundadores, que será afastada mediante prova do desconhecimento sem culpa dos factos ilícitos[23].

---

[21] COUTINHO DE ABREU (2010). p. 72, s..
[22] E v. *supra*, nº 2. 3.
[23] MENEZES CORDEIRO (1997), p. 35, considera que o art. 71º, 2, consagra o dever específico de os fundadores "se inteirarem do andamento e do teor das indicações e declarações prestadas".

Por seu lado, na responsabilidade prevista no nº 3 do art. 71º não se presume a culpa dos fundadores. Cabe à sociedade fazer a prova do dolo ou culpa grave daqueles, a eles cabendo a possibilidade da contraprova.

6. Efectivação da responsabilidade dos fundadores

Interessa saber como é accionada a responsabilidade civil dos *fundadores* perante a sociedade.

Do art. 246º, 1, g), aplicável às sociedades por quotas, em nome colectivo (189º, 1) e em comandita simples (474º, 189º, 1), resulta que a proposição de acções pela sociedade contra *sócios* está dependente de deliberação social. E, se bem se reparar, o art. 75º, 1, refere a "acção de responsabilidade proposta pela sociedade". Ora, parece razoável aplicar o disposto nos nºs 1 e 3 do art. 75º: a acção de responsabilidade intentada pela sociedade contra os fundadores depende de deliberação social, tomada por simples maioria; deve ser intentada no prazo de seis meses; podem ser designados representantes especiais; estão impedidos de votar os sócios fundadores cuja responsabilidade estiver em causa.

ARTIGO 72º *
Responsabilidade de membros da administração para com a sociedade

1. Os gerentes ou administradores respondem para com a sociedade pelos danos a esta causados por actos ou omissões praticados com preterição dos deveres legais ou contratuais, salvo se provarem que procederam sem culpa.

2. A responsabilidade é excluída se alguma das pessoas referidas no número anterior provar que actuou em termos informados, livre de qualquer interesse pessoal e segundo critérios de racionalidade empresarial.

3. Não são igualmente responsáveis pelos danos resultantes de uma deliberação colegial os gerentes ou administradores que nela não tenham participado ou hajam votado vencidos, podendo neste caso fazer lavrar no prazo de cinco dias a sua declaração de voto, quer no respectivo livro de actas, quer em escrito dirigido ao órgão de fiscalização, se o houver, quer perante notário ou conservador.

4. O gerente ou administrador que não tenha exercido o direito de oposição conferido por lei, quando estava em condições de o exercer, responde solidariamente pelos actos a que poderia ter-se oposto.

5. A responsabilidade dos gerentes ou administradores para com a sociedade não tem lugar quando o acto ou omissão assente em deliberação dos sócios, ainda que anulável.

6. Nas sociedades que tenham órgão de fiscalização, o parecer favorável ou o consentimento deste não exoneram de responsabilidade os membros da administração.

* A redacção actual resulta do DL 76-A/2006, de 29 de Março.

Índice

1. Pressupostos da responsabilidade civil dos administradores para com a sociedade (nº 1)
    1.1. Violação de deveres legais ou "contratuais"
    1.2. Culpa (presumida)
    1.3. Outros pressupostos
2. Administradores de facto
3. Deveres de cuidado, o (novo) nº 2 e a *business judgment rule*
4. Outros casos de inexistência de responsabilidade
    4.1. Não participação em deliberação colegial, voto de vencido e o "direito" de oposição (nºs 3 e 4)
    4.2. Execução de deliberação dos sócios, ainda que anulável (nº 5)
5. O seguro de responsabilidade civil dos administradores (*D&O Insurance*)
    5.1. Coberturas contratadas pelos administradores ou pela sociedade
    5.2. Exclusões típicas

Bibliografia

a) Citada:

ABREU, J. M. COUTINHO DE – *Definição de empresa pública*, Coimbra, 1990, "Deveres de cuidado e de lealdade dos administradores e interesse social", em IDET, *Reformas do Código das Sociedades*, Almedina, Coimbra, 2007, p. 17-47, *Curso de direito comercial*, vol. II – *Das sociedades*, 3ª ed., Almedina, Coimbra, 2009, *Responsabilidade civil dos administradores de sociedades*, 2ª ed., Almedina, Coimbra, 2010, *Governação das sociedades comerciais*, 2ª ed., Almedina, Coimbra, 2010ª, "*Corporate governance* em Portugal", em IDET, *Miscelâneas* nº 6, Almedina, Coimbra, 2010ᵇ, p. 7-47; ABREU, J. M. COUTINHO DE/RAMOS, ELISABETE – "Responsabilidade civil de administradores e de sócios controladores", em *Miscelâneas* nº 3, Almedina, Coimbra, 2004, p. 11-55; ALMEIDA, A. PEREIRA DE – *Sociedades comerciais e valores mobiliários*, 5ª ed., Coimbra Editora, Coimbra, 2008; CORDEIRO, A. MENEZES – *Manual de direito das sociedades*, I – *Das sociedades em geral*, 2ª ed., Almedina, Coimbra, 2007, "Artigo 72º", em *Código das Sociedades Comerciais anotado* (coord. de A. Menezes Cordeiro), Almedina, Coimbra, 2009, p. 265-265; COSTA, M. J. DE ALMEIDA – *Direito das obrigações*, 12ª ed., Almedina, Coimbra, 2009; COSTA, RICARDO – "Responsabilidade civil societária dos administradores de facto", em IDET, *Temas societários*, 2006, p. 23-43, "Responsabilidade dos administradores e business judgment rule", em IDET, *Reformas do Código das Sociedades*, Almedina, Coimbra, 2007, p. 51-86; CUNHA, P. OLAVO – *Direito das sociedades comerciais*, 4ª ed., Almedina, Coimbra, 2010; CUNHA, TÂNIA MEIRELES DA – *Da responsabilidade dos gestores de sociedades perante os credores sociais – A culpa nas responsabilidades civil e tributária*, 2ª ed., Almedina, Coimbra, 2009; DIAS, GABRIELA FIGUEIREDO – *Fiscalização de sociedades e responsabilidade civil*, Coimbra Editora, Coimbra, 2006; FRADA, M. CARNEIRO DA – "A business judgment rule no quadro dos deveres gerais dos administradores", em *Jornadas em Homenagem ao Professor Doutor Raúl Ventura – A reforma do Código das Sociedades Comerciais*, Almedina, Coimbra, 2007, p. 61-102; LOURENÇO, PAULA MEIRA – *A função punitiva da responsabilidade civil*, Coimbra Editora, Coimbra, 2006; MONTEIRO, A. PINTO – *Cláusulas limitativas e de exclusão de responsabilidade civil*, Coimbra, 1985; OLIVEIRA, ANA PERESTRELO DE – *A responsabilidade civil dos administradores nas sociedades em relação de grupo*, Almedina, Coimbra, 2007; OLIVEIRA, A. FERNANDES – "Responsabilidade civil dos administradores", em AAVV., *Código das Sociedades Comerciais e governo das sociedades*, Almedina, Coimbra, 2008, p. 257-341; RAMOS, M. ELISABETE – "Aspectos substantivos da responsabilidade civil dos membros do órgão de administração perante a sociedade", BFD, 1997, p. 211-250, *O seguro de responsabilidade civil dos administradores (entre a exposição ao risco e a delimitação da cobertura)*, Almedina, Coimbra, 2010; REGO, MARGARIDA LIMA – *Contrato de seguro e terceiros – Estudo de direito civil*, Wolters Kluwer/Coimbra Editora, Coimbra, 2010; RIBEIRO, M. FÁTIMA – *A tutela dos credores da sociedade por quotas e a "desconsideração da per-*

sonalidade jurídica", Almedina, Coimbra, 2009; SILVA, J. CALVÃO DA – "Responsabilidade civil dos administradores não executivos da comissão de auditoria e do conselho geral e de supervisão", em *Jornadas em Homenagem ao Professor Doutor Raúl Ventura – A reforma do Código das Sociedades Comerciais*, Almedina, Coimbra, 2007, p. 103-151; VASCONCELOS, P. PAIS DE – *D&O Insurance: o seguro de responsabilidade civil dos administradores e outros dirigentes da sociedade anónima*, Almedina, Coimbra, 2007, "Responsabilidade civil dos gestores das sociedades comerciais", DSR 1, 2009, p. 11-32 , *"Business judgment rule*, deveres de cuidado e de lealdade, ilicitude e culpa e o artigo 64º do Código das Sociedades Comerciais", DSR 2, 2009ª, p. 41-79; VENTURA, RAÚL/CORREIA, L. BRITO – "Responsabilidade civil dos administradores de sociedades anónimas e dos gerentes das sociedades por quotas", BMJ, 192 (1970), 5-112, 193 (1970ª), p. 5-182, 194 (1970ᵇ), 5-113, "Nota explicativa do Capítulo II do Decreto-Lei nº 49.381, de 15 de Novembro de 1969", 195 (1970ᶜ), p. 21-90; XAVIER, V. G. LOBO – *Anulação de deliberação social e deliberações conexas*, Atlântida Editora, Coimbra 1976 (reimpr. 1998, Almedina).

b) Outra:
CORDEIRO, A. MENEZES – "Da responsabilidade dos administradores das sociedades comerciais", em AAVV., *Estruturas jurídicas da empresa*, AAFDL, Lisboa, 1989, p. 83-105, *Da responsabilidade civil dos administradores das sociedades comerciais*, Lex, Lisboa, 1997; LEITÃO, ADELAIDE MENEZES – "Responsabilidade dos administradores para com a sociedade e os credores sociais pela violação de normas de protecção", RDS, 2009, p. 647-679; MAGALHÃES, VÂNIA P. F. – "A conduta dos administradores das sociedades anónimas: deveres gerais e interesse social", RDS, 2009, p. 379-414; MARTINS, ALEXANDRE DE SOVERAL – "A responsabilidade dos membros do conselho de administração por actos ou omissões dos administradores delegados ou dos membros da comissão executiva", BFD, 2002, p. 365-380; PÉREZ CARRILLO, ELENA/RAMOS, M. ELISABETE – "Responsabilidade civil e seguro dos administradores (reflexões em torno das experiências portuguesa e espanhola)", BFD, 2006, p. 261-374; PINTO, ADEODATO F. – *A business judgment rule – (Aparente) consagração no CSC*, dissertação de Mestrado, FDUC, 2008; RAMOS, M. ELISABETE – "A responsabilidade de membros da administração", em IDET, *Problemas do direito das sociedades*, Almedina, Coimbra, 2002, p. 71-92, "Insolvência da sociedade e efectivação da responsabilidade dos administradores", BFD, 2007, p. 449-489, "Debates actuais em torno da responsabilidade e da protecção dos administradores – Surtos de influência anglo-saxónica", BFD, 2008, p. 591-636; REIS, NUNO TRIGO DOS – "Os deveres de lealdade dos administradores de sociedades comerciais", CadOD, 2009, p. 279-414; SILVA, J. SOARES DA – "Responsabilidade civil dos administradores de sociedades: os deveres gerais e os princípios da corporate governance", ROA, 1997, p. 605-628.

1. Pressupostos da responsabilidade civil dos administradores para com a sociedade (nº 1)
1.1. Violação de deveres legais ou "contratuais"

O art. 72º, 1, responsabiliza os administradores pela "preterição dos deveres legais ou contratuais".

Entre os "deveres legais"[1] encontram-se *deveres legais específicos* e *deveres legais gerais*: os primeiros resultam imediata e especificadamente da lei; os segundos revelam-se de modo relativamente indeterminado, muitas vezes em cláusulas gerais[2].

O *CSC prevê* alguns deveres legais *específicos*.

É dever dos administradores não ultrapassar o objecto social (art. 6º, 4), não distribuir aos sócios bens sociais não distribuíveis ou (em regra) sem autorização (dada, em princípio, por deliberação dos sócios) – arts. 31º, 1, 2, 4, 32º, 33º, 1, 2 e 3[3]; prontamente convocar ou requerer a convocação da assembleia geral em caso de perda de metade do capital social, a fim de os sócios tomarem as medidas julgadas convenientes (art. 35º); não exercer por conta própria ou alheia, sem consentimento da sociedade, actividade concorrente com a dela (arts. 254º, 398º, 3, 5, 428º); promover a realização das entradas em dinheiro diferidas (arts. 203º, s., 285º-286º)[4]; não adquirir para a sociedade, em certas circunstâncias, acções ou quotas dela próprias (arts. 316º, 319º, 2, 323º, 4, 325º, 2, 220º)[5]; não executar deliberações nulas do órgão de administração (arts. 412º, 4, 433º, 1).

Fora do CSC encontramos também deveres específicos. Visando, ora especialmente os administradores, ora as pessoas em geral. Exemplo da primeira situação é o dever de os administradores requererem a declaração de insolvência da sociedade em certas circunstâncias (arts. 18º e 19º do CIRE). Exemplos da segunda são os deveres decorrentes de normas jurídico-penais, *v.g.* das constantes nos arts. 203º, 204º, 205º e 212º do CP (furto, abuso de confiança, dano): os administradores que cometam algum destes crimes contra a propriedade

---

[1] Entendida a lei em sentido amplo, abarcando as diversas espécies de actos legislativos (leis, decretos-lei, decretos legislativos regionais) e regulamentos (art. 112º da CRP).
[2] COUTINHO DE ABREU (2010), p. 12, 14, s..
[3] V. tb. art. 514º.
[4] V. tb. art. 509º.
[5] V. tb. art. 510º.

das sociedades sujeitam-se não apenas a responsabilidade penal, mas também a responsabilidade civil para com a sociedade[6].

A violação dos deveres legais *gerais* – deveres *de cuidado* e *de lealdade* (art. 64º)[7] – constitui comportamento ilícito que, verificados os restantes pressupostos, implica também responsabilidade civil dos administradores perante a sociedade.

A expressão legal "deveres contratuais" compreende os deveres *estatutários*. Na verdade, o Código usa muitas vezes "contrato" (de sociedade) como equivalente de estatuto(s)[8]. Todavia, seria para o efeito preferível falar de deveres estatutários em vez de "deveres contratuais" – nem todos os estatutos são fundados em contrato de sociedade (não o são, *v.g.*, nas sociedades constituídas por negócio jurídico unilateral ou por decreto-lei). Depois, é certo que os administradores devem cumprir algumas deliberações dos sócios (bem como de outros órgãos sociais)[9]. Porém, é incorrecto falar a este propósito de deveres "contratuais". Quer porque as deliberações sociais não são contratos[10], quer porque tal dever tem fundamento na lei ou nos estatutos (v., *v.g.*, os arts. 259º e 405º, 1) – é dever "*legal*" ou "*estatutário*". Por sua vez, a relação de administração não é, normalmente, contratual[11]. Mas pode haver contrato entre a sociedade e o administrador concretizando um ou outro dever deste (*v.g.*, o dever de participar à sociedade o local para que se ausenta temporariamente ou onde passa a residir, o dever de estar presente na sede social certo número mínimo de horas diárias). Tais deveres são "contratuais" e a preterição dos mesmos pode originar responsabilidade civil. Mas não seria necessária a referência aos deveres

---

[6] Esta responsabilidade é disciplinada nos arts. 72º, s. do CSC quando o administrador tenha actuado enquanto tal, no exercício das suas funções, isto é, durante e por causa da sua actividade de gestão e/ou representação. Se actuar fora do exercício das suas funções (por ex. se for surpreendido de noite a furtar no armazém da sociedade), a responsabilidade civil será delitual e reger-se-á pelos arts. 483º, s. do CCiv. (então, p. ex., a sociedade poderá accioná-lo sem dependência de deliberação dos sócios referida no art. 75º do CSC) – COUTINHO DE ABREU (2010), p. 13, nt. 17.

[7] Para a caracterização dos deveres legais gerais, v. COUTINHO DE ABREU (2007), p. 17, s. e comentário ao art. 64º.

[8] Cfr. COUTINHO DE ABREU (2009), p. 103-104. Isto mesmo foi expressamente confirmado pelas alterações introduzidas no CSC pelo DL 76-A/2006, de 29 de Março. O Código passou a utilizar também "estatutos" – e como sinónimo de contrato de sociedade, ou mais latamente, de acto constituinte (v., p. ex., os arts. 288º, 4, 289º, 4, 377º, 5, f), 384º, 9, 393º, 1, 413º, 4, 423º-B, 2, 424º, 1).

[9] COUTINHO DE ABREU (2010ª), p. 57, s..

[10] COUTINHO DE ABREU (2009), p. 239-240.

[11] COUTINHO DE ABREU (2010ª), p. 72, s..

contratuais no art. 72º, 1, para o efeito – o princípio da força vinculativa dos contratos está consagrado na lei (art. 406º, 1, do CCiv.).

1.2. Culpa (presumida)

A violação dos deveres (legais ou "contratuais") há-de ser *culposa*. A conduta do administrador merece censura do direito quando, atendendo às circunstâncias, ele podia ter agido de outro modo. Por conseguinte, não se incluem no âmbito da responsabilidade dos administradores perante a sociedade as consequências imputáveis aos *riscos de empresa*. Estes são suportados pela sociedade e, mediatamente, pelos sócios.

Toma-se aqui a culpa como imputação do acto ao agente (está afastada a responsabilidade objectiva). O grau de culpa não releva para fundar a responsabilidade dos administradores perante a sociedade – por exemplo, o art. 72º não restringe a responsabilidade dos administradores às violações grosseiras –, mas importa para a medida da obrigação de indemnizar (art. 73º, 2)[12].

Com interesse para o juízo de culpa, convém referir a habilitação técnica e a profissionalização dos membros do órgão de administração. Em geral, o CSC não exige especial habilitação técnica ou académica, nem experiência profissional (arts. 191º, 3, 252º, 1, 390º, 3, 425º, 5, 470º)[13]. Não é necessário ser-se perito para fazer parte do órgão de administração. Nem por isso, porém, um administrador considerado sem suficiente habilitação técnica ou experiência profissional fica livre de ser considerado culpado. Outros factores relevantes para apreciar a culpa dos administradores são, designadamente, a posição ocupada no conselho de administração (de executivo ou não executivo), ou o efectivo acesso à informação (por exemplo, quanto aos pelouros de que outros administradores se encontrem especialmente encarregados)[14].

O padrão geral para ajuizar da culpa (aplicável a todos os administradores) é o da (abstracta) "diligência de um gestor criterioso e ordenado" (art. 64º, 1, a)).

A sociedade (e quem, em vez dela, efective a responsabilidade interna) beneficia da *presunção de culpa* prevista no art. 72º, 1, *in fine*. Manifestação do *carácter obrigacional* desta modalidade de responsabilidade civil pela administração, a presunção de culpa implica a inversão do ónus da prova, dispensando a socie-

---

[12] COUTINHO DE ABREU /ELISABETE RAMOS (2004), p. 26, s..
[13] V., no entanto, o art. 423º-B, 4.
[14] COUTINHO DE ABREU /ELISABETE RAMOS (2004), p. 27, ELISABETE RAMOS (2010), p. 120.

dade-autora (ou quem tenha legitimidade para intentar a acção social de responsabilidade) de provar a culpa (art. 344º, 1, do CCiv.)[15].

A presunção prevista no art. 72º, 1, *não abrange a ilicitude*[16]. Sufragar o entendimento de que o preceito consagra também uma presunção de ilicitude intensifica, por via interpretativa, o risco de responsabilidade civil dos administradores. Sob tal compreensão, bastaria à sociedade alegar e provar a acção/omissão dos administradores adequada a produzir um dano e daí extrair-se-iam as presunções de culpa e de ilicitude. Consequência jurídica que, em termos práticos, deslocaria o regime jurídico-societário da responsabilidade civil pela administração do universo da responsabilidade subjectiva para o aproximar da responsabilidade objectiva[17].

1.3. Outros pressupostos

Para além da ilicitude e da culpa, o art. 72º, 1, faz referência ao dano ("danos a esta" – à sociedade) e ao nexo de causalidade entre o facto (ilícito e culposo) e o dano ("danos a esta causados por actos ou omissões"). Relativamente aos dois últimos pressupostos, a responsabilidade dos administradores não apresenta especificidades relevantes em face da comum responsabilidade por factos ilícitos[18].

2. Administradores de facto

Várias normas do nosso sistema jurídico referem o administrador de facto (art. 24º, 1, da LGT; arts. 227º, 3, 227º-A, 2, 228º, 2, e 229º, 2, do CP, arts. 82º, 2, a), e 186º, 1, 2 e 3, do CIRE), mas em momento algum é fornecida a sua caracterização. Acresce que o art. 72º, 1 (e restantes normas sobre responsabilidade civil dos administradores) não alude(m) ao administrador de facto. Actualmente, o problema não é tanto saber se é possível responsabilizar os administradores de facto, mas sim determinar os contornos/limites do próprio conceito[19].

Em uma noção ampla, é *administrador de facto quem, sem título bastante, exerce, directa ou indirectamente e de modo autónomo (não subordinadamente) funções próprias*

---

[15] ELISABETE RAMOS (2009), p. 139.
[16] Em sentido contrário, MENEZES CORDEIRO (2009), p. 266. No sentido defendido no texto, COUTINHO DE ABREU (2007), p. 30, FERNANDES OLIVEIRA (2008), p. 289, PEREIRA DE ALMEIDA (2008), OLAVO CUNHA (2010), p. 808.
[17] ELISABETE RAMOS (2010), p. 121, s..
[18] ELISABETE RAMOS (1997), p. 240, 241. Em geral, sobre estes pressupostos da responsabilidade civil por factos ilícitos, v. ALMEIDA COSTA (2009), p. 557, s..
[19] Neste sentido, RICARDO COSTA (2006), p. 28.

de administrador de direito da sociedade[20]. Nesta noção são abrangidos: *a)* pessoa que notoriamente actua como se fora administrador de direito, mas sem título bastante; *b)* pessoa que ostenta título diverso do de administrador, mas desempenha funções de gestão com a autonomia própria dos administradores de direito; *c)* pessoa sem qualquer cargo de administração ou função profissional na sociedade mas que determina habitualmente a actuação dos administradores de direito[21].

Se atendermos à distinção entre administradores de facto e "administradores na sombra", os primeiros encontram-se referidos sob as alíneas *a)* e *b)*. Sob a alínea *a)* surgem os administradores de facto aparentes e sob alínea *b)* encontram-se os administradores de facto ocultos sob outro título (que não o de administrador)[22]. Caracterizam-se uns e outros por exercerem *directamente* funções de gestão próprias dos administradores *de jure* e com a autonomia característica destes[23]. Já os "administradores na sombra" estão compreendidos na alínea *c)*: estes, diferentemente dos restantes, não exercem directamente funções de gestão, dirigem antes os administradores de direito que as desempenham[24].

O regime jurídico-societário português não contempla norma que expressamente regule a responsabilidade civil dos administradores de facto. Este silêncio suscita a discussão sobre o fundamento de tal responsabilidade. Surgiram na doutrina portuguesa várias propostas: *a)* art. 80º do CSC[25]; *b)* aplicação directa dos arts. 72º e s.[26]; *c)* interpretação extensiva dos arts. 72º e s.[27].

Os administradores de facto (em sentido amplo) hão-de estar sujeitos a responder civilmente para com a sociedade e terceiros (entendidos latamente).

---

[20] COUTINHO DE ABREU/ELISABETE RAMOS (2004) p. 42, s., COUTINHO DE ABREU (2010), p. 99, s..

[21] V. COUTINHO DE ABREU/ELISABETE RAMOS (2004) p. 40, s., COUTINHO DE ABREU (2010), p. 99-10, ELISABETE RAMOS (2010), p. 152, s..

[22] V. COUTINHO DE ABREU/ELISABETE RAMOS (2004), p. 41, s., COUTINHO DE ABREU (2010), p. 100.

[23] V. COUTINHO DE ABREU/ELISABETE RAMOS (2004), p. 40, COUTINHO DE ABREU (2010), p. 100-101. São referidas exclusivamente as funções de gestão – p. ex. planeamento, comando e controlo últimos no provimento dos meios materiais, financeiros e humanos, e "gestão corrente" –, não também funções de representação, pois os administradores ocultos, quando as exercem, actuam não a título de administradores, mas como mandatários, procuradores, etc. (cfr. p. ex. arts. 252º, 6, do CSC, 231º e 248º, s., do CCom.).

[24] COUTINHO DE ABREU/ELISABETE RAMOS (2004) p. 42, COUTINHO DE ABREU (2010), p. 101, ELISABETE RAMOS (2010), p. 153.

[25] Ponderam a aplicação do art. 80º TÂNIA CUNHA (2009), p. 78, FÁTIMA RIBEIRO (2009), p. 469, s.. MENEZES CORDEIRO (2007), p. 917, considera que o art. 80º não diz respeito à responsabilidade de administradores.

[26] COUTINHO DE ABREU/ELISABETE RAMOS (2004), p. 43.

[27] RICARDO COSTA (2006), p. 39, s..

Tal como os administradores de direito, eles administram; devem por isso igualmente cumprir as regras da correcta administração, sob pena de arcarem com as respectivas responsabilidades. Esta perspectiva funcional (que atende às funções de administração efectivamente exercidas, não à qualificação formal do sujeito como administrador *de jure*) será suficiente para concluir que os arts. 72º, s. são directamente aplicáveis (também) aos administradores de facto. O asserto não tem expressão explícita no texto dos arts. 72º, s.. Mas a letra da lei também não o infirma. E a *ratio* das normas confirma-o.[28]

3. Deveres de cuidado, o (novo) nº 2 e a *business judgment rule*

A redacção do nº 2 do art. 72º, introduzida pelo DL 76-A/2006, de 29 de Março, foi influenciada pela *business judgement rule*, desenvolvida pela jurisprudência estado-unidense desde o segundo quartel do século XIX a propósito da responsabilidade dos administradores por decisões atentatórias do dever de cuidado, mais precisamente do dever de tomar decisões razoáveis.

Significa esta regra que o mérito de certas decisões dos administradores não é julgado pelos tribunais com base em critérios de "razoabilidade", mas segundo critério de avaliação excepcionalmente limitado: o administrador será civilmente responsável somente quando a decisão for considerada (nos termos da formulação dominante) "irracional". Decisões empresariais irrazoáveis há muitas; muito mais raras serão as "irracionais": sem qualquer explicação coerente, incompreensíveis[29].

Porém, a *business judgment rule* só é aplicável se se verificarem determinados pressupostos ou condições: a) É necessário que uma decisão tenha sido tomada. Uma decisão de fazer algo ou de não fazer, uma escolha entre várias possibilidades. A simples omissão, por ignorância ou por outros motivos, não beneficia da aplicação da regra. b) Os administradores, bem como pessoas próximas, não podem estar em conflito de interesses com a sociedade relativamente ao objecto da decisão. c) As normas procedimentais da decisão têm de ser cumpridas; a regra não se aplica se o administrador não se informa razoavelmente antes de decidir.

Por conseguinte, a *business judgment rule* não é aplicável quando as decisões contrariem o dever de lealdade ou deveres específicos legais, estatutários, ou

---

[28] Com desenvolvimentos, COUTINHO DE ABREU/ELISABETE RAMOS (2004), p. 43, s., COUTINHO DE ABREU (2010), p. 104, s..
[29] Sobre isto e o que a seguir se diz em texto acerca do direito estado-unidense (e outros), COUTINHO DE ABREU (2010), p. 37, s., com referências bibliográficas.

contratuais dos administradores: aqui não há discricionaridade, as decisões são vinculadas, os administradores têm de actuar no interesse da sociedade e cumprir os deveres especificados.

Adiantam-se razões várias que justificam a regra. Em muitas circunstâncias é razoável mais do que uma decisão. Uma decisão que, por um ou outro factor, se revelou prejudicial para a sociedade não tem de ser qualificada como irrazoável. Todavia, o tribunal, dadas as dificuldades na reconstituição intelectual das circunstâncias em que a decisão foi tomada e o conhecimento de factos entretanto ocorridos, tenderia a confundir muitas vezes decisões de resultados indesejáveis com decisões irrazoáveis e, consequentemente, a responsabilizar os administradores.

Depois, frequentemente também, os administradores não têm à disposição ensinamentos seguros ou práticas empresariais em geral aceites que possam invocar para provar a razoabilidade das suas decisões.

Diz-se ainda que o padrão de revisão judicial (*standard of review*) informado pela *business judgment rule*, apesar de mais permissivo do que o padrão de conduta (*standard of conduct*) que exige a tomada de decisões razoáveis, favorece o interesse social. Na medida em que promove a inovação e escolhas arriscadas mas também, amiúde, mais lucrativas.

Embora não resulte do teor literal, o nº 2 do art. 72º pressupõe que os administradores tenham adoptado uma *decisão empresarial*[30]. Em virtude desta delimitação do âmbito de aplicação da norma, percebe-se que ela não cobre toda a actividade funcional dos administradores. Há manifestações da actividade de gestor, cobertas pelo dever de cuidado, que não envolvem a tomada de decisões empresariais. Aos perfis não decisórios é inaplicável o art. 72º, 2[31]. Uma segunda delimitação do âmbito de aplicação do preceito cinge-o aos espaços de discricionaridade, em que é legítima a eleição entre várias alternativas[32].

Nos termos do art. 72º, 2, se o administrador provar que cumpriu as três condições aí mencionadas – informação adequada ("em termos informados"), ausência de conflito de interesses (dele e/ou de sujeitos próximos, tais como o cônjuge ou sociedade por ele dominada) e actuação "segundo critérios de racionalidade empresarial" – não só (e nem tanto) *ilidirá a presunção de culpa* (prevista no art. 72º, 1) como também (e mais decisivamente) *demonstrará a lici-*

---

[30] ELISABETE RAMOS (2010), p. 156.
[31] ELISABETE RAMOS (2010), p. 156.
[32] RICARDO COSTA (2007), p. 67, ELISABETE RAMOS (2010), p. 156 (v. mais *infra*).

tude da sua conduta, a não violação (relevante) dos deveres de cuidado[33] e a não violação dos deveres de lealdade.[34] A sociedade demandante, ou quem a substitua (v. os arts. 75º, 77º, 78º, 2), tem o ónus de provar os factos constitutivos do direito à indemnização (art. 342º, 1, do CCiv.), tem de provar que actos ou omissões (em princípio) ilícitos do administrador causaram dano ao património social. O administrador, porém, que prove terem-se verificado as condições postas na norma do nº 2 do art. 72º não poderá ser responsabilizado (por ausência de ilicitude).[35]

Contudo, o elemento normativo verdadeiramente perturbador, no quadro da *business judgment rule*, aparece no final do art. 72º, 2: actuação "segundo critérios de racionalidade empresarial".

A racionalidade empresarial há-de começar por ser "racionalidade económica". O "empresarial" acrescentará alguma especificação quanto ao "fim" referido na racionalidade económica – o escopo empresarial típico é a consecução de lucros. Ora, o "princípio da racionalidade económica" significa a *consecução de um dado fim com o mínimo dispêndio de meios* (princípio da economia de meios), ou a *consecução, com dados meios, do máximo grau de realização do fim* (princípio do máximo resultado)[36].

Tendo em conta as razões da *business judgment rule* e o propósito do legislador português na facilitação da prova para o afastamento da responsabilidade civil, a parte final do nº 2 do art. 72º deve ser interpretada *restritivo-teleologicamente* (interpretada à letra, ela dificulta muito ou impossibilita mesmo a prova e obriga o tribunal a um juízo de mérito de largo espectro). Assim, bastará ao administrador, para ficar isento de responsabilidade, que (contra)prove não ter actuado de modo "irracional" (incompreensivelmente, sem qualquer explicação coerente)[37].

Dada a grande amplitude do enunciado no art. 72º, 2, e a sua inserção logo após o enunciado do nº 1 – que se refere à violação de qualquer dever ("deveres

---

[33] Ainda que a decisão do administrador pudesse ser julgada "irrazoável", o relevante no juízo judicial acerca da *responsabilidade* é a racionalidade/irracionalidade da decisão; *não é considerada anti-jurídica ou contra o direito uma decisão "racional", apesar de "irrazoável"* – COUTINHO DE ABREU (2010), p. 43.
[34] Convergentemente, GABRIELA FIGUEIREDO DIAS (2006), p. 74, s., RICARDO COSTA (2007), p. 75, s.; divergentemente, CALVÃO DA SILVA (2007), p. 144, s., MENEZES CORDEIRO (2009), p. 267-268.
[35] PAIS DE VASCONCELOS (2009), p. 24, defende que o art. 72º, 2, comporta uma presunção de ilicitude, compatível, segundo o A., com o desiderato de incrementar a responsabilização dos administradores; v. tb. PAIS DE VASCONCELOS (2009ª), p. 54, s..
[36] V. COUTINHO DE ABREU (1990), p. 153, s..
[37] COUTINHO DE ABREU (2010), p. 45, s., (2010ᵇ), p. 32-33.

legais ou contratuais") –, surge a dúvida: a exclusão de responsabilidade prevista no nº 2 verifica-se tão-só em casos de violação de deveres de cuidado (do dever de tomar decisões razoáveis, mais precisamente), ou também nos casos de violação de outros deveres?

A norma é inaplicável a estes outros casos[38]. Dela resulta claramente a *inaplicabilidade a casos de violação do dever de lealdade* (o administrador tem de actuar "livre de qualquer interesse pessoal") e do *dever de tomar decisões procedimentalmente razoáveis* (o administrador tem de agir "em termos informados"). Mas a norma é ainda *inaplicável a casos em que sejam preteridos deveres específicos* – legais, estatutários ou contratuais[39]. Aqui não há espaço de liberdade ou discricionariedade, as decisões dos administradores são juridicamente vinculadas, hão-de respeitar os deveres especificados. Por exemplo, é dever legal específico não ultrapassar o objecto social (art. 6º, 4); um administrador investe património da sociedade em actividade que excede o objecto social; resulta daí dano para a sociedade; o administrador é responsável perante ela – ainda que prove ter actuado "em termos informados" (acerca do investimento), sem conflito de interesses e de modo não irracional (o investimento não parecia demasiadamente arriscado, prometia bom lucro)[40].

4. Outros casos de inexistência de responsabilidade
4.1. Não participação em deliberação colegial, voto de vencido e o "direito" de oposição (nºs 3 e 4)

Quando o dano social resulta de uma *deliberação do órgão administrativo* (conselho de administração, gerência), não são responsáveis, segundo o art. 72º, 3, os administradores que nela *não tenham participado* ou *hajam votado vencidos*.

Um administrador não participa na deliberação se não está presente na reunião de formato tradicional (reunião de pessoas em um mesmo local e ao mesmo tempo) onde é tomada a deliberação, nem se faz representar (art. 410º, 5), nem vota por correspondência (art. 410º, 7). Também não participa em deliberação o administrador que, por si ou por representante, não intervém por meios telemáticos nem presencial-fisicamente na reunião, respectivamente, total ou parcialmente virtual (v. o art. 410º, 8) onde a deliberação é adoptada. Deve igualmente ser considerado não participante na deliberação o adminis-

---

[38] COUTINHO DE ABREU (2010), 47, RICARDO COSTA (2007), p. 67, s., ELISABETE RAMOS (2010), p.157.
[39] Tb. neste sentido CARNEIRO DA FRADA (2007), p. 89.
[40] Para mais exemplos, PAIS DE VASCONCELOS (2009ª), p. 66, s..

trador que, estando impedido de votar (art. 410º, 6), não vota, ainda que tenha participado na reunião[41].

O administrador que participa na deliberação mas vota em sentido contrário àquele que fez vencimento (cfr. art. 410º, 7) também não é responsável perante a sociedade. Não basta, pois, a abstenção (expressa ou não), é necessário o voto contrário ao que foi (maioritariamente) decidido. Neste caso, é facultado ao administrador fazer declaração do seu voto nos termos previstos na parte final do nº 3 do art. 72º. Este meio de prova, não sendo obrigatório, não exclui o recurso a outros meios, como as testemunhas[42].

A mera não participação do administrador em deliberação (ilícita e danosa) parece bastar, segundo o art. 72º, 3, para excluir a responsabilidade – tenha ou não o administrador violado o seu dever de participar nas deliberações[43]. Contudo, o administrador que não participou na deliberação pode também vir a ser responsabilizado pelos danos resultantes dela, se não tiver "exercido o direito de oposição conferido por lei, quando estava em condições de o exercer" (art. 72º, 4). Por exemplo, se a deliberação for nula, o administrador não participante não deve executá-la nem consentir que seja executada (art. 412º, 4), devendo sim promover a respectiva declaração de nulidade (art. 412º,1); se a deliberação for anulável, deverá o administrador tentar evitar que seja executada, promovendo, designadamente, as respectivas suspensão judicial e anulação[44]; se a deliberação não padecer daqueles vícios (apesar de danosa), deve o administrador não participante advertir os outros administradores da conveniência de ela não ser executada ou, estando já executada, de serem atenuados os respectivos efeitos danosos[45].

4.2. Execução de deliberação dos sócios, ainda que anulável (nº 5)

O art. 72º, 5, parece desresponsabilizar os administradores quando a actuação destes "assente" em deliberação dos sócios, ainda que anulável. Tal causa de desresponsabilização deve ser *entendida restritivamente*[46].

Sob pena de poderem ser responsabilizados para com a sociedade, os administradores não devem executar deliberações dos sócios quando tenham ocor-

---

[41] COUTINHO DE ABREU (2010), p. 49.
[42] RAÚL VENTURA/BRITO CORREIA (1970), p. 37; COUTINHO DE ABREU (2010), p. 50.
[43] Neste sentido, RAÚL VENTURA/BRITO CORREIA (1970), p. 36.
[44] V. COUTINHO DE ABREU (2010ª), 129, s..
[45] COUTINHO DE ABREU (2010), p. 51.
[46] Cfr. LOBO XAVIER (1976), p. 346, s., 370, s., COUTINHO DE ABREU (2010), p. 51, s. e (2010ª), p. 57, s..

rido factos que alteram substancialmente as circunstâncias que justificaram a sua adopção e derivem danos da execução. Também não desresponsabilizam os administradores as deliberações prejudiciais para a sociedade por eles indevidamente determinadas ou condicionadas (*v.g.*, os administradores não informaram ou informaram falsamente sobre os riscos do negócio objecto de deliberação ou sobre os seus interesses nele envolvidos).

Em relação às deliberações anuláveis (não anuladas ou suspensas, nem sanadas pelo decurso do prazo de impugnação), há algumas especificidades a registar. Perante uma deliberação dos sócios anulável, os administradores, verificando que é provável a anulação e relevante o dano derivado da execução, irremovível pela sentença anulatória (cfr. o art. 61º), não devem executá-la enquanto puder ser anulada; se a executarem, e a deliberação vier a ser anulada, podem vir a ser responsabilizados. Situa-se, aliás, nesta linha o art. 24º, 3, do CVM, que determina a inaplicabilidade do (actual) nº 5 do 72º nas sociedades abertas. Por outro lado, resulta às vezes da própria lei o dever de os administradores não cumprirem deliberações anuláveis. Por exemplo, segundo o art. 6º, 4, os órgãos da sociedade não devem exceder o objecto social: consequentemente, uma deliberação dos sócios ordenando a prática de actos que ultrapassam o objecto estabelecido no estatuto social é anulável (v. os arts. 9º, 1, d) e 58º, 1, a)) e não desresponsabiliza os administradores[47].

5. O seguro de responsabilidade civil dos administradores (*D&O Insurance*)
5.1. Coberturas contratadas pelos administradores ou pela sociedade

Aos signos *D&O Insurance* ou *Directors' and Officers' Liability Insurance* a literatura europeia não anglo-saxónica faz corresponder a designação *seguro de responsabilidade civil dos administradores*.

Trata-se de um seguro que, tipicamente, apresenta várias coberturas, de que se destaca a garantia do risco de indemnizações legalmente devidas pelo administrador, em razão de actos ilícitos e culposos praticados na actividade de gestão. O *D&O insurance* apresenta uma estabilizada *tipicidade social* que abrange não só as coberturas, como também as definições e exclusões[48]. Tudo isto é o resultado de uma padronizada *praxis negocial*, em parte pressionada pela indústria resseguradora.

---

[47] COUTINHO DE ABREU (2010), p. 52-53.
[48] PAIS DE VASCONCELOS (2007), p. 35, ELISABETE RAMOS (2010), p. 483.

Normalmente, o *D&O Insurance* é contratado pela sociedade. Legalmente não existem impedimentos a que os administradores contratem eles próprios o seguro. O que acontece é que são os próprios seguradores que impõem esta forma de contratação e que, em regra, não consentem na contratação individual por cada um dos administradores[49].

Na *praxis* internacional, este seguro integra tipicamente as coberturas *Side A* e *Side B*. A *Side A* cobre directamente os *directors and officers* das despesas em que incorrem com o litígio, de indemnizações em que sejam condenados ou de transacções que convencionam celebrar. Já a *Side B* garante os desembolsos feitos pela sociedade ao cobrir aqueles custos dos seus *directors e officers*[50]. Em Portugal, esta dualização de coberturas é replicada em algumas condições gerais do seguro de responsabilidade civil dos administradores sob as designações "Garantia A" e "Garantia B". A "Garantia A" cobre directamente os administradores pelos riscos de responsabilidade civil e a "Garantia B", ou "Cobertura B", garante o designado "Reembolso da Companhia".

Particularmente importante é a cobertura das *despesas de litígio*, porque esta cobertura protege o administrador contra tais custos (que podem ser significativos), ainda que ele não seja responsável[51]. São várias as despesas elegíveis como custos de defesa: honorários, custos e despejas contraídos pelo administrador, custos de investigação com a preparação da defesa e com a comparência a inquérito, defesa e decisão final de uma reclamação, custas judiciais, honorários de advogados e solicitadores. De modo a impedir que o capital seguro seja consumido nos custos de defesa jurídica, algumas condições gerais estipulam limites específicos para a cobertura daqueles custos. É também fundamental que sejam fixados os momentos em que o segurador deve abonar os gastos de defesa. Não raras vezes, as apólices estipulam, mediante a autorização do segurador, o abono antecipado dos montantes necessários[52].

Normalmente, a sociedade paga o prémio correspondente à apólice de *D&O Insurance*. O que significa, quanto à "Garantia A", que a sociedade assume a qualidade de *tomadora do seguro* e os administradores são os *segurados*. Por isso, se diz que o seguro é tendencialmente um *seguro por conta de outrem* – contratado

---

[49] ELISABETE RAMOS (2010), p. 311, s..
[50] PAIS DE VASCONCELOS (2007), p. 16, ELISABETE RAMOS (2010), p. 265, s..
[51] PAIS DE VASCONCELOS (2007), p. 15, afirma que esta é actualmente a principal cobertura.
[52] ELISABETE RAMOS (2010), p. 483.

em nome próprio, mas no *interesse dos titulares do órgão de administração* (art. 48º do RJCS)[53].

O seguro de responsabilidade civil – e, por conseguinte, o seguro de responsabilidade civil dos administradores – *não é intrinsecamente um seguro de grandes riscos* (arts. 2º, 3, 4 e 5, da LAS). No entanto, a circunstância de ele ser, em particular, estipulado por sociedades abertas cotadas, integradas em grupos empresariais, tende a contribuir para que a *sociedade-tomadora* exceda dois dos valores previstos na lei. É pela via dos índices quantitativos atingidos pela sociedade-tomadora que o seguro de responsabilidade civil dos administradores poderá, em alguns casos, ser integrado na categoria dos grandes riscos. Nos restantes casos, integrar-se-á nos *riscos de massa*[54]. A característica de grandes riscos é normativamente consequente porque, entre outros aspectos, alarga o âmbito da liberdade de conformação do conteúdo do contrato de seguro[55].

O seguro de responsabilidade civil dos administradores é *voluntário*, tanto para a sociedade como para os administradores[56]. Cabe à sociedade ou aos administradores (admitindo que eles conseguem contratar o seguro individualmente) a decisão de contratar o seguro. A manutenção do carácter não obrigatório – designadamente não impondo a contratação deste seguro para a admissão de valores mobiliários à negociação em mercados regulamentados – parece sugerir que este seguro centra-se na protecção dos administradores-segurados, mais do que na dos terceiros lesados pelas actuações ilícitas e culposas daqueles.

5.2. Exclusões típicas

Por via das "cláusulas de exclusão da responsabilidade do segurador" – que, pese embora a afinidade terminológica, não são verdadeiras cláusulas de exclusão de responsabilidade[57] –, as partes limitam o *objecto do contrato de seguro*, mediante o afastamento da obrigação de o segurador cobrir determinados riscos[58]. Tendo sido validamente excluído um determinado risco – e, por conseguinte, limitado o objecto do contrato de seguro –, o segurador não responde porque as partes,

---

[53] ELISABETE RAMOS (2010), p. 311, s..
[54] Cfr. art. 2º, 6, da LAS.
[55] V. com desenvolvimentos ELISABETE RAMOS (2010), p. 314, s..
[56] Neste sentido, v. ANA OLIVEIRA (2007), p. 179, MARGARIDA REGO (2010) p. 651, nt. 1786, ELISABETE RAMOS (2010), p. 316, s..
[57] Sobre a distinção, PINTO MONTEIRO (1985), p. 119.
[58] Neste sentido, PINTO MONTEIRO (1985), p. 119.

na modelação da conteúdo contratual, concordaram em não incluir tal risco no programa contratual.

Da profusa variedade de cláusulas que se encontram nas apólices de seguro de responsabilidade civil dos administradores, seleccionamos algumas[59].

São normalmente excluídas as coberturas que constituem objecto de seguros específicos – p. ex., responsabilidade profissional por conselhos, informações, responsabilidade emergente de violação de obrigações ligadas a sistemas de pensões, ou por violação de direitos de autor ou de propriedade industrial[60].

São frequentes as exclusões que afastam a cobertura de prejuízos resultantes da obtenção, por parte do administrador, de qualquer benefício, remuneração, lucro ou vantagem pessoal ilícitos ou aos quais não tenha direito. São visados, designadamente, os ilícitos que manifestam a violação do dever de lealdade dos administradores. Se a reclamação de devolução fosse coberta pelo seguro, quem recebeu indevidamente a retribuição ou obteve ilegalmente o benefício ficaria sempre em situação de vantagem[61]. Daí que seja excluída a cobertura da restituição de tais quantias[62].

Surgem nas condições gerais das apólices portuguesas as exclusões de multas, coimas, de indemnizações fixadas a título punitivo (*punity damages*) e de danos exemplares (*exemplary damages*). Parece desnecessária a exclusão na parte que afasta a cobertura de multas ou coimas, pois o RJCS é claro quanto à inassegurabilidade das responsabilidades criminal e contra-ordenacional (art. 14º do RJCS). A locução (impropriamente designada) "danos punitivos"[63] refere a possibilidade de o lesante ser condenado a pagar uma indemnização que, não estando suportada pelo dano, tem uma finalidade marcadamente punitiva. À luz do ordenamento jurídico português, em geral, o dano é medida máxima da indemnização. Em regra, os administradores não correm, efectivamente, o risco de serem condenados a pagar os chamados *danos punitivos*[64].

---

[59] ELISABETE RAMOS (2010), p. 483, s..
[60] Cfr. PAIS DE VASCONCELOS (2007), p. 23.
[61] V. ELISABETE RAMOS (2010), p, 487.
[62] PAIS DE VASCONCELOS (2007), p. 23.
[63] Salienta PAULA LOURENÇO (2006), p. 417, que não existem danos punitivos, mas sim "quantias que visam punir o agente" (não reproduzimos o negrito).
[64] V. com desenvolvimentos ELISABETE RAMOS (2010), p. 487, s..

A prática negocial relativa ao seguro de responsabilidade civil dos administradores tende a não cobrir reclamações resultantes de *actos dolosos* dos administradores segurados[65]. Esta exclusão visa diminuir o "risco moral" e preservar a diligência dos comportamentos[66].

A *insured v. insured exclusion* – destinada, essencialmente, a evitar o conluio entre administradores – afasta "a cobertura da responsabilidade imputada por um segurado a outro segurado, mais concretamente por um administrador a outro administrador"[67]. Consideremos as reclamações entre administradores destinadas a efectivar o direito de regresso, previsto no art. 73º, 2. Quanto a este, há várias hipóteses a ponderar: *a)* o segurador pagou integralmente a indemnização reclamada pelo terceiro; *b)* o segurador pagou parte da indemnização devida a terceiro; *c)* a reclamação de terceiro não estava coberta pela apólice e constitui-se a favor de alguns administradores o crédito do direito de regresso relativamente aos restantes. Na hipótese sob *a)* não se constitui o direito de regresso; nas hipóteses sob *b)* e *c)* poder-se-á constituir o direito de regresso a favor dos administradores que pagaram mais do que o que corresponde à medida da sua culpa (art. 73º, 2). Funcionando a exclusão *insured versus insured*, o segurador não suportará o dever de regresso do administrador.

Subjaz à *exclusão das reclamações interpostas por accionistas maioritários, com participação relevante ou com posição de controlo na sociedade tomadora* o propósito de evitar o conluio entre administradores e os accionistas maioritários ou de controlo. Uma das alternativas para delimitar os sócios cujas reclamações são excluídas é, justamente, fixar quantitativamente a percentagem do capital social relevante (*v.g.*, 15% do capital social da sociedade tomadora).

Também é típica a *exclusão de sinistros ocorridos em determinados territórios*[68]. É frequente que nas apólices comercializadas na Europa sejam excluídas as reclamações apresentadas nos EUA, em razão de a actuação das sociedades (não norte-americanas) no território norte-americano, nomeadamente através de subsidiárias, expor os administradores ao risco de uma intensa, agressiva e dispendiosa litigação. Seguindo-se a alternativa de a apólice garantir estas reclamações apresentadas nos EUA, são normalmente excluídas as que

---

[65] PAIS DE VASCONCELOS (2007) p. 40.
[66] Para desenvolvimentos, v. ELISABETE RAMOS (2010), p. 490, s..
[67] PAIS DE VASCONCELOS (2007), p. 22.
[68] ELISABETE RAMOS (2010), p. 496, s..

se fundam no incumprimento do *Employee Retirement Income Security Act* de 1974, na violação de normas *antitrust* ou do *Securities Act* de 1933. Subiste, ainda, a possibilidade de o segurador aceitar cobrir sinistros ocorridos nos EUA e Canadá, mas fazê-lo em troca de um sobreprémio[69].

---

[69] ELISABETE RAMOS (2010), p. 497.

ARTIGO 73º *
Solidariedade na responsabilidade

1. A responsabilidade dos fundadores, gerentes ou administradores é solidária.

2. O direito de regresso existe na medida das respectivas culpas e das consequências que delas advierem, presumindo-se iguais as culpas das pessoas responsáveis.

*A redacção do nº 1 foi alterada pelo DL 76-A/2006, de 29 de Março.

Índice
1. Fundamento da solidariedade
2. Solidariedade entre administradores responsáveis
   2.1. Generalidades
   2.2. Delegação restrita
   2.3. Delegação da gestão corrente em administrador(es) delegado(s)
   2.4. Comissão de auditoria
3. Direito de regresso

Bibliografia
a) Citada:
ABREU, J. M. COUTINHO DE – *Responsabilidade civil dos administradores de sociedades*, 2ª ed., Almedina, Coimbra, 2010, *Governação das sociedades comerciais*, 2ª ed., Almedina, Coimbra, 2010ª; ALMEIDA, A. PEREIRA DE – *Sociedades comerciais e valores mobiliários*, 5ª ed., Coimbra Editora, Coimbra, 2008; BORGIOLI, ALESSANDRO – "La responsabilità solidale degli amministratori di società per azioni", RS, 1978, p. 1056-1092; CÂMARA, PAULO – "Os modelos de governo das sociedades e a reforma do Código das Sociedades Comerciais", em AAVV., *Código das Sociedades Comerciais e governo das sociedades*, Almedina, Coimbra, 2008, p. 9-141; CORDEIRO, A. MENEZES – "Artigo 73º" *Código das Sociedades Comerciais anotado* (coord. de A. Menezes Cordeiro), Almedina, Coimbra, 2009, p. 268-269; CORREIA, L. BRITO – "Deliberações do conselho de administração de sociedades anónimas" em IDET, *Problemas de direito das sociedades*, Almedina, Coimbra, 2002, p. 399-419; COSTA, M. J. DE ALMEIDA – *Direito das obrigações*, 12ª ed., Almedina, Coimbra, 2009; DIAS, GABRIELA FIGUEIREDO – *Fiscalização de sociedades e responsabilidade civil*, Coimbra Editora, Coimbra, 2006; FERNANDES, L. A. CARVALHO/LABAREDA, JOÃO – *Código da Insolvência e da Recuperação de Empresas anotado*, 2º ed, Quid Iuris?, Lisboa, 2008; FRANZONI, MASSIMO – *Della società per azioni. T. III – Dell' amministrazione e del controllo*, 1, *Disposizioni generali. Degli*

amministratori (art. 2380-2396), Zanichelli Editore/Soc. Ed. del Foro Italiano, Bologna/ Roma, 2008; MAIA, PEDRO – *Função e funcionamento do conselho de administração das sociedades anónimas*, Coimbra Editora, Coimbra, 2002; MARTINS, ALEXANDRE DE SOVERAL – "A responsabilidade dos membros do conselho de administração por actos ou omissões dos administradores delegados ou dos membros da comissão executiva", BFD, 2002, p. 365-380; "Comissão executiva, comissão de auditoria e outras comissões na administração", em IDET, *Reformas do Código das Sociedades*, Almedina, Coimbra, 2007, p. 245-275; OLIVEIRA, A. FERNANDES – "Responsabilidade civil dos administradores", em AAVV., *Código das Sociedades Comerciais e governo das sociedades*, Almedina, Coimbra, 2008, p. 257-341; RAMOS, M. ELISABETE – "A responsabilidade de membros da administração", em IDET, *Problemas de direito das sociedades*, Almedina, Coimbra, 2002, p. 71-92, *Responsabilidade civil dos administradores e directores de sociedades anónimas perante os credores sociais*, Coimbra Editora, Coimbra, 2002ª, *O seguro de responsabilidade civil dos administradores (entre a exposição ao risco e a delimitação da cobertura)*, Almedina, Coimbra, 2010; ROSSI, ENZO – *Amministratori di società ed esercizio del potere (con particolare riferimento alle normative opa e antitrust)*, Giufftrè, Milano, 1989; SANDULLI, MICHELE – "Articolo 2392" em M. SANDULLI/V. SANTORO (a cura di), *La riforma della società. Società per azioni. Società in accomandita per azioni*, t. I-*Artt. 2325-2422 cod. civ.*, G. Giapichelli Editore, Torino, 2003, p. 470-478; SILVA, J. CALVÃO DA – "Responsabilidade civil dos administradores não executivos da comissão de auditoria e do conselho geral e de supervisão", em AAVV., *Jornadas em Homenagem ao Professor Doutor Raúl Ventura – A reforma do Código das Sociedades Comerciais*, Almedina, Coimbra, 2007, p. 103-151; VENTURA, RAÚL – *Estudos vários sobre sociedades anónimas*, Almedina, Coimbra, 1992; VENTURA, RAÚL/CORREIA, L. BRITO – "Responsabilidade civil dos administradores de sociedades anónimas e dos gerentes das sociedades por quotas", BMJ, 192 (1970), 5-112.

b) Outra:
ABREU, J. M. COUTINHO/RAMOS, ELISABETE – "Responsabilidade civil de administradores e de sócios controladores", em IDET, *Miscelâneas* nº 3 Almedina, Coimbra, 2004, p. 11-55; CORDEIRO, A. MENEZES – *Da responsabilidade civil dos administradores das sociedades comerciais*, Lex, Lisboa, 1997; VENTURA, RAÚL/CORREIA, L. BRITO – "Responsabilidade civil dos administradores de sociedades anónimas e dos gerentes das sociedades por quotas", BMJ 194 (1970), 5-113, "Nota explicativa do Capítulo II do Decreto-Lei nº 49.381, de 15 de Novembro de 1969", BMJ 195 (1970), p. 21-90.

1. Fundamento da solidariedade

A compreensão do sentido e limites da solidariedade entre administradores tem um lugar central no regime da responsabilidade civil. Se, por um lado, é de afirmar a individualização da responsabilidade civil, por outro, uma menos conseguida leitura da solidariedade pode ofuscar ou mesmo eliminar tal individualização. Na verdade, perante um órgão de administração pluripessoal, muitas vezes de composição alargada e de funcionamento colegial, em que é diversa a contribuição de cada um para o facto ilícito e danoso, a solidariedade pode tornar-se em um instrumento de nivelamento de responsabilidades. São estes alguns dos problemas sobre os quais importa reflectir.

Põe-se a questão de saber se a solidariedade pressupõe determinado modo de funcionamento do órgão de administração pluripessoal. Entre nós, já foi defendido que "a solidariedade dá corpo ao princípio da colegialidade, pedra de toque de qualquer órgão colectivo"[1].

Esta ligação intrínseca entre solidariedade e colegialidade, também sustentada na doutrina italiana[2], não deve ser sobrevalorizada na ordem jurídica portuguesa. E isto porque: *a)* a solidariedade está prevista na Parte Geral do CSC e aplica-se independentemente do modo de funcionamento do órgão de administração (colegial, disjunto, conjunto)[3]; *b)* o art. 72º, 3, estatui, verificados certos requisitos, a irresponsabilidade do administrador componente de órgão de administração de funcionamento colegial; *c)* ainda que o órgão funcione normalmente de modo colegial, não tem de funcionar sempre deste modo para deliberar, devendo admitir-se, por aplicação analógica do art. 54º, as deliberações unânimes por escrito do órgão administrativo[4]. Por conseguinte, o fundamento do regime jurídico-societário da solidariedade na responsabilidade não está (só) na colegialidade.

Questiona-se também se a solidariedade é fonte autónoma de responsabilidade dos administradores. Trata-se de saber se a solidariedade altera o critério de imputação de responsabilidade, tornando os administradores responsáveis

---

[1] MENEZES CORDEIRO (2009), p. 269.
[2] V., em particular, BORGIOLI (1978), p. 1056, s..
[3] Sobre os possíveis modos de funcionamento dos órgãos administrativos, v. por todos RAÚL VENTURA/BRITO CORREIA (1970), p. 29, s., PEDRO MAIA (2002), p. 20, s..
[4] RAÚL VENTURA (1992), p, 563, s., PEDRO MAIA (2002), p. 288, s., BRITO CORREIA (2002), p. 405, s., COUTINHO DE ABREU (2010ª), p. 111.

por facto e culpa de outrem[5]. A admitir-se tal perspectiva, a responsabilidade solidária dos administradores seria diversa da simples responsabilidade entre sujeitos responsáveis; tratar-se-ia, já não de solidariedade entre responsáveis, mas sim de instrumento apto a alargar a responsabilidade a outros co-administradores, ainda que independentemente da culpa específica destes últimos[6].

À luz do direito português, esta tese é de rejeitar. A solidariedade abrange os administradores responsáveis, que o são por *facto e culpa próprios*[7]. Ou seja, é importante apurar previamente se o *administrador é responsável*, se se verificam relativamente a ele os pressupostos da responsabilidade[8]. Se a resposta for positiva, poder-se-á afirmar, em face do disposto no art. 73º, 1, a solidariedade entre os administradores responsáveis. Se, *v.g.*, o órgão é composto por três administradores, mas só um actuou ilicitamente (e com culpa), não há qualquer "solidariedade na responsabilidade", apenas este responde; se forem dois os que actuaram indevidamente, somente esses dois respondem solidariamente. Como vimos já, ainda que o órgão funcione colegialmente, daí não deriva necessariamente a responsabilidade (solidária) de todos os seus membros (cfr. o art. 72º, 3).

Não pode ser ignorado o elemento de *garantia* que atravessa a solidariedade passiva. A solidariedade no ressarcimento reforça a *tutela dos lesados* – credores do direito de indemnização – porquanto, de uma banda, alarga a base patrimonial susceptível de ser agredida e, de outra, dispensa o lesado de demandar todos os responsáveis. Tal elemento de garantia traduz-se, por exemplo, na irrelevância do grau de culpa nas relações externas: um administrador cuja actuação ilícita e culposa contribuiu modestamente para o dano corre o risco de ser demandado pela totalidade da dívida de indemnização[9].

Este aspecto, não sendo específico do universo societário, adquire neste um particular relevo. Já foi referido que quanto maior for o risco de responsabilização dos administradores, maior será a tentação de estes tornarem a sua situ-

---

[5] Na doutrina italiana, neste sentido, BORGIOLI (1978), p. 1073, s., ROSSI (1989), p. 212. Contra, por todos, FRANZONI (2008), p. 495.
[6] *V.* BORGIOLI (1978), p. 1056, s., 1081, s., 1084, s.. Sobre as modificações introduzidas pela reforma de 2003 do *Codice Civile* no regime da solidariedade entre administradores, v. ELISABETE RAMOS (2010), p. 177.
[7] Neste sentido, v. ELISABETE RAMOS (2002), p. 77, COUTINHO DE ABREU (2010), p. 54-55.
[8] V. tb. GABRIELA FIGUEIREDO DIAS (2006), p. 82.
[9] FERNANDES DE OLIVEIRA (2008), p. 307, considera ser este um "potencial efeito perverso da solidariedade".

ação patrimonial "opaca"[10]. Também se alega que o regime da solidariedade pode constituir um entrave ao recrutamento de administradores que, tendo um património considerável, não estão disponíveis para que este seja consumido na cobertura da responsabilidada de outros administradores[11].

No actual quadro jurídico-societário, a remoção (convencional) da responsabilidade solidária dos administradores e as cláusulas que, de alguma forma, limitem o montante pelo qual o administrador (solidariamente responsável) responde perante o lesado[12] (art. 74º, 1) não são alternativas lícitas de protecção dos administradores. A alternativa poderá ser a contratação do *D&O Insurance* que cubra os riscos de responsabilidade civil[13].

A solidariedade entre os administradores-devedores da obrigação de indemnizar, além de reforçar a garantia no cumprimento da obrigação, protege também em grau acrescido os interesses do comércio jurídico, da sociedade e dos próprios credores sociais, porque estimula o empenho e a fiscalização recíproca dos membros do órgão de administração[14].

2. Solidariedade entre administradores responsáveis
2.1. Generalidades

A solidariedade prevista no art. 73º aplica-se directamente à responsabilidade dos administradores perante a sociedade e, por remissão dos arts. 78º, 5, e 79º, 2, à responsabilidade perante credores sociais e terceiros, respectivamente. Se comparado com a disciplina jurídico-civil – que prevê a solidariedade para a responsabilidade extracontratual (art. 497º, 1, do CCiv.)[15] – o regime jurídico-societário de responsabilidade pela administração alarga a solidariedade à responsabilidade contratual dos administradores (arts. 72º, 1, 73º, 1).

Em razão da solidariedade, sendo dois ou mais administradores responsáveis (seja perante a sociedade, seja perante credores sociais ou sócios e terceiros), o(s) lesado(s) pode(m) exigir a indemnização integral de qualquer deles, e o cumprimento da obrigação de indemnização efectuado por um a todos libera (arts. 512º, 517º, 1, 518º, 519º, 1, 523º do CCiv.). A realização da prestação inte-

---

[10] SANDULLI (2003), p. 471.
[11] FERNANDES DE OLIVEIRA (2008), p. 308.
[12] Vai neste sentido a proposta apresentada, de *iure condendo*, por FERNANDES DE OLIVEIRA (2008), p. 308.
[13] Sobre este aspecto e, em particular, o relevo da exclusão *"insured versus insured"*, v. ELISABETE RAMOS (2010), p. 492, s..
[14] ELISABETE RAMOS (2002ª), p. 251, s..
[15] Sobre este regime, v. ALMEIDA COSTA (2009), p. 543, 666, s..

gral por parte de um administrador tem efeito extintivo da dívida para com o credor da indemnização, o que significa que o cumprimento da dívida por um deles libera a totalidade dos co-obrigados solidários perante o credor comum (art. 523º do CCiv.).

Não é indiferente que o titular do direito à indemnização demande judicial ou extra-judicialmente o(s) administrador(es) solidariamente responsáveis. Prescreve o art. 519º, 1, do CCiv., que se o credor comum exigir judicialmente a um dos condevedores solidários a totalidade ou parte da prestação fica inibido de proceder judicialmente contra os outros pelo que ao primeiro tenha exigido, "salvo se houver razão atendível, como a insolvência ou o risco de insolvência do demandado, ou dificuldade, por outra causa, em obter dele a prestação" (art. 519º, 1, *in fine* do CCiv.)[16]. Havendo interpelação extrajudicial de um dos administradores solidários, o credor comum não fica impedido de interpelar de seguida os outros, quer judicial quer extrajudicialmente, por aquilo que não conseguiu obter do primeiro[17].

O administrador solidário demandado pode opor ao credor, para se eximir ao cumprimento da obrigação, os meios de defesa que pessoalmente lhe competirem ou que sejam comuns a todos (art. 514º, 1, do CCiv.)[18]. Não se pode valer, todavia, das excepções pessoais de outros administradores. Serão, parece, *meios pessoais* de defesa do administrador demandado a renúncia do credor, a transacção entre credor e administrador ou a prescrição do crédito à indemnização[19].

Tendo sido invocado com êxito um meio pessoal de defesa, o credor comum não está impedido de reclamar e obter dos outros administradores solidariamente responsáveis a prestação por inteiro (art. 519º, 2, do CCiv.).

2.2. Delegação restrita

De acordo com o art. 407º, 2, parte final, a delegação restrita[20] (também designada "delegação imprópria"[21]) "não exclui a competência normal dos outros administradores ou do conselho nem a responsabilidade daqueles, nos termos da lei". Do teor literal deste segmento normativo poder-se-ia extrair que, na

---

[16] Sobre a insolvência de devedores solidários, v. arts. 95º, 179º do CIRE e CARVALHO FERNANDES/JOÃO LABAREDA (2008), p. 371, s., 589, s..
[17] V. ALMEIDA COSTA (2009), p. 672.
[18] Para a caracterização, em geral, dos meios de defesa, v. ALMEIDA COSTA (2009), p. 673, s..
[19] No sentido de que a prescrição constitui um meio pessoal de defesa do condevedor demandado, v. ALMEIDA COSTA (2009), p. 674.
[20] COUTINHO DE ABREU (2010ª), p. 101, s.. V. tb. o art. 261º, 2.
[21] Cfr. PEDRO MAIA (2002), p. 248, s..

delegação restrita, os demais administradores (não especialmente encarregados de certas matérias de administração) responderiam também pela actuação dos administradores especialmente encarregados.

Apesar do teor da parte final do citado nº 2, somente o *administrador delegado*, em princípio, responderá pelos danos causados à sociedade por actos ou omissões por si praticados no âmbito das matérias de que especialmente se ocupa. Outros administradores responderão solidariamente (entre si e com o delegado-encarregado especial) se de algum modo contribuírem (positiva ou negativamente) para a conduta do delegado[22].

Imagine-se que numa sociedade anónima um administrador está encarregado especialmente da produção (administrador-director técnico ou de fábrica), outro dos aprovisionamentos e distribuição (administrador-director comercial), outro das finanças (administrador-director financeiro). Em dado momento, o administrador-director comercial decide substituir o fornecedor de matéria-prima, porque o novo fornecedor lhe ofereceu "luvas"; e, em nome da sociedade (nos termos do estatuto, pode vinculá-la sozinho – cfr. art. 408º, 1), compra de uma só vez grandes quantidades ao novo fornecedor por preço idêntico ao praticado anteriormente (preço que havia sido objecto de deliberação do conselho de administração); a matéria-prima tem qualidade inferior (o administrador tem consciência disso), o produto final é pior e surgem danos para a sociedade. Os demais administradores não tiveram nem podiam ter tido em tempo oportuno qualquer conhecimento do negócio. Responderão (solidariamente) com o delegado-encarrregado perante a sociedade? A resposta negativa impõe-se – não praticaram qualquer omissão com ofensa dos deveres dos administradores (art. 72º, 1)[23].

2.3. Delegação da gestão corrente em administrador(es) delegado(s)

Convém recordar que a solidariedade existe entre os *administradores responsáveis*, não é solidariamente responsável todo e qualquer administrador pelo simples facto de ser membro de um órgão administrativo plural[24].

Por conseguinte, se em sociedade anónima com estrutura organizatória tradicional ou com estrutura monística[25] houver administrador(es) delegado(s)

---

[22] V. COUTINHO DE ABREU (2010ª), p. 102-103, (2010), p. 56, ELISABETE RAMOS (2010), p. 180.
[23] V. COUTINHO DE ABREU (2010ª), p. 103.
[24] ELISABETE RAMOS (2002ª), p. 254.
[25] Sobre os sistemas orgânicos de governação societária, v. COUTINHO DE ABREU (2010ª), p. 35, s., PAULO CÂMARA (2008), p. 66, s..

ou comissão executiva (v. art. 407º, 3, 4), pelos factos ilícitos e danosos no âmbito da "gestão corrente" (delegada) apenas responderá perante a sociedade, em princípio, o ou os administradores executivos autores de tais factos. Os não executivos somente serão responsáveis (solidariamente entre si e com os executivos) se de algum modo contribuírem para esses factos. Por exemplo, o comportamento ilícito foi autorizado por deliberação do conselho de administração (cfr. o início do art. 407º, 8); os não executivos, por não terem cumprido o dever de "vigilância geral", não tiveram conhecimento da conduta dos executivos (não puderam, pois, evitá-la nem atenuar as consequências danosas); os não executivos tiveram conhecimento da conduta dos executivos ou do propósito de estes a adoptarem, mas não fizeram o possível para impedi-la ou atenuar as consequências danosas (designadamente, não provocaram a intervenção do conselho para tomar as medidas adequadas – cfr. a parte final do nº 8 do art. 407º) [26].

2.4. Comissão de auditoria

A comissão de auditoria é "órgão da sociedade composto por uma parte dos membros do conselho de administração" (art. 423º-B, 1, do CSC). Os membros deste órgão societário são *membros do conselho de administração* – mas privados de funções executivas (art. 423º-B, 3)[27] – e estão incumbidos de funções essencialmente *fiscalizadoras* (art. 423º-F).

A privação de funções executivas não os impede de participar nas deliberações do conselho de administração[28].

O regime jurídico-societário da responsabilidade civil dos membros da comissão de auditoria há-de ter em conta a *dupla qualidade em que estes actuam*[29]. Não parece que a responsabilidade dos membros da comissão de auditoria seja só e exclusivamente uma responsabilidade *in vigilando*[30], porque, como já

---

[26] COUTINHO DE ABREU (2010), p. 55; v. tb. acerca do (agora) nº 8 do art. 407º, SOVERAL MARTINS (2002), p. 374, s.. CALVÃO DA SILVA (2007), p. 116, defende que a solidariedade dos administradores não executivos repousa no art. 73º, mas por força do art. 81º, 1.
[27] Sobre o sentido de funções executivas, v. SOVERAL MARTINS (2007), p. 259, s..
[28] No sentido de que os membros da comissão de auditoria podem votar sobre matérias de administração da sociedade, v. SOVERAL MARTINS (2007), p. 261, s..
[29] GABRIELA FIGUEIREDO DIAS (2006), p. 90, PAULO CÂMARA (2008), p. 107, ELISABETE RAMOS (2010), p. 181.
[30] CALVÃO DA SILVA (2007), p. 127, considera que os membros da comissão de auditoria estão sujeitos a "responsabilidade por culpa própria *in vigilando*", respondendo com os administradores-executivos nos termos do art. 81º, 2. V. tb. PEREIRA DE ALMEIDA (2008), p. 265.

foi referido, eles participam em deliberações do conselho sobre matérias de gestão.

Estes administradores-auditores podem responder solidariamente com os executivos, ora na *qualidade de administradores* (p. ex., juntamente com os executivos adoptaram deliberação em conselho), ora na *qualidade de auditores-fiscalizadores* (v. os arts. 81º, 2, 423º-F – esta fiscalização é mais exigente do que a "vigilância geral" referida no art. 407º, 8)[31].

3. Direito de regresso

Tendo um dos administradores satisfeito integralmente a obrigação solidária ou, então, tendo-a satisfeito numa proporção superior à parte a que estava vinculado, surge o problema do ajuste de contas entre os vários co-obrigados. O *direito de regresso* consiste, justamente, no "direito de exigir de cada um dos seus condevedores a parte que lhe cabia na responsabilidade comum"[32].

Nesta matéria, o art. 73º, 2, do CSC determina que "o direito de regresso existe na medida das respectivas culpas e das consequências que delas advierem, presumindo-se iguais as culpas das pessoas responsáveis". Trata-se de uma presunção *iuris tantum*, que admite a prova de que as culpas concorrentes no facto conducente à obrigação de indemnizar são de graduação diversa, as quotas na obrigação de indemnizar são desiguais.

Na verdade, as relações internas caracterizam-se, ao contrário do que acontece nas relações externas, pelo *benefício da divisão*. Surge em princípio uma obrigação conjunta de que é credor o administrador que respondeu perante o(s) lesado(s) e são devedores os restantes administradores co-responsáveis[33]. Com a particularidade, todavia, prevista no art. 526º, 1, do CCiv. relativamente à insolvência ou impossibilidade de cumprimento de algum dos administradores condevedores. Neste caso, a quota-parte do administrador insolvente repartir-se-á "proporcionalmente entre todos os demais, incluindo o credor de regresso".

Os administradores co-responsáveis podem opor ao que satisfez o direito do credor a falta de decurso do prazo que lhes tenha sido concedido para o cumprimento da obrigação, bem como qualquer outro meio de defesa (art. 525º, 1, do CCiv.).

---

[31] *V.* GABRIELA FIGUEIREDO DIAS (2006), p. 90, COUTINHO DE ABREU (2010), p. 56, nt. 110; v. tb. CALVÃO DA SILVA (2007), p. 127.
[32] ALMEIDA COSTA (2009), p. 677.
[33] ALMEIDA COSTA (2009), p. 677.

ARTIGO 74º *
Cláusulas nulas. Renúncia e transacção

1. É nula a cláusula, inserta ou não em contrato de sociedade, que exclua ou limite a responsabilidade dos fundadores, gerentes ou administradores, ou que subordine o exercício da acção social de responsabilidade, quando intentada nos termos do artigo 77º, a prévio parecer ou deliberação dos sócios, ou que torne o exercício da acção social dependente de prévia decisão judicial sobre a existência de causa da responsabilidade ou de destituição do responsável.

2. A sociedade só pode renunciar ao seu direito de indemnização ou transigir sobre ele mediante deliberação expressa dos sócios, sem voto contrário de uma minoria que represente pelo menos 10% do capital social; os possíveis responsáveis não podem votar nessa deliberação.

3. A deliberação pela qual a assembleia geral aprove as contas ou a gestão dos gerentes ou administradores não implica renúncia aos direitos de indemnização da sociedade contra estes, salvo se os factos constitutivos de responsabilidade houverem sido expressamente levados ao conhecimento dos sócios antes da aprovação e esta tiver obedecido aos requisitos de voto exigidos pelo número anterior.

* A redacção originária dos nºˢ 1 e 3 foi (pouco) alterada pelo DL 74-A/2006, de 29 de Março.

Índice

1. Convenções nulas
   1.1. Convenções de exclusão e de limitação da responsabilidade civil de fundadores e de administradores
   1.2. Convenções relativas à acção social de responsabilidade
2. Renúncia e transacção
   2.1. Deliberação dos sócios
   2.2. Sociedade insolvente e ineficácia dos negócios de renúncia ou de transacção
3. A licitude do seguro de responsabilidade civil dos administradores contratado pela sociedade
4. Arbitragem voluntária e responsabilidade civil dos administradores

Bibliografia

a) Citada:

ABREU, J. M. COUTINHO DE – *Responsabilidade civil dos administradores de sociedades*, 2ª ed., Almedina, Coimbra, 2010; ABREU, J. M. COUTINHO DE/RAMOS, ELISABETE – "Responsabilidade civil de administradores e de sócios controladores", em IDET, *Miscelâneas* nº 3, Almedina, Coimbra, 2004, p. 11-55; BENAZZO, PAOLO – *Rinuncia e transazione in ordine all'azione sociale di responsabilità. Il ruolo dell'assemblea*, Cedam, Padova, 1992; CLUNY, ANTÓNIO – *A responsabilidade financeira à luz do artigo 14º da Lei nº 72/2008, de 16 de Abril*, Comunicação apresentada nas Jornadas O novo regime jurídico do contrato de seguro – Um ano depois, Lisboa, 2010 (inédito); COELHO, F. BRITO PEREIRA – *A renúncia abdicativa no direito civil (algumas notas tendentes à definição do seu regime)*, Coimbra Editora, Coimbra, 1995; CORREIA, A. FERRER/XAVIER, V. LOBO/COELHO, M. ÂNGELA/CAEIRO, ANTÓNIO A. – "Sociedade por quotas de responsabilidade limitada. Anteprojecto de lei – 2ª redacção e exposição de motivos", RDE 3 (1977), p. 349-423; COSTA, M. J. DE ALMEIDA – *Direito das obrigações*, 12ª ed., Almedina, Coimbra, 2009; DIAS, RUI – "As sociedades no comércio internacional (problemas escolhidos de processo civil europeu, conflitos de leis e arbitragem internacional)", em IDET, *Miscelâneas* nº 5, Almedina, Coimbra, p. 41-108; FRANZONI, MASSIMO – *Della società per azioni. T. III. Dell'amministrazione e del controllo, I – Disposizioni generali. Degli amministratori. Art. 2380-2396*, Zanichelli Editore/Soc. Ed. del Foro Italiano, Bologna/Roma, 2008; JORGE, F. PESSOA – "A limitação convencional da responsabilidade civil", BMJ 281 (1978), p. 5-32; LIMA, PIRES DE/VARELA, ANTUNES – *Código Civil anotado*, vol. II, 4ª ed., Coimbra Editora, Coimbra, 1997; MARTINS, ALFREDO DE SOVERAL – *Processo e direito processual. Noções complementares*, 2º vol. – *Processos heterocompositivos*, Centelha, Coimbra, 1986; MONTEIRO, A. PINTO – *Cláusulas limitativas e de exclusão de responsabilidade civil*, Coimbra, 1985; OLIVEIRA, NUNO DE – *Cláusulas acessórias ao contrato. Cláusulas de exclusão e de limitação do dever de indemnizar e cláusulas penais*, 3ª ed., Almedina, Coimbra, 2008; PRATA, ANA – *Cláusulas de exclusão e limitação da responsabilidade contratual*, Almedina, Coimbra, 1985 (reimpr. 2005); PINHEIRO, L. DE LIMA – *Arbitragem transnacional. A determinação do estatuto da arbitragem*, Almedina, Coimbra, 2005, *Direito comercial internacional. Contratos internacionais. Convenção de Viena sobre a venda internacional de mercadorias. Arbitragem transnacional*, Almedina, Coimbra, 2005ª; RAMOS, M. ELISABETE – "Insolvência da sociedade e efectivação da responsabilidade dos administradores", BFD, 2007, p. 449-489, *O seguro de responsabilidade civil dos administradores (entre a exposição ao risco e a delimitação da cobertura)*, Almedina, Coimbra, 2010; RODRIGUES, ANA M. GOMES – "Prestação de contas e o regime especial de invalidade das deliberações previstas no art. 69º do CSC", em IDET, *Miscelâneas* nº 6, Almedina, Coimbra, 2010, p. 95-183; SERRA, A. P. S. VAZ – "Cláusulas modificadoras da responsabilidade. Obrigação de garantia contra responsabilidade por danos a terceiros", BMJ 79 (1958), p. 105-159; SILVA, J. CALVÃO DA – "Responsabilidade civil dos administradores não executivos da comissão de auditoria e do conselho geral e de supervisão", em AAVV., *Jornadas em Homenagem ao Professor Doutor Raúl Ventura – A reforma do Código das Sociedades Comerciais*, Almedina, Coimbra, 2007, p. 103-151; SOARES, M. ÂNGELA BENTO/ RAMOS, R. MOURA – *Contratos internacionais. Compra e venda. Cláusulas penais. Arbitragem*, Almedina, Coimbra, 1995 (reimpressão); TRIUNFANTE, ARMANDO M. – *A tutela das minorias nas sociedades anónimas. Quórum de constituição e maiorias deliberativas (e autonomia estatutária)*, Coimbra Editora, Coimbra, 2005; VENTURA, RAÚL – "Convenção de arbitragem", ROA, 1986, p. 289-413.

b) Outra:
MARTINEZ, P. ROMANO – "Análise do vínculo jurídico do árbitro em arbitragem voluntária ad hoc", em AAVV., *Estudos em Memória do Professor Doutor António Marques dos Santos*, vol. I, Almedina, Coimbra, 2005, p. 827-841; MARTINS, ALEXANDRE DE SOVERAL – "Notas sobre o procedimento de arbitragem segundo o Regulamento de Arbitragem da Câmara de Comércio Internacional de Paris (CCI)", em AAVV., *Estudos em Homenagem ao Prof. Doutor Jorge de Figueiredo Dias*, IV, Coimbra Editora, Coimbra, 2010, p. 566-614; MESQUITA, M. HENRIQUE – "Arbitragem: competência do tribunal arbitral e responsabilidade civil do árbitro", em AAVV., *Ab Vno ad Omnes. 75 anos da Coimbra Editora 1920-1995*, Coimbra Editora, Coimbra, 1998, p. 1381-1392; MONTEIRO, A. PINTO – "Cláusulas de responsabilidade civil", em AAVV., *Estudos em Homenagem ao Prof. Doutor Afonso Rodrigues Queiró*, II, Coimbra, 1993, p. 223-248; SILVA, J. CALVÃO DA – "Convenção de arbitragem. Algumas notas", em AAVV., *Prof. Doutor Inocêncio Galvão Telles: 90 anos. Homenagem da Faculdade de Direito de Lisboa*, Coimbra: Almedina, 2007, p. 533-549; VASCONCELOS, P. PAIS DE – "*D&O Insurance*: o seguro de responsabilidade civil dos administradores e outros dirigentes da sociedade anónima", em AAVV., *Prof. Doutor Inocêncio Galvão Telles: 90 anos. Homenagem da Faculdade de Direito de Lisboa*, Almedina, Coimbra, p. 1153-1182; VENTURA, RAÚL/CORREIA, L. BRITO – "Responsabilidade civil dos administradores de sociedades anónimas e dos gerentes das sociedades por quotas", BMJ 192 (1970), p. 5-112, 193 (1970), p. 5-182, 194 (1970), p. 5-113, "Nota explicativa do Capítulo II do Decreto-Lei nº 49.381, de 15 de Novembro de 1969", BMJ 195 (1970), p. 21-90.

1. Convenções nulas
1.1. Convenções de exclusão e de limitação da responsabilidade civil de fundadores e de administradores

O art. 74º cuida, essencialmente, de estipulações fundadas na autonomia privada que tenham por objecto, por um lado, a indemnização devida pelos fundadores e administradores (nº 1, 1ª parte, nºs 2 e 3) e, por outro, a efectivação da responsabilidade dos administradores perante a sociedade (nº 1, 2ª parte).

O art. 74º, 1, proíbe *convenções* que limitem ou extingam a obrigação de indemnização de que, *no futuro*, os fundadores ou administradores se venham a tornar devedores. Distinguindo entre convenções de *exclusão* e de *limitação* da responsabilidade[1], dir-se-á que as primeiras *afastam a obrigação de indemnizar*[2] (e, por conseguinte, privam o lesado da indemnização) e as segundas *atenuam ou mitigam o regime legal*, seja no plano dos pressupostos da responsabilidade, seja nos limites quantitativos desta[3]. Exemplo das primeiras é a que exonera o administrador da obrigação de indemnizar por actos praticados com dolo ou culpa; exemplos das segundas serão as que fixam o limite máximo da indemnização (acima do qual é o credor quem suporta o dano)[4] ou impõem uma alteração do critério de causalidade entre o facto e os danos ressarcíveis.[5]

Umas e outras são proibidas pelo art. 74º, 1, 1ª parte, independentemente do grau de culpa do administrador. O que vale por dizer que, nos termos deste preceito, são nulas também as convenções que excluam a responsabilidade dos administradores por culpa leve[6].

A proibição constante do art. 74º, 1, 1ª parte, diz respeito tanto aos fundadores como aos administradores. Quanto aos fundadores, ela vale para a responsabilidade (obrigacional) relativa à constituição da sociedade prevista no art. 71º. Quanto aos administradores, a proibição vale directamente para a responsabilidade (obrigacional) perante a sociedade[7] e, por força de remissão dos arts. 78º, 5, e 79º, 2, para a responsabilidade (extracontratual) para com credores sociais, sócios e terceiros.

Valerá, contudo, regime especial quanto aos gerentes de sociedades por quotas, em nome colectivo e em comandita simples? O art. 246º, 1, f) (aplicável às sociedades por quotas e, por via das remissões dos arts. 189º, 1, e 474º, às sociedades dos outros tipos referidos) dispõe que depende de deliberação dos sócios "a exoneração de responsabilidade dos gerentes ou membros do órgão de fiscalização"[8]. Esta "exoneração" não significa nem "desistência" nem "transacção", já que estas aparecem no art. 246º, 1, g). Admitirá então aquele pre-

---

[1] Trata-se de uma distinção que não é isenta de controvérsias, cfr. ANA PRATA (1985), p. 31, s..
[2] Daí que ALMEIDA COSTA (2009), p. 789, prefira a designá-las "convenções de exclusão da indemnização".
[3] PINTO MONTEIRO (1985), p. 171; ALMEIDA COSTA (2009), p. 787, s..
[4] V. ANA PRATA (1985), p. 86.
[5] Na responsabilidade contratual, a cláusula pela qual o credor assume o ónus da prova da culpa do devedor é catalogada, tendo em conta os efeitos práticos verificados, como uma cláusula de limitação da responsabilidade. Neste sentido, v. VAZ SERRA (1958), p. 106, nt. 4, PESSOA JORGE (1978), p. 7. Contra tal assimilação pronuncia-se ANA PRATA (1985), p. 96.
[6] Contra, CALVÃO DA SILVA (2007), p. 150.
[7] Sobre a aplicação directa do art. 74º, 1, à responsabilidade dos administradores para com a sociedade, v. ELISABETE RAMOS (2010), p. 168, nt. 687.
[8] A exoneração era já referida no art. 35º da LSQ e no art. 100º do chamado Anteprojecto de Coimbra, de FERRER CORREIA/LOBO XAVIER/ÂNGELA COELHO/ANTÓNIO CAEIRO (1977).

ceito que os sócios deliberem sobre cláusulas de exclusão da responsabilidade futura dos gerentes?

Um dos significados de "exoneração" é isenção ou exclusão. Não deve, porém, interpretar-se a "exoneração" presente no art. 246º, 1, f), a permitir convenções de exclusão (ou limitação) de responsabilidade. O sentido normativo é outro: depende de deliberação dos sócios a *renúncia da sociedade* ao crédito de indemnização devida pelos gerentes.

O regime jurídico-societário das convenções de exclusão e de limitação da responsabilidade civil é mais severo do que o jurídico-civil. Importa saber porquê. A suportar a proibição da exclusão ou limitação da responsabilidade dos administradores são invocáveis várias razões: *a)* responsabilidade civil como contrapeso do poder e autonomia reconhecidos aos administradores[9]; *b)* interesse geral na correcta e sã gestão das sociedades[10]; *c)* tutela dos sócios minoritários e/ou de terceiros; *d)* possibilidade de os lesados, depois dos factos geradores da responsabilidade praticados pelos administradores, exigirem a indemnização ou, se assim entenderem, abdicarem dela (renunciando ou transigindo).

O CSC é omisso quanto às cláusulas de agravamento de responsabilidade (*v. g.*, estipulação pela qual o administrador responde independentemente de culpa, ou acordo em que se estabelece um quantitativo mínimo de indemnização a que o lesado terá direito mesmo na hipótese de o dano ser inferior)[11]. Esta cláusulas, lícitas, em princípio, podem no entanto: *a)* dificultar o recrutamento de administradores; *b)* tornar mais cara a contratação do seguro de responsabilidade civil dos administradores; *c)* promover uma gestão mais conservadora.

1.2. Convenções relativas à acção social de responsabilidade

É *nula* a cláusula que "subordine o exercício da acção social de responsabilidade, quando intentada nos termos do artigo 77º, a prévio parecer ou deliberação dos sócios" (art. 74º, 1, 2ª parte). Consagra-se aqui a nulidade das chamadas "cláusulas de parecer" ou de "autorização"[12].

A nulidade de cláusulas deste tipo visa impedir barreiras que a maioria quisesse levantar à responsabilização dos administradores pela minoria. Por razões idênticas – afastamento de escolhos procedimentais à iniciativa de responsabi-

---

[9] Sobre este argumento e a sua expressão na doutrina italiana, v. BENAZZO (1992), p. 326.
[10] V. por todos FRANZONI (2008) p. 416.
[11] Neste sentido, v. ALMEIDA COSTA (2009), p. 788-9.
[12] V. ELISABETE RAMOS (2010), p. 209.

lização liderada pela minoria –, pensamos que também devem ser consideradas nulas as cláusulas, insertas ou não no contrato de sociedade, que submetam o exercício da acção social *ut singuli* a parecer ou autorização emanados de outros órgãos societários.

Devem ser consideradas nulas as convenções que subordinem a acção social de responsabilidade intentada por sócios a *decisão prévia do órgão de administração*. Tais convenções, embora não se encontrem expressamente referidas no art. 74º, 1, 2ª parte, representam igualmente entraves à efectivação da responsabilidade dos administradores perante a sociedade.

Nulas são também as convenções que façam depender a *acção social* de prévia decisão judicial sobre a existência de causa de responsabilidade ou de destituição de responsável (art. 74º, 1, 3ª parte). São filtros ou barreiras que, a serem admitidos, tornariam mais difícil, cara e demorada a efectivação da acção social de responsabilidade. A proibição abrange qualquer acção social de responsabilidade, seja quem for o proponente: sociedade (art. 75º), sócios (art. 77º) ou credores sociais (art. 78º, 2).

2. Renúncia e transacção
2.1. Deliberação dos sócios

O art. 74º proíbe a *disposição antecipada do crédito à indemnização* (nº 1), mas admite, verificados certos requisitos, que a sociedade abdique de crédito à indemnização *já constituído*, resultante de factos conhecidos, concretizados, determinados (nºs 2 e 3).

A *renúncia* ao direito à indemnização implica a *extinção deste direito*, configurando-se como "disposição extintiva (...) não onerosa"[13]. E libera, portanto, o administrador da obrigação de indemnizar a sociedade (neste sentido, envolve um enriquecimento do administrador que beneficia da renúncia).

A *transacção* é um contrato pelo qual (para o que de momento nos ocupa) a sociedade e um ou mais administradores previnem ou terminam um litígio relativo à responsabilidade destes para com aquela mediante recíprocas concessões (art. 1248º, 1, do CCiv.). É, pois, um *contrato oneroso*[14].

---

[13] PEREIRA COELHO (1995), p. 135.
[14] Cfr. PIRES DE LIMA/ANTUNES VARELA (1997) p. 930.

O regime jurídico-societário da responsabilidade civil pela administração admite expressamente que a *sociedade* renuncie ou transaccione sobre o direito de indemnização de que é titular. Mas, tendo em conta as repercussões negativas que estes negócios podem ter no património da sociedade, rodeia-os de especiais cautelas.

Com efeito, em todos os tipos societários, a renúncia e a transacção dependem de *deliberação dos sócios* (art. 74º, 2). Que, além de obter a maioria dos votos validamente emitidos (os sócios-administradores responsáveis não podem votar), não pode ter contra si 10% ou mais da totalidade dos votos emissíveis[15]. E tem de ser "expressa", isto é deve manifestar directamente a vontade de renúncia ao direito de indemnização derivado de facto(s) determinado(s) ou a autorização de transacção em determinados termos[16].

A renúncia que tenha lugar depois de proposta acção de responsabilidade levará a sociedade-autora a desistir do pedido (arts. 293º, s. do CPC) ou à invocação pelo(s) réu(s) da respectiva excepção peremptória (que importa absolvição do pedido – art. 493º, 3, do CPC)[17].

Em regra, a deliberação pela qual os sócios aprovem as contas ou a gestão dos administradores *não implica renúncia* aos direitos de indemnização da sociedade (art. 74º, 3, 1ª parte)[18]. Só há renúncia (deliberação tácita de renúncia)[19] "se os factos constitutivos de responsabilidade houverem sido expressamente levados ao conhecimento dos sócios antes da aprovação e esta tiver obedecido aos requisitos de voto exigidos" pelo nº 2 do art. 74º: nº 3, 2ª parte, do art. 74º.

Se a sociedade (pelo órgão de administração) renuncia ao direito de indemnização ou transige sobre ele sem deliberação prévia (com os votos necessários), a renúncia ou a transacção são *ineficazes* relativamente à sociedade (cfr. arts. 260º, 1, 409º, 1).

---

[15] COUTINHO DE ABREU (2010), p. 57 (a norma refere "pelo menos 10% do capital social"; mas, se houver acções preferenciais sem voto, elas não devem ser computadas para o efeito). Por conseguinte, ainda que a deliberação tenha por si larga maioria dos votos emitidos, se tiver contra pelo menos 10% dos votos emissíveis, ela não pode ser considerada aprovada (teremos deliberação negativa).

[16] Excepcionalmente, pode a deliberação de renúncia ser tácita (art. 74º, 3, 2ª parte, e *infra*).

[17] COUTINHO DE ABREU (2010), p. 58.

[18] Sobre o conceito de "contas" para efeito de deliberação dos sócios, v. ANA RODRIGUES (2010), p. 145, nt. 54.

[19] COUTINHO DE ABREU (2010), p. 57, nt. 115.

2.2. Sociedade insolvente e ineficácia dos negócios de renúncia ou de transacção

Na pendência do processo de insolvência, a sociedade insolvente – porque privada do direito de administrar e de dispor dos seus bens (art. 81º, 1, do CIRE[20]) – não tem poderes para renunciar ou transigir sobre o direito de indemnização[21].

Questão é se o administrador da insolvência, enquanto detentor dos poderes de representação da sociedade para todos os efeitos de carácter patrimonial que interessem à insolvência (art. 81º, 4), pode eficazmente renunciar ou transigir sobre o direito de a sociedade ser indemnizada pelos administradores.

Vários argumentos podem ser convocados no sentido da *falta de poderes do administrador da insolvência* para renunciar ou transigir: *a)* a legitimidade do administrador, quanto às acções de responsabilidade, é para as *propor* e *fazer seguir* (art. 82º, 2, do CIRE); *b)* a renúncia e (eventualmente) a transacção significam um empobrecimento da massa insolvente, prejudicial aos credores; *c)* ao administrador da insolvência compete evitar tanto quanto possível o agravamento da situação económica do devedor insolvente (art. 55º, 1, b), do CIRE); *d)* o administrador da insolvência está vinculado a actuar como um administrador "criterioso e ordenado" (art. 59º, 1, do CIRE); *e)* nos termos do art. 59º, 2, do CIRE, "o administrador da insolvência responde (…) pelos danos causados aos credores da massa insolvente se esta for insuficiente para satisfazer integralmente os respectivos direitos e estes resultarem de acto do administrador (…)".

3. A licitude do seguro de responsabilidade civil dos administradores contratado pela sociedade

Importa também esclarecer se o art. 74º, 1, porque determina a nulidade de convenções de limitação ou de exclusão de responsabilidade, constitui óbice a que a sociedade contrate (e pague) o seguro que cobre a responsabilidade civil dos administradores. Entre nós (mas não só), não deixa de ser um problema a admissibilidade destes seguros – quando os prémios são pagos pela sociedade – , em face de uma disciplina legal que visa (também) prevenir comportamentos não diligentes dos administradores e expressamente proíbe aquelas convenções[22].

Parece-nos que a disciplina do art. 74º, 1, não constitui entrave à contratação por parte da sociedade do seguro de responsabilidade civil dos administrado-

---

[20] Mas v. o art. 224º do CIRE.
[21] V. ELISABETE RAMOS (2007), p. 474, s., COUTINHO DE ABREU (2010), p. 69.
[22] V. COUTINHO DE ABREU/ELISABETE RAMOS (2004), p. 39, s..

res. E isto porque: *a*) a pressão das regras da responsabilidade civil sobre os administradores, embora diminuída, mantém-se – especialmente porque são excluídos da cobertura do seguro certos comportamentos (os dolosos, por exemplo)[23]; *b*) o seguro não exclui ou limita a responsabilidade dos administradores – diminui sim o risco de os administradores pagarem as respectivas indemnizações; *c*) a sociedade, apesar de pagar o prémio, também é favorecida pelo seguro, pois permite que ela recrute pessoas que, sem o seguro, não estariam disponíveis para aceitar os vários riscos de litigância e responsabilidade civil; *d*) também os credores sociais e terceiros são beneficiados pelo seguro; e) se os administradores fossem obrigados a pagar o prémio do seguro, seria natural que a sociedade os tivesse de reembolsar da respectiva importância, designadamente através do aumento das remunerações; *f*) a admissibilidade de a sociedade pagar o prémio tem ainda a seu favor o art. 396º, 2: os encargos do seguro podem ser suportados pela sociedade na parte em que a indemnização exceda os limites fixados no art. 396º, 1.

4. Arbitragem voluntária e responsabilidade civil dos administradores

São conhecidos os benefícios da *arbitragem voluntária*: maior celeridade, menor formalismo, especialização e qualificação dos árbitros, sensibilidade destes aos interesses das partes e às necessidades do comércio, critérios de decisão mais flexíveis e garantia de confidencialidade[24].

O art. 1º, 1, da LAV[25] estatui que "desde que por lei especial não esteja submetido exclusivamente a tribunal judicial ou a arbitragem necessária, qualquer litígio que não respeite a direitos indisponíveis pode ser cometido pelas partes, mediante convenção de arbitragem, à decisão de árbitros"[26]. É adoptado, para delimitar a arbitrabilidade objectiva, o critério da *disponibilidade do direito*[27]. Liti-

---

[23] Nos termos do art. 14º, 1, a), do RJCS, é proibida a celebração de contrato de seguro que cubra os riscos de responsabilidade criminal ou contra-ordenacional dos administradores. Sobre a proibição de seguros que cubram a responsabilidade financeira sancionatória e, por conseguinte, as multas aplicadas pelo Tribunal de Contas, v. ANTÓNIO CLUNY (2010), p. 1, s..

[24] Cfr. SOVERAL MARTINS (1986), p. 29, 33, ÂNGELA SOARES/MOURA RAMOS (1995), p. 321, LIMA PINHEIRO (2005ª), p. 345, s..

[25] Aprovada pela L 31/86, e alterada pelo art. 17º do DL 38/2003, de 8 de Março.

[26] A lei pressupõe a distinção entre arbitragem voluntária e necessária. SOVERAL MARTINS (1986), p. 35, considera mais adequadas as fórmulas "tribunais arbitrais facultativos" e "tribunais arbitrais obrigatórios", porque "o critério que serve de base à divisão do conceito é ainda o critério da provocação facultativa ou obrigatória pelas partes da intervenção dos árbitros".

[27] Para o confronto entre o "critério da disponibilidade do direito em causa" e o "critério da natureza patrimonial", v. LIMA PINHEIRO (2005), p. 104, s..

gios relativos a direitos indisponíveis não podem ser objecto de convenções de arbitragem.

Questiona-se se o art. 74º constitui obstáculo à *cláusula compromissória* – convenção que tem por objecto "litígios eventuais emergentes de uma determinada relação jurídica contratual ou extracontratual"[28] – quando está em jogo a responsabilidade civil de administradores[29]. A questão é suscitada porque, por um lado, o art. 1º da LAV cinge a arbitrabilidade objectiva[30] a direitos que não sejam indisponíveis e, por outro, o art. 74º, 1, do CSC proíbe as cláusulas de limitação e de exclusão da responsabilidade dos administradores e admite no nº 2, sob certos requisitos, a renúncia ou transacção sobre o direito de indemnização de que a sociedade é titular.

A natureza imperativa do regime da responsabilidade civil dos administradores não torna o direito de indemnização indisponível. O direito da sociedade à indemnização é *disponível*, porque susceptível de renúncia ou transacção[31]. Se a lei liga "a arbitrabilidade do litígio à disponibilidade do direito (...) os requisitos da disponibilidade do direito constituem também requisitos da arbitrabilidade"[32]. Aplicando este critério à convenção de arbitragem, conclui-se que *só litígios concretos* podem ser objecto de uma convenção de arbitragem, cujo conteúdo deve ser autorizado por deliberação dos sócios[33]. Se assim for, não é válida "uma prévia cláusula compromissória de fonte estatutária"[34].

Será muito diversa a conclusão se se defender um conceito alargado de disponibilidade que o aproxime da patrimonialidade[35]. Nesta interpretação, não haverá objecções à validade da cláusula compromissória de fonte estatutária que submeta a árbitros os eventuais litígios de responsabilidade civil dos administradores[36].

---

[28] A distinção entre *compromisso arbitral* e *cláusula compromissória* resulta do art. 1º, 2, da LAV: "A convenção de arbitragem pode ter por objecto um litígio actual, ainda que se encontre afecto a tribunal judicial (compromisso arbitral), ou litígios eventuais emergentes de uma determinada relação jurídica contratual ou extracontratual (cláusula compromissória)".
[29] V. ELISABETE RAMOS (2010), p. 225, s..
[30] Sobre esta, v. LIMA PINHEIRO (2005), p. 103.
[31] RAÚL VENTURA (1986), p. 344, RUI DIAS (2008), p. 107.
[32] RAÚL VENTURA (1986), p. 344; v. tb. LIMA PINHEIRO (2005), p. 108.
[33] RAÚL VENTURA (1986), p. 345.
[34] RUI DIAS (2008), p. 106.
[35] É este o entendimento de Tavares de Sousa, citado por RUI DIAS (2008), p. 107.
[36] Neste sentido, v. RUI DIAS (2008), p. 107.

ARTIGO 75º
Acção da sociedade

1. A acção de responsabilidade proposta pela sociedade depende de deliberação dos sócios, tomada por simples maioria, e deve ser proposta no prazo de seis meses a contar da referida deliberação; para o exercício do direito de indemnização podem os sócios designar representantes especiais.

2. Na assembleia que aprecie as contas de exercício e embora tais assuntos não constem da convocatória, podem ser tomadas deliberações sobre a acção de responsabilidade e sobre a destituição dos gerentes ou administradores que a assembleia considere responsáveis, os quais não podem voltar a ser designados durante a pendência daquela acção.

3. Aqueles cuja responsabilidade estiver em causa não podem votar nas deliberações previstas nos números anteriores.

Índice

1. Deliberação de propositura da acção social de responsabilidade
2. Propositura da acção social de responsabilidade
3. Acção social de responsabilidade na pendência de processo de insolvência
4. Competência em razão da matéria para julgar acção social de responsabilidade

Bibliografia

a) Citada:

ABREU, J. M. COUTINHO DE – *Curso de direito comercial*, vol. II – *Das sociedades*, 3ª ed., Almedina, Coimbra, 2009, *Curso de direito comercial*, vol. I – *Introdução, actos de comércio, comerciantes, empresas, sinais distintivos*, 7ª ed., Almedina, Coimbra, 2009ª, *Responsabilidade civil dos administradores de sociedades*, 2ª ed., Almedina, Coimbra, 2010; DIAS, RUI – "As sociedades no comércio internacional (problemas escolhidos de processo civil europeu, conflitos de leis e arbitragem internacional)", em IDET, *Miscelâneas* nº 5, Almedina, Coimbra, 2008, p. 41-108; DOMINGUES, PAULO DE TARSO – "A vinculação de sociedades por quotas no Código das Sociedades Comerciais", RDUP, 2004, p. 277-307; FRADA, M. A. CARNEIRO DA – *Direito civil. Responsabilidade civil – O método do caso*, Almedina, Coimbra, 2006, "A responsabilidade dos administradores na insolvência", ROA, 2006ª, p. 653-702; MARTINS, ALEXANDRE DE SOVERAL – "Competência dos sócios vs. competência dos gerentes (nas sociedades por quotas): sobre o nº 2 do art. 246º do CSC", em AAVV., *Ars Ivdicandi – Estudos em Homenagem ao Prof. Doutor António Castanheira Neves*, vol. II, Coimbra Editora, Coimbra, 2008, p. 403-411; RAMOS, M. ELISABETE – "Insolvência da sociedade e efectivação da responsabilidade dos administradores", BFD, 2007, p. 449-489, *O seguro de responsabilidade civil dos administradores (entre a exposição ao risco e a delimitação da cobertura)*, Almedina, Coimbra, 2010; VASCONCELOS, P. PAIS DE – "Responsabilidade civil dos gestores das sociedades comerciais", DSR 1, 2009, p. 11-32; VAZ, TERESA ANSELMO – *Contencioso societário*, Livraria Petrony, Lisboa, 2006; VENTURA, RAÚL – *Sociedades por quotas*, vol. III, Almedina, Coimbra, 1991.

b) Outra:
VENTURA, RAÚL/CORREIA, L. BRITO – "Nota explicativa do Capítulo II do Decreto-Lei nº 49.381, de 15 de Novembro de 1969", BMJ 195 (1970), p. 21-90.

1. Deliberação de proposítura da acção social de responsabilidade

A responsabilidade dos administradores perante a *sociedade* é, em primeira linha, efectivada por via de *acção social de responsabilidade* (usualmente designada acção social *ut universi*), ou seja, uma acção interposta pela sociedade contra os administradores em que ela é autora e pede a condenação destes no pagamento de uma indemnização.

O órgão de administração e representação da sociedade é *incompetente para decidir* a propositura de acções de responsabilidade contra administradores. O órgão de fiscalização é igualmente *incompetente*[1].

A propositura de acção de responsabilidade pela sociedade, para ser eficaz[2], necessita de ser autorizada por *deliberação dos sócios* (art. 75º, 1)[3]. Existindo *compromisso arbitral* – isto é, uma convenção de arbitragem tendo "por objecto um litígio actual" (art. 1º, 2, da LAV) relativo à responsabilidade dos administradores perante a sociedade –, a propositura da acção no tribunal arbitral está dependente também de deliberação dos sócios[4].

Quando se pretenda adoptar a deliberação em assembleia geral (não universal), deve em regra constar da respectiva convocatória *menção clara à acção de responsabilidade* (arts. 377º, 5, e), 8, 248º, 1, 189º, 474º, 478º). Embora não seja neces-

---

[1] Cfr. ELISABETE RAMOS (2010), p. 185.
[2] V. COUTINHO DE ABREU (2010), p. 60.
[3] O art. 246º, 1, g), também faz depender a propositura da acção social de responsabilidade contra gerentes de uma deliberação dos sócios. À vista desta norma específica, afirma-se igualmente que sem deliberação dos sócios a sociedade não fica vinculada quando gerente(s) propõe(m) em nome dela a acção de responsabilidade – RAÚL VENTURA (1991), p. 145, TARSO DOMINGUES (2004), p. 295, SOVERAL MARTINS (2008), p. 404.
[4] V. RUI DIAS (2008), p. 108.

sário indicar o nome do(s) administrador(es) contra quem se tenciona propor a acção[5]. Porém, o nº 2 do art. 75º permite que em assembleia que aprecie as contas de exercício seja tomada deliberação sobre acção de responsabilidade, ainda que tal assunto não conste da convocatória. Compreende-se que assim seja[6]. Na apreciação da actividade da administração a que nessa assembleia se procede podem ser revelados factos que aconselhem deliberação de propositura de acção de responsabilidade[7].

Basta que a deliberação seja tomada por *maioria simples* dos votos emitidos validamente (art. 75º, 1).

O art. 75º, 3, em razão do conflito de interesses entre o sócio-administrador (presumível lesante) e a sociedade (presumível lesada) – a sociedade procura o ressarcimento do dano alegadamente causado pelo administrador; este tem interesse em que não se constitua a obrigação de indemnizar –, estabelece o *impedimento de voto*[8]. Este impedimento abrange exclusivamente o exercício do direito de voto, já não o direito de participar na assembleia. E o sócio-administrador impedido de votar mantém o direito de pedir a declaração de nulidade ou anulação de deliberação que autorize a acção social de responsabilidade.

2. Propositura da acção social de responsabilidade

Ainda que o administrador presumivelmente responsável permaneça em funções, não poderá representar a sociedade (autora) na acção de responsabilidade contra si proposta. Permite por isso a lei que para o efeito sejam nomeados representantes especiais: pelos sócios, mediante deliberação (art. 75º, 1, *in fine* e 3), ou pelo tribunal, a requerimento de um ou mais sócios que possuam participações correspondentes a pelo menos 5% do capital social (art. 76º).

A acção deve ser proposta no prazo de *seis meses* a contar da deliberação que a autorizou (art. 75º, 1). Se o prazo não for cumprido, ainda assim não ficará a sociedade impedida (dentro do prazo de prescrição) de propor acção[9]. Porém,

---

[5] COUTINHO DE ABREU (2010), p. 60, nt. 118.
[6] PAIS DE VASCONCELOS (2009), p. 27, defende que as matérias da responsabilidade civil dos administradores e da destituição devem ter-se por implícitas "no ponto da ordem de trabalhos sobre a apreciação da gestão e dos gestores".
[7] COUTINHO DE ABREU (2010), p. 60.
[8] O impedimento está previsto em outras normas: art. 251º, 1, b), para as sociedades por quotas (aplicável também nas sociedades em nome colectivo e em comandita simples: arts. 189º, 1, 474º), e art. 384º, 6, b), para as sociedades anónimas (aplicável também nas sociedades em comandita por acções: art. 478º).
[9] COUTINHO DE ABREU (2010), p. 61. Diferentemente, o Ac. do STJ de 17/9/2009 (www.dgsi.pt – proc. 94/07.8TYLSB.L1.S1) considerou o prazo de seis meses como prazo de caducidade.

ultrapassado aquele prazo, é certo que a acção pode ser proposta por sócio(s) (art. 77º, 1) ou por credor(es) da sociedade (art. 78º, 2)[10].

A propositura da acção social de responsabilidade sem a deliberação social exigida pelo art. 75º, 1, determina as consequências processuais previstas no art. 25º, 1, do CPC: fixação de prazo para a tomada da deliberação e suspensão dos termos da causa. Se o vício da falta de deliberação não for sanado, o administrador demandado será absolvido da instância (arts. 25º, 2, 493º, 2, d), do CPC) – a falta de deliberação dos sócios sobre a acção social de responsabilidade é *excepção dilatória* (art. 494º, d), do CPC).

3. A acção social de responsabilidade na pendência de processo de insolvência

Ainda que a insolvência seja considerada culposa (art. 189º do CIRE), são de natureza *não indemnizatória* as consequências a que o CIRE submete os administradores afectados por tal qualificação[11]. A sentença que qualifica a insolvência como fortuita ou culposa não aprecia a responsabilidade civil dos administradores pela causação da insolvência[12]. Em matéria de responsabilidade civil dos administradores, o CIRE regula essencialmente aspectos de natureza processual.

O art. 82º do CIRE, inserido no capítulo relativo aos efeitos da declaração da insolvência sobre o devedor e outras pessoas, consagra no nº 2 a *legitimidade exclusiva* do administrador da insolvência para, durante o processo de insolvência, propor e fazer seguir a *acção social de responsabilidade*[13]. Na pendência do processo, sociedade, sócios e credores sociais estão privados de legitimidade activa para propor ou fazer seguir a acção social de responsabilidade contra os administradores de facto ou de direito[14].

A legitimidade do administrador da insolvência é independente "do acordo do devedor ou dos seus órgãos sociais" (art. 82º, 2, a), do CIRE). Por conseguinte, a acção social de responsabilidade proposta pelo administrador de insolvência *não depende de prévia deliberação dos sócios*. Neste aspecto, o art. 82º, 2, a), do CIRE constitui um desvio ao art. 75º, 1, do CSC.

---

[10] COUTINHO DE ABREU (2010), p. 61.
[11] Sobre as consequências da insolvência culposa, v. COUTINHO DE ABREU (2009ª), p. 134, s., ELISABETE RAMOS (2010), p. 211, s..
[12] Este silêncio da lei não significa a irresponsabilidade civil dos administradores pela causação da insolvência. Para uma proposta de reconstrução desta responsabilidade, v. CARNEIRO DA FRADA (2006), p. 671.
[13] V. ELISABETE RAMOS (2007), p. 467, s..
[14] V. ELISABETE RAMOS (2007), p. 468.

Compreende-se que o administrador da insolvência tenha legitimidade para propor ou fazer seguir a acção social de responsabilidade, pois a sociedade devedora declarada insolvente está privada dos poderes de administração e de disposição dos bens integrantes da massa insolvente. Esses poderes passam a competir ao administrador da insolvência (art. 81º, 1, do CIRE). Por outro lado, nos termos do art. 81º, 4, do CIRE, "o administrador da insolvência assume a representação do devedor para todos os efeitos de carácter patrimonial que interessem à insolvência".

4. Competência em razão da matéria para julgar acção social de responsabilidade

Questão de significativa importância prática e que tem merecido soluções desencontradas na jurisprudência portuguesa é a do *tribunal competente*, em razão da matéria, para julgar as acções de responsabilidade dos administradores[15]. No cerne do debate tem estado o art. 89º, 1, c), da LOFTJ de 1999[16], que determinava competir aos *tribunais de comércio* preparar e julgar "as acções relativas ao exercício de direitos sociais". O art. 121º, 1, c), da LOFTJ actual[17] reproduz o teor daquele. E, por isso, mantém-se a questão de saber se a acção social *ut universi* diz respeito ao exercício de direitos sociais.

Já foi defendido que as acções de responsabilidade dos administradores não dizem respeito ao exercício de direitos sociais, mas sim a "direitos indemnizatórios que nascem de comportamentos ilícitos dos administradores". Com a consequência de que tais acções não competiriam ao tribunal/juízo de comércio[18].

A expressão "exercício de direitos sociais" convoca, imediatamente, os direitos dos sócios que se fundam na participação social[19]. Ora, o direito de propor acção social *ut universi* não se funda directamente na participação social (a acção não é proposta pelos sócios, mas sim pela sociedade) e, por conseguinte, neste estrito sentido, a acção social não é relativa ao exercício de direito dos sócios. Consequentemente, "as acções tendentes a fazer valer obrigações decorrentes da responsabilidade civil contratual (...) ou extracontratual não se inscrevem

---

[15] V. ELISABETE RAMOS (2010), p. 222, s..
[16] Aprovada pela L 3/99, de 13 de Janeiro.
[17] Aprovada pela L 52/2008, de 28 de Agosto.
[18] TERESA VAZ (2006), p. 80 (aparentemente a A. defende esta solução seja qual for a acção de responsabilidade em causa). Na jurisprudência, v. o Ac. da RP de 13/5/2008 (www.dgsi.pt – proc. 1243-07-2ª), proferido em uma acção proposta ao abrigo do art. 77º.
[19] Cfr. por todos COUTINHO DE ABREU (2009), p. 207, s..

na competência dos tribunais de comércio"[20]. Acresce que na acção social *ut universi* a sociedade-autora formula um pedido de condenação dos administradores no pagamento de indemnização. Se nos cingirmos exclusivamente ao teor do pedido, nada há que possa distinguir esta acção de responsabilidade de outras não societárias[21].

Parece-nos que estes argumentos não obstam a que se considere que, *em face do direito positivo, os juízos de comércio são competentes para julgar a acção social ut universi*[22]. Para determinar a competência material "importa ter em linha de conta, além do mais, a estrutura do objecto do processo, envolvida pela causa de pedir e pelo pedido formulados na acção"[23]. Ora, na acção social *ut universi* a *causa de pedir* é consubstanciada pelos factos que integram os pressupostos jurídico-societários da responsabilidade perante a sociedade[24].

Além disso, a expressão "direitos sociais" não impede uma interpretação de modo a abranger (também) o exercício de *direitos da sociedade* contra os seus administradores.

Por fim, há que ponderar – como ponderou o STJ – que a competência especializada dos tribunais de comércio "se prende com questões relacionadas com a actividade das sociedades comerciais" e que o regime jurídico-societário da responsabilidade pela administração "assenta em pressupostos específicos concernentes aos deveres dos gerentes e administradores das sociedades, do que decorre a especificidade da matéria quanto aos pressupostos da responsabilidade civil envolventes"[25]. Sem desconsiderar as conexões com o regime jurídico-civil, a responsabilidade civil dos administradores apresenta-se como *responsabilidade especial*, construída "predominantemente em torno de disposições específicas"[26]. Tais disposições específicas conformam aspectos substantivos (por exemplo, a determinação da ilicitude e da culpa dos administradores e respectivos limites) e *procedimentais* (por exemplo, a necessidade de deliberação

---

[20] Ac. do STJ de 18/12/2008 (www.dgsi.pt – proc. 08B3907).
[21] V. TERESA VAZ (2006), p. 79.
[22] O Ac. do STJ de 17/9/2009 (www.dgsi.pt – proc. 94/07.8TYLSB.L1.S1) entendeu que o tribunal de comércio é materialmente competente para julgar acção social de responsabilidade. Decidiu que "a acção intentada pela sociedade contra os anteriores sócios-gerentes a quem é pedida a indemnização – a favor da sociedade – baseada na sua actuação culposa e geradora de prejuízos é uma acção *uti universi* que exprime o exercício de um direito social".
[23] Ac. do STJ de 18/12/2008.
[24] TERESA VAZ (2006), p. 79, s..
[25] Ac. do STJ de 18/12/2008.
[26] CARNEIRO DA FRADA (2006), p. 110, 118, s..

dos sócios – art. 75º, 1; a possibilidade de representantes especiais serem designados – arts. 75º, 1, 76º; o impedimento de voto dos administradores(-sócios) – art. 75º, 3; o bloqueio de minorias nas deliberações de transacção e de renúncia ao direito da sociedade à indemnização – art. 74º, 2).

Razões várias e ponderosas (certeza jurídica, celeridade processual, prevenção de onerosos desencontros da jurisprudência) deviam ter induzido o legislador a clarificar a questão...

ARTIGO 76º
Representantes especiais

1. Se a sociedade deliberar o exercício do direito de indemnização, o tribunal, a requerimento de um ou mais sócios que possuam, pelo menos, 5% do capital social, nomeará, no respectivo processo, como representante da sociedade pessoa ou pessoas diferentes daquelas a quem cabe normalmente a sua representação, quando os sócios não tenham procedido a tal nomeação ou se justifique a substituição do representante nomeado pelos sócios.

2. Os representantes judiciais nomeados nos termos do número anterior podem exigir da sociedade no mesmo processo, se necessário, o reembolso das despesas que hajam feito e uma remuneração, fixada pelo tribunal.

3. Tendo a sociedade decaído totalmente na acção, a minoria que requerer a nomeação de representantes judiciais é obrigada a reembolsar a sociedade das custas judiciais e das outras despesas provocadas pela referida nomeação.

Índice
1. Enquadramento
2. Nomeação/substituição judicial de representante(s) da sociedade
3. Remuneração do representante judicial e responsabilidade por custas
4. Direito de a minoria requerer a nomeação de representante especial e direito de propor acção social

Bibliografia
a) Citada:
ABREU, J. M. COUTINHO DE – *Responsabilidade civil dos administradores de sociedades*, 2ª ed., Almedina, Coimbra, 2010; RAMOS, M. ELISABETE – *O seguro de responsabilidade civil dos administradores (entre a exposição ao risco e a delimitação da cobertura)*, Almedina, Coimbra, 2010.

b) Outra:
PIMENTA, ALBERTO – *A representação judicial das sociedades por acções e o direito probatório (depoimento de parte e prova testemunhal)*, Almedina, Coimbra, 1973; VAZ, TERESA ANSELMO – *Contencioso societário*, Livraria Petrony, Lisboa, 2006.

1. Enquadramento

O art. 76º, epigrafado "Representantes especiais"[1], regula questões de natureza processual relacionadas com a chamada representação judicial das sociedades[2].

Em particular, são regulados os seguintes aspectos: *a)* nomeação/substituição de representante(s) da sociedade pelo tribunal; *b)* remuneração do representante judicial e reembolso de despesas; *c)* responsabilidade do(s) sócio(s) minoritário(s) por custas judiciais e outras despesas.

2. Nomeação/substituição judicial de representante(s) da sociedade

As sociedades são em regra representadas pelos administradores respectivos. Ora, faz pouco sentido que a sociedade seja representada na acção de responsabilidade pelo administrador (ou também por ele) contra o qual é proposta a acção (supondo, é claro, que ele se mantém no cargo). E quando o órgão administrativo seja plural e nem todos os administradores sejam accionados, pode ser conveniente não deixar a estes a representação da sociedade em juízo. Permite por isso a lei que para o efeito sejam nomeados *representantes especiais* – pelos sócios, mediante deliberação (art. 75º, 1, *in fine*), ou pelo tribunal, a requerimento de um ou mais sócios que possuam participações correspondentes a pelo menos 5% do capital social (art. 76º, 1).

A nomeação judicial pode ter lugar quer nos casos em que os sócios não deliberaram designar representante, quer nos casos em que houve tal designação, mas se justifica a substituição de representante desse modo designado – *v.g.*, o representante eleito pelos sócios é pessoa estreitamente ligada aos administradores accionados.

Os "representantes especiais" da sociedade hão-de ser pessoas "diferentes daquelas a quem cabe normalmente a sua representação" (nº 1 do art. 76º). Por conseguinte, os membros do órgão de administração e representação (ainda que não sejam réus na acção social de responsabilidade) não podem ser nomeados representantes judiciais.[3]

De resto, sócios (não membros de outros órgãos da sociedade) e não sócios poderão ser representantes especiais. Não se exige que estejam habilitados para exercer *mandato judicial*. Na verdade, o representante judicial referido no

---

[1] O art. 21º do DL 49 381 (antecessor do art. 76º) tinha a epígrafe "representantes judiciais".
[2] V. art. 21º do CPC.
[3] Atendendo às competências específicas dos órgãos de fiscalização, parece que também os seus membros não podem ser nomeados representantes especiais.

art. 76º, 1, distingue-se do mandatário judicial (arts. 35º, s., do CPC), escolhido pela sociedade para patrociná-la na acção social de responsabilidade. Havendo representante judicial, parece que ele será competente para escolher o mandatário judicial.

Faria sentido distinguir entre sociedades com acções admitidas à negociação em mercado regulamentado e outras – como faz o art. 77º, 1. Permitindo-se, portanto, para as primeiras, que minorias com acções correspondentes a 2% do capital social pudessem requerer a designação/substituição de representante judicial[4].

3. Remuneração do representante judicial e responsabilidade por custas

Os representantes judiciais têm o direito de exigir da sociedade representada o reembolso das despesas que hajam feito no exercício das respectivas funções, bem como o pagamento de remuneração fixada pelo tribunal; se necessário, isto é, se a sociedade não cumprir, aquele direito pode ser feito valer no processo da acção social de responsabilidade (art. 76º, 2).

Se a sociedade decair totalmente na acção – o tribunal decide *não condenar* os administradores demandados –, as custas processuais[5] são, nos termos gerais do processo civil, da responsabilidade da autora (art. 446º, 1 e 2, do CPC).

Ora, quando a sociedade-autora decaia totalmente na acção de responsabilidade, a *minoria* que requereu a nomeação de representante judicial é obrigada, diz o nº 3 do art. 76º, a *reembolsar a sociedade* das custas judiciais e das outras despesas provocadas pela nomeação – nestas se incluindo as despesas e remuneração referidas no nº 2 do art. 76º.

É diferente a solução para o caso em que o representante judicial é designado pela maioria. Neste caso, a responsabilidade pelas custas segue o regime geral do processo civil.

A solução do art. 76º, 3, é penalizadora para a minoria, constituindo entrave a que ela requeira a nomeação judicial de representante especial da sociedade-autora[6].

---

[4] ELISABETE RAMOS (2010), p. 188, nt. 758.
[5] Nos termos do art. 3º, 1, do RCP e do art. 447º, 1, do CPC, "as custas processuais abrangem a taxa de justiça, os encargos e as custas de parte".
[6] ELISABETE RAMOS (2010), p. 188.

4. Direito de a minoria requerer a nomeação de representante especial e direito de propor acção social

Interessa distinguir entre o direito da minoria consagrado no art. 76º, 1, daqueloutro previsto no art. 77º, 1.

No quadro do art. 76º: *a) a sociedade é autora* e é ela quem toma a iniciativa de propor a acção social de responsabilidade; *b)* é necessária deliberação dos sócios (art. 75º, 1). Na acção social proposta por sócio(s) (art. 77º): *a)* a iniciativa de accionar os administradores parte de *sócios* (ou sócio) com participação social na percentagem exigida na lei; *b)* é de natureza *subsidiária* a tutela conferida pelo art. 77º; *c)* a acção social *ut singuli* não está dependente de deliberação dos sócios; *d)* a sociedade deve ser chamada à causa por intermédio dos seus representantes (art. 77º, 4).

---

[7] COUTINHO DE ABREU (2010), p. 63, ELISABETE RAMOS (2010), p. 196.

ARTIGO 77º *
Acção de responsabilidade proposta por sócios

1. *Independentemente do pedido de indemnização dos danos individuais que lhes tenham causado, podem um ou vários sócios que possuam, pelo menos, 5% do capital social, ou 2% no caso de sociedade emitente de acções admitidas à negociação em mercado regulamentado, propor acção social de responsabilidade contra gerentes ou administradores, com vista à reparação, a favor da sociedade, do prejuízo que esta tenha sofrido, quando a mesma a não haja solicitado.*
2. *Os sócios podem, no interesse comum, encarregar, à sua custa, um ou alguns deles de os representar para o efeito do exercício do direito social previsto no número anterior.*
3. *O facto de um ou vários sócios referidos nos números anteriores perderem tal qualidade ou desistirem, no decurso da instância, não obsta ao prosseguimento desta.*
4. *Quando a acção social de responsabilidade for proposta por um ou vários sócios nos termos dos números anteriores, deve a sociedade ser chamada à causa por intermédio dos seus representantes.*
5. *Se o réu alegar que o autor propôs a acção prevista neste artigo para prosseguir fundamentalmente interesses diversos dos protegidos por lei, pode requerer que sobre a questão assim suscitada recaia decisão prévia ou que o autor preste caução.*

* A redacção actual do nº 1 foi introduzida pelo DL 76-A/2009, de 29 de Março.

Índice

1. Acção social de sócio(s)
2. Propositura da acção e desenvolvimento da instância
3. Protecção do administrador contra litigância sem fundamento
4. Reembolso de despesas de defesa
5. Responsabilidade pelas custas processuais
6. Tribunal competente

Bibliografia

a) Citada:
ABREU, J. M. COUTINHO DE – *Responsabilidade civil dos administradores de sociedades*, 2ª ed., Almedina, Coimbra, 2010; ALMEIDA, A. PEREIRA DE – *Sociedades comerciais e valores mobiliários*, 5ª ed., Coimbra Editora, Coimbra, 2008; ASCENSÃO, J. DE OLIVEIRA – *Direito comercial*, vol. IV – *Sociedades comerciais. Parte geral*, Lisboa, 2000; CORDEIRO, A. MENEZES –

"Artigo 77º", em *Código das Sociedades Comerciais anotado* (coord. de A. Menezes Cordeiro), Almedina, Coimbra, 2009, p. 272-274; FREITAS, J. LEBRE DE /REDINHA, JOÃO/PINTO, RUI – *Código de Processo Civil anotado*, vol. 1º, Coimbra Editora, Coimbra, 1999; FURTADO, J. PINTO – *Das sociedades em especial*, t. I. *Artigos 151º a 178º*, Almedina, Coimbra, 1986; RAMOS, M. ELISABETE – *O seguro de responsabilidade civil dos administradores (entre a exposição ao risco e a delimitação da cobertura)*, Almedina, Coimbra, 2010; RODRIGUES, I. DUARTE – *A administração da sociedade por quotas e anónimas – Organização e estatuto dos administradores*, 1990; SOUSA, M. TEIXEIRA DE – *Estudos sobre o novo processo civil*, 2ª ed., Lex, Lisboa, 1997; VAZ, TERESA ANSELMO – *Contencioso societário*, Livraria Petrony, Lisboa, 2006; VENTURA, RAÚL/CORREIA, L. BRITO – "Nota explicativa do Capítulo II do Decreto-Lei nº 49.381, de 15 de Novembro de 1969", BMJ 195 (1970), p. 21-90.

b) Outra:
SOUSA, M. TEIXEIRA DE – "Sobre a qualidade de parte processual", em AAVV., *Estudos em Homenagem ao Prof. Doutor Inocêncio Galvão Telles*, vol. I – *Direito privado e vária*, Coimbra Editora, Coimbra, 2002, p. 823-834.

1. Acção social de sócio(s)

Normalmente, os administradores são pessoas da confiança dos sócios maioritários, que os designaram e/ou mantêm no cargo (além de que, muitas vezes, sócios maioritários são administradores). Naturais, portanto, as resistências que frequentemente se colocam à acção da sociedade.

Convém, por isso, possibilitar a um ou mais sócios a propositura de acção social de responsabilidade, com vista à reparação, *a favor da sociedade*, dos prejuízos a ela causados pelos administradores.[1]

O nº 1 do art. 77º faculta a "um ou vários sócios que possuam, pelo menos, 5% do capital social, ou 2% no caso de sociedade emitente de acções admitidas à negociação em mercado regulamentado, propor acção social de responsabilidade contra gerentes ou administradores". Esta acção vem sendo designada "acção social *ut singuli*".[2]

---

[1] Não obstante, esta possibilidade tem sido consagrada em diversos países em momentos muito distintos – cfr. COUTINHO DE ABREU (2010), 62.
[2] MENEZES CORDEIRO (2009), p. 273, fala de "acção social de grupo" (embora aceite também "acção social *ut singuli* imprópria"). No entanto, um *único sócio*, detentor de participação social com valor percentual indicado no nº 1 do art. 77º, tem direito de propor a acção.

Para a *legitimidade activa*[3] dos sócios, o art. 77º não exige qualquer requisito de antiguidade na sociedade, nem sequer que eles possuíssem já a qualidade de sócios à data dos factos responsabilizantes – basta que sejam sócios no momento da propositura da acção; por outro lado, também não é exigida qualquer autorização da colectividade dos sócios (art. 74º, 1) ou de outro órgão social, nem decisão judicial prévia sobre a existência de causa de responsabilidade (art. 74º, 1)[4].

Resulta da parte final do nº 1 do art. 77º o *carácter subsidiário* da acção social *ut singuli*[5]. Se a sociedade intenta a acção (acção social *ut universi*), não podem os sócios (depois) intentá-la[6].

A acção prevista no art. 77º *não tem natureza sub-rogatória*[7]: a legitimidade dos sócios não assenta na qualidade de credores de devedor inactivo (a sociedade); não é exigido (como é no art. 78º, 2) o requisito da essencialidade.

Há espaço para a acção social dos sócios se a sociedade delibera não propor acção ou se, deliberando propô-la, não a propõe no prazo de seis meses a contar da respectiva deliberação (cfr. art. 75º, 1).

E enquanto não há deliberação sobre o assunto?

Em princípio, devem os sócios que pretendem a propositura da acção requerer a convocação de assembleia geral ou a inclusão do assunto na ordem do dia de assembleia já convocada ou a convocar (v. os arts. 375º, 2, 6, 378º, 189º, 1, 248º, 1, 2, 474º, 478º).[8]

Até há pouco, em qualquer sociedade anónima, não era todo o sócio que tinha direito de requerer a convocação de assembleia geral ou a inclusão de assuntos na ordem do dia; somente o(s) sócio(s) com acções correspondentes a, pelo menos, 5% do capital social (arts. 375º, 2, 378º, 1). Entretanto, segundo

---

[3] V. art. 26º, 3, do CPC: "*Na falta de indicação da lei em contrário*, são considerados titulares do interesse para o efeito da legitimidade os sujeitos da relação controvertida tal como é configurada pelo autor". Sobre o art. 26º do CPC, LEBRE DE FREITAS/J. REDINHA/ R. PINTO (1999), p. 50, s..

[4] Cfr. nº 2. 1. do comentário ao art. 74º.

[5] Neste sentido, PEREIRA DE ALMEIDA (2008), p. 270, COUTINHO DE ABREU (2010), p. 63, ELISABETE RAMOS (2010), p. 196.

[6] LEBRE DE FREITAS/ J. REDINHA/ R. PINTO (1999), p. 51, entendem que a acção social *ut singuli* configura uma *substituição processual*.

[7] A favor da natureza sub-rogatória, RAÚL VENTURA/BRITO CORREIA (1970), p. 51, DUARTE RODRIGUES (1990) p. 213, OLIVEIRA ASCENSÃO (2000), p. 459, TERESA VAZ (2006), p. 81, MENEZES CORDEIRO (2009), p. 273; na jurisprudência, Acs. do STJ de 13/11/1987, CJ, 1988, I, p. 7, e de 18/12/2008 (www.dgsi.pt – proc. 08B3907).

[8] Convocada e realizada a assembleia, haverá espaço para a acção social dos sócios se se verificar alguma das hipóteses há pouco mencionadas em texto.

o nº 1 do art. 77º – depois do DL 76-A/2006 –, sócio(s) com 2% das acções da sociedade emitente de acções admitidas à negociação em mercado regulamentado pode(m) propor acção social de responsabilidade. Sendo assim, parecia razoável reconhecer a este(s) sócio(s) o direito de requerer as referidas convocação e inclusão[9]. Pois bem, isto mesmo veio a ser consagrado no art. 23º-A do CVM – artigo aditado pelo DL 49/2010, de 19 de Maio.

2. Propositura da acção e desenvolvimento da instância

O nº 2 do art. 77º permite que os sócios encarreguem um ou alguns deles de os representar na acção social *ut singuli*.

Estes representantes distinguem-se dos *representantes especiais* referidos no art. 75º, 1: os primeiros representam a minoria "para o efeito do exercício do direito social previsto no" nº 1 do art. 77º; os segundos são escolhidos por deliberação social para representarem a sociedade[10].

Proposta a acção social *ut singuli*, "deve a sociedade ser chamada à causa por intermédio dos seus representantes" (art. 77º, 4). O chamamento da sociedade processa-se em incidente de intervenção principal provocada (art. 365º, s. do CPC)[11].

Quando a acção social *ut singuli* seja proposta na sequência de uma deliberação de não propositura de acção social, no litisconsórcio activo projectar--se-á o conflito entre a minoria (empenhada em efectivar a responsabilidade dos administradores demandados) e a sociedade. É de esperar, por isso, que os litisconsortes (sociedade e minoria) assumam estratégias processuais divergentes[12].

"O facto de um ou vários" proponentes perderem a qualidade de sócios ou desistirem, no decurso da instância, não obsta ao prosseguimento da acção (art. 77º, 3). A acção poderá prosseguir mesmo que todos os proponentes deixem de ser sócios ou desistam dela – à sociedade, chamada à causa, é permitido continuá-la.

---

[9] COUTINHO DE ABREU (2010), p. 64.
[10] RAÚL VENTURA/BRITO CORREIA (1970), p. 50, vincam que o representante dos sócios não é representante da sociedade.
[11] Neste sentido, na vigência do DL 49 381, PINTO FURTADO (1986), p. 406; na vigência do CSC, DUARTE RODRIGUES (1990), p. 213, TERESA VAZ (2006), p. 81, COUTINHO DE ABREU (2010), p. 64, nt. 128.
[12] TEIXEIRA DE SOUSA (1997), p. 153, define "litisconsórcio recíproco" como "aquele em que a pluralidade de partes determina um aumento do número de oposições entre elas".

3. Protecção do administrador contra litigância sem fundamento

É bem possível que os proponentes de algumas acções sociais *ut singuli* visem, não (ou não principalmente) a satisfação dos interesses da sociedade (a reparação dos danos a esta causados), mas fins espúrios (*v.g.* chantajar ou vexar o administrador, perturbar o funcionamento da sociedade).

Diz por isso o nº 5 do art. 77º: "Se o réu alegar que o autor propôs a acção prevista neste artigo para prosseguir fundamentalmente interesses diversos dos protegidos por lei, pode requerer que sobre a questão assim suscitada recaia decisão prévia ou que o autor preste caução".[13]

Ao invés do que fazia o DL 49 381, nem o CSC nem o CPC regulamentam estas decisão prévia e caução. Mas, tal como antes, deverá entender-se que a decisão prévia favorável ao administrador implica absolvição da instância (art. 288º, 1, e), do CPC) e, eventualmente, a condenação do(s) autor(es) como litigante(s) de má fé (arts. 456º, s. do CPC)[14].

4. Reembolso de despesas de defesa

A actuação dos administradores conforme aos deveres não é, em si mesma, suficiente para os preservar de acções de responsabilidade infundadas.

Pese embora a imputação das custas à parte vencida (art. 446º do CPC), haverá normalmente uma parte dos custos de defesa do administrador cuidadoso e leal suportada por si.

Pergunta-se então se estes custos devem irremediável e definitivamente onerar o património do administrador ou se a este assiste o direito (legal ou convencional) de reclamar, junto da sociedade, o reembolso.

Apesar de não se encontrar expressamente admitido no ordenamento jurídico português, o *dever legal* de a sociedade reembolsar os administradores de despesas provocadas por infundadas imputações de factos ilícitos pode ser ancorado[15]: *a*) no princípio geral de que quem se encontra legitimado para cuidar de negócios alheios deve ser reembolsado de despesas indispensáveis e compensado de prejuízos que essas funções lhe tenham provocado; *b*) na *analogia legis* com as normas do art. 1167º, c) e d), do CCiv.; *c*) em argumento orgânico-funcional — as despesas de defesa de actos juridicamente imputáveis à

---

[13] Se o réu administrador requerer decisão prévia, não pode requerer também a caução – v. o Ac. do STJ de 14/1/1997, BMJ 463 (1997), p. 598.
[14] COUTINHO DE ABREU (2010), p. 65.
[15] ELISABETE RAMOS (2010), p. 354, s..

sociedade (porque praticados por quem é organicamente competente) devem constituir encargos da sociedade.

Por sua vez, é lícito o *negócio* pelo qual a sociedade, em momento posterior à actuação do administrador posta em causa, se vincula a reembolsar as despesas de defesa, desde que estas não tenham sido causadas por actos ilícitos e culposos[16].

Estes negócios relativos ao reembolso societário não configuram convenções de exclusão ou de limitação da responsabilidade dos administradores, pelo que não lhes é aplicável o art. 74º, 1.

5. Responsabilidade pelas custas processuais

Se a acção social dos sócios for julgada improcedente, os sócios proponentes suportarão as respectivas custas processuais (art. 446º do CPC).

Se acção for julgada procedente, a indemnização entrará inteiramente no património da sociedade (os sócios, proponentes *ou não* da acção, ganham tão-só indirectamente).

Ora, mesmo havendo ganho de causa, a acção social de responsabilidade proposta pelos sócios não conhece entre nós qualquer regime específico de distribuição de custas processuais.

Uma lei que queira estimular estas acções e seja sensível a princípios de justiça deve reconhecer o direito dos sócios proponentes a receber da sociedade ganhadora quanto despenderam na acção[17]. Não é o que faz o CSC (cfr. o art. 77º, 2).

6. Tribunal competente

A acção social *ut singuli* entra na *competência material dos juízes de comércio*[18].

Nos termos do art. 121º, 1, c), da LOFTJ[19], compete aos juízes de comércio preparar "as acções relativas ao exercício de direitos sociais". O direito de sócio(s) propor(em) acção social de responsabilidade é parte integrante da participação social – é um *direito social*[20].

---

[16] ELISABETE RAMOS (2010), p. 366. Em geral, sobre negócios entre administrador e sociedade, COUTINHO DE ABREU (2010), p. 27-28.
[17] COUTINHO DE ABREU (2010), p. 65, ELISABETE RAMOS (2010), p. 198, s..
[18] MENEZES CORDEIRO (2009), p. 274, ELISABETE RAMOS (2010), p. 223. Em sentido divergente TERESA VAZ (2006), p. 80. Na jurisprudência, a favor da competência dos tribunais de comércio, pronunciaram-se o Ac. da RP de 11/3/2003 (www.dgsi.pt – rec. 0221583) e o Ac. do STJ de 18/12/2008 (www.dgsi.pt – proc. 08B3907). Contra, Ac. da RP de 13/5/2008 (www.dgsi.pt – proc. 1234-07-2ª).
[19] Aprovada pela L 52/2008, de 25 de Agosto.
[20] V. tb. a parte final do art. 77º, 2.

ARTIGO 78º *
Responsabilidade para com os credores sociais

1. Os gerentes ou administradores respondem para com os credores da sociedade quando, pela inobservância culposa das disposições legais ou contratuais destinadas à protecção destes, o património social se torne insuficiente para a satisfação dos respectivos créditos.

2. Sempre que a sociedade ou os sócios o não façam, os credores sociais podem exercer, nos termos dos artigos 606º a 609º do Código Civil, o direito de indemnização de que a sociedade seja titular.

3. A obrigação de indemnização referida no nº 1 não é, relativamente aos credores, excluída pela renúncia ou pela transacção da sociedade nem pelo facto de o acto ou omissão assentar em deliberação da assembleia geral.

4. No caso de falência da sociedade, os direitos dos credores podem ser exercidos, durante o processo de falência, pela administração da massa falida.

5. Ao direito de indemnização previsto neste artigo é aplicável o disposto nos nºˢ 2 a 6 do artigo 72º, no artigo 73º e no nº 1 do artigo 74º.

* A redacção actual dos nºˢ 1, 3 e 5 foi introduzida pelo DL 76-A/2006, de 29 de Março. O nº 5 foi posteriormente alterado pela Declaração de Rectificação 28-A/2006, de 26 de Maio.

Índice

1. Responsabilidade directa dos administradores para com os credores sociais
    1.1. Ilicitude
    1.2. Insuficiência do património social
    1.3. Culpa
    1.4. Remissões
2. A via da desconsideração da personalidade colectiva
3. Acção sub-rogatória de credor(es) da sociedade
    3.1. Requisitos
    3.2. Alcance do art. 78º, 3
4. Legitimidade exclusiva do administrador de insolvência
5. Tribunal competente
6. Seguro de responsabilidade civil dos administradores e delimitação típica de "terceiros"

Bibliografia

a) Citada:

ABREU, J. M. COUTINHO DE – *Curso de direito comercial*, vol. II – *Das sociedades*, 3ª ed., Almedina, Coimbra, 2009, *Curso de direito comercial*, vol. I – *Introdução, actos de comércio, comerciantes, empresas, sinais distintivos*, 7ª ed., Coimbra, Almedina, 2009ª, *Responsabilidade civil dos administradores de sociedades*, 2ª ed., Almedina, Coimbra, 2010, "Diálogos com a jurisprudência, II – Responsabilidade dos administradores para com credores sociais e desconsideração da personalidade jurídica", DSR 3, 2010ª, p. 49-64; ABREU, J. M. COUTINHO DE/ RAMOS, ELISABETE – "Responsabilidade civil de administradores e de sócios controladores (Notas sobre o art. 379º do Código do Trabalho)", em IDET, *Misceláneas* nº 3, Almedina, Coimbra, 2004, p. 7-55; ALMEIDA, A. PEREIRA DE – *Sociedades comerciais e valores mobiliários*, 5ª ed., Coimbra Editora, Coimbra, 2008; CORDEIRO, A. MENEZES – "Da responsabilidade dos administradores das sociedades comerciais", em AAVV., *Estruturas jurídicas da empresa*, AAFDL, Lisboa, 1989, p. 83-105, *Da responsabilidade civil dos administradores das sociedades comerciais*, Lex, Lisboa, 1997; CORREIA, M. PUPO – "Sobre a responsabilidade por dívidas sociais dos membros dos órgãos sociais", ROA, 61 (2001), p. 667-698; DIAS, RUI – *Responsabilidade por exercício de influência sobre a administração de sociedades anónimas – Uma análise de direito material e direito de conflitos*, Almedina, Coimbra, 2007; FRADA, M. CARNEIRO DA – *Teoria da confiança e responsabilidade civil*, Almedina, Coimbra, 2004; FURTADO, J. PINTO – *Das sociedades em especial*, t. I – *Artigos 151º a 178º*, Almedina, Coimbra, 1986; LEITÃO, ADELAIDE MENEZES – *Normas de protecção e danos puramente patrimoniais*, Almedina, Coimbra, 2009; RAMOS, MARIA ELISABETE – *Responsabilidade civil dos administradores e directores de sociedades anónimas perante os credores sociais*, Coimbra Editora, Coimbra, 2002, "A insolvência da sociedade e a responsabilização dos administradores no ordenamento jurídico português", PF 7 (2005), p. 5-32 www.ccj.ufpb.br/primafacie/prima/jul_dez_05.htm, *O seguro de responsabilidade civil dos administradores (entre a exposição ao risco e a delimitação da cobertura)*, Almedina, Coimbra, 2010; RIBEIRO, MARIA DE FÁTIMA – *A tutela dos credores da sociedade por quotas e a "desconsideração da personalidade jurídica"*, Almedina, Coimbra, 2009; VASCONCELOS, P. PAIS DE – *D&O Insurance: o seguro de responsabilidade civil dos administradores e outros dirigentes da sociedade anónima*, Almedina, Coimbra, 2007; VENTURA, RAÚL/CORREIA, L. BRITO – "Nota explicativa do Capítulo II do Decreto-Lei nº 49 381, de 15 de Novembro de 1969", BMJ 195 (1970), p. 21-90; XAVIER, VASCO LOBO – *Anulação de deliberação social e deliberações conexas*, Atlântida, Coimbra, 1976 (reimpr. 1998, Almedina).

b) Outra:
FRADA, M. CARNEIRO DA – "A responsabilidade dos administradores na insolvência", ROA, 2006, p. 653-702; MARTINS, ALEXANDRE DE SOVERAL – "Da personalidade e capacidade jurídicas das sociedades comerciais", em AAVV (coord. Coutinho de Abreu), *Estudos de direito das sociedades*, Almedina, Coimbra, 2008, p. 99-130; OLIVEIRA, ANA PERESTRELO – "Os credores e o governo societário: deveres de lealdade para os credo-

res controladores?", RDS, 2009, p. 95-133; RAMOS, M. ELISABETE – "Da responsabilidade civil dos membros da administração para com os credores sociais", BFD 73 (1997), p. 211-250, "Insolvência da sociedade e efectivação da responsabilidade dos administradores", BFD 83 (2007), p. 449-489.

1. Responsabilidade directa dos administradores para com os credores sociais
1.1. Ilicitude

O art. 78º, 1, consagra a *responsabilidade directa* dos administradores para com os credores sociais.

A essa responsabilidade corresponde *acção autónoma ou directa dos credores*[1], *titulares de direito de indemnização, não acção sub-rogatória (prevista no art. 78º, 2) para proveito directo da sociedade.*

Pressuposto primeiro da responsabilidade em análise é a inobservância das "disposições legais ou contratuais destinadas à protecção" dos credores sociais. A ilicitude, aqui, compreende a violação, não de todo e qualquer dever impendendo sobre os administradores, mas tão-só dos *deveres prescritos em "disposições legais ou contratuais" de protecção dos credores sociais.*

As disposições "contratuais" são, parece, disposições "estatutárias"[2]. Muito raramente entrarão em jogo[3]. Ainda assim, poderá pensar-se em normas estatutárias tuteladoras (também) dos credores sociais como a permitida pelo art. 317º, 1.[4]

Bem mais relevantes são as disposições "legais" de protecção – as normas legais que, embora não confiram direitos subjectivos aos credores sociais, visam a defesa de interesses (só ou também) deles.

O CSC contém várias normas destas.

É o caso das que provêem a *conservação do capital social* (*v.g.* arts. 31º-34º, 514º; 236º, 346º, 1, 513º; 220º, 2, 317º, 4): proibição, em princípio, de distribuição de bens sociais aos sócios sem prévia deliberação destes, proibição de distribuição

---

[1] V. RAÚL VENTURA/BRITO CORREIA (1970), p. 61, s., COUTINHO DE ABREU (2010), p. 72.
[2] COUTINHO DE ABREU (2010), p. 72, FÁTIMA RIBEIRO (2009), p. 459. Divergentemente, CARNEIRO DA FRADA (2004), p. 173, nt. 121. Sublinhe-se que as "disposições estatutárias" não têm de assentar em contrato (recorde-se a hipótese, p. ex., do estatuto da sociedade constituída por uma só pessoa).
[3] COUTINHO DE ABREU (2010), 72. V. tb. ELISABETE RAMOS (2010), p. 129. LOBO XAVIER (1976) p. 359, escreveu, na vigência do art. 23º,1, do DL 49 381 (que, aliás, falava em "disposições estatutárias"), que "dificilmente se concebe" a existência de disposições contratuais destinadas a proteger os credores sociais.
[4] Cfr. COUTINHO DE ABREU (2009), p. 385, ss..

de bens sociais quando o património líquido da sociedade seja ou se tornasse (em consequência da distribuição) inferior à soma do capital e das reservas legais e estatutárias, interdição da distribuição de lucros do exercício em certas circunstâncias e de reservas ocultas; ilicitude da amortização de quotas sem ressalva do capital social; ilicitude da aquisição de quotas e de acções próprias sem ressalva do capital social. É também o caso das normas relativas à constituição e utilização da *reserva legal* (arts. 218º, 295º, 296º).[5]

São igualmente normas de protecção dos credores as que proíbem a subscrição de acções próprias (art. 316º, 1), bem como certas aquisições e detenções de acções próprias (arts. 317º, 2, e 323º, entre outros)[6].

Outra norma tuteladora dos interesses dos credores sociais é a que delimita a *capacidade jurídica das sociedades* (art. 6º)[7].

Fora do CSC, cite-se o art. 18º do CIRE (v. também o art. 19º), que prescreve o dever de os administradores requererem a declaração de insolvência da sociedade em certas circunstâncias[8].

Sofre um *dano patrimonial puro* o credor cujo crédito não é satisfeito, em razão da insuficiência do património social.[9] O credor lesado terá direito de exigir o ressarcimento se, além dos outros pressupostos, o administrador tiver violado normas de protecção dos credores sociais.

1.2. Insuficiência do património social

A inobservância de normas de protecção leva à responsabilização dos administradores para com os credores sociais desde que tal inobservância cause (nexo de causalidade) uma *diminuição do património social* (dano directo da sociedade) *que o torna insuficiente para a satisfação dos respectivos créditos* (dano indirecto dos credores sociais)[10].

Tem de haver, portanto, dano para a sociedade. E decorrente da violação de normas de protecção dos credores sociais. Um dano causado à sociedade pela violação de outras normas é susceptível de conduzir à responsabilidade para

---

[5] Cfr. ELISABETE RAMOS (2002), p. 207, s., (2010), p. 127, s., COUTINHO DE ABREU (2010), p 73.
[6] ELISABETE RAMOS (2002), p. 209, COUTINHO DE ABREU (2010), p. 73.
[7] COUTINHO DE ABREU/ELISABETE RAMOS (2004), p. 25, COUTINHO DE ABREU (2010), p. 73, ELISABETE RAMOS (2010), p. 128.
[8] COUTINHO DE ABREU (2010), p. 13, nt. 16, 73.
[9] Sobre a evolução da doutrina portuguesa relativa aos danos patrimoniais puros, ADELAIDE LEITÃO (2009), p. 259, s..
[10] COUTINHO DE ABREU (2010), p. 74.

com a sociedade, não para com os credores sociais – ainda que estes sejam afectados, mediatamente, por aquele dano[11].

Depois, não é qualquer dano para a sociedade que funda a responsabilidade perante os credores sociais. Há-de consistir em uma diminuição do património social em montante tal que ele fica sem forças para cabal satisfação dos direitos dos credores. Só quando se verifica esta insuficiência do património social existe dano (mediato) relevante para os credores da sociedade.

A referida insuficiência patrimonial traduz-se, pois, em *o passivo da sociedade ser superior ao activo dela*[12]. *O que não coincide inteiramente com a situação de insolvência*[13]. Uma sociedade insolvente por se encontrar impossibilitada de cumprir as suas obrigações vencidas (art. 3º, 1, do CIRE) pode ter activo superior ao passivo; porém, para boa parte das sociedades (designadamente as sociedades por quotas e anónimas) um passivo manifestamente superior ao activo significa também situação de insolvência (art. 3º, 2, do CIRE). De todo o modo, será natural que a responsabilidade dos administradores para com os credores sociais seja feita valer muitas vezes em processo de insolvência.

Porque o dano dos credores sociais resulta do dano da sociedade, eles *não podem exigir dos administradores indemnização de valor superior ao dano provocado por estes no património da sociedade.*

Imagine-se: uma sociedade tinha de activo 1 000 000, de passivo 900 000; sofreu dano (causado pelos administradores) de 150 000; a insuficiência patrimonial para satisfação dos créditos é de 50 000 (1 000 000 – 150 000 – 900 000). O credor dos 900 000 não pode exigir dos administradores indemnização com esse valor, mas tão-só no montante de 50 000 – valor da insuficiência do património social para a satisfação do crédito (cabe à sociedade pagar os restantes 850 000). Se forem dois ou mais credores e todos exigirem o cumprimento das obrigações da sociedade e a indemnização pelos administradores, o activo social (850 000), se não existirem causas legítimas de preferência, será dividido

---

[11] Neste caso, os credores podem às vezes lançar mão de acção sub-rogatória (em benefício directo da sociedade).

[12] Na vigência do art. 23º do DL 49 381, RAÚL VENTURA/BRITO CORREIA (1970), p. 67, PINTO FURTADO (1986), p. 411; na vigência do CSC, ELISABETE RAMOS (2002), p. 229, COUTINHO DE ABREU/ELISABETE RAMOS (2004), p. 28, COUTINHO DE ABREU (2010), p. 75.

[13] ELISABETE RAMOS (2002), p. 229, (2010), p. 131, s., COUTINHO DE ABREU/ELISABETE RAMOS (2004), p. 28, s., COUTINHO DE ABREU (2010), p. 75, FÁTIMA RIBEIRO (2009), p. 479. Em sentido divergente, PUPO CORREIA (2001), p. 685, PEREIRA DE ALMEIDA (2008), p. 275.

por todos na proporção dos respectivos créditos (art. 604º, 1, do CCiv.), e na mesma proporção será dividida a indemnização (50 000)[14].

1.3. Culpa

Outro pressuposto da responsabilidade civil dos administradores para com os credores sociais explicitado no nº 1 do art. 78º é a *culpa*.

Também aqui relevam as duas modalidades tradicionais da culpa[15]: dolo (directo, necessário ou eventual) e a negligência ou mera culpa. A bitola desta é a "diligência de um gestor criterioso e ordenado"[16].

Ao invés do que sucede na responsabilidade para com a sociedade (art. 72º, 1), a culpa agora não é presumida. Têm os credores o *ónus da prova da culpa*. Assim resulta, quer do facto de o art. 78º, 5, não remeter para o nº 1 do art. 72º, quer do art. 487º do CCiv..

Este preceito do CCiv. é aplicável à responsabilidade civil *extra-obrigacional ou delitual*. E deste modo deve ser qualificada, pelo menos em regra[17], a responsabilidade dos administradores perante os credores sociais: não existe entre uns e outros, enquanto tais, relação obrigacional, as relações creditórias ligam os credores à sociedade, não aos administradores[18].

1.4. Remissões

O art. 78º remete no nº 5 para vários n^{os} do art. 72º.

---

[14] COUTINHO DE ABREU (2010), p. 75-76. Se, por outra via, for proposta acção social de responsabilidade a favor da sociedade com pedido de indemnização de 150 000, e os administradores a pagarem (ou se pagarem, ao menos, 50 000), então já não podem os credores sociais demandá-los com fundamento no art. 78º, 1 (a insuficiência do património não existe mais).

[15] ELISABETE RAMOS (2002), p. 210, s..

[16] COUTINHO DE ABREU/ELISABETE RAMOS (2004), p. 26, COUTINHO DE ABREU (2010), p. 76, ELISABETE RAMOS (2010), p. 135.

[17] Dizemos "pelo menos em regra" para acautelar a hipótese de as normas estatutárias tuteladoras dos credores sociais serem consideradas contratos com eficácia de protecção para terceiros – assim CARNEIRO DA FRADA (2004), p. 255, nt. 231. Não obstante, e desconsiderando a possibilidade de as normas estatutárias não serem "contratuais", parece que o regime da responsabilidade por violação de normas legais de protecção se aplicará também à responsabilidade por inobservância de normas estatutárias protectoras dos credores sociais (aliás, o art. 78º não diferencia); os credores continuam a *não beneficiar de presunção de culpa*.

[18] A qualificação desta responsabilidade como delitual é (quase pacífica) entre nós – v. RAÚL VENTURA/BRITO CORREIA (1970), p. 66, ELISABETE RAMOS (2002), p. 154, s., (2010), p. 136, COUTINHO DE ABREU/ELISABETE RAMOS (2004), p. 34, COUTINHO DE ABREU (2010), p. 77. MENEZES CORDEIRO (1989), p. 101-102, entendia ser obrigacional tal responsabilidade; mudou, todavia, de posição em (1997), p. 494-495.

Pelo n.º 22 da Declaração de Rectificação 28-A/2006, de 25/6/2006, o nº 5 do art. 78º passou a remeter também para o (novo) nº 2 do art. 72º (*business judgment rule*).

Não parece boa solução[19]. Pois neste campo da responsabilidade para com credores sociais estão sempre (ou quase sempre) em causa violações de deveres específicos. Por isso, deve a remissão para o art. 72º, 2, ser *interpretada restritivamente*. Aplicar-se-á nos casos em que os credores se sub-rogam à sociedade (art. 78º, 2) – mas tal aplicabilidade não necessitava da citada remissão – e naqueles outros (se existirem) em que se reconheça haver algum espaço de discricionaridade para as decisões dos administradores.

Por força da remissão para o nº 3 do art. 72º, quando os danos para os credores sociais resultem de deliberação do órgão administrativo da sociedade, não respondem perante eles os administradores que *não tenham participado* na deliberação ou que *tenham votado em sentido contrário ao que fez vencimento*.

No entanto, agora por via da remissão para o nº 4 do art. 72º, o administrador não participante na deliberação será responsável *se não se opôs*, quando podia tê-lo feito, à mesma deliberação – se não fez quanto podia para impedir que a deliberação fosse adoptada e/ou executada.

O art. 78º, 5, remete também para o nº 5 do art. 72º. Consequentemente, os administradores não responderiam para com os credores sociais "quanto o acto ou omissão assente em deliberação dos sócios, ainda que anulável". É conclusão que não pode aceitar-se. Além do mais, ela é impedida expressamente pelo nº 3 do mesmo art. 78º. Pelo que se impõe *interpretar restritivamente* o nº 5 do art. 78º, desatendendo à *remissão para o nº 5 do art. 72º*[20].

A última remissão para o art. 72º tem o nº 6 por destinatário: *o parecer favorável ou o consentimento de órgão de fiscalização não exoneram de responsabilidade os administradores perante os credores sociais*.

Depois, *o art. 78º, 5, manda aplicar o disposto no art. 73º (solidariedade na responsabilidade)*. Sendo dois ou mais administradores responsáveis perante um credor da sociedade, este pode exigir a indemnização integral de qualquer deles, e o cumprimento da obrigação de indemnização por um a todos libera (sem prejuízo, porém, do direito de regresso).

---

[19] COUTINHO DE ABREU (2010), p. 48, nt. 98.
[20] COUTINHO DE ABREU (2010), p. 80.

Finalmente, por remissão para o art. 74º, 1, são *nulas* as estipulações que excluam ou limitem a responsabilidade civil dos administradores perante os credores da sociedade.

2. A via da desconsideração da personalidade colectiva

Para serem ressarcidos, os credores sociais recorrem frequente e indiscriminadamente à responsabilidade dos sócios-gerentes pela via do art. 78º, 1, do CSC e pela via da desconsideração da personalidade jurídica das sociedades. E alguma jurisprudência (e doutrina) apoia.

São caminhos *diferentes* e *alternativos*.

Sujeitos responsáveis, segundo o art. 78º, 1, são os *gerentes* (de direito ou de facto), sejam sócios ou não-sócios; os sócios-gerentes respondem para com os credores sociais – verificados os pressupostos daquele preceito – enquanto gerentes (no exercício de funções de gestão e/ou representação), não enquanto sócios.

Pela desconsideração da personalidade jurídica, somente *sócios* (enquanto tais) são atingidos, não gerentes; o sócio-gerente é responsabilizado por ser sócio, não por ser gerente.

Estando em causa comportamentos dos gerentes (-sócios) que entrem no campo de aplicação do art. 78º, 1, há que ir por aqui, não pela desconsideração da personalidade jurídica. Estando em causa certos comportamentos dos sócios (-gerentes) – enquanto sócios –, poderá ir-se pela desconsideração da personalidade colectiva.[21]

3. Acção sub-rogatória de credor(es) da sociedade
3.1. Requisitos

Se nem a sociedade nem os sócios exigirem do administrador a indemnização a *favor da sociedade*, podem ainda fazê-lo os *credores sociais*, sub-rogando-se à sociedade, quando o aumento devido do património social seja *essencial* à satisfação ou garantia dos seus créditos (art. 78º, 2, remetendo para os arts. 606º-609º do CCiv.).

A sociedade *não exerce o direito de indemnização* de que é titular quando deixa passar o prazo de seis meses sem que a deliberação de acção social seja executada, ou quando decide, por deliberação dos sócios, não propor acção social de responsabilidade – cfr. art. 75º, 1.

---

[21] V., desenvolvidamente, COUTINHO DE ABREU (2010ª), p. 49, s..

A legitimidade activa dos credores sociais está também dependente da inércia dos "sócios" – diz o art. 78º, 2: "sempre que a sociedade ou os sócios o não façam". A referência aos *sócios* visa as *minorias* (detentoras de 2% ou 5% das participações sociais) legitimadas para a acção social de responsabilidade (art. 77º, 1)[22].

Se a sociedade ou sócios reclamam a indemnização devida pelos administradores à sociedade, os credores sociais ficam impedidos de, subrogando-se à sociedade, intentar acção de responsabilidade contra os mesmos sujeitos, com a mesma causa de pedir e com o mesmo pedido.

O credor proponente de acção sub-rogatória deve chamar a juízo a sociedade, para com ele ocupar a posição de *autora no litisconsórcio* (v. o art. 608º do CCiv. e os arts. 325º, s., do CPC). Se o tribunal condenar o(s) administrador(es), a indemnização ingressará no património da sociedade.

3.2. Alcance do art. 78º, 3

Até à reforma do CSC operada pelo DL 76-A/2006, havia controvérsia acerca da interpretação do nº 3 do art. 78º. Que dizia (em formulação que vinha já do nº 3 do art. 23º do DL 49 381): "A obrigação de indemnização não é, relativamente aos credores, excluída pela renúncia ou transacção da sociedade nem pelo facto de o acto ou omissão assentar em deliberação da assembleia geral".

Havia quem defendesse que o preceito se aplicava tanto às acções directas ou autónomas dos credores (cfr. nº 1 do art. 78º) como às sub-rogatórias (cfr. nº 2 do art. 78º). E quem defendesse a aplicabilidade tão-só às acções directas dos credores (não às sub-rogatórias).[23]

Defendemos que o preceito era aplicável também às acções sub-rogatórias. Atendendo ao texto e contexto da norma, à sua teleologia, às suas fontes[24].

Ora, o legislador de 2006, depois de "A obrigação de indemnização", acrescentou: "referida no nº 1". Parece ter pretendido esclarecer que a renúncia ou a transacção da sociedade, bem como o facto de o acto ou omissão dos administradores assentarem em deliberação dos sócios, são irrelevantes tão-somente quanto à responsabilidade directa dos administradores para com os credores sociais (aqueles factos não são causas de exclusão da responsabilidade); sendo relevantes quanto à responsabilidade para com a sociedade (também) quando

---

[22] ELISABETE RAMOS (2010), p. 205.
[23] V. indicações em COUTINHO DE ABREU/ELISABETE RAMOS (2004), p. 19, nt. 17 e 18.
[24] COUTINHO DE ABREU/ELISABETE RAMOS (2004), p. 18-20.

exigida sub-rogatoriamente por credores sociais (aqueles factos são causas de exclusão oponíveis aos credores). Se assim é, andou mal o legislador.

Bastará anotar aqui a *inutilidade* da norma do n.º 3 do art. 78.º naquela interpretação (de acordo com o que parece ter sido intenção do legislador)[25]. A obrigação de indemnização referida no n.º 1 é para com os credores sociais. O direito de indemnização pertence a estes, não à sociedade. É óbvio que só os credores, não a sociedade, podem renunciar a tal direito (ao seu direito) ou transigir sobre ele. Que sentido faz então vir a lei dizer, a propósito de uma obrigação relativamente à qual a sociedade não tem qualquer direito, que ela não é excluída pela renúncia ou transacção de quem não pode renunciar nem transigir? Por sua vez, a obrigação de indemnização prevista no n.º 1 do art. 78.º resulta normalmente da "inobservância culposa das disposições legais (...) destinadas à protecção" dos credores da sociedade. Porque estas disposições legais são imperativas, nulas são as deliberações dos sócios que as violem (art. 56.º, 1, d)). Consequentemente, os administradores têm o dever de não cumprir estas deliberações; o facto de os seus actos ou omissões assentarem nestas deliberações não pode exonerá-los da responsabilidade. Logo, também nesta parte é inútil o preceito do n.º 3 do art. 78.º (em relação à "obrigação de indemnização referida no n.º 1").

4. Legitimidade exclusiva do administrador de insolvência

Na pendência de processo de insolvência, os credores da sociedade estão *privados de legitimidade activa* para accionarem os administradores.

Na verdade, o art. 78.º, 4, além de desactualizado terminologicamente, deve ser considerado *revogado* (tacitamente) pelo art. 82.º, 2, b), do CIRE[26], segundo o qual, na pendência do processo de insolvência, o administrador da insolvência tem *legitimidade exclusiva* para propor e fazer seguir "as acções destinadas à indemnização dos prejuízos causados à generalidade dos credores da insolvência pela diminuição do património integrante da massa insolvente, tanto anteriormente como posteriormente à declaração de insolvência".

Este regime terá sido inspirado pelo princípio da *par conditio creditorum*[27]. Se os singulares credores sociais mantivessem a legitimidade para accionar (ou prosseguir acção contra) os administradores, corria-se o risco de apenas os cre-

---

[25] COUTINHO DE ABREU (2010), p. 67-68, FÁTIMA RIBEIRO (2009), p. 619, ELISABETE RAMOS (2010), p. 208.
[26] ELISABETE RAMOS (2005), p. 17, COUTINHO DE ABREU (2010), p. 82. V. tb. FÁTIMA RIBEIRO (2009), p. 487.
[27] V., p. ex., ELISABETE RAMOS (2005), p. 18, COUTINHO DE ABREU (2010), p. 82.

dores mais activos, informados ou fortes verem os seus créditos satisfeitos[28]. Não assim se for o administrador da insolvência a exigir as indemnizações, que revertem para a massa insolvente, de onde sairão os pagamentos aos credores (com respeito, embora, pelas prioridades marcadas na lei: arts. 174º, ss. do CIRE).

5. Tribunal competente

Tendo em conta o art. 121º, 1, c), da LOFTJ, deverá entender-se que os juízos de comércio são *materialmente competentes para preparar e julgar a acção social de responsabilidade* proposta por credores sociais ao abrigo do art. 78º, 2.[29]

São também materialmente competentes para preparar e julgar os *processos de insolvência* (art. 121º, 1, a), da LOFTJ).

Serão os juízos de comércio igualmente competentes para julgar acção *autónoma dos credores sociais* (art. 78º, 1)? Neste caso, a acção é intentada directamente pelos credores da sociedade; não tem por objecto a reparação de dano sofrido pela sociedade; esta não intervém na acção; a indemnização devida pelos administradores ingressa no património dos credores-autores. Imediata e directamente, a acção autónoma dos credores sociais não é "relativa ao exercício de direitos sociais" (art. 121º, 1, c), da LOFTJ).

Se se ponderar, como ponderou o STJ, que a competência especializada dos então tribunais de comércio "se prende com questões relacionadas com a actividade das sociedades comerciais" e que o regime jurídico-societário da responsabilidade pela administração "assenta em pressupostos específicos concernentes aos deveres dos gerentes e administradores das sociedades, do que decorre a especificidade da matéria quanto aos pressupostos da responsabilidade civil envolventes"[30], desvela-se uma linha argumentativa susceptível de fundamentar a competência dos juízos de comércio para preparar e julgar as acções de responsabilidade intentadas pelos credores sociais contra os administradores.

Apesar do escasso apoio legal para a competência dos juízos de comércio para a acção autónoma dos credores sociais, ela deva ser afirmada.

---

[28] COUTINHO DE ABREU (2010), p. 82, FÁTIMA RIBEIRO (2009), p. 486.
[29] V. nº 4 do comentário ao art. 75º.
[30] Ac. do STJ de 18/12/2008 (www.dgsi.pt – proc. 08B3907).

5. Seguro de responsabilidade civil dos administradores e delimitação típica de "terceiros"

Não restam dúvidas de que o seguro de responsabilidade civil dos administradores é apto para cobrir os riscos ligados à responsabilidade directa dos administradores para com credores sociais[31].

As condições gerais da apólice apresentam a definição convencional e típica de *terceiro*: é a pessoa que reclama a responsabilidade do administrador[32]. Na delimitação de terceiro captada nas condições gerais do seguro de responsabilidade civil dos administradores parecem caber os credores sociais.

No entanto, são frequentemente excluídos do círculo dos terceiros o cônjuge, ascendentes, descendentes e sócios maioritários[33]. E, sendo assim, ainda que o administrador esteja coberto pelo seguro, é da sua responsabilidade a indemnização que, nos termos do art. 78º, 1, seja devida a essas pessoas.

---

[31] Sobre as coberturas típicas do seguro de responsabilidade civil dos administradores, ELISABETE RAMOS (2010), p. 306, s., e nº 5.1. do comentário do art. 72º.
[32] PAIS DE VASCONCELOS (2007), p. 20.
[33] ELISABETE RAMOS (2010), p. 422.

ARTIGO 79º *
Responsabilidade para com os sócios e terceiros

1. *Os gerentes ou administradores respondem também, nos termos gerais, para com os sócios e terceiros pelos danos que directamente lhes causarem no exercício das suas funções.*

2. *Aos direitos de indemnização previstos neste artigo é aplicável o disposto nos nºˢ 2 a 6 do artigo 72º, no artigo 73º e no nº 1 do artigo 74º.*

*A redacção actual dos nºˢ 1 e 2 foi introduzida pelo DL 76-A/2006, de 29 de Março. O nº 2 foi posteriormente alterado pela Declaração de Rectificação 28-A/2006, de 26 de Maio.

Índice

1. Quadro geral
2. Pressupostos
   2. 1. Ilicitude
   2.1.1. Responsabilidade para com sócios
   2.1.2. Responsabilidade para com terceiros
   2.2. Culpa
   2.3. Dano
   2.4. Remissões
3. Tribunal competente

Bibliografia

a) Citada:

ABREU, J. M. COUTINHO DE – *Curso de direito comercial*, vol. II – *Das sociedades*, 3ª ed., Almedina, Coimbra, 2009, *Responsabilidade civil dos administradores de sociedades*, 2ª ed., Almedina, Coimbra, 2010; ABREU, J. M. COUTINHO DE/ RAMOS, ELISABETE – "Responsabilidade civil de administradores e de sócios controladores (Notas sobre o art. 379º do Código do Trabalho)", em IDET, *Miscelâneas* nº 3, Almedina, Coimbra, 2004, p. 7-55; ALMEIDA, A. PEREIRA DE – *Sociedades comerciais e valores mobiliários*, 5ª ed., Coimbra Editora, Coimbra, 2008; ASCENSÃO, J. OLIVEIRA – *Direito comercial*, vol. IV – *Sociedades comerciais. Parte geral*, Lisboa, 2000; CORDEIRO, A. MENEZES – "Da responsabilidade dos administradores das sociedades comerciais", em AAVV., *Estruturas jurídicas da empresa*, AAFDL, Lisboa, 1989, p. 83-105, *Da responsabilidade civil dos administradores das sociedades comerciais*, Lex, Lisboa, 1997, "Artigo 79º", em *Código das Sociedades Comerciais anotado* (coord. A. Menezes Cordeiro), Almedina, Coimbra, 2009, p. 278-279; CORDEIRO, CATA-

RINA PIRES – "Algumas considerações críticas sobre a responsabilidade civil dos administradores perante os accionistas no ordenamento jurídico português", OD, 2005, I, p. 81-135; CUNHA, TÂNIA MEIRELES DA – *Da responsabilidade dos gestores de sociedades perante os credores sociais – A culpa nas responsabilidade civil e tributária*, 2ª ed., 2009; FRADA, M. CARNEIRO DA – *Teoria da confiança e responsabilidade civil*, Almedina, Coimbra, 2004; FURTADO, J. PINTO – *Das sociedades em especial*, t. I. *Artigos 151º a 178º*, Almedina, Coimbra, 1986; HOPT, KLAUS J. – em *Großkommentar AktG*, 4. Aufl., 11. Lief. (§§ 92-94), de Gruyter, Berlin, New York, 1999; MARTINS, ALEXANDRE DE SOVERAL – *Cláusulas do contrato de sociedade que limitam a transmissibilidade das acções – Sobre os arts. 328º e 329º do CSC*, Almedina, Coimbra, 2006; MONTEIRO, J. SINDE – *Responsabilidade por conselhos, recomendações ou informações*, Almedina, Coimbra, 1989, "Ofensa ao crédito ou ao bom nome, 'culpa de organização' e responsabilidade de empresa", RLJ, 2009, p. 117-136; NUNES, P. CAETANO – *Responsabilidade civil dos administradores perante os accionistas*, Almedina, Coimbra, 2001; OLIVEIRA, A. FERNANDES – "Responsabilidade civil dos administradores", em AAVV., *Código das Sociedades Comerciais e governo das sociedades*, Almedina, Coimbra, 2008, p. 257-341; RAMOS, M. ELISABETE – *O seguro de responsabilidade civil dos administradores (entre a exposição ao risco e a delimitação da cobertura)*, Almedina, Coimbra, 2010; RODRIGUES, I. DUARTE – *A administração das sociedades por quotas e anónimas – Organização e estatuto dos administradores*, Petrony, Lisboa, 1990; SERENS, M. NOGUEIRA – *Notas sobre a sociedade anónima*, 2ª ed., Coimbra Editora, Coimbra, 1997; VAZ, TERESA ANSELMO – "A responsabilidade do accionista controlador", OD, 1996, p. 326-405; VENTURA, RAÚL/CORREIA, L. BRITO – "Responsabilidade civil dos administradores de sociedades anónimas e dos gerentes das sociedades por quotas", BMJ 194 (1970), 5-113, "Nota explicativa do Capítulo II do Decreto-Lei nº 49 381, de 15 de Novembro de 1969", BMJ 195 (1970ª), p. 21-90;

b) Outra:
MONTEIRO, J. SINDE – "Responsabilidade civil – Da ilicitude", em AAVV., *Comemorações dos 35 anos do Código Civil e dos 25 anos da Reforma de 1997*, vol. III, Coimbra Editora, Coimbra, 2005, p. 133-156; RAMOS, M. ELISABETE – "A responsabilidade de membros da administração", em IDET, *Problemas do direito das sociedades*, Almedina, Coimbra, 2002, p. 71-92.

1. Quadro geral

O art. 79º cura da responsabilidade civil (directa) para com sócios e terceiros.

Os "sócios" são aqui visados enquanto tais, *enquanto titulares de participação social* (conjunto unitário de direitos e obrigações actuais e potenciais referido a uma sociedade)¹, não enquanto terceiros, titulares de direitos de crédito ou reais derivados de negócios jurídicos celebrados entre a sociedade e eles (numa posição identicamente ocupável por não-sócios)².

"Terceiros" são os sujeitos que não são a sociedade, nem os administradores ou os sócios (enquanto tais) dela: *v.g.*, trabalhadores da sociedade, fornecedores, clientes, credores sociais (que não beneficiem do art. 78º), sócios enquanto terceiros, Estado³.

O art. 79º, 1, coloca sócios e terceiros a par, mas são diferentes muitos dos factos constituintes da responsabilidade dos administradores para com uns e outros⁴.

A responsabilidade em causa há-de resultar de factos (ilícitos, culposos e danosos) praticados pelos administradores "no exercício das suas funções", isto é, durante e por causa da actividade de gestão e/ou representação social⁵. É, neste sentido, também (tal como a responsabilidade para com a sociedade ou os credores sociais) uma responsabilidade "orgânica": de titular de órgão social no desempenho das respectivas funções⁶.

Pode, evidentemente, um administrador praticar actos fora do exercício das suas funções (actos sem ligação funcional à administração social) que o responsabilizem perante terceiros. Tal responsabilidade, porém, fica inteiramente sujeita ao regime comum da responsabilidade civil; alheia, portanto, às especificidades jurídico-societárias da responsabilidade⁷.

2. Pressupostos
2.1. Ilicitude

Pelos danos directamente causados a sócios ou terceiros, os administradores respondem "nos termos gerais" (art. 79º, 1). Esta remissão para os termos gerais tem sido entendida como visando os arts. 483º e s. do CCiv.⁸. Os administradores são responsáveis por conduta *ilícita e culposa*.

---

[1] COUTINHO DE ABREU (2009), p. 207, SOVERAL MARTINS (2006), p. 77.
[2] COUTINHO DE ABREU (2010), p. 83.
[3] COUTINHO DE ABREU (2010), p. 83-84.
[4] RAÚL VENTURA/BRITO CORREIA (1970ª), p. 70, COUTINHO DE ABREU (2010), p. 84.
[5] COUTINHO DE ABREU/ELISABETE RAMOS (2004), p. 31, COUTINHO DE ABREU (2010), p. 84.
[6] COUTINHO DE ABREU (2010), p. 84.
[7] COUTINHO DE ABREU (2010), p. 84, ELISABETE RAMOS (2010), p. 137.
[8] À luz do DL 49 381, RAÚL VENTURA/BRITO CORREIA (1970ª), p. 61, PINTO FURTADO (1986), p. 173; na vigência do art. 79º do CSC, DUARTE RODRIGUES (1990), p. 226, MENEZES CORDEIRO (1997), p. 496,

A conduta será *ilícita* quando os administradores violam: *a)* direitos absolutos de sócios ou de terceiros, *b)* normas legais de protecção de uns ou de outros, *c)* certos deveres jurídicos específicos[9].

Ilustremos estes três grupos, distinguindo entre (1) responsabilidade para com sócios e (2) responsabilidade para com terceiros.[10]

2.1.1. Responsabilidade para com sócios

a) *Por violação de direitos dos sócios*:

– Os administradores, desrespeitando o direito de preferência dos sócios em aumento de capital por entradas em dinheiro, subscrevem eles mesmos as novas participações sociais ou atribuem o direito de subscrição a terceiros (cfr. arts. 266º, 458º, s.);

– Administrador recebe de sócios acções tituladas ao portador para serem convertidas em acções nominativas, mas substitui os títulos e apõe-lhes o seu nome ou o de terceiro (cfr. arts. 53º e 54º do CVM);

– Administrador apropria-se indevidamente dos títulos de acção ao portador depositados na sociedade (cfr. arts. 99º, s. do CVM).

b) *Por violação de normas legais de protecção dos sócios:*

– Os administradores, mediante a elaboração e a apresentação de relatório de gestão e de balanço não verdadeiros (sonegadores de graves passivos) – cfr. os arts. 65º, 2, e 66º do CSC e o SNC, aprovado pelo DL 158/2009, de 13 de Julho –, convencem sócios a adquirir participações sociais por preço excessivo ou a não vender acções pouco depois gravemente desvalorizadas;

– Um gerente convoca assembleia geral para daí a dois dias (v. o art. 248º, 3), impossibilitando a comparência de sócio (tinha compromisso inadiável), que sofre por isso danos (acusado injustamente na assembleia, obrigado a impugnar judicialmente deliberações, etc.) – cfr. o art. 515º, 1, 3.

CAETANO NUNES (2001) p. 37, COUTINHO DE ABREU /ELISABETE RAMOS (2004), p. 30, TÂNIA CUNHA (2009), p. 61.

[9] COUTINHO DE ABREU (2009), p. 87. ELISABETE RAMOS (2010), p. 140, convoca a violação de direitos absolutos e de normas de protecção. CAETANO NUNES (2001), p. 43, considera que perante accionistas os administradores apenas respondem por violação de normas de protecção.

[10] Quase todos os exemplos a seguir indicados estão presentes em COUTINHO DE ABREU (2010), p. 87-90; alguns deles foram retomados por ELISABETE RAMOS (2010), p. 141-143.

c) *Por violação de deveres jurídicos*:
– Administradores recusam comunicar informações societárias a que os sócios têm direito, ou prestam informações incompletas ou falsas (v. arts. 214º, s., 288º, s., 518º e 519º);
– Os administradores de duas sociedades que se fundiram não observaram o cuidado exigível na verificação da situação patrimonial das sociedades e/ou na fixação da relação de troca das participações sociais (decorrendo daí prejuízo para os sócios de uma dessas sociedades): art. 114º, 1.

2.1.2. Responsabilidade para com terceiros

a) *Por violação de direitos de terceiros*:
– Um administrador dirige pessoalmente o bar da sociedade, resultando da exploração do mesmo ruídos e fumos que ofendem o direito geral de personalidade e o direito à saúde de quem habita no andar de cima[11];
– O administrador vende o automóvel que o proprietário tinha confiado à sociedade para reparação;
– Por iniciativa ou consentimento dos administradores, a sociedade utiliza sem licença patente ou marca de outrem (cfr. CPI, p. ex. arts. 316º, 321º, s.).

b) *Por violação de normas legais de protecção de terceiros*:
– Os administradores, mediante a elaboração e apresentação de relatório de gestão e de balanço (ou outros elementos de escrituração social) não verdadeiros, induzem terceiros a adquirir participações na sociedade por preço excessivo ou a conceder crédito depois não satisfeito (cfr. os preceitos mencionados *supra*, nº 2.1.1, b), 1º exemplo);
– Por ordem ou participação directa dos administradores, a sociedade acorda com outra restringirem a concorrência (*v.g.*, recusa de venda de bens a terceiro – cfr. o art. 4º, 1, f), da L 18/2003, de 11 de Junho), ou pratica acto de concorrência desleal (v. o art. 317º do CPI);
– Por ordem ou consentimento dos administradores, os documentos contratuais, correspondência, anúncios, etc., da sociedade não mencionam o facto de o montante do capital próprio ser inferior a metade do capital social (cfr. art. 171º, 2), o que é determinante para alguns sujeitos concederem crédito à sociedade (depois não satisfeito).

---

[11] V. o Ac. da RE de 30/3/95, CJ, 1995, II, p. 98.

c) *Por violação de deveres jurídicos*:
– Em prospecto relativo a oferta pública de distribuição de acções da sociedade, os administradores omitem informação importante quanto ao património social (v. arts. 134º, 135º, 149º, s. do CVM);
– Em armazém desactivado de sociedade, não vigiado e com as portas mal fechadas, entram crianças que ficam feridas por caírem em alçapão não sinalizado e com a tampa deslocada;
– Um novo insecticida lançado por sociedade de indústria química, mas não devidamente testado ou sem as indicações de utilização pertinentes, provoca doença em agricultores.

Estes dois últimos exemplos inserem-se no controverso campo da *responsabilidade por omissões e ofensas mediatas a direitos de terceiros*. Parece que os administradores devem ser responsabilizados somente quando violem *deveres no tráfico a que pessoalmente estejam obrigados*[12] – quando desrespeitem o *dever jurídico de actuar sobre aspectos da organização ou do funcionamento empresarial-societário que constituam fontes especiais de risco para terceiros*.[13]

Não serão responsáveis perante terceiros, portanto, por toda e qualquer deficiência organizativo-funcional da sociedade geradora de danos, como se tivessem geral "posição de garantes" dos terceiros[14].

Em regra, os deveres de cuidado organizativo-funcionais dos administradores são para com a sociedade, não para com terceiros; consequentemente, quem responde perante estes pelos danos provocados por deficiente organização ou funcionamento societário é a sociedade e/ou os trabalhadores que causam imediatamente os prejuízos[15]. Assim, por exemplo, se a *sociedade* utiliza sem licença patente de outrem por iniciativa do director de produção – sem conhecimento dos administradores – responderão pelos danos causados ao terceiro esse director e a sociedade (art. 500º do CCiv.).

Responsabilizar os administradores com fundamento numa geral "posição de garante" significaria uma extensão ilimitada da responsabilidade dos administradores perante terceiros. O que previsivelmente implicaria o êxodo de

---

[12] Neste sentido, v. p. ex. Hopt (1999), p. 219, Carneiro da Frada (2004), p. 172, Coutinho de Abreu (2010), p. 90.
[13] Sobre os deveres no tráfico em geral, v. entre nós, por todos, Sinde Monteiro (1989), p. 300, s..
[14] Coutinho de Abreu (2010), p. 90-91, Elisabete Ramos (2010), p. 144, s.. Acerca da controvérsia na jurisprudência e na doutrina alemãs, v., com indicações, Hopt (1999), p. 217, s.. Entre nós, sobre a "culpa de organização", v. Sinde Monteiro (2009), p. 130, s..
[15] Coutinho de Abreu (2010), p. 91, Elisabete Ramos (2010), p. 145.

pessoas qualificadas, a obrigação de contratar um seguro a preços mais elevados e, no limite, o prejuízo para o bom desempenho das empresas[16].

2.2. Culpa

Outro pressuposto da responsabilidade dos administradores para com os sócios e terceiros é, "nos termos gerais", a *culpa* (dolo ou negligência).

Salvo quando haja presunção legal de culpa – como nos casos de responsabilidade pelo prospecto (art. 149º, 1, do CVM) –, *é aos sócios ou terceiros lesados que incumbe provar a culpa dos administradores*. Assim deflui do facto de o art. 79º, 2, não remeter para o art. 72º, 1.

Tem-se discutido a *natureza* da responsabilidade de que cuidamos. As opiniões são variadas: obrigacional[17], delitual[18], delitual quanto a terceiros e obrigacional relativamente à violação de direitos sociais dos sócios[19], ou ainda outra natureza[20].

Os casos de responsabilidade dos administradores para com os terceiros e sócios são, *em geral, de responsabilidade delitual* (não existe, normalmente, prévia relação jurídica entre os prejudicados e os administradores enquanto tais)[21].

Mas parece ser *obrigacional*, pelo menos, a responsabilidade para com os sócios por violação de deveres jurídicos traduzíveis em vinculações a condutas específicas (obrigações em sentido técnico) a que correspondam direitos (de crédito) dos sócios[22]: é o caso referido *supra*, nº 2.1.1., c), 1º exemplo (obrigação de os administradores informarem os sócios). Ainda neste caso, contudo, o regime é o da *responsabilidade delitual* (cfr. art. 485º, 2, do CCiv.). Parece que incumbe aos sócios lesados provar a culpa dos administradores.

---

[16] ELISABETE RAMOS (2010), p. 145.
[17] MENEZES CORDEIRO (1989), p. 101-102. Porém, em (1997), p. 496, o A. afirma tão-só a qualificação delitual.
[18] PEREIRA DE ALMEIDA (2008), p. 276, CAETANO NUNES (2001), p. 36-37.
[19] DUARTE RODRIGUES (1990), p. 230. Iam neste sentido RAÚL VENTURA/BRITO CORREIA (1970ª), p. 60 (responsabilidade delitual relativamente a terceiros), (1970), 91, s. (responsabilidade obrigacional por violação de direitos sociais dos sócios, se se admitisse existir nestes casos responsabilidade).
[20] CATARINA CORDEIRO (2005), p. 127, s., a propósito da responsabilidade para com os sócios, explorando a figura do contrato com eficácia de protecção de terceiros.
[21] COUTINHO DE ABREU/ELISABETE RAMOS (2004), p. 34, COUTINHO DE ABREU (2010), p. 92, ELISABETE RAMOS (2010), p. 147.
[22] COUTINHO DE ABREU (2010), p. 92. Salientando que nem todos os deveres dos administradores são obrigações em sentido técnico, CARNEIRO DA FRADA (2004), p. 172.

2.3. Dano

Os administradores não respondem para com os sócios e terceiros por quaisquer danos sofridos por estes; respondem somente "pelos *danos que directamente lhes causarem*" no exercício das suas funções.

O dano há-de incidir, portanto, *directamente no património de sócio ou de terceiro*[23]. Não releva o dano meramente reflexo, derivado de dano sofrido (directamente) pela sociedade. Se resulta prejuízo para a sociedade de um comportamento indevido de administrador (desrespeitador de deveres para com ela), podem os sócios e terceiros sofrer (indirectamente) prejuízos também: *v.g.*, os sócios deixam de receber ou recebem menos lucros e vêem diminuir o valor das suas participações sociais, os credores sociais deparam-se com o enfraquecimento da garantia patrimonial dos seus créditos. Nestes casos, porém, têm cabimento as acções sociais de responsabilidade (arts. 75º, s.) e, eventualmente, as acções de credores sociais (art. 78º), não as acções individuais de sócios ou terceiros para indemnização dos mesmos (art. 79º); o administrador responderá tão-só para com a sociedade.

Contudo, um mesmo acto de administração pode causar danos (distintos) à sociedade, por um lado, e a sócios e terceiros, por outro[24]. Por exemplo, a elaboração e apresentação de documentos de prestação de contas anuais falsas leva à distribuição de lucros fictícios (dano ao património social), à aquisição de novas e sobreavaliadas quotas ou acções por sócios (dano aos sócios) e à concessão de créditos (dano a terceiros). Em casos tais há lugar tanto para as acções sociais de responsabilidade como para as acções individuais dos sócios e terceiros.

A concepção dos danos "directamente" causados aqui exposta tem sido afirmada generalizadamente entre nós[25] (e em países possuindo preceitos semelhantes ao do art. 79º, 1).

No entanto, outras concepções têm sido avançadas. Há quem defenda que o signo "directamente" significaria que o administrador responde para com

---

[23] COUTINHO DE ABREU/ELISABETE RAMOS (2004), p. 31, COUTINHO DE ABREU (2010), p. 85, ELISABETE RAMOS (2010), p. 138.
[24] COUTINHO DE ABREU/ELISABETE RAMOS (2004), p. 32, COUTINHO DE ABREU (2010), p. 85, ELISABETE RAMOS (2010), p. 139.
[25] RAÚL VENTURA/BRITO CORREIA (1970), p. 70, NOGUEIRA SERENS (1997), p. 100, MENEZES CORDEIRO (1997), p. 496, TÂNIA CUNHA (2009), p. 60, PEREIRA DE ALMEIDA (2008), p. 279, COUTINHO DE ABREU (2010), p. 86. Na jurisprudência, v. o Ac. da RL de 18/9/2007 (www.dgsi.pt – proc. 6603/2007-7).

sócios ou terceiros somente por condutas dolosas ou particularmente reprováveis[26]. E há quem sustente que ele diz respeito à ilicitude[27].

Quer-nos parecer, todavia, que "directamente" diz respeito ao pressuposto "dano", não ao pressuposto "culpa" (e esta não se limitará ao dolo ou à negligência grosseira[28]), nem ao pressuposto "ilicitude".

2.4. Remissões

Tal como faz o art. 78º, 5, também o art. 79º, 2, remete para os arts. 72º, 2 a 6, 73º e 74º, 1. Relembremos.

A remissão para o nº 2 do art. 72º faz *pouco ou nenhum sentido*. Perante os sócios e terceiros, os administradores não terão espaços de actuação discricionária, estando antes vinculados a fazer ou a não fazer algo determinado[29].

Quando os danos para sócios ou terceiros resultem de deliberação do órgão administrativo, *não respondem* os administradores que nela *não tenham participado* ou *hajam votado vencidos* (art. 72º, 3).

Porém, o administrador não participante na deliberação *responderá se não se opôs*, quando podia tê-lo feito, a essa deliberação – se não fez o que podia para impedir que ela fosse adoptada e/ou executada (art. 72º, 4).

Segundo o art. 72º, 5, mandado aplicar pelo art. 79º, 2, os administradores não responderiam para com sócios e terceiros "quando o acto ou omissão assente em deliberação dos sócios, ainda que anulável". Esta conclusão tem sido aceite[30], mas também contestada[31].

Deve o art. 79º, 2, ser interpretado *restritivamente*, de modo a desatender-se à remissão para o nº 5 do art. 72º. Porquanto: o nº 5 do art. 72º refere-se à exclusão da responsabilidade para com a sociedade, e o art. 79º trata da responsabilidade para com sócios e terceiros; as deliberações dos sócios que determinem ou permitam aos administradores a violação de direitos ou de interesses legalmente tutelados de terceiros ou de sócios ou a violação de deveres dos administradores impostos por lei ou princípios gerais de direito são *nulas* nos termos

---

[26] OLIVEIRA ASCENSÃO (2000), p. 463-464, CATARINA CORDEIRO (2005), p. 119, s..
[27] CAETANO NUNES (2001), p. 45.
[28] Porém, MENEZES CORDEIRO (2009), p. 279, escreve: "Os danos directos advirão de práticas dolosas dirigidas à consecução do prejuízo verificado ou de actuações negligentes grosseiras cujo resultado seja inelutável".
[29] Em sentido aproximado, PEREIRA DE ALMEIDA (2008), p. 280.
[30] TERESA VAZ (1996), p. 368, CATARINA CORDEIRO (2005), p. 124-125, FERNANDES DE OLIVEIRA (2008), p. 332.
[31] DUARTE RODRIGUES (1990), p. 226-227, nt. 354, NOGUEIRA SERENS (1997), p. 100, PEREIRA DE ALMEIDA (2008), p. 280, COUTINHO DE ABREU/ELISABETE RAMOS (2004), p. 32-33.

do art. 56º, 1, d) – não devendo, portanto, ser executadas; o art. 24º, 2, do DL 49 381 – correspondente ao art. 79º, 2, do CSC – remetia somente para o nº 3 do art. 17º (idêntico ao nº 5 do art. 72º do CSC).

Sendo dois ou mais administradores responsáveis para com sócios ou terceiros, a obrigação de indemnização é *solidária* (art. 73º).

É *nula* a cláusula, inserta ou não no estatuto social, que *exclua ou limite a responsabilidade* dos administradores para com sócios e terceiros (art. 74º, 1, 1ª parte).

3. Tribunal competente

O art. 121º, 1, c), da LOFTJ atribui aos *juízos de comércio* competência para preparar e julgar "as acções relativas ao exercício de direitos sociais".

Estando em causa a violação de *direitos sociais dos sócios*, são competentes os *juízos de comércio*. Assim será, por exemplo, nos casos em que os administradores desrespeitem o direito de preferência dos sócios em aumento de capital por entradas em dinheiro, subscrevendo eles mesmos as novas participações sociais ou atribuindo o direito de subscrição a terceiros, ou violem deveres jurídicos específicos para com os sócios.

Parecem escapar à competência material dos juízos de comércio as acções destinadas a efectivar a responsabilidade dos administradores para com terceiros.

ARTIGO 80º *
Responsabilidade de outras pessoas com funções de administração

As disposições respeitantes à responsabilidade dos gerentes ou administradores aplicam-se a outras pessoas a quem sejam confiadas funções de administração.

* Redacção introduzida pelo art. 2º do DL 76-A/2006, de 29 de Março.

Índice

1. O âmbito subjectivo de aplicação do art. 80º na responsabilidade civil pela administração da sociedade
2. O art. 80º como norma de responsabilização do "administrador de facto"?

Bibliografia

Citada:

ABREU, J. M. COUTINHO DE – *Responsabilidade civil dos administradores de sociedades*, 2ª ed., em IDET, Cadernos nº 5, Almedina, Coimbra, 2010 (1ª ed. 2007), p. 7-55, *Governação das sociedades comerciais*, 2ª ed., Almedina, Coimbra, 2010ª (1ª ed. 2006); ABREU, J. M. COUTINHO DE/RAMOS, ELISABETE – "Responsabilidade civil de administradores e de sócios controladores", em IDET, *Miscelâneas* nº 3, Almedina, Coimbra, 2004; ALMEIDA, ANTÓNIO PEREIRA DE – *Sociedades comerciais e valores mobiliários*, 5ª ed., Coimbra Editora, Coimbra, 2008; ANTUNES, JOSÉ ENGRÁCIA – *Grupos de sociedades. Estrutura e organização jurídica da empresa plurissocietária*, Almedina, Coimbra, 2ª ed., Almedina, Coimbra, 2002 (1ª ed. 1993), *Direito das sociedades. Parte Geral*, ed. do A., 2010; CÂMARA, PAULO, "Os modelos de governo das sociedades anónimas", *Reformas do Código das Sociedades*, em IDET, Colóquios nº 3, Almedina, Coimbra, 2007, p. 178-242; CORDEIRO, ANTÓNIO MENEZES – *Código das Sociedades Comerciais anotado* (coord. de A. Menezes Cordeiro), Almedina, Coimbra, 2009, art. 80º; CORREIA, MIGUEL PUPO – "Sobre a responsabilidade por dívidas sociais dos membros dos órgãos da sociedade", ROA, 2001, p. 667-698; COSTA, RICARDO – *A sociedade por quotas unipessoal no direito português. Contributo para o estudo do seu regime jurídico*, Almedina, Coimbra, 2002, "Responsabilidade civil societária dos administradores de facto", *Temas Societários*, em IDET, Colóquios nº 2, Almedina, Coimbra, 2006, p. 24-43; DIAS, RUI PEREIRA – *Responsabilidade por exercício de influência sobre a administração de sociedades anónimas. Uma análise de direito material e direito de conflitos*, Almedina, Coimbra, 2007; FURTADO, JORGE PINTO, *Código Comercial Anotado. Das sociedades em especial*, volume II – tomo II, Artigos 151º a 178º, Almedina, Coimbra, 1986, art. 173º; GOMES, JOSÉ FERREIRA – "Conflitos de interesses entre accionistas nos negócios celebrados entre a sociedade anónima e o seu accionista controlador", *Conflito de interesses no direito societário e financeiro. Um balanço a partir da crise financeira*, Almedina, Coimbra, 2010, p. 75-213; MAGALHÃES, VÂNIA – "A conduta dos administradores das sociedades anónimas: deveres gerais e interesse social", RDS nº 2, 2009, p. 379-414; MAIA, PEDRO – "Tipos de sociedades comerciais", *Estudos de direito das sociedades* (coord. de Coutinho de Abreu), 9ª ed., Almedina, Coimbra, 2008, p. 7-39; MARTINS, ALEXANDRE SOVERAL – "Comissão executiva, comissão de auditoria e outras comissões na administração", *Reformas do Código das Sociedades*, em IDET, *Colóquios* nº 3, Almedina, Coimbra, 2007, p. 243-275; MONTEIRO, ANTÓNIO PINTO – "Contrato de gestão de empresa", CJ-ASTJ, 1995, I, p. 5-16; RAMOS, MARIA ELISABETE – *Responsabilidade civil dos administradores e directores de sociedades anónimas perante os credores sociais*, Studia Iuridica 67, Coimbra Editora, Coimbra, 2002; RIBEIRO, MARIA DE FÁTIMA – *A tutela dos credores da sociedade por quotas e a "desconsideração da personalidade jurídica"*, Almedina, Coimbra, 2009; SILVA, CALVÃO DA – "'Corporate governance'. Responsabilidade civil de administradores não executivos, da comissão de auditoria e do conselho geral e de supervisão", RLJ nº 3940, 2006, p. 31-58; VASCONCELOS, PEDRO PAIS DE – *D&O insurance: o seguro de responsabilidade civil dos admnistradores e outros dirigentes da sociedade anónima*, ed. digital, Almedina, Coimbra, 2007; VENTURA, RAÚL/CORREIA, LUÍS BRITO, *Responsabilidade civil dos administradores de sociedades anónimas e dos gerentes de sociedades por quotas*, Separata do BMJ nºs 192, 193, 194 e 195, Lisboa, 1970.

1. O âmbito subjectivo de aplicação do art. 80º na responsabilidade civil pela administração da sociedade

Depois de ter sido delineada a responsabilidade civil de natureza societária dos administradores e gerentes perante a sociedade, credores sociais e restantes terceiros, o CSC oferece-nos uma norma de *extensão* – faz aplicar essa responsabilidade a "outras pessoas a quem sejam confiadas funções de administração". Apreendidos *os termos e pressupostos da responsabilidade tripartida* anterior, ao intérprete é confiada a missão de identificar as pessoas a quem se estende esse regime.

O art. 80º é herdeiro do art. 25º do DL 49 381, de 15 de Novembro de 1969 – "As disposições respeitantes à responsabilidade dos administradores aplicam-se a outras pessoas a quem sejam confiadas funções de administração". Os autores desta lei tiveram a intenção de "estender o regime da responsabilidade dos administradores a quem *legalmente* possam ser confiadas funções de administração"[1]. Entenderam que o preceito alcançava: (i) titulares de órgãos

---

[1] RAÚL VENTURA/BRITO CORREIA (1970), p. 404.

de administração legalmente constituídos, além do conselho de administração; (ii) "casos de atribuição das funções que legalmente pertencem ao conselho de administração a outros órgãos, individuais ou colectivos, seja qual for a designação destes"[2].[3]

A doutrina recente contestou este elenco: pouco clara e inconsistente à luz da lei actual. "Os diversos órgãos das sociedades estão definidos na lei; os titulares do órgão administrativo (e de representação) respondem nos termos legais para eles estabelecidos, os membros de outros órgãos (sem ou também com algumas funções de administração) respondem nos termos delimitados por outros preceitos legais (v., designadamente, os arts. 81º-83º do CSC); salvo autorização da lei, não é lícito atribuir (estatutariamente ou por outra via) a órgãos inominados no CSC competências legalmente pertencentes ao órgão de administração"[4].

Para o caso de *haver dúvida*, quando muito poderia o art. 80º servir actualmente para alcançar a responsabilidade dos membros da comissão de auditoria no sistema monístico de organização da sociedade anónima (art. 278º, 1, *b*), do CSC) – pois é órgão (ainda que tais membros correspondam a uma "parte dos membros do conselho de administração" (art. 423º-B, 1)), em que os referidos "auditores" são por força da lei titulares de funções administrativas. Todavia, delas estão excluídas as actividades "executivas" (gestão restrita e representação)[5] e isso poderá suscitar hesitações quanto à responsabilidade por actos no *círculo restante de poderes*. Mesmo assim, o regime legal é suficiente para os fazer responder pela actuação enquanto *administradores que (também) são*.[6]

Têm o direito de participar e votar nas deliberações do conselho de administração em conjunto com os administradores ditos "executivos" do conselho (ou delegantes "não executivos", se houver administrador(es) delegado(s) ou comissão executiva para a "gestão corrente": art. 407º, 3 e 4). Na circuns-

---

[2] RAÚL VENTURA/BRITO CORREIA (1970), p. 403-404.

[3] RAÚL VENTURA/BRITO CORREIA (1970), p. 404, aplicavam ainda o art. 25º aos administradores substitutos, "enquanto exercem funções de administração, na falta ou impedimento dos administradores titulares". A figura tem hoje tradução nos arts. 253º e 393º (em conjugação com o art. 400º) do CSC. Os autores da lei de 1969, ainda que num outro quadro normativo, reconheciam que os administradores substitutos eram "verdadeiros administradores".

[4] COUTINHO DE ABREU/ELISABETE RAMOS (2004), p. 44-45 (=COUTINHO DE ABREU (2010), p. 106).

[5] Para tal será necessário mobilizar o conceito de "gestão corrente" (cfr. art. 407º, 3, do CSC): v. COUTINHO DE ABREU (2010ª), p. 40, SOVERAL MARTINS (2007), p. 260.

[6] Sobre a comissão de auditoria e estatuto dos seus membros, v. CALVÃO DA SILVA (2006), p. 40, s., COUTINHO DE ABREU (2010), nt. 110 – p. 56, (2010ª), p. 37, PAULO CÂMARA (2007), p. 208, s., em esp. 217--219, SOVERAL MARTINS (2007), p. 255, s., PEDRO MAIA (2008), p. 31, s., em esp. nt. 49.

tância de delegação *estrita ou imprópria* (art. 407º, 1 e 2), os administradores-auditores estão abrangidos pela estatuição da 2ª parte do nº 1: "O encargo especial (...) não exclui a competência normal dos outros administradores ou do conselho nem a responsabilidade daqueles, nos termos da lei". Por outro lado, havendo delegação *típica* ou *própria* (art. 407º, 3 e 4), em que os administradores não delegados reservam o poder-dever de participar na denominada "alta direcção", na administração não delegável e na gestão corrente eventualmente não delegada, aplica-se igualmente aos administradores-auditores o estatuto desenhado pelo art. 407º, 8: competência instrutória, revogatória ou substitutiva nos assuntos delegados (diferente de uma participação activa, em geral, na gestão corrente) e vinculação aos deveres de vigilância geral da actuação dos delegados e de provocar a intervenção do conselho de administração. Não havendo, como administradores que não deixam de ser, os auditores estão sujeitos ao dever de controlo-fiscalização (*manifestação* do dever legal geral de *cuidado*[7]) relativo à actuação global dos restantes administradores "executivos" (arts. 64º, 1, 72º, 1 ("omissões"), do CSC, 486º do CCiv.), ainda que não como *fiscalizadores nos termos dos poderes do art. 423º-F, 1 (em esp. alínea a))*. Assim, não é necessário o art. 80º para responsabilizar os administradores-auditores da comissão de auditoria (nomeadamente em termos solidários, de acordo com o art. 73º do CSC).

Posto isto, o art. 80º será em abstracto aplicável a *pessoas que não sejam formalmente administradores*[8].

A doutrina alude hoje à convocação do art. 80º para ditar "um regime reforçado de responsabilidade própria" para as "pessoas com poderes (delegados) de gestão e de representação, próprios dos administradores", "agindo em nome e por conta da sociedade"[9].

Porém: a) se estivermos a aludir aos gerentes ou administradores-encarregados especiais (delegação estrita ou imprópria[10]) ou aos administradores delegados ou da comissão executiva (delegação típica ou própria), a sua qualidade de administradores e a actuação administrativa legalmente imputada (arts. 261º, 2, 407º, 1, 3, do CSC) é o bastante para os sujeitar à responsabi-

---

[7] Cfr. anotação ao art. 64º, pontos 2. e 3.1..
[8] ELISABETE RAMOS (2002), p. 177, 179.
[9] MENEZES CORDEIRO (2009), p. 280. O Autor distingue tais pessoas dos "meros representantes" ou "auxiliares" da sociedade, cujos actos cairiam sob a aplicação do art. 800º, 1, do CCiv., respondendo a sociedade nesses termos.
[10] Cfr. ainda o art. 261º, 2, do CSC.

lidade pela administração[11]; b) se estivermos a aludir a terceiros-não administradores a quem sejam confiadas funções de gestão (trabalhadores assalariados, particularmente directores-gerais[12] e directores-sectoriais, "gerentes de comércio", mandatários e/ou procuradores[13], empresários, singulares ou colectivos, com funções auxiliares em áreas sectoriais das empresas exploradas pela sociedade, etc.[14]), note-se que os responsáveis pela redacção do art. 25º da lei de 1969 excluíram do seu âmbito de aplicação as pessoas que, não fazendo parte dos órgãos societários, recebiam pelos estatutos ou por actos posteriores o *poder de praticar actos de administração* (entre eles aqueles, a que juntavam os "agentes de administração"); a sua actuação deve ser vista à luz das regras dos respectivos negócios e contratos (procuração, mandato, trabalho, etc.) e a sua responsabilidade, em regra, deve ser averiguada de acordo com os pressupostos da responsabilidade civil negocial (na relação com a sociedade) e extra-negocial (nos ilícitos que afectam terceiros)[15]. Para alguns deles, poderá ainda ser o caso de, considerando essa "qualidade de relação" com a sociedade e um grau suficiente de independência (que é timbre da administração formal), poderem ser responsabilizados como "administradores de facto"[16].[17]

De nada serve, então, o art. 80º?

Até aqui, não.

É de ponderar, contudo, o papel que o art. 80º poderá desempenhar em duas situações:

---

[11] ELISABETE RAMOS (2002), p. 177. PINTO FURTADO (1986), p. 401, considerava o art. 25º da lei de 1969 dispensável para este efeito (tal como para os "administradores substitutos": cfr. *supra*, nt. 3).

[12] Sobre a figura, ELISABETE RAMOS (2002), P. 177-178.

[13] Cfr. arts. 252º, 6, e 391º, 7.

[14] V. COUTINHO DE ABREU (2010ª), p. 43-44.

[15] V. RAÚL VENTURA/BRITO CORREIA (1970), p. 404-405, ELISABETE RAMOS (2002), p. 179, COUTINHO DE ABREU/ELISABETE RAMOS (2004), nt. 75 – p. 44-45 (=COUTINHO DE ABREU (2010), nt. 210 – p. 106). Contra: PUPO CORREIA (2001), p. 676, FERREIRA GOMES (2010), p. 335 (para os mandatários, "na medida em que lhes seja de facto (e não apenas no instrumento de representação) conferida autonomia para, em relação a determinada categoria de actos, por exemplo, decidir em nome da sociedade e no lugar dos administradores").

[16] COUTINHO DE ABREU/ELISABETE RAMOS (2004), p. 41 (=COUTINHO DE ABREU (2010), p. 100) – podem ser administradores de facto "ocultos sob outro título (que não o de administrador)" –, RICARDO COSTA (2006), p. 30.

[17] E, como veremos, se assim for, poderá ser convocado o art. 80º, para quem o veja como norma de responsabilização dos administradores de facto (*infra* 2.).

– quando *a lei atribui ao(s) sócio(s)* – enquanto órgão deliberativo-interno[18] – *poderes de administração e de gestão empresarial*, em especial[19] ou em geral[20]: para uma responsabilidade do sócio ou dos sócios;
– quando *a sociedade contratualiza a transferência dos poderes de administração para outra sociedade* (ou sujeito não societário) no âmbito de um "contrato de gestão de empresa", pelo qual se gere(m) empresa(s) da sociedade por conta e no interesse desta (e em nome desta ou não)[21], desde que lícito[22]: para uma responsabilidade do "gestor" (sociedade ou não) *em relação a credores e terceiros*.[23]

2. O art. 80º como norma de responsabilização do "administrador de facto"?

Uma utilidade foi sendo dada nos últimos anos à norma: permitir o apoio para a aplicação dos arts. 72º a 79º aos denominados *administradores de facto* (que se opõem aos *administradores de direito* ou *formais*, a que se refeririam os arts. 72º a 79º).

Em sentido lato, administrador de facto é "quem, sem título bastante, exerce, directa ou indirectamente e de modo autónomo (não subordinadamente) funções próprias de administrador de direito da sociedade"[24]. É corrente vermos na *praxis* sujeitos – sócios ou terceiros em relação à sociedade, pessoas singulares ou outras sociedades (*maxime*, através dos seus administradores) – a chamar a si (ou a contribuir para) a direcção da empresa social, mesmo não sendo administradores ou vendo o título da sua designação como administradores

---

[18] Cfr. anotação ao art. 53º, ponto 1..
[19] V. COUTINHO DE ABREU (2010ª), p. 42-43 e nt. 96, com exemplos. Aproveito os arts. 29º, 87º, 91º, 94º, 100º, 2, 102º, 103º, 120º, 133º, 134º, 319º, 320º, 350º, 376º, 1, *a*), *b*), 399º (remuneração: cfr. também, para os membros do conselho geral e de supervisão da estrutura germânica – art. 278º, 1, *c*), do CSC –, o art. 429º), 496º, 506º, e junto os arts. 194º, 1, 246º, 1, *b*), *i*), 2, *c*), *d*).
[20] V. arts. 11º, 3, 2ª parte, 192º, 3, 259º, 260º, 2, última parte, 409º, 2, última parte (estes *a contrario sensu*). Neste sentido, para o art. 259º nas sociedades por quotas, FÁTIMA RIBEIRO (2009), p. 473: "sempre que (…) um sócio consegue sistematicamente (através do seu poder na determinação do sentido de voto das deliberações tomadas em assembleia geral) condicionar e orientar a gestão da sociedade, pode afirmar-se que ele está, na prática, a exercer funções de administração".
[21] Diferente da assistência prestada em funções auxiliares, antes referida: v. PINTO MONTEIRO (1995), p. 7.
[22] Sobre esta figura e a sua licitude, ENGRÁCIA ANTUNES (2002), p. 510 e s., PINTO MONTEIRO (1995), p. 6 e s., 15-16 (não é válido se transfere ou "delega" o poder de direcção e de controlo da proprietária [da empresa] para a gestora), COUTINHO DE ABREU (2010ª), p. 44 (é válido "quando para o gestor for transferido tão-só a administração corrente, continuando o(s) administrador(es) da sociedade com o poder de decidir estrategicamente, controlar a execução do contrato e, sendo caso disso, denunciá-lo").
[23] FERREIRA GOMES (2010), p. 335, propõe que o art. 80º se aplique potencialmente aos liquidatários das sociedades comerciais. Porém, veja-se o art. 152º, 1, do CSC.
[24] COUTINHO DE ABREU/ELISABETE RAMOS (2004), p. 43 (=COUTINHO DE ABREU (2010), p. 101). V. ainda RICARDO COSTA (2002), nt. 951 – p. 718, ENGRÁCIA ANTUNES (2010), p. 314-315.

afectado por uma qualquer inobservância da normatividade (formal e/ou procedimental) reguladora da administração social.

Desde logo, há sujeitos que, *privados de qualquer designação*, exercem substancialmente os poderes que competem aos administradores regularmente nomeados *ou* determinam de forma reiterada a conduta dos administradores "oficiais". Depois, num segundo grupo de casos, temos pessoas que actuam como se fossem administradores, mas com *vícios* ou *irregularidades* no título de designação[25]. Finalmente, encontramos indivíduos que, ostentando uma "qualidade de relação" com a sociedade (p. ex., sócio maioritário ou único, director-geral dotado de amplas atribuições, "gerente de comércio" de um ou vários estabelecimentos, procurador para a celebração de negócios em nome da sociedade, etc.), levam a cabo funções de gestão com a independência que é timbre da administração de direito, embora não se apresentem perante terceiros como administradores da sociedade.

Daqui concluímos que nem sempre a administração se refere aos "gerentes e administradores" *formalmente designados* e que exercem *regradamente* as suas funções (administradores *de direito*). Muitas vezes a administração refere-se a indivíduos que, sem provimento, desempenham as tarefas inerentes à administração: decidem e, eventualmente, tratam dos negócios sociais *na primeira pessoa*, agindo na posição dos administradores de direito sem qualquer intermediário (administrador de facto *directo, com notoriedade ou não* na relação com terceiros), ou actuam *indirectamente* sobre a administração instituída, impondo as suas instruções e condicionando as escolhas operativas dos administradores de direito (ou até dos administradores de facto directos), que invariavelmente as acatam sem liberdade de análise (administrador de facto *oculto* ou *indirecto*, o *shadow director* dos anglo-saxónicos).[26]

---

[25] Para exemplos, v. por todos RICARDO COSTA (2006), p. 29-30.
[26] Seguindo esta classificação, RUI DIAS (2007), p. 129, s., FERREIRA GOMES (2010), p. 155. Para outras classificações de administrador de facto: COUTINHO DE ABREU/ELISABETE RAMOS (2004), p. 40, s. (=COUTINHO DE ABREU (2010), p. 99, s.) – "administrador de facto aparente", "administrador de facto oculto sob outro título", "administrador na sombra"; MENEZES CORDEIRO (2009), p. 263-264 – "administrador ilegítimo", "administrador aparente", "administrador de facto *stricto sensu*"; ENGRÁCIA ANTUNES (2010), nt. 650 – p. 315 – "administrador de facto aparente", "administrador de facto oculto". Sobre os requisitos de aferição da qualidade de administrador de facto, v. RICARDO COSTA (2006), nt. 4 – p. 29, nt. 5 – p. 31, nt. 12 – p. 39.

Estes sujeitos merecem a *qualificação de administradores* se colocarem em acção os papéis administrativos no círculo *funcional* da administração e com o poder de independência decisória que *caracteriza* a esfera dos administradores. Se, em consequência, eles protagonizam um ou mais actos de *mala gestio*, em desrespeito da lei, dos estatutos, de deliberações para execução administrativa e dos deveres de cuidado e de lealdade inseparáveis do cargo, deverão estar igualmente submetidos à responsabilidade civil societária dos arts. 72º a 79º?

Uma parte da doutrina entende que sim – e *recorre ao art. 80º*[27].

Outra parte entende igualmente que sim – *mas não recorre directamente ao art. 80º*. Claro que a norma não deixa de ser um afloramento no CSC da figura e da responsabilidade de (alguns) sujeitos que podem ser qualificados como administradores de facto[28]. Mas não de todos – é forçado entender que "foram confiadas funções de administração" a quem as exerce *sem qualquer acto de designação ou quem as exerce ocultamente na sombra*[29]. O art. 80º até pode ser útil[30], em parte, mas "não é para o efeito suficiente no que respeita a alguns administradores de facto"[31] – o que não abona à sua posição *internormativa* na sistemática da responsabilidade civil societária. A alternativa é mais aconselhável. A actuação *funcionalmente* administrativa é o que bastará para que os arts. 72º e s. do CSC sejam aplicáveis aos administradores de facto, de acordo com um princípio de *equiparação com os administradores de direito*: directamente[32] (ainda que por inter-

---

[27] ELISABETE RAMOS (2002), p. 185-186, TÂNIA MEIRELES DA CUNHA (2004), p. 76, s., PAIS DE VASCONCELOS (2007), p. 33 (aparentemente), PEREIRA DE ALMEIDA (2008), p. 255, FÁTIMA RIBEIRO (2009), p. 473, s.. A CMVM, no seu estudo *Governo das sociedades anónimas: propostas de alteração ao Código das Sociedades Comerciais*, Processo de Consulta Pública nº 1/2006, de 30/1/2006 (consultado em www.cmvm.pt), viu no art. 80º uma norma que podia responder, e responde, a "situações para as quais se desenvolveu inicialmente a doutrina do administrador de facto".

[28] RICARDO COSTA (2006), nt. 10 – p. 35. Aparentemente neste sentido, MENEZES CORDEIRO (2009), p. 264 ("O art. 80º dá um (...) argumento suplementar, no sentido da responsabilidade do administrador de facto").

[29] V. COUTINHO DE ABREU/ELISABETE RAMOS p. 45. (=COUTINHO DE ABREU (2010), p. 104-105). Também assim é reconhecido por PEREIRA DE ALMEIDA (2008), p. 256, que, por isso, para abranger os casos não previstos de administração de facto, propõe interpretação correctiva do art. 80º. Em sentido diverso, FÁTIMA RIBEIRO (2009), p. 468, s., que, na discussão do "sócio controlador" como administrador de facto, empreende uma interpretação extensiva do art. 80º – para a Autora, a norma sob anotação está disponível para abraçar a hipótese das funções administrativas "serem espontaneamente assumidas ou 'tomadas' por essas outras pessoas".

[30] É o sentido conferido à norma por MENEZES CORDEIRO (2009), p. 280.

[31] COUTINHO DE ABREU/ELISABETE RAMOS (2004), p. 45 (=COUTINHO DE ABREU (2010), p. 104-105).

[32] COUTINHO DE ABREU/ELISABETE RAMOS (2004), p. 43 (=COUTINHO DE ABREU (2010), p. 102). Favorável: VÂNIA MAGALHÃES (2009), p. 383.

pretação extensiva[33]) e, segundo outra doutrina, por analogia para os administradores ocultos e directamente para os restantes[34].

---

[33] RICARDO COSTA (2006), p. 36, s., em esp. 39-40. Favorável: FERREIRA GOMES (2010), p. 155-156. Aceitando que o conceito de administrador de facto possa já ter sido considerado no âmbito dos preceitos relativos à responsabilidade civil dos administradores, constantes dos arts. 72º e seguintes do Código", v. CMVM, *Governo das sociedades anónimas* cit. a nt. 27.

[34] MENEZES CORDEIRO (2009), p. 264.

ARTIGO 81º *
Responsabilidade dos membros de órgãos de fiscalização

1. Os membros de órgãos de fiscalização respondem nos termos aplicáveis das disposições anteriores.

2. Os membros de órgãos de fiscalização respondem solidariamente com os gerentes ou administradores da sociedade por actos ou omissões destes no desempenho dos respectivos cargos quando o dano se não teria produzido se houvessem cumprido as suas obrigações de fiscalização.

* A actual redacção do nº 2 foi introduzida pelo DL 76-A/2006, de 29 de Março.

Índice

1. As normas imediatas sobre responsabilidade civil pela fiscalização de sociedades (arts. 81º e 82º)

    1.1. Perímetro subjectivo do art. 81º face ao art. 82º anteriormente à reforma societária de 2006

    1.2. O perímetro subjectivo do art. 81º depois da reforma: os destinatários da norma

2. Beneficiários e qualificação da responsabilidade civil dos membros dos órgãos de fiscalização

    2.1. A responsabilidade contratual dos fiscalizadores perante a sociedade

    2.2. Responsabilidade perante terceiros. Danos puramente patrimoniais e disposições legais de protecção

    2.2.1. A responsabilidade dos fiscalizadores perante os credores sociais

    2.2.2. A responsabilidade dos membros dos órgãos de fiscalização perante os sócios e outros terceiros

3. Aplicação da presunção de culpa e da cláusula de exclusão da responsabilidade do art. 72º, 2 (*business judgment rule*) aos membros dos órgãos de fiscalização

4. Especificidades da responsabilidade dos membros dos órgãos de fiscalização em face da responsabilidade estabelecida para os administradores: culpa, ilicitude e solidariedade

Bibliografia

a) Citada:

ABREU, J. M. COUTINHO DE – "Administradores e trabalhadores de sociedades (Cúmulos e Não)", *Temas Societários*, em IDET, *Colóquios* nº 2, Coimbra, Almedina, 2006, p. 9-21;

ABREU, J. M. COUTINHO DE/RAMOS, ELISABETE – "Responsabilidade civil de administradores e de sócios controladores", em IDET, *Miscelâneas* nº 3, Almedina, Coimbra, 2004, p. 7-55; ALMEIDA, ANTÓNIO PEREIRA DE – *Sociedades comerciais e valores mobiliários*, 5ª ed., Coimbra Editora, Coimbra, 2008; BRAGA, ARMANDO – *Código das Sociedades Comerciais*, 2ª ed., Elcla, Porto, 1997; BUSSANI, MAURO *et al.*, *Pure Economic Loss in Europe*, The Trento Project, Cambridge University Press, 2003; CÂMARA, PAULO – "Modelos de governo das sociedades anónimas", *Jornadas em Homenagem ao Professor Doutor Raúl Ventura. A Reforma do Código das Sociedades Comerciais*, Almedina, Coimbra, 2007, p. 197-258, "O governo das sociedades e os deveres fiduciários dos administradores", *Jornadas «Sociedades abertas, valores mobiliários e intermediação financeira»* (coord. de Maria Fátima Ribeiro), Almedina, Coimbra, 2007ª, p. 163-179, "O governo das sociedades e a reforma do Código das Sociedades Comerciais", *Código das Sociedades Comerciais e o governo das sociedades*, Almedina, Coimbra, 2008, p. 9-141; CORDEIRO, ANTÓNIO MENEZES – *Da responsabilidade civil dos administradores das sociedades comerciais*, Lex, Lisboa, 1997, "A grande reforma das sociedades comerciais", OD, Ano 138º, 2006, III, p. 445-453; CORREIA, MIGUEL PUPO, *Direito Comercial*, Ediforum, Lisboa, 2001; CORREIA, MIGUEL PUPO/DIAS, GABRIELA FIGUEIREDO/CALDAS, LUÍS FILIPE/BEBIANO, ANA – *Corporate governance, administração/fiscalização de sociedades e responsabilidade civil*, IPCG/Comissão Jurídica, 2007, p. 33-72; COSTA, M. J. ALMEIDA, *Direito das obrigações*, Almedina, Coimbra, 9ª ed., 2006; COSTA, RICARDO – "Responsabilidade dos administradores e *business judgment rule*", *Reformas do Código das Sociedades*, em IDET, *Colóquios* nº 3, Almedina, Coimbra, 2007, p. 51-86; CUNHA, PAULO OLAVO – *Direito das sociedades comerciais*, 4ª ed., Almedina, Coimbra, 2010; DIAS, GABRIELA FIGUEIREDO – *Fiscalização de sociedades e responsabilidade civil*, Coimbra Editora, Coimbra, 2006, "Controlo de contas e responsabilidade dos ROC", *Temas Societários*, em IDET, *Colóquios*, nº 2, 2006ª, Almedina, Coimbra, p. 153-207; "A fiscalização societária redesenhada: independência, exclusão de responsabilidade e caução obrigatória dos fiscalizadores", *Reformas do Código das Sociedades*, IDET, *Colóquios* nº 3, Almedina, Coimbra, 2007, p. 277--334; FRADA, CARNEIRO DA – *Uma "terceira via" no direito da responsabilidade civil?*, Almedina, Coimbra, 1997, "A *business judgment rule* no quadro dos deveres gerais dos administradores", *Jornadas «Sociedades abertas, valores mobiliários e intermediação financeira»* (coord. de Maria Fátima Ribeiro), Almedina, Coimbra, 2007, p. 201-242; MAIA, PEDRO – *Função e funcionamento do conselho de administração da sociedade anónima*, Studia Iuridica 62, Coimbra Editora, Coimbra, 2002, "Deliberações dos sócios", *Estudos de direito das sociedades*, AAvv. (coord. de Coutinho de Abreu), Almedina, Coimbra, 8ª ed., 2007; MARTINS, ALEXANDRE SOVERAL – *Os poderes de representação dos administradores nas sociedades anónimas*, Studia Iuridica 34, Coimbra Editora, Coimbra, 1998, "Comissão executiva, comissão de auditoria e outras comissões na administração", *Reformas do Código das Sociedades*, em IDET, *Colóquios* nº 3, Coimbra, Almedina, 2007, p. 243-275; MONTEIRO, JORGE SINDE

– *Responsabilidade por conselhos, recomendações e informações*, Coimbra, Almedina, 1989; NEVES, R. OLIVEIRA – "O conflito de interesses no exercício de funções de fiscalização das sociedades anónimas", *Conflito de interesses no direito societário e financeiro*, Almedina, Coimbra, 2010, p. 293-313; PINA, CARLOS COSTA, *Dever de informação e responsabilidade pelo prospecto no mercado primário de valores mobiliários*, Coimbra Editora, Coimbra, 1999; PINTO, CARLOS A. MOTA – *Teoria geral do direito civil*, Coimbra Editora, 4ª ed. (por António Pinto Monteiro e Paulo Mota Pinto), 2005; RAMOS, MARIA ELISABETE – "A responsabilidade de membros da administração", *Problemas do Direito das Sociedades*, em IDET, Almedina, Coimbra, 2002, p. 71-92; RODRIGUES, ILÍDIO – *A administração das sociedades por quotas e anónimas – organização e estatuto dos administradores*, Petrony, Lisboa, 1990; SILVA, JOÃO CALVÃO DA – "'Corporate governance': responsabilidade civil dos administradores não executivos, da comissão de auditoria e do conselho geral e de supervisão", RLJ nº 3940, 2006, p. 31-58; VARELA, ANTUNES – *Das obrigações em geral*, 10ª ed., Almedina, Coimbra, 2010; VENTURA, RAÚL/CORREIA, BRITO – *Responsabilidade civil dos administradores das sociedades de sociedades anónimas e dos gerentes de sociedades por quotas*, Lisboa, Sep. do BMJ, 1970; VERA-MUÑOZ, SANDRA – "Corporate governance reforms: redefined expectations of audit committee responsibilities and effectiveness", JBE, 62, 2005.

b) Outra:
MARQUES, TIAGO JOÃO ESTÊVÃO, *Responsabilidade civil dos membros dos órgãos de fiscalização das sociedades anónimas*, Coimbra, Almedina, 2009.

1. As normas imediatas sobre responsabilidade civil pela fiscalização de sociedades (arts. 81º e 82º)

1.1. Perímetro subjectivo do art. 81º face ao art. 82º anteriormente à reforma societária de 2006

As normas do CSC que directamente regulam a responsabilidade dos membros dos órgãos de fiscalização das sociedades (arts. 81º e 82º CSC) mantiveram-se formalmente intocadas após a reforma societária de 2006. A assinalar apenas, no art. 81º, 2, um acerto da terminologia decorrente da nova designação acolhida para os titulares do órgão de administração no modelo dualista ou germânico [conselho de administração executivo, conselho geral e de supervisão e revisor oficial de contas: art. 278º, 1, c) da nova versão do CSC, correspondente ao original art. 278º, 1, b)].

Estas normas regulam, respectivamente, a responsabilidade *dos membros dos órgãos de fiscalização* – art. 81º – e do *revisor oficial de contas* – art. 82º.

Não obstante tratar-se hoje de direito pretérito, é relevante revisitar o regime de responsabilidade instituído por estas normas no contexto do direito societário anterior à reforma, a fim de melhor esclarecer a clarificação que a mesma reforma veio trazer no que respeita à delimitação do perímetro subjectivo de ambas as normas.

A relação entre estas duas normas e a delimitação do âmbito de aplicação de cada uma delas mostrava-se, nos quadros do CSC anteriores à reforma, pouco nítida. A dimensão subjectiva dos arts. 81º e 82º constituía matéria algo controversa, atenta a dificuldade em discernir com rigor os destinatários daquelas normas. Concretamente, e de acordo com a estrutura desenhada no CSC para os órgãos de fiscalização em vigor anteriormente à reforma de 2006, o revisor oficial de contas (ROC) integrava obrigatoriamente o órgão colegial de fiscalização – conselho fiscal, no modelo monista ou latino de governo das sociedades – ou constituía ele próprio, a título individual, o órgão de fiscalização, enquanto fiscal único, no modelo dualista ou mesmo no modelo monista, nos casos em que era admitido o fiscal único. O modelo de fiscal único não só sobreviveu no CSC após a reforma [art. 278º, 1, a)], embora seja hoje admitido num número mais restrito de situações [sendo por exemplo excluído para as sociedades abertas e para as "grandes sociedades anónimas"[1] – art. 413º, 2)], como continua a corresponder ao modelo mais frequentemente adoptado no tecido societário português.

De acordo com esta construção normativa, verificava-se, antes da reforma, uma relativa incerteza quanto aos termos e ao critério de distribuição do âmbito de aplicação de cada uma das normas referidas: de acordo com o texto da lei, o art. 81º tinha por destinatários *os membros do conselho fiscal*, dirigindo-se o art. 82º exclusivamente ao *revisor oficial de contas* (no exercício das suas funções de fiscalização da sociedade).

Esta distribuição de responsabilidades legitimava, já então, duas questões: (1) Qual o critério distintivo das circunstâncias em que o ROC deve responder nos termos do art. 81º ou do art. 82º? (2) Qual a razão pela qual o legislador estabeleceu um regime ligeiramente diferente para a responsabilidade dos membros dos órgãos de fiscalização e do ROC?

---

[1] Sobre a *grande sociedade anónima* como uma subespécie da sociedade anónima introduzida pela reforma societária de 2006, PAULO OLAVO CUNHA (2010), p. 513, onde podem ainda ser conferidos os prazos e pressupostos de qualificação da sociedade como *grande sociedade anónima* para os efeitos legais pertinentes.

A relação entre estas duas normas não era, pois, inequívoca, já que o ROC, enquanto membro do conselho fiscal, responde também e enquanto tal nos termos do art. 81º. O art. 82º estabelece, contudo, regras especiais e diferentes quanto à responsabilidade do ROC, o que pode causa alguma perplexidade, vista a possibilidade, ao menos abstracta, de o ROC ficar simultaneamente sujeito ao âmbito de aplicação de ambas as normas.

Em relação à primeira questão, a norma deve ser interpretada no sentido de que o ROC *responde nos termos do art. 82º quando actua no exercício de uma pura actividade de revisão legal de contas*, isto é, no exercício da função profissional que lhe é específica, de acordo, por exemplo, com o art. 420º, 4, do CSC e com o art. 40º, 1, do EROC, *respondendo todavia nos termos do art. 81º quando actua como qualquer outro membro do conselho fiscal*[2], no exercício das funções orgânicas e indiferenciadas que a estes são atribuídas. A especificidade das funções de fiscalização do ROC enquanto tal constituirá o critério funcional de delimitação do âmbito das normas do art. 81º e 82º: a revisão de contas. Ter-se-á, em concreto, de identificar o acto gerador da responsabilidade como enquadrável no âmbito das funções desempenhadas pelo ROC numa ou noutra qualidade (eg, simples membro do órgão colectivo de fiscalização), para só depois lhe aplicar, em função das circunstâncias, o art. 81º ou 82º CSC.

Relativamente à segunda questão, e embora o legislador, no domínio do regime vigente antes da reforma, não tenha consagrado um regime organizativo diferenciado de funções para o ROC e os outros membros do conselho fiscal, terá, não obstante, pressuposto essa diversidade de funções, ao consagrar um regime diverso de responsabilidade para cada uma das situações.

1.2. O perímetro subjectivo do art. 81º depois da reforma: os destinatários da norma

As regras de responsabilidade estabelecidas no art. 81º aplicam-se aos *membros dos órgãos de fiscalização*. Serão, pois, destinatários da norma:
 – os membros do conselho fiscal (modelo latino);
 – os membros da comissão de auditoria (modelo anglo-saxónico);
 – os membros do conselho geral e de supervisão (modelo germânico).
 – os membros de quaisquer outros órgãos de fiscalização criados em adição ao órgão legalmente imposto em função do regime de governo societário

---

[2] CARLOS COSTA PINA (1999), p. 202.

escolhido, em função das competências e responsabilidades atribuídas ao órgão por via estatutária ou deliberação da assembleia geral[3].

Verifica-se um problema de enquadramento dos membros da comissão de auditoria, já que estes, cumprindo claramente funções de fiscalização (art. 423º-F), são também administradores (não executivos) da sociedade (art. 423º-B, 1). Tal circunstância – o exercício de funções materiais de fiscalização por sujeitos com a qualidade formal de administradores – legitima a questão de saber se, em matéria de responsabilidade civil, se aplicam aos membros da comissão de auditoria as regras da responsabilidade prescritas para os administradores[4] ou para os membros dos órgãos de fiscalização, sendo certo que não é indiferente o enquadramento dos membros da comissão de auditoria num ou noutro modelo de responsabilidade.

A responsabilidade dos membros dos órgãos de fiscalização, por força da remissão do nº 1 do art. 81º, tende a reger-se pelas regras e pelos princípios estabelecidos nos artigos que precedem esta norma sobre a responsabilidade dos administradores. Tal não permite, todavia, um tratamento jurídico indiferenciado de ambas as situações, pela simples razão de que *são diferentes os deveres que impendem sobre os administradores e os fiscalizadores no exercício das respectivas funções*, quanto à sua tipologia, quanto à sua densidade e quanto ao modo de cumprimento desses deveres, sendo, por conseguinte, diferentes os respectivos pressupostos de responsabilidade[5].

A resposta a esta questão é só aparentemente fácil: atento o "duplo chapéu" sob o qual actuam, é possível que em algumas circunstâncias os administradores e membros do conselho de auditoria actuem claramente no exercício exclusivo de apenas uma destas funções que lhe cabem – de administração ou de fiscalização – e possam ser responsabilizados de acordo com as respectivas

---

[3] E desde que a criação e as competências desse órgão não impliquem um afastamento do regime legal de fiscalização em função desse modelo, já que vigora, quanto aos modelos de fiscalização, um princípio de *numerus clausus* e de proibição do *cherry picking* (escolha selectiva de elementos de modelos de governo diverso). Sobre os novos modelos de administração e fiscalização das sociedades introduzidos pela reforma do CSC, PAULO CÂMARA (2007), p. 197, s., (2007ª), p. 163, s., (2008), p. 9, s., PAULO OLAVO CUNHA (2010), p. 578-585, MENEZES CORDEIRO (2006), p. 450-452, PEREIRA DE ALMEIDA (2009), p. 417, s., GABRIELA FIGUEIREDO DIAS (2006), p. 22, s., (2007), p. 283, s., MIGUEL PUPO CORREIA/GABRIELA FIGUEIREDO DIAS/LUÍS FILIPE CALDAS/ANA BEBIANO (2007), p. 33, s..

[4] Nomeadamente os arts. 72º, 73º e 78º a 80º CSC.

[5] Sobre o tema da cumulação de funções de administração e fiscalização pelos membros da comissão de auditoria e suas consequências em matéria de responsabilidade, GABRIELA FIGUEIREDO DIAS (2006), p. 88-90, SANDRA VERA-MUÑOZ (2005), p. 121.

regras específicas de responsabilidade, ou seja, nos termos do art. 64º, 1 e 72º a 79º, no primeiro caso, ou nos termos do art. 64º, 2 e 81º, no segundo caso[6].

Contudo, a função de fiscalização *endógena* da gestão societária que é cometida aos administradores não executivos que compõem a comissão de auditoria[7], num mecanismo de "auto-controlo" da sociedade[8], determina necessariamente a diluição da linha separadora entre as duas funções, sendo inclusivamente esperado dos membros da comissão de auditoria que, enquanto membros não executivos do órgão de administração, exerçam a fiscalização da sociedade mesmo no âmbito das suas competências enquanto administradores. O próprio desenho legal dos deveres e poderes destes sujeitos acentua essa diluição. A título de exemplo, quando se estabelece que os membros da comissão de auditoria devem participar nas reuniões do conselho de administração e comissão executiva, quando exista [art. 423º-G, 1, b) e c)], pode questionar-se a qualidade em que participam – na condição de administradores ou de fiscalizadores – e consequentemente, que deveres específicos recaem sobre eles, o que determinará não só o fundamento da responsabilidade – por actos de administração ou pela fiscalização –, a aplicação do regime de responsabilidade correspondente e a própria concretização da ilicitude, que depende da identificação dos deveres concretamente violados (cfr. art. 64º, 2).

Só perante o caso concreto e a concreta qualificação da actividade desenvolvida pelo membro da comissão executiva da qual decorre eventualmente a sua responsabilidade se poderá, também em concreto, qualificar essa responsabilidade e subsumir a conduta às regras de responsabilidade pela administração ou pela fiscalização da sociedade.

2. Beneficiários e qualificação da responsabilidade civil dos membros dos órgãos de fiscalização

2.1. A responsabilidade contratual dos fiscalizadores perante a sociedade

Nos termos da remissão do art. 81º para as normas sobre a responsabilidade civil dos administradores estabelecidas nos artigos anteriores, os membros dos órgãos de fiscalização das sociedades são responsáveis, de acordo com o art. 72º, perante a sociedade pelos danos a ela causados por actos e omissões prati-

---

[6] Neste sentido, PAULO CÂMARA (2008), p. 107.
[7] PAULO CÂMARA (2008), p. 104.
[8] Documento de Consulta Pública da CMVM 1/2006 sobre Alterações ao Código das Sociedades Comerciais (www.cmvm.pt).

cados com preterição dos deveres legais ou contratuais, salvo se provarem que procederam sem culpa.

A sociedade é, pois, ela mesma destinatária da responsabilidade, na medida em que pode desencadear em seu benefício uma acção de responsabilidade contra os membros do órgão de fiscalização em caso de danos sofridos pela violação de deveres no exercício da fiscalização da sociedade.

A responsabilidade dos membros dos órgãos de fiscalização (tal como, de resto, a do ROC, nos termos do art. 82º) perante a sociedade é pacificamente qualificada como obrigacional ou contratual[9], dada a natureza específica do vínculo obrigacional estabelecido entre estes sujeitos e a sociedade e cuja violação origina a sua responsabilidade civil. É assim, independentemente da existência de um contrato propriamente dito[10]: tal como sucede com os administradores, em relação aos quais vem sendo pontualmente refutada a tese do contratualismo puro[11], também em relação aos membros dos órgãos de fiscalização, eleitos pela assembleia geral ou designados pelo contrato de sociedade (arts. 415º, 1, 423º-C e 435º), se pode discutir a natureza contratualista da sua relação com a sociedade. A fonte dos poderes-deveres de administração pode, efectivamente, radicar num contrato (o contrato de sociedade), ou em outros negócios jurídicos[12], o mesmo sucedendo em relação aos fiscalizadores; o que não obsta à natureza ainda *obrigacional* da responsabilidade, atenta a natureza específica da relação que lhe subjaz, isto é, a existência de um direito subjectivo da sociedade a uma prestação (dever) por parte dos fiscalizadores – a prestação que consiste no cumprimento das funções de fiscalização em conformidade com o critério do art. 64º, 2. Se, de facto, a natureza puramente contratual da relação entre os fiscalizadores e a sociedade é discutível, parece já irrefutável a sua natureza *negocial*[13], constituindo a aceitação do fiscalizador mera condição

---

[9] Tal como o é a natureza contratual da responsabilidade dos administradores perante a sociedade: COUTINHO DE ABREU/ELISABETE RAMOS (2004), p. 14; MENEZES CORDEIRO (1997), p. 674; MIGUEL PUPO CORREIA (2001), p. 575.

[10] Que verdadeiramente só tem de existir na relação da sociedade com o ROC, de acordo com a norma injuntiva do art. 53º do EROC, instituído pelo DL 487/99, de 16 de Novembro, republicado pelo DL 224/2008, de 20 de Novembro.

[11] COUTINHO DE ABREU (2006), p. 11 e s..

[12] Eleição, designação pelo Estado ou por entidade pública, nomeação judicial, designação do presidente do conselho de administração, cooptação, etc.. Sobre as fontes dos poderes de administração, COUTINHO DE ABREU (2006), p. 11; PAULO OLAVO CUNHA (2010), p. 757-760; RICARDO COSTA (2007), p. 28.

[13] Entendido o negócio jurídico como um "acto jurídico constituído por uma ou mais declarações de vontade, dirigidos à realização de certos efeitos práticos, com a intenção de os alcançar sob a tutela do

de eficácia do negócio anteriormente estabelecido[14]. Ora, a categoria dogmática da responsabilidade contratual abrange não só as situações de violação do contrato como ainda a violação de negócios jurídicos unilaterais e de obrigações em sentido técnico (provenientes da lei, e não de contrato)[15]. Com esta amplitude, a responsabilidade contratual cobre todas as morfologias possíveis das obrigações dos fiscalizadores perante a sociedade, pelo que se assume, com a doutrina dominante[16], a natureza contratual da responsabilidade dos administradores e fiscalizadores perante a sociedade pela violação dos deveres legais e contratuais[17] emergentes do negócio (qualquer que seja) que os legitima para exercício dessas funções e/ou dos deveres que a lei lhes prescreve.

2.2. Responsabilidade perante terceiros. Danos puramente patrimoniais e disposições legais de protecção[18]

A qualificação da responsabilidade perante terceiros encontra-se expressamente prevista nos arts. 78º e 79º CSC, aplicáveis aos membros dos órgãos de administração por remissão do art. 81º. Incluem-se nestes terceiros, por exemplo, para além dos próprios sócios, os colaboradores da sociedade, todos os que com ela estabeleçam relações negociais (credores, fornecedores, clientes, consorciados, etc) e ainda, uma pluralidade indeterminada de sujeitos que, não possuindo qualquer relação jurídica ou de facto com a sociedade, podem no entanto sofrer danos pelo exercício da sua actividade e ser consequentemente lesados pela omissão de fiscalização por parte dos responsáveis.

A qualificação jurídica desta responsabilidade dos membros dos órgãos de fiscalização perante terceiros nos quadros convencionais da responsabilidade civil não é evidente. Não sendo identificável qualquer relação jurídica específica estabelecida entre o sujeito fiscalizador e os terceiros (sócios, credores ou outros terceiros), isto é, a existência de um direito subjectivo dos terceiros a uma prestação (dever) por parte dos fiscalizadores, fica excluída a possibilidade de configuração desta responsabilidade como contratual. Contudo, nos quadros da responsabilidade civil extra-contratual, mostra-se difícil subsumir

---

direito, determinando o ordenamento jurídico à produção de efeitos jurídicos conformes à intenção manifestada pelo declarante ou declarantes": MOTA PINTO (2005), p. 379.

[14] Neste sentido, embora no contexto das relações entre administradores e sociedade, COUTINHO DE ABREU (2006), p. 12, em conformidade com a generalidade da doutrina italiana.

[15] ANTUNES VARELA (2010), p. 519, nt. 1.

[16] RAUL VENTURA/BRITO CORREIA (1970), p. 120; ELISABETE RAMOS (2002), p. 77.

[17] Art. 72º, 1.

[18] GABRIELA FIGUEIREDO DIAS (2006), p. 60, s., (2006ª), p. 191, s..

do acto de fiscalização lesivo dos interesses de terceiros em alguma das variantes da ilicitude.

Note-se que, em linha com a doutrina predominante, se recusa *in limine* a possibilidade de, por esta via, se acharem cobertos os danos puramente patrimoniais.

A primeira variante da ilicitude extra-contratual cobre apenas a violação de direitos subjectivos absolutos de outrem – o que não será nunca o caso: nenhum dos terceiros protegidos pela lei – credores, sócios ou quaisquer outros terceiros – possui qualquer direito absoluto oponível aos membros dos órgãos de fiscalização e susceptível de ser lesado pela inobservância dos deveres destes últimos.

É, por outro lado, unânime o entendimento segundo o qual a primeira variante da ilicitude extra-contratual não permite a tutela e indemnização dos danos puramente patrimoniais (*pure economic loss*), consubstanciados estes numa lesão do património do sujeito à qual não corresponde a violação de um qualquer direito subjectivo[19]. É a pura perda ou prejuízo económico que estão em causa, sem que, em paralelo ou *ex ante*, se possa falar do desrespeito por um direito (pessoal ou patrimonial) do sujeito do qual tenha resultado essa perda. Existe *dano puramente patrimonial* em todas aquelas situações em que, da conduta de um sujeito, resulta uma *perda económica* para outro, sem que, todavia, essa lesão possa ser categorizada como uma *lesão jurídica* propriamente dita, sob a forma de violação de um qualquer direito absoluto ou de um interesse legalmente protegido. Tal lesão é, em geral, insusceptível de reparação pela via indemnizatória, já que o ordenamento jurídico não reconhece aos sujeitos um direito genérico ao património ou à sua integridade[20].

Igualmente, o acolhimento da relevância jurídica dos chamados *deveres no tráfico*[21] não permite, neste domínio, uma dilatação do conjunto de bens susceptíveis de protecção delitual, só sendo admissível a ressarcibilidade, por esta via, das puras perdas patrimoniais quando estas já sejam alvo de uma específica protecção delitual[22] – isto é, quando exista uma *norma legal de* protecção, dirigida à protecção específica dos bens lesados.

---

[19] Sobre a noção de *pura perda patrimonial*, cfr. MAURO BUSSANI (2003), p. 3, s..
[20] O conceito de *pure economic loss* é, de resto, definido, na Europa, e sobretudo na Alemanha, por recurso a uma delimitação ou regra "negativa" de não responsabilização.
[21] SINDE MONTEIRO (1989), p. 300, s., e 486, s..
[22] CARNEIRO DA FRADA (1997), p. 80.

Quando, da inobservância dos deveres de zelo, diligência, profissionalismo, etc., por parte do fiscalizador na sua actividade de fiscalização resultem, para terceiros, quaisquer danos, ocorre assim em princípio um caso de *pura perda económica*, à qual não corresponde um direito à indemnização: inexiste, por um lado, a violação de qualquer *direito absoluto* do terceiro, visto que a lesão se verifica tão-só no seu património, não sendo, por outro lado, dogmaticamente aceitável a existência de um direito subjectivo ao património.

A ressarcibilidade dos puros danos patrimoniais só é juridicamente imposta quando se verifique a violação de disposições legais de protecção – o que se alcança através da segunda modalidade da ilicitude extracontratual, que abrange as situações em que, não se verificando a violação de um direito absoluto do terceiro, a conduta do agente consubstancia, todavia, a violação de uma *disposição legal de protecção*, consagrada pelo legislador por razões específicas. Esta variante da ilicitude extracontratual pressupõe, todavia, para que se concretize a responsabilidade do agente, que se verifiquem *cumulativamente* os seguintes pressupostos[23]: (1) que a essa lesão dos interesses do particular corresponda a *violação de uma norma legal*; (ii) que a norma tenha em vista a protecção de *interesses particulares*, os quais se mostrem, no âmbito da norma, *autonomizáveis* em relação a outros interesses por ela eventualmente protegidos; (iii) que o dano verificado se inscreva no *círculo de interesses* que a norma se propõe proteger.

A responsabilidade dos titulares dos órgãos de fiscalização da sociedade perante terceiros só se verificará, pois, quando a respectiva conduta se mostre ilícita – nos quadros da segunda variante da ilicitude extra-contratual, ou seja, quando os interesses (violados) de terceiros se achem protegidos por uma disposição legal de protecção destinada, precisamente, à tutela de interesses particulares, quando o dano produzido se inscreva no círculo de interesses que a norma legal se destina a proteger. Na aplicação concreta da norma, ter-se-á assim de averiguar a existência de uma tal norma de protecção dos interesses *concretamente violados* do *concreto terceiro lesado*. Servirão de exemplo, no âmbito do CSC, normas como as do art. 422º, 1, c) e e), e 422º, 2, onde se estabelecem, respectivamente, deveres de segredo, de comunicação de irregularidades à assembleia geral e de não aproveitamento de informações reservadas em benefício próprio. Trata-se, em todos estes casos, de normas de protecção cuja violação releva em sede de responsabilidade civil delitual e que

---

[23] ANTUNES VARELA (2010), p. 536-542; ALMEIDA COSTA (2006), p. 515.

uma vez violadas poderá desencadear um pedido de indemnização por parte de terceiros lesados pela omissão dos deveres de comunicação e de segredo ali prescritos. Muito embora não sejam titulares de um *direito* ao cumprimento daqueles deveres, as normas mencionadas são claramente estabelecidas para a protecção de determinados terceiros que podem ser afectados pelas consequências da não revelação de determinadas irregularidades: por exemplo, a cessação camuflada de pagamentos a um credor em termos de colocar em causa a continuação da actividade deste último, ou a ocultação de negócios paralelos de alguns administradores, ou da prática de actos fora do objecto da sociedade que tenham servido para ocultar lucros que em outras condições poderiam ter sido distribuídos aos sócios: para além da responsabilidade contratual directa da sociedade por esses factos, os membros dos órgãos de fiscalização poderão ser responsabilizados pela violação das normas supracitadas e consequente violação de interesses legalmente protegidos de terceiros em relação à sociedade.

2.2.1. A responsabilidade dos fiscalizadores perante os credores sociais

A responsabilidade dos fiscalizadores perante os credores sociais, claramente aquiliana[24], constitui uma sub-modalidade da responsabilidade perante terceiros e surge pela violação de disposições destinadas à específica protecção destes sujeitos[25] (art. 78º, 1, *ex* art. 81º, 1). Trata-se aqui de verdadeiras *disposições legais de protecção*, no sentido da segunda variante da ilicitude extra-contratual, nos termos do art. 483º do Código Civil e para os efeitos acima assinalados: aqui, pela forma directa e imediata como o legislador acautela os interesses dos terceiros, a sua tutela sob a égide da segunda variante da ilicitude extra-contratual torna-se evidente, sem necessidade de ulteriores averiguações acerca do exacto perímetro dos interesses visados na norma. É, em qualquer caso necessário, verificar se, em concreto, efectivamente foram desrespeitadas quaisquer normas especificamente destinadas a proteger os interesses do credor e se o dano pelo qual é reivindicada uma repristinação se verificou entre o círculo de interesses particulares que a norma pretende proteger.

---

[24] MENEZES CORDEIRO (1997), p. 495; MIGUEL PUPO CORREIA (2001), p. 579, s..
[25] Uma análise detalhada das disposições legais de protecção dos credores, cuja violação pode desencadear a aplicação do art. 78º, 1, em MIGUEL PUPO CORREIA (2001), p. 580, s., e em ILÍDIO RODRIGUES (1990), p. 221, s.; neste sentido também COUTINHO DE ABREU/ELISABETE RAMOS (2004), p. 23, s..

2.2.2. A responsabilidade dos membros dos órgãos de fiscalização perante os sócios e outros terceiros

Perante os sócios e outros terceiros, a responsabilidade – também ela inequivocamente delitual[26] – tem de ser aferida nos termos gerais (art. 79º, 1, *ex* art. 81º, 1, e 483º CC). O legislador não concretiza aqui, de facto, a ilicitude, nem fornece um critério específico para a sua avaliação. Remete, por conseguinte, para os princípios gerais da responsabilidade. A metodologia deverá ser no entanto a mesma adoptada no âmbito da responsabilidade perante os credores: caso a caso, haverá que proceder à averiguação das normas legais de protecção eventualmente violadas, sem o que não se poderá considerar preenchido o pressuposto da ilicitude da responsabilidade civil extra-contratual dos fiscalizadores perante os sócios e outros terceiros.

3. Aplicabilidade da presunção de culpa e da cláusula de exclusão da responsabilidade do art. 72º, 2 (*business judgment rule*) aos membros dos órgãos de fiscalização.

Questiona-se se cláusula de exclusão de responsabilidade, vertida no art. 72º, 2 para afastar a responsabilidade *dos administradores*, vale igualmente para, em idênticas condições, afastar a responsabilidade dos *fiscalizadores*[27-28]. Não sendo consensual este entendimento[29], há que verificar essa possibilidade.

A aplicabilidade aos membros dos órgãos de fiscalização da cláusula de exclusão da responsabilidade do art. 72º, 2, é desde logo permitida pelo sistema normativo, na coerente articulação das respectivas normas.

No que respeita à presunção de culpa e à regra sobre distribuição do ónus da prova da culpa estabelecidas no art. 72º, 1, do CSC para os administradores, é

---

[26] No sentido da qualificação da responsabilidade dos administradores perante os sócios e terceiros como responsabilidade delitual, cf. os Acórdãos do STJ de 25.11. 1997 (CJ-ASTJ, V-III, p. 141) e de 23.05.2002 (CJ, X- II, p. 88-89); na doutrina, implicitamente, PAULO OLAVO CUNHA (2010), p. 806 (nt. 701); ARMANDO BRAGA (1997), p. 171.
[27] Afirmativamente, no sentido que aqui se defende, da aplicabilidade da *business judgment rule* aos membros dos membros dos órgãos de fiscalização, CALVÃO DA SILVA (2006), p. 55-56. No mesmo sentido, PEREIRA DE ALMEIDA (2008), p. 458.
[28] Em sentido afirmativo, GABRIELA FIGUEIREDO DIAS (2007), p. 78-81, para onde se remete para maiores desenvolvimentos.
[29] A CMVM, principal autora da reforma do CSC nos aspectos relacionados com os princípios de *corporate governance*, na Proposta de Alteração do Código das Sociedades Comerciais colocado em consulta pública pelo CMVM em 30 de Janeiro de 2006 (*Governo das Sociedades Anónimas: Propostas de Alteração do Código das Sociedades Comerciais* – Processo de Consulta Pública 1/2006, p. 19, disponível em www.cmvm.pt), afirmou claramente a inaplicabilidade desta regra aos membros dos órgãos de fiscalização.

inequívoca, por força do art. 81º[30], a sua aplicabilidade aos titulares dos órgãos de fiscalização. Não se verificando nenhum impedimento material ou teleológico à aplicação remissiva daquela norma, esta deve ter-se por incluída no *pacote* de normas para as quais remete art. 81º.

Quanto à aplicabilidade da cláusula de exclusão da responsabilidade aos fiscalizadores, e cabendo a norma do art. 72º, 2, igualmente na massa de normas remetidas pelo art. 81º, ela só não será abrangida pela remissão substancial do regime da responsabilidade dos fiscalizadores para o regime da responsabilidade dos administradores se se mostrar, pela sua natureza, insusceptível de aplicação.

A resposta passa por saber se a actividade de fiscalização *comporta ou não* uma *margem de discricionariedade e poder de decisão* conforme com a racionalidade da norma em causa: a cláusula de exclusão da responsabilidade do art. 72º, 2, só actua quando a conduta do administrador em apreciação seja *uma* conduta (aquela pela qual ele optou) de entre as várias condutas que um administrador diligente, informado e independente teria podido adoptar, na margem de discricionariedade e decisão que cabe por inerência e definição a um administrador[31]. A questão reside, assim, em saber se a actividade de fiscalização, *tal como configurada e redesenhada pela reforma, apresenta ou não, ainda que residualmente, essa vertente decisional, caracterizada por critérios de oportunidade e estratégia, onde a* business judgment rule *pode ser chamada para afastar a responsabilidade por um acto dessa natureza*; ou se, pelo contrário, constitui uma actividade puramente vinculada, exclusivamente regida por critérios de legalidade e não de oportunidade empresarial[32].

Deve atender-se aqui à natureza tendencialmente ampla e muito diversificada da actividade de fiscalização[33], onde efectivamente se pode encontrar uma dimensão vinculada muito forte no que respeita, sobretudo, à fiscalização

---

[30] Neste sentido, CALVÃO DA SILVA (2006), p. 54.
[31] Sobre a restrição teleológica do âmbito de aplicação do art. 72º, 2, às situações em que se verifique "uma margem considerável de discricionariedade e autonomia na actuação do administrador" e sua não aplicabilidade "quando as decisões são estritamente vinculadas e a decisão atende aos deveres específicos legais" – entendimento a que, de resto, se adere sem restrições –, RICARDO COSTA (2007), p. 67-68.
[32] Como defende PAULO CÂMARA (2007ª), p. 179.
[33] Confirmada explicitamente por PAULO OLAVO CUNHA (2010), p. 556-557; em defesa desta concepção diversificada da função de fiscalização pode ver-se o art. 2403 (1) do *Codice Civile* italiano, onde aparece muito clara a natureza plural das funções do órgão de fiscalização, e onde a função de fiscalização contabilística – de carácter naturalmente mais legalista e vinculado do que a restante – surge quase esbatida no conjunto de funções cometidas àquele órgão.

contabilística, que Contudo, a fiscalização societária não se esgota na fiscalização financeira; e mesmo esta, para além da aplicação dos critérios e regras obrigatoriamente observáveis, contém sempre uma margem de opção e decisão pessoal - se assim não fosse, bastaria, em teoria, desenvolver programas informáticos que testassem o rigor das contas mediante a aplicação dos critério definidos, tornando a intervenção dos órgãos de fiscalização desnecessários. A própria contabilidade constitui hoje, não obstante a enorme sofisticação que atingiu, uma ciência pouco exacta, pela multiplicidade de avaliações subjectivas com expressão obrigatória ou sugerida no reporte financeiro das empresas, a requerer do seu autor um envolvimento decisional relevante.

Calvão da Silva[34] fornece-nos, de resto, uma extensa e elucidativa lista de exemplos de actos de fiscalização que, de acordo com o novo mapa funcional da governação societária, competem aos respectivos órgãos e que se consubstanciam em *actos de decisão*: selecção e proposta à assembleia geral do ROC; aprovação de serviços adicionais (consultorias) a prestar pelo ROC; contratação de serviços de peritos; fiscalização do processo de preparação e divulgação da informação financeira e da eficácia do sistema de gestão de riscos, etc.; e sobretudo, a *decisão* sobre as formas e *timings* de reacção (ou não) em relação a eventuais deficiências encontradas – *v.g.*, no exercício da sua função de receptores privilegiados da informação sobre fraudes e irregularidades que lhes seja prestada pelos *whistleblowers*, ou na promoção dos actos de inspecção necessários ao exercício das suas funções[35].

A estes impressivos exemplos (e suficientes, por si, para demonstrar que a actividade de fiscalização não se resume a uma actividade *vinculada* e legalista de revisão de contas, antes compreende um espectro muito amplo de discricionariedade) podem acrescentar-se a função de fiscalização da administração, da observância da lei e do contrato de sociedade, o dever de elaborar *parecer* sobre os documentos de reporte financeiro. Sem necessidade de prosseguir nos exemplos, julga-se demonstrada a existência, no exercício das funções de fiscalização, de um espaço de escolha, opção e decisão susceptível de tornar aplicável a regra do art. 72º, em termos idênticos àqueles em que a mesma se aplica aos administradores.

---

34 CALVÃO DA SILVA (2006), p. 55, cuja exposição praticamente se reproduz.
35 Como bem assinala PAULO OLAVO CUNHA (2010), p. 818, para o conselho fiscal, mencionando a propósito os arts. 422º, 1, a), e 420º, 3.

Se o fiscalizador, *v.g.*, no uso das funções que lhe são cometidas pelo art. 420º--A, 1 (dever de comunicar por carta ao conselho de administração os factos de que tenha conhecimento e que considere revelarem graves dificuldades na prossecução do objecto), *decidir* nada comunicar à administração em relação a um facto que avaliou como não sendo comprometedor da prossecução do exercício da actividade social, mas que veio a revelar-se como tal, esta *decisão* tem na base uma avaliação subjectiva da gravidade do facto. Eventuais responsabilidades decorrentes da não comunicação do facto à administração, por *deficiente* avaliação da sua gravidade, poderão ser afastadas se o fiscalizador demonstrar, de acordo como art. 72º, 2, que a sua avaliação e subsequente decisão, além de absolutamente independentes, tiveram na base uma averiguação diligente das contingências do facto e dos efeitos expectáveis do mesmo, que conduziu à convicção razoável da pequena gravidade do mesmo e consequente desnecessidade da sua comunicação ao órgão de administração. E assim ocorrerá em relação a cada acto de fiscalização que, não obstante vir a revelar-se *danoso*, seja o produto de um *processo de decisão* por parte do fiscalizador, livre de conflitos de interesses, diligentemente informado e conforme com critérios de racionalidade empresarial[36].

Exemplo mais impressivo será o da decisão de destituição dos administradores executivos pelo conselho geral e de supervisão (art. 441º): é significativo o grau de discricionariedade que envolve uma decisão desta natureza, da competência de um órgão de fiscalização – o conselho geral e de supervisão. O acto de destituição e o processo de decisão que a ele tem de conduzir e a avaliação das suas consequências possíveis (favoráveis ou prejudiciais à sociedade) assentam numa banda muito larga de discricionariedade e possibilidade de opção –não só no que respeita à própria decisão de destituição do administrador como ainda a outros aspectos importantes com ela relacionados, como o *timing* do acto.

Acresce ainda, a favor da aplicabilidade da cláusula de exclusão da ilicitude estabelecida no art. 72º, 2 aos membros dos órgãos de fiscalização, um outro argumento. Os órgãos colegiais de fiscalização (conselho fiscal, comissão de auditoria, conselho geral e de supervisão) exercem a sua função fiscalizadora fundamentalmente através de *deliberações* (arts. 423º e 410º por remissão do

---

[36] Sobre o *critério da racionalidade empresarial*, conceito que já tem constituído objecto de intenso debate após a publicação do DL 76-A/2006, desenvolvidamente, RICARDO COSTA (2007), p. 83, s., nomeadamente propondo a aferição do critério através de um denominado "teste da irracionalidade".

433⁹³⁷). Ora, por definição e substância, a *deliberação* constitui um acto de *decisão* de um órgão pluripessoal de funcionamento colegial³⁸; deliberar é decidir. E decidir é escolher uma conduta, um comportamento, um acto, de entre várias condutas, comportamentos ou actos possíveis. A *deliberação* corresponde ao processo de formação e de manifestação da vontade de um ente colectivo, é o produto unificado de vontades individuais consubstanciadas numa *decisão*³⁹.

Se a função de fiscalização consistisse numa mera actividade vinculada de aplicação de regras e critérios legais, a *deliberação* jamais teria lugar, já que nada haveria a decidir, nem haveria espaço ou lugar para o encontro (ou confronto) de juízos, vontades e decisões que o funcionamento colegial e deliberação supõem e superam.

De resto, só esta concepção da fiscalização é compatível com a consagração de *deveres de cuidado e de lealdade*, como o fez o legislador no art. 64º, 2. Não é sequer argumento aceitável um alegado perímetro mais estreito desta norma em relação ao 1 do mesmo artigo⁴⁰, onde se verteram idênticos deveres para os administradores: ainda que se aceite essa desigualdade de perímetros – que aqui se rejeita -, está suficientemente estabelecida a relação entre os deveres de cuidado dos administradores (e dos fiscalizadores, dizemos nós) e a *business judgment rule* para tornar inaceitável a aplicabilidade desta regra aos administradores e prescindir dela para os titulares de órgãos com funções de fiscalização, sendo que ambos se encontram adstritos ao cumprimento de deveres de idêntica natureza e com idênticos objectivos, ainda que um conteúdo material diferente.

---

37 O legislador omitiu qualquer referência ao funcionamento da comissão de auditoria, constituindo esta uma dificuldade muito sensível e que obstaculiza um desempenho eficaz das funções de fiscalização por parte deste órgão de fiscalização; não obstante, e sem prejuízo das dificuldades que esta figura obriga a enfrentar, não se pode deixar de afirmar uma forma de funcionamento genericamente análoga à dos restantes órgãos colectivos de administração e fiscalização: mediante deliberações tomadas por maioria. Isso mesmo é confirmado pela aplicabilidade do art. 395º, 3, por remissão do art. 423º-H, de onde resulta que a comissão de auditoria decide por deliberação. Sobre a composição orgânica e o funcionamento da comissão de auditoria, ALEXANDRE SOVERAL MARTINS (2007), p. 255 e s..
38 Sobre o funcionamento colegial do conselho de administração, mas numa base tranquilamente aplicável aos restantes órgãos pluripessoais societários, e a justificação para o regime imperativo dessa colegialidade, *maxime* pela necessidade de protecção da sociedade contra os conflitos de interesses surgidos no seio do órgão e pela defesa de interesses de sócios futuros, PEDRO MAIA (2002), p. 179-215.
39 Sobre a estrutura e o sentido da deliberação (embora referida à deliberação dos sócios), por todos, PEDRO MAIA (2007), p. 230, s., bem como bibliografia ali referida.
40 Neste sentido, PAULO CÂMARA (2007ª), p. 179.

A função de fiscalização tem uma forte e significativa componente de discricionariedade, juízo, escolha e decisão, e é numa parte muito substancial exercida tendo na base um processo específico de formação da decisão – a deliberação. Justifica-se, por conseguinte, plenamente a aplicação da cláusula de exclusão da responsabilidade do art. 72º, 2 aos fiscalizadores sempre que estes demonstrem que actuaram, nesse processo de decisão, no uso de uma informação diligente e suficiente, livres de conflitos de interesses[41] e de acordo com critérios de racionalidade empresarial, o que, uma vez demonstrado, impedirá qualquer juízo adicional, por parte do julgador, sobre a substância da decisão, pelas mesmas razões pelas quais, nessas circunstâncias, se não aceita a substituição do juízo do administrador em relação a uma decisão empresarial pelo juízo do julgador.

4. Especificidades da responsabilidade dos membros dos órgãos de fiscalização em face da responsabilidade estabelecida para os administradores: culpa, ilicitude e solidariedade

Não obstante a norma remissiva do art. 81º, 1 que manda aplicar aos titulares dos órgãos de fiscalização as normas de responsabilidade estabelecidas para os administradores, o regime da responsabilidade civil dos fiscalizadores apresenta algumas especificidades importantes – desde logo, no que respeita ao preenchimento dos pressupostos da *ilicitude* e da *culpa*, que hão-de ser, atenta a diversidade de deveres que impendem sobre os fiscalizadores e os administradores, alvo de um diferente escrutínio. Destacam-se, pois, os arts. 64º e 72º, os quais, contendo normas aplicáveis aos administradores como aos fiscalizadores, obedecem, no momento da sua aplicação, a processos diferentes de concretização, com respeito por critérios diversos de apreciação e avaliação da conduta do sujeito – nomeadamente, pela consideração dos específicos deveres que a lei e o contrato de sociedade atribuam a cada um destes sujeitos no exercício das suas funções.

Por outro lado, o art. 81º, 2, estabelece o carácter solidário da responsabilidade dos fiscalizadores com os gerentes ou administradores das sociedades por actos ou omissões destes no desempenho dos respectivos cargos quando o dano se não teria produzido se houvessem cumprido as suas obrigações de fiscalização – o que importa, naturalmente, que se ache previamente estabelecida a responsabilidade dos fiscalizadores pelo incumprimento dos deveres que lhe

---

[41] Desenvolvidamente sobre os conflitos de interesses no exercício de funções de fiscalização, RUI OLIVEIRA NEVES (2010), p. 293-313.

cabiam: não basta determinar a solidariedade, é necessário, em concreto, estabelecer previamente a responsabilidade.

Norma paralela é a do art. 73º, 1 onde igualmente se consagra o carácter solidário da responsabilidade dos administradores. Também aqui, decisivo é saber, a título prévio, se o administrador é efectivamente responsável, isto é, se se verificam em relação a ele os pressupostos da responsabilidade – só depois se podendo afirmar, face ao disposto no art. 73º, 1 a solidariedade da responsabilidade dos vários administradores[42]. Vale isto por dizer que cada um dos administradores se pode valer da faculdade que a lei lhe reconhece de provar que actuou sem culpa[43], assim excluindo a sua responsabilidade individual e encontrando-se necessariamente a salvo da regra de solidariedade estabelecida na norma.

O alcance do exacto sentido da norma do nº 2 do art. 73º, quando aplicada aos fiscalizadores, terá de levar em consideração o grau de culpa do fiscalizador na prática do ilícito danoso que suscita a acção indemnizatória por parte da sociedade ou de terceiros: o conteúdo do direito de regresso, elemento estrutural do regime da solidariedade[44], existindo na medida proporcional da culpa individual de cada um dos administradores e fiscalizadores, será medido pelo grau de reprovação da conduta de cada um dos sujeitos abrangidos na acção de responsabilidade.

É, precisamente, por força desta norma do art. 73º, 2,[45] que pode alcançar-se algum equilíbrio e justiça na aplicação de um regime de responsabilidade que aparece como dotado de igual peso e exigência para os administradores (executivos e não executivos, independentes e não independentes) e fiscalizadores, quando é evidente que a contribuição de cada um destes sujeitos para a prática de factos ilícitos e danosos no contexto societário é, as mais das vezes, muito desproporcionada. No apuramento da responsabilidade, o tribunal terá

---

[42] Não foi intenção do legislador estabelecer *objectivamente* a responsabilidade (solidária) de todos os membros do órgão de administração, mas tão só vincar o carácter solidário dessa responsabilidade (subjectiva, isto é, baseada na culpa) quando ela exista individualmente. O que se pode dizer é que tal norma seria despicienda à luz do art. 100º do CCom., onde se estabelece a regra da solidariedade nas relações comerciais.
[43] Sendo paradigmática a ausência de culpa e, assim, de responsabilidade do administrador que, por ausente, não participou sequer na deliberação ou decisão de gestão da qual resultou o dano, ou ainda a exclusão de responsabilidade do administrador que prove ter agido em conformidade com as regras procedimentais do art. 72º, 2.
[44] Cfr. o art. 524º do CCiv..
[45] E não pelo art. 72º, 2, como erroneamente se inculca na proposta de Alteração do CSC.

de levar em consideração as funções e deveres individuais de cada um dos sujeitos (administrador executivo, não executivo, delegado[46] ou fiscalizador) para, em concreto, estabelecer *o grau e a proporção de culpa* de cada um deles, assim permitindo, que, por intermédio das regras do direito de regresso, se alcance uma solução concretamente justa, que respeite as expectativas societárias em relação ao desempenho de cada um dos seus órgãos e respectivos membros.

Não será, no entanto, juridicamente relevante a eventual invocação, por parte do fiscalizador[47], da sua falta de preparação ou conhecimentos para executar determinada função de fiscalização, com a finalidade de assim excluir a sua responsabilidade: o critério de apreciação da culpa em abstracto consignado no art. 487º, 2 do CCiv. vale aqui sem restrições, pelo que as concretas aptidões e capacidades do fiscalizador são, para o efeito, irrelevantes. Espera-se dos membros do órgão de fiscalização que, ao assumir a titularidade do respectivo cargo, o façam com a exacta consciência das exigências relacionadas com a função e das responsabilidades que resultam do seu exercício, não lhes aproveitando, em caso de danos causados por uma fiscalização ineficiente, a invocação da sua falta de preparação técnica ou de aptidão para o exercício de alguns aspectos da fiscalização.

---

[46] Recusando a possibilidade de coexistência, na mesma sociedade, de administradores delegados e comissão executiva, ALEXANDRE SOVERAL MARTINS (1998), p. 356.

[47] O argumento vale igualmente para os administradores.

ARTIGO 82º
Responsabilidade dos revisores oficiais de contas

1. Os revisores oficiais de contas respondem para com a sociedade e os sócios pelos danos que lhes causarem com a sua conduta culposa, sendo-lhes aplicável o artigo 73º

2. Os revisores oficiais de contas respondem para com os credores da sociedade nos termos previstos no artigo 78º

Índice

1. Os destinatários da norma do art. 82º: o ROC no exercício de funções profissionais específicas
2. A responsabilidade do ROC perante a sociedade fiscalizada
   2.1. Caracterização do acto ilícito do ROC
   2.2. Responsabilidade contratual subjectiva
3. A responsabilidade do ROC perante terceiros
   3.1. Normas legais de protecção de terceiros
   3.2. A *culpa in contrahendo* como matriz possível de uma via alternativa da responsabilidade do ROC perante terceiros

Bibliografia

a) Citada:

DIAS, GABRIELA FIGUEIREDO – *Fiscalização de sociedades e responsabilidade civil*, Coimbra Editora, Coimbra, 2006, "Controlo de contas e responsabilidade dos ROC", *Temas Societários*, em IDET, Colóquios, nº 2, 2006ª, Almedina, Coimbra, p. 153-207; FRADA, MANUEL CARNEIRO DA – *Uma "terceira via" no direito da responsabilidade civil?*, Almedina, Coimbra, 1997; GARCIA DIEZ, JULIETA – "Responsabilidade dos auditores legais em Espanha e Portugal", *Revisores e Empresas*, Ano 1, nº 4, Jan.-Mar. 1999; JORGE, FERNANDO PESSOA, *Direito das obrigações*, I, AAFDL, Lisboa, 1975/1976; MONTEIRO, JORGE SINDE – *Responsabilidade por conselhos, recomendações e informações*, Almedina, Coimbra, 1989; PINA, CARLOS COSTA – *Dever de informação e responsabilidade pelo prospecto no mercado primário de valores mobiliários*, Coimbra Editora, Coimbra, 1999.

b) Outra:

MARQUES, TIAGO JOÃO ESTÊVÃO, *Responsabilidade civil dos membros dos órgãos de fiscalização das sociedades anónimas*, Coimbra, Almedina, 2009.

1. Os destinatários da norma do art. 82º: o ROC no exercício de funções profissionais específicas

Em relação ao perímetro subjectivo do art. 82º, e na sequência das notas já deixadas sobre o tema a propósito do art. 81º, a reforma do CSC de 2006 foi de certo modo esclarecedora. Se já antes da reforma se concluíra que esta norma se dirigia ao ROC quando este actuasse no exercício puro das suas específicas funções profissionais – isto é, enquanto *revisor oficial de contas* com funções técnicas de revisão e certificação legal das contas da sociedade e não enquanto membro indiferenciado do conselho fiscal[1] –, esta interpretação surge agora, com a autonomização do ROC face ao órgão colectivo de fiscalização da sociedade operada na nova tipologia de modelos de governo societário, incontornável. Remetendo-se o ROC, em quase todos os modelos de fiscalização, para o exercício predominante de funções puramente técnicas e profissionais de revisão de contas[2], a dissociação da responsabilidade dos membros dos órgãos de fiscalização em geral (art. 81º) e do ROC, enquanto órgão autónomo e com funções específicas de fiscalização (art. 82º), resultou evidente.

2. A responsabilidade do ROC perante a sociedade fiscalizada
2.1. Caracterização do acto ilícito do ROC

No que respeita às linhas delimitadoras da ilicitude da conduta do ROC, o art. 64º, 2, é-lhe também aplicável, sendo aqui mais fácil o preenchimento da cláusula geral dos "elevados padrões de diligência profissional" (do que o é em relação aos membros do órgão colectivo de fiscalização)[3]: para além das normas do CSC que especificam os deveres e as funções do ROC[4], o respectivo Estatuto Profissional[5] estabelece regras muito precisas sobre as competências, funções, deveres e modo de exercício da profissão do revisor oficial de contas, simplifi-

---

[1] Interpretação proposta por CARLOS COSTA PINA (1999), p. 202, igualmente acolhida em GABRIELA FIGUEIREDO DIAS (2006ª), p. 182.
[2] Com excepção do modelo latino simples, onde, como se viu, o ROC continua a desempenhar um papel bicéfalo. Mesmo aqui, todavia, já defendemos que o art. 82º é igualmente aplicável ao ROC, já que mesmo no âmbito do conselho fiscal lhe são atribuídas funções específicas.
[3] Cfr. a anotação ao art. 64º, 2.
[4] Art. 420º, 1, als. c) a f), por remissão do art. 446º e 420º, 4.
[5] EROC, instituído pelo DL 487/99, de 16 de Novembro, republicado pelo DL 224/2008, de 20 de Novembro.

cando, em concreto, a determinação de um padrão de diligência profissional adequado aos interesses da sociedade[6].

Assim, o ROC cometerá um acto ilícito relevante para efeitos do art. 82º, interpretado em articulação com o critério de diligência estabelecido no art. 64º, 2, sempre que, por exemplo, a apreciação das contas da sociedade a que procedeu revele negligência grosseira na detecção de erros graves naquelas, facilmente detectáveis pela mera aplicação de regras contabilísticas e/ou matemáticas que é sua obrigação dominar; sempre que o revisor oficial de contas exprima concordância com as demonstrações financeiras da sociedade quando do ponto de vista técnico lhe teria sido exigível a emissão de uma opinião adversa; sempre que o ROC omita deveres de vigilância e informação; etc..

Está fora de questão a responsabilização do ROC pela não detecção de erros ou fraudes quando, perante o caso concreto e mediante a utilização dos instrumentos técnicos que o ROC está por natureza obrigado a conhecer e dominar, esses erros ou fraudes não pudesse ter sido, de um ponto de vista técnico, detectados ou conhecidos, afastando-se assim uma certa tendência de objectivação da responsabilidade do ROC, ao qual tendem a ser imputadas a título de responsabilidade as consequências do desconhecimento ou não detecção de quaisquer erros ou fraudes contabilísticos[7].

2.2. Responsabilidade contratual subjectiva

Nos termos do seu estatuto profissional (art. 53º do EROC), o ROC estabelece uma relação de natureza contratual com a sociedade. A ilicitude da conduta do ROC resultará desde logo da violação dos deveres contratuais assumidos perante a sociedade fiscalizada – concretamente, no âmbito das suas funções específicas, os de levar a cabo a revisão e a certificação legal[8] das contas da sociedade em estrita observância e cumprimento das regras técnicas e deontológicas estabelecidas para a profissão. O incumprimento contratual, base de uma eventual

---

[6] Sobre a concretização do ilícito na conduta do ROC, de forma detalhada, v. GABRIELA FIGUEIREDO DIAS (2006ª), p. 182-186.

[7] Sobre o *expectation gap* que grava actualmente a posição dos auditores, cfr. JULIETA GARCIA DIEZ (1999), p. 46, GABRIELA FIGUEIREDO DIAS (2006ª), p. 185-186.

[8] A certificação legal de contas desdobra-se em duas vertentes – formal e substancial. Formalmente, a certificação concretiza-se no respectivo documento, podendo o seu resultado ser uma certificação sem reservas ou com reservas, uma certificação adversa, ou uma declaração de impossibilidade de certificação (art. 44º, 3, EROC). De um ponto de vista substancial, a certificação legal de contas consiste num juízo ou numa opinião, expressa pelo ROC, sobre a conformidade das demonstrações financeiras com a posição financeira da empresa (art. 44º, 2).

pretensão indemnizatória, analisar-se-á assim na omissão, por parte do ROC, de qualquer um destes actos a que se acha vinculado, lesando o direito do credor (em termos imediatos, a sociedade) a essa prestação de facto.

Mais frequentemente, todavia, a lesão do interesse da sociedade, enquanto credora da prestação, em relação à actividade do ROC, resulta do facto de este, não obstante ter efectivamente procedido à revisão e à certificação legal das contas – cumprindo, assim, o seu *dever primário de prestação* - ter contudo aceitado a conformidade das demonstrações financeiras apresentadas pela administração com a situação patrimonial e contabilística da sociedade quando, se houvesse aplicado as normas técnicas convocáveis, actuando de acordo com as *leges artis* da profissão e com o zelo e a diligência que lhe são exigíveis (nomeadamente à luz do art. 64º, nº 2), deveria ter *identificado* e *revelado* as desconformidades existentes através da emissão de uma *opinião qualificada* (com reservas) ou *adversa* – o que não veio a suceder.

Não é aqui configurável qualquer tipo de responsabilidade objectiva do ROC por danos causados pela não detecção de erros ou desconformidades. A responsabilidade do ROC, na ausência de outra indicação legal, será necessariamente subjectiva, assente na culpa, presumida ou provada. Não pode, assim, afirmar-se a responsabilidade do ROC sempre que e apenas porque se verifique existirem erros ou desconformidades na informação financeira produzida pelo órgão de administração que o ROC não detectou ou não revelou: será necessário, para a respectiva responsabilização, que a não detecção dos erros e desconformidades surja como o resultado de uma actuação profissional deficiente e negligente – isto é, como resultado de uma actuação *ilícita* e *culposa*. Ora, a ilicitude consubstanciar-se-á, para este efeito e de acordo com o art. 82º, interpretado em conjunto com o art. 64º, 2, na omissão da revisão e/ou emissão de relatório de certificação legal das contas ou, mais correntemente, no cumprimento defeituoso do dever de revisão/certificação (desrespeito pelas *leges artis*, pelas normas técnicas aplicáveis, etc.). O cumprimento defeituoso deste dever, que torna ilícita a conduta do ROC, é relativamente fácil de aferir, visto constituir a auditoria de contas, em sentido amplo, uma actividade eminentemente técnica, vinculada à observância de certos métodos, regras e princípios específicos de revisão, que se pretende seja exercida com o maior dos profissionalismos, credibilizando a actividade e dando corpo ao ideal de transparência e de imagem fiel que se pretende que as contas das empresas apresentem.

Destaque-se, a este passo, a dificuldade de interpretação das normas do art. 420º-A, 5 e 6, onde respectivamente se prescreve (nº 5) a responsabilidade solidária do ROC com os membros do conselho de administração pelo incumprimento dos deveres de vigilância consignados nos nºs 1, 3 e 4 do art. 420º-A, para depois se prescrever a exclusão da responsabilidade civil do ROC pelos factos referidos nos nºs 1, 3 e 4 do mesmo artigo.

O legislador terá querido consagrar, no nº 5 do art. 420º-A, a responsabilidade do ROC por factos *próprios* (omissão dos deveres cometidos ao ROC nos nºs 1, 3 e 4), enquanto no nº 6 se exclui a respectiva responsabilidade por factos dos administradores: o ROC *não responde* pelos actos dos administradores a que se referem os nºs 1, 3 e 4 do art. 420º-A (falta reiterada de pagamento aos fornecedores, protestos de títulos de crédito, emissão de cheques sem provisão, etc.) mas são pessoalmente responsáveis pelo não cumprimento dos deveres de vigilância, comunicação e aviso que ali lhe são cometidos como forma de controlo da actividade da administração.

3. A responsabilidade do ROC perante terceiros

No que respeita à responsabilidade do ROC perante os sócios e os credores da sociedade, expressamente prevista no art. 82º, são pertinentes as considerações feitas a propósito do art. 81º, que se consideram aplicáveis com as devidas adaptações.

Contudo, o legislador não menciona, no art. 82º, a responsabilidade do ROC perante outros terceiros (para além dos sócios e dos credores sociais), diversamente do que acontece com os membros dos órgãos de fiscalização em geral. Todavia, a actividade do ROC é susceptível de causar danos a terceiros, de resto muito relevantes[9]. Para além disso, a ausência de previsão expressa, por parte do legislador, da respectiva responsabilidade perante terceiros não deve ser entendida como um impedimento de princípio à sua ponderação.

Simplesmente, o enquadramento dogmático dessa responsabilidade, em termos abstractos, não é fácil, na medida em que se depara com todas as dificuldades já enunciadas a propósito de idêntica responsabilidade dos membros dos órgãos de fiscalização, agravada pelo facto de o legislador não ter aqui, voluntariamente ou não, previsto essa possibilidade.

Estando liminarmente excluída a possibilidade de o ROC responder a título contratual perante os terceiros, visto não existir entre eles qualquer vínculo específico capaz de explicar essa responsabilidade, a configuração delitual ou extra-contratual da mesma não é de facto evidente, sendo necessário estabe-

---

[9] Desenvolvidamente, GABRIELA FIGUEIREDO DIAS (2006), p. 31, s., (2006ª), p. 175, s..

lecer a ilicitude da conduta nos termos do art. 483º do Código Civil, isto é, submetendo o facto a uma das variantes típicas da ilicitude ali consignadas: (i) violação de direito absoluto; (ii) violação de interesse legalmente protegido; ou (iii) abuso de direito.

3.1. Normas legais de protecção de terceiros

A via lógica de resolução da questão passa novamente, tal como no art. 81º, pela identificação de normas legais de protecção cuja violação permita o enquadramento do facto na segunda variante da ilicitude extracontratual.

Não sendo abundantes, é todavia possível encontrar no programa normativo que enforma a actividade do ROC quaisquer normas que caibam nesta categorização. A título de exemplo, a norma do art. 420º-A, nº 1, estatuindo um dever de comunicação de certas irregularidades, tem como escopo evidente a protecção de terceiros (credores, clientes, colaboradores) para além da protecção da própria sociedade, configurando-se como *norma legal de protecção* (v. anotação ao art. 81º).

Por outro lado, é, efectivamente, muito tentadora a qualificação de certas normas que envolvem a atribuição de deveres ao ROC como *normas legais de protecção* para efeitos de responsabilização do ROC/auditor perante terceiros. Estão desde logo nestas circunstâncias todas as normas dispersas no ordenamento que impõem a estes profissionais a realização de certos actos e a sua prática de acordo com determinadas regras: a título de exemplo, os arts. 62º e 64º do EROC, ou o art. 420º, 4, do CSC, poderiam levar a pensar estar-se perante *disposições legais de* protecção, cuja violação permitiria, sem mais, a qualificação da conduta como ilícita à luz da segunda variante da ilicitude extracontratual.

Mas este seria um caminho que teria tanto de fácil quanto de traiçoeiro.

Em primeiro lugar, nenhuma dessas normas permite identificar, no círculo de interesses que as mesmas visam proteger, um específico *interesse particular* – que pode ainda existir, é certo, mas que em caso nenhum se afigura *autonomizável* em relação aos restantes. Trata-se de normas que apresentam como finalidade a promoção e protecção de um interesse *público*, *supra-individual*, que é o da veracidade, fiabilidade e transparência da informação financeira certificada pelo revisor oficial de contas. A prossecução deste interesse público reflecte-se, de facto, no interesse particular de todos os indivíduos que porventura possam ser afectados pelas inverdades contidas nessa informação financeira. Mas não é esse, seguramente, o interesse, ou sequer *um* interesse (particular) que qualquer uma destas normas vise *autonomamente* realizar.

Deve, pois, evitar-se recorrer acriticamente ao conceito de *disposição legal de protecção* como recurso de emergência para o enquadramento normativo da responsabilização de certas condutas, alargando-se o conceito muito para além das suas fronteiras naturais: aqui se recusa essa vulgarização[10]. As disposições legais de protecção têm como função a protecção de *pessoas determinadas* ou *círculos de pessoas* que possam sofrer lesões nos seus bens[11], alargando a protecção delitual para além da primeira variante da ilicitude. Não basta, todavia, para que o seja, " ...que se destine a proteger a colectividade em geral. A protecção individual tem de ser intencionada, e não apenas objectivamente actuada, embora não tenha de constituir o fim principal da norma"[12].

A qualificação da norma como uma disposição legal de protecção passa, pois, necessariamente pela identificação do *fim da norma* – e não se trata de *disposições legais de* protecção para efeitos de preenchimento do requisito da ilicitude do art. 483º do Código Civil quando o fim da norma é apenas o da promover a confiança da sociedade em geral na informação financeira produzida pelas empresas sujeitas à certificação legal, e não o de assegurar a protecção de interesses específicos. Existe, claro, um interesse individual de cada cidadão na veracidade e conformidade dessa informação, e esse interesse individual constitui uma parte do interesse tutelado pela norma: em última analise, o interesse público ou geral mais não é do que o somatório de múltiplos interesses individuais[13] – estes, todavia, insusceptíveis de *autonomização*. Admitindo-se a recorrência de dificuldades na descoberta do fim da norma, será útil, a fim de evitar um excessivo alargamento da responsabilidade delitual, o critério segundo o qual se presume que a norma visa interesses gerais, e não categorias limitadas de sujeitos, se não puder inferir-se claramente da própria norma o interesse particular que a motivou[14].

Uma diferente configuração da segunda variante da ilicitude extracontratual, que incluísse no espaço de previsão toda e qualquer norma que, ainda que de forma reflexa ou eventual, protegesse quaisquer interesses particulares, conduziria a uma excessiva ampliação da protecção do património, à consagração

---

[10] Assim como se recusa a generalização da qualidade de disposição legal de protecção, por exemplo, a todas as normas de carácter penal, disciplinar, etc., como por vezes se tem pretendido.
[11] SINDE MONTEIRO (1989), p. 240.
[12] SINDE MONTEIRO (1989), p. 249.
[13] SINDE MONTEIRO (1989), p. 250.
[14] PESSOA JORGE (1975/1976), p. 312.

de uma "grande cláusula delitual"[15] e à ressarcibilidade geral e integral da *pura perda patrimonial*, ao arrepio de toda a nossa tradição.

Na ausência de uma norma legal de protecção, só por recurso a expedientes dogmáticos e doutrinais alternativos, como a teoria da confiança ou o contrato com eficácia de protecção para terceiros, se poderá eventualmente, obter suporte jurídico para as pretensões indemnizatórias de terceiros contra o ROC, sendo certo que estes recursos só muito ocasionalmente se mostrarão capazes de escorar uma concreta pretensão indemnizatória de terceiros contra o ROC.[16]

3.2. A *culpa in contrahendo* como matriz possível de uma via alternativa da responsabilidade do ROC perante terceiros

Em qualquer caso, o critério de responsabilização do ROC perante terceiros terá de ser estabelecido em função da posição que o terceiro ocupe *em relação ao contrato* e não *em relação ao credor*[17]:

"Se, de acordo com o fim e o conteúdo do contrato, o terceiro é atingido pela prestação de uma forma que o traz para uma posição comparável à que o credor ocupa normalmente a respeito da prestação, então é também justificado inclui-lo no âmbito de protecção do contrato"[18].

Dadas as dificuldades registadas no enquadramento normativo da responsabilidade do ROC perante terceiros através do mecanismos das normas legais de protecção, será útil averiguar outras possibilidades, designadamente entre aquelas proporcionadas por uma "terceira via da responsabilidade", situada algures entre a responsabilidade delitual e obrigacional, tributária dos princípios gerais da responsabilidade mas consubstanciada de modo autónoma[19].

Por este caminho se chega às soluções oferecidas, também neste específico campo, pelo instituto da *culpa in contrahendo*, institucionalizada pelo art. 227º do CCiv. com vista à vinculação responsabilizadora dos sujeitos na fase de negociações e de formação do contrato, no sentido de os compelir à adopção de comportamentos conformes com a boa-fé e dirigidos sobretudo à protecção dos interesses da contraparte. Os deveres fundados na boa-fé que aqui ganham consistência ou visibilidade (deveres de informação, de protecção, de cuidado, etc.) geram, quando violados nesta fase, o dever de indemnizar, sendo

---

[15] SINDE MONTEIRO (1989), p. 253.
[16] Desenvolvidamente sobre o tema, GABRIELA FIGUEIREDO DIAS (2006), p. 64, s., (2006ª), p. 192, s..
[17] SINDE MONTEIRO (1989), p. 11, citando Musielak.
[18] SINDE MONTEIRO (1989), como na nt. anterior.
[19] CARNEIRO DA FRADA (1996), p. 96, s..

inclusivamente ressarcíveis os danos puramente patrimoniais que nesta fase se produzam. Não se verificam, neste contexto específico, as razões da restrição destes danos em sede geral, e que têm a ver com o risco de crescimento exponencial das situações de responsabilidade civil[20].

Ora, a culpa na formação do contrato interessa para a questão que nos ocupa pelo facto de esta responsabilizar, não apenas as partes no contrato (ou naquele que vier a ser o contrato), mas também alguns sujeitos que intervenham na negociação ou na formação do contrato, assim se alargando a eficácia subjectiva do mesmo.

Tomando como ponto de partida que a *culpa in contrahendo* concita um conjunto de deveres, fundados na boa fé e orientados para a protecção da confiança, os terceiros que intervenham nas negociações pré-contratuais como sujeitos autónomos e violem determinados deveres que lhe eram impostos pela boa fé serão responsáveis perante o terceiro – sobretudo se o sujeito em causa tiver captado a confiança da contraparte e defraudar essa confiança. Por aqui se pode obter uma importante e sólida base dogmática de responsabilização dos terceiros que, como os ROC, em virtude das suas elevadas e específicas qualificações profissionais exerçam uma influência determinante na decisão de contratar e nos termos da contratação, não apenas do sujeito que é a sua contraparte mas, sobretudo da outra parte nessa relação.

Está-se aqui em pleno campo de acção da *relação obrigacional sem deveres primários de prestação*, a qual parece caber com justeza no espaço de previsão da norma do art. 227º do CCiv.: esta *relação de negociação* firma-se entre os sujeitos que intervêm nos preliminares do contrato com autonomia, tornando-se, neste contexto, muito razoável a imputação a tais sujeitos de deveres pré-contratuais.

O direito à indemnização exercido pelo terceiro contra o ROC por revisão deficiente das contas ou falha de auditoria dependerá, em última análise, do estabelecimento de uma relação especial de confiança entre os sujeitos em questão, exigindo-se que o ROC tenha ou pudesse ter tido a consciência de que a informação por ele produzida se destinava a ser utilizada por esse terceiro com o qual se estabeleceu uma tal relação de confiança.

Assim se esboça uma outra via de solução para a questão de saber em que alicerces fazer assentar a responsabilidade do ROC perante terceiros, sejam eles os sócios, os credores ou quaisquer outros terceiros (mormente adquirentes de partes sociais).

---

[20] CARNEIRO DA FRADA, (1997), 96 s.

ARTIGO 83º *
Responsabilidade solidária do sócio

1. *O sócio que, só por si ou juntamente com outros a quem esteja ligado por acordos parassociais, tenha, por força de disposições do contrato de sociedade, o direito de designar gerente sem que todos os sócios deliberem sobre essa designação responde solidariamente com a pessoa por ele designada, sempre que esta for responsável, nos termos desta lei, para com a sociedade ou os sócios e se verifique culpa na escolha da pessoa designada.*

2. *O disposto no número anterior é aplicável também às pessoas colectivas eleitas para cargos sociais, relativamente às pessoas por elas designadas ou que as representem.*

3. *O sócio que, pelo número de votos de que dispõe, só por si ou por outros a quem esteja ligado por acordos parassociais, tenha a possibilidade de fazer eleger gerente, administrador ou membro do órgão de fiscalização responde solidariamente com a pessoa eleita, havendo culpa na escolha desta, sempre que ela for responsável, nos termos desta lei, para com a sociedade ou os sócios, contanto que a deliberação tenha sido tomada pelos votos desse sócio e dos acima referidos e de menos de metade dos votos dos outros sócios presentes ou representados na assembleia.*

4. *O sócio que tenha possibilidade, ou por força de disposições contratuais ou pelo número de votos de que dispõe, só por si ou juntamente com pessoas a quem esteja ligado por acordos parassociais de destituir ou fazer destituir gerente, administrador ou membro do órgão de fiscalização e pelo uso da sua influência determine essa pessoa a praticar ou omitir um acto responde solidariamente com ela, caso esta, por tal acto ou omissão, incorra em responsabilidade para com a sociedade ou sócios, nos termos desta lei.*

* Redacção introduzida pelo DL 76-A/2006, de 29 de Março.

Índice

1. Introdução; o art. 83º como manifestação do dever de lealdade do sócio
2. Responsabilidade contratual ou extracontratual? Consequências sobre a prova
3. Fim normativo (nºˢ 1 e 3; nº 4)
4. O sujeito responsabilizável: o *"sócio"*
5. Responsabilidade por *culpa in eligendo* (nºˢ 1 a 3)
6. Responsabilidade por exercício de influência (nº 4)
   6.1. Influência *lícita* e influência *ilícita*
   6.2. Pessoas sobre que incide a influenciação: *"gerente, administrador ou membro do órgão de fiscalização"*
      6.2.1. *"Gerente"* e *"administrador"*
      6.2.2. *"Membro do órgão de fiscalização"*

6.3. Posição que demonstra o poder de influenciar: *poder de destituição*
6.4. Factos em que se baseia o poder de destituição
6.4.1. *"Disposições contratuais"*
6.4.2. Titularidade de *"número de votos"*
6.5. Meios de exercício da influência
6.6. Responsabilidade do membro do órgão social – ou dano causado pela sua actuação?
6.7. Nexos de causalidade
6.8. Propósito de causar o dano?

Bibliografia

ABREU, J. M. COUTINHO DE – *Curso de direito comercial*, vol. II – *Das sociedades*, 3.ª ed., Almedina, Coimbra, 2009; *Governação das Sociedades Comerciais*, 2.ª ed., Almedina, Coimbra, 2010; ABREU, J. M. COUTINHO DE/MARTINS, ALEXANDRE SOVERAL – *Grupos de Sociedades. Aquisições tendentes ao Domínio Total*, Almedina, Coimbra, 2003; ABREU, J. M. COUTINHO DE/RAMOS, ELISABETE – "Responsabilidade Civil de Administradores e de Sócios Controladores – (Notas sobre o Art. 379º do Código do Trabalho)", em IDET, *Miscelâneas* nº 3, Almedina, Coimbra, 2004, p. 7-55; ANTUNES, JOSÉ A. ENGRÁCIA – *Os Grupos de Sociedades – Estrutura e organização jurídica da empresa plurissocietária*, 2.ª ed., Almedina, Coimbra, 2002; CORDEIRO, ANTÓNIO MENEZES – "Acordos parassociais", ROA, 2001, II, p. 529-542; *Código das Sociedades Comerciais anotado* (coord. de A. Menezes Cordeiro), Almedina, Coimbra, 2009, p. 282-283, art. 83º; COSTA, RICARDO – "Responsabilidade Civil Societária dos Administradores de Facto", *Temas Societários*, IDET, Colóquios nº 2, Almedina, Coimbra, 2006, p. 23-43; CUNHA, PAULO OLAVO – *Direito das Sociedades Comerciais*, 4.ª ed., Almedina, Coimbra, 2010; DIAS, RUI M. PEREIRA – *Responsabilidade por Exercício de Influência sobre a Administração de Sociedades Anónimas – Uma Análise de Direito Material e Direito de Conflitos*, Almedina, Coimbra, 2007; FRADA, MANUEL CARNEIRO DA – "Acordos parassociais 'omnilaterais' – Um novo caso de 'desconsideração' da personalidade jurídica?", DSR, I 2009, p. 97-135; LABAREDA, JOÃO – *Direito societário português – algumas questões*, Quid Juris?, Lisboa, 1998; RAMOS, ELISABETE – *Responsabilidade civil dos administradores e directores de sociedades anónimas perante os credores sociais*, Coimbra Editora, Coimbra, 2002; SANTOS, MÁRIO LEITE – *Contratos parassociais e acordos de voto nas sociedades anónimas*, Cosmos, Lisboa, 1996; SILVA, JOÃO CALVÃO DA – "Acordo parassocial respeitante à conduta da administração e à divisão de poderes entre órgãos sociais", *Estudos Jurídicos (Pareceres)*, Almedina, Coimbra, 2001, p. 235-252; TRIGO, MARIA DA GRAÇA – *Os acordos parassociais sobre o exercício do direito de voto*, Universidade Católica Editora, Lisboa, 1998; VAZ, TERESA SAPIRO ANSELMO – "A responsabilidade do accionista controlador", O Direito, 1996, III-

-IV, p. 329-405; VENTURA, RAÚL – *Sociedades por Quotas*, Vol. I, *Artigos 197º a 239º*, Almedina, Coimbra, 1987; "Acordos de voto; algumas questões depois do Código das Sociedades Comerciais (CSC, art. 17º)", *Estudos Vários Sobre Sociedades Anónimas – Comentário ao Código das Sociedades Comerciais*, Almedina, Coimbra, 1992, p. 7-101.

1. Introdução; o art. 83º como manifestação do dever de lealdade do sócio

O art. 83º prevê, no essencial, *dois grupos de situações* em que o sócio é responsabilizado *solidariamente* com um membro de um órgão social.

No primeiro, a que se referem os nºs 1 e 3, o sócio é responsabilizado em virtude de (i) ter, por qualquer de diversos meios aí previstos, o *direito de designar gerente* (nº 1) ou a *possibilidade de fazer eleger gerente, administrador ou membro do órgão de fiscalização* (nº 3), e (ii) ter havido *culpa na escolha* dessa pessoa. Trata-se, assim, de uma hipótese de *culpa in eligendo*.

No segundo, a que se refere o nº 4, o sócio é responsabilizado em virtude de (i) ter poder de *destituir ou fazer destituir gerente, administrador ou membro do órgão de fiscalização* e (ii) ter *exercido influência* sobre o mesmo, determinando-o à prática de um acto prejudicial para a sociedade ou um sócio.

Em qualquer dos casos, pode dizer-se doutrina corrente entre nós a de que, no quadro do nosso CSC, o art. 83º surge como uma *manifestação do dever de lealdade*[1].

2. Responsabilidade contratual ou extracontratual? Consequências sobre a prova

Do que acabamos de dizer decorre, mais ou menos linearmente, que se trata de um caso de *responsabilidade contratual*[2]. No caso dos nºs 1 e 3, essa interpretação da lei conduz a que caiba "ao sócio que escolheu ou fez eleger administrador o ónus de provar que não sabia nem devia saber não possuir o administrador as qualidades de um gestor criterioso e ordenado (cfr. o art. 799º, 1, do CCiv.)"[3].

---

[1] COUTINHO DE ABREU (2009), p. 311; COUTINHO DE ABREU/SOVERAL MARTINS (2003), p. 53; COUTINHO DE ABREU/ELISABETE RAMOS (2004), p. 53. TERESA ANSELMO VAZ (1996), p. 395, refere-se a um "particular dever de cuidado" que incumbe ao accionista controlador, dever esse que "pode decorrer do próprio contrato da sociedade, de outros acordos acessórios (*maxime* acordos parassociais) ou até encontrar-se implícito no sistema do CSC". V. tb. RUI PEREIRA DIAS (2007), p. 124.

[2] COUTINHO DE ABREU/ELISABETE RAMOS (2004), p. 53; TERESA ANSELMO VAZ (1996), p. 395; no caso do nº 4, tb. RUI PEREIRA DIAS (2007), p. 125, porém com algumas nuances, ditadas pelo que se julga serem os fins normativos subjacentes a essa norma (v. p. 123-128).

[3] COUTINHO DE ABREU/ELISABETE RAMOS (2004), p. 54; TERESA ANSELMO VAZ (1996), p. 395. Cfr., porém, a advertência de MENEZES CORDEIRO (2009), p. 283: "Não há qualquer presunção de *culpa in eligendo*, pelo que esta sempre deverá ser provada por quem a invoque".

No caso do nº 4, a determinação do que está sujeito a prova é mais complexa e está ligada intimamente à definição dos pressupostos da responsabilidade do sócio decorrente dessa norma; adiantando o que resulta das ideias abaixo alinhavadas (v. 6.), diga-se em suma o seguinte: no que toca aos nexos de causalidade, por um lado, entre o exercício da influência e o acto do administrador, e por outro, entre este e o dano causado (v. 6.7.), ambos devem considerar-se presumidos; igualmente se presumirá a culpa do sócio, que a sociedade e/ou outro(s) sócio(s) não terão que provar[4]; mas o sócio influenciador poderá ilidir a presunção, provando, senão a ausência de culpa, ao menos a inconsciência da sua negligência (v. 6.8.).

3. Fim normativo (n.ºs 1 e 3; nº 4)

Como referido, e com importância para os pontos que se seguem, o art. 83º afigura-se como uma *manifestação do dever de lealdade dos sócios*.

Por um lado, nos n.ºs 1 e 3, o legislador, ao responsabilizar os sócios por uma má escolha de administrador, parece estar, ainda que indirectamente, a cominar-lhes um "dever criterioso de escolha"[5]. Poderá falar-se em *culpa* nessa *escolha* (*in eligendo*) quando o sócio controlador "sabia ou devia saber que o administrador escolhido não possuía os requisitos necessários (de ordem técnica, experiência, moral) para ser um 'gestor criterioso e ordenado'"[6].

Por outro lado, no nº 4, o fim essencialmente visado pela norma, para além da *protecção do património da sociedade e dos accionistas*, ou da defesa da *integridade da conduta da administração*, ainda que estes sejam aqui atendíveis, parece ser a protecção da *autonomia da formação da vontade da sociedade*, perante influências violadoras das *regras de repartição de competências entre os órgãos sociais*. A sociedade anónima, em especial, é aquela em que a essa repartição é menos flexível, por comparação com os restantes tipos societários (sobretudo a sociedade por quotas, para o que releva na prática portuguesa); por isso mesmo, é no âmbito da anónima que esta norma pode apresentar uma maior importância. Na verdade, a partir do momento em que o ordenamento jurídico dota a sociedade de uma determinada estrutura organizatória, que não pode ser *moldada* ao sabor dos interesses pontuais de um concreto sujeito, é necessário e é ade-

---

[4] Assim também COUTINHO DE ABREU/ELISABETE RAMOS (2004), p. 54; TERESA ANSELMO VAZ (1996), p. 396.
[5] MENEZES CORDEIRO (2009), p. 283, que acrescenta: "fazendo-o, todavia, pela via oblíqua da responsabilização".
[6] COUTINHO DE ABREU/ELISABETE RAMOS (2004), p. 50.

quado responsabilizá-lo em virtude de uma distorção, danosa, da estrutura, com consequências nas relações internas mas também na imagem projectada perante terceiros. A salvaguarda de uma organização societária, imperativa em grande parte dos seus traços (sobretudo na sociedade anónima, recordamos), serve também, senão sobretudo, essa imagem e o posicionamento da sociedade enquanto entidade juridicamente – mesmo que não economicamente – independente[7].

Há algumas semelhanças que, na primeira parte das respectivas previsões normativas, os n.os 1, 3 e 4 apresentam entre si, na identificação do sujeito responsabilizável. Vejamos primeiro esse ponto comum, para de seguida nos referirmos separadamente a cada um dos identificados dois grupos de situações.

4. O sujeito responsabilizável: o "*sócio*"

Os n.os 1, 3 e 4 começam do mesmo modo: "*O sócio que (...)*". Pois bem: o "*sócio*" é o proprietário das participações sociais. Perguntar-se-á se o *usufrutuário* ou o *credor pignoratício* das mesmas podem ser incluídos no conceito de *sócio* para tal efeito? Na verdade, há que averiguar, em face de cada preceito legal que inclua na sua previsão a qualidade de *sócio*, qual ou quais os titulares de direitos reais sobre a participação que são visados pela norma, atendendo à sua *ratio*[8]. Para além de outros âmbitos que a norma pode comportar[9], certamente que, de entre estes sujeitos, aquele *a quem cabia o exercício do direito (de voto)* está incluído.

E, nas anónimas, se as acções são todas ao portador e não é possível identificar o sócio? Por *adaptação extensiva* da norma, para salvar a sua operatividade (que claramente não foi pensada para esta hipótese, foi antes formulada em geral para todos os tipos societários), mas sem a alargar sem justificação cabal, considera-se a hipótese legal preenchida sempre que, na circunstância descrita, o sujeito haja de facto exercido a influência prejudicial sobre o órgão de administração, preenchendo-se os restantes elementos da hipótese normativa. Caber-lhe-á, em contrapartida, a possibilidade de provar que não era sócio à data dos factos. Trata-se, é certo, de uma prova negativa de difícil feitura. Mas parece-nos ser o único modo de, não desconsiderando em absoluto a exigência legal, adequá-la às especiais circunstâncias que podem surgir na sociedade anónima ou em comandita por acções, não se tratando de um inaceitável encargo

---

[7] RUI PEREIRA DIAS (2007), p. 112 s..
[8] RAÚL VENTURA (1987), p. 415; COUTINHO DE ABREU (2009), p. 354.
[9] V. RUI PEREIRA DIAS (2007), p. 47-49.

em decorrência do "anonimato", mormente quando confrontamos o que se passa noutros ordenamentos jurídicos[10].

Além disso, é também defensável, ainda que com cautelas, a inclusão de certos terceiros que obtenham benefícios por meio da sua influenciação junto dos administradores. Pensamos naqueles terceiros que são também partes em acordos parassociais relativos à sociedade (a partir do momento em que se vinculam num acordo atinente à própria vida societária, colocam-se numa posição em que a alçada do direito das sociedades os deve cobrir); em não sócios que, contudo, têm o poder de nomear e destituir administradores, porque são membros do conselho geral e de supervisão (art. 441º, a)) (pela mesma razão, isto é, a ligação *intrínseca* e, digamos, *jus-societária* à sociedade). Bem mais duvidosa é a inclusão neste preceito da sociedade *dominante* (art. 486º) da sociedade que é directamente o "*sócio*", para os termos do art. 83º[11].

5. Responsabilidade por *culpa in eligendo* (nºˢ 1 a 3)

O art. 83º, 1, exige na sua previsão a existência de um "*direito de designar gerente*". Na prática, este nº 1 reveste-se de interesse para as *sociedades por quotas* em cujos estatutos esteja incluído um *direito especial* deste cariz (cfr. art. 252º, 2, *in fine*, 257º, 3, e 24º, 1 e 5)[12].

No nº 2, acrescenta-se que a norma do nº 1 é "*aplicável também às pessoas colectivas eleitas para cargos sociais*", no que respeita às pessoas escolhidas para o exercício efectivo das funções. Mas, p. ex., o próprio art. 390º, 4[13], ao prever a possibilidade de uma *pessoa colectiva* ser designada administrador de uma sociedade anónima, prevê a sua responsabilidade *solidariamente com a pessoa singular designada* para efectivamente exercer as funções de administração, pelos actos desta última. Pode por isso dizer-se que a norma não se reveste de especial interesse neste contexto[14].

Por seu turno, o nº 3, tal como o nº 1, diz respeito à *culpa in eligendo*, mas abrange o sócio com poderes de designação de *outros* membros de órgãos sociais para além dos *gerentes*: assim, o sócio é responsabilizável quando haja *culpa na escolha*

---

[10] V. RUI PEREIRA DIAS (2007), p. 50.
[11] V. RUI PEREIRA DIAS (2007), p. 51-54.
[12] Cfr. ainda, para a sociedade em nome colectivo, o art. 191º, 4 – onde, porém, o interesse desta norma não é o mesmo, em face da circunstância de todos os sócios serem gerentes (salvo estipulação em contrário: art. 191º, 1) e da não limitação da responsabilidade dos sócios (art. 175º, 1).
[13] V. tb. os arts. 423º-H (comissão de auditoria), 425º, 8 (conselho de administração executivo) e 434º (conselho geral e de supervisão), que remetem para o art. 390º, 4.
[14] V. COUTINHO DE ABREU/ELISABETE RAMOS (2004), p. 50, nt. 81.

de *gerente, administrador* ou *membro do órgão de fiscalização*. Este elenco é idêntico ao do nº 4 (v. *infra*, 6.2.).

6. Responsabilidade por exercício de influência (nº 4)[15]
6.1. Influência *lícita* e influência *ilícita*

O nº 4 responsabiliza o *"sócio"* pela influência, prejudicial para a sociedade ou outros sócios, exercida sobre os diversos membros dos órgãos sociais. Tal não significa, porém, que *toda a influência* sobre os órgãos sociais seja *ilícita*, pois nem sempre ela se consubstancia num verdadeiro desrespeito pelas regras da organização societária. Pelo contrário, não se encontra na lei das sociedades portuguesa nenhum passo legal que permitisse afirmar uma "proibição genérica expressa de exercício de influência sobre os titulares dos órgãos sociais"[16].

6.2. Pessoas sobre que incide a influenciação: *"gerente, administrador ou membro do órgão de fiscalização"*
6.2.1. *"Gerente"* e *"administrador"*

Após a unificação terminológica de 2006, chamando-se agora também *"administrador"* o antigo *"director"*, poderá dizer-se que por aqueles termos (*gerente* e *administrador*) se designa todo o sujeito a quem compete, por si só ou colegialmente, gerir as actividades da sociedade e representá-la exteriormente.

Quando falamos em *administradores*, em sentido amplo, pensamos primeiramente naqueles sujeitos que exercem funções de administração para as quais foram formal e regularmente designados. Que dizer, porém, das situações em que a influência é exercida sobre um administrador cuja investidura não foi regular ou nem sequer existiu? O mesmo é dizer que importará averiguar, para efeitos de preenchimento da hipótese do art. 83º, 4, da atendibilidade da influência sobre um *administrador de facto*[17]. De acordo com a doutrina pátria[18], os administradores de facto deverão ser responsabilizados pelos actos praticados

---

[15] Para uma análise do art. 83º, 4, v. RUI PEREIRA DIAS (2007), Parte I (p. 23-145).
[16] TERESA ANSELMO VAZ (1996), p. 395. Tb. CARNEIRO DA FRADA (2009), p. 117: "O Código das Sociedades reconhece aliás, genericamente, a possibilidade de o sócio – só por si ou juntamente com pessoas a que se encontre ligado por via de um acordo parassocial – exercer influência sobre a conduta de um administrador, condicionando assim a conduta da sociedade. Tal facto não implica (por si mesmo) nenhuma reprovação e/ou reacção da ordem jurídica enquanto não representar um prejuízo para a sociedade ou os demais sócios: cfr. o art. 83º/4 do CSC".
[17] Sobre a figura, v. as anotações ao art. 64º (2.), 72º (2.) e 80º (2.).
[18] V. COUTINHO DE ABREU/ELISABETE RAMOS (2004), p. 40-46; RICARDO COSTA (2006), p. 23-43; mas já tb. ELISABETE RAMOS (2002), p. 182-186.

enquanto tais, o que poderá passar por uma interpretação extensiva dos arts. 72º e seguintes[19], que acolhem no seu espírito a responsabilização desses actos (ou omissões), pressuposto o enquadramento desta responsabilidade numa "perspectiva funcional (que atende às funções de administração efectivamente exercidas, não à qualificação formal do sujeito como administrador *de jure*)"[20]. Ora, se existe responsabilidade do gerente ou administrador, ainda que *de facto*, não colocamos dúvidas a que o respectivo requisito do artigo 83º, nº 4 esteja também preenchido[21].

6.2.2. "*Membro do órgão de fiscalização*"

A referência ao "*membro do órgão de fiscalização*" como pessoa sobre que pode incidir a influência responsabilizadora para o sócio suscita bastantes dúvidas. Haverá realmente um *poder de destituição* de membros desse órgão? Na sociedade anónima de estrutura organizatória tradicional, os membros desse órgão só podem ser destituídos *com justa causa* (art. 419º, 1). O mesmo se constata verificando as regras aplicáveis aos membros da comissão de auditoria, no modelo anglo-saxónico (art. 423º-E, 1). Ora, nestes casos, não é cabido o sancionamento visado pelo art. 83º, 4, porquanto inexiste na esfera do sócio o poder em que a norma está ancorada: o da *livre destituibilidade* do sujeito influenciado[22].

Já em face da estrutura de tipo germânico, a referência recobra sentido, permitindo-nos tentar adivinhar a *mens legislatoris* originária: o *conselho geral* (hoje, *e de supervisão*), que é um órgão não só mas sobretudo de fiscalização[23], tem os poderes de *nomear e destituir os directores* (arts. 441º, a), e 430º, 1, na versão original), logo, a influência que o sócio pretenda exercer *sobre a administração* poderá ser *mediatamente* actuada sobre os membros do conselho. Para acautelar também essa hipótese, e assim cobrir os vários modelos organizatórios, inclui-se no art. 83º, 4 (embora não discriminando as hipóteses visadas) a menção aos *membros do órgão de fiscalização*. Após a reforma de 2006, com a alteração constante do novo nº 1 do art. 425º, que contém uma alínea b), a faculdade de nomear e destituir os *administradores* (nova designação para os *directores*) passou a poder ser estatutariamente atribuída à assembleia geral, com o que surgiu um

---

[19] RICARDO COSTA (2006), p. 36, 40.
[20] COUTINHO DE ABREU/ELISABETE RAMOS (2004), p. 43.
[21] RUI PEREIRA DIAS (2007), p. 92-93. Para a inclusão do administrador de facto no âmbito subjectivo dos deveres gerais dos administradores, v. a anotação ao art. 64º (2.).
[22] Questionando esta, *de jure condendo*, v. COUTINHO DE ABREU (2010), p. 152, s..
[23] V. COUTINHO DE ABREU (2010), p. 176, nt. 432.

novo sub-modelo organizatório, dentro do esquema de raiz germânica[24]. Ora, quando assim seja, volta a esvaziar-se de sentido a menção feita ao órgão de fiscalização pelo art. 83º, 4.

Em suma, daqui resulta a necessidade de procedermos a uma *redução teleológica* do art. 83º, 4, *não* se aplicando a norma *no que se refere aos membros do órgão (com funções) de fiscalização*, às sociedades anónimas de estrutura *tradicional*, às de estrutura *anglo-saxónica*, e ainda às de tipo *germânico*, *sempre que* nestas últimas o poder de nomear e destituir os administradores caiba à *assembleia geral*. De fora da redução, e portanto dentro do âmbito de aplicação do art. 83º, 4, quando ele se refere aos *membros do órgão de fiscalização*, fica apenas a estrutura de tipo *germânico* na sua formulação *originária*[25].

6.3. Posição que demonstra o poder de influenciar: *poder de destituição*

Por que razão o legislador entendeu referir-se ao *"poder de destituir ou fazer destituir"* e não a qualquer outro poder, ou mesmo a uma cláusula aberta que não especificasse a posição em que se deverá encontrar o sócio para se sujeitar a esta responsabilidade? Como esclarece Teresa Anselmo Vaz, "o legislador entendeu que existe uma relevante ligação entre o poder de destituir ou fazer destituir e a influência que a simples existência desse poder provoca no administrador ou membro do órgão de fiscalização. Na verdade, aquele que tem o poder de destituir ou fazer destituir tem também boas condições para exercer uma pressão ou influência sobre o titular do órgão em causa, utilizando a ameaça, mesmo meramente psicológica, da destituição"[26]. Não menosprezemos esta *influência*

---

[24] No tocante às disposições citadas em texto, essa alteração reflectiu-se, respectivamente, na nova redacção do art. 414º, a), bem como no desdobramento do art. 430º, 1, a) e b). Note-se ainda como esta nova modalidade de designação dos membros do órgão de administração, no modelo de tipo germânico, como que alarga o significado do art. 83º, 3, que se referia antigamente apenas ao "gerente, administrador ou membro do órgão de fiscalização", excluindo o director, mas agora passa a abrangê-lo – na nova redacção (também) sob o nome de administrador (por isso não houve necessidade de alteração da lei) – sempre que a competência para a sua eleição, como descrito, seja da assembleia geral.
[25] RUI PEREIRA DIAS (2007), p. 96-98. O que não é de estranhar, porquanto terá certamente sido a "cópia" dos alemães que levou à tradução, sem acertos, aqui como noutros lados, de *Vorstand* por órgão de administração e *Aufsichtsrat* por órgão de fiscalização.
[26] TERESA ANSELMO VAZ (1996), p. 375. Repare-se como a influência assim descrita poderá transmudar-se em algo substancialmente diverso, perante cláusulas estatutárias que afastem a possibilidade de destituição sem justa causa: sobre a sua admissibilidade, v. COUTINHO DE ABREU (2010), p. 165; JOÃO LABAREDA (1998), p. 86-87.

psicológica, porquanto, como é sabido, a destituição não carece de justa causa (art. 403º, nº 1), o que, está bem de ver, favorece a posição do accionista de controlo[27].

6.4. Factos em que se baseia o poder de destituição
6.4.1. "*Disposições contratuais*"
O legislador indica as "*disposições contratuais*" – isto é, *cláusulas estatutárias* – como um primeiro *facto* ou *instrumento* em que se pode basear o poder de destituição. Nesta categoria, pensamos essencialmente nas cláusulas que atribuam certas prerrogativas na designação ou destituição de administradores. Nas anónimas, dado o carácter imperativo de muitas regras da organização societária, será mais difícil encontrá-las; ainda assim, podem caber aqui cláusulas estatutárias que regulem a designação de administradores por minorias (v. art. 392º)[28].

6.4.2. Titularidade de "*número de votos*"
Nos termos do nº 4, preenchem este pressupostos os votos detidos "*só por si*" ou antes "*juntamente com pessoas a quem esteja ligado por acordos parassociais*". O primeiro caso aponta para a *titularidade imediata de direitos de voto*. Mas não se vislumbra por que limitar os direitos de voto atendíveis aos que resultam de uma titularidade *imediata* de participações sociais: devem ser contabilizados os direitos de voto cuja titularidade, por assim dizer *mediata*, decorra de uma relação de domínio, directa ou indirecta, de uma relação de grupo, ou ainda da titularidade por qualquer outra pessoa *mas por sua conta*[29]: cfr. art. 483º, 2.

Mas prossegue o art. 83º, 4, com a indicação de que são atendíveis neste cálculo os votos advenientes da ligação a outrem por *acordos parassociais*. Trata-se de um *efeito indirecto* do acordo parassocial[30] e (no nº 4, mas também nos nºs 1 e

---

[27] COUTINHO DE ABREU (2010), p. 155. E aí se acrescenta (p. 155-156): "Os accionistas, ainda que dominantes, não têm o direito de dar instruções aos administradores, salvo nos casos de deliberações lícitas ou de relações de grupo propriamente ditas; nem, evidentemente, os administradores devem obediência a essas instruções – muito menos quando sejam contrárias ao interesse social. *Mas, todos sabemos, as instruções (ordens, directivas, recomendações) vão sendo emitidas*" – juntando-se em nt. 377: "E pese embora o disposto no art. 83º, 4" (sublinhado nosso). V. RUI PEREIRA DIAS (2007), p. 93-96, com referência à possibilidade de ser responsabilizado também o accionista minoritário que tem possibilidades de *impedir a destituição* de certos administradores (p. 94-96).
[28] Cfr. RUI PEREIRA DIAS (2007), p. 98-99, 84-85.
[29] Quanto mais não seja, *a pari*, ou mesmo *a fortiori*, após cotejo da atendibilidade de acordos parassociais, como se verá já de seguida em texto.
[30] RAÚL VENTURA (1992), p. 38, fala em efeitos indirectos quando "não se trata dos efeitos pretendidos pelas partes ao celebrarem os acordos, mas sim de consequências que a lei retira da simples existência dos acordos".

3) de uma ímpar consagração legal *explícita* da relevância que se aceita poderem assumir os acordos parassociais na atribuição (ou regulamentação do exercício) de poderes que, *primo conspectu*, associaríamos apenas a uma participação maioritária no capital.

Quanto aos acordos parassociais, a hipótese legal preenche-se na presença daqueles que contenham cláusulas reguladoras do exercício do direito de voto em matéria de nomeação e destituição de administradores[31], vinculando-se as partes a "seguir" o sentido de voto de um dos pactuantes (que será o "*sócio*" do art. 83º, 4). Já não quando estes contratos visem a conduta da administração ou fiscalização, pois nesse caso são inválidos (art. 17º, 2)[32].

6.5. Meios de exercício da influência

O legislador absteve-se de *tipificar* os meios por que poderá ser carreada a influência sobre a administração. Foi prudente: a designação dos meios ilegítimos, que viesse a ser estritamente compreendida, poderia conduzir os sócios a procurar e recorrer a outras formas de incitar a administração ao comportamento lesivo, assim enjeitando responsabilidades. Por isso, uma tipificação não serviria, por um lado, os propósitos garantísticos da indemnização devida à sociedade, ao estreitar potencialmente as hipóteses de solidariedade, nem tão-pouco, por outro, traria vantagens à protecção da autonomia da formação da vontade do órgão de gestão, ficando aquém do pretendido. Deve, pois, valer um entendimento *funcional* sobre qual a actuação relevante nesta sede, que leve a aceitar como relevante para o art. 83º, 4, *qualquer influência que, de acordo com a sua natureza e intensidade, seja adequada a determinar o acto prejudicial do administrador*[33].

6.6. Responsabilidade do membro do órgão social – ou dano causado pela sua actuação?

Nos termos do art. 83º, 4, o sócio "*responde solidariamente*" com o administrador influenciado: esta *solidariedade passiva* significa, nos termos gerais, que, havendo dano causado à sociedade ou aos sócios, cada um destes pode demandar qualquer daqueles sujeitos pela prestação integral, cujo cumprimento exonera também o outro responsável.

---

[31] Sobre a sua validade, v. p. ex. MÁRIO LEITE SANTOS (1996), p. 216.
[32] Considerando a proibição plenamente justificada, MENEZES CORDEIRO (2001), p. 540-541; CALVÃO DA SILVA (2001), p. 246-248. Vendo aqui uma "fortíssima condicionante à liberdade de estipulação do conteúdo dos acordos parassociais", GRAÇA TRIGO (1998), p. 174. V. a anotação ao art. 17º, ponto 6.2.1.. Cfr. RUI PEREIRA DIAS (2007), p. 99-101.
[33] V. RUI PEREIRA DIAS (2007), p. 101-103.

Embora a letra da lei preveja, como pressuposto da responsabilização do sócio, a própria responsabilidade da pessoa influenciada, a verdade é que existe espaço para, compatibilizando essa letra com o espírito que lhe subjaz, responsabilizar o sócio mesmo que seja mobilizável uma qualquer *justificação* da actuação do influenciado (p. ex., o art. 72º, 5). Tal poderá passar, por um lado, por ver nas actuações do administrador *antes* (preparatórias), ou *depois* (executórias) do acto ou omissão assentes em deliberação dos sócios, ainda que anulável, outros factos, esses sim subsumíveis ao art. 83º, 4, sem a derrogação do art. 72º, 5 [34], de modo a preencher-se a hipótese normativa do art. 83º, 4[35]. Por outro lado, indo um pouco mais longe, pode ler-se este requisito tão-só como a exigência de que se *produza um dano, baseado na influenciação do sócio, mas actuada por meio do membro do órgão social*.[36]

Quanto ao *dano* propriamente dito, cremos que com base nesta norma são indemnizáveis não só os *danos emergentes* como os *lucros cessantes*.[37]

6.7. Nexos de causalidade

Para que possamos considerar a influenciação *relevante*, em termos de responsabilizar o seu autor, há que estabelecer um nexo causal entre ela e a prática de um acto pelo membro do órgão social, que venha a desencadear o dano para a sociedade ou os outros sócios. Mas podem levantar-se enormes dificuldades na prova deste pressuposto: não esqueçamos que influenciador e administrador têm ambos, em regra, interesse em que a existência da influência seja mantida na clandestinidade, e muitas vezes serão apenas os dois os sujeitos intervenientes no processo que culmina na causação do prejuízo. Ora, o interesse, partilhado por ambos os sujeitos envolvidos, no anonimato daquele que determina a prática do acto, com as dificuldades probatórias que esse facto coenvolve, deve induzir-nos a temperá-las com uma apreciação do caso que abstraia, dentro do possível, de critérios subjectivos. Perante estes condicionalismos, o nexo de causalidade deverá considerar-se estabelecido desde que o acto do membro do órgão social, provado existente, tenha tido como *causa adequada* (nos termos tradicionais, na sua formulação negativa) o acto influenciador do sócio, provado existente, mas atentando-se mormente na aptidão geral e abstracta do acto influenciador para

---

[34] Que só se aplica à responsabilidade "para com a sociedade", e não já para com sócios: recorda-o, neste quadro, TERESA ANSELMO VAZ (1996), p. 374.
[35] COUTINHO DE ABREU/ELISABETE RAMOS (2004), p. 52-53.
[36] Veja-se RUI PEREIRA DIAS (2007), p. 103-108 e 134-136.
[37] V. RUI PEREIRA DIAS (2007), p. 108.

determinar a actuação do administrador, e não tanto na *condicionalidade concreta* entre os dois factos, que deve ser especialmente atenuada neste particular, de tal modo que caiba ao administrador, provados aqueles factos, demonstrar que o seu acto não foi determinado pela influência exercida (por isso que, p. ex., apesar da existência de um contacto entre ambos, prévio à tomada de decisão de gestão, esta foi tomada após discussão documentada e maturada reflexão dos membros do órgão de administração).

Ainda a propósito de *causalidade*, e dada a complexidade da previsão legal do art. 83º, 4, na perspectiva da pluralidade dos agentes e dos actos, é necessário atentar também na aferição de um *segundo nexo*, ainda que ele resulte razoavelmente óbvio: é aquele que liga o acto praticado pelo membro do órgão social ao dano que surge na esfera da sociedade ou de um sócio. Nessa medida, fala-se de uma *dupla causalidade*[38].

6.8. Propósito de causar o dano?

O art. 83º, 4, exige que o sócio "pelo uso da sua influência *determine*" o administrador à comissão (por acção ou omissão) danosa. Exigir-se-á a demonstração de uma *intenção* ou *propósito* de que a incitação venha a conduzir ao dano? A resposta deve ser negativa. Ao contrário do que se passa noutros sistemas jurídicos, não cremos que esta norma, sem a exigência da prova do dito propósito, conduza à oneração do sócio com um risco dificilmente perceptível de ser responsabilizado – desde que, parece-nos, se afaste a hipótese da negligência inconsciente (que, contudo, é muito dificilmente imaginável na espécie).[39]

---

[38] V. RUI PEREIRA DIAS (2007), p. 109-110.
[39] V. RUI PEREIRA DIAS (2007), p. 111.

ARTIGO 84º
Responsabilidade do sócio único

1. *Sem prejuízo da aplicação do disposto no artigo anterior e também do disposto quanto a sociedades coligadas, se for declarada falida uma sociedade reduzida a um único sócio, este responde ilimitadamente pelas obrigações sociais contraídas no período posterior à concentração das quotas ou das acções, contanto que se prove que nesse período não foram observados os preceitos da lei que estabelecem a afectação do património da sociedade ao cumprimento das respectivas obrigações.*

2. *O disposto no número anterior é aplicável ao período de duração da referida concentração, caso a falência ocorra depois de ter sido reconstituída a pluralidade.*

Índice
1. A compreensão e integração sistemática da "sociedade com um único sócio" no CSC
2. A razão de ser e a eficácia do art. 84º
3. Requisitos de aplicação
   3.1. A mistura ou indissociação abusiva de esferas jurídicas (nomeadamente patrimoniais)
   3.2. A declaração de insolvência da sociedade unipessoal
4. Natureza da responsabilidade
5. Âmbito de aplicação

Bibliografia
Citada:
ABREU, J. M. COUTINHO DE – *Da empresarialidade (As empresas no direito)*, Almedina, Coimbra, 1996 (reimpr. 1999), *Curso de direito comercial*, vol. II, *Das sociedades*, 3ª ed., Almedina, Coimbra, 2009, *Curso de direito comercial*, vol. I, *Introdução, actos de comércio, comerciantes, empresas, sinais distintivos*, 7ª ed., Almedina, Coimbra, 2009ª; ALARCÃO, MANUEL DE – "Sociedades unipessoais", BFD, Suplemento XIII, 1961, p. 203-326; ALMEIDA, ANTÓNIO PEREIRA DE – *Sociedades comerciais e valores mobiliários*, 5ª ed., Coimbra Editora, Coimbra, 2008; ALMEIDA, MARGARIDA AZEVEDO DE – "O problema da responsabilidade do sócio único perante os credores da sociedade por quotas unipessoal", RCEmp.Jur. nº 3, 2005, p. 61-98; ANTUNES, ANA MORAIS – "O abuso da personalidade jurídica colectiva no direito das sociedades comerciais", *Novas tendências da responsabilidade civil*, Almedina, Coimbra, 2007, p. 7-83; ANTUNES, JOSÉ ENGRÁCIA – *Grupos de sociedades. Estrutura e organização jurídica da empresa plurissocietária*, Almedina, Coimbra, 2002 (1ª ed. 1993), *Direito das sociedades. Parte Geral*, ed. do A., 2010; ASCENSÃO, JOSÉ OLIVEIRA – *Direito comercial*, vol. IV – *Sociedades comerciais. Parte geral*, AAFDL, Lisboa, 2000; COELHO, MARIA ÂNGELA –

"A limitação de responsabilidade do comerciante individual: o EIRL e a sociedade por quotas unipessoal em confronto", *Os quinze anos de vigência do Código das Sociedades Comerciais*, Fundação Byssaia Barreto, Coimbra, 2003, p. 29-43; CORDEIRO, ANTÓNIO MENEZES – *O levantamento da personalidade colectiva no direito civil e comercial*, Almedina, Coimbra, 2000, *Manual de direito das sociedades*, II volume, *Das sociedades em especial*, 2ª ed., Almedina, Coimbra, 2007, *Código das Sociedades Comerciais anotado* (coord. de A. Menezes Cordeiro), Almedina, Coimbra, 2009, art. 84º; CORDEIRO, PEDRO – *A desconsideração da personalidade jurídica das sociedades comerciais*, AAFDL, Lisboa, 1989; CORREIA, A. A. FERRER – *Sociedades fictícias e unipessoais*, Livraria Atlântida, Coimbra, 1948, "O problema das sociedades unipessoais", BMJ nº 166, 1967, p. 183-217; CORREIA, A. A. FERRER/XAVIER, VASCO LOBO/ COELHO, MARIA ÂNGELA/CAEIRO, ANTÓNIO – "Sociedade por quotas de responsabilidade limitada. Anteprojecto de lei – 2ª redacção e exposição de motivos", RDE, 1979, nº 1, p. 111-200; CORREIA, LUÍS BRITO – *Direito comercial*, 2º volume, *Sociedades comerciais*, AAFDL, Lisboa, 1989 (3ª tiragem 1997), "A sociedade unipessoal por quotas", *Nos 20 anos do Código das Sociedades Comerciais. Homenagem aos Profs. Doutores A. Ferrer Correia, Orlando de Carvalho*, Volume I, *Congresso Empresas e Sociedades*, Coimbra Editora, Coimbra, 2007, p. 631-650; CORREIA, MIGUEL PUPO – "Sobre a responsabilidade por dívidas sociais dos membros dos órgãos da sociedade", ROA, 2001, p. 667-698; COSTA, RICARDO – *A sociedade por quotas unipessoal no direito português. Contributo para o estudo do seu regime jurídico*, Almedina, Coimbra, 2002, "As sociedades unipessoais", *Problemas do direito das sociedades*, em IDET, Almedina, Coimbra, 2002ª, p. 25-63, "Algumas considerações a propósito do regime jurídico da sociedade por quotas unipessoal", *Estudos dedicados ao Prof. Doutor Mário Júlio de Almeida Costa*, Universidade Católica Editora, Lisboa, 2002ᵇ, p. 1227-1298, "Unipessoalidade societária", em IDET, *Miscelâneas* nº 1, Almedina, Coimbra, 2003, p. 39-142, "Desconsiderar ou não desconsiderar: eis a questão", BOA nº 30, 2004, p. 10-14, "Desafios interpretativos do art. 270º-G do CSC (Regresso ao passado por uma válida razão)", *Estudos em homenagem ao Prof. Doutor Manuel Henrique Mesquita*, volume I, Studia Iuridica 95, Coimbra Editora, Coimbra, 2009, p. 595-620; DOMINGUES, PAULO DE TARSO – *Do capital social. Noção, princípios e função*, Studia Iuridica 33, Coimbra Editora, Coimbra, 2004 (1ª ed. 1998); DUARTE, DIOGO PEREIRA – *Aspectos do levantamento da personalidade colectiva nas sociedades em relação de domínio. Contributo para a determinação do regime da empresa plurissocietária*, Almedina, Coimbra, 2007; ESTACA, JOSÉ MARQUES – *Código das Sociedades Comerciais anotado* (coord. de A. Menezes Cordeiro), Almedina, Coimbra, 2009, art. 270º-G; FERNANDES, LUÍS CARVALHO/LABAREDA, JOÃO – *Código da insolvência e da recuperação de empresas anotado*, Volume I (Artigos 1º a 184º), Quid Juris, Lisboa, 2005, art. 82º; MARTINS, ALEXANDRE SOVERAL – "Da personalidade e capacidade jurídicas das sociedades comerciais", *Estudos de direito das sociedades* (coord. de Coutinho de Abreu), 9ª ed., Almedina, Coimbra, 2008, p. 109-130; MONTEIRO, ANTÓNIO PINTO/ /MAIA, PEDRO – "Sociedades anónimas unipessoais e a Reforma de 2006", RLJ nº 3960, 2010, p. 138-155; PERALTA, ANA MARIA – "Sociedades Unipessoais", *Novas Perspectivas do Direito Comercial*, Almedina, Coimbra, 1988, p. 249-267; RAMOS, MARIA ELISABETE – "A insolvência da sociedade e a responsabilização dos administradores no ordenamento jurídico português", PF nº 7, 2005, p. 5-32; RIBEIRO, MARIA DE FÁTIMA – *A tutela dos credores da sociedade por quotas e a "desconsideração da personalidade jurídica"*, Almedina, Coimbra, 2009, "O âmbito de aplicação do artigo 270º-F, nº 4, do CSC e a responsabilidade 'ilimitada' do sócio único", DSR 2, 2009ª, p. 201-235; SANTOS, FILIPE CASSIANO DOS – *A sociedade unipessoal por quotas – Comentários e anotações aos artigos 270º-A a 270º-G do Código das Sociedades Comerciais*, Coimbra Editora, Coimbra, 2009; SERRA, CATARINA – "As *novas* sociedades unipessoais por quotas (Algumas considerações a propósito do DL nº 257/96, de 31 de Dezembro)", SI nºˢ 265/267, 1997, p. 115-142, *Falências derivadas e âmbito subjectivo da falência*, Studia Iuridica 37, Coimbra Editora, Coimbra, 1999, *O novo regime português da insolvência. Uma introdução*, 3ª ed., Almedina, Coimbra, 2008; VASCONCELOS, PEDRO PAIS DE – *A participação social nas sociedades comerciais*, 2ª ed., Almedina, Coimbra, 2006, *Teoria geral do direito civil*, 5ª ed., Almedina, Coimbra, 2008; VAZ, TERESA ANSELMO – "A responsabilidade do accionista controlador", OD, 1996, III-IV, p. 329-405; VENTURA, RAÚL – *Dissolução e liquidação de sociedades. Comentário ao Código das Sociedades Comerciais*, Almedina, Coimbra, 1993.

1. A compreensão e a integração sistemática da "sociedade com um único sócio" no CSC

O art. 7º, 2, 1ª parte, do CSC diz que o "número mínimo de partes de um contrato de sociedade é de dois". Acrescenta que só não será assim, no que toca à *constituição* das sociedades admitidas no CSC, se a lei exigir número superior ou permitir que a sociedade seja constituída por uma só pessoa. Vemos que o art. 7º admite a unipessoalidade *originária*, ou seja, as sociedades constituídas com um único sócio. O art. 84º, 1, tem na sua previsão uma outra vertente de unipessoalidade – a sociedade que, sendo originariamente plural, torna-se unipessoal porque o colectivo inicial de sócios se reduziu "a um único sócio" (unipessoalidade *superveniente* ou *derivada*).

Quando o CSC entrou em vigor, as sociedades compostas por um único sócio eram vistas como um instituto estranho, contraditório nos seus próprios termos e estranho na actuação que proporcionaria. A 1ª parte do art. 7º, 2, demonstrava que eram ainda tempos de salvaguarda do vigor do princípio da contratualidade, visto como regra básica de geração de uma sociedade (comercial ou não[1]). Não admira, por isso, que a unipessoalidade fosse vista, na arquitectura do CSC, como uma realidade *anómala* e *excepcional*, que deveria ser remediada com a recomposição da pluralidade inicial ou, em alternativa, com o desaparecimento do tráfico de tal ente societário "desvirtuado". Isto é, o fenómeno da sociedade unipessoal foi recolhido no CSC sob a égide da generalizada convicção de que a pluralidade de sócios era, *como regra*, necessária para o nascimento da sociedade, mesmo que não fosse requisito imprescindível, *ainda que desejável*, para a sua subsistência[2]. Não obstante, a difusão das sociedades unipessoais acabou por extravasar as fronteiras do CSC: as sociedades de capitais exclusivamente públicos constituídas por acto legislativo[3], as sociedades unipessoais criadas em "espaços normativos" específicos, como a actividade seguradora[4] ou a gestão de participações sociais[5], ou para "espaços geográficos" ou "subjectivos" localizados[6], generalizaram as situações normativizadas de unipessoalidade, enriquecendo, assim, o núcleo de excepções à regra da pluralidade subjectiva na constituição das sociedades comerciais, com que o art. 7º, 2, acautelava o presente e o futuro.

Neste quadro, a linha geral de entendimento do legislador societário de 1986 consistiu em evitar a consolidação de uma sociedade *reduzida* a um único sócio, evento que poderia, por múltiplas causas[7], afectar a vida de uma sociedade. Esse fito radicou-se em duas regulações essenciais: a dissolução, judicial (agora *administrativa*) ou deliberada, das sociedades que se mantivessem unipessoais

---

[1] A composição plural de uma sociedade prevê-se, como regra, também no Código Civil (art. 980º).

[2] Sobre esta evolução e *tolerância* que o regime do CSC evidenciava em relação à unipessoalidade, v. RICARDO COSTA (2002), p. 233, s..

[3] Para discussão e exemplos, v. RICARDO COSTA (2002), nt. 30, p. 52, s., e, em complemento actualizado, COUTINHO DE ABREU (2009ª), p. 263 s..

[4] Veja-se o DL 387/89, de 9 de Novembro, mediante o qual uma empresa pública seguradora pode constituir por si só uma sociedade anónima.

[5] Anote-se o regime jurídico das sociedades gestoras de participações sociais, a saber, o DL 495/88, de 30 de Dezembro: art. 8º, 1, em conjugação com o art. 2º, 1.

[6] Referimo-nos ao DL 212/94, de 10 de Agosto, que prevê (na sequência do DL 352-A/88, de 3 de Outubro, pelo qual se concedeu a possibilidade de constituição e manutenção de sociedades anónimas unipessoais de *trust offshore*) a criação – ou a transformação de sociedades pluripessoais já existentes em – de sociedades por quotas e sociedades anónimas unipessoais, licenciadas para operar na Zona Franca da Madeira. Para uma análise deste regime *especial* da unipessoalidade, RICARDO COSTA (2002), p. 303, s. Veja-se ainda, mais recentemente, o art. 4º do DL 53-F/2006, de 29 de Dezembro ("sector empresarial local").

[7] Sobre os factos (negócios e simples actos jurídicos) que podem desencadear a unipessoalidade *derivada*, em especial para as sociedades por quotas, RICARDO COSTA (2002), nt. 259 – p. 270, s., (2002[b]), p. 1250, s..

durante mais de um ano, nos termos do art. 142º, 1, *a*)⁸⁻⁹, e a responsabilidade pessoal e ilimitada do sócio único remanescente, prevista no art. 84º.¹⁰ No que a este preceito diz respeito, a nota mais incisiva é a sua *consequência(-sanção)*: a *perda do benefício da responsabilidade limitada* (em rigor, irresponsabilidade perante os credores sociais) do sócio único *superveniente* durante o *período da unipessoalidade* (concentração das acções ou das quotas num único titular em sociedade anónima ou sociedade por quotas¹¹).

2. A razão de ser e a eficácia do art. 84º

O art. 84º demonstrava que o CSC permanecia fiel ao princípio de subordinar a limitação da responsabilidade para os sócios das sociedades anónimas e das sociedades por quotas à pluralidade desses mesmos sócios. Logo, o art. 84º, que trazia para o direito nacional as (então vigentes) prescrições dos arts. 2362 (e 2497, 2º §) do *Codice Civile* italiano, intentava neutralizar o propósito de uma só pessoa adoptar (*rectius*, aproveitar) um desses tipos de sociedades para conseguir o benefício da responsabilidade limitada, prevendo que, quando a pluralidade se perdesse porque todas as quotas ou acções se concentrassem num único dos sócios originários ou subsequentes da sociedade, ela devesse responder ilimitadamente pelas suas vinculações.

---

⁸ Sobre esse regime de dissolução previsto originariamente no CSC, em que a unipessoalidade acrescida de uma permanência temporal de um ano é causa *facultativa* de dissolução, RICARDO COSTA (2002), p. 251, s., (2003), p. 69, s.. Em especial, realce-se a *incapacidade* desse regime promover eficazmente a *repluralização subjectiva* da sociedade *ou* a dissolução da sociedade. Hoje, a dissolução com base na unipessoalidade é, além de deliberada (art. 142º, 3 e 4), de *natureza administrativa* – arts. 142º, 1, *a*), e 4º, 1, *a*), do RJPADL.
⁹ A unipessoalidade superveniente é sancionada com a dissolução legal (*de iure*) nas sociedades civis ou simples, depois de mantida por um prazo superior a seis meses: art. 1007º, 1, *d*), do CCiv..
¹⁰ Não obstante, na regulação dos grupos de sociedades, uma sociedade anónima, uma sociedade por quotas ou uma sociedade em comandita por acções podem constituir uma sociedade anónima unipessoal originária (arts. 488º, 1, e 481º, 1). Determinou-se ainda um regime especial para a unipessoalidade(-domínio total) superveniente (sendo a sociedade unipessoal-dominada uma sociedade anónima ou uma sociedade por quotas) entre esses três tipos de sociedades, de acordo com o disposto no art. 489º. V. por todos RICARDO COSTA (2002ª), p. 28, s..
Finalmente, com o art. 2º do DL 257/96, de 31 de Dezembro, em cumprimento da 12ª Directiva do Conselho (nº 89/667/CEE, de 21/12/1989) em matéria de direito das sociedades comerciais, relativa às sociedades de responsabilidade limitada com um único sócio, o CSC admitiu a figura da sociedade por quotas unipessoal (originária ou superveniente declarada: art. 270º-A, 1 a 4), enquanto *modalidade subjectiva* desse tipo social. Sumariamente, RICARDO COSTA (2002ª), p. 40, s., 45, s..
¹¹ CATARINA SERRA (1999), nt. 293 – p. 122, patrocina a contemplação ainda das sociedades em comandita por acções, no que toca à responsabilidade do sócio único comanditário. Porém, v. FERRER CORREIA (1967), nt. 49 – p. 217, RICARDO COSTA (2002), nt. 18 – p. 44.

O preceito nasceu para obstaculizar que, uma vez vista com reservas a admissão de empresas individuais de responsabilidade limitada[12], o empresário singular pudesse atingir a mesma ambição mediante uma sociedade inteiramente "possuída" por si e com isso exercesse o comércio sem arriscar nessa actividade mais do que os valores investidos no estabelecimento, sem ser penalizado nas situações de clara agressão das expectativas e direitos dos credores por uma condução gravemente irregular dos negócios sociais. Logo, considerava-se razoável permitir ao sócio único a reconstituição da colectividade social primitiva, sem atender a qualquer favor prestado ao interesse do empresário na limitação da sua responsabilidade patrimonial pelos actos de gestão da empresa. Resumindo, os tempos eram de incentivo da *spes refectionis*, não eram ainda de permitir o ingresso da unipessoalidade. No entanto, desconfiava-se dos perigos decorrentes da concentração da sociedade nas mãos de uma única pessoa como meio para a inobservância da separação patrimonial da sociedade e defendiam-se os credores de eventuais *abusos da personalidade jurídica* (correspondente à tendência em enxergar as sociedades unipessoais como um instrumento de risco facilmente usado para cometer tais abusos e encobrir situações de fraude) pelo preceito *inibidor* do art. 84º[13]. Por isso, enquanto norma que derroga a autonomia jurídico-subjectiva e patrimonial da sociedade em face do sócio único remanescente com o efeito de o responsabilizar pelas dívidas da sociedade[14], o art. 84º é entendido como norma "desconsiderante" da personalidade jurídica da sociedade unipessoal superveniente (ou como manifestação de desconsideração *positivada* ou *legal*)[15]. Em rigor, uma norma que descon-

---

[12] Porém, através do DL 248/86, de 25 de Agosto, tinha sido criado o "estabelecimento individual de responsabilidade limitada", estruturado como *património separado não personificado*, disponível para "qualquer pessoa singular que exerça ou pretenda exercer uma actividade comercial" (art. 1º, 1). V. por todos RICARDO COSTA (2002ª), p. 37, s., (2003), p. 48, s. (e uma explicação histórica em BRITO CORREIA (2007), p. 638-639).

[13] Sobre estas valorações subjacentes à norma em análise, FERRER CORREIA (1967), p. 211, 213-214, e, desenvolvidamente, RICARDO COSTA (2002), p. 412-413, 641, s..

[14] Cfr. anotação ao art. 5º, 3.1..

[15] V. PEDRO CORDEIRO (1989), p. 69-70, 133-134, BRITO CORREIA (1989), p. 244, COUTINHO DE ABREU (1996), nt. 541 – p. 210, ANA PERALTA (1996), p. 265, TERESA ANSELMO VAZ (1996), p. 379-380, TARSO DOMINGUES (2004), p. 235-236 (no âmbito de uma aplicação analógica do art. 84º para fundamentar a responsabilidade dos sócios por desconsideração da personalidade jurídica; contra: ANA FILIPA ANTUNES (2007), p. 11) e nt. 872, OLIVEIRA ASCENSÃO (2000), p. 77, 81, 612-613, MENEZES CORDEIRO (2000), p. 81-82, 153, (2009), p. 284, PUPO CORREIA (2001), p. 671, RICARDO COSTA (2002), nt. 51 – p. 96, nt. 850 – p. 661, MARIA ÂNGELA COELHO (2003), p. 39, PEREIRA DE ALMEIDA (2008), p. 51, SOVERAL MARTINS (2008), p. 112, PAIS DE VASCONCELOS (2008), p. 185-186, FÁTIMA RIBEIRO (2009), *passim*, em esp. nt. 281 – p. 266-267,

sidera o *particular regime de limitação da responsabilidade* que é próprio do tipo social[16].

Em todo o caso, a eficácia *persuasiva* do art. 84º tem uma importância *relativa*. Assim é, na medida em que não se estatuiu *sem mais* a responsabilidade ilimitada do sócio único, nem que fosse essa sanção só aplicada depois de esgotado o período de um ano que o art. 142º, nº 1, *a)*, confere para a sociedade retornar à pluralidade primitiva sem estar sujeita a dissolução administrativa[17]. A responsabilidade limitada de que o sócio remanescente usufrui só é afastada se se verificarem os requisitos predispostos pelo nº 1 do art. 84º: a *insolvência da sociedade*[18] e o *abuso institucional da sociedade pelo sócio único*. Daí que não se retira da lei uma imediata modificação do *estatuto de responsabilidade* do sócio restante durante a vida normal da sociedade *economicamente viável*. Dito por outras palavras: a unipessoalidade não basta, *por si só*, para o efeito pretendido pelo art. 84º. Tudo depende das circunstâncias do caso concreto: se a sociedade funciona bem, se paga as suas obrigações e em tempo, e, além do mais, se os credores não vêem na unipessoalidade qualquer desvantagem nem identificam abusos patrimoniais, estarão reunidas as condições para que a sociedade se mantenha e uma situação (que se afiguraria) precária se estabilize mais ou menos no tempo. Ou seja, para que se mantenha a distinção da empresa social e do restante património social do património do sócio único, terá a sociedade tornada unipessoal que funcionar em termos eficientes na sua existência com o exterior e na dinâmica dos seus órgãos, assim como na relação com a esfera patrimonial do sócio único. Se assim for, a sanção do art. 84º não entrará em acção – mesmo com abuso patrimonial, o pressuposto essencial para modificar o regime de responsabilidade ainda será sempre a declaração de insolvência[19].

Como concluiu Raúl Ventura, "em vez, portanto, de aumentar a responsabilidade do sócio único só por causa da unipessoalidade, o CSC preferiu cominar

---

p. 370-371, 403. No mesmo sentido, cfr. o Ac. do STJ de 26/6/2007, CJ/STJ, 2007, II, p. 131, s., a p. 136. Contra: CASSIANO DOS SANTOS (2009), p. 53.

[16] Neste sentido, PEDRO CORDEIRO (1989), p. 121, s. (em esp. 129-130), 159 e s., 172-173, 176, ENGRÁCIA ANTUNES (2002), nt. 276 – p. 152-153, nt. 1566 – p. 799, (2010), nt. 452 – p. 220, PUPO CORREIA (2001), p. 671, RICARDO COSTA (2002), p. 675-676, PAIS DE VASCONCELOS (2008), p. 183, 185, 188.

[17] Usando este argumento para explicar a contribuição da lei societária para uma potencial perpetuação da sociedade unipessoal superveniente, v. OLIVEIRA ASCENSÃO (2000), p. 123.

[18] Deve referir-se à declaração judicial de insolvência a declaração de falência ainda hoje prevista no nº 1 do art. 84º, atenta a entrada em vigor do CIRE (cfr. art. 11º, 1, do DL 53/2004, de 18 de Março, que o aprovou; v., por isso, arts. 28º e 36º do CIRE) e a mudança operada no art. 141º, 1, *e)*, do CSC.

[19] V. também FÁTIMA RIBEIRO (2009), p. 267-268.

a responsabilidade do dito sócio *em função do seu comportamento*, durante aquela situação"[20]. Estamos perante uma responsabilidade por *conduta*, decorrente do *poder* ou *influência* que o sócio único dispõe para realizar *formas de mistura patrimonial*.

3. Requisitos de aplicação

A consequência do art. 84º é responsabilizar ilimitadamente o sócio pelas dívidas da sociedades, contraídas enquanto dura a unipessoalidade derivada (tanto obrigações vencidas como obrigações vincendas[21]). Para isso, é preciso que se verifique e demonstre cumulativamente:

– a existência e a produção de efeitos de um facto jurídico que torne a sociedade plural em *sociedade unipessoal* e a subsequente não reconstituição da pluralidade de sócios;
– a inobservância pelo sócio único, durante a ocorrência da unipessoalidade[22], dos "preceitos da lei que estabelecem a afectação do património da sociedade ao cumprimento das respectivas obrigações"[23]; em suma, que haja *mistura* ou *indissociação abusiva das esferas jurídicas (nomeadamente patrimoniais) da sociedade unipessoal e do sócio único*;
– a declaração judicial de *insolvência* da sociedade unipessoal superveniente.[24]

Vejamos com mais pormenor os dois últimos pressupostos[25].

3.1. A mistura ou indissociação abusiva de esferas jurídicas (nomeadamente patrimoniais)

No que toca ao segundo desses requisitos[26], a referida mistura ou *confusão* é vista pela lei como *risco comum* para os interesses dos credores sociais num quadro de conformação com a unipessoalidade superveniente. Concretiza-se, em particular, com o tratamento e a disposição dos bens da titularidade da sociedade unipessoal pelo sócio único como se de coisas próprias se tratassem, não havendo distinção das "verdadeiras" coisas próprias em relação à esfera própria da sociedade – por outras palavras, *violação da separação de patrimónios* – com pre-

---

[20] RAÚL VENTURA (1993), p. 192, sublinhei.
[21] ENGRÁCIA ANTUNES (2002), p. 899.
[22] "Limite temporal" da responsabilidade ilimitada, segundo PAIS DE VASCONCELOS (2006), p. 294.
[23] "Limite condicional" da responsabilidade ilimitada, ainda segundo PAIS DE VASCONCELOS (2006), p. 294.
[24] Requisitos idênticos se convocam para a responsabilização ilimitada do titular de EIRL, nos termos do (análogo) art. 11º, 2, do DL 248/86. Interessará v. RICARDO COSTA (2002), p. 691-692.
[25] Quanto ao primeiro, cfr. *supra*, nt. 7.
[26] Para este desenvolvimento, v., com menções doutrinais e jurisprudência estrangeiras, PEDRO CORDEIRO (1989), p. 102-103, MENEZES CORDEIRO (2000), p. 116-117, RICARDO COSTA (2002), p. 696, s., FÁTIMA RIBEIRO (2009), p. 260, s..

juízo para a consistência patrimonial da sociedade[27]. Exemplos: utilização dos imóveis e móveis da sociedade para satisfação de necessidades pessoais e familiares e vice-versa (nomeadamente quando a confusão se dá em relação à sede social/domicílio, locais de trabalho/locais da vida pessoal e familiar, trabalhadores da sociedade, linhas telefónicas e de fax, endereços electrónicos[28]); recurso à tesouraria da sociedade para a extinção de dívidas pessoais e, em contraponto, o pagamento de débitos da sociedade por meio das contas bancárias pessoais ou bens próprios do único sócio; apropriação-desvio de somas pecuniárias e activos que pertencem à sociedade (p. ex., no momento da distribuição dos lucros); circulação-transmissão de bens entre o património pessoal e conjugal do sócio e o património da sociedade[29]; exercício em nome da sociedade, ou na veste de sócio, de actos e negócios jurídicos respeitantes a bens da titularidade individual, ainda que conjugada com outrem (p. ex., o seu cônjuge, familiar ou amigo conluiado), do sócio único, etc.[30]. Em regra, estas circunstâncias de *indissociação* serão acompanhadas por registos contabilísticos insuficientes ou inexistentes (contabilidade *não transparente*)[31] e/ou pela omissão, ou deficiência na actuação, das formalidades e regras societárias eventualmente aventadas (entre as quais

---

[27] Implicará este requisito que se prove que o sócio único, "por si ou através do gerente da sociedade, não se conformou na respectiva gestão com as normas que a lei consigna em ordem a assegurar que os bens sociais se mantenham rigorosamente afectados aos bens da empresa, antes procedeu como se esta tivesse sido absorvida já no seu património geral": FERRER CORREIA/VASCO LOBO XAVIER/MARIA ÂNGELA COELHO/ANTÓNIO CAEIRO (1979), p. 132-33, em anotação ao art. 140º, 2, que constituiu no Anteprojecto de Coimbra o antecedente histórico imediato do art. 84º, 1; ainda FERRER CORREIA (1967), p. 214 e 216. V. RICARDO COSTA (2002), nt. 165 – p. 192, s., para a relação do art. 84º com a responsabilidade do sócio único prevista originariamente pelos inspiradores arts. 2362 e 2497, 2º §, do Código Civil italiano, entretanto abolida na Reforma de 2003 – apontamento breve em RICARDO COSTA (2009), nt. 9 – p. 598-599 – e "substituídos" pelas estatuições dos arts. 2325 e 2462, sempre no respectivo 2º §: v., entre nós, a síntese de FÁTIMA RIBEIRO (2009ª), nt. 37 – p. 216-217.
[28] COUTINHO DE ABREU (1996), p. 208.
[29] RAÚL VENTURA (1993), p. 194, entendia que o movimento de bens entre o património do sócio e o património da sociedade unipessoal – logo, sem prejuízo desta última – não cabia "nem na letra nem na intenção do preceito".
[30] Pioneiramente, FERRER CORREIA (1948), p. 259-260, 266-267.
[31] Cfr. anotação ao art. 5º, 3.3.b).

relevam as dos arts. 29º e 31º a 34º³²), em particular exigidas para a celebração de negócios relativos a bens da sociedade.³³⁻³⁴

Não é de todo de excluir a actuação do sócio *que é administrador e enquanto administrador* (nomeadamente se também único) – será a forma mais usual de realizar várias das actuações abusivas patrimoniais e, por isso, a sua consideração fará cumprir a *ratio legis* na plenitude³⁵. Porém, essas actuações envolverão, muitas vezes, a apropriação *tout court* de poderes da administração ou gerência por parte do sócio único – por constituírem actos próprios das funções de administração. Outras vezes o sócio único actuará verdadeiramente como *administrador de facto* "indirecto" ou "oculto", condicionando o órgão de administração (único ou plural)³⁶. Ainda é possível que essa acção passe pelo exercício de poder deliberativo, particularmente no âmbito do art. 259º (para as sociedades por quotas).³⁷

Não chegará para a responsabilização do sócio único um acto esporádico protagonizado pelo sócio único. Raúl Ventura focou aqui a "diversidade de importância das infracções verificáveis"³⁸. Deverá exigir-se uma conduta *manifestamente abusiva*³⁹ – uma conduta que, pela sua repetição, faz cessar *qualifica-*

---

³² PAIS DE VASCONCELOS (2006), p. 295. Não esqueçamos que o art. 84º, 1, se refere a *"preceitos da lei* que estabelecem a afectação do património da sociedade ao cumprimento das respectivas obrigações". Porém, a salvaguarda do princípio da autonomia de patrimónios entre a sociedade e o sócio, gizada pelo art. 84º como forma de garantir que o património social garante o passivo da sociedade, vai mais além (a propósito, FERRER CORREIA (1948), p. 267).

³³ Que poderão acarretar, em primeira linha, a responsabilidade do sócio único enquanto administrador ou gerente, se o for (ou se for considerado administrador de facto), ou enquanto sócio, seja pela culpa na escolha de gerente ou administrador, seja pelo "uso de influência" nos termos do art. 83º, 1 a 3, 4 (o nº 1 do art. 84º salvaguarda a aplicação do art. 83º). V., sobre este ponto e o referido em texto, MANUEL DE ALARCÃO (1961), p. 303, FERRER CORREIA (1967), p. 215-216 (já aí se referia as violações dos gerentes e administradores "cometidas por ordem ou, pelo menos, com o conhecimento do único associado"), RAÚL VENTURA (1993), p. 192-193, TERESA ANSELMO VAZ (1996), p. 372, s., e 379, CATARINA SERRA (1999), nt. 292 – p. 122, FÁTIMA RIBEIRO (2009), p. 262-263, em esp. nt. 278.

³⁴ Na jurisprudência, em casos de desconsideração, v. os Acs. da RL de 29/4/2008 (CJ, 2008, II, p.130, s., em esp. p. 132) e de 28/5/2008 (www.dgsi.pt, processo 2402/2008-4).

³⁵ Independentemente da responsabilidade enquanto administrador pelo acto de administração (v. *supra*, nt. 33).

³⁶ Sobre esta figura, v. comentários aos arts. 72º (ponto 2.) e 80º (ponto 2.).

³⁷ Com a paralela configuração de outros e autónomos problemas, seja quanto aos *actos em si*, seja quanto à *actuação* dos administradores ou gerentes, seja quanto às (diversas) *responsabilidades* que se poderão gerar (v. *supra*, nt. 33).

³⁸ RAÚL VENTURA (1993), p. 194.

³⁹ V. RICARDO COSTA (2002), p. 642, s.. ENGRÁCIA ANTUNES (2002), nt. 1776 – p. 899, fala do *abuso* do *poder de domínio fáctico* de que é titular o sócio único; PEREIRA DUARTE (2007), p. 369 e 370 (em ligação com a p. 368), alude a uma "situação de abuso por confusão de patrimónios".

damente a transparência na relação com a sociedade, derivando deste facto a incontrolabilidade da função de garantia que o património social representa em face dos credores sociais[40]. Recorde-se que o n.º 1 do art. 84.º exige que seja prejudicada a "afectação do património ao cumprimento das respectivas obrigações", numa óbvia manifestação de que a indissociação de esferas actua, como regra, em prejuízo dessa garantia em face dos credores, sendo este o perigo a que o art. 84.º deita mão[41]. Logo, a teleologia da norma transporta consigo implicitamente que a responsabilidade ilimitada do sócio único deverá ser considerada como um *remédio excepcional*, com um campo menos lato de aplicação, incapaz de abalar, nos casos de *menor ou escassa censurabilidade*, o princípio geral da separação entre a sociedade e o seu sócio, como autónomos sujeitos de direito. Só se deverá aplicar o art. 84.º quando tais situações de mistura ou confusão transitam de um patamar de *anormalidade ocasional* para se figurarem como manifestações *normais* de *utilização persistente e reiterada* da organização (*maxime*, contabilística) e do património da sociedade unipessoal (nomeadamente nas relações com terceiros)[42]. Não será assim, porém, se a conduta do sócio, ainda que *não sistemática*, assumiu a gravidade suficiente para alterar drasticamente a situação patrimonial da sociedade – assumindo-se, no contexto do art. 84.º, como *abusiva*[43].

3.2. Declaração de insolvência da sociedade unipessoal

A responsabilidade ilimitada do sócio único (pessoal, se for pessoa singular) só poderá ser chamada se a sociedade por quotas ou anónima unipessoal superveniente for declarada insolvente, por sentença transitada em julgado[44]. Note-se que a declaração de insolvência gera a dissolução *imediata* ou *automática* da sociedade (art. 141.º, 1, *e*)) e a sua entrada em liquidação de acordo com o procedimento

---

[40] Nas palavras de FÁTIMA RIBEIRO (2009), p. 264 e 267: "o comportamento do sócio ter tornado inviável a determinação exacta do património da sociedade", sendo impossível "apurar com exactidão a delimitação actual e real entre o património da sociedade e o seu património pessoal".
[41] V. RAÚL VENTURA (1993), p. 194, FÁTIMA RIBEIRO (2009), p. 260, CASSIANO DOS SANTOS (2009), p. 137.
[42] Neste sentido para o art. 270.º-F, 4, a meu ver com função análoga à do art. 84.º no regime das sociedades por quotas unipessoais originárias e supervenientes por "transformação", v. RICARDO COSTA (2002), p. 699. Aparentemente a favor, RAÚL VENTURA (1993), p. 194 (mas não exigindo uma "sistemática conduta ilícita"), FÁTIMA RIBEIRO (2009), p. 262-263 (onde se distingue entre "episódios pontuais" e mistura de patrimónios "habitual e acompanhada por uma quase ausência de cuidado na organização contabilística da sociedade").
[43] Em sentido próximo, RAÚL VENTURA (1993), p. 194-195.
[44] V. arts. 158.º, 1, 166.º, 1, do CIRE. Sobre a tramitação subsequente à prolação da sentença declaratória de insolvência e sua impugnação, v. por todos CATARINA SERRA (2008), p. 79, s..

dos arts. 156º e s. do CIRE (art. 146º, 1, 2ª parte). Em rigor, é nesta fase que, com a necessidade de pagar os credores sociais que constituíram o seu direito *durante o período de tempo relevante para o art. 84º, 1*, e vista a insuficiência (previsível ou comprovada) dos bens constantes da massa insolvente para pagar esses credores, se vai demandar a responsabilidade do sócio único através de acção própria, proposta pelo administrador da insolvência e tramitada por apenso ao processo de insolvência: cfr. art. 82º, 2, *c*) – onde se referem as acções contra "os responsáveis legais pelas dívidas do insolvente"[45], em articulação com o art. 6º, 2[46] –, e 5, do CIRE[47].[48]

O art. 84º, 2, determina ainda que a responsabilidade do sócio único é declarada mesmo que a insolvência seja declarada depois de ter cessado a unipessoalidade, isto é, "depois de ter sido reconstituída a pluralidade de sócios". Nesta hipótese, o legislador não acumula a unipessoalidade com a declaração de insolvência, *quebrando a lógica inculcada pelo nº 1*. De facto, Ferrer Correia entendeu que era de presumir que a situação de insolvência resultava da "condução gravemente irregular dos negócios sociais" durante o tempo que durasse a unipessoalidade [49]. Não será sempre assim, uma vez que a insolvência não tem que resultar em exclusivo dessa condução *promíscua* da actividade social durante o período da concentração das participações (directamente ou por intermédio da órgão de administração condicionado), particularmente quando o sócio único não exerce formalmente funções de administração. Seja como for, a presunção associada à lei[50] pode ser de mais inverosímil susten-

[45] A alínea *c*) aplica-se "sempre que alguma *norma legal* estabeleça a *responsabilidade de terceiros* por dívidas do insolvente" – CARVALHO FERNANDES/JOÃO LABAREDA (2005), p. 346, sublinhei.
[46] "(...) são considerados *responsáveis legais* as pessoas que, nos termos da lei, respondam pessoal e ilimitadamente pela generalidade das dívidas do insolvente, ainda que a título *subsidiário*".
[47] Sobre a legitimidade *extraordinária* e *exclusiva* do administrador da insolvência, bem como a relação das acções previstas no art. 82º, 2, com a massa insolvente (definida no art. 46º, 1, do CIRE) e os "credores da insolvência", v. ELISABETE RAMOS (2005), p. 14, s., 18-19. Cabe ao administrador da insolvência aferir da conveniência das acções previstas no art. 82º, 2: CARVALHO FERNANDES/JOÃO LABAREDA (2005), p. 346.
[48] Porém, no caso de haver "plano de insolvência" (arts. 192º e s. do CIRE), v. em esp. o art. 197º, *c*).
[49] FERRER CORREIA (1967), p. 215, sublinhei; também FERRER CORREIA/VASCO LOBO XAVIER/MARIA ÂNGELA COELHO/ANTÓNIO CAEIRO (1979), p. 133, CATARINA SERRA (1999), p. 124, RICARDO COSTA (2002), p. 730. Aparentemente chegados à presunção legal, PAIS DE VASCONCELOS (2006), p. 294, PEREIRA DUARTE (2007), p. 368-369, 370, CASSIANO DOS SANTOS (2009), p. 137. Finalmente, TERESA ANSELMO VAZ (1996) apoiava *de iure condendo* o estabelecimento de "índices presuntivos" da confusão patrimonial, "tais como negócios com a sociedade em proveito do accionista ou até falta de organização da escrita mercantil" – sobre este ponto, RICARDO COSTA (2003), nt. 145 – p. 140.
[50] Essa seria, para FERRER CORREIA (1948), uma presunção que não poderia ser afastada, uma vez que (i) "nem seria necessário provar que a insolvência da sociedade tivera por causa as irregularidades", e (ii) o fundamento da responsabilidade do sócio único "seria puramente objectivo: o não cumprimento do preceito que impõe às sociedades manterem a rígida separação do seu património, em face dos

tação no caso de a insolvência ocorrer demasiado tempo depois de ter cessado a situação de unipessoalidade; nessa hipótese, "a lei contenta-se com a verificação de que, durante certo tempo, bens do património social foram desviados do fim a que legalmente estavam afectados e presume que isso prejudicou a satisfação dos créditos constituídos durante o mesmo período"[51]. Será razoável?

O nº 2 terá como virtude evitar-se casos de simulação ou de fraude à lei (nº 1 do art. 84º), em que a reconstituição da pluralidade social (p. ex., por mera cessão de quota ou quotas a terceiros conluiados) é instrumentalizada para evitar a estatuição "desconsiderante" em circunstâncias de insolvência "iminente"[52]. Se assim for, os credores estão claramente protegidos. Se assim não for, *ao invés da previsão do nº 1*, julgo que ao sócio que foi único anteriormente (mesmo já não sendo sócio no momento da declaração de insolvência) caberá poder demonstrar que a *confusão* ou *mistura de esferas (patrimoniais, nomeadamente)*[53] *não pode ser identificada como causa da modificação da situação patrimonial da sociedade que conduziu à respectiva insolvência* (p. ex., por não ter havido diminuições patrimoniais da sociedade em benefício do sócio único "abusador") – e, assim, ilidir a "presunção" legal e afastar a responsabilidade pelas dívidas da sociedade (enquanto) unipessoal.

4. Natureza da responsabilidade

Como já dei a entender, a responsabilidade do sócio único será *subsidiária* da responsabilidade da sociedade unipessoal em face dos sujeitos titulares de créditos constituídos entre o momento da produção de efeitos do facto gerador da unipessoalidade e a sentença de declaração de insolvência. Não é consensual esta construção, na falta de menção expressa da lei – Autores há que se opõem e defendem a responsabilidade *solidária* do sócio único com a da sociedade unipessoal[54].

---

bens particulares dos sócios" (p. 267). No mesmo sentido, RAÚL VENTURA (1993), p. 194-195: "não há que averiguar se a conduta do sócio afectou o *capital* da sociedade" nem se pode "ilidir a presunção da unipessoalidade como causa da falência". Todavia, já vimos que *a presunção só deverá actuar*, em regra, se a actuação do sócio for *qualificada* e, por isso, *abusiva* para a efeito de aplicação do art. 84º, 1, *restritivamente* interpretado (*supra* 3.1.).

[51] RAÚL VENTURA (1993), p. 194.
[52] Cfr. art. 3º, 4, CIRE.
[53] Sem ela também não se poderá aplicar o nº 2 do art. 84º.
[54] ANA PERALTA (1988), p. 266, ENGRÁCIA ANTUNES (1993), p. 742 (mas sem posição em (2002), p. 899), TERESA ANSELMO VAZ (1996), p. 381, COUTINHO DE ABREU (2009), p. 56-57, CASSIANO DOS SANTOS (2009), p. 53.

Porém, o mentor da solução prevista no art. 84º[55] defendia que "à responsabilidade do património social viria acrescer, em via subsidiária, a sua responsabilidade pessoal ilimitada"[56]. Com razão, penso. Por um lado, a discutida responsabilidade constitui uma garantia *adicional* para terceiros, que funcionará depois de rateada a garantia *principal*, constituída pelos bens da corporação unipessoal. A lei pretende sancionar o sócio, mas só deve ser chamada à colação essa sanção *se e quando o património que colocou em crise com o seu comportamento se revele insuficiente*. Por outro, esta solução é suficiente como *factor de inibição do sócio único* (no caso, de "responsabilidade limitada"), bastando para o dissuadir da prática dos actos susceptíveis de fazer perigar a *autonomia efectiva* do património da sociedade[57]. [58]

Tal significa que os bens e direitos do sócio único que possam responder pelo montante das dívidas dos credores da sociedade unipessoal revertem para a massa insolvente, de onde sairão os pagamentos a esses credores. Todavia, *só serão "liquidados" esses bens e direitos na circunstância de o valor total das dívidas da sociedade (enquanto) unipessoal não puder ser pago pelo produto da liquidação da massa insolvente composta pelo património da sociedade devedora*.[59]

5. Âmbito de aplicação

Sobra ainda a questão de saber a que sociedades unipessoais se aplica o art. 84º.

Não se aplica a sociedades unipessoais originárias – a lei fala de "sociedade *reduzida* a um único sócio"– e só a sociedades unipessoais supervenientes.

O art. 84º tem aplicação nas hipóteses de unipessoalidade superveniente *comum*, que não se *qualifique* pelo facto de:

– por meio de *declaração* do sócio único remanescente se "transformar" uma sociedade por quotas pluripessoal e depois tornada unipessoal em sociedade por quotas unipessoal *declarada* (art. 270º-A, 2 e 3);[60]

---

[55] V., desde logo, o projecto legislativo inspirador do art. 84º, 1, em FERRER CORREIA (1967), p. 217.
[56] FERRER CORREIA (1948), p. 266-267, (1967), p. 210-211, 214.
[57] FERRER CORREIA (1948), p. 267, (1967), p. 211.
[58] Em apoio da natureza subsidiária da responsabilidade: CATARINA SERRA (1999), nt. 293 – p. 122, p. 193, RICARDO COSTA (2002), nt. 51 – p. 96, nt. 442 – p. 401, MENEZES CORDEIRO (2009), p. 284, FÁTIMA RIBEIRO (2009), p. 267-268 e nt. 282 (parte de uma responsabilidade solidária do sócio mas só a convoca em caso de insuficiência do património social, chamando à liça a disciplina das sociedades civis prevista no art. 997º, 1 e 2, do CCiv.), p. 346 e nt. 435.
[59] Se assim não acontecer, o património não liquidado do sócio único (para este efeito, "devedor" de obrigação alheia) ser-lhe-á restituído nos termos do procedimento ditado pelo art. 184º do CIRE.
[60] RICARDO COSTA (2002), p. 727, s., (2003), nt. 147 – p. 141-142. Concordam PEREIRA DE ALMEIDA (2008), p. 387, 392, e CASSIANO DOS SANTOS (2009), p. 137-138.

– um dos sócios da primitiva composição subjectiva de uma sociedade anónima ou por quotas ser uma sociedade anónima, uma sociedade por quotas ou uma sociedade em comandita por acções e ter ficado titular de todas as participações dessa sociedade, mantendo essa titularidade (art. 489º, 1 e 3) – *unipessoalidade anónima ou quotista superveniente mantida em relação de grupo por domínio total*.

Na primeira hipótese, *ainda que não por efeito do art. 84º*, o sócio único *pode responder* ilimitadamente pelo cumprimento das obrigações da sociedade por quotas unipessoal por aplicação *extensiva* do art. 270º-F, 4, enquanto norma central de uma *disciplina geral dos abusos do sócio único* nas sociedades por quotas unipessoais reguladas nos arts. 270º-A e s.[61]. Na segunda hipótese, *igualmente não por efeito do art. 84º*[62], o sócio único (sociedade dominante) *responde* ilimitadamente pelas obrigações da sociedade dominada, geradas e vencidas mesmo antes da unipessoalidade, desde que esgotado o período moratório de 30 dias

---

Doutrina recente defende a aplicação do art. 84º à SQU originária e superveniente declarada, assim como à sociedade *materialmente* unipessoal (pluralidade fictícia): FÁTIMA RIBEIRO (2009), p. 362-363, 369, s., 371, s., 402, s. (pela minha parte, também processo a esta última extensão no que tange à aplicação do art. 270º-F, 4: RICARDO COSTA (2002), p. nt. 445 – p. 409-410, p. 444 e s., em esp. as p. 449-451 da nt. 498, p. 709 e s.), PINTO MONTEIRO/PEDRO MAIA (2010), p. 146. Antes, para o art. 84º, CATARINA SERRA (1997), p. 134, convocava o art. 84º por mor da remissão operada pelo art. 270º-G, OLIVEIRA ASCENSÃO (2000), p. 135, defendeu que o art. 270º-F não exclui a aplicação do art. 84º, MARIA ÂNGELA COELHO (2003), p. 38-39, advogou que a norma do art. 84º, ainda que ditada para a unipessoalidade derivada, "deverá (...) aplicar-se à sociedade unipessoal [por quotas] criada *ab initio*", e MENEZES CORDEIRO (2007), p. 474, entendia que o art. 84º tem plena aplicação na sociedade por quotas unipessoal regulada pelos arts. 270º-A e s..

[61] RICARDO COSTA (2002), p. 677, s., (2002ª), p. 52, s., (2003), p. 131, s. (em acrescento, v. ainda p. 68 e s., em esp. 82-83). Favoráveis: MARGARIDA ALMEIDA (2005), p. 78, 82, 91-92, 94, PEREIRA DE ALMEIDA (2008), p. 392, MARQUES ESTACA (2009), p. 714-715. Contra: FÁTIMA RIBEIRO (2009), p. 403-404, (2009ª), p. 224-225.

[62] Da ressalva inicial da letra do nº 1 do art. 84º – "Sem prejuízo da aplicação (...) do disposto quanto a sociedades coligadas..." – resulta o afastamento da disciplina da unipessoalidade superveniente comum prevista no art. 84º e a aplicação do regime *especial* da responsabilidade para as *sociedades em relação de domínio total* (em que subsista unipessoalidade): CATARINA SERRA (1999), nt. 294 – p. 123, ENGRÁCIA ANTUNES (2002), p. 898; com juízo diferente, TERESA ANSELMO VAZ (1996), p. 383. Para o aproveitamento do art. 84º como critério para sancionar a confusão de patrimónios entre sociedades em "relação de domínio" (art. 486º do CSC), PEREIRA DUARTE (2007), p. 366, s., em esp. 370-372.

contado a partir da exigibilidade da dívida à sociedade unipessoal (art. 501º, 1 e 2, por força da remissão do art. 491º).⁶³⁻⁶⁴

---

⁶³ Salientando, nesta hipótese, que o art. 501º *"consome praticamente em absoluto"* o regime de responsabilidade do art. 84º ("não apresenta nenhuma utilidade prática"), PINTO MONTEIRO/PEDRO MAIA (2010), p. 145 e 151. Sobre as diferenças entre o art. 84º e o art. 501º, v. o cotejo de ENGRÁCIA ANTUNES (2002), p. 898-899.
⁶⁴ Não obstante, para a aplicação do art. 84º à sociedade anónima unipessoal *originária* (agora também a constituída por sociedade com sede no estrangeiro: art. 481º, 2, *d*), CSC), v. PINTO MONTEIRO//PEDRO MAIA (2010), p. 146 e 151.

ÍNDICE ANALÍTICO*

* Os ordinais (em negrito) indicam os artigos do CSC; os demais números referem-se aos comentários dos artigos onde os assuntos são tratados.

Acção de responsabilidade
Acção social de sócio(s)
   Custas processuais: **77º**, 5.
   Despesas de defesa: **77º**, 4.
   Legitimidade activa: **77º**, 1.
   Litisconsórcio activo: **77º**, 2.
Acção sub-rogatória dos credor(es) sociais: **78º**, 3.
Deliberação dos sócios: **75º**, 1., 2.
E processo de insolvência: **75º**, 3.
E responsabilidade civil de fundadores: **71º**, 6.
Representantes especiais: **76º**
Tribunais de comércio: **10º**, 9.1., **75º**, 4., **77º**, 6., **78º**, 5., **79º**, 3.

Acordos parassociais
Admissibilidade: **17º**, 3., 6.
Incumprimento: **17º**, 5.
Noção: **17º**, 1.

Acordo TRIPS/ADPIC: **10º**, 6.

Actas
Conteúdo: **63º**, 2.
E acção anulatória de deliberação: **59º**, 3.
E procedimento cautelar de suspensão de deliberação: **60º**, 2.5.
Falta de acta: **63º**, 4.
Noção e modalidades: **63º**, 1.
Redacção e assinatura: **63º**, 3.

Acto constituinte de sociedade
Forma: **7º**, 5.
   Falta de forma: **36º**, 3.2.
Interpretação: **2º**, 4.2.

Menções: **9º**,1., 4.
Natureza: **7º**, 2.
Registo
   Definitivo: **18º**, 2.
   Efeitos (do registo definitivo): **5º**, 1., **19º**, 1., 3.
   Prévio: **18º**, 1.
   Responsabilidade por negócios da sociedade anteriores ao registo: **38º**, 1., **39º**, 1., 2. **40º**, 1., 2., 4.1., 5.
Sujeitos: **7º**, 3., 4.

Administrador
De facto: **64º**, 2., **72º**, 2., **80º**, 2., **83º**, 6.2.1., **84º**, 3.1.
Destituição: **64º**, 5.2.
E deveres "contratuais": **64º**, 2., **72º**, 1.1.
E deveres gerais de cuidado e de lealdade: **64º**, 2., 3., 4., **72º**, 1.1.
E deveres legais específicos: **64º**, 2., **72º**, 1.1.
E "gestor criterioso e ordenado": **64º**, 3.2., 4.3.
E violação de deveres gerais de cuidado e de lealdade: **64º**, 5.
Em geral: **64º**, 1.
Responsabilidade civil
   Arbitragem voluntária: **74º**, 4.
   Business judgment rule: **64º**, 3.3., 4.4., **72º**, 3., **78º**, 1.4., **79º**, 2.4.
   Convenções nulas: **74º**, 1., **78º**, 1.4., **79º**, 2.4.
   E seguro de responsabilidade civil: **72º**, 5., **74º**, 3., **78º**, 6.
   Inexistência de responsabilidade: **72º**, 3., 4., **78º**, 1.4., **79º**, 2.4.
   Legitimidade do administrador de insolvência: **78º**, 4., **84º**, 3.2.
   Pressupostos: **72º**, 1., **78º**, 1., **79º**, 2., **84º**, 3.
   Renúncia: **74º**, 2.
   Solidariedade: **73º**, **78º**, 1.4., **79º**, 2.4.
   Transacção: **74º**, 2.

Ágio
Proibição de diferimento: **26º**, 2.

Agrupamento complementar de empresas: **1º**, 4.2., **10º**, 4.4.

Agrupamento europeu de interesse económico: **1º**, 4.2., **10º**, 4.4.

Aquisição de bens a accionistas: 29º

Arbitragem voluntária: 10º, 9.

Associação em participação: 1º, 4.4.

Auditor: 64º, 6.1., 6.4.

Bens comuns: 8º, 6.
    Partilha de: **8º**, 6.4., 7.

Bens próprios: 8º, 6.

Capacidade: 6º, 11º, 3.

Capital social
Capital social mínimo: **14º**, 4.3.
Distinção relativamente ao património social: **14º**, 2.1.
Funções: **14º**, 3.
Noção: **14º**, 2.
Perda de metade do capital social: **35º**
Princípio da intangibilidade do capital social: **32º**, 1.
Regime legal: **14º**, 4.
    Incumprimento do: **14º**, 4.4.

Comissão de auditoria: 64º, 6.2., **80º**, 1., **81º**, 1.2., 3.

Comodato de acções: 23º, 5.

Concorrência desleal: 10º, 6.

Cônjuges
Contratos entre: **8º**, 2.
E actos de administração ordinária: **8º**, 6.3.
E ilegitimidades conjugais: **8º**, 6., 6.3.
Impossibilidade de um dos cônjuges: **8º**, 8.
Poderes de administração: **8º**, 6.1., 6.2., 6.4.

Sociedades entre: **8º**

Conselho fiscal: 81º, 1.1.

Consórcio: 1º, 4.3.

Contrato de gestão de empresa: 80º, 1.

Convenção da União de Paris: 10º, 6.

Cooperativa: 1º, 4.1., **10º**, 4.4.

Deliberações dos sócios
Absolutamente ineficazes: **55º**, 1., 3.
Abusivas: **58º**, 4.
Acção de anulação
   Cumulação de pedidos: **59º**, 4.
   E abuso do direito: **59º**, 5.
   E acta: **59º**, 3.
   Legitimidade activa: **59º**, 1.1., 1.2.
   Legitimidade passiva: **60º**, 1.
   Prazos: **59º**, 2.
Acção de nulidade: **57º**, 1.1., 2., **60º**, 1., **61º**, 1.
Actividades que a sociedade efectivamente exercerá: **11º**, 4.
Anuláveis: **8º**, 8., **56º**, 1., **58º**, 1.
Anuláveis por vícios de conteúdo: **58º**, 2.2., 3.
Anuláveis por vícios de procedimento: **58º**, 2.1., 3.
E decisões de sócio único: **53º**, 3.
Formas ou modalidades: **53º**, 2.2., 4., **54º**, 1., 2., 3.
Natureza jurídica: **53º**, 2.1.
Noção: **53º**, 2.1.
Nulas por vício de conteúdo: **56º**, 1., 3.1., 3.2., 3.3.
Nulas por vícios de procedimento: **56º**, 1., 2.1., 2.2.
Nulidade ou anulação e protecção de terceiros de boa fé: **61º**, 2.
Positivas e negativas: **59º**, 1.1., 4.
Regime das deliberações nulas: **57º**, 1., 2.
Relativamente ineficazes: **55º**, 2.1., 3.

Renovação de deliberações nulas e anuláveis: **62º**, 1., 2., 3., 4.
Representação voluntária de sócios: **8º**, 6., 8., **54º**, 4.
Suspensão: **60º**, 2.

Denominação social (v. **Firma**)

Desconsideração da personalidade jurídica das sociedades
Casos de imputação: **5º**, 3., 2.
Casos de responsabilidade: **5º**, 3.3.
Noção e fundamentos: **5º**, 3.1.
Manifestação legal: **84º**, 2.

Deveres dos sócios (v. **Obrigações dos sócios**)

Direito ao nome: 10º, 2., 5.5.

Direito da União Europeia
Liberdades fundamentais: **3º**, 3., 5., **4º**, 3.

Direito Internacional Privado: 3º, **4º**, **10º**, 6.

Direitos de personalidade: 10º, 2.

Direitos dos sócios
Direitos especiais: **2º**, 4.2.1., **24º**

Distribuição de bens aos sócios (v. tb. **Lucros**)
Competência: **31º**, 1. e 2.
Execução/inexecução da deliberação: **31º**, 3.
Princípio da intangibilidade do capital: **32º**, 1.

Documentos electrónicos: 4º-A

Duração da sociedade: 15º

Empréstimo de acções: 23º, 5.

Entidade Empresarial Municipal: 10º, 1.

Entidade Pública Empresarial: 10º, 1.

Entradas
Definição: 20º, 2.1.
Dever de realizar em caso de invalidade do contrato : 52º, 2.3
Direito irrenunciável da sociedade: 27º, 1.
Direitos dos credores sociais: 30º
E participação social: 20º, 2.2., 25º, 2.
Entradas em espécie
    Entradas com créditos: 25º, 7.2.
    Entradas com o mero gozo de bens: 25º, 7.3.
    Entradas com saber-fazer: 25º, 7.1.
    Regime: 28º
Formas de extinção da obrigação de entrada: 27º, 2., 3.
Incumprimento da obrigação de entrada: 27º, 4.
Ineficácia de negócios relativos a entradas: 9º, 3.
Quase-entradas ou entradas dissimuladas: 29º
Tempo das: 26º, 1., 3., 4. e 5.
    Proibição do diferimento do ágio: 26º, 2.
    Regime regra: 26º, 1.
Tipos de entradas: 20º, 2.4., 25º, 3., 4., 5., 6., 28º
Valor mínimo: 20º, 2.3.

Estabelecimento:
Âmbito de entrega do: 10º, 7.
Cessão de exploração de: 10º, 7.
Trespasse de: 10º, 7.

Exoneração de sócio
E prorrogação de sociedade por quotas: 15º, 3.
Por vício da declaração negocial: 45º, 2.2.2.

Firma:
Alteração da: 10º, 11.
Âmbito territorial da firma: 10º, 10.

Anulabilidade do direito sobre a: **10º**, 9.2.
Cedência do gozo da: **10º**, 7.
Contencioso da: **10º**, 9.2.
Descritiva: **10º**, 5.4.
E agrupamento complementar de empresas: **10º**, 1.
E agrupamento europeu de interesse económico: **10º**, 4.4.
E âmbito de entrega do estabelecimento: **10º**, 7.
E cessão de exploração: **10º**, 7.
E comerciantes individuais: **10º**, 3.
E competência jurisdicional: **10º**, 9., 9.1.
E cooperativa: **10º**, 4.4.
E direito de autor: **10º**, 2.
E entidade pública empresarial: **10º**, 1.
E instituição de crédito: **10º**, 4.4.
E invalidades do direito sobre a: **10º**, 9.2.
E juízos de propriedade intelectual: **10º**, 9.1.
E matéria de direito: **10º**, 9.3.
E matéria de facto: **10º**, 9.3.
E princípio da capacidade distintiva: **10º**, 5.4.
E princípio da exclusividade: **10º**, 5.6.
E princípio da licitude: **10º**, 5.1.
E princípio da novidade: **10º**, 5.5.
E princípio da unidade: **10º**, 5.3.
E princípio da verdade: **10º**, 5.2.
E *secondary meaning*: **10º**, 5.4.
E sociedade anónima: **10º**, 4.2.
E sociedade anónima desportiva: **10º**, 4.4.
E sociedade de fomento empresarial: 10º, 4.4.
E sociedade em comandita: **10º**, 4.3.
E sociedade em nome colectivo: **10º**, 4.3.
E sociedade gestora de investimento imobiliário: **10º**, 4.4.
E sociedade por quotas: **10º**, 4.1.
E trespasse: **10º**, 7.
E tribunais de comércio: **10º**, 9.1.
Extinção do direito sobre a: **10º**, 12.
Função: **10º**, 1.
Genérica: **10º**, 5.4.

Imitação da firma: **10º**, 8.
Mista: **10º**, 4.1., 5.4.
Natureza jurídica: **10º**, 2.
Noção de: **10º**, 1.
Nome: **10º**, 1., 5.4.
Nulidade do direito sobre a: **10º**, 9.2.
Protecção internacional da: **10º**, 6.
Transmissão da: **10º**, 7.
Usurpação da: **10º**, 8.

Fiscalização
Deveres dos titulares dos órgãos de fiscalização: **64º**, 6., **81º**, **82º**
E *business judgment rule*: **81º**, 3.
Responsabilidade pela fiscalização: **64º**, 6., **81º**, **82º**

Formas locais de representação: 13º

Fundador
Noção: **71º**, 2.1.
Responsabilidade civil: **71º**, 2., 3., 5.

Fusão
Internacional: **3º**, 6.

Instituição de Crédito: **10º**, 1., 4.

Interesse da sociedade: **17º**, 6.4.2., **64º**, 3.2., 4.2., 6.1.

Invalidade
Das declarações negociais dos sócios: **41º**, **45º**, **46º**
Do contrato de sociedade: **41º**, **42º**, **43º**, **44º**

Lei
Interpretativa: **8º**, 3.
Sucessão no tempo: **8º**, 3.

Liberalidades: **6º**, 2.

Liberdade de estabelecimento: 10º, 6.

Liquidação
Por invalidade do contrato: 52º, 2.1.

Livre circulação de mercadorias: 10º, 6

Logótipo: 10º, 1., 5.3.

Lucros
Critério legal de participação: 22º, 1., 2.
Destino do lucro de exercício: 33º, 1.
Noções: 32º, 2.
Proibição do pacto leonino: 22º, 3.
Repartição dos: 32º, 3., 33º (v. tb. **Distribuição de bens aos sócios**)
Tempo e modo de pagamento dos: 32º, 4.

Objecto social: 6º, 4., 10º, 5.5., 11º

Obrigações dos sócios: 20º, 1. (v. tb. **Entradas**)
E participação nas perdas: 20º, 3.

Organização Mundial do Comércio: 10º, 6.

Pacto leonino: 22º, 3.

Participação social
Contitularidade: 8º, 8.
Morte de sócio casado: 8º, 8.
Natureza da: 8º, 6.1.
Representante comum: 8º, 8.

Penhor de participações sociais
Constituição: 23º, 2.
Direitos e deveres do credor pignoratício: 23º, 4.
Penhor financeiro de acções, 23º, 5.

Perdas (v. **Obrigações dos sócios**)

Personalidade jurídica das sociedades
Aquisição: **5º**, 1.
Consequências: **5º**, 2.
Desconsideração: **5º**, 3.

Prestação de contas: Comentário Geral aos arts. 65º a 70º-A
Anexo às contas: **66º-A**
Demonstrações financeiras: **Comentário Geral aos arts. 65º a 70º-A**, 4.
Dever de relatar a gestão e apresentar contas: **65º**, 1.
Documentos de prestação de contas: **65º**, 2., **Comentário Geral aos arts. 65º a 70º-A**, 5.4.
Falta de aprovação das contas: **67º**, 3.
Inquérito por falta de apresentação de contas: **67º**, 2.
Invalidade da deliberação de aprovação de contas: **69º**
Período de exercício: **65º-A**
Prazos: **65º**, 5.
Recusa de aprovação das contas: **68º**
Regimes jurídico-contabilísticos em vigor em Portugal: **Comentário Geral aos arts. 65º a 70º-A**, 2.
Registo comercial: **70º, 70º-A**
Relatório de gestão: **66º**
  E Anexo às contas: **66º**, 2.

Princípio do tratamento nacional: 10º, 6.

Regime de bens: 8º, 1.

Registo Nacional de Pessoas Colectivas: 10º

Reporte de acções: 23º, 5.

Reservas não distribuíveis: 33º

Responsabilidade da sociedade: 6º, 5.

Responsabilidade do sócio único (superveniente)
Natureza: **84º**, 4.
Requisitos e âmbito: **84º**, 3., 5.

Revisor oficial de contas: **82º**

Risco:
De associação: **10º**, 6.
De confusão: **10º**, 6.

Sede: **12º**, 1.
Deslocação (dentro do território nacional): **12º**, 2.
E domicílio: **12º**, 3.
E lei aplicável à sociedade: **3º**, **4º**
Transferência internacional: **3º**, 5.

Sinais distintivos do comércio: **10º**, 2.

Sociedade
Comercial: **1º**, 2.2.
De profissionais liberais: **1º**, 3.
De simples administração de bens: **1º**, 2.1.3.
De tipo comercial: **1º**, 3.
Dissolução automática: **15º**, 1., 3.
Em relação de domínio grupal: **84º**, 5.
Entre cônjuges: **8º**
Escopo lucrativo: **1º**, 2.1.4.
Estrangeira: **4º**
Figuras afins: **1º**, 4.
"Momentâneas" ou "ocasionais": **15º**, 1.
Noção: **1º**, 2.1.
Objecto: **1º**, 2.1.3.
Prorrogação: **15º**, 2.
Tipos: **1º**, 2.2.
Unipessoal: **1º**, 2.1.1., **84º**, 1., 3., 5.

Sociedade Administradora de Compras em Grupo: **10º**, 1.

Sociedade Anónima Desportiva
E direitos especiais: **24º**, 6.
Firma de: **10º**, 1., 4.4.

Sociedade de Capital de Risco: 10º, 1.

Sociedade de Fomento Empresarial: 10º, 4.4.

Sociedade de Garantia Mútua: 10º, 1.

Sociedade de Gestão de Investimento Imobiliário: 10º, 1., **10º**, 4.

Sociedades entre cônjuges (v. tb. **Cônjuges**)
E imutabilidade dos regimes de bens: **8º**, 1., 2., 5.
E divórcio: **8º**, 7.
E separação de pessoas e bens: **8º**, 7.

Sociedade Financeira: 10º, 1.

Sociedade Gestora de Participações Sociais: 10º, 1.

Sociedade por quotas unipessoal
E assunção pela sociedade de negócios celebrados antes do registo: **19º**, 3.
E firma: **10º**, 4.1.
E responsabilidade do sócio único: **84º**, 5.
E responsabilidade por negócios da sociedade celebrados antes do registo: **40º**, 5.

Sócios
Relações antes do registo
    Modificações do contrato de sociedade: **37º**, 2.5.
    Transmissão de participações sociais: **37º**, 2.3., 2.4., 4.
Responsabilidade
    Por *culpa in eligendo*: **83º**, 5.
    Por exercício de influência sobre a administração: **83º**, 6.

Suspensão de deliberações dos sócios
Citação da sociedade (efeitos): **60º**, 2.6.

Deliberações passíveis de suspensão: **60º**, 2.1.
E acta: **60º**, 2.5.
Legitimidade activa: **60º**, 2.2.
Prazos: **60º**, 2.3.
Requisitos de procedência: **60º**, 2.4.

Trespasse: 10º, 7.

Usufruto de participações sociais
Constituição: **23º**, 2.
Direitos e deveres do usufrutuário: **23º**, 3.

Vantagens, indemnizações e retribuições
E ineficácia de direitos e acordos: **16º**, 3.
Indemnizações: **16º**, 2.
Retribuições: **16º**, 2.
Vantagens: **16º**, 1.

ÍNDICE GERAL

Nota de Apresentação 7
Siglas e Abreviaturas... 9
Decreto-Lei n.º 262/86, de 2 de Setembro 13
Lista de Diplomas que alteram o CSC............................... 25

Título I – Parte Geral
Capítulo I – **Âmbito de aplicação** 27

Artigo 1º – Âmbito geral de aplicação
J. M. Coutinho de Abreu.. 27

Artigo 2º – Direito subsidiário
Hugo Duarte Fonseca... 54

Artigo 3º – Lei pessoal
Rui Pereira Dias 69

Artigo 4º – Sociedades com actividade em Portugal
Rui Pereira Dias 85

Artigo 4º-A – Forma escrita
Alexandre Soveral Martins.. 89

Capítulo II – **Personalidade e capacidade** 94

Artigo 5º – Personalidade
J. M. Coutinho de Abreu.. 94

Artigo 6º – Capacidade
Alexandre Soveral Martins.. 108

Capítulo III – **Contrato de sociedade**
Secção I – **Celebração e registo**.................................. 123

Artigo 7º – Forma e partes do contrato
Maria Elisabete Ramos... 123

Artigo 8º – Participação dos cônjuges em sociedades
J. P. Remédio Marques... 135

Artigo 9º – Elementos do contrato
Maria Elisabete Ramos... 161

Artigo 10º – Requisitos da firma
J. P. Remédio Marques 175

Artigo 11º – Objecto
Alexandre Soveral Martins.. 223

Artigo 12º – Sede
Rui Pereira Dias 235

Artigo 13º – Formas locais de representação
Rui Pereira Dias 239

Artigo 14º – Expressão do capital
Paulo de Tarso Domingues.. 241

Artigo 15º – Duração
Ricardo Costa 273

Artigo 16º – Vantagens, indemnizações e retribuições
Maria Elisabete Ramos... 281

Artigo 17º – Acordos parassociais
Carolina Cunha... 286

Artigo 18º – Registo do contrato
Maria Elisabete Ramos... 319

Artigo 19º – Assunção pela sociedade de negócios anteriores ao registo
Maria Elisabete Ramos/Ricardo Costa... 325

Secção II – **Obrigações e direitos dos sócios**
Subsecção I – **Obrigações e direitos dos sócios em geral** 338

Artigo 20º – Obrigações dos sócios
Paulo de Tarso Domingues.. 338

Artigo 21º – Direitos dos sócios
Margarida Costa Andrade 352

Artigo 22º – Participação nos lucros e perdas
Paulo de Tarso Domingues.. 364

Artigo 23º – Usufruto e penhor de participações
Margarida Costa Andrade 372

Artigo 24º – Direitos especiais
Alexandre Soveral Martins/Ricardo Costa 410

SUBSECÇÃO II – **Obrigação de entrada** 423

ARTIGO 25º – Valor da entrada e valor da participação
Paulo de Tarso Domingues.. 423

ARTIGO 26º – Tempo das entradas
Paulo de Tarso Domingues.. 441

ARTIGO 27º – Cumprimento da obrigação de entrada
Paulo de Tarso Domingues.. 448

ARTIGO 28º – Verificação das entradas em espécie
Paulo de Tarso Domingues.. 457

ARTIGO 29º – Aquisição de bens a accionistas
Paulo de Tarso Domingues.. 465

ARTIGO 30º – Direitos dos credores quanto às entradas
Maria Elisabete Ramos.. 471

SUBSECÇÃO III – **Conservação do capital**... 478

ARTIGO 31º – Deliberação de distribuição de bens e seu cumprimento
Paulo de Tarso Domingues.. 478

ARTIGO 32º – Limite da distribuição de bens aos sócios
Paulo de Tarso Domingues.. 487

ARTIGO 33º – Lucros e reservas não distribuíveis
Paulo de Tarso Domingues.. 503

ARTIGO 34º – Restituição de bens indevidamente recebidos
Paulo de Tarso Domingues.. 508

ARTIGO 35º – Perda de metade do capital
Paulo de Tarso Domingues.. 511

SECÇÃO III – **Regime da sociedade antes do registo. Invalidade do contrato** 543

ARTIGO 36º – Relações anteriores à celebração do contrato de sociedade
Maria Elisabete Ramos.. 543

ARTIGO 37º – Relações entre os sócios antes do registo
Alexandre Soveral Martins/Maria Elisabete Ramos 552

ARTIGO 38º – Relações das sociedades em nome colectivo não registadas com terceiros
Maria Elisabete Ramos.. 566

ARTIGO 39º – Relações das sociedades em comandita simples não registadas com terceiros
Maria Elisabete Ramos 571

ARTIGO 40º – Relações das sociedades por quotas, anónimas e em comandita por acções não registadas com terceiros
M. Elisabete Ramos/A. Soveral Martins/Ricardo Costa 575

ARTIGO 41º – Invalidade do contrato antes do registo
Carolina Cunha 595

ARTIGO 42º – Nulidade do contrato de sociedade por quotas, anónima ou em comandita por acções registado
Carolina Cunha 601

ARTIGO 43º – Invalidade do contrato de sociedade em nome colectivo e em comandita simples
Carolina Cunha 607

ARTIGO 44º – Acção de declaração de nulidade e notificação para a regularização
Carolina Cunha 609

ARTIGO 45º – Vícios da vontade e incapacidade nas sociedades por quotas, anónimas e em comandita por acções
Carolina Cunha 613

ARTIGO 46º – Vícios da vontade e incapacidade nas sociedades em nome colectivo e em comandita simples
Carolina Cunha 619

ARTIGO 47º – Efeitos da anulação do contrato
Carolina Cunha 621

ARTIGO 48º – Sócios admitidos na sociedade posteriormente à constituição
Carolina Cunha 623

ARTIGO 49º – Notificação do sócio para anular ou confirmar o negócio
Carolina Cunha 625

ARTIGO 50º – Satisfação por outra via do interesse do demandante
Carolina Cunha 627

ARTIGO 51º – Aquisição da quota do autor
Carolina Cunha 629

ARTIGO 52º – Efeitos de invalidade
Carolina Cunha 631

Capítulo IV – **Deliberações dos sócios**... 636

Artigo 53º – Formas de deliberação
J. M. Coutinho de Abreu.. 636

Artigo 54º – Deliberações unânimes e assembleias universais
J. M. Coutinho de Abreu.. 642

Artigo 55º – Falta de consentimento dos sócios
J. M. Coutinho de Abreu.. 648

Artigo 56º – Deliberações nulas
J. M. Coutinho de Abreu.. 653

Artigo 57º – Iniciativa do órgão de fiscalização quanto a deliberações nulas
J. M. Coutinho de Abreu.. 665

Artigo 58º – Deliberações anuláveis
J. M. Coutinho de Abreu.. 669

Artigo 59º – Acção de anulação
J. M. Coutinho de Abreu.. 684

Artigo 60º – Disposições comuns às acções de nulidade e de anulação
J. M. Coutinho de Abreu.. 694

Artigo 61º – Eficácia do caso julgado
J. M. Coutinho de Abreu.. 703

Artigo 62º – Renovação da deliberação
J. M. Coutinho de Abreu.. 706

Artigo 63º – Actas
J. M. Coutinho de Abreu.. 711

Capítulo V – **Administração e fiscalização**.. 721

Artigo 64º – Deveres fundamentais
Ricardo Costa/Gabriela Figueiredo Dias.. 721

Capítulo VI – **Apreciação anual da situação da sociedade**......................... 759

Comentário geral aos arts. 65º a 70º-A.. 759

Artigo 65º – Dever de relatar a gestão e apresentar contas
Ana Maria Rodrigues/Rui Pereira Dias.. 777

Artigo 65º-A – Adopção do período de exercício
Ana Maria Rodrigues/Rui Pereira Dias.. 783

Artigo 66º – Relatório da gestão
Ana Maria Rodrigues/Rui Pereira Dias 785

Artigo 66º-A – Anexo às contas
Ana Maria Rodrigues/Rui Pereira Dias 793

Artigo 67º – Falta de apresentação das contas e de deliberação sobre elas
Ana Maria Rodrigues/Rui Pereira Dias 800

Artigo 68º – Recusa de aprovação das contas
Ana Maria Rodrigues/Rui Pereira Dias 805

Artigo 69º – Regime especial de invalidade das deliberações
Ana Maria Rodrigues/Rui Pereira Dias 810

Artigo 70º – Prestação de contas
Ana Maria Rodrigues/Rui Pereira Dias 821

Artigo 70º-A – Depósitos para as sociedades em nome colectivo
e em comandita simples
Ana Maria Rodrigues/Rui Pereira Dias 825

Capítulo VII – **Responsabilidade civil pela constituição, administração e fiscalização da sociedade** 827

Artigo 71º – Responsabilidade quanto à constituição da sociedade
J. M. Coutinho de Abreu/Maria Elisabete Ramos 827

Artigo 72º – Responsabilidade de membros da administração para com a sociedade
J. M. Coutinho de Abreu/Maria Elisabete Ramos 837

Artigo 73º – Solidariedade na responsabilidade
J. M. Coutinho de Abreu/Maria Elisabete Ramos 856

Artigo 74º – Cláusulas nulas. Renúncia e transacção
J. M. Coutinho de Abreu/Maria Elisabete Ramos 865

Artigo 75º – Acção da sociedade
J. M. Coutinho de Abreu/Maria Elisabete Ramos 875

Artigo 76º – Representantes especiais
J. M. Coutinho de Abreu/Maria Elisabete Ramos 882

Artigo 77º – Acção de responsabilidade proposta por sócios
J. M. Coutinho de Abreu/Maria Elisabete Ramos 886

Artigo 78º – Responsabilidade para com os credores sociais
J. M. Coutinho de Abreu/Maria Elisabete Ramos 892

Artigo 79º – Responsabilidade para com os sócios e terceiros
J. M. Coutinho de Abreu/Maria Elisabete Ramos 904

Artigo 80º – Responsabilidade de outras pessoas com funções de administração
Ricardo Costa 914

Artigo 81º – Responsabilidade dos membros de órgãos de fiscalização
Gabriela Figueiredo Dias 923

Artigo 82º – Responsabilidade dos revisores oficiais de contas
Gabriela Figueiredo Dias 943

Artigo 83º – Responsabilidade solidária do sócio
Rui Pereira Dias 952

Artigo 84º – Responsabilidade do sócio único
Ricardo Costa 965

Índice Analítico 981

Índice Geral 995